9급 공무원
교정직
전과목 한권으로 다잡기

끝까지 책임진다! 시대에듀!
QR코드를 통해 도서 출간 이후 발견된 오류나 개정법령, 변경된 시험 정보, 최신기출문제, 도서 업데이트 자료 등이 있는지 확인해 보세요!
시대에듀 합격 스마트 앱을 통해서도 알려 드리고 있으니 구글 플레이나 앱 스토어에서 다운받아 사용하세요.
또한, 파본 도서인 경우에는 구입하신 곳에서 교환해 드립니다.

편집진행 박종옥 · 이수지 | **표지디자인** 박종우 | **본문디자인** 박지은 · 임창규

교정직 공무원 시험안내

❖ 아래의 시험안내는 2025년 공고문을 기준으로 한 것으로 세부내용이 변경될 수 있으므로 반드시 최신 공고문을 확인하시기 바랍니다.

교정직 공무원 개요

① 교정직 공무원은 대한민국 법무부 산하 교정본부 소속으로서 교도소, 구치소 등에서 근무하며 재소자 관리·감독 및 교정·교화 업무를 수행합니다.

② 업무 특성상 4부제 교대 근무를 해야 하지만 급여에 특수 근무수당이 포함되어 타 직렬 공무원 대비 급여가 높은 편에 속합니다.

교정직 공무원의 자격 요건

구분	내용
공통 응시자격	• 거주지 제한 : 없음 • 응시연령 : 20세 이상(9급, 2004.12.31. 이전 출생자) • 응시결격사유 등 : 해당 시험의 최종시험 시행예정일(면접시험 최종예정일) 현재를 기준으로 「국가공무원법」 제33조(외무공무원은 「외무공무원법」 제9조, 검찰직·마약수사직 공무원은 「검찰청법」 제50조)의 결격사유에 해당하거나, 「국가공무원법」 제74조(정년)·「외무공무원법」 제27조(정년)에 해당하는 자 또는 「공무원임용시험령」 등 관계법령에 의하여 응시자격이 정지된 자는 응시할 수 없습니다.
학력 및 경력	제한 없음

교정직 공무원 연도별 경쟁률

연도	성별	접수인원(명)	선발인원(명)	경쟁률	합격선(점)
2025	남자	6,747	583	11.1:1	80.00
	여자	1,570	82	19.2:1	87.00
2024	남자	5,837	699	8.35:1	63.00
	여자	1,355	112	12.09:1	73.00
2023	남자	4,854	907	5.35:1	58.00
	여자	1,145	32	35.8:1	80.00
2022	남자	4,764	705	6.76:1	74.00
	여자	1,365	118	11.57:1	80.00

📖 시험과목

구분	내용
공통과목	국어, 영어, 한국사
전문과목	교정학개론, 형사소송법개론

📖 시험방법

구분	내용
제1·2차 시험 (병합실시)	선택형 필기시험 - 유형: 객관식 4지 선택형, 과목당 20문항 - 배점비율: 과목당 100점 만점 - 시험시간: 5과목 110분(10:00~11:40)
제3차 시험	면접시험(필기시험 합격자에 한함)

※ 교정직(교정) 및 철도경찰직(철도경찰)의 6급 이하 채용시험의 경우, 필기시험 합격자를 대상으로 실기시험(체력검사)을 실시하고, 실기시험 합격자에 한하여 면접시험을 실시한다.

📖 체력검사 종목 및 합격기준

종목	성별	합격기준	실격기준
20미터 왕복 오래 달리기	남자	48회 이상	41회 이하
	여자	24회 이상	19회 이하
악력(握力)	남자	47.0kg 이상	41.9kg 이하
	여자	27.0kg 이상	21.9kg 이하
윗몸일으키기 (회/60초)	남자	38회 이상	32회 이하
	여자	26회 이상	21회 이하
10미터 2회 왕복달리기	남자	12.29초 이내	13.61초 이후
	여자	14.60초 이내	15.61초 이후

※ 체력검사의 종목 중 1종목 이상 실격기준에 해당하면 불합격
※ 체력검사의 종목 중 2종목 이상 합격기준에 미달하면 불합격
※ 악력의 측정 수치는 소수점 첫째 자리까지 산출하고, 10미터 2회 왕복달리기의 측정 수치는 소수점 셋째 자리 이하는 버리고 산출
※ 체력검사 종목별 구체적인 측정방법은 법무부장관이 정한다.

이 책의 구성과 특징

최신 기출문제

▶ 최신 기출문제(2025년 국가직)를 수록하여 출제경향을 파악하고 실전감각을 익힐 수 있도록 하였습니다.

▶ 상세한 해설을 정리하여 효율적인 학습이 가능하도록 구성하였습니다.

핵심이론

Chapter 08 교정학의 이해

01 교정(행형)의 의의

교정은 심리학적 용어인 'Correction(교정, 처벌)'이라는 단어에서 유래하였으며 범죄인의 반사회적 성격이나 행동 등을 바로잡아 건전한 사회의 일원으로 복귀시킨다는 의미를 갖는다.

02 교정의 목적

1 응보적 목적과 공리적 목적

초기 응보주의자들은 범죄자의 처벌을 동해보복의 원칙에 입각한 해악의 부과에 두었으나, 후기 응보주의자들은 범죄자에 대한 처벌은 마땅하나 처벌은 복수심을 만족시키기 ... 전개를 보이며 공리주의자들은 처벌을 통해 바람직한 목표를 성취할 수 ...

2 무능화

무능화란 범죄방지 및 피해자보호를 위해서는 범죄성이 강한 자들을 추 ... 써 범죄를 원천적으로 행하지 못하도록 범죄능력을 무력화시키는 주 ... 리 미래지향적(2차적 범죄의 예방)이고, 범죄의 특성에 기초를 두는 일 ... 기초하며, 범죄자의 교화개선에 목적을 두는 교육형주의와 달리 범죄자 ... 적을 두고 있다.

(1) 종류

① 집단적 무능화: 유죄 확정된 모든 강력범죄자를 대상으로 장기형의 ... 에서는 가석방의 지침이나 요건의 강화하여 가석방을 지연시킴으로 ... 는 장기형을 강제하는 법률의 제정이나 선시제도를 이용하여 선행에 ... 하다.

▶ 교정직 전과목(국어 · 영어 · 한국사 · 교정학개론 · 형사소송법개론)의 핵심이론을 단원별로 정리하였습니다.

더 알아보기
범죄 하위문화 이론 비교

이론	학자	주요 전제	이론의 장점
하위층 계급 문화이론	밀러	하위계층의 주요 관심사에 따르는 사람은 스스로 지배적인 문화와 갈등을 일으킨다.	하위계층 문화의 주요 관심사(핵심가치)를 밝히고 그 가치와 범죄의 관계를 보여준다.
비행하위 문화이론	코헨	중산층의 성공을 달성하는 데 실패한 하위계층 청소년들은 신분좌절을 경험하게 되고 그로 인해 경조직에 가담하게 된다.	하위계층 생활조건이 어떻게 범죄를 발생시키는지를 보여 주고, 폭력과 파괴적 행위를 설명하고, 하류계층과 중산층 사이의 갈등을 일러 준다.
차별 기회구조이론	클라우드와 올린	합법적 기회의 차단이 하위계층 청소년이 범죄 · 갈등 · 도피 하위문화(경)에 가담하게 되는 원인을 제공한다.	불법적 기회마저 사회 내에서 차별화되어 있음을 보여 주고, 왜 사람들이 범죄 행위에서 특정 유형에 개입하게 되는지를 밝힌다. 또한 빈곤의 축소와 같은 범죄방지 대책의 이론적 기초를 제공하고 있다.

04 미시적 관점의 범죄이론

1 사회학습이론적 관점

(1) 개관

반두라(Bandura)의 사회학습이론(Social Learning Theory)을 시작으로 서덜랜드(Sutherland, 1947)의 차별 접촉이론(Differential Association Theory) 및 이것을 발전시킨 버제스와 에이커스(Akers)의 차별 강화이론(Differential Association-Reinforcement Theory), 글레이저(Glaser)의 차별 동일시이론(Differential Identification Theory)이 대표적이다.

(2) 초기 학습이론 – 타르드(Tarde)

① 타르드는 당시 롬브로조가 제기하였던 생물학적 원인론을 부정하고 인간행위는 다른 사람들과 접촉하면서 관념을 학습하며, 행위는 자기가 학습한 관념으로부터 유래하는 것이라고 주장하였다.

② 모방의 법칙

거리의 법칙	모방성의 강도는 사람 간의 친밀한 정도에 비례
방향의 법칙	위에서 아래로(모방은 사회적 지위가 우월한 자를 중심으로 이루어짐)
삽입의 법칙	모방은 모방 → 유행 → 관습의 형태로 변화 · 발전(무한진행의 법칙)

▶ 핵심이론과 함께 알아두면 좋은 보충 및 심화 내용까지 수록하였습니다. 기존의 학습한 내용의 빈틈을 완벽히 보완할 수 있습니다.

이 책의 목차

부록
최신 기출문제
- 2025 국가직(교정직) 9급 기출문제 · · · · · · · · · · · · · · · · · 002
- 2025 국가직(교정직) 9급 기출문제 해설 · · · · · · · · · · · · 037

제1과목
국어
- Chapter 01 문법 · 003
- Chapter 02 어문규정 · 021
- Chapter 03 문학 · 086
- Chapter 04 화법과 작문 · 137
- Chapter 05 독해 대표 유형 · 149
- Chapter 06 언어논리 · 162

제2과목
영어
- Chapter 01 영어 형성 체계 · 170
- Chapter 02 동사 · 181
- Chapter 03 시제 · 199
- Chapter 04 태 · 211
- Chapter 05 조동사 · 219
- Chapter 06 법 · 225
- Chapter 07 명사 · 230
- Chapter 08 관사 · 239
- Chapter 09 대명사 · 244
- Chapter 10 일치 · 255
- Chapter 11 준동사Ⅰ(동명사와 to부정사) · · · · · · · · · · 262
- Chapter 12 준동사Ⅱ(분사) · 276
- Chapter 13 형용사 · 부사 · 285
- Chapter 14 비교 · 299
- Chapter 15 등위접속사와 병치 · · · · · · · · · · · · · · · · · 309
- Chapter 16 접속사 · 313
- Chapter 17 관계사 · 321
- Chapter 18 전치사 · 335
- Chapter 19 특수구문: 도치, 강조, 생략 · · · · · · · · · · 342
- Chapter 20 어휘 · 348

제3과목 한국사

- Chapter 01 역사의 이해 · · · · · 384
- Chapter 02 선사 시대와 국가의 형성 · · · · · 385
- Chapter 03 고대 사회의 발전 · · · · · 388
- Chapter 04 중세 사회의 발전 · · · · · 402
- Chapter 05 근세 사회의 발전 · · · · · 418
- Chapter 06 근대 태동기 사회의 발전 · · · · · 437
- Chapter 07 근대 사회의 발전 · · · · · 454
- Chapter 08 민족의 독립운동 · · · · · 471
- Chapter 09 현대 사회의 발전 · · · · · 488

제4과목 교정학개론

형사정책
- Chapter 01 형사정책의 개관 · · · · · 506
- Chapter 02 범죄원인론 · · · · · 513
- Chapter 03 범죄현상론 · · · · · 564
- Chapter 04 범죄피해자론 · · · · · 566
- Chapter 05 형벌과 보안처분론 · · · · · 574
- Chapter 06 범죄예방과 범죄예측론 · · · · · 625
- Chapter 07 소년범죄론 · · · · · 631

교정학
- Chapter 08 교정학의 이해 · · · · · 649
- Chapter 09 교정시설과 수용제도론 · · · · · 664
- Chapter 10 수용자의 법적 지위와 처우 · · · · · 677
- Chapter 11 교정처우론 – 시설 내 처우 · · · · · 701
- Chapter 12 교정처우론 – 사회적 처우와 사회 내 처우 · · · · · 771
- Chapter 13 교정의 민영화 · · · · · 795

제5과목 형사소송법개론

- Chapter 01 총설 · · · · · 802
- Chapter 02 소송주체와 소송행위 · · · · · 810
- Chapter 03 수사 · · · · · 840
- Chapter 04 공판 · · · · · 897
- Chapter 05 상소, 비상구제절차, 특별절차 · · · · · 973

2025 출제리포트

국어

전반적으로 평이한 난도로 출제되었으며 새로운 문제 유형도 인사혁신처가 공개한 예시문제 범위 안에서 출제되었다. 지문의 길이가 길어져 시간이 관리에 어려움을 느꼈을 수도 있겠으나 출제 기조 전환에 대한 대비가 되어있었다면 문제를 푸는 데 큰 어려움은 없었을 것이다.

국어학	화법과 작문	독해	논리
15%	10%	50%	25%

영어

작년과 비슷한 난도로 출제되었다. 새로운 유형의 문제는 난도가 낮았으나 독해, 문법 영역에서 다소 까다로운 문제가 출제되어 체감 난도는 높았을 것이다. 이와 관련해서 앞으로는 문맥 파악, 빈칸 추론 유형 문제를 중심으로 학습해야 할 것으로 보인다.

어휘	독해	어법	표현
15%	60%	15%	10%

한국사

작년에 비해 쉬운 난도로 출제되었다. 꼼꼼하게 학습한 수험생이라면 쉽게 고득점을 받을 수 있는 난도였던 만큼 작은 실수도 치명적일 수 있는 시험이었다. 사료 및 자료 제시형태 문제가 다수 출제된 점은 눈여겨볼 만하다.

선사시대와 국가의 형성	고대	중세	근세
5%	20%	15%	10%

근대 태동기	근·현대	일제 강점기	시대통합
10%	20%	15%	5%

교정학개론

지엽적이고 높은 난도로 출제되었던 2024년과 달리 비교적 쉬운 난도로 출제되었다. 2024년에 이어 2025년 시험에서도 교정학 영역이 형사정책 영역에 비해 많은 비중을 차지했다는 점으로 미루어 보아 학습 시 영역별 시간 배분에 신중해야 할 것으로 보인다.

교정학	형사정책
80%	20%

형사소송법개론

2024년과 비슷하게 평이한 난도였으나 생소한 지문과 최신 판례가 출제되면서 풀이에 어려움이 있었을 수도 있다. 그러나 주요 판례와 핵심 지문을 중심으로 최신 판례까지 꾸준히 학습한 수험생들이라면 좋은 결과가 있었을 것이라 예상된다.

공판	수사와 공소	상소와 비상구제절차	서론	종합
40%	20%	10%	15%	15%

부록

최신 기출문제

2025년 최신 기출문제

2025년 최신 기출문제 해설

2025년 국가직 9급 국어

01 〈공공언어 바로 쓰기 원칙〉에 따라 〈공문서〉의 ㉠ ~㉣을 수정한 것으로 적절하지 않은 것은?

〈공공언어 바로 쓰기 원칙〉
- 생소한 외래어나 외국어는 우리말로 다듬을 것
- 주어와 서술어의 관계를 명확하게 표현할 것
- 문맥에 맞는 정확한 어휘를 사용할 것
- 지나친 명사 나열을 피하고 적절한 조사와 어미를 활용하여 문장을 구성할 것

〈공문서〉
ㅁㅁ개발연구원
수신   수신처 참조
제목   종합 성과 조사 협조 요청

1. 귀 기관의 무궁한 발전을 기원합니다.
2. 본원은 디지털 교육 ㉠ 마스터플랜 수립을 위해 종합 성과 조사를 실시합니다. 본 조사의 대상은 지난 3년간 ㅁㅁ개발연구원의 주요 사업을 수행한 ㉡ 기업을 대상으로 합니다.
3. 별도의 전문 평가 기관에 조사를 ㉢ 위탁하며, 이 조사 결과를 바탕으로 ㉣ 학교 현장 교수 학습 환경 개선 정책 개발 및 디지털 교육 문화를 정착시키는 데에 기여하고자 합니다. 귀 기관의 협조를 부탁드립니다.

① ㉠: 기본 계획
② ㉡: 기업입니다
③ ㉢: 수주하며
④ ㉣: 학교 현장의 교수 학습 환경을 개선하는 정책을 개발하고

02 〈개요〉의 빈칸에 들어갈 내용으로 적절하지 않은 것은?

〈개요〉
- 제목: 청소년 아르바이트의 실태와 노동 문제 개선 방안
Ⅰ. 청소년 아르바이트의 실태
   1. 열악한 노동 환경 및 복지 혜택 부족
   2. 임금 체불 및 최저 임금제 위반
   3. 사업장 내의 빈번한 폭언 및 폭행 발생
Ⅱ. 청소년 아르바이트의 노동 문제 발생 원인
   1. 청소년의 노동 환경에 대한 실효성 있는 제도 부족
   2. 노동 관계법에 관한 청소년 고용 업주의 인식 부족
   3. 청소년 노동자의 인권을 존중하지 않는 사회의 통념
Ⅲ. 청소년 아르바이트의 노동 문제 개선 방안

① 청소년의 노동 환경 개선을 위한 제도 정비
② 청소년 고용 업주에 대한 노동 관계법 교육과 지도 확대
③ 청소년 노동자의 인권 보호를 위한 사회적 교육 기관 설립
④ 청소년 고용 업체 규모 축소를 위한 정부의 지속적인 감독과 단속

03 다음 글의 (가)와 (나)에 들어갈 말을 적절하게 나열한 것은?

두 개 이상의 형태소로 이루어진 단어를 복합어라 한다. 복합어를 처음 두 개로 쪼갰을 때의 구성 요소를 직접구성요소라고 한다. 이 직접구성요소를 분석한 결과, 둘 중 어느 하나가 접사이면 파생어이고, 둘 다 어근이면 합성어이다. 즉 합성어는 '어근+어근'의 구성인데, 이는 합성어를 구성하는 두 구성 요소 중 어느 것도 접사가 아니라는 말이다.

그런데 '쓴웃음'과 같은 단어에는 접사 '-음'이 있으니까 (가) 가 아니냐고 반문할 수 있다. 그러나 이는 복합어 구분의 기준을 온전히 이해하지 못했기 때문에 나올 수 있는 질문이다. 전술한 바와 같이 복합어가 파생어인지 합성어인지를 결정하는 기준은 처음 두 개로 쪼갰을 때 두 구성 요소의 성격이며, 2차, 3차로 쪼갠 결과는 복합어 구분에 관여하지 않는다. 즉 '쓴웃음'의 두 구성 요소 중의 하나인 '웃음'은 파생어이지만 이 '웃음'이 또 다른 단어 형성에 참여할 때는 (나) (으)로 참여하는 것이다.

	(가)	(나)
①	합성어	접사
②	합성어	어근
③	파생어	접사
④	파생어	어근

04 다음 글을 이해한 내용으로 가장 적절한 것은?

20세기에 접어들면서 우리는 새로운 시대의 변화를 다양한 영역에서 확인할 수 있게 되었다. 문학 영역도 마찬가지였다. 이전과 뚜렷이 구별되는 유형과 성격의 문학작품이 등장하였고, 이에 따라 다양한 독자층이 새롭게 형성되었다. 20세기 초 우리나라의 문학 독자층은 흔히 두 가지로 구분되었다. 하나는 구활자본 고전소설과 일부 신소설의 독자인 '전통적 독자층'이고, 다른 하나는 이 시기 새롭게 등장하여 유행하기 시작한 대중소설, 번안소설, 신문 연재 통속소설을 즐겨 봤던 '근대적 대중 독자층'이다. 전통적 독자층에는 노동자와 농민, 양반, 부녀자 등이 속하고, 근대적 대중 독자층에는 도시 노동자, 학생, 신여성 등이 속했다.

그런데 20세기 초 문학 독자층 중에는 전통과 근대의 두 범주에 귀속시키기 어려운 독자층도 존재했다. 이 시기 신문학의 순수문학 작품, 일본을 비롯한 외국의 순수문학 소설 등을 향유했던 사람들이 바로 그들이다. 문자를 익숙하게 다루고 외국어를 지속적으로 습득한 지식인층은 근대적 대중 독자층과는 다른 문학적 향유 양상을 보여 주었던 것이다. 이들은 '엘리트 독자층'이라고 부를 수 있다.

① 근대적 대중 독자층에서 엘리트 독자층이 분화되어 나왔다.
② 20세기 초의 문학 독자층을 구분하는 기준은 신분과 학력이었다.
③ 엘리트 독자층에 속한 사람들은 우리나라 문학작품 외에도 외국 소설을 읽었다.
④ 근대적 대중 독자층에 속한 사람들은 전통적 독자층에 속한 사람들보다 경제적으로 부유했다.

05 다음 글의 ㉠~㉣ 중 어색한 곳을 찾아 가장 적절하게 수정한 것은?

> 소리는 보통 귀로 듣는다고 생각한다. 그렇지만 앰프에서 강력한 저음이 흘러나오는 것을 듣고 몸이 흔들리는 것을 경험할 때, 우리는 소리를 몸으로 느낀다고 생각하기도 한다. 가청 주파수 대역의 하한인 20Hz보다 낮은 주파수의 진동이 발생하면 ㉠ 우리의 몸은 흔들리지만 귀로는 아무것도 듣지 못한다. 우리는 이 들리지 않는 진동을 '초저주파음'이라고 부른다. ㉡ 귀에 들리지 않는 진동도 소리로 간주할 수 있다는 생각에서이다.
> 높은 주파수의 영역에서도 귀에 들리지 않는 진동이 있다. ㉢ 사람은 보통 20,000Hz 이상의 진동이 귀에 도달하면 소리로 인식한다. 가청 주파수 대역의 상한을 넘어서 더 높은 주파수의 진동이 발생하면 사람의 귀에 들리지 않는 것이다. 이때의 음파를 '초음파'라고 부른다.
> 사람과 동물은 가청 주파수 대역이 다르다. 그래서 동물은 사람에게 들리지 않는 소리를 들을 수 있다. 예컨대 우리와 가까이 지내는 개의 경우, 가청 주파수 대역의 하한은 사람과 비슷하지만 50,000Hz의 진동까지 소리로 인식할 수 있다. 그래서 개는 사람이 듣지 못하는 기척을 알아차리기도 한다. 이는 개의 가청 주파수 대역이 ㉣ 사람의 가청 주파수 대역보다 넓기 때문이다.

① ㉠: 우리의 몸이 흔들리지 않을 뿐 귀로는 저음을 들을 수 있다
② ㉡: 귀에 들리지 않는 진동은 소리로 간주할 수 없다는 생각에서이다
③ ㉢: 사람은 보통 20,000Hz 이상의 진동이 귀에 도달하면 소리로 인식하지 못한다
④ ㉣: 사람의 가청 주파수 대역보다 좁기 때문이다

06 (가)~(라)를 맥락에 맞추어 가장 적절하게 나열한 것은?

> (가) 그 원리를 알려면 LCD와 OLED의 차이를 이해해야 한다. LCD는 다른 조명 장치의 도움을 받아 시각적 효과를 낸다. 다시 말해 스스로 빛을 내지 못한다는 것이다. 따라서 LCD는 화면 뒤에 빛을 공급하는 백라이트가 필요하다는 특성을 갖는다.
> (나) 자유롭게 말았다 펼 수 있는 '롤러블 TV'가 개발되었다. 평소에는 말거나 작게 접어서 간편하게 가지고 다니다가 필요할 때 펴서 사용하는 태블릿이나 노트북이 상용화될 날도 머지않았다. 기존에 우리가 생각하는 텔레비전 화면이나 모니터는 평평하고 딱딱한 것인데, 어떻게 접거나 말 수 있을까?
> (다) OLED 기술은 모양을 자유롭게 변형할 수 있는 모니터 개발을 가능하게 하였다. 딱딱한 유리 대신에 쉽게 휘어지는 특수 유리나 플라스틱을 이용함으로써 둥글게 말았다가 펼 수 있는 화면을 생산할 수 있게 된 것이다.
> (라) 반면 OLED는 화소 단위로 빛의 삼원색을 내는 유기 반도체로 구성되어 있어 스스로 빛을 낼 수 있다. OLED 제품은 화면 뒤에 백라이트를 설치할 필요가 없기 때문에 얇게 만들 수도 있고 특수 유리나 플라스틱으로 제작할 수도 있다.

① (나) - (가) - (다) - (라)
② (나) - (가) - (라) - (다)
③ (다) - (가) - (라) - (나)
④ (다) - (나) - (라) - (가)

[07~08] 다음 글을 읽고 물음에 답하시오.

　동물이 신체의 내부 온도를 정상 범위 안에서 유지하는 과정을 '체온조절'이라고 한다. 체온조절을 위하여 동물은 신체 내부의 물질대사를 통해 열을 발생시키거나 외부 환경에서부터 열을 ㉠획득한다. 조류나 포유류는 체내의 물질대사에 의하여 생성된 열로 체온을 유지하기 때문에 '내온동물'이라고 부른다. 대부분의 내온동물은 외부 온도가 변화해도 안정적으로 체온을 유지한다. 추운 환경에 노출되어도 내온동물은 충분한 열을 생성해서 주변보다 더 따뜻하게 체온을 유지할 수 있다.
　이와 달리 양서류나 많은 종류의 파충류와 어류는 열을 외부에서부터 획득하기 때문에 '외온동물'이라고 부른다. 외온동물은 체온조절을 위한 충분한 열을 생성하지는 않지만 그늘을 찾거나 햇볕을 쬐는 것과 같은 행동을 통해 체온을 ㉡조절한다. 외온동물은 열을 외부에서 얻기 때문에 체내의 물질대사를 통해 큰 에너지를 생성할 필요가 없어서 동일한 크기의 내온동물보다 먹이를 적게 섭취한다.
　한편 체온의 안정성을 기준으로 동물을 '항온동물'과 '변온동물'로 ㉢구분하기도 한다. 주위 환경과 관계없이 비교적 일정한 체온을 유지하는 동물을 항온동물, 주위 환경에 따라서 체온이 변하는 동물을 변온동물이라고 부른다. 한때는 내온동물과 외온동물을 각각 항온동물과 변온동물이라고 부르기도 했다.
　그런데 체온조절을 위해 열을 획득하는 방식과 체온의 안정성을 유지하는 것은 별개의 문제이다. 외온동물에 속하는 많은 종류의 해양 어류는 일정한 온도가 유지되는 물에서 ㉣서식하기 때문에 체온이 크게 변하지 않는다. 반대로 어떤 내온동물은 체온의 변화가 급격하게 일어나기도 한다. 예컨대 박쥐 중에는 겨울잠을 자면서 체온을 40°C나 떨어뜨리는 종류도 있다. 내온동물과 외온동물을 구분하는 방식과 항온동물과 변온동물을 구분하는 방식 사이에는 어떠한 상관관계도 없다.

07 윗글의 중심 내용으로 가장 적절한 것은?

① 내온동물과 외온동물의 특징을 통해 항온동물과 변온동물의 특징을 밝힐 수 있다.
② 체온조절을 위한 열 획득 방식과 체온의 안정성은 동물을 분류하는 서로 다른 기준이다.
③ 동물을 내온동물과 외온동물로 구분하는 기준은 항온동물과 변온동물로 구분하는 기준보다 모호하다.
④ 체온조절을 위한 열 획득 방식보다 체온의 안정성을 유지하는 방식이 동물을 분류하는 더 적합한 기준이 된다.

08 윗글의 ㉠~㉣과 바꿔 쓸 수 있는 유사한 표현으로 적절하지 않은 것은?

① ㉠: 얻는다
② ㉡: 올린다
③ ㉢: 나누기도
④ ㉣: 살기

[09~10] 다음 글을 읽고 물음에 답하시오.

　이집트 벽화에서 신, 파라오, 귀족은 특이한 모습으로 표현된다. 신체의 주요 부위를 이상적으로 보여줄 수 있도록 눈은 정면, 얼굴은 측면, 가슴은 정면, 발은 측면을 향하게 조합하여 그린 것이다. 이는 단일한 시점에서 대상을 표현한 것이 아니라 여러 시점에서 바라본 모습을 하나의 형상에 집약한 것이다. 이렇게 그려진 ㉠ 그들의 모습은 이상적인 부분끼리의 조합을 통해 완전하고 완벽하며 장중한 형상을 보여 주고자 한 의도의 결과이다. 그런데 벽화에 표현된 대상들 중 신, 파라오, 귀족과 같은 고귀한 존재는 이렇게 그려지고, 평범한 일반인은 곧잘 이런 방식과 관계없이 꽤 사실적으로 그려졌다. ㉡ 그들을 서로 다른 방식으로 표현하였다는 점은 이집트 미술이 특정한 이데올로기를 통해 양식화되어 있음을 선명하게 보여 준다.
　이 이데올로기에 따르면, 신과 파라오, 나아가 귀족은 '존재하는 자'이고, 죽을 운명을 가진 평범한 사람들은 그저 '행위하는 자'이다. 평범한 사람들이 일하는 모습을 그릴 때 사실적으로, 그러니까 얼굴이 측면이면 가슴도 측면으로 자연스럽게 그리는 것은, 그들이 썩어 없어질 찰나의 인생을 살고 있기 때문이다. 그러기에 ㉢ 그들은 이 세상에서 실제로 행위하는 모습 그대로 그려진다. 반면 고귀한 존재는 삼라만상의 변화와 관계없이 영원한 세계의 이상을 반영한다. 그러기에 ㉣ 그들은 이상적 규범에 따라 불변의 양식으로 그려진다.
　이렇게 같은 인간을 표현해도 위계에 따라 표현 방식을 달리한 것은 이집트 종교의 영향 때문이다. 이집트 종교는 수직적이고 이원적인 정신성에 그 토대를 두고 있다. 이런 이원론적인 정신성은 양식화된 이상주의적 미술로 표현되는 경향이 있다. 이집트의 벽화가 바로 그 대표적인 사례이다.

09 윗글에서 추론한 내용으로 가장 적절한 것은?

① 이집트의 벽화에서는 존재와 행위를 동등한 가치로 표현하고 있다.
② 이집트의 종교가 가지는 정신성은 이집트의 미술 양식에 영향을 끼쳤다.
③ 이집트의 이상주의적 미술에서는 평범한 사람들은 그리지 않고 고귀한 존재들만 표현하였다.
④ 이집트인들은 신체를 바라보는 독특한 시점을 토대로 예술에 관한 이데올로기를 형성하였다.

10 윗글의 ㉠~㉣ 중 문맥상 지시 대상이 같은 것만으로 묶인 것은?

① ㉠, ㉣
② ㉡, ㉢
③ ㉠, ㉡, ㉣
④ ㉠, ㉢, ㉣

[11~12] 다음 글을 읽고 물음에 답하시오.

조선 시대 소설은 표기 문자에 따라 한자로 ㉠표기한 한문소설과 한글로 표기한 한글소설, 두 가지로 나뉜다. 한문소설은 중국에서 들여온 한문소설, 조선에서 창작한 한문소설, 조선의 한글소설을 ㉡번역한 한문소설로 나뉜다. 그리고 한글소설은 중국 소설을 번역한 한글소설, 조선에서 창작한 한문소설을 번역한 한글소설, 조선에서 창작한 한글소설로 나뉜다. 조선 시대에 많은 한글소설이 창작되어 읽혔지만, 이를 저급한 오락물로 여겼던 당대의 지식인들은 한글소설을 외면했으므로 그에 관해 ㉢기록한 문헌을 거의 남기지 않았다. 반면에 이들은 한문소설, 특히 중국에서 들여온 한문소설을 즐겨 읽고 이에 관한 많은 기록을 남겼다.

중국에서 들여온 한문소설은 조선에서도 인쇄된 책으로 읽혔기 때문에 필사본이 거의 없다. 이와 대조적으로 조선에서 창작한 한문소설은 필사본으로 유통되었다. 조선의 필사본 소설은 뚜렷한 특징을 보이는데, 한문소설을 ㉣필사한 경우는 이본별 내용 차이가 거의 없는 반면 한글소설을 필사한 경우는 그렇지 않다는 점이다. 한글소설은 같은 제목의 소설이라도 내용이 상당히 다른 다양한 이본이 있었다. 이는 한문소설의 독자는 문자 그대로 독자였던 것에 비하여 한글소설의 독자는 독자이면서 이야기를 개작하는 작자이기도 했기 때문이다. 한자에 비해 한글은 익히기 쉽고 그만큼 쓰기도 편해서 한글소설의 필사자는 내용을 바꾸고 싶다는 의지가 있다면 쉽게 바꿀 수 있었다. 한글소설은 인쇄본이 아니라 필사본으로 많이 유통되었기 때문에 (가)옮겨 쓰는 과정에서 다양한 이본이 생겨났다.

조선 시대 소설을 이해하는 데 있어서 소설을 표기한 문자는 무엇보다 중요하다. 표기 문자는 소설의 종류를 나누는 기준이 되었을 뿐만 아니라, 소설의 감상 및 유통, 이본 생산에 직접적인 영향을 미쳤다.

11 윗글에서 추론한 내용으로 가장 적절한 것은?

① 조선 시대의 소설은 한글소설보다 한문소설의 종류가 훨씬 다양했다.
② 조선 시대의 지식인들은 조선에서 창작한 한문소설을 저급한 오락물로 여겼다.
③ 한자로 필사할 때보다 한글로 필사할 때 필사자의 의견이 반영되어 개작되기 쉬웠다.
④ 조선의 필사본 소설 중 한문소설을 필사한 것은 소수였고 한글소설을 필사한 것이 대부분이었다.

12 윗글의 ㉠~㉣ 중 문맥상 (가)의 의미와 가장 가까운 것은?

① ㉠
② ㉡
③ ㉢
④ ㉣

13 다음 글에서 추론한 내용으로 가장 적절한 것은?

> 언어에는 중요한 몇 가지 특징이 있다. 첫째, 언어의 형식인 말소리와 언어의 내용인 의미 간에는 필연적 관계가 없다. 이를 언어의 '자의성'이라 한다. 즉 어떤 내용을 나타내는 형식은 약속으로 정할 뿐이라는 것이다. 둘째, 언어에서 형식과 내용의 관계에 대한 사회적 약속은 한번 정해지면 개인이 쉽게 바꿀 수가 없다. 이를 언어의 '사회성'이라 한다. 셋째, 언어는 시간의 흐름에 따라 사회 구성원이 바뀌면서 끊임없이 변화한다. 이를 언어의 '역사성'이라 한다. 넷째, 하나의 언어 형식은 수많은 구체적 대상이 가진 공통적인 속성을 개념화하여 표현한 것이다. 예컨대 우리는 세상에 존재하는 여러 책상들의 공통적 속성을 추출하여 하나의 언어 형식인 '책상'으로 표현한다. 이를 언어의 '추상성'이라 한다.

① 같은 언어 안에도 다양한 방언 형태가 존재한다는 것은 언어의 자의성을 보여주는 사례이다.
② 가족과 대화할 때는 직장 동료와 대화할 때와 다른 표현을 사용한다는 것은 언어의 사회성을 보여주는 사례이다.
③ 유명인이 개인적으로 사용한 유행어가 시간이 지나도 표준어로 인정되지 않는다는 것은 언어의 역사성을 보여주는 사례이다.
④ 새로운 줄임말이 끊임없이 만들어지고 있다는 것은 언어의 추상성을 보여주는 사례이다.

14 다음 글에서 추론한 내용으로 적절하지 않은 것은?

> 국어의 표준 발음법 규정에서는 이중모음의 발음과 관련한 여러 조항들을 찾을 수 있다. 이중모음은 기본적으로 글자 그대로 발음해야 하지만, 글자와 다르게 발음하는 원칙이 덧붙은 경우도 있다. 이중모음 'ㅢ'의 발음에는 세 가지 원칙이 적용된다. 첫째, 초성이 자음인 음절의 'ㅢ'는 단모음 [ㅣ]로 발음해야 한다. 둘째, 첫음절 이외의 음절에서 'ㅢ'는 이중모음 [ㅢ]로 발음하는 것이 원칙이나 단모음 [ㅣ]로도 발음할 수 있다. 셋째, 조사 '의'는 이중모음 [ㅢ]로 발음하는 것이 원칙이나 단모음 [ㅔ]로도 발음할 수 있다.
>
> 이 세 가지 원칙을 적용하여 발음하려 할 때 원칙 간에 충돌이 발생할 때가 있다. '무늬'의 경우, 첫째 원칙에 따르면 [무니]로 발음해야 하는데 둘째 원칙에 따르면 [무니]도 가능하고 [무니]도 가능하게 된다. 이렇게 첫째와 둘째가 충돌할 때에는 첫째 원칙을 따른다. 하지만 물어본다는 뜻의 명사 '문의(問議)'처럼 앞 음절의 받침이 뒤 음절의 초성으로 오게 되는 경우에는 첫째 원칙이 적용되지 않고 둘째 원칙이 적용된다. '문의 손잡이'에서의 '문의' 역시 받침이 이동하여 발음되기는 하지만 조사 '의'가 포함되어 있다. 이처럼 둘째와 셋째가 충돌하는 상황에서는 셋째 원칙을 따른다.

① '꽃의 향기'에서 '꽃의'는 두 가지 발음이 가능하다.
② '거의 끝났다'에서 '거의'는 한 가지 발음만 가능하다.
③ '편의점에 간다'에서 '편의점'은 두 가지 발음이 가능하다.
④ '한 칸을 띄고 쓴다'에서 '띄고'는 한 가지 발음만 가능하다.

15 다음 대화의 빈칸에 들어갈 말로 가장 적절한 것은?

> 갑: 설명회는 다음 달 셋째 주 목요일이나 넷째 주 목요일에 개최해야 합니다.
> 을: 설명회를 _____.
> 병: 설명회를 다음 달 셋째 주 목요일에 개최하면, 홍보 포스터 제작을 이번 주 안에 완료해야 합니다.
> 정: 여러분의 의견대로 하자면, 반드시 이번 주 안에 홍보 포스터 제작을 완료해야 하겠군요.

① 다음 달 넷째 주 목요일에 개최해야 합니다
② 다음 달 셋째 주 목요일에 개최할 수 없습니다
③ 다음 달 넷째 주 목요일에 개최할 수 없습니다
④ 다음 달 넷째 주 목요일에 개최하면, 이번 주 안에 홍보 포스터 제작을 완료하지 않아도 됩니다

16 (가)~(다)를 전제로 할 때 빈칸에 들어갈 결론으로 가장 적절한 것은?

> (가) 인공일반지능이 만들어지거나 인공지능 산업이 쇠퇴한다.
> (나) 인공일반지능이 만들어지면, 인간의 생활이 편리해지는 동시에 많은 사람이 직장을 잃는다.
> (다) 인공지능 산업이 쇠퇴하면, 많은 사람이 직장을 잃는 동시에 세계 경제가 침체된다.
> 따라서 _____.

① 세계 경제가 침체된다
② 인간의 생활이 편리해진다
③ 많은 사람이 직장을 잃는다
④ 인간의 생활이 편리해지고 세계 경제가 침체된다

17 다음 진술이 모두 참일 때 반드시 참인 것은?

> • 갑이 제주도 출장을 가면, 을은 제주도 출장을 가지 않는다.
> • 을이 제주도 출장을 가지 않으면, 병은 휴가를 내지 않는다.
> • 병이 휴가를 낸다.

① 갑이 제주도 출장을 가지 않는다.
② 을이 제주도 출장을 가지 않는다.
③ 갑이 제주도 출장을 가고 병은 휴가를 낸다.
④ 을이 제주도 출장을 가고 병은 휴가를 내지 않는다.

18 다음 글의 논지를 강화하는 것으로 가장 적절한 것은?

> A국은 도시 이외 지역의 초중고 교사가 부족하다. 이 상황을 심각하게 받아들인 A국 정부는 도시 이외 지역의 교사 충원율을 높이기 위해, 도시 이외 지역의 교사 연봉을 10% 인상하고 교사 양성 프로그램을 확대하는 정책을 제시했다. 하지만 이 정책은 근본적인 해결책이 되기 어렵다. 문제를 해결하기 위해서는, 단기간에 교사의 수를 늘리거나 교사의 연봉을 인상하기보다는 도시 이외의 지역에서 근무할 수 있는 충분한 교육 환경과 사회 기반 시설을 확보하는 것이 급선무이다. 현직 교사들뿐 아니라 교사를 지망하는 대학 졸업 예정자들 다수는 교육 환경과 사회 기반 시설이 열악한 도시 이외의 지역에서 일하기를 꺼리기 때문이다.

① A국은 정부의 교육 예산이 풍부해서 도시 이외 지역의 교육 환경과 도시의 교육 환경에 별 차이가 없다는 것이 밝혀졌다.
② A국에서 도시 이외의 지역에 근무하던 사회 초년생들이 연봉을 낮추어서라도 도시로 이직한 주된 이유는 교통 시설의 부족으로 밝혀졌다.
③ A국과 유사한 상황이었던 B국에서는 교사 연봉을 5% 인상한 후, 도시 이외 지역의 학생 1인당 교사 비율이 크게 증가했다.
④ A국과 유사한 상황이었던 C국에서는 교사 양성 프로그램을 확대한 이후에 도시뿐 아니라 도시 이외의 지역에서 교사의 수가 크게 증가했다.

19 다음 글의 (가)를 강화하는 것으로 가장 적절한 것은?

> 쿤은 자연과학과 사회과학 모두를 포함하는 과학의 발전 단계를 세 시기로 구분한다. 패러다임을 한 번도 정립하지 못한 전정상과학 시기, 하나의 패러다임이 지배하는 정상과학 시기, 기존 패러다임이 새 패러다임으로 교체되는 과학혁명 시기가 그것이다. 패러다임은 모든 과학자에게 동일한 연구 방향 및 평가 기준을 따르게 하여, 연구의 효율성을 높이고 과학의 발전 단계를 성숙한 수준으로 올려놓는다. 한 번도 패러다임을 정립하지 못해 전정상과학 시기에 머물러 있는 과학 분야는 과학자 모두가 제각기 연구 활동을 한다. 과학의 발전 단계상 성숙한 수준에 도달하지 못한 것이다. 어떤 과학 분야라도 패러다임을 정립하면 정상과학 시기에 들어서게 되는데, 그 뒤에 다시 전정상과학 시기로 되돌아갈 수는 없다. 정상과학 시기는 언제나 과학혁명 시기로 이어지고, 과학혁명 시기는 언제나 정상과학 시기로 이어지기 때문이다. 정상과학 시기의 과학자는 동일한 패러다임에 따라, 과학혁명 시기의 과학자는 기존 패러다임 혹은 새 패러다임에 따라 과학 활동을 하기에 그 두 시기에 있는 과학 분야는 모두 성숙한 수준에 도달해 있는 것이다. 이 구분에 따를 때, (가) 일부 사회과학 분야는 과학의 발전 단계상 아직도 성숙한 수준에 도달하지 못했다는 것이 쿤의 진단이다.

① 패러다임이 교체된 적이 있지만 과학자들의 연구 방향 및 평가 기준이 동일한 사회과학 분야가 있다.
② 패러다임이 교체되는 중이고 과학자들의 연구 방향 및 평가 기준이 서로 다른 사회과학 분야가 있다.
③ 패러다임이 정립된 적이 있지만 과학자들의 연구 방향 및 평가 기준이 서로 다른 사회과학 분야가 있다.
④ 패러다임이 정립된 적이 없고 과학자들의 연구 방향 및 평가 기준이 서로 다른 사회과학 분야가 있다.

20 다음 대화를 분석한 내용으로 적절하지 않은 것은?

> 보은: 기차가 달리고 있는 선로에 다섯 명의 인부가 일하고 있고, 그들에게 그 기차를 피할 시간적 여유는 없어. 그런데 스위치를 눌러서 선로를 변경하면 다섯 명의 인부 대신 다른 선로에 있는 한 사람이 죽게 돼. 이 선택의 딜레마 상황에서 너희들은 어떻게 할 거야?
> 소현: 이런 경우엔 행위에 따른 결과가 선택의 기준이 된다고 생각해. 그래서 나는 스위치를 눌러서 한 명이 죽더라도 다섯 명을 살리는 선택을 할 거야. 그건 결과적으로 봤을 때 불가피한 조치 아니겠어?
> 은주: 글쎄, 행위에 따른 결과보다 행위 자체의 도덕성을 기준에 두어야 하는 거 아니야? 행위 자체의 도덕성을 따진다면, 스위치를 눌러서 사람을 '죽이는 것'과 아무것도 하지 않고 '죽게 내버려 두는 것' 중에 당연히 살인에 해당하는 전자가 더 나쁘지.
> 보은: 나도 그렇게 생각해. 스위치를 누르면 살인이고, 누르지 않으면 방관일 텐데, 법적인 측면에서 보더라도 전자는 후자보다 무겁게 처벌되잖아. 게다가 생명의 가치는 수량화할 수 없으니 한 사람보다 다섯 사람이 가지는 생명의 가치가 더 크다고 말할 수 없어.
> 영민: 생명의 가치를 수량화할 수 없다는 데 원론적으로는 나도 동의해. 하지만 지금처럼 불가피한 선택의 상황에서 무엇보다 우선해야 할 것은 명확한 기준을 세우는 일이야. 나는 이 상황에서 어떻게 하면 죽는 사람의 수를 최소화하는가가 그 기준이 되어야 한다고 생각해.

① 스위치를 누르는 일을 살인으로 본다는 점에 대해 은주는 보은과 견해를 같이한다.
② 생명의 가치를 수량화할 수 없다는 점에 대해 영민은 원론적으로는 보은과 견해를 같이한다.
③ 선택의 딜레마 상황에서 소현은 행위에 따른 결과를, 은주는 행위 자체의 도덕성을 선택의 기준으로 삼는다.
④ 인명피해가 불가피한 선택의 상황에 놓인다면, 영민은 죽는 사람의 수를 최소화하는 선택을 하고, 소현은 그렇게 하지 않는다.

2025년 국가직 9급 영어

[01~05] 밑줄 친 부분에 들어갈 말로 가장 적절한 것을 고르시오.

01

All international travelers must carry acceptable _____ when entering Canada. For example, a passport is the only reliable and universally accepted document when traveling abroad.

① currency
② identification
③ insurance
④ luggage

02

We are polluting the oceans, killing the fish and thereby _____ ourselves of invaluable food supply.

① depriving
② informing
③ accusing
④ curing

03

Whitworths, a retailer offering online grocery shopping, says it has discovered that some staff members who are paid a salary _____ paid enough in recent years.

① may not have been
② should not have
③ would not be
④ will not be

04

 Alex Brown
Hello. Do you remember we have a meeting with the city hall staff this afternoon?
10:10 am

 Cathy Miller
Is it today? Isn't it tomorrow?
10:11 am

 Alex Brown
I'll check my calendar.
10:11 am

I'm sorry, I was mistaken. The meeting is at 2 pm tomorrow.
10:13 am

Cathy Miller
Yes, that's right.
10:13 am

 Alex Brown
You know we don't have to go to city hall for the meeting, right?
10:15 am

Cathy Miller
_____.
It's sometimes more convenient.
10:16 am

 Alex Brown
I agree. Please share the meeting URL. Also, could you send me the ID and password?
10:19 am

Cathy Miller
Sure, I'll share them via email and text.
10:19 am

① Yes, it's an online meeting
② Yes, be sure to reply to the email
③ No, I didn't receive your text message
④ No, I don't have another meeting today

05

A: Aren't you going to have lunch?
B: No, I'm not hungry. I'd rather read my book. I'm reading *The Lucky Club*.
A: *The Lucky Club*? What's it about?
B: Well, it's about a group of Korean women who live in Los Angeles. The main character is a woman born in America whose mother came from Korea.
A: It sounds interesting. Who's it by?
B: _____.
A: She wrote *The Heroine Generation*, too, didn't she?
B: No, that was written by May Lee.
A: Oh, I see.

① I have already read it
② Lin Lee is the author
③ It originally belongs to me
④ She is one of my relatives in Korea

[06~07] 다음 글을 읽고 물음에 답하시오.

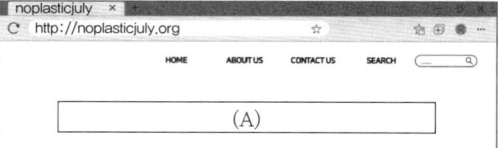

(A)

Each year in July people all over the world aim to exclude common plastic waste items from their daily life, opting instead for reusable containers or those made from biodegradable materials. We think this is a great idea and why not make it a year-round effort at home and in the workplace.

The vision started in Western Australia in 2011 and has since moved across the world to help promote the vision and stop the earth becoming further saturated with plastic materials which are part of our convenience lifestyle.

Lots of items are designed to be used once and disposed of. They fill up bins in homes, schools, at work and on streets across the world.

You can assist in achieving the goal of having a world without plastic waste.

Choose what you will do
▫ Avoid single-use plastic packaging
▫ Target the takeaway items that could end up in the ocean
▫ Go completely plastic free

I will participate
▫ for 1 day   ▫ for 1 week
▫ for 1 month ▫ from now on

06 (A)에 들어갈 윗글의 제목으로 가장 적절한 것은?

① Development of Single-Use Items
② Join the Plastic-Free Challenge
③ How to Dispose of Plastic Items
④ Simple Ways to Save Energy

07 윗글에서 캠페인에 관한 내용과 일치하지 않는 것은?

① 2011년 서호주에서 시작되었다.
② 플라스틱 과다 사용을 줄이기 위해 전 세계로 확산되었다.
③ 실천할 활동을 선택하여 참여할 수 있다.
④ 최대 한 달까지 참여할 수 있다.

[08~09] 다음 글을 읽고 물음에 답하시오.

Consular services

We welcome all feedback about our consular services, whether you receive them in the UK or from one of our embassies, high commissions or consulates abroad. Tell us when we get things wrong so that we can <u>assess</u> and improve our services.

If you want to make a complaint about a consular service you have received, we want to help you resolve it as quickly as possible. If you are complaining on behalf of someone else, we must have written, signed consent from that person allowing us to share their personal information with you before we can reply.

Send details of your complaint to our feedback contact form. We will record and examine your complaint, and use the information you provide to help make sure that we offer the best possible help and support to our customers. The relevant embassy, high commission or consulate will reply to you.

08 밑줄 친 assess의 의미와 가장 가까운 것은?

① upgrade
② prolong
③ evaluate
④ render

09 윗글의 목적으로 가장 적절한 것은?

① to give directions to the consulate
② to explain how to file complaints
③ to lay out the employment process
④ to announce the opening hours

10 다음 글의 주제로 가장 적절한 것은?

Young people are fast learners. They are energetic, active and have a 'can-do' mentality. Given the support and right opportunities, they can take the lead in their own development as well as the development of their communities. In many developing countries, agriculture is still the largest employer and young farmers play an important role in ensuring food security for future generations. They face many challenges, however. For example, it is very difficult to own land or get a loan if you do not have a house— which, if you are young and only just starting your career, is often not yet possible. Working in agriculture requires substantial and long-term investments. It is also quite risky and uncertain, because it relies heavily on the climate: flooding, drought and storms can damage and destroy farmers' crops and affect livestock.

① the economic advantages of working in the agricultural sector
② the importance of technology in modern farming practices
③ the roles of young farmers and the challenges they face
④ young people's efforts for urban development

11 다음 글의 목적으로 가장 적절한 것은?

```
To: citycouncil@woodville.gov
From: headcouncil@woodville.gov
Date: April 3, 2025
Subject: Attention Council
```

Dear Members of the Woodville City Council,

I am writing to inform you of several issues in our community that need attention. A resident, John Smith, of 123 Elm Street, has reported problems with the road conditions on Elm Street, especially between Maple Avenue and Oak Street. There are many potholes and cracks that have worsened after recent heavy rain, causing traffic disruptions and safety hazards. Even though temporary repairs have been made, the problems continue.

The resident is also concerned about poor lighting in Central Park, especially along Park Lane, because broken or missing streetlights have led to minor accidents and lowered property values. He requests that the Council repair Elm Street and improve the lighting in the park.

I urge the Council to address these issues for the safety and well-being of our community. Thank you for your attention to these matters. I trust we will work together to resolve these issues effectively.

Sincerely,

Stephen James
Head of Woodville City Council

① to express gratitude to the Council for their efforts
② to invite the Council to visit Central Park
③ to solicit the Council to deal with the community problems
④ to update the Council on recent repairs made in the area

[12~13] 밑줄 친 부분 중 어법상 옳지 않은 것을 고르시오.

12

The city opened the Smart Senior Citizens' Center, a leisure facility that offers ① customized programs for the elderly. It ② features virtual activities such as silver aerobics and ③ laughter therapy, monitors health metrics in collaboration with public health centers, and ④ including indoor gardening activities.

13

Fire served humans in many ways besides ① cooking. With it they could begin ② rearranging environments to suit themselves, clearing land to stimulate the growth of wild foods and ③ opening landscapes to encourage the proliferation of food animals that could be later driven by fire to a place ④ choosing to harvest them.

14 다음 글의 내용과 일치하지 않는 것은?

KIDS SUMMER ART CAMP 2025

Join the Stan José Art Museum (SJAM) for a week of fun!
Campers get behind-the-scenes access to exhibitions, experiment with the artistic process, and show off their own work in a student exhibition.

WHO

For children ages 6 - 14
Each camper will receive individual artistic support, encouragement, and creative challenges unique to their learning style and skill level.

WHAT

Join SJAM for a summer art camp that pairs creative exploration of art materials and processes led by our experienced gallery teachers and studio art educators. In addition, campers will engage in interpretive art and science lessons created by Eddie Brown, a STEM consultant.

ART CAMP EXHIBITION

We invite families and caregivers to attend a weekly exhibition reception of campers' artwork to celebrate the artistic achievements of each participant.

WHEN

All camps run 9 am - 3 pm, Monday - Friday.
Monday, June 9 - Friday, July 25 (no camp the week of June 30)

① Campers will have opportunities to display their work in a student exhibition.
② The camp includes individual artistic support for children ages 6 - 14.
③ A STEM consultant developed interpretive art and science lessons.
④ The camp runs with no break between June 9 and July 25.

15 다음 글의 내용과 일치하는 것은?

Department of Health and Human Services

Mission Statement

The mission of the Department of Health and Human Services (HHS) is to enhance the health and well-being of all individuals in the nation, by providing for effective health and human services and by fostering sound, sustained advances in the sciences underlying medicine, public health, and social services.

Organizational Structure

HHS accomplishes its mission through programs and initiatives that cover a wide spectrum of activities. Eleven operating divisions, including eight agencies in the Public Health Service and three human services agencies, administer HHS's programs. While HHS is a domestic agency working to protect and promote the health and well-being of the American people, the interconnectedness of our world requires that HHS engage globally to fulfill its mission.

Cross-Agency Collaborations

Improving health and human services outcomes cannot be achieved by the Department on its own; collaborations are critical to achieve our goals and objectives. HHS collaborates closely with other federal departments and agencies on cross-cutting topics.

① HHS aims to improve the health and well-being of low-income families only.
② HHS's programs are administered by the eleven operating divisions.
③ HHS does not work with foreign countries to complete its mission.
④ HHS acts independently from other federal departments and agencies to achieve its goals.

16 주어진 문장이 들어갈 위치로 가장 적절한 것은?

> Schedule your time in a way that relegates distracting activities, such as news consumption and social-media scanning, to prescribed times.

When you learn to drive, you are taught to maintain a level of situational awareness that is wide enough to help you anticipate problems but not so wide that it distracts you. The same goes for your project. (①) You need to know what's going on around you that might affect your life and work, but not what is irrelevant to these things. (②) I am not advocating a "full ostrich" model of ignoring the outside world entirely. (③) Rather, I mean to recommend ordering your information intake so that extraneous stuff doesn't eat up your attention. (④) Perhaps you could decide to read the news for 30 minutes in the morning and vegetate* on social media for 30 minutes at the end of the day.

* vegetate: 하는 일 없이 지내다

17 다음 글의 흐름상 어색한 문장은?

As OECD countries prepare for an AI revolution, underscored by rapid advancements in generative AI and an increased availability of AI-skilled workers, the landscape of employment is poised for significant change. ① To navigate this shift, it's critical to prioritise training and education to equip both current and future workers with the necessary skills, and to support displaced workers with adequate social protection. ② Additionally, safeguarding workers' rights in the face of AI integration and ensuring inclusive labour markets become paramount. ③ Social dialogue will also be key to success in this new era. ④ Many experts believe that AI will completely replace all human jobs within the next decade. Together, these actions will ensure that the AI revolution benefits all, transforming potential risks into opportunities for growth and innovation.

18 주어진 글 다음에 이어질 글의 순서로 가장 적절한 것은?

The idea that society should allocate economic rewards and positions of responsibility according to merit is appealing for several reasons.

(A) An economic system that rewards effort, initiative, and talent is likely to be more productive than one that pays everyone the same, regardless of contribution, or that hands out desirable social positions based on favoritism.

(B) Rewarding people strictly on their merits also has the virtue of fairness; it does not discriminate on any basis other than achievement.

(C) Two of these reasons are generalized versions of the case for merit in hiring—efficiency and fairness.

① (A) - (C) - (B)
② (B) - (C) - (A)
③ (C) - (A) - (B)
④ (C) - (B) - (A)

[19~20] 밑줄 친 부분에 들어갈 말로 가장 적절한 것을 고르시오.

19

Active listening is an art, a skill and a discipline that takes _____. To develop good listening skills, you need to understand what is involved in effective communication and develop the techniques to sit quietly and listen. This involves ignoring your own needs and focusing on the person speaking—a task made more difficult by the way the human brain works. When someone talks to you, your brain immediately begins processing the words, body language, tone, inflection and perceived meanings coming from the other person. Instead of hearing one noise, you hear two: the noise the other person is making and the noise in your own head. Unless you train yourself to remain vigilant, the brain usually ends up paying attention to the noise in your own head. That's where active listening techniques come into play. Hearing becomes listening only when you pay attention to what the person is saying and follow it very closely.

① a sense of autonomy
② a creative mindset
③ a high degree of self-control
④ an extroverted personality

20

> The holiday season is a time to give thanks, reflect on the past year, and spend time with family and friends. However, if you're not careful, it can also be a time you overspend on holiday purchases. People have an innate impulse to overspend, experts say. They are "wired" to be consumers. The short-term gratification of giving gifts to loved ones can eclipse the long-term focus that's needed to be good with money. That's where many people fall short. We can overspend because our long-term goals are much more abstract, and it actually requires us to do extra levels of cognitive processing to delay instant gratification. Additionally, consumers may feel _____ because they don't want to appear "cheap." Many companies also promote deals during the holidays that can encourage people to spend more than usual.

① a desire to work at overseas companies
② responsible for establishing their long-term goals
③ like limiting their spending during the holiday season
④ the social pressure to spend more than they might like

2025년 국가직 9급 한국사

01 다음 설명에 해당하는 문화유산은?

> 고래 잡는 사람, 호랑이, 사슴, 물을 뿜고 있는 고래, 작살이 꽂혀 있는 고래 등이 바위에 묘사되어 있다. 당시 이 지역 사람들의 생활 모습과 신앙, 예술 세계를 이해하는 데 중요한 자료이며 국보로 지정되어 있다.

① 고령 장기리 암각화
② 황해 안악 3호분 행렬도
③ 경주 천마총 장니 천마도
④ 울주 대곡리 반구대 암각화

02 (가)에 해당하는 기구는?

> (가) 은/는 원래 여진족과 왜구의 침입에 대비하기 위해 만든 임시회의 기구였다. 임진왜란을 거치면서 전·현직 정승을 비롯한 주요 관원이 참여하였고, 군사 문제뿐 아니라 외교, 재정, 인사 등 국정 전반을 다루었다. 이로 인해 의정부와 6조의 기능이 축소되었다.

① 비변사
② 삼군부
③ 상서성
④ 집사부

03 밑줄 친 '이 나라'에 대한 설명으로 옳은 것은?

> 이 나라는 고구려의 옛 땅이다. …(중략)… 곳곳에 촌락이 있는데 모두 말갈의 부락이다. 그 백성은 말갈이 많고 토인(土人)이 적은데, 모두 토인을 촌장으로 삼는다.
> — 『유취국사』 —

① 골품제를 실시하였다.
② 군사조직으로 9서당 10정을 두었다.
③ 영락이라는 독자적인 연호를 사용하였다.
④ 지방 행정 구역을 5경 15부 62주로 나누었다.

04 다음 업적이 있는 왕의 재위 기간에 볼 수 있는 모습은?

> • 우리 풍토에 맞는 농서인 『농사직설』을 편찬하였다.
> • 최윤덕과 김종서를 파견하여 4군 6진을 개척하였다.

① 송파장에 담배를 사려고 나온 농민
② 금난전권 폐지에 항의하는 시전 상인
③ 전분6등법을 처음 시행하기 위해 찬반 의견을 묻는 관료
④ 천주교 신자가 되어 어머니 제사를 거부하는 유생

05 밑줄 친 '왕'의 재위 기간에 있었던 사실로 옳은 것은?

> 왕이 신돈에게 국정을 맡겼다. 신돈은 힘있는 자들이 나라의 토지와 약한 자들의 토지를 모두 빼앗고 양민을 자신들의 노비로 삼고 있는 현실을 지적하였다. 그리고 관청을 만들어 그 문제를 개혁하려고 했다.

① 사심관 제도를 실시하였다.
② 정동행성 이문소를 폐지하였다.
③ 광덕, 준풍 등의 연호를 사용하였다.
④ 최승로의 시무 28조 건의를 수용하였다.

06 밑줄 친 '이곳'에 대한 설명으로 옳은 것은?

> • 이곳의 고인돌 유적은 유네스코 세계문화유산에 등재되었다.
> • 고려 정부는 이곳으로 천도하여 몽골의 침략에 대항하였다.

① 장보고가 청해진을 설치하였다.
② 정묘호란으로 인조가 피신하였다.
③ 원나라가 탐라총관부를 두었다.
④ 영국군이 러시아를 견제한다는 구실로 주둔하였다.

07 다음 설명에 해당하는 기구는?

> 개항 이후 정세 변화에 대응하여 개혁을 추진하기 위해 설립된 기구로 외교, 군사 등 개화와 관련된 정책을 총괄하였다. 또한 그 아래 12사를 두어 실무를 담당하게 하였다.

① 교정청
② 삼정이정청
③ 군국기무처
④ 통리기무아문

08 다음 사건 발생 이후에 있었던 사실로 옳은 것은?

> 노비 만적 등 6인이 개경의 북산에서 나무하다가 공노비와 사노비들을 불러 모의하기를, "정중부의 반란과 김보당의 반란 이후로 고관이 천민과 노비에서 많이 나왔다. 장상(將相)의 씨가 따로 있으랴!"라고 하였다.

① 정방 설치
② 동북 9성 축조
③ 노비안검법 실시
④ 상수리 제도 시행

09 밑줄 친 '그'에 대한 설명으로 옳은 것은?

> 그는 『양반전』을 지어 양반 사회의 허위의식을 고발하였다. 그는 상공업 진흥에도 관심을 기울여 수레와 선박의 이용 등에 대해서도 주목하였다.

① 효종의 북벌 운동을 지지하였다.
② 『과농소초』에서 한전제를 주장하였다.
③ 화성 건설을 위해 거중기를 설계하였다.
④ 우리 역사를 체계화한 『동사강목』을 저술하였다.

10 다음 사실이 있었던 왕대의 설명으로 옳은 것은?

> • 김흠돌의 난을 계기로 진골 귀족 세력 등을 숙청하였다.
> • 녹읍을 폐지하여 귀족의 경제적 기반을 약화하고자 하였다.

① 국학을 설립하였다.
② 불교를 공인하였다.
③ 독서삼품과를 시행하였다.
④ 이사부를 보내 우산국을 정벌하였다.

11 (가), (나) 사이 시기에 있었던 사실로 옳은 것은?

> (가) 왕이 보병과 기병 5만 명을 보내 신라를 구원하게 하였고, 이에 왜군이 퇴각하였다.
> (나) 백제 왕이 가야와 함께 관산성을 공격하였다. 신주군주 김무력이 나아가 교전을 벌였고, 비장인 도도가 백제 왕을 죽였다.

① 고구려가 낙랑군을 몰아냈다.
② 신라가 금관가야를 병합하였다.
③ 고구려가 안시성에서 당군을 물리쳤다.
④ 백제가 평양성에서 고국원왕을 전사시켰다.

12 다음 자료를 통해 알 수 있는 단체에 대한 설명으로 옳은 것은?

> 남만주로 집단 이주하려고 기도하고, 조선에서 상당한 재력이 있는 사람들을 그곳에 이주시켜 토지를 사들이고 촌락을 세워, …(중략)… 학교를 세워 민족 교육을 실시하고, 무관학교를 설립하여 문무를 겸하는 교육을 실시하면서, 기회를 엿보아 독립 전쟁을 일으켜 구한국의 국권을 회복하려고 하였다.
> – 「105인 사건 판결문」 –

① 만민공동회를 개최하였다.
② 민립대학 설립 운동을 추진하였다.
③ 비밀결사의 형태로 활동을 전개하였다.
④ 광주학생항일운동이 일어나자 진상조사단을 파견하였다.

13 밑줄 친 '왕'의 재위 기간에 있었던 사실로 옳은 것은?

> 영의정 이원익은 공물 제도가 방납인에 의한 폐단이 크며, 경기도가 특히 심하다고 생각하였다. 그래서 별도의 관청을 만들어 경기 지역 백성들에게 봄과 가을에 토지 1결마다 8두씩 쌀로 거두고, 이것을 방납인에게 주어 수시로 물품을 구입하여 납부하게 하자고 왕에게 건의하였다. 왕은 그 의견을 받아들였다.

① 삼수병으로 구성된 훈련도감을 설치하였다.
② 조광조 등 사림을 등용하여 훈구세력을 견제하였다.
③ 유능한 관료를 재교육하는 초계문신 제도를 시행하였다.
④ 일본과 제한된 범위의 무역을 허용하는 기유약조를 맺었다.

14 밑줄 친 '이 개혁'의 내용으로 옳은 것은?

> 이 개혁에 따라 의정부를 내각으로, 8아문을 7부로 고쳤다. 또한 지방 8도는 23부로 개편하였다.

① 외국어 통역관 양성을 위한 동문학을 세웠다.
② 미국인 교사를 초빙한 육영공원을 창립하였다.
③ 교원양성을 위해 한성사범학교 관제를 발표하였다.
④ 상공학교와 광무학교 등의 실업학교를 설립하였다.

15 밑줄 친 '이 지역'에 있는 문화유산은?

> 백제는 5세기 고구려의 공격으로 한강 유역을 상실하면서 수도가 함락되어 이 지역으로 도읍을 옮겼다.

① 몽촌토성
② 무령왕릉
③ 미륵사지 석탑
④ 용현리 마애여래삼존상

16 밑줄 친 '이 지역'에 대한 설명으로 옳은 것은?

> 이 지역에서 권업회라는 독립운동 단체가 조직되었고, 권업회는 국외 무장 독립 단체들을 모아 대한 광복군 정부라는 독립군 조직을 만들었다.

① 동제사가 창립되었다.
② 경학사가 조직되었다.
③ 한인촌인 신한촌이 형성되었다.
④ 대조선 국민 군단이 창설되었다.

17 밑줄 친 '그'에 대한 설명으로 옳은 것은?

> 그는 문종의 넷째 아들인데, 출가하여 승려가 되었다. 송나라로 유학을 가서 화엄학과 천태학을 공부하였다. 이후 천태학을 부흥시켜 천태종을 창립하였다.

① 유·불 일치설을 주장하였다.
② 백련사에서 결사를 조직하였다.
③ 정혜쌍수의 수행법을 제시하였다.
④ 『신편제종교장총록』을 편찬하였다.

18 다음 글을 쓴 인물에 대한 설명으로 옳은 것은?

> 대저 우리나라가 아시아의 중립국이 된다면 러시아를 방어하는 큰 기틀이 될 것이고, 또 아시아의 여러 대국이 서로 보전하는 정략도 될 것이다. …(중략)… 이는 비단 우리나라만을 위한 것이 아니라 중국의 이익도 될 것이고, 여러 나라가 서로 보전하는 계책도 될 것이니 무엇이 괴로워서 하지 않겠는가.

① 영남 만인소 사건을 주도하였다.
② 미국에 파견된 보빙사의 일원이었다.
③ 제2차 수신사로 『조선책략』을 조선에 가지고 왔다.
④ 왜양일체론을 내세우며 개항반대운동을 전개하였다.

19 다음 강령을 발표한 단체에 대한 설명으로 옳은 것은?

> 1. 부호의 의연금 및 일본인이 불법 징수하는 세금을 압수하여 무장을 준비한다.
> 6. 일본인 고관 및 한국인 반역자를 수시 수처에서 처단하는 행형부를 둔다.
> 7. 무력이 완비되는 대로 일본인 섬멸전을 단행하여 최후 목적의 달성을 기한다.

① 「조선 혁명 선언」을 활동 지침으로 삼았다.
② 일본에 국권 반환 요구서를 보내려 하였다.
③ 박상진을 총사령으로 하여 공화정체를 지향하였다.
④ 대한민국 임시정부의 김구가 중심이 되어 창설하였다.

20 밑줄 친 '이 헌법' 공포 이후에 있었던 사실로 옳은 것은?

> 제헌 국회는 "유구한 역사와 전통에 빛나는 우리들 대한국민은 기미 삼일운동으로 대한민국을 건립하여 세계에 선포한 위대한 독립정신을 계승하여 이제 민주독립국가를 재건함에 있어서"라고 명시한 이 헌법을 공포하였다.

① 미군정청이 설치되었다.
② 5·10 총선거가 실시되었다.
③ 반민족 행위 처벌법이 공포되었다.
④ 한국의 독립을 언급한 카이로 회담이 개최되었다.

2025년 국가직 9급 교정학개론

01 손베리(Thornberry)의 상호작용이론(interactional theory)에 대한 설명으로 옳은 것은?

① 사회통제이론과 사회학습이론을 결합한 통합이론이다.
② 청소년의 비행경로를 조기 개시형(early starters)과 만기 개시형(late starters)으로 구분한다.
③ 사회적 반응이 일탈의 특성과 강도를 규정하는 원인이다.
④ 사회학습 요소로 차별접촉, 차별강화, 애착, 모방을 제시한다.

02 「형의 집행 및 수용자의 처우에 관한 법률」상 미결수용자의 처우에 대한 설명으로 옳지 않은 것은?

① 소장은 미결수용자가 징벌집행 중인 경우 변호인과의 접견 시간과 횟수를 제한할 수 있다.
② 소장은 도주우려가 크거나 특히 부적당한 사유가 있다고 인정하면 미결수용자의 재판 참석 시 교정시설에서 지급하는 의류를 입게 할 수 있다.
③ 미결수용자의 머리카락과 수염은 특히 필요한 경우가 아니면 본인의 의사에 반하여 짧게 깎지 못한다.
④ 미결수용자와 변호인과의 접견에는 교도관이 참여하지 못하지만 보이는 거리에서 미결수용자를 관찰할 수 있다.

03 「교도작업의 운영 및 특별회계에 관한 법률」상 교도작업에 대한 설명으로 옳은 것은?

① 특별회계는 교도소장이 운용·관리한다.
② 특별회계의 결산상 잉여금은 다음 연도의 세입에 이입한다.
③ 교도작업으로 생산된 제품은 민간기업 등에 직접 판매할 수 없다.
④ 법무부장관은 교도작업으로 생산되는 제품의 종류와 수량을 회계연도 개시 2개월 전까지 공고하여야 한다.

04 「형의 집행 및 수용자의 처우에 관한 법률 시행규칙」상 경비처우급 조정 등에 대한 설명으로 옳지 않은 것은?

① 형기의 6분의 5에 도달한 자에 대한 정기재심사의 경우, 경비처우급 상향 조정의 평정소득점수 기준은 7점 이상이다.
② 경비처우급 하향 조정의 평정소득점수 기준은 5점 이하이다.
③ 조정된 처우등급에 따른 처우는 그 조정이 확정된 날부터 한다.
④ 소장은 수형자의 경비처우급을 조정한 경우에는 지체 없이 해당 수형자에게 그 사항을 알려야 한다.

05 「형의 집행 및 수용자의 처우에 관한 법률」상 수용자가 정보공개를 청구할 수 있는 대상이 아닌 것은?

① 법무부장관
② 교정본부장
③ 지방교정청장
④ 소장

06 「치료감호 등에 관한 법률」상 치료감호에 대한 설명으로 옳지 않은 것은?

① 마약류 중독으로 금고 이상의 형에 해당하는 죄를 지어, 치료감호시설에서 치료를 받을 필요가 있고 재범의 위험성이 있는 자의 치료감호 기간은 2년을 초과할 수 없다.
② 피치료감호자에 대한 치료감호가 가종료되었을 때 보호관찰기간은 3년으로 한다.
③ 치료감호와 형(刑)이 병과(倂科)된 경우에는 치료감호를 먼저 집행하며, 이 경우 치료감호의 집행기간은 형 집행기간에서 제외한다.
④ 법무부장관은 연 2회 이상 치료감호시설의 운영실태 및 피치료감호자등에 대한 처우상태를 점검하여야 한다.

07 갑오개혁 이후의 행형제도에 대한 설명으로 옳지 않은 것은?

① 감옥규칙의 제정으로 사법권이 행정권으로부터 독립되었다.
② 형법대전은 근대 서구의 법체계를 모방한 법전이다.
③ 기유각서에 의해 통감부에서 감옥사무를 관장하였다.
④ 미군정기에 재소자석방청원제가 실시되었다.

08 「형의 집행 및 수용자의 처우에 관한 법률 시행규칙」상 자비구매물품 등에 대한 설명으로 옳은 것은?

① 소장은 감염병의 유행 등으로 자비구매물품의 사용이 중지된 경우에는 구매신청을 제한하여야 한다.
② 소장은 교도작업제품으로서 자비구매물품으로 적합한 것은 법무부장관으로부터 지정받은 자비구매물품 공급자를 거쳐 우선하여 공급할 수 있다.
③ 교정본부장은 자비구매물품 공급의 교정시설 간 균형 및 교정시설의 안전과 질서유지를 위하여 공급물품의 품목 및 규격 등에 대한 통일된 기준을 제시할 수 있다.
④ 소장은 공급제품이 부패, 파손, 규격미달, 그 밖의 사유로 수용자에게 공급하기에 부적당하다고 인정하는 경우에는 교정본부장에게 이를 보고하고 필요한 조치를 하여야 한다.

09 「형의 집행 및 수용자의 처우에 관한 법률」상 작업시간 등에 대한 설명으로 옳지 않은 것은?

① 휴식 · 운동 · 식사 · 접견 등 실제 작업을 실시하지 않는 시간을 제외한 1일의 작업시간은 8시간을 초과할 수 없다.
② 작업장의 운영을 위하여 불가피한 경우에는 공휴일 · 토요일에도 작업을 부과할 수 있다.
③ 19세 미만 수형자의 작업시간은 1일에 8시간을, 1주에 40시간을 초과할 수 없다.
④ 취사 · 청소 · 간병 등 교정시설의 운영과 관리에 필요한 작업의 1일 작업시간은 12시간을 초과할 수 있다.

10 억제이론에 대한 설명으로 옳은 것은?

① 인간은 자유의지를 가지고 합리적인 판단에 따라 행동한다고 가정한다.
② 처벌의 엄중성은 처벌받을 가능성을 의미한다.
③ 처벌의 확실성은 강한 처벌을 통한 범죄억제를 의미한다.
④ 처벌의 신속성은 초기 고전주의 범죄학자들이 범죄억제에 있어 가장 강조한 핵심 요소이다.

11 「교도관직무규칙」상 사회복귀업무 교도관의 직무에 대한 설명으로 옳지 않은 것은?

① 수형자의 학력 신장에 필요한 교육과정 개설계획을 수립하여 소장에게 보고하고, 소장의 지시를 받아 교육을 하여야 한다.
② 수형자가 귀휴 등의 요건에 해당하고 귀휴 등을 허가할 필요가 있다고 인정하는 경우에는 그 사실을 상관에게 보고하여야 한다.
③ 수형자가 교정성적이 우수하고 재범의 우려가 없는 등 가석방 요건을 갖추었다고 인정되는 경우에는 상관에게 보고하는 등 적절한 조치를 하여야 한다.
④ 사형확정자나 사형선고를 받은 사람의 심리적 안정을 위하여 수시로 상담을 하여야 하며, 필요하다고 인정하는 경우에는 외부인사와 결연을 주선하여 수용생활이 안정되도록 하여야 한다.

12 「형의 집행 및 수용자의 처우에 관한 법률」상 수형자의 분류심사에 대한 설명으로 옳지 않은 것은?

① 수형자의 분류심사는 형이 확정된 경우에 개별처우계획을 수립하기 위하여 하는 심사와 일정한 형기가 지나거나 상벌 또는 그 밖의 사유가 발생한 경우에 개별처우계획을 조정하기 위하여 하는 심사로 구분한다.
② 소장은 분류심사를 위하여 수형자를 대상으로 상담 등을 통한 신상에 관한 개별사안의 조사, 심리·지능·적성 검사, 그 밖에 필요한 검사를 하여야 한다.
③ 소장은 분류심사를 위하여 외부전문가로부터 필요한 의견을 듣거나 외부전문가에게 조사를 의뢰할 수 있다.
④ 법무부장관은 수형자를 과학적으로 분류하기 위하여 분류심사를 전담하는 교정시설을 지정·운영할 수 있다.

13 「형의 집행 및 수용자의 처우에 관한 법률」상 교정시설 등에 대한 설명으로 옳지 않은 것은?

① 신설하는 교정시설은 수용인원이 500명 이내의 규모가 되도록 하여야 하나 교정시설의 기능·위치나 그 밖의 사정을 고려하여 그 규모를 늘릴 수 있다.
② 교정시설의 거실·작업장·접견실이나 그 밖의 수용생활을 위한 설비는 그 목적과 기능에 맞도록 설치되어야 한다.
③ 법무부장관은 교정시설의 운영, 교도관의 복무, 수용자의 처우 및 인권실태 등을 파악하기 위하여 매년 1회 이상 교정시설을 순회점검하거나 소속 공무원으로 하여금 순회점검하게 하여야 한다.
④ 교정시설의 설치 및 운영에 관한 업무의 일부를 위탁받을 수 있는 법인의 자격요건, 교정시설의 시설기준, 수용대상자의 선정기준, 수용자 처우의 기준, 위탁절차, 국가의 감독, 그 밖에 필요한 사항은 따로 대통령령으로 정한다.

14 형의 집행 및 수용자의 처우에 관한 법령상 귀휴를 허가할 수 있는 요건으로 옳지 않은 것은?

① 개방경비처우급 수형자 A는 3년의 징역형을 선고받고 현재 3개월 동안 복역 중인 자로 장모의 장례식에 참석하기 위해 귀휴를 신청하였다.
② 완화경비처우급 수형자 B는 무기형을 선고받고 현재 5년 동안 복역 중인 자로 손자의 결혼식에 참석하기 위해 귀휴를 신청하였다.
③ 개방처우급 수형자 C는 2년의 징역형을 선고받고 현재 6개월 동안 복역 중인 자로 본인의 회갑 잔치에 참석하기 위해 귀휴를 신청하였다.
④ 완화경비처우급 수형자 D는 두 개의 범죄로 3년의 징역형과 5년의 징역형을 함께 선고받고 현재 3년 동안 복역 중인 자로 해외유학을 떠나는 딸을 배웅하기 위해 귀휴를 신청하였다.

15 「형의 집행 및 수용자의 처우에 관한 법률 시행규칙」상 경비등급별 처우수준에 대한 설명으로 옳은 것은?

① 중경비처우급 수형자는 가족 만남의 집을 이용할 수 없다.
② 일반경비처우급 수형자는 월 2회 이내의 경기 또는 오락회에 참여할 수 있다.
③ 완화경비처우급 수형자는 교정시설 밖에서 이루어지는 종교행사에 참석할 수 없다.
④ 개방처우급 수형자는 교정시설 밖에서 이루어지는 사회견학에 참석할 수 없다.

16 사회 내 처우에 대한 설명으로 옳지 않은 것은?

① 사회봉사명령은 유죄가 인정된 범죄자에게 일정 시간 보수를 책정하여 사회에 유익한 근로를 하도록 명하는 제도이다.
② 수강명령은 유죄가 인정된 범죄자에게 일정 시간 교육받도록 함으로써 교화개선을 도모하는 제도이다.
③ 배상명령은 범죄자가 피해자에게 금전적으로 배상하는 것으로 구금 대신 직업 활동에 전념할 수 있게 하는 제도이다.
④ 집중보호관찰은 일반보호관찰이 범죄자에게 지나치게 관대한 처분이라는 시민의 불만을 불식시키면서 교정시설의 과밀 수용을 해소할 수 있는 제도이다.

17 보호관찰 등에 관한 법령상 갱생보호제도에 대한 설명으로 옳지 않은 것은?

① 보호관찰소는 갱생보호 사무를 관장한다.
② 갱생보호 대상자는 형사처분 또는 보호처분을 받은 사람으로서 자립갱생을 위한 숙식 제공, 주거지원, 직업훈련 및 취업 지원 등 보호의 필요성이 인정되는 사람이다.
③ 법무부장관은 한국법무보호복지공단을 지휘·감독하고, 감독상 필요한 경우에는 그 업무에 관한 사항을 보고하게 하거나 자료의 제출이나 그 밖에 필요한 명령을 할 수 있다.
④ 한국법무보호복지공단은 갱생보호 대상자의 적절한 보호를 위하여 필요한 경우 수용기관의 장에게 수용기간, 가족 관계 및 보호자 관계 등의 사항을 통보하여 줄 것을 요청할 수 있고, 이 경우 갱생보호 대상자의 동의는 필요하지 아니하다.

18 전환제도(diversion)의 장점만을 모두 고르면?

> ㉠ 경미한 범죄자가 형사사법의 대상이 됨으로써 형사사법망이 확대된다.
> ㉡ 범죄자에게 범죄를 중단할 수 있는 변화의 기회를 제공한다.
> ㉢ 형사사법제도의 운영이 최적 수준이 되도록 자원을 배치한다.
> ㉣ 범죄자에 대한 보다 인도적인 처우방법이다.

① ㉠, ㉡
② ㉠, ㉢
③ ㉡, ㉣
④ ㉡, ㉢, ㉣

19 형의 집행 및 수용자의 처우에 관한 법령상 장애인수용자와 노인수용자의 처우에 대한 설명으로 옳지 않은 것은?

① 장애인수형자 전담교정시설의 장은 장애인의 재활에 관한 전문적인 지식을 가진 의료진과 장비를 갖추도록 노력하여야 한다.
② 장애인수형자 전담교정시설의 장은 장애인수형자에 대한 직업훈련이 석방 후의 취업과 연계될 수 있도록 그 프로그램의 편성 및 운영에 특히 유의하여야 한다.
③ 소장은 노인수용자가 작업을 원하는 경우에는 나이·건강상태 등을 고려하여 해당 수용자가 감당할 수 있는 정도의 작업을 부과하되, 이 경우 보안과장의 의견을 들어야 한다.
④ 소장은 노인수용자에 대하여 나이·건강상태 등을 고려하여 그 처우에 있어 적정한 배려를 하여야 하며, 필요하다고 인정하면 운동시간을 연장하거나 목욕횟수를 늘릴 수 있다.

20 다음 교정 처우 이념에 대한 설명으로 옳지 않은 것은?

> 소년보호사건의 경우 판사가 소년의 품행을 교정하고 피해자를 보호하는 데 필요하다고 인정하면 소년에게 피해 변상 등 피해자와의 화해를 권고할 수 있고, 화해가 잘 이루어진 경우에는 이를 보호처분 결정에 고려할 수 있다.

① 공식적인 형사사법 체계가 가해자에게 부여하는 낙인효과를 줄일 수 있다.
② 범죄의 정황, 가해자와 피해자 등 사건과 관련된 사안에 대해 개별적으로 고려할 수 있다.
③ 강력범죄자보다는 소년 범죄자에게 적합하기 때문에 사회적 무질서를 바로잡는 것과는 무관하다.
④ 가해자로 하여금 자신의 행동에 대한 원인과 결과를 직시하게 하고 행위에 대한 진정한 책임을 갖게 한다.

2025년 국가직 9급 형사소송법개론

지문의 내용에 대해 학설의 대립 등 다툼이 있는 경우 판례에 의함

01 재판에 대한 설명으로 옳지 않은 것은?

① 「형사소송법」 제328조 제1항 제4호에 규정된 '공소장에 기재된 사실이 진실하다 하더라도 범죄가 될 만한 사실이 포함되지 아니하는 때'란 공소장 기재사실 자체에 대한 판단으로 그 사실 자체가 죄가 되지 아니함이 명백한 경우를 말한다.
② 피고인에 대하여 무죄판결을 선고하는 때에도 공소사실에 부합하는 증거를 배척하는 이유까지 일일이 설시할 필요는 없다고 하더라도, 그 증거들을 배척한 취지를 합리적인 범위 내에서 기재하여야 한다.
③ 형사판결은 국가주권의 일부분인 형벌권 행사에 기초한 것이어서 피고인이 외국에서 형사처벌을 과하는 확정판결을 받았더라도 그 외국 판결은 우리나라 법원을 기속할 수 없고 우리나라에서는 기판력도 없어 일사부재리의 원칙이 적용되지 않는다.
④ 형벌에 관한 법령의 폐지가 당초부터 헌법에 위배되어 효력이 없는 법령에 대한 것이었다면 당해 법령을 적용하여 공소가 제기된 피고사건은 「형사소송법」 제326조 제4호에서 정한 면소사유에 해당하는 것이지, 「형사소송법」 제325조 전단이 규정하는 '범죄로 되지 아니한 때'의 무죄사유에 해당한다고 할 수 없다.

02 압수·수색과 참여권에 대한 설명으로 옳지 않은 것은?

① 유류물 압수·수색에 대해서는 원칙적으로 영장에 의한 압수·수색·검증에 관하여 적용되는 「형사소송법」상 관련성의 제한이 적용되며, 참여권자의 참여가 필수적으로 요구된다.
② 임의제출에 따른 압수의 경우에도 압수물에 대한 수사기관의 점유 취득이 제출자의 의사에 따라 이루어진다는 점에서만 차이가 있을 뿐 범죄혐의를 전제로 한 수사 목적이나 압수의 효력은 영장에 의한 압수와 동일하므로 수사기관은 영장에 의한 압수와 마찬가지로 압수목록을 신속하게 작성·교부할 의무를 부담한다.
③ 「형사소송법」 제219조, 제123조 제2항, 제3항에 따라 압수·수색절차에 주거주 등 또는 이웃 등이 참여하였다고 하더라도 그 참여자에게 최소한 압수·수색절차의 의미를 이해할 수 있는 정도의 능력이 없거나 부족한 경우에는 압수·수색절차의 적법요건이 갖추어졌다고 볼 수 없으므로 그러한 압수·수색영장의 집행은 위법한 것이 된다.
④ 영장에 의한 압수 및 그 대상물에 대한 확인조치가 끝나면 그것으로 압수절차는 종료되고, 압수물과 혐의사실과의 관련성 여부에 관한 평가 및 그에 필요한 추가 수사는 압수절차 종료 이후의 사정에 불과하므로 이를 이유로 압수 직후 이루어져야 하는 압수목록 작성·교부의무를 해태·거부할 수 없다.

03 공판절차에 대한 설명으로 옳지 않은 것은?

① 재판의 심리와 판결은 공개한다. 다만, 심리는 국가의 안전보장, 안녕질서 또는 선량한 풍속을 해칠 우려가 있는 경우에는 결정으로 공개하지 아니할 수 있다.
② 법정 안에서의 촬영에 대한 신청이 있는 경우 재판장은 피고인의 동의가 있는 때에 한하여 이를 허가할 수 있지만, 피고인의 동의 여부에도 불구하고 촬영을 허가함이 공공의 이익을 위하여 상당하다고 인정되는 경우에는 그러하지 아니하다.
③ 「법원조직법」상 공개금지사유가 없음에도 불구하고 재판의 심리에 관한 공개를 금지한 경우, 그 절차에 의하여 이루어진 증인의 증언은 변호인의 반대신문권이 보장되었다면 증거능력이 있다.
④ 직접주의는 법관에게 정확한 심증을 형성할 수 있게 할 뿐 아니라, 피고인에게 증거에 관하여 직접적인 의견진술의 기회를 부여함으로써 방어권의 충실한 보장에 기여할 수 있다.

04 형사절차에 대한 설명으로 옳지 않은 것은?

① 재판기관과 수사기관·소추기관을 분리하여 소추기관의 공소제기에 의하여 법원이 절차를 개시하는 형사소송구조를 탄핵주의라고 한다.
② 「형사소송법」에 따르면 검사는 「형법」 제51조(양형의 조건)의 사항을 참작하여 공소를 제기하지 않을 수 있지만, 일단 공소를 제기하여 공소장 부본이 피고인 또는 변호인에게 송달된 후에는 제1심 판결의 선고 전이라도 공소를 취소할 수 없다.
③ 변호인은 피고인의 명시한 의사에 반하지 않는 때만 법관에 대한 기피의 신청을 할 수 있다.
④ 공정거래위원회의 고발을 소추조건으로 하는 독점규제및공정거래에관한법률위반죄에는 고소의 주관적 불가분의 원칙이 유추적용되지 않는다.

05 공판심리의 범위와 공소장변경에 대한 설명으로 옳지 않은 것은?

① 공소장변경이 있는 경우에 공소시효의 완성 여부는 당초의 공소제기가 있었던 시점을 기준으로 판단할 것이고 공소장변경 시를 기준으로 삼을 것은 아니고, 공소장변경절차에 의하여 공소사실이 변경됨에 따라 그 법정형에 차이가 있는 경우에는 변경된 공소사실에 대한 법정형이 공소시효기간의 기준이 된다.
② 법원은 공소사실의 동일성이 인정되는 범위 내에서 심리의 경과에 비추어 피고인의 방어권 행사에 실질적인 불이익을 초래할 염려가 없다고 인정되는 때에는 공소장이 변경되지 않았더라도 직권으로 공소장에 기재된 공소사실과 다른 범죄사실을 인정할 수 있다.
③ 공소사실의 동일성은 그 사실의 기초가 되는 사회적 사실관계가 기본적인 점에서 동일하면 그대로 유지되는 것이나, 이러한 기본적 사실관계의 동일성을 판단할 때에는 그 사실의 동일성이 갖는 기능을 염두에 두고 피고인의 행위와 그 사회적 사실관계를 기본으로 하되 규범적 요소도 아울러 고려하여야 한다.
④ 공소사실의 동일성이 인정되지 않는 등의 사유로 공소장변경허가 결정에 위법사유가 있는 경우에 공소장변경허가를 한 법원이 스스로 이를 취소할 수는 없다.

06 상소에 대한 설명으로 옳지 않은 것은?

① 피고인만이 항소한 사건에서 항소심이 피고인에 대하여 제1심이 인정한 범죄사실의 일부를 무죄로 인정하면서도 제1심과 동일한 형을 선고하였다면, 이는 「형사소송법」 제368조 소정의 불이익변경금지 원칙에 위배된다.
② 상고심으로부터 사건을 환송받은 법원이 상고법원이 파기이유로 한 사실상 및 법률상의 판단에 대하여 심리하는 과정에서 새로운 증거가 제시되어 기속적 판단의 기초가 된 증거관계에 변동이 생기면 상고법원의 파기이유와 달리 판단할 수 있다.
③ 항소심 판결이 선고된 사건에 대하여 항소권회복청구가 제기된 경우, 그 청구를 받은 법원은 항소권회복청구의 원인에 관한 판단에 나아갈 필요 없이 결정으로 이를 기각하여야 한다.
④ 피고인에 대하여 공시송달의 방법에 따라 공소장 등이 송달되고 피고인이 불출석한 가운데 판결이 선고되어 확정된 후 검거되어 수용된 경우, 특별한 사정이 없으면 그 판결에 의한 형의 집행으로 수용된 날부터 상소 제기 기간 내에 상소권회복청구를 하지 않았다면 그 상소권회복청구는 방식을 위배한 것으로서 허가될 수 없다.

07 재심에 대한 설명으로 옳지 않은 것은?

① 재심청구인이 재심의 청구를 한 후 청구에 관한 결정이 확정되기 전에 사망한 경우에 재심청구절차는 재심청구인의 사망으로 종료한다.
② 당사자가 법원에 재심청구의 이유에 관한 사실조사신청을 한 경우에 법원은 사실조사신청에 대하여 재판을 할 필요는 없지만, 만일 법원이 사실조사신청을 배척하는 경우에는 당사자에게 이러한 배척 사실을 고지하여야 한다.
③ 「형사소송법」 제420조 제5호에 따르면 형의 선고를 받은 자에 대하여 '원판결이 인정한 죄보다 가벼운 죄'를 인정할 명백한 증거가 새로 발견된 때에는 재심을 청구할 수 있는바, '원판결이 인정한 죄보다 가벼운 죄'란 원판결이 인정한 죄와는 별개의 죄로서 그 법정형이 가벼운 죄를 말하므로, 같은 죄에 대하여 공소기각을 선고받을 수 있는 경우는 여기에서의 '가벼운 죄'에 해당하지 않는다.
④ 「형사소송법」 제420조에 따르면 소정의 이유가 있는 경우에 '유죄의 확정판결'에 대하여 그 선고를 받은 자의 이익을 위하여 재심을 청구할 수 있는바, '유죄의 확정판결'에는 특별사면으로 형 선고의 효력을 잃은 유죄의 확정판결도 포함된다.

08 수사에 대한 설명으로 옳은 것만을 모두 고르면?

> ㉠ 구속영장 발부에 의하여 적법하게 구금된 피의자가 피의자신문을 위한 출석요구에 응하지 아니하면서 수사기관 조사실에 출석하기를 거부하더라도 수사기관은 그 구속영장의 효력에 의하여 피의자를 조사실로 구인할 수는 없다.
> ㉡ 「통신비밀보호법」의 '감청'이란 대상이 되는 전기통신의 송·수신과 동시에 이루어지는 경우만을 의미하고, 여기에 이미 수신이 완료된 전기통신의 내용을 지득하는 행위는 포함되지 않는다.
> ㉢ 검사 또는 사법경찰관은 「형사소송법」 제216조 제1항 제2호에 따라 압수한 물건을 계속 압수할 필요가 있는 경우에는 지체 없이 압수·수색영장을 청구하여야 한다. 이 경우 압수·수색영장의 청구는 압수한 때부터 48시간 이내에 하여야 한다.
> ㉣ 수사기관에 의한 진술거부권 고지의 대상이 되는 피의자의 지위는 수사기관이 범죄인지서를 작성하는 등의 형식적인 사건수리 절차를 거치기 전이라도 조사대상자에 대하여 범죄혐의가 있다고 보아 실질적으로 수사를 개시하는 행위를 한 때에 인정된다.

① ㉠, ㉡
② ㉠, ㉢
③ ㉡, ㉣
④ ㉢, ㉣

09 법원의 판단이나 조치에 대한 설명으로 옳지 않은 것은?

① 재판부가 당사자의 증거신청을 채택하지 않았다는 사유만으로는 재판의 공평을 기대하기 어려운 객관적인 사정이 있다고 할 수 없다.
② 교도소 재소자인 재정신청인이 재정신청 기각결정에 대한 재항고장을 제출한 경우, 그 재항고장이 재항고 제기기간 내에 교도소장에게 제출된 이상 재항고장이 법원에 도달한 시기와 상관없이 「형사소송법」 제344조 제1항에 따른 재소자에 대한 특칙을 준용하여 적법한 기간 내에 제기된 것으로 보아야 한다.
③ 경합범 중 일부에 대하여 무죄, 일부에 대하여 유죄를 선고한 제1심 판결에 대하여 검사만이 무죄 부분에 대하여 항소를 한 경우, 항소심에서 이를 파기할 때 파기의 범위는 무죄 부분에 한정된다.
④ 항소심이 제1심의 공소기각 판결이 법률에 어긋난다고 판단한 경우에는 본안에 들어가 심리할 것이 아니라 제1심 판결을 파기하고 사건을 제1심 법원에 환송하여야 한다.

10 전문법칙에 대한 설명으로 옳은 것만을 모두 고르면?

㉠ 타인의 진술을 내용으로 하는 진술이 전문증거인지는 요증사실과의 관계에서 정하여지는데, 원진술의 내용인 사실이 요증사실인 경우에는 본래증거이나, 원진술의 존재 자체가 요증사실인 경우에는 전문증거이지 본래증거가 아니다.
㉡ 「형사소송법」은 전문진술에 대하여 제316조에서 실질상 단순한 전문의 형태를 취하는 경우에 한하여 예외적으로 그 증거능력을 인정하는 규정을 두고 있을 뿐, 재전문진술이나 재전문진술을 기재한 조서에 대하여는 달리 그 증거능력을 인정하는 규정을 두고 있지 아니하고 있으므로, 피고인이 증거로 하는 데 동의하지 아니하는 한 「형사소송법」 제310조의2의 규정에 의하여 이를 증거로 할 수 없다.
㉢ 법원이 구속된 피의자를 심문하고 그에 대한 피의자의 진술 등을 기재한 구속적부심문조서는 공판준비 또는 공판기일에 피고인이나 피고인 아닌 자의 진술을 기재한 조서로서 「형사소송법」 제311조가 규정한 문서에 해당한다.
㉣ 수사기관에서 진술한 참고인이 법정에서 증언을 거부하여 피고인이 반대신문을 하지 못한 경우에는 정당하게 증언거부권을 행사한 것이 아니라도, 피고인이 증인의 증언거부 상황을 초래하였다는 등의 특별한 사정이 없는 한 「형사소송법」 제314조의 '그 밖에 이에 준하는 사유로 인하여 진술할 수 없는 때'에 해당하지 않는다고 보아야 한다.

① ㉣
② ㉠, ㉢
③ ㉡, ㉣
④ ㉠, ㉡, ㉢

11 당사자주의 및 직권주의에 대한 설명으로 옳지 않은 것은?

① 「형사소송규칙」에 따르면 공소장에는 소정의 서류 외에 사건에 관하여 법원에 예단이 생기게 할 수 있는 서류 기타 물건을 첨부하거나 그 내용을 인용하여서는 안 되는바, 이는 당사자주의 소송구조의 표지이다.
② 「치료감호 등에 관한 법률」에 따르면 법원은 공소제기된 사건의 심리 결과 치료감호를 할 필요가 있다고 인정할 때에는 검사에게 치료감호 청구를 요구할 수 있는바, 이는 치료감호사건의 절차에 관해 직권주의적 요소를 가미한 것이다.
③ 형사소송의 구조를 당사자주의와 직권주의 중 어느 것으로 할 것인가는 입법정책의 문제다.
④ 검사가 공소를 제기한 후 참고인을 소환하여 피고인에게 불리한 진술을 기재한 진술조서를 작성하여 이를 공판절차에 증거로 제출할 수 있게 하더라도 당사자주의에 반하지 않는다.

12 국선변호인에 대한 설명으로 옳은 것만을 모두 고르면?

> ㉠ 단기 3년 이상의 징역에 해당하는 사건으로 기소된 피고인에게 변호인이 없으면 법원은 직권으로 변호인을 선정해야 하며, 이에 따라 변호인이 선정된 사건에 관하여는 변호인 없이는 개정할 수 없고 이는 판결만을 선고하는 경우에도 마찬가지이다.
> ㉡ 법원은 피고인이 빈곤이나 그 밖의 사유로 변호인을 선임할 수 없는 경우에 피고인이 청구하면 변호인을 선정하여야 한다.
> ㉢ 구속 전 피의자심문에서 심문할 피의자에게 변호인이 없는 때에는 지방법원판사는 직권으로 변호인을 선정하여야 하며, 이 경우 변호인의 선정은 피의자에 대한 구속영장 청구가 기각되어 효력이 소멸한 경우를 제외하고는 제1심까지 효력이 있다.
> ㉣ 이해가 상반된 피고인 甲, 乙 중 甲이 법무법인을 변호인으로 선임하고, 법무법인이 담당 변호사를 지정하였을 때, 법원이 그 담당 변호사 중 1인을 乙을 위한 국선변호인으로 선정하는 것은 국선변호인의 조력을 받을 乙의 권리를 침해하는 것이다.

① ㉢
② ㉠, ㉡
③ ㉠, ㉣
④ ㉡, ㉢, ㉣

13 법원의 관할에 대한 설명으로 옳지 않은 것은?

① 「형사소송법」 제15조 제1호에 따르면 관할법원이 법률상의 이유 또는 특별한 사정으로 재판권을 행할 수 없는 때 피고인은 관할이전의 신청을 할 수 있지만, 항소심에서 유죄판결을 선고받고 이에 불복하여 상고를 제기한 피고인을 교도소 소장이 검사의 이송지휘 없이 다른 교도소로 이송처분한 경우에는 피고인은 이에 대하여 관할이전신청을 할 수 없다.
② 항소심에서 공소장변경에 따라 단독판사 관할사건이 합의부 관할사건으로 변경된 경우, 그 합의부 관할사건에 대한 관할권이 있는 법원은 고등법원이라고 보아야 한다.
③ 제1심에서 합의부 관할사건이 공소장변경에 따라 단독판사 관할사건으로 변경된 경우, 사건을 배당받은 합의부는 이를 단독판사에게 재배당해야 한다.
④ 「형사소송법」 제5조에 따르면 토지관할을 달리하는 여러 개의 사건이 관련된 때에는 1개의 사건에 관하여 관할권 있는 법원은 다른 사건까지 관할할 수 있는바, 이에 따른 관련 사건의 관할은, 이른바 고유관할사건 및 그 관련 사건이 반드시 병합기소되거나 병합되어 심리될 것을 전제 요건으로 하는 것은 아니다.

14 피고인에 대한 설명으로 옳은 것은?

① 소송절차가 분리된 공범인 공동피고인에 대하여 증인적격이 인정된다고 하더라도 법정에서 그 자신의 범죄사실에 대하여 신문하는 것은 피고인의 지위에서 보장받는 진술거부권이나 자기부죄거부특권을 침해하는 것이라고 보아야 한다.
② 피의자가 다른 사람의 성명을 모용하여 공소장에 피모용자가 피고인으로 표시되었더라도, 검사는 모용자에 대하여 공소를 제기한 것이므로 모용자가 피고인이 되고 피모용자에게 공소의 효력이 미친다고는 할 수 없다.
③ 甲에 대하여 발하여진 약식명령에 대하여 甲이 정식재판을 청구함으로써 甲을 상대로 심리를 하는 과정에서 甲이 성명을 모용당한 사실이 발각된 경우, 검사는 법원의 허가를 받아 공소장에 기재된 피고인의 표시를 모용자로 정정하여야 한다.
④ 법인세체납 등으로 공소제기되어 그 피고사건의 공판계속 중에 그 법인의 청산종결의 등기가 경료되었다면 법인의 청산사무는 종료된 것이라 할 수 있고, 그 사건이 종결되지 아니하는 동안이라도 「형사소송법」상 법인의 당사자능력은 소멸한다.

15 증인신문과 증언거부권에 대한 설명으로 옳지 않은 것은?

① 「형사소송법」 제297조의 규정에 따라 재판장은 증인이 피고인의 면전에서 충분한 진술을 할 수 없다고 인정한 때에는 피고인을 퇴정하게 하고 증인신문을 진행함으로써 피고인의 직접적인 증인 대면을 제한할 수 있지만, 이러한 경우에도 피고인의 반대신문권을 배제하는 것은 허용되지 않는다.
② 공무원이었던 자가 그 직무에 관하여 알게 된 사실에 관하여 본인 또는 당해 공무소가 직무상 비밀에 속한 사항임을 신고한 때에는 그 소속공무소 또는 감독관공서의 승낙 없이는 증인으로 신문하지 못하고, 그 소속공무소 또는 당해 감독관공서는 국가에 중대한 이익을 해하는 경우를 제외하고는 승낙을 거부하지 못한다.
③ 「형사소송법」에서 증언거부권의 대상으로 규정한 '공소제기를 당하거나 유죄판결을 받을 사실이 드러날 염려가 있는 증언'에 자신이 범행을 한 사실은 포함되지만 자신이 범행을 한 것으로 오인되어 유죄판결을 받을 우려가 있는 사실은 포함되지 않는다.
④ 「형사소송법」 제148조에서 '형사소추'는 증인이 이미 저지른 범죄사실에 대한 것을 의미한다고 할 것이므로, 증인의 증언에 의하여 비로소 범죄가 성립하는 경우에는 「형사소송법」 제160조, 제148조 소정의 증언거부권 고지 대상이 된다고 할 수 없다.

16 간이공판절차에 대한 설명으로 옳은 것은?

① 법원은 간이공판절차의 결정을 한 사건에 대하여 간이공판절차로 심판하는 것이 현저히 부당하다고 인정할 때에는 피고인 또는 변호인의 의견을 들어 그 결정을 취소하여야 한다.
② 제1심 법원에서 간이공판절차에 의하여 심판하기로 하여 「형사소송법」 제318조의3 규정에 따라 증거능력이 있는 증거는, 항소심에 이르러 피고인이 범행을 부인하면 증거능력이 유지되지 않으므로 다시 증거조사를 해야 한다.
③ 간이공판절차의 결정이 취소된 때에는 공판절차를 갱신하여야 한다. 단, 검사, 피고인 또는 변호인이 이의가 없는 때에는 그러하지 아니하다.
④ 피고인이 공소사실에 대하여 검사가 신문할 때에 공소사실을 모두 사실과 다름없다고 진술하였다면 변호인이 신문할 때는 범의나 공소사실을 부인하더라도 그 공소사실은 간이공판절차에 의하여 심판할 대상에 해당한다.

17 거증책임에 대한 설명으로 옳지 않은 것은?

① 공연히 사실을 적시하여 사람의 명예를 훼손한 행위가 「형법」 제310조의 규정에 따라서 위법성이 조각되어 처벌대상이 되지 않기 위하여는 그것이 진실한 사실로서 오로지 공공의 이익에 관한 때에 해당된다는 점을 행위자가 증명해야 한다.
② 기록상 진술증거의 임의성에 관하여 의심할 만한 사정이 나타나 있는 경우에는 법원은 직권으로 그 임의성 여부에 관하여 조사를 하여야 하고, 검사가 그 임의성의 의문점을 없애는 증명을 하지 못한 경우에는 그 진술증거는 증거능력이 부정된다.
③ 형사재판에서 공소가 제기된 범죄의 구성요건을 이루는 사실은 그것이 주관적 요건이든 객관적 요건이든 그 증명책임이 검사에게 있다.
④ 임의제출물을 압수한 경우 압수물이 「형사소송법」 제218조에 따라 실제로 임의제출된 것인지에 관하여 다툼이 있을 때에는 임의제출의 임의성을 의심할 만한 합리적이고 구체적인 사실을 피고인이 증명해야 한다.

18 자유심증주의에 대한 설명으로 옳지 않은 것은?

① 자유심증주의를 규정한 「형사소송법」 제308조가 증거의 증명력을 법관의 자유판단에 의하도록 한 것은 그것이 실체적 진실발견에 적합하기 때문이지 법관의 자의적인 판단을 인용한다는 것은 아니므로, 증거판단에 관한 전권을 가지고 있는 사실심 법관은 사실인정에 있어 공판절차에서 획득된 인식과 조사된 증거를 남김없이 고려하여야 한다.
② 공동피고인 중의 1인이 다른 공동피고인들과 공동하여 범행을 하였다고 자백한 경우, 반드시 그 자백을 전부 믿어 공동피고인들 전부에 대하여 유죄를 인정하거나 그 전부를 배척하여야 하는 것은 아니고, 자유심증주의의 원칙상 법원으로서는 자백한 피고인 자신의 범행에 관한 부분만을 취신하고, 다른 공동피고인들이 범행에 관여하였다는 부분을 배척할 수 있다.
③ 살인죄와 같이 법정형이 무거운 범죄의 경우에도 직접증거 없이 간접증거만으로도 유죄를 인정할 수 있는데, 그 경우 주요사실의 전제가 되는 간접사실의 인정은 합리적 의심을 허용하지 않을 정도의 증명이 있어야 하는 것은 아니다.
④ 참고인 A에 대한 경찰에서의 진술조서의 기재와 당해사건의 공판정에서 이루어진 증인으로서의 A의 진술이 상반되는 경우 반드시 공판정에서의 증언에 따라야 한다는 법칙은 없고 그중 어느 것을 채용하여 사실인정의 자료로 할 것인가는 오로지 사실심법원의 자유심증에 속하는 것이다.

19 공소시효에 대한 설명으로 옳지 않은 것은?

① 공소시효는 범죄행위가 종료한 때부터 진행하지만, 정보통신망을 이용한 명예훼손의 경우에는 게재행위의 종료만으로 범죄행위가 종료하는 것이 아니고 원래 게시물이 삭제되어 정보의 송수신이 불가능해지는 시점을 범죄의 종료시기로 보아야 한다.
② 미수범의 범죄행위는 행위를 종료하지 못하였거나 결과가 발생하지 아니하여 더 이상 범죄가 진행될 수 없는 때에 종료하고, 그때부터 미수범의 공소시효가 진행한다.
③ 공범 중 1인에 대해 약식명령이 확정된 후 그에 대한 정식재판청구권회복결정이 있었다고 하더라도 그 사이의 기간 동안에는 특별한 사정이 없는 한 다른 공범자에 대한 공소시효는 정지함이 없이 계속 진행한다.
④ 공범의 1인에 대한 공소제기에 따른 시효정지는 다른 공범자에게도 효력이 있고, 당해 사건의 재판이 확정된 때로부터 진행한다.

20 수사기관의 압수 · 수색에 대한 설명으로 옳지 않은 것은?

① 압수 · 수색의 방법으로 소변을 채취하는 경우 압수대상물인 피의자의 소변을 확보하기 위한 수사기관의 노력에도 불구하고, 피의자가 인근 병원 응급실 등 소변 채취에 적합한 장소로 이동하는 것에 동의하지 않거나 저항하는 등 임의동행을 기대할 수 없는 사정이 있는 때에는 수사기관으로서는 소변 채취에 적합한 장소로 피의자를 데려가기 위해서 필요 최소한의 유형력을 행사하는 것이 허용된다.
② 소유자, 소지자 또는 보관자가 아닌 자로부터 제출받은 물건을 영장없이 압수한 경우 그 '압수물' 및 '압수물을 찍은 사진'은 피고인이나 변호인이 이를 증거로 함에 동의하였다고 하더라도 유죄 인정의 증거로 사용할 수 없다.
③ 검사는 증거에 사용할 압수물에 대하여 가환부 청구가 있는 경우 가환부를 거부할 수 있는 특별한 사정이 없는 한 가환부에 응하여야 한다.
④ 수사기관이 압수 · 수색에 착수하면서 그 장소의 관리책임자에게 영장을 제시하였다면, 그 장소에서 물건을 소지하고 있는 다른 사람으로부터 이를 압수하고자 하는 경우라도 그 사람에게 따로 영장을 제시할 필요는 없다.

2025년 국가직 9급 국어 정답 및 해설

01	02	03	04	05	06	07	08	09	10
③	④	④	③	③	②	②	②	②	①
11	12	13	14	15	16	17	18	19	20
③	④	①	②	③	③	①	②	④	④

01 난도 ★☆☆ 정답 ③

국어학 > 공문서 수정

[정답분석]
③ '위탁(委託)하다'는 '남에게 사물이나 사람의 책임을 맡기다.'라는 의미이고, '수주(受注)하다'는 '주문을 받다.'라는 의미이다. 문맥상 별도의 전문 평가 기관에 조사를 맡기는 것이므로 ⓒ '위탁하며'를 '수주하며'로 수정하는 것은 적절하지 않다.

[오답분석]
① 생소한 외래어나 외국어는 우리말로 다듬어야 하므로 ㉠ '마스터플랜'을 '기본 계획'으로 수정하는 것은 적절하다.
② 제시된 문장의 주어는 '본 조사의 대상은'이다. ㉡ '기업을 대상으로 합니다'는 주어와 호응하지 않으므로 주어에 맞게 '기업입니다'로 수정하는 것은 적절하다.
④ ㉣ '학교 현장 교수 학습 환경 개선 정책 개발 및'은 명사가 지나치게 나열되어 있으므로 조사와 어미를 활용하여 '학교 현장의 교수 학습 환경을 개선하는 정책을 개발하고'로 수정하는 것은 적절하다.

02 난도 ★★☆ 정답 ④

화법과 작문 > 작문

[정답분석]
④ 제시된 개요에서 'Ⅰ. 청소년 아르바이트의 실태'와 'Ⅱ. 청소년 아르바이트의 노동 문제 발생 원인', 'Ⅲ. 청소년 아르바이트의 노동 문제 개선 방안'의 하위 항목은 각각 대응한다. '청소년 고용 업체 규모 축소를 위한 정부의 지속적인 감독과 단속'은 Ⅰ.과 Ⅱ.에 관련한 내용이 없으므로 빈칸에 들어갈 내용으로 적절하지 않다.

[오답분석]
① '청소년의 노동 환경 개선을 위한 제도 정비'는 'Ⅱ-1. 청소년의 노동 환경에 대한 실효성 있는 제도 부족'에 대한 개선 방안이므로 빈칸에 들어갈 내용으로 적절하다.
② '청소년 고용 업주에 대한 노동 관계법 교육과 지도 확대'는 'Ⅱ-2. 노동 관계법에 관한 청소년 고용 업주의 인식 부족'에 대한 개선 방안이므로 빈칸에 들어갈 내용으로 적절하다.
③ '청소년 노동자의 인권 보호를 위한 사회적 교육 기관 설립'은 'Ⅱ-3. 청소년 노동자의 인권을 존중하지 않는 사회의 통념'에 대한 개선 방안이므로 빈칸에 들어갈 내용으로 적절하다.

03 난도 ★★☆ 정답 ④

국어학 > 어휘

[정답분석]
④ (가) 1문단에서 '이 직접구성요소를 분석한 결과, 둘 중 어느 하나가 접사이면 파생어이고, 둘 다 어근이면 합성어이다.'라고 하였다. (가)의 앞에서 '쓴웃음'과 같은 단어에는 접사 '-음'이 있어서 (가)라고 생각한다고 하였으므로, (가)에는 '파생어'가 들어가는 것이 적절하다. (나) 2문단의 '그러나 이는 복합어 구분의 ~ 나올 수 있는 질문이다.', '전술한 바와 같이 복합어가 ~ 복합어 구분에 관여하지 않는다.'를 볼 때 '쓴웃음'은 파생어가 아닌 합성어임을 알 수 있다. 1문단에서 합성어는 '어근 + 어근'의 구성이라고 하였으므로 (나)에는 '어근'이 들어가는 것이 적절하다.

더 알아보기

단어의 형성

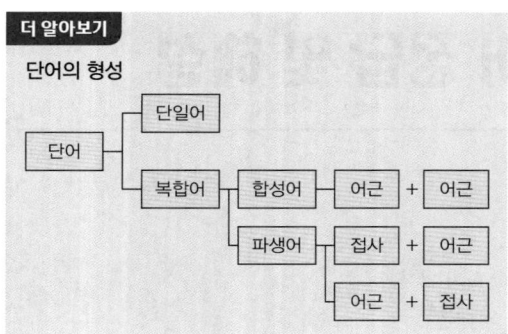

04 난도 ★☆☆ 정답 ③

독해 > 추론

정답분석

③ 2문단의 '이 시기 신문학의 순수학문 작품 ~ 사람들이 바로 그들이다.'를 볼 때 엘리트 독자층에 속한 사람들은 우리나라 문학작품 외에도 외국 소설을 읽었다고 이해하는 것은 적절하다.

오답분석

① 2문단의 '그런데 20세기 초 문학 독자층 중에는 전통과 근대의 두 범주에 귀속시키기 어려운 독자층도 존재했다.'를 볼 때 '엘리트 독자층'은 전통이나 근대 독자층 어느 범주에도 해당하지 않는다. 따라서 근대적 대중 독자층에서 엘리트 독자층이 분화되어 나왔다는 내용은 적절하지 않다.

② 1문단에 따르면 '전통적 독자층'은 구활자본 고전소설과 일부 신소설의 독자이고, '근대적 대중 독자층'은 대중소설, 번안소설, 신문 연재 통속소설의 독자이다. '전통적 독자층'과 '근대적 대중 독자층'을 나누는 기준은 향유하는 작품이므로, 20세기 초의 문학 독자층을 구분하는 기준은 신분과 학력이라는 내용은 적절하지 않다.

④ 제시된 글에서 근대적 대중 독자층에 속한 사람들은 전통적 독자층에 속한 사람들보다 경제적으로 부유했다는 내용은 나타나지 않는다.

05 난도 ★☆☆ 정답 ③

독해 > 문맥 추론

정답분석

③ ㉢ 앞의 '높은 주파수의 영역에서도 귀에 들리지 않는 진동이 있다.'를 볼 때 ㉢을 '사람은 보통 20,000Hz 이상의 진동이 귀에 도달하면 소리로 인식하지 못한다.'로 수정하는 것은 적절하다.

오답분석

① 1문단에 따르면 가청 주파수 대역의 하한인 20Hz보다 낮은 주파수의 진동은 귀에 들리지 않는다. 이를 볼 때 ㉠을 '우리의 몸이 흔들리지 않을 뿐 귀로는 저음을 들을 수 있다.'로 수정하는 것은 적절하지 않다.

② 1문단에 따르면 귀에 들리지 않는 진동을 '초저주파음'이라고 부른다. 이는 들리지 않는 진동을 소리로 간주하기 때문이다. 따라서 ㉡을 '귀에 들리지 않는 진동은 소리로 간주할 수 없다는 생각에서이다.'로 수정하는 것은 적절하지 않다.

④ 3문단의 '예컨대 우리와 가까이 지내는 개의 경우 ~ 소리로 인식할 수 있다.'를 볼 때 개는 사람이 듣지 못하는 진동까지 소리로 인식한다. 따라서 ㉣을 '사람의 가청 주파수 대역보다 좁기 때문이다.'로 수정하는 것은 적절하지 않다.

06 난도 ★★☆ 정답 ②

독해 > 문단 순서 배열

정답분석

제시글은 LCD 기술과 OLED 기술의 차이에 대한 내용을 담고 있다.

- (나)에서는 '롤러블 TV'를 언급하며 접거나 말 수 있는 모니터라는 화제를 제시하고 있으므로 글의 처음에 오는 것이 적절하다.
- (가)에서는 '그 원리'를 알려면 LCD와 OLED의 차이를 이해해야 한다고 했는데 '그 원리'는 (나)의 모니터를 접거나 말 수 있는 원리를 의미하므로 (나)의 다음에 위치하는 것이 적절하다.
- (라)에서는 역접의 상황에서 쓰이는 '반면'이라는 접속어를 사용하여 OLED는 스스로 빛을 낼 수 있다고 설명하고 있다. 따라서 LCD 기술은 스스로 빛을 내지 못한다고 설명한 (가)의 다음에 위치하는 것이 적절하다.
- (다)에서는 OLED 기술은 모양을 자유롭게 변형할 수 있는 모니터 개발을 가능하게 하였다고 설명하고 있다. (라)에서 OLED 제품은 백라이트를 설치할 필요가 없어 얇게 만들 수 있고 특수 유리나 플라스틱으로 제작할 수 있다고 언급하고 있으므로 (라)의 다음에 위치하는 것이 적절하다.

따라서 문맥에 맞게 순서대로 나열한 것은 ② (나) - (가) - (라) - (다)이다.

07 난도 ★★☆   정답 ②

독해 > 글의 주제 파악

[정답분석]

② 제시된 글은 동물이 체온조절을 위하여 열을 획득하는 방식에 따라 '내온동물'과 '외온동물'로 구분하고, 체온의 안정성을 기준으로 '항온동물'과 '변온동물'로 구분한다고 설명하고 있다. 또한 4문단에서 체온조절을 위해 열을 획득하는 방식과 체온의 안정성을 유지하는 것은 별개의 문제로, 내온동물과 외온동물을 구분하는 방식과 항온동물과 변온동물을 구분하는 방식 사이에는 어떠한 상관관계도 없다고 하였다. 이를 볼 때 제시된 글의 중심 내용으로 가장 적절한 것은 '체온조절을 위한 열 획득 방식과 체온의 안정성은 동물을 분류하는 서로 다른 기준이다.'이다.

[오답분석]

① 4문단의 '내온동물과 외온동물을 구분하는 방식과 항온동물과 변온동물을 구분하는 방식 사이에는 어떠한 상관관계도 없다.'를 볼 때 '내온동물과 외온동물의 특징을 통해 항온동물과 변온동물의 특징을 밝힐 수 있다.'는 중심 내용으로 적절하지 않다.

③ 제시된 글에서 동물을 구분하는 두 가지 기준의 모호성에 대하여 언급하고 있지 않으므로 '동물을 내온동물과 외온동물로 구분하는 기준은 항온동물과 변온동물로 구분하는 기준보다 모호하다.'는 중심 내용으로 적절하지 않다.

④ 제시된 글에서 동물을 구분하는 기준 중 어느 것이 더 적합한지는 언급하고 있지 않으므로 '체온조절을 위한 열 획득 방식보다 체온의 안정성을 유지하는 방식이 동물을 분류하는 더 적합한 기준이 된다.'는 중심 내용으로 적절하지 않다.

08 난도 ★★☆   정답 ②

독해 > 어휘 추론

[정답분석]

② '조절(調節)하다'는 '균형이 맞게 바로잡다. 또는 적당하게 맞추어 나가다.'라는 의미이므로 '조절한다'를 '올린다'로 바꿔 쓰는 것은 적절하지 않다.

[오답분석]

① '획득(獲得)하다'는 '얻어 내거나 얻어 가지다.'라는 의미이므로 '획득한다'를 '얻는다'로 바꿔 쓰는 것은 적절하다.

③ '구분(區分)하다'는 '일정한 기준에 따라 전체를 몇 개로 갈라 나누다.'라는 의미이므로 '구분하기도'를 '나누기도'로 바꿔 쓰는 것은 적절하다.

④ '서식(棲息)하다'는 '생물 따위가 일정한 곳에 자리를 잡고 살다.'라는 의미이므로 '서식하기'를 '살기'로 바꿔 쓰는 것은 적절하다.

09 난도 ★★☆   정답 ②

독해 > 추론

[정답분석]

② 3문단의 '이집트 종교는 수직적이고 이원적인 정신성에 ~ 이상주의적 미술로 표현되는 경향이 있다.'를 볼 때 이집트의 종교가 가지는 정신성이 이집트의 미술 양식에 영향을 끼쳤다고 추론하는 것은 적절하다.

[오답분석]

① 2문단에서 평범한 사람들은 찰나의 인생을 살고 있기 때문에 실제로 행위하는 모습 그대로 그려지고, 고귀한 존재는 영원한 세계의 이상을 반영하여 불변의 양식으로 그려진다고 하였다. 따라서 이집트의 벽화에서는 존재와 행위를 동등한 가치로 표현하고 있다는 추론은 적절하지 않다.

③ 1문단에 따르면 이집트 벽화에서 고귀한 존재는 이상적인 부분끼리의 조합으로 그려졌고, 평범한 일반인들은 사실적으로 그려졌다. 이를 볼 때 이집트의 이상적인 미술에서는 평범한 사람들은 그리지 않고 고귀한 존재들만 표현했다는 추론은 적절하지 않다.

④ 1문단의 '그들을 서로 다른 방식으로 표현하였다는 점은 ~ 선명하게 보여준다.'를 볼 때 특정한 이데올로기를 통해 이집트 미술이 양식화된 것을 알 수 있다. 따라서 이집트인들은 신체를 바라보는 독특한 시점을 토대로 예술에 관한 이데올로기를 형성하였다는 추론은 적절하지 않다.

10 난도 ★★☆   정답 ①

독해 > 문맥 추론

[정답분석]

- ㉠의 '그들'은 여러 시점에서 바라본 모습을 하나의 형상에 집약하는 방식으로 벽화에 그려진 '신, 파라오, 귀족'을 지시한다.
- ㉡의 '그들'은 벽화에 그려진 대상이므로 '신, 파라오, 귀족, 평범한 일반인'을 지시한다.
- ㉢의 '그들'은 이 세상에서 실제로 행위하는 모습 그대로 그려지는 '평범한 사람들'을 지시한다.
- ㉣의 '그들'은 이상적 규범에 따라 불변의 양식으로 그려지는 '고귀한 존재', 즉 '신, 파라오, 귀족'을 지시한다.

따라서 문맥상 지시 대상이 같은 것은 ㉠, ㉣이다.

11 난도 ★★☆   정답 ③

독해 > 추론

[정답분석]

③ 2문단의 '한자에 비해 한글은 익히기 쉽고 그만큼 쓰기도 편해서 한글 소설의 필사자는 내용을 바꾸고 싶다는 의지가 있다면 쉽게 바꿀 수 있었다.'를 볼 때 한자로 필사할 때보다 한글로 필사할 때 필사자의 의견이 반영되어 개작되기 쉬웠다고 추론하는 것은 적절하다.

[오답분석]

① 1문단의 '조선 시대에 많은 한글소설이 창작되어 읽혔지만 ~ 거의 남기지 않았다.'를 볼 때 한글소설은 문헌에 남지 않았을 뿐 많이 창작되어 읽혔다. 따라서 조선 시대의 소설은 한글소설보다 한문소설의 종류가 훨씬 다양했다고 추론하는 것은 적절하지 않다.

② 1문단의 '조선 시대에 많은 한글소설이 창작되어 읽혔지만 ~ 거의 남기지 않았다.'를 볼 때 조선 시대의 지식인들이 저급한 오락물로 여긴 것은 조선에서 창작한 한문소설이 아니라 한글소설이다.

④ 2문단에서 '중국에서 들여온 한문소설은 ~ 조선에서 창작한 한문소설은 필사본으로 유통되었다.'고 하였다. 하지만 조선의 필사본 소설 중 한문소설을 필사한 것이 소수였는지는 제시된 글에 나오지 않는다.

12 난도 ★☆☆   정답 ④

독해 > 어휘 추론

[정답분석]

④ (가)의 '옮겨 쓰다'는 한글소설을 유통하는 과정에서 소설을 다른 책에 베끼어 썼다는 의미로 쓰였다. ㉣의 '필사(筆寫)하다'는 '베끼어 쓰다.'라는 의미이므로 문맥상 (가)의 의미와 가장 가깝다.

[오답분석]

① '표기(表記)하다'는 '적어서 나타내다. 문자 또는 음성 기호로 언어를 표시하다.'라는 의미이다.
② '번역(飜譯)하다'는 '어떤 언어로 된 글을 다른 언어의 글로 옮기다.'라는 의미이다.
③ '기록(記錄)하다'는 '주로 후일에 남길 목적으로 어떤 사실을 적다.'라는 의미이다.

13 난도 ★★☆   정답 ①

독해 > 사례 추론

[정답분석]

① 제시된 글에 따르면 '언어의 자의성'은 '언어의 형식인 말소리와 언어의 내용인 의미 간에는 필연적 관계가 없다'는 것이다. 같은 언어 안에도 다양한 방언 형태가 존재한다는 것은 하나의 의미에 다양한 말소리(형식)가 있다는 뜻이므로, 말소리와 의미에 필연적 관계가 없음을 보여준다. 따라서 이는 언어의 자의성을 보여주는 사례로 적절하다.

[오답분석]

② '언어의 사회성'은 '언어에서 형식과 내용의 관계에 대한 사회적 약속은 한번 정해지면 개인이 쉽게 바꿀 수가 없다'는 것이다. 대화 상대에 따라 다른 표현을 사용하는 것은 언어의 사회성과 관련이 없다.
③ '언어의 역사성'은 '언어는 시간의 흐름에 따라 사회 구성원이 바뀌면서 끊임없이 변화한다'는 것이다. 유명인이 개인적으로 사용한 유행어가 시간이 지나도 표준어로 인정되지 않는다는 것은 언어의 역사성과 관련이 없다.
④ '언어의 추상성'은 '하나의 언어 형식은 수많은 구체적 대상이 가진 공통적 속성을 개념화하여 표현한다'는 것이다. 새로운 줄임말이 끊임없이 만들어지고 있는 것은 언어가 계속 변화하는 것에 해당하는 것으로, 언어의 추상성과는 관련이 없다.

> **더 알아보기**
>
> **언어의 특징**
> - 언어의 기호성: 언어는 기호의 한 종류로 전달하고자 하는 의미를 기호를 통해 표현한다.
> - 언어의 자의성: 언어에서 소리와 의미의 관계는 필연적이지 않다.
>   예 한국에서는 '시계'라고 부르지만, 영어로는 'clock'이라고 부른다.
> - 언어의 사회성: 언어는 그것을 사용하는 사람들 사이의 약속으로, 개인이 마음대로 바꿀 수 없다.
>   예 '시계'라고 부르기로 약속한 것을 마음대로 '자동차'로 바꿔 부를 수 없다.
> - 언어의 창조성: 언어로 새로운 사상, 개념, 사물 등을 무한하게 만들어 낼 수 있다.
>   예 '종이가 찢어졌어.'라는 말을 배운 아이는 '책이 찢어졌어.'라는 새로운 문장을 만들어 낸다.
> - 언어의 규칙성: 언어는 구성 요소 간 일정한 규칙의 배열로 조직되고 운용되어야 의사소통 수단이 된다.
>   예 철수가 밥에게 먹었다. (×) → 철수가 밥을 먹었다. (○)
> - 언어의 역사성: 언어는 생성, 성장, 소멸의 과정을 거친다.
>   예 'ㆍ(아래아)'는 현대 국어에서 더 이상 사용하지 않는다.
> - 언어의 분절성: 언어는 연속적으로 이루어진 현실 세계를 불연속으로 끊어 표현하는 특성이 있다.
>   예 언어는 문장, 단어, 형태소, 음운으로 쪼개어 나눌 수 있다.
> - 언어의 추상성: 언어는 여러 대상의 공통점을 추출하는 과정을 통하여 개념을 형성한다.
>   예 개별 사물인 '수박, 딸기, 사과, 배' 등에서 '사람이 먹을 수 있는 열매'라는 공통 속성을 추출하고 '과일'이라는 개념을 형성한다.

14 난도 ★★★ 정답 ②

국어학 > 표준발음법

정답분석

② 1문단의 '둘째, 첫음절 이외의 음절에서 ~ 단모음 [ㅣ]로도 발음할 수 있다.'를 볼 때 '거의 끝났다'의 '거의'는 [거의]로 발음하는 것이 원칙이나 [거이]로도 발음할 수 있다.

오답분석

① 1문단에서 조사 '의'는 이중모음 [ㅢ]로 발음하는 것이 원칙이나 단모음 [ㅔ]로도 발음할 수 있다고 하였으므로, '꽃의 향기'에서 '꽃의'는 [꼬츼]로 발음하는 것이 원칙이나 [꼬체]로도 발음할 수 있다.
③ 2문단에서 앞 음절의 받침이 뒤 음절의 초성으로 오게 되는 경우에는 둘째 원칙이 적용된다고 하였다. 따라서 '편의점에 간다'에서 '편의점'은 [펴늬점]이라고 발음하는 것이 원칙이나 [펴니점]으로도 발음할 수 있다.
④ 1문단에서 초성이 자음인 음절의 'ㅢ'는 [ㅣ]로 발음해야 한다고 하였으므로, '한 칸을 띄고 쓴다'의 '띄'는 [띠]로 발음한다.

15 난도 ★★☆ 정답 ③

논리 > 논리 추론

정답분석

③ 제시된 대화를 논리 기호로 단순화하면 다음과 같다.

> 갑: 셋째 주 목요일 설명회 ∨ 넷째 주 목요일 설명회
> 을:
> 병: 셋째 주 목요일 설명회 → 홍보 포스터 이번 주 제작
> 정: 홍보 포스터 이번 주 제작(결론)

이때 결론인 '홍보 포스터 이번 주 제작'이 도출되려면 '셋째 주 목요일 설명회'가 참이어야 한다. 갑에 따르면 '셋째 주 목요일 설명회'가 참이거나 '넷째 주 목요일 설명회'가 참이므로, '셋째 주 목요일 설명회'가 참이 되려면 '넷째 주 목요일 설명회'가 참이어서는 안 된다. 따라서 빈칸에는 '~ 넷째 주 목요일 설명회', 즉 '다음 달 넷째 주 목요일에 개최할 수 없습니다.'가 들어가는 것이 가장 적절하다.

16 난도 ★★★ 정답 ③

논리 > 논리 추론

[정답분석]

③ 제시된 글을 논리 기호로 단순화하면 다음과 같다.

> (가) 인공일반지능 ∨ 인공지능 산업 쇠퇴
> (나) 인공일반지능 → 인간 생활 편리 ∧ 많은 사람 직장 잃음
> (다) 인공지능 산업 쇠퇴 → 많은 사람 직장 잃음 ∧ 세계 경제 침체

(가)에 따르면 '인공일반지능'이 참이거나 '인공지능 산업 쇠퇴'가 참이다. (나)에 따르면 '인공일반지능'이 참이면 '인간 생활 편리'가 참이고, '많은 사람 직장 잃음'이 참이다. (다)에 따르면 '인공지능 산업 쇠퇴'가 참이면 '많은 사람 직장 잃음'이 참이고, '세계 경제가 침체'가 참이다. '인공일반지능'이 참이든, '인공지능 산업 쇠퇴'가 참이든 '많은 사람 직장 잃음'은 참이 되므로, (가)~(다)를 전제로 할 때 빈칸에 들어갈 결론으로 가장 적절한 것은 '많은 사람이 직장을 잃는다.'이다.

17 난도 ★★★ 정답 ①

논리 > 논리 추론

[정답분석]

① 제시된 글을 논리 기호로 단순화하면 다음과 같다.

> • 갑 제주도 출장 → ~을 제주도 출장
> • ~을 제주도 출장 → ~병 휴가
> • 병 휴가

'병 휴가'는 확정적 진술이고, 이를 두 번째에 대입하면 '병 휴가 → 을 제주도 출장'이 된다. 이를 첫 번째에 대입하면 '을 제주도 출장 → ~갑 제주도 출장'이라는 내용을 도출할 수 있다. 따라서 제시된 진술이 모두 참일 때 반드시 참인 것은 '갑이 제주도 출장을 가지 않는다.'이다.

18 난도 ★★☆ 정답 ②

논리 > 강화 약화

[정답분석]

② '문제를 해결하기 위해서는, 단기간에 ~ 사회 기반 시설을 확보하는 것이 급선무이다.'를 볼 때 제시된 글의 논지는 '초중고 교사가 도시 이외의 지역에서 근무할 수 있는 충분한 교육 환경과 사회 기반 시설을 확보'해야 한다는 것이다. A국에서 도시 이외의 지역에 근무하던 사회 초년생들이 연봉을 낮추어서라도 도시로 이직한 주된 이유는 교통 시설의 부족으로 밝혀졌다는 사례는 이러한 논지를 강화하는 것으로 적절하다.

[오답분석]

① A국 도시 이외 지역과 도시의 교육 환경이 별 차이가 없다면, 현직 교사나 대학 졸업 예정자들이 도시 이외의 지역에서 일하는 것을 꺼릴 가능성이 낮아질 수 있다. 따라서 제시된 글의 논지를 강화한다고 볼 수 없다.

③ 제시된 글에서는 연봉 인상이 문제의 근본적인 해결책이 되기 어렵다고 하였다. B국에서 교사 연봉을 인상한 후 도시 이외 지역의 교사 비율이 증가했다는 내용은 이를 반박하는 것이므로, 제시된 글의 논지를 강화한다고 볼 수 없다.

④ 제시된 글에서는 연봉 인상과 더불어 교사 양성 프로그램 역시 문제의 근본적인 해결책이 되기 어렵다고 하였다. C국에서 교사 양성 프로그램을 확대한 이후 도시 이외의 지역에서 교사의 수가 크게 증가했다는 내용은 이를 반박하는 것이므로, 제시된 글의 논지를 강화한다고 볼 수 없다.

19 난도 ★★★ 정답 ④

논리 > 강화 약화

[정답분석]

④ 제시된 글에 따르면 쿤은 과학의 발전 단계를 '전정상과학 시기', '정상과학 시기', '과학혁명 시기'로 구분하고, 한 번도 패러다임을 정립하지 못한 '전정상과학 시기'를 성숙한 수준에 도달하지 못한 단계라고 보았다. 이러한 '전정상과학 시기'는 패러다임을 정립하지 못하고, 과학자 모두가 제각기 연구 활동을 한다. (가)에서 언급한 아직 성숙한 수준에 도달하지 못한 단계는 바로 '전정상과학 시기'에 해당한다. 이를 보았을 때 '패러다임이 정립된 적이 없고 과학자들의 연구 방향 및 평가 기준이 서로 다른 사회과학 분야가 있다.'가 (가)를 강화하는 내용으로 가장 적절하다.

[오답분석]

①·②·③ 제시된 글에 따르면 어떤 과학 분야라도 패러다임을 정립하면 '정상과학 시기'에 들어서고, 그 뒤에 다시 '전정상과학 시기'로 돌아갈 수 없다. ①, ②, ③ 모두 패러다임이 정립되었거나, 교체되는 중이거나, 교체된 적이 있는 상태이므로 '전정상과학 시기'와는 관련이 없다. 따라서 '전정상과학 시기'에 대해 설명하는 (가)를 강화하는 사례로 적절하지 않다.

20 난도 ★★☆   정답 ④

화법과 작문 > 화법

[정답분석]

④ 제시된 대화에 따르면 '영민'은 불가피한 선택의 상황에서 죽는 사람의 수를 최소화하는 가를 기준으로 여기고, '소현'은 행위에 따른 결과를 기준으로 한 명이 죽더라도 다섯 명을 살리는 선택을 택한다. 즉 두 사람 모두 선택의 상황에서 죽는 사람의 수를 최소화하는 것을 기준으로 두고 있으므로 '인명피해가 불가피한 선택의 상황에 놓인다면, 영민은 죽는 사람의 수를 최소화하는 선택을 하고, 소현은 그렇게 하지 않는다.'는 내용은 적절하지 않다.

[오답분석]

① '은주'는 스위치를 눌러서 사람을 '죽이는 것'은 살인에 해당한다고 하였고, '보은'은 스위치를 누르면 살인이고, 누르지 않으면 방관이라고 하였다. 따라서 '스위치를 누르는 일을 살인으로 본다는 점에 대해 은주는 보은과 견해를 같이한다.'는 내용은 적절하다.

② '보은'은 생명의 가치는 수량화할 수 없으니 한 사람보다 다섯 사람이 가지는 생명의 가치가 더 클 수 없다고 하였고, '영민'은 생명의 가치를 수량화할 수 없다는 데 원론적으로는 동의한다고 하였다. 따라서 '생명의 가치를 수량화할 수 없다는 점에 대해 영민은 원론적으로는 보은과 견해를 같이한다.'는 내용은 적절하다.

③ 대화에서 제시된 상황에 대하여 '소현'은 행위에 따른 결과가 선택의 기준이 된다고 하였고, '은주'는 행위에 따른 결과보다 행위 자체의 도덕성을 기준에 두어야 한다고 하였다. 따라서 '선택의 딜레마 상황에서 소현은 행위에 따른 결과를, 은주는 행위 자체의 도덕성을 선택의 기준으로 삼는다.'는 내용은 적절하다.

2025년 국가직 9급 영어 정답 및 해설

01	02	03	04	05	06	07	08	09	10
②	①	①	①	②	④	③	②	③	④
11	12	13	14	15	16	17	18	19	20
③	④	④	④	②	④	④	③	③	④

01 난도 ★☆☆ 정답 ②

어휘 > 단어

정답분석

빈칸 다음에서 'when entering Canada(캐나다에 입국할 때)'라고 했고, 다음 문장에서 'For example, a passport is the only reliable and universally accepted document when traveling abroad(예를 들어, 여권은 해외여행 시 신뢰할 수 있고 보편적으로 인정되는 유일한 문서이다).'라고 했으므로 문맥상 빈칸에 들어갈 말로 적절한 것은 ② 'identification(신분증)'이다.

오답분석

① 통화 ③ 보험 ④ (여행용) 짐[수하물]

본문해석

모든 해외 여행객은 캐나다에 입국할 때 허용되는 신분증을 소지해야 한다. 예를 들어, 여권은 해외여행 시 신뢰할 수 있고 보편적으로 인정되는 유일한 문서이다.

VOCA
- international 국제적인, 국제간의
- carry 휴대하다, 가지고 다니다
- acceptable 용인되는[받아들여지는], 받아들일 수 있는
- passport 여권
- reliable 믿을[신뢰할] 수 있는
- universally 보편적으로, 어디에서나

02 난도 ★☆☆ 정답 ①

어휘 > 단어

정답분석

빈칸 앞의 'thereby(그것 때문에)'로 미루어서 빈칸 앞의 'We are polluting the oceans, killing the fish(우리가 바다를 오염시키고 물고기를 죽이며)'와 빈칸 다음의 'ourselves of invaluable food supply'가 '원인과 결과'의 관계라는 것을 유추할 수 있다. 빈칸 앞 행위의 결과로 우리 자신들로부터 귀중한 식량 자원을 ~하게 되었으므로, 문맥상 빈칸에 들어갈 말로 가장 적절한 것은 ① 'depriving(빼앗는)'이다. 「deprive+A+of+B」는 'A에게서 B를 빼앗다'의 뜻이다.

오답분석

② 알리는 ③ 비난하는 ④ 치료하는

본문해석

우리는 바다를 오염시키고 물고기를 죽이고 있으며, 그것 때문에 우리 자신들에게서 귀중한 식량 공급을 빼앗고 있다.

VOCA
- pollute 오염시키다
- thereby 그렇게 함으로써, 그것 때문에
- invaluable 매우 유용한, 귀중한
- food supply 식량 공급

더 알아보기

박탈·제거 동사 + A of B: 'A에게서 B를 빼앗다'

deprive[rob, cure, relive, clear, strip] A of B

- deprive A of B: A에게서 B(권리, 자유 등)를 빼앗다[박탈하다]
  예 The war deprived the country of peace.
  (전쟁은 그 나라에게서 평화를 빼앗았다.)
- rob A of B: A에게서 B를 강탈하다
  예 The thief robbed her of her purse.
  (도둑이 그녀의 지갑을 강탈했다.)

- cure A of B: A에게서 B(병 등)를 고치다[제거하다]
  - 예 The treatment cured the patient of the disease.
    (그 치료는 환자의 병을 고쳤다.)
- relieve A of B: A에게서 B(고통, 책임 등)를 덜어주다[없애주다]
  - 예 The medicine relieved her of the pain.
    (약이 그녀의 고통을 덜어주었다.)
- clear A of B: A에게서 B(불필요하거나 방해되는 것)를 치우다[제거하다]
  - 예 The workers cleared the road of snow.
    (노동자들은 도로에서 눈을 치웠다.)
- strip A of B: A에게서 B(자격, 직책 등)를 박탈하다[벗기다]
  - 예 The new policy stripped citizens of their basic rights.
    (새로운 정책은 시민들의 기본 권리를 박탈했다.)

03 난도 ★★☆ 정답 ①

어법 > 정문 찾기

정답분석

has discovered와 in recent years로 미루어, 문맥상 빈칸에는 과거에 급여를 충분히 '받지 못했을 수도 있다'라는 의미의 표현이 들어가야 함을 유추할 수 있다. 따라서 빈칸에 들어갈 말로 적절한 것은 과거에 대한 추측을 나타내는 ① 'may not have been'이다.

본문해석

온라인 식료품 쇼핑을 제공하는 소매업체인 Whitworths는 최근 몇 년 동안에 급여를 받은 일부 직원들이 충분한 급여를 받지 못했을 수도 있다는 사실을 발견했다고 말한다.

VOCA

- retailer 소매업체, 소매상
- offer 내놓다[제공하다]
- staff member 직원
- salary 급여, 월급

더 알아보기

조동사 + have p.p.: 과거에 대한 '가능성·추측' 또는 '후회·원망'

> 과거에 대한 가능성·추측
> : would[may/might, must] + have p.p.

- would have + p.p.: ~했을 것이다
  - 예 She would have been tired after the long trip.
    (긴 여행 후에 그녀는 분명 피곤했을 것이다.)
- may[might] have p.p.: ~했을 수도 있다[~했을지도 모른다]
  - 예 He may not have understood the instructions.
    (그가 지시사항을 이해하지 못했을 수도 있다.)
- must have + p.p.: ~했음에 틀림없다
  - 예 She must have left early.
    (그녀는 일찍 떠났음에 틀림없어.)

> 과거의 후회·원망
> : should[should not] + have pp, could + have p.p.

- should have + p.p.: ~했어야 했는데 (하지 않았다)
  - 예 I should have studied more.
    (나는 더 공부했어야 했어.)
- should not have + p.p.: ~하지 말았어야 했는데 (했다)
  - 예 I should not have eaten so much cake.
    [케이크를 그렇게 많이 먹지 말았어야 했는데 (많이 먹었다)]
- could have + p.p.: ~했을 수도 있었을 것이다(그렇게 하지 않았다)
  - 예 You could have told me.
    (너 나한테 말할 수도 있었잖아.)

04 난도 ★☆☆ 정답 ①

표현 > 일반회화

정답분석

대화에서 Alex Brown이 빈칸 앞에서 'You know we don't have to go to city hall for the meeting, right(우리가 회의 때문에 시청에 가지 않아도 되는 거 알고 계시죠)?'라고 묻자, Cathy Miller가 빈칸 다음에서 'It's sometimes more convenient(때로 그게 더 편할 때도 있어요).'라고 대답했으므로, 대화의 흐름상 빈칸에 들어갈 말로 적절한 것은 ① 'Yes, it's an online meeting(네, 온라인 회의예요).'이다.

오답분석

② 네, 꼭 이메일에 회신해주세요.
③ 아니요, 문자 메시지를 받지 못했어요.
④ 아니요, 오늘 다른 회의는 없어요.

본문해석

Alex Brown: 안녕하세요. 오늘 오후에 시청 직원들과 회의 있는 거 기억하시죠?
Cathy Miller: 오늘이에요? 내일 아닌가요?
Alex Brown: 일정표를 확인해볼게요.
Alex Brown: 죄송해요, 제가 착각했어요. 회의는 내일 오후 2시에 있어요.
Cathy Miller: 네, 맞아요.
Alex Brown: 우리가 회의 때문에 시청에 가지 않아도 되는 거 알고 계시죠?
Cathy Miller: 네, 온라인 회의예요. 때로 그게 더 편할 때도 있어요.
Alex Brown: 동의해요. 회의 URL을 공유해 주세요. 그리고 ID랑 비밀번호도 보내주시겠어요?
Cathy Miller: 물론이죠. 이메일과 문자로 공유해드릴게요.

VOCA

- city hall 시청
- mistaken 잘못 알고[판단하고] 있는
- convenient 편리한
- be sure to 반드시 ~하다

05 난도 ★☆☆ 정답 ②

표현 > 일반회화

정답분석

대화에서 A가 빈칸 앞에서 'Who's it by(누가 쓴 책이야)?'라고 물었고, 빈칸 다음에서 'She wrote The Heroine Generation, too, didn't she(그 사람이 The Heroine Generation도 썼지, 그렇지 않니)?'라고 했으므로, 대화의 흐름상 빈칸에 들어갈 말로 적절한 것은 ② 'Lin Lee is the author(Lin Lee라는 작가야).'이다.

오답분석

① 나는 이미 그것을 읽었어
③ 그건 원래 내 거야
④ 그녀는 한국에 있는 내 친척들 중 한 명이야

본문해석

A: 너 점심 안 먹을 거야?
B: 응, 배 안 고파. 차라리 책을 읽으려고. *The Lucky Club*을 읽는 중이야.
A: *The Lucky Club*? 무슨 내용인데?
B: 음, 로스앤젤레스에 사는 한국 여성들에 대한 이야기야. 주인공이 한국 출신 어머니를 둔 미국에서 태어난 여성이야.
A: 재미있겠다. 누가 쓴 책이야?
B: Lin Lee가 작가야.
A: 그녀가 *The Heroine Generation*도 썼지, 그렇지 않니?
B: 아니야, 그건 May Lee가 썼어.
A: 아, 그렇구나.

VOCA

- would rather 차라리 ~하겠다
- main character 주인공
- born 태어난
- author 작가, 저자
- belong to ~의 것이다, ~에 속하다

[06~07]

본문해석

플라스틱 안 쓰기 챌린지에 참여하세요

매년 7월이 되면, 전 세계 사람들은 일상생활에서 흔한 플라스틱 폐기물을 줄이고, 그 대신 재사용 가능한 용기 또는 생분해성 소재로 만든 제품을 선택하는 것을 목표로 한다. 이것은 매우 좋은 아이디어이며, 가정과 직장에서도 1년 내내 그렇게 해보면 어떨까 생각한다.

이 비전은 2011년 서호주에서 시작되었으며, 이후 전 세계로 확산되어 이 비전을 홍보하고, 우리의 편리한 생활 방식의 일부인 플라스틱 물건들로 더 이상 지구가 포화상태가 되는 것을 막는 데 기여한다.

많은 제품들이 한 번 사용한 후 폐기하도록 만들어졌다. 그것들은 가정, 학교, 직장, 거리 곳곳에서 쓰레기통을 가득 채운다.

여러분은 플라스틱 폐기물 없는 세상을 만드는 목표를 달성하는 데 도움을 줄 수 있다.

여러분이 할 활동을 선택하세요
☐ 일회용 플라스틱 포장재 피하기
☐ 바다로 흘러갈 수 있는 포장 음식용 제품을 (줄이는 것을) 목표로 하기
☐ 완전히 플라스틱 없이 생활하기

나는 참여하겠습니다
☐ 하루 동안
☐ 일주일 동안
☐ 한 달 동안
☐ 지금부터 계속

VOCA

- aim 목표로 하다
- exclude 제외[배제]하다
- item 물품[품목]
- opt for ~을 선택하다[고르다]
- reusable 재사용할 수 있는
- container 그릇, 용기
- biodegradable 생분해[자연분해]성의
- material 재료
- year-round 1년 내내
- promote 홍보하다, 촉진하다
- saturated (더 이상 담을 수 없을 만큼) 가득 찬, 포화된
- convenience 편의, 편리
- be designed to ~하도록 제작되다
- dispose of ~을 처리하다
- fill up (~으로) 가득 차다/~을 가득 채우다
- assist 돕다
- avoid 방지하다, 막다, 모면하다
- single-use 1회용의
- target 목표[표적]로 삼다, 겨냥하다
- plastic free 플라스틱이 없는
- participate 참가[참여]하다

06 난도 ★★☆ 정답 ②

독해 > 대의 파악 > 제목, 주제

[정답분석]

제시문의 첫 문장에서 '매년 7월이 되면, 전 세계 사람들은 일상생활에서 흔한 플라스틱 폐기물을 줄이고, 그 대신 재사용 가능한 용기 또는 생분해성 소재로 만든 제품을 선택하는 것을 목표로 한다.'라고 한 다음에, 마지막 문장에서 'You can assist in achieving the goal of having a world without plastic waste(여러분도 플라스틱 폐기물 없는 세상을 만드는 목표를 달성하는 데 도움을 줄 수 있다).'라고 하면서 각자 할 활동과 실천 기간 항목을 선택하도록 했다. 따라서 글의 제목으로 가장 적절한 것은 ② 'Join the Plastic-Free Challenge(플라스틱 안 쓰기 챌린지에 참여하세요)'이다.

[오답분석]

① 일회용품의 개발
③ 플라스틱 제품을 버리는 방법
④ 에너지를 절약하는 간단한 방법들

07 난도 ★★☆ 정답 ④

독해 > 세부 내용 찾기 > 내용 (불)일치

[정답분석]

글의 후반부에 참여 기간 선택 항목에 'from now on(지금부터 계속)'이라는 항목이 있으므로, 글의 내용과 일치하지 않는 것은 ④ '최대 한 달까지 참여할 수 있다.'이다.

[오답분석]

① 두 번째 문단의 첫 번째 문장의 전반부에서 'The vision started in Western Australia in 2011 ~'라고 했으므로, 글의 내용과 일치한다.
② 두 번째 문단의 첫 번째 문장의 후반부에서 '~ and has since moved across the world to help promote the vision and stop the earth becoming further saturated with plastic materials which are part of our convenience lifestyle.'이라고 했으므로, 글의 내용과 일치한다.
③ 제시문의 후반부의 'Choose what you will do(여러분이 할 활동을 선택하세요)'에서 활동을 선택할 수 있으므로, 글의 내용과 일치한다.

[08~09]

[본문해석]

영사 서비스

영국 내에서나 해외의 대사관, 고등판무관 사무소, 영사관 중 한 곳에서 우리의 영사 서비스를 이용하셨다면, 그에 대한 모든 피드백을 환영합니다. 잘못된 부분이 있으면 서비스를 평가하고 개선할 수 있도록 알려주세요.
귀하가 받은 영사 서비스에 대해 불만이 있으신 경우, 가능한 한 신속하게 해결할 수 있도록 도와드리겠습니다. 다른 사람을 대신하여 불만을 제기하는 경우, 당사자 서명이 있는 서면 동의서를 소지해야 해당 당사자의 개인 정보를 귀하와 공유하고 답변을 드릴 수 있습니다.
불만 사항에 대한 세부 사항을 피드백 접수 양식으로 보내주세요. 귀하의 불만 사항을 기록하고 검토하고 제공하신 정보를 사용하여 우리의 고객들에게 가능한 한 최상의 도움과 지원을 드리도록 하겠습니다. 관련 대사관, 고등판무관 사무소 또는 영사관에서 귀하에게 답변을 드릴 것입니다.

VOCA

- consular service 영사 서비스
- feedback 피드백
- embassy 대사관

- high commission (영연방 국가 간의) 고등판무관 사무실
- assess 평가[사정]하다
- make a complaint about ~에 관해 항의하다, 클레임을 걸다
- on behalf of ~을 대신하여
- consent 동의[허락]
- personal information 신상 정보
- examine 조사[검토]하다
- relevant 관련 있는

08 난도 ★☆☆ 정답 ③

어휘 > 단어

정답분석

밑줄 친 assess는 '평가하다'의 뜻이므로, 의미가 가장 가까운 것은 ③ 'evaluate(평가하다)'이다.

오답분석

① 업그레이드하다, 향상시키다
② 연장하다, 오래 끌다
④ ~하게 만들다, 제공하다

09 난도 ★★☆ 정답 ②

독해 > 대의 파악 > 글의 목적

정답분석

첫 번째 문장에서 'We welcome all feedback about our consular services ~'라고 한 다음에, 두 번째 문단에서 영사 서비스에 대한 불만 사항 접수 방법을 설명하고 있으므로, 윗글의 목적으로 적절한 것은 ② 'to explain how to file complaints(불만 제기 방법을 설명하기 위해)'이다.

오답분석

① 영사관 가는 길을 안내하기 위해
③ 채용 절차를 설명하기 위해
④ 운영 시간을 알리기 위해

10 난도 ★★☆ 정답 ③

독해 > 대의 파악 > 제목, 주제

정답분석

제시문에서 젊은이들은 배우는 속도가 빠르고 자신의 성장뿐만 아니라 지역사회의 발전도 주도할 수 있지만, 반면에 농업 경력이 짧아서 토지를 소유하거나 대출을 받는 것이 어렵다고 했다. 마지막 문장에서 'It is also quite risky and uncertain, because it relies heavily on the climate~(또한 농업은 여전히 기후에 많이 의존하기 때문에 상당히 위험하고 불확실한데,~).'라고 하면서 홍수, 가뭄, 폭풍으로 인해 농작물과 가축에 피해를 입을 수 있다고 했으므로, 글의 주제로 가장 적절한 것은 ③ 'the roles of young farmers and the challenges they face(젊은 농부들의 역할과 그들이 직면한 어려움)'이다.

오답분석

① 농업 부문에 종사하는 것의 경제적 이점
② 현대 농업 관행에서 기술의 중요성
④ 도시 개발을 위한 청년들의 노력

본문해석

젊은이들은 배우는 속도가 빠르다. 그들은 에너지가 넘치고, 활동적이며, '할 수 있다'라는 긍정적인 사고방식을 가지고 있다. 적절한 지원과 기회가 주어진다면, 그들은 자신의 성장뿐만 아니라 지역사회의 발전도 주도할 수 있다. 많은 개발도상국에서 농업은 여전히 가장 큰 고용 분야이며, 젊은 농부들은 미래 세대를 위한 식량 안전을 보장하는 데 중요한 역할을 하고 있다. 그러나 그들은 많은 어려움에 직면해 있다. 예를 들어, 집이 없다면 토지를 소유하거나 대출을 받는 것이 매우 어렵다. 그런데, 여러분이 젊고 이제 막 경력을 시작한 경우라면 집을 소유하는 것이 아직은 어려운 일이기도 하다. 농업에 종사하는 것은 상당한 장기 투자를 요구한다. 또한 농업은 기후에 크게 의존하기 때문에 상당히 위험하고 불확실한데, 홍수, 가뭄, 폭풍은 농작물에 피해를 주거나 파괴할 수 있으며, 가축에도 영향을 미칠 수 있다.

VOCA

- fast learner 빨리 배우는 학생[사람]
- energetic 정력[활동]적인
- mentality 사고방식
- take the lead 솔선수범하다
- developing country 개발도상국
- agriculture 농업
- employer 고용주, 고용인
- play a role in ~에서 역할을 하다
- ensure 반드시 ~하게[이게] 하다, 보장하다
- food security 식량 안전 보장
- face 직면하다[닥쳐오다]
- get a loan 대출을 받다
- substantial 상당한
- risky 위험한
- uncertain 불확실한, 불안정한

- rely on 기대다, 의존하다
- damage 손상을 주다, 피해를 입히다
- affect 영향을 미치다
- livestock 가축

11 난도 ★★☆   정답 ③

독해 > 대의 파악 > 글의 목적

정답분석

편지의 첫 문장에서 'I am writing to inform you of several issues in our community that need attention.'이라고 한 다음에, Elm Street 도로의 포트홀과 Central Park의 나쁜 조명으로 인한 문제를 나열했다. 마지막 문단에서 'I urge the Council to address these issues for the safety and well-being of our community(지역사회의 안전과 복지를 위해 시의회가 이 문제들을 신속히 해결해 주시기를 강력히 요청합니다).'라고 했으므로, 글의 목적으로 적절한 것은 ③ 'to solicit the Council to deal with the community problems(지역 사회의 문제를 해결해 달라고 시의회에 요청하기 위해)'이다.

오답분석

① 시의회의 노력에 감사를 표현하기 위해
② 시의회가 Central Park를 방문하도록 초대하기 위해
④ 시의회에 그 지역에서 최근 이루어진 보수 작업에 대해 가장 최근 정보를 알려주기 위해

본문해석

Woodville 시의회 의원님들께,
우리 지역사회에서 관심이 필요한 몇 가지 문제에 대해 알려드리고자 이 글을 씁니다. Elm Street 123번지에 거주하는 주민 John Smith 씨가, 특히 Maple Avenue와 Oak Street 사이 Elm Street 도로의 문제점을 신고했습니다. 최근 폭우 이후 발생한 다수의 포트홀(도로 파임)과 균열로 도로 상황이 악화되었으며, 그 결과 교통 혼란과 안전상 위험을 초래하고 있습니다. 임시 보수 작업이 이루어졌지만, 문제는 여전히 계속되고 있습니다.
해당 주민은 또한 Central Park, 특히 Park Lane 주변의 나쁜 조명 상태에 대해서도 우려했는데, 가로등이 파손되거나 소실되어 경미한 사건이 발생했고, 부동산 가치도 하락했기 때문입니다. 그는 시의회에 Elm Street 도로 보수와 공원 내 조명 개선을 요청하고 있습니다.
지역사회의 안전과 복지를 위해 시의회가 이 문제들을 신속히 해결해 주시기를 강력히 요청합니다. 이 사안들에 관심을 가져주셔서 감사드립니다. 나는 우리가 함께 협력하여 이 문제들을 효과적으로 해결해 나가리라 믿습니다.
진심을 담아,
Stephen James
Woodville 시의회 의장

VOCA

- city council 시의회
- inform of ~을 알리다
- community 지역사회
- pothole 포트홀, (도로에) 움푹 패인 곳
- crack (무엇이 갈라져 생긴) 금
- worsen 악화되다, 악화시키다
- traffic disruption 교통 장애, 교통 혼란
- safety hazard 안전상 위험
- lighting 조명 (시설·유형)
- streetlight 가로등
- lead to ~로 이어지다
- property value 주택[부동산] 가치
- resolve 해결하다
- effectively 효과적으로

12 난도 ★★☆   정답 ④

어법 > 비문찾기

정답분석

밑줄 친 including은 주어 It에 연결되는 본동사로, features · monitors와 등위접속사 and로 연결되는 병렬구조이므로, including → includes가 되어야 한다.

오답분석

① customized는 명사 programs를 수식하는 분사인데, 의미상 프로그램이 노인에게 '맞춰진' 것이므로 수동의 의미인 과거분사 customized는 올바르게 사용되었다.
② 주어가 단수 대명사인 It이므로 features가 올바르게 사용되었다.
③ 명사 laughter가 다음에 오는 명사(therapy)와 함께 '웃음 치료'를 뜻하는 복합 명사로 올바르게 사용되었다.

본문해석

시는 노인 맞춤형 프로그램을 제공하는 여가 시설인 'Smart Senior Citizens' Center'를 개관했다. 이 센터는 실버 에어로빅과 웃음 치료와 같은 가상[온라인] 활동을 특징으로 하며, 보건소와 협력하여 건강지표를 정기적으로 모니터링하고, 실내 원예활동도 포함한다(including → includes).

VOCA
- leisure facility 여가 시설
- offer 내놓다[제공하다]
- customized 개개인의 요구에 맞춘
- elderly 나이가 지긋한, 초로인(the elderly 노인층)
- feature 특징으로 하다, 제공하다
- virtual 가상의
- laughter therapy 웃음 치료
- monitor 모니터[감시]하다
- health metrics 건강 지표, 건강 관련 데이터
- in collaboration with …와 협력[공동, 제휴]하여
- indoor gardening activity 실내 원예 활동

13 난도 ★★☆   정답 ④

어법 > 비문찾기

[정답분석]

밑줄 친 choosing은 명사(a place)를 수식하는 분사로, 문맥상 장소를 '선택하는(choosing)' 것이 아니라 '선택된(chosen)' 것이므로, 능동 의미인 현재분사(choosing) → 수동 의미인 과거분사(chosen)가 되어야 한다.

[오답분석]

① '~외에(도)'를 뜻하는 전치사(besides) 다음에 목적어로 명사(cooking)가 올바르게 사용되었다.
② begin은 목적어로 동명사를 취할 수 있으며, 타동사 rearrange 다음에 목적어(environments)가 왔으므로, 능동형 동명사 rearranging이 올바르게 사용되었다.
③ 분사구문 'clearing land to stimulate the growth of wild foods'와 'opening landscapes to encourage the proliferation of food animals~'가 등위접속사 and로 연결된 병렬구조이므로 opening이 올바르게 사용되었다.

[본문해석]

불은 음식 조리 외에도 여러 방면에서 인간에게 도움이 되었다. 그것(불)을 이용해 그들은 야생 식량의 성장을 촉진하기 위해 땅을 개간하고, 식용동물의 번식을 유도하기 위해 지형을 개방해서 추후에 불을 이용해 그것들을 <u>선택된(choosing → chosen)</u> 장소로 몰아넣으면서, 자신들에게 맞게 환경을 재배치하기 시작할 수 있었다.

VOCA
- serve 도움이 되다, 기여하다
- besides ~ 외에
- rearrange 재배치하다, 다시 배열하다
- suit 적합하다, 어울리다
- clear land 토지를 개간하다
- stimulate 자극[격려]하다, 활발하게 하다
- landscape 지형, 환경
- encourage 부추기다, 조장하다
- proliferation 확산, 번식
- food animal 식용동물
- driven by fire 불로 몰아가다
- harvest (사냥하여) 동물을 포획하다, 채집하다

14 난도 ★★☆   정답 ④

독해 > 세부 내용 찾기 > 내용 (불)일치

[정답분석]

안내문의 마지막 문장에서 'no camp the week of June 30(6월 30일 주간은 캠프 없음)'이라고 했으므로, 글의 내용과 일치하지 않는 것은 ④ 'The camp runs with no break between June 9 and July 25(캠프는 6월 9일부터 7월 25일까지 중단 없이 운영된다).'이다.

[오답분석]

① 캠프 참가자들은 학생 전시회에서 자신들의 작품을 전시할 기회를 갖게 될 것이다. → 안내문의 첫 번째 문단의 마지막 문장에서 'Campers ~ show off their own work in a student exhibition(캠프 참가자들은 ~ 그들의 작품을 학생 전시회에서 선보이게 됩니다).'라고 했으므로, 글의 내용과 일치한다.
② 캠프는 6세부터 14세 어린이를 위한 개별적인 예술 지원을 포함한다. → 안내문의 두 번째 문단에서 참가 대상은 6~14세 어린이로, 캠프에 참가하는 어린이들은 각각 자신의 학습 스타일과 실력 수준에 따른 개별 예술 지원, 격려, 창의적인 과제를 받을 것이라고 했으므로, 글의 내용과 일치한다.
③ STEM 컨설턴트가 해석 중심의 예술과 과학 수업을 개발했다. → 안내문의 세 번째 문단의 마지막 문장에서 '~ interpretive art and science lessons created by Eddie Brown, a STEM consultant(~ STEM 컨설턴트 Eddie Brown이 기획한 해석 중심의 예술과 과학 수업)'라고 했으므로, 글의 내용과 일치한다.

본문해석

2025 어린이 여름 아트 캠프
Stan José Art Museum(SJAM)에서 즐거운 1주일을 참가해 보세요!
캠프 참가자들은 전시회의 비공개 영역에 접근하고, 예술적 과정을 실험하며, 학생 전시회에서 자신들의 작품을 선보이게 됩니다.

참가 대상
6~14세 어린이
캠프에 참가하는 어린이들은 각각 자신들의 학습 스타일과 실력 수준에 따른 개별 예술 지원, 격려, 창의적인 과제를 받을 것입니다.

캠프 내용
경험이 풍부한 갤러리 교사들과 스튜디오 아트 교육자들이 이끄는 다양한 예술 재료와 표현 기법의 창의적 탐구가 결합된 SJAM 여름 아트 캠프에 참가하세요. 또한, 캠프 참가자들은 STEM 컨설턴트 Eddie Brown이 기획한 해석 중심의 예술과 과학 수업에도 참여하게 됩니다.

아트 캠프 전시회
참가 어린이들의 예술적 성장을 함께 축하하기 위해, 가족과 보호자 여러분을 매주 참가자들의 전시 감상회에 초대합니다.

일정
모든 캠프는 월요일부터 금요일까지, 오전 9시부터 오후 3시까지 운영됩니다.
캠프 기간은 6월 9일 (월)부터 7월 25일 (금)까지입니다.
(6월 30일 주간은 캠프 없음)

VOCA
- get access to 접근하다, 이용하다
- behind-the-scenes 무대 뒤의, 비공식적인
- exhibition 전시회
- experiment with ~을 실험하다
- process 과정, 절차
- show off ~을 자랑하다
- challenge 도전[시험대]
- unique 고유의, 특유의
- pair 쌍을 이루다, 연결[결합]하다
- engage in ~에 관여[참여]하다
- interpretive 해석상의, 해석[설명]을 제공하는
- participant 참가자
- run (언급된 시간에) 진행되다

15 난도 ★★☆ 정답 ②

독해 > 세부 내용 찾기 > 내용 (불)일치

정답분석
두 번째 문단의 두 번째 문장에서 'Eleven operating divisions, ~ administer HHS's programs(~ 총 11개 운영 부서에서 HHS 프로그램을 운영한다).'라고 했으므로, 글의 내용과 일치하는 것은 ② 'HHS's programs are administered by the eleven operating divisions(HHS 프로그램은 11개 운영 부서에 의해 운영된다).'이다.

오답분석
① HHS는 저소득 가정의 건강과 복지 향상만을 목표로 한다. → 첫 번째 문단의 첫 번째 문장에서 'The mission of the Department of Health and Human Services (HHS) is to enhance the health and well-being of all individuals in the nation~ (HHS의 사명은 ~ 국민 모두의 건강과 복지를 증진하는 것이다).'라고 했으므로, 글의 내용과 일치하지 않는다.
③ HHS는 그 사명을 완수하기 위해 외국의 국가들과 일하지 않는다. → 두 번째 문단의 세 번째 문장에서 '~ the interconnectedness of our world requires that HHS engage globally to fulfill its mission(~ 세계가 서로 밀접하게 연결된 현실은 HHS가 그 사명을 수행하기 위해 전 세계적으로 관여하기를 요구한다).'이라고 했으므로, 글의 내용과 일치하지 않는다.
④ HHS는 목표를 달성하기 위해 다른 연방 부처 및 기관들로부터 독립적으로 활동한다. → 세 번째 문단의 마지막 문장에서 'HHS collaborates closely with other federal departments and agencies on cross-cutting topics(HHS는 공통적인 주제에 대해 다른 연방 부처 및 기관들과 긴밀하게 협력하고 있다).'라고 했으므로, 글의 내용과 일치하지 않는다.

본문해석

보건사회복지부

사명 선언문

보건사회복지부(HHS)의 사명은 효과적인 보건 복지 서비스를 제공하고, 의학, 공중보건, 사회복지의 기반이 되는 과학 분야에서 건전하고 지속적인 발전을 촉진함으로써, 국민 모두의 건강과 복지를 증진하는 것이다.

조직 구조

HHS는 폭넓은 활동 영역을 포함하는 다양한 프로그램과 계획을 통해 그 사명을 완수한다. 공중보건국 산하 8개 기관과 3개 복지기관을 포함한 총 11개 운영 부서에서 HHS 프로그램을 운영한다. HHS는 미국 국민의 건강과 복지를 담당하는 국내 기관이지만, 세계가 서로 밀접하게 연결된 현실은 HHS가 그 사명을 수행하기 위해 전 세계적으로 관여하기를 요구한다.

부처 간 협력

보건 복지 서비스의 성과 향상은 부서 단독으로 이루어 낼 수 없다. 우리의 목표와 과제를 달성하기 위해서는 부처 간 협력이 대단히 중요하다. HHS는 공통적인 주제에 대해 다른 연방 부처 및 기관들과 긴밀하게 협력하고 있다.

VOCA

- Department of Health and Human Services 미국 보건사회복지부
- Mission Statement 사명 선언문
- enhance 높이다[향상시키다]
- foster 조성하다, 발전시키다
- sound 건전한, 믿을 만한, 타당한
- sustained 지속된, 일관된
- underlying 기초가 되는, 근본적인[근원적인]
- accomplish 완수하다, 성취하다, 해내다
- initiative 새로운 중요 기획[계획]
- cover 다루다, 포함시키다
- spectrum 범위[영역]
- administer 관리하다[운영하다]
- interconnectedness 상호 연락[연결]됨, 상관됨
- engage 관계를 맺다
- fulfill 이행하다, 수행하다
- collaboration 협력, 합작
- objective 목적, 목표

16 난도 ★★☆ 정답 ④

독해 > 글의 일관성 > 문장 삽입

정답분석

주어진 문장에서 '뉴스 소비나 소셜 미디어를 확인하는 것과 같은 주의를 산만하게 하는 활동은 정해진 시간으로 미루도록 일정을 계획하라.'라고 했는데, ④ 앞문장에서 '~ I mean to recommend ordering your information intake so that extraneous stuff doesn't eat up your attention(~ 관련 없는 사소한 것들이 여러분의 주의력을 잡아먹지 않도록 정보 수용의 우선순위를 정하는 것을 권장한다는 것이다).'이라고 했고, ④ 다음 문장에서 아침에 30분 동안 뉴스를 읽고, 하루가 끝날 무렵에는 소셜 미디어를 30분 정도 가볍게 훑어보는 식으로 정할 수도 있을 것이라고 했으므로, 글의 흐름상 주어진 문장이 들어갈 위치로 가장 적절한 것은 ④이다.

본문해석

여러분이 운전을 배울 때는 문제를 예측하는 데 도움이 될 만큼 충분히 넓지만, 주의를 산만하게 할 정도는 아닌 적절한 수준의 상황 인식 수준을 유지하라고 배운다. 이것은 여러분의 프로젝트에도 해당된다. 여러분의 생활과 일에 영향을 미칠 수도 있는 주변 상황은 파악할 필요가 있지만, 무관한 정보까지 알 필요는 없다. 나는 외부 세계를 완전히 무시하는 '타조[현실 도피] 전략'을 권장하는 것이 아니다. 오히려, 관련 없는 사소한 것들이 여러분의 주의력을 잡아먹지 않도록 정보 수용의 우선순위를 정하는 것을 권장한다는 것이다. 뉴스 소비나 소셜 미디어를 확인하는 것과 같은 주의를 산만하게 하는 활동은 정해진 시간으로 미루도록 일정을 계획하라. 어쩌면, 아침에 30분 동안 뉴스를 읽고, 하루가 끝날 무렵에는 소셜 미디어를 30분 정도 가볍게 훑어보는 식으로 정할 수도 있을 것이다.

VOCA

- schedule 일정[시간 계획]을 잡다
- relegate 격하[좌천]시키다
- distracting 집중할 수 없는
- prescribed 예정된
- maintain 유지하다[지키다]
- anticipate 예상하다
- irrelevant 무관한, 상관없는
- advocate 지지하다[옹호하다]
- full ostrich 현실 도피(현실을 회피하는 태도를 뜻하는 비유적인 표현)
- intake 섭취, 수용

- extraneous (특정 상황이나 주제와) 관련 없는
- stuff 가치없는 것, 시시한 것
- eat up 다 먹어치우다, (자원·시간·돈 등을) 잡아먹다, 소모하다

17 난도 ★★★ 정답 ④

독해 > 글의 일관성 > 무관한 어휘·문장

정답분석

제시문은 OECD 국가들이 AI 혁명을 대비하면서 고용 환경의 중대한 변화가 일어날 것이며 이런 변화에 대응하기 위한 조치들에 대한 내용이다. ④ 앞부분에서 새로운 시대의 성공을 위해서 노동자들의 권리 보호와 폭넓은 노동시장 보장, 사회적 대화가 무엇보다도 중요하다고 했고, ④ 다음 문장에서 'Together, these actions will ensure that the AI revolution benefits all, transforming potential risks into opportunities for growth and innovation(더불어, 이러한 조치들이 잠재적인 위험 요소들을 성장과 혁신의 기회로 전환시켜서 AI 혁명이 모두를 이롭게 한다는 것을 보장할 것이다).'이라고 했다. 따라서 글의 흐름상 어색한 문장은 '많은 전문가들은 AI가 향후 10년 안에 모든 인간의 일자리를 완전히 대체할 것이라고 믿고 있다.'라고 한 ④이다.

본문해석

OECD 국가들이 생성형 AI의 급속한 발전과 AI 기술을 갖춘 이용가능한 노동자들의 증가로 인해 강조되는 AI 혁명을 대비함에 따라, 고용 환경은 중대한 변화에 대한 태세를 갖추었다. 이러한 변화에 대응하기 위해서는 현재와 미래의 노동자들이 필요한 기술을 갖추도록 교육과 훈련을 우선적으로 처리하고, 실직한 노동자들에게 적절한 사회적 보호를 제공하는 것이 중요하다. 아울러, AI 통합에 직면하여 노동자들의 권리 보호와 폭넓은 노동시장 보장이 무엇보다도 중요해진다. 사회적 대화 역시 이 새로운 시대의 성공에 핵심적인 요소가 될 것이다. (많은 전문가들은 AI가 향후 10년 안에 모든 인간의 일자리를 완전히 대체할 것이라고 믿고 있다.) 더불어, 이러한 조치들이 잠재적인 위험 요소들을 성장과 혁신의 기회로 전환시켜서 AI 혁명이 모두에게 이익이 된다는 것을 보장할 것이다.

VOCA

- underscore ~에 밑줄을 긋다, ~을 강조하다
- advancement 발전, 진보
- generative AI 생성형 인공지능
- availability 이용 가능성
- landscape (특정 분야의) 전망, 상황, 경관
- employment 고용, 취업, 근무
- poised for ~할 태세를 갖춘
- navigate 다루다[처리하다]
- shift (위치·입장·방향의) 변화
- critical 대단히 중요한[중대한]
- prioritise 우선적으로 처리하다
- equip 준비를 갖추게 하다
- support 지원하다
- displace 대신[대체]하다, (직장 지위에서) 쫓아내다
- safeguard (분실·손상 등에 대비하여) 보호하다
- in the face of ~에도 불구하고[~에 직면하여]
- integration 통합
- ensure 반드시 ~하게[이게] 하다, 보장하다
- inclusive 폭넓은, 포괄적인
- paramount 다른 무엇보다[가장] 중요한, 최고의
- era 시대
- replace 대체하다, 교체하다
- benefit ~의 득이 되다, ~에 이익을 주다
- transform 전환하다, 변형[변태]시키다
- potential 잠재적인, 가능성 있는

18 난도 ★★☆ 정답 ③

독해 > 글의 일관성 > 글의 순서

정답분석

주어진 글에서 '사회가 공로에 따라 경제적 보상과 책임 있는 지위를 배분해야 한다는 생각은 여러 가지 이유(several reasons)로 매력적이다.'라고 했으므로, 문맥상 주어진 글의 'several reasons'를 받는 'Two of these reasons(이러한 이유들 중 두 가지)'로 시작하는 (C)가 와야 한다. (C)의 마지막에서 '효율성과 공정성(efficiency and fairness)'을 언급했으므로, 문맥상 노력, 진취성, 재능을 보상하는 경제 시스템이 '더 생산적(효율성)'일 가능성이 크다고 한 (A)가 오고, 마지막으로 사람들을 오직 그들의 능력에 따라 보상하는 방식은 '공정성'의 미덕을 갖고 있다고 한 (B)가 와야 한다. 따라서 주어진 글 다음에 이어질 글의 순서로 적절한 것은 ③ '(C) — (A) — (B)'이다.

본문해석

사회가 공로에 따라 경제적 보상과 책임 있는 지위를 배분해야 한다는 생각은 여러 가지 이유로 매력적이다.
(C) 이러한 이유들 중 두 가지는 공로 위주 고용에 대한 일반화된 형태인 효율성과 공정성이다.
(A) 노력, 진취성, 재능을 보상하는 경제 시스템은 기여도에 상관없이 모두에게 동일한 보상을 주거나 편파적인 기준에 따라 선호하는 사회적 지위를 주는 시스템보다 더 생산적일 가능성이 크다.
(B) 또한 사람들을 오직 그들의 공로에 따라 보상하는 것은 공정성의 미덕이 있는데, 이는 성취 외의 다른 어떤 기준으로도 차별하지 않는다.

VOCA

- allocate 할당하다
- merit 공적, 공로, 장점
- appealing 매력적인, 흥미로운
- reward 보상[보답/사례]하다
- productive 결실 있는, 생산적인
- regardless of ~에 상관없이[구애받지 않고]
- contribution 기여, 이바지
- hand out 나눠주다, 배포하다
- favoritism 편애, 편파, 정실
- virtue of fairness 공정성의 미덕
- discriminate 차별하다
- achievement 성취, 달성
- generalized 일반[전반]적인
- efficiency 효율(성), 능률

19 난도 ★★☆ 정답 ③

독해 > 빈칸 완성 > 단어·구·절

정답분석

첫 문장에서 '적극적인 경청은 예술이자 기술이며, ~ 을 요하는 훈련이다.'라고 한 다음에, 세 번째 문장에서 'This involves ignoring your own needs and focusing on the person speaking—a task made more difficult by the way the human brain works(이것은 자신의 욕구를 무시하고 말하는 사람에게 집중하는 것을 포함하는데, 이는 인간의 두뇌 작동 방식 때문에 더 어려운 과제이다).'라고 했다. 글의 후반부에서 '스스로 경계심을 유지하도록 훈련하지 않는다면(Unless you train yourself to remain vigilant)', 뇌는 대개 결국 여러분 자신의 머릿속 소리에 더 집중하게 되기 때문에 바로 그 지점에서 적극적인 경청 기술이 중요한 역할을 하게 된다고 했다.

마지막 문장에서 '듣는 것은 상대방이 말하는 내용을 주의 깊게 집중할 때만 비로소 '경청'이 된다.'라고 했으므로, 빈칸에 들어갈 말로 적절한 것은 ③ 'a high degree of self-control(높은 수준의 자기 통제력)'이다.

오답분석

① 자율성의 감각
② 창의적인 사고방식
④ 외향적인 성격

본문해석

적극적인 경청은 예술이자 기술이며, 높은 수준의 자기 통제력을 요하는 훈련이다. 훌륭한 경청 능력을 기르기 위해서는 효과적인 의사소통에 포함된 것을 이해하고, 차분하게 앉아서 듣는 기술을 개발해야 한다. 이것은 자신의 욕구를 무시하고 말하는 사람에게 집중하는 것을 포함하는데, 이는 인간의 두뇌 작동 방식 때문에 더 어려운 과제이다. 누군가가 여러분에게 말을 걸면, 여러분의 뇌는 즉시 상대방의 단어·몸짓·어조·억양·의미를 처리하기 시작한다. 여러분은 하나의 소리를 듣는 게 아니라, 두 가지, 즉 상대방이 내는 소리와 여러분 머릿속의 소리를 듣는다. 스스로 경계심을 유지하도록 훈련하지 않는다면, 뇌는 대개 결국 여러분 자신의 머릿속 소리에 더 집중하게 된다. 바로 그 지점에서 적극적 경청 기술이 (중요한) 역할을 하게 된다. 듣는 것은 상대방이 말하는 내용을 주의 깊게 집중할 때만 비로소 '경청'이 된다.

VOCA

- involve 수반[포함]하다, 관련시키다
- ignore 무시하다
- focus on ~에 집중하다, ~에 중점을 두다
- process (정보 등을) 처리하다
- inflection 억양, 어조
- perceived 인지된
- remain 계속[여전히] ~이다
- vigilant 바짝 경계하는, 조금도 방심하지 않는
- end up 결국 (어떤 처지에) 처하게 되다
- pay attention to ~에 유의하다
- come into play 작동[활동]하기 시작하다

20 난도 ★★☆ 정답 ④

독해 > 빈칸 완성 > 단어·구·절

정답분석

제시문은 사람들이 연말연시 휴일 동안 과소비하게 되는 원인을 설명하는 내용이다. 빈칸 다음에서 'because they don't want to appear cheap(그들은 인색하게 보

이고 싶지 않아서)'이라고 했고, 마지막 문장에서 또한 많은 기업들도 휴일 기간에 사람들이 평소보다 더 많이 소비하도록 장려하는 판촉 활동을 한다고 했으므로, 빈칸에는 사람들이 과소비할 수밖에 없는 마음과 관련된 내용이 들어가야 함을 유추할 수 있다. 따라서 빈칸에 들어갈 말로 적절한 것은 ④ 'the social pressure to spend more than they might like(그들이 원하는 것보다 더 많이 지출하도록 하는 사회적 압박)'이다.

오답분석
① 외국 기업에 취업하고 싶은 욕구
② 장기적인 목표를 설정할 책임
③ 연휴 시즌 동안 지출을 줄이고 싶은 마음

본문해석
연말 시즌은 감사 인사를 전하고 한 해를 되돌아보며 가족과 친구들과 함께 시간을 보내는 시기이다. 하지만 주의하지 않으면, 휴일 쇼핑으로 과소비하는 시기가 될 수도 있다. 전문가들에 따르면, 사람들은 과소비하려는 타고난 충동을 갖고 있다. 그들은 소비자가 되도록 (본능적으로) '설계되어' 있다. 사랑하는 사람들에게 선물을 주는 즉각적인 만족감은 돈을 잘 관리하는 데 필요한 장기적인 집중력을 가릴 수 있다. 바로 그 지점이 바로 많은 사람들이 부족한 부분이다. 장기적인 목표가 훨씬 더 추상적이며, 즉각적인 만족을 미루기 위해서는 실제로 추가적인 수준의 인지적 처리를 요구하기 때문에 우리는 과소비할 수 있다. 게다가, 소비자들은 '인색하게' 보이고 싶지 않아서 그들이 원하는 것보다 더 많이 지출하도록 하는 사회적 압박을 느낄 수 있다. 또한 많은 기업들도 휴일 기간에 사람들이 평소보다 더 많이 소비하도록 장려하는 판촉 활동을 한다.

VOCA
- reflect on ~을 반성하다, 되돌아보다
- overspend (계획보다) 초과 지출하다
- innate 타고난, 선천적인
- impulse 충동
- wired 연결된, 배선된
- short-term 단기의, 단기적인
- gratification 만족감[희열](을 주는 것)
- eclipse 가리다, 빛을 잃게[무색하게] 만들다
- be good with ~을 잘 다루다, ~에 재주가 있다
- fall short 부족하다, 미치지 못하다
- abstract 추상적인
- cognitive processing 인지적 처리
- appear ~처럼 보이다
- promote 촉진[고취]하다
- deal 거래
- encourage 권장[장려]하다

2025년 국가직 9급 한국사 정답 및 해설

01	02	03	04	05	06	07	08	09	10
④	①	④	③	②	②	④	①	②	①
11	12	13	14	15	16	17	18	19	20
②	③	④	③	②	③	④	②	③	③

01 난도 ★☆☆ 정답 ④

선사 시대와 국가의 형성 > 선사 시대

[자료해설]
바위에 '고래 잡는 사람', '호랑이', '사슴', '물을 뿜고 있는 고래', '작살이 꽂혀 있는 고래' 등 여러 동물과 사냥하는 모습이 묘사됐다는 내용으로 보아 제시된 자료가 가리키는 문화유산은 울주 대곡리 반구대 암각화임을 알 수 있다.

[정답분석]
④ 울주 대곡리 반구대 암각화는 선사 시대에 만들어졌으며, 바위 면에 고래, 거북, 사슴, 호랑이 등의 동물들과 배를 타고 고래를 사냥하는 장면 등이 새겨져 있다. 이는 사냥과 고기잡이의 성공과 풍성한 수확을 비는 것으로 보인다.

[오답분석]
① 경북 고령 장기리 암각화에는 동심원, 십자형, 가면 모양 등 기하학무늬 모양의 그림이 새겨져 있으며, 청동기 후기의 암각화로 추정한다.
② 황해 안악 3호분은 북한 황해도 안악군에 위치한 고구려의 굴식 돌방무덤으로, 널방의 벽면에는 250여 명에 달하는 사람들로 구성된 행렬도가 그려져 있다.
③ 경주 천마총은 신라의 대표적인 돌무지덧널무덤으로, 내부에서 말의 안장 양쪽에 달아 늘어뜨리는 부속품인 장니에 그려진 천마도(장니 천마도)가 출토되었다.

02 난도 ★★☆ 정답 ①

근세 > 정치사

[자료해설]
제시된 자료에서 '여진족과 왜구의 침입에 대비하기 위해 만든 임시회의 기구', '임진왜란 이후 국정 전반을 다루었다', '의정부와 6조의 기능이 축소' 등의 내용으로 보아 (가)에 해당하는 기구는 비변사임을 알 수 있다.

[정답분석]
① 비변사는 중종 때 왜구와 여진족의 침입에 대비하기 위한 임시 기구로 설치되었으며, 을묘왜변(1555)을 계기로 상설 기구가 되었다. 이후 임진왜란을 거치면서 구성원이 3정승을 비롯한 고위 관원으로 확대되었으며 그 기능도 군사 문제뿐 아니라 외교, 재정 등 거의 모든 정무를 총괄하였다. 이와 같이 비변사의 기능이 강화되자 의정부와 6조 중심의 행정 체계는 유명무실해졌고, 고종 초 흥선대원군이 의정부의 실권을 회복하고 행정체계를 바로 잡기 위해 축소, 폐지하였다.

[오답분석]
② 삼군부는 조선 초기 군무를 총괄하던 관청이다. 고종 즉위 이후 정치적 실권을 잡은 흥선대원군이 비변사를 폐지하여 의정부의 권한을 강화하고 삼군부를 부활시켜 군사 및 국방 문제를 전담하게 하였다.
③ 고려의 정치 중심 기구는 국정 총괄과 정책 결정을 담당하는 최고 중앙 관서인 중서문하성과 6부를 관리하는 상서성의 2성으로 이루어졌다. 상서성은 고려 시대 중앙 관제 중 하나로 6부(이·호·예·병·형·공)의 행정업무를 집행하고 관리하였다.
④ 집사부는 통일 신라의 최고 행정 기구로, 중앙 행정 기구인 집사부를 중심으로 그 아래 13개 관부가 병렬적으로 위치하여 행정 업무를 분담하였다.

03 난도 ★★☆ 정답 ④

고대 > 정치사

[자료해설]
제시문의 '고구려의 옛 땅', '백성은 말갈이 많고 토인(土人)이 적은데, 모두 토인을 촌장으로 삼는다' 등의 내용을 통해 밑줄 친 '이 나라'는 발해임을 알 수 있다. '토인(土人)'은 토착 원주민으로 발해의 토착 원주민인 고구려계 사람을 의미하며, 말갈이 많고 토인(土人)이 적지만 촌장은 모두 토인으로 임명한다는 내용으로 보아 발해의 인구 구성 중 말갈인이 큰 비중을 차지하나 지배층은 고구려인

임을 알 수 있다.

정답분석
④ 발해 선왕은 지방 행정 체제를 5경 15부 62주로 정비하고 주현에 지방관을 파견하였다.

오답분석
① 신라는 골품제라는 특수한 신분 제도를 운영하여, 개인이 승진할 수 있는 관등 승진의 상한을 골품으로 정하고 관직을 맡을 수 있는 관등의 범위를 한정하였다.
② 통일 신라 신문왕은 중앙군을 9서당, 지방군을 10정으로 편성하여 군사조직을 정비하였다.
③ 고구려 광개토대왕은 즉위 후 영락이라는 독자적인 연호를 사용하여 왕권을 강화하였다.

04 난도 ★☆☆ 정답 ③

근세 > 정치사

자료해설
『농사직설』과 '4군 6진 개척'을 통해 제시된 자료의 업적이 있는 왕은 세종대왕임을 알 수 있다. 조선 세종은 정초, 변효문 등을 시켜 우리 풍토에 맞는 농법을 기술한 『농사직설』을 간행하였다. 또한 세종 때 여진을 몰아낸 뒤 최윤덕이 압록강 상류 지역에 4군을 설치하고, 김종서가 두만강 하류 지역에 6진을 설치하여 영토를 확장하였다.

정답분석
③ 조선 전기 세종은 전세 제도인 공법을 제정하고 이를 실시하기 위해 전제상정소를 설립하여 토지의 등급을 매기도록 하였다. 이를 통해 풍흉과 토지 비옥도에 따라 전세를 차등 징수하는 연분9등법과 전분6등법을 전라도부터 시행하였다.

오답분석
① 조선 후기 상업이 발달하면서 담배, 인삼, 면화 등 상품 작물의 재배가 활발해졌다. 송파장은 전국의 온갖 산물이 모이는 중심지로, 조선 시대 15대 장터 중 하나였다.
② 조선 정조는 채제공의 건의에 따라 신해통공을 시행하여 육의전을 제외한 시전 상인들의 금난전권을 폐지하고 일반 상인들의 자유로운 상업 활동을 도모하였다.
④ 조선 정조 때 진산의 양반 윤지충은 모친상을 당하여 신주를 불사르고 천주교 의식으로 상을 치르자 강상죄를 저지른 죄인으로 비난을 받았다. 이때 천주교인이었던 권상연이 이를 옹호하자 모두 사형에 처해졌다(신해박해).

05 난도 ★★☆ 정답 ②

중세 > 정치사

자료해설
제시문의 '왕이 신돈에게 국정을 맡겼다'는 내용으로 보아 밑줄 친 '왕'은 공민왕이다. 공민왕은 신돈을 등용하고 전민변정도감을 설치하여 권문세족에 의해 점탈된 토지를 본래 주인에게 돌려주고 억울하게 노비가 된 자를 풀어주는 등 개혁을 단행하였다.

정답분석
② 공민왕은 원의 내정 간섭을 배제하기 위하여 정동행성 이문소를 폐지하였다.

오답분석
① 고려 태조는 지방 호족을 견제하고 지방 통치를 원활하게 하기 위해 중앙의 고관을 자기 출신지의 사심관으로 임명하는 사심관 제도를 시행하였다.
③ 고려 광종은 공신과 호족의 세력을 약화시키고 왕권을 강화하고자 국왕을 황제라 칭하고 광덕, 준풍 등의 독자적 연호를 사용하였다.
④ 고려 성종은 유학자인 최승로가 건의한 시무 28조 개혁안을 받아들여 유교 정치를 구현하였다.

06 난도 ★★☆ 정답 ②

시대 통합 > 지역사

자료해설
자료의 '고인돌 유적'과 '고려 정부가 천도하여 몽골의 침략에 대항'으로 보아 밑줄 친 '이곳'은 강화도이다. 강화도 부근리, 삼거리, 오상리 등의 지역에는 청동기 시대 지배층 군장의 무덤인 고인돌 160여 기가 분포되어 있으며, 고창 · 화순 · 강화 고인돌 유적이 함께 유네스코 세계 유산으로도 등재되어 있다. 또한 고려 최씨 무신 정권 시기 최우는 몽골의 침입에 장기적으로 대항하기 위해 강화도로 천도하였다.

정답분석
② 인조의 친명배금 정책으로 후금이 조선을 침략하는 정묘호란이 발생하였다. 후금이 의주를 함락시킨 뒤 평산까지 남진하자 인조는 강화도로 피난하였다.

오답분석
① 통일 신라 때 장보고는 완도에 청해진을 설치하여 해적들을 소탕하고 해상 무역권을 장악하면서 당, 신라, 일본을 잇는 국제 무역을 주도하였다.
③ 원나라는 고려 충렬왕 때 제주도에 탐라총관부를 설치하여 직할령으로 삼았다.

④ 조선 고종 때 영국은 조선에 대한 러시아의 세력 확장을 저지하기 위해 남해의 전략 요충지인 거문도를 불법으로 점령하였다.

더 알아보기

강화도에서 일어난 역사적 주요 사건

구분	사건	내용
청동기 시대	고인돌 축조	강화도 부근리, 삼거리, 오상리 등에 탁자식 등 다양한 고인돌 분포(유네스코 세계 유산)
고려	최우의 강화도 천도 (1232)	최우 집권 시기 몽골의 침입에 대응하기 위해 강화도로 천도
고려	대장도감 (大藏都監) 설치 (1236)	• 고려 고종 때 강화도에 대장도감을 설치하고 재조(팔만)대장경 조성(1236~1251) • 대장도감에서 현전하는 우리나라 최고(最古)의 의학 서적인 『향약구급방』 간행
고려	삼별초의 대몽항쟁 (1270~1273)	• 고려 정부가 강화도에서 개경으로 환도 → 배중손, 김통정을 중심으로 한 삼별초가 반대하여 대몽항쟁 전개 • 강화도, 진도, 제주도(탐라)로 이동
조선	정묘호란 (1627)	후금의 침략으로 인조가 강화도로 피란
조선	강화학파 (18C 초)	정제두가 양명학을 연구하고 강화도에서 강화학파 형성
조선	병인양요 (1866)	병인박해를 구실로 프랑스군이 강화도에 침략하여 외규장각 의궤 등 약탈
조선	신미양요 (1871)	제너럴 셔먼호 사건을 구실로 미군이 강화도 침략
조선	강화도 조약 (1876)	우리나라 최초의 근대적 조약이자 불평등 조약으로 강화도 연무당에서 체결

07 난도 ★★☆ 정답 ④

근대 > 정치사

자료해설

'개항 이후 ~ 개혁을 추진하기 위해 설립된 기구', '외교, 군사 등 개화와 관련된 정책을 총괄', '그 아래 12사를 두어 실무를 담당' 등의 내용을 통해 제시된 기구가 '통리기무아문'임을 알 수 있다.

정답분석

④ 고종은 강화도 조약 이후 국내외 정세에 대응하기 위해 국내외의 군국 기무와 개화 정책을 총괄하는 업무를 맡은 관청인 통리기무아문을 설치하고 그 아래 12사(司)를 두어 행정 업무를 맡게 하였다(1880).

오답분석

① · ③ 동학 농민 운동 당시 농민군은 황토현 전투에서 관군에 승리하고 전주성을 점령하여 전라도 일대를 장악하였으며 이후 청과 일본의 군대 개입을 우려한 조선 정부와 동학 농민군은 전주 화약을 체결하였다. 전주 화약 체결 후 조선 정부는 교정청을 설치하여 자주적인 내정 개혁을 시도하였으나, 일본군이 경복궁을 포위하고 고종을 협박하여 내정 개혁 기구인 군국기무처를 설치하고 교정청을 폐지하였다(1894).

② 임술 농민 봉기를 수습하기 위해 안핵사로 파견된 박규수는 민란의 원인이 삼정의 문란에 있다고 보고 삼정이정청을 설치하였으나 근본적인 문제를 해결하지는 못하였다(1862).

08 난도 ★★☆ 정답 ①

중세 > 정치사

자료해설

'노비 만적', '공노비와 사노비들을 불러 모의', '장상의 씨가 따로 있으랴' 등을 통해 제시문의 사건이 '만적의 난'임을 알 수 있다. 최씨 무신 정권 시기 최충헌의 사노비 만적은 개성에서 노비들을 규합하여 신분 차별에 항거하는 반란을 도모하였으나 사전에 발각되어 실패하였다(1198).

정답분석

① 고려 무신 정권 시기 최충헌의 뒤를 이어 집권한 최우는 자신의 집에 정방을 설치하고 이를 인사 행정을 담당하는 기관으로 삼아 인사권을 완전히 장악하였다(1225).

오답분석

② 고려 예종 때 윤관은 별무반을 이끌고 여진족을 토벌하여 함주, 길주 등에 동북 9성을 설치하였다(1107).

③ 고려 광종은 노비안검법을 실시하여 억울하게 노비가 된 사람들을 구제하고, 호족 세력의 경제적 · 군사적 기반을 약화시키고자 하였다(956).

④ 통일 신라 때 지방 세력을 견제하기 위해 지방 호족의 자제 1명을 뽑아 중앙에 머물게 하는 상수리 제도를 실시하였다.

더 알아보기

시대별 노비 해방 노력

노비안검법 실시(956)	• 고려 광종 때 억울하게 노비가 된 사람들을 구제하기 위해 실시 • 국가 재정 확충, 호족 세력 약화 도모
만적의 난 (1198)	최충헌의 사노비 만적이 신분 차별에 항거하여 개경에서 반란 도모, 사전 발각되며 실패
공노비 해방 (1801)	조선 순조 때 각 궁방과 중앙 관서의 공노비를 해방시켜 양민으로 삼음
제1차 갑오개혁 (1894)	군국기무처 주도로 진행된 제1차 갑오개혁으로 공사 노비법 혁파(사노비도 해방)

09 난도 ★★☆ 정답 ②

근대 태동기 > 문화사

자료해설

제시문의 『양반전』, '수레와 선박의 이용 등에 대해서도 주목' 등의 내용을 통해 밑줄 친 '그'가 박지원임을 알 수 있다. 박지원은 『양반전』, 「허생전」, 「호질」 등의 소설을 통해 양반의 무능과 허례를 풍자하고 비판하였고, 청에 다녀온 뒤 견문록인 『열하일기』를 저술하여 청 문물을 소개하며 상공업 진흥과 화폐 유통, 수레 사용의 필요성을 주장하였다.

정답분석

② 박지원은 『과농소초』를 저술하여 중국 농법 도입과 재래 농사 기술의 개량을 주장하였으며, 농업 정책으로 토지 소유 상한선을 규정하는 한전론을 제안하여 심각한 토지 소유 불균형을 해소하고자 하였다.

오답분석

① 송시열은 노론의 영수로, 명에 대한 의리를 지키고 청에게 당한 수모를 갚자는 북벌론을 주장하며 효종에게 『기축봉사』를 올려 북벌 계획의 핵심 인물이 되었다.
③ 조선 정조 때 정약용은 서양 서적인 『기기도설』을 참고하여 거중기를 제작하였고, 이는 수원 화성을 축조할 때 사용되면서 공사 기간과 비용을 줄이는 데 큰 역할을 하였다.
④ 조선 정조 때 안정복은 역사서인 『동사강목』을 편찬하여 고조선부터 고려 말까지의 역사를 정리하였으며, '단군 – 기자 – 마한 – 삼국 – 통일 신라 – 고려'로 이어지는 독자적 정통론을 확립하였다.

10 난도 ★☆☆ 정답 ①

고대 > 정치사

자료해설

제시문의 '김흠돌의 난', '녹읍을 폐지' 등을 통해 통일 신라 신문왕 때임을 알 수 있다. 신문왕은 장인이었던 김흠돌의 난을 진압한 뒤 왕권 강화를 위해 진골 귀족 세력을 숙청하였으며, 녹읍을 폐지하고 관료전을 지급하여 귀족의 경제 기반을 약화시키고자 하였다.

정답분석

① 신문왕은 유학 교육 기관인 국학을 설립하여 유교 정치 이념을 확립하고 왕권을 강화하려 하였다.

오답분석

② 신라 법흥왕은 이차돈의 순교를 계기로 불교를 국교로 공인하였다.
③ 통일 신라 원성왕은 국학의 학생들을 대상으로 독서삼품과를 실시하여 유교 경전의 이해 수준에 따라 관리를 채용하였다.
④ 신라 지증왕은 이사부를 시켜 우산국(울릉도)과 우산도(독도)를 복속하고 그를 실직주의 군주로 삼았다.

11 난도 ★★☆ 정답 ②

고대 > 정치사

자료해설

(가) '왕이 보병과 기병 5만 명을 보내 신라를 구원'과 '왜군이 퇴각'을 통해 고구려 광개토대왕이 신라의 원군 요청을 받고 군대를 보내 신라에 침입한 왜를 격퇴한 사건임을 알 수 있다. 광개토대왕은 백제·가야·왜 연합군의 침략으로 신라 내물왕이 원군을 요청하자 병력 5만 명을 신라에 보내 연합군을 낙동강 유역까지 추격하여 물리쳤다(400). 이로 인해 금관가야를 중심으로 하는 전기 가야 연맹이 쇠퇴하기 시작했다.
(나) '백제 왕이 가야와 함께 관산성을 공격', '비장인 도도가 백제 왕을 죽였다'를 통해 백제 성왕이 전사한 관산성 전투임을 알 수 있다. 백제 성왕은 신라의 진흥왕이 나·제 동맹을 깨고 백제가 차지한 지역을 점령하자 신라를 공격하였으나 관산성 전투에서 전사하였다(554).

정답분석

② 신라 법흥왕 때 신라가 금관가야를 병합하였다(532).

오답분석

① 고구려 미천왕은 낙랑군을 축출(313)하고 한의 군현을 모두 몰아내어 영토를 확장하였다.

③ 당은 연개소문의 정변을 구실로 고구려를 공격하여 요동성, 백암성 등을 함락시키고 안시성을 공격하였다. 이에 고구려는 안시성 성주 양만춘을 중심으로 저항하여 당군을 물리쳤다(645).
④ 백제 근초고왕이 고구려의 평양성을 공격하자 고국원왕이 이에 항전하다가 전사하였다(371).

12 난도 ★★★   정답 ③

일제 강점기 > 정치사

자료해설

'남만주로 집단 이주하려고 기도', '토지를 사들이고 촌락을 세워', '학교를 세워 민족 교육을 실시', '무관학교를 설립', '105인 사건 판결문' 등의 내용으로 보아 제시문에서 말하는 단체는 신민회임을 알 수 있다. 105인 사건은 조선 총독부가 데라우치 총독 암살 미수를 조작해 많은 민족 운동가들이 체포된 사건으로, 이로 인해 신민회가 와해되었다.

정답분석

③ 신민회는 공화정체의 근대 국가 수립을 목표로 결성된 비밀 결사 단체(1907)로 오산 학교와 대성 학교를 세워 민족 교육을 실시하였으며, 서간도(남만주) 삼원보 지역에 독립 운동 기지로 신한민촌을 건설하고 독립군 양성 학교인 신흥 강습소(이후 신흥 무관 학교)를 설립하였다.

오답분석

① 독립협회는 만민공동회를 개최하여 러시아 내정 간섭을 규탄하고 러시아의 절영도 조차 요구를 저지하는 등 반러 운동을 전개하였다(1898).
② 1920년대 이상재, 이승훈, 윤치호 등의 주도로 한국인을 위한 고등 교육 기관인 민립대학 설립 운동이 시작되어 조선민립대학기성회가 조직되었다(1923).
④ 한국인 학생과 일본인 학생 간의 충돌 사건을 계기로 조선인 학생에 대한 차별과 식민지 교육에 저항한 광주 학생 항일 운동이 일어났다(1929). 이에 당시 신간회 중앙 본부는 진상조사단을 파견하여 지원하였다.

13 난도 ★★☆   정답 ④

근대 태동기 > 경제사

자료해설

'영의정 이원익', '공물 제도가 방납인에 의한 폐단이 크며', '경기도', '백성들에게 ~ 토지 1결마다 8두씩 쌀로 거두고' 등을 통해 제시문의 내용이 대동법이며, 밑줄 친 왕은 대동법을 처음 시행한 '광해군'임을 알 수 있다. 광해군 때 공납의 폐단을 해결하기 위해 경기도부터 대동법을 실시하여 공납을 전세화하고 공물 대신 쌀을 납부하도록 하였다(1608). 이로 인해 국가에 필요한 물품을 공인이 조달하게 되면서 상품 화폐 경제가 발달하게 되었다.

정답분석

④ 기유약조는 1609년 광해군 때 일본과의 통교를 허용하기 위해 대마도주와 맺은 강화 조약이다. 이 약조의 체결로 임진왜란으로 끊겼던 일본과의 국교가 재개되고 부산에 왜관이 설치되었다.

오답분석

① 선조 때 유성룡의 건의에 따라 포수, 사수, 살수의 삼수병으로 편제된 훈련도감을 창설하였다(1593).
② 중종은 반정으로 왕위에 오른 뒤 훈구파를 견제하기 위해 사림을 중용하여 유교 정치를 발전시키고자 하였다. 이에 따라 등용된 조광조는 천거제의 일종인 현량과를 실시하여 사림이 대거 등용될 수 있는 발판을 마련하였으며 소격서 폐지, 위훈 삭제 등의 급진적인 개혁을 실시하며 훈구파의 반발을 불러왔다.
③ 정조는 새롭게 관직에 오른 자 또는 기존 관리 중 능력 있는 관리들을 규장각에서 재교육시키는 초계문신제를 시행하였다.

14 난도 ★★☆   정답 ③

근대 > 정치사

자료해설

제시문의 '의정부를 내각으로, 8아문을 7부로 고쳤다', '지방 8도는 23부로 개편' 등을 통해 밑줄 친 개혁은 고종 때 김홍집 내각에 의해 추진된 제2차 갑오개혁임을 알 수 있다. 제2차 갑오개혁을 통해 중앙 행정 기구인 의정부와 8아문을 각각 내각과 7부로, 지방 행정 구역을 8도에서 23부로 개편하였다(1895).

정답분석

③ 제2차 갑오개혁 때 고종은 교육 입국 조서를 발표하고 교육의 중요성을 강조하면서 교사 양성을 위한 한성 사범 학교를 세웠다(1895).

오답분석

① 조선 정부는 외국어 통역관을 양성하기 위한 외국어 교육 기관으로 동문학을 설립하여 영어 교육을 실시하였다(1883).
② 육영공원은 최초의 관립 학교로 미국인 헐버트와 길모어를 초빙하여 상류층 자제들에게 영어, 수학, 지리, 정치 등 근대 학문을 교육하였다(1886).

④ 광무개혁 때 새로운 기술자와 경영인의 양성을 위해 상공학교(1899), 광무학교(1900) 등의 실업학교와 의학교 등 각종 학교를 설립하였다.

15 난도 ★★☆ 정답 ②

고대 > 문화사

자료해설

제시문의 '백제는 5세기 고구려의 공격으로 한강 유역을 상실', '수도가 함락', '도읍을 옮겼다'는 내용을 통해 밑줄 친 지역이 웅진(공주)임을 알 수 있다. 백제는 고구려 장수왕의 남진 정책으로 수도 한성이 함락되고 개로왕이 전사하자, 이후 즉위한 문주왕이 웅진(공주)으로 천도하였다.

정답분석

② 공주 송산리 고분군 내에 있는 무령왕릉은 웅진 시기에 재위하였던 무령왕의 무덤으로, 중국 남조의 영향을 받아 널길과 널방을 벽돌로 쌓은 벽돌무덤 양식으로 만들어졌다.

오답분석

① 몽촌토성은 서울 송파구 방이동에 위치한 토성터로, 백제 초기 한성 시대에 도성이자 왕성의 역할을 한 것으로 추정된다.
③ 전북 익산시에 위치한 익산 미륵사지 석탑은 백제 무왕 때 미륵사에 건립된 석탑으로, 목조건축의 기법을 사용하여 만들어졌으며 현존하는 삼국 시대의 석탑 중 가장 크다.
④ 서산 용현리 마애여래삼존상은 충남 서산시 가야산의 층암절벽에 조각된 거대한 백제의 화강석 불상으로, '백제의 미소'로도 알려져 있다.

16 난도 ★★★ 정답 ③

일제 강점기 > 정치사

자료해설

제시문의 '권업회', '대한 광복군 정부' 등을 통해 밑줄 친 이 지역이 연해주임을 파악할 수 있다. 이상설은 국권 상실 후 연해주 지역에서 한인 자치 단체인 권업회를 조직(1911)하고 권업신문을 발행하였다. 이후 연해주의 블라디보스토크에서 이상설을 정통령, 이동휘를 부통령으로 하는 대한 광복군 정부가 수립되어(1914), 만주와 시베리아 지역의 독립운동을 주도하면서 독립 전쟁을 준비하였다.

정답분석

③ 일제 강점기 당시 우리 민족은 러시아 연해주의 블라디보스토크로 이주하여 한인 집단 거주지인 신한촌을 형성하였다.

오답분석

① 동제사는 중국 상하이에서 신규식, 박은식 등이 조직한 항일 민족운동 단체이다(1912).
② 신민회의 이회영, 이상룡 등은 남만주 삼원보에 최초의 한인 자치 단체인 경학사를 조직(1911)하여 한인의 이주와 정착, 항일 의식 고취 등을 위해 노력하였다.
④ 박용만은 하와이에 대조선 국민 군단을 조직하여 독립군 사관 양성을 바탕으로 한 무장 투쟁을 준비하였다(1914).

17 난도 ★★☆ 정답 ④

중세 > 문화사

자료해설

제시문의 '문종의 넷째 아들', '송나라로 유학', '천태종을 창립' 등을 통하여 밑줄 친 '그'가 의천임을 알 수 있다. 의천은 고려 문종의 넷째 아들로 태어나 11세에 출가하였다. 이후 조정의 반대를 무릅쓰고 송에 유학하여 화엄종과 천태종의 교리를 배웠으며, 귀국 후 개경(개성) 흥왕사에서 교종과 선종의 불교 통합 운동을 전개하였다. 또한 국청사를 중심으로 해동 천태종을 개창하였으며, 이후 숙종 때 대각국사로 책봉되었다.

정답분석

④ 『신편제종교장총록』은 의천이 교장을 조판하기 전에 고려와 송·요·일본 등에서 불교 자료를 수집하여 편찬한 목록집으로, 흥왕사에 교장도감을 두어 이 목록에 따라 교장을 조판하였다.

오답분석

① 고려 승려 혜심은 유교과 불교가 다르지 않다는 유·불 일치설을 주장하여 장차 성리학을 수용할 수 있는 사상적인 토대를 마련하였다.
② 고려 후기 요세는 참회와 수행에 중점을 둔 법화 신앙을 설파하고 강진의 만덕사(백련사)에서 백련결사를 조직하였다.
③ 고려의 승려 지눌은 정혜쌍수를 사상적 바탕으로 하여 철저한 수행을 강조하였으며, 내가 곧 부처라는 깨달음을 위한 노력과 함께 꾸준한 수행으로 이를 확인하는 돈오점수를 강조하였다.

18 난도 ★★☆ 정답 ②

근대 > 정치사

자료해설

제시문의 '우리나라가 아시아의 중립국이 된다면 러시아를 방어하는 큰 기틀이 될 것이고', '중국의 이익도 될 것이고, 여러 나라가 서로 보전하는 계책도 될 것이니'를 통해 제시된 글을 쓴 인물이 유길준임을 알 수 있다. 유길준은 영국이 러시아의 남하를 저지하기 위해 거문도를 점령하는 등 한반도에 대한 열강들의 침략 야욕으로 인해 국제 분쟁의 조짐이 보이자 조선 중립화론을 주장하였다.

정답분석

② 유길준은 조·미 수호 통상 조약 체결 후 미국 공사가 부임하자 조선 정부가 이에 답하여 미국에 파견한 보빙사의 일원이었다.

오답분석

① 김홍집이 『조선책략』을 들여온 이후 미국과 외교 관계를 맺어야 한다는 여론이 형성되자 이만손을 중심으로 한 영남 유생들이 만인소를 올려 이를 반대하였다.

③ 김홍집은 제2차 수신사로 일본에 파견되어 청나라 외교관인 황준셴의 『조선책략』을 가지고 돌아왔다. 『조선책략』은 러시아의 남하 정책에 대비하기 위한 조선, 일본, 중국 등 동양 3국의 외교 정책 방향과 미국과의 수교 필요성을 저술한 책이다.

④ 최익현은 일본이 강화도 조약 체결을 요구하자, 일본과 화의를 맺는 것은 서양과 화친을 맺는 것과 다름없다는 왜양일체론에 입각한 논리를 담은 상소를 올리며 반대하였다.

19 난도 ★★★ 정답 ③

일제 강점기 > 정치사

자료해설

'일본인이 불법 징수하는 세금을 압수하여 무장을 준비', '행형부', '무력이 완비되는 대로 일본인 섬멸전을 단행' 등의 내용을 통해 제시문의 단체가 대한 광복회임을 알 수 있다. 대한 광복회는 경상북도 대구에서 대한 광복단(풍기 광복단)과 조선 국권 회복단의 일부 인사가 중심이 되어 창립되었다(1915). 박상진이 총사령, 김좌진이 부사령으로 구성되는 등 군대식 조직을 갖추었으며 독립군 양성과 군자금 조달, 친일파 처단 활동도 전개하였다.

정답분석

③ 박상진은 공화정체의 근대 국민 국가의 수립을 지향하는 대한 광복회의 초대 총사령으로 활동하면서 독립군 양성에 힘쓰는 한편, 친일 세력들을 처단하는 의협 투쟁도 전개하였다.

오답분석

① 의열단은 김원봉 등을 중심으로 만주 길림에서 조직되었으며(1919), 신채호가 작성한 「조선 혁명 선언」을 기본 행동 강령으로 삼고 직접적인 투쟁 방법인 암살, 파괴, 테러 등을 통해 독립운동을 전개하였다.

② 독립 의군부는 임병찬이 고종의 밀지를 받고 국내 잔여 의병 세력과 유생을 규합하여 조직한 단체(1912)로, 조선 총독부에 국권 반환 요구서를 보내고 복벽주의를 내세워 의병 전쟁을 준비하였다.

④ 한인애국단은 김구가 당시 대한민국 임시정부의 침체를 극복하고 적극적인 의열 투쟁 활동을 전개하고자 상하이에서 조직한 단체이다(1931).

더 알아보기

대한 광복회 7대 강령

1. 부호의 의연금 및 일본인이 불법 징수하는 세금을 압수하여 무장을 준비한다.
2. 남북 만주에 군관학교를 세워 독립전사를 양성한다.
3. 기존의 의병 및 해산군인과 만주 이주민을 소집하여 훈련한다.
4. 중국·러시아 등 여러 나라에 의뢰하여 무기를 구입한다.
5. 본회의 군사행동·집회·왕래 등 모든 연락기관의 본부를 상덕태상회에 두고, 한만(韓滿) 각 요지와 북경·상해에 그 지점 또는 여관·광무소(鑛務所) 등을 두어 연락기관으로 한다.
6. 일본인 고관 및 한인 반역자를 수시 수처에서 처단하는 행형부(行刑部)를 둔다.
7. 무력이 완비되는 대로 일본인 섬멸전을 단행하여 최후 목적의 달성을 기한다.

20 난도 ★★☆ 정답 ③

현대 > 정치사

자료해설

제시문은 대한민국 제헌 헌법의 전문(前文)으로, 헌법의 제정 이유 및 나아가야 할 방향을 제시하고 있다. 1948년 치러진 5·10 총선거를 통해 구성된 제헌 국회는 대통령 중심제의 단원제 국회, 임기 4년의 대통령 간선제 등을 내용으로 하는 제헌 헌법을 제정(1948.7.)하였다.

정답분석

③ 제헌 국회는 친일파 청산을 목적으로 하는 반민족 행위 처벌법을 제정 및 공포하였다(1948.9.).

오답분석

① 광복 이후 38도 이남 지역에 미군정 실시가 선포되면서 미군정청이 설치되었다(1945.9.).

② 유엔 총회에서 결의한 남북한 총선거가 무산되자 유엔 소총회에서 가능한 지역에서만 선거를 실시하라는 결정이 내려졌고, 남한에서 우리나라 최초의 보통선거인 5·10 총선거가 실시되었다(1948.5.).

④ 대한민국 임시정부 주석 김구와 외무부장 조소앙은 장제스를 찾아가 제2차 세계 대전 종전을 앞두고 개최될 카이로 회담에서 한국의 독립이 다루어지도록 요청하였다. 이후 열린 카이로 회담의 결과 한국 독립을 명기한 카이로 선언이 발표되었다(1943.11.).

2025년 국가직 9급 교정학개론 정답 및 해설

01	02	03	04	05	06	07	08	09	10
①	①	②	③	②	③	①	②	④	①
11	12	13	14	15	16	17	18	19	20
③	②	④	③	①	①	④	④	③	③

01 난도 ★★★ 정답 ①

형사정책 > 소년범죄론

[정답분석]

① 손베리(Thornberry)는 상호작용이론(interactional theory)을 사회통제이론과 사회학습이론을 결합한 이론으로 보고, 비행은 행위자와 환경이 상호작용하는 과정에서 발생한다고 주장하였다.

[오답분석]

② 패터슨(Patterson)이 주장한 내용이다. 패터슨(Patterson)은 비행 청소년이 되어가는 경로를 조기 개시형(early starters)과 만기 개시형(late starters)으로 구분하였다.

③ 낙인이론에 대한 설명이다. 일탈은 사회적 반응과 분리해서 개념화할 수 없으므로, 사회적 반응이 일탈의 특성과 강도를 결정하는 요인이라고 볼 수 있다.

④ 에이커스(Akers)의 사회학습이론에 관한 내용이다. 에이커스(Akers)는 비행이나 일탈이 사회 구성원들 간의 상호작용을 통해 학습된다고 보았으며, 주요 개념으로 차별적 접촉, 차별적 강화, 정의, 모방을 제시하였다.

02 난도 ★★☆ 정답 ①

교정학 > 시설 내 처우

[정답분석]

① 미결수용자와 변호인 간의 접견은 시간과 횟수를 제한하지 아니한다(형의 집행 및 수용자의 처우에 관한 법률 제84조 제2항).

[오답분석]

② 형의 집행 및 수용자의 처우에 관한 법률 제82조
③ 형의 집행 및 수용자의 처우에 관한 법률 제83조
④ 형의 집행 및 수용자의 처우에 관한 법률 제84조 제1항

03 난도 ★★☆ 정답 ②

교정학 > 시설 내 처우

[정답분석]

② 교도작업의 운영 및 특별회계에 관한 법률 제11조의2

[오답분석]

① 특별회계는 법무부장관이 운용·관리한다(교도작업의 운영 및 특별회계에 관한 법률 제8조 제2항).

③ 교도작업으로 생산된 제품은 민간기업 등에 직접 판매하거나 위탁하여 판매할 수 있다(교도작업의 운영 및 특별회계에 관한 법률 제7조).

④ 법무부장관은 교도작업으로 생산되는 제품의 종류와 수량을 회계연도 개시 1개월 전까지 공고하여야 한다(교도작업의 운영 및 특별회계에 관한 법률 제4조).

04 난도 ★★☆ 정답 ③

교정학 > 수용자의 법적 지위와 처우

[정답분석]

③ 조정된 처우등급에 따른 처우는 그 조정이 확정된 다음 날부터 한다(형의 집행 및 수용자의 처우에 관한 법률 시행규칙 제82조 제1항).

[오답분석]

① 형의 집행 및 수용자의 처우에 관한 법률 시행규칙 제81조 제1호
② 형의 집행 및 수용자의 처우에 관한 법률 시행규칙 제81조 제2호
④ 형의 집행 및 수용자의 처우에 관한 법률 시행규칙 제82조 제2항

05 난도 ★☆☆ 정답 ②

교정학 > 수용자의 법적 지위와 처우

[정답분석]

② 수용자는 「공공기관의 정보공개에 관한 법률」에 따라 법무부장관, 지방교정청장 또는 소장에게 정보의 공개를 청구할 수 있다(형의 집행 및 수용자의 처우에 관한 법률 제117조의2 제1항).

06 난도 ★★☆ 정답 ③

형사정책 > 형벌과 보안처분론

[정답분석]

③ 치료감호와 형(刑)이 병과(倂科)된 경우에는 치료감호를 먼저 집행한다. 이 경우 치료감호의 집행기간은 형 집행기간에 포함한다(치료감호 등에 관한 법률 제18조).

[오답분석]

① 치료감호 등에 관한 법률 제16조 제2항 제2호
② 치료감호 등에 관한 법률 제32조 제1항 제1호 · 제2호
④ 치료감호 등에 관한 법률 제31조

07 난도 ★★★ 정답 ①

교정학 > 교정학의 이해

[정답분석]

① 감옥규칙은 1894년 12월 25일에 제정되었으며, 근대적 형집행법의 효시이다. 사법권이 행정권으로부터 독립한 것은 1895년 3월 25일에 제정된 「재판소구성법(裁判所構成法)」 때이다. 1895년 갑오개혁 법령 중에서 법률 제1호인 「재판소구성법」에 따라 재판 사무를 행정사무로부터 독립하여 재판 사무 전담 기관인 재판소를 창설하였다.

[오답분석]

② 일반 형법으로서의 『형법대전』은 1905년(광무 9년) 4월 29일 공포된 근대적 형식을 갖춘 최초의 형법전이다.
③ 기유각서(己酉覺書)는 1909년(융희 3년) 대한제국과 일본 제국이 체결한 조약으로, 대한제국의 사법권과 감옥사무(교도행정)에 관한 업무를 일본 통감부에 넘겨준다는 내용을 담고 있다.
④ 미군정기(1945~1948년)에 재소자(수용자)석방청원제, 선시 제도인 우량수형자 석방령 등이 실시되었다.

08 난도 ★★★ 정답 ②

교정학 > 시설 내 처우

[정답분석]

② 형의 집행 및 수용자의 처우에 관한 법률 시행규칙 제18조

[오답분석]

① 소장은 감염병(「감염병의 예방 및 관리에 관한 법률」에 따른 감염병)의 유행 또는 수용자의 징벌 집행 등으로 자비 구매 물품의 사용이 중지된 경우에는 구매 신청을 제한할 수 있다(형의 집행 및 수용자의 처우에 관한 법률 시행규칙 제17조 제2항).
③ 법무부장관은 자비구매물품 공급의 교정시설 간 균형 및 교정시설의 안전과 질서유지를 위하여 공급물품의 품목 및 규격 등에 대한 통일된 기준을 제시할 수 있다(형의 집행 및 수용자의 처우에 관한 법률 시행규칙 제16조 제3항).
④ 검수관은 공급제품이 부패, 파손, 규격미달, 그 밖의 사유로 수용자에게 공급하기에 부적당하다고 인정하는 경우에는 소장에게 이를 보고하고 필요한 조치를 하여야 한다(형의 집행 및 수용자의 처우에 관한 법률 시행규칙 제19조 제2항).

09 난도 ★★☆ 정답 ④

교정학 > 시설 내 처우

[정답분석]

④ 취사 · 청소 · 간병 등 교정시설의 운영과 관리에 필요한 작업의 1일 작업시간은 12시간 이내로 한다(형의 집행 및 수용자의 처우에 관한 법률 제71조 제2항).

[오답분석]

① 형의 집행 및 수용자의 처우에 관한 법률 제71조 제1항
② 형의 집행 및 수용자의 처우에 관한 법률 제71조 제5항 제2호
③ 형의 집행 및 수용자의 처우에 관한 법률 제71조 제4항

10 난도 ★★☆ 정답 ①

형사정책 > 범죄원인론

[정답분석]
① 억제이론은 인간은 합리적이고 경제적 선택을 하는 존재임을 전제로 한다. 범죄로 인한 이익이 처벌로 인한 고통보다 클 때 범죄가 발생하고, 반대로 처벌의 고통이 범죄의 이익보다 크면 범죄가 발생하지 않는다는 이론이다.

[오답분석]
② 처벌의 엄중성은 강한 처벌을 통한 범죄억제를 의미한다.
③ 처벌의 확실성은 처벌받을 가능성을 의미한다.
④ 초기 고전주의 범죄학자들이 범죄억제에 있어 가장 강조한 핵심 요소는 처벌의 확실성이다. 처벌의 신속성은 즉각적인 처벌을 의미한다.

[더 알아보기]

억제이론의 처벌 요소

엄격성 (엄중성)	처벌의 강도나 가혹성을 의미하며, 범죄를 억제하려면 처벌 역시 엄격해야 한다는 것을 나타낸다. 일반적으로 처벌이 엄할수록 범죄 발생률은 낮다.
확실성	범죄자가 체포되고 처벌받을 가능성을 의미하며, 범죄억제 효과 면에서 엄격성보다 더 중요하게 작용한다.
신속성	범행 후에 형사제재가 얼마나 빠르게 이루어지는지를 의미하며, 범죄자가 체포된 후 처벌이 신속하게 이루어질수록 그 처벌의 정당성은 높아진다.

11 난도 ★★★ 정답 ③

교정학 > 수용자의 법적 지위와 처우

[정답분석]
③ 분류심사업무 교도관은 수형자가 교정성적이 우수하고 재범의 우려가 없는 등 가석방 요건을 갖추었다고 인정되는 경우에는 상관에게 보고하는 등 적절한 조치를 하여야 한다(교도관직무규칙 제73조).

[오답분석]
① 교도관직무규칙 제60조
② 교도관직무규칙 제64조
④ 교도관직무규칙 제63조 제3항

12 난도 ★★☆ 정답 ②

교정학 > 수용자의 법적 지위와 처우

[정답분석]
② 소장은 분류심사를 위하여 수형자를 대상으로 상담 등을 통한 신상에 관한 개별사안의 조사, 심리·지능·적성 검사, 그밖에 필요한 검사를 할 수 있다(형의 집행 및 수용자의 처우에 관한 법률 제59조 제3항).

[오답분석]
① 형의 집행 및 수용자의 처우에 관한 법률 제59조 제2항
③ 형의 집행 및 수용자의 처우에 관한 법률 제59조 제4항
④ 형의 집행 및 수용자의 처우에 관한 법률 제61조

13 난도 ★★☆ 정답 ④

교정학 > 시설 내 처우

[정답분석]
④ 법무부장관은 교정시설의 설치 및 운영에 관한 업무의 일부를 법인 또는 개인에게 위탁할 수 있으며 위탁을 받을 수 있는 법인 또는 개인의 자격요건, 교정시설의 시설기준, 수용대상자의 선정기준, 수용자 처우의 기준, 위탁절차, 국가의 감독, 그밖에 필요한 사항은 따로 법률(민영교도소법)로 정한다(형의 집행 및 수용자의 처우에 관한 법률 제7조).

[오답분석]
① 형의 집행 및 수용자의 처우에 관한 법률 제6조 제1항
② 형의 집행 및 수용자의 처우에 관한 법률 제6조 제2항
③ 형의 집행 및 수용자의 처우에 관한 법률 제8조

14 난도 ★★★ 정답 ③

교정학 > 사회적 처우와 사회 내 처우

[정답분석]
③ 소장은 6개월 이상 형을 집행 받은 수형자로서 그 형기의 3분의 1(21년 이상의 유기형 또는 무기형의 경우에는 7년)이 지나고 교정성적이 우수한 사람이 해당 사유에 해당하면 1년 중 20일 이내의 귀휴를 허가할 수 있다(형의 집행 및 수용자의 처우에 관한 법률 제77조 제1항). 따라서 본인의 회갑 잔치 참석은 일반귀휴의 사유에 해당되지만, 개방처우급 수형자 C는 2년 징역형 형기의 3분의 1이 지나지 않았기 때문에 귀휴를 허가할 수 없다.

제77조(귀휴)
① 소장은 6개월 이상 형을 집행받은 수형자로서 그 형기의 3분의 1(21년 이상의 유기형 또는 무기형의 경우에는 7년)이 지나고 교정성적이 우수한 사람이 다음 각 호의 어느 하나에 해당하면 1년 중 20일 이내의 귀휴를 허가할 수 있다.
  1. 가족 또는 배우자의 직계존속이 위독한 때
  2. 질병이나 사고로 외부의료시설에의 입원이 필요한 때
  3. 천재지변이나 그 밖의 재해로 가족, 배우자의 직계존속 또는 수형자 본인에게 회복할 수 없는 중대한 재산상의 손해가 발생하였거나 발생할 우려가 있는 때
  4. 그 밖에 교화 또는 건전한 사회복귀를 위하여 법무부령으로 정하는 사유가 있는 때
  5. 「숙련기술장려법」 제20조 제2항에 따른 국내기능경기대회의 준비 및 참가를 위하여 필요한 때
  6. 출소 전 취업 또는 창업 등 사회복귀 준비를 위하여 필요한 때
  7. 입학식·졸업식 또는 시상식에 참석하기 위하여 필요한 때
  8. 출석수업을 위하여 필요한 때
  9. 각종 시험에 응시하기 위하여 필요한 때
  10. 그 밖에 가족과의 유대강화 또는 사회적응능력 향상을 위하여 특히 필요한 때

오답분석
①·② 소장은 가족 또는 배우자의 직계존속이 사망한 때, 직계비속의 혼례가 있는 때에 해당하는 사유가 있는 수형자에 대하여는 5일 이내의 특별귀휴를 허가할 수 있다(형의 집행 및 수용자의 처우에 관한 법률 제77조 제2항).
④ 직계비속이 입대하거나 해외유학을 위하여 출국하게 된 때에는 귀휴를 허가할 수 있다(형의 집행 및 수용자의 처우에 관한 법률 시행규칙 제129조 제3항 제3호). 2개 이상의 징역형을 선고받은 수형자의 경우에는 그 형기를 합산한다(동법 시행규칙 제130조 제1항). D는 완화경비처우급이고, 두 범죄의 형기 합산 기간인 8년(3년 + 5년)의 3분의 1이 지났으므로 귀휴를 허가할 수 있다.

제129조(귀휴 허가)
① 소장은 귀휴를 허가하는 경우에는 귀휴심사위원회의 심사를 거쳐야 한다.
② 소장은 개방처우급·완화경비처우급 수형자에게 귀휴를 허가할 수 있다. 다만, 교화 또는 사회복귀 준비 등을 위하여 특히 필요한 경우에는 일반경비처우급 수형자에게도 이를 허가할 수 있다.
③ 일반귀휴 사유는 다음과 같다.
  1. 직계존속, 배우자, 배우자의 직계존속 또는 본인의 회갑일이나 고희일인 때
  2. 본인 또는 형제자매의 혼례가 있는 때
  3. 직계비속이 입대하거나 해외유학을 위하여 출국하게 된 때
  4. 직업훈련을 위하여 필요한 때

15 난도 ★★★   정답 ①

교정학 > 수용자의 법적 지위와 처우

정답분석
① 소장은 개방처우급·완화경비처우급 수형자에 대하여 가족 만남의 날 행사에 참여하게 하거나 가족 만남의 집을 이용하게 할 수 있다(형의 집행 및 수용자의 처우에 관한 법률 시행규칙 제89조 제1항). 따라서 중경비처우급 수형자는 가족 만남의 집을 이용할 수 없다.

오답분석
② 소장은 개방처우급·완화경비처우급 또는 자치생활 수형자에 대하여 월 2회 이내에서 경기 또는 오락회를 개최하게 할 수 있다(형의 집행 및 수용자의 처우에 관한 법률 시행규칙 제91조 제1항). 따라서 일반경비처우급 수형자는 경기 또는 오락회에 참여할 수 없다.
③·④ 소장은 개방처우급·완화경비처우급 수형자에 대하여 교정시설 밖에서 이루어지는 사회견학, 사회봉사, 자신이 신봉하는 종교행사 참석, 연극, 영화, 그 밖의 문화 공연 관람에 해당하는 활동을 허가할 수 있다. 다만, 처우상 특히 필요한 경우에는 일반경비처우급 수형자에게도 이를 허가할 수 있다(형의 집행 및 수용자의 처우에 관한 법률 시행규칙 제92조 제1항).

16 난도 ★★☆   정답 ①

교정학 > 사회적 처우와 사회 내 처우

정답분석
① 사회봉사명령이란 유죄가 인정된 범죄인이나 보호소년들을 교도소나 소년원에 구금하는 대신, 정상적인 사회생활을 유지하면서 일정한 기간 내 지정된 시간 동안 무보수로 근로하도록 명하는 것을 말한다.

17 난도 ★★★　　　　　　　　　　정답 ④

형사정책 > 형벌과 보안처분론

정답분석

④ 갱생보호사업의 허가를 받은 자 또는 공단은 갱생보호대상자의 적절한 보호를 위하여 필요한 경우 갱생보호 대상자의 동의를 받아 수용기관의 장에게 수용기간, 가족 관계 및 보호자 관계, 직업경력 및 학력, 생활환경, 성장과정, 심리적 특성, 범행내용 및 범죄횟수 사항을 통보하여 줄 것을 요청할 수 있다(보호관찰 등에 관한 법률 시행령 제46조의2 제1항).

오답분석

① 보호관찰 등에 관한 법률 제14조 제1항
② 보호관찰 등에 관한 법률 제3조 제3항
③ 보호관찰 등에 관한 법률 제97조 제1항·제2항

18 난도 ★★☆　　　　　　　　　　정답 ④

교정학 > 사회적 처우와 사회 내 처우

정답분석

ⓒ 전환제도는 범죄인에게 유죄판결을 피할 수 있도록 하여 낙인효과를 방지함으로써 범죄자에게 범죄를 중단할 수 있는 변화의 기회를 제공한다.
ⓒ 전환제도는 형사사법기관의 업무량을 감소시키며, 교도소 건축비나 시설관리 유지비 등의 자원을 최적 수준으로 배치하는 효과가 있다.
ⓔ 전환제도는 사회복귀와 재범 방지를 목적으로 처벌 대신 선도를 조건으로 훈방하는 회복적 사법 조치로, 범죄자에 대한 보다 인도적인 사회 내 처우 방법이다.

오답분석

㉠ 경미한 범죄자가 사회 내 형사사법의 대상이 됨으로써 형사사법망이 확대되는 것은 전환제도의 단점에 해당한다.

19 난도 ★☆☆　　　　　　　　　　정답 ③

교정학 > 시설 내 처우

정답분석

③ 소장은 노인수용자가 작업을 원하는 경우에는 나이·건강상태 등을 고려하여 해당 수용자가 감당할 수 있는 정도의 작업을 부과한다. 이 경우 의무관의 의견을 들어야 한다(형의 집행 및 수용자의 처우에 관한 법률 시행규칙 제48조 제2항).

오답분석

① 형의 집행 및 수용자의 처우에 관한 법률 시행규칙 제52조
② 형의 집행 및 수용자의 처우에 관한 법률 시행규칙 제53조
④ 형의 집행 및 수용자의 처우에 관한 법률 시행규칙 제46조 제1항

20 난도 ★★☆　　　　　　　　　　정답 ③

교정학 > 교정학의 이해

정답분석

③ 주어진 제시문은 소년법 제25조의3(화해 권고)에 관한 내용으로써 그 제정 배경이 되는 회복적 사법(Restorative Justice)에 관련된 문제이다. 회복적 사법은 범죄로 인한 손해의 복구를 위해 중재, 협상, 화합의 방법을 강조하여 관련 당사자들의 재통합을 추구하는 일체의 범죄 대응 형식으로 사회적 무질서를 바로잡는 것과 관련이 있다.

오답분석

① 회복적 사법은 피해자가 입은 피해를 보상하고, 가해자에게 그의 행동에 대한 책임을 지우며, 갈등의 해결 과정에 지역사회가 참여하도록 하는 데 초점을 둔다. 이를 통해 가해자의 낙인효과를 줄이고 사회 통합을 촉진할 수 있다.
② 회복적 사법은 범죄의 정황과 가해자와 피해자 등 사건과 관련된 요소를 개별적으로 고려할 수 있는 유연한 반응의 특성을 가진다.
④ 회복적 사법은 피해자가 입은 상처를 진단하고 그 욕구를 반영하며, 가해자가 자신의 행동의 원인과 결과를 직시하고 이에 대해 진정으로 책임을 지도록 돕는 접근 방법이다.

2025년 국가직 9급 형사소송법개론 정답 및 해설

01	02	03	04	05	06	07	08	09	10
④	①	③	②	④	①	②	③	②	③
11	12	13	14	15	16	17	18	19	20
④	④	③	②	③	③	④	③	①	④

01 난도 ★☆☆ 정답 ④

공판 > 재판

[정답분석]

④ 형벌에 관한 법령이 헌법재판소의 위헌결정으로 인하여 소급하여 그 효력을 상실하였거나 법원에서 위헌·무효로 선언된 경우, 당해 법령을 적용하여 공소가 제기된 피고사건에 대하여는 형사소송법 제325조에 따라 무죄를 선고하여야 한다. 나아가 재심이 개시된 사건에서 형벌에 관한 법령이 재심판결 당시 폐지되었다 하더라도 그 폐지가 당초부터 헌법에 위배되어 효력이 없는 법령에 대한 것이었다면 형사소송법 제325조 전단이 규정하는 '범죄로 되지 아니한 때'의 무죄사유에 해당하는 것이지, 형사소송법 제326조 제4호에서 정한 면소사유에 해당한다고 할 수 없다(대판 2013.5.16. 2011도2631 전합).

[오답분석]

① 대판 2014.5.16. 2012도12867
② 대판 2014.11.13. 2014도6341
③ 대판 2017.8.24. 2017도5977 전합

02 난도 ★★☆ 정답 ①

수사와 공소 > 강제처분과 강제수사

[정답분석]

① 유류물 압수·수색에 대해서는 원칙적으로 영장에 의한 압수·수색·검증에 관하여 적용되는 형사소송법 제215조 제1항이나 임의제출물 압수에 관하여 적용되는 형사소송법 제219조에 의하여 준용되는 제106조 제1항, 제3항, 제4항에 따른 관련성의 제한이 적용된다고 보기 어려우며, 피의자 기타 사람이 유류한 정보저장매체를 영장 없이 압수할 때 해당 사건과 관계가 있다고 인정할 수 있는 것에 압수의 대상이나 범위가 한정된다거나, 참여권자의 참여가 필수적이라고 볼 수는 없다(대판 2024.7.25. 2021도1181).

[오답분석]

② 임의제출에 따른 압수(형사소송법 제218조)의 경우에도 압수물에 대한 수사기관의 점유 취득이 제출자의 의사에 따라 이루어진다는 점에서만 차이가 있을 뿐 범죄혐의를 전제로 한 수사 목적이나 압수의 효력은 영장에 의한 압수의 경우와 동일하므로, 헌법상 기본권에 관한 수사기관의 부당한 침해로부터 신속하게 권리를 구제받을 수 있도록 수사기관은 영장에 의한 압수와 마찬가지로 객관적·구체적인 압수목록을 신속하게 작성·교부할 의무를 부담한다(대결 2024.1.5. 2021모385).

③ 형사소송법 제123조 제2항과 제3항은 주거주, 간수자 또는 이에 준하는 사람(이하 '주거주 등'이라고 한다)이나 이웃 사람 또는 지방공공단체의 직원(이하 '이웃 등'이라고 한다)의 참여에 관하여 그 참여 없이 압수·수색영장을 집행할 수 있는 예외를 인정하지 않고 있다. 이는 형사소송법 제121조, 제122조에서 압수·수색영장의 집행에 대한 검사, 피의자, 변호인의 참여에 대하여 급속을 요하는 등의 경우 집행의 일시와 장소의 통지 없이 압수·수색영장을 집행할 수 있다고 한 것과 다른 점이다. 따라서 형사소송법 제123조 제2항에서 정한 타인의 주거, 간수자 있는 가옥, 건조물, 항공기 또는 선박·차량 안에 대한 압수·수색영장의 집행이 주거주 등이나 이웃 등의 참여 없이 이루어진 경우 특별한 사정이 없는 한 그러한 압수·수색영장의 집행은 위법하다고 보아야 한다. 나아가 주거주 등 또는 이웃 등이 참여하였다고 하더라도 그 참여자에게 최소한 압수·수색절차의 의미를 이해할 수 있는 정도의 능력(참여능력)이 없거나 부족한 경우에는, 주거주 등이나 이웃 등의 참여 없이 이루어진 것과 마찬가지로 형사소송법 제123조 제2항, 제3항에서 정한 압수·수색절차의 적법요건이 갖추어졌다고 볼 수 없

으므로 그러한 압수·수색영장의 집행도 위법하다(대판 2024.10.8. 2020도11223).
④ 대결 2024.1.5. 2021모385

03 난도 ★★☆ 정답 ③

공판 > 공판절차

[정답분석]

③ 헌법 제27조 제3항 후문은 "형사피고인은 상당한 이유가 없는 한 지체 없이 공개재판을 받을 권리를 가진다."고 규정하여 공개재판을 받을 권리가 형사피고인의 기본적 인권임을 선언하고 있고, 이에 따라 헌법 제109조는 "재판의 심리와 판결은 공개한다. 다만, 심리는 국가의 안정보장 또는 안녕질서를 방해하거나 선량한 풍속을 해할 염려가 있을 때에는 법원의 결정으로 공개하지 아니할 수 있다."고 규정하고, 법원조직법 제57조 제1항도 "재판의 심리와 판결은 공개한다. 다만, 심리는 국가의 안전보장·안녕질서 또는 선량한 풍속을 해할 우려가 있을 때에는 결정으로 이를 공개하지 아니할 수 있다."고 규정하여 심리의 공개금지사유를 엄격하게 제한하고 있는바, 원심이 공소외인에 대한 증인신문절차의 공개금지사유로 삼은 위와 같은 사정이 '국가의 안녕질서를 방해할 우려가 있는 때'에 해당하지 아니함은 명백하고, 달리 기록상 헌법 제109조, 법원조직법 제57조 제1항이 정한 공개금지사유를 찾아볼 수도 없으므로, **원심의 위와 같은 공개금지결정은 피고인의 공개재판을 받을 권리를 침해한 것으로서 그 절차에 의하여 이루어진 공소외인의 증언은 증거능력이 없다고 할 것이고, 변호인의 반대신문권이 보장되었다 하더라도 달리 볼 수 없다**(대판 2005.10.28. 2005도5854).

[오답분석]

① 헌법 제109조

대한민국 헌법 제109조
재판의 심리와 판결은 공개한다. 다만, 심리는 국가의 안전보장 또는 안녕질서를 방해하거나 선량한 풍속을 해할 염려가 있을 때에는 법원의 결정으로 공개하지 아니할 수 있다.

② 법정 방청 및 촬영 등에 관한 규칙 제4조 제2항

제4조(촬영등의 제한)
① 법원조직법 제59조의 규정에 의한 재판장의 허가를 받고자 하는 자는 촬영 등 행위의 목적, 종류, 대상, 시간 및 소속기관명 또는 성명을 명시한 신청서를 재판기일 전날까지 제출하여야 한다.
② 재판장은 피고인(또는 법정에 출석하는 원, 피고)의 동의가 있는 때에 한하여 전항의 신청에 대한 허가를 할 수 있다. 다만, 피고인(또는 법정에 출석하는 원, 피고)의 동의 여부에 불구하고 촬영 등 행위를 허가함이 공공의 이익을 위하여 상당하다고 인정되는 경우에는 그러하지 아니하다.

④ 형사소송법은 형사사건의 실체에 대한 유죄·무죄의 심증 형성은 법정에서의 심리에 의하여야 한다는 공판중심주의의 한 요소로서 실질적 직접심리주의를 채택하고 있다. 이는 법관이 법정에서 직접 원본 증거를 조사하는 방법을 통하여 사건에 대한 정확한 심증을 형성할 수 있고 피고인에게 원본 증거에 관한 직접적인 의견진술의 기회를 부여함으로써 실체적 진실을 발견하고 공정한 재판을 실현할 수 있기 때문이다(대판 2019.7.24. 2018도17748).

04 난도 ★★☆ 정답 ②

종합

[정답분석]

② 공소는 제1심판결의 선고 전까지 취소할 수 있다(형사소송법 제255조 제1항). 따라서 공소장 부본이 피고인 또는 변호인에게 송달된 후에도 제1심 판결의 선고 전이라면 공소를 취소할 수 있다.

[오답분석]

① 탄핵주의는 재판기관과 소추기관을 분리하여 소추기관의 공소제기에 의하여 법원이 절차를 개시하는 주의이며, 불고불리의 원칙을 강조한다.

더 알아보기

규문주의와 탄핵주의 비교

구분	내용
규문주의	• 법원이 스스로 절차를 개시하여 심리·재판하는 구조 • 심리의 개시와 재판의 권한이 법관에게 집중 • 피고인을 조사와 심리의 객체로 취급 • 서면주의, 비공개주의와 결합
탄핵주의	• 재판기관과 소추기관을 분리하여 소추기관의 공소제기에 의하여 법원이 절차를 개시하는 주의, 불고불리의 원칙 강조 • 프랑스의 치죄법 이후 모든 영미법과 대륙법은 탄핵주의를 취함

| 탄핵주의 | • 피고인의 방어권을 보장
• 공개재판주의, 구두변론주의, 직접주의와 결합
• 사인소추주의(피해자소추주의, 공중소추주의)와 국가소추주의 |

③ 형사소송법 제18조 제2항

제18조(기피의 원인과 신청권자)
① 검사 또는 피고인은 다음 경우에 법관의 기피를 신청할 수 있다.
  1. 법관이 전조 각 호의 사유에 해당되는 때
  2. 법관이 불공평한 재판을 할 염려가 있는 때
② 변호인은 피고인의 명시한 의사에 반하지 아니하는 때에 한하여 법관에 대한 기피를 신청할 수 있다.

④ 독점규제 및 공정거래에 관한 법률 제71조 제1항은 "제66조 제1항 제9호 소정의 부당한 공동행위를 한 죄는 공정거래위원회의 고발이 있어야 공소를 제기할 수 있다."고 규정함으로써 그 소추조건을 명시하고 있다. 반면에 위 법은 공정거래위원회가 같은 법 위반행위자 중 일부에 대하여만 고발을 한 경우에 그 고발의 효력이 나머지 위반행위자에게도 미치는지 여부 즉, 고발의 주관적 불가분원칙의 적용 여부에 관하여는 명시적으로 규정하고 있지 아니하고, 형사소송법도 제233조에서 친고죄에 관한 고소의 주관적 불가분원칙을 규정하고 있을 뿐 고발에 대하여 그 주관적 불가분의 원칙에 관한 규정을 두고 있지 않고, 또한 형사소송법 제233조를 준용하고 있지도 아니하다. 이와 같이 명문의 근거 규정이 없을 뿐만 아니라 소추요건이라는 성질상의 공통점 외에 그 고소·고발의 주체와 제도적 취지 등이 상이함에도, 친고죄에 관한 고소의 주관적 불가분원칙을 규정하고 있는 형사소송법 제233조가 공정거래위원회의 고발에도 유추적용된다고 해석한다면 이는 공정거래위원회의 고발이 없는 행위자에 대해서까지 형사처벌의 범위를 확장하는 것으로서, 결국 피고인에게 불리하게 형벌법규의 문언을 유추해석한 경우에 해당하므로 죄형법정주의에 반하여 허용될 수 없다(대판 2010.9.30. 2008도4762).

05 난도 ★★☆ 정답 ④

공판 > 공판절차

[정답분석]

④ 공소사실의 동일성이 인정되지 않는 등의 사유로 공소장변경허가결정에 위법사유가 있는 경우에는 공소장변경허가를 한 법원이 스스로 이를 취소할 수 있다(대판 2001.3.27. 2001도116).

[오답분석]

① 대판 2001.8.24. 2001도2902
② 법원은 공소사실의 동일성이 인정되는 범위 내에서 공소가 제기된 범죄사실에 포함된 보다 가벼운 범죄사실이 인정되는 경우에 심리의 경과에 비추어 피고인의 방어권행사에 실질적 불이익을 초래할 염려가 없다고 인정되는 때에는 공소장이 변경되지 않았더라도 직권으로 공소장에 기재된 공소사실과 다른 범죄사실을 인정할 수 있다(대판 1993.12.28. 93도3058).
③ 대판 1999.5.14. 98도1438

06 난도 ★★☆ 정답 ①

상소와 비상구제절차 > 상소

[정답분석]

① 피고인만이 항소한 사건에서 항소심이 피고인에 대하여 제1심이 인정한 범죄사실의 일부를 무죄로 인정하면서도 제1심과 동일한 형을 선고하였다 하여 그것이 형사소송법 제368조 소정의 불이익변경금지 원칙에 위배된다고 볼 수 없다(대판 2003.2.11. 2002도5679).

[오답분석]

② 상고심으로부터 사건을 환송받은 법원은 그 사건을 재판함에 있어서 상고법원이 파기이유로 한 사실상 및 법률상의 판단에 대하여 환송 후의 심리과정에서 새로운 주장이나 입증이 제출되어 기속적 판단의 기초가 된 사실관계에 변동이 생기지 아니하는 한 이에 기속을 받는다(대판 1991.4.12. 91다2113).
③ 항소심판결이 선고된 사건에 대하여 제기된 항소권회복청구는 항소권회복청구의 원인에 대한 판단에 나아갈 필요 없이 형사소송법 제347조 제1항에 따라 결정으로 이를 기각하여야 한다(대판 2023.4.27. 2023모350).
④ 피고인에 대하여 공시송달의 방법에 의하여 공소장 등이 송달되고 피고인이 불출석한 가운데 판결이 선고되어 확정된 후 검거되어 수용된 경우에는, 특별한 사정이 없는 한 그 판결에 의한 형의 집행으로 수용된 날 상소권회복청구의 대상판결이 선고된 사실을 알았다 할 것이고, 그로써 상소를 하지 못한 책임질 수 없는 사유가 종지하였다고 보아야 한다(대법원 2016. 7. 29.자 2015모1991 결정 참조). 따라서 그날부터 상소제기기간 내에 상소권회복청구와 상소를 하지 않

앗다면 그 상소권회복청구는 방식을 위배한 것으로서 허가될 수 없다(대결 2017.9.22. 2017모2521).

07 난도 ★★☆   정답 ②

상소와 비상구제절차 > 비상구제절차

[정답분석]
② 당사자가 재심청구의 이유에 관한 사실조사신청을 한 경우에도 이는 단지 법원의 직권발동을 촉구하는 의미밖에 없는 것이므로, 법원은 이 신청에 대하여는 재판을 할 필요가 없고, 설령 법원이 이 신청을 배척하였다고 하여도 당사자에게 이를 고지할 필요가 없다(대결 2021.3.12. 2019모3554).

[오답분석]
① 형사소송법이나 형사소송규칙에는 재심청구인이 재심의 청구를 한 후 청구에 대한 결정이 확정되기 전에 사망한 경우에 재심청구인의 배우자나 친족 등에 의한 재심청구인 지위의 승계를 인정하거나 형사소송법 제438조와 같이 재심청구인이 사망한 경우에도 절차를 속행할 수 있는 규정이 없으므로, 재심청구절차는 재심청구인의 사망으로 당연히 종료하게 된다(대결 2014.5.30. 2014모739).
③ 형사소송법 제420조 제5호는 유죄의 선고를 받은 자에 대하여 무죄 또는 면소를, 형의 선고를 받은 자에 대하여 형의 면제 또는 원판결이 인정한 죄보다 경한 죄를 인정할 명백한 증거가 발견된 때에는 재심을 청구할 수 있다고 규정하고 있고, 위 법조 소정의 '원판결이 인정한 죄보다 경한 죄'라 함은 원판결이 인정한 죄와는 별개의 죄로서 그 법정형이 가벼운 죄를 말하는 것이므로, 동일한 죄에 대하여 공소기각을 선고받을 수 있는 경우는 여기에서의 경한 죄에 해당하지 않는다(대결 1997.1.13. 96모51).
④ 형사소송법 제420조가 유죄의 확정판결에 대하여 선고를 받은 자의 이익을 위하여 재심을 청구할 수 있다고 규정하고 있는 것은 유죄의 확정판결에 중대한 사실인정의 오류가 있는 경우 이를 바로잡아 무고하고 죄 없는 피고인의 인권침해를 구제하기 위한 것인데, 만일 특별사면으로 형 선고의 효력이 상실된 유죄판결이 재심청구의 대상이 될 수 없다고 한다면, 이는 특별사면이 있었다는 사정만으로 재심청구권을 박탈하여 명예를 회복하고 형사보상을 받을 기회 등을 원천적으로 봉쇄하는 것과 다를 바 없어서 재심제도의 취지에 반하게 된다. 따라서 특별사면으로 형 선고의 효력이 상실된 유죄의 확정판결도 형사소송법 제420조의 '유죄의 확정판결'에 해당하여 재심청구의 대상이 될 수 있다(대판 2015.5.21. 2011도1932 전합).

08 난도 ★★☆   정답 ③

수사와 공조 > 수사

[정답분석]
ⓛ 대판 2012.10.25. 2012도4644
ⓔ 수사기관에 의한 진술거부권 고지의 대상이 되는 피의자의 지위는 수사기관이 범죄인지서를 작성하는 등의 형식적인 사건수리 절차를 거치기 전이라도 조사대상자에 대하여 범죄의 혐의가 있다고 보아 실질적으로 수사를 개시하는 행위를 한 때에 인정되는 것으로 봄이 상당하다(대판 2013.7.25. 2012도8698).

[오답분석]
㉠ 구속영장 발부에 의하여 적법하게 구금된 피의자가 피의자신문을 위한 출석요구에 응하지 아니하면서 수사기관 조사실에 출석을 거부한다면 수사기관은 그 구속영장의 효력에 의하여 피의자를 조사실로 구인할 수 있다고 보아야 한다(대결 2013.7.1. 2013모160).
㉢ 검사 또는 사법경찰관은 제1항 또는 제216조 제1항 제2호에 따라 압수한 물건을 계속 압수할 필요가 있는 경우에는 지체 없이 압수수색영장을 청구하여야 한다. 이 경우 압수수색영장의 청구는 체포한 때부터 48시간 이내에 하여야 한다(형사소송법 제217조 제2항).

더 알아보기

수사의 조건

구분	내용	관련문제
범죄의 혐의	구체적 사실근거로 한 주관적 혐의	-
수사의 필요성	공소제기의 가능성	친고죄의 고소전 수사
수사의 상당성	신의칙+비례원칙	함정수사의 허용여부

09 난도 ★★★   정답 ②

종합

[정답분석]
② 법정기간 준수에 대하여 도달주의 원칙을 정하고 재소자 피고인 특칙의 예외를 개별적으로 인정한 형사소송법의 규정 내용과 입법 취지, 재정신청절차가 형사재판절차와 구별되는 특수성, 법정기간 내의 도달주

의를 보완할 수 있는 여러 형사소송법상의 제도 및 신속한 특급우편제도의 이용 가능성 등을 종합하여 보면 재정신청 기각결정에 대한 재항고나 그 재항고 기각결정에 대한 즉시항고로서의 재항고에 대한 법정기간의 준수 여부는 도달주의 원칙에 따라 <u>재항고장이나 즉시항고장이 법원에 도달한 시점을 기준으로 판단하여야 하고, 거기에 재소자 피고인 특칙은 준용되지 아니한다</u>(대결 2015.7.16. 2013모2347 전합).

> 오답분석

① 형사소송법 제18조 제1항 제2호의 "불공평한 재판을 할 염려가 있는 때"라 함은 당사자가 불공평한 재판이 될지도 모른다고 추측할 만한 주관적 사정이 있는 때를 의미하는 것이 아니고 법관과 사건과의 관계상 불공평한 재판을 할 것이라는 의혹을 갖는 것이 합리적이라고 인정할 만한 객관적인 사정이 있는 때를 말하는 것이므로, 재판부가 당사자의 증거신청을 채택하지 아니하였다는 사정만으로는 재판의 공평을 기대하기 어려운 객관적인 사유가 있다 할 수 없다(대결 1991.12.7. 91모79).

③ 경합범으로 동시에 기소된 사건에 대하여 일부 유죄, 일부 무죄를 선고하는 등 판결주문이 수개일 때에는 그 1개의 주문에 포함된 부분을 다른 부분과 분리하여 일부상소를 할 수 있고 당사자 쌍방이 상소하지 아니한 부분은 분리 확정되므로, 경합범 중 일부에 대하여 무죄, 일부에 대하여 유죄를 선고한 제1심판결에 대하여 검사만이 무죄 부분에 대하여 항소를 한 경우, 피고인과 검사가 항소하지 아니한 유죄판결 부분은 항소기간이 지남으로써 확정되어 항소심에 계속된 사건은 무죄판결 부분에 대한 공소뿐이며, 그에 따라 항소심에서 이를 파기할 때에는 무죄 부분만을 파기하여야 한다(대판 2010.11.25. 2010도10985).

④ 형사소송법 제366조는 "공소기각 또는 관할위반의 재판이 법률에 위반됨을 이유로 원심판결을 파기하는 때에는 판결로써 사건을 원심법원에 환송하여야 한다."라고 규정하고 있으므로, 원심으로서는 위와 같이 제1심의 공소기각 판결이 법률에 위반된다고 판단한 이상 본안에 들어가 심리할 것이 아니라 제1심판결을 파기하고 사건을 제1심법원에 환송하여야 한다(대판 2020.7.29. 2017도1430).

10 난도 ★★☆ 정답 ③

공판 > 증거

> 정답분석

ⓒ 대판 2004.3.11. 2003도171
ⓔ 대판 2019.11.21. 2018도13945 전합

> 오답분석

ⓐ 타인의 진술을 내용으로 하는 진술이 전문증거인지는 요증사실과 관계에서 정하여지는데, <u>원진술의 내용인 사실이 요증사실인 경우에는 전문증거이나, 원진술의 존재 자체가 요증사실인 경우에는 본래증거이지 전문증거가 아니다</u>(대판 2012.7.26. 2012도2937).

ⓒ 법원 또는 합의부원, 검사, 변호인, 청구인이 구속된 피의자를 심문하고 그에 대한 피의자의 진술 등을 기재한 <u>구속적부심문조서는 형사소송법 제311조가 규정한 문서에는 해당하지 않는다</u>(대판 2004.1.16. 2003도5693).

> 더 알아보기

전문법칙의 예외와 근거

전문법칙의 예외	• 전문법칙이 적용되어 원칙적으로 증거능력이 없는 전문증거가 예외적으로 증거능력이 인정되는 경우 • 제310조의2는 형사소송법 제311조 내지 제316조를 전문법칙의 예외로 규정	
예외 인정의 근거	필요성	• 원진술자를 공판정에 출석케 하여 진술시키는 것이 불가능하거나 곤란하기 때문에 부득이 전문증거를 증거로 사용할 필요가 있는 경우 • 사망·질병·외국거주·소재불명, 그 밖에 이에 준하는 사유로 진술할 수 없는 때(제314조, 제316조 제2항)
	신용성의 정황적 보장 (특신상태)	• 진술내용의 진실성을 의미하는 것이 아니라 진술이 이루어진 상황이 임의성과 신빙성을 담보할 만한 구체적이고 외부적 정황 • '부지불각 중에 한 말', '사람이 죽음에 임해서 하는 말', '경험상 앞뒤가 맞고 논리정연한 말' 또는 '범행에 접착하여 범행은폐에 시간적 여유가 없을 때 한 말' 등
	필요성과 신용성의 관계	필요성과 신용성이 동시에 인정되는 경우는 드물고 보통 반비례관계인 경우가 많음

11 난도 ★★★ 정답 ④

종합

정답분석

④ 검사가 공소를 제기한 후 참고인을 소환하여 피고인에게 불리한 진술을 기재한 진술조서를 작성하여 이를 공판절차에 증거로 제출할 수 있게 한다면, 피고인과 대등한 당사자의 지위에 있는 검사가 수사기관으로서의 권한을 이용하여 일방적으로 법정 밖에서 유리한 증거를 만들 수 있게 하는 것이므로 당사자주의 · 공판중심주의 · 직접심리주의에 반하고 피고인의 공정한 재판을 받을 권리를 침해하기 때문이다(대판 2019.11.28. 2013도6825).

오답분석

① 공소장에는 제1항(변호인선임서, 보조인신고서, 특별대리인 선임결정등본, 체포영장, 긴급체포서, 구속영장 기타 구속에 관한 서류)에 규정한 서류 외에 사건에 관하여 법원에 예단이 생기게 할 수 있는 서류 기타 물건을 첨부하거나 그 내용을 인용하여서는 아니되며(형사소송규칙 제118조 제2항), 이 조항에 근거한 공소장일본주의는 법원이 제3자의 입장에서 공정한 재판을 하도록 하는 당사자주의 소송구조의 전형적인 표지가 된다(서울고법 2009.7.23. 2008노3355 참조).

② 법원은 공소제기된 사건의 심리 결과 치료감호를 할 필요가 있다고 인정할 때에는 검사에게 치료감호청구를 요구할 수 있다고 규정한다(치료감호 등에 관한 법률 제4조 제7항). 이는 검사가 공소제기 당시 피고인의 치료감호 사유에 대한 의견을 달리하거나 그 판단에 필요한 고려요소를 간과하고 치료감호를 청구하지 않았으나 공소제기 후 재판과정에서 치료감호의 필요성이 충분히 드러나게 된 경우, 법원으로 하여금 검사에게 치료감호청구를 요구할 수 있도록 함으로써 검사가 치료감호청구 권한을 독점함에 따라 나타날 수 있는 폐해를 보완하고 치료감호대상자의 재범 방지를 위한 실질적인 조치가 가능할 수 있도록 직권주의적 요소를 가미한 것이다(대판 2024.12.26. 2024도9537).

③ 형사소송의 구조를 당사자주의와 직권주의 중 어느 것으로 할 것인가의 문제는 입법정책의 문제로서 우리나라 형사소송법은 그 해석상 소송절차의 전반에 걸쳐 기본적으로 당사자주의 소송구조를 취하고 있는 것으로 이해되는바, 당사자주의에 충실하려면 제1심 법원에서 항소법원으로 소송기록을 바로 송부함이 바람직하다(헌재 1995.11.30. 92헌마44).

12 난도 ★★☆ 정답 ④

서론 > 소송주체와 소송관계인

정답분석

ⓒ 형사소송법 제33조 제2항

> **제33조(국선변호인)**
> ① 다음 각 호의 어느 하나에 해당하는 경우에 변호인이 없는 때에는 법원은 직권으로 변호인을 선정하여야 한다.
>   2. 피고인이 미성년자인 때
>   3. 피고인이 70세 이상인 때
>   4. 피고인이 듣거나 말하는 데 모두 장애가 있는 사람인 때
>   5. 피고인이 심신장애가 있는 것으로 의심되는 때
>   6. 피고인이 사형, 무기 또는 단기 3년 이상의 징역이나 금고에 해당하는 사건으로 기소된 때
> ② 법원은 피고인이 빈곤이나 그 밖의 사유로 변호인을 선임할 수 없는 경우에 피고인이 청구하면 변호인을 선정하여야 한다.
> ③ 법원은 피고인의 나이 · 지능 및 교육 정도 등을 참작하여 권리보호를 위하여 필요하다고 인정하면 피고인의 명시적 의사에 반하지 아니하는 범위에서 변호인을 선정하여야 한다.

ⓒ 심문할 피의자에게 변호인이 없는 때에는 지방법원판사는 직권으로 변호인을 선정하여야 한다. 이 경우 변호인의 선정은 피의자에 대한 구속영장 청구가 기각되어 효력이 소멸한 경우를 제외하고는 제1심까지 효력이 있다(형사소송법 제201조의2 제8항).

ⓔ 공소사실 기재 자체로 보아 어느 피고인에 대한 유리한 변론이 다른 피고인에게는 불리한 결과를 초래하는 경우 공동피고인들 사이에 이해가 상반된다. 이해가 상반된 피고인들 중 어느 피고인이 법무법인을 변호인으로 선임하고, 법무법인이 담당변호사를 지정하였을 때, 법원이 담당변호사 중 1인 또는 수인을 다른 피고인을 위한 국선변호인으로 선정한다면, 국선변호인으로 선정된 변호사는 이해가 상반된 피고인들 모두에게 유리한 변론을 하기 어렵다. 결국 이로 인하여 다른 피고인은 국선변호인의 실질적 조력을 받을 수 없게 되고, 따라서 국선변호인 선정은 국선변호인의 조력을 받을 피고인의 권리를 침해하는 것이다(대판 2015.12.23. 2015도9951).

오답분석

ⓐ 피고인이 사형, 무기 또는 단기 3년 이상의 징역이나 금고에 해당하는 사건으로 기소된 경우 변호인이 없는 때에 법원은 국선변호인을 선정해야 하며(형사소

송법 제33조 제1항 제6호), 이에 따라 변호인이 선정된 사건에 관하여는 변호인 없이 개정하지 못한다. 단, 판결만을 선고할 경우에는 예외로 한다(형사소송법 제282조).

13 난도 ★★☆ 정답 ③

서론 > 소송주체와 소송관계인

[정답분석]
③ 제1심에서 합의부 관할사건에 관하여 단독판사 관할 사건으로 죄명, 적용법조를 변경하는 공소장변경허가신청서가 제출되자, 합의부가 사건을 단독판사에게 재배당한 사안에서, 사건을 배당받은 합의부는 사건의 실체에 들어가 심판하였어야 하고 사건을 단독판사에게 재배당할 수 없다(대판 2013.4.25. 2013도1658).

[오답분석]
① 관할법원이 법률상의 이유 또는 특별한 사정으로 재판권을 행할 수 없는 때에는 피고인도 직근 상급법원에 관할이전을 신청할 수 있다(형사소송법 제15조 제1호). 그러나 항소심에서 유죄판결을 선고받고 이에 불복하여 상고를 제기한 피고인을 교도소 소장이 검사의 이송지휘도 없이 다른 교도소로 이송처분한 경우 피고인은 이에 대하여 형사소송법 제15조 제1호 소정의 관할이전신청이나 동법 제489조 소정의 이의신청을 할 수 없다(대결 1983.7.5. 83초20).
② 항소심에서 공소장변경에 의하여 단독판사의 관할사건이 합의부 관할사건으로 된 경우에도 법원은 사건을 관할권이 있는 법원에 이송하여야 하고, 항소심에서 변경된 위 합의부 관할사건에 대한 관할권이 있는 법원은 고등법원이라고 봄이 상당하다(대판 1997.12.12. 97도2463).
④ 토지관할을 달리하는 수개의 사건이 관련된 때에는 1개의 사건에 관하여 관할권 있는 법원은 다른 사건까지 관할할 수 있는바(형사소송법 제5조 참조). 이에 따른 관련 사건의 관할은, 이른바 고유관할사건 및 그 관련 사건이 반드시 병합기소되거나 병합되어 심리될 것을 전제요건으로 하는 것은 아니고, 고유관할사건 계속 중 고유관할 법원에 관련 사건이 계속된 이상 그 후 양 사건이 병합되어 심리되지 아니한 채 고유사건에 대한 심리가 먼저 종결되었다 하더라도 관련 사건에 대한 관할권은 여전히 유지된다(대판 2008.6.12. 2006도8568).

> **더 알아보기**
>
> **재판권과 관할권**
>
> | 구분 | 재판권 | 관할권 |
> |---|---|---|
> | 성질 | 대한민국의 법원이 특정사건에 대하여 심판을 행할 수 있는가 하는 일반적·추상적 권리(국법상의 개념) | 재판권이 인정됨을 전제로, 그 사건을 국내의 법원 중 어느 법원에서 심판할 것인가의 문제(소송법상의 개념) |
> | 불비시 효과 | 재판권이 없으면 공소기각판결(형사소송법 제327조 제1호) | 관할권이 없으면 관할위반의 판결(형사소송법 제319조) |
> | 양자의 관계 | 법원에 재판권이 있는 경우에 한하여 관할권이 문제되는 바, 재판권이 없는 경우에는 관할권의 문제는 발생하지 않는다. ||

14 난도 ★★★ 정답 ②

서론 > 소송주체와 소송관계인

[정답분석]
② 피의자가 다른 사람의 성명을 모용한 탓으로 공소장에 피모용자가 피고인으로 표시되었다 하더라도 이는 당사자의 표시상의 착오일 뿐이고 검사는 모용자에 대하여 공소를 제기한 것이므로 모용자가 피고인이 되고 피모용자에게 공소의 효력이 미친다고 할 수 없다(대판 1993.1.19. 92도2554).

[오답분석]
① 피고인들에 대한 각각의 피고사건은 다른 공동피고인의 소송절차와 분리되었으므로, 공범인 공동피고인의 지위에 있는 피고인은 다른 공동피고인에 대하여 증인적격이 있다. 소송절차가 분리된 상태에서 피고인들이 증언거부권을 고지받았음에도 불구하고 증언거부권을 행사하지 아니한 채 허위의 진술을 하였다면, 자신의 범죄사실에 대하여 증인으로서 신문을 받았더라도 피고인으로서의 진술거부권 내지 자기부죄거부특권 등이 침해되었다고 할 수 없고, 위증죄가 성립한다고 봄이 타당하다(대판 2024.2.29. 2023도7528).
③ 피모용자가 약식명령에 대하여 정식재판을 청구하여 피모용자를 상대로 심리를 하는 과정에서 성명모용사실이 발각되어 검사가 공소장을 정정하는 등 사실상의 소송계속이 발생하고 형식상 또는 외관상 피고인의 지위를 갖게 된 경우에 법원으로서는 피모용자에게 적법한 공소의 제기가 없었음을 밝혀 주는 의미에서 형사소송법 제327조 제2호를 유추적용하여 공소

기각의 판결을 함으로써 피모용자의 불안정한 지위를 명확히 해소해 주어야 하고, 피모용자가 정식재판을 청구하였다 하여도 모용자에게는 아직 약식명령의 송달이 없었다 할 것이어서 검사는 공소장에 기재된 피고인의 표시를 정정할 수 있으며, 법원은 이에 따라 약식명령의 피고인 표시를 경정할 수 있고, 본래의 약식명령정본과 함께 이 경정결정을 모용자에게 송달하면 이때에 약식명령의 적법한 송달이있다고 볼 것이며, 이에 대하여 소정의 기간 내에 정식재판의 청구가 없으면 약식명령은 확정된다(대판 1993.1.19. 92도2554).

④ 법인은 그 청산종료의 등기가 경료되었다면 특단의 사정이 없는 한 법인격이 상실되어 법인의 당사자능력 및 권리능력이 상실되었다고 추정할 것이나 법인세체납 등으로 공소제기되어 그 피고사건의 공판계속 중에 그 법인의 청산종료의 등기가 경료되었다고 하더라도 동 사건이 종결되지 아니하는 동안법인의 청산사무는 종료된 것이라 할 수 없고 형사소송법상 법인의 당사자능력도 그대로 존속한다(대판 1986.10.28. 84도693).

15 난도 ★★☆ 정답 ③

공판 > 공판절차

정답분석

③ 형사소송법에서 위와 같이 증언거부권의 대상으로 규정한 '공소제기를 당하거나 유죄판결을 받을 사실이 발로될 염려 있는 증언'에는 자신이 범행을 한 사실뿐 아니라 범행을 한 것으로 오인되어 유죄판결을 받을 우려가 있는 사실 등도 포함된다고 할 것이다(대판 2012.12.13. 2010도10028).

오답분석

① 대판 2010.1.14. 2009도9344
② 형사소송법 제147조

> **제147조(공무상 비밀과 증인자격)**
> ① 공무원 또는 공무원이었던 자가 그 직무에 관하여 알게 된 사실에 관하여 본인 또는 당해 공무소가 직무상 비밀에 속한 사항임을 신고한 때에는 그 소속공무소 또는 감독관공서의 승낙 없이는 증인으로 신문하지 못한다.
> ② 그 소속공무소 또는 당해 감독관공서는 국가에 중대한 이익을 해하는 경우를 제외하고는 승낙을 거부하지 못한다.

④ 대판 2011.12.8. 2010도2816

16 난도 ★★☆ 정답 ③

공판 > 공판절차

정답분석

③ 형사소송법 제301조의2

> **제301조의2(간이공판절차결정의 취소와 공판절차의 갱신)**
> 제286조의2의 결정이 취소된 때에는 공판절차를 갱신하여야 한다. 단, 검사, 피고인 또는 변호인이 이의가 없는 때에는 그러하지 아니하다.
> **제286조의2(간이공판절차의 결정)**
> 피고인이 공판정에서 공소사실에 대하여 자백한 때에는 법원은 그 공소사실에 한하여 간이공판절차에 의하여 심판할 것을 결정할 수 있다.

오답분석

① 법원은 간이공판절차의 결정을 한 사건에 대하여 피고인의 자백이 신빙할 수 없다고 인정되거나 간이공판절차로 심판하는 것이 현저히 부당하다고 인정할 때에는 검사의 의견을 들어 그 결정을 취소하여야 한다(형사소송법 제286조의3).
② 피고인이 제1심법원에서 공소사실에 대하여 자백하여 제1심법원이 이에 대하여 간이공판절차에 의하여 심판할 것을 결정하고, 이에 따라 제1심법원이 제1심판결 명시의 증거들을 증거로 함에 피고인 또는 변호인의 이의가 없어 형사소송법 제318조의3의 규정에 따라 증거능력이 있다고 보고, 상당하다고 인정하는 방법으로 증거조사를 한 이상, 가사 항소심에 이르러 범행을 부인하였다고 하더라도 제1심법원에서 증거로 할 수 있었던 증거는 항소법원에서도 증거로 할 수 있는 것이므로 제1심법원에서 이미 증거능력이 있었던 증거는 항소심에서도 증거능력이 그대로 유지되어 심판의 기초가 될 수 있고 다시 증거조사를 할 필요가 없다(대판1998.2.27. 97도3421).
④ 피고인이 공소사실에 대하여 검사가 신문을 할 때에는 공소사실을 모두 사실과 다름없다고 진술하였으나 변호인이 신문을 할 때에는 범의나 공소사실을 부인하였다면 그 공소사실은 간이공판절차에 의하여 심판할 대상이 아니고, 따라서 피고인의 법정에서의 진술을 제외한 나머지 증거들은 간이공판절차가 아닌 일반절차에 의한 적법한 증거조사를 거쳐 그에 관한 증거능력이 부여되지 아니하는 한 그 공소사실에 대한 유죄의 증거로 삼을 수 없다(대판 1998.2.27. 97도3421).

17 난도 ★★☆ 정답 ④

공판 > 증거

정답분석

④ 임의제출물을 압수한 경우 압수물이 형사소송법 제218조에 따라 실제로 임의제출된 것인지에 관하여 다툼이 있을 때에는 임의제출의 임의성을 의심할 만한 합리적이고 구체적인 사실을 <u>피고인이 증명할 것이 아니라 검사가 그 임의성의 의문점을 없애는 증명을 해야 한다</u>(대판 2022.8.31. 2019도15178).

오답분석

① 공연히 사실을 적시하여 사람의 명예를 훼손한 행위가 형법 제310조의 규정에 따라서 위법성이 조각되어 처벌대상이 되지 않기 위하여는 그것이 진실한 사실로서 오로지 공공의 이익에 관한 때에 해당된다는 점을 행위자가 증명하여야 하는 것이나, 그 증명은 유죄의 인정에 있어 요구되는 것과 같이 법관으로 하여금 의심할 여지가 없을 정도의 확신을 가지게 하는 증명력을 가진 엄격한 증거에 의하여야 하는 것은 아니므로, 이 때에는 전문증거에 대한 증거능력의 제한을 규정한 형사소송법 제310조의2는 적용될 여지가 없다(대판 1996.10.25. 95도1473).

② 기록상 진술증거의 임의성에 관하여 의심할 만한 사정이 나타나 있는 경우에는 법원은 직권으로 그 임의성 여부에 관하여 조사를 하여야 하고, 임의성이 인정되지 아니하여 증거능력이 없는 진술증거는 피고인이 증거로 함에 동의하더라도 증거로 삼을 수 없다. 기록에 의하면 참고인에 대한 검찰 진술조서가 강압상태 내지 강압수사로 인한 정신적 강압상태가 계속된 상태에서 작성된 것으로 의심되어 그 임의성을 의심할 만한 사정이 있는데도, 검사가 그 임의성의 의문점을 없애는 증명을 하지 못하였으므로 증거능력이 없다(대판 2006.11.23. 2004도7900).

③ 대판 2010.11.25. 2009도12132

18 난도 ★★★ 정답 ③

공판 > 증거

정답분석

③ 살인죄와 같이 법정형이 무거운 범죄의 경우에도 직접증거 없이 간접증거만으로 유죄를 인정할 수 있으나, <u>그러한 유죄 인정에는 공소사실과 관련성이 깊은 간접증거들에 의하여 신중한 판단이 요구되므로, 주요사실의 전제가 되는 간접사실의 인정은 합리적인 의심을 허용하지 않을 정도의 증명이 있어야 하고, 그 하나하나의 간접사실이 상호 모순, 저촉되지 않아야 함은 물론 논리와 경험칙, 과학법칙에 의하여 뒷받침되어야 한다</u>(대판 2023.7.27. 2023도3477).

오답분석

① 자유심증주의를 규정한 형사소송법 제308조가 증거의 증명력을 법관의 자유판단에 의하도록 한 것은 그것이 실체적 진실발견에 적합하기 때문이라 할 것이므로, 증거판단에 관한 전권을 가지고 있는 사실심 법관은 사실인정에 있어 공판절차에서 획득된 인식과 조사된 증거를 남김없이 고려하여야 한다(대판 2004.6.25. 2004도2221).

② 대판 1995.12.8. 95도2043

④ 경찰에서의 진술조서의 기재와 당해사건의 공판정에서의 같은 사람의 증인으로서의 진술이 상반되는 경우 반드시 공판정에서의 증언에 따라야 한다는 법칙은 없고 그중 어느 것을 채용하여 사실인정의 자료로 할 것인가는 오로지 사실심법원의 자유심증에 속하는 것이다(대판 1987.6.9. 87도691, 87감도63).

더 알아보기

자유심증주의의 예외

- 자백의 보강법칙: 법관이 피고인의 자백만으로 충분한 유죄의 심증을 얻었더라도 이를 보강하는 다른 증거가 없는 한 유죄를 선고할 수 없다(형사소송법 제310조).
- 공판조서의 배타적 증명력: 공판기일의 소송절차에 관해서는 공판조서에 기재된 것은 법관의 심증 여하를 불문하고 그 기재된 대로 인정해야 한다(형사소송법 제56조).
- 진술거부권·증언거부권의 행사: 진술거부권의 행사나 근친자의 형사책임에 대한 증언거부권의 행사를 피고인에게 불리한 심증형성의 자료로 사용할 수 없는 것이 원칙이다.

19 난도 ★☆☆ 정답 ①

수사와 공소 > 수사의 종결과 공소의 제기

[정답분석]

① 정보통신망을 이용한 명예훼손의 경우에도 게재행위의 종료만으로 범죄행위가 종료하는 것이 아니고 원래 게시물이 삭제되어 정보의 송수신이 불가능해지는 시점을 범죄의 종료시기로 보아서 이 때부터 공소시효를 기산하여야 한다는 검사의 주장을 배척하고, 이 경우도 게재행위 즉시 범죄가 성립하고 종료한다고 판단하였다(대판 2007.10.25. 2006도346).

[오답분석]

② 대판 2017.7.11. 2016도14820
③ 대판 2012.3.29. 2011도15137
④ 공범의 1인에 대한 공소시효의 정지는 다른 공범자에 대하여 효력이 미치고 당해 사건의 재판이 확정된 때로부터 진행한다고 규정하고 있다(형사소송법 제253조 제2항).

형사소송법 제253조(시효와 정지와 효력)
① 시효는 공소의 제기로 진행이 정지되고 공소기각 또는 관할위반의 재판이 확정된 때로부터 진행한다.
② 공범의 1인에 대한 전항의 시효정지는 다른 공범자에게 대하여 효력이 미치고 당해 사건의 재판이 확정된 때로부터 진행한다.
③ 범인이 형사처분을 면할 목적으로 국외에 있는 경우 그 기간 동안 공소시효는 정지된다.
④ 피고인이 형사처분을 면할 목적으로 국외에 있는 경우 그 기간 동안 제249조 제2항에 따른 기간의 진행은 정지된다.

---

20 난도 ★★☆ 정답 ④

수사와 공소 > 강제처분과 강제수사

[정답분석]

④ 수사기관이 압수·수색에 착수하면서 그 장소의 관리책임자에게 영장을 제시하였다고 하더라도, 물건을 소지하고 있는 다른 사람으로부터 이를 압수하고자 하는 때에는 그 사람에게 따로 영장을 제시하여야 한다(대판 2009.3.12. 2008도763).

[오답분석]

① 대판 2018.7.12. 2018도6219
② 형사소송법 제218조는 '사법경찰관은 소유자, 소지자 또는 보관자가 임의로 제출한 물건을 영장없이 압수할 수 있다'고 규정하고 있는바, 위 규정을 위반하여 소유자, 소지자 또는 보관자가 아닌 자로부터 제출받은 물건을 영장 없이 압수한 경우 그 압수물 및 압수물을 찍은 사진은 이를 유죄 인정의 증거로 사용할 수 없다(대판 2010.1.28. 2009도10092).
③ 대결 2017.9.29. 2017모236

제1과목

국어

Chapter 01	문법
Chapter 02	어문규정
Chapter 03	문학
Chapter 04	화법과 작문
Chapter 05	독해 대표 유형
Chapter 06	언어 논리

Chapter 01 문법

01 언어와 국어

1 언어의 개념

언어란 사람의 사상이나 감정을 음성이나 문자로 나타낸 것을 말한다.

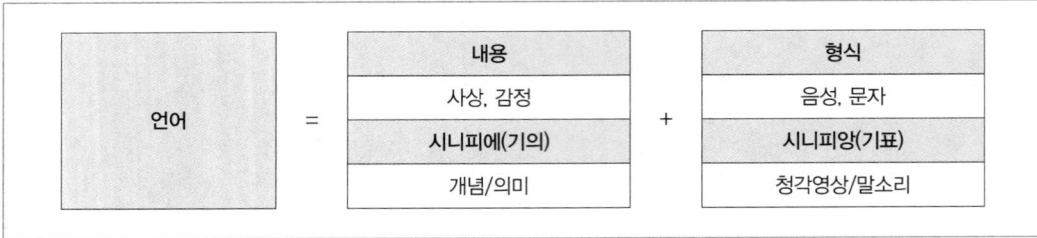

2 언어의 특성

기호성 (記號性)	언어는 일정한 내용을 일정한 형식(기호)에 의해 전달함 예 땅을 딛고 서거나 걸을 때 발에 신는 물건 → 신발
자의성 (恣意性)	언어 기호의 내용과 형식 사이에는 필연적인 관계가 없음
사회성 (社會性)	언어는 개인이 마음대로 바꿀 수 없는 사회적 약속임(불역성) 예 신발이라는 단어를 개인이 마음대로 시계로 바꿀 수 없음
역사성 (歷史性)	언어는 시대에 따라 신생·성장·사멸하는 가역성을 지님 예 불휘 → 뿌리
분절성 (分節性)	언어는 연속적으로 이루어져 있는 외부 세계를 불연속적인 것으로 끊어서 표현함(불연속성) 예 무지개 – 빨, 주, 노, 초, 파, 남, 보
추상성 (抽象性)	언어의 의미 내용은 같은 부류의 사물들에서 공통적 속성을 뽑아내는 추상화의 과정을 통해서 형성됨 예 당근, 무, 배추, 오이, 가지, 시금치… → 채소(총칭어)
개방성 (開放性)	언어는 무한한 개방적 체계로 새로운 문장을 계속 만들어 낼 수 있고, 어떠한 개념(나무, 희망, 사랑…)이든 무한하게 표현할 수 있음(창조성) 예 숲, 새, 날다 → 숲속에서 새가 날아올랐다.

더 알아보기

자의성의 근거

 ↔ - 한국: 책   - 미국: book[bʊk]
　　　　　- 중국: 书[shū]   - 일본: 本[ほん]

- 언어마다 같은 내용을 표현하는 형식이 다르다.
- 동음어와 동의어가 존재한다.
  - 예 동음어(말[言]-말[馬]-말[斗]), 동의어(키-신장, 책방-서점)
- 의성어나 의태어도 언어에 따라 달리 표현한다.
  - 예 돼지 울음 소리: 한국-꿀꿀, 미국-오잉크오잉크(oink oink)
- 역사성의 사례를 분석해 보면 같은 언어라도 지역마다 같은 내용을 표현하는 형식이 다르다.
- 언어의 형식과 내용의 변호가 따로따로 일어난다.

3 언어의 기능

표현적 기능	화자가 어떤 문제에 대해 자신의 감정이나 태도를 언어로 표현하는 기능. 감정적 의미 중시 예 • (요청) 어서 출발하시지요. 　• (호감) 난 그 영화가 참 재미있었어. 　• (확신) 영실은 공부를 열심히 하는 것 같다.
정보 전달적 기능	어떤 사실이나 정보, 지식 등을 알려 주는 기능 예 이 약을 드시면 기침이 멈추고 열이 내릴 거예요.
지령적 기능	청자에게 특정 행위를 야기하거나 금지시키는 기능. 명령·청유·의문·평서 형식(감화적 기능) 예 • (명령문-직접적) 어서 학교에 가거라. 　• (평서문-간접적) 여기는 금연 장소입니다.
친교적 기능	화자·청자의 유대 관계를 확보하는 기능. 대부분의 인사말(사교적 기능) 예 • 오늘은 날씨가 참 화창하군요. 　• 진지 잡수셨습니까?
표출적 기능	화자가 의사소통을 전제로 하지 않고 거의 본능적으로 사용하는 기능 예 으악!/에구머니나!/어이쿠!
미적 기능	말과 글을 되도록 듣기 좋고, 읽기 좋고 효과적으로 전달되도록 표현하는 기능. 시에서 주로 사용 예 (대구) 콩 심은 데 콩 나고 팥 심은 데 팥 난다.

4 국어의 특질

국어는 계통상 알타이어, 형태상 첨가어(교착어, 부착어)에 속한다.

음운상 특질	• 자음의 파열음 계열은 삼중 체계(= 삼지적 상관속, ㅂ ㅃ ㅍ/ㄷ ㄸ ㅌ/ㄱ ㄲ ㅋ/ㅈ ㅉ ㅊ)를 형성함 　예 불[火] - 뿔[角] - 풀[草] • 다른 언어에 비해 마찰음(ㅅ, ㅆ, ㅎ)의 수가 적음 • 음절의 끝소리 규칙, 모음조화, 자음 동화, 두음 법칙, 구개음화, 활음조 등이 있음 • 음상(音相)의 차이로 인해 어감을 다르게 만들 뿐만 아니라 의미가 분화되는 경우가 있음 　예 어감이 달라지는 경우: 빙빙 - 뻥뻥 - 핑핑/의미가 분화되는 경우: 맛 - 멋, 덜다 - 털다
어휘상 특질	• 국어의 어휘는 고유어, 한자어, 외래어의 삼중 체계를 이루고 있음 • 외래어 중 차용어, 특히 한자어가 많음 • 음성 상징어(의성어·의태어)와 색채어 및 감각어가 발달함 • 상하 관계가 중시되던 사회 구조의 영향으로 높임말이 발달함(다만, 높임법 자체는 문법상의 특질임) • 단어에 성(性)과 수(數)의 구별이 없고, 관사나 관계대명사가 없음
문법상 특질 (구문상 특질)	• '주어 + 목적어 + 서술어/주어 + 보어 + 서술어'의 어순을 지녀서 서술어가 문장의 맨 끝에 옴 • 단어 형성법이 발달되어 있음 • 수식어는 피수식어 앞에 옴 　예 아름다운 혜은이가 매우 좋다. • 문장 성분을 생략하는 일이 많음. 특히 조사와 주어가 자주 생략됨 　예 "언제 일어났니?"/"조금 전에." • 문장 내에서 문장 성분의 순서를 비교적 자유롭게 바꿀 수 있음 • 교착어(첨가어, 부착어)인 까닭에 문법적 관계를 나타내는 조사와 어미가 발달되어 있음

5 어휘의 양상

방언	• 그 말을 사용하는 구성원들 간에 유대감을 돈독하게 해주고 표준어로 표현하기 힘든 정서와 느낌을 표현할 수 있음 • 지역에 따른 지역 방언과 연령·성별·사회 집단 등에 따른 사회 방언이 있음
은어	• 어떤 폐쇄적 집단에 속한 사람들이 다른 집단으로부터 자신을 방어하려는 목적으로 발생한 어휘 • 일반 사회에 알려지게 되면 즉시 변경되어 새로운 은어가 나타나는 것이 원칙 　예 쫄쫄이/쫄쪼리(술), 토끼다(달아나다), 왕초(우두머리), 심마니(산삼 캐는 사람), 데구레(웃옷) 등
속어	비속하고 천박한 느낌을 주는 말(= 비속어, 비어)로, 비밀 유지의 기능이 없다는 점에서 은어와 구별됨 　예 삥(돈), 사발(거짓말), 쌩까다(모른 척하다), 쪼가리(이성 친구) 등
금기어	불쾌하고 두려운 것을 연상하게 하여 입 밖에 내기를 주저하는 말 　예 천연두
완곡어	금기어 대신 불쾌감을 덜 하도록 만든 말 　예 천연두 → 마마, 손님
관용어	둘 이상의 단어들이 결합하여 특별한 의미로 사용되는 관습적으로 굳어진 말 　예 발 벗고 나서다(적극적으로 나서다)

02 음운론

> **더 알아보기**
>
> 문법의 기본단위
>
> | | |
> |---|---|
> | 음운 | 사람들이 같은 음이라고 생각하는 추상적인 소리로 말의 뜻을 구별하여 주는 소리의 가장 작은 단위 |
> | 음절 | 한 번에 발음할 수 있는 소리의 최소 단위 |
> | 형태소 | 뜻을 가진 가장 작은 말의 단위 |
> | 단어 | 자립할 수 있는 말이나 이에 준하는 말 또는 자립형태소에 붙어서 쉽게 분리할 수 있는 말 |
> | 어절 | 문장을 구성하고 있는 각각의 마디. 문장 성분의 최소 단위로 띄어쓰기의 단위가 됨 |
> | 구 | 둘 이상의 단어가 모여 절이나 문장의 일부분을 이루는 토막. 종류에 따라 명사구, 동사구, 형용사구, 관형사구, 부사구 따위로 구분함 |
> | 절 | 주어와 서술어를 갖추고 있으나 독립적으로 쓰이지 못하는 단어의 집합체 |
> | 문장 | 생각이나 감정을 완결된 내용으로 표현하는 언어의 최소 형식. 단 내용상 의미가 끝나야 하고, 형식상 의미가 끝났음을 알리는 표지가 있어야 함 |

1 자음(子音)

발음할 때 허파에서 나온 공기의 흐름이 목, 입, 혀 따위의 발음 기관에 의해 구강 통로가 좁아지거나 완전히 막혀 공기의 흐름에 장애를 받아 나는 소리를 말한다.

조음 방법			양순음 (兩脣音)	치조음 (齒槽音)	경구개음 (硬口蓋音)	연구개음 (軟口蓋音)	후음 (喉音)
안울림소리 (無聲音)	파열음 (破裂音)	예사소리	ㅂ	ㄷ		ㄱ	
		된소리	ㅃ	ㄸ		ㄲ	
		거센소리	ㅍ	ㅌ		ㅋ	
	파찰음 (破擦音)	예사소리			ㅈ		
		된소리			ㅉ		
		거센소리			ㅊ		
	마찰음 (摩擦音)	예사소리		ㅅ			ㅎ
		된소리		ㅆ			
울림소리 (有聲音)	비음(鼻音)		ㅁ	ㄴ		ㅇ	
	유음(流音)			ㄹ			

2 모음(母音)

성대의 진동을 받은 소리가 목, 입, 코를 거쳐 나오면서 그 통로가 좁아지거나 완전히 막히거나 하는 따위의 장애를 받지 않고 나는 소리를 말한다.

(1) **10개의 단모음(單母音)**: 발음할 때 입술이나 혀가 고정되어 움직이지 않는 모음이다.

혀의 높이 \ 혀의 위치 입술 모양	전설 모음		후설 모음	
	평순	원순	평순	원순
고모음(高母音)	ㅣ	ㅟ	ㅡ	ㅜ
중모음(中母音)	ㅔ	ㅚ	ㅓ	ㅗ
저모음(低母音)	ㅐ		ㅏ	

(2) **11개의 이중 모음(二重母音)**: 발음할 때 입술이나 혀가 움직이는 모음이다.

상향식 이중 모음	ㅣ(j)+단모음	ㅑ, ㅕ, ㅛ, ㅠ, ㅒ, ㅖ
	ㅗ/ㅜ(w)+단모음	ㅘ, ㅝ, ㅙ, ㅞ
하향식 이중 모음	단모음+ㅣ(j)	ㅢ

3 음운의 변동

음운의 변동이란 두 음운이 만났을 때 발음을 좀 더 쉽고 간편하게 하거나 표현의 강화 효과를 위해 일어나는 현상을 말한다.

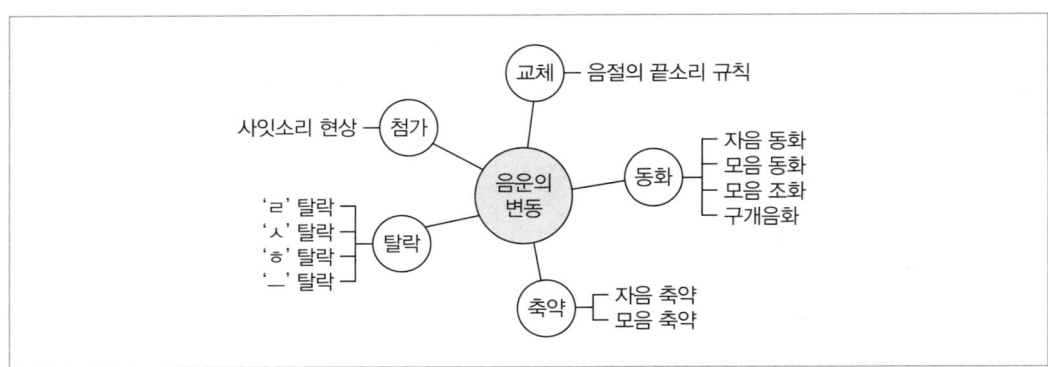

음절의 끝소리 규칙		음절의 끝에서 발음되는 자음은 'ㄱ, ㄴ, ㄷ, ㄹ, ㅁ, ㅂ, ㅇ'의 일곱 개뿐이므로, 나머지 자음이 음절의 끝에 오면 일곱 개의 자음 중의 하나로 바뀌어 발음됨 예 잎[입], 값[갑], 꽃[꼳], 부엌[부억]
자음 동화	비음화	파열음 'ㄱ, ㄷ, ㅂ'이나 유음 'ㄹ'이 비음인 'ㄴ, ㅁ'의 앞이나 뒤에서 각각 비음인 'ㄴ, ㅁ, ㅇ'으로 변하는 현상 예 국물[궁물], 믿는[민는], 밥만[밤만]
	유음화	비음인 'ㄴ'이 앞이나 뒤에 오는 유음 'ㄹ'의 영향으로 유음인 'ㄹ'로 바뀌는 현상 예 칼날[칼랄], 신라[실라]
모음 동화		• 'ㅏ, ㅓ, ㅗ, ㅜ'의 뒤 음절에 전설 모음 'ㅣ'가 오면 전설 모음 'ㅐ, ㅔ, ㅚ, ㅟ'로 바뀌는 현상('ㅣ' 모음 역행 동화 현상이 대표적) 예 남비 → 냄비, 풋나기 → 풋내기, 멋장이 → 멋쟁이 • 모음 동화로 변한 발음은 대체로 표준 발음으로 인정하지 않음 예 아기[애기](×), 아지랑이[아지랭이](×)
모음 조화		양성 모음('ㅏ, ㅗ')은 양성 모음끼리, 음성 모음('ㅓ, ㅜ, ㅡ')은 음성 모음끼리 어울리려는 현상 예 깎다: 깎아, 깎아서, 깎았다/찰찰-철철(의성·의태부사에서 가장 뚜렷함)
구개음화		끝소리가 'ㄷ, ㅌ'인 형태소가 모음 'ㅣ'나 'ㅑ, ㅕ, ㅛ, ㅠ'로 시작되는 형식형태소와 만나 구개음인 [ㅈ, ㅊ]으로 바뀌어 소리 나는 현상 예 굳이[구지], 해돋이[해도지]
축약	자음 축약	'ㅎ'+'ㄱ, ㄷ, ㅂ, ㅈ' → 'ㅋ, ㅌ, ㅍ, ㅊ' 예 좋다[조타], 좋고[조코], 잡히다[자피다], 놓지[노치]
	모음 축약	두 모음이 한 모음으로 되는 현상 예 가리어 → 가려, 보아서 → 봐서
탈락	자음 탈락	• 'ㄹ' 탈락: 합성이나 파생의 과정에서 'ㄹ'이 탈락하거나, 용언의 활용 과정에서 어간의 끝 받침 'ㄹ'이 탈락하는 현상 예 - 합성·파생: 불+삽 → 부삽, 솔+나무 → 소나무, 바늘+질 → 바느질 - 용언의 활용 과정: 울+는 → [우는], 살+는 → [사는] • 'ㅎ' 탈락: 'ㅎ'이 모음으로 시작하는 어미나 접미사 앞에서 탈락하는 현상 예 넣어[너어], 놓을[노을], 좋은[조은], 많아서[마나서], 끓이다[끄리다]
	모음 탈락	• 'ㅡ' 탈락: 'ㅡ'가 다른 모음 앞에서 탈락하는 현상 예 크+어서 → 커서, 쓰+어라 → 써라, 담그+아도 → 담가도 • 동일 모음 탈락: 똑같은 모음이 반복될 때 하나가 탈락하는 현상 예 가+아서 → 가서, 건너+어도 → 건너도, 타+아라 → 타라
된소리되기		두 개의 안울림소리가 만나 뒤의 예사소리(ㄱ, ㄷ, ㅂ, ㅅ, ㅈ)가 된소리(ㄲ, ㄸ, ㅃ, ㅆ, ㅉ)로 바뀌는 현상 예 작다 → [작따], 국밥 → [국빱], 옷고름 → [옫고름] → [옫꼬름]
사잇소리 현상		두 개의 형태소 또는 단어가 합쳐져서 합성 명사를 이룰 때, ① 뒤의 예사소리가 된소리로 변하거나, ② 'ㄴ' 또는 'ㄴㄴ' 소리가 첨가되는 경우 예 ① 밤길[밤낄], 길가[길까], 봄비[봄삐], 등불[등뿔] ② 나뭇잎[나문닙], 집일[짐닐], 아랫니[아랜니], 잇몸(이+몸)[인몸]
활음조 현상		듣기나 말하기에 어렵거나 불편한 소리를 쉽고 편한 소리로 바꾸어 발음하는 현상 예 곤난(困難) → 곤란, 대노(大怒) → 대로, 폐염 → 폐렴, 지이산(智異山) → 지리산

03 형태론

1 형태소

(1) 형태소(최소 의미 단위): 뜻을 가진 가장 작은 말의 단위로, 더 나누면 뜻을 잃어버린다.

구분	특징	대상	예 철수가 이야기 책을 읽었다.
자립형태소	자립성 있음	체언, 수식언, 감탄사	철수, 이야기, 책
의존형태소	자립성 없음	조사, 어간, 어미, 접사	가, 을, 읽-, -었-, -다
실질형태소	실질적 의미 있음	체언, 수식언, 감탄사, 어간	철수, 이야기, 책, 읽-
형식형태소	실질적 의미 없음	조사, 어미, 접사	가, 을, -었-, -다

(2) 형태소 분류

① 문장에서의 단어와 형태소 분류

> 하늘이 매우 푸르다.

㉠ 띄어 쓴 단위로 나눈다.
예 하늘이/매우/푸르다
㉡ 조사를 분리한다.
예 하늘/이/매우/푸르다
㉢ 조사 외에도 의미가 있는 것을 또 나눈다.
예 하늘/이/매우/푸르/다

② 형태소 분석 시 유의사항

㉠ 용언의 활용형은 기본형으로 돌려놓고 분석한다.
㉡ 합성어와 파생어는 합성, 파생하기 이전의 형태로부터 분석한다.
㉢ 이름은 하나의 형태소로 취급한다.
㉣ 사이시옷은 형태소로 취급하지 않는다.
㉤ 한자어는 하나하나를 실질형태소이자 의존형태소로 보며, 대응하는 우리말이 없을 때만 자립형태소로 본다.
예
- 남겨진 적도 물리쳤겠네.
  남/기/어/지/ㄴ/적/도/물리/치/었/겠/네 – 12개
- 단팥죽이라도 가져와야지.
  달/ㄴ/팥/죽/이/라도/가지/어/오/아야지 – 10개

2 단어

(1) 단어(최소 자립 형식): 자립할 수 있는 말이나, 자립할 수 있는 형태소에 붙어서 쉽게 분리할 수 있는 말이다.

(2) 단어의 형성

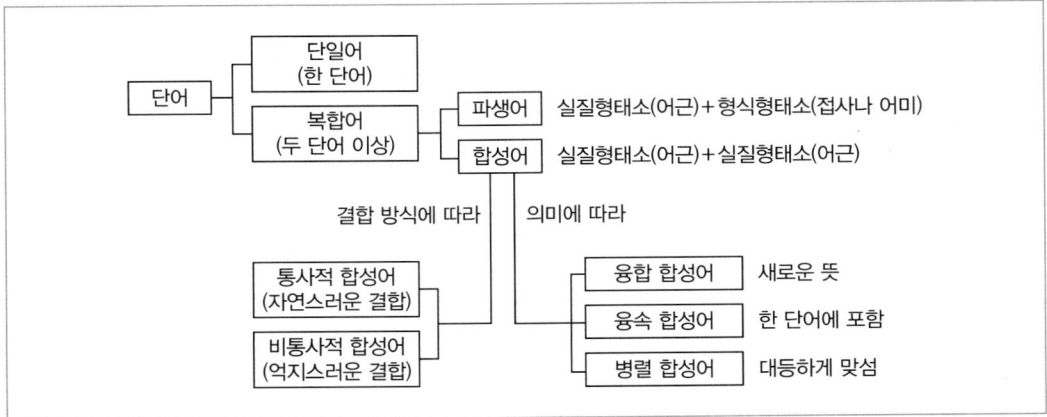

① **단일어**: 하나의 어근으로 된 단어를 말한다. 예 집, 나무, 하늘, 잠자리, 깍두기
② **복합어**: 둘 이상의 어근이나, 어근과 접사의 결합으로 이루어진 단어를 말하며, 파생어와 합성어로 나누어진다.
　㉠ **파생어**: 실질형태소(어근)+형식형태소(접사)
　　예 지붕(집+웅), 맏아들(맏+아들), 핫바지(핫+바지)

접두사	접미사
• 어근의 앞에 붙어서 특정한 뜻을 더하거나 강조하면서 새로운 말을 만드는 역할 • 어근의 품사를 바꾸는 않음 예 풋고추, 맨손, 시어머니, 헛소리, 덧니…	• 어근이나 단어의 뒤에 붙어 새로운 말을 만드는 역할 • 어근의 품사를 바꾸기도 함 예 - 명사 파생: 오줌싸개, 코흘리개… 　- 동사 파생: 사랑하다, 반짝거리다… 　- 형용사 파생: 향기롭다, 좁다랗다… 　- 피동사 파생: 막히다, 갈리다… 　- 사동사 파생: 들추다, 씌우다… 　- 부사 파생: 마주, 낱낱이…

　㉡ **합성어**: 실질형태소(어근)+실질형태소(어근)
　　예 집안(집+안), 소나무(솔+나무), 높푸르다(높-+푸르다), 핫바지(핫+바지)

기능에 따라	합성명사	예 논밭, 고무신, 볶음밥, 늦잠, 봄비…
	합성동사	예 힘들다, 떠밀다, 뛰놀다, 붙잡다…
	합성형용사	예 배부르다, 굳세다, 높푸르다…
	합성부사	예 곧잘, 또다시, 오래오래, 사이사이…

의미 관계에 따라	대등합성어		예 손발, 오가다, 여닫다…
	유속합성어		예 돌다리, 쇠못…
	융합합성어		예 춘추(나이), 연세, 세월, 밤낮(종일)
형태에 따라	변화가 없는 경우		예 책가방: 책+가방
	변화가 있는 경우	탈락	예 활살 → 화살, 말소 → 마소
		첨가	예 조+쌀 → 좁쌀, 대+싸리 → 댑싸리
		ㄹ → ㄷ	예 이틀+날 → 이튿날, 삼질+날 → 삼짇날
		사이시옷	예 나무+잎 → 나뭇잎, 초+불 → 촛불

- 통사적 합성어: 우리말의 일반적인 단어 배열법과 일치하는 합성어
  예 힘쓰다(힘을 쓰다. 조사 '을'이 생략된 통사적 합성어)
- 비통사적 합성어: 우리말의 일반적인 단어 배열법과 일치하지 않는 합성어
  예 검푸르다(검다+푸르다, 어미 '다'가 생략된 비통사적 합성어)

3 품사

(1) 품사의 분류

기능상	의미상		특징
체언	명사	사물의 이름을 나타내는 품사 예 고유 명사, 보통명사, 자립명사, 의존 명사, 가산명사, 불가산명사, 무정명사, 유정명사	• 형태가 변하지 않음 • 문장에서 중심적인 역할을 함 • 조사와 결합하여 쓰이거나 홀로 사용됨
	대명사	사람이나 사물의 이름을 대신 나타내는 품사 예 지시대명사, 인칭대명사	
	수사	사물의 수량이나 순서를 나타내는 품사 예 양수사, 서수사	
수식언	관형사	체언 앞에 놓여서, 그 체언의 내용을 자세히 꾸며 주는 품사 예 지시관형사, 수관형사, 성상관형사	• 문장에서 다른 단어를 꾸며 주는 역할을 함 • 꾸밈을 받는 말 앞에 놓임 • 형태가 변하지 않음
	부사	용언 또는 다른 말 앞에 놓여 그 뜻을 분명하게 하는 품사 예 성분부사, 문장부사	
관계언	조사	체언이나 부사, 어미 등에 붙어 그 말과 다른 말과의 관계를 표시하거나 그 말의 뜻을 도와주는 품사 • 격조사: 주격, 목적격, 부사격, 호격, 보격, 서술격, 관형격 조사 • 접속조사: 단어접속조사, 문장접속조사 • 보조사: 성분보조사, 종결보조사, 통용보조사	• 홀로 쓰일 수 없고 다른 말에 붙어 사용됨 • 자립성이 없지만 다른 말과 쉽게 구분되어 단어로 인정받음 • 형태가 변하지 않음 예외 서술격 조사 '이다'

독립언	감탄사	말하는 이의 본능적인 놀람이나 느낌, 부름, 응답 등을 나타내는 품사 [독립언이나 감탄사가 아닌 것] • 문장 제시어 • 사람 이름+호격 • 조사, 문장접속부사 등	• 형태가 변하지 않고, 조사와 결합하지 않음 • 문장에서 다른 말들과 관련이 적음
용언	동사	어떠한 사물의 동작이나 작용을 나타내는 품사 예 본동사, 보조동사	• 문장에서 사물이나 사람의 움직임, 상태, 성질을 설명함 • 문장을 끝맺거나 연결하는 역할을 함 • 형태가 변함
	형용사	어떠한 사물의 성질이나 상태, 모양을 나타내는 품사 예 본형용사, 보조형용사	

(2) 실전 품사의 구별

1	물결이 채 가라앉기도 전에 닻을 풀었다. → 부사
	옷을 입은 채 물에 들어갔다. → 의존 명사
2	거기에 학생들이 많이 모였다. → 복수 접미사
	소, 말, 돼지, 개들을 포유동물이라 한다. → 의존 명사
3	다른 사람은 조용한데, 철수야. 너 왜 떠들어? → 관형사
	나는 너와 다른 처지에 있다. → 형용사
4	차마 말하지 못할 사정 → 보조적 연결 어미
	그 책을 읽은 지 오래다. → 의존 명사
5	그는 만 열여섯 살이다. → 관형사
	조청이 꿀만 못하다. → 부사격 조사('~보다'의 의미로 쓰일 때)
6	소월은 퍽 낭만적인 시인이다. → 명사
	그녀는 낭만적 감정을 누르지 못하였다. → 관형사
7	너는 왜 일은 아니 하고 놀기만 하느냐? → 부사
	공부하지 아니하고 놀기만 하면 쓰나? → 동사
8	옳소, 찬성이오. → 감탄사
	당신 말이 옳소! → 형용사
9	그는 막 집에 도착했나 보다. → 형용사
	그는 어제 해놓은 음식이 상했는지 먹어 보았다. → 동사
10	이 바지는 크니까, 다른 걸로 바꾸어 주세요. → 형용사
	화초가 무럭무럭 큽니다. → 동사

04 문장론

1 문장

(1) 문장의 뜻
① 생각이나 감정을 완결된 내용으로 표현하는 최소의 언어 형식이다.
② 의미상으로 완결된 내용을 갖추고 형식상으로 문장이 끝났음을 나타내는 표지가 있는 것이다.

(2) 문장의 성분

종류	성분	내용
주성분	주어	움직임이나 상태 또는 성질의 주체를 나타냄 예 <u>나는</u> 까치 소리를 좋아했다.
	서술어	주어의 움직임, 상태, 성질을 서술하는 역할을 함 예 나는 까치 소리를 <u>좋아했다</u>.
	목적어	서술어의 동작 대상이 되는 부분임 예 나는 <u>까치 소리를</u> 좋아했다.
	보어	'되다', '아니다' 앞에서 '무엇이'의 내용을 나타냄 예 나는 <u>공무원이</u> 되었다.
부속성분	관형어	체언을 꾸며 줌 예 <u>새</u> 모자를 샀다.
	부사어	• 주로 용언을 꾸며 줌 • 다른 관형어나 부사어, 문장 전체도 꾸밈 • 문장이나 단어를 이어 주는 말들도 포함됨 예 집을 <u>새롭게</u> 고쳤다.
	독립어	다른 문장 성분과 직접적인 관련이 없음 예 <u>아아</u>, 지금은 노래를 할 수가 없다.

(3) 서술어의 자릿수: 서술어가 요구하는 필수 성분(주어, 목적어, 보어, 필수 부사어)의 수를 의미한다.

한 자리 서술어	주어 + 서술어 예 꽃이 <u>피었다</u>.
두 자리 서술어	주어 + 목적어(보어, 부사어) + 서술어 예 • 물이 얼음이 <u>되었다</u>. 　　• 나는 책을 <u>읽었다</u>.
세 자리 서술어	주어 + 목적어 + 부사어 + 서술어 예 나는 꽃을 그녀에게 <u>주었다</u>.

(4) 문장의 종류
① 홑문장: 주어와 서술어의 관계가 한 번만 이루어진 문장
　예 대체 저것은 무엇일까?

② **겹문장**: 주어와 서술어의 관계가 두 번 이상 이루어진 문장
  ㉠ 안은문장과 안긴문장: 문장 속에 안겨 하나의 성분처럼 쓰이는 절(節)을 안긴문장이라고 하며, 이러한 절을 포함한 문장을 안은문장이라고 함

명사절을 안은문장	영희가 천재임이 밝혀졌다.
관형절을 안은문장	강아지는 내가 좋아하는 동물이다.
서술절을 안은문장	코끼리는 코가 길다.
부사절을 안은문장	비가 소리도 없이 내린다.
인용절을 안은문장	• 그는 나에게 영화 보러 가자고 말했다. → 간접 인용 • 그가 "오늘 영화 보러 갈래?"라고 물었다. → 직접 인용

  ㉡ 이어진 문장: 둘 이상의 홑문장이 연결 어미에 의해 이어진 문장을 뜻함

대등하게 이어진 문장	• 바람이 불고 비가 내렸다. • 그녀는 갔지만 그는 안 갔다.
종속적으로 이어진 문장	• 눈이 와서 길이 질다. • 나는 독서실에 가려고 집을 나섰다.

2 문법요소

(1) 높임 표현

주체 높임법	행위의 주체를 높임. 선어말 어미 '-(으)시-' 사용
	• 동사에 의한 주체 높임: 계시다, 잡수시다, 주무시다, 편찮으시다, 돌아가시다
	  예 아버지께서는 집에 계신다.
	• 간접 높임: 높임 대상인 주체의 신체 부분, 소유물, 생각 등을 높여 주체를 높임
	  예 할머니께서는 귀가 밝으시다.
	• 제약: 문장의 주체가 화자보다 높아도 청자보다 낮으면 '-시-'를 안 씀(압존법)
	  예 할아버지, 아버지가 지금 왔습니다.

객체 높임법	화자가 목적어·부사어의 지시 대상인 서술의 객체를 높임. '모시다, 드리다…' 등의 동사나 부사격 조사 '-께'에 의해 실현됨 예 나는 교수님께 책을 드렸다.
상대 높임법	• 격식체: 격식체는 격식을 차려 심리적 거리감을 나타내는 표현으로, 높임의 정도에 따라 '하십시오체', '하오체', '하게체', '해라체'로 나눌 수 있음 |구분|평서문|의문문|명령문|청유문|감탄문
---	---	---	---	---	---
하십시오체 (아주 높임)	하십니다 합니다	하십니까? 합니까?	하십시오	(하시지요)	-
하오체 (예사 높임)	하(시)오	하(시)오?	하(시)오 하구려	합시다	하는구려
하게체 (예사 낮춤)	하네 함세	하는가? 하나?	하게	하세	하는구먼
해라체 (아주 낮춤)	한다	하니? 하냐?	해라 하렴	하자	하는구나	

상대 높임법	• 비격식체: 비격식체는 정감 있고 격식을 덜 차리는 표현으로, 높임의 정도에 따라 '해요체', '해체'로 나눌 수 있다.						
	구분	평서문	의문문	명령문	청유문	감탄문
	해요체 (두루 높임)	해요 하지요	해요? 하지요?	해요 하지요	해요 하지요	해요 하지요
	해체 (두루 낮춤)	해 하지	해? 하지?	해 하지	해 하지	해 하지

(2) 시간 표현

발화시를 중심으로 사건시를 표현	과거	사건시>발화시	예 어제 영화를 봤다.
	현재	사건시=발화시	예 지금 영화를 본다.
	미래	사건시<발화시	예 내일 영화를 볼 것이다.
발화시를 기준으로 동작의 진행 여부를 표현	완료상: 동작이 완료됨		예 지금 전화를 걸어 버렸어.
	진행상: 동작이 진행되고 있음		예 지금 전화를 걸고 있어.

(3) 피동 · 사동 표현

① 능동 – 피동: 주어가 제 힘으로 행동하는 것을 '능동'이라 하고, 주어가 다른 주체에 의해 동작을 당하는 것을 '피동'이라 한다.

② 주동 – 사동: 주어가 직접 동작하는 것을 '주동'이라 하고, 주어가 남에게 어떤 동작을 하도록 시키는 것을 '사동'이라 한다.

피동 표현	파생적 피동 (단형 피동)	• 능동사 어간+피동 접미사(-이-, -히-, -리-, -기-) • 명사+접미사 '-되다' 예 도둑이 잡힌다./철길이 복구된다.
	통사적 피동 (장형 피동)	• 능동사 어간+'-아/-어지다' • 능동사 어간+'-게 되다' 예 운동화 끈이 풀어지다./사실이 드러나게 되다.
사동 표현	파생적 사동 (단형 사동)	• 주동사 어간+사동 접미사(-이-, -히-, -리-, -기-, -우-, -구-, -추-) • 주동사 어간+'-시키다' 예 책을 읽힌다./버스를 정차시키다.
	통사적 사동 (장형 사동)	주동사 어간+'-게 하다' 예 책을 읽게 하다.

③ 주동문을 사동문으로 만드는 방법
　㉠ 서술어가 자동사인 주동문을 사동문으로 바꾸는 경우

```
주동문:      주어   +  자동사
  ↓           ↓        ↓
사동문:  주어 + 목적어 + 사동사
```

　　예 얼음이 녹았다. (주동문) → 아이들이 얼음을 녹였다. (사동문)
　㉡ 서술어가 타동사인 주동문을 사동문으로 바꾸는 경우

```
주동문:       주어   + 목적어 + 타동사
  ↓            ↓        ↓        ↓
사동문:  주어 + 부사어 + 목적어 + 사동사
```

　　예 철수가 옷을 입었다. (주동문) → 엄마가 철수에게 옷을 입혔다. (사동문)
④ 능동문을 피동문으로 만드는 방법: 서술어가 타동사인 능동문을 피동문으로 바꾸는 경우

```
능동문:  주어   + 목적어 + 타동사
  ↓       ↓       ×        ↓
피동문:  주어  + 부사어 + 피동사
```

　　예 순경이 도둑을 잡았다. (능동문) → 도둑이 순경에게 잡혔다. (피동문)

(4) 부정 표현

주어의 의지나 능력에 따라	'안' 부정문	• 단순 부정 예 나는 여행을 가지 않았다. • 상태 부정 예 그는 자고 있지 않다. • 의지 부정 예 나는 여행을 안 간다.
	'못' 부정문	상태 부정, 능력 부정 예 그녀는 여행을 못 갔다.
	'말다' 부정문	금지 – 동사 서술어만 가능, 명령문과 청유문에 가능 예 그 책은 읽지 마라.
문장의 길이에 따라	짧은 부정문	'안', '못'+서술어 예 내 친구는 술을 못 마신다.
	긴 부정문	서술어+'–지 않다', '–지 못하다' 예 내 친구는 술을 마시지 못한다.
중의성 해소 방법	억양, 조사 사용	예 친구들이 오지 않았다. 　→ 친구들이 오지는 않았다. 예 친구들이 다 오지 않았다. 　→ 친구들이 다 오지는 않았다. 　→ 친구들이 다는 오지 않았다.

05 의미론

1 의미의 종류

(1) 중심적 의미와 주변적 의미

중심적 의미	아기의 귀여운 손(신체)
주변적 의미	• 손이 모자란다. (일손) • 그 사람과 손을 끊겠다. (관계/교류) • 손이 크다. (씀씀이)

(2) 사전적/개념적/외연적/인지적 의미와 함축적/연상적/내포적 의미
  ① 사전적/개념적/외연적/인지적 의미: 여성(사람, 남성과 대립되는 말)
  ② 함축적/연상적/내포적 의미: 여성(모성본능, 꼼꼼함, 자상함…)

2 단어 간의 의미 관계

유의 관계	① 말소리는 다르지만 의미가 서로 비슷한 단어끼리의 관계 ② 유의 관계는 실제로는 두 개 이상의 단어들이 무리를 이루고 있는 경우가 더 많음 　예 • 가끔–더러–이따금–드문드문–때로–간혹–혹간–간간이–왕왕–종종–자주–수시로–번번히 　　　• 바보–멍텅구리–멍청이–맹추–맹꽁이–머저리–얼간이–밥통–등신–천치–숙맥 　　　• 가난하다–빈곤(貧困)하다–빈궁(貧窮)하다–어렵다–곤궁(困窮)하다–궁핍(窮乏)하다
반의 관계	① 한 개의 의미 요소만 다르고 나머지 의미 요소들은 모두 공통되는 관계 　예 • '남자: 여자', '총각: 처녀'–'성별'이라는 점에서 대립을 이룬다. 　　　• '오다: 가다'–'이동 방향'이라는 점에서 대립을 이룬다. ② 반의어 중에는 하나의 단어에 여러 개의 단어들이 대립하는 경우도 있다. 　예 • 뛰다: (철수) 걷다, (땅값) 내리다 　　　• 열다: (서랍) 닫다, (수도꼭지) 잠그다, (자물쇠) 채우다
하의/상하 관계	① 한쪽이 의미상 다른 쪽을 포함하거나 다른 쪽에 포함되는 의미 관계 ② 이때 포함하는 단어가 상의어(上義語: 일반적, 포괄적), 포함되는 단어가 하의어(下義語: 개별적, 한정적) 　예 • 직업⊃공무원, 작가, 연예인 　　　• 연예인⊃연기자, 가수

3 의미변화의 원인과 갈래

(1) 의미변화의 원인
  ① 언어적 원인: 언어 자체의 변화
    예 • 생략: 아침(밥), 머리(카락)
      • 민간어원: 행주치마, 소나기, 임금

② **역사적 원인**: 지식은 바뀌어도 있던 말 그대로 사용함
　예 하늘, 땅, 배
③ **사회적 원인**: 전혀 다른 분야에까지 쓰임
　예 왕, 박사, 도사, 대장, 사령탑, 출혈, 복음, 아버지
④ **심리적 원인**: 금기나 연상작용, 완곡어
　예 지킴(구렁이), 산신령(호랑이), 마마(천연두), 바가지(철모)

(2) 의미변화의 갈래
① 의미의 확장(= 일반화) 예 다리, 영감, 먹다, 세수, 목숨
② 의미의 축소(= 특수화) 예 얼굴, 짐승, 놈, 계집
③ 의미의 이동(= 어의 전성) 예 어리다, 예쁘다, 씩씩하다, 인정, 방송

06 고전문법

1 국어사의 시대 구분

시대 구분	시기	언어 중심지	특징
고대 국어	~10세기	신라(경주)	• 북방의 부여계 언어와 남방의 한계 언어가 나뉘어 있다가 삼국으로 분화됨 • 훈민정음 창제 이전이기 때문에 주로 한자어를 빌려서 우리말을 표기함 • 주요 문학: 고대 가요, 향가, 설화
중세 국어 (전기)	10~14세기/ 14~15세기	고려(개성)/ 조선(한양)	• 한자어가 다량 유입됨 • 통일 신라가 멸망하고 고려가 건국하면서 언어의 중심지가 한반도 중앙 지역으로 옮겨옴 • 주요 문학: 고려 속요, 경기체가, 가전체 문학, 패관 문학, 시조
중세 국어 (후기)	15~16세기	조선(한양)	• 훈민정음 창제로 문자 체계가 확립됨 • 한양이 국어의 중심이 됨 • 주요 문학: 시조, 악장, 가사, 한문 소설
근대 국어	17~19세기		• 한글 사용 범위가 넓어짐 • 임진왜란으로 인해 실용적인 방향으로 언어가 변화됨 • 주요 문학: 한글 소설, 사설시조, 장편 가사, 판소리
현대 국어	20세기~현재	한국(서울)	외국어, 특히 영어가 다량으로 유입됨

(1) **고대 국어**: 고대 국어 시기에는 우리의 문자가 없었기 때문에 고유어를 표기할 때 중국의 한자를 빌려서 표기하였다. 이와 같이 한자를 빌려 고유어를 표기하는 것을 '차자 표기'라고 한다.

서기체 표기	한자를 우리말 어순에 맞게 배열하여 사용하던 한자 차용 방식으로 조사나 어미는 사용하지 않았고 후에 이두로 발전
이두(吏讀)	한자를 우리말 어순에 맞게 쓴 서기체 형태에 조사와 어미까지 표기하여 문장의 의미를 분명하게 표현하는 방식
구결(口訣)	한문 원문을 읽을 때, 의미 파악을 쉽게 할 수 있도록 원문은 그대로 두고 구절 사이에 조사나 어미를 삽입하는 방식
향찰(鄕札)	신라의 향가를 표기하는 데 사용된 방법으로 우리말을 기록할 때 한자의 음과 뜻을 이용하여 문장 전체를 적은 표기법

(2) **중세 국어**

- 된소리가 등장하기 시작하였다.
- 'ㆍ, ㅡ, ㅣ, ㅗ, ㅏ, ㅜ, ㅓ' 등 7모음 체계를 가지고 있었다.
- 서로 다른 둘 이상의 자음이 첫소리에 사용되었다.
- 의문문의 종류에 따라 의문형 어미가 달리 쓰였다.
- 모음조화 현상이 잘 지켜졌으나, 후기에는 부분적으로 지켜지지 않았다.
- 성조(聲調)가 있었고, 그것은 방점(傍點)으로 표기되었다.
- 중세 특유의 주체 높임법, 객체 높임법, 상대 높임법 등이 있었다.
- 고유어와 한자어의 경쟁이 계속되었고, 앞 시기에 비해서 한자어의 사용이 증가하였다.
- 언문불일치(言文不一致)가 계속되었고, 한글 문체는 아직 일반화되지 못하였다.
- 이웃 나라와 접촉하는 과정에서 중국어, 몽골어, 여진어 등의 외래어가 들어오기도 하였다.

(3) **근대 국어**

- 성조가 사라지면서 방점이 완전히 소실되었다(상성은 현대 국어의 장음으로 변함).
- 문자 'ㅸ', 'ㆁ', 'ㆆ', 'ㅿ' 등이 사라지는 등 문자 체계가 변화하였다.
- 'ㅂ'계, 'ㅄ'계 어두 자음군이 사라지면서 된소리로 바뀌었다.
- 음운 'ㆍ'가 완전히 소실되었다(1933년 한글 맞춤법 통일안 때 없어짐).
- 이중 모음이던 'ㅐ'와 'ㅔ'가 단모음화되어 'ㅡ, ㅣ, ㅗ, ㅏ, ㅜ, ㅓ, ㅔ, ㅐ' 등 8개의 단모음 체계를 가졌다.
- 중세의 이어 적기 방식이 현대의 끊어 적기 방식으로 가는 과도기적 표기가 나타났다.
- 주격 조사 '가'가 사용되기 시작했다.
- 모음조화 현상이 파괴되었다.
- 높임의 주격 조사 '께서'가 사용되었다.
- 신문물의 어휘가 많이 등장하였다.
- 과거 시제 선어말 어미 '-앗-', '-엇-'이 확립되었다.
- 객체 높임 선어말 어미 '-솝-, -좁-, -옵-'이 객체 높임에 쓰이지 않게 되었다.

2 훈민정음

(1) 초성(자음 17자): 자음은 발음 기관의 모양을 상형하여 'ㄱ, ㄴ, ㅁ, ㅅ, ㅇ'이라는 기본자를 만든 다음 이를 중심으로 각각 획을 더해 가획자를 만들었다. 이체자는 기본자에서 획을 더하여 만든 것이 아니라 새로운 모양으로 만들었다.

조음위치 \ 제자원리	기본자	가획자	이체자	기본자의 상형
어금닛소리(牙音)	ㄱ	ㅋ	ㆁ	혀뿌리가 목구멍을 막는 모양
혓소리(舌音)	ㄴ	ㄷ → ㅌ		혀끝이 윗잇몸에 닿는 모양
입술소리(脣音)	ㅁ	ㅂ → ㅍ		입 모양
잇소리(齒音)	ㅅ	ㅈ → ㅊ		이 모양
목소리(喉音)	ㅇ	ㆆ → ㅎ		목구멍 모양
반혓소리(半舌音)			ㄹ	
반잇소리(半齒音)			ㅿ	

(2) 중성(모음 11자): 모음은 성리학에서 말하는 우주의 기본 요소인 삼재(三才), 즉 천(天)·지(地)·인(人)을 본떠 기본자인 'ㆍ, ㅡ, ㅣ'를 만들었다. 이 기본자를 합하여 초출자와 재출자를 만들었다. 여기서 초출자란 'ㆍ'와 나머지 기본자 하나를 합하여 만든 글자이고, 재출자란 초출자에 'ㆍ'를 다시 합하여 만든 글자이다.

제자 순서 \ 소리의 성질	양성 모음(天)	음성 모음(地)	중성 모음(人)
기본자(基本字)	ㆍ	ㅡ	ㅣ
초출자(初出字)	ㅗ, ㅏ	ㅜ, ㅓ	
재출자(再出字)	ㅛ, ㅑ	ㅠ, ㅕ	
합용자(合用字)	ㅘ, ㆇ	ㅝ, ㆊ	중성 11자에 들지 않음

(3) 종성 - 8종성가족용(八終聲可足用)

① 훈민정음 해례 부분에 '종성부용초성(終聲復用初聲) - 종성은 초성을 다시 쓴다.'라는 규정이 있다. 즉, 초성과 종성이 음운론적으로 동일하다는 사실에 근거하여 종성을 따로 만들지 않고 초성을 다시 사용한 것이다.

② 훈민정음의 원리를 설명한 훈민정음 해례본에서는 ㄱ, ㄴ, ㄷ, ㄹ, ㅁ, ㅂ, ㅅ, ㆁ 8개의 자음만 종성에 사용한다는 '팔종성가족용(八終聲可足用)'에 대한 언급이 있다.

③ 종성과 관련된 두 가지 규칙을 적용하면 원칙적으로는 종성에 모든 초성을 쓸 수 있지만 실제로는 8개의 초성만을 종성에 사용했다는 뜻이다.

3 글자의 운용법

(1) 이어쓰기(연서법, 連書法): 초성자 두 개를 밑으로 이어 쓰는 방법이다. 순음(ㅁ, ㅂ, ㅍ, ㅃ) 아래에 'ㅇ'을 이어서 'ㅱ, ㅸ, ㆄ, ㅹ'와 같이 입술소리 아래 이어 써서 입술 가벼운 소리 글자를 만드는 방법을 말한다. 이 글자들은 만들어진 글자를 응용하여 만든 것이므로 기본자에는 포함되지 않는다. 참고로 순경음 중에서 우리말에 쓰인 것은 'ㅸ'뿐이고, 나머지는 한자음 표기에 사용되었다.

(2) 나란히쓰기(병서법, 竝書法): 초성이나 종성에서 자음 두 개 또는 세 개를 나란히 쓰는 방법이다. 각자병서와 합용병서로 나눌 수 있다.
   ① **각자병서(各字竝書)**: 같은 자음을 두 개 나란히 쓰는 것으로 ㄲ, ㄸ, ㅃ 등과 같이 전탁음과 동일하다.
   ② **합용병서(合用竝書)**: 서로 다른 자음을 나란히 쓰는 것으로 ㅅㄱ, ㅅㄷ, ㅅㅂ, ㅂㄷ, ㅂㅅ, ㅂㅌ, ㅂㅆ, ㅂㅄ 등이 있다.

(3) 붙여쓰기(부서법, 附書法): 자음에 모음을 붙이는 방법으로 우서법과 하서법으로 나눌 수 있다.
   ① **우서법(右書法)**: 초성 + 'ㅣ, ㅏ, ㅓ, ㅑ, ㅕ'와 같이 수직으로 뻗은 모음은 오른쪽에 붙여 쓴다.
      예 바다 사람
   ② **하서법(下書法)**: 초성 + 'ㆍ, ㅡ, ㅗ, ㅜ, ㅛ, ㅠ'와 같이 수평으로 뻗은 모음은 자음 아래 붙여 쓴다.
      예 구름

(4) 음절이루기(성음법, 成音法): 낱글자를 합하여 음절을 만드는 방법이다. 동국정운식 한자음에서는 반드시 '초성 + 중성 + 종성'을 합하여 음절을 만들었지만 고유어는 '초성 + 중성'으로도 음절을 이룰 수 있다.

(5) 사성(四聲): 소리의 높낮이, 즉 성조를 나타내기 위해 글자의 왼쪽에 점을 찍는 방법이다. 방점은 크게 평성, 상성, 거성, 입성 등이 있다.

종류	방점	소리의 특성
평성	없음	처음과 끝이 한결같이 낮은 소리
상성	2점	처음은 낮으나 끝은 높은 소리
거성	1점	처음과 끝이 한결같이 높은 소리
입성	없음, 1점, 2점	빨리 끝맺는 소리(받침이 ㄱ, ㄷ, ㅂ, ㅅ으로 끝남)

Chapter 02 | 어문규정

01 한글 맞춤법

제1장 총칙

제1항   한글 맞춤법은 표준어를 소리대로 적되, 어법에 맞도록 함을 원칙으로 한다.
제2항   문장의 각 단어는 띄어 씀을 원칙으로 한다.
제3항   외래어는 '외래어 표기법'에 따라 적는다.

제2장 자모

제4항   한글 자모의 수는 스물넉 자로 하고, 그 순서와 이름은 다음과 같이 정한다.

ㄱ(기역)	ㄴ(니은)	ㄷ(디귿)	ㄹ(리을)	ㅁ(미음)
ㅂ(비읍)	ㅅ(시옷)	ㅇ(이응)	ㅈ(지읒)	ㅊ(치읓)
ㅋ(키읔)	ㅌ(티읕)	ㅍ(피읖)	ㅎ(히읗)	
ㅏ(아)	ㅑ(야)	ㅓ(어)	ㅕ(여)	ㅗ(오)
ㅛ(요)	ㅜ(우)	ㅠ(유)	ㅡ(으)	ㅣ(이)

[붙임 1] 위의 자모로써 적을 수 없는 소리는 두 개 이상의 자모를 어울러서 적되, 그 순서와 이름은 다음과 같이 정한다.

ㄲ(쌍기역)	ㄸ(쌍디귿)	ㅃ(쌍비읍)	ㅆ(쌍시옷)	ㅉ(쌍지읒)
ㅐ(애)	ㅒ(얘)	ㅔ(에)	ㅖ(예)	ㅘ(와)
ㅙ(왜)	ㅚ(외)	ㅝ(워)	ㅞ(웨)	ㅟ(위)	ㅢ(의)

[붙임 2] 사전에 올릴 적의 자모 순서는 다음과 같이 정한다.

```
자음: ㄱ ㄲ ㄴ ㄷ ㄸ ㄹ ㅁ ㅂ ㅃ ㅅ ㅆ ㅇ ㅈ ㅉ ㅊ ㅋ ㅌ ㅍ ㅎ
모음: ㅏ ㅐ ㅑ ㅒ ㅓ ㅔ ㅕ ㅖ ㅗ ㅘ ㅙ ㅚ ㅛ ㅜ ㅝ ㅞ ㅟ ㅠ ㅡ ㅢ ㅣ
```

제3장 소리에 관한 것

제1절 된소리

제5항 한 단어 안에서 뚜렷한 까닭 없이 나는 된소리는 다음 음절의 첫소리를 된소리로 적는다.

1. 두 모음 사이에서 나는 된소리

소쩍새	어깨	오빠	으뜸	아끼다
기쁘다	깨끗하다	어떠하다	해쓱하다	가끔
거꾸로	부썩	어찌	이따금	

2. 'ㄴ, ㄹ, ㅁ, ㅇ' 받침 뒤에서 나는 된소리

산뜻하다	잔뜩	살짝	훨씬	담뿍
움찔	몽땅	엉뚱하다		

다만, 'ㄱ, ㅂ' 받침 뒤에서 나는 된소리는, 같은 음절이나 비슷한 음절이 겹쳐 나는 경우가 아니면 된소리로 적지 아니한다.

국수	깍두기	딱지	색시	싹둑(~싹둑)
법석	갑자기	몹시		

제2절 구개음화

제6항 'ㄷ, ㅌ' 받침 뒤에 종속적 관계를 가진 '-이(-)'나 '-히-'가 올 적에는 그 'ㄷ, ㅌ'이 'ㅈ, ㅊ'으로 소리 나더라도 'ㄷ, ㅌ'으로 적는다. (ㄱ을 취하고, ㄴ을 버림.)

ㄱ	ㄴ	ㄱ	ㄴ
맏이	마지	핥이다	할치다
해돋이	해도지	걷히다	거치다
굳이	구지	닫히다	다치다
같이	가치	묻히다	무치다
끝이	끄치		

제3절 'ㄷ' 소리 받침

제7항 'ㄷ' 소리로 나는 받침 중에서 'ㄷ'으로 적을 근거가 없는 것은 'ㅅ'으로 적는다.

덧저고리	돗자리	엇셈	웃어른	핫옷
무릇	사뭇	얼핏	자칫하면	뭇[衆]
옛	첫	헛		

제4절 모음

제8항 '계, 례, 몌, 폐, 혜'의 'ㅖ'는 'ㅔ'로 소리 나는 경우가 있더라도 'ㅖ'로 적는다. (ㄱ을 취하고, ㄴ을 버림.)

ㄱ	ㄴ	ㄱ	ㄴ
계수(桂樹)	게수	혜택(惠澤)	헤택
사례(謝禮)	사레	계집	게집
연몌(連袂)	연메	핑계	핑게
폐품(廢品)	페품	계시다	게시다

다만, 다음 말은 본음대로 적는다.

게송(偈頌)	게시판(揭示板)	휴게실(休憩室)

제9항 '의'나, 자음을 첫소리로 가지고 있는 음절의 'ㅢ'는 'ㅣ'로 소리 나는 경우가 있더라도 'ㅢ'로 적는다. (ㄱ을 취하고, ㄴ을 버림.)

ㄱ	ㄴ	ㄱ	ㄴ
의의(意義)	의이	닝큼	닝큼
본의(本義)	본이	띄어쓰기	띠어쓰기
무늬[紋]	무니	씌어	씨어
보늬	보니	틔어	티어
오늬	오니	희망(希望)	히망
하늬바람	하니바람	희다	히다
늴리리	닐리리	유희(遊戲)	유히

제5절 두음 법칙

제10항 한자음 '녀, 뇨, 뉴, 니'가 단어 첫머리에 올 적에는, 두음 법칙에 따라 '여, 요, 유, 이'로 적는다. (ㄱ을 취하고, ㄴ을 버림.)

ㄱ	ㄴ	ㄱ	ㄴ
여자(女子)	녀자	유대(紐帶)	뉴대
연세(年歲)	년세	이토(泥土)	니토
요소(尿素)	뇨소	익명(匿名)	닉명

다만, 다음과 같은 의존 명사에서는 '냐, 녀' 음을 인정한다.

| 냥(兩) | 냥쭝(兩-) | 년(年)(몇 년) |

[붙임 1] 단어의 첫머리 이외의 경우에는 본음대로 적는다.

| 남녀(男女) | 당뇨(糖尿) | 결뉴(結紐) | 은닉(隱匿) |

[붙임 2] 접두사처럼 쓰이는 한자가 붙어서 된 말이나 합성어에서, 뒷말의 첫소리가 'ㄴ' 소리로 나더라도 두음 법칙에 따라 적는다.

| 신여성(新女性) | 공염불(空念佛) | 남존여비(男尊女卑) |

[붙임 3] 둘 이상의 단어로 이루어진 고유 명사를 붙여 쓰는 경우에도 [붙임 2]에 준하여 적는다.

| 한국여자대학 | 대한요소비료회사 |

제11항 한자음 '랴, 려, 례, 료, 류, 리'가 단어의 첫머리에 올 적에는, 두음 법칙에 따라 '야, 여, 예, 요, 유, 이'로 적는다. (ㄱ을 취하고, ㄴ을 버림.)

ㄱ	ㄴ	ㄱ	ㄴ
양심(良心)	량심	용궁(龍宮)	룡궁
역사(歷史)	력사	유행(流行)	류행
예의(禮儀)	례의	이발(理髮)	리발

다만, 다음과 같은 의존 명사는 본음대로 적는다.

| 리(里): 몇 리냐? | 리(理): 그럴 리가 없다. |

[붙임 1] 단어의 첫머리 이외의 경우에는 본음대로 적는다.

개량(改良)	선량(善良)	수력(水力)	협력(協力)
사례(謝禮)	혼례(婚禮)	와룡(臥龍)	쌍룡(雙龍)
하류(下流)	급류(急流)	도리(道理)	진리(眞理)

다만, 모음이나 'ㄴ' 받침 뒤에 이어지는 '렬, 률'은 '열, 율'로 적는다. (ㄱ을 취하고, ㄴ을 버림.)

ㄱ	ㄴ	ㄱ	ㄴ
나열(羅列)	나렬	분열(分裂)	분렬
치열(齒列)	치렬	선열(先烈)	선렬
비열(卑劣)	비렬	진열(陳列)	진렬
규율(規律)	규률	선율(旋律)	선률
비율(比率)	비률	전율(戰慄)	전률
실패율(失敗率)	실패률	백분율(百分率)	백분률

[붙임 2] 외자로 된 이름을 성에 붙여 쓸 경우에도 본음대로 적을 수 있다.

신립(申砬)	최린(崔麟)	채륜(蔡倫)	하륜(河崙)

[붙임 3] 준말에서 본음으로 소리 나는 것은 본음대로 적는다.

국련(국제 연합)	한시련(한국 시각 장애인 연합회)

[붙임 4] 접두사처럼 쓰이는 한자가 붙어서 된 말이나 합성어에서, 뒷말의 첫소리가 'ㄴ' 또는 'ㄹ' 소리로 나더라도 두음 법칙에 따라 적는다.

역이용(逆利用)	연이율(年利率)	열역학(熱力學)	해외여행(海外旅行)

[붙임 5] 둘 이상의 단어로 이루어진 고유 명사를 붙여 쓰는 경우나 십진법에 따라 쓰는 수(數)도 [붙임 4]에 준하여 적는다.

서울여관	신흥이발관	육천육백육십육(六千六百六十六)

제12항 한자음 '라, 래, 로, 뢰, 루, 르'가 단어의 첫머리에 올 적에는, 두음 법칙에 따라 '나, 내, 노, 뇌, 누, 느'로 적는다. (ㄱ을 취하고, ㄴ을 버림.)

ㄱ	ㄴ	ㄱ	ㄴ
낙원(樂園)	락원	뇌성(雷聲)	뢰성
내일(來日)	래일	누각(樓閣)	루각
노인(老人)	로인	능묘(陵墓)	릉묘

[붙임 1] 단어의 첫머리 이외의 경우에는 본음대로 적는다.

쾌락(快樂)	극락(極樂)	거래(去來)	왕래(往來)
부로(父老)	연로(年老)	지뢰(地雷)	낙뢰(落雷)
고루(高樓)	광한루(廣寒樓)	동구릉(東九陵)	가정란(家庭欄)

[붙임 2] 접두사처럼 쓰이는 한자가 붙어서 된 단어는 뒷말을 두음 법칙에 따라 적는다.

내내월(來來月)	상노인(上老人)	중노동(重勞動)	비논리적(非論理的)

제6절 겹쳐 나는 소리

제13항 한 단어 안에서 같은 음절이나 비슷한 음절이 겹쳐 나는 부분은 같은 글자로 적는다. (ㄱ을 취하고, ㄴ을 버림.)

ㄱ	ㄴ	ㄱ	ㄴ
딱딱	딱닥	꼿꼿하다	꼿곳하다
쌕쌕	쌕색	놀놀하다	놀롤하다
씩씩	씩식	눅눅하다	눙눅하다
똑딱똑딱	똑닥똑닥	밋밋하다	민밋하다
쓱싹쓱싹	쓱삭쓱삭	싹싹하다	싹삭하다
연연불망(戀戀不忘)	연련불망	쌉쌀하다	쌉살하다
유유상종(類類相從)	유류상종	씁쓸하다	씁슬하다
누누이(屢屢-)	누루이	짭짤하다	짭잘하다

제4장 형태에 관한 것

제1절 체언과 조사

제14항 체언은 조사와 구별하여 적는다.

떡이	떡을	떡에	떡도	떡만
손이	손을	손에	손도	손만
팔이	팔을	팔에	팔도	팔만
밤이	밤을	밤에	밤도	밤만
집이	집을	집에	집도	집만
옷이	옷을	옷에	옷도	옷만
콩이	콩을	콩에	콩도	콩만
낮이	낮을	낮에	낮도	낮만
꽃이	꽃을	꽃에	꽃도	꽃만
밭이	밭을	밭에	밭도	밭만
앞이	앞을	앞에	앞도	앞만
밖이	밖을	밖에	밖도	밖만
넋이	넋을	넋에	넋도	넋만
흙이	흙을	흙에	흙도	흙만
삶이	삶을	삶에	삶도	삶만
여덟이	여덟을	여덟에	여덟도	여덟만
곬이	곬을	곬에	곬도	곬만
값이	값을	값에	값도	값만

제2절 어간과 어미

제15항 용언의 어간과 어미는 구별하여 적는다.

먹다	먹고	먹어	먹으니
신다	신고	신어	신으니
믿다	믿고	믿어	믿으니
울다	울고	울어	(우니)
넘다	넘고	넘어	넘으니
입다	입고	입어	입으니
웃다	웃고	웃어	웃으니
찾다	찾고	찾아	찾으니
좇다	좇고	좇아	좇으니
같다	같고	같아	같으니
높다	높고	높아	높으니
좋다	좋고	좋아	좋으니
깎다	깎고	깎아	깎으니
앉다	앉고	앉아	앉으니
많다	많고	많아	많으니
늙다	늙고	늙어	늙으니
젊다	젊고	젊어	젊으니
넓다	넓고	넓어	넓으니
훑다	훑고	훑어	훑으니
읊다	읊고	읊어	읊으니
옳다	옳고	옳아	옳으니
없다	없고	없어	없으니
있다	있고	있어	있으니

[붙임 1] 두 개의 용언이 어울려 한 개의 용언이 될 적에, 앞말의 본뜻이 유지되고 있는 것은 그 원형을 밝히어 적고, 그 본뜻에서 멀어진 것은 밝히어 적지 아니한다.

(1) 앞말의 본뜻이 유지되고 있는 것

넘어지다	늘어나다	늘어지다	돌아가다
되짚어가다	들어가다	떨어지다	벌어지다
엎어지다	접어들다	틀어지다	흩어지다

(2) 본뜻에서 멀어진 것

드러나다	사라지다	쓰러지다

[붙임 2] 종결형에서 사용되는 어미 '-오'는 '요'로 소리 나는 경우가 있더라도 그 원형을 밝혀 '오'로 적는다. (ㄱ을 취하고, ㄴ을 버림.)

ㄱ	ㄴ
이것은 책이오.	이것은 책이요.
이리로 오시오.	이리로 오시요.
이것은 책이 아니오.	이것은 책이 아니요.

[붙임 3] 연결형에서 사용되는 '이요'는 '이요'로 적는다. (ㄱ을 취하고, ㄴ을 버림.)

ㄱ	ㄴ
이것은 책이요, 저것은 붓이요, 또 저것은 먹이다.	이것은 책이오, 저것은 붓이오, 또 저것은 먹이다.

제16항 어간의 끝음절 모음이 'ㅏ, ㅗ'일 때에는 어미를 '-아'로 적고, 그 밖의 모음일 때에는 '-어'로 적는다.

1. '-아'로 적는 경우

나아	나아도	나아서	막아
막아도	막아서	얇아	얇아도
얇아서	돌아	돌아도	돌아서
보아	보아도	보아서	

2. '-어'로 적는 경우

개어	개어도	개어서	겪어
겪어도	겪어서	되어	되어도
되어서	베어	베어도	베어서
쉬어	쉬어도	쉬어서	저어
저어도	저어서	주어	주어도
주어서	피어	피어도	피어서
희어	희어도	희어서	

제17항 어미 뒤에 덧붙는 조사 '요'는 '요'로 적는다.

읽어	읽어요
참으리	참으리요
좋지	좋지요

제18항 다음과 같은 용언들은 어미가 바뀔 경우, 그 어간이나 어미가 원칙에 벗어나면 벗어나는 대로 적는다.

1. 어간의 끝 'ㄹ'이 줄어질 적

갈다:	가니	간	갑니다	가시다	가오
놀다:	노니	논	놉니다	노시다	노오
불다:	부니	분	붑니다	부시다	부오
둥글다:	둥그니	둥근	둥급니다	둥그시다	둥그오
어질다:	어지니	어진	어집니다	어지시다	어지오

[붙임] 다음과 같은 말에서도 'ㄹ'이 준 대로 적는다.

마지못하다	마지않다	(하)다마다
(하)자마자	(하)지 마라	(하)지 마(아)

2. 어간의 끝 'ㅅ'이 줄어질 적

긋다: 그어	그으니	그었다
낫다: 나아	나으니	나았다
잇다: 이어	이으니	이었다
짓다: 지어	지으니	지었다

3. 어간의 끝 'ㅎ'이 줄어질 적

그렇다:	그러니	그럴	그러면	그러오
까맣다:	까마니	까말	까마면	까마오
동그랗다:	동그라니	동그랄	동그라면	동그라오
퍼렇다:	퍼러니	퍼럴	퍼러면	퍼러오
하얗다:	하야니	하얄	하야면	하야오

4. 어간의 끝 'ㅜ, ㅡ'가 줄어질 적

푸다: 퍼	펐다
뜨다: 떠	떴다
끄다: 꺼	껐다
크다: 커	컸다
담그다: 담가	담갔다
고프다: 고파	고팠다
따르다: 따라	따랐다
바쁘다: 바빠	바빴다

5. 어간의 끝 'ㄷ'이 'ㄹ'로 바뀔 적

걷다[步]: 걸어	걸으니	걸었다
듣다[聽]: 들어	들으니	들었다
묻다[問]: 물어	물으니	물었다
싣다[載]: 실어	실으니	실었다

6. 어간의 끝 'ㅂ'이 'ㅜ'로 바뀔 적

깁다: 기워	기우니	기웠다
굽다[炙]: 구워	구우니	구웠다
가깝다: 가까워	가까우니	가까웠다
괴롭다: 괴로워	괴로우니	괴로웠다
맵다: 매워	매우니	매웠다
무겁다: 무거워	무거우니	무거웠다
밉다: 미워	미우니	미웠다
쉽다: 쉬워	쉬우니	쉬웠다

다만, '돕-, 곱-'과 같은 단음절 어간에 어미 '-아'가 결합되어 '와'로 소리 나는 것은 '-와'로 적는다.

돕다[助]: 도와	도와서	도와도	도왔다
곱다[麗]: 고와	고와서	고와도	고왔다

7. '하다'의 활용에서 어미 '-아'가 '-여'로 바뀔 적

하다: 하여	하여서	하여도	하여라	하였다

8. 어간의 끝음절 '르' 뒤에 오는 어미 '-어'가 '-러'로 바뀔 적

이르다[至]: 이르러	이르렀다
노르다: 노르러	노르렀다
누르다: 누르러	누르렀다
푸르다: 푸르러	푸르렀다

9. 어간의 끝음절 '르'의 'ㅡ'가 줄고, 그 뒤에 오는 어미 '-아/-어'가 '-라/-러'로 바뀔 적

가르다: 갈라	갈랐다
부르다: 불러	불렀다
거르다: 걸러	걸렀다
오르다: 올라	올랐다
구르다: 굴러	굴렀다
이르다: 일러	일렀다
벼르다: 별러	별렀다
지르다: 질러	질렀다

제3절 접미사가 붙어서 된 말

제19항 어간에 '-이'나 '-음/-ㅁ'이 붙어서 명사로 된 것과 '-이'나 '-히'가 붙어서 부사로 된 것은 그 어간의 원형을 밝히어 적는다.

1. '-이'가 붙어서 명사로 된 것

길이	깊이	높이	다듬이	땀받이
달맞이	먹이	미닫이	벌이	벼훑이
살림살이	쇠붙이			

2. '-음/-ㅁ'이 붙어서 명사로 된 것

걸음	묶음	믿음	얼음	엮음
울음	웃음	졸음	죽음	앎

3. '-이'가 붙어서 부사로 된 것

같이	굳이	길이	높이	많이
실없이	좋이	짓궂이		

4. '-히'가 붙어서 부사로 된 것

밝히	익히	작히

다만, 어간에 '-이'나 '-음'이 붙어서 명사로 바뀐 것이라도 그 어간의 뜻과 멀어진 것은 원형을 밝히어 적지 아니한다.

굽도리	다리[髢]	목거리(목병)	무녀리
코끼리	거름(비료)	고름[膿]	노름(도박)

[붙임] 어간에 '-이'나 '-음' 이외의 모음으로 시작된 접미사가 붙어서 다른 품사로 바뀐 것은 그 어간의 원형을 밝히어 적지 아니한다.

(1) 명사로 바뀐 것

귀머거리	까마귀	너머	뜨더귀
마감	마개	마중	무덤
비렁뱅이	쓰레기	올가미	주검

(2) 부사로 바뀐 것

거뭇거뭇	너무	도로	뜨덤뜨덤
바투	불긋불긋	비로소	오긋오긋
자주	차마		

(3) 조사로 바뀌어 뜻이 달라진 것

나마	부터	조차

제20항 명사 뒤에 '-이'가 붙어서 된 말은 그 명사의 원형을 밝히어 적는다.

1. 부사로 된 것

곳곳이	낱낱이	몫몫이	샅샅이
앞앞이	집집이		

2. 명사로 된 것

곰배팔이	바둑이	삼발이	애꾸눈이
육손이	절뚝발이/절름발이		

[붙임] '-이' 이외의 모음으로 시작된 접미사가 붙어서 된 말은 그 명사의 원형을 밝히어 적지 아니한다.

꼬락서니	끄트머리	모가치	바가지
바깥	사타구니	싸라기	이파리
지붕	지푸라기	짜개	

제21항 명사나 혹은 용언의 어간 뒤에 자음으로 시작된 접미사가 붙어서 된 말은 그 명사나 어간의 원형을 밝히어 적는다.

1. 명사 뒤에 자음으로 시작된 접미사가 붙어서 된 것

값지다	홑지다	넋두리	빛깔
옆댕이	잎사귀		

2. 어간 뒤에 자음으로 시작된 접미사가 붙어서 된 것

낚시	늙정이	덮개	뜯게질
갉작갉작하다	갉작거리다	뜯적거리다	뜯적뜯적하다
굵다랗다	굵직하다	깊숙하다	넓적하다
높다랗다	늙수그레하다	얽죽얽죽하다	

다만, 다음과 같은 말은 소리대로 적는다.

(1) 겹받침의 끝소리가 드러나지 아니하는 것

할짝거리다	널따랗다	널찍하다	말끔하다
말쑥하다	말짱하다	실쭉하다	실큼하다
얄따랗다	얄팍하다	짤따랗다	짤막하다
실컷			

(2) 어원이 분명하지 아니하거나 본뜻에서 멀어진 것

넙치	올무	골막하다	납작하다

제22항 용언의 어간에 다음과 같은 접미사들이 붙어서 이루어진 말들은 그 어간을 밝히어 적는다.

1. '-기-, -리-, -이-, -히-, -구-, -우-, -추-, -으키-, -이키-, -애-'가 붙는 것

맡기다	옮기다	웃기다	쫓기다	뚫리다
울리다	낚이다	쌓이다	핥이다	굳히다
굽히다	넓히다	앉히다	얽히다	잡히다
돋구다	솟구다	돋우다	갖추다	곧추다
맞추다	일으키다	돌이키다	없애다	

다만, '-이-, -히-, -우-'가 붙어서 된 말이라도 본뜻에서 멀어진 것은 소리대로 적는다.

도리다(칼로 ~)	드리다(용돈을 ~)	고치다	바치다(세금을 ~)
부치다(편지를 ~)	거두다	미루다	이루다

2. '-치-, -뜨리-, -트리-'가 붙는 것

놓치다	덮치다	떠받치다
받치다	밭치다	부딪치다
뻗치다	엎치다	부딪뜨리다/부딪트리다
쏟뜨리다/쏟트리다	젖뜨리다/젖트리다	찢뜨리다/찢트리다
흩뜨리다/흩트리다		

[붙임] '-업-, -읍-, -브-'가 붙어서 된 말은 소리대로 적는다.

미덥다	우습다	미쁘다

제23항 '-하다'나 '-거리다'가 붙는 어근에 '-이'가 붙어서 명사가 된 것은 그 원형을 밝히어 적는다. (ㄱ을 취하고, ㄴ을 버림.)

ㄱ	ㄴ	ㄱ	ㄴ
깔쭉이	깔쭈기	살살이	살사리
꿀꿀이	꿀꾸리	쌕쌕이	쌕쌔기
눈깜짝이	눈깜짜기	오뚝이	오뚜기
더펄이	더퍼리	코납작이	코납자기
배불뚝이	배불뚜기	푸석이	푸서기
삐죽이	삐주기	홀쭉이	홀쭈기

[붙임] '-하다'나 '-거리다'가 붙을 수 없는 어근에 '-이'나 또는 다른 모음으로 시작되는 접미사가 붙어서 명사가 된 것은 그 원형을 밝히어 적지 아니한다.

개구리	귀뚜라미	기러기	깍두기	꽹과리
날라리	누더기	동그라미	두드러기	딱따구리
매미	부스러기	뻐꾸기	얼루기	칼싹두기

제24항 '-거리다'가 붙을 수 있는 시늉말 어근에 '-이다'가 붙어서 된 용언은 그 어근을 밝히어 적는다. (ㄱ을 취하고, ㄴ을 버림.)

ㄱ	ㄴ	ㄱ	ㄴ
깜짝이다	깜짜기다	속삭이다	속사기다
꾸벅이다	꾸버기다	숙덕이다	숙더기다
끄덕이다	끄더기다	울먹이다	울머기다
뒤척이다	뒤처기다	움직이다	움지기다
들먹이다	들머기다	지껄이다	지꺼리다
망설이다	망서리다	퍼덕이다	퍼더기다
번득이다	번드기다	허덕이다	허더기다
번쩍이다	번쩌기다	헐떡이다	헐떠기다

제25항 '-하다'가 붙는 어근에 '-히'나 '-이'가 붙어서 부사가 되거나, 부사에 '-이'가 붙어서 뜻을 더하는 경우에는 그 어근이나 부사의 원형을 밝히어 적는다.

1. '-하다'가 붙는 어근에 '-히'나 '-이'가 붙는 경우

급히	꾸준히	도저히
딱히	어렴풋이	깨끗이

[붙임] '-하다'가 붙지 않는 경우에는 소리대로 적는다.

갑자기	반드시(꼭)	슬며시

2. 부사에 '-이'가 붙어서 역시 부사가 되는 경우

곰곰이	더욱이	생긋이
오뚝이	일찍이	해죽이

제26항 '-하다'나 '-없다'가 붙어서 된 용언은 그 '-하다'나 '-없다'를 밝히어 적는다.

1. '-하다'가 붙어서 용언이 된 것

딱하다	숱하다	착하다
텁텁하다	푹하다	

2. '-없다'가 붙어서 용언이 된 것

부질없다	상없다	시름없다
열없다	하염없다	

제4절 합성어 및 접두사가 붙은 말

제27항 둘 이상의 단어가 어울리거나 접두사가 붙어서 이루어진 말은 각각 그 원형을 밝히어 적는다.

국말이	꺾꽂이	꽃잎	끝장
물난리	밑천	부엌일	싫증
옷안	웃옷	젖몸살	첫아들
칼날	팥알	헛웃음	홀아비
홑몸	흙내	값없다	겉늙다
굶주리다	낮잡다	맞먹다	받내다
벋놓다	빗나가다	빛나다	새파랗다
샛노랗다	시꺼멓다	싯누렇다	엇나가다
엎누르다	엿듣다	옻오르다	짓이기다
헛되다			

[붙임 1] 어원은 분명하나 소리만 특이하게 변한 것은 변한 대로 적는다.

할아버지	할아범

[붙임 2] 어원이 분명하지 아니한 것은 원형을 밝히어 적지 아니한다.

골병	골탕	끌탕	며칠
아재비	오라비	업신여기다	부리나케

[붙임 3] '이[齒, 虱]'가 합성어나 이에 준하는 말에서 '니' 또는 '리'로 소리 날 때에는 '니'로 적는다.

간니	덧니	사랑니	송곳니
앞니	어금니	윗니	젖니
톱니	틀니	가랑니	머릿니

제28항 끝소리가 'ㄹ'인 말과 딴 말이 어울릴 적에 'ㄹ' 소리가 나지 아니하는 것은 아니 나는 대로 적는다.

다달이(달-달-이)	따님(딸-님)	마되(말-되)
마소(말-소)	무자위(물-자위)	바느질(바늘-질)
부삽(불-삽)	부손(불-손)	싸전(쌀-전)
여닫이(열-닫이)	우짖다(울-짖다)	화살(활-살)

제29항 끝소리가 'ㄹ'인 말과 딴 말이 어울릴 적에 'ㄹ' 소리가 'ㄷ' 소리로 나는 것은 'ㄷ'으로 적는다.

반짇고리(바느질~)	사흗날(사흘~)	삼짇날(삼질~)
섣달(설~)	숟가락(술~)	이튿날(이틀~)
잗주름(잘~)	푿소(풀~)	섣부르다(설~)
잗다듬다(잘~)	잗다랗다(잘~)	

제30항 사이시옷은 다음과 같은 경우에 받치어 적는다.

  1. 순우리말로 된 합성어로서 앞말이 모음으로 끝난 경우

  (1) 뒷말의 첫소리가 된소리로 나는 것

고랫재	귓밥	나룻배	나뭇가지
냇가	댓가지	뒷갈망	맷돌
머릿기름	모깃불	못자리	바닷가
뱃길	볏가리	부싯돌	선짓국
쇳조각	아랫집	우렁잇속	잇자국
잿더미	조갯살	찻집	쳇바퀴
킷값	핏대	햇볕	혓바늘

  (2) 뒷말의 첫소리 'ㄴ, ㅁ' 앞에서 'ㄴ' 소리가 덧나는 것

멧나물	아랫니	텃마당	아랫마을
뒷머리	잇몸	깻묵	냇물
빗물			

  (3) 뒷말의 첫소리 모음 앞에서 'ㄴㄴ' 소리가 덧나는 것

도리깻열	뒷윷	두렛일	뒷일
뒷입맛	베갯잇	욧잇	깻잎
나뭇잎	댓잎		

  2. 순우리말과 한자어로 된 합성어로서 앞말이 모음으로 끝난 경우

  (1) 뒷말의 첫소리가 된소리로 나는 것

귓병	머릿방	뱃병	봇둑
사잣밥	샛강	아랫방	자릿세
전셋집	찻잔	찻종	촛국
콧병	탯줄	텃세	핏기
햇수	횟가루	횟배	

(2) 뒷말의 첫소리 'ㄴ, ㅁ' 앞에서 'ㄴ' 소리가 덧나는 것

| 곗날 | 제삿날 | 훗날 | 툇마루 |
| 양칫물 | | | |

(3) 뒷말의 첫소리 모음 앞에서 'ㄴㄴ' 소리가 덧나는 것

| 가욋일 | 사삿일 | 예삿일 | 훗일 |

3. 두 음절로 된 다음 한자어

| 곳간(庫間) | 셋방(貰房) | 숫자(數字) | 찻간(車間) |
| 툇간(退間) | 횟수(回數) | | |

제31항 두 말이 어울릴 적에 'ㅂ' 소리나 'ㅎ' 소리가 덧나는 것은 소리대로 적는다.

1. 'ㅂ' 소리가 덧나는 것

| 댑싸리(대ㅂ싸리) | 멥쌀(메ㅂ쌀) | 볍씨(벼ㅂ씨) | 입때(이ㅂ때) |
| 입쌀(이ㅂ쌀) | 접때(저ㅂ때) | 좁쌀(조ㅂ쌀) | 햅쌀(해ㅂ쌀) |

2. 'ㅎ' 소리가 덧나는 것

머리카락(머리ㅎ가락)	살코기(살ㅎ고기)	수캐(수ㅎ개)	수컷(수ㅎ것)
수탉(수ㅎ닭)	안팎(안ㅎ밖)	암캐(암ㅎ개)	암컷(암ㅎ것)
암탉(암ㅎ닭)			

제5절 준말

제32항 단어의 끝모음이 줄어지고 자음만 남은 것은 그 앞의 음절에 받침으로 적는다.

본말	준말	본말	준말
기러기야	기럭아	어제그저께	엊그저께
어제저녁	엊저녁	가지고, 가지지	갖고, 갖지
디디고, 디디지	딛고, 딛지		

제33항 체언과 조사가 어울려 줄어지는 경우에는 준 대로 적는다.

본말	준말	본말	준말
그것은	그건	그것이	그게
그것으로	그걸로	나는	난
나를	날	너는	넌
너를	널	무엇을	뭣을/무얼/뭘
무엇이	뭣이/무에		

제34항 모음 'ㅏ, ㅓ'로 끝난 어간에 '-아/-어, -았-/-었-'이 어울릴 적에는 준 대로 적는다.

본말	준말	본말	준말
가아	가	가았다	갔다
나아	나	나았다	났다
타아	타	타았다	탔다
서어	서	서었다	섰다
켜어	켜	켜었다	켰다
펴어	펴	펴었다	폈다

[붙임 1] 'ㅐ, ㅔ' 뒤에 '-어, -었-'이 어울려 줄 적에는 준 대로 적는다.

본말	준말	본말	준말
개어	개	개었다	갰다
내어	내	내었다	냈다
베어	베	베었다	벴다
세어	세	세었다	셌다

[붙임 2] '하여'가 한 음절로 줄어서 '해'로 될 적에는 준 대로 적는다.

본말	준말	본말	준말
하여	해	하였다	했다
더하여	더해	더하였다	더했다
흔하여	흔해	흔하였다	흔했다

제35항 모음 'ㅗ, ㅜ'로 끝난 어간에 '-아/-어, -았-/-었-'이 어울려 'ㅘ/ㅝ, ㅘㅆ/ㅝㅆ'으로 될 적에는 준 대로 적는다.

본말	준말	본말	준말
꼬아	꽈	꼬았다	꽜다
보아	봐	보았다	봤다
쏘아	쏴	쏘았다	쐈다
두어	둬	두었다	뒀다
쑤어	쒀	쑤었다	쒔다
주어	줘	주었다	줬다

[붙임 1] '놓아'가 '놔'로 줄 적에는 준 대로 적는다.
[붙임 2] 'ㅚ' 뒤에 '-어, -었-'이 어울려 'ㅙ, ㅙㅆ'으로 될 적에도 준 대로 적는다.

본말	준말	본말	준말
괴어	괘	괴었다	괬다
되어	돼	되었다	됐다
뵈어	봬	뵈었다	뵀다
쇠어	쇄	쇠었다	쇘다
쐬어	쐐	쐬었다	쐤다

제36항 'ㅣ' 뒤에 '-어'가 와서 'ㅕ'로 줄 적에는 준 대로 적는다.

본말	준말	본말	준말
가지어	가져	가지었다	가졌다
견디어	견뎌	견디었다	견뎠다
다니어	다녀	다니었다	다녔다
막히어	막혀	막히었다	막혔다
버티어	버텨	버티었다	버텼다
치이어	치여	치이었다	치였다

제37항 'ㅏ, ㅕ, ㅗ, ㅜ, ㅡ'로 끝난 어간에 '-이-'가 와서 각각 'ㅐ, ㅖ, ㅚ, ㅟ, ㅢ'로 줄 적에는 준 대로 적는다.

본말	준말	본말	준말
싸이다	쌔다	누이다	뉘다
펴이다	폐다	뜨이다	띄다
보이다	뵈다	쓰이다	씌다

제38항 'ㅏ, ㅗ, ㅜ, ㅡ' 뒤에 '-이어'가 어울려 줄어질 적에는 준 대로 적는다.

본말	준말	본말	준말
싸이어	쌔어/싸여	뜨이어	띄어
보이어	뵈어/보여	쓰이어	씌어/쓰여
쏘이어	쐬어/쏘여	트이어	틔어/트여
누이어	뉘어/누여		

제39항 어미 '-지' 뒤에 '않-'이 어울려 '-잖-'이 될 적과 '-하지' 뒤에 '않-'이 어울려 '-찮-'이 될 적에는 준 대로 적는다.

본말	준말	본말	준말
그렇지 않은	그렇잖은	만만하지 않다	만만찮다
적지 않은	적잖은	변변하지 않다	변변찮다

제40항 어간의 끝음절 '하'의 'ㅏ'가 줄고 'ㅎ'이 다음 음절의 첫소리와 어울려 거센소리로 될 적에는 거센소리로 적는다.

본말	준말	본말	준말
간편하게	간편케	다정하다	다정타
연구하도록	연구토록	정결하다	정결타
가하다	가타	흔하다	흔타

[붙임 1] 'ㅎ'이 어간의 끝소리로 굳어진 것은 받침으로 적는다.

않다	않고	않지	않든지
그렇다	그렇고	그렇지	그렇든지
아무렇다	아무렇고	아무렇지	아무렇든지
어떻다	어떻고	어떻지	어떻든지
이렇다	이렇고	이렇지	이렇든지
저렇다	저렇고	저렇지	저렇든지

[붙임 2] 어간의 끝음절 '하'가 아주 줄 적에는 준 대로 적는다.

본말	준말	본말	준말
거북하지	거북지	넉넉하지 않다	넉넉지 않다
생각하건대	생각건대	못하지 않다	못지않다
생각하다 못해	생각다 못해	섭섭하지 않다	섭섭지 않다
깨끗하지 않다	깨끗지 않다	익숙하지 않다	익숙지 않다

[붙임 3] 다음과 같은 부사는 소리대로 적는다.

결단코	결코	기필코	무심코
아무튼	요컨대	정녕코	필연코
하마터면	하여튼	한사코	

제5장 띄어쓰기

제1절 조사

제41항 조사는 그 앞말에 붙여 쓴다.

꽃이	꽃마저	꽃밖에	꽃에서부터	꽃으로만
꽃이나마	꽃이다	꽃입니다	꽃처럼	어디까지나
거기도	멀리는	웃고만		

제2절 의존 명사, 단위를 나타내는 명사 및 열거하는 말 등

제42항 의존 명사는 띄어 쓴다.

아는 것이 힘이다.	나도 할 수 있다.
먹을 만큼 먹어라.	아는 이를 만났다.
네가 뜻한 바를 알겠다.	그가 떠난 지가 오래다.

제43항 단위를 나타내는 명사는 띄어 쓴다.

한 개	차 한 대	금 서 돈	소 한 마리
옷 한 벌	열 살	조기 한 손	연필 한 자루
버선 한 죽	집 한 채	신 두 켤레	북어 한 쾌

다만, 순서를 나타내는 경우나 숫자와 어울리어 쓰이는 경우에는 붙여 쓸 수 있다.

두시 삼십분 오초	제일과	삼학년
육층	1446년 10월 9일	2대대
16동 502호	제1실습실	80원
10개	7미터	

제44항 수를 적을 적에는 '만(萬)' 단위로 띄어 쓴다.

십이억 삼천사백오십육만 칠천팔백구십팔   12억 3456만 7898

제45항 두 말을 이어 주거나 열거할 적에 쓰이는 다음의 말들은 띄어 쓴다.

국장 겸 과장	열 내지 스물	청군 대 백군
책상, 걸상 등이 있다	이사장 및 이사들	사과, 배, 귤 등등
사과, 배 등속	부산, 광주 등지	

제46항 단음절로 된 단어가 연이어 나타날 적에는 붙여 쓸 수 있다.

좀더 큰것	이말 저말	한잎 두잎

제3절 보조 용언

제47항 보조 용언은 띄어 씀을 원칙으로 하되, 경우에 따라 붙여 씀도 허용한다. (ㄱ을 원칙으로 하고, ㄴ을 허용함.)

ㄱ	ㄴ
불이 꺼져 간다.	불이 꺼져간다.
내 힘으로 막아 낸다.	내 힘으로 막아낸다.
어머니를 도와 드린다.	어머니를 도와드린다.
그릇을 깨뜨려 버렸다.	그릇을 깨뜨려버렸다.
비가 올 듯하다.	비가 올듯하다.
그 일은 할 만하다.	그 일은 할만하다.
일이 될 법하다.	일이 될법하다.
비가 올 성싶다.	비가 올성싶다.
잘 아는 척한다.	잘 아는척한다.

다만, 앞말에 조사가 붙거나 앞말이 합성 용언인 경우, 그리고 중간에 조사가 들어갈 적에는 그 뒤에 오는 보조 용언은 띄어 쓴다.

잘도 놀아만 나는구나!	책을 읽어도 보고…….
네가 덤벼들어 보아라.	이런 기회는 다시없을 듯하다.
그가 올 듯도 하다.	잘난 체를 한다.

제4절 고유 명사 및 전문 용어

제48항 성과 이름, 성과 호 등은 붙여 쓰고, 이에 덧붙는 호칭어, 관직명 등은 띄어 쓴다.

김양수(金良洙)	서화담(徐花潭)	채영신 씨
최치원 선생	박동식 박사	충무공 이순신 장군

다만, 성과 이름, 성과 호를 분명히 구분할 필요가 있을 경우에는 띄어 쓸 수 있다.

남궁억/남궁 억	독고준/독고 준	황보지봉(皇甫芝峰)/황보 지봉

제49항 성명 이외의 고유 명사는 단어별로 띄어 씀을 원칙으로 하되, 단위별로 띄어 쓸 수 있다. (ㄱ을 원칙으로 하고, ㄴ을 허용함.)

ㄱ	ㄴ
대한 중학교	대한중학교
한국 대학교 사범 대학	한국대학교 사범대학

제50항 전문 용어는 단어별로 띄어 씀을 원칙으로 하되, 붙여 쓸 수 있다. (ㄱ을 원칙으로 하고, ㄴ을 허용함.)

ㄱ	ㄴ
만성 골수성 백혈병	만성골수성백혈병
중거리 탄도 유도탄	중거리탄도유도탄

제6장 그 밖의 것

제51항 부사의 끝음절이 분명히 '이'로만 나는 것은 '-이'로 적고, '히'로만 나거나 '이'나 '히'로 나는 것은 '-히'로 적는다.

1. '이'로만 나는 것

가붓이	깨끗이	나붓이	느긋이	둥긋이
따뜻이	반듯이	버젓이	산뜻이	의젓이
가까이	고이	날카로이	대수로이	번거로이
많이	적이	헛되이	겹겹이	번번이
일일이	집집이	틈틈이		

2. '히'로만 나는 것

극히	급히	딱히	속히	작히
족히	특히	엄격히	정확히	

3. '이, 히'로 나는 것

솔직히	가만히	간편히	나른히	무단히
각별히	소홀히	쓸쓸히	정결히	과감히
꼼꼼히	심히	열심히	급급히	답답히
섭섭히	공평히	능히	당당히	분명히
상당히	조용히	간소히	고요히	도저히

제52항 한자어에서 본음으로도 나고 속음으로도 나는 것은 각각 그 소리에 따라 적는다.

본음으로 나는 것	속음으로 나는 것
승낙(承諾)	수락(受諾), 쾌락(快諾), 허락(許諾)
만난(萬難)	곤란(困難), 논란(論難)
안녕(安寧)	의령(宜寧), 회령(會寧)
분노(忿怒)	대로(大怒), 희로애락(喜怒哀樂)
토론(討論)	의논(議論)
오륙십(五六十)	오뉴월, 유월(六月)
목재(木材)	모과(木瓜)
십일(十日)	시방정토(十方淨土), 시왕(十王), 시월(十月)
팔일(八日)	초파일(初八日)

제53항 다음과 같은 어미는 예사소리로 적는다. (ㄱ을 취하고, ㄴ을 버림.)

ㄱ	ㄴ	ㄱ	ㄴ
-(으)ㄹ거나	-(으)ㄹ꺼나	-(으)ㄹ걸	-(으)ㄹ껄
-(으)ㄹ게	-(으)ㄹ께	-(으)ㄹ세	-(으)ㄹ쎄
-(으)ㄹ세라	-(으)ㄹ쎄라	-(으)ㄹ수록	-(으)ㄹ쑤록
-(으)ㄹ시	-(으)ㄹ씨	-(으)ㄹ지	-(으)ㄹ찌
-(으)ㄹ지니라	-(으)ㄹ찌니라	-(으)ㄹ지라도	-(으)ㄹ찌라도
-(으)ㄹ지어다	-(으)ㄹ찌어다	-(으)ㄹ지언정	-(으)ㄹ찌언정
-(으)ㄹ진대	-(으)ㄹ찐대	-(으)ㄹ진저	-(으)ㄹ찐저
-올시다	-올씨다		

다만, 의문을 나타내는 다음 어미들은 된소리로 적는다.

-(으)ㄹ까?	-(으)ㄹ꼬?	-(스)ㅂ니까?	-(으)리까?	-(으)ㄹ쏘냐?

제54항 다음과 같은 접미사는 된소리로 적는다. (ㄱ을 취하고, ㄴ을 버림.)

ㄱ	ㄴ	ㄱ	ㄴ
심부름꾼	심부름군	귀때기	귓대기
익살꾼	익살군	볼때기	볼대기
일꾼	일군	판자때기	판잣대기
장꾼	장군	뒤꿈치	뒷굼치
장난꾼	장난군	팔꿈치	팔굼치
지게꾼	지겟군	이마빼기	이맛배기
때깔	땟갈	코빼기	콧배기
빛깔	빛갈	객쩍다	객적다
성깔	성갈	겸연쩍다	겸연적다

제55항 두 가지로 구별하여 적던 다음 말들은 한 가지로 적는다. (ㄱ을 취하고, ㄴ을 버림.)

ㄱ	ㄴ
맞추다(입을 맞춘다. 양복을 맞춘다.)	마추다
뻗치다(다리를 뻗친다. 멀리 뻗친다.)	뻐치다

제56항 '-더라, -던'과 '-든지'는 다음과 같이 적는다.

1. 지난 일을 나타내는 어미는 '-더라, -던'으로 적는다. (ㄱ을 취하고, ㄴ을 버림.)

ㄱ	ㄴ
지난겨울은 몹시 춥더라.	지난겨울은 몹시 춥드라.
깊던 물이 얕아졌다.	깊든 물이 얕아졌다.
그렇게 좋던가?	그렇게 좋든가?
그 사람 말 잘하던데!	그 사람 말 잘하든데!
얼마나 놀랐던지 몰라.	얼마나 놀랐든지 몰라.

2. 물건이나 일의 내용을 가리지 아니하는 뜻을 나타내는 조사와 어미는 '(-)든지'로 적는다. (ㄱ을 취하고, ㄴ을 버림.)

ㄱ	ㄴ
배든지 사과든지 마음대로 먹어라.	배던지 사과던지 마음대로 먹어라.
가든지 오든지 마음대로 해라.	가던지 오던지 마음대로 해라.

제57항 다음 말들은 각각 구별하여 적는다.

가름	둘로 가름
갈음	새 책상으로 갈음하였다.
거름	풀을 썩힌 거름
걸음	빠른 걸음
거치다	영월을 거쳐 왔다.
걷히다	외상값이 잘 걷힌다.
걷잡다	걷잡을 수 없는 상태
겉잡다	겉잡아서 이틀 걸릴 일
그러므로(그러니까)	그는 부지런하다. 그러므로 잘 산다.
그럼으로(써)(그렇게 하는 것으로)	그는 열심히 공부한다. 그럼으로(써) 은혜에 보답한다.
노름	노름판이 벌어졌다.
놀음(놀이)	즐거운 놀음
느리다	진도가 너무 느리다.
늘이다	고무줄을 늘인다.
늘리다	수출량을 더 늘린다.
다리다	옷을 다린다.
달이다	약을 달인다.
다치다	부주의로 손을 다쳤다.
닫히다	문이 저절로 닫혔다.
닫치다	문을 힘껏 닫쳤다.
마치다	벌써 일을 마쳤다.
맞히다	여러 문제를 더 맞혔다.
목거리	목거리가 덧났다.
목걸이	금목걸이, 은목걸이
바치다	나라를 위해 목숨을 바쳤다.
받치다	우산을 받치고 간다. 책받침을 받친다.
받히다	쇠뿔에 받혔다.
밭치다	술을 체에 밭친다.
반드시	약속은 반드시 지켜라.
반듯이	고개를 반듯이 들어라.
부딪치다	차와 차가 마주 부딪쳤다.
부딪히다	마차가 화물차에 부딪혔다.

부치다	힘이 부치는 일이다.	
	편지를 부친다.	
	논밭을 부친다.	
	빈대떡을 부친다.	
	식목일에 부치는 글	
	회의에 부치는 안건	
	인쇄에 부치는 원고	
	삼촌 집에 숙식을 부친다.	
붙이다	우표를 붙인다.	
	책상을 벽에 붙였다.	
	흥정을 붙인다.	
	불을 붙인다.	
	감시원을 붙인다.	
	조건을 붙인다.	
	취미를 붙인다.	
	별명을 붙인다.	
시키다	일을 시킨다.	
식히다	끓인 물을 식힌다.	
아름	세 아름이나 되는 둘레	
알음	전부터 알음이 있는 사이	
앎	앎이 힘이다.	
안치다	밥을 안친다.	
앉히다	윗자리에 앉힌다.	
어름	두 물건의 어름에서 일어난 현상	
얼음	얼음이 얼었다.	
이따가	이따가 오너라.	
있다가	돈은 있다가도 없다.	
저리다	다친 다리가 저린다.	
절이다	김장 배추를 절인다.	
조리다	생선을 조린다. 통조림, 병조림	
졸이다	마음을 졸인다.	
주리다	여러 날을 주렸다.	
줄이다	비용을 줄인다.	
하노라고	하노라고 한 것이 이 모양이다.	
하느라고	공부하느라고 밤을 새웠다.	

-느니보다(어미)	나를 찾아오느니보다 집에 있거라.
-는 이보다(의존 명사)	오는 이가 가는 이보다 많다.
-(으)리만큼(어미)	나를 미워하리만큼 그에게 잘못한 일이 없다.
-(으)ㄹ 이만큼(의존 명사)	찬성할 이도 반대할 이만큼이나 많을 것이다.
-(으)러(목적)	공부하러 간다.
-(으)려(의도)	서울 가려 한다.
-(으)로서(자격)	사람으로서 그럴 수는 없다.
-(으)로써(수단)	닭으로써 꿩을 대신했다.
-(으)므로(어미)	그가 나를 믿으므로 나도 그를 믿는다.
(-ㅁ, -음)으로(써)(조사)	그는 믿음으로(써) 산 보람을 느꼈다.

[부록] 문장 부호

문장 부호는 글에서 문장의 구조를 드러내거나 글쓴이의 의도를 전달하기 위하여 사용하는 부호이다. 문장 부호의 이름과 사용법은 다음과 같이 정한다.

1. 마침표(.)

(1) 서술, 명령, 청유 등을 나타내는 문장의 끝에 쓴다.
　예 젊은이는 나라의 기둥입니다.
　예 제 손을 꼭 잡으세요.
　예 집으로 돌아갑시다.
　예 가는 말이 고와야 오는 말이 곱다.
[붙임 1] 직접 인용한 문장의 끝에는 쓰는 것을 원칙으로 하되, 쓰지 않는 것을 허용한다. (ㄱ을 원칙으로 하고, ㄴ을 허용함.)
　예 ㄱ. 그는 "지금 바로 떠나자."라고 말하며 서둘러 짐을 챙겼다.
　　 ㄴ. 그는 "지금 바로 떠나자"라고 말하며 서둘러 짐을 챙겼다.
[붙임 2] 용언의 명사형이나 명사로 끝나는 문장에는 쓰는 것을 원칙으로 하되, 쓰지 않는 것을 허용한다. (ㄱ을 원칙으로 하고, ㄴ을 허용함.)
　예 ㄱ. 목적을 이루기 위하여 몸과 마음을 다하여 애를 씀.
　　 ㄴ. 목적을 이루기 위하여 몸과 마음을 다하여 애를 씀
　예 ㄱ. 결과에 연연하지 않고 끝까지 최선을 다하기.
　　 ㄴ. 결과에 연연하지 않고 끝까지 최선을 다하기
　예 ㄱ. 신입 사원 모집을 위한 기업 설명회 개최.
　　 ㄴ. 신입 사원 모집을 위한 기업 설명회 개최

예 ㄱ. 내일 오전까지 보고서를 제출할 것.
　　ㄴ. 내일 오전까지 보고서를 제출할 것

다만, 제목이나 표어에는 쓰지 않음을 원칙으로 한다.

예 압록강은 흐른다

예 꺼진 불도 다시 보자

예 건강한 몸 만들기

(2) 아라비아 숫자만으로 연월일을 표시할 때 쓴다.

예 1919. 3. 1.　예 10. 1.~10. 12.

(3) 특정한 의미가 있는 날을 표시할 때 월과 일을 나타내는 아라비아 숫자 사이에 쓴다.

예 3.1 운동　예 8.15 광복

[붙임] 이때는 마침표 대신 가운뎃점을 쓸 수 있다.

예 3·1 운동　예 8·15 광복

(4) 장, 절, 항 등을 표시하는 문자나 숫자 다음에 쓴다.

예 가. 인명　예 ㄱ. 머리말

예 Ⅰ. 서론　예 1. 연구 목적

[붙임] '마침표' 대신 '온점'이라는 용어를 쓸 수 있다.

2. 물음표(?)

(1) 의문문이나 의문을 나타내는 어구의 끝에 쓴다.

예 점심 먹었어?

예 이번에 가시면 언제 돌아오세요?

예 제가 부모님 말씀을 따르지 않을 리가 있겠습니까?

예 남북이 통일되면 얼마나 좋을까?

예 다섯 살짜리 꼬마가 이 멀고 험한 곳까지 혼자 왔다?

예 지금?

예 뭐라고?

예 네?

[붙임 1] 한 문장 안에 몇 개의 선택적인 물음이 이어질 때는 맨 끝의 물음에만 쓰고, 각 물음이 독립적일 때는 각 물음의 뒤에 쓴다.

예 너는 중학생이냐, 고등학생이냐?

예 너는 여기에 언제 왔니? 어디서 왔니? 무엇 하러 왔니?

[붙임 2] 의문의 정도가 약할 때는 물음표 대신 마침표를 쓸 수 있다.

예 도대체 이 일을 어쩐단 말이냐.

예 이것이 과연 내가 찾던 행복일까.

다만, 제목이나 표어에는 쓰지 않음을 원칙으로 한다.
  예 역사란 무엇인가
  예 아직도 담배를 피우십니까

(2) 특정한 어구의 내용에 대하여 의심, 빈정거림 등을 표시할 때, 또는 적절한 말을 쓰기 어려울 때 소괄호 안에 쓴다.
  예 우리와 의견을 같이할 사람은 최 선생(?) 정도인 것 같다.
  예 30점이라, 거참 훌륭한(?) 성적이군.
  예 우리 집 강아지가 가출(?)을 했어요.

(3) 모르거나 불확실한 내용임을 나타낼 때 쓴다.
  예 최치원(857~?)은 통일 신라 말기에 이름을 떨쳤던 학자이자 문장가이다.
  예 조선 시대의 시인 강백(1690?~1777?)의 자는 자청이고, 호는 우곡이다.

3. 느낌표(!)

(1) 감탄문이나 감탄사의 끝에 쓴다.
  예 이거 정말 큰일이 났구나!
  예 어머!
  [붙임] 감탄의 정도가 약할 때는 느낌표 대신 쉼표나 마침표를 쓸 수 있다.
  예 어, 벌써 끝났네.
  예 날씨가 참 좋군.

(2) 특별히 강한 느낌을 나타내는 어구, 평서문, 명령문, 청유문에 쓴다.
  예 청춘! 이는 듣기만 하여도 가슴이 설레는 말이다.
  예 이야, 정말 재밌다!
  예 지금 즉시 대답해!
  예 앞만 보고 달리자!

(3) 물음의 말로 놀람이나 항의의 뜻을 나타내는 경우에 쓴다.
  예 이게 누구야!
  예 내가 왜 나빠!

(4) 감정을 넣어 대답하거나 다른 사람을 부를 때 쓴다.
  예 네! 예 네, 선생님!
  예 흥부야! 예 언니!

4. 쉼표(,)

(1) 같은 자격의 어구를 열거할 때 그 사이에 쓴다.
  예 근면, 검소, 협동은 우리 겨레의 미덕이다.
  예 충청도의 계룡산, 전라도의 내장산, 강원도의 설악산은 모두 국립 공원이다.
  예 집을 보러 가면 그 집이 내가 원하는 조건에 맞는지, 살기에 편한지, 망가진 곳은 없는지 확인해야 한다.
  예 5보다 작은 자연수는 1, 2, 3, 4이다.
  다만, (가) 쉼표 없이도 열거되는 사항임이 쉽게 드러날 때는 쓰지 않을 수 있다.
  예 아버지 어머니께서 함께 오셨어요.
  예 네 돈 내 돈 다 합쳐 보아야 만 원도 안 되겠다.
  (나) 열거할 어구들을 생략할 때 사용하는 줄임표 앞에는 쉼표를 쓰지 않는다.
  예 광역시: 광주, 대구, 대전……

(2) 짝을 지어 구별할 때 쓴다.
  예 닭과 지네, 개와 고양이는 상극이다.

(3) 이웃하는 수를 개략적으로 나타낼 때 쓴다.
  예 5, 6세기   예 6, 7, 8개

(4) 열거의 순서를 나타내는 어구 다음에 쓴다.
  예 첫째, 몸이 튼튼해야 한다.
  예 마지막으로, 무엇보다 마음이 편해야 한다.

(5) 문장의 연결 관계를 분명히 하고자 할 때 절과 절 사이에 쓴다.
  예 콩 심은 데 콩 나고, 팥 심은 데 팥 난다.
  예 저는 신뢰와 정직을 생명과 같이 여기고 살아온바, 이번 비리 사건과는 무관하다는 점을 분명히 밝힙니다.
  예 떡국은 설날의 대표적인 음식인데, 이걸 먹어야 비로소 나이도 한 살 더 먹는다고 한다.

(6) 같은 말이 되풀이되는 것을 피하기 위하여 일정한 부분을 줄여서 열거할 때 쓴다.
  예 여름에는 바다에서, 겨울에는 산에서 휴가를 즐겼다.

(7) 부르거나 대답하는 말 뒤에 쓴다.
  예 지은아, 이리 좀 와 봐.
  예 네, 지금 가겠습니다.

(8) 한 문장 안에서 앞말을 '곧', '다시 말해' 등과 같은 어구로 다시 설명할 때 앞말 다음에 쓴다.
  예 책의 서문, 곧 머리말에는 책을 지은 목적이 드러나 있다.
  예 원만한 인간관계는 말과 관련한 예의, 즉 언어 예절을 갖추는 것에서 시작된다.

ⓔ 호준이 어머니, 다시 말해 나의 누님은 올해로 결혼한 지 20년이 된다.
ⓔ 나에게도 작은 소망, 이를테면 나만의 정원을 가졌으면 하는 소망이 있어.

(9) 문장 앞부분에서 조사 없이 쓰인 제시어나 주제어의 뒤에 쓴다.
ⓔ 돈, 돈이 인생의 전부이더냐?
ⓔ 열정, 이것이야말로 젊은이의 가장 소중한 자산이다.
ⓔ 지금 네가 여기 있다는 것, 그것만으로도 나는 충분히 행복해.
ⓔ 저 친구, 저러다가 큰일 한번 내겠어.
ⓔ 그 사실, 넌 알고 있었지?

(10) 한 문장에 같은 의미의 어구가 반복될 때 앞에 오는 어구 다음에 쓴다.
ⓔ 그의 애국심, 몸을 사리지 않고 국가를 위해 헌신한 정신을 우리는 본받아야 한다.

(11) 도치문에서 도치된 어구들 사이에 쓴다.
ⓔ 이리 오세요, 어머님.
ⓔ 다시 보자, 한강수야.

(12) 바로 다음 말과 직접적인 관계에 있지 않음을 나타낼 때 쓴다.
ⓔ 갑돌이는, 울면서 떠나는 갑순이를 배웅했다.
ⓔ 철원과, 대관령을 중심으로 한 강원도 산간 지대에 예년보다 일찍 첫눈이 내렸습니다.

(13) 문장 중간에 끼어든 어구의 앞뒤에 쓴다.
ⓔ 나는, 솔직히 말하면, 그 말이 별로 탐탁지 않아.
ⓔ 영호는 미소를 띠고, 속으로는 화가 치밀어 올라 잠시라도 견딜 수 없을 만큼 괴로웠지만, 그들을 맞았다.
[붙임 1] 이때는 쉼표 대신 줄표를 쓸 수 있다.
ⓔ 나는 — 솔직히 말하면 — 그 말이 별로 탐탁지 않아.
ⓔ 영호는 미소를 띠고 — 속으로는 화가 치밀어 올라 잠시라도 견딜 수 없을 만큼 괴로웠지만 — 그들을 맞았다.
[붙임 2] 끼어든 어구 안에 다른 쉼표가 들어 있을 때는 쉼표 대신 줄표를 쓴다.
ⓔ 이건 내 것이니까 — 아니, 내가 처음 발견한 것이니까 — 절대로 양보할 수 없다.

(14) 특별한 효과를 위해 끊어 읽는 곳을 나타낼 때 쓴다.
ⓔ 내가, 정말 그 일을 오늘 안에 해낼 수 있을까?
ⓔ 이 전투는 바로 우리가, 우리만이, 승리로 이끌 수 있다.

(15) 짧게 더듬는 말을 표시할 때 쓴다.
ⓔ 선생님, 부, 부정행위라니요? 그런 건 새, 생각조차 하지 않았습니다.
[붙임] '쉼표' 대신 '반점'이라는 용어를 쓸 수 있다.

5. 가운뎃점(·)

(1) 열거할 어구들을 일정한 기준으로 묶어서 나타낼 때 쓴다.
  예 민수·영희, 선미·준호가 서로 짝이 되어 윷놀이를 하였다.
  예 지금의 경상남도·경상북도, 전라남도·전라북도, 충청남도·충청북도 지역을 예부터 삼남이라 일러 왔다.

(2) 짝을 이루는 어구들 사이에 쓴다.
  예 한(韓)·이(伊) 양국 간의 무역량이 늘고 있다.
  예 우리는 그 일의 참·거짓을 따질 겨를도 없었다.
  예 하천 수질의 조사·분석
  예 빨강·초록·파랑이 빛의 삼원색이다.
  다만, 이때는 가운뎃점을 쓰지 않거나 쉼표를 쓸 수도 있다.
  예 한(韓) 이(伊) 양국 간의 무역량이 늘고 있다.
  예 우리는 그 일의 참 거짓을 따질 겨를도 없었다.
  예 하천 수질의 조사, 분석
  예 빨강, 초록, 파랑이 빛의 삼원색이다.

(3) 공통 성분을 줄여서 하나의 어구로 묶을 때 쓴다.
  예 상·중·하위권
  예 금·은·동메달
  예 통권 제54·55·56호
  [붙임] 이때는 가운뎃점 대신 쉼표를 쓸 수 있다.
  예 상, 중, 하위권
  예 금, 은, 동메달
  예 통권 제54, 55, 56호

6. 쌍점(:)

(1) 표제 다음에 해당 항목을 들거나 설명을 붙일 때 쓴다.
  예 문방사우: 종이, 붓, 먹, 벼루
  예 일시: 2014년 10월 9일 10시
  예 흔하진 않지만 두 자로 된 성씨도 있다. (예: 남궁, 선우, 황보)
  예 올림표(#): 음의 높이를 반음 올릴 것을 지시한다.

(2) 희곡 등에서 대화 내용을 제시할 때 말하는 이와 말한 내용 사이에 쓴다.
  예 김 과장: 난 못 참겠다.
  예 아들: 아버지, 제발 제 말씀 좀 들어 보세요.

(3) 시와 분, 장과 절 등을 구별할 때 쓴다.
　　예) 오전 10:20(오전 10시 20분)
　　예) 두시언해 6:15(두시언해 제6권 제15장)

(4) 의존 명사 '대'가 쓰일 자리에 쓴다.
　　예) 65:60(65 대 60)
　　예) 청군:백군(청군 대 백군)

　[붙임] 쌍점의 앞은 붙여 쓰고 뒤는 띄어 쓴다. 다만, (3)과 (4)에서는 쌍점의 앞뒤를 붙여 쓴다.

7. 빗금(/)

(1) 대비되는 두 개 이상의 어구를 묶어 나타낼 때 그 사이에 쓴다.
　　예) 먹이다/먹히다
　　예) 남반구/북반구
　　예) 금메달/은메달/동메달
　　예) (　　　)이/가 우리나라의 보물 제1호이다.

(2) 기준 단위당 수량을 표시할 때 해당 수량과 기준 단위 사이에 쓴다.
　　예) 100미터/초
　　예) 1,000원/개

(3) 시의 행이 바뀌는 부분임을 나타낼 때 쓴다.
　　예) 산에 / 산에 / 피는 꽃은 / 저만치 혼자서 피어 있네
　다만, 연이 바뀜을 나타낼 때는 두 번 겹쳐 쓴다.
　　예) 산에는 꽃 피네 / 꽃이 피네 / 갈 봄 여름 없이 / 꽃이 피네 // 산에 / 산에 / 피는 꽃은 / 저만치 혼자서 피어 있네

　[붙임] 빗금의 앞뒤는 (1)과 (2)에서는 붙여 쓰며, (3)에서는 띄어 쓰는 것을 원칙으로 하되 붙여 쓰는 것을 허용한다. 단, (1)에서 대비되는 어구가 두 어절 이상인 경우에는 빗금의 앞뒤를 띄어 쓸 수 있다.

8. 큰따옴표(" ")

(1) 글 가운데에서 직접 대화를 표시할 때 쓴다.
　　예) "어머니, 제가 가겠어요."
　　　　"아니다. 내가 다녀오마."

(2) 말이나 글을 직접 인용할 때 쓴다.
　　예) 나는 "어, 광훈이 아니냐?" 하는 소리에 깜짝 놀랐다.
　　예) 밤하늘에 반짝이는 별들을 보면서 "나는 아무 걱정도 없이 가을 속의 별들을 다 헬 듯합니다."라는 시구를 떠올렸다.

예 편지의 끝머리에는 이렇게 적혀 있었다.

"할머니, 편지에 사진을 동봉했다고 하셨지만 봉투 안에는 아무것도 없었어요."

9. 작은따옴표(' ')

(1) 인용한 말 안에 있는 인용한 말을 나타낼 때 쓴다.

예 그는 "여러분! '시작이 반이다.'라는 말 들어 보셨죠?"라고 말하며 강연을 시작했다.

(2) 마음속으로 한 말을 적을 때 쓴다.

예 나는 '일이 다 틀렸나 보군.' 하고 생각하였다.

예 '이번에는 꼭 이기고야 말겠어.' 호연이는 마음속으로 몇 번이나 그렇게 다짐하며 주먹을 불끈 쥐었다.

10. 소괄호(( ))

(1) 주석이나 보충적인 내용을 덧붙일 때 쓴다.

예 니체(독일의 철학자)의 말을 빌리면 다음과 같다.

예 2014. 12. 19.(금)

예 문인화의 대표적인 소재인 사군자(매화, 난초, 국화, 대나무)는 고결한 선비 정신을 상징한다.

(2) 우리말 표기와 원어 표기를 아울러 보일 때 쓴다.

예 기호(嗜好), 자세(姿勢)   예 커피(coffee), 에티켓(étiquette)

(3) 생략할 수 있는 요소임을 나타낼 때 쓴다.

예 학교에서 동료 교사를 부를 때는 이름 뒤에 '선생(님)'이라는 말을 덧붙인다.

예 광개토(대)왕은 고구려의 전성기를 이끌었던 임금이다.

(4) 희곡 등 대화를 적은 글에서 동작이나 분위기, 상태를 드러낼 때 쓴다.

예 현우: (가쁜 숨을 내쉬며) 왜 이렇게 빨리 뛰어?

예 "관찰한 것을 쓰는 것이 습관이 되었죠. 그러다 보니, 상상력이 생겼나 봐요." (웃음)

(5) 내용이 들어갈 자리임을 나타낼 때 쓴다.

예 우리나라의 수도는 (   )이다.

예 다음 빈칸에 알맞은 조사를 쓰시오.

민수가 할아버지(   ) 꽃을 드렸다.

(6) 항목의 순서나 종류를 나타내는 숫자나 문자 등에 쓴다.

예 사람의 인격은 (1) 용모, (2) 언어, (3) 행동, (4) 덕성 등으로 표현된다.

예 (가) 동해, (나) 서해, (다) 남해

11. 중괄호({ })

(1) 같은 범주에 속하는 여러 요소를 세로로 묶어서 보일 때 쓴다.

예 주격 조사 {이/가}

예 국가의 성립 요소 {국민/영토/주권}

(2) 열거된 항목 중 어느 하나가 자유롭게 선택될 수 있음을 보일 때 쓴다.

예 아이들이 모두 학교{에, 로, 까지} 갔어요.

12. 대괄호([ ])

(1) 괄호 안에 또 괄호를 쓸 필요가 있을 때 바깥쪽의 괄호로 쓴다.

예 어린이날이 새로 제정되었을 당시에는 어린이들에게 경어를 쓰라고 하였다. [윤석중 전집(1988), 70쪽 참조]

예 이번 회의에는 두 명[이혜정(실장), 박철용(과장)]만 빼고 모두 참석했습니다.

(2) 고유어에 대응하는 한자어를 함께 보일 때 쓴다.

예 나이[年歲]   예 낱말[單語]   예 손발[手足]

(3) 원문에 대한 이해를 돕기 위해 설명이나 논평 등을 덧붙일 때 쓴다.

예 그것[한글]은 이처럼 정보화 시대에 알맞은 과학적인 문자이다.

예 신경준의 ≪여암전서≫에 "삼각산은 산이 모두 돌 봉우리인데, 그 으뜸 봉우리를 구름 위에 솟아 있다고 백운(白雲)이라 하며 [이하 생략]"

예 그런 일은 결코 있을 수 없다. [원문에는 '업다'임.]

13. 겹낫표(『 』)와 겹화살괄호(≪ ≫)

책의 제목이나 신문 이름 등을 나타낼 때 쓴다.

예 우리나라 최초의 민간 신문은 1896년에 창간된 『독립신문』이다.

예 『훈민정음』은 1997년에 유네스코 세계 기록 유산으로 지정되었다.

예 ≪한성순보≫는 우리나라 최초의 근대 신문이다.

예 윤동주의 유고 시집인 ≪하늘과 바람과 별과 시≫에는 31편의 시가 실려 있다.

[붙임] 겹낫표나 겹화살괄호 대신 큰따옴표를 쓸 수 있다.

예 우리나라 최초의 민간 신문은 1896년에 창간된 "독립신문"이다.

예 윤동주의 유고 시집인 "하늘과 바람과 별과 시"에는 31편의 시가 실려 있다.

14. 홑낫표(「 」)와 홑화살괄호(〈 〉)

소제목, 그림이나 노래와 같은 예술 작품의 제목, 상호, 법률, 규정 등을 나타낼 때 쓴다.

- 예 「국어 기본법 시행령」은 「국어 기본법」에서 위임된 사항과 그 시행에 필요한 사항을 규정함을 목적으로 한다.
- 예 이 곡은 베르디가 작곡한 「축배의 노래」이다.
- 예 사무실 밖에 「해와 달」이라고 쓴 간판을 달았다.
- 예 〈한강〉은 사진집 《아름다운 땅》에 실린 작품이다.
- 예 백남준은 2005년에 〈엄마〉라는 작품을 선보였다.

[붙임] 홑낫표나 홑화살괄호 대신 작은따옴표를 쓸 수 있다.

- 예 사무실 밖에 '해와 달'이라고 쓴 간판을 달았다.
- 예 '한강'은 사진집 "아름다운 땅"에 실린 작품이다.

15. 줄표(—)

제목 다음에 표시하는 부제의 앞뒤에 쓴다.

- 예 이번 토론회의 제목은 '역사 바로잡기 — 근대의 설정 —'이다.
- 예 '환경 보호 — 숲 가꾸기 —'라는 제목으로 글짓기를 했다.

다만, 뒤에 오는 줄표는 생략할 수 있다.

- 예 이번 토론회의 제목은 '역사 바로잡기 — 근대의 설정'이다.
- 예 '환경 보호 — 숲 가꾸기'라는 제목으로 글짓기를 했다.

[붙임] 줄표의 앞뒤는 띄어 쓰는 것을 원칙으로 하되, 붙여 쓰는 것을 허용한다.

16. 붙임표(-)

(1) 차례대로 이어지는 내용을 하나로 묶어 열거할 때 각 어구 사이에 쓴다.
- 예 멀리뛰기는 도움닫기-도약-공중 자세-착지의 순서로 이루어진다.
- 예 김 과장은 기획-실무-홍보까지 직접 발로 뛰었다.

(2) 두 개 이상의 어구가 밀접한 관련이 있음을 나타내고자 할 때 쓴다.
- 예 드디어 서울-북경의 항로가 열렸다.
- 예 원-달러 환율
- 예 남한-북한-일본 삼자 관계

17. 물결표(~)

기간이나 거리 또는 범위를 나타낼 때 쓴다.
예 9월 15일~9월 25일
예 김정희(1786~1856)
예 서울~천안 정도는 출퇴근이 가능하다.
예 이번 시험의 범위는 3~78쪽입니다.
[붙임] 물결표 대신 붙임표를 쓸 수 있다.
예 9월 15일-9월 25일
예 김정희(1786-1856)
예 서울-천안 정도는 출퇴근이 가능하다.
예 이번 시험의 범위는 3-78쪽입니다.

18. 드러냄표(˙)와 밑줄(＿＿)

문장 내용 중에서 주의가 미쳐야 할 곳이나 중요한 부분을 특별히 드러내 보일 때 쓴다.
예 한글의 본디 이름은 훈민정음이다.
예 중요한 것은 왜 사느냐가 아니라 어떻게 사느냐이다.
예 지금 필요한 것은 지식이 아니라 실천입니다.
예 다음 보기에서 명사가 아닌 것은?
[붙임] 드러냄표나 밑줄 대신 작은따옴표를 쓸 수 있다.
예 한글의 본디 이름은 '훈민정음'이다.
예 중요한 것은 '왜 사느냐'가 아니라 '어떻게 사느냐'이다.
예 지금 필요한 것은 '지식'이 아니라 '실천'입니다.
예 다음 보기에서 명사가 '아닌' 것은?

19. 숨김표(○, ×)

(1) 금기어나 공공연히 쓰기 어려운 비속어임을 나타낼 때, 그 글자의 수효만큼 쓴다.
예 배운 사람 입에서 어찌 ○○○란 말이 나올 수 있느냐?
예 그 말을 듣는 순간 ×××란 말이 목구멍까지 치밀었다.

(2) 비밀을 유지해야 하거나 밝힐 수 없는 사항임을 나타낼 때 쓴다.
예 1차 시험 합격자는 김○영, 이○준, 박○순 등 모두 3명이다.
예 육군 ○○ 부대 ○○○ 명이 작전에 참가하였다.
예 그 모임의 참석자는 김×× 씨, 정×× 씨 등 5명이었다.

20. 빠짐표(□)

(1) 옛 비문이나 문헌 등에서 글자가 분명하지 않을 때 그 글자의 수효만큼 쓴다.

　　예 大師爲法主□□賴之大□薦

(2) 글자가 들어가야 할 자리를 나타낼 때 쓴다.

　　예 훈민정음의 초성 중에서 아음(牙音)은 □□□의 석 자다.

21. 줄임표(……)

(1) 할 말을 줄였을 때 쓴다.

　　예 "어디 나하고 한번……." 하고 민수가 나섰다.

(2) 말이 없음을 나타낼 때 쓴다.

　　예 "빨리 말해!"
　　　　"……."

(3) 문장이나 글의 일부를 생략할 때 쓴다.

　　예 '고유'라는 말은 문자 그대로 본디부터 있었다는 뜻은 아닙니다. …… 같은 역사적 환경에서 공동의 집단생활을 영위해 오는 동안 공동으로 발견된, 사물에 대한 공동의 사고 방식을 우리는 한국의 고유 사상이라 부를 수 있다는 것입니다.

(4) 머뭇거림을 보일 때 쓴다.

　　예 "우리는 모두…… 그러니까…… 예외 없이 눈물만…… 흘렸다."

[붙임 1] 점은 가운데에 찍는 대신 아래쪽에 찍을 수도 있다.

　　예 "어디 나하고 한번……" 하고 민수가 나섰다.
　　예 "실은…… 저 사람…… 우리 아저씨일지 몰라."

[붙임 2] 점은 여섯 점을 찍는 대신 세 점을 찍을 수도 있다.

　　예 "어디 나하고 한번…." 하고 민수가 나섰다.
　　예 "실은… 저 사람… 우리 아저씨일지 몰라."

[붙임 3] 줄임표는 앞말에 붙여 쓴다. 다만, (3)에서는 줄임표의 앞뒤를 띄어 쓴다.

02 표준어 규정

1 단수 표준어

바른 표기	틀린 표기	바른 표기	틀린 표기
-게끔	-게시리	빠-뜨리다	빠-치다
겸사-겸사	겸지-겸지/겸두-겸두	뻣뻣-하다	왜긋다
고구마	참-감자	뽐-내다	느물다
고치다	낫우다	사로-잠그다	사로-채우다
골목-쟁이	골목-자기	살-풀이	살-막이
광주리	광우리	상투-쟁이	상투-꼬부랑이
괴통	호구	새앙-손이	생강-손이
국-물	멀-국/말-국	샛-별	새벽-별
군-표	군용-어음	선-머슴	풋-머슴
길-잡이	길-앞잡이	섭섭-하다	애운-하다
까치-발	까치-다리	속-말	속-소리
꼬창-모	말뚝-모	손목-시계	팔목-시계/팔뚝-시계
나룻-배	나루	손-수레	손-구루마
납-도리	민-도리	쇠-고랑	고랑-쇠
농-지거리	기롱-지거리	수도-꼭지	수도-고동
다사-스럽다	다사-하다	숙성-하다	숙-지다
다오	다구	순대	골-집
담배-꽁초	담배-꼬투리 담배-꽁치 담배-꽁추	술-고래	술-꾸러기/술-부대 술-보/술-푸대
담배-설대	대-설대	식은-땀	찬-땀
대장-일	성냥-일	신기-롭다	신기-스럽다
뒤져-내다	뒤어-내다	쌍동-밤	쪽-밤
뒤통수-치다	뒤꼭지-치다	쏜살-같이	쏜살-로
등-나무	등-칡	아주	영판
등-때기	등-떠리	안-걸이	안-낚시
등잔-걸이	등경-걸이	안다미-씌우다	안다미-시키다
떡-보	떡-충이	안쓰럽다	안-슬프다
똑딱-단추	딸꼭-단추	안절부절-못하다	안절부절-하다
매-만지다	우미다	앉은뱅이-저울	앉은-저울

바른 표기	틀린 표기	바른 표기	틀린 표기
먼-발치	먼-발치기	알-사탕	구슬-사탕
며느리-발톱	뒷-발톱	암-내	곁땀-내
명주-붙이	주-사니	앞-지르다	따라-먹다
목-메다	목-맺히다	애-벌레	어린-벌레
밀짚-모자	보릿짚-모자	얕은-꾀	물탄-꾀
바가지	열-바가지/열-박	언뜻	펀뜻
바람-꼭지	바람-고다리	언제나	노다지
반-나절	나절-가웃	얼룩-말	워라-말
반두	독대	열심-히	열심-으로
버젓-이	뉘연-히	입-담	말-담
본-받다	법-받다	자배기	너벅지
부각	다시마-자반	전봇-대	전선-대
부끄러워-하다	부끄리다	쥐락-펴락	펴락-쥐락
부스러기	부스럭지	-지만	-지만서도
부지깽이	부지팽이	짓고-땡	지어-땡/짓고-땡이
부항-단지	부항-항아리	짧은-작	짜른-작
붉으락-푸르락	푸르락-붉으락	찹-쌀	이-찹쌀
비켜-덩이	옆-사리미	청대-콩	푸른-콩
빙충-이	빙충-맞이	칡-범	갈-범

2 복수 표준어

복수 표준어	복수 표준어
가는-허리/잔-허리	불-사르다/사르다
가락-엿/가래-엿	비발/비용(費用)
가뭄/가물	뽀두라지/뽀루지
가엾다/가엽다	살-쾡이/삵
감감-무소식/감감-소식	삽살-개/삽사리
개수-통/설거지-통	상두-꾼/상여-꾼
개숫-물/설거지-물	상-씨름/소-걸이
갱-엿/검은-엿	생/새앙/생강
-거리다/-대다	생-뿔/새앙-뿔/생강-뿔
거위-배/횟-배	생-철/양-철
것/해	서럽다/섧다

복수 표준어	복수 표준어
게을러-빠지다/게을러-터지다	서방-질/화냥-질
고깃-간/푸줏-간	성글다/성기다
곰곰/곰곰-이	-(으)세요/-(으)셔요
관계-없다/상관-없다	송이/송이-버섯
교정-보다/준-보다	수수-깡/수숫-대
구들-재/구재	술-안주/안주
귀퉁-머리/귀퉁-배기	-스레하다/-스름하다
극성-떨다/극성-부리다	시늉-말/흉내-말
기세-부리다/기세(氣勢~)-피우다	시새/세사(細沙)
기승-떨다/기승(氣勝~)-부리다	신/신발
깃-저고리/배내-옷/배냇-저고리	신주-보/독보(櫝褓)
꼬까/때때/고까	심술-꾸러기/심술-쟁이
꼬리-별/살-별	씁쓰레-하다/씁쓰름-하다
꽃-도미/붉-돔	아귀-세다/아귀-차다
나귀/당-나귀	아래-위/위-아래
날-걸/세-뿔	아무튼/어떻든/어쨌든/하여튼/여하튼
내리-글씨/세로-글씨	앉음-새/앉음-앉음
넝쿨/덩굴	알은-척/알은-체
녘/쪽	애-갈이/애벌-갈이
눈-대중/눈-어림/눈-짐작	애꾸눈-이/외눈-박이
느리-광이/느림-보/늘-보	양념-감/양념-거리
늦-모/마냥-모	어금버금-하다/어금지금-하다
다기-지다/다기(多氣~)-차다	어기여차/어여차
다달-이/매-달	어림-잡다/어림-치다
-다마다/-고말고	어이-없다/어처구니-없다
다박-나룻/다박-수염	어저께/어제
닭의-장/닭-장	언덕-바지/언덕-배기
댓-돌/툇-돌	얼렁-뚱땅/엄벙-뗑
덧-창/겉-창	여왕-벌/장수-벌
독장-치다/독판-치다	여쭈다/여쭙다
동자(童子~)-기둥/쪼구미	여태/입때
돼지-감자/뚱딴지	여태-껏/이제-껏/입때-껏
되우/된통/되게	역성-들다/역성-하다
두동-무니/두동-사니	연-달다/잇-달다

복수 표준어	복수 표준어
뒷-갈망/뒷-감당	엿-가락/엿-가래
뒷-말/뒷-소리	엿-기름/엿-길금
들락-거리다/들랑-거리다	엿-반대기/엿-자박
들락-날락/들랑-날랑	오사리-잡놈/오색-잡놈
딴-전/딴-청	옥수수/강냉이
땅-콩/호-콩	왕골-기직/왕골-자리
땔-감/땔-거리	외겹-실/외올-실/홑-실
-뜨리다/-트리다	외손-잡이/한손-잡이
뜬-것/뜬-귀신	욕심-꾸러기/욕심-쟁이
마룻-줄/용총-줄	우레/천둥
마-파람/앞-바람	우지/울-보
만장-판/만장-중(滿場中)	을러-대다/을러-메다
만큼/만치	의심-스럽다/의심-쩍다
말-동무/말-벗	-이에요/-이어요
매-갈이/매-조미(~糙米)	이틀-거리/당-고금
매-통/목-매	일일-이/하나-하나
먹-새/먹음-새	일찌감치/일찌거니
멀찌감치/멀찌가니/멀찍이	입찬-말/입찬-소리
멱통/산-멱/산-멱통	자리-옷/잠-옷
면-치레/외면(外面~)-치레	자물-쇠/자물-통
모-내다/모-심다	장가-가다/장가-들다
모쪼록/아무쪼록	재롱-떨다/재롱-부리다
목판-되/모-되	제-가끔/제-각기
목화-씨/면화-씨	좀-처럼/좀-체
무심-결/무심-중	줄-꾼/줄-잡이
물-봉숭아/물-봉선화	중신/중매
물-부리/빨-부리	짚-단/짚-뭇
물-심부름/물-시중	쪽/편
물추리-나무/물추리-막대	차차/차츰
물-타작/진-타작(~打作)	책-씻이/책(冊~)-거리
민둥-산/벌거숭이-산	척/체
밑-층/아래-층	천연덕-스럽다/천연-스럽다
바깥-벽/밭-벽	철-따구니/철-딱서니/철-딱지
바른/오른[右]	추어-올리다/추어-주다

복수 표준어	복수 표준어
발-모가지/발-목쟁이	축-가다/축-나다
버들-강아지/버들-개지	침-놓다/침-주다
벌레/버러지	통-꼭지/통-젖
변덕-스럽다/변덕-맞다	파자-쟁이/해자-쟁이
보-조개/볼-우물	편지-투/편지(便紙~)-틀
보통-내기/여간-내기/예사-내기	한턱-내다/한턱-하다
볼-따구니/볼-퉁이/볼-때기	해웃-값/해웃-돈
부침개-질/부침-질/지짐-질	혼자-되다/홀로-되다
불똥-앉다/등화-지다/등화(燈火~)-앉다	흠-가다/흠-나다/흠-지다

3 표준 발음법

제1장 총칙

제1항 표준 발음법은 표준어의 실제 발음을 따르되, 국어의 전통성과 합리성을 고려하여 정함을 원칙으로 한다.

제2장 자음과 모음

제2항 표준어의 자음은 다음 19개로 한다.

ㄱ, ㄲ, ㄴ, ㄷ, ㄸ, ㄹ, ㅁ, ㅂ, ㅃ, ㅅ, ㅆ, ㅇ, ㅈ, ㅉ, ㅊ, ㅋ, ㅌ, ㅍ, ㅎ

제3항 표준어의 모음은 다음 21개로 한다.

ㅏ, ㅐ, ㅑ, ㅒ, ㅓ, ㅔ, ㅕ, ㅖ, ㅗ, ㅘ, ㅙ, ㅚ, ㅛ, ㅜ, ㅝ, ㅞ, ㅟ, ㅠ, ㅡ, ㅢ, ㅣ

제4항 'ㅏ ㅐ ㅓ ㅔ ㅗ ㅚ ㅜ ㅟ ㅡ ㅣ'는 단모음(單母音)으로 발음한다.

[붙임] 'ㅚ, ㅟ'는 이중 모음으로 발음할 수 있다.

제5항 'ㅑ ㅒ ㅕ ㅖ ㅘ ㅙ ㅛ ㅝ ㅞ ㅠ ㅢ'는 이중 모음으로 발음한다.

다만 1. 용언의 활용형에 나타나는 '져, 쪄, 쳐'는 [저, 쩌, 처]로 발음한다.

가지어 → 가져[가저]	찌어 → 쪄[쩌]	다치어 → 다쳐[다처]

다만 2. '예, 례' 이외의 'ㅖ'는 [ㅔ]로도 발음한다.

계집[계:집/게:집]	계시다[계:시다/게:시다]
시계[시계/시게](時計)	연계[연계/연게](連繫)
몌별[몌별/메별](袂別)	개폐[개폐/개페](開閉)
혜택[혜:택/헤:택](惠澤)	지혜[지혜/지헤](智慧)

다만 3. 자음을 첫소리로 가지고 있는 음절의 '긔'는 [ㅣ]로 발음한다.

늴리리	닁큼	무늬	띄어쓰기	씌어
틔어	희어	희떱다	희망	유희

다만 4. 단어의 첫음절 이외의 '의'는 [ㅣ]로, 조사 '의'는 [ㅔ]로 발음함도 허용한다.

주의[주의/주이] 협의[혀븨/혀비]
우리의[우리의/우리에] 강의의[강ː의의/강ː이에]

제3장 음의 길이

제6항 모음의 장단을 구별하여 발음하되, 단어의 첫음절에서만 긴소리가 나타나는 것을 원칙으로 한다.

눈보라[눈ː보라] 말씨[말ː씨] 밤나무[밤ː나무]
많다[만ː타] 멀리[멀ː리] 벌리다[벌ː리다]

첫눈[천눈] 참말[참말] 쌍동밤[쌍동밤]
수많이[수ː마니] 눈멀다[눈멀다] 떠벌리다[떠벌리다]

다만, 합성어의 경우에는 둘째 음절 이하에서도 분명한 긴소리를 인정한다.

반신반의[반ː신바ː늬/반ː신바ː니] 재삼재사[재ː삼재ː사]

[붙임] 용언의 단음절 어간에 어미 '-아/-어'가 결합되어 한 음절로 축약되는 경우에도 긴소리로 발음한다.

보아 → 봐[봐ː] 기어 → 겨[겨ː] 되어 → 돼[돼ː]
두어 → 둬[둬ː] 하여 → 해[해ː]

다만, '오아 → 와, 지어 → 져, 찌어 → 쪄, 치어 → 쳐' 등은 긴소리로 발음하지 않는다.

제7항 긴소리를 가진 음절이라도, 다음과 같은 경우에는 짧게 발음한다.
1. 단음절인 용언 어간에 모음으로 시작된 어미가 결합되는 경우

감다[감ː따] – 감으니[가므니] 밟다[밥ː따] – 밟으면[발브면]
신다[신ː따] – 신어[시너] 알다[알ː다] – 알아[아라]

다만, 다음과 같은 경우에는 예외적이다.

끌다[끌:다] – 끌어[끄러]   떫다[떨:따] – 떫은[떨:븐]
벌다[벌:다] – 벌어[버러]   썰다[썰:다] – 썰어[써:러]
없다[업:따] – 없으니[업:쓰니]

2. 용언 어간에 피동, 사동의 접미사가 결합되는 경우

감다[감:따] – 감기다[감기다]   꼬다[꼬:다] – 꼬이다[꼬이다]
밟다[밥:따] – 밟히다[발피다]

다만, 다음과 같은 경우에는 예외적이다.

끌리다[끌:리다]   벌리다[벌:리다]   없애다[업:쌔다]

[붙임] 다음과 같은 복합어에서는 본디의 길이에 관계없이 짧게 발음한다.

밀-물   썰-물   쏜-살-같이   작은-아버지

제4장 받침의 발음

제8항 받침소리로는 'ㄱ, ㄴ, ㄷ, ㄹ, ㅁ, ㅂ, ㅇ'의 7개 자음만 발음한다.
제9항 받침 'ㄲ, ㅋ', 'ㅅ, ㅆ, ㅈ, ㅊ, ㅌ', 'ㅍ'은 어말 또는 자음 앞에서 각각 대표음 [ㄱ, ㄷ, ㅂ]으로 발음한다.

닦다[닥따]   키읔[키윽]   키읔과[키윽꽈]   옷[옫]
욱다[욷:따]   있다[읻따]   젖[젇]   빛다[빋따]
꽃[꼳]   쫓다[쫃따]   솥[솓]   뱉다[밷:따]
앞[압]   덮다[덥따]

제10항 겹받침 'ㄳ', 'ㄵ', 'ㄼ, ㄽ, ㄾ', 'ㅄ'은 어말 또는 자음 앞에서 각각 [ㄱ, ㄴ, ㄹ, ㅂ]으로 발음한다.

넋[넉]   넋과[넉꽈]   앉다[안따]   여덟[여덜]
넓다[널따]   외곬[외골]   핥다[할따]   값[갑]
없다[업:따]

다만, '밟-'은 자음 앞에서 [밥]으로 발음하고, '넓-'은 다음과 같은 경우에 [넙]으로 발음한다.

밟다[밥:따]   밟소[밥:쏘]   밟지[밥:찌]
밟는[밥:는 → 밤:는]   밟게[밥:께]   밟고[밥:꼬]

| 넓−죽하다[넙쭈카다] | 넓−둥글다[넙뚱글다] |

제11항 겹받침 'ㄺ, ㄻ, ㄿ'은 어말 또는 자음 앞에서 각각 [ㄱ, ㅁ, ㅂ]으로 발음한다.

| 닭[닥] | 흙과[흑꽈] | 맑다[막따] | 늙지[늑찌] |
| 삶[삼ː] | 젊다[점ː따] | 읊고[읍꼬] | 읊다[읍따] |

다만, 용언의 어간 말음 'ㄺ'은 'ㄱ' 앞에서 [ㄹ]로 발음한다.

| 맑게[말께] | 묽고[물꼬] | 얽거나[얼꺼나] |

제12항 받침 'ㅎ'의 발음은 다음과 같다.

1. 'ㅎ(ㄶ, ㅀ)' 뒤에 'ㄱ, ㄷ, ㅈ'이 결합되는 경우에는, 뒤 음절 첫소리와 합쳐서 [ㅋ, ㅌ, ㅊ]으로 발음한다.

| 놓고[노코] | 좋던[조ː턴] | 쌓지[싸치] |
| 많고[만ː코] | 않던[안턴] | 닳지[달치] |

[붙임 1] 받침 'ㄱ(ㄺ), ㄷ, ㅂ(ㄼ), ㅈ(ㄵ)'이 뒤 음절 첫소리 'ㅎ'과 결합되는 경우에도, 역시 두 음을 합쳐서 [ㅋ, ㅌ, ㅍ, ㅊ]으로 발음한다.

| 각하[가카] | 먹히다[머키다] | 밝히다[발키다] | 맏형[마텽] |
| 좁히다[조피다] | 넓히다[널피다] | 꽂히다[꼬치다] | 앉히다[안치다] |

[붙임 2] 규정에 따라 'ㄷ'으로 발음되는 'ㅅ, ㅈ, ㅊ, ㅌ'의 경우에도 이에 준한다.

| 옷 한 벌[오탄벌] | 낮 한때[나탄때] | 꽃 한 송이[꼬탄송이] | 숱하다[수타다] |

2. 'ㅎ(ㄶ, ㅀ)' 뒤에 'ㅅ'이 결합되는 경우에는, 'ㅅ'을 [ㅆ]으로 발음한다.

| 닿소[다ː쏘] | 많소[만ː쏘] | 싫소[실쏘] |

3. 'ㅎ' 뒤에 'ㄴ'이 결합되는 경우에는, [ㄴ]으로 발음한다.

| 놓는[논는] | 쌓네[싼네] |

[붙임] 'ㄶ, ㅀ' 뒤에 'ㄴ'이 결합되는 경우에는, 'ㅎ'을 발음하지 않는다.

| 않네[안네] | 않는[안는] | 뚫네[뚤네 → 뚤레] | 뚫는[뚤는 → 뚤른] |

※ '뚫네[뚤네 → 뚤레], 뚫는[뚤는 → 뚤른]'에 대해서는 제20항 참조

4. 'ㅎ(ㄶ, ㅀ)' 뒤에 모음으로 시작된 어미나 접미사가 결합되는 경우에는, 'ㅎ'을 발음하지 않는다.

낳은[나은]	놓아[노아]	쌓이다[싸이다]	많아[마:나]
않은[아는]	닳아[다라]	싫어도[시러도]	

제13항 홑받침이나 쌍받침이 모음으로 시작된 조사나 어미, 접미사와 결합되는 경우에는, 제 음가대로 뒤 음절 첫소리로 옮겨 발음한다.

깎아[까까]	옷이[오시]	있어[이써]	낮이[나지]
꽂아[꼬자]	꽃을[꼬츨]	쫓아[쪼차]	밭에[바테]
앞으로[아프로]	덮이다[더피다]		

제14항 겹받침이 모음으로 시작된 조사나 어미, 접미사와 결합되는 경우에는, 뒤엣것만을 뒤 음절 첫소리로 옮겨 발음한다. (이 경우, 'ㅅ'은 된소리로 발음함.)

넋이[넉씨]	앉아[안자]	닭을[달글]	젊어[절머]
굶이[골씨]	핥아[할타]	읊어[을퍼]	값을[갑쓸]
없어[업:써]			

제15항 받침 뒤에 모음 'ㅏ, ㅓ, ㅗ, ㅜ, ㅟ'들로 시작되는 실질 형태소가 연결되는 경우에는, 대표음으로 바꾸어서 뒤 음절 첫소리로 옮겨 발음한다.

밭 아래[바다래]	늪 앞[느밥]	젖어미[저더미]	맛없다[마덥따]
겉옷[거돋]	헛웃음[허두슴]	꽃 위[꼬뒤]	

다만, '맛있다, 멋있다'는 [마싣따], [머싣따]로도 발음할 수 있다.

[붙임] 겹받침의 경우에는, 그중 하나만을 옮겨 발음한다.

넋 없다[너겁따]	닭 앞에[다가페]	값어치[가버치]	값있는[가빈는]

제16항 한글 자모의 이름은 그 받침소리를 연음하되, 'ㄷ, ㅈ, ㅊ, ㅋ, ㅌ, ㅍ, ㅎ'의 경우에는 특별히 다음과 같이 발음한다.

디귿이[디그시]	디귿을[디그슬]	디귿에[디그세]	지읒이[지으시]
지읒을[지으슬]	지읒에[지으세]	치읓이[치으시]	치읓을[치으슬]
치읓에[치으세]	키읔이[키으기]	키읔을[키으글]	키읔에[키으게]
티읕이[티으시]	티읕을[티으슬]	티읕에[티으세]	피읖이[피으비]
피읖을[피으블]	피읖에[피으베]	히읗이[히으시]	히읗을[히으슬]
히읗에[히으세]			

제5장 음의 동화

제17항 받침 'ㄷ, ㅌ(ㄾ)'이 조사나 접미사의 모음 'ㅣ'와 결합되는 경우에는, [ㅈ, ㅊ]으로 바꾸어서 뒤 음절 첫소리로 옮겨 발음한다.

| 곧이듣다[고지듣따] | 굳이[구지] | 미닫이[미:다지] |
| 땀받이[땀바지] | 밭이[바치] | 벼훑이[벼훌치] |

[붙임] 'ㄷ' 뒤에 접미사 '히'가 결합되어 '티'를 이루는 것은 [치]로 발음한다.

| 굳히다[구치다] | 닫히다[다치다] | 묻히다[무치다] |

제18항 받침 'ㄱ(ㄲ, ㅋ, ㄳ, ㄺ), ㄷ(ㅅ, ㅆ, ㅈ, ㅊ, ㅌ, ㅎ), ㅂ(ㅍ, ㄼ, ㄿ, ㅄ)'은 'ㄴ, ㅁ' 앞에서 [ㅇ, ㄴ, ㅁ]으로 발음한다.

먹는[멍는]	국물[궁물]	깎는[깡는]	키읔만[키응만]
몫몫이[몽목씨]	긁는[긍는]	흙만[흥만]	닫는[단는]
짓는[진:는]	옷맵시[온맵씨]	있는[인는]	맞는[만는]
젖멍울[전멍울]	쫓는[쫀는]	꽃망울[꼰망울]	붙는[분는]
놓는[논는]	잡는[잠는]	밥물[밤물]	앞마당[암마당]
밟는[밤:는]	읊는[음는]	없는[엄:는]	

[붙임] 두 단어를 이어서 한 마디로 발음하는 경우에도 이와 같다.

| 책 넣는다[챙넌는다] | 흙 말리다[흥말리다] | 옷 맞추다[온맏추다] |
| 밥 먹는다[밤멍는다] | 값 매기다[감매기다] | |

제19항 받침 'ㅁ, ㅇ' 뒤에 연결되는 'ㄹ'은 [ㄴ]으로 발음한다.

| 담력[담:녁] | 침략[침:냑] | 강릉[강능] |
| 항로[항:노] | 대통령[대:통녕] | |

[붙임] 받침 'ㄱ, ㅂ' 뒤에 연결되는 'ㄹ'도 [ㄴ]으로 발음한다.

| 막론[막논 → 망논] | 석류[석뉴 → 성뉴] | 협력[협녁 → 혐녁] |
| 법리[법니 → 범니] | | |

제20항 'ㄴ'은 'ㄹ'의 앞이나 뒤에서 [ㄹ]로 발음한다.

난로[날ː로]	신라[실라]	천리[철리]
광한루[광ː할루]	대관령[대ː괄령]	

칼날[칼랄]	물난리[물랄리]	줄넘기[줄럼끼]
할는지[할른지]		

[붙임] 첫소리 'ㄴ'이 'ㅀ', 'ㄾ' 뒤에 연결되는 경우에도 이에 준한다.

닳는[달른]	뚫는[뚤른]	핥네[할레]

다만, 다음과 같은 단어들은 'ㄹ'을 [ㄴ]으로 발음한다.

의견란[의ː견난]	임진란[임ː진난]	생산량[생산냥]
결단력[결딴녁]	공권력[공꿘녁]	동원령[동ː원녕]
상견례[상견녜]	횡단로[횡단노]	이원론[이ː원논]
입원료[이붠뇨]	구근류[구근뉴]	

제21항 위에서 지적한 이외의 자음 동화는 인정하지 않는다.

감기[감ː기](×[강ː기])	옷감[옫깜](×[옥깜])
있고[읻꼬](×[익꼬])	꽃길[꼳낄](×[꼭낄])
젖먹이[전머기](×[점머기])	문법[문뻡](×[뭄뻡])
꽃밭[꼳빧](×[꼽빧])	

제22항 다음과 같은 용언의 어미는 [어]로 발음함을 원칙으로 하되, [여]로 발음함도 허용한다.

되어[되어/되여]	피어[피어/피여]

[붙임] '이오, 아니오'도 이에 준하여 [이요, 아니요]로 발음함을 허용한다.

제6장 경음화

제23항 받침 'ㄱ(ㄲ, ㅋ, ㄳ, ㄺ), ㄷ(ㅅ, ㅆ, ㅈ, ㅊ, ㅌ), ㅂ(ㅍ, ㄼ, ㄿ, ㅄ)' 뒤에 연결되는 'ㄱ, ㄷ, ㅂ, ㅅ, ㅈ'은 된소리로 발음한다.

국밥[국빱]	깎다[깍따]	넋받이[넉빠지]
삯돈[삭똔]	닭장[닥짱]	칡범[칙뻠]
뻗대다[뻗때다]	옷고름[옫꼬름]	있던[읻떤]
꽂고[꼳꼬]	꽃다발[꼳따발]	낯설다[낟썰다]
밭갈이[받까리]	솥전[솓쩐]	곱돌[곱똘]
덮개[덥깨]	옆집[엽찝]	넓죽하다[넙쭈카다]
읊조리다[읍쪼리다]	값지다[갑찌다]	

제24항 어간 받침 'ㄴ(ㄵ), ㅁ(ㄻ)' 뒤에 결합되는 어미의 첫소리 'ㄱ, ㄷ, ㅅ, ㅈ'은 된소리로 발음한다.

신고[신ː꼬]	껴안다[껴안따]	앉고[안꼬]	얹다[언따]
삼고[삼ː꼬]	더듬지[더듬찌]	닮고[담ː꼬]	젊지[점ː찌]

다만, 피동, 사동의 접미사 '-기-'는 된소리로 발음하지 않는다.

안기다	감기다	기다	옮기다

제25항 어간 받침 'ㄼ, ㄾ' 뒤에 결합되는 어미의 첫소리 'ㄱ, ㄷ, ㅅ, ㅈ'은 된소리로 발음한다.

넓게[널께]	핥다[할따]	훑소[훌쏘]	떫지[떨ː찌]

제26항 한자어에서, 'ㄹ' 받침 뒤에 연결되는 'ㄷ, ㅅ, ㅈ'은 된소리로 발음한다.

갈등[갈뜽]	발동[발똥]	절도[절또]
말살[말쌀]	불소[불쏘](弗素)	일시[일씨]
갈증[갈쯩]	물질[물찔]	발전[발쩐]
몰상식[몰쌍식]	불세출[불쎄출]	

다만, 같은 한자가 겹쳐진 단어의 경우에는 된소리로 발음하지 않는다.

허허실실[허허실실](虛虛實實)	절절-하다[절절하다](切切-)

제27항 관형사형 '-(으)ㄹ' 뒤에 연결되는 'ㄱ, ㄷ, ㅂ, ㅅ, ㅈ'은 된소리로 발음한다.

> 할 것을[할꺼슬] 갈 데가[갈떼가] 할 바를[할빠를]
> 할 수는[할쑤는] 할 적에[할쩌게] 갈 곳[갈꼳]
> 할 도리[할또리] 만날 사람[만날싸람]

다만, 끊어서 말할 적에는 예사소리로 발음한다.

[붙임] '-(으)ㄹ'로 시작되는 어미의 경우에도 이에 준한다.

> 할걸[할껄]   할밖에[할빠께]   할세라[할쎄라]
> 할수록[할쑤록] 할지라도[할찌라도] 할지언정[할찌언정]
> 할진대[할찐대]

제28항 표기상으로는 사이시옷이 없더라도, 관형격 기능을 지니는 사이시옷이 있어야 할(휴지가 성립되는) 합성어의 경우에는, 뒤 단어의 첫소리 'ㄱ, ㄷ, ㅂ, ㅅ, ㅈ'을 된소리로 발음한다.

> 문-고리[문꼬리]   눈-동자[눈똥자]   신-바람[신빠람]
> 산-새[산쌔]   손-재주[손째주]   길-가[길까]
> 물-동이[물똥이]   발-바닥[발빠닥]   굴-속[굴ː쏙]
> 술-잔[술짠]   바람-결[바람껼]   그믐-달[그믐딸]
> 아침-밥[아침빱]   잠-자리[잠짜리]   강-가[강까]
> 초승-달[초승딸]   등-불[등뿔]   창-살[창쌀]
> 강-줄기[강쭐기]

제7장 음의 첨가

제29항 합성어 및 파생어에서, 앞 단어나 접두사의 끝이 자음이고 뒤 단어나 접미사의 첫음절이 '이, 야, 여, 요, 유'인 경우에는, 'ㄴ' 음을 첨가하여 [니, 냐, 녀, 뇨, 뉴]로 발음한다.

> 솜-이불[솜ː니불]   홑-이불[혼니불]   막-일[망닐]
> 삯-일[상닐]   맨-입[맨닙]   꽃-잎[꼰닙]
> 내복-약[내ː봉냑]   한-여름[한녀름]   남존-여비[남존녀비]
> 신-여성[신녀성]   색-연필[생년필]   직행-열차[지캥녈차]
> 늑막-염[능망념]   콩-엿[콩녇]   담-요[담ː뇨]
> 눈-요기[눈뇨기]   영업-용[영엄뇽]   식용-유[시공뉴]
> 백분-율[백뿐뉼]   밤-윷[밤ː뉻]

다만, 다음과 같은 말들은 'ㄴ' 음을 첨가하여 발음하되, 표기대로 발음할 수 있다.

이죽–이죽[이중니죽/이주기죽] 야금–야금[야금냐금/야그먀금]
검열[검ː녈/거ː멸] 욜랑–욜랑[욜랑뇰랑/욜랑욜랑]
금융[금늉/그뮹]

[붙임 1] 'ㄹ' 받침 뒤에 첨가되는 'ㄴ' 음은 [ㄹ]로 발음한다.

들–일[들ː릴] 솔–잎[솔립] 설–익다[설릭따]
물–약[물략] 불–여우[불려우] 서울–역[서울력]
물–엿[물렫] 휘발–유[휘발류] 유들–유들[유들류들]

[붙임 2] 두 단어를 이어서 한 마디로 발음하는 경우에도 이에 준한다.

한 일[한닐] 옷 입다[온닙따] 서른여섯[서른녀섣]
3 연대[삼년대] 먹은 엿[머근녇] 할 일[할릴]
잘 입다[잘립따] 스물여섯[스물려섣] 1 연대[일련대]
먹을 엿[머글렫]

다만, 다음과 같은 단어에서는 'ㄴ(ㄹ)' 음을 첨가하여 발음하지 않는다.

6·25[유기오] 3·1절[사밀쩔] 송별–연[송ː벼련]
등–용문[등용문]

제30항 사이시옷이 붙은 단어는 다음과 같이 발음한다.

1. 'ㄱ, ㄷ, ㅂ, ㅅ, ㅈ'으로 시작하는 단어 앞에 사이시옷이 올 때는 이들 자음만을 된소리로 발음하는 것을 원칙으로 하되, 사이시옷을 [ㄷ]으로 발음하는 것도 허용한다.

냇가[내ː까/낻ː까] 샛길[새ː낄/샏ː낄]
빨랫돌[빨래똘/빨랟똘] 콧등[코뜽/콛뜽]
깃발[기빨/긷빨] 대팻밥[대ː패빱/대ː팯빱]
햇살[해쌀/핻쌀] 뱃속[배쏙/밷쏙]
뱃전[배쩐/밷쩐] 고갯짓[고개찓/고갣찓]

2. 사이시옷 뒤에 'ㄴ, ㅁ'이 결합되는 경우에는 [ㄴ]으로 발음한다.

콧날[콛날 → 콘날] 아랫니[아랟니 → 아랜니]
툇마루[퇻ː마루 → 퇸ː마루] 뱃머리[밷머리 → 밴머리]

3. 사이시옷 뒤에 '이' 음이 결합되는 경우에는 [ㄴㄴ]으로 발음한다.

> 베갯잇[베갣닏 → 베갠닏] 깻잎[깯닙 → 깬닙]
> 나뭇잎[나묻닙 → 나문닙] 도리깻열[도리깯녈 → 도리깬녈]
> 뒷윷[뒫:늇 → 뒨:늋]

03 외래어 표기법

1 외래어 표기의 기본 원칙(제1장)

(1) 외래어는 국어의 현용 24 자모만으로 적는다(제1항).

(2) 외래어의 1 음운은 원칙적으로 1 기호로 적는다(제2항).
  예 f는 ㅍ으로 - 프렌드, 프라이드치킨, 프레시, 프라이팬

(3) 받침에는 'ㄱ, ㄴ, ㄹ, ㅁ, ㅂ, ㅅ, ㅇ'만을 쓴다(제3항).
  예 슈퍼마켓, 보닛, 팸플릿, 크로켓, 로봇, 재킷

(4) 파열음 표기에는 된소리를 쓰지 않는 것을 원칙으로 한다(제4항).
  예 재즈 카페, 콩트

(5) 이미 굳어진 외래어는 관용을 존중하되, 그 범위와 용례는 따로 정한다(제5항).
  예 바나나, 카메라

> **더 알아보기**
>
> - 영어를 표기 시 '쉬, 쥐, 취, 쉐, 줴, 췌'는 쓰지 않는다.
>   예 프레시, 슈림프, 벤치, 밀크셰이크, 러시, 캐시
> - '오우'는 '오'로 표기한다.
>   예 옐로, 윈도, 스노보드, 헬로, 팔로
> - '우어'는 '워'로 한다.
>   예 아워, 타워
> - '장음'은 따로 표시하지 않는다.
>   예 마케팅, 팀, 루트
> - 두 단어가 결합한 경우는 따로 표기한다.
>   예 아웃렛, 헤드라이트, 웨딩케이크, 테이크아웃, 위크엔드

2 표기 세칙(제3장)

(1) 파열음

① 어두에 파열음이 올 경우 표기 원칙에 따라 무성 파열음[k, t, p]은 거센소리(ㅋ, ㅌ, ㅍ)로, 유성 파열음[g, d, b]은 예사소리(ㄱ, ㄷ, ㅂ)로 적는다.

trio[triou] 트리오	double[dʌbl] 더블	bus[bʌs] 버스
robot[rɔbɔt] 로봇	Internet[intərnet] 인터넷	cake[keik] 케이크
tape[teip] 테이프	lipstick[lipstik] 립스틱	napkin[næpkin] 냅킨

② 다음은 관용을 존중하여 규칙과 다르게 표기하는 경우이다.

hip[hip] 히프	set[set] 세트	bag[bæg] 백

(2) 마찰음

① 마찰음 [f]는 현행 외래어 표기법 제2장 표기 일람표에 모음 앞에서는 'ㅍ'으로, 자음 앞 또는 어말에서는 '프'로 표기하도록 규정하고 있다. 이는 국어로는 마찰음 [f]를 표기할 수 있는 문자가 없기 때문이다.

fighting[faitiŋ] 파이팅	fantasy[fæntəsi] 판타지	frypan[fraipæn] 프라이팬
graph[græf] 그래프		

② 마찰음 [ʃ]는 영어의 경우 자음 앞에서는 '슈'로, 어말에서는 '시'로 적는다. 모음 앞에서는 뒤따르는 모음에 따라 '샤, 섀, 셔, 셰, 쇼, 슈, 시'로 적는다.

shrimp[ʃrimp] 슈림프	dash[dæʃ] 대시	English[iŋgliʃ] 잉글리시
shopping[ʃɔpiŋ] 쇼핑	leadership[li:dərʃip] 리더십	

(3) 파찰음
국어에서는 'ㅈ, ㅊ' 같은 구개 자음 뒤에서는 이중 모음과 단모음이 구분되지 않는다. 즉, 'ㅈ, ㅊ'을 지닌 단어를 이중 모음으로 발음하든 단모음으로 발음하든 의미상의 변화는 없다. 따라서 외래어를 적을 때에도 'ㅈ'이나 'ㅊ' 뒤에 발음상 구분되지 않는 '쟈, 쥬, 챠' 등의 이중 모음 표기를 하지 않고 단모음으로 적도록 하고 있다.

television[teliviʒən] 텔레비전	juice[dʒu:s] 주스	chance[tʃɑ:ns] 찬스
chart[tʃa:t] 차트		

(4) 유음: 유음 [l]은 어말 또는 자음 앞에서는 받침으로 적으며, 어중에서는 모음 앞에 오거나, 모음이 따르지 않는 비음([m], [n]) 앞에 올 때에는 'ㄹㄹ'로 적는다. 다만 'Hamlet[hæmlit] 햄릿, Henley[henli] 헨리'와 같이 비음([m], [n]) 뒤의 [l]은 모음 앞에 오더라도 'ㄹ'로 적는다.

> plaza[plɑ:zə] 플라자　　　clinic[klinik] 클리닉　　　catalogue[kætəlɔg] 카탈로그
> club[klʌb] 클럽

(5) 단모음: 외래어 표기법 제2장 표기 일람표의 국제 음성 기호와 한글 대조표에 의하면 [ə]와 [ʌ]는 '어'로, [æ]는 '애'로, [ɔ]와 [o]는 '오'로 적도록 되어 있다.

> terminal[tə:rminəl] 터미널　　　dollar[dalər] 달러　　　color[kʌlər] 컬러
> honey[hʌni] 허니　　　accessory[æksesəri] 액세서리　　　talent[tælənt] 탤런트
> concert[kɔnsəːt] 콘서트　　　concept[kɔnsept] 콘셉트　　　condition[kəndiʃən] 컨디션
> control[kəntroul] 컨트롤　　　collection[kəlekʃən] 컬렉션

(6) 중모음: 중모음은 각각의 단모음의 음가를 살려서 적는다. 따라서 'spike[spaik] 스파이크, sauna[saunə] 사우나, skate[skeit] 스케이트'와 같이 [ai]는 '아이', [au]는 '아우', [ei]는 '에이' 등으로 적는다. 다만 [ou]는 '오'로, [auə]는 '아워'로 적도록 규정하고 있다.

> boat[bout] 보트　　　pose[pouz] 포즈　　　shadow[ʃædou] 섀도
> window[windou] 윈도　　　power[pauər] 파워　　　tower[tauə] 타워

(7) 복합어: 복합어는 구성하고 있는 말이 단독으로 쓰일 때의 표기대로 적는다. 이는 복합어를 한 단어로 보아 표기하면 이들이 각각 단독으로 쓰일 때의 표기와 아주 달라지는 경우가 있어서 혼동할 우려가 있으므로 단독으로 쓰일 때의 표기를 살려서 적도록 한 것이다.

> outlet[autlet] 아웃렛　　　make up[meikʌp] 메이크업　　　headlight[hedlait] 헤드라이트

3 인명, 지명 표기의 원칙(제4장)

(1) 표기 원칙: 외국의 인명, 지명의 표기는 외래어 표기법 제1~3장의 규정을 따르고, 이에 포함되어 있지 않은 언어권의 인명, 지명은 원지음(현지 발음)을 따르는 것을 원칙으로 한다.

| Ankara 앙카라 | Gandhi 간디 |

다만, 원지음이 아닌 제3국의 발음으로 통용되고 있는 것과 고유 명사의 번역명이 통용되는 경우에는 관용을 따른다.

| Hague 헤이그 | Pacific Ocean 태평양 |

(2) 동양의 인명, 지명 표기: 중국의 인명은 과거인과 현대인을 구분하여 '孔子, 孟子'와 같은 과거인은 종전의 한자음대로 '공자, 맹자'로 표기하고, '毛澤東, 張國榮'과 같은 현대인은 원칙적으로 중국어 발음에 따라 '마오쩌둥, 장궈룽'으로 표기하되 필요한 경우 한자를 병기한다. 중국의 지명은 현재 쓰이지 않는 것은 우리 한자음대로 하고, '廣州(광저우), 杭州(항저우)'와 같이 현재 지명과 동일한 것은 중국어 발음에 따라 표기하되 필요한 경우 한자를 병기한다. 일본의 인명과 지명은 '伊藤博文(이토 히로부미), 札幌(삿포로)' 등과 같이 과거와 현대의 구분 없이 일본어 발음에 따라 표기하는 것을 원칙으로 하되, 필요한 경우 한자를 병기한다.

다만, 중국 및 일본의 지명 가운데 한국 한자음으로 읽는 관용이 있는 것은 이를 허용한다.

| 東京 도쿄, 동경 | 上海 상하이, 상해 | 黃河 황허, 황하 |

(3) 바다, 섬, 강, 산 등의 표기

① 바다는 '해(海)'로 통일한다.

| 홍해 | 발트해 | 아라비아해 |

② 우리나라를 제외하고 섬은 모두 '섬'으로 통일한다.

| 타이완섬 | 코르시카섬 | (우리나라: 제주도, 울릉도) |

③ 한자 사용 지역(일본, 중국)의 지명이 하나의 한자로 되어 있을 경우 '강', '산', '호', '섬' 등은 겹쳐 적는다.

| 온타케산(御岳) | 주장강(珠江) | 도시마섬(利島) |
| 하야카와강(早川) | 위산산(玉山) | |

④ 지명이 산맥, 산, 강 등의 뜻이 들어 있는 것은 '산맥', '산', '강' 등을 겹쳐 적는다.

```
Rio Grande 리오그란데강        Monte Rosa 몬테로사산        Sierra Madre 시에라마드레산맥
Mont Blanc 몽블랑산
```

4 꼭 알아야 할 외래어 표기

철자	바른 표기	틀린 표기	철자	바른 표기	틀린 표기
gas	가스	까스	gas range	가스레인지	가스렌지
Catholic	가톨릭	카톨릭	Gogh(화가)	고흐	고호
graph	그래프	그라프	gradation	그러데이션	그라데이션
Greece	그리스	그리이스	glass	글라스	그라스
glove	글러브	글로브	globe	글로브	글러브
Gips	깁스	기브스	narcissism	나르시시즘	나르시즘
nonsense	난센스	넌센스	narration	내레이션	나레이션
navigation	내비게이션	네비게이션	nostalgia	노스탤지어	노스탈지아
knockdown	녹다운	넉다운	nonstop	논스톱	넌스톱
nontitle	논타이틀	넌타이틀	nonfiction	논픽션	넌픽션
news	뉴스	뉴우스	dynamic	다이내믹	다이나믹
dynamite	다이너마이트	다이나마이트	diamond	다이아몬드	다이어몬드
dial	다이얼	다이알	dash	대시	대쉬
début	데뷔	데뷰	dessin	데생	뎃생
desktop	데스크 톱	데스크 탑	data	데이터	데이타
doughnut	도넛	도너츠	dribble	드리블	드리볼
Las Vegas	라스베이거스	라스베가스	license	라이선스	라이센스
lions	라이온스	라이온즈	lighter	라이터	라이타
rendez-vous	랑데부	랑데뷰	running shirts	러닝셔츠	런닝셔츠
rush hour	러시아워	러쉬아워	lucky	러키	럭키
remicon	레미콘	레미컨	lesson	레슨	렛슨
radar	레이더	레이다	range	레인지	렌지
recreation	레크리에이션	레크레이션	referee	레퍼리	레프리
repertory	레퍼토리	레파토리	rent-a-car	렌터카	렌트카
lotion	로션	로숀	royalty	로열티	로얄티
rocket	로켓	로케트	rotary	로터리	로타리

철자	바른 표기	틀린 표기	철자	바른 표기	틀린 표기
rock and roll	록 앤드 롤 (= 로큰롤)	록앤롤	rheumatism	류머티즘	류마티스
reportage	르포	르뽀	leadership	리더십	리더쉽
rhythm and blues	리듬 앤드 블루스	리듬 앤 블루스	Ringer	링거	링게르
mania	마니아	매니아	massage	마사지	맛사지
Mao Zedong	마오쩌둥	마오저뚱	Malaysia	말레이시아	말레이지아
manicure	매니큐어	매니큐	mammoth	매머드	맘모스
mansion	맨션	맨숀	muffler	머플러	마후라
Mozart	모차르트	모짜르트	montage	몽타주	몽타지
mystery	미스터리	미스테리	Burberry coat	바바리코트	버버리코트
barbecue	바비큐	바베큐	baton	바통(= 배턴)	바톤
badge	배지	뱃지	balance	밸런스	바란스
Valentine Day	밸런타인데이	발렌타인데이	bonnet	보닛	보넷
body language	보디랭귀지	바디랭기지	bourgeois	부르주아	부르조아
bulldog	불도그	불독	buffet	뷔페	부페
brush	브러시	브러쉬	block	블록	블럭
biscuit	비스킷	비스켓	vision	비전	비젼
The Beatles	비틀스	비틀즈	sash	섀시	샤시
sandal	샌들	샌달	chandelier	샹들리에	상들리에
service	서비스	써비스	suntan	선탠	썬탠
sentimental	센티멘털	센티멘탈	sofa	소파	쇼파
showmanship	쇼맨십	쇼맨쉽	show window	쇼윈도	쇼윈도우
shop	숍	샵	shrimp	슈림프	쉬림프
supermarket	슈퍼마켓	수퍼마켓	snack	스낵	스넥
scout	스카우트	스카웃	schedule	스케줄	스케쥴
staff	스태프	스탭	standard	스탠더드	스탠다드
stainless	스테인리스	스텐레스	stewardess	스튜어디스	스튜디스
styrofoam	스티로폼	스티로폴	sponge	스펀지	스폰지
slab	슬래브	슬라브	thinner	시너	신나
situation	시추에이션	시츄에이션	symbol	심벌	심불
symposium	심포지엄	심포지움	Singapore	싱가포르	싱가폴
outlet	아웃렛	아울렛	eye shadow	아이섀도	아이섀도우
Einstein	아인슈타인	아인시타인	accordion	아코디언	어코디언
accent	악센트	엑센트	alcohol	알코올	알콜

철자	바른 표기	틀린 표기	철자	바른 표기	틀린 표기
enquete	앙케트	앙케이트	encore	앙코르	앵콜
accessory	액세서리	악세사리	accelerator	액셀러레이터	악세레이타
ambulance	앰뷸런스	앰블란스	adapter	어댑터	아답타
emerald	에메랄드	에머랄드	Ethiopia	에티오피아	이디오피아
endorphin	엔도르핀	엔돌핀	Eliot(시인)	엘리엇	엘리어트
orange	오렌지	오랜지	original	오리지널	오리지날
omelet rice	오므라이스	오믈라이스	observer	옵서버	옵저버
yogurt	요구르트	야쿠르트	Indian	인디언	인디안
instant	인스턴트	인스탄트	Zaire	자이르	자이레
genre	장르	쟝르	jazz	재즈	째즈
jacket	재킷	자켓	gesture	제스처	제스추어
jet engine	제트 엔진	젯트 엔진	junior	주니어	쥬니어
juice	주스	쥬스	Jura紀	쥐라기	쥬라기
chart	차트	챠트	champion	챔피언	챔피온
Zürich	취리히	쮜리히	chocolate	초콜릿	초콜렛
cardigan	카디건	가디건	cabaret	카바레	캬바레
carburetor	카뷰레터	카뷰레이터	cassette	카세트	카셋트
counseling	카운슬링	카운셀링	Caesar	카이사르	케사르
cafe	카페	까페	carpet	카펫	카페트
collar	칼라	컬러	column	칼럼	컬럼
caramel	캐러멜	캬라멜	cabinet	캐비닛	캐비넷
cunning	커닝	컨닝	career	커리어	캐리어
conveyor	컨베이어	콘베이어	consortium	컨소시엄	콘소시움
container	컨테이너	콘테이너	control	컨트롤	콘트롤
country	컨트리	컨츄리	color	컬러	칼라
cake	케이크	케익	cognac	코냑	꼬냑
comedy	코미디	코메디	cosmopolitan	코즈모폴리턴	코스모폴리턴
concert	콘서트	컨서트	concept	콘셉트	컨셉트
contact lens	콘택트렌즈	콘텍트렌즈	contest	콘테스트	컨테스트
contents	콘텐츠	컨텐츠	Columbus	콜럼버스	콜롬부스
compact	콤팩트	컴팩트	complex	콤플렉스	컴플렉스
conte	콩트	꽁트	coup d'État	쿠데타	쿠테타
gongfu	쿵후	쿵푸	Kremlin	크렘린	크레믈린
Christian	크리스천	크리스찬	crystal	크리스털	크리스탈

철자	바른 표기	틀린 표기	철자	바른 표기	틀린 표기
climax	클라이맥스	클라이막스	target	타깃	타겟
towel	타월	타올	tigers	타이거스	타이거즈
Titanic	타이태닉	타이타닉	tile	타일	타이루
The Times	타임스	타임즈	taboo	터부	타부

04 국어의 로마자 표기법

국어의 로마자 표기는 국어의 표준 발음법에 따라 적는 것을 원칙으로 한다(전음법).

1 자음 표기

ㄱ	g(모음 앞), k(자음 앞 또는 어말)	ㄲ	kk
ㄴ	n	ㄸ	tt
ㄷ	d(모음 앞), t(자음 앞 또는 어말)	ㄹㄹ	ll
ㄹ	r(모음 앞), l(자음 앞 또는 어말)	ㅃ	pp
ㅁ	m	ㅍ	p
ㅂ	b(모음 앞), p(자음 앞 또는 어말)	ㅆ	ss
ㅅ	s	ㅉ	jj
ㅇ	ng	ㅊ	ch
ㅈ	j		
ㅎ	h		

2 표기 원칙

(1) 'ㅢ'는 'ㅣ'로 소리 나더라도 'ui'로 적는다.

> 광희문 Gwanghuimun

(2) 'ㄱ, ㄷ, ㅂ'은 모음 앞에서는 'g, d, b'로, 자음 앞이나 어말에서는 'k, t, p'로 적는다.

> 구미 Gumi   옥천 Okcheon   월곶[월곧] Wolgot

(3) 'ㄹ'은 모음 앞에서는 'r'로, 자음 앞이나 어말에서는 'l'로 적는다. 단, 'ㄹㄹ'처럼 'ㄹ'이 겹쳐서 발음될 때는 'll'로 적는다.

| 구리 Guri | 설악 Seorak | 칠곡 Chilgok | 별내 Byeollae |

(4) 음운 변화가 일어날 때에는 변화의 결과에 따라 적는다.

① 자음 사이에서 동화 작용이 일어나는 경우

| 백마[뱅마] Baengma | 신문로[신문노] Sinmunno | 종로[종노] Jongno |

② 'ㄴ, ㄹ'이 덧나는 경우

| 학여울[항녀울] Hangnyeoul | 알약[알략] allyak |

③ 구개음화가 되는 경우

| 해돋이[해도지] haedoji | 같이[가치] gachi | 굳히다[구치다] guchida |

④ 'ㄱ, ㄷ, ㅂ, ㅈ'이 'ㅎ'과 합하여 거센소리로 소리 나는 경우

| 좋고[조코] joko | 놓다[노타] nota | 잡혀[자펴] japyeo |

다만, 체언에서 'ㄱ, ㄷ, ㅂ' 뒤에 'ㅎ'이 따를 때에는 'ㅎ'을 밝혀 적는다.

| 묵호 Mukho | 집현전 Jiphyeonjeon |

(5) 된소리되기는 표기에 반영하지 않는다.

| 압구정 Apgujeong | 낙동강 Nakdonggang | 죽변 Jukbyeon |

(6) 발음상 혼동의 우려가 있을 때에는 음절 사이에 붙임표(-)를 쓸 수 있다.

| 중앙 Jungang/Jung-ang | 반구대 Bangudae/Ban-gudae |
| 세운 Seun/Se-un | 해운대 Haeundae/Hae-undae |

(7) 고유 명사는 첫 글자를 대문자로 적는다.

부산 Busan	세종 Sejong

(8) 인명은 성과 이름의 순서로 띄어 쓴다. 이름은 붙여 쓰는 것을 원칙으로 하되 음절 사이에 붙임표(-)를 쓰는 것을 허용한다. 그리고 이름에서 일어나는 음운 변화는 표기에 반영하지 않는다.

민용하 Min Yongha (Min Yong-ha)	송나리 Song Nari (Song Na-ri)
한복남 Han Boknam (Han Bok-nam)	

(9) '도, 시, 군, 구, 읍, 면, 리, 동'의 행정 구역 단위와 '가'는 각각 'do, si, gun, gu, eup, myeon, ri, dong, ga'로 적고, 그 앞에는 붙임표(-)를 넣는다. 붙임표(-) 앞뒤에서 일어나는 음운 변화는 표기에 반영하지 않는다.

충청북도 Chungcheongbuk-do	제주도 Jeju-do	의정부시 Uijeongbu-si

(10) '시, 군, 읍'의 행정 구역 단위는 생략할 수 있다.

청주시 Cheongju	순창읍 Sunchang

(11) 자연 지물명, 문화재명, 인공 축조물명은 붙임표(-) 없이 붙여 쓴다.

남산 Namsan	속리산 Songnisan	금강 Geumgang

(12) 인명, 회사명, 단체명 등은 그동안 써 온 표기를 쓸 수 있다.

(13) 학술 연구 논문 등 특수 분야에서 한글 복원을 전제로 표기할 경우에는 한글 표기를 대상으로 적으며, 'ㄱ, ㄷ, ㅂ, ㄹ'은 각각 'g, d, b, l'로만 적는다.

값 gabs	붓꽃 buskkoch	독립 doglib

Chapter 03 문학

01 문학 이론

1 문학의 이해

(1) 문학의 특성
① 보편성·항구성: 문학은 인구의 공통적인 정서와 지역을 초월하여 누구에게나 통용되는 보편적인 가치를 다룬다.
② 개연성·허구성: 문학은 현실에서 있을 법한 허구의 이야기를 그린다.
③ 특수성: 문학은 작가의 주관이 포함된 특수하고 개별적인 창조물이다.

(2) 문학의 기능
① 교훈적 기능
  ㉠ 문학은 독자가 인생의 가치와 의미를 깨닫도록 삶의 교훈을 준다는 입장이다.
  ㉡ 문학의 사회적 효용성을 강조한다.
  ㉢ 권선징악을 주제로 하는 고전 소설, 개화기 문학, 계몽 문학, 카프 계열 문학, 참여 문학 등이 강조하는 기능이다.
② 쾌락적 기능
  ㉠ 문학은 독자에게 고차원적인 정신적 쾌감과 미적인 즐거움을 준다는 입장이다.
  ㉡ 아리스토텔레스의 『시학』에서 시작된 개념으로, 그는 문학의 쾌락적 기능은 독자에게 '카타르시스(catharsis)'를 경험하게 한다고 하였다.
  ㉢ 순수 문학 등이 강조하는 기능이다.
③ 종합적 기능
  ㉠ 교훈적 기능과 쾌락적 기능을 절충한 입장으로, 문학은 종합적인 기능을 가지고 있음을 강조한다.
  ㉡ 독자에게 고차원적인 쾌락과 동시에 삶의 교훈을 준다.

2 문학의 미적 범주

문학의 미적 범주는 현실(있는 것)과 이상(있어야 할 것)이 어떠한 관계를 맺는지에 따라 '숭고미, 우아미, 비장미, 골계미'로 분류된다.

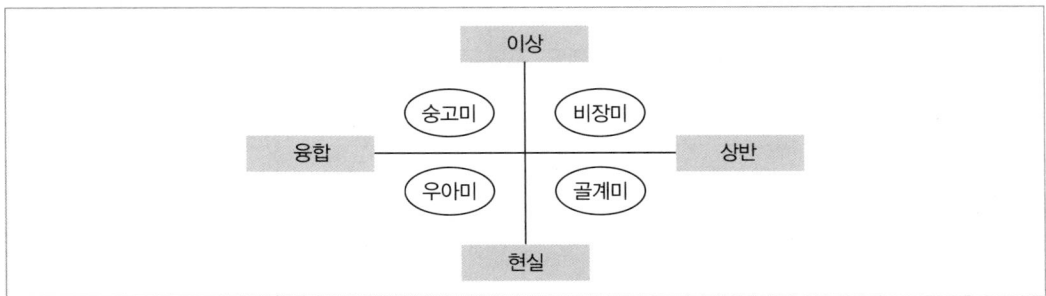

(1) 숭고미
① 도달할 수 없는 높은 경지, 초월적 가치를 추구할 때 느껴지는 아름다움이다.
② 숭고미를 담아내는 작품은 주로 경건하고 엄숙한 분위기를 자아낸다.
③ 종교적이거나 이상적인 삶, 현실의 극복 등의 주제의식을 지니는 작품에서 나타난다.

(2) 우아미
① 조화롭고 균형을 갖춘 대상에서 느껴지는 아름다움을 말한다.
② 있는 것과 있어야 할 것의 융합, 즉 현실과 이상이 일치하는 상황에서 드러난다.
③ 물아일체의 경지나 고전적인 멋이 드러나는 작품에서 나타난다.

(3) 비장미
① 비극적인 현실로 인해 슬픔이 극에 달한 상태 혹은 한(恨)의 정서가 표출될 때 나타나는 아름다움으로, 현실과 이상이 조화를 이루지 못하고 어긋나는 상황에서 드러난다.
② 이별이나 슬픔 등의 정서를 다룬 작품에서 비장미가 나타난다.

(4) 골계미
① 풍자나 해학을 통해 우스꽝스러운 상황이나 인간상을 표현하는 미의식이다.
② 주로 현실의 부조리나 부정적인 대상을 비판하거나 희화화하는 과정에서 웃음을 자아낸다.
③ 골계미는 조선 후기 평민 문학에서 많이 나타난다.

> **더 알아보기**
>
> **사설시조와 골계미**
> 사설시조는 조선 후기에 성행한 갈래로 주로 작자를 알 수 없는 작품이 대부분이다. 작품의 주제나 형식 등으로 미루어 보아 서민들이 주된 작자일 가능성이 높다. 사대부 문학과는 다르게 관념적 주제보다는 일상적이고 현실적인 소재를 주제로 하며, 해학성과 골계미가 두드러지게 나타난다. 현실의 고달픔과 탐관오리의 행태, 부조리하고 모순적인 세상을 풍자하고 날카롭게 비판한다.

3 문학 감상의 관점

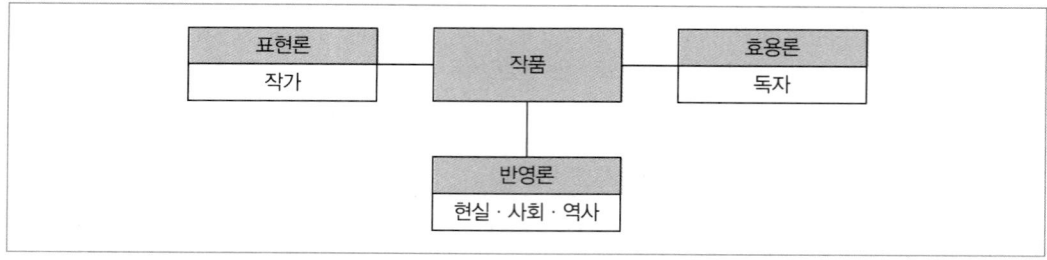

(1) 외재적 관점
  ① 외재적 관점에서의 작품 이해
    ㉠ 작품 외적인 요소들과 작품을 연결하여 감상하고 이해하는 방식이다.
    ㉡ 작품의 작가, 작품이 만들어진 시기, 작품을 감상하는 독자 등의 요소를 기준으로 작품을 감상한다.
  ② 표현론적 관점
    ㉠ 작품을 작가의 의도나 사상, 체험 등을 바탕으로 감상하는 관점이다.
    ㉡ 표현론적 관점을 잘못 적용하면 의도의 오류에 빠질 수 있으므로 유의해야 한다.
  ③ 효용론적 관점
    ㉠ 작품이 독자에게 주는 교훈, 감동, 즐거움 등을 중심으로 감상하는 관점이다.
    ㉡ 효용론적 관점을 잘못 적용하면 감정의 오류에 빠져 작품의 객관적 의미와 가치가 간과될 수 있으므로 주의해야 한다.
  ④ 반영론적 관점
    ㉠ 문학을 현실의 모방으로 보는 관점에서 작품을 감상한다.
    ㉡ 현실 세계와 역사가 작품 속에서 어떻게 반영되고 표현되어 있는지를 파악하는 데 중점을 둔다.
    ㉢ 반영론적 관점을 잘못 적용하면 문학을 단순히 실제 사건이나 역사적 사실 등의 나열로 보게 될 수 있으므로 주의해야 한다.

(2) 내재적 관점
  ① 내재적 관점에서의 작품 이해
    ㉠ 절대주의적 관점이라고도 하며, 언어, 문체, 운율, 표현 기법 등 작품 내부의 요소들을 기준으로 감상하는 방법이다.
    ㉡ 작품 외적인 요소는 고려하지 않는다.
  ② 구조주의
    ㉠ 작품을 독자적이고 생명력을 가진 하나의 독립체로 본다.
    ㉡ 작품의 내적가치를 절대적으로 여겨 유기적으로 연결된 각 부분의 구조를 분석한다.

(3) 종합주의적 관점
  ① 문학 작품을 총체적인 시각에서 다각도로 해석하고 감상하는 관점이다.
  ② 작품의 내적 요소들과 외적 요인들을 종합적으로 적용하여 해석한다.

4 문예 사조의 이해

(1) 고전주의
① 17세기 후반 유럽에서 발생한 사조로, 고대 그리스 · 로마의 고전 문학을 모범으로 삼아 그 특징을 재현하려 하였다.
② 전통적이고 보편적인 세계와 가치를 절대적 가치로 보았고 엄격한 조화와 균형, 절제된 형식미를 중시하였다.
③ 지나친 형식주의로 독창성과 역사성이 결여되는 한계를 보였다.
④ **대표 작품**: 셰익스피어의 4대 비극, 괴테의 「파우스트」, 단테의 「신곡」, 스위프트의 「걸리버 여행기」 등

(2) 낭만주의
① 고전주의의 몰개성적 성격에 반발하여 18세기 말부터 19세기 전반에 유럽에 전파된 사조이다.
② 형식주의에서 탈피하여 개인의 자유로운 사상과 감정의 표현을 지향하여 주관적, 개성적, 낭만적, 창조적인 특징을 보인다.
③ 작품에 이국적인 것과 이상 세계에 대한 동경이 드러나며 혁명적 개혁 추구 등의 특성을 지닌다.
④ **대표 작품**: 빅토르 위고의 「레 미제라블」, 괴테의 「젊은 베르테르의 슬픔」, 워즈워스의 「수선화」, 노발리스의 「밤의 찬가」 등

(3) 사실주의
① 낭만주의의 비현실적이고 이상주의적인 성격에 반발하여 19세기 중 · 후반에 등장한 사조이다.
② 사물을 객관적 관찰을 통해 과장이나 왜곡 없이 구체적으로 표현하려 하였으며 부정적인 모습까지 미화 없이 표현하였다.
③ **대표 작품**: 발자크의 『인간 희극』, 모파상의 「여자의 일생」, 디킨스의 「올리버 트위스트」, 도스토옙스키의 「죄와 벌」 등

(4) 자연주의
① 19세기에 사실주의 영향으로 발생한 사조로, 인간 사회의 현실적 반영에 과학적인 시각과 방법을 적용하려 하였다.
② 인간의 행동은 자연 법칙의 지배를 받는다는 환경 결정론과 다윈의 진화론의 영향을 받았다.
③ 환경의 절대적 영향력에 중점을 두고 과학적, 실험적, 분석적, 해부적 방식을 통해 객관적으로 상황을 전달하였다.
④ **대표 작품**: 에밀 졸라의 「목로 주점」, 모파상의 「비곗덩어리」, 입센의 「인형의 집」, 하디의 「테스」 등

(5) 유미주의
① 사실주의와 자연주의에 대한 반발로 19세기 후반에 등장한 사조로 탐미주의라고도 부른다.
② 아름다움을 최고의 가치로 보고, 예술은 도덕적, 윤리적, 정치적 기준으로 평가할 수 없다고 주장하였다.
③ 형식과 기교, 개성 등을 중시하여 퇴폐주의적이거나 악마주의적인 경향을 보이기도 하였다.

④ 대표 작품: 포의 「애너벨 리」, 보들레르의 「악의 꽃」·「파리의 우울」, 오스카 와일드의 「도리언 그레이의 초상」 등

(6) 상징주의
① 19세기 후반 사실주의와 자연주의의 객관적 성격에 대한 반발로 등장하였으며 넓은 의미로 볼 때는 유미주의를 포함하기도 한다.
② 현실의 객관적 반영과 묘사보다는 상징을 통해 초월적인 예술 세계를 추구하였다.
③ 언어의 음악성, 상징성, 암시성 등을 중시하였다.
④ 대표 작품: 말라르메의 「목신의 오후」, 랭보의 「지옥의 한 계절」 등

(7) 모더니즘
① 사실주의와 자연주의에서 벗어나려 20세기 유럽에서 발생한 사조이다.
② 현대성을 추구하고, 기계화된 문명과 도시적 삶 속에서 개체화된 인간의 모습을 탐구한다.
③ 넓은 의미로는 20세기 이후에 발생한 실험적이고 권위를 탈피하려 한 모든 문학을 총칭한다.

더 알아보기

모더니즘의 문예 사조

이미지즘	• 제1차 세계대전 말기 낭만주의에 반발한 영미 시인들의 신시 운동으로 발생 • 추상적이고 개념적인 언어를 지양하고 시각적이고 구체적인 이미지를 통해 의미를 정확히 전달
다다이즘	• 제1차 세계대전의 불안 의식이 반영된 문학 운동 • 기존 권위와 논리에 저항하고, 규범과 형식 파괴를 주장 • 논리적 구성이나 명확한 주제의 표현 등을 거부
초현실주의	• 프로이트의 정신분석학과 다다이즘의 영향을 받아 등장 • 자동기술법과 의식의 흐름 기법 등으로 무의식·잠재의식의 세계를 표출
표현주의	• 사실주의와 자연주의의 반영론과 모방적 특징에 반발하여 등장 • 현대인의 내면 의식과 불안감, 소외 등을 표현 • 과장되거나 왜곡된 장치를 사용하기도 함
주지주의	• 주정주의와 낭만주의, 탐미주의 등에 반발하여 등장 • 문학의 안티 휴머니즘을 주장하여 신(新)고전주의로도 불림 • 감각과 정서보다는 지성과 이성을 중시하고 구체적 심상과 회화성을 강조 • 전통적 질서의 회복과 현대 문명의 위기 극복 추구

(8) 실존주의
① 제2차 세계 대전 이후 프랑스를 중심으로 생겨난 현실 참여 문학 운동이다.
② 인간의 자유와 주체성을 최고의 가치로 여기며, 극한적 상황에 처한 인간의 선택 의지 등을 강조하는 휴머니즘을 추구한다.
③ 대표 작품: 사르트르의 「구토」, 카뮈의 「이방인」, 카프카의 「변신」 등

(9) 포스트모더니즘

① 모더니즘이 초기의 실험정신을 잃고 엘리트 예술 의식을 추구하게 된 것에 대한 반발로 1950년대에 나타난 전위적이며 실험적인 예술 운동이다.
② 실험적 정신을 지녔다는 측면에서는 모더니즘을 일부 계승하였으나 과거의 전통과 예술의 목적성을 거부하고 실험과 혁신, 경계의 파괴 등을 추구한다.
③ 사회가 형성한 경계를 넘어 개인의 자율성, 다양성, 대중성 등을 중시한다.

(10) 한국의 문예 사조

① 낭만주의 문학
  ㉠ 1920년대 초 3·1운동의 실패와 서구 상징주의 유입의 영향으로 나타났다.
  ㉡ 우울하고 감정적인 정서를 격정적으로 표출하는 시가 많이 창작되었다.
  ㉢ 퇴폐적 낭만주의를 표방한 『폐허』와 감상적 낭만주의를 표방한 『백조』 등의 동인지를 중심으로 낭만시 운동이 전개되었다.

② 사실주의 문학
  ㉠ 1910년대에 유행한 계몽주의적 문학을 탈피하고자 1920년대에 현실에 바탕을 둔 사실주의 문학이 나타났다.
  ㉡ 동인지 『창조』를 중심으로 사실주의적 경향이 일어났으며, 1920년대에는 김동인, 현진건 등의 소설가가 사실주의적 단편 소설의 기틀을 마련하였고, 1930년대에는 염상섭, 채만식을 중심으로 당대 상황을 성찰하는 장편 소설이 주류를 형성하였다.

③ 모더니즘 문학
  ㉠ 1920년대 이후 모더니즘이 유입되면서 구체적 이미지를 표현하는 시가 창작되었다.
  ㉡ 1930년대에 김기림, 김광균, 정지용에 의해 주지주의와 이미지즘이 수용되면서 회화적 이미지를 강조한 시가 창작되었고, 이상은 「날개」, 「오감도」 등 초현실주의 경향의 작품을 창작하였다.
  ㉢ 모더니즘 경향은 1950년대에 김수영, 박인환 등에게 이어져 후기 모더니즘 시 세계가 구성되었다.

④ 실존주의 문학
  ㉠ 국문학에서 실존주의는 1950년대 전후 문학과 함께 등장하였다.
  ㉡ 전후 문학은 서구의 실존주의 사상을 바탕으로 극한 상황에 처한 인간의 실존을 작품에 그려내었다.
  ㉢ 전쟁으로 파괴된 인간성을 고발하는 동시에 이를 극복하는 휴머니즘을 추구하였다.
  ㉣ 광복 직후를 배경으로 하는 김성한의 「5분간」, 오상원의 「유예」와 6·25 이후 창작된 손창섭의 「비 오는 날」, 이범선의 「오발탄」 등이 대표적인 실존주의 문학 작품이다.

5 다양한 문학적 기법

(1) 비유법
표현하고자 하는 원관념을 다른 사물이나 관념에 빗대어 표현하는 방법이다. 원관념과 보조 관념 사이에는 유사성이 있어야 한다.

① **직유법**: 원관념과 보조 관념을 '~같이', '~처럼', '~양', '~듯' 등을 사용하여 직접적으로 연결하는 방법이다.

> 그는 여우처럼 교활하다
> 내 누님같이 생긴 꽃이여

② **은유법**: 원관념과 보조 관념의 관계를 직접적으로 드러내지 않는 비유법으로, 'A는 B이다' 또는 'A의 B'의 형태를 사용한다. 원관념이 생략된 채 보조 관념만 제시되는 경우도 있다.

> 내 마음은 호수요, 그대 노 저어 오오
> 고독은 나의 광장

③ **대유법**: 원관념과 연관된 보조 관념의 속성으로 전체(원관념)를 나타내는 표현법이다. 환유법과 제유법이 있다.

    ㉠ **환유법**: 표현하려는 원관념과 연관되는 보조 관념의 속성이나 특징으로 원관념을 대신 나타내는 표현법이다.

> 백의의 천사 → 간호사
> 청와대에서 중대 정책을 발표하였다. → 정부

    ㉡ **제유법**: 대상의 한 부분이 전체를 대신 표현하는 방법이다.

> 빼앗긴 들에도 봄은 오는가 → 국토
> 빵이 아니면 죽음을 달라 → 식량

④ **중의법**: 하나의 보조 관념으로 두 가지 이상의 원관념을 표현하는 방법이다.

> 수양산 바라보며 이제(夷齊)를 한(恨)하노라 → ㉠ 산 이름 ㉡ 수양 대군
> 청산리 벽계수야 → ㉠ 맑고 푸른 시냇물 ㉡ '벽계수'라는 인물

⑤ **풍유법**: 본뜻은 드러내지 않고 비유 표현만 제시하여 숨은 뜻을 암시하는 표현 방법이다. 속담, 격언, 우화 등에서 많이 사용되며, 교훈성과 풍자적 의미가 강하게 나타난다.

> 빈 수레가 더 요란하다
> 벼는 익을수록 고개를 숙인다

⑥ 의인법·활유법

　㉠ 의인법: 사람이 아닌 대상에 인격을 부여해 사람인 것처럼 표현하는 방법으로, 화자의 감정이 이입되기도 한다. 의인법을 사용하면 독자에게 생생한 느낌을 전달할 수 있다.

　㉡ 활유법: 무생물을 마치 생물인 것처럼 생명이나 동작을 부여해 표현하거나 감정이 없는 것을 감정이 있는 것처럼 표현하는 방법이다.

> 방안에 켜 있는 촛불, 누구와 이별하였관대 겉으로 눈물지고 속타는 줄 모르는고
> 모든 산맥들이 바다를 연모해 휘달릴 때에도

⑦ 의성법: 사람이나 사물의 소리를 그대로 묘사하여 그 소리나 상태를 실제와 같이 표현하는 방법이다. 독자에게 대상을 실감나게 전달하여 강한 인상을 줄 수 있다.

> 시냇물이 졸졸 흐른다
> 처—ㄹ 썩 철—ㄹ 썩 쏴아아 / 따린다 부순다 무너바린다

⑧ 의태법: 사물의 모양이나 태도를 그대로 모방하여 표현하는 방법이다.

> 춘풍(春風) 이불 아래 서리서리 넣었다가 / 어른님 오신 날 밤에 구비구비 펴리라.
> 갑자기 얼굴이 붉으락푸르락하더니

(2) 강조법

① 과장법: 표현하려는 대상을 실제보다 지나치게 크게 혹은 작게 표현하여 의미를 강조하는 방법이다.

> 배가 남산만 하다
> 산더미 같은 파도

② 반복법: 같거나 비슷한 어구를 되풀이하는 방법으로 표현하려는 뜻을 강조하는 방법이다.

> 접동 / 접동 / 아우래비 접동
> 산에는 꽃 피네 / 꽃이 피네 / 갈 봄 여름 없이 / 꽃이 피네

③ 열거법: 내용적으로 열거되거나 비슷한 어구를 여러 개 늘어놓음으로써 의미를 강조하는 방법이다.

> 모든 수령 도망할제 거동 보소. 인궤 잃고 과절 들고, 병수 잃고 송편 들고, 탕건 잃고 용수 쓰고, 갓 잃고 소반 쓰고, 칼집 쥐고 오줌 뉘기……

④ **점층법**: 어구나 어절을 나열하면서 그 내용의 비중이나 정도를 점점 강하게 하거나, 크게 하거나, 높게 하여 표현하는 방법이다. 독자의 감정을 자연스럽게 절정으로 끌어올릴 수 있다.

> 신록은 먼저 나의 눈을 씻고, 나의 머리를 씻고, 나의 가슴을 씻고, 다음에 나의 마음의 모든 구석구석을 하나하나 씻어낸다

⑤ **점강법**: 어구나 어절을 나열하면서 점차 그 내용의 비중이나 정도를 점점 약하게 하거나, 작게 하거나, 낮게 하여 표현하는 방법이다.

> 명덕(明德)을 밝히려고 하면 먼저 나라를 다스리고, 나라를 다스리고자 하면 먼저 몸을 닦고, 몸을 닦으려면 그 뜻을 정성스럽게 하고, 뜻을 정성스럽게 하려면 사물의 이치를 알아야 한다.

⑥ **비교법**: 속성이 비슷한 두 대상을 놓고, 어느 한쪽을 강조하는 방법이다.

> 강낭콩 꽃보다 더 푸른 물결

⑦ **대조법**: 두 가지 이상의 대상을 놓고 차이점을 내세워 주제를 강조하거나 인상을 선명하게 표현하는 방법이다.

> 인생은 짧고 예술은 길다
> 달면 삼키고 쓰면 뱉는다

⑧ **연쇄법**: 앞 구절의 끝 어구를 다음 구절의 앞 구절에 이어받아 이미지나 심상을 강조하는 방법이다.

> 고인(古人)도 날 몯 보고 나도 고인(古人) 몯 뵈. / 고인(古人)을 몯 봐도 녀던 길 알퓌 잇닉. / 녀던 길 알퓌 잇거든 아니 녀고 엇뎔고.

⑨ **영탄법**: 감탄사나 조사 따위를 이용하여 기쁨 · 슬픔 · 놀라움과 같은 감정을 강조하여 표현하는 방법이다.

> 산산히 부서진 이름이여!
> 아아, 너는 산새처럼 날아갔구나!

(3) 변화법

① **반어법**: 본래 말하고자 하는 뜻과는 반대되는 말이나 상황으로 의미를 강조하는 수사법이다.

  ㉠ 언어적 반어법: 일반적인 반어법이다. 겉으로 드러나는 의미와 대립되는 의미를 강조하기 위하여 사용한다.

> 오랫동안 전해 오던 그 사소함으로 그대를 불러 보리라
> 먼 후일 당신이 찾으시면 그 때에 내 말이 잊었노라

  ㉡ 상황적 반어법: 주로 서사 작품에서 많이 사용된다. 등장인물이 작중 상황과 어울리지 않는 행동을 하거나 사건의 진행과는 정반대의 결과가 나타난다. 이러한 과정에서 독자는 부조리나 모순 등을 더욱 강하게 느끼게 된다.

> "이 눈깔! 이 눈깔! 왜 나를 바루 보지 못하고 천정만 보느냐, 응?"하는 말끝엔 목이 메었다. 그러자, 산 사람의 눈에서 떨어진 닭의 똥 같은 눈물이 죽은 이의 뻣뻣한 얼굴을 어롱어롱 적신다. 문득 김 첨지는 미친 듯이 제 얼굴을 죽은 이의 얼굴에 한데 비비대며 중얼거렸다.
> "설렁탕을 사다 놓았는데 왜 먹지를 못하니, 왜 먹지를 못하니……? 괴상하게도 오늘은 운수가 좋더니만……."

② **역설법**: 표면적으로는 모순되거나 부조리한 것 같지만 그 진술 너머에 진실을 담고 있는 수사법이다. 모순 형용 또는 모순 어법이라고도 한다.

> 겨울은 강철로 된 무지갠가 보다
> 이것은 소리 없는 아우성

③ **도치법**: 국어의 기본 형식인 '주어+목적어(보어)+서술어'의 순서를 지키지 않고, 이를 바꾸어 배치함으로써 강조하는 수사법이다.

> 이제 바라보노라 / 지난 것이 다 덮여 있는 눈길을
> 나는 아직 기다리고 있을 테요, / 찬란한 슬픔의 봄을

④ **대구법**: 비슷하거나 동일한 어구를 짝을 맞추어 형식상 대칭을 이루게 하여 강조하는 수사법이다.

> 콩 심은 데 콩 나고, 팥 심은 데 팥 난다
> 돌담에 속삭이는 햇살같이 / 풀 아래 웃음 짓는 샘물같이

⑤ **생략법**: 어구를 생략하여 여운을 남기거나 함축성 있는 글을 만들기 위해 사용하는 수사법이다.

> 그냥 갈까 / 그래도 / 다시 더 한 번……

⑥ 문답법: 묻고 대답하는 형식으로 표현하는 수사법이다.

> 아희야 무릉이 어디오 나는 옌가 하노라

⑦ 설의법: 누구나 다 아는 사실을 의문 형식으로 표현하여 필자가 의도하는 방향으로 독자가 결론을 내리도록 하는 수사법이다.

> 가난하다고 해서 사랑을 모르겠는가?
> 그 곳이 차마 꿈엔들 잊힐 리야

⑧ 돈호법: 사람이나 사물을 불러 독자의 주의를 환기시키는 수사법이다.

> 청산아, 왜 학처럼 야위었느냐
> 동포 여러분! 나 김구의 소원은 이것 하나밖에는 없다

(4) 주요 문학 용어

① 언어유희: 같은 말인데 다른 뜻으로 사용되는 단어나 동음이의어를 해학적으로 사용하는 표현 방법이다.

> 개잘량이라는 '양' 자에 개다리소반이라는 '반' 자 쓰는 양반이 나오신단 말이오.

② 객관적 상관물: 화자의 감정을 객관화하거나 그러한 감정을 표현하기 위한 모든 대상물을 가리킨다. 시적화자와 동일한 감정뿐만 아니라 대조적인 감정을 불러일으키는 대상도 객관적 상관물에 포함된다.

> 앞강물 뒷강물 흐르는 물은 / 어서 따라오라고 따라가자고 / 흘러도 연달아 흐릅디다려

③ 감정 이입: 자연의 풍경이나 사물, 타인 등에 자신의 감정을 이입하여 대상도 자신과 같은 감정을 느끼는 것처럼 표현하는 방법이다.

> 산꿩도 섧게 울은 슬픈 날이 있었다
> 딴은 밤을 새워 우는 벌레는 / 부끄러운 이름을 슬퍼하는 까닭입니다

02 문학 갈래

1 서정 갈래

(1) 시의 개념
① 작가의 사상과 정서를 운율이 있는 언어로 압축하여 형상화한 문학 장르이다.
② 운율이 있는 언어로 전개되므로, 시는 음악성을 지닌다.

(2) 시의 특성
① **함축성**: 시어는 일상어와 달리 의미를 내포하는 함축성을 지닌다.
② **주관성**: 시어는 읽는 사람에 따라 의미가 달라지는 주관성을 지닌다.
③ **다의성**: 시어는 의미가 하나로 고정된 것이 아니라 여러 방향으로 해석될 수 있다.
④ **음악성**: 시는 운율이 있어 읽을 때 말의 가락을 느낄 수 있다.
⑤ **사이비 진술**
   ㉠ 가(假)진술, 비과학적 진술이라고도 한다. 일반적 상식이나 과학적 사실에는 어긋나지만 시적 진실을 표현하는 방법이다.
   ㉡ 언어 표현에 새로운 의미를 첨가하여 독자에게 생생하고 참신한 느낌을 주는 효과가 있다.
⑥ **시적 허용**
   ㉠ 비문법적 진술로, 일상의 언어 규범에 어긋나게 표현하는 방법이다.
   ㉡ 단어가 가지고 있는 기존의 의미에서 더 나아가 글로는 표현하기 힘든 새로운 느낌, 다양한 정서, 미묘한 사상 등을 독자에게 전달할 수 있다.

(3) 시의 상징
① **상징의 개념**: 눈에 보이지 않는 개념을 눈에 보이는 구체적인 사물로 나타내는 표현 기법이다.
② **상징의 특징**
   ㉠ 원관념은 드러나지 않고 보조 관념만 나타난다.
   ㉡ 원관념은 시적 문맥과 문화적 특성을 고려하여 파악해야 한다.
   ㉢ 원관념과 보조 관념이 1:1의 관계가 아닌 1:다(多)의 관계를 이룬다. 즉, 나타나 있는 보조 관념은 하나지만 그것이 의미하는 원관념은 여러 가지이다.
③ **상징의 종류**
   ㉠ 관습적 상징: 사회적·제도적 상징이라고도 말하며, 역사 속에서 오랜 세월 동안 사용되어 그 내용이 관습적으로 보편화된 상징을 말한다.
      예 비둘기 - 평화 / 칼 - 무력 / 펜 - 지식 / 반지 - 약속 등
   ㉡ 원형적 상징: 시대와 공간을 초월하여 인류 전체의 보편적인 체험이 축적되어 형성된 상징이다.
      예 물 - 탄생, 정화, 생명력, 죽음, 속죄 등 / 불 - 파괴, 소멸, 죽음 등
   ㉢ 개인적 상징: 창조적·문화적 상징이라고도 말하며, 시인이 독창적으로 만들어낸 상징이다. 널리 알려진 상징에 새 의미가 부여되며 형성된다.

(4) 시의 갈래

① 내용에 따른 갈래
  ㉠ 서정시: 개인의 감정이나 정서를 주관적으로 표현한 시이다.
  ㉡ 서사시: 서사적 구조의 이야기를 운율이 있는 언어로 담은 시이다.
  ㉢ 극시: 운문으로 표현한 희곡 형태의 시이다.

② 형식에 따른 갈래
  ㉠ 정형시: 일정한 형식과 규칙에 맞춰 이루어진 시로, 외형률이 나타난다.
  ㉡ 자유시: 형식적 제약이나 운율에서 벗어나 자유로운 형식으로 이루어진 시로, 내재율이 나타난다.
  ㉢ 산문시: 연과 행의 구분 없이 산문 형식으로 이루어진 시이다.

③ 태도에 따른 갈래
  ㉠ 주지시: 감정보다는 이성과 지성에 의지하여 이루어진 시로, 현실 비판 의식이 강하다.
  ㉡ 주의시: 인간의 의지적인 측면을 중심으로 이루어진 시이다.
  ㉢ 주정시: 개인의 정서와 감정을 중시하는 시로, 강한 정서적 호소력을 지닌다.

④ 목적에 따른 갈래
  ㉠ 순수시: 순수하게 감동을 일으키는 정서적 요소만으로 이루어진 시이다. 개인의 주관적 정서나 언어의 아름다움을 중시한다.
  ㉡ 경향시: 특정한 사상이나 주의(主義)를 선전하려는 목적으로 지어진 시이다. 경향파나 프로 문학에서 주로 나타난다.

(5) 시의 운율

① 운율의 개념
  ㉠ 시를 읽을 때 느껴지는 리듬감으로, 이를 통해 시의 음악성이 나타난다.
  ㉡ 운(韻)은 동음이나 유음의 규칙적인 반복으로 형성된다.
  ㉢ 율(律)은 음의 강약, 장단, 고저 등의 반복을 통해 형성된다

② 운율의 종류
  ㉠ 외형률
    - 음수율: 음절의 수를 일정하게 하여 운율을 이루는 방법이다.
    - 음보율: 시를 읽을 때 한 호흡 단위로 끊어지는 운율 단위인 음보가 규칙적으로 반복되면서 형성되는 운율이다.
    - 음위율: 비슷한 음을 가진 시어를 시구(詩句)나 시행(詩行)의 같은 위치에 규칙적으로 배치하여 운율을 형성하는 방법이다.
    - 음성률: 음의 고저, 장단, 강약 등이 규칙적으로 반복되어 형성되는 운율로 우리나라 시에서는 잘 나타나지 않는다.
  ㉡ 내재율
    - 겉으로 분명하게 드러나지는 않지만 작품의 내적인 의미와 융화되어 은근하게 느껴지는 주관적이고 개성적인 율격이다.
    - 주로 자유시나 산문시에서 느껴지는 율격이다.

③ 운율 형성 방법
  ㉠ 동일하거나 특정한 음운의 반복으로 형성된다.
  ㉡ 일정한 음절 수와 음보의 반복으로 형성된다.
  ㉢ 유사한 통사 구조의 반복으로 형성된다.
  ㉣ 의성어·의태어 등 음성 상징어를 사용으로 형성된다.
④ 운율의 효과
  ㉠ 규칙적인 소리의 질서에 의해 독자에게 쾌감을 전달하고 깊은 인상을 남긴다.
  ㉡ 작품의 주제와 연결되어 독특한 어조를 이룬다.
  ㉢ 일상 언어에 새로운 감각을 더해 시적 감동을 불러일으킨다.

(6) 시의 심상

① 심상의 개념
  ㉠ 감각을 통하여 획득한 자극을 언어로 재현한 감각적인 영상을 말한다.
  ㉡ 시적 언어를 통해 머릿속으로 연상되는 여러 가지 관념을 뜻한다.
② 심상의 기능
  ㉠ 시적 화자의 감정과 정서를 효과적으로 전달할 수 있다.
  ㉡ 추상적인 관념을 구체적 형상을 통해 생생하게 표현할 수 있다.
  ㉢ 독자의 경험과 의식을 자극하여 보다 수월하게 독자의 이해와 공감을 유도할 수 있다.
③ 심상의 종류
  ㉠ 시각적 심상: 모양, 형태, 색깔 등의 시각적 감각으로 표현되는 이미지이다.
  ㉡ 청각적 심상: 구체적인 소리나 의성어 등의 청각적 표현되는 이미지이다.
  ㉢ 후각적 심상: 냄새, 향기 등의 후각적 감각으로 표현되는 이미지이다.
  ㉣ 촉각적 심상: 피부에 닿는 느낌으로 표현되는 이미지이다.
  ㉤ 미각적 심상: 단맛, 짠맛 등 미각적 감각으로 표현되는 이미지이다.
  ㉥ 공감각적 심상: 하나의 감각이 다른 감각으로 전이되면서 나타나는 이미지이다.

> 이것은 소리 없는 아우성 → 청각의 시각화
> 나는 향기로운 님의 말소리에 귀먹고 → 청각의 후각화
> 매운 계절의 채찍에 갈겨 → 촉각의 미각화
> 금으로 타는 태양의 즐거운 울림 → 시각의 청각화

  ㉦ 복합적 심상: 두 가지 이상의 감각을 함께 나열하여 표현하는 이미지이다.

더 알아보기

공감각적 심상과 복합적 심상
두 가지 이상의 심상이 함께 등장한다는 점에서는 동일하지만, 복합적 심상은 감각의 전이 없이 단순히 두 심상이 나열되는 표현법이다. 반면에 공감각적 심상은 표현하려는 하나의 대상을 두고 대상이 본래 가지고 있는 심상을 다른 심상에 전이하여 표현하는 방법이다.

④ 심상의 양상
  ㉠ 상승(긍정적) 이미지: 시적 화자가 지향하고, 긍정적인 느낌을 주는 시어를 통해 표현되는 이미지이다.
  ㉡ 하강(부정적) 이미지: 시적 화자가 부정하고, 어둡거나 무겁고 부정적인 느낌을 주는 시어를 통해 표현되는 이미지이다.

(7) 시적 화자
① 시적 화자의 개념
  ㉠ 시 속에서 말하는 사람을 뜻하며, 작가가 의도적으로 설정한 허구적 대리인이다.
  ㉡ 작가의 정서와 감정 등을 대신 전달하는 역할을 하며, 서정적 자아·시적 자아라고도 한다.
  ㉢ 시적 화자는 시적 상황이나 시적 대상에 대한 정보, 시인의 내면세계 등을 드러낸다.
② 시적 화자의 어조
  ㉠ 어조의 개념: 시적 화자가 시적 대상이나 독자에게 이야기를 전할 때의 언어적 태도로 시의 분위기와 정서를 결정한다. 주로 시어와 종결 어미를 통해 드러나게 된다.
  ㉡ 어조의 종류
    • 남성적 어조: 강하고 단정적인 시어와 시적 화자의 의지적인 태도가 드러난다.
    • 여성적 어조: 시적 화자의 부드러운 말투가 두드러진다.
    • 기원적 어조: 경건하며 종교적인 성격이 나타나거나 독백체의 어조가 쓰이기도 한다.
    • 대화체 어조: 화자가 독자에게 말을 건네거나 시 속의 대상과 화자가 대화를 하는 어조가 나타난다.
    • 풍자적·해학적 어조: 비유·풍자를 통해 비판과 해학의 효과를 높이는 어조이다.
③ 시적 화자의 태도
  ㉠ 태도의 개념: 시적 화자가 자신이 처해 있는 내적·외적 상황을 대하는 마음가짐이나 행동을 나타낸다.
  ㉡ 태도의 종류: 긍정적·부정적 태도, 의지적·체념적 태도, 회한·자조적 태도, 반성적 태도 등

(8) 시상 전개 방식
① 시상 전개 방식의 개념: 시상은 시인의 생각이나 상념, 사상, 정서 등을 말하며, 작가가 이러한 시상을 효과적으로 전달하기 위한 시 조직 방법을 시상 전개 방식이라 한다.
② 시상 전개 방식의 종류
  ㉠ 기승전결(起承轉結): 한시에서 시구를 구성하는 방법이다. 기는 시를 시작하는 부분, 승은 그것을 이어받아 전개하는 부분, 전은 시의를 한 번 돌려 전환하는 부분, 결은 전체 시의(詩意)를 끝맺는 부분이다.
  ㉡ 선경후정(先景後情): 한시의 창작 기법 중 하나로, 시상을 전개할 때 먼저 자연이나 경치, 사물을 묘사하고 난 뒤에 시인의 감정이나 생각을 표현하는 정서적 부분이 나타난다.
  ㉢ 수미상관(= 수미쌍관, 수미상응): 첫 연이나 행을 끝 연에 다시 반복하는 구성 방법이다. 운율을 형성하고 시의 전체적인 구조를 안정되게 만드는 효과가 있다.

② 시간의 흐름과 변화: 시간의 흐름과 변화에 따라 시상이 전개되는 방식이다.
⑩ 시선·공간의 이동: 화자의 시선이 이동함에 따라 혹은 화자가 이동하는 장소에 따라 시상이 전개되는 방식이다.
⑪ 어조의 변화: 시적 화자의 어조를 변화시키는 전개 방식이다. 전과는 다른 어조로 변화시킴으로써 후에 등장하는 어조를 통한 화자의 정서를 더욱 강조하는 효과가 있다.
⊙ 시상의 전환: 화자의 정서 및 태도가 대조적으로 변화함에 따라 시가 전개되는 방식이다.

2 서사 갈래

(1) 소설의 개념과 특성

① 소설의 개념
  ㉠ 작가의 상상력에 의해 예술적으로 형상화된 산문 문학이다.
  ㉡ 소설은 허구적이며 개연적인 서사 양식의 이야기이다.

② 소설의 특성
  ㉠ 허구성: 소설은 작가의 상상력에 의해 새로 창조된 이야기이다. 현실에서 선택된 제재를 중심으로 구성되지만, 이는 실제로 존재하는 것은 아니고 있음 직한 이야기, 즉 개연성 있는 허구이다.
  ㉡ 서사성: 소설은 시간의 흐름에 따라 주인공이 겪는 사건, 하는 행동 등을 통해 이야기가 전개된다.
  ㉢ 산문성: 소설은 사건이나 인물 등에 대한 묘사, 인물 간의 대화 등으로 서술되는 산문 문학이다.
  ㉣ 모방성: 소설은 현실에 있는 제재에 현실을 반영하고, 모방하여 재구성한 문학이다.
  ㉤ 예술성: 소설은 언어적 형식미를 지닌 언어로 표현되는 예술이다.

(2) 소설의 갈래

① 분량에 따른 분류
  ㉠ 단편(短篇) 소설: 보통 200자 원고지 70매 내외 분량의 소설로, 단일 주제로 단일 효과를 노린다.
  ㉡ 중편(中篇) 소설: 원고지 200매에서 500매 사이 분량의 소설이다. 대체로 구성의 복잡성이나 주제의 복합성에서 장편 소설과 단편 소설의 중간이다.
  ㉢ 장편(長篇) 소설: 원고지 1,000매 이상의 긴 분량의 소설이다. 구성이 복잡하고 다루는 세계도 넓으며 등장인물도 다양하다.
  ㉣ 장편(掌篇) 소설: 단편 소설보다도 짧은 분량의 소설로, 콩트(conte)라고도 한다. 대개 인생의 단면을 예리하게 포착하여 그려낸다.

② 작가의 의도에 따른 분류
  ㉠ 순수 소설: 정치적 목적을 배제하고 예술적 아름다움과 문학적 가치를 추구하는 소설이다.
  ㉡ 목적 소설: 예술성의 구현보다는 사상의 선전이나 전달과 같은 목적을 이루기 위하여 쓴 소설이다.
  ㉢ 대중 소설: 일반 대중을 독자층으로 하는 흥미 위주의 소설이다. 추리 소설, 통속 연애 소설, 괴기 소설 따위가 있다.

③ 기타 소설의 갈래
  ㉠ 가족사 소설: 한 가족의 여러 대에 걸친 흥망성쇠를 다룬 소설이다. 가족 개개인의 이야기보다는 가족이라는 한 사회 집단의 움직임과 변화 양상을 중시한다. 또한 여러 대에 걸친 가족의 역사를 추적하기 때문에 연대기 소설의 형태를 보인다.
  ㉡ 번안 소설: 외국 원작의 내용이나 줄거리는 그대로 두고 풍속, 인명, 지명 따위를 자국의 시대나 풍토에 맞게 바꾸어 고쳐 쓴 소설이다.
  ㉢ 연작 소설: 여러 작가가 나누어 쓴 것을 하나로 만들거나, 한 작가가 같은 주인공의 단편 소설을 여러 편 써서 하나로 만든 소설을 말한다.
  ㉣ 심리 소설: 작중 인물의 심리 상태와 심리적 추이를 분석하고 묘사하는 소설이다. 우리나라에서는 이상의 「날개」에서 처음 시도되었다.
  ㉤ 본격 소설: 사회 현실에서 제재를 구하여 제3자의 관점에서 사건의 진전이나 인물의 움직임을 객관적으로 다루어 구성한 소설이다

(3) 소설의 요소

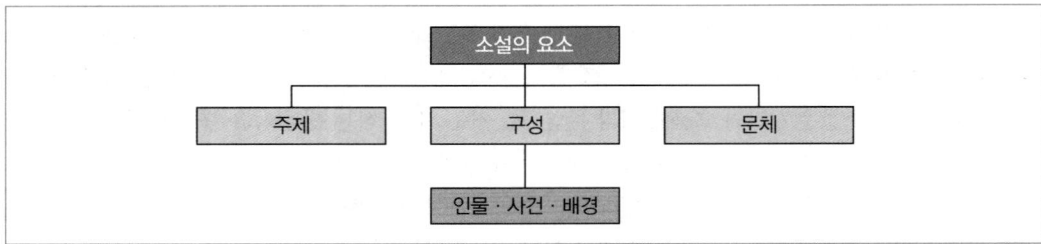

① 주제
  ㉠ 작가가 작품을 통해 제시하는 사상이나 세계관 등을 말한다.
  ㉡ 주제가 직접적으로 드러나는 경우도 있고, 소설 속에서 암시적으로 표현되는 경우도 있다.
② 구성
  ㉠ 구성의 개념: 이야기의 전개를 위해 인과적으로 사건을 배열하는 작품의 짜임새를 말한다.
  ㉡ 구성의 단계

발단	작품의 도입 단계로, 인물과 배경이 제시되고 사건의 실마리가 암시된다.
전개	사건이 본격적으로 전개되는 단계로, 갈등이 발생하고 사건이 구체화되면서 복잡하게 얽힌다. 인물의 성격이 변화되거나 발전되기도 한다.
위기	갈등이 고조되고 사건이 절정에 이르게 되는 계기가 나타나는 단계이다. 사건의 극적 반전을 가져오는 계기가 제시된다.
절정	갈등이 최고조에 달한다. 갈등 해소의 실마리가 제시되며 위기가 반전된다.
결말	사건의 마무리와 함께 갈등이 해소되고 주인공의 운명이 결정된다.

ⓒ 복선과 암시
- 복선: 사건에 필연성을 부여하기 위해 앞으로 일어날 사건의 전조를 독자에게 보여주는 서사적 장치를 말한다.
- 암시: 독자가 뒤에 일어날 사건을 예측할 수 있도록 넌지시 단서를 제공하는 방법이다.

ⓔ 구성의 종류
- 평면적 구성: 사건이 과거, 현재, 미래의 시간적 흐름에 따라 차례로 진행되는 방식이다.
- 입체적 구성: 사건이 작가의 의도에 따라 순서가 바뀌어 진행되는 방식이다. 현대 소설에서 많이 나타난다.
- 액자식 구성: 외부 이야기(외화) 안에 내부 이야기(내화)가 위치하여 이중적으로 구성된 방식이다. 소설의 핵심은 내화에 있으며, 외화는 내화를 전개하기 위한 포석을 까는 이야기이다.

③ 문체
ⓐ 소설을 전개할 때 사용하는 언어의 개성적인 표현 방식을 말한다.
ⓑ 서술, 묘사, 대화의 방식을 통해 소설의 문체가 나타난다.

(4) 소설 구성의 요소
① 인물
ⓐ 인물의 개념: 작가에 의해 창조된 허구의 사람이다. 소설 속에서 사건과 행동의 주체자이며, 행위자이다.
ⓑ 인물의 유형

구분	인물 유형	특징
역할	주동 인물	소설의 주인공으로, 사건의 중심에서 사건을 주도하는 인물
	반동 인물	주인공의 의지와 행동의 반대 입장에 서서 주인공과 대립하는 인물
성격 변화	평면적 인물	작품의 처음부터 끝까지 성격의 변화나 발전이 없는 인물
	입체적 인물	사건의 전개나 상황의 변화에 따라 성격이 변하는 인물
특성	전형적 인물	특정한 사회 계층이나 집단을 대표하는 인물
	개성적 인물	독자적이고 뚜렷한 개성을 지닌 인물

ⓒ 인물 제시 방법
- 직접 제시: 서술자가 인물의 성격을 직접 요약하여 제시하는 방법이다. 인물의 성격이 서술자에 의해 비교적 명확하게 드러나기 때문에 독자는 인물을 쉽게 이해할 수 있다.
- 간접 제시: 인물의 행동이나 대화를 통해 인물의 성격을 간접적으로 제시하는 방법이다. 독자는 인물의 대화나 행동을 통해 유추해야 하고, 표현의 한계로 인해 서술자의 인물에 대한 견해가 분명하지 않을 수 있다.

② 사건과 갈등
　㉠ 사건의 개념: 갈등을 포함하여 인물의 행위나 서술에 의해 일어나는 작품 속의 모든 일들을 말한다.
　㉡ 갈등의 유형
　　• 내적 갈등: 한 인물의 내면에서 일어나는 갈등을 말한다.
　　• 외적 갈등: 인간과 인간 혹은 인간과 외적 대상 간의 갈등을 말한다.

인간 ↔ 인간	주동 인물과 반동 인물 사이의 갈등
인간 ↔ 사회	인물과 인물이 처한 사회 환경 사이의 갈등
인간 ↔ 운명	인물과 인물이 운명적으로 맞게 되는 사건들 사이의 갈등
인간 ↔ 자연	인물과 자연 사이의 대립과 갈등
계층 ↔ 계층	계층과 계층 사이의 갈등

　　• 한 작품에서 여러 갈등이 동시에 나타날 수 있다.
　㉢ 사건과 갈등의 기능
　　• 독자들의 흥미를 불러일으킬 수 있다.
　　• 사건 전개의 필연성을 부여해 작품의 유기성을 높여 준다.
　　• 등장인물의 내적 · 외적 관계를 규정해 준다.

③ 배경
　㉠ 배경의 개념: 작품에서 사건이 전개되는 시간과 공간, 더 나아가 사회적 · 역사적 상황을 말한다. 이러한 외적인 상황뿐 아니라 등장인물의 심리적 상황 또한 배경에 포함된다.
　㉡ 배경의 기능
　　• 작품의 전체적인 분위기를 조성하고 인물의 행동, 사건의 전개 등에 사실성을 부여한다.
　　• 배경 자체가 상징적으로 쓰여 소설의 주제 의식을 효과적으로 드러낼 수 있다.

(5) 소설의 시점과 거리
① 시점의 개념
　㉠ 작품 속에서 서술자가 사건이나 대상을 바라보는 시각이나 관점을 말한다.
　㉡ 어떤 서술자를 통해 내용이 전개되는지에 따라 작품의 주제, 인물의 성격 등이 다양하게 나타난다.
② 시점의 종류

구분	사건의 내부적 분석	사건의 외부적 분석
서술자 '나' → 1인칭 시점	1인칭 주인공 시점	1인칭 관찰자 시점
제3의 인물 → 3인칭 시점	전지적 작가 시점	작가(3인칭) 관찰자 시점

　㉠ 1인칭 주인공 시점
　　• '나'가 자신의 이야기를 서술하는 시점이며, '나'는 이야기의 주인공이자 서술자이다.
　　• 주인공의 내면 심리를 제시하는 데 효과적이며, 독자에게 신뢰감과 친근감을 준다.
　　• 주인공이나 사건, 대상에 대해 객관적인 서술이 어렵고, 주인공 이외의 등장인물을 서술하는 데 한계가 있다.

- 고백적이고 자전적인 성격이 강하여 심리 소설이나 서간체 소설 등에 많이 쓰인다.
ⓒ 1인칭 관찰자 시점
- 주인공이 아닌 '나'가 작품 속 서술자가 되어 주인공을 관찰하여 서술하는 시점이다.
- 인물의 심리나 내면에 개입할 수 없어서 서술자가 관찰한 그대로 제시된다.
- 어떠한 인물을 관찰자로 설정했는지에 따라 소설의 효과가 달라진다.
- 주인공의 내면이 드러나지 않아 긴장감과 경이감을 조성한다.
- 관찰자의 시선으로 서술되기 때문에 주인공의 세계를 깊이 있게 다루는 데에 한계가 있다.
ⓒ 전지적 작가 시점
- 서술자가 전지전능(全知全能)한 신과 같은 위치에서 모든 것을 다 아는 상태로 서술하는 시점을 말한다.
- 서술자는 각 등장인물의 내면과 심리까지 묘사·설명·제시할 수 있다.
- 작품 속 주인공이 알지 못하는 내용까지 서술자는 독자에게 모두 제시할 수 있다.
- 서술자가 지나치게 개입할 경우 객관성 확보가 어려워지고 독자의 역할이 수동적으로 될 수 있다.
- 대부분의 고전 소설과 장편 소설에서 많이 사용된다.
② 작가(3인칭) 관찰자 시점
- 서술자가 외부 관찰자의 위치에서 사건과 대상을 관찰하여 전달하는 시점이다.
- 인물의 대화와 행동 등을 관찰하여 전달하므로 극적인 효과를 줄 수 있다.
- 객관적으로 사건과 대상을 전달하므로 인물의 내면 심리 묘사와 명확한 해설이 어렵다.
- 작가가 직접적으로 개입할 수 없으므로 주제는 암시적으로 제시된다.
- 현대 사실주의 소설에서 많이 사용되는 시점이다.

③ **시점과 거리**
㉠ 소설에서 거리는 서술자와 등장인물, 등장인물과 독자, 독자와 서술자 사이에서 느끼는 정서적 거리감을 말한다.
㉡ 서술자가 누구인지, 즉 소설이 서술되는 시점이 무엇인지에 따라 거리는 달라진다.
㉢ 거리의 조정으로 현실감, 객관적 느낌 등을 조절할 수 있고, 이를 통해 사실성을 높일 수 있다.

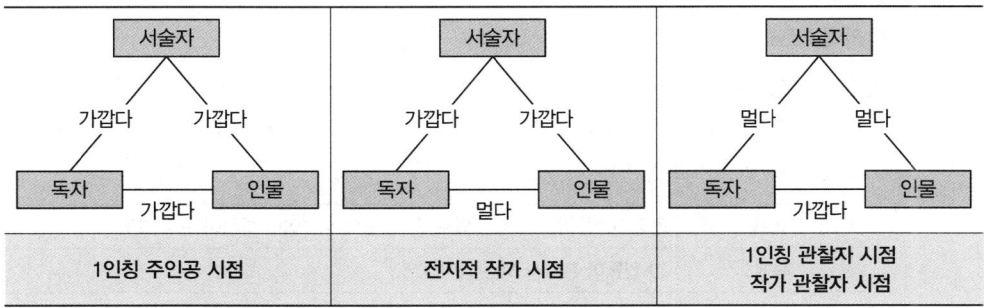

3 극 갈래

(1) 희곡의 이해

① 희곡의 개념
  ㉠ 무대 상연을 목적으로 하여 쓴 연극의 대본이다.
  ㉡ 서술자의 개입 없이 무대 위 등장인물들의 행동이나 대화를 통해 관객에게 직접 전달하는 문학이다.

② 희곡의 특성
  ㉠ 무대 상연의 문학: 무대 상연을 목적으로 한 문학으로, 극적 관습을 따르며 여러 가지 시간적·공간적 제약이 따른다.
  ㉡ 대사와 행동의 문학: 작품의 사건, 줄거리, 주제 등은 모두 등장인물의 대사와 행동을 통해 전달된다.
  ㉢ 대립과 갈등의 문학: 인물과 세계의 극적 대립과 갈등을 주된 내용으로 하므로 이러한 극적 갈등과 해소를 중심으로 극이 전개된다.
  ㉣ 현재형의 문학: 희곡은 무대 상연을 전제로 하는 문학이기 때문에 공연을 보는 관객들의 눈앞에 일어나는 사건을 표현한다. 따라서 현재 시제로 나타내는 현재형의 문학이다.

③ 희곡의 제약
  ㉠ 시간과 공간의 제약: 희곡은 자유로운 장면 전환이 어렵다.
  ㉡ 서술자 개입의 제약: 희곡은 무대 위 등장인물의 대사와 행동을 통해 전개되므로 서술자의 개입에 한계가 있고, 따라서 인물의 심리나 정신세계를 표현하는 데에도 제약이 있다.
  ㉢ 등장인물 수의 제약: 무대라는 공간의 제약이 있어 등장할 수 있는 인물 수에 제약이 있다. 군중 장면 같은 경우는 연출하기 어렵다.

④ 희곡의 구성
  ㉠ 막(幕): 극의 막이 올랐다가 다시 내릴 때까지의 단위로, 둘 이상의 장(場)이 모여 이루어지며 극의 길이와 행동을 구분한다.
  ㉡ 장(場): 막의 하위 단위로, 배경의 변화나 등장인물의 입장과 퇴장으로 구분한다.

⑤ 희곡의 구성 요소
  ㉠ 형식적 요소
    • 해설: 작품의 처음이나 막이 오르기 전후에 무대 장치, 배경, 인물 등을 설명하는 글이다.
    • 지문(지시문): 배경이나 효과, 등장인물의 행동·표정·동작 등을 지시하고 설명하는 글이다.
    • 대사: 등장인물이 하는 말이다.

대화	등장인물들이 주고받는 말로, 각 인물의 성격이나 특성이 드러난다.
독백	한 인물이 혼자서 하는 말이다.
방백	다른 인물에게는 들리지 않고 관객에게만 들리는 것으로 약속한 말이다.

ⓒ 내용적 요소

인물	작품 속에서 어떤 행위를 수행하거나 사건을 진행하는 주체자이다.
사건	작품 속에서 일어나는 모든 일을 말한다.
배경	작품 속 사건이 일어나는 구체적인 장소와 시간이다.

(2) 시나리오의 이해

① 시나리오의 개념
  ㉠ 영화 촬영을 위해 쓴 대본이다.
  ㉡ 촬영을 전제로 썼기 때문에 장면이나 그 순서, 배우의 행동이나 대사 따위를 상세하게 규정한다.
  ㉢ 제작상의 기술과 방법도 염두에 두어야 하며, 구체적이고 극적으로 플롯을 구성한다.

② 시나리오의 특성
  ㉠ 화면에 의하여 장면이 표현되므로 촬영을 고려해야 한다. 이에 따라 특수한 시나리오 용어가 사용된다.
  ㉡ 주로 등장인물의 대사와 행동으로 표현된다.
  ㉢ 시간과 공간의 이동에 제약이 없기 때문에 장면 전환이 자유롭다.
  ㉣ 등장인물의 수에 제약이 없어 군중 장면이나 인물이 없는 배경만의 장면도 가능하다.
  ㉤ 직접적인 심리 묘사가 불가능하여 장면과 대상에 의해 간접적으로 묘사된다.
  ㉥ 영화 상영을 전제로 하기 때문에 예정된 시간에 상영될 수 있도록 장면이 구성된다.

③ 시나리오의 구성단위
  ㉠ 내적 구성단위

장면	사건의 배경이 되는 장면들을 찍은 단위로 장면 번호(scene number)로 나타낸다.
대사	• 등장인물들이 주고받는 말을 말한다. • 인물의 성격을 드러내고, 사건을 진행시키고, 갈등 관계를 나타내고, 주제를 구현하는 기능 등을 한다.
지시문	• 등장인물의 연기나 배경, 촬영 기법에 대해 지시하는 글을 말한다. • 등장인물의 표정, 행동, 장치, 카메라 위치, 화면 편집 기술 등을 지시한다.
해설	배경이나 등장인물을 소개하며, 등장인물의 심리를 직접 소개하기도 한다.

  ㉡ 외적 구성단위

숏/컷(shot/cut)	카메라를 끊지 않고 한 번에 연속하여 촬영하여 찍은 장면이다.
신(scene)	영화의 최소 단위로, 동일한 장소와 시간 내에서 동일한 인물에 의해 일어나는 일련의 사건이나 상황을 말한다.
시퀀스(sequence)	영화에서 몇 개의 장면이 모여 이룬 일련의 화면으로, 하나의 에피소드를 이루는 구성단위이다. 희곡의 막(幕)과 같은 역할을 한다.

④ 시나리오 용어

S · (Scene Number)	장면 번호
O.L.(Over Lap)	한 화면이 사라질 때 다음 화면이 포개지며 나타나는 기법
C.U.(Close Up)	어떤 대상이나 인물을 크게 확대해서 찍는 것
F.I.(Fade In)	화면이 점차 밝아지는 것(영화가 시작되는 단계에서 많이 씀)
F.O.(Fade Out)	화면이 점차 어두워지는 것(영화가 끝나는 단계에서 많이 씀)
NAR.(Narration)	내레이션, 해설, 화면 밖의 효과를 설명함
E.(Effect)	효과음
D.E.(Double Exposure)	하나의 화면에 다른 화면이 겹쳐서 이루지는, 이중 노출
Insert	화면의 특정 동작이나 상황을 강조하기 위해 삽입한 화면(글자 또는 사진 등)
Extra	많은 인원을 필요로 할 때 동원되는 임시 출연자
M(Music)	효과 음악
N.G.(No Good)	촬영이 잘 되지 않는 일. 또는 그런 필름
PAN(Panning)	동체의 속도나 진행 방향에 맞춰서 카메라를 이동시키며 촬영하는 기법
W.O.(Wipe Out)	기존의 장면에 검정 화면을 밀어 넣으면서 화면의 일부를 닦아 내듯이 없애고 다른 화면을 나타내는 기법

⑤ 희곡과 시나리오의 비교

구분	희곡	시나리오
공통점	• 대사와 행동, 지문으로 사건을 제시 • 직접적인 심리 묘사가 불가능하고 인물의 행동이나 대화를 통해 간접적으로 묘사함 • 극적인 사건을 다루고, 갈등을 중심으로 전개됨	
차이점	• 연극의 대본으로, 무대 상연을 목적으로 함 • 시간과 공간에 제약이 있음 • 등장인물 수에 제약이 있음 • 표현에 한계가 있음 • 공연 내용은 일회성을 띰 • 막과 장으로 구성됨	• 영화의 대본으로, 촬영 후 스크린을 통해 상영됨 • 시간과 공간에 제약이 없음 • 등장인물 수에 거의 제약이 없음 • 희곡에 비해 표현의 폭이 큼 • 필름 등의 형태로 영구보존 가능 • 신과 시퀀스로 구성됨

4 교술 갈래

(1) 수필의 개념과 특성

① 수필의 개념
  ㉠ 일정한 형식을 따르지 않고 인생이나 자연 또는 일상생활에서의 느낌이나 체험을 생각나는 대로 쓴 산문 형식의 글이다.
  ㉡ 작가가 직접 자신의 체험을 서술하기 때문에 1인칭의 문학이라고도 한다.

② 수필의 특성
　㉠ 1인칭의 문학: 소설의 허구적 대리인이 아닌 작가 본인이 겪은 체험이나 사상을 표현한다. 따라서 자기 고백적인 성격이 강하고, 작가의 독자적 개성이 잘 드러난다.
　㉡ 자유로운 형식: 수필은 이름 그대로 붓 가는 대로 쓴 글이다. 일정한 형식에 따르지 않고 자유롭게 쓸 수 있다.
　㉢ 제재의 다양성: 수필의 소재는 생활 속의 모든 것이 그 대상이 될 수 있으며, 인간의 다양한 체험 모두를 제재로 삼을 수 있다.
　㉣ 비전문적 문학: 수필은 일정한 형식이나 글을 쓰기 위한 특별한 조건이 없으므로 누구나 쓸 수 있는 대중적인 문학 갈래이다.
　㉤ 관조와 사색의 문학: 일상을 통해 경험한 사실을 바탕으로 인생에 대한 깊은 통찰과 사색의 깊이가 반영된다. 따라서 수필은 인생을 여유롭게 관조하는 원숙미가 돋보인다.

(2) 수필의 유형
① 내용에 따른 분류
　㉠ 경수필: 일정한 형식에서 벗어나 작가 개인의 취향이나 체험, 느낌 등을 자유롭게 표현한 수필이다. 따라서 문장과 내용은 가볍고, 정서적·주관적·자기 고백적인 성격이 강하며 신변잡기적(身邊雜記的) 성격을 지닌다.
　㉡ 중수필: 일정한 주제와 목적을 바탕으로 어떠한 현상에 논리적으로 접근하여 객관적으로 서술한 수필이다. 경수필에 비해 내용이 무겁고, 논증과 설명이 주를 이루기 때문에 비평적인 성격을 지닌다.

② 진술 방식에 따른 분류
　㉠ 교훈적 수필: 작가의 체험이나 사색에서 얻은 지혜나 관조에서 우러난 교훈적 내용의 수필이다. 작가의 신념과 주제가 직접적으로 드러나고, 설득적 성격이 강한 경우가 많다.
　　예 이양하 「나무」, 김진섭 「모송론」, 이희승 「딸깍발이」, 이어령 「삶의 광택」
　㉡ 희곡적 수필: 작가가 자신이나 다른 사람의 체험을 극적으로 제시한 수필이다. 주로 대화나 행동을 통해 내용을 전달하며, 극적 효과를 위해 현재 시제를 많이 사용한다.
　　예 계용묵 「구두」, 김소운 「가난한 날의 행복」
　㉢ 서정적 수필: 작가가 일상생활이나 자연에서 느낀 감정이나 정서를 주관적으로 표현한 수필이다. '나'의 감정과 내면적 심리가 드러나며, 대체로 기교적 표현이 많다.
　　예 김동리 「수목송」, 이양하 「신록 예찬」, 김진섭 「백설부」
　㉣ 서사적 수필: 일정한 이야기를 바탕으로 마치 소설처럼 전개되는 수필이다. 인물과 사건, 배경 등이 구체적으로 제시된다. 하지만 소설과는 달리 허구적 이야기가 아닌 실제 체험이기 때문에 긴밀한 구성을 전제로 하지 않는다.
　　예 최남선 「백두산 근참기」, 피천득 「은전 한 닢」, 계용묵 「제주도 기행」

03 고전 문학

1 고대 문학

(1) 고대 가요

① 발생 초기에는 집단 활동이나 의식과 관련된 의식요나 노동요가 창작되었고 후기에는 개인적 서정에 바탕을 둔 서정 시가가 주로 창작되었다.

② 고대 가요는 설화 속에 삽입되어 전하는데, 이는 시가 문학과 서사 문학이 완전히 분리되지 않은 상태를 보여 주는 것이다.

③ 기록 수단이 없어 구전되어 오다가 후대에 한역되어 전하기 때문에 원래의 정확한 모습을 알 수 없다.

④ 주요 작품

작품	작가	내용
공무도하가	백수 광부의 처 또는 여옥	물에 빠져 죽은 남편을 애도함. 현전하는 가장 오래된 시가
구지가	구간 등	수로왕의 강림을 기원하는 노래로 '영신군가(迎神君歌)'라고도 함
황조가	유리왕	꾀꼬리의 정다운 모습을 보고 자신의 외로움을 슬퍼함
정읍사	행상인의 아내	행상 나간 남편의 안전을 기원하는 아내의 마음을 담음

(2) 향가(鄕歌)

① 향찰(鄕札)로 표기된 정형화된 서정시로, 6세기경 신라에서 발생하여 고려 초까지 향유되었다.

② 현재 『삼국유사』에 14수, 『균여전』에 11수로 모두 25수가 전해진다.

③ 향가의 작가: 주로 귀족, 화랑, 승려가 대부분이지만 부녀자, 평민까지 다양한 계층 사이에서 폭넓게 향유됨

④ 향가의 형식

4구체	초기의 향가로 입에서 입으로 전해 내려오는 민요 형식
8구체	4구체에서 발전되어 4구체와 10구체의 과도기적 형식
10구체	• 향가의 형식 중 가장 정제된 형식으로, 4+4+2의 구성 • 낙구(귀글의 맨 마지막 구)에는 반드시 감탄사 '아으'가 있는 것이 특징 → 시조 종장의 첫 구에 영향을 미침

⑤ 주요 작품

작품	작가	형식	내용
서동요	서동	4구체	서동이 선화공주를 얻기 위하여 아이들에게 부르게 한 노래
풍요	백성들		양지가 영묘사의 장육존상을 만들 때 부역을 온 백성들이 부른 노래
도솔가	월명사		해가 둘이 나타나자 하나의 해를 없애기 위하여 부른 노래
헌화가	어느 노인		소를 몰고 가던 노인이 수로부인에게 꽃을 꺾어 바치며 부른 노래
모죽지랑가	득오	8구체	화랑 죽지랑의 고매한 인품을 추모하여 부른 노래
처용가	처용		아내를 범한 역신을 물리치는 노래(주술가), 현전하는 마지막 신라 향가
혜성가	융천사	10구체	혜성이 큰 별을 침범한 괴변을 없애고 왜구의 침략을 막은 노래
천수대비가	희명		희명이 눈먼 자식의 눈을 뜨게 하기 위해 부른 불교적 신앙 노래
제망매가	월명사		요절한 누이의 명복을 빌며 부른 노래(추도가)
찬기파랑가	충담사		충담사가 기파랑의 인품을 추모하여 부른 노래
안민가	충담사		경덕왕의 요청으로 임금과 신하의 도리를 노래한 치국안민의 노래
원왕생가	광덕		극락왕생하기를 바라는 불교적 신앙심을 읊은 노래

(3) 설화 문학

① 설화는 예로부터 전해 내려오는 이야기를 총칭하는 말이다.
② 일정한 구조를 지니고 있으며 꾸며 낸 이야기라는 점에서 서사 문학의 근원이 되었다.
③ 설화의 갈래

구분	신화	전설	민담
전승자의 태도	신성하다고 믿음	진실하다고 믿음	흥미롭다고 믿음
시간과 장소	태초의 신성한 장소	구체적 시간과 장소	막연한 시간과 장소
증거물	포괄적(우주, 국가 등)	개별적(연못, 암석 등)	보편적
주인공과 행위	신적 능력 발휘	비범한 인간, 비극적 결말	평범한 인간, 운명 개척
전승 범위	민족적 범위	지역적 범위	세계적 범위

㉠ 건국 신화
- 발생 배경: 국가 통치 기반을 굳건히 하고, 지배 논리의 정당성을 확보하기 위해 만들어졌다.
- 건국 신화의 구조: 고귀한 혈통, 비정상적 출생과 구출, 양육자의 등장, 위기와 모험, 투쟁과 승리, 비범한 능력, 유년기에 고난을 겪음

㉡ 전설 · 민담
- 삼국 시대는 전설과 민담이 주를 이루었다.
- 김부식의 『삼국사기』와 일연의 『삼국유사』 등에 기록되어 있다.
- 전설은 역사성, 진실성이 강조되고 기념물이나 증거물이 남아 있다.
- 민담은 해학과 골계와 연관이 깊으며, 흥미와 교훈이 주된 목적이다

④ 주요 작품

갈래	작품	내용
신화	단군 신화	고조선의 성립과 단군의 신이한 출생 – 고조선
	동명왕 신화	동명왕의 신이한 탄생과 건국 과정 – 고구려
	박혁거세 신화	신라 시조인 박혁거세의 출생 – 신라
	수로왕 신화	가락국의 시조인 김수로왕의 출생 – 가락국
전설 · 민담	온달 설화	바보 온달과 평강 공주의 이야기
	도미 설화	「춘향전」의 근원 설화로 백제 평민 도미와 그의 아내가 지킨 정절 이야기
	지귀 설화	선덕여왕을 사모한 지귀 이야기
	연오랑세오녀	해와 달이 된 연오랑과 세오녀의 이야기
	귀토지설	「별주부전」의 근원 설화
	방이 설화	「흥부전」의 근원 설화
	효녀 지은 설화	「심청전」의 근원 설화

(4) 한문학 · 한시(漢詩)

① 한문학은 삼국 시대에 한자가 들어오면서 시작되었으며 7세기경(통일 신라)에는 한시가 본격적으로 창작되어 한문학의 기원을 이룩하였다.

② 한시는 중국 한문학의 영향을 받아 한문을 이용하여 우리의 사고와 정서를 표현한 정형시이다.

③ 주요 작품

	작품	작가	내용
한문학	화왕계	설총	꽃을 의인화한 가전체 형식의 우언적(寓言的)인 한문 단편
	토황소격문	최치원	당나라 황소의 난 때 황소에게 보낸 격문으로, 당대의 명문으로 칭송받은 글
	왕오천축국전	혜초	신라 승려 혜초가 고대 인도의 5국과 인근 여러 나라를 순례하고 당나라에 돌아와서 그 행적을 적은 글
한시	여수장문우중시	을지문덕	수나라 장군 우중문이 스스로 물러가기를 유도하는 노래로, 현전하는 최고(最古)의 한시
	야청도의성	양태사	타국에서 고국을 그리워하는 노래
	제가야산독서당	최치원	세상을 멀리하고 산속에 은둔하고 싶은 심정을 노래
	추야우중	최치원	뜻을 펴지 못한 지식인의 고뇌와 고국에 대한 그리움을 담은 노래

2 고려 시대 문학

(1) 향가계 가요
① 신라의 향가에서 고려 가요로 넘어오는 과정에서 생긴 과도기적 형태의 가요를 말한다.
② 향찰로 표기되었거나 향가 형태를 띤 고려 가요를 총칭한다.
③ 주요 작품

작품	작가	형식	내용
도이장가	예종	8구체	예종이 서경(평양)에서 열린 팔관회에 참관하여 고려 초의 공신 김락과 신숭겸 장군의 덕을 찬양한 노래
정과정	정서	10구체의 파격 (11행)	임금을 연모하며 자신의 억울함을 하소연한 노래. 악곡명은 '삼진작'이라고 함

(2) 고려 가요
① 일명 '장가(長歌), 속요(俗謠), 여요(麗謠)'로 평민들이 부르던 민요적 시가를 가리킨다.
② 원래 고려 가요는 민간에서 구전되던 민요였으나 그 일부가 고려 말기에 궁중으로 유입되어 불렸고, 조선 시대 한글 창제 이후『악학궤범』,『악장가사』,『시용향악보』등에 한글로 기록되어 전해진다.
③ 형식: 대체로 3·3·2조 3음보 분연체이며, 후렴구 또는 조흥구가 발달되어 있다.
④ 내용: 남녀 간의 애정, 이별의 아쉬움, 자연 예찬 등 민중의 소박하고 풍부한 정서를 진솔하게 표현하였는데, 조선 시대에 남녀상열지사라고 하여 많은 작품이 삭제되었다.
⑤ 주요 작품

작품	출전	형식	내용
가시리	악장가사, 시용향악보	4연, 분연체	남녀 간의 애타는 이별을 노래
동동	악학궤범	13연, 월령체	월별로 그 달의 자연 경물이나 행사에 따라 남녀 사이의 애정을 읊은 월령체가
만전춘	악장가사	5연, 분연체	남녀 간의 애정을 대담하고 솔직하게 읊은 사랑의 노래
사모곡	악장가사, 시용향악보	비연시	어머니의 사랑을 낫에, 아버지의 사랑을 호미에 비유하여 어머니의 사랑이 큼을 나타낸 소박한 노래
상저가	시용향악보	비연시	방아를 찧으면서 부른 효도를 주제로 한 노래(노동요)
서경별곡	악장가사	3연, 분연체	서경을 배경으로, 여인이 사랑하는 사람을 떠나보내며 이별의 정한을 읊은 노래
쌍화점	악장가사	4연, 분연체	남녀 간의 사랑을 적나라하게 표현한 노래
유구곡	시용향악보	비연시	비둘기와 뻐꾸기를 통해 잘못된 정치를 풍자한 노래
이상곡	악장가사	비연시	남녀 간의 애정을 노골적으로 표현한 노래
정석가	악장가사, 시용향악보	6연, 분연체	태평성대를 기리고 임과의 영원한 사랑을 소망한 노래
처용가	악학궤범, 악장가사	비연시	신라 향가「처용가」를 부연해서 부른 축사 노래
청산별곡	악장가사	8연, 분연체	현실 도피적인 생활의 소망과 삶의 비애가 담긴 노래

(3) 경기체가

① 고려 중엽 무신의 난 이후 정계에 등장한 신흥 사대부들이 향유한 노래이다.
② 노래 후렴구에 '경(景) 긔 엇더ᄒ니잇고' 또는 '경기하여(景幾何如)'라는 구절이 반복되어 '경기체가' 또는 '경기하여가'라고 한다.
③ 형식: 3음보의 분연체, 연장체 형식으로 각 절의 끝에 후렴구가 반복된다.
④ 내용: 향락적이고 퇴폐적인 풍류 생활과 현실 도피적인 내용이 주를 이루며, 교술시(敎述詩)에 형식적 제약이 까다로운 폐쇄적 양식이다.

시기	작품	작가	내용
고려 시대	한림별곡	한림 제유	시부, 서적, 명필, 명주(名酒), 화훼, 음악, 누각, 추천 등의 소재를 통해 귀족 생활의 풍류를 노래. 현전하는 경기체가 중 가장 먼저 창작된 작품(전 8장)
	관동별곡	안축	관동 지방의 절경을 읊은 노래. 이두문이 많이 쓰임(전 8장)
	죽계별곡	안축	죽계와 순흥의 아름다운 경치를 노래. 이두문이 많이 쓰임(전 5장)
조선 시대	상대별곡	권근	사헌부의 생활을 읊은 노래(전 5장)
	화산별곡	변계량	조선의 창업을 찬양한 노래로 세종 때 변계량이 지음(전 8장)
	불우헌곡	정극인	임금의 은덕, 전원생활의 즐거움, 제자를 기르는 즐거움, 나라의 태평함 등을 노래(전 6장)
	화전별곡	김구	경상남도 남해의 화전으로 귀양 가서 그곳의 뛰어난 경치를 노래
	도동곡	주세붕	도학이 우리나라에까지 미친 것을 찬양한 노래(전 9장)
	오륜가	미상	오륜을 내용으로 하여 지은 노래(전 6연)
	독락팔곡	권호문	빈부귀천을 하늘에 맡기고 일생을 한가롭게 살아가는 멋과 자연의 아름다움을 읊은 노래

(4) 시조

① 고려 중엽에 발생하여 고려 말에 완성된 3장 6구 45자 내외의 정형시를 말한다.
② 시조라는 명칭은 조선 영조 때 명창 이세춘이 '시절가조(時節歌調)'라는 새로운 곡조를 만들어 부른 데서 유래했다.
③ 고려 시대 처음에는 사대부 계층에서 향유되었으나, 조선 시대에 들어와서는 향유층이 확대되어 국민 문학의 성격을 띠는 갈래이다.
④ 주요 작품

작품	작가	내용
이화(梨花)에 월백(月白)ᄒ고	이조년	봄밤의 애상적인 정감을 노래
구름이 무심(無心)튼 말이	이존오	간신 신돈의 횡포를 풍자하는 노래
백설(白雪)이 ᄌᆞ자진 골에	이색	기울어가는 나라를 바라보며 안타까워하는 노래
춘산(春山)에 눈 녹인 ᄇᆞ롬	우탁	늙음에 대해 한탄하는 노래
이 몸이 죽어 죽어	정몽주	고려에 대한 충성심을 드러내는 노래
이런들 엇더ᄒ며	이방원	고려의 충신 정몽주를 회유하기 위한 노래

(5) 한시
① 고려 시대에는 과거 제도의 실시, 불교의 융성, 교육 기관(국자감) 설치 등으로 한문학이 발달하여 한시의 창작이 귀족의 일반적 교양이 되었다.
② 이규보, 정지상, 이색 등의 뛰어난 작가들이 활발하게 작품 활동을 하였다.
③ 주요 작품

작품	작가	내용
산거	이인로	산속에 은거하며 꽃, 골짜기, 두견새 등의 아름다운 풍경을 노래
동명왕편	이규보	고구려 시조인 동명왕의 영웅적인 행적을 노래한 영웅 서사시
송인	정지상	자연과 인간을 대비하여 임과 이별한 슬픔을 노래
부벽루	이색	인간 역사의 무상함에 대한 한탄과 지난 역사의 회고와 고려 국운(國運) 회복의 소망을 노래
사리화	이제현	탐관오리의 수탈과 횡포에 대한 고발을 노래

(6) 패관문학
① 항간에 떠도는 이야기를 패관(稗官)이 한문으로 쓴 기록 문학이다.
② 고려 초기 과거 제도의 실시로 한문학이 발달하여 문인들에 의해 다양한 한문학 양식들이 수용되어 풍부한 작품들이 만들어졌다.
③ 패관의 창의성이 가미되고 윤색(潤色)됨으로써 하나의 산문적인 문학 형태로 자리 잡았다.

작품	작가	내용
수이전	박인량	우리나라 최초의 설화집으로 연오랑 세오녀, 호원 등 몇 작품만 『삼국유사』, 『해동고승전』에 실려 전함
백운소설	이규보	삼국 시대부터 고종 때까지의 시인들과 그들의 시에 대하여 논하였으며, 소설이라는 명칭을 처음으로 사용
파한집	이인로	시화(詩話), 문담(文談), 기사(紀事), 풍속, 풍물 등을 수록한 책으로 고려사 연구에 귀중한 자료가 됨
보한집	최자	이인로가 엮은 『파한집』을 보충한 수필체의 시화들을 엮은 책으로 시구(詩句), 취미, 사실(史實), 부도(浮屠), 기녀 등 여러 가지 이야기를 수록
역옹패설	이제현	역사책에 나오지 않는 이문(異聞), 기사(奇事), 인물평, 경론, 시문, 서화 품평 등을 수록

(7) 가전체 문학
① 계세징인(戒世懲人)을 목적으로 사물을 의인화하여 사람의 일대기인 '전(傳)' 형식으로 이야기를 전개하는 문학이다.
② 패관 문학과 달리 개인 창작물이며, 의인화된 사물이 주인공이다.
③ 인물의 가계(家系), 생애, 성품, 공과(功過) 등을 전기 형식으로 기록하였다.
④ 설화와 소설을 잇는 교량적인 역할을 했다고 평가받는다.
⑤ 주요 작품

작품	작가	내용
국순전(麴醇傳)	임춘	술을 의인화하여 당시 정치 현실을 풍자하고 술의 부정적인 영향을 경계함
공방전(孔方傳)	임춘	돈을 의인화하여 재물만 탐하는 것을 경계함
국선생전(麴先生傳)	이규보	국성(술)의 긍정적인 면을 통해 위국충절의 사회적 교훈을 강조하고 군자의 처신을 경계함
저생전(楮生傳)	이첨	종이를 의인화하여 위정자들에게 올바른 정치를 권유함
죽부인전(竹夫人傳)	이곡	대나무를 의인화하여 남편을 잃고 절개를 지키며 생을 마친 죽부인(대나무)을 통해 현숙하고 절개 있는 여성상을 그림
정시자전(丁侍者傳)	석식영암	지팡이를 의인화하여 불교 포교와 지도층의 겸허를 권유한 내용

3 조선 시대 문학

(1) 악장
① 궁중의 국가 공식적인 행사에서 사용되던 노래 가사이다.
② 조선 초기에만 나타나는 독특한 문학 양식으로 조선 건국의 정당성을 밝히고 새로운 이념을 널리 전파하는 것을 목적으로 하였다.
③ 내용: 조선 건국의 정당성, 신문물제도 찬양, 임금의 만수무강 기원과 업적 찬양, 후왕에 대한 권계 등
④ 주요 작품

작품	작가	형식	내용
정동방곡	정도전	한시체	태조의 위화도 회군을 찬양
상대별곡	권근	경기체가체	사헌부 소개를 통해 조선 창업의 위대성 찬양
봉황음	윤회	경기체가체	조선 문물과 왕가의 축수를 노래
용비어천가	정인지	신체	육조의 위업 찬양, 후대 왕에 대한 권계
월인천강지곡	세종	신체	석가모니에 대한 찬양
신도가	정도전	속요체	태조의 덕과 한양의 경치를 찬양

(2) 언해

① 훈민정음 창제를 계기로 불교나 유교의 중요 경전 등을 훈민정음으로 번역한 것을 말한다.
② 학문과 문화 그리고 지식을 널리 보급하는 데 크게 기여하였다.
③ 조선 초기 국어 연구의 귀중한 자료이다.
④ 주요 작품

작품	연대	내용
석보상절	세종	수양대군이 왕명에 따라 석가의 일대기를 적은 책
월인석보	세조	월인천강지곡을 본문으로 삼고 석보상절을 주석으로 하여 합본한 책. 당시 글자나 말을 그대로 보전하여 국어사(國語史)에서 매우 귀중한 문헌
두시언해	성종	두보의 유교적, 우국적 한시를 언해함
소학언해	선조	중국 주자가 쓴 책 소학을 직역하여 언해함

(3) 시조

① 조선 전기
　㉠ 간결하고 절제된 형식으로 표현되었다.
　㉡ 조선 개국 시기에는 회고가(懷古歌), 절의가(絶義歌) 등이 창작되었다.
　㉢ 조선 개국 이후에는 조선 왕조에 대한 찬양과 유교적 충의 사상을 노래한 작품이 많았다.
　㉣ 정국이 안정된 후 유교 사상과 함께 무위자연(無爲自然)에 영향을 받은 한정가(閑情歌), 강호가(江湖歌) 등이 많이 지어졌다.
　㉤ 기녀들의 작품은 개인의 정서를 진솔하고 아름답게 표현하였다.
　㉥ 주요 작품

작품	작가	내용	주제
흥망이 유수ᄒ니	원천석	고려의 패망과 역사의 허무함	망국의 슬픔
오백년 도읍지를	길재	망국의 한과 회고의 정, 고려 왕조 회고	
선인교 나린 물이	정도전	조선 개국 공신의 고려 왕조 회고	
방안에 혓는 촉불	이개	임과 이별한 슬픔	연군과 우국
천만 리 머나먼 길에	왕방연	유배된 어린 임금에 대한 애절한 마음	
삼동에 뵈옷 닙고	조식	임금의 승하를 애도함	
십 년을 경영ᄒ여	송순	자연애, 자연 귀의	자연 친화
두류산 양단수를	조식	지리산 양단수의 승경 찬미	
지당에 비 쑤리고	조헌	적막(寂寞)과 고독(孤獨)	
대쵸볼 불근 골에	황희	추수가 끝난 늦가을 농촌의 풍치 있는 생활상	
동지ㅅ돌 기나긴 밤을	황진이	임을 기다리는 절실한 그리움	연정
이화우 훗쑤릴 제	계랑	임에 대한 그리움	
묏버들 갈히 것거	홍랑	임에게 보내는 사랑, 이별의 슬픔, 임에 대한 그리움	

강호사시가	맹사성	강호에서 자연을 즐기며 임금의 은혜를 생각함
오륜가	주세붕	삼강오륜(三綱五倫)의 교훈 강조
도산십이곡	이황	자연의 관조와 학문 수양의 길을 노래함
고산구곡가	이이	강학(講學)의 즐거움과 고산(高山)의 아름다움
훈민가	정철	유교 윤리의 실천 권장
어부가	이현보	강호에 묻혀 사는 어부(漁父)의 한정(閑情)

② 조선 후기

㉠ 사대부에서 평민층으로 향유 계층이 확대되었다.

㉡ 관념적이고 유교적인 내용에서 벗어나 다양한 현실적 삶을 표현하는 방식으로 주제가 다양화되었다.

㉢ 초장이나 중장이 두 구 이상 길어지거나, 종장이 길어지는 사설시조가 등장하였다.

㉣ 전문 가객들에 의해 가단(歌壇)이 형성되고, 시조집이 편찬되는 등 국민문학으로 확고히 자리 잡았다.

㉤ 주요 작품

작품	작가	내용
가노라 삼각산(三角山)아	김상헌	우국지사(憂國之士)의 비분 강개한 심정
철령 높은 봉을	이항복	임금을 생각하는 신하의 절의, 억울한 심정 호소
한산섬 달 볼근 밤의	이순신	우국충정(憂國衷情)
만흥(漫興)	윤선도	자연에 묻혀 사는 은사(隱士)의 한정(閑情)
어부사시사(漁父四時詞)	윤선도	자연에서 살아가는 여유와 흥취
오우가(五友歌)	윤선도	오우(五友, 수·석·송·죽·월) 예찬
귓도리 져 귓도리	미상	독수공방(獨守空房)의 외롭고 쓸쓸한 마음
창을 내고쟈 창을 내고쟈	미상	마음속에 쌓인 근심과 시름을 해소하려 함
딕들에 동난지 사오	미상	서민들의 상거래 장면, 현학적 태도에 대한 비판

더 알아보기

시조집

시조집	작가	내용
청구영언	김천택	영조 4년 역대 시조를 수집하여 펴낸 최초의 시조집. 시조 998수와 가사 17편을 분류하고 정리함
해동가요	김수장	영조 39년 883수의 시조를 작가별로 분류하고 각 작가에는 간단한 소전(小傳)을 붙임
가곡원류	박효관, 안민영	고종 13년 남창(男唱) 800여 수와 여창(女唱) 170여 수를 곡조별로 분류하여 수록함

(4) 가사

① 조선 전기

㉠ 운문에서 산문으로 넘어가는 과도기적 장르이다.

㉡ 형식: 3·4조, 4·4조의 음수율과 4음보 연속체를 기준으로 한다.

㉢ 내용: 충신연주지사, 안빈낙도 생활, 자연에 대한 애정 등의 내용 등이 주를 이루며 시조와 함께 2대 문학 양식으로 널리 유행하였다.

㉣ 주요 작품

작품	작가	내용
상춘곡	정극인	봄의 완상과 안빈낙도
면앙정가	송순	자연을 즐기는 풍류의 정과 임금님의 은혜에 감사
성산별곡	정철	성산의 사계절 풍경과 식영정 주인의 풍류 예찬
사미인곡	정철	연군지정
속미인곡	정철	임금을 그리는 정
관동별곡	정철	관동 지방의 절경 유람, 연군·애민의 정
만분가	조위	귀양살이의 억울함과 연군의 정
관서별곡	백광홍	관서 지방의 아름다운 경치를 노래
규원가	허난설헌	방탕한 생활을 하는 남편으로 인한 여인의 한(恨)

② 조선 후기

㉠ 산문 정신과 서민 의식의 성장으로 작가층이 양반에서 평민층이나 부녀자 계층으로 확대되었다.

㉡ 조선 전기의 정격 가사에 비해 형식이 자유로운 변격 가사가 나타났다.

㉢ 부녀자들에 의해 내방 가사가 창작되었다.

㉣ 실학의 영향으로 장편 기행 가사와 유배 가사가 등장하였다.

㉤ 서정적 관념에서 벗어나 일상적이며 현실적인 체험을 사실적으로 표현하였다.

㉥ 주요 작품

작품	작가	내용
선상탄	박인로	임진왜란 후 전쟁의 비애와 태평성대를 희망하는 노래
고공가	허전	농사를 나랏일에 비유하여 당시 관리들의 행태를 비판하는 노래
고공답주인가	이원익	나라를 다스리는 도리. 고공가의 화답가
누항사	박인로	자연에서 빈이무원하는 생활을 노래
노계가	박인로	노계의 경치를 노래
농가월령가	정학유	농촌에서 해야 할 일과 세시풍속을 노래
일동장유가	김인겸	일본을 견문하고 지은 노래
연행가	홍순학	청나라 북경에 가서 보고 들은 것을 노래

(5) 고전 소설

① 조선 전기

㉠ 설화, 패관 문학, 가전체 문학, 중국 전기(傳奇) 소설 영향으로 발생하였다.

㉡ 세조 때 김시습의 금오신화가 창작되었고, 이후 임제의 원생몽유록 등의 몽유록계 소설이 등장하였다.

㉢ 주요 작품

작품	작가	내용
금오신화	김시습	「용궁부연록」, 「남염부주지」, 「이생규장전」, 「만복사저포기」, 「취유부벽정기」 등 5편이 실린 단편 소설집
원생몽유록	임제	세조의 왕위 찬탈을 소재로 정치권력의 모순을 폭로함
대관재몽유록	심의	문인 심의가 꿈속에서 최치원(崔致遠)이 천자(天子)로 있고 역대 문인들이 대신으로 있는 나라에 들어가 벼슬을 하고 결혼도 하여 영화를 누린다는 내용
화사	임제	꽃을 의인화하여 국가의 흥망성쇠를 풍자

② 조선 후기

㉠ 임진왜란과 병자호란으로 인해 신분 질서가 동요되면서 소설 문학이 발전하였다.

㉡ 평민층이 문학 창작에 적극 참여함으로써 독자층이 확대되었다.

㉢ 군담 소설, 몽자류 소설이 크게 유행하였으며, 다양한 주제의 국문 소설이 등장하였다.

㉣ 소설을 읽어 주고 일정한 급료를 받는 전기수(傳奇叟)가 등장하였다.

㉤ 주요 작품

작품	작가	내용	분류
장끼전	미상	남존여비(男尊女卑)나 여성의 개가(改嫁) 금지 비판	우화 소설
토끼전	미상	헛된 욕망에 대한 경계, 위기에서 벗어나는 지혜	우화 소설
홍길동전	허균	적서 차별에 대한 비판	사회 소설
전우치전	미상	부패한 정치에 대한 비판, 가난한 백성들을 구제	사회 소설
임진록	미상	임진왜란의 치욕에 대한 정신적 위안 및 민족의식 고취	군담 소설
유충렬전	미상	유충렬의 간난(艱難)과 영웅적 행적	군담 소설
조웅전	미상	조웅의 영웅적 행적과 충효 사상 실현	군담 소설
박씨전	미상	박씨 부인의 영웅적 기상과 재주	군담 소설
사씨남정기	김만중	처첩 간의 갈등과 사씨의 고행	가정 소설
장화홍련전	미상	계모의 흉계로 인한 가정의 비극과 권선징악	가정 소설
운영전	미상	운영과 김 진사의 비극적 사랑	염정 소설
구운몽	김만중	부귀공명의 허망함	염정 소설
춘향전	미상	이몽룡과 성춘향의 신분을 초월한 사랑	염정 소설
숙향전	미상	온갖 어려움을 극복하고 성취한 남녀 간의 사랑	염정 소설
옥단춘전	미상	이혈룡과 기생 옥단춘의 사랑	염정 소설

배비장전	미상	지배층의 위선에 대한 풍자와 폭로	풍자 소설
이춘풍전	미상	위선적인 남성 중심 사회에 대한 비판과 진취적 여성상 제시	
옹고집전	미상	인간의 참된 도리에 대한 교훈, 권선징악	

③ 박지원의 한문 소설
  ㉠ 당대 현실에 대한 비판과 풍자를 하고 평민들의 삶을 생생하게 그렸다.
  ㉡ 새로운 인간형을 창조하고 남성 위주의 인식을 탈피하였다.
  ㉢ 작품을 통해 질문을 던지고 그곳에서 해답을 찾는 형식을 취했다.
  ㉣ 주요 작품

작품	출전	내용
허생전	열하일기	무능한 사대부 계층에 대한 비판과 현실에 대한 자각 촉구
호질	열하일기	유학자들의 위선적 행동에 대한 비판
양반전	방경각외전	양반의 무능함과 허위의식에 대한 비판
예덕선생전	방경각외전	바람직한 교우의 도와 무실역행(務實力行)하는 참된 인간상
광문자전	방경각외전	신의 있고 허욕을 부리지 않는 삶의 태도 칭송
민옹전	방경각외전	시정 세태에 대한 비판과 풍자
마장전	방경각외전	유생들의 위선적 교우를 풍자
열녀함양박씨전	연암집	수절하며 살아가는 여인들의 고통과 열녀 풍속의 문제점 비판

> **더 알아보기**
>
> 판소리계 소설
> • 판소리 사설의 영향을 받아 소설로 정착된 작품들이다.
> • 봉건 체제가 해체되어가던 조선 후기의 역동적인 사회 현실을 반영하였다.
> • 구성은 희곡적이며, 문체는 대체로 4음보의 운문체이다.
> • 양반들이 사용하는 한문 어투와 평민들이 사용하는 일상 언어가 혼재한다.
> • 표면적 주제와 이면적 주제가 따로 존재하는 주제의 양면성을 가지고 있다.
> • 주요 작품: 「춘향전」, 「흥부전」, 「심청전」, 「토끼전」 등

(6) 한문학

① 조선 전기
  ㉠ 조선은 억불숭유(抑佛崇儒) 정책과 과거 제도 실시 등으로 유교(성리학) 중심의 문학이 존중되었다.
  ㉡ 고려 때부터 발달한 한문학은 조선 전기에 와서도 계속하여 발전하였다.
  ㉢ 주요 작품

작품집	작가	내용
동문선	서거정	신라부터 조선 초기까지의 시문을 모아 만든 책, 우리나라 한문학의 총결산
용재총화	성현	민간 풍속, 문물, 역사, 제도, 지리, 인물, 서화, 음악 등을 기록
필원잡기	서거정	고대로부터 전하는 일화 또는 한담(閑談)을 소재로 서술한 수필집
패관잡기	어숙권	조선 전기의 사실(史實)과 견문한 내용을 기록한 수필집

② 조선 후기
　㉠ 조선 전기 사장파 문학을 계승하고, 철학과 예술을 중요시하였다.
　㉡ 경전을 바탕으로 한 관념적 문학을 추구한 순정(醇正)파 문학이 발달하였다.
　㉢ 현실적·실리적이며 강한 비판 의식을 지닌 실학파 문학이 대두하였다.

작품	작가	내용
시화총림	홍만종	고려·조선 시대에 이르는 역대 문인의 시화(詩話)를 뽑아 수록
순오지	홍만종	정철과 송순의 시가(詩歌)와 중국의 「서유기」에 대하여 평론하고, 130여 종의 속담(俗談)을 수록
서포만필	김만중	신라 이후의 시에 대한 평론을 실은 것으로, 김만중의 사상을 이해하는 데 반드시 필요한 책으로 꼽힘
북학의	박제가	청나라 시찰 후 풍속과 제도의 개혁을 강조한 것으로 자신의 의견을 덧붙여 쓴 책. 실학사상을 연구하는 데 귀중한 자료
목민심서	정약용	관리들의 폭정을 비판하면서 수령이 지켜야 할 지침(指針)을 밝힌 계몽 도서

(7) 고전 수필
① 고려 시대 초기부터 갑오개혁 이전까지 창작된 수필을 말한다.
② 임진왜란과 병자호란을 겪으면서 개인의 경험이나 사실 등을 기록하기 위해서 많은 수필이 창작되었다.
③ 초기에는 한문 수필이 많았으나 후기에는 작가층이 여성으로 확대되면서 한글 수필이 많이 창작되었다(궁중 수필, 내간체 수필).
④ 고려와 조선 전기의 패관 문학이나 조선 후기의 문집들은 모두 한문 수필에 속한다.
⑤ 한글 수필은 일기나 기행문, 서간문 등 종류가 매우 다양하다.
⑥ 주요 작품

작품	작가	내용	분류
계축일기	궁녀	광해군이 영창대군을 죽이고 인목대비를 폐하여 서궁에 감금했던 사건을 기록한 작품	궁중 수필
한중록	혜경궁 홍씨	남편 사도세자의 비극적 죽음을 중심으로 자신의 일생을 돌아보는 작품	
인현왕후전	궁녀	인현왕후의 폐비 사건을 다룬 작품	
산성일기	궁녀	병자호란의 치욕과 남한산성에서의 항쟁을 다룬 작품	일기
의유당일기	의유당	남편의 부임지 함흥을 갔다가 함흥 주변의 아름다운 경치를 보고 느낀 감상을 적은 작품	
화성일기	이희평	정조의 화성 나들이를 수행하고 기록한 작품	
노가재연행록	김창업	형인 김창집(昌集)이 동지사 겸 사은사로 연경(燕京)에 갈 때 자벽군관(自辟軍官)으로 동행하여 귀국한 뒤 지은 작품	기행
무오연행록	서유문	서장관으로 북경을 갔다가 보고 들은 것을 기록한 작품	
열하일기	박지원	청나라 건륭(乾隆) 황제의 70세 생일을 축하하기 위한 외교사절단으로 갔다가 청나라의 실상을 직접 목격하고 이를 기록한 작품	
을병연행록	홍대용	서장관인 숙부 홍억(洪檍)의 자제군관으로 청나라에 다녀오면서 보고 듣고 느낀 바를 날짜별로 기록한 작품	

유년재수서	이봉한	일본 통신사의 수행원으로 갔을 때 어머니께 보낸 편지	서간
한산유찰	양주 조씨	문신 이집(李潗)의 집안사람들 사이에서 오고 갔던 한글 편지 모음	
제문	숙종	숙종의 막내아들 연령군이 세상을 떠나자 그 애통한 심회를 적은 글	제문
조침문	유씨	바늘을 의인화하여 제문형식으로 적은 수필	
규중칠우쟁론기	미상	바늘, 자, 가위, 인두, 다리미, 실, 골무 등을 의인화하여 인간 사회를 풍자한 수필	기타
어우야담	광해군	민간의 야담과 설화를 모아 놓은 책	

(8) 민요

① 민중 사이에서 불리던 전통적인 노래를 통틀어 이르는 말이다.
② 서민들의 정서와 삶의 애환이 함축되어 있는 구전 가요이다.
③ 쉽게 부를 수 있도록 율격이나 형식이 다듬어져 있다.
④ 노동의 피로 회복, 일의 능률 향상, 민족의 동질성 등의 목적성이 있기 때문에 집단성·음악성이 나타난다.
⑤ 형식: 3음보나 4음보의 노래가 주를 이루며 연속체로 노래가 길며 대개 후렴구가 있고, 두 연이 대칭 구조를 이루며 음의 반복이 많다.
⑥ 주요 작품

구분		작품	내용
기능요	노동요	논매기, 타작 노래, 해녀 노래, 베틀 노래 등	일의 능률을 높이기 위해 부르는 노래
	의식요	상여 노래, 지신밟기 노래, 달구지 노래 등	여러 가지 의식에 맞추어 부르는 노래
	유희요	강강술래, 줄다리기 노래, 널뛰기 노래 등	놀이를 하면서 부르는 노래
비기능요		정선 아리랑, 밀양 아리랑, 강원 아리랑, 시집살이 노래 등	유흥이 목적인 노래

(9) 잡가

① 조선 후기 하층 계급의 전문 소리꾼들이 시정(市井)에서 부르던 노래이다.
② 조선 후기 정격 가사가 정형성이 없어지면서 대중이 부르는 가요의 혼합 형태로 나타났다.
③ 가사와 민요 그리고 시조 등 문학 장르와의 교섭 과정에서 형성된 특이한 문학 장르이다.
④ 잡가는 하층 계급의 노래였지만 상층 문화에 대한 모방 심리가 반영되어 우리말뿐 아니라 한자어나 중국 고사 등도 함께 사용되어 문체의 이중성을 보인다.
⑤ 형식: 가사와 유사한 4·4조의 율격을 이루지만, 파격이 매우 심하다.
⑥ 내용: 남녀 간의 사랑, 자연의 아름다움과 풍류, 삶의 애환과 해학 등 세속적·유흥적·통속적·향락적 내용이 주를 이룬다.
⑦ 주요 작품 :「관동팔경」,「배따라기」,「유산가」,「적벽가」 등

(10) 판소리

① 광대가 고수(鼓手)의 북장단에 맞추어 서사적인 이야기를 소리와 몸짓을 곁들이며 구연하는 우리 고유의 민속 예술 형태의 한 갈래이다.
② 광대(소리꾼), 고수, 청중의 3요소로 이루어져 있다.
③ 18세기 말 향유 계층이 평민에서 양반층까지 확대되었다.
④ 적층문학이며, 여러 계층이 향유하기 때문에 하층민과 양반 계층의 언어가 공존한다.
⑤ 주요 작품: 춘향가, 흥보가, 심청가, 수궁가, 적벽가 등

> **더 알아보기**
>
> 판소리의 구성
> - 창(소리): 판소리의 주축을 이루는 음악적 요소로, 광대가 가락에 맞추어 부르는 노래
> - 아니리(사설): 판소리에서 창을 하는 중간중간에 가락을 붙이지 않고 이야기하듯 엮어 나가는 사설
> - 추임새: 장단을 짚는 고수가 창의 사이사이에 흥을 돋우기 위하여 삽입하는 소리
> - 발림(너름새): 광대(소리꾼)가 소리의 극적 전개를 돕기 위하여 몸짓이나 손짓으로 하는 동작
> - 더늠: 명창이 자신의 독특한 방식으로 다듬어 부르는 어떤 마당의 한 대목을 이르는 말

(11) 민속극

① 옛날부터 민간에 전해 내려오는 연극으로 가면극(탈놀음), 인형극(꼭두각시놀음), 무극 등이 있다.
② 일정한 역할을 맡은 배우가 관객들에게 어떠한 내용을 대화와 행동을 통해 전달하는 전통극이다.
③ 조선 후기에 이르러 평민 의식의 발달이 가장 잘 나타나는 갈래이다.
④ 무대장치 따로 없이 연희가 가능하며, 관객들의 적극적인 참여가 가능하다.
⑤ 주요 작품

작품	내용	분류
봉산 탈춤	양반에 대한 비판과 풍자	가면극
통영 오광대놀이	양반 사회의 비리와 모순에 대한 비판과 풍자	
양주 별산대놀이	양반에 대한 조롱과 풍자	
수영야류	• 양반 계급의 무능과 허세 조롱 • 봉건 사회의 일부다처제에 따른 가정불화	
꼭두각시놀음	꼭두각시 놀음	인형극

04 현대 문학

1 개화기 문학

(1) 특징
① 갑오개혁에서 한일 합병 조약 체결 이전까지의 문학을 의미한다.
② 고전 문학과 현대 문학의 특징이 혼재되어 있다.
③ 언문일치 운동이 일어나고 국한문 혼용체가 사용되면서 국한문 혼용체의 개화기 소설이 문체를 주도하는 계기가 되었다.
④ 신체시가 등장하는 등 기존 문학 형식의 변화도 일어났다.
⑤ 애국 계몽 운동과 개화·계몽에 중점을 두었다.

(2) 시 문학
① 개화 가사
  ㉠ 개화기의 새로운 사상을 전통적인 가사의 형식에 담아 노래한 문학 갈래이다.
  ㉡ 형식: 4음보, 4·4조, 2행 대구, 반복되는 후렴구, 분절체 등을 사용하였다.
  ㉢ 내용: 외세에 대한 비판, 애국 및 자주독립 의식의 고취, 신교육의 필요성 등이 주요 내용이다.
  ㉣ 주요 작품: 『대한매일신보』에 650여 편, 『용담유사』에 「교훈가」 등 동학가사 9편, 기타 의병가사 등

② 창가
  ㉠ 서양식 악곡에 애국·개화 등의 내용을 담은 가사를 지어 붙인 노래이다.
  ㉡ 개화 가사와 신체시를 잇는 교량 역할을 하였다.
  ㉢ 새로운 시대와 개화를 예찬하는 내용이나 계몽적인 성격이 지나친 부분이 있다.
  ㉣ 형식: 4·4조의 율격에서 후기로 갈수록 7·5조 등 다양한 율격으로 이루어졌다.
  ㉤ 주요 작품: 최남선 「경부철도가」 등

③ 신체시
  ㉠ 개화 가사나 창가의 정형성에서 벗어난 새로운 시가 형식으로 근대적인 자유시로 이행되기 전 과도기적 형태의 시가 문학이다.
  ㉡ 형식: 7·5조의 자수율, 후렴구 등을 갖추었다.
  ㉢ 내용: 개인의 정서보다는 계몽적인 주제를 전달하는 데 중점을 두었다.
  ㉣ 주요 작품: 최남선 「해에게서 소년에게」 등

(3) 소설 문학

① **신소설**
   ㉠ 갑오개혁 이전 고소설과 다른 새로운 내용, 형식, 문체로 이광수의 「무정」(1917) 전까지의 소설을 의미한다.
   ㉡ 고소설과 현대 소설 사이의 과도기적 단계에 해당한다.
   ㉢ 형식: 언문일치의 국문체, 일대기적 구성에서 벗어나 역순행적 구성으로 이루어졌다.
   ㉣ 내용: 표면적으로 자주독립, 개화·계몽사상, 자유연애, 구습과 미신 타파 등을 담고 있으나, 이면적으로 권선징악 및 운명론 등이 여전히 반영되었다.
   ㉤ 주요 작품: 이인직 「혈의 누」·「은세계」, 안국선 「금수회의록」 등

② **역사 전기 소설**
   ㉠ 현실에서의 민족적 위기를 극복하기 위해 역사 속 영웅의 일대기를 그린 소설이다.
   ㉡ 국권 및 자주권 회복, 계몽 등의 내용을 담고 있다.
   ㉢ 신소설과 달리 민족정신의 각성과 주체적 저항의식을 문학을 통해 표현하였다.
   ㉣ 주요 작품: 장지연 「애국부인전」, 신채호 「을지문덕전」·「이순신전」 등

> **더 알아보기**
>
> 신소설과 고소설의 특징
>
> | 공통점 | 차이점 |
> | --- | --- |
> | • 권선징악적 주제
• 행복한·인위적 결말
• 우연성
• 평면적 인물 | • 현실적 제재
• 묘사체로 성숙
• 언문일치로의 접근
• 시간의 역전적 구성 |

(4) 기타 문학
① **창극**: 판소리가 서양의 연극과 결합된 형태이다.
② **신파극**: 일본의 신파극이 국내에 도입되었다.
③ **수필**: 서구문물을 국한문체로 소개한 유길준의 「서유견문」 등의 작품이 있다.

2 1910년대 문학

(1) 특징
① 한일 합병 조약 체결(1910)에서 3·1운동(1919)에 이르는 시기의 문학을 의미한다.
② 육당 최남선과 춘원 이광수 두 사람이 2인 문단 시대를 주도하였다
③ 일제의 무단정치로 통제와 감시가 강화되면서 순수문학이 발달하였다.
④ 언문일치의 문체를 사용하였으며 정형성을 탈피하고 새로운 형식적 틀이 등장하였다.
⑤ 서구의 문예사조가 소개되고 근대 소설과 현대적 자유시가 등장하였다.
⑥ 문학을 계몽 운동의 주요 수단으로 삼으면서 신교육, 자유연애 사상 등 당시 시대상을 반영하였다.

(2) 시 문학
① 신체시보다 자유로운 형식의 시로 계몽적 내용을 탈피하여 개인적 정서를 표현하였다.
② 정형성에서 벗어난 자유시 형식을 갖추었다.
③ 서구 상징주의 영향(프랑스 상징시)을 받았으며 개인의 내면적 정서를 표현하였다.
④ 주요 작품

작품	작가	내용
불놀이	주요한	최초의 자유시. 임을 잃은 슬픔과 극복 의지를 산문시 형식으로 나타냄

(3) 소설 문학
① 최초의 장편 현대 소설인 이광수 「무정」(1917)이 발표되었다.
② 구체적인 시공간적 배경의 설정 및 구어체 문장의 구사 등을 통해 표현하였다.
③ 근대문명에 대한 동경, 계몽의식의 형상화 등을 주요 내용으로 다뤘다.
④ 신소설의 고대 소설적인 요소를 탈피하여 근대 소설적 문체를 형성하고 인물 설정 및 심리 묘사 등에 탁월한 성과를 보였다.
⑤ 주요 작품

작품	작가	내용
무정	이광수	근대문명에 대한 동경, 자유 연애와 결혼, 개화 사상, 인도주의 등으로 새 시대의 계몽을 꾀하였다.
약한 자의 슬픔	김동인	여성이 겪는 비애와 그것을 극복하려는 의지를 나타내며 당시 사회 현실은 강한 자와 약한 자의 냉엄한 논리로 이루어져 있음을 제시하였다.

(4) 기타 문학
① 신파극이 성행하기 시작하면서 상업적·대중적으로 발전하였고 협률사, 원각사, 혁신단, 문수성 등의 극단이 활동하였다.
② 우리나라 최초의 창작 희곡인 조중환의 「병자삼인」(1912)이 발표되었다.
③ 주요 잡지의 간행

소년(1908)	우리나라 최초의 월간지
청춘(1914)	최남선이 창간. 월간종합잡지
유심(1918)	한용운이 발행한 불교 잡지. 한용운의 「님의 침묵」 이전의 문학 형성에 중요한 계기가 된 잡지로 평가
태서문예신보(1918)	최초의 주간 문예지. 프랑스 상징주의를 비롯한 해외 문예사조를 도입하여 근대시 형성에 영향을 줌

3 1920년대 문학

(1) 특징
① 3·1 운동의 실패로 문단에는 패배 의식이 만연해졌다.
② 『창조』, 『폐허』, 『백조』, 『장미촌』 등 다수의 동인지가 등장하였다.
③ 낭만주의, 사실주의, 자연주의, 상징주의 등의 서구 문예 사조가 유입되었다.
④ 1924년 이후 낭만주의나 자연주의 경향을 비판한 신경향파는 빈궁을 주로 표현하는 반항적이고 관념적인 계급의식 문학을 주장하였다.
⑤ 조선 프롤레타리아 예술가 동맹인 카프(KAPF)가 결성되어 계급 문학의 산실이 되었다.
⑥ 1925년 카프(KAPF)의 계급주의 문학에 반발하여 형성된 국민 문학파는 민족주의를 고취하기 위해 '시조 부흥 운동'을 전개하였다.
⑦ 계급 문학파와 국민 문학파의 중간적 입장인 절충주의파가 등장하였다.

> **더 알아보기**
>
> 카프(KAPF)
> - '조선 프롤레타리아 예술가 동맹(Korea Artista Proleta Federatio)'의 약칭
> - 러시아 혁명 이후 사회주의 사상이 확산되면서 등장
> - 프롤레타리아 문예 운동 단체이면서 우리나라 최초의 전국적인 문학 예술가 조직
> - 일제에 대한 반제국주의 투쟁, 농민의 궁핍한 삶과 계급 간의 대립을 표현

(2) 시 문학
① 퇴폐적, 감상적, 현실 도피적 경향이 강한 낭만주의와 상징주의 시가 나타났다.
② 경향파 작가들은 카프(KAPF)를 결성하고 노동자나 농민의 고통스러운 삶을 소재로 현실에 대한 저항을 드러냈다.
③ 민족주의 경향의 작가들은 향토적인 정서나 민족주의 이념을 드러낸 시를 창작하고 시조와 민요에 주목하였다.
④ 주요 작품

작품	작가	내용
나의 침실로	이상화	남녀 간의 애정을 소재로 현실 도피, 이상 세계에 대한 동경을 그림
나는 왕이로소이다	홍사용	허무 의식을 바탕으로 일제 강점기 민족의 설움을 낭만적으로 표현
우리 오빠와 화로	임화	오빠에 대한 그리움과 계급 투쟁의 의지를 고취시킴
네거리의 순이	임화	일제 치하 노동자들의 투쟁과 동참 의지를 표현
진달래꽃	김소월	민족의 전통적인 정서인 이별의 정한을 민요적 율격인 7·5조, 3음보로 노래
님의 침묵	한용운	불교의 역설적 진리를 바탕으로 임에 대한 사랑과 민족의 현실에 대한 자각을 그림
빼앗긴 들에도 봄은 오는가	이상화	국권 상실에 대한 우리 민족의 설움을 표현
백팔번뇌	최남선	우리나라 최초의 개인 시조집으로 1부, 2부, 3부에서 각각 임을 향한 애끊는 심정, 국토 순례에서의 감회, 자신을 잊으려는 마음 등을 그림

(3) 소설 문학

① 낭만주의 · 자연주의 · 사실주의 소설
  ㉠ 낭만주의 · 자연주의 · 사실주의 경향의 소설들이 다양하게 창작되었다.
  ㉡ 계몽주의적 성격에서 벗어나 순수 문학 운동이 전개되었다.
  ㉢ 신소설적인 문체가 사라지고 단편 소설의 형태를 갖추었다.

② 계급주의 소설
  ㉠ 사회주의 사상을 기초로 계급 혁명의 이념을 바탕으로 한 작품이 다수이다.
  ㉡ 농민과 노동자의 궁핍한 생활과 저항 등을 소재로 현실을 부정하는 모습을 그렸다.

③ 주요 작품

작품	작가	내용
배따라기	김동인	운명을 거스르지 못하는 인간의 비애를 낭만적으로 형상화
운수 좋은 날	현진건	일제 강점기 하층민의 궁핍하고 비참한 삶을 사실적으로 그림
술 권하는 사회	현진건	일제 강점기 지식인의 괴로운 심정을 그림
표본실의 청개구리	염상섭	우리나라 최초의 자연주의 소설. 무기력한 지식인의 고뇌를 표현
물레방아	나도향	욕망과 탐욕에 의한 인간성의 타락을 사실적으로 그림
탈출기	최서해	간도로 이주한 조선인들의 빈곤과 분노를 그림
사냥개	박영희	지주 계층의 부도덕성을 비판

(4) 기타 문학

① 극 문학
  ㉠ 일본 동경 유학생들을 중심으로 '극예술협회', '토월회' 등이 결성되어 신파극의 단계를 극복한 근대적 희곡이 창작되고 본격적인 근대극이 시도되었다.
  ㉡ 셰익스피어 · 체호프 등 외국 작가들의 희곡이 번안되어 공연되었다.
  ㉢ 영화의 분립과 시나리오가 창작되었다.
  ㉣ 주요 작품

작품	작가	내용
이영녀	김우진	비참한 사회 현실 속 여성 노동자의 사회적 · 경제적 문제를 고발. 우리나라 최초의 본격적인 자연주의 희곡
아리랑	나운규	항일 민족주의를 바탕으로 우리 민족의 한과 울분을 표현. 우리나라 영화의 효시

② 수필
  ㉠ 현대 수필의 초창기로 서서히 독자성을 확보해 나가며 다양한 잡지와 신문에 발표되었다.
  ㉡ 국민 문학파의 주도로 우리 국토에 대한 애정을 표현한 기행 수필이 주류였다.
  ㉢ 주요 작품: 최남선 「심춘순례」·「백두산근참기」, 이광수 「금강산유기」, 이병기 「낙화암을 찾는 길에」 등

4 1930년대 문학

(1) 특징
① 일제의 탄압으로 카프(KAPF)가 해산되고 문학의 예술성을 중시하는 순수 문학이 주류를 이루었다.
② '브나로드 운동'의 영향으로 계몽적 내용의 문학이 다시 등장하게 되었다.
③ 수필이 하나의 문학 갈래로 자리 잡았고 장편 문학의 시대를 맞이했다.

(2) 시 문학
① 순수 서정시(문학파): 김영랑, 박용철 등
  ㉠ 민족주의·계급주의 문학의 사상적 경향에 반발하여 문학 자체의 예술성과 순수성을 중시한 순수 문학이 등장하였다.
  ㉡ 시어의 조탁(彫琢)과 우리말의 아름다운 가락을 중시하였다.
  ㉢ 시어의 예술성과 음악성을 중시하고 시 본연의 순수성과 서정성에 관심을 기울였다.
② 모더니즘 시(주지시파): 김광균, 김기림 등
  ㉠ 순수 서정시의 낭만성을 배격하고 현대적인 시의 면모를 확립하려 하였다.
  ㉡ 언어에 대한 실험과 내면 세계를 시로 표현하려 하였다.
  ㉢ 시의 회화성을 중시하여 시각적 이미지를 사용하였다.
  ㉣ 현대 도시 문명에 대한 비판적 감수성을 표출하였다.
③ 생명 탐구 시(생명파): 서정주, 유치환 등
  ㉠ 기교를 중시하는 순수시와 시각적 이미지를 중시하는 모더니즘 시의 반발로 등장하였다.
  ㉡ 시의 본질적 목적은 인간과 생명의 탐구에 있다는 입장이다.
  ㉢ 원시적인 생명성과 삶에 대한 의지를 관념적 시어로 표출하였다.
  ㉣ 토속적인 소재나 생명의 근원, 삶의 고뇌 등을 중시하였다.
④ 자연 친화적인 시(전원파): 신석정, 김동명, 김상용 등
⑤ 주요 작품

작품	작가	내용
내 마음을 아실 이	김영랑	임에 대한 간절한 그리움을 서정적인 시어로 표현
떠나가는 배	박용철	고향을 떠나는 유랑민의 비애를 감상적 가락으로 표현
바다와 나비	김기림	시각적 이미지를 사용하여 새로운 세계에 대한 동경과 냉혹한 현실로 인한 좌절을 그림
유리창	정지용	아들의 죽음에 대한 슬픔과 그리움을 감각적인 이미지로 절제하여 표현
깃발	유치환	영원한 이상향을 향한 그리움을 깃발의 모습으로 형상화
그 먼 나라를 알으십니까	신석정	아름답고 평화로운 이상향에 대한 동경을 그림
남으로 창을 내겠소	김상용	전원생활에서 누리는 달관적 삶을 추구

(3) 소설 문학

① **농촌 소설**: 러시아 '브나로드 운동'의 영향을 받아 농촌을 소재로 농촌 계몽을 목적으로 하는 소설이 등장하였다.

② **역사 소설**: 일제의 검열을 피해서 역사를 제재로 한 소설을 통해 민족의식을 고취하려는 의도에서 생겨났다.

③ **세태·풍속 소설(모더니즘 소설)**: 도시적 삶과 현대 문명을 소재로 하여 도시적 삶의 병리를 섬세하게 묘사하였다.

④ **풍자 소설**: 식민지 체제의 사회, 경제적 탄압이 빚는 모순과 부조리를 우회적으로 비판하는 풍자 소설이 등장하였다.

⑤ 주요 작품

작품	작가	내용
상록수	심훈	농촌 계몽 운동에 헌신적인 젊은 남녀의 의지를 그림
동백꽃	김유정	사춘기 시골 남녀의 풋풋한 애정을 해학적으로 그림
메밀꽃 필 무렵	이효석	장돌뱅이로 살아가는 주인공 삶의 애환을 서정적으로 표현
운현궁의 봄	김동인	흥선대원군이 천대를 받다가 최고의 자리에 앉기까지의 과정을 그림
무영탑	현진건	다보탑과 석가탑에 얽힌 아사달과 아사녀의 사랑과 예술혼을 그림
김 강사와 T교수	유진오	현실과 타협할 줄 모르는 지식인의 모습을 그림
날개	이상	무력한 삶에서 벗어나 본래의 자아를 찾고자 하는 지식인의 의지를 그림
레디메이드 인생	채만식	식민지 현실 속에서의 지식인의 고통과 혼란을 형상화함
태평천하	채만식	중산층 가문을 둘러싼 재산 상속 문제와 기회주의적 삶을 비판

(4) 기타 문학

① 극 문학
  ㉠ '극예술연구회'(1931)가 결성되고, 본격적인 현대극이 공연되기 시작하였다.
  ㉡ 일제 강점기 하의 참담한 현실을 반영한 사실주의적 희곡이 창작되었다.
  ㉢ 주요 작품: 유치진 「토막」, 「소」

② 수필
  ㉠ 외국의 수필 작품과 이론이 소개되었다.
  ㉡ 수필 문학이 독자적 장르로 정립되었다.
  ㉢ 주요 작품: 이효석 「낙엽을 태우면서」, 이상 「권태」

4 1940년대 문학

(1) 특징
① 신문과 문예지 등의 폐간으로 문학 발표의 공간이 사라졌다.
② 문인들은 절필하거나 문학을 통해 일제에 저항하였고 적극적으로 친일 행위에 가담하기도 했다.
③ 인생에 대한 회의, 절망, 허무를 주조로 저항과 자기 성찰의 문학이 많이 발표되었다.
④ 광복 후에는 문학계가 좌·우익으로 분열되어 이념 논쟁이 심화되었다.

(2) 시 문학
① 청록파 시
  ㉠ 일제 탄압으로 현실 문제를 다룰 수 없게 되면서 전통적 율격과 향토적 정서를 바탕으로 자연 친화적인 태도와 이상적인 자연의 모습을 노래했다.
  ㉡ 주요 작가: 박두진, 박목월, 조지훈
② 저항시
  ㉠ 일제의 억압에 굴하지 않고 한결같은 저항의식을 담고 있다.
  ㉡ 주요 작품: 윤동주 「자화상」, 「참회록」, 「십자가」, 「간」, 「또 다른 고향」, 「서시」, 「별 헤는 밤」, 유고시집 『하늘과 바람과 별과 시』, 이육사 「절정」, 「청포도」, 「광야」, 「교목」, 「꽃」
③ 계급 문학
  ㉠ 작품의 예술성보다는 사상성·정치성이 짙은 이념적인 시들이 중심을 이루었다.
  ㉡ '조선 문학가 동맹'을 중심으로 활동하였으나 6·25 전쟁 후 남한 정부의 탄압과 작가들의 월북으로 쇠퇴하였다.
  ㉢ 주요 작품: 이용악 「오랑캐꽃」, 임화 「깃발을 내리자」 등
④ 순수 문학
  ㉠ 계급 문학의 사상성을 완전히 배제한 순수한 서정시 계열의 작품이나 전통을 지향했다.
  ㉡ 좌익 계열 작가들의 월북 후 '전 조선 문필가 협회'가 문단의 주류를 형성하였다.
  ㉢ 주요 작품: 김광균 「은수저」, 박두진 「해」·「청산도」, 박목월 「나그네」 등

(3) 소설 문학
① 우리말 사용 금지로 인해 우리말로 된 소설은 거의 발표되지 못하면서 암흑기에 접어 들었다.
② 광복 후에는 과거 식민지적 삶을 극복하거나 해외에 나갔던 동포들이 고국으로 돌아와서 겪는 비참한 현실을 다뤘다.
③ 광복 직후 사회적 혼란이나 분단 문제를 다룬 작품이 등장했다.
④ 현실적 문제가 아닌 순수 문학을 지향하는 작품들도 등장했다.

작품	작가	내용
민족의 죄인	채만식	해방 직후 정치적·사회적 혼란상을 비판과 풍자로 심도 있게 다룸
역마	김동리	역마살에 순응하면서 구원받는 인간의 모습을 그림

(4) 기타 문학

① 극 문학
  ㉠ 광복 직후의 극문학은 대체로 침체기였지만 항일 독립 투쟁, 친일파에 대한 비판 등 일제 강점기의 비참했던 삶을 재구성하는 것에 주력하였다.
  ㉡ 주요 작품: 유치진 「조국」, 이광래 「독립군」, 함세덕 「고목」 등

② 수필 문학
  ㉠ 광복 직후 두드러지는 활동 없이, 기존 발표된 수필을 정리하여 수필집의 형태로 간행하였다.
  ㉡ 주요 작품: 박종화 『청태집』, 이양하 『이양하 수필집』 등

5 1950년대 문학

(1) 특징
① 전쟁 체험을 바탕으로 한 전후(戰後) 문학이 등장하였다.
② 서구의 실존주의 문학을 수용하여 인간의 본질 문제와 실존의 탐구 등을 다룬 작품이 발표되었다.
③ 남북 분단의 역사적 현실을 자각하는 내용의 작품이 등장하였다.

(2) 시 문학
① 6·25 전쟁을 바탕으로 한 전쟁 체험 문학이 등장했다.
② 전통적 서정시가 생명파와 청록파를 중심으로 다시 이어졌고, 이에 대항해 도시적 감수성을 바탕으로 문명을 비판하는 모더니즘 시가 등장하였다.
③ 서구 실존주의 문학의 영향으로 인간의 본질과 실존 문제 등을 다룬 작품이 발표되었다.
④ 주요 작품

작품	작가	내용
초토의 시	구상	한국 전쟁에서 희생된 생명을 애도하고 전쟁의 폐허 속에서 희망을 발견하려는 의지와 인류애가 나타남
휴전선	박봉우	민족 분단의 아픔과 비극적 현실을 극복하려는 의지를 표현
강강술래	이동주	달빛 아래에서 강강술래를 추는 모습을 감각적으로 표현
나비와 광장	김규동	전쟁으로 피폐해진 인간성 회복을 희망함
새	박남수	인간과 자연의 대립적 이미지를 통해 인간과 문명을 비판
가을에	정한모	가을의 아름다운 풍경을 묘사하면서 평화로운 세상에 대한 소망을 간절하게 표현

(3) 소설 문학
① 민족 분단의 비극적 현실과 전후의 가치관 혼란 등을 형상화하였다.
② 부조리한 현실에 대한 고발과 부정적인 현실을 극복해야 한다는 주제의 소설이 등장하였다.
③ 인간의 본질적 삶을 추구하는 순수 소설이 창작되었다.
④ 전쟁으로 파괴된 인간성의 고발과 극복 방안으로 휴머니즘을 내세운 작품이 발표되었다.

⑤ 주요 작품

작품	작가	내용
수난이대	하근찬	일제 식민지 시대와 한국 전쟁의 고통을 겪은 두 세대의 수난을 통해 본 민족사와 극복 의지를 형상화
바비도	김성한	현실이 강요하는 권위와 독선에 대항하여 인간의 존엄성을 지키려고 함
갯마을	오영수	자연 속에 사는 토속적 인간상을 통해 자연과 인간의 융화를 그림
요한 시집	장용학	극한 상황 속에서 형성되는 인간의 실존적 자각을 표현

(4) 기타 문학

① 극 문학
  ㉠ 전쟁을 소재로 한 시나리오가 많았다.
  ㉡ 사실주의 경향을 띠며 서구의 표현 기법 등이 다양하게 활용되었다.
  ㉢ 부조리한 현실에 대한 비판과 극복 의지를 표현했다.
  ㉣ 주로 현실 참여 의식을 띠는 작품이 중심이 되었다.
  ㉤ 주요 작품: 오상원 「녹슨 파편」, 유치진 「나도 인간이 되련다」, 차범석의 「불모지」·「성난 기계」 등

② 수필 문학
  ㉠ 예술적인 기교를 중시하고 문학적 향기가 높은 수필이 발표되었다.
  ㉡ 사회적 불안이나 가치관의 혼란을 다뤘다.
  ㉢ 혼란한 시대 속에서 올바른 삶을 주제로 하는 교훈적인 작품이 등장하였다.
  ㉣ 주요 작품: 이희승 「벙어리 냉가슴」, 계용묵 「상아탑」

6 1960년대 문학

(1) 특징
① 4·19 혁명과 5·16 군사 쿠데타를 겪으며 현실 참여적인 작품이 많이 등장했다.
② 부조리한 현실에 대한 비판적, 저항적 작품이 다수 등장했다.
③ 문학 자체의 예술성을 중시하는 순수 문학도 공존했다.

(2) 시 문학

① 현실 참여시
  ㉠ 4·19 혁명을 시작으로 군사 독재에 대한 저항과 민주화에 대한 열망을 표현했다.
  ㉡ 형식보다는 내용을 중시하였다.
  ㉢ 풍자나 반어 등의 표현 기법을 사용하여 현실을 우회적으로 비판하는 경향도 나타났다.

② 순수 서정시
  ㉠ 순수·참여 논쟁을 계기로 순수 서정 세계를 추구하려는 경향이 대두되었다.
  ㉡ 현실 참여를 반대하고 시 작품 자체의 완결성·서정성·예술성 등을 추구하였다.
  ㉢ 개인의 감정과 내면의 탐구를 중시하였다.

③ 새로운 언어 기법과 정신으로 본질적인 현대시의 모습을 구현한 작품도 등장했다.
④ 주요 작품

작품	작가	내용
껍데기는 가라	김수영	구속과 억압의 역사에 대한 비판을 통해 불의에서 탈피하여 민주 사회 달성을 열망
풀	김수영	민중의 끈질긴 생명력을 '풀'에 비유하여 표현
이별가	박목월	생사를 초월한 이별의 슬픔을 경상도 방언을 통해 소박하게 표현
추억에서	박재삼	가난했던 유년 시절과 어머니의 고단하고 한스러웠던 삶을 회고

(3) 소설 문학

① 이전의 전후(戰後) 문학과 달리 전쟁이나 분단이 일어나게 된 원인과 그 치유 방안을 객관적인 시각으로 제시하였다.
② 부조리한 현실을 비판적으로 바라보는 시각이 소설에도 반영되어 현실에 저항하는 내용들이 등장하였다.
③ 산업화·도시화·근대화로 물질 만능주의나 개인주의가 팽배해지면서 인간소외나 도시인들의 고독과 방황 등의 문제가 형상화되었다.
④ 우리 민족의 정체성과 민족의식을 탐구하려는 시도가 본격화되었고, 민족의 수난사와 극복 방법 등을 보여 주는 작품들이 등장하였다.
⑤ 문학 자체의 예술성을 추구하는 순수 문학을 지향하여 인간 존재의 본질과 삶의 근원을 파악하고 소설의 형식 그 자체를 실험하였다.

작품	작가	내용
나무들 비탈에 서다	황순원	한국 전쟁을 겪은 젊은 세대의 방황과 갈등을 그림
광장	최인훈	분단의 현실에서 이상적인 삶의 방향을 찾으려고 고뇌하는 지식인의 모습을 그림
모래톱 이야기	김정한	낙동강 하류의 모래톱 조마이섬 사람들이 삶의 터전을 지키기 위해 부조리한 현실에 철저하게 저항하는 모습을 그림
꺼삐딴 리	전광용	기회주의자의 출세 지향적 삶과 왜곡된 현대사에 대해 비판하고 풍자함
서울, 1964년 겨울	김승옥	1960년대 젊은이들의 소외된 삶과 방황을 감각적이고 독특한 문체로 표현
병신과 머저리	이청준	1960년대 산업화 시대를 살아가는 삶의 방식이 다른 두 형제의 아픔의 근원과 그 극복 의지를 형상화

(4) 기타 문학

① 극 문학
  ㉠ 서사극, 부조리극 등의 새로운 기법 도입으로 형식면에서 많은 변화가 있었다.
  ㉡ 사실주의 관점에서 당대 현실을 객관적으로 재조명한 작품이 등장하였다.
  ㉢ 주요 작품: 이근삼 「국물 있사옵니다」, 천승세 「만선」 등
② 수필 문학
  ㉠ 산업화로 인해 다양한 제재의 수필이 많이 창작되면서 작가와 독자층도 확대되었다.
  ㉡ 주요 작품: 이어령 「흙 속에 저 바람 속에」 등

7 1970년대 이후의 문학

(1) 특징
① 1970~80년대 군사 독재 정권이 계속되자 작품 속에서 민주화에 대한 열망이 강하게 드러났다.
② 도시화가 급속히 진행되면서 농촌이 몰락하고, 몰락한 농민들이 도시의 노동자로 전락하면서 농민과 노동자의 비애가 작품 속에서 형상화되었다.
③ 산업화로 경제적으로는 부유해졌지만 인간소외 문제나 인간성 상실 문제가 심각한 사회문제로 대두되었다.

(2) 시 문학
① 군사 독재와 산업화로 인해 생긴 문제점에 대해 날카롭게 지적하고 이를 극복하려는 내용을 담았다.
② 주변부로 밀려나 버린 민중의 삶과 경험을 표현하였다.
③ 추상적인 세계를 언어를 통해 구체화하거나 산업화로 소외된 인간의 가치를 지적인 언어로 묘사하였다.

작품	작가	내용
타는 목마름으로	김지하	민주주의에 대한 강한 열망을 비장하고 의지적인 어조로 표현
저문 강에 삽을 씻고	정희성	가난한 노동자의 서글픈 삶을 표현
사물의 꿈	정현종	나무와 구름을 의인화하여 생명체처럼 다룸

(3) 소설 문학
① 산업화에 의한 노동자들의 비참한 현실과 유랑 의식을 작품 속에 다뤘다.
② 역사와 시대에 대한 깊이 있는 성찰을 보여 주는 대하 역사 소설이 발표되었다.
③ 주요 작품

작품	작가	내용
객지	황석영	1970년대 열악한 노동자의 생활과 투쟁 과정을 그림
삼포 가는 길	황석영	근대화 과정에서 고향을 상실한 떠돌이 노동자들의 삶의 애환을 다룸
난장이가 쏘아 올린 작은 공	조세희	도시 개발로 인해 살 곳을 잃게 된 도시 빈민층의 아픔과 좌절을 다룸
장길산	황석영	조선 후기 민중의 삶과 투쟁을 형상화하고 당시 민중의 언어와 풍속을 풍부하게 재현
객주	김주영	떠돌이 인생인 보부상을 통해 바라본 삶의 애환과 활약상에 관한 내용

> **더 알아보기**
>
> 1980년대 이후의 소설 문학
> - 리얼리즘적 시각에서 노동자들의 저항 의식을 표현
> - 여성 작가들이 등단하여 현실적인 문제를 섬세한 문체로 다룸
> - 소시민들의 삶과 정서를 그린 작품 등장
> - 현대사의 모순과 왜곡을 대하 장편 소설을 통해 재조명
> - 주요 작품: 조정래 「태백산맥」, 양귀자 「원미동 사람들」, 이문열 「우리들의 일그러진 영웅」 등

Chapter 04 화법과 작문

01 화법

1 화법의 본질

(1) 화법의 개념
① 음성 언어를 통해 이루어지는 의사소통의 행위이다.
② 말하기는 말하는 사람의 생각이나 느낌 등을 말로 정확하게 표현하는 행위이고, 듣기는 남의 말을 올바르게 알아듣고 이해하는 행위이다.
③ 말하기와 듣기는 의사소통의 가장 기본이 되는 것으로, 이를 통해 인간다운 생활을 할 수 있고, 원만한 사회생활을 유지할 수 있다.

(2) 화법의 특징
① 타인과의 의사소통을 목적으로 한다.
② 말하는 사람과 듣는 사람의 상호 작용이 이루어진다.
③ 협동의 과정을 통해 이루어진다.
④ 문제 해결의 과정이다.

(3) 화법의 구성 요소
① 화자(말하는 사람)
② 청자(듣는 사람)
③ 내용(메시지)
  ㉠ 언어적 내용: 언어 수행을 통해 전달되는 메시지
  ㉡ 관계적 내용: 참여자들 상호 간의 인식에 관한 메시지, 자아 정체성에 관한 메시지, 사회·문화에 관한 메시지 등
④ 장면(맥락)
  ㉠ 상황 맥락: 이야기가 이루어지는 시간적 배경과 공간적 배경
  ㉡ 사회·문화적 맥락: 이야기가 이루어지는 사회적 상황과 문화적 상황

(4) 화법의 기능

① **정보적 기능**: 새로운 정보와 지식을 전달하는 기능이다.

② **정서적 기능(표현적 기능)**: 감정이나 느낌을 표현하는 기능이다.

③ **감화적 기능(명령적 기능)**: 의견이나 주장을 내세워 자신의 의도에 따라 행동하도록 유도하는 기능이다.

④ **친교적 기능(사교적 기능)**: 친목을 도모하기 위한 수단으로 사용하는 기능이다.

(5) 화법의 분류

① 공식성의 정도에 따른 구분
  ㉠ 공적인 화법: 공식적으로 만나서 이야기를 나누는 것이다.
  ㉡ 사적인 화법: 사적으로 만나서 이야기를 나누는 것이다.

② 참여자의 관계에 따른 구분
  ㉠ 대화: 참여자의 관계가 1:1이다. 상대방과 직접 마주 대하여 이야기하는 것을 포괄하며, 일상 언어생활 중에서 가장 널리 활용하는 말하기 양식이다.
  ㉡ 대중 화법: 참여자의 관계가 1:多이다. 여러 사람 앞에서 주로 혼자 이야기하는 강연, 연설 등을 말한다.
  ㉢ 집단 화법: 참여자의 관계가 집단적이다. 대표적인 예로는 토의와 토론이 있다.

③ 말하기의 목적에 따른 구분
  ㉠ 자기 표현하기: 대화, 면접 등
  ㉡ 정보 전달하기: 발표, 방송 보도, 안내 등
  ㉢ 설득하기: 토론, 토의, 협상, 연설(설득 연설) 등

2 대화의 개념과 원리

(1) 대화의 개념과 특징

① 대화의 개념
  ㉠ 두 사람 이상이 모여 각자의 생각이나 느낌을 말로써 표현하고 이해하는 상호 교섭적인 활동이다.
  ㉡ 단순한 정보 교환만 이루어지는 것이 아니라, 대화를 통해 새로운 의미를 확장해 나가는 능동적인 의사소통 활동이다.

② 대화의 특징
  ㉠ 원활한 대화를 위해서는 대화 상황(언제, 어디에서, 누가, 누구에게), 대상(무엇 혹은 누구에 관하여), 목적(왜)을 정확히 이해하고, 그에 따라 적절하게 조정하며 말하는 능력을 갖추어야 한다.
  ㉡ 대화에는 일상 대화와 공식 대화가 있다.
    • 일상 대화: 여러 사람이 비공식적으로 만나서 시사 문제나 취미에 관하여 서로 이야기를 주고받는 것이다.
    • 공식 대화: 공식적으로 만나서 이야기를 나누는 것으로, 방송 대담, 회견, 면담, 면접 등이 있다.

ⓒ 대화의 목적에는 정보 전달, 설득, 사회적 상호 작용, 정서 표현 등이 있다.
ⓔ 상대의 감정이나 의견에 공감하며 대화를 해야 한다.
ⓕ 유머와 재담은 긴장감을 해소하고, 의사소통에 활력을 불러일으키는 역할을 한다.
ⓗ 대화의 맥락을 고려한 언어적 표현은 물론, 반언어적·비언어적 표현을 함께 사용하는 것이 효과적이다.

(2) 대화의 원리

① 협력의 원리: 대화의 목적을 성공적으로 이루기 위해서는 대화 참여자들이 서로 협력해야 한다.

양의 격률	• 대화의 목적에 맞게 적절한 양의 정보를 제공해야 한다. • 꼭 필요한 만큼만 정보를 제공하고, 필요 이상 또는 필요 이하로 정보를 제공하지 않는다.
질의 격률	• 대화의 내용이 사실이어야 한다. • 타당한 근거를 들어 진실한 정보만을 제공한다. • 거짓이라고 생각되는 것이나 증거가 부족한 것을 말하지 않는다.
관련성의 격률	• 대화의 목적과 관련된 정보를 말한다. • 대화의 주제에 맞는 말을 한다.
태도의 격률	• 명료하고 간결하고 조리 있게 말한다. • 모호한 표현을 피하고, 중의적인 표현을 자제한다. • 불필요한 장황설을 피하고, 순서를 지켜 말한다. • 언어 예절에 맞게 말한다.

② 공손성의 원리: 대화할 때 공손하지 않은 표현은 최소화하고, 공손하고 정중한 표현은 최대화한다.

요령의 격률	상대방에게 부담이 되는 표현은 최소화하고, 상대방에게 이익이 되는 표현은 최대화한다.
관용의 격률	(요령의 격률을 화자의 관점에서 말한 것) 자신에게 이익이 되는 표현은 최소화하고, 자신에게 부담이 되는 표현은 최대화한다.
찬동(칭찬)의 격률	상대방을 비난하는 표현은 최소화하고, 상대방을 칭찬하는 표현은 최대화한다.
겸양의 격률	(찬동의 격률을 화자의 관점에서 말한 것) 자신을 칭찬하는 표현은 최소화하고, 자신을 낮추거나 자신을 비방하는 표현은 최대화한다.
동의의 격률	상대방의 의견과 불일치하는 표현은 최소화하고, 상대방의 의견과 일치하는 표현은 최대화한다.

③ 순서 교대의 원리
ⓐ 대화 참여자가 적절하게 역할을 교대해 가면서 말을 주고받아, 원활하게 정보가 순환되도록 한다.
ⓑ 혼자서 너무 길게 말을 하거나, 대화를 독점하지 않도록 한다.
ⓒ 상대방이 말하는 중간에 함부로 끼어들지 않도록 한다.
ⓓ 상대의 말을 경청하고 있음을 적절하게 표시하고, 상황을 살피며 대화에 참여한다.

3 공감하기

(1) 공감을 이끌어내는 말하기 전략

① 상대의 동기를 유발하기 위한 전략
  ㉠ 상대의 정서, 욕구, 가치 등을 고려한다.
  ㉡ 일반적으로 부정적 정서보다는 긍정적 정서가 동기 유발에 도움이 된다.
  ㉢ 말의 내용을 상대의 욕구와 관련짓는다.

② 상대를 설득하기 위한 전략
  ㉠ 이성적 설득 전략
    - 논리적이고 합리적인 내용으로 청중을 설득하는 전략이다.
    - 통계 자료나 전문가의 의견 등을 활용하여 주장을 뒷받침한다.
  ㉡ 감성적 설득 전략
    - 감정에 호소하여 청중을 설득하는 전략이다.
    - 청중의 감정을 유발시키고 마음을 움직여 공감하도록 한다.
  ㉢ 인성적 설득 전략
    - 사람의 인품, 됨됨이 등을 이용하여 청중을 설득하는 전략이다.
    - 화자의 인성을 바탕으로 하여 내용에 신뢰를 갖도록 한다.

(2) 공감적 듣기

① 개념
  ㉠ 상대의 말을 분석·비판하기보다는 상대의 관점에서 문제를 바라보고 이해하도록 노력하는 것이다.
  ㉡ 상대를 이해하고자 하는 열린 마음을 가지고 있어야 한다.
  ㉢ 대화의 상대로 하여금 친밀감과 신뢰를 갖도록 한다.
  ㉣ 대화가 원활하게 이루어질 수 있도록 한다.

② 소극적인 듣기와 적극적인 듣기
  ㉠ 소극적인 듣기: 상대방에게 관심을 표명하면서 상대방이 대화를 계속 이어나갈 수 있도록 대화의 맥락을 조절한다.
  ㉡ 적극적인 듣기: 객관적인 관점에서 문제에 접근할 수 있도록 화자의 말을 요약, 정리하고 반영하여 주는 구실을 통해서 화자가 스스로 문제를 해결할 수 있도록 돕는다.

③ 공감적 듣기의 방법
  ㉠ 집중하기: 편안한 자세, 미소 짓는 표정, 눈 맞추기, 고개 끄덕이기, 맞장구
  ㉡ 격려하기: 상대방이 말한 어휘나 표현 반복하기, 대화를 이어가거나 정확하게 내용을 이해하기 위한 말이나 질문하기
  ㉢ 반영하기: 들은 내용을 자신의 말로 풀어서 재진술하기

4 화법의 종류

(1) 토의

① 토의의 개념과 특징
  ㉠ 토의는 어떤 문제에 대하여 두 사람 이상이 모여서 집단 사고의 과정을 거쳐 문제를 해결하고자 하는 말하기이다.
  ㉡ 최선의 해결책을 찾기 위한 집단 사고의 과정이다.
  ㉢ 공동의 이해를 기반으로 공동 협의하는, 집단 사고의 민주적 과정을 거친다.
  ㉣ 소수의 의견과 지식도 존중한다.
  ㉤ 발언 기회가 공정하게 주어지며, 가능한 모든 대안을 검토한다.

② 토의의 과정
  ㉠ 토의 주제 제시
  ㉡ 토의 주제 분석
  ㉢ 문제 해결안 모색
  ㉣ 문제 해결안 결정

③ 토의 참여자의 역할
  ㉠ 사회자의 역할
    • 토의 참여자들에게 토의 문제를 명확하게 규정해 준다.
    • 토의 사항에 대해 적극적이고 진지하게 의견을 교환하도록 유도한다.
    • 중간 중간 내용을 요약하고 종합하여, 결론을 얻을 수 있도록 토의 방향을 유도한다.
    • 발언 기회를 균등하고 공정하게 배분한다.
    • 토의자 사이의 갈등과 의견 충돌 등을 조정하고 해결한다.
  ㉡ 토의자의 역할
    • 토의 문제에 대한 사전 지식을 미리 갖추고 해결 방안 등도 미리 생각해 둔다.
    • 토의에 적극적·열성적으로 참여하되, 협동 정신을 발휘하여 토의 목적을 달성하도록 한다.
    • 토의 절차를 숙지하고 사회자의 지시에 따라 질서를 지킨다.
    • 다른 사람의 이야기를 경청하면서 그들의 의사를 존중한다.
    • 주장을 말할 때에는 분명하고 조리 있게 표현하되, 예의바른 태도로 말한다.
    • 주제에서 벗어나거나 불필요한 말, 확실한 증거가 없는 말 등을 하지 않는다.
    • 남의 감정을 상하게 하는 말을 하거나, 다른 사람의 말을 가로막아서는 안 된다.

④ 토의의 종류
  ㉠ 심포지엄
    • 두 사람 이상의 전문가가 특정한 문제에 대하여 의견을 발표한 후, 참석자의 질문에 답하는 형식이다.
    • 학술적인 내용에 적합한 토의 방식이다.
    • 하나의 주제에 대하여 전문가들은 서로 다른 각도에서 의견을 제시하게 된다.

- 청중은 전문가들의 권위 있고 체계적인 설명을 들을 수 있다.
- 전문가의 입장에서 문제를 검토하는 것이기 때문에 강연과 유사한 형태로 진행된다.

ⓒ 포럼
- 공공의 문제에 대해 개방적인 장소에서 청중과 질의·응답하는 공개 토의 방식이다.
- 개방성, 공공성을 갖는다.
- 형식은 공청회와 유사하며, 간략한 주제 발표만 있을 뿐 강연이나 연설은 하지 않는다.
- 심포지엄과 달리 처음부터 청중이 참여하고 주도하는 형식이다.
- 다른 토의 형식에 비해 사회자의 비중이 크다.

ⓒ 패널 토의
- 배심 토의라고도 하며, 어떤 문제에 대하여 3~6명의 대표자(배심원)가 청중 앞에서 자유롭게 의견을 나눈 후에, 청중이 참여하여 질문하거나 의견을 말한다.
- 대표성을 띤 배심원은 문제에 대하여 풍부한 지식·경험·흥미를 가진 사람이어야 한다.
- 여러 의견을 제시하고 조정하는 과정을 통해 함께 해결책을 모색한다.
- 의회나 일반 회의에서 이견을 조정하는 수단으로 자주 쓰인다.
- 전문적인 문제나 시사 문제의 해결에 적합하다.
- 배심원의 자유로운 토의가 끝난 후 청중이 참여한다.

ⓔ 원탁 토의
- 10명 내외의 사람들이 둥근 탁자에 둘러앉아서 자유롭게 의견을 나누는 것이다.
- 윗자리와 아랫자리의 구분이나 자리의 순서가 없으므로 국제회의에서 많이 이루어지는 형식이다.
- 평등한 입장에서 자유롭게 의견을 나누는 비공식적인 형식의 토의이다.
- 일반적으로 사회자가 없지만, 편의상 의장을 따로 정할 수 있다.
- 일상생활에 관한 것에서부터 세계적으로 중요한 정치, 경제, 사회적인 문제까지 논제의 범위가 넓고 개방적이다.
- 서로 자유롭게 이야기를 나눌 수 있다는 장점이 있다. 하지만 참가자가 토의에 익숙하지 못할 경우 산만해지거나, 시간의 낭비를 초래할 수 있다.

(2) 토론

① 토론의 개념과 특징
  ⓐ 어떤 논제에 대하여 찬성하는 입장과 반대하는 입장의 사람들이 자신의 주장이 옳음을 입증하는 말하기이다.
  ⓑ 궁극적인 목적은 상대를 설득하는 것이다.
  ⓒ 토의와는 달리 찬성과 반대의 의견으로 대립할 수 있는 주제이어야 한다.
  ⓓ 상대방을 설득하기 위해서는 정당한 논거를 사용해야 한다.
  ⓔ 정해진 순서와 절차에 따라 진행해야 한다.
  ⓕ 상대방의 의견을 존중하는 태도를 가져야 한다.

② 토론의 과정
- ㉠ 사회자의 논제 제시 및 논제에 대한 설명
- ㉡ 쟁점에 대한 입론
- ㉢ 상대편 입론에 대한 반론
- ㉣ 반론에 대한 재반론
- ㉤ 최종 발언

③ 토론 참여자의 역할
- ㉠ 사회자의 역할
  - 토론이 열리게 된 배경과 토론의 논제를 소개한다.
  - 토론자에게 토론 규칙을 알려주어, 규칙을 지키면서 토론할 수 있도록 유도한다.
  - 객관적인 입장에서 토론이 원만하게 이루어지도록 공정하게 토론을 진행한다.
  - 중간에 토론자의 발표 내용을 요약·정리하고, 적절한 질문을 하여 토론의 진행을 돕는다.
  - 토론자의 발언이 모호할 경우에는 질문을 하여 그 의미를 명확히 해야 한다.
  - 논제의 초점이 흐려지면 논점을 다시 정리해서 토론자들에게 알려준다.
  - 의견 대립이 심할 경우 중재를 한다.
- ㉡ 토론자의 역할
  - 자기의 주장을 조리 있고 분명하게 말한다.
  - 상대방의 주장을 논리적으로 반박해야 한다.
  - 타당한 근거와 구체적인 증거 자료를 들어 의견을 분명하게 말한다.
  - 토론의 규칙을 지키고, 상대편의 의견을 경청한다.
  - 논리적으로 오류가 생기는 말을 하지 않는다.
  - 윤리에 어긋나는 언동을 하지 않는다.
- ㉢ 청중의 역할
  - 찬성자와 반대자의 발언을 객관적인 입장에서 듣는다.
  - 논거의 정확성, 타당성, 신뢰성 등을 살핀다.
  - 논지의 일관성, 토론 규칙의 준수 여부 등을 파악한다.

④ 토론의 종류
- ㉠ 표준 토론, 고전적 토론, 전통적 토론
  - 정해진 논제에 대해 찬성 측과 반대 측이 번갈아가며 입론과 반론의 과정을 펼친다.
  - 상대방의 주장을 반박하는 형식으로 토론이 전개된다.
- ㉡ 교차 조사식 토론, 반대 신문식 토론, CEDA(Cross Examination Debate Association) 토론
  - 토론에 반대 신문의 과정을 가미한 것이다.
  - 반대 신문(교차 조사)이란 입론을 마친 토론자에게 상대 측 토론자가 직접 질의를 하는 과정이다.
- ㉢ 칼 포퍼 방식의 토론
  - 3명이 한 팀이 되어 각 팀마다 한 번의 입론과 두 번의 반론을 한다.
  - 입론과 반론 후에는 매번 질문하는 시간이 주어진다.

ⓔ 직파 토론
- 토론에 자유 논박의 과정을 가미한 것이다.
- 논쟁적 토론에서 심판이 보기에 결론이 나왔다고 생각되면 토론을 중단시킬 수 있다.

더 알아보기

토의와 토론의 비교

토의	토론
협동성	대립성
상대방 존중	상대방 논박
과정, 시도, 모색	결정, 일치
2인 이상의 참가, 공동 관심사, 문제 해결 방법	

02 작문

1 작문의 본질

(1) 작문의 개념
① 의미 구성 과정으로서의 글쓰기: 자신의 경험과 배경지식을 통해 알고 있는 내용이나 다양한 매체(인터넷, 신문, 책 등)에서 얻은 내용 중에서 글로 쓸 내용을 선정하고, 종합하여 조직한 내용을 글로 표현하여 새로운 의미를 구성하는 과정이다.
② 사회적 상호 작용으로서의 글쓰기: 필자는 예상 독자의 수준이나 관심을 고려하여 그들의 요구나 반응을 예상하면서 글을 쓰고, 독자는 자신의 처지나 상황에 따라 글의 내용을 다양하게 수용한다. 글을 통해 필자와 독자가 생각을 주고받는 사회적 상호 작용을 하는 것이다.

(2) 작문의 성격
① 의사소통의 행위: 필자와 독자가 글을 통해 의미를 주고받는 의사소통 행위이다. 즉 필자는 글쓰기를 통해 자신의 생각이나 느낌을 표현하고, 독자는 글 읽기를 통해 필자의 생각을 받아들인다.
② 창조적인 사고 과정: 글을 쓰기 전 막연했던 생각이 글을 쓰는 과정을 통해 구체화되고, 새로운 의미를 형성해 간다는 점에서 글쓰기는 창조적 사고 과정이다.
③ 문제 해결의 과정: 글쓰기는 사회관계 속에서 발생하는 여러 문제들을 해결해 나가는 활동이다. 이러한 내용이 들어있는 글의 경우 '문제 발견 → 문제 분석 → 해결방법 탐색 → 문제 해결'의 과정을 거친다.
④ 자기 성찰의 과정: 필자는 글쓰기를 통해 자기 자신을 돌아보게 된다.

(3) 작문의 구성 요소

① 발신자(필자)와 수신자(독자)
  ㉠ 작문은 발신자와 수신자의 간접 대면이다.
  ㉡ 발신자와 수신자는 시·공간적으로도 떨어져 있기 때문에 즉각적인 상호 작용이 이루어지지는 않는다.
  ㉢ 발신자와 수신자가 누구냐에 따라 글의 종류나 내용, 조직 방식, 표현 방식, 어휘 등을 다르게 선택한다.
② 전언(전달하고자 하는 메시지)
  ㉠ 언어적 메시지: 언어 기호에 담긴 메시지를 말한다.
  ㉡ 관계적 메시지: 의사소통에 참여하는 사람들의 관계를 드러내는 메시지를 말한다.
③ 맥락: 같은 소재라도 쓰기 맥락에 따라 글의 내용이나 형식이 달라질 수 있다.
  ㉠ 상황 맥락: 시간적·공간적 배경을 말한다.
  ㉡ 사회·문화적 맥락: 규범과 관습, 가치와 신념, 역사적·사회적 상황 등을 말한다.

2 작문의 과정

(1) 계획하기

① 목적 정하기: 글쓰기의 목적은 정보 전달, 설득, 사회적 상호 작용, 정서 표현 등으로 나눌 수 있다. 글을 쓰기 전 이러한 글의 목적을 고려해야 효과적으로 글을 쓸 수 있다.
② 예상 독자 고려하기: 독자가 누구냐에 따라 글의 표현 방식이나 글의 수준, 글쓰기 방법 등이 달라진다. 따라서 독자의 나이, 성별, 흥미 등을 고려해야 한다.
③ 주제 정하기: 주제란 글쓴이가 말하고자 하는 중심 내용이다. 좋은 글을 쓰기 위해서는 주제를 구체적이고 정확하게 표현해야 한다.
④ 맥락 파악하기: 글쓰기는 상황 맥락과 사회·문화적 맥락 안에서 이루어지는 의미구성이므로, 주제와 관련된 맥락을 파악하는 것이 중요하다.

(2) 내용 생성하기(자료 수집과 선택)

① 자료 수집하기
  ㉠ 주제를 효과적으로 드러낼 수 있는 자료를 수집한다.
  ㉡ 자신의 경험이나 배경 지식, 매체 자료(인터넷, 책, 신문) 등을 활용한다.
  ㉢ 창의적 사고 활동을 통해 자료를 수집한다.
② 자료 선택하기
  ㉠ 주제를 뒷받침할 수 있어야 한다.
  ㉡ 글의 목적에 맞아야 한다.
  ㉢ 근거가 확실하고 의문점이 없어야 한다.
  ㉣ 독자의 관심을 끌 수 있는 독창적이고 새로운 것이어야 한다.
  ㉤ 풍부하고 다양한 것이어야 한다.

(3) 내용 조직하기(구상 및 개요 작성)

① 구상하기

  ㉠ 내용의 조직 방법

3단 구성	서론, 본론, 결론 / 머리말, 본문, 맺음말
4단 구성	발단, 전개, 절정, 결말 / 기, 승, 전, 결
5단 구성	발단, 전개, 위기, 절정, 결말 / 발단, 전개, 절정, 하강, 대단원

  ㉡ 내용 전개의 일반 원리

시간적 순서	시간의 흐름에 따라 서술하는 글(일기, 기행문 등)
공간적 순서	대상이나 풍경을 묘사하는 글
논리적 순서	설명하거나 논증하는 글

  ㉢ 내용 전개 방법

동태적 방법	서사, 과정, 인과
정태적 방법	정의, 비교, 대조, 분류, 분석, 예시, 유추

② 개요 작성하기: 글에 포함되는 주요 내용을 위계와 구조를 고려하여 표현한다.

  ㉠ 개요 작성 시 유의할 점
  - 통일성: 세부 항목들이 하나의 주제로 통일되어야 한다.
  - 위계성: 등위 관계와 종속 관계를 구별하여 위계를 갖추어야 한다.
  - 논리성: 각 항목의 관계와 배열 순서는 논리적이어야 한다.

  ㉡ 개요 수정 시 고려할 점
  - 각 항목들이 주제와 통일성을 이루고 있는지 파악한다.
  - 각 항목들이 논리적으로 연결되어 있는지 파악한다.
  - 상위 항목이 하위 항목을 포함하고 있는지 파악한다.
  - 결론이 제시된 주제와 논리적으로 연결되어 있는지 파악한다.
  - 중요한 항목이 누락되어 있지 않은지 파악한다.
  - 불필요한 항목이 들어가 있지 않은지 파악한다.

(4) 표현하기

① 글쓰기 과정

  ㉠ 제목 정하기: 글의 내용과 성격을 잘 드러내고, 주제를 함축·포괄하는 내용으로 정한다.
  ㉡ 서두 쓰기: 인용, 정의 등 다양한 방법을 사용하여 독자의 흥미를 유도한다.
  ㉢ 본문 쓰기: 서두에서 제시한 내용을 자세하게 풀어 쓴다.
  ㉣ 결말 쓰기: 본문에서 제시한 내용을 압축·요약하고, 새로운 과제나 전망을 제시한다.

② 글쓰기 시 고려할 점

  ㉠ 예상 독자, 글의 목적 등 작문 상황과 내용을 고려한다.
  ㉡ 내용에 알맞은 어휘를 선택하고, 어법에 알맞은 문장을 사용한다.

ⓒ 맞춤법, 문장 성분 간 호응, 중의적이거나 모호한 표현 등에 유의한다.
ⓓ 적절한 수사적 표현 방법을 사용한다. 내용을 잘 드러내기 위해 비유법, 변화법, 강조법 등을 적절히 사용한다.
ⓔ 효과적이고 개성적인 문체로 쓴다. 글쓰기 상황과 내용에 어울리며 개성을 드러낼 수 있도록 한다.
ⓕ 시각 자료 그림이나 도표 등의 자료를 적절히 활용한다.

(5) 고쳐쓰기(퇴고)

① 고쳐쓰기 원칙

첨가(부가)의 원칙	표현의 상세화를 위해 빠뜨린 부분이나 미비한 부분을 보충할 것
삭제의 원칙	표현의 긴장성을 위해 필요 없는 내용을 삭제할 것
재구성의 원칙	논리의 완결성을 위해 배열이나 순서를 바꿀 것

② 단계별 고쳐쓰기 방법

글 수준에서 고쳐쓰기	• 제목이 적절한가? • 주제가 적절한가? • 소제목이 적절한가? • 전체적인 구성이 체계적인가?
문단 수준에서 고쳐쓰기	• 문단의 중심 내용이 확실하게 드러나는가? • 중심 문장과 뒷받침 문장의 관계가 바른가? • 문단의 배열 순서가 자연스러운가? • 문단의 길이가 적절한가?
문장 수준에서 고쳐쓰기	• 문장의 호응 관계가 적절한가? • 접속어와 지시어가 올바르게 사용되었는가? • 모호한 문장이 있는가? • 중의적인 문장이 있는가?
단어 수준에서 고쳐쓰기	• 띄어쓰기가 올바른가? • 맞춤법이 올바른가? • 단어의 선택이 적절한가?

3 작문의 종류

(1) 정보 전달을 위한 글쓰기

① 글의 종류

설명문	어떤 사실이나 현상 등에 대해 이해하기 쉽게 객관적·논리적으로 서술한 글
안내문	사실, 모임, 행사 등에 대한 정보를 소개하여 알려 주는 글
기사문	실제 일어난 사건에 대해 보고 들은 내용을 그대로 기록하여 전달하는 글

② 글쓰기 방법
  ㉠ 다양한 매체를 이용하여 자료를 충분히 수집한다.
  ㉡ 다양한 정보 가운데 가치 있고 신뢰할 만한 정보를 선별한다.

ⓒ 정보의 정확성과 신뢰성을 확보하기 위해 노력한다.
ⓔ 정보의 속성에 맞는 내용 조직 및 전개 방법을 선정한다.
ⓜ 쉽게 그리고 정확하게 전달될 수 있도록 하는 데 중점을 둔다.
ⓗ 함축적 의미보다는 사전적·지시적 의미를 환기하는 언어를 사용한다.
ⓢ 정보를 효과적으로 전달하기 위해서는 글의 구조를 명확히 한다.
ⓞ 중심 내용과 뒷받침 내용, 원인과 결과 등이 명확하게 전달되도록 내용을 구조화한다.
ⓩ 정보를 효과적으로 전달하기 위한 표현법을 활용한다.
ⓩ 주관적인 판단과 감정은 가급적 배제하고, 사실 그대로의 정보를 객관적으로 전달한다.

(2) 설득을 위한 글쓰기

① 글의 종류

논설문	어떤 주제에 관하여 자기의 생각이나 주장을 체계적으로 밝혀 쓴 글
건의문	개인이나 단체가 내놓은 의견이나 희망을 적은 글
광고문	상품이나 서비스에 대한 정보를 매체를 통하여 소비자에게 널리 알리는 글
칼럼	신문이나 잡지에 시사, 사회, 풍속 등에 관하여 짧게 평하는 글

② 글쓰기 방법
ⓖ 주장하고자 하는 의견이나 관점을 명료하게 세운다.
ⓛ 주장을 뒷받침할 타당한 논거를 제시한다.
ⓒ 다양한 매체를 활용하여 타당한 근거를 가능한 한 풍부하게 수집하여 비교·분석한다.
ⓔ 수집한 자료의 타당성을 판단하여 논리적으로 선별한다.
ⓜ 단계적이고 짜임새 있게 글의 내용을 구성한다.
ⓗ 설득력 있는 표현 전략을 활용한다.
ⓢ 글의 목적, 예상 독자, 주제 등 쓰기 맥락을 분석한다.

(3) 학습을 위한 글쓰기

① 글의 종류

요약문	글을 읽고 그 글의 요점을 잡아서 간추린 글
보고서	조사, 실험, 연구 등에 대한 내용과 결과를 일정한 체계에 따라 쓴 글
논문	어떤 것에 대하여 연구한 결과를 체계적으로 적은 글
논술문	지식을 종합하고 분석하며 가치를 평가하는 글

② 글쓰기 방법
ⓖ 지식이나 정보를 정리하고 정교화하며 내면화하는 것을 목적으로 한다.
ⓛ 기존의 지식 및 경험과 관련지어 주제를 구체적으로 정교화한다.
ⓒ 주제와 관련된 글을 찾아 읽고 자신의 관점을 정리한다.
ⓔ 자신의 관점에 따라 지식이나 정보를 선택적·비판적으로 수용하고 선별한다.
ⓜ 주제에 대한 자신의 지식과 관점이 명료하게 드러나도록 쓴다.

Chapter 05 | 독해 대표 유형

01 글의 주제·중심 내용 파악하기

1 유형의 이해

주로 필자의 주장이나 의도, 글의 제목과 주제, 중심 내용을 찾는 문제가 이 유형에 해당한다. 제시된 글을 정확하게 이해하고 있는지 파악할 수 있는 가장 기본적인 문제 유형이므로 제시문의 첫 부분이나 끝 부분에 주로 제시되는 중심 문장을 찾아 필자의 의도를 빠르게 파악하는 것이 가장 중요하다. 이때, 제시문에서 여러 번 언급하는 '핵심어'를 찾고, 핵심어와 관련된 내용을 중심으로 글을 읽어 내려가는 것이 글의 중심 내용을 찾는 데 도움이 된다.

2 발문 유형

- 다음 글의 중심 내용으로 가장 적절한 것은?
- 다음 글의 주제로 가장 적절한 것은?
- 〈보기〉에서 말하고자 하는 바로 가장 적절한 것은?
- 다음 글의 주장으로 가장 적절한 것은?
- 다음 글의 제목으로 가장 적절한 것은?
- 다음 글의 시사점으로 적절하지 않은 것은?

3 문제 풀이 전략

1단계 문장 구조 파악하기

제시문의 논리 구조를 빠르게 파악하여 짧은 시간 안에 제시문의 내용을 효과적으로 이해하고 문제를 해결해야 하는 경우에는 주로 글에서 가장 많이 언급하는 단어인 핵심어를 찾고 이를 중심으로 글을 읽어 내려가는 방식을 사용한다. 또한 시간의 순서, 원인과 결과, 비교와 대조 등 글의 전개 방식을 통해서도 글의 구조를 파악할 수 있다.

2단계 글의 중심 내용 파악하기

주로 필자의 주장이나 글의 주제는 글 또는 문단의 처음이나 끝에 제시된다. 그러므로 이러한 유형의 문제를 풀 때는 핵심어를 파악한 후, 글의 처음과 마지막 부분을 읽고 중심 내용을 찾은 다음 선택지에서 답을 빠르게 체크하고 넘어가는 것이 좋다. 하지만 문제가 어렵게 출제되어 제시문을 모두 읽고 중심 내용을 파악하여야 하는 경우에는 핵심어와 관련이 없는 부분이나 예시로 제시된 부분은 제외하고 글을 읽어 나가면, 중심 내용을 쉽게 파악할 수 있다. 이때, 글의 내용과 일치하지 않는 선택지나 글의 부분적인 내용만을 제시하고 있는 선택지 등을 지우면서 문제를 푸는 것이 좋다.

4 기출문제에 적용하기

윗글의 중심 내용으로 가장 적절한 것은? 25년 국가직 9급

> 　동물이 신체의 내부 온도를 정상 범위 안에서 유지하는 과정을 '체온조절'이라고 한다. 체온조절을 위하여 동물은 신체 내부의 물질대사를 통해 열을 발생시키거나 외부 환경에서부터 열을 획득한다. 조류나 포유류는 체내의 물질대사에 의하여 생성된 열로 체온을 유지하기 때문에 '내온동물'이라고 부른다. 대부분의 내온동물은 외부 온도가 변화해도 안정적으로 체온을 유지한다. 추운 환경에 노출되어도 내온동물은 충분한 열을 생성해서 주변보다 더 따뜻하게 체온을 유지할 수 있다.
> 　이와 달리 양서류나 많은 종류의 파충류와 어류는 열을 외부에서부터 획득하기 때문에 '외온동물'이라고 부른다. 외온동물은 체온조절을 위한 충분한 열을 생성하지는 않지만 그늘을 찾거나 햇볕을 쬐는 것과 같은 행동을 통해 체온을 조절한다. 외온동물은 열을 외부에서 얻기 때문에 체내의 물질대사를 통해 큰 에너지를 생성할 필요가 없어서 동일한 크기의 내온동물보다 먹이를 적게 섭취한다.
> 　한편 체온의 안정성을 기준으로 동물을 '항온동물'과 '변온동물'로 구분하기도 한다. 주위 환경과 관계없이 비교적 일정한 체온을 유지하는 동물을 항온동물, 주위 환경에 따라서 체온이 변하는 동물을 변온동물이라고 부른다. 한때는 내온동물과 외온동물을 각각 항온동물과 변온동물이라고 부르기도 했다.
> 　그런데 체온조절을 위해 열을 획득하는 방식과 체온의 안정성을 유지하는 것은 별개의 문제이다. 외온동물에 속하는 많은 종류의 해양 어류는 일정한 온도가 유지되는 물에서 서식하기 때문에 체온이 크게 변하지 않는다. 반대로 어떤 내온동물은 체온의 변화가 급격하게 일어나기도 한다. 예컨대 박쥐 중에는 겨울잠을 자면서 체온을 40℃나 떨어뜨리는 종류도 있다. ==내온동물과 외온동물을 구분하는 방식과 항온동물과 변온동물을 구분하는 방식 사이에는 어떠한 상관관계도 없다.==

① 내온동물과 외온동물의 특징을 통해 항온동물과 변온동물의 특징을 밝힐 수 있다. → 내용 불일치
② 체온조절을 위한 열 획득 방식과 체온의 안정성은 동물을 분류하는 서로 다른 기준이다.
③ 동물을 내온동물과 외온동물로 구분하는 기준은 항온동물과 변온동물로 구분하는 기준보다 모호하다. → 내용 불일치
④ 체온조절을 위한 열 획득 방식보다 체온의 안정성을 유지하는 방식이 동물을 분류하는 더 적합한 기준이 된다. → 내용 불일치

1단계 글의 구조 파악하기
제시문은 마지막 문단에서 주제를 제시하는 미괄식 형태의 글이다.

2단계 글의 중심내용 파악하기
제시문은 동물이 열을 획득하는 방식에 따라 '내온동물'과 '외온동물'로 구분하고, 체온의 안정성을 기준으로 '항온동물'과 '변온동물'로 구분한다고 설명한다. 그리고 마지막 문단에서 이들을 구분하는 방식 사이에는 어떠한 상관관계도 없다고 결론 내리고 있다. 따라서 제시문의 중심 내용으로 가장 적절한 것은

'체온조절을 위한 열 획득 방식과 체온의 안정성은 동물을 분류하는 서로 다른 기준이다.'이다. 나머지 선택지들이 중심내용이 될 수 없는 이유는 다음과 같다.

① 4문단의 '내온동물과 외온동물을 구분하는 방식과 항온동물과 변온동물을 구분하는 방식 사이에는 어떠한 상관관계도 없다.'를 볼 때 '내온동물과 외온동물의 특징을 통해 항온동물과 변온동물의 특징을 밝힐 수 있다.'는 중심 내용으로 적절하지 않다.

③ 제시된 글에서 동물을 구분하는 두 가지 기준의 모호성에 대하여 언급하고 있지 않으므로 '동물을 내온동물과 외온동물로 구분하는 기준은 항온동물과 변온동물로 구분하는 기준보다 모호하다.'는 중심 내용으로 적절하지 않다.

④ 제시된 글에서 동물을 구분하는 기준 중 어느 것이 더 적합한지는 언급하고 있지 않으므로 '체온조절을 위한 열 획득 방식보다 체온의 안정성을 유지하는 방식이 동물을 분류하는 더 적합한 기준이 된다.'는 중심 내용으로 적절하지 않다.

02 글의 세부 내용 파악하기

1 유형의 이해

제시된 글의 세부 내용을 제대로 이해했는지 확인하는 문제 유형이다. 선택지를 먼저 읽고, 이에 해당하는 내용이 제시문에 있는지 빠르게 확인하며 문제를 푸는 것이 시간 배분에 도움이 된다. 쉽게 출제되는 경우 제시문의 내용이 선택지에 그대로 주어지는 경우도 있지만, 제시문의 문장을 새롭게 재구성하여 선택지에 제시하는 경우도 있으니 빠르게 풀다가 실수하지 않도록 주의하여야 한다.

2 발문 유형

- 다음 글을 이해한 내용으로 가장 적절한 것은?
- 다음 글의 내용과 부합하지 않는 것은?
- 글쓴이의 견해에 부합하는 것은?
- 다음 글에서 알 수 있는 내용이 아닌 것은?
- 다음 글의 내용을 잘못 이해한 사람은?

3 문제 풀이 전략

1단계 선택지 내용 파악하기

제시된 글을 읽기 전 선택지를 먼저 읽는다. 특히 글의 내용에 부합하지 않는 것을 고르는 문제의 경우 네 개의 선택지 중 세 개는 글의 내용에 부합하는 것이므로 제시된 글을 이해하는 데 도움이 될 수 있다.

2단계 제시문을 읽으며 선택지 내용과 대조하기

선택지의 내용을 제시된 글에서 찾으며 밑줄을 친다. 선택지의 문장이 다른 어휘나 문장으로 표현되는 경우도 있으므로 주의해서 문제를 푼다.

4 기출문제에 적용하기

> 다음 글을 이해한 내용으로 가장 적절한 것은?　　　　　　　　23년 국가직 9급
>
> 　　전 세계를 대표하는 항공기인 보잉과 에어버스의 중요한 차이점은 자동조종시스템의 활용 정도에 있다. 보잉의 경우, 조종사가 대개 항공기를 조종간으로 직접 통제한다④. 조종간은 비행기의 날개와 물리적으로 연결되어 있어서 어떤 상황에서도 조종사가 조작한 대로 반응한다. 이와 다르게 에어버스는 조종간 대신 사이드스틱을 설치하여 컴퓨터가 조종사의 행동을 제한하거나 조종에 개입할 수 있게 설계되었다③. 보잉에서는 조종사가 항공기를 통제할 수 있는 전권을 가지지만 에어버스에서는 컴퓨터가 조종사의 조작을 감시하고 제한한다. 보잉과 에어버스의 이러한 차이는 기계를 다루는 인간을 바라보는 관점이 서로 다른 데서 비롯된다. 보잉사를 창립한 윌리엄 보잉의 철학은 "비행기를 통제하는 최종 권한은 언제나 조종사에게 있다."이다. 시스템은 불안정하고 완벽하지 않기 때문에 컴퓨터가 조종사의 판단보다 우선시될 수 없다①는 것이다. 반면 에어버스의 아버지라고 불리는 베테유는 "인간은 실수할 수 있는 존재"라고 전제한다. 베테유는 이런 자신의 신념을 토대로 에어버스를 설계①②함으로써 조종사의 모든 조작을 컴퓨터가 모니터링하고 제한하게 만든 것이다.
>
> ① 보잉은 시스템의 불완전성을, 에어버스는 인간의 실수 가능성을 고려하여 설계되었다.
> ② 베테유는 인간이 실수할 수 있는 존재라고 보지만 윌리엄 보잉은 그렇지 않다고 본다.
> ③ 에어버스의 조종사는 항공기 운항에서 자동조종시스템을 통제하고 조작한다.
> ④ 보잉의 조종사는 자동조종시스템을 사용하지 않고 항공기를 조종한다.

1단계 선택지 내용 파악하기

① 보잉은 시스템의 불완전성을 고려하여 설계됨 / 에어버스는 인간의 실수 가능성을 고려하여 설계됨
② 베테유는 인간이 실수할 수 있는 존재라고 봄 / 윌리엄 보잉은 인간이 실수할 수 있는 존재라고 보지 않음
③ 에어버스 조종사는 자동조종시스템을 통제하고 조작함
④ 보잉 조종사는 자동조종시스템을 사용하지 않고 조종함

2단계 제시문을 읽으며 선택지 내용과 대조하기

선택지의 내용이 제시된 글에 어떻게 표현되어 있는지 확인하고 일치 여부를 표시하면 다음과 같다.

① 보잉사를 창립한 윌리엄 보잉의 철학은 ~ 시스템은 불안정하고 완벽하지 않기 때문에 컴퓨터가 조종사의 판단보다 우선시될 수 없다는 것이다. (일치) / 에어버스의 아버지라고 불리는 베테유는 "인간은 실수할 수 있는 존재"라고 전제한다. (일치)

② 에어버스의 아버지라고 불리는 베테유는 "인간은 실수할 수 있는 존재"라고 전제한다. (일치) / 윌리엄 보잉의 철학은 "비행기를 통제하는 최종 권한은 언제나 조종사에게 있다."이다. 시스템은 불안정하고 완벽하지 않기 때문에 컴퓨터가 조종사의 판단보다 우선시될 수 없다는 것이다. (불일치)
→ 윌리엄 보잉은 시스템이 불안정하고 완벽하지 않아 조종사의 판단보다 우선시될 수 없다고 여겼을 뿐, 인간이 실수하지 않는 존재라고 본 것은 아니다.

③ 에어버스는 조종간 대신 사이드스틱을 설치하여 컴퓨터가 조종사의 행동을 제한하거나 조종에 개입할 수 있게 설계되었다. (불일치)
→ 제시된 글에 따르면, 에어버스의 조종사는 자동조종시스템을 통제하고 조작하는 것이 아니라 자동조종시스템의 통제를 받는다.

④ 보잉의 경우, 조종사가 대개 항공기를 조종간으로 직접 통제한다. (불일치)
→ 제시된 글에 따르면, 보잉 조종사는 "대개" 항공기를 조종간으로 직접 통제한다고 하였으므로 자동조종시스템을 아예 활용하지 않는다고는 볼 수 없다.

03 글의 순서 파악하기

1 유형의 이해

글의 구조와 논리적 흐름을 파악하고 있는지를 묻는 문제 유형이다. 각 문단의 앞에 제시되는 접속어(그러나, 그리고, 또한, 한편, 따라서, 예를 들어 등)를 활용하거나 대명사가 가리키는 것이 무엇인지를 파악하며 글의 흐름을 이해하는 것이 중요하다.

2 발문 유형

- (가)~(라)를 맥락에 따라 자연스럽게 배열한 것은?
- 다음 문장이 들어가기에 가장 적절한 곳을 (가)~(라)에서 고르면?
- 다음 글의 전개 순서로 가장 자연스러운 것은?
- 〈보기〉의 (가)~(다)를 문맥에 맞게 순서대로 바르게 나열한 것은?

3 문제 풀이 전략

1단계 접속어나 대명사로 첫 번째 문단 찾기

문제에서 글의 앞부분이 제시되어 있고 나머지 문단을 순서대로 배열해야 하는 경우, 접속어의 기능을 떠올리면서 글의 내용이 자연스럽게 이어지는 문단을 찾는다. 또, 각 문단의 대명사가 어떤 단어나 문장을 가리키는지 확인하는 것도 중요하다. 반대로 문제에서 글의 앞부분이 제시되지 않았다면 처음에 오는 문단은 접속어나 대명사가 제시되지 않는 경우가 많으며 주로 독자의 흥미를 유발하기 위한 질문이나 사례가 들어 있다는 것에 유의한다.

2단계 제시문을 읽으며 이어지는 문단 찾기

첫 번째 문단을 찾았으면, 접속사의 기능을 염두에 두고 내용 흐름상 자연스럽게 이어지는 문단이 있는지 확인한다. 대개 첫 번째 문단에서 제시된 키워드에 대한 설명이나 주장이 이어지므로 각 문단의 지시 표현이 무엇을 가리키는지 파악하는 것이 중요하다.

4 기출문제에 적용하기

> **(가)~(라)를 맥락에 맞추어 가장 적절하게 나열한 것은?**　　　9급 출제기조 전환 예시문제
>
> (가) 다음으로 시청자의 마음을 사로잡을 수 있는 참신한 인물을 창조해야 한다. 특히 주인공은 장애를 만나 새로운 목표를 만들고, 그것을 이루는 과정에서 최종적으로 영웅이 된다. 시청자는 주인공이 목표를 이루는 데 적합한 인물로 변화를 거듭할 때 그에게 매료된다.
> (나) 스토리텔링 전략에서 제일 먼저 해야 할 일이 로그라인을 만드는 것이다. 로그라인은 '장애, 목표, 변화, 영웅'이라는 네 가지 요소를 담아야 하며, 3분 이내로 압축적이어야 한다. 이를 통해 스토리의 목적과 방향이 마련된다.
> (다) 이 같은 인물 창조의 과정에서 스토리의 주제가 만들어진다. '사랑과 소속감, 안전과 안정, 자유와 자발성, 권력과 책임, 즐거움과 재미, 인식과 이해'는 수천 년 동안 성별, 나이, 문화를 초월하여 두루 통용된 주제이다.
> (라) 시청자가 드라마나 영화에 대해 시청 여부를 결정하는 데 걸리는 시간은 8초에 불과하다. 제작자는 이 짧은 시간 안에 시청자를 사로잡을 수 있는 스토리텔링 전략이 필요하다.
>
> ① (나) - (가) - (라) - (다)
> ② (나) - (다) - (가) - (라)
> ③ (라) - (나) - (가) - (다)
> ④ (라) - (나) - (다) - (가)

1단계 접속어나 대명사로 첫 번째 문단 찾기

(가)의 '다음으로', (다)의 '이'와 같이 접속어와 대명사는 첫 번째 문단에 올 수 없으므로 소거한다. (라)에서 '시청자가 드라마나 영화에 대해 시청 여부를 결정하는 데 걸리는 시간은 8초에 불과하다.'라며 독자의 흥미를 유발하고 있으므로 첫 번째 문단으로 적합하다.

2단계 제시문을 읽으며 이어지는 문단 찾기

첫 번째 문단인 (라)에서 '스토리텔링 전략'이 필요하다고 하였고, (나)에서 '스토리텔링 전략에서 제일 먼저 해야 할 일'에 대해서 설명하고 있으므로 (나)는 (라) 다음에 올 문단으로 적절하다. 또한 (가)에서 '다음으로'라는 접속 표현을 사용하여 두 번째 스토리텔링 전략인 '참신한 인물 창조'에 대해 설명하고 있다. 따라서 (가)는 (나) 다음에 와야 한다. 마지막으로 (다)에서 '이 같은 인물'은 (가)에서 말한 '참신한 인물'을 가리키므로 (다)는 (가) 뒤에 오는 것이 글의 흐름상 적절하다.

04 내용 추론하기

1 유형의 이해

글의 표면에 드러난 정보를 바탕으로 저자의 숨겨진 의도나 내용을 파악하는 문제 유형이다. 자신의 생각이나 일반 상식을 근거로 추론하여 답을 선택하지 않도록 주의해야 하며, 제시된 글을 기반으로 타당하게 추론할 수 있어야 한다. 글을 정확하게 이해해야 추론할 수 있는 문제도 있고 문학, 철학, 과학 등 어려운 주제가 출제되기도 하므로 독해 난도가 높은 편이다.

2 발문 유형

- 다음 글에서 추론한 내용으로 적절하지 않은 것은?
- 다음 글의 빈칸에 들어갈 내용으로 가장 적절한 것은?
- (가)와 (나)를 통해서 추정하기 어려운 것은?
- 다음 글에서 밑줄 친 부분의 원인으로 가장 적절한 것은?
- 글의 통일성을 고려할 때 (가)에 들어갈 말로 가장 적절한 것은?

3 문제 풀이 전략

1단계 선택지 내용 파악하기
이 유형도 글을 읽기 전 선택지를 먼저 파악하는 것이 중요하다. 선택지를 읽어 보면서 글의 키워드나 주제, 전반적인 내용을 파악할 수 있다. 또한, 선택지의 내용을 염두에 두고 제시된 글을 읽으며 선택지를 하나씩 소거해 나가는 것이 좋다.

2단계 글의 중심 내용 파악하기
저자의 숨겨진 의도나 내용을 추론하기 위해 선행되어야 하는 것은 글의 중심 내용을 정확하게 파악하는 것이다. 어려운 주제나 인과관계가 복잡한 내용이 지문으로 출제되었다면 이를 구조화하여 이해할 수 있다.

3단계 주어진 글을 바탕으로 선택지의 추론이 타당한지 판단하기
지문의 내용을 이해하였으면, 이를 바탕으로 선택지의 추론이 맞는지 판단한다. 이때 자신의 생각이나 상식으로 문제를 풀지 않도록 주의하여야 한다.

4 기출문제에 적용하기

다음 글에서 추론한 내용으로 가장 적절한 것은?   24년 국가직 9급

> 진화 개념에 대해 흔히 오해되는 측면이 있다. 첫째, 인간의 행동은 철저하게 유전적으로 결정되어 있다는 생각이다. 그런데 진화 이론이 유전자 결정론을 주장하는 것은 아니다. 인간의 행동은 유전적인 적응 성향과 이러한 적응 성향을 발달시키고 활성화되게 하는 환경으로부터의 입력이 상호작용한 결과이다. 둘째, 현재 인간의 마음이나 행동 체계는 오랜 진화 과정에 의한 최적의 적응 방식이라는 생각이다. 그것이 항상 맞는 것은 아니다. 가령 구석기시대의 적응 방식을 오늘날 인간이 지니고 있어 생기는 문제점이 있다. 원시시대에 사용하던 인지적 전략 등이 현재 그대로 남아 있기 때문에 문제가 생길 수 있는 것이다. 우리가 복잡한 상황에 적응하는 데는 원시시대의 적응 방식이 부적절한 경우가 있을 수 있다.

① 인간의 행동은 환경의 영향으로, 마음은 유전의 영향으로 결정된다.
② 우리에게 주어진 상황의 복잡한 정도가 클수록 인지적 전략의 최적화가 이루어진다.
③ 같은 조상을 둔 후손이라도 환경에서 얻은 정보가 다르면 행동은 다르게 나타날 수 있다.
④ 조상의 유전적 성향보다 조상이 살았던 과거 환경이 인간의 진화 방향을 우선적으로 결정한다.

1단계 선택지 내용 파악하기
① 인간의 행동은 환경의 영향으로 결정됨 / 인간의 마음은 유전의 영향으로 결정됨
② 상황의 복잡도가 클수록 인지적 전략의 최적화가 이루어짐
③ 유전적 요인이 동일하더라도 환경적 요인이 다르면 행동은 다르게 나타남
④ 조상의 유전적 성향보다 조상의 살았던 환경이 진화 방향을 우선적으로 결정함

2단계 글의 중심 내용 파악하기
진화 개념에 대한 오해
1. 인간의 행동은 유전적으로 결정되어 있다. → 인간의 행동은 유전과 환경의 상호작용 결과이다.
2. 현재 인간의 마음이나 행동 체계는 오랜 진화 과정에 의한 최적의 적응 방식이다. → 오늘날 복잡한 상황에 적응하기에 과거의 적응 방식은 부적절할 수 있다.

3단계 주어진 글을 바탕으로 선택지의 추론이 타당한지 판단하기
① 1문단에서 인간의 행동은 유전적인 적응 성향과 환경으로부터의 입력이 상호작용한 결과라고 하였으므로 인간의 행동은 환경의 영향이 아니라 유전과 환경의 상호작용으로 결정된다는 것을 알 수 있다. 그리고 인간의 마음이 유전의 영향으로 결정된다는 내용은 제시되지 않았다. (부적절)
② 2문단에서 우리가 복잡한 상황에 적응하는 데는 원시시대의 적응 방식이 부적절한 경우가 있을 수 있다고 하였지만, 주어진 상황의 복잡한 정도가 클수록 인지적 전략의 최적화가 이루어진다는 내용은 제시되지 않았다. (부적절)

③ 1문단에서 인간의 행동은 유전적인 적응 성향과 이러한 적응 성향을 발달시키고 활성화되게 하는 환경으로부터의 입력이 상호작용한 결과라고 하였으므로 유전적인 적응 성향이 동일하더라도 환경에서 얻은 정보가 다르면 행동은 다르게 나타날 수 있음을 추론할 수 있다. (적절)

④ 1문단에서 인간의 행동은 유전적인 적응 성향과 이러한 적응 성향을 발달시키고 활성화되게 하는 환경으로부터의 입력이 상호작용한 결과라고 하였지만, 유전과 환경 중 어느 것이 인간의 진화 방향을 우선적으로 결정하는지는 제시되지 않았다. (부적절)

05 사례 추론하기

1 유형의 이해

글에서 얻은 정보를 다른 상황에 적용할 수 있는지를 평가하는 문제 유형이다. 먼저 주어진 글에서 제시하는 원리나 이론을 정확하게 이해하고, 선택지의 사례가 이에 해당하는지, 그 적절성을 하나씩 따져 보는 방식으로 접근해야 한다.

2 발문 유형

- 주장에 부합하는 사례로 가장 적절한 것은?
- ㉠~㉣의 사례로 적절하지 않은 것은?
- 다음 글의 ㉠의 사례가 포함되어 있지 않은 것은?
- 다음 글에서 추론한 내용으로 적절하지 않은 것은?

3 문제 풀이 전략

1단계 글에서 제시한 원리 이해하기

글에서 원리나 이론을 제시하고 이를 적용할 수 있는 사례를 찾는 문제 유형의 경우 글을 정확하게 이해하는 것이 중요하다. 내용이 복잡하다면 글을 구조화하여 정리하는 것이 도움이 된다.

2단계 사례의 적절성 파악하기

주어진 글을 바탕으로 선택지에서 제시한 사례의 적절성을 판단한다.

4 기출문제에 적용하기

다음 글에서 추론한 내용으로 적절하지 않은 것은? 21년 국가직 9급

> 과학의 개념은 분류 개념, 비교 개념, 정량 개념으로 구분할 수 있다. 식물학과 동물학의 종, 속, 목처럼 분명한 경계를 가지고 대상들을 분류하는 개념들이 분류 개념이다. 어린이들이 맨 처음에 배우는 단어인 '사과', '개', '나무' 같은 것 역시 분류 개념인데, 하위 개념으로 분류할수록 그 대상에 대한 정보가 더 많이 전달된다①. 또한, 현실 세계에 적용 대상이 하나도 없는 분류 개념도 있을 수 있다. 예를 들어 '유니콘'이라는 개념은 '이마에 뿔이 달린 말의 일종임' 같은 분명한 정의가 있기에 '유니콘'은 분류 개념으로 인정되는 것이다②.
>
> '더 무거움', '더 짧음' 등과 같은 비교 개념③은 분류 개념보다 설명에 있어서 정보 전달에 더 효과적이다. 이것은 분류 개념처럼 자연의 사실에 적용되어야 하지만, 분류 개념과 달리 논리적 관계도 반드시 성립해야 한다③. 예를 들면, 대상 A의 무게가 대상 B의 무게보다 더 무겁다면, 대상 B의 무게가 대상 A의 무게보다 더 무겁다고 말할 수 없는 것처럼 '더 무거움' 같은 비교 개념은 논리적 관계를 반드시 따라야 한다.
>
> 마지막으로 정량 개념은 비교 개념으로부터 발전된 것인데, 이것은 자연의 사실로부터 파악할 수 있는 물리량을 측정함으로써 만들어진다④. 물리량을 측정하기 위해서는 몇 가지 규칙이 필요한데, 그 규칙에는 두 물리량의 크기를 비교하는 경험적 규칙과 물리량의 측정 단위를 정하는 규칙 등이 포함된다. 이러한 정량 개념은 자연에 의해서 주어지는 것이 아니라 우리가 자연현상에 수를 적용하는 과정에서 생겨 나는 것이다④. 정량 개념은 과학의 언어를 수많은 비교 개념 대신 수를 사용할 수 있게 하여 과학 발전의 기초가 되었다.

① '호랑나비'는 '나비'와 동일한 종에 속하지만, 나비에 비해 정보량이 적다. → 적절 ×
② '용(龍)'은 현실 세계에 적용할 수 있는 지시물이 없더라도 분류 개념으로 인정된다. → 적절 ○
③ '꽃'이나 '고양이'와 같은 개념은 논리적 관계를 따라야 하는 것은 아니기 때문에 비교 개념에 포함되지 않는다. → 적절 ○
④ 물리량을 측정할 수 있는 'cm'나 'kg'과 같은 측정 단위는 자연현상에 수를 적용할 수 있게 해 주었다. → 적절 ○

1단계 글에서 제시한 원리 이해하기

과학의 개념

1. 분류 개념
   - 하위 개념으로 분류할수록 대상에 대한 정보가 더 많이 전달됨
   - 현실 세계에 적용 대상이 하나도 없는 분류 개념도 있음
2. 비교 개념
   - 분류 개념보다 정보 전달에 더 효과적
   - 자연의 사실에 적용되어야 하지만(분류 개념과의 공통점), 논리적 관계도 반드시 성립해야 함(분류 개념과의 차이점)

3. 정량 개념
- 자연의 사실로부터 파악할 수 있는 물리량을 측정함으로써 만들어짐
- 물리량을 측정하기 위해 필요한 규칙: 경험적 규칙, 물리량의 측정 단위를 정하는 규칙 등
- 자연에 의해 주어지는 것 ×, 자연현상에 수를 적용하는 과정에서 생겨남

2단계 사례의 적절성 파악하기

① 1문단의 '하위 개념으로 분류할수록 그 대상에 대한 정보가 더 많이 전달된다.'를 통해 하위 개념인 호랑나비는 상위 개념인 나비에 비해 정보량이 더 많다는 사실을 추론할 수 있다.

② 1문단에서 유니콘은 현실 세계에 적용 대상이 없어도 분류 개념으로 인정된다고 하였기 때문에, 용(龍) 역시 현실 세계에 적용할 수 있는 지시물이 없더라도 분류 개념으로 인정될 수 있다는 것을 추론할 수 있다.

③ 2문단을 보면, 비교 개념은 '더 무거움'이나 '더 짧음'과 같이 논리적 관계이므로 꽃이나 고양이는 비교 개념에 포함되지 않는다.

④ 3문단의 '정량 개념은 비교 개념으로부터 발전된 것인데, 이것은 자연의 사실로부터 파악할 수 있는 물리량을 측정함으로써 만들어진다.'와 '정량 개념은 자연에 의해서 주어지는 것이 아니라 우리가 자연현상에 수를 적용하는 과정에서 생겨 나는 것이다.'를 통해 물리량을 측정하는 'cm'나 'kg'과 같은 측정 단위가 자연현상에 수를 적용할 수 있게 해 주었다는 것을 추론할 수 있다.

06 빈칸에 들어갈 내용 추론하기

1 유형의 이해

제시된 글을 읽고 빈칸에 들어갈 내용을 추론하는 문제 유형이다. 주로 앞뒤 문맥을 활용하여 글의 결론이나 원인, 이유 등을 파악할 수 있는지를 묻는 문제가 출제된다. 글의 순서를 파악하는 유형과 마찬가지로 접속어를 활용하는 것이 빈칸에 들어갈 내용을 추론하는 데 도움이 된다.

2 발문 유형

- 다음 글의 맥락을 고려할 때 빈칸에 들어갈 말로 가장 적절한 것은?
- 다음 글의 빈칸에 들어갈 결론으로 가장 적절한 것은?
- 다음 글의 (가)와 (나)에 들어갈 말로 적절한 것은?
- 다음 글에서 추론한 내용으로 적절하지 않은 것은?

3 문제 풀이 전략

1단계 선택지 살펴보기
선택지를 읽어 보며 핵심어를 파악하는 것이 중요하다. 핵심어를 통해 주어진 글의 주제를 파악할 수 있다.

2단계 빈칸의 위치 파악하고, 내용 추론하기
빈칸이 글의 어디에 위치하는지 확인하고 빈칸의 앞뒤에 어떤 접속사가 오는지 파악한다. 이를 통해 빈칸에 글의 원인이 들어가야 하는지 결과가 들어가야 하는지, 앞과 반대되는 내용이 들어가야 하는지 앞의 주장을 뒷받침하는 내용이 들어가야 하는지 등을 파악할 수 있다.

4 기출문제에 적용하기

다음 글의 빈칸에 들어갈 내용으로 가장 적절한 것은? 24년 국가직 9급

> 독자는 글을 읽을 때 생소하거나 이해하기 어려운 단어에 주시하는데, 이때 특정 단어에 눈동자를 멈추는 '고정'이 나타나며, 고정과 고정 사이에는 '이동', 단어를 건너뛸 때는 '도약'이 나타난다. 고정이 관찰될 때는 의미를 이해하려는 시도가 이루어지지만, 이동이나 도약이 관찰될 때는 이루어지지 않는다. 이를 바탕으로, K연구진은 동일한 텍스트를 활용하여 읽기 능력 하위 집단(A)과 읽기 능력 평균 집단(B)의 읽기 특성을 탐색하는 연구를 진행하였다. 독서 횟수는 1회로 제한하되 독서 시간은 제한하지 않았다.
>
> 그 결과, 눈동자의 평균 고정 빈도에서 A집단은 B집단에 비해 약 2배 많은 수치를 보였다. 그런데 총 고정 시간을 총 고정 빈도로 나눈 평균 고정 시간은 B집단이 A집단에 비해 더 높게 나타났다. 읽기 후 독해 검사에서 B집단은 A집단보다 평균 점수가 높았고, 독서 과정에서 눈동자가 이전으로 돌아가거나 이 전으로 건너뛰는 현상은 모두 관찰되지 않았다. 연구진은 이를 종합하여 읽기 능력이 부족한 독자는 읽기 능력이 평균인 독자에 비해 난해하다고 느끼는 단어들이 _____ 는 결론을 내렸다.

① 더 많지만 난해하다고 느끼는 각각의 단어를 이해하는 과정에 들이는 평균 시간은 더 적다
② 더 많고 난해하다고 느끼는 각각의 단어를 이해하는 과정에 들이는 평균 시간도 더 많다
③ 더 적지만 난해하다고 느끼는 각각의 단어를 이해하는 과정에 들이는 평균 시간은 더 많다
④ 더 적고 난해하다고 느끼는 각각의 단어를 이해하는 과정에 들이는 평균 시간도 더 적다

1단계 선택지 살펴보기

선택지에서는 '단어를 이해하는 과정에 들이는 평균 시간'에 대해 이야기하고 있다. 따라서 글을 읽을 때 단어를 어떻게 느끼느냐에 따라 그 단어를 이해하는 과정에 들이는 평균 시간의 차이에 초점을 두어야 함을 알 수 있다.

2단계 빈칸의 위치 파악하고, 내용 추론하기

빈칸은 글의 마지막 부분에 위치해 있고, 빈칸 뒤에 '결론을 내렸다'라고 하였으므로 빈칸은 어떤 연구에 대한 결과가 와야 함을 추론할 수 있다. 글의 문맥에 따라 빈칸에 들어갈 내용을 추론하면 다음과 같다. '고정'은 독자가 글을 읽을 때 생소하거나 이해하기 어려운 단어에 눈동자를 멈추는 것으로, 평균 고정 빈도가 높다는 것은 생소하거나 이해하기 어려운 단어의 수가 많음을 의미하고, 평균 고정 시간이 낮다는 것은 단어를 이해하는 데 드는 시간이 더 적다는 것을 의미한다. 따라서 읽기 능력이 부족한 독자는 읽기 능력이 평균인 독자에 비하여 이해하기 어려운 단어의 수가 많고, 단어를 이해하는 데 드는 시간은 더 적으므로 빈칸에는 '더 많지만 난해하다고 느끼는 각각의 단어를 이해하는 과정에 들이는 평균 시간은 더 적다'가 들어가는 것이 적절하다.

Chapter 06 언어 논리

01 강화와 약화

1 유형의 이해
주어진 글에 나타난 주장과 새롭게 제시된 진술 간의 관계를 파악하는 문제 유형이다. 새롭게 제시된 진술이 주장을 뒷받침하여 설득력을 높일 경우 그 주장은 강화되며, 새롭게 제시된 진술이 주장을 반박하여 설득력을 낮출 경우 그 주장은 약화된다.

2 발문 유형
- 다음 글의 ㉠과 ㉡에 대한 평가로 올바른 것은?
- 다음 글의 논지를 강화하는 것만을 〈보기〉에서 모두 고르면?
- 윗글의 (가)와 (나)의 주장에 대해 평가한 내용으로 가장 적절한 것은?

3 문제 풀이 전략

1단계 주어진 글의 중심 내용 파악하기
글쓴이의 주장에 대한 평가가 이루어지기 위해서는 글의 중심 내용을 정확하게 파악하는 것이 선행되어야 한다. 이때 여러 가지 관점이나 주장이 나올 수 있으므로 글을 읽으며 이를 정리하는 것이 중요하다.

2단계 선택지의 내용이 글의 주장을 강화하는지 약화하는지 판단하기
글쓴이의 견해와 주장을 파악하였다면, 선택지의 내용이 이를 강화하는지 약화하는지 판단해야 한다. 글쓴이의 주장과 일치하고 그 주장을 뒷받침하면 글을 내용을 강화하는 것이고, 글쓴이의 견해의 대척점에 있거나 설득력을 낮추면 글의 내용을 약화하는 것이다. 선택지의 내용이 다소 복잡하다면 다른 유형과 마찬가지로 구조화하여 정리하는 것이 좋다.

4 기출문제에 적용하기

다음 글의 (가)를 강화하는 것으로 가장 적절한 것은? 25년 국가직 9급

> 쿤은 자연과학과 사회과학 모두를 포함하는 과학의 발전 단계를 세 시기로 구분한다. 패러다임을 한 번도 정립하지 못한 전정상과학 시기, 하나의 패러다임이 지배하는 정상과학 시기, 기존 패러다임이 새 패러다임으로 교체되는 과학혁명 시기가 그것이다. 패러다임은 모든 과학자에게 동일한 연구 방향 및 평가 기준을 따르게 하여, 연구의 효율성을 높이고 과학의 발전 단계를 성숙한 수준으로 올려놓는다. 한 번도 패러다임을 정립하지 못해 전정상과학 시기에 머물러 있는 과학 분야는 과학자 모두가 제각기 연구 활동을 한다. 과학의 발전 단계상 성숙한 수준에 도달하지 못한 것이다. 어떤 과학 분야라도 패러다임을 정립하면 정상과학 시기에 들어서게 되는데, 그 뒤에 다시 전정상과학 시기로 되돌아갈 수는 없다. 정상과학 시기는 언제나 과학혁명 시기로 이어지고, 과학혁명 시기는 언제나 정상과학 시기로 이어지기 때문이다. 정상과학 시기의 과학자는 동일한 패러다임에 따라, 과학혁명 시기의 과학자는 기존 패러다임 혹은 새 패러다임에 따라 과학 활동을 하기에 그 두 시기에 있는 과학 분야는 모두 성숙한 수준에 도달해 있는 것이다. 이 구분에 따를 때, (가) 일부 사회과학 분야는 과학의 발전 단계상 아직도 성숙한 수준에 도달하지 못했다는 것이 쿤의 진단이다.

① 패러다임이 교체된 적이 있지만 과학자들의 연구 방향 및 평가 기준이 동일한 사회과학 분야가 있다. → 부적절
② 패러다임이 교체되는 중이고 과학자들의 연구 방향 및 평가 기준이 서로 다른 사회과학 분야가 있다. → 부적절
③ 패러다임이 정립된 적이 있지만 과학자들의 연구 방향 및 평가 기준이 서로 다른 사회과학 분야가 있다. → 부적절
④ 패러다임이 정립된 적이 없고 과학자들의 연구 방향 및 평가 기준이 서로 다른 사회과학 분야가 있다. → 적절

1단계 주어진 글의 중심내용 파악하기

(가)를 강화하는 것으로 가장 적절한 것을 찾는 문제로, 문제 해결을 위해서는 제시된 글의 (가)가 무엇인지를 파악하는 것이 중요하다. 이를 정리하면 다음과 같다.

쿤의 과학 발전단계
- '전정상과학 시기', '정상과학 시기', '과학혁명 시기'로 구분
- '전정상과학 시기'란 한 번도 패러다임을 정립하지 못하고 성숙한 수준에 도달하지 못한 단계
- '정상과학 시기'에 들어서면 이전으로 돌아갈 수 없음

∴ (가)의 '성숙한 수준에 도달하지 못한 단계' = '전정상과학 시기'

2단계 선택지의 내용이 글의 주장을 강화하는지 약화하는지 파악하기

④ 패러다임이 적립된 적 없음 → '전정상과학 시기' (주장 강화)
①·②·③ 모두 패러다임 적립된 적 있음 → '정상과학 시기' (주장 약화)

02 논증

1 유형의 이해

주어진 명제를 바탕으로 결론을 도출하는 문제 유형이다. 다른 유형에 비해 난도가 높은 편이나, 평소에 관련 문제를 다양하게 풀어본다면 유형이 크게 변형되지 않기 때문에 오히려 대비하기 어렵지 않다. 이 유형에 대한 기본적인 접근방식은 주어진 문제를 기호화 혹은 도식화하는 것이다.

2 발문 유형

- 다음 진술이 모두 참일 때 반드시 참인 것은?
- (가)와 (나)를 전제로 결론을 이끌어 낼 때, 빈칸에 들어갈 말로 가장 적절한 것은?

3 기초 이론

① **명제의 개념**: 명제란 참과 거짓 등 진위를 판별할 수 있는 문장이나 식
② **명제의 종류**
- 정언명제: 주어와 술어의 일치 또는 불일치에 대해 아무런 제약이나 조건 없이 단언적으로 말하는 명제로, 다음 네 가지 형태로 나뉜다.

구분	표준명제
전칭긍정	모든 S는 P이다.
전칭부정	모든 S는 P가 아니다.
특칭긍정	어떤 S는 P이다.
특칭부정	어떤 S는 P가 아니다.

- 복합명제: 명제와 명제를 연결한 명제로, 논리연결사('if', 'and', 'or' 등)로 연결한다.

논리연결사	표준명제	기호화	특징
IF (조건명제)	만일 P라면 Q이다.	P→Q	• 가언명제 • 충분조건 　- 전건 긍정 → 타당 　- 전건 부정 → 부당 • 필요조건 　- 후건 부정 → 타당 　- 후건 긍정 → 부당
	만일 P라면 Q가 아니다.	P→~Q	
AND (연언명제)	P 그리고 Q이다.	P∧Q	• P와 Q 모두 참이어야 전체가 참이 된다. • 순서가 바뀌어도 의미가 동일하다. 　(시간적 순서가 있는 경우 제외)
	P이면서 Q인 것은 없다.	~(P∧Q)=~P∨~Q	
OR (선언명제)	P 또는 Q이다.	P∨Q	• P와 Q 중 하나만 참이어도 전체가 참이 된다. • 배타적 선언지: P 아니면 Q • 포괄적 선언지: P 또는 Q • P와 Q 둘 다 참인 것도 가능하다.
	P이거나 Q인 것은 없다.	~(P∨Q)=~P∧~Q	

③ 명제 사이의 관계
- 명제의 역, 이, 대우: 명제가 참이라면, 그 명제의 역과 이는 참과 거짓을 알 수 없으나, 그 명제의 대우는 참이 된다.

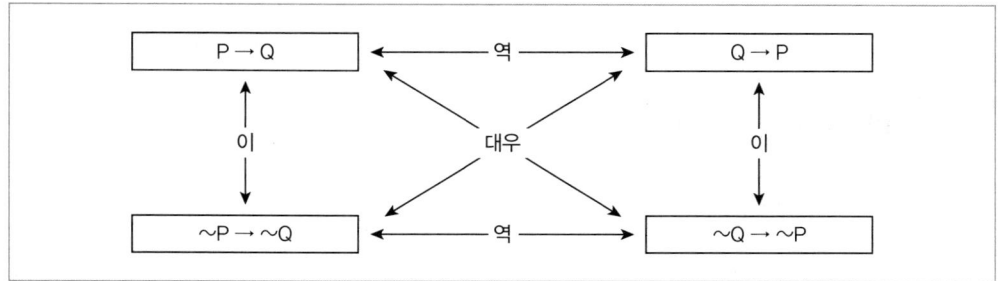

- 충분조건과 필요조건 관계: 두 명제 P와 Q가 있고, 'P이면, Q이다(P→Q)'가 성립할 때, P는 Q의 충분조건이 되고, Q는 P의 필요조건이 된다. 즉, P는 Q가 참이 되기 위한 충분한 조건이 된다는 것이고, Q는 P가 참이 되기 위해 필요한 조건이 된다는 것이다. 이는 다음과 같이 일반화시킬 수 있다.

P이면 Q이다. (P→Q)	• Q이어야 P이다. • Q가 아니면 P가 아니다. • Q일 경우에만 P이다.

P가 Q의 충분조건이고, Q가 P의 필요조건이라면, 'P→Q'는 'P⊂Q'와 같으며, 이를 벤다이어그램으로 표현하면 다음과 같다.

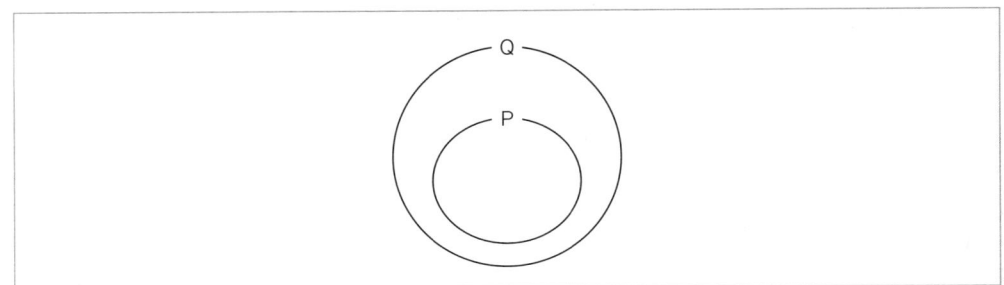

- 필요충분조건 관계: 앞서 살펴본 충분조건과 필요조건 관계에서는 한 명제가 다른 한 명제의 범위에 포함되는 관계라 할 수 있지만, 필요충분조건 관계는 두 명제에서 충분조건과 필요조건이 동시에 성립하는 것을 의미한다. P와 Q가 필요충분조건이라면, 'P≡Q'와 같으며, 이를 벤다이어그램으로 표현하면 다음과 같다.

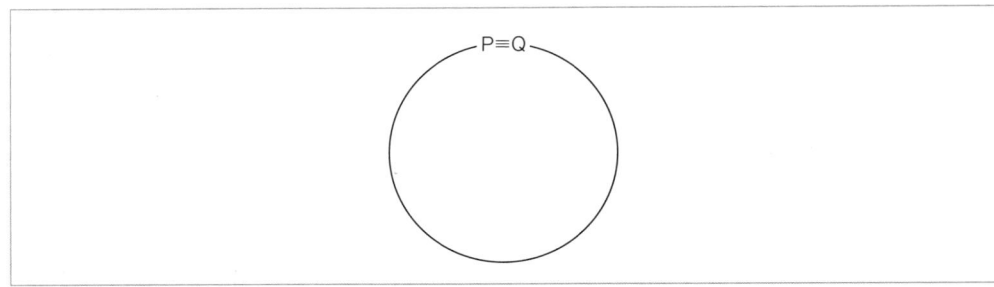

④ 복합명제 진리표
  - 조건명제(IF) : 조건명제의 경우 P(전건)가 긍정인지 부정인지, Q(후건)가 긍정인지 부정인지에 따라 전체가 참인지 거짓인지 판명된다.

P이면 Q이다. (P→Q)		
P	Q	P∨Q
T	T	T
T	F	F
F	T	T
F	F	T

  - 연언명제(AND): P와 Q 둘 중 하나만 거짓이더라도 전체가 거짓이 된다.

P이고 Q이다. (P∧Q)		
P	Q	P∧Q
T	T	T
T	F	F
F	T	F
F	F	F

- 선언명제(OR): P와 Q 둘 중 하나만 참이면 전체가 참이 된다.

P이거나 Q이다. (P∨Q)		
P	Q	P∨Q
T	T	T
T	F	T
F	T	T
F	F	F

4 문제 풀이 전략

1단계 명제를 기호화하기
제시된 명제를 기호(→, ~, ∨, ∧ 등)나 벤다이어그램으로 간단하게 표현한다.

2단계 명제 간 관계 파악하기
동일한 대상에 초점을 맞추어 명제 간 관계를 파악하고, 명제의 대우도 확인한다.

5 기출문제에 적용하기

> **다음 진술이 모두 참일 때 반드시 참인 것은?** 25년 국가직 9급
>
> - 갑이 제주도 출장을 가면, 을은 제주도 출장을 가지 않는다.
> - 을이 제주도 출장을 가지 않으면, 병은 휴가를 내지 않는다.
> - 병이 휴가를 낸다.
>
> ① 갑이 제주도 출장을 가지 않는다.
> ② 을이 제주도 출장을 가지 않는다.
> ③ 갑이 제주도 출장을 가고 병은 휴가를 낸다.
> ④ 을이 제주도 출장을 가고 병은 휴가를 내지 않는다.

1단계 명제를 기호화하기

제시된 명제를 논리 기호로 바꾸면 다음과 같다.

- 갑 제주도 출장 → ~을 제주도 출장
- ~을 제주도 출장 → ~병 휴가
- 병 휴가

2단계 명제 간 관계 파악하기

명제가 참이면 그 대우는 반드시 참이 되고, 명제가 거짓이면 그 대우는 반드시 거짓된다.

- '병 휴가'는 확정적 진술
- 이를 두 번째 '~을 제주도 출장 → ~병 휴가'에 대입(대우 : '병 휴가 → 을 제주도 출장')
- 이를 첫 번째 '갑 제주도 출장 → ~을 제주도 출장'에 대입(대우 : '을 제주도 출장 → ~갑 제주도 출장')

제시된 진술이 모두 참이라고 했으므로 반드시 참인 것은 '갑이 제주도 출장을 가지 않는다.'이다.

제2과목

영어

- Chapter 01 영어 형성 체계
- Chapter 02 동사
- Chapter 03 시제
- Chapter 04 태
- Chapter 05 조동사
- Chapter 06 법
- Chapter 07 명사
- Chapter 08 관사
- Chapter 09 대명사
- Chapter 10 일치
- Chapter 11 준동사 I (동명사와 to부정사)
- Chapter 12 준동사 II (분사)
- Chapter 13 형용사・부사
- Chapter 14 비교
- Chapter 15 등위접속사와 병치
- Chapter 16 접속사
- Chapter 17 관계사
- Chapter 18 전치사
- Chapter 19 특수구문: 도치, 강조, 생략
- Chapter 20 어휘

Chapter 01 영어 형성 체계

01 문장이란 무엇인가?

- 대문자로 시작한다.
- 동사(술어)를 반드시 가지고 있다.
- 마침표(.), 물음표(?), 느낌표(!)로 반드시 끝난다.

문장은 대문자로 시작하여 반드시 동사(술어)를 포함하며 마침표, 물음표 또는 느낌표로 끝나는 형태를 말한다. 따라서 영어 문장은 주어와 동사를 기본 요소로 하며, 거기에 목적어와 보어를 확장시켜 5가지 형식을 만들어 낸다.

* 문장의 최초 검증은 주어와 동사의 수(number)의 일치(단수, 복수)에서 시작된다.

1 문장의 기본 형식

(1) 수식어는 문장의 필수 요소가 아니므로 문장 내 어디든 위치할 수 있다.

(수식어)+주어+(수식어)+동사+(수식어)

예 The Grim Reaper appeared. (저승사자가 나타났다.)
      주어   동사
- (One day) the Grim Reaper appeared.
- (One day) the Grim Reaper (just) appeared.
- (One day) the Grim Reaper (just) appeared (before me).

예 The earth revolves on its axis. (지구는 지축을 중심으로 자전한다.)
     주어   동사

예 My parcels have arrived from New York. (나의 소포가 뉴욕에서 도착했다.)
    주어   동사

* 완전 자동사가 만들어 내는 문장의 패턴을 말한다.

(2) 동사 뒤에 보어 또는 목적어가 등장한다.

> 주어+동사+보어
> 주어+동사+목적어

문장의 필수 요소(주어, 목적어, 보어, 술어) 중에서 주어+동사(술어)라는 문장의 가장 기본적인 형식에 목적어나 보어를 결합해서 문장을 확장해 나간다. 이때 동사는 그 의미에 따라 자동사와 타동사로 나누어진다.

예 My sister became an English teacher. (나의 여동생은 영어 선생님이 되었다.) (2형식)
    주어   동사   보어
→ 동사 뒤에 전치사가 없어도 자동사가 된다.
cf. My sister works at the White House. (나의 여동생은 백악관에서 근무한다.) (1형식)
예 My brother loves a nice car. (나의 남동생은 멋진 차를 좋아한다.) (3형식)
    주어   동사 목적어
→ 동사 뒤에 명사구는 목적어, 보어 모두 가능하다. 동사가 나타내는 행위의 대상(~을, ~를)을 목적어라 하고, 주어나 목적어에 대해 보충 설명하는 것을 보어라 한다.

우리는 문장에서 동사를 통해 주어와 목적어의 위치를 파악할 수 있다. 또한 동사는 그 자체의 고유한 의미를 전달하면서 시제를 나타내고, 동사에 따라 문장의 형식이 결정된다. 따라서 영어 문장의 중심은 동사이다.

2 문장의 5형식

(1) 주어+동사(1형식)

주어와 동사만으로 의미가 완성된 문장이 성립하며, 수식어는 문장의 형식에 영향을 주지 않는다.
예 A lie cannot live.
   (거짓말은 살아남을 수 없다.)
예 Kindness always pays.
   (친절은 손해 보는 일이 없다.)

(2) 주어+동사+보어(2형식)

주어와 동사만으로는 문장이 완결되지 못하고, 주어를 보충 설명하는 보어(주격 보어)가 더해진다. 주격 보어를 취하는 동사는 상태유지(be동사, stay, keep 등), 상태변화(become, grow, turn 등), 감각동사(look, sound, smell, taste, feel) 등이 있다.
예 Experience is the teacher of all things.
   (경험이 모든 것들의 선생님이다.)

예) The two most powerful warriors are patience and time.
　　(가장 강력한 두 전사는 인내와 시간이다.)
예) You look familiar to me.
　　(낯이 익은데요.)
예) People grow old by deserting their ideals.
　　(사람들은 그들의 이상을 버림으로써 나이가 든다.)
예) It always seems impossible until it's done.
　　(어떤 것이든 이루어지기 전까지는 항상 불가능해 보인다.)

(3) 주어＋동사＋목적어(3형식)

대부분의 동사는 행위의 주체와 그 행위를 당하는 대상인 객체, 즉 목적어를 필요로 한다. 이렇게 목적어가 필요한 문형을 3형식이라고 한다.

예) Slow and steady wins the race.
　　(더디더라도 꾸준히 하는 것이 결국 이긴다.)
예) Lazy hands make for poverty, but diligent hands bring wealth.
　　(게으른 손은 굶주림을 만들지만 부지런한 손은 부유함을 가져온다.)

(4) 주어＋동사＋간접 목적어＋직접 목적어(4형식)

이 문형에 쓰이는 동사는 목적어를 2개 가진다. '간접 목적어에게 직접 목적어를 해 준다.'라는 의미이며, 이러한 동사를 수여동사라고 한다. 3형식의 변형이라고 볼 수 있다.

예) Education can give you a skill, but a liberal education can give you dignity.
　　(교육은 당신에게 기술을 줄 수 있지만 교양 교육은 당신에게 존엄을 줄 수 있다.)
예) Don't send me flowers when I'm dead. If you like me, send them while I'm alive.
　　(내가 죽었을 때 나에게 꽃을 보내지 마시오. 나를 좋아한다면 내가 살아 있는 동안에 보내시오.)

(5) 주어＋동사＋목적어＋목적격 보어(5형식)

목적어뿐만 아니라 목적어를 보충 설명하는 목적격 보어까지 있어야 문장이 성립한다.

예) I will keep your dreams alive.
　　(내가 네 꿈을 지켜줄게.)
예) I don't consider myself a goody-goody, but I like to be perceived as classy.
　　(내 자신을 잘난 체한다고 생각하진 않지만 나는 세련된 사람으로 인식되고 싶다.)
예) I've always found the rain very calming.
　　(난 늘 비는 마음을 차분하게 가라앉힌다고 생각했어.)

> **더 알아보기**
>
> 4형식과 5형식의 비교
> A. 5형식에서 목적어와 목적격 보어의 관계는 주어-술어의 관계로, '목적어가 목적격 보어이다/하다'라는 의미다.
>   예 I found him unkind.
>   (나는 그가 불친절하다는 것을 알았다.)
> B. 4형식에서 간접 목적어와 직접 목적어는 주어-술어의 관계가 아니다.
>   예 I found him his wallet.
>   (나는 그에게 그의 지갑을 찾아주었다.)

02 문장의 구성 요소 - 단어(word), 구(phrase), 절(clause)

1 문장의 구성 요소

(1) 단어

단어는 '의미를 지니는 말의 최소 정보의 단위'이다. 영어의 단어는 그 기능에 따라 8개로 구분할 수 있는데, 이를 8품사라고 한다.

명사 (noun)	사람, 사물, 동물 등의 이름을 지칭하는 단어 예 classmate, teacher, boy, pen, computer, air, coffee, policeman, hand
동사 (verb)	사람, 사물, 동물 등의 동작이나 상태를 묘사하는 단어 예 study, walk, think, pass, give, take, do, find, read, be
형용사 (adjective)	명사, 대명사의 상태를 수식하거나 보충하는 단어 예 beautiful, fantastic, narrow, good, wide, lovely
부사 (adverb)	동사, 형용사, 다른 부사, 구, 절, 또는 문장 전체를 수식하는 단어 예 nearly, often, usually, very, only, then, hardly, here, not, ever, never
전치사 (preposition)	우리말의 조사 기능으로 최소 정보 단위를 구성하고 명사를 목적어로 가지는 단어 예 at, by, into, on, in, at, with, for, to, of, from, besides, despite
접속사 (conjunction)	단어, 구 또는 절을 연결하는 단어 예 and, or, but, for, yet, nor, so, because, when, before, while, if, though, since, after, that, whether, in case that, but that, in that
대명사 (pronoun)	명사를 대신하여 지칭하는 단어 예 he, she, you, it, they, either, neither, this, that, one, another, each
감탄사 (interjection)	슬픔, 기쁨, 놀람 따위의 감정을 나타내는 단어 예 man, oops, huh, oh, dammit, gee, hurrah, Jesus

(2) 구

2개 이상의 단어로 이루어진 의미 단위이며 명사구, 형용사구, 부사구, 전치사구 등이 있다. 문장 내에서 하나의 품사로 쓰이며 주어와 동사가 없다.

① **명사구**: 명사구는 명사와 같이 문장 내에서 주어, 목적어, 보어 등의 역할을 하며 부정사구, 동명사구가 대표적이다. 명사구가 주어로 쓰였을 때 수일치에 주의한다.

- 주어로 쓰인 명사구
  - 예 To catch a husband is an art. 〈to부정사구가 주어〉
    (남편감을 고르는 것은 예술이다.)
  - 예 Choosing to be happy or sad depends on you. 〈동명사구가 주어〉
    (행복할지 아니면 슬퍼할지 정하는 것은 당신에게 달려 있다.)
- 목적어로 쓰인 명사구
  - 예 Successful people maintain a positive focus in life.
    (성공한 사람들은 삶에서 긍정적인 초점을 유지한다.)

② **형용사구**: 형용사구는 문장에서 형용사의 역할로 명사를 수식하거나 보충 설명한다.

- 예 Poetry has the rhythm of a song.
  (시는 노래의 리듬을 가진다.)
- 예 There is never enough time to do nothing.
  (아무것도 하지 않을 시간은 결코 충분하지 않다.)
- 예 The boy standing at the door is my son.
  (문가에 서 있는 소년이 나의 아들이다.)

③ **부사구**: 부사구는 문장의 다른 성분인 형용사, 다른 부사, 문장 전체를 수식하는 역할을 한다.

- 예 Everybody talks smack during games.
  (경기 중에는 모두가 뒷말을 한다.)
- 예 Sometimes we have to change ourselves to survive.
  (때로는 살아남기 위해서 우리 자신을 변화시켜야 한다.)
- 예 Studying English, I developed my communication skills.
  (영어를 배우면서 나는 의사소통 능력을 발달시켰다.)

(3) 절

절은 주어와 동사를 포함하는 의미 있는 단위이며, 두 절이 대등한 관계로 등위접속사로 연결되면 각각은 등위절, 종속접속사로 연결되면 주절과 종속절로 나뉜다.

① **등위절**

- 예 Yesterday is not ours to recover, but tomorrow is ours to win or lose.
  (어제는 만회할 수 없지만 내일은 우리가 승리하거나 패배하는 날이다.)

등위접속사 but으로 앞절과 뒷절이 대등하게 연결된다. 등위접속사에는 but, or, yet, for, and, nor, so (BOYFANS로 암기)가 있다.

② 종속절

종속절은 주어, 목적어, 보어 등 문장의 한 요소가 되어 주절에 속하게 되거나 문장 요소를 수식, 또는 문장 전체를 수식하는 절을 말하며 명사절, 형용사절, 부사절이 있다.

③ 종속절의 종류

㉠ 명사절

예 I hope that people learn from my mistakes.
(난 내 실수를 통해 사람들이 배우길 바란다.)

예문은 hope의 목적어로 that절을 취하고 있다. that절이 hope의 목적어 기능을 하는 명사절이 된다.

㉡ 형용사절

예 The idea that everything is purposeful really changes the way you live.
(모든 것이 의미가 있다는 생각은 정말로 당신이 사는 방식을 바꾼다.)

예문은 that절이 주어인 the idea를 수식하는 형용사절이 된다.

㉢ 부사절

예 I'm so glad that we did this.
(난 우리가 이걸 해내서 너무 기뻐.)

예문은 '감정 형용사(glad, happy, afraid, sorry 등)+that절'로, that 이하가 감정 형용사의 원인이 되는 부사절이다. 부사절은 시간, 이유, 조건 등을 나타내는 종속접속사인 when, after, because, if 등과 함께 쓰인다.

더 알아보기

명사절을 이끄는 접속사의 비교

that	완전한 문장을 이끌며 '~는 것'으로 해석, 전치사의 목적어로 사용 불가능
what	불완전한 문장을 이끌며 '~는 것'으로 해석, 전치사의 목적어로 사용 가능
whether	'~인지 아닌지'로 해석, 주절, 목적어절, 보어절 모두 가능
if	'~인지 아닌지'로 해석, 타동사의 목적어절만 가능
의문대명사	who, whom, what, which가 주어, 목적어, 보어 자리에 사용 가능
의문형용사	whose, which, what이 2형식에서 주격 보어, 5형식에서는 목적격 보어로 역할
의문부사	when, where, why, how 뒤에는 완전한 문장만 가능

2 문장성분의 개념

(1) 주어

주어는 서술어의 행위 또는 상태의 주체이다. 우리말에서는 조사(은, 는, 이, 가)를 통해 주어를 알 수 있지만 영어는 동사 앞에 주어가 위치하기 때문에 동사를 보고 주어를 알 수 있다. 주어 자리의 품사는 주로 명사이다.

　예 Nature never deceives us.
　　(자연은 결코 우리를 기만하지 않는다.)

(2) 동사

동사는 주어의 상태나 동작을 설명하는 문장성분으로 서술어의 개념으로 쓰인다. 영어 문장에서 동사는 문장의 기준이 되며 동사를 통해 주어와 목적어, 문장의 시제, 태 등을 알 수 있다.

　예 Friends show their friendship in times of trouble, not in happiness.
　　(친구는 행복할 때가 아니라 힘들 때 우정을 보여 준다.)

(3) 목적어

동사의 영향을 받는 대상이며 대부분의 동사는 동사 혼자만으로는 의미가 완결되지 않아 목적어를 필요로 한다.

　예 You must do the thing you think you cannot do.
　　(당신은 당신이 생각하기에 할 수 없는 것을 해야 한다.)

(4) 보어

주어와 동사만으로 의미가 완결되지 않아 주어나 목적어에 대한 보충 설명이 필요할 때 쓰이는 문장성분으로 주격 보어와 목적격 보어가 있다. 각각 주술구조 관계가 성립한다.

　예 New Year's Day is every man's birthday(주격 보어).
　　(새해 첫날은 모든 사람의 생일이다.)
　예 You should not expect people to treat you any better than you treat yourself(목적격 보어).
　　(당신은 스스로에게 대하는 것보다 사람들이 당신에게 더 잘 대할 것이라고 기대해서는 안 된다.)

더 알아보기

문장성분의 구성요소

명사(구)/대명사(구)/명사절	주어, 목적어, 보어, 동격의 기능 수행
형용사-형용사구	보어의 기능 수행
동사(구)	술어의 기능을 수행하여 주절이나 종속절 형성
부사(구)(절)	양태, 시간, 장소, 빈도, 방법, 이유, 양보, 조건, 원인, 비례, 대조 등의 기능 수행

(5) 수식어

명사를 수식하는 형용사 기능을 하는 수식어와 명사를 제외한 나머지(형용사, 동사, 부사, 문장 전체)를 수식하는 부사적 기능을 하는 수식어로 나눌 수 있다. 수식어는 문장성분이 아니어서 문장의 형식에 영향을 미치지 않는다.

　예 Great men show politeness in a particular way.
　　(위대한 인물들은 특별한 방식으로 정중함을 표현한다.)

03 문장의 종류

1 평서문

사실을 진술하는 문장으로, '주어+동사+보어/목적어' 어순이다.
- 예) I am a student.
  (나는 학생이다.)
- 예) You can only control what you can control.
  (당신은 당신이 통제할 수 있는 것만 통제할 수 있다.)
- 예) Time moves in one direction, memory in another.
  (시간은 한 방향으로 흘러가고, 기억은 다른 쪽으로 흘러간다.)

2 의문문

의문을 나타내는 문장으로 Yes/No 의문문과 Wh- 의문문이 있다.
- 예) Are you likely to see him? (너는 그를 만날 것 같아?)
- 예) Do you want to feel good, or do you want to do good?
  (너는 좋은 기분을 느끼기를 원하니 아니면 좋은 일을 하기를 원하니?)
- 예) Will you go out with me? (저랑 데이트하실래요?)
- 예) Why are you so angry? (왜 그렇게 화가 나 있어?)
- 예) How much money will it bring in? (그것이 얼마나 많은 돈을 들여올까요?)

(1) 간접의문문

의문문이 주어, 목적어, 보어의 기능을 수행하는 명사절이 되어 '의문사[접속사]+주어+동사'의 어순으로 된다. 이때 의문사가 있는 의문문은 의문사를, 의문사가 없는 의문문은 if[whether]를 써서 주절과 연결한다.
- 예) I don't know.+What does she want?
  → I don't know what she wants. (나는 그녀가 무엇을 원하는지 모른다.)
- 예) She asked me.+What would you want to be?
  → She asked me what I would want to be. (그녀는 나에게 무엇이 되고 싶냐고 물어봤다.)
- 예) Could you tell me?+How can I get there?
  → Could you tell me how I can get there? (내가 거기에 어떻게 갈 수 있는지 알려주시겠어요?)
- 예) I wonder.+Is mom at home?
  → I wonder if[whether] mom is at home. (나는 엄마가 집에 있는지 궁금하다.)
- 예) I don't know.+Can I help him?
  → I don't know if[whether] I can help him. (내가 그를 도울 수 있을지 모르겠어요.)

> **더 알아보기**
>
> 주의해야 할 간접의문문
>
> A. 간접의문문 앞에 등장하는 의문문의 동사가 생각동사(think, believe, say, guess, suppose, imagine 등)일 때 간접의문문 속 의문사는 반드시 문두에 온다.
>
> > 올바른 문장 구조: 의문사+생각동사 의문문+주어+동사?
>
> 예 Do you know how old she is? (너는 그녀가 몇 살인지 알고 있니?)
> 예 How old do you think she is? (너는 그녀가 몇 살이라고 생각하니?)
> 예 Do you know what she does? (너는 그녀의 직업이 무엇인지 알고 있니?)
> 예 What do you think she is doing? (너는 그녀가 무엇을 하고 있다고 생각하니?)
>
> B. 의문대명사가 주어로 사용되는 경우: 간접의문문은 '의문대명사+동사+목적어' 순서가 된다. 의문대명사가 주어로 쓰이고 있으므로 별도의 주어가 필요하지 않으며 의문대명사 뒤에 바로 동사로 이어진다.
>
> 예 Do you know what made her angry? (너는 무엇 때문에 그녀가 화가 났는지 알고 있니?)
>   What do you think made her angry? (그녀는 무엇 때문에 화가 났다고 생각하니?)
> 예 Do you know who made such a mistake? (너는 누가 그런 실수를 저질렀는지 알고 있니?)
>   Who do you think made such a mistake? (너는 누가 그런 실수를 저질렀다고 생각하니?)
> → 위의 경우에서 볼 수 있듯이 생각동사와 의문문이 같이 나오면 의문대명사는 문두로 온다.

(2) 부가의문문(꼬리 의문문)

상대방의 동의·확인을 구하기 위해 문장 끝에 덧붙여서 부가적으로 묻는 의문문을 말한다.

① 앞 문장의 동사가 긍정이면 부가의문문의 동사는 부정, 부정이면 부가의문문의 동사는 긍정이 되어야 하며 부가의문문의 주어는 반드시 대명사로 쓴다.

  예 Mary can make delicious food, can't she?
    (Mary는 맛있는 음식을 만들 수 있어, 그렇지 않니?)
  예 John didn't pass the driving test, did he?
    (John은 운전면허 시험에 떨어졌지, 그렇지?)

② 앞 문장의 be동사와 조동사는 그대로, 일반동사는 do 동사로, 완료동사는 have 동사로 같은 시제를 적용해 부가의문문을 만들며 반드시 축약형을 쓴다.

  예 She is very honest, isn't she?
    (그녀는 무척 정직해, 그렇지 않니?)
  예 He has been in Seoul for ten years, hasn't he?
    (그는 10년 동안 서울에서 살고 있어, 그렇지 않니?)
  예 They must pass the exam, mustn't they?
    (그들은 그 시험에 합격해야 해, 그렇지 않니?)

③ 유도부사 there로 시작하는 문장은 그대로 there로 받는다.

  예 There are many cars on the street, aren't there?
    (거리에는 많은 차량이 있어, 그렇지 않니?)

④ 명령문(긍정·부정명령)의 부가의문문에는 will you?를, 긍정의 답을 기대하는 권유문의 부가의문문에는 won't you?를 쓴다.

> 예 Do it at once, will you?
> (그것을 즉시 해라, 알았지?)
>
> 예 Don't take it anymore, will you?
> (그것을 더 이상 가져가지 마라, 알겠지?)
>
> 예 Have a cup of coffee, won't you?
> (커피 한 잔 드세요, 네?)

⑤ Let's로 시작하는 청유문의 부가의문문에는 shall we?를 쓴다.

> 예 Let's dance, shall we?
> (우리 춤춰요, 그럴래요?)

⑥ 단문, 등위접속사+단문, 부가의문문?: 중문인 경우에는 부가의문문에 가까운 문장에 일치시킨다는 근접의 원칙에 따라 오른쪽 단문을 이용해 부가의문문을 만든다.

> 예 He is very honest, and she likes him very much, doesn't she?
> (그는 정직하고 그녀는 그를 무척 좋아한다, 그렇지 않니?)

⑦ 종속절, 주절/주절+종속절, 부가의문문?: 복문은 주절의 주어와 동사를 이용하여 부가의문문을 만든다.

> 예 If it is fine tomorrow, he will go golfing, won't he?
> (내일 날씨가 좋다면, 그는 골프를 치러 가겠지, 그렇지 않아?)

⑧ 주어+동사+that절의 복문은 종속절의 동사에 따라 부가의문문을 만들고 주절의 동사와 반대로 긍정, 부정을 쓴다(주절의 동사는 주로 think, suppose, bet 등이 쓰인다).

> 예 He thinks that she can pass the exam, can't she?
> (그는 그녀가 그 시험에 합격할 수 있다고 생각해, 그렇지 않아?)
>
> 예 He doesn't think that she can pass the exam, can she?
> (그는 그녀가 그 시험에 합격할 수 없다고 생각해, 그렇지 않아?)

더 알아보기

부가의문문의 주요 형식
예 You have to clean it, don't you? (너는 그것을 청소해야 한다, 그렇지 않니?)
예 You ought to clean it, shouldn't you? (너는 그것을 청소해야 한다, 그렇지 않니?)
예 He used to play the piano, didn't he? (그는 피아노를 치곤 했다, 그렇지?)
예 Nobody called on the phone, while I was out, did they? (내가 외출한 동안 아무도 전화하지 않았지, 그렇지?)
예 She'd probably eat it, wouldn't she? (그녀는 아마 그것을 먹을 것이다, 그렇지 않니?)
예 You'd rather go now, wouldn't you? (너는 지금 가는 게 낫겠지, 그렇지?)
예 He'd developed the skill, hadn't he? (그는 그 기술을 발전시켰지, 그렇지?)
예 You'd better study, hadn't you? (너는 공부하는 게 좋을 거야, 그렇지?)

3 명령문

동사원형이나 Don't로 시작하고 주어 you를 생략한 문장이다.

예 Just do it! (즉시 그것을 행하라!)

예 Don't be afraid when you learn a foreign language. (외국어를 배울 때는 두려워하지 마라.)

4 감탄문

놀람, 기쁨, 슬픔 따위 등을 표현하며 감탄부호(!)로 끝난다.

예 It is such a wonderful world. = What a wonderful world (it is)!
   (얼마나 아름다운 세상인가!)

예 She is very smart. = How smart (she is)! (그녀는 너무나 똑똑해!)

5 기원문

May로 시작하는 문장으로 축원, 기원의 의미를 전달한다.

예 May you succeed this exam! (부디 이 시험에서 성공하길!)

예 (May) God bless you! (신의 축복이 함께하기를!)

Review

1. 접속사 없이 주절+주절은 불가능하다는 기본 원칙하에서 모든 영어의 문장을 기술한다.
2. 하나의 완전한 문장(one complete sentence)은 하나의 완전한 정보를 전달하는 데에 목적이 있다.
3. 완전한 문장의 전제 조건은 주절 한 개를 반드시 가지는 것이며 연결사인 접속사, 관계사, 의문사를 이용하여 문장을 확장한다.
4. 따라서 단문, 중문, 복문, 혼합문을 형성한다.
   ① 단문: 주어+동사
   ② 중문: 단문+등위접속사+단문
   ③ 복문: 종속절+주절/주절+종속절
   ④ 혼합문: 단문+등위접속사+복문/복문+등위접속사+단문
   * 종속절: 명사절, 형용사절, 부사절
5. 품사와 문장성분을 이해한다.
6. 사전 속의 8품사를 우선 이해해야 한다. (명, 동, 형, 부, 전, 접, 대, 감)

Chapter 02 동사

01 완전 자동사

1 개념

문장의 의미를 전달함에 있어서 목적어나 보어의 도움 없이 동사만으로 완전한 문장을 형성하고 상대방을 충분히 이해시키는 동사를 완전 자동사라고 한다. 주어 앞에 부사(구)(절)의 수식은 가능하다.

> 부사(구)(절)+주어+완전 자동사+부사(구)(절)

2 기본 예문

(1) 보어나 목적어가 불필요하다.

예 Such a thing can happen. (그런 일이 일어날 수도 있다.)
예 Your visa will expire this month. (당신의 비자는 이번 달에 만료될 것이다.)

(2) 전치사를 수반하여 구동사를 형성하는 자동사

look at ~을 보다	wait on 시중들다
look after ~을 돌보다	listen to ~을 듣다
look into ~을 조사하다	deal with ~을 처리하다
look for ~을 찾다	deal in ~거래하다
graduate from ~을 졸업하다	laugh at ~을 비웃다
consist of ~으로 구성되다	participate in ~에 참여하다
consist in ~에 있다	depend/rely/count on ~에 의존하다
consist with ~와 일치하다	result in 그 결과 ~이 되다
object to ~에 반대하다	result from ~이 원인이다
belong to ~에 속하다	yell at ~에 고함을 치다
wait for ~을 기다리다	

(3) 목적어를 취하지 않는 자동사는 기본적으로 수동태로 쓸 수 없다.

발생, 사라짐 의미의 동사	disappear, appear, occur, happen, arise, take place, break out, crop up
전치사 동반 자동사	result from/in, consist of/in, belong to
기타 동사	last(계속되다), retire(은퇴하다), expire(만기가 되다)

3 암기하면 편리한 완전 자동사

(1) 주어(은, 는, 이, 가)의 동작동사

lie 눕다	laugh 웃다	yawn 하품하다
stand 서다	run 달리다	sit 앉다
sleep 자다	fall 쓰러지다	walk 걷다
wake 깨다	smile 미소를 짓다	jump 뛰다, 점프하다

(2) go, come 등의 왕래발착동사

go 가다	come 오다	start 출발하다
arrive 도착하다	leave 떠나다	reach 도달하다
begin 시작하다	depart 출발하다	come back 돌아오다
return 돌아오다		

(3) 발생, 출현, 동작, 위치동사

발생동사	crop up, occur, happen, arise, take place, break out
출현동사	appear, emerge, disappear, live, dwell, reside, settle
상태·동작동사	exist, be, lie, stand, sit, rest
위치동사	extend, range

4 반드시 기억해야 할 완전 자동사

(1) 1형식·3형식에서 뜻이 다른 동사

동사	1형식	3형식
pay	손해가 없다, 이득이 되다	지불하다
do	좋다, 충분하다	하다
count	세다, 중요하다	간주하다, 포함시키다
work	효과가 있다	일하다, 작동시키다

예 This pain reliever is really working. (이 진통제 정말 효과가 있네요.)

(2) 수동의 의미로 쓰이는 완전 자동사

동사	완전 타동사	완전 자동사
sell	팔다	팔리다
read	~을 읽다	읽히다
photograph	~의 사진을 찍다	사진이 잘 받다, 사진이 찍히다
clean	닦다, 청소하다	깨끗해지다, 청소가 되다
peel	껍질을 벗기다[깎다]	벗겨지다
write	쓰다	(펜 등이) (글이) 써지다

예 The workbook sells well. (그 문제집은 잘 팔린다.)

02 불완전 자동사

1 개념

주어와 같은 개념이나 주어를 보충·부연 설명하는 주격 보어를 취하는 동사를 불완전 자동사라고 한다. 주격 보어에는 형용사, 현재분사, 과거분사, 명사, to부정사, 동명사, 전치사구(형용사 기능)가 올 수 있다.

주어 + 불완전 자동사 + 보어

2 기본 예문

예 He kept silent in the meeting. (O) (그는 모임에서 침묵을 지켰다.)
He kept silently in the meeting. (×)
→ 보어 자리에 부사(구)는 불가능하다.

3 반드시 기억해야 할 불완전 자동사

(1) 상태유지 동사

be ~이다(상태)
stand, sit, lie ~한 채로 있다
stay, remain, keep, hold ~한 상태로 있다

(2) 상태변화 동사

become, get, grow ~하게 되다	go, come, fall, turn ~하게 변하다

(3) 판단 · 판명 동사

prove, turn out ~임이 판명되다	seem, appear ~처럼 보이다

(4) 감각동사

감각동사	보어
feel ~한 느낌이 나다 look ~처럼 보이다 smell ~한 냄새가 나다 sound ~한 소리가 들리다 taste ~한 맛이 나다	형용사/like+명사

03 완전 타동사

1 개념

목적어가 반드시 있어야 의미가 완결되는 동사를 완전 타동사라고 한다.

주어+완전 타동사+목적어

2 기본 특징

(1) 완전 타동사

다음과 같은 동사들은 우리말로 해석했을 때 동사 뒤에 전치사가 오는 것이 더 자연스럽게 느껴지나 전치사가 오면 비문이다.

완전 타동사	함정 전치사
marry, resemble, accompany, face	with (×)
approach, reach, oppose, answer, await, survive, address, attend, obey, greet, exceed, regret, affect, influence	to (×)
discuss, mention, announce, consider	about (×)
enter, join, inhabit	in(to) (×)

예 He will marry her. = She will be married to him. (○)
He will marry with her. (×)
(그는 그녀와 결혼할 것이다.)

> **더 알아보기**
>
> 구분해서 암기하면 편리한 자동사 vs 타동사
>
> | 자동사 | 타동사 | 의미 |
> | --- | --- | --- |
> | account for | explain | ~을 설명하다 |
> | object to | oppose | ~에 반대하다 |
> | live in | inhabit | ~에 살다 |
> | wait for | await | ~을 기다리다 |
> | arrive at | reach | ~에 도착하다 |

(2) 4형식으로 쓸 수 없는 완전 타동사

| confess, explain, introduce, suggest, propose, announce, mention, describe | +직접 목적어+to+사람 |

예 I propose a joint effort to you. (나는 당신에게 협력을 제안한다.)

3 주요 완전 타동사

(1) to부정사를 목적어로 취하는 동사

① 희망 동사

want 원하다	hope 희망하다
wish 바라다	expect 기대하다
desire 몹시 바라다	long 간절히 바라다

② 계획 동사

| plan 계획하다 | intend 의도하다 |
| mean 의도하다 | prepare 준비하다 |

③ 노력, 시도 동사

| try 노력하다 | attempt 시도하다 |
| strive 애쓰다 | seek 추구하다 |

④ 기타 동사

hesitate 주저하다	pretend ~인 척하다
agree 동의하다	manage 그럭저럭 해내다
determine 결심하다	dare 감히 ~하다
decide 결정하다	need ~할 필요가 있다
deserve ~의 자격이 있다	fail 실패하다
refuse 거부하다	tend ~하는 경향이 있다

(2) 동명사를 목적어로 취하는 동사

① 긍정적 의미 동사

enjoy 즐기다	consider 고려하다
practice 연습하다	admit 인정하다
keep ~을 유지하다	appreciate 고마워하다
suggest 제안하다	mention 언급하다

② 부정적 의미 동사

mind 꺼리다, 반대하다	abandon 포기하다
deny 부정하다	quit 그만두다
dislike 싫어하다	oppose 반대하다
finish 끝내다	avoid, escape 피하다
postpone, delay 연기하다	resist 반대하다
risk 위험을 무릅쓰고 ~하다	discontinue 중단하다

4 to부정사와 동명사 둘 다 목적어로 취할 수 있는 완전 타동사

(1) 의미의 차이가 없는 동사

like, love ~하는 것을 좋아하다	hate 싫어하다
continue 계속해서 ~하다	begin, start ~을 시작하다
prefer 선호하다	propose 제안하다

(2) 의미의 차이가 있는 동사

① regret, remember, forget

regret, remember, forget +to부정사: 해야 할 일 → 미래의 의미
         +동명사: 했던 일 → 과거의 의미

예 I don't remember his telling me such a direct lie.
(나한테 그가 그런 뻔뻔스러운 거짓말을 한 기억이 나지 않는다.)

예 Please remember to put out the cat before you go to bed.
(당신이 자러 가기 전에 고양이를 내놓는 것을 잊지 마십시오.)

② try

> try +to부정사: ~하려고 애쓰다
>   +동명사: 시험 삼아 ~해 보다

예 He tried to meet her. (그는 그녀를 만나려고 노력했다.)

예 She tried writing with the pencil. (그녀는 시험 삼아 그 연필로 써봤다.)

③ stop

> stop +to부정사: ~하기 위해 멈추다
>   +동명사: ~하는 것을 멈추다[그만두다]

예 He stopped to give me a lift. (그는 나를 태워 주기 위해 멈췄다.)

예 I stopped talking and looked at him. (나는 말을 멈추고 그를 쳐다보았다.)

5 감정 유발 동사 관련 완전 타동사

사람이 주어일 경우 주로 과거분사를, 사물이 주어일 경우에는 현재분사를 사용해서 형용사의 용법으로 쓴다.

> excite ~을 흥분시키다
> satisfy ~를 만족시키다
> disappoint ~를 실망시키다
> frustrate ~를 좌절시키다
> confuse/puzzle/perplex ~를 당황하게 하다
> surprise/astonish/amaze ~를 놀라게 하다
> worry ~를 걱정시키다
> please/entertain/amuse ~를 즐겁게 하다
> embarrass ~을 곤란하게[난처하게] 하다
> irritate/annoy ~를 성가시게 하다
> interest ~의 관심[흥미]를 끌다
> bore ~을 지루하게 만들다

예 I was surprised that there were a large number of books in his library.
(나는 엄청나게 많은 책이 그의 서재에 있어서 놀랐다.)

예 He is bored. (그는 지루함을 느낀다.)
    cf. He is boring. (그는 따분한 사람이다.)

예 The movie was not so interesting. (그 영화는 그렇게 흥미롭지는 않았다.)

예 I've always been interested in music. (나는 항상 음악에 관심이 많았다.)

6 목적어 뒤에 전치사를 수반하는 완전 타동사

(1) 방해, 금지 동사

> stop, keep, hinder, prevent, prohibit, discourage,
> deter, dissuade, ban, refrain, restrain +목적어+from -ing/명사(구)
>
> ※ from -ing 위치에 to부정사가 등장하면 틀린 문장이다.

예) The heavy rain prevented me from going to the party. (○)
　　(폭우로 인해 나는 파티에 갈 수 없었다.)
　　The heavy rain prevented me to go the party. (×)

(2) 통보, 확신 동사

> inform 알리다　　　　　　warn 경고하다
> remind 상기시키다　　　　convince 확신시키다 +A+of+B
> accuse 비난하다　　　　　assure 납득시키다

예) The math teacher convinced me of the model equation.
　　(수학 선생님께서 나에게 모형 방정식을 이해시켜 주었다.)
예) This photo reminds me of my childhood.
　　(이 사진은 나에게 어린 시절을 상기시켜 준다.)
예) She informed me of the news.
　　(그녀는 내게 그 소식을 알려 주었다.)
　cf. She informed me that she left the town.
　　　(그녀는 내게 그녀가 그 마을을 떠난다고 알려 주었다.)

(3) 분리, 박탈 동사

> rob 강탈하다
> rid 제거하다　　+A+of+B
> deprive 박탈하다

예) He robbed the actress of her handbag.
　　(그는 그 여배우에게서 가방을 강탈했다.)
예) We can rid ourselves of our suspiciousness only by procuring more knowledge.
　　(우리는 오직 더 많은 지식을 얻어야만 우리의 의심을 없앨 수 있다.)

> **더 알아보기**
>
> rob vs steal
>
> 사람, 은행, 집, 박물관, 전당포 따위+be robbed of+물건(귀중품)
> 물건+be stolen+(from+장소)
>
> 예 The Bank of Korea was robbed of too much cash yesterday night.
> (한국은행은 어젯밤에 많은 현금을 도난당했다.)
> 예 The new laptop computer was stolen from the office.
> (새로운 노트북 컴퓨터가 사무실에서 도둑맞았다.)

(4) 칭찬, 상벌 동사

praise 칭찬하다	thank 감사하다
blame 비난하다	criticize 비판하다 +A+for+B
scold 꾸짖다	excuse 용서하다

예 He thanked her for helping his mother.
(그는 그녀에게 그의 어머니를 도와준 것에 대해 감사했다.)

(5) 제공, 공급 동사

provide 제공하다	present 제공하다
supply 공급하다	furnish 공급하다 +A+with+B
equip 장비를 갖추다	replace 교체하다

예 Change provides us with a challenge.
(변화는 우리에게 도전을 제공한다.)

04 수여동사

1 개념

타동사 중 보통 '주다'의 의미를 가지고 두 개의 목적어를 필요로 하는 동사를 수여동사라고 한다.

> 주어+수여동사+간접 목적어(~에게)+직접 목적어(~을/를)

동사 고유의 뜻에 '~해 주다'의 뜻만 덧붙이면 된다.
예 He cooked me lunch. (그는 나에게 점심 식사를 요리해 주었다.)

2 수여동사의 3형식 전환 원리

목적어가 2개인 수여동사는 4형식이지만 '에게'의 뜻을 갖는 간접 목적어에 전치사를 붙여 직접 목적어의 뒤에 두는 3형식으로 전환할 수 있다.

```
주어+동사+간접 목적어+직접 목적어(4형식)
→ 주어+동사+직접 목적어+전치사+간접 목적어 (3형식)
                        부사구
```

이때, 동사에 따라 전치사로 to, for, of, on이 사용된다.

(1) to를 사용하는 동사

```
주어+동사+직접 목적어+to+간접 목적어
     ↓
give, grant, show, send, teach, tell, offer, lend, sell, hand, owe, promise, pass, pay
```

예 He gave me a check. = He gave a check to me.
(그는 나에게 수표 한 장을 주었다.)

(2) for를 사용하는 동사

```
주어+동사+직접 목적어+for+간접 목적어
     ↓
do, make, buy, find, get, cook
```

예 Would you do me a favor? = Would you do a favor for me?
(저 좀 도와주시겠어요?)

(3) of를 사용하는 동사

```
주어+동사+직접 목적어+of+간접 목적어
     ↓
ask, beg, require, demand, request, inquire
```

예 He asked me a question. = He asked a question of me.
(그는 나에게 질문 하나를 했다.)

(4) on을 사용하는 동사

```
주어+동사+직접 목적어+on+간접 목적어
         ↓
   play, bestow, confer
```

예 He played me a joke. = He played a joke on me.
(그는 나에게 농담을 했다.)

(5) 4형식에서 3형식으로 전환이 불가능한 동사

```
envy, cost, save, spare, forgive, pardon, strike
```

```
주어+동사+간접 목적어+직접 목적어
→ 주어+동사+직접 목적어+전치사+간접 목적어 (×)
```

예 I envy you your fortune. (○) (나는 너의 행운이 부럽다.)
　 I envy your fortune to you. (×)

3 영어에서 쓰이는 '말하다' 의미의 4가지 동사

(1) say+목적어: 3형식 동사(○), 4형식 동사(×)

예 She said what she felt about him. (그녀는 자신이 그 남자에 대해 느낀 것을 말했다.)
예 He said that he had lied to her. (그는 그녀에게 그가 거짓말을 했었다고 말했다.)

(2) tell+목적어: 3형식 동사(○), 4형식 동사(○), 5형식 동사(○)

예 She told the truth. (그녀는 진실을 말했다.)
예 She told me the truth. (그녀는 내게 진실을 말했다.)
예 She told him not to go. (그녀는 그에게 가지 말라고 말했다.)

(3) speak+전치사: 자동사(○), 3형식 동사+언어명(○), 4형식 동사(×)

예 He speaks to me when he is happy. (그는 기분 좋을 때 나에게 말을 걸어오곤 한다.)
예 The police officer spoke English to me. (그 경찰관은 나에게 영어로 말을 했다.)

(4) talk+전치사: 주로 자동사로 사용된다.

예 I want to talk to him. (나는 그와 대화를 하고 싶다.)

05 불완전 타동사

1 개념

목적어 하나만으로 의미가 불완전하여 목적어의 의미를 보충하고 채워 주는 목적격 보어를 반드시 필요로 하는 동사를 말한다.

> 주어+불완전 타동사+목적어+목적격 보어

목적격 보어는 준동사로 형용사나 명사의 역할을 하는 요소가 올 수 있다. 동사, 부사는 목적격 보어가 될 수 없다.

2 형용사 · 명사를 목적격 보어로 취하는 동사

예 The boy made his mother happy. (소년은 엄마를 행복하게 했다.) → 형용사 목적격 보어
예 He found the woman a genius. (그는 그 여자가 천재라는 것을 알았다.) → 명사 목적격 보어

> make, appoint, call, name, elect, choose, declare, consider

→ 목적격 보어 자리에 주로 명사를 사용한다.

(1) 가목적어(it)를 반드시 사용하는 동사

make, believe, think, find, consider, take, call	+it(가목적어)	+형용사/분사(목적격 보어)	+to부정사(진목적어)
		+명사	+that+주어+동사

예 They found it difficult to master English in a few years.
 (그들은 몇 년 이내로 영어를 숙달하는 것은 어렵다는 것을 알았다.)
예 He made it a rule to get up early. (그는 일찍 일어나는 것을 규칙으로 삼았다.)
※ 가목적어 it을 두고 형용사/보어의 위치에 부사나 명사를 제시하여 출제하기도 한다.

(2) 목적격 보어 앞에 전치사 as를 쓰는 동사

regard, consider, think of, look upon, refer to

예 We should look upon money only as a means to the desired end.
(우리는 돈을 목표에 달하는 수단으로만 여겨야 한다.)

3 원형부정사를 목적격 보어로 취하는 동사(사역동사, 지각동사)

(1) 사역동사: 목적어에게 ~을 하도록 만들다[시키다/하다]

make, have, let

예 My eldest brother made me come home directly after school.
(나의 큰 형은 내가 방과 후 바로 집으로 오도록 하였다.)

> **더 알아보기**
>
> 목적어와 목적격 보어
> 목적어와 목적격 보어의 서술적 관계를 반드시 검증한다.
>
> | 목적어와 목적격 보어의 관계 | 능동 | 수동 |
> |---|---|---|
> | 목적격 보어의 형태 | 원형부정사 | 과거분사
(let 동사의 경우: be동사+과거분사) |
>
> A. 사역동사 have가 '~을 시키다'의 의미보다 '~을 허락하다, 용인하다'의 의미를 가질 때는 목적격 보어로 현재분사 형태인 -ing도 사용할 수 있다(주로 부정문에서 자주 사용된다).
>   예 I won't have my students coming late in my class.
>   (나는 나의 학생들이 나의 수업에 늦게 오는 것을 허용하지 않을 것이다.)
> B. 준사역동사 get의 목적어와 목적격 보어의 관계가 능동일 때는 목적격 보어로 to부정사를 취하고 수동일 때는 목적격 보어로 과거분사를 사용한다.
>   예 She got him to repair her watch. (그녀는 그로 하여금 그녀의 시계를 고치게 했다.)
>   예 He got my car engine started. (그는 내 차의 시동이 걸리게 했다.)

(2) 지각동사: 감각기관을 통해 인식하는 동사로 5형식으로 쓰이면 '목적어가 ~하는 것을 보다, 느끼다, 듣다' 등의 의미

see, watch, perceive, find, observe, hear, listen to, notice, feel

목적어와 목적격 보어의 관계에 따라 목적격 보어의 형태가 달라진다.

목적어와 목적격 보어의 관계	능동	수동
목적격 보어	원형부정사 현재분사(동작 강조)	과거분사

예 Mary saw her daughter singing a song.
　　(Mary는 그녀의 딸이 노래 부르고 있는 모습을 보았다.)

예 I saw the door closed. (나는 문이 닫히는 것을 보았다.)

4 to부정사를 목적격 보어로 취하는 동사

목적어와 목적격 보어의 관계	능동	수동
목적격 보어	to부정사	과거분사

(1) 불완전 타동사+목적어+목적격 보어(to부정사)

> ask, require, tell, expect, advise, order, urge, cause, compel+목적어+to부정사

예 I ordered him to go to school. (나는 그에게 학교를 가라고 명령했다.)

(2) 준사역동사 'get'은 목적격 보어로 to부정사를 취한다.

> get+목적어+to부정사

예 She got him to repair her watch. (그녀는 그로 하여금 그녀의 시계를 고치게 했다.)

(3) 준사역동사 'help'는 원형부정사와 to부정사를 모두 취할 수 있다.

예 She helped him to finish the task.
　　(= She helped him finish the task.)
　　(그녀는 그가 그 임무를 완수하도록 도왔다.)

(4) 유도, 설득, 허락 동사+목적어+목적격 보어(to부정사)

cause	allow	
permit	advise	
encourage	enable	+목적어+to부정사
motivate	persuade	
lead	stimulate	
tell	teach	

예 The accident caused them to be late for their work.
　　(그 사고는 그들로 하여금 회사에 지각하도록 만들었다.)

예 My parents kept on encouraging me to study.
(나의 부모님은 내가 공부하도록 계속 격려하셨다.)

(5) 희망, 기대 동사+목적어+목적격 보어(to부정사)

> want, expect, wish+목적어+to부정사

예 She expected us to answer all the questions.
(그녀는 우리가 모든 질문에 답변을 할 것이라고 기대했다.)

더 알아보기

5형식 불가 동사 vs 3형식 불가 동사
A. 5형식 불가 동사는 목적격 보어를 취할 수 없으므로, that절을 목적어로 취한다.

| hope, suppose, suggest, say | +목적어+목적격 보어(to부정사) (×) |
| propose, insist, demand | +that절 (○) |

예 I suppose you to remain as a member of our club. (×)
I suppose that you remain as a member of our club. (○)
(나는 자네가 우리 클럽의 멤버로 남아 있을 것이라 추측하네.)

B. 3형식 불가 동사는 that절을 목적어로 취할 수 없으므로, 목적격 보어를 취한다.

| want, like | +that절 (×) |
| | +목적어+목적격 보어(to부정사) (○) |

예 I want her that come home early. (×)
I want her to come home early. (○)
(나는 그녀가 집에 일찍 오기를 원한다.)

더 알아보기

미래지향적 의미 동사

> ask, require, advise, force, urge, want, wish, expect, allow, permit, enable

예 We asked the room to be cleaned.
(우리는 방을 치워 줄 것을 요구했다.)
예 I never expected to be a model.
(나는 모델이 될 것을 기대하지 않았다.)

5 분사를 목적격 보어로 취하는 동사

목적어와 목적격 보어의 관계	능동	수동
목적격 보어	현재분사	과거분사

> want, leave, keep, find, perceive, own, acknowledge

예 She kept me waiting outside.
    (그녀는 나를 밖에서 기다리게 했다.)
예 I don't want the photo uploaded.
    (나는 그 사진이 업로드되는 게 싫어.)

06 혼동하기 쉬운 동사의 구분

1 자동사/타동사로 구분해야 하는 동사의 3단 변화

(1) lie/lay

원형	의미	과거형	과거분사	현재분사
lie	눕다, 놓이다 (자동사)	lay	lain	lying
lay	눕히다, 놓다, 낳다 (타동사)	laid	laid	laying

(2) rise/raise

원형	의미	과거형	과거분사	현재분사
rise	일어나다, 오르다 (자동사)	rose	risen	rising
raise	올리다, 들다, 기르다 (타동사)	raised	raised	raising

(3) arise/arouse

원형	의미	과거형	과거분사	현재분사
arise	발생하다 (자동사)	arose	arisen	arising
arouse	불러일으키다 (타동사)	aroused	aroused	arousing

(4) sit/seat

원형	의미	과거형	과거분사	현재분사
sit	앉다(자동사)	sat	sat	sitting
seat	앉히다(타동사)	seated	seated	seating

② 의미로 구분해야 하는 동사의 3단 변화

(1) find/found

원형	의미	과거형	과거분사	현재분사
find	발견하다	found	found	finding
found	설립하다	founded	founded	founding

(2) fall/fell

원형	의미	과거형	과거분사	현재분사
fall	떨어지다	fell	fallen	falling
fell	넘어뜨리다	felled	felled	felling

(3) hang/hang

원형	의미	과거형	과거분사	현재분사
hang	걸다	hung	hung	hanging
hang	교수형에 처하다	hanged	hanged	hanging

(4) lend/borrow

원형	의미	과거형	과거분사	현재분사
lend	빌려주다	lent	lent	lending
borrow	빌리다	borrowed	borrowed	borrowing

(5) affect/effect

원형	의미	과거형	과거분사	현재분사
affect	~에 영향을 끼치다	affected	affected	affecting
effect	~에 결과를 초래하다	effected	effected	effecting

(6) conform/confirm

원형	의미	과거형	과거분사	현재분사
conform	~을 순응하다	conformed	conformed	conforming
confirm	~을 확인해 주다	confirmed	confirmed	confirming

Review

1. 동일한 동사가 자동사와 타동사로 쓰이는 경우를 구별하여 정리해 둔다.

   > increase 증가하다
   > prove to be ~임이 판명되다
   > leave for ~를 향해 떠나다
   >
   > increase 증가시키다
   > prove ~을 입증하다
   > leave ~를 떠나다, ~을 남기다

2. 형식에 따른 동사를 기준으로 문장의 패턴에 익숙해져야 한다.

   > pay 득이 되다
   > pay off 효력이 나타나다, 성공하다
   >
   > pay for ~의 대가를 지불하다
   > matter = count 중요하다

3. 5형식 문장에서 쓰이는 지각동사와 사역동사를 이해하고 적용할 수 있도록 하자.

   > make, have, let + 목적어 + 목적격 보어(동사원형/과거분사)
   > get, force, compel + 목적어 + 목적격 보어(to부정사/과거분사)
   > see, hear, listen, smell, feel + 목적어 + 목적격 보어[동사원형(현재분사)/과거분사]

4. 동사가 가지고 있는 특징을 기억해 둔다.

   > 시제(tense), 수(number), 인칭(person), 법(mood), 상(aspect), 태(voice)의 6가지 특징을 가진다.

5. 동사는 다양한 의미를 가지고 있으며 전치사나 부사와 결합하여 특정 의미를 형성하기도 한다.

   > look + 목적어(사람) + 전치사 + the + 신체 일부
   > look at, look for, look into, look down on, look up to

6. 방해, 금지의 동사는 철저하게 구문으로 익혀 둔다.

   > keep, stop, hinder, prevent, prohibit, discourage + 목적어 + from –ing

7. 우리말로 해석 시 착각하기 쉬운 자동사, 타동사는 구분해서 잘 정리해 둔다.

   > graduate from ~를 졸업하다
   > consist of ~로 구성되다
   > think of ~을 생각하다
   >
   > marry ~와 결혼하다
   > be composed of ~로 구성되어 있다
   > be reminded of 생각나다

Chapter 03 | 시제

01 단순시제

1 현재시제

주어의 동작이나 상태가 현재의 시점에서 이루어지고 있음을 보여 주는 시제이다. 동사의 원형을 현재시제로 활용하며, 주어가 3인칭 단수인 경우 동사에 -s 또는 -es가 붙는다. 주어에 -s 또는 -es가 붙은 복수일 경우에 동사는 반대로 -s 또는 -es가 붙지 않는다. 다음의 예를 살펴 보자.

- 예 The boy makes a mistake.
  (그 소년은 실수를 저지른다.)
- 예 Boys make mistakes.
  (소년들은 실수를 저지른다.)

(1) 현재의 지속적인 동작, 상태
- 예 Mary is a beautiful teacher.
  (Mary는 아름다운 선생님이다.)

(2) 현재의 습관, 반복적 동작
- 예 He gets up at six every morning. (그는 매일 아침 6시에 일어난다.)
- 예 She often walks her dog in the morning.
  (그녀는 종종 아침에 자신의 강아지를 산책시킨다.)

(3) 불변의 진리, 속담, 격언, 명언, 과학적 사실
- 예 The earth is round. (지구는 둥글다.)
- 예 The sun rises in the east. (태양은 동쪽에서 뜬다.)
- 예 Man is mortal. (인간은 죽게 마련이다.)

2 과거시제

과거의 동작이나 상태 또는 과거의 일을 나타낼 때 사용하는 시제이다. 주어의 수에 상관없이 동사는 과거시제가 사용되지만 be동사의 경우 주어가 단수일 때는 was, 주어가 복수일 때는 were를 사용한다.

(1) **과거의 동작, 상태**
   예 He made a mistake. (그는 실수를 저질렀다.)

(2) **역사적인 사실**
   예 People believed that the earth was flat long time ago.
   (사람들은 오래 전 지구가 평평하다고 믿었다.)
   예 The Korean War broke out in 1950.
   (한국전쟁은 1950년에 발발하였다.)
   예 My history teacher taught us that Columbus first found the American continent.
   (역사 선생님은 우리에게 Columbus가 아메리카 대륙을 최초로 발견했다고 가르쳤다.)

(3) **과거의 습관이나 상태**: used to+동사원형
   예 He used to climb on Sundays. (그는 일요일마다 등산을 하곤 했었다.)

3 미래시제

미래에 이루어질 예정이나 계획을 표현하는 데 사용되는 시제이다.

(1) **미래의 의지, 계획**: will+동사원형
   예 Will you help me? (저를 도와주시겠어요?)
   예 I will keep my promise. (약속은 지킬게요.)

(2) **예정된 미래**: be going to+동사원형
   조동사 will은 말하는 사람의 의지를 나타내거나 즉흥적으로 무언가를 결정할 때 쓰이는 반면 be going to는 곧 일어날 미래, 또는 계획을 바탕으로 예정된 미래의 일을 나타낼 때 쓴다.
   예 Watch out! There are cracks in the ceiling. The building is going to fall down any moment.
   (조심해! 천장에 금이 있어. 건물이 금방이라도 무너질 것 같아.)
   예 I am going to see a movie with my boyfriend tonight.
   (나는 오늘밤 남자친구와 영화를 보러 갈 거야.)

(3) **현재진행형**: be+-ing
   ① 왕래발착동사의 현재진행형과 시간부사가 함께 하면 미래시제를 나타낸다.

   > 왕래발착동사: go, come, leave, arrive

예 He is coming back next week. (그는 다음 주에 돌아올 것이다.)

② 미래의 상황이 현재 예상되는 경우 현재진행형으로 시간부사와 함께 미래시제를 나타내기도 한다.

예 I'm not working tomorrow, so how about going to the sea?
(나 내일 일 안 해, 그러니 바다 보러 가는 건 어때?)

02 완료시제

1 현재완료시제: 과거와 현재가 이어진 시제

과거에 벌어진 일이 이제 막 완료되었거나, 아직 계속되고 있거나, 과거의 일이 현재의 경험이 되었다거나, 그 일이 현재에 어떤 결과를 초래했는지 표현하는 경우 사용한다. 주어가 3인칭 단수인 경우 has+p.p., 1인칭, 2인칭 또는 복수인 경우 have+p.p.를 사용한다.

(1) **완료의 표현** just, already, yet 등의 시간부사에 유의

예 I've just written a letter home. (나는 방금 집에 편지를 써 보냈다.)

예 I have already finished my homework. (나는 이미 나의 숙제를 끝냈다.)

(2) **계속의 표현**: since '~이래로', for '~동안'

예 We have lived in Seoul for five years. (우리는 5년 동안 서울에서 살고 있다.)

예 She has worked for the company since 1999.
(그녀는 1999년 이래로 그 회사에서 일했다.)

예 The number of cars in Seoul has risen sharply over the last ten years.
(서울에서 차량의 수가 지난 10년에 걸쳐 급격하게 증가해왔다.)

예 The weather of this area has been awful for half a month.
(이 지역의 날씨가 보름 동안 끔찍했다.)

> **더 알아보기**
>
> 반드시 알아야 할 현재완료시제: ~한 지 …가 지났다
> A. "그녀가 죽은 지 3년이 지났다."
> Three years have passed since she died.
> = She has been dead for three years.
> = It has been three years since she died.
> = It is three years since she died.
> = She died three years ago.
> B. 다음의 함정 문장은 피하라!
> • She has been died for three years. (×)
> • She has died for three years. (×)
> • It has passed three years since she died. (×)

(3) 경험의 표현: ever, never, before, once, twice 등의 시간부사와 함께 자주 쓰임

예 I have never been in a fight. (나는 싸워 본 적이 없다.)

예 Have you ever thought about becoming a civil servant?
(공무원이 될 생각을 해본 적이 있나요?)

> **더 알아보기**
>
> have been + 전치사 + 장소
> A. have been to + 장소: '~에 가본 적 있다' 〈경험〉
> 　예 She has been to America. (그녀는 미국에 가본 적이 있다.) 〈경험〉
> 　예 Have you been to Alaska? (알래스카에 가본 적 있니?) 〈경험〉
> B. have been in + 장소: '에 있다(과거 어느 시점부터 지금까지)' 〈계속 or 경험〉
> 　예 She has been in America. (그녀는 (현재까지) 미국에 있어 왔다.) 〈계속〉
> 　예 How long have you been in Korea? (한국에 온 지 얼마나 됐니?) 〈경험〉
> cf. 'has gone to + 장소'는 '~에 가버리고 (여기에) 없다'의 뜻으로, 〈결과〉를 나타내며, 3인칭 주어만 가능하다.
> 　예 She has gone to America. (그녀는 미국에 가버리고 (여기에) 없다.)

(4) 결과의 표현: 과거의 사건이 현재까지 영향을 미치고 있음

예 He has lost his wallet. (그는 자신의 지갑을 잃어버렸다.) - 지금도 지갑이 없음

예 She has gone to Italy. (그녀는 이탈리아로 가버렸다.) - 그녀는 여기 없음

2 과거완료시제

과거완료시제는 과거 이전의 어느 시점(대과거)에 시작된 사건이 과거에 완료되었을 때 쓸 수 있다. 현재완료와 마찬가지로 경험, 계속, 완료, 결과의 4가지 용법이 있다. 현재완료는 기준 시점이 현재인 반면, 과거완료는 기준 시점이 과거이다. 과거보다 먼저 일어난 일이 과거에 영향을 미칠 때 쓰는 시제라고 할 수 있다. 대과거는 과거의 한 시점보다 먼저 일어난 과거를 표현할 때 쓰는데, 대과거 시제는 과거완료의 형태인 had p.p.로 쓴다.

(1) 과거완료

예 When I got home, my parents had already been out.
(내가 집에 왔을 때, 부모님은 이미 외출 중이었다.) - 과거의 기준점이 있으며 기간 ○

(2) 대과거

예 I found the watch that I had lost.
(나는 내가 잃어버렸던 시계를 찾았다.) - 단지 과거의 선후, 기준점 ×

3 미래완료시제

미래 이전의 어느 시점에 발생한 동작이 미래의 그 시점에 완료되었을 때 쓰는 시제이다. 현재완료와 마찬가지로 경험, 계속, 완료, 결과의 4가지 용법이 있다. 기준시점이 미래로 주로 'by 시간'이 많이 쓰이며 시간 부사절인 if, when, by the time 등과 쓰인다.

예 She will have arrived here by this time tomorrow.
   (그녀는 내일 이때쯤에는 여기에 도착할 것이다.)

예 If I read this novel again, I will have read it three times.
   (만약 내가 이 소설을 다시 한 번 읽는다면, 나는 그것을 세 번 읽게 되는 것이다.)

03 진행형

1 개념

진행형 시제는 특정 시점에서 진행 중인 동작을 표현할 때 쓰고 크게 현재진행, 과거진행, 미래진행으로 나누어 특정 시점에서의 진행 표현을 쓸 수 있다.

2 현재진행: am, are, is+-ing

현재 진행 중인 동작이나 상태를 나타내기 위해 사용된다.

예 I'm taking a bath. (나는 목욕 중이다.)

예 The boy is playing the violin. (그 소년은 바이올린을 연주하는 중이다.)

3 과거진행: was, were+-ing

과거의 특정 시점에 진행 중이었던 동작이나 상태를 나타낼 때 쓴다. 과거시제는 동작이 끝났다는 의미를 지닌 반면 과거진행시제는 과거의 특정 시점에 그 동작이 진행 중이었던, 끝나지 않은 상황에 대한 의미를 가진다.

예 I was watching TV when you called me.
   (네가 전화했을 때 나는 TV를 보는 중이었다.)

예 I was reading a book at 2 o'clock this afternoon.
   (나는 오늘 오후 2시에 책을 읽고 있었다.)

4 미래진행: will be+-ing

미래의 특정 시점에 어떤 동작이나 상태가 진행되고 있음을 나타낼 때 쓴다.

예 I will be working late tonight as well.
  (나는 역시나 오늘밤도 야근하고 있을 것이다.)

예 I will be studying history until midnight.
  (나는 자정까지 역사를 공부하고 있을 것이다.)

5 현재완료진행: have been+-ing

현재완료진행과 현재완료의 차이점은 현재완료는 '결과'가, 현재완료진행은 '진행(동작)'이 중심이 된다.

예 John has painted the fence green. It looks nice. 〈현재완료〉
  (John은 울타리를 초록색으로 칠했다. 그것은 괜찮아 보인다.)

예 John has been painting the fence green all day. He is tired. 〈현재완료진행〉
  (John은 하루 종일 울타리를 초록색으로 칠했다(지금도 칠하는 중). 그는 피곤하다.)

6 진행형으로 쓸 수 없는 동사

상태를 나타내는 동사는 진행형으로 쓸 수 없다.

소유 동사	have, possess, belong to
인식 동사	know, understand, believe, guess, remember, forget
무의지 지각 · 감각 동사	see, hear, taste, look, smell
감정 동사	love, like, want, hate, mind, fear, prefer
상태 동사	be, exist, resemble, become, remain, lack, keep, seem, live

예 She resembles her mother. (○)
  She is resembling her mother. (×)
  (그녀는 그녀의 어머니를 닮았다.)

> **더 알아보기**
>
> have 동사
> have 동사가 소유의 의미가 아니라 '먹다, 마시다, 즐기다, 누리다' 등의 의미일 때에는 진행형이 가능하다.
> 예 He is having lunch. (○)
>   (그는 점심을 먹고 있다.)
> 예 He is having trouble keeping up the team at work. (○)
>   (그는 직장에서 부서를 따라잡는 데 어려움을 겪고 있다.)

04 시제 판단에 도움을 주는 시간부사

1 현재시제와 어울리는 부사

nowadays	today	these days
at present	this year	this time
by now		

2 과거시제와 어울리는 부사

the day before yesterday	yesterday	last week
last month	last year	in+특정 과거 시간
during/ago+특정 과거 시간	just now	once
then	before	once upon a time
the other day	at that time	those days

예 He returned home penniless the day before yesterday.
(그는 엊그제 무일푼으로 집에 돌아왔다.)

예 What happened in the 19th century? (19세기에 무슨 일이 일어났나요?)

3 완료시제와 어울리는 부사

since+과거(시점)	for+수사+기간
over+(the) 기간	during+특정 기간
up to the present	lately
recently	of late
in recent years	so far
up to now	until now
up to this time	until this time
ever, never, before, often, twice, always, occasionally	

예 My family have lived in Seoul for five years. (○)
My family lived in Seoul for five years. (×)
(나의 가족은 서울에서 5년 동안 살고 있다.)

예 Over the years, the population has remarkably increased.
(수년간 인구가 현저히 증가했다.)

4 완료시제와 함께 쓸 수 없는 어구

> When + 완료의문문?/What time + 의문문?
> ago, just now, yesterday, last year, then, in + 과거연도

예 When have you finished your homework? (×)
　 When did you finish your homework? (○)
　 (너는 언제 과제를 마쳤니?)
예 He has just now finished his homework. (×)
　 He finished his homework just now. (○)
　 (그는 방금 전 과제를 마쳤다.)

05 시제의 일치

1 시제 일치의 원칙

주절의 시제를 기준으로 주절과 종속절의 시제를 일치시키는 것을 시제 일치의 원칙이라고 하며 논리적인 문장은 시제의 끊어짐이 발생해서는 안 된다. 예를 들어 과거완료-현재, 과거-미래와 같은 경우의 서술은 연속성의 위반이다. 시제 일치의 원칙의 예외를 제외하고서 문장의 시제가 자연스럽게 과거완료-과거-현재완료-현재-미래의 흐름대로 흘러가는지를 확인해야 한다.

(1) 주절의 시제가 현재, 현재완료인 경우
종속절에는 과거완료를 제외한 모든 시제로 표현할 수 있다.

> $S_1 + V_1 +$ that $+ S_2 + V_2$
> 현재/현재완료　과거완료를 제외한 11가지 시제

예 People think that man is mortal.
　 (인간은 죽기 마련이라고 생각한다.)
예 People think that man has developed step by step.
　 (인간은 점차 발전해 왔다고 생각한다.)
예 People think that man will live on Mars some day.
　 (인간은 언젠가 화성에서 살게 될 것이라고 생각한다.)

(2) 주절의 시제가 과거인 경우

종속절에는 과거 · 과거완료시제만 사용 가능하고, 현재시제나 미래형 will을 사용할 수는 없다.

주어 + V_1 + that + 주어 + V_2
과거   과거/과거완료

예) I thought he would worry.
(그가 걱정할 거라고 생각했어요.)

2 시제 일치 원칙의 예외

(1) 불변의 진리, 속담, 격언, 명언, 과학적 사실: 현재시제 사용
예) The science teacher taught us that the earth goes round the sun.
(과학 선생님은 지구가 태양 주변을 돈다고 우리에게 가르쳐 주셨다.)

(2) 현재의 습관, 반복적 동작: 현재시제 사용
예) I get up early in the morning. (나는 아침에 일찍 일어난다.)

(3) 역사적 사실: 과거시제 사용
예) We were taught that the Korean war broke out in 1950.
(우리는 한국전쟁이 1950년에 발발했다고 배웠다.)
→ had broken으로는 쓸 수 없다.

3 시간 · 조건을 나타내는 부사절은 현재시제가 미래시제를 대신함

예) If it is fine tomorrow, I will go fishing. (내일 날씨가 좋으면 낚시를 갈 것이다.)
예) When he comes back home, I will fix him a nice dinner.
(그가 집에 돌아올 때 나는 그에게 맛있는 저녁을 차려 줄 것이다.)

다만, 시간 · 조건의 의미를 가지더라도 명사절 · 형용사절은 그대로 미래형 동사(will + 동사원형)를 적용한다.

예) I don't know if she will accept my proposal.
(그녀가 저의 제안을 받아들일지 모르겠네요.)

06 시제 관련 관용표현

1 'B하고 나서야 비로소 A하다' 구문

> not A until B
> Not until B, ~ A (주절은 반드시 도치)
> It was not until B~ that ~ A (that절 이하는 도치하지 않음)
> → not until then, not until in+연도, not until+주어+동사, not until when+주어+동사

예 He didn't know the fact until yesterday.
 = Not until yesterday did he know the fact.
 = It was not until yesterday that he knew the fact.
 (어제가 되어서야 그는 그 사실을 알았다.)

예 It was not until when he arrived at the airport that he found he had left his bag.
 (그가 공항에 도착했을 때 그는 비로소 자신의 가방을 두고 온 것을 알았다.)

예 He didn't decide to study hard until when he failed the test.
 = Not until when he failed the test did he decide to study hard.
 = It was not until when he failed the test that he decided to study hard.
 (그가 그 시험에 실패했을 때에야 비로소 그는 공부를 열심히 하기로 결심했다.)

2 '~하자마자 (곧) …했다' 구문

> As soon as
> The instant
> The minute   +주어+동사(과거) ~, +주어+동사(과거) …
> The moment
> Immediately
> Directly

> 주어 had no sooner p.p. ~ than 주어 과거시제
> 주어 had hardly/scarcely p.p. ~ when(before) 주어 과거시제

> No sooner had 주어 p.p. ~ than 주어 과거시제
> Hardly/Scarcely had 주어 p.p. ~ when(before) 주어 과거시제

예 As soon as he went out, it began to rain. (그가 외출하자마자 비가 내리기 시작했다.)
= The moment he went out, it began to rain
= He had no sooner gone out than it began to rain.
= He had hardly/scarcely gone out when/before it began to rain.
= No sooner had he gone out than it began to rain. - 도치구문 주의
= Hardly/Scarcely had he gone out when/before it began to rain. - 도치구문 주의

3 '미처 ~하기도 전에 …했다' 구문

> 주어+hadn't+p.p.(과거완료 부정 구문)+when/before+주어+동사(과거)

예 We had not gone for a mile when/before we felt tired.
(우리는 채 1마일도 걷기 전에 지치고 말았다.)

4 '머지않아 곧 ~할 것이다' 구문

> It will not be long before+주어+동사(현재)

'before'는 시간을 나타내는 부사절이다.

예 It will not be long before she comes back home.
(머지않아 곧 그녀가 집으로 돌아올 것이다.)
cf. It was not long before she came back. (머지않아 곧 그녀가 집으로 돌아왔다.)

Review

1. 시간과 조건의 부사절에서는 미래시제 대신 현재시제를 사용함에 유의한다.
   ※ 시간, 조건 부사절에서 현재완료가 미래완료를 대신한다.
2. 명사절, 형용사절은 그대로 미래시제를 적용해야 한다.
3. 과거에 명백한 두 사건이 발생 시, 두 동작의 전후관계는 과거완료-과거를 적용해야 한다.
4. 시제와 관련된 관용적 용법에 유의하자.

   > Hardly/Scarcely+had+주어+p.p., ~ when[before]+주어+동사(과거): ~하자마자 곧 …하다
   > No sooer+had+주어+p.p., … than: ~하자마자 …했다
   > 주어+had not p.p., ~ when[before] 주어+동사(과거): 미처 ~하기도 전에 …했다
   > It will not be long+before+주어+동사(현재): 머지않아서 곧 ~할 것이다

5. 시제는 동사의 동작이나 상태를 시간이라는 차원 위에 올려놓은 묘사 방식이다.
6. 현재시제는 시제원리의 기준 시제이며 무(無)시제이다.
7. 시제를 표시하는 부사(구)를 구분할 수 있어야 한다.
8. 불변의 진리는 항상 현재시제를 적용한다.
9. 역사적 사건은 항상 과거시제를 적용한다.

Chapter 04 | 태

01 능동태와 수동태의 기본 개념

1 능동태 vs 수동태

능동태는 주어가 동작을 행하는 원리이며, 수동태는 주어가 동작을 받거나 당하는 원리이다.

구분	능동태(active voice)	수동태(passive voice)
기능	주어가 동작을 하다(능동)	주어가 동작을 받다(수동)
의미	~하다	~되다, ~지다, ~당하다
예문	He broke the window. (그가 창문을 깼다.)	The window was broken by him. (창문이 그에 의해서 깨졌다.)

2 수동태 만드는 법

(1) 기본형의 수동태

> be + p.p.(~되다, 당하다)

① be동사는 시제와 수를 표시하고 과거분사는 의미를 나타낸다.
② 시제는 능동태 문장의 동사에 일치하면 되고, 수는 수동태 문장의 주어에 맞춘다.
③ 자동사는 목적어가 없기 때문에 원칙적으로 수동태로의 전환이 불가능하다.

예 The shop is shut. (가게는 닫혀 있다.)
예 The shop was shut. (가게는 닫혀졌다.)
예 The shop will be shut. (가게는 닫힐 것이다.)

(2) 진행형의 수동태(~되고 있다)

진행형	be + -ing
수동태	be + p.p.
진행형 수동태	be + being + p.p.

예 The bridge is being built now. (다리가 지금 건설되고 있다.)

(3) 완료형의 수동태(~되었다)

완료형	have + p.p.
수동태	be + p.p.
완료형 수동태	have + been + p.p.

예 The bridge has already been built. (다리가 이미 건설되었다.)

❸ 수동태 전환 공식 3단계

> Step 1. 능동태의 목적어를 수동태의 주어로 한다.
> Step 2. 능동태의 동사를 [be+p.p.] 형태로 바꾼다. (시제와 수를 주의할 것)
> Step 3. 능동태의 주어를 [by+목적격]의 형태로 바꾸어 동사 뒤에 둔다.
> 　　　　의미상 일반인이 주어(by people)일 경우 주로 생략한다.

예 The student wrote the report. (3형식) (그 학생은 보고서를 썼다.)
　　주어　　동사　　목적어

= The report was written by the student. (보고서는 학생에 의해 작성되었다.)
　　주어　　동사(be+p.p.)

❹ 능동태 vs 수동태 판단

(1) 수동태를 쓰는 경우

> • 행위자를 모르거나 밝힐 필요가 없을 때
>   예 My car was stolen three days ago. (내 차는 사흘 전에 도난당했다.)
>   → 차는 도둑에 의해 도난당한 것이므로 굳이 도둑을 주어로 하는 문장을 쓸 필요가 없다.
> • 행위자를 밝히고 싶지 않을 때
>   예 Mistakes were made. (실수가 있었다.)
>   → 누가 실수를 했는지 밝히고 싶지 않은 상황이다.

(2) 자동사는 원칙적으로 수동태가 불가능하며 전치사와 결합하여 구동사가 되면 수동태로 전환이 가능해진다.

예 John was looked. (×) – 자동사는 원칙적으로 수동형이 불가능하다. (자동사 암기 필요)
　John was looked at by Mary. (○) (John은 Mary의 눈에 띄었다.)
　※ 자동사가 전치사와 결합하여 구동사가 되면 타동사화되어 수동태로 전환이 가능하다. 단순히 자동사+전치사가 결합한다고 해서 수동태가 가능한 것은 아니다. look at, look after, look up 등의 구동사(이어동사)만 수동태로 전환이 가능하다.

(3) 4형식 문형을 수동태로 전환할 때 간접 목적어를 주어로 쓸 수 있다.

> be+given[granted, awarded, allowed, asked, served, offered, taught]+목적어

예 The government has been given much aids by its neighboring countries.
(그 정부는 이웃하는 나라로부터 많은 원조를 받아 왔다.)

더 알아보기

'자동사+전치사'의 수동태
자동사는 원칙적으로 수동태가 불가능하지만, 자동사 뒤에 전치사가 결합하여 구동사로 사용되면 타동사와 같은 기능을 하게 된다. 이때 전치사의 목적어는 수동태의 주어로 전환이 가능하다. 더불어 수동태로 전환할 때 전치사를 빠뜨려서는 안 된다.

능동태	The girls laughed at him. (여자애들은 그를 비웃었다.)
수동태	He was laughed at by the girls. (○) (그는 소녀들에게 비웃음을 당했다.) He was laughed by the girls. (×)

5 완전 타동사의 수동태

능동문에서 완전 타동사의 목적어를 수동문에서 주어로 하는 수동태로의 전환이다.

능동태	Iran makes nuclear weapons. (이란은 핵무기를 만든다.)
수동태	Nuclear weapons are made by Iran. (핵무기는 이란에 의하여 만들어진다.)

→ by+일반 주어는 생략하지만, 그렇지 않은 경우는 명시한다.

(1) 타동사의 목적어 뒤에 전치사를 동반하는 동사구의 수동태

전치사가 누락되지 않도록 주의한다.

능동태	The doctor rid the patient of its tumor. (의사가 환자에게서 종양을 제거했다.)
수동태	The patient was rid of its tumor. (○) (그 환자는 종양을 제거했다.) The patient was rid its tumor. (×)

능동태	This picture reminded him of his dead father. (이 사진은 그에게 그의 죽은 아버지를 상기시켜 주었다.)
수동태	He was reminded of his dead father by this picture. (○) (그는 이 사진을 보고 죽은 아버지를 떠올렸다.) He was reminded his dead father by this picture. (×)

(2) 목적어가 명사절(주어+동사)인 수동태: 복문

① It ~ that 형태의 수동태

능동태	예 People say that she is a doctor. (사람들은 그녀가 의사라고 말한다.)
수동태	that절 주어를 it으로 대신하여 앞에 둔다. 예 That she is a doctor is said (by people). → It is said that she is a doctor. (그녀가 의사라고들 말해진다.)

② that절의 주어: 가주어 it 자리에 등장

예 She is said to be a doctor. (그녀가 의사라고들 말해진다.)

> **더 알아보기**
>
> that절의 동사가 to+V로 바뀔 때 4가지 형태
> 예 It seems that she is happy. (그녀는 행복해 보인다.)
>   = She seems to be happy.
> 예 It seems that she was/has been happy. (그녀는 행복했던 것 같다.)
>   = She seems to have been happy.
> 예 It is said that Bentz is made in Germany. (벤츠는 독일산이라고 한다.)
>   = Bentz is said to be made in Germany.
> 예 It is said that he was killed in the Korean War. (그는 한국전쟁에서 전사했다고 한다.)
>   = He is said to have been killed in the Korean War.

6 4형식 동사(수여동사)의 수동태

목적어가 2개 있으므로 2개의 목적어를 각각 주어로 하는 2개의 수동태 문장이 가능하다. 직접 목적어를 주어로 하는 수동태에서는 간접 목적어의 앞에 전치사(to, for, of, on 등)를 넣어 준다.

능동태	He gave me a birthday present. (그는 나에게 생일 선물을 주었다.)
수동태	I was given a birthday present (by him). [나는 생일 선물을 (그에게) 받았다.] A birthday present was given to me (by him). [생일 선물이 (그에 의해서) 나에게 주어졌다.]

하지만 모든 수여동사가 간접 목적어와 직접 목적어 둘 다를 주어로 하여 수동태로 변형할 수 있는 것은 아니다. 수동태로 변형한 후 해석상 어색하면 비문이다.

예 I was made a doll by John. (×) (나는 인형이 만들어졌다 John에 의해서)

A doll was made for me by John. (○) (인형이 (John에 의해서) 나를 위해 만들어졌다.)

7 5형식 동사(불완전 타동사)의 수동태

목적어는 수동태의 주어가 되지만 목적격 보어는 수동태의 주어가 되지 못한다.

(1) 지각동사 · 사역동사의 수동태

지각동사 · 사역동사가 쓰인 5형식 문장이 수동태가 되면 목적격 보어인 동사원형이 to부정사가 된다.

능동태	He saw her sing a song. (그는 그녀가 노래를 하는 것을 보았다.)
수동태	She was seen to sing a song (by him). (그녀가 노래를 부르는 모습이 보였다.)
능동태	He made me repair his car. (그는 나에게 그의 차를 수리하게 했다.)
수동태	I was made to repair his car (by him). (나는 그의 차를 수리하게 되었다.)

(2) 목적격 보어 자리에 명사(구)의 수동태

be+called[elected, named, considered, appointed]+명사(구)(= 보어)

능동태	We called the child a genius. (우리는 그 아이를 천재라 불렀다.)
수동태	The child was called a genius. (그 아이는 천재로 불렸다.)
능동태	They elected her chairperson. (그들은 그녀를 의장으로 선출했다.)
수동태	She was elected chairperson by them. (그녀는 그들에 의해 의장으로 선출되었다.)
능동태	The president appointed the gentleman vice-president. (대통령은 그 신사를 부통령에 지명하였다.)
수동태	The gentleman was appointed vice-president by the president. (그 신사는 대통령에 의해 부통령으로 임명되었다.)

02 주의해야 할 수동태의 용법

1 수동태로 쓸 수 없는 동사

(1) 자동사(intransitive verb): 목적어가 없으므로 수동태 불가능

consist	suit	happen	arise	seem
appear	become	disappear	result	occur
belong	retire	expire	last	

능동태	The team consists of ten members. (○) (그 팀은 열 명으로 구성되어 있다.)
수동태	The team is consisted of ten members. (×)

(2) 타동사(transitive verb)

타동사이지만 의미상의 문제로 통상적으로 수동태를 쓰지 않는 동사다.

사역동사 have, let 시키다	have ~을 가지다
resemble ~을 닮다	lack ~이 부족하다
possess ~을 소유하다	

능동태	She resembles her mother. (○) (그녀는 그녀의 어머니를 닮았다.) Her mother resembles with her. (×)
수동태	Her mother is resembled by her. (×)

2 by 이외의 전치사를 쓰는 수동태

일반적으로 전치사 by를 사용하지만 동사에 따라 다른 전치사(with, to, in, about 등)를 사용하기도 한다.

(1) 전치사 with를 쓰는 수동태

be acquainted with ~을 알게 되다	be concerned with ~에 관계가 있다
be covered with ~로 덮이다	be crowded with ~로 붐비다
be disappointed with ~에 실망하다	be equipped with ~을 갖추고 있다
be filled with ~로 채워지다	be pleased with ~에 기뻐하다
be satisfied with ~에 만족하다	

예 Journalism is concerned with political events.
(저널리즘은 정치적 사건과 관계가 있다.)

(2) 전치사 to를 쓰는 수동태

be accustomed to ~에 익숙하다	be addicted to ~에 빠지다
be devoted to ~에 헌신하다	be exposed to ~에 노출되다
be married to ~와 결혼하다	be opposed to ~에 반대하다
be related to ~에 관련되다	be sent to ~로 보내지다
be used to ~에 익숙하다	

예 I was accustomed to being the center of attention.
(나는 관심의 대상이 되는 것에 익숙했다.)

(3) 전치사 in을 쓰는 수동태

> be absorbed in ~에 몰두하다
> be engrossed in ~에 열중하다
> be included in ~에 포함되다
> be caught in (비 따위)를 만나다
> be interested in ~에 흥미가 있다
> be involved in ~에 개입되다

[예] When I read a book, I am really absorbed in the story.
(독서를 할 때는 정말로 스토리에 몰두하게 된다.)

(4) 전치사 about을 쓰는 수동태

> be concerned about ~에 대해 걱정하다, 관심을 가지다
> be worried about ~에 대해 걱정하다

[예] Everyone is concerned about slumping economy.
(모두가 경기 침체에 대해 걱정한다.)

(5) 전치사에 따라 조금씩 의미가 다른 know의 수동태

> be known as ~로서 알려지다
> be known by ~에 의해 알려지다
> be known for ~로 유명하다
> be known to ~에게 알려지다

[예] Gangnam has been known as the center of Seoul.
(강남은 서울의 중심지로서 알려져 왔다.)

[예] A man is known by the company he keeps.
(사람은 그 사람이 사귀는 친구를 보면 알 수 있다.)

[예] Netflix is known for the largest online media provider.
(넷플릭스는 가장 큰 온라인 미디어 제공 업체로 유명하다.)

[예] The name of the hotel was not known to the natives.
(현지인들에게 그 호텔의 이름은 알려지지 않았다.)

Review

1. 자동사+전치사 = 타동사 기능의 동사구는 수동태가 될 수 있음을 유의한다.
   예 She looked after two poor boys in the daycare center.
   = Two poor boys were looked after by her in the daycare center.
2. 지각동사, 사역동사의 수동태의 경우 목적격 보어가 to부정사 또는 현재분사인지 확인한다.
   예 I was asked to clean the house by mom.
   (나는 엄마에게 집을 청소하라고 요구받았다.)
3. 복문의 수동태는 반드시 이해해야 한다.
   예 The press say that the plane was hijacked by two armed men.
   = It is said that the plane was hijacked by two armed men.
   = The plane is said to have been hijacked by two armed men.
   (언론은 그 비행기가 2명의 무장 괴한에 의해서 납치된 것이라고 말한다.)
4. 전치사에 따라 의미가 달라지는 수동태도 있다.

   | be known to ~에게 알려지다 | be known by ~에 의해서 알려지다 |
   | be known as ~로서 알려지다 | be known for ~으로 유명하다 |

5. by nobody, by nothing과 같은 표현은 불가능하다.
   예 Nobody believes such absurd words.
   = Such absurd words are not believed by anybody. (○)
   Such absurd words are believed by nobody. (×)
   (누구도 그런 터무니없는 말을 믿지 않는다.)
6. any로 시작하는 주어는 부정문의 주어가 될 수 없다.
   예 Anybody doesn't believe the rumor. (×) (누구도 그 소문을 믿지 않는다.)
7. 형태는 능동태이면서 수동의 의미를 가지는 동사(1형식)

clean 닦이다	read 읽히다	sell 팔리다
open 열리다	wash 씻기다	peel 벗겨지다
fill 채워지다		

   예 These surfaces clean well. (이런 표면은 잘 닦인다.)

Chapter 05 조동사

01 기본 조동사(will, shall, can, may, must, would, should, could, might, have to)

1 '능력' 의미의 조동사

'~할 수 있다'는 능력을 나타낼 때 사용하는 조동사로 can, be able to, could가 있다.

(1) can: 일반적인 단순한 능력
    예) I can speak three foreign languages. (나는 3개의 외국어를 말할 수 있다.)

(2) be able to: 일시적이고(특정한) 특별한 능력
    예) I'm able to see humor in everything. (나는 모든 것에서 유머를 볼 줄 아는 능력이 있다.)

(3) could: 주로 지각동사나 인지동사와 함께
    예) I could not remember what Jane looked like before.
        (나는 Jane이 예전에는 어떤 모습이었는지 기억할 수 없었다.)

2 '허가(허락)' 의미의 조동사

'~해도 좋다'는 의미의 허가(허락)를 표현할 때 사용하는 조동사로 can, could, may, might가 있다.

(1) can, could
    예) You can do whatever you like. (네가 하고 싶은 것은 무엇이든 해도 좋다.)

(2) may, might
    예) You may come in. (너는 들어와도 좋다.)

3 '추측' 의미의 조동사

'~일지도 모른다'는 추측을 나타낼 때 사용하는 조동사로 must, should, can, could, may, might가 있다.

(1) must: ~임에 틀림없다(매우 강한 확신의 추측)
- 예 A symphony must be like the world, because it contains everything.
  (모든 것을 포함하고 있기 때문에 교향곡은 세상과 같을 것임에 틀림없다.)

(2) should: 논리적인 근거를 가진 추정일 때 사용한다(현실성이 높음).
- 예 I think I should be able to solve this problem by myself.
  (나 혼자서 이 문제를 해결할 수 있으리라 생각한다.)

(3) can, could: '~일 것 같다'(발생 가능성 높음, 가능성)를 나타내며, can은 발생 가능성이 더 높을 때 쓰이고, 부정형인 can't는 강한 부정의 추측의 뜻을 가진다.
- 예 It can't be true.
  (그것은 사실일 리가 없다.)
- 예 It could be a good example.
  (그것은 좋은 예가 될 수 있을 것 같다.)

(4) may, might: 일반적으로 불확실한 추측을 나타내며 might가 may보다 가능성이 더 낮을 때 사용한다. may＞could＞might의 순으로 가능성이 높다.

4 '의무' 의미의 조동사

'~해야만 한다'라는 의무의 뜻을 나타낼 때 사용되는 조동사로 must, have to, should가 있다.

(1) must: 반드시 ~해야 한다(강제성, 강력한 권고, 절대적 의무, 법)
- 예 Democracy must be built through open societies.
  (민주주의는 반드시 열린 사회를 통해 건설되어야만 한다.)

(2) have to: ~해야 한다(중립적·객관적, 중요한 일, 일반적 사실)
  cf. don't have to는 '~할 필요가 없다'의 의미
- 예 You have to have joy in life.
  (너는 인생에서 즐거움이 있어야 한다.)

(3) should: ~해야 한다(충고, 의견, 당위성)
- 예 If you want to be loved, you should love yourself first.
  (사랑 받기를 원한다면 너 자신을 먼저 사랑해야 한다.)

5 당위의 that절을 이끄는 동사

(1) 주요명제 동사

'주장, 요구, 명령, 제안(주요명제)' 등의 동사가 이끄는 that절의 내용이 '~해야 한다'라고 해석되는 경우에는 종속절인 that절의 동사는 (should) 동사원형으로 써야 한다. 이때 should는 주로 생략된다.

주장	insist, urge 등
요구	ask, claim, inquire, demand, request, require 등
명령	order, force 등
제안	advise, propose, recommend, suggest 등

> **더 알아보기**
>
> 사실(insist)과 암시(suggest): '당위'의 의미가 아님
> A. insist(사실)
>   예 He insisted that he had never been to the place.
>   (그는 그 장소에 결코 가 본 적이 없다고 주장하였다.)
> B. suggest(암시)
>   예 The evidence suggests that the suspect wasn't there.
>   (그 증거는 그 용의자가 그곳에 없었음을 암시한다.)

(2) It+be+형용사+that절 구문

'It+be+이성적 판단 또는 감정을 나타내는 형용사+that절'의 구문

이성적 판단의 형용사	rational, proper, important(of importance), desirable, of utmost importance, natural, imperative, essential, crucial, no wonder, necessary, wrong, right, appropriate, good
감정을 나타내는 형용사	wonderful, regrettable, pitiful, odd, silly, curious, strange, fortunate, surprising

> It+be동사+이성적 판단/감정 형용사+that+주어+(should)+동사원형

예 It is desirable that this attitude (should) be altered for the progress of the society.
  (사회 발전을 위해서 이러한 태도는 바뀌는 것이 바람직하다.)

02 조동사 + have + p.p.

현재 입장에서 바라본 과거의 사실을 판단할 때 '조동사+have+p.p.'의 형태를 사용한다.

would have p.p.	~했을 것이다
may/might have p.p.	~했을지도 모른다(추측, 희박한 가능성)
could have p.p.	~했을 수도 있다(하고자 했다면)
must have p.p.	~했음이 틀림없다(단정, 확정적 추측)
cannot have p.p.	~했을 리가 없다(부정적 추측)
should/ought to have p.p.	~했어야만 했다(결과적으로 안 했다)(후회, 유감)
shouldn't have p.p.	~하지 않았어야 했다(결과적으로 했다)
need not have p.p.	~할 필요가 없었다(결과적으로 했다)

예 He must have known the truth in advance.
(그는 그 사실을 미리 알고 있었음에 틀림없다.)

03 기타 조동사

1 need와 dare

need(~할 필요가 있다)와 dare(감히 ~하다)는 긍정문에서는 일반동사로, 부정문과 의문문에서는 조동사로 쓰인다. 긍정문에서 need와 dare은 to부정사를 목적어로 취한다.

예 He needs to be cared for.
(그는 보살핌이 필요해요.)
예 Need he go to the hospital?
(그가 그 병원에 가야만 하나요?)
예 He need not go there.
(그는 그곳에 갈 필요가 없어요.)

2 used to와 be used to

(1) **used to 동사원형**: ~하곤 했다(과거의 규칙적인 습관이나 과거의 사실)

예 She used to take a walk every morning. (그녀는 매일 아침 산책을 하곤 했다.)

(2) **be used to -ing/명사**: ~하는 데 익숙하다(= be accustomed to -ing)

예 She is used to living alone. (그녀는 혼자 사는 데 익숙하다.)

> **더 알아보기**
>
> be used to -ing(익숙하다)와 be used to 동사원형(사용되다)
> 예 The singer is used to shaking hands with fans.
>   (그 가수는 팬들과 악수하는 데 익숙하다.)
> 예 This device is used to control robots.
>   (이 장치는 로봇을 통제하는 데 사용된다.)

3 may 관련 관용표현

(1) **may well+동사원형**: ~이 당연하다
   예 She may well get angry with you.
   (그녀가 너에게 화를 내는 것은 당연하다.)

(2) **may as well+동사원형**: ~하는 것이 낫다(= had better+동사원형 = would do well to+동사원형)
   예 She may as well do it at once.
   (그녀는 그것을 즉시 하는 것이 낫다.)

(3) **may as well+A(동사원형) as B(동사원형)**: B하기보다 차라리 A하는 게 더 낫다
   예 She may as well leave as stay here.
   (그녀는 여기 머무르기보다는 차라리 떠나는 것이 낫다.)

4 can 관련 관용표현

(1) **cannot but+동사원형(= cannnot help/avoid/resist -ing)**: ~하지 않을 수 없다
   예 For courtesy's sake I couldn't but refuse her offer.
   = For courtesy's sake I couldn't help refusing her offer.
   (예의상 나는 그녀의 제안을 거절하지 않을 수 없었다.)

(2) **cannot ~ too (much)**: 아무리 ~해도 지나치지 않다
   예 You cannot be too careful in making friends.
   (너는 친구를 사귀는 데 있어서 아무리 주의를 해도 지나치지 않다.)

(3) **cannot ~ without …**: …하지 않고서는 ~할 수 없다
   = 부정어+A without B
   = 부정어+A but (that) 주어+동사
   예 I cannot go to sleep without reading. (나는 책을 읽지 않고서는 잠을 잘 수 없다.)

Review

1. 주장, 요구, 제안, 명령 동사+that절+주어+(should)+동사원형
   예) She insisted that he (should) go there. (그녀는 그가 거기에 가야 한다고 주장했다.)
2. It+be+이성 판단 형용사/감정 형용사+that+주어+(should)+동사원형
   예) It is important that the mission (should) be finished within a month.
      (그 임무를 한 달 안에 끝내는 것이 중요하다.)
   예) It is regrettable that she (should) fail in the exam again. (그녀가 또 시험에 떨어지다니 유감이다.)
3. 조동사+have+p.p.의 구문은 현재의 입장에서 바라본 과거의 아쉬움을 표현한다.

   > should(ought to) have p.p.: ~했어야 했는데(하지 못했다)
   > must have p.p.: ~했음에 틀림없다
   > can't have p.p.: ~했을 리가 없다

4. 조동사 관련 관용표현은 반드시 정리해야 한다.

   > cannot help –ing: ~하지 않을 수 없다
   > cannot ~too (much): 아무리 ~해도 지나치지 않다
   > cannot ~without –ing: ~하기만 하면 반드시 ~한다
   > cannot+but 동사원형: ~하지 않을 수 없다
   > may well 동사원형: ~하는 것이 당연하다
   > may as well 동사원형: ~하는 것이 더 낫다
   > be used to –ing: ~하는 데 익숙하다
   > be used to 동사원형: ~하는 데 이용되다

5. 조동사+조동사의 구조는 불가능하다.
   예) He will can finish it by tomorrow. (×)
   예) He will be able to finish it by tomorrow. (○) (그는 내일까지 그것을 끝낼 수 있을 것이다.)
6. 조동사는 말 그대로 동사를 도와 동사만으로 전달하지 못하는 '가능', '의무' 등의 의미를 더하거나 문장의 시제와 태를 나타내는 기능을 한다. 우리가 일반적으로 아는 조동사는 can, must, will 등이 있다. 이를 법조동사라고 하는데, '능력', '허가', '추측', '의무' 등 화자의 태도를 나타낸다. 이와 달리 특정한 의미가 없는 일반조동사는 be, have, do로 3가지 동사로 문장에서 시제, 태, 의문문이나 부정문 등을 표시하는 기능을 담당한다. 조동사는 서로 나란히 쓰지 못한다는 데 유의한다.

Chapter 06 법

01 가정법의 기본원리

1 가정법 과거: 현재의 사실을 반대로 가정

만약에 내가 부자라면, 나는 멋진 차를 살 수 있을 텐데: 가정, 상상
→ (사실, 나는 부자가 아니라서 멋진 차를 살 수가 없다.): 현실

> If 주어+동사의 과거형(be동사는 were), 주어+would/should/could/might+동사원형

예) If I won the lottery, I would never work again.
　　(복권에 당첨된다면, 다시는 일을 안 할 텐데.)
예) If I were in your place, I wouldn't do that.
　　(내가 네 입장이라면, 그렇게 하지 않을 텐데.)

2 가정법 과거완료: 과거의 사실을 반대로 가정

만약에 학창시절 부자였다면, 나는 공부를 더 할 수 있었을 텐데: 가정, 상상
→ (사실, 나는 부자가 아니었기에, 공부를 더 할 수 없었다.): 현실

> If 주어+had p.p., 주어+would/should/could/might+have p.p.

예) If I had passed the exam last year, I would have been married to her.
　　(내가 만약에 작년에 시험에 합격했다면, 난 그녀와 결혼했을 텐데.)
예) If he had taken more money out of the bank, he could have bought the shoes.
　　(만약 그가 더 많은 돈을 은행에서 인출했더라면, 그는 그 신발을 살 수 있었을 텐데.)

3 혼합가정법: 과거의 사실이 현재까지 영향을 주는 가정법

만약에 내가 작년에 시험에 합격했다면, 지금 시험 공부를 하고 있지 않을 텐데: 가정, 상상
→ (사실, 나는 작년에 시험에 불합격해서, 지금도 공부를 하고 있다.): 현실

> If 주어+had p.p., 주어+would/should/could/might+동사원형 (now 등의 현재를 나타내는 시간부사와 함께)

예 If I had followed your advice, I would be very healthy now.
(내가 만약 너의 충고를 따랐더라면, 난 지금 매우 건강할 텐데.)

4 가정법 미래: 실현 가능성이 매우 낮은(또는 없는) 미래의 일을 가정

> If 주어+were to/should+동사원형, 주어+would/should/could/might+동사원형

예 Even if the sun were to rise in the west, I would not accept his proposal.
(해가 서쪽에서 뜬다 할지라도, 나는 그의 제안을 받아들이지 않겠다.) - 실현 가능성 없음(were to)

예 If the rumor should turn out to be fake, I will[would] step down as chairman.
(그 소문이 거짓으로 판명된다면, 나는 회장직을 사임할 것이다.) - 혹시라도 ~라면(should)

5 If의 생략

if가 생략되면 조건절이 '동사+주어'의 어순으로 도치된다. 첫 번째 단어로 had, should, did, were가 보이면 가정법의 if 생략을 의심해야 한다.

예 Had I had the book, I could have lent it to you.
(그 책이 있었다면, 너에게 빌려줄 수 있었을 텐데.)

더 알아보기

If 생략 구문의 연구

구분	If 조건절	주절
가정법 과거	Were+주어	주어+조동사(과거형)+동사원형
가정법 과거완료	Had+주어+과거분사	주어+조동사(과거형)+have+과거분사
가정법 미래	Should+주어+동사원형	주어+조동사(현재 또는 과거형)+동사원형

02 기타 가정법을 이끄는 구문들

1 I wish 가정법

I wish 가정법은 본동사의 시제와 같으면 가정법 과거, 더 이전의 과거면 가정법 과거완료이다.

예 I wish I were rich. 〈가정법 과거〉 부자라면 좋을 텐데. [현재]
예 I wish I had been rich. 〈가정법 과거완료〉 (과거에) 부자였다면 좋을 텐데. [현재]
예 I wished I were rich. 〈가정법 과거〉 부자였다면 좋았을 텐데. [과거]
예 I wished I had been rich. 〈가정법 과거완료〉 (더 과거에) 부자였었더라면 좋았을 텐데. [과거]

(1) I wish+가정법 과거

의미	'(현재) ~라면 좋을 텐데' 현재 이루지 못하고 있는 것에 대한 아쉬움 표현
형태	I wish+주어+과거동사

예 I wish we had a new car.
(우리가 새 차를 가지고 있다면 얼마나 좋을까.)

(2) I wish+가정법 과거완료

의미	'(과거에) ~했더라면 좋을 텐데' 과거에 이루지 못한 것에 대한 아쉬움 표현
형태	I wish+주어+had p.p.

예 I wish we had purchased the apartment last year.
(우리가 작년에 그 아파트를 구입했었더라면 얼마나 좋을까.)

2 It is time+가정법 과거/should+동사원형

의미	바로 지금 해야 하는 일이 지체된 것을 의미
형태	It is (about/high) time+주어+과거동사/should+동사원형

예 It is (high) time you went to bed. (네가 자야 할 때이다.)
예 It is high time that we reviewed our foreign policy in the Middle East.
(우리가 중동에서의 외교 정책을 재고해야 할 때이다.)
예 It is time you should hand in your homework. (네가 너의 숙제를 제출해야 할 때이다.)

3 as if/as though + 가정법

(1) as if/as though + 가정법 과거

의미	마치 ~인 것처럼/~한 것처럼
형태	as if + 주어 + 과거동사 as though + 주어 + 과거동사

예 She speaks English fluently as if she were an American.
(그녀는 마치 미국인처럼 영어를 유창하게 한다.)

(2) as if/as though + 가정법 과거완료

의미	마치 ~였던 것처럼/~했던 것처럼
형태	as if + 주어 + had p.p. as though + 주어 + had p.p.

예 She speaks English fluently as if she had been born in the U.S.
(그녀는 마치 미국에서 태어났던 것처럼 유창하게 영어를 한다.)

4 If it were not for/If it had not been for + 가정법

(1) ~이 없다면(가정법 과거)

```
If it were not for          If there were no
= Were it not for           = Were there no
= But for
= Except for
= Without
```

예 If it were not for hope, the heart would break.
= Were it not for hope, the heart would break.
(희망이 없다면, 마음이 아플 텐데.)

(2) ~이 없었다면(가정법 과거완료)

```
If it had not been for      If there had been no
= Had it not been for       = Had there been no
= But for
= Without
```

예 If it had not been for Newton, the law of gravitation would not have been discovered.
(Newton이 없었다면, 만유인력의 법칙은 발견되지 않았을 것이다.)

5 But that 가정법

'가정법, but[save/except] that+직설법' 구문에서 but[save/except]이 '~하지 않는다면(= if ~not)'의 의미일 때, that 이하는 직설법, 주절은 가정법이다.

가정법 과거	+but[save/except/only]+(that): ~ 하지 않는다면	직설법 현재
가정법 과거완료		직설법 과거

Review

1. 가정법 과거는 현재 사실의 반대를 가정한다.
   예) If I were a billionaire now, I could buy the mansion. (내가 만약 억만장자라면, 그 저택을 살 수 있을 텐데.)
2. 가정법 과거완료는 과거 사실의 반대를 가정한다.
   예) If I had passed the exam last year, I could have married her.
   (만약 내가 작년에 시험을 통과했더라면, 나는 그녀와 결혼할 수 있었을 텐데.)
3. 혼합가정법 구문은 과거의 사실이 현재까지 영향을 끼치는 경우에 적용된다.
   예) If he had passed the exam last year, he would not be in the academy school now.
   (만약 그가 작년에 시험을 통과했더라면, 그는 지금 학교에 있지 않을 텐데.)
4. 가정법은 2가지 약속을 기본적으로 수행했는지 확인해 보는 것이 좋다.
   ① 주절의 동사에 would, could, should, might가 있는지 확인한다.
   ② 가능성이 없는 일을 가정하므로 직설법과는 다르게 한 시제 앞선 동사를 사용한다.
5. 가정법의 조건절을 대신하는 어구도 알아야 한다.
   Without~ = But for~ = Except for~ 등
6. 가정법을 이끄는 구문들도 자세히 익혀 둔다.

It's time~	otherwise~, or else~
I wish~	I'd rather~
as if/as though~	but that이 이끄는 주절

7. 가정법 미래 패턴도 익혀 둔다.
   ① were to 사용: If+주어+were to+동사원형, 주어+would/could+동사원형 - 실현 불가능한 일을 가정할 때
   ② should 사용: If+주어+should+동사원형, 주어+will(would)/shall(should)+동사원형 - 혹시라도 ~한다면(그럴리는 없겠지만)

※ 동사의 특징으로는 시제·수·인칭·법·상·태를 들 수 있다. 이 중에서 법을 표현하는 방식은 시제 일치의 원칙에 따라 사실대로 표현하는 직설법, 동사원형으로 문장을 시작하는 명령법 그리고 한 시제 앞선 동사로 가정·상상·추측을 표현하는 가정법이 있다.

Chapter 07 명사

01 셀 수 있는 명사(가산명사)

단수일 때: a/an+셀 수 있는 명사
복수일 때: 셀 수 있는 명사+-s/-es
many/a few/few+셀 수 있는 명사

1 보통명사

대부분 구체적인 형태를 가지며, 부정관사, 정관사와 함께 단수형으로 쓰이거나 복수형으로 쓰인다.

teacher, boy, girl, woman, book, friend, wife, brother, desk, chair 등

예 A dog is a faithful animal. (개는 충실한 동물이다.)
　　The dog is a faithful animal.
　　Dogs are faithful animals.

(1) 보통명사의 추상명사화

보통명사에 정관사 the를 붙여 추상명사의 의미를 나타낼 수 있다.

the+보통명사 = 추상명사

예 I started feeling the mother.
　(나는 모성애를 느끼기 시작했다.)

2 집합명사

집합적인 개념을 나타내는 명사이며, 단수·복수를 표시할 수 있다. 다만 지칭하는 대상이 그 집합체인 경우 단수 취급하지만, 지칭하는 대상이 집합체가 아닌 집합체의 구성 요소(군집개념)들인 경우에는 복수 취급한다.

> family, team, group, committee, staff, jury, police, army, people 등

예 My family lives in this house.
　(나의 가족이 이 집에서 산다.)
예 My family all have unique blonde hair.
　(나의 가족들은 모두 독특한 금발의 머리를 가지고 있다.)

(1) 집합명사의 분류

family형	하나의 집합체로 보면 단수 취급, 집합체의 구성 요소들로 보는 경우는 복수 취급 예 Family is always first. 　(가족이 항상 우선이다.) 예 My family are my friends. 　(내 가족은 내 친구들이다.)
	family(가족), committee(위원회), audience(관중), staff(직원), crowd(군중), jury(배심원), group(무리) 등
police형	항상 정관사 the와 같이 쓰며 복수 취급, 단·복수형이 같음 예 The police belongs to the people. 　(경찰은 국민에 속해 있다.)
	police(경찰), clergy(성직자), gentry(상류층), peasantry(소작농) 등
cattle형	항상 복수 취급, the를 쓸 수도 있음 예 Cattle are raised for milk. 　(소는 우유를 위해 길러진다.)
	cattle(소), people(사람), poultry(가금류), vermin(해충)

02 셀 수 없는 명사(불가산명사)

> a/an+셀 수 없는 명사 (×)
> 셀 수 없는 명사+-s/+-es (×)
> much/a little/little+셀 수 없는 명사

1 고유 명사

고유한 특정 대상을 지칭하는 명사이며, 세상에서 하나밖에 없는 유일한 것을 지칭한다.

> The Thames, Desert Sahara, Europe, Apollo Eleven

예 Seoul is the capital city of Korea. (서울은 한국의 수도이다.)

2 추상명사

추상적인 개념을 지칭하는 명사이며, 기본적으로 형태가 없어 셀 수 없다.

good 선	love 사랑
beauty 아름다움	progress 진전
success 성공	ease 쉬움
kindness 친절	wealth 부, 재산
knowledge 지식	help 도움
experience 경험	invention 발명
revolution 혁명	innovation 혁신

예 Innovation is an important problem the government is confronted with.
(혁신은 정부가 당면한 중요한 과제이다.)
예 Invention has done much to develop human history.
(발명은 인간의 역사가 발전하는 데 많은 것을 해 왔다.)

(1) of+추상명사 = 형용사(~한)

of value = valuable 귀중한	of no value = valueless 가치 없는
of help = helpful 도움이 되는	of kindness = kind 친절한
of importance = important 중요한	of use = useful 유용한
of no use = useless 쓸모없는	
of necessity = necessary 필요한	

(2) with/in/on/by+추상명사 = 부사(~에, ~로)

with safety = safely 안전하게	on purpose = purposely 고의로
with care = carefully 조심스럽게	on occasion = occasionally 때때로
with ease = easily 쉽게	by accident = accidently 우연하게
with kindness = kindly 친절하게	by passion = passionately 열정적으로
in succession = successively 연속적으로	in earnest = earnestly 진지하게
in reality = really 사실	in haste = hastily 급하게

(3) have+the+추상명사 …+to부정사: ~하게도 …하다
= be+형용사+enough to부정사

예 He had the kindness to show me the way to City Hall.
= He was kind enough to show me the way to City Hall.
(그는 대단히 친절하게도 내게 시청으로 가는 길을 알려 주었다.)

3 물질명사

물체가 만들어지는 원료, 재료 또는 눈에 보이지 않는 공기, 바람, 물, 소리 따위를 가리킨다. 셀 수 없으므로 앞에 부분사(조수사)를 붙여서 표현한다.

air 공기	oxygen 산소
rain 비	iron 철
stone 돌	glass 유리
sound 소리	wind 바람
water 물	fire 불

예 Oxygen is essential for life. (산소는 생존에 필수적이다.)

> **더 알아보기**
>
> 물질명사의 수량 표시
> A. 양을 표시하는 수량 형용사인 much, little 등을 써서 나타낸다.
>   예 We have had much snow in winter. (올해 겨울에 눈이 많이 왔다.)
> B. 부분사(조수사)를 이용해서 표현한다.
>
> | | |
> |---|---|
> | a loaf of bread 빵 한 덩이 | a cup of tea(coffee) 차(커피) 한 잔 |
> | a spoonful of salt 소금 한 숟가락 | a glass of water(milk) 물(우유) 한 컵 |
> | a sheet(piece) of paper 종이 한 장 | a bowl of cereal 시리얼 한 그릇 |
> | a bar of soap 비누 한 조각 | |

4 시험에 자주 출제되는 불가산명사

damage 손상	wealth 부
percentage 백분율	information 정보
advice 충고	evidence 증거
news 소식	knowledge 지식
money 돈	homework 숙제
scenery 경치	furniture 가구
machinery 기계	equipment 장비
jewelry 보석	clothing 옷
produce 생산품(특히 농산물)	baggage 짐
luggage 짐	luck 행운
fun 재미	progress 진전
leisure 여가	health 건강
traffic 교통	weather 날씨
game 경기, 시합	merchandise 물품
influenza 유행성 감기, 독감	

5 셀 수 없는 명사를 셀 수 있는 명사로 전환하는 경우

의미의 변화를 위해서 관사를 활용한다.
예 beauty(아름다움, 미) → a beauty(미인)

(1) 고유 명사의 보통명사화

① ~의 가문, ~의 가족

예 The Smiths(= The Smith Family) love animals.
(Smith 가족은 동물을 좋아한다.)

② ~의 작품, ~의 제품

예 The art center shows several Rodins.
(그 미술관은 Rodin의 작품들을 전시하고 있다.)

예 I was awarded with a KIA.
(나는 KIA 자동차 한 대를 상으로 받았다.)

③ ~와 같은 사람·사물

예 I want to become a Schweizer.
(나는 Schweizer 박사와 같은 사람이 되고 싶다.)

(2) 추상명사의 보통명사화

① ~한 사람

    예 He was once a promising youth.
        (그는 한때 전도유망한 젊은이였다.)

② ~한 행위

    예 A kindness makes everyone happy.
        (친절한 행동은 모든 사람을 행복하게 만든다.)

(3) 물질명사의 보통명사화

① 제품

    예 He has a glass in his hand.
        (그는 그의 손에 유리잔을 갖고 있다.)

② 개체, 종류

    예 He threw a stone into the pond.
        (그는 연못 속으로 돌멩이 한 개를 던졌다.)

    예 That is a good wine for mental health.
        (저것은 정신 건강에 좋은 포도주이다.)

③ 사건

    예 Two fires broke out downtown last night.
        (두 건의 화재가 어젯밤에 시내에서 발생했다.)

03 주의해야 할 명사의 수

1 복수형이지만 단수 취급하는 명사

(1) 학문(학과) 이름

통계 자료, 정치적 의견, 물리적 현상 등의 의미로 쓰이면 복수 취급한다.

mathematics 수학	politics 정치학
ethics 윤리학	physics 물리학
genetics 유전학	economics 경제학
phonetics 음성학	gymnastics 체조
linguistics 언어학	statistics 통계학

예 Mathematics has beauty and romance.
(수학은 아름다움과 설렘을 지닌다.)

예 Linguistics is a good way of defining a culture.
(언어학은 문화를 정의하는 데 도움이 된다.)

(2) 국가 · 단체 이름

the United States 미국	the Philippines 필리핀	the United Nations 유엔

예 The United States is my second homeland.
(미국은 나의 제2의 고향이다.)

예 The United Nations has solved many difficulties in the world.
(유엔은 세계의 많은 어려운 문제들을 해결해 왔다.)

(3) 질병 이름

measles 홍역	the blues 우울증
rabies 광견병	mumps 볼거리, 유행성 이하선염
diabetes 당뇨병	tetanus 파상풍

예 Measles disappeared long time ago in the country.
(홍역은 그 나라에서 오래전에 사라졌다.)

(4) 작품 이름

예 Gulliver's Travels has many young fans.
(Gulliver 여행기는 젊은 팬이 많다.)

2 단수와 복수 동형

sheep 양	salmon 연어
deer 사슴	trout 송어
means 수단	aircraft 비행기
species 종	percent 퍼센트
Swiss 스위스인	Chinese 중국인
Japanese 일본인	

예) Species in the tropics have less diverse set of genes.
(열대 지방의 종은 덜 다양한 유전자의 단위체를 가진다.)

3 단수와 복수의 뜻이 다른 명사

단수	복수	단수	복수
color 색	colors 깃발, 기	arm 팔	arms 무기
glass 유리	glasses 안경	good 선	goods 상품
manner 방법	manners 예절	custom 관습	customs 세관
spectacle 광경	spectacles 안경	regard 관심	regards 안부
letter 편지	letters 문학	pain 고통	pains 수고
mean 평균, 중용	means 수단	cloth 천, 옷감	clothes 옷, 의류

예) The English began to use machine to make cloth.
(영국 사람들은 옷감 생산을 위해 기계를 사용하기 시작했다.)

4 상호복수의 명사

반드시 쌍방의 동작으로 이루어져 있으므로 명사는 한정사 없이 복수형으로 쓴다.

shake hands 악수하다	make friends 친구가 되다
take turns 교대하다	exchange seats 자리를 바꾸다
change cars 차를 갈아타다	be on good terms with ~와 사이좋게 지내다

Review

1. 보통명사의 추상명사화
   예 The pen is mightier than the sword. [문(文)은 무(武)보다 강하다.]
2. 추상명사의 보통명사화
   예 He has shown her many kindnesses. (그는 그녀에게 여러 차례 친절한 행동을 보여 주었다.)
3. 집합명사는 전체 개념이면 단수 취급하고, 개별적 개념이면 복수 취급한다.

committee 위원회	family 가족	audience 청중	staff 직원
class 학급	company 손님	nation 국민	

   예 My family is very large. (나의 가족은 대가족이다.)
   예 My family are all diligent. (나의 가족은 모두가 부지런하다.)
4. 셀 수 없는 명사는 반드시 알아두어야 한다.

homework 숙제	damage 손상	information 정보	furniture 가구
rubbish 쓰레기	equipment 장비	machinery 기계	poetry 시
scenery 경치	advice 조언	wealth 부	behavior 행동
influenza 독감	patience 인내	pollution 오염	knowledge 지식
confidence 자신감	oxygen 산소	news 소식	weather 날씨
violence 폭행	efficiency 효율	smoke 연기	health 건강
evidence 증거	business 사업	time 시간	fun 재미

5. 이중 소유격의 원리를 반드시 기억해야 한다.

   > a(n), any, this(these), that(those), some, no, another + 명사 + of + 소유대명사/명사(구)'s

   예 This is a mistake of Min-ho's. (○) (이것은 민호의 실수다.)
   → a Min-ho's mistake (×)
   예 That is no fault of mine. (○) (그것은 나의 실수가 아니다.)
   → no my fault (×)
6. 상호복수의 표현을 익혀 두는 것이 좋다.

shake hands 악수하다	make friends 친구가 되다
take turns 교대하다	change cars 차를 갈아타다

※ 세상에 존재하는 형태를 가진 모든 것에 이름을 붙인 것을 명사라 한다. 명사는 크게 가산명사와 불가산명사로 나눌 수 있다.

Chapter 08 관사

01 관사의 종류

1 부정관사 a(n)의 대표적인 용법

(1) one: 하나
  예 Rome was not built in a day. (로마는 하루아침에 이루어지지 않았다.)

(2) a certain: 어떤
  예 In a sense, we all write our own destiny.
    (어떤 의미로 보면 우리는 모두 우리 자신의 운명을 써 나가지요.)

(3) per: ~마다
  예 I spend at least 2 hours a day on Facebook.
    (난 하루에 적어도 2시간은 페이스북에서 시간을 보내요.)

(4) the same: 같은(of a ~의 형태)
  예 Birds of a feather flock together. (같은 깃털을 가진 새는 함께 모인다.)

(5) some: 약간의
  예 Jane is industrious to a degree. (Jane은 어느 정도 근면하다.)

2 정관사 the의 대표적인 용법

(1) 앞에 언급된 명사를 다시 받는 경우
  예 I met a boy yesterday. The boy asked me for my number.
    (나는 어제 한 소년을 만났다. 그 소년은 내 전화번호를 물어보았다.)

(2) 뒤에서 수식을 받는 명사 앞
  예 That is the house which I bought yesterday. (저것은 내가 어제 구입한 집이다.)

(3) 대표 단수
  예 The cellular phone is a useful tool. (휴대폰은 유용한 도구이다.)

(4) 유일한 물체
예 The Earth goes around the Sun. (지구는 태양 주위를 돈다.)

(5) 서수와 최상급 앞
예 I'm the first person to judge myself. (나는 내 자신을 판단하는 첫 번째 사람이다.)

(6) the＋same/next/very/only

| the same
the next
the very
the only | ＋명사 |

예 He is the very son I have loved for my life. (그는 내가 평생 사랑한 바로 그 아들이다.)

(7) the＋악기
예 He likes to play the guitar. (그는 기타 연주를 좋아한다.)

(8) by＋the＋단위
예 He was paid by the day. (그는 일당으로 지급을 받았다.)

(9) 동사＋목적어(사람)＋전치사＋the＋신체부위
예 She kissed me on the cheek. (그녀는 나의 볼에 키스했다.)
예 Abruptly she slapped me in the face. (갑자기 그녀가 나의 얼굴을 찰싹 때렸다.)

(10) 관용적 표현

| in the morning 아침에 | in the afternoon 오후에 | in the evening 저녁에 |

(11) 부분 표시 주어

most, some, one, all ＋of＋ 한정사/the/소유격 ＋복수명사

예 He probably has not received some of the things he wanted.
(그는 아마도 자신이 원했던 것들 가운데 몇 개는 받지 못했다.)

(12) the+형용사/분사 = 복수 보통명사

> the poor 가난한 자들(= poor people)
> the rich 부자들(= rich people)
> the wounded 부상자들(= wounded people)
> the unknown 모르는 사람들(= unknown people)
> the old 노인들(= old people)
> the elderly 노인들(= old people)

예) The wounded were left on the street after combat.
(전투 이후에 거리에는 부상자들이 즐비했다.)

3 무관사 용법

(1) '명사+기수'의 앞

예) He will come up at gate 11.
(그는 11번 출구에 나타날 것이다.)

(2) 보어로 쓰인 신분, 관직명 앞

예) He was elected president of the United States.
(그는 미국의 대통령으로 선출되었다.)

(3) 관직명 뒤 고유 명사가 있는 경우

예) President Trump is headed to Singapore after G7 Summit.
(Trump 대통령은 G7 정상회담 후에 싱가포르로 향한다.)

(4) by+교통, 통신 수단

예) She prefers to go by subway.
(그녀는 지하철로 가는 것을 선호한다.)

(5) 식사 · 운동 · 학과(학문) · 계절 · 놀이 · 질병 이름 앞

예) We play chess every weekend.
(우리는 매주 주말에 체스를 한다.)

(6) 무관사+특정 장소(본래 목적)

무관사	정관사
go to school 학교에 가다(수업을 위해서)	go to the school 학교에 가다(장소)
go to bed 침대에 가다(잠을 자기 위해서)	go to the bed 침대에 가다(대상)
go to church 교회에 가다(예배를 드리기 위해서)	go to the church 교회에 가다(장소)
go to prison 투옥되다(수감을 위해서)	go to the prison 교도소로 가다(장소)
go to hospital 병원에 가다(진찰을 받기 위해서)	go to the hospital 병원에 가다(장소)

예 My daughter is not yet old enough to go to school.
(내 딸은 아직 학교에 갈 나이가 되지 않았다.) – 구체적인 장소의 학교가 아니라 교육을 받기 위한 목적의 학교

02 관사의 위치

1 관사의 위치

특정한 단어와 형용사, 명사가 함께 쓰일 때 관사의 위치가 달라진다.

> 관사(a/an)+부사+형용사+명사

예 He is a very honest boy.
(그는 매우 정직한 소년이다.)

2 so/too/as/how/however+형용사+a/an+명사

예 He is so honest a boy that every friend likes him.
(그는 매우 정직한 소년이라서 모든 친구들이 그를 좋아한다.)

3 such/quite/rather/what+a/an+형용사+명사

예 He is such an honest boy that every friend likes him.
(그는 매우 정직한 소년이라서 모든 친구들이 그를 좋아한다.)

※ so+형용사/부사+that절 구문은 있으나, such+형용사/부사+that절 구문은 없다.

Review

1. 관사의 위치에 주의해야 할 표현이 있다.

> so, as, too, how, however+형용사/부사+관사+명사
> all, both, double, quite, such, half+관사+형용사+명사

2. 무관사 적용 원칙이 가장 출제 빈도가 높다.

- 식사·학과(학문)·계절·운동·질병 이름
  - 예 I have breakfast at eight. (나는 8시에 아침식사를 한다.)
  - 예 Let's play basketball. (농구를 하자.)
  - 예 He is majoring in statistics. (그는 통계학을 전공하고 있다.)
  - 예 Winter is a cold season. (겨울은 추운 계절이다.)
- a kind/type/sort/species of 다음에 오는 명사
  - 예 She is a kind of early bird. (그녀는 아침형 인간의 일종이다.)
- 교통, 통신수단
  - 예 I usually go to school by train. (나는 보통 학교에 기차를 타고 간다.)
  - 예 by express(급행으로), by bus(버스로), by land(육로로)
- 관직명이 고유 명사 앞에 온 경우와 동격으로 쓰이는 경우
  - 예 U.S. President Donald Trump and Chinese President Xi Jinping agreed in December to a 90-day truce in a trade war. (Donald Trump 미국 대통령과 Xi Jinping 중국 국가 주석은 12월 무역전쟁에서 90일간의 휴전에 합의했다.)
- 공공건물, 장소, 명사가 본래의 목적으로 쓰이는 경우
  - 예 She is in hospital. (그녀는 병원에 입원해 있다.)
- 양보구문에서 접속사 as 앞에 오는 명사인 경우
  - 예 Girl as she is, she is strong. (= Though she is a girl, she is strong.)
    (그녀는 소녀이지만, 힘이 세다.)
- 관직, 칭호, 신분 등의 명사가 보어로 쓰인 경우
  - 예 We elected him president. (우리는 그를 회장으로 선출했다.)

3. 관사는 명사 앞에 쓰는 일종의 형용사로 명사의 구체성이나 특수성을 표현하는 품사이다.
4. 부정관사는 화자는 알고 있고, 청자는 정확히 모르는 구체적인 대상에 붙인다.
   - 예 He bought a book. (그는 책 한 권을 샀다.)
5. 정관사는 화자와 청자가 공통으로 알고 있는 특정 대상에 붙인다.
   - 예 The book was very boring. (그 책은 무척 지루했다.)

※ 관사는 말 그대로 명사에 관을 씌우는 역할을 한다. 우리는 관사에 의해 명사가 막연한 것인지, 특정한 것인지, 구체적인 것인지 등을 파악할 수 있으며 이를 통해 관사가 명사를 한정하는 일종의 형용사라는 사실을 알 수 있다.

Chapter 09 대명사

01 인칭대명사: 격의 변화와 it의 용법

1 개념

사람이나 사물을 가리키는 대명사로 문장에서의 역할에 따라 격이 결정되는데 주격, 소유격, 목적격으로 분류할 수 있다.

2 인칭대명사의 형태 변화

구분		주격	소유격	목적격	소유대명사	재귀대명사
1인칭	단수	I	my	me	mine	myself
	복수	we	our	us	ours	ourselves
2인칭	단수	you	your	you	yours	yourself
	복수	you	your	you	yours	yourselves
3인칭	단수	he	his	him	his	himself
		she	her	her	hers	herself
		it	its	it	-	itself
	복수	they	their	them	thiers	themselves

※ 격은 문장 안에서 명사 또는 대명사가 다른 단어와 갖는 문법상 관계를 말한다.

(1) **주격**: 주어 역할

  예 They were traveling in Europe. (그들은 유럽을 여행하고 있었다.)

(2) **소유격**: '누구의'라는 의미

  예 Alcohol is harmful to your health. (술은 당신의 건강에 해롭다.)

(3) **목적격**: 목적어 역할

  예 I love him. (나는 그를 사랑한다.)

(4) **소유대명사**: 소유격+명사의 기능을 하며 이중 소유격을 표현하는 데 활용

  예 This computer is mine. (이 컴퓨터는 내 것이다.)

  예 That is a computer of my father's. (저 컴퓨터는 아버지의 것이다.)

(5) **재귀대명사**: 주어 = 목적어인 경우
  ① **재귀적 용법**: 주어의 행위 결과가 주어 자신에게 다시 돌아오는 경우를 말한다. 즉, 주어와 목적어가 동일한 대상인 경우 목적어는 재귀대명사를 쓴다.
    예 He killed him. [그는 살인을 저질렀다.(= homicide)]
    예 He killed himself. [그는 자살을 했다.(= suicide)]
  ② **강조 용법**: 주어, 목적어, 보어 따위를 강조하기 위해 그 대상의 바로 뒤에 재귀대명사를 반복해서 사용하는 것을 말하며 이때 재귀대명사는 생략 가능하다.
    예 The chairwoman herself will attend the meeting.
      (의장 자신이 그 회의에 참석할 것이다.)

3 대명사 it의 사용

(1) 가주어 it

주어가 that절이나 to부정사구로 긴 경우 it을 가주어로 쓰며 진주어는 뒤에 반드시 둔다.

```
              ┌ 보어   ┐
              │ 형용사 │    to부정사구(진주어)
It + be동사 + │ 분사   │ +  
              │ 명사   │    that 명사절(진주어)
              └        ┘
```

예 It is by no means easy to learn English. (영어를 배우는 것은 결코 쉬운 일이 아니다.)
예 It is difficult for me to persuade him. (내가 그를 설득하는 일은 어렵다.)
예 It is natural that she should study hard. (그녀가 열심히 공부하는 것은 당연하다.)

(2) 가목적어 it

목적어가 긴 경우 it을 가목적어로 쓰고 진목적어는 문장의 뒤로 위치시킬 수 있다. 대부분의 경우 목적어와 목적격 보어를 취하는 불완전 타동사에서 가목적어를 사용하는 경우가 많기 때문에 가목적어 뒤에 목적격 보어가 존재하는 경우가 많다.

```
                    ┌ 목적격 보어 ┐
                    │ 형용사      │    to부정사구(진목적어)
주어 + 동사 + it +  │ 분사        │ +  
                    │ 명사        │    that 명사절
                    └             ┘
```

예 They took it for granted that she would pass the test.
  (그들은 그녀가 시험에 통과할 것임을 당연하게 여겼다.)
예 I think it impossible to hand in the paper by tomorrow.
  (내일까지 논문을 제출하는 것은 불가능하다고 생각한다.)

(3) 비인칭주어 it

날씨, 요일, 시간, 상태, 명암, 상황 등을 나타낼 때 사용한다.

예 It is Tuesday. (화요일이다.)

예 It is getting better. (점점 좋아지고 있다.)

예 It takes ten hours for me to finish this mission. (내가 이 임무를 마치는 데 10시간 걸린다.)

(4) It ~ that ⋯ 강조구문의 it

강조하는 대상을 'It+be동사+강조대상+that ⋯' 구문으로 만들고 that 뒤에는 문장의 나머지 성분들을 순서대로 넣으면 된다. that 대신에 관계대명사 who, whom, which를 사용할 수 있다.

예 It may be the cock that crows, but it is the hen that lays the eggs.
(꼬끼오 하는 것은 수탉일지도 모르지만 달걀을 낳는 것은 다름 아닌 암탉이다.)

02 지시대명사

1 개념

특정한 사람이나 사물을 가리키는 대명사를 지시대명사라고 하며 this, that, the same, such, so 등이 있다.

2 this(단수)와 these(복수)

의미	이것(가까운 것, 현재의 것), 후자(= the latter)
주요 용법	바로 앞에 나온 단어, 구, 절 등을 지칭

예 Man needs both work and leisure in life; this is not the choice but the necessity.
(인간은 삶에서 일도 여가도 모두 필요하다. 후자는 선택이 아니라 필수 요소이다.)

예 Love, hope, fear, faith — these make humanity.
(사랑, 희망, 두려움, 믿음. 이러한 것들이 인간을 만든다.)

3 that(단수)과 those(복수)

의미	저것(멀리 있는 것, 과거의 것), 전자(= the former)
주요 용법	앞에 나오는 명사의 반복을 피하기 위해 사용한다. 비교 구문에서는, 앞에서 언급된 비교 대상을 뒤에서 다시 지칭할 때 지시대명사 that(단수)과 those(복수)를 사용한다.

예 The population of Korea is much larger than that of Philippines.
(한국의 인구는 필리핀의 인구보다 훨씬 많다.)

4 such

의미	그런 것(대명사), 그러한(형용사), 대단히/정말(부사)
주요 용법	such A as B: B와 같은 그런 A such+a(an)+형용사+명사+that+주어+동사: 대단히 ~해서 (그 결과) …하다

예 James Stewart was so kind and considerate. Such was his nature. 〈대명사〉

(James Stewart는 너무나 친절하고 사려 깊었다. 그런 것이 그의 천성이었다.)

예 There's no such thing as a free lunch.

(공짜 점심이라는 것은 없다.)

예 Life is such a beautiful gift. 〈부사〉

(삶은 정말로 아름다운 선물과 같다.)

5 the same

의미	같은 것(지시대명사), 같은(지시형용사)
주요 용법	the same ~ that …: …와 같은 ~ (동일한 바로 그 물건) – 관계대명사 that the same ~ as …: …와 같은 ~ (동일한 종류) – 유사관계대명사 as

예 She has the same pen that I lost yesterday.

(그녀는 내가 어제 잃어버린 것과 같은 펜을 가지고 있다.) – 내가 잃어버린 바로 그 펜

예 I want to buy the same car as you bought.

(나는 네가 구매했던 것과 같은 차를 사고 싶다.) – 같은 종류의 차

03 부정대명사

1 개념

정해지지 않은 불특정한 대상을 표현할 때 사용하는 대명사를 부정대명사라고 하며, 형용사 및 부사로도 쓰인다.

예 Each of the employees should be loyal to his company. 〈부정대명사〉

= Each employee should be loyal to his company. 〈부정형용사〉

(각각의 직원들은 회사에 성실해야만 한다.)

2 one, another, other

(1) 일반인 주어 '누구나'
　예 One should respect his or her parents. (사람은 자신의 부모님을 존경해야 한다.)

(2) 개별 지칭 방법
① 두 개일 때(또는 동전의 앞면, 뒷면)

| one 처음 하나 | the other 나머지 하나 |

② 세 개 이상일 때

one 처음 하나	another 또 다른 하나
others 다른 것들	the other 마지막 하나(단수)
the others 나머지 전부	

　예 There are three kinds of fruit on the table: one is banana, another is melon, and the other is apple.
　　(탁자 위에 세 종류의 과일이 있다. 하나는 바나나이고, 다른 하나는 멜론이고, 나머지 하나는 사과이다.)

(3) 주요 표현
① 서로

| each other (둘 사이) | one another (셋 이상 사이) |

　예 The couple loved each other. (그 커플은 서로 사랑했다.)
　예 The actresses seek advice from one another.
　　(여배우들은 서로에게서 조언을 구하기도 한다.)

② 차례로

| one after the other (둘 사이) | one after another (셋 이상 사이) |

　예 The parking attendant saw two cars arriving one after the other.
　　(그 주차요원은 두 대의 차가 차례로 도착하는 것을 보았다.)
　예 The baby pigs entered the hall one after another.
　　(아기 돼지들이 차례로 홀에 들어왔다.)

③ A is one thing and B is another: A와 B는 별개의 문제이다
　예 Inspiration is one thing, and stealing is another.
　　(기발한 생각을 하는 것과 도둑질하는 것은 별개의 문제이다.)

(4) another+셀 수 있는 명사(단수)/other+셀 수 있는 명사(복수)

another와 other가 부정형용사로 쓰여 셀 수 있는 명사를 수식할 때 another는 단수명사를, other는 복수명사를 수식한다.

예 She came up with another idea. (그녀는 또 다른 아이디어를 제안했다.)

예 There are many other problems. (많은 다른 문제들이 있다.)

3 all, every, each

'모든'을 의미하는 all과 every는 용법상의 차이가 있으므로 주의해야 한다.

(1) all

① 부정대명사로 사용하는 경우

> 사람(생명체)을 지칭할 때: 복수 취급
> 무생물체를 지칭할 때: 단수 취급

예 All are well. (모두 건강하다.)

예 All was lost in gambling. (도박에서 모든 것을 잃었다.)

② 부정형용사로 사용하는 경우

> All+셀 수 있는 명사(복수)+동사(복수)
> All+셀 수 없는 명사(단수)+동사(단수)

예 All water tends to go down. (모든 물은 아래로 흐르는 성향이 있다.)

예 All the students of this curriculum should hand in their assignment by tomorrow.
(이 교과 과정의 모든 학생들은 내일까지 과제를 제출해야 한다.)

(2) every

대명사의 기능은 없고 형용사로만 사용하며 단수명사와 호응한다.

> Every+명사(단수)+동사(단수)

예 Every great dream begins with a dreamer.
(모든 위대한 꿈은 꿈꾸는 자로부터 시작한다.)

예 Every day is a journey and you have to move on if you want to be happy.
(모든 날은 여행이며 행복해지기를 원한다면 앞으로 나아가야 한다.)

(3) each

대명사와 부정형용사 기능을 하며 단수로 취급한다.

> Each + 명사(단수) + 동사(단수)
> Each of + 명사(복수) + 동사(단수)

예 Each of the participants looks nervous. (참여자들 각각은 초조해 보인다.)
예 Each arrow is worth 10 points. (각 화살은 10점이다.)

(4) most

대명사와 형용사로 사용한다.

> Most of 명사(단수) = 동사(단수)
> Most of 명사(복수) = 동사(복수)

4 some, any

대명사와 부정형용사 기능으로 '어떤'을 의미한다.

(1) some

대체로 긍정문에 사용된다. 의문문에 사용될 시 '긍정의 답을 기대하는 내용'으로 '약간의'라는 의미를 가진다.

예 He wants some more books. (그는 몇 권의 책을 더 원한다.)
예 Would you like some more coffee? (커피 좀 더 드시겠어요?)

(2) any

부정문, 의문문, 조건문에 쓰인다. 긍정문에 쓰일 때는 '어떤 ~라도'의 의미(= 전체 개념)를 가진다.

예 She couldn't find any vegetables in the refrigerator.
  (그녀는 냉장고에서 어떤 야채도 찾을 수 없었다.)
예 She doesn't know anything about it.
  (그녀는 그것에 관한 어떤 것도 알지 못한다.)
예 Do you have any question?
  (무슨 질문이라도 있나요?)
예 Any student can do such a thing.
  (어떤 학생이라도 그러한 것을 할 수 있다.)

5 both, either, neither

둘 사이의 긍정이나 부정을 나타내는 부정대명사이다.

(1) both
① **복수 취급**: '둘 다'를 의미하여 항상 복수 취급한다.
  예) Both of his opinions are reasonable. (그의 의견은 둘 다 합리적이다.)
② **both A and B**: 'A와 B 둘 다'의 의미로 항상 복수 취급한다.
  예) Both he and she are tall. (그와 그녀 둘 다 키가 크다.)

(2) either
① **단수 취급**: '둘 중 하나'를 의미하여 단수 취급한다.
  예) Either of his opinions is reasonable. (그의 의견 중 하나는 합리적이다.)
② **either A or B**: 'A와 B 둘 중 하나'의 의미로 주어로 사용되면 동사는 B에 일치시킨다.
  예) Either you or he is correct. (너 또는 그 둘 중 한 명은 옳다.)
  예) Either you or she should attend the meeting.
  (너와 그녀 중 한 명은 그 모임에 참석해야 한다.)

(3) neither
① **단수 취급**: '둘 다 아닌'을 의미하여 단수 취급한다.
  예) Neither of his opinions is convincing. (그의 의견 중 어느 것도 설득력이 없다.)
② **neither A nor B**: 'A도 아니고 B도 아닌'의 의미로 주어로 사용되면 동사는 B에 일치시킨다.
  예) Neither you nor he is to blame. (너와 그 둘 다 책임이 없다.)

> **더 알아보기**
>
> '역시' 표현의 확장 연구
>
> > A. 부정문
> > B. Neither+동사+주어 = 주어+동사+not, either.
> >   → '~ 또한 그렇지 않다'는 의미(neither는 문두에, either는 문미에 위치)
>
> A: I'm not a vegetarian. (나는 채식주의자가 아니다.)
> B: Neither am I. (나도 역시 채식주의자가 아니다.)
>   = I am not a vegetarian, either.
>   = I am not, either.
>   = Me, neither.

6 no, none

(1) no

부정형용사 기능만을 가지며 반드시 명사가 수반된다.

예) No special building skills are required. (어떤 특별 건축 기술도 요구되지 않는다.)

> **더 알아보기**
>
> 부정문의 주어가 될 수 없는 경우
> 'any'로 시작하는 어떤 주어도 부정문의 주어가 될 수 없다.
> 예) No doctor can cure her. (○) (어떤 의사도 그녀를 치료할 수 없다.)
>   Any doctor cannot cure her. (×)
> 예) No one is too old to learn. = One is never too old to learn. (○) (배울 수 없을 정도로 늙은 사람은 없다.)
>   Any one isn't too old to learn. (×)

(2) none

전체부정을 나타내며 '반드시 3개 이상의 개념'을 전제로 한다. 지칭하는 대상에 따라 단수, 복수 취급이 가능하다.

> None of + 명사(복수) + 동사(단수/복수), None of + 명사(단수) + 동사(단수)

예) None of the 10 famous musicians was present at the music festival.
(10명의 유명한 음악가들 중 아무도 그 음악 축제에 참석하지 않았다.)

예) None of the furniture is clean. (어떤 가구도 깨끗하지 않다.)

7 부분부정, 전체부정

(1) 부분부정 - not + 전체 개념: 전체가 다 ~인 것은 아니다

> 전체를 나타내는 표현
> all(모두)
> every(모든)
> both(둘 다)   + 부정어 '~한 것은 아니다'
> always(항상)
> necessarily(반드시)
> entirely(완전히)

예) The rich are not always happy.
(부자라고 항상 행복한 것은 아니다.)

예) Compared to newspaper, magazines are not necessarily up-to-date minute.
(신문과 비교했을 때 잡지가 반드시 최신 내용인 것은 아니다.)

(2) 전체부정 – not + 부분 개념: 조금도(전혀) ~가 아니다

> no/neither/no one/none/never/nothing/nobody/any/either/anybody(anyone)/anything/ever + 부정어
> 아무도 ~하지 않다/언제나 ~ 않다

예 The poor are never happy. (가난한 사람들은 결코 행복하지 않다.)

예 No one knew of the existence of the Indus culture.
  (어느 누구도 인더스 문명의 존재에 대해 알지 못했다.)

예 Nothing is going to change my mind. (아무것도 내 마음을 바꾸지 않을 것이다.)

예 None is deceived but he who trusts. (믿지 않는 자는 속지 않는다.)

예 She doesn't eat any meat. (그녀는 고기를 전혀 먹지 않는다.)

04 의문대명사

1 개념

자신이 대명사 역할을 하면서 의문의 뜻도 직접 나타낸다.

더 알아보기

의문대명사의 종류 및 형태 변화

구분	주격	소유격	목적격
사람	who	whose	whom
사물	which	of which	which
사람 · 사물	what	–	what

2 주격

예 Who is the girl behind me? (내 뒤에 있는 소녀는 누구니?)

예 Which is stronger, polities or love? (어느 것이 더 강력할까, 정치 아니면 사랑?)

3 소유격

예 Whose car is this? (이것은 누구의 차니?)

예 I have one pill in the morning, the effects of which last 10 hours.
  (나는 아침에 알약 하나를 먹는데, 그것의 효과는 10시간 지속된다.)

4 목적격

예) Who(m) do you want to meet? (너는 누구를 만나기를 원하니?)

Review

1. it의 용법을 제대로 이해하도록 한다.

해석할 때	그것 = 앞에 나온 단어, 구, 절을 대신 받는다.
해석하지 않을 때	• 가주어, 가목적어를 의미하는 it • 날씨, 시간, 요일, 상태, 상황을 의미하는 비인칭의 it • 주어, 목적어, 보어, 부사(구)(절)을 강조하는 구문의 it

2. one과 it

구분	부정관사	정관사
단수	a(n) + 명사 = one	the + 명사 = it
복수	명사(복수) = ones	the + 명사(복수) = they, them

3. 부정대명사(one, another, other, either, neither, both, none, all, most): 정해지지 않은 것을 가리키는 대명사
   - 예) To know is one thing; to teach is another.
     (아는 것은 하나요, 가르치는 것은 또 다른 것이다.)
   - 예) He has two daughters. One is a doctor. The other is a teacher.
     (그는 딸이 두 명 있다. 하나는 의사이고, 다른 한 명은 교사이다.)
   - 예) A: I have cream and sugar. (나는 크림과 설탕을 갖고 있다.)
     B: Neither of them is necessary. (그중 어느 것도 필요 없다.)
   - 예) None of the three students is present at the meeting.
     (세 명의 학생들 중 어느 누구도 회의에 참석하지 않았다.)

4. 부정대명사의 other 그룹을 제대로 이해하도록 한다.

one—another	one—the other
either—neither—both	some—others
some—the others	all—none

5. 지시대명사의 원리를 제대로 이해하도록 한다.

전자	that(those), the one, the former
후자	this(these), the other, the latter

6. most, almost, the most를 제대로 이해하도록 한다.
   - 예) Most attendees teach English at a high school. (대부분의 참석자들은 고등학교에서 영어를 가르친다.)
   - 예) Most of the jewelry is under the ocean deep. (대부분의 보석류는 바다 깊은 곳에 있다.)
   - 예) Almost all the money belongs to the heritor. (대부분의 돈은 상속자에게 속해 있다.)
   - 예) Credit is the most important thing in business. (신용은 비즈니스에서 가장 중요한 것이다.)

※ 대명사란 앞에 나온 명사를 대신하여 반복되는 지루함을 없애고 경제적이고 효과적인 글을 쓰기 위해서 사용되는 품사이다. 명사를 대신하므로 명사의 기능을 그대로 유지하여 활용되고 주어, 목적어, 보어의 기능으로 쓰인다.

Chapter 10 일치

01 수량 형용사와 명사의 수일치

1 개념

수량 형용사는 명사 앞에서 명사의 특징과 성격에 정확하게 맞추어 사용해야 한다. 이때 주의할 점은 명사의 성격에 따라 사용할 수 있는 형용사와 사용할 수 없는 형용사가 있다는 것이다.

many 많은	much 많은	a lot of 많은
lots of 많은	few 거의 없는	little 거의 없는
several 몇몇의	a good deal of 많은	a good number of 많은

2 수(數)형용사 + 셀 수 있는 명사

> 수(數)형용사
> many, a few, few, quite a few, not a few, no fewer than + 셀 수 있는 명사
> a number of, several, various, a variety of

예) Michael is very unfriendly; he has few friends.
(Michael은 매우 불친절해서 그는 친구가 거의 없다.)

예) A variety of symptoms characterize schizophrenia.
(다양한 증상들이 조현병의 특징이다.)

예) She invited quite a few friends to her party.
(그녀는 자신의 파티에 꽤 많은 친구들을 초대했다.)

3 양(量)형용사+셀 수 없는 명사

> 양(量)형용사
> much, a little, little, quite a little, not a little   +셀 수 없는 명사
> no little, a good/great deal of, a good/large amount of

예 There is little hope. (희망이 거의 없다.)
예 I've spent a good deal of time preparing this report.
(나는 이 보고서를 준비하는 데 많은 시간을 보냈다.)

4 수(數)·양(量) 공통 형용사

> 수(數)·양(量) 공통 형용사
> a lot of, lots of, plenty of, all, most, some+셀 수 있는 명사/셀 수 있는 명사

예 A lot of people believe the rumor. (많은 사람들이 그 소문을 믿는다.)
예 Plenty of milk is still delivered to the school. (충분한 우유가 여전히 그 학교로 배달된다.)

02 주어와 동사의 수일치

1 개념

주어와 동사는 단·복수가 서로 일치해야 한다. 주어가 3인칭 단수, 현재시제일 경우 동사에 '-s'를 붙인다.
예 Love never dies a natural death. (사랑은 결코 자연 소멸하지 않는다.)
예 Faith makes all things possible. (믿음은 모든 것을 가능하게 한다.)

2 주어가 길거나 복잡한 경우: 수식어를 묶어 준다.

(1) 전치사구에 의한 주어-동사 수일치
예 Most (of the students) (in the classroom) were accepted (by the university).
(그 학급 학생들의 대부분이 그 대학에 의해 받아들여졌다.)
예 The number (of people) (taking cruises) continues to rise.
(유람선 여행을 하는 사람들의 수는 지속적으로 늘어나고 있다.)

(2) 동격어구에 의한 주어-동사 수일치
- 예) Most mammals, (animals that raise their young with milk), are covered with hair or fur.
  (대부분의 포유동물들은 자신의 새끼를 우유로 기르는 동물들로, 머리카락이나 털로 덮여 있다.)
- 예) Tom, (one of my best friends), was born in April 4th, 1985.
  (나의 가장 친한 친구들 중 한 명인 Tom은 1985년 4월 4일에 태어났다.)

(3) to부정사구에 의한 주어-동사 수일치
- 예) There are many issues (to be resolved in the world).
  (세상에는 해결해야 할 많은 문제들이 있다.)
- 예) Our ability (to think and speak) separates us from other mammals.
  (생각하고 말하는 능력은 우리를 다른 포유류와 구별해 준다.)

(4) 분사구에 의한 주어-동사 수일치
- 예) Books (written by female writers) sell well.
  (여성 작가에 의해 쓰인 책들이 잘 팔린다.)
- 예) One person (staying at the hotel) uses electricity 28 times more than a local resident.
  (그 호텔에 투숙하는 한 사람이 쓰는 전기는 지역 거주민 한 사람보다 28배나 더 많다.)

(5) 관계사절에 의한 주어-동사 수일치
- 예) The classes (which are listed in the notice) are required courses.
  (대학 게시판에 열거된 수업들은 필수 강좌이다.)
- 예) The item (that he stole) was a two-dollar toy.
  (그가 훔쳤던 물건은 2달러짜리 장난감이었다.)

(6) 선행사와 주격 관계대명사절 속 동사와의 수일치
- 예) We have a friend (who plays the violin very well.)
  (우리에게는 바이올린을 아주 잘 연주하는 한 친구가 있다.)
- 예) There are also data (that tell us that a person's environment can affect intellectual functioning).
  (개인의 환경이 지적 기능에 영향을 미칠 수 있다는 것을 우리에게 말해 주는 자료가 또한 있다.)

3 주어의 수를 혼동하기 쉬운 경우의 주어-동사 수일치

(1) A and B와 Both A and B: 복수 취급

예 Mary and John always make a mistake before the teacher.
   (Mary와 John은 항상 그 선생님 앞에서 실수를 한다.)

> **더 알아보기**
>
> 단일 개념 어구는 단수 취급을 한다.
> 예 Bread and butter is my favorite breakfast.
>   (버터 바른 빵은 내가 가장 좋아하는 아침식사이다.)
> 예 Trial and error is the source of our knowledge.
>   (시행착오는 우리 지식의 원천이다.)
> 예 *Romeo and Juliet* is one of my favorite plays.
>   ('로미오와 줄리엣'은 내가 가장 좋아하는 희극 중 하나이다.)
> 예 Early to bed and early to rise makes a man healthy.
>   (일찍 자고 일찍 일어나는 것은 사람을 건강하게 만든다.)
> 예 All work and no play makes Jack a dull boy.
>   (공부만 하고 놀지 않으면 아이는 바보가 된다.)
> 예 Slow and steady wins the race.
>   (천천히 그리고 꾸준히 노력하면 경주에 이긴다.)
> 예 A singer and actor was sued by the producer.
>   (가수이자 영화배우인 사람이 제작자에 의해 고소당했다.) - 1명
>   cf. A singer and an actor were sued by the producer.
>   (한 명의 가수와 한 명의 영화배우가 그 제작자에 의해 고소당했다.) - 2명

(2) B에 수일치: 근접주어 일치 원칙

```
A or B
Either A or B
Neither A nor B
Not only A but also B
not A but B
B as well as A (※ A는 B에 일치시킨다.)
```

예 You as well as he are responsible for the failure.
   (그 남자뿐만 아니라 너도 그 실패에 책임이 있다.)

(3) 구나 절(동명사구, to부정사구, 명사절): 단수 취급

예 To see is to believe.
   (백문이 불여일견이다.)

예 What causes environmental pollution has been listed in this article.
   (환경오염을 유발시키는 것들이 이 기사에 나열되어 있다.)

(4) **시간, 거리, 무게, 금액의 단위 개념**: 단수 취급

 예 A thousand dollars is a large sum.
  (1,000달러는 큰 금액이다.)

 예 Two years is a long time to serve in the army.
  (2년은 군대에서 보내기에는 긴 시간이다.)

 예 Ten dollars is not enough to buy a cake.
  (10달러는 케이크를 사기에 충분하지 않다.)

(5) **the number [of+명사(복수)]+동사(단수)**: ~의 숫자(수)

 예 <u>The number of</u> students who come late <u>has</u> lately increased.
     S   V
  (늦게 오는 학생의 수는 최근에 증가해 왔다.)

(6) **a number of+명사(복수)+동사(복수)**: 많은(= many)

 예 <u>A number of people</u> in the picture <u>are</u> resting.
    S   V
  (사진 속의 많은 사람들이 쉬고 있다.)

 예 <u>A number of books</u> <u>are</u> clean.
    S   V
  (많은 책들이 깨끗하다.)

(7) **부분 표시어구**: of 뒤에 전체를 나타내는 명사의 수에 따라 결정

> some
> any
> half
> all
> most +of+명사+동사: of 뒤에 오는 명사에 수일치
> the rest
> the majority
> 분수
> %

 예 Some of this water was added by the rain.
  (이 물의 일부에는 비가 첨가되었다.)

 예 Most of the boys are not present.
  (대부분의 소년들은 출석하지 않았다.)

 예 The rest of us need a little help.
  (우리들 중 나머지는 약간의 도움을 필요로 한다.)

(8) more than 명사/more than one of 복수명사: 명사에 수일치

> more than 명사, more than one of 복수명사

예 More than one workman was late. (일꾼이 한 명 이상 늦었다.)
예 More than one of workmen were late. (일꾼들 중 한 명 이상이 늦었다.)

(9) Many/Many a

> Many+명사(복수)+동사(복수)
> Many a+명사(단수)+동사(단수)
> '많은'으로 해석하며, 동사는 명사에 수일치

예 Many people come here to see the tower.
    (많은 사람들이 그 탑을 보러 여기 온다.)
예 Many a person comes here to see the tower.
    (많은 사람들이 그 탑을 보러 여기 온다.)

4 도치구문의 주어-동사 수일치

(1) There/Here+동사+주어

유도부사인 there이나 here로 문장이 시작되는 경우, 뒤에는 '동사+주어'의 어순으로 도치되며, 동사는 주어에 수일치한다.

예 There are certain things you cannnot accept.
    (당신이 받아들일 수 없는 어떤 것들이 있지요.)
예 Here is no choice but either do or die.
    (하든지 아니면 죽든지 외에는 선택의 여지가 없다.)

03 명사 - 대명사의 일치

1 명사-대명사 수일치

예 The company gave its employees bonuses.
    (그 회사는 직원들에게 보너스를 지급했다.)
예 Women can be happy by themselves.
    (여자들은 혼자서도 행복할 수 있다.)

2 명사-대명사 인칭 일치

예 Every little girl looks up her mother so much; that's your first hero. (○)
　 Every little girl looks up their mother so much; that's your first hero. (×)
　 (모든 여자아이는 그녀의 어머니를 몹시 존경한다. 그분은 바로 당신의 첫 번째 영웅이다.)

3 명사-대명사 성(性) 일치

예 The company opened its overseas branch. (그 회사는 해외 지사를 열었다.)
예 Garry introduced us to some friends of his. (Garry는 우리에게 그의 친구들을 소개해 주었다.)

Review

1. 'a number of 복수명사'와 'the number of 복수명사'의 수일치를 확인한다.
   예 A number of protesters were arrested by the police. (많은 시위자들이 경찰에 체포되었다.)
   예 The number of the patients has increased after the hurricane. (허리케인 이후 환자 수가 증가했다.)
2. 'many 복수명사'와 'many a 단수명사'의 동사와의 수일치 문제를 구분한다.
   예 Many a boy attends the programme for the development. (많은 소년들이 발달을 위한 프로그램에 참석한다.)
3. 부분표시 명사(구)/대명사 of+전체를 나타내는 명사에 따른 수일치를 확인한다.
   예 Most of the politicians suggest building the indoor gymnasium.
   　 (대부분의 정치인들은 실내 체육관 건립을 제안한다.)
4. 근접주어의 원칙이 적용되는 등위상관접속사는 수일치 문제인지 확인한다.
   예 Either John or I am to blame for the accident. (그 사고는 John이나 나 둘 중 한 사람의 탓이다.)
5. 학문(학과)·국가·운동·질병 이름 따위의 주어와 동사의 수일치를 확인한다.
   예 Measles is dreadful. (홍역은 끔찍하다.)
   예 Economics is difficult to learn. (경제학은 배우기 어렵다.)
   예 Statistics show that the population of Seoul is over 13 million. (통계에 따르면 서울의 인구는 1,300만 명이 넘는다.) – 통계 자료 〈복수 취급〉
6. 집합명사와 군집명사의 수일치 문제를 확인한다.
   예 Ten years have passed since he died. (그가 죽은 지 10년이 지났다.) – 1년, 2년이 지나 10년이 되었으므로 복수 취급[세월]
   예 Ten years is a long time to wait. (10년은 기다리기에 긴 시간이다.) – 시간·거리 등은 하나의 단위로 봄
7. 주어와 동사의 수일치를 기본 원칙으로 한다.
   예 She teaches English at a middle school. (그녀는 중학교에서 영어를 가르친다.)
8. 동사와 동사의 시제 일치를 기본 원칙으로 한다.
   예 He says that he will go abroad in the future. (그는 미래에 외국에 갈 것이라고 말한다.)
9. 명사(구)의 단·복수와 동사의 수일치뿐만 아니라 격의 일치도 확인해야 한다.
   예 The children learns how to deal with their problems. (그 아이들은 그들의 문제를 다루는 법을 배웁니다.)
10. 선행사와 주격 관계대명사 뒤의 동사의 수일치, 태의 일치를 항상 확인한다.
    예 The jobs which are given to the youth are limited every year. (청년들에게 주어지는 일자리는 매년 제한적이다.)

※ 주어와 동사의 수일치는 시험에서 가장 출제 비율이 높은 문제 중 하나로 명사와 동사, 명사와 대명사, 형용사와 명사 간에 등장하는 수일치에 대한 집중학습이 필요하다.

Chapter 11 | 준동사 Ⅰ (동명사와 to부정사)

01 동명사

1 개념

동명사는 동사적 특징을 수반하며 명사의 역할을 한다. 따라서 문장에서 주어, 목적어, 보어, 동격의 기능으로 사용된다.

2 주어 역할: 단수 취급

예 Making a mistake is always common to man. (실수를 하는 것은 항상 인간에게 흔한 일이다.)
예 Being punctual is the virtue everyone must have.
   (시간을 엄수하는 것은 모든 사람들이 갖추어야 할 미덕이다.)

3 목적어 역할

(1) 타동사의 목적어

예 No one would suggest ignoring news about your investment.
   (아무도 당신의 투자에 관한 소식을 무시하라고 제안하지는 않을 것이다.)

더 알아보기

동명사를 목적어로 취하는 완전 타동사

긍정적 의미	admit, keep, forgive, appreciate, suggest, enjoy, consider, practice 등
부정적 의미	mind, avoid, escape, postpone, deny, quit, finish, abandon, delay, resist, risk, discontinue, give up 등

예 I will keep going to the top of the mountain. (나는 그 산의 정상까지 계속 갈 것이다.)
예 Would you mind opening the door? (문 좀 열어 주시겠습니까?)

(2) 전치사의 목적어

예 I'm not interested in being Don Quixote. (나는 돈키호테가 되는 것에는 관심이 없다.)
예 She walked out of the front door without looking back.
   (그녀는 뒤도 돌아보지 않고 앞문으로 걸어 나갔다.)

4 보어 역할

보어에는 사람보다 동작을 나타내는 명사, 명사구, 명사절이 주로 등장한다.

예 The government's role is keeping peace. (정부의 역할은 평화를 지키는 것이다.)

02 to부정사

1 개념

to부정사는 명사, 형용사, 부사의 역할을 한다.

2 명사 역할

주어, 목적어, 보어 기능을 하며 '~하기, ~하는 것'의 의미이며, 단수 취급한다.

(1) 주어

예 To learn other languages is not easy.
  = It is not easy to learn other languages.
  (다른 언어를 배우는 것은 쉽지 않다.)

예 To break a habit is much more difficult than you'd expect.
  = It is much more difficult than you'd expect to break a habit.
  (습관을 깨기란 예상보다 훨씬 어렵다.)

(2) 목적어

타동사의 목적어로 사용할 수 있지만 전치사의 목적어로는 사용되지 않는다.

예 I hope to see more of you. (너를 더 자주 만났으면 좋겠다.)

> **더 알아보기**
>
> to부정사를 목적어로 취하는 완전 타동사
>
> | 희망 동사 | want, expect, desire, long, hope, wish |
> |---|---|
> | 계획 동사 | plan, mean, intend, prepare |
> | 시도 동사 | try, attempt, seek, strive |
> | 기타 | afford, manage, pretend, tend, agree, decide, hesitate, refuse, fail, determine, deserve, need, dare |

예 She attempted to solve the question. (그녀는 그 문제를 푸는 것을 시도했다.)

예 She managed to pass the exam. (그녀는 그 시험을 간신히 통과했다.)

(3) 보어

① 주격 보어

예 My duty is to arrive at the place on time.
(나의 의무는 정각에 그 장소에 도착하는 것이다.)

② 목적격 보어

예 She advised me not to quit the job. (그녀는 나에게 일을 그만두지 말라고 충고했다.)

더 알아보기

to부정사를 목적어로 취하는 불완전 타동사

주장·요구·명령·제안 동사	advise, order, urge, ask, require, recommend, impel, force, compel
준사역동사	get, help
유도 동사	cause, allow, permit, enable, encourage, motivate, stimulate, lead, teach, tell, admit
희망 동사	want, expect, wish

예 He ordered me to go to school. (그는 나에게 학교를 가라고 명령했다.)
예 He got me to repair his watch. (그는 나로 하여금 그의 시계를 고치게 했다.)

③ be+to부정사

예 You are to hand in your homework by this afternoon. (의무)
(너는 오늘 오후까지 너의 숙제를 제출해야 한다.)

예 The famous musician is to arrive soon. (예정)
(유명한 음악가가 곧 도착할 예정이다.)

예 The couple were never to meet again. (운명)
(그 커플은 다시 만나지 못할 운명이었다.)

예 Nothing was to be heard with noise. (가능)
(소음으로 인해 아무것도 들리지 않았다.)

예 If you are to succeed in the exam, you must study hard. (의도/소망)
(만약 당신이 그 시험에 성공하려면, 당신은 열심히 공부해야만 한다.)

(4) 의문사+to부정사: 명사적 기능

예 She hasn't decided where to stay during her trip.
(그녀는 여행하는 동안 어디서 머물지 결정하지 않았다.)

3 형용사 역할

-thing, -body, -one으로 끝나는 대명사를 수식하는 역할을 하며 '~해야 할, ~ 할 수 있는' 또는 '~하기 위한'의 의미를 가진다. 이때 형용사가 오면 to부정사는 형용사 뒤에 온다.

예) Would you like something to drink? (마실 것 좀 드릴까요?)
예) I have something cold to drink. (나는 시원한 마실 것이 있다.)

(1) to부정사의 후치수식을 받는 명사

① ability, attempt, effort, plan, chance, opportunity, way, method, willingness 등
  예) Some animals have lost the ability to fly.
    (일부 동물들은 날 수 있는 능력을 잃었다.)
② 서수/최상급/the only/the very/the next + 명사
  예) He is the last man to tell a lie.
    (그는 결코 거짓말을 할 사람이 아니다.)

(2) to부정사 + 전치사: to부정사가 수식하는 명사가 전치사의 목적어일 경우

예) I need something to write on. [나는 쓸 것을 원한다. (종이)]
 I need something to write with. [나는 쓸 것을 원한다. (연필)]
 I need something to write. [나는 쓸 것을 원한다. (소재/주제/테마)]
예) Paying off his debts left him nothing to live on.
  (그는 빚을 갚고 나니 먹고 살아갈 수가 없게 되었다.)

4 부사 역할

to부정사가 동사, 형용사, 다른 부사를 수식하는 부사의 역할을 한다.

(1) 목적: ~하기 위하여

예) To pass the exam next year, I will try to do my best.
  (내년도 시험에 합격하기 위해서, 나는 최선의 노력을 다할 것이다.)

(2) 원인: ~해서

예) She was so glad to hear that.
  (그녀는 그것을 듣게 되어서 기뻤다.)

(3) 결과: ~해서 결국 …하게 되다

예) She lived to be a hundred years old.
  (그녀는 살아서 결국 100세가 되었다.)

(4) 형용사나 부사 수식

① too ~ (형용사/부사) to+동사원형: 너무 ~해서 …할 수 없다

　예 She is too old to walk for more than two hours.
　　　(그녀는 너무 나이가 들어서 두 시간 이상 걸을 수 없다.)

② (형용사/부사) enough to+동사원형: ~할 만큼 충분히 …하다

　예 He is old enough to get married.
　　　(그는 결혼을 할 만큼 충분히 나이가 들었다.)

03 준동사의 형태 변화

1 개념

준동사는 동사가 뿌리이기 때문에 시제, 태(능동 · 수동), 상(진행 · 완료)을 반영한다.

2 능동태와 수동태

(1) 동명사의 능동형 · 수동형

능동형	-ing
수동형	being p.p.

예 She dislikes speaking ill of others.
　　(그녀는 남을 험담하길 싫어한다.)
예 She dislikes being disturbed when she is busy.
　　(그녀는 직장에서 바쁠 때 방해받는 것을 싫어한다.)

(2) to부정사의 능동형 · 수동형

능동형	to+동사원형
수동형	to+be p.p.

예 She tried to show me how to drive a car.
　　(그녀는 나에게 운전하는 방법을 보여 주려고 했다.)
예 Coconuts are said to be used in India to catch monkeys.
　　(코코넛은 원숭이를 잡기 위해 인도에서 사용된다고 한다.)

> **더 알아보기**
>
> to부정사의 특징
> A. to부정사의 주어가 동작의 주체이면 능동태로 표현하지만, 주어가 동작을 당하는 대상이 되면 수동태로 표현한다.
>   예 He has many friends to help. (그는 도와주어야 할 많은 친구들이 있다.)
>   → 주어(He)가 의미상 주어이다.
>   예 There is some paper to be used. (쓰일 수 있는 종이가 조금 있다.)
>   → paper는 use를 당하는 대상이므로 to be used라는 수동의 형태가 사용된다.
> B. There+be동사 구문에서 to부정사는 능동과 수동의 형태가 모두 가능하다.
>   예 We have many issues to resolve. (우리는 해결할 많은 문제들을 가지고 있다.)
>   예 There are many issues to be resolved. (해결되어야 할 많은 문제들이 있다.)
>   예 There are many issues to resolve. (해결해야 할 많은 문제들이 있다.)

(3) 수동의 의미를 가지는 need, want, require, deserve+-ing

능동형 동명사를 쓰고 수동 의미를 나타낸다.

예 This door needs painting. (이 문은 페인트칠이 되어야 한다.)
  = This door needs to be painted.

3 준동사의 시제: 단순시제와 완료시제

단순시제	문장의 본동사의 시제와 준동사가 시제가 같은 경우
완료시제	문장의 본동사의 시제보다 준동사의 시제가 의미상 앞선 경우

예 She is said to be sick. (그녀는 아프다고 한다.)
    현재   단순시제(현재)

예 She is said to have been sick. (그녀는 아팠다고 한다.)
    현재   완료시제(과거)

(1) 동명사의 시제 변화

단순동명사	-ing
완료동명사	having p.p.

예 She is proud of being diligent.
  (그녀는 자신이 부지런한 것을 자랑스러워 한다.)

예 She is proud of having been diligent in her youth.
  (그녀는 젊었을 때 그녀가 부지런했던 것을 자랑스러워 한다.)

(2) to부정사의 시제 변화

단순 to부정사	to+동사원형
완료 to부정사	to+have p.p.

예 I want to buy some books to read.
　　(나는 읽을 만한 몇 권의 책을 사고 싶다.) - 현재 읽고 싶은 책
예 I was happy to have found the book.
　　(나는 그 책을 찾게 되어 기뻤다.) - 과거에 잃어버렸던 책

4 부정의 표시

동명사나 to부정사 바로 앞에 not을 붙인다.

동명사의 부정	not+V-ing/not+being p.p./not+having p.p.
to부정사의 부정	not to+동사원형/not+to be p.p./not+to have p.p.

예 I regret not having studied harder when in school.
　　(나는 학교 다닐 때 더 열심히 공부하지 않았던 것을 후회한다.)
예 She tried not to cry.
　　(그녀는 울지 않으려고 애썼다.)

5 의미상의 주어

준동사가 가진 동사적 특성 때문에 동작의 의미상 주어의 논리성을 맞춰야 한다. 의미상의 주어를 표기하는 방식은 준동사마다 다르다.

(1) 동명사의 의미상의 주어

소유격이 원칙이나 경우에 따라 목적격이나 소유격이 공통으로 가능하며, 문장의 주어와 의미상 주어가 일치하는 경우에는 생략한다.
예 The woman was proud of winning the contest.
　　(그 여자는 그 대회에서 자신이 우승한 것을 자랑스러워했다.)
예 The woman was proud of her son's winning the contest.
　　(그 여자는 그 대회에서 그녀의 아들이 우승한 것을 자랑스러워했다.)

(2) to부정사의 의미상의 주어

① for+목적격: 일반적
예 This is the house for his parents to live in.
　　(이곳은 그의 부모님이 살아갈 집이다.)

예 It was not easy for him to finish the mission in two years.
(그가 2년 내에 그 임무를 끝내는 것은 어려웠다.)

② of+목적격: 사람의 성품을 나타내는 형용사가 앞에 오면 for 대신 of를 쓴다.

It+be동사+ [성품(질) 형용사: thoughtful, honest, nice, kind, wise, clever, foolish, cruel, considerate] +of+목적격+to부정사

예 It is foolish of you to do such a thing. (네가 그런 짓을 하다니 어리석다.)

(3) **일반 주어**: 생략이 원칙
예 Seeing is believing. (보는 것이 믿는 것이다.)

6 의미상의 목적어

(1) **준동사의 의미상의 목적어가 같은 절에 존재하면 대명사를 반복해서 쓰지 않는다.**

예 She has some money to use. (○) (그녀는 약간의 쓸 돈이 있다.)
She has some money to use it. (×) (money = it)

예 She needs a house to live in. (○) (그녀는 살 집이 필요하다.)
She needs a house to live in it. (×) (house = it)

예 This mansion is too expensive to buy. (○) (이 저택은 구입하기에 너무 비싸다.)
This mansion is too expensive to buy it. (×) (mansion = it)

예 This novel is worth reading. (○) (이 소설은 읽을 만한 가치가 있다.)
This novel is worth reading it. (×) (novel = it)

예 The absolute truth is impossible to discover. (○) (절대적인 진실을 발견하기란 불가능하다.)
The absolute truth is impossible to discover it. (×)

(2) **준동사의 의미상의 목적어가 다른 절에 있으면 대명사를 써야 한다.**

예 This house is so expensive that we can't buy it.
(이 집은 너무 비싸서 우리가 구입할 수 없다.)

예 Frescoes are so familiar a feature of Italian churches that they are easy to take them for granted. (프레스코는 이탈리아 교회의 익숙한 요소이기 때문에 그것들을 당연하게 생각하기 쉽다.)

04 (준)동사 관련 주요 관용표현

1 주요 동명사 구문

(1)
cannot help/avoid/resist –ing	~할 수밖에 없다
cannot but + 동사원형 cannot choose but + 동사원형 have no choice/alternative but to + 동사원형 There is nothing for it but to + 동사원형	~하지 않을 수 없다

예 I couldn't help laughing at the funny story.
(나는 그 재밌는 이야기에 웃지 않을 수 없었다.)

(2)
never A without B(–ing)	A하면 반드시 B한다

예 They never meet without quarrelling.
(그들은 만나기만 하면 반드시 다툰다.)

(3)

be on the + [point / verge / edge / brink] + of –ing 막 ~하려던 참이다 (= be about to + 동사원형)

예 She was on the point of leaving for resort.
= She was about to leave for resort.
(그녀는 막 휴양지를 향해 떠나려던 참이었다.)

(4)
make a point of –ing be ~in the habit of –ing make it a rule to + 동사원형	~하는 것을 규칙으로 삼다

예 I made a point of getting up at six every morning.
(나는 매일 아침 여섯 시에 일어나는 것을 규칙으로 삼았다.)

(5)
> There is no -ing ~하는 것은 불가능하다
> It is no use/good -ing ~해봤자 소용없다
> It goes without saying that ~ (주어+동사) ~은 두 번 말할 필요도 없다

예) There is no deceiving him.
   (그를 속이는 일은 불가능하다.)

예) It is no use telling a lie.
   (거짓말을 해도 소용없다.)

예) It goes without saying that honesty is the best policy.
   (정직이 최상의 정책임은 말할 필요도 없다.)

2 핵심 동명사 구문

(1)
> have + [difficulty / trouble / a hard time] + (in) -ing   ~하는 데 어려움을 겪다

예) One of the puppies had trouble (in) walking.
   (강아지들 중 한 마리가 걷는 데 어려움을 겪었다.)

(2) **be busy (in) -ing**: ~하느라 바쁘다

예) She was busy preparing for the test.
   (그녀는 시험을 준비하느라 바빴다.)

(3)
> spend+시간/돈 (in) -ing
> spend[waste]+시간/돈+on[for]+명사   ~하는 데 (시간/돈)을 쓰다/낭비하다

예) She spent her time worrying about her future.
   (그녀는 그녀의 미래에 대해 걱정하는 데 시간을 보냈다.)

(4) **be worth/worthy of -ing**: ~할 만한 가치가 있다

예) The book is worth reading.
   = The book is worthy of reading.
   (그 책은 읽을 만한 가치가 있다.)

(5)
> insist on –ing ~을 주장하다/고집하다
> keep on –ing ~을 계속하다
> feel like –ing ~하고 싶다
> go –ing ~하러 가다

예) She insisted on his golfing with her.
(그녀는 그가 그녀와 골프를 치러 가야 한다고 주장했다.)

3 전치사 to+동명사

to+동사원형이면 부정사 구문이고 전치사와 함께 명사나 동명사를 취하면 전치사구를 형성한다.

(1) look forward to –ing : ~을 학수고대하다

예) She looks forward to seeing you again.
(그녀는 당신을 다시 만나기를 학수고대한다.)

(2) be/become/get used[accustomed] to –ing : ~에 익숙하다

예) She is accustomed to living in a big city alone.
(그녀는 대도시에서 혼자 사는 데 익숙하다.)

(3) object to –ing : ~에 반대하다(= be opposed to –ing)

예) She objected to being treated like a child.
(그녀는 아이처럼 취급당하는 것에 반대했다.)

(4)
> be addicted to –ing ~에 중독되다
> be exposed to –ing ~에 노출되다

예) She was addicted to drinking coffee.
(그녀는 커피 마시는 것에 중독되었다.)

(5)
> devote oneself to –ing ~에 헌신하다
> contribute to –ing ~에 기여하다

예) She devoted herself to helping the poor.
(그녀는 가난한 사람들을 돕는 데 헌신했다.)

4 전치사+-ing 형태의 부사구

(1) On -ing: ~하자마자(= Upon -ing)
  예 On seeing me, she burst into tears.
    (나를 보자마자 그녀는 울음을 터뜨렸다.)

(2) In -ing: ~할 때
  예 In studying English, which part is the most difficult?
    (영어를 공부할 때 어느 부분이 가장 어렵니?)

(3) Besides -ing: ~하는 것 외에도
  예 Besides studying music, she teaches English at school.
    (음악을 공부하는 것 외에도 그녀는 학교에서 영어를 가르친다.)

(4) Instead of -ing: ~하는 대신에
  예 Instead of punishing them for their poor scores, I encouraged students to reach their true potential.
    (그들의 낮은 점수로 벌을 주는 대신에 나는 학생들이 그들의 진정한 잠재력을 발휘할 수 있도록 격려했다.)

(5) far from -ing: 전혀 ~아닌
  예 I'm far from being an early bird.
    (나는 결코 아침형 인간과는 거리가 멀다.)

(6) above -ing: 결코 ~할 사람이 아닌
  예 He is above breaking the rules.
    (그는 결코 규칙을 어길 사람이 아니다.)

> **더 알아보기**
>
> 절에서 구로 축약
> A. She insisted that he should attend the meeting. (명사절)
>   = She insisted on his attending the meeting. (명사구)
>   (그녀는 그가 그 모임에 참석해야만 한다고 주장하였다.)
> B. She doesn't know how she should drive a car. (명사절)
>   = She doesn't know how to drive a car. (명사구)
>   (그녀는 자동차를 운전하는 방법을 모른다.)
> C. When she is compared with her sister, she is not very tall. (부사절)
>   = Compared with her sister, she is not very tall. (부사구)
>   (그녀와 그녀의 언니를 비교할 때, 그녀는 무척 키가 큰 편은 아니다.)
> D. She bought the house in which she lived in her childhood. (형용사절)
>   = She bought the house in which to live in her childhood. (형용사구)
>   (그녀는 그녀가 어린 시절 살았던 그 집을 구매했다.)

Review

1. 목적격 보어 자리에 to부정사를 취하는 동사를 기억해야 한다.

   > cause, ask, urge, forbid, allow, oblige, tell + 목적어 + 목적격 보어(to부정사)

2. to부정사를 목적어로 취하는 완전 타동사를 기억해야 한다.

   > want, decide, hope, plan, afford, manage + to부정사

3. 대부정사, to부정사의 형용사적 용법, too ~ to 구문
   - 예 You may go to the concert if you want to. (너는 가고 싶다면 콘서트에 가도 좋다.)
   - 예 I have a pencil to write with now. (나는 지금 쓸 수 있는 연필이 있다.)
   - 예 This question is too difficult for him to solve. (이 질문은 그가 해결하기에는 너무 어렵다.)

4. to부정사의 형용사적 용법 중에서 서술적 용법에 주목하라.
   - be + to부정사(의무 = 당연, 예정, 운명, 가능, 의도/소망)

5. 자동사 + to부정사의 관용표현도 살펴보자.

   > seem[appear] to ~처럼 보이다
   > happen[chance] to 우연히 ~하다
   > manage to 간신히 ~하다
   > prove to ~ 임이 판명되다(= turn out to be ~)
   > come to ~하게 되다
   > afford to ~할 여유가 있다

6. 동명사를 목적어로 취하는 동사를 암기하자.

   > mind, deny, help, avoid, resist, consider, finish, dislike, discontinue, suggest, appreciate, quit 등

7. 동명사와 to부정사를 목적어로 취할 때 의미가 바뀌는 동사도 암기하자.

   > remember, forget, regret, mean, stop, try

   - 예 I remember to send an e-mail for him. (나는 그에게 이메일을 보내는 것을 기억한다.) (미래: 보내야 할 일)
   - 예 I remember sending an e-mail for him last week. (과거: 보냈던 일)
     (나는 지난주에 그에게 이메일을 보냈던 것을 기억한다.)

8. 다음 표현들은 전치사 to를 포함하는 관용표현이다. 이때 to는 to부정사가 아닌 전치사이므로 뒤에는 전치사의 목적어인 (동)명사가 와야 한다.

   > What do you say to -ing ~하는 게 어때?
   > when it comes to -ing ~에 관한
   > with a view to -ing ~할 목적으로
   > be used to -ing ~하는 데 익숙하다
   > be opposed to -ing ~하는 것을 반대하다
   > look forward to -ing ~하는 것을 고대하다

9. 수동형 동명사를 사용하는 문장의 원리를 터득해 두자. V -ing → being+p.p.가 되는 경우를 말한다.
   예) She couldn't help being satisfied with the result of the test.
   (그녀는 시험의 결과에 만족할 수밖에 없었다.)

10. 동명사의 관용적 표현도 기억해 두자.

> There is no -ing ~하는 것은 불가능하다
> It is no use -ing ~해도 소용이 없다
> It goes without saying that+주어+동사 ~은 두말할 필요도 없다
> feel like -ing ~하고 싶다
> make a point of -ing ~하는 것을 규칙으로 삼다
> have difficulty/trouble/a hard time (in) -ing ~하는 데 어려움을 겪다
> be busy -ing ~하느라 바쁘다

※ 준동사는 동사에 준하는 동사, 즉 동사는 아니지만 동사에 약간의 변형을 가하여 동사가 문장에서 명사, 형용사, 부사 역할을 하는 것을 말한다. 준동사에는 to부정사와 동명사, 분사가 있다. 준동사를 이용하여 동사를 다양하게 활용할 수 있고, 효율적으로 의미를 전달할 수 있다.
   예) I hope that I will see you again. (다시 너를 만나리라 기대해.)
   → I hope to see you again.
준동사를 사용하여 that절이 to부정사구로 축약되었다. 또한 준동사의 태생은 동사이기 때문에 동사의 특성은 여전히 가진다.

Chapter 12 | 준동사 II (분사)

01 분사의 형태와 역할

1 분사의 형태

분사는 크게 동사의 뒤에 -ing가 붙어 만들어진 현재분사와 각 동사별로 고유의 형태(규칙 변화, 불규칙 변화)를 가지고 있는 과거분사로 구분할 수 있다.

(1) 현재분사

형태	현재분사는 동사의 원형에 -ing를 붙여서 만든다. 예 making, sleeping, running, clapping, jumping, laughing 등
의미	능동과 진행의 의미를 가진다.

① 자동사의 현재분사: 진행(~하고 있는)
   예 She is looking after a crying baby. (그녀는 울고 있는 한 아기를 돌보고 있다.)
② 타동사의 현재분사: 능동(~하게 하는)
   예 Bullfighting was a really exciting game. (소싸움은 진정 흥미로운 경기였다.)

(2) 과거분사

형태	과거분사는 각 동사가 가진 고유의 과거분사 형태를 사용한다. 예 made, run, seen, fought, taught, disappeared 등
의미	수동과 완료의 의미를 가진다.

① 자동사의 과거분사: 완료(~한)
   예 The retired official lives on a government pension.
   (퇴직한 관료는 정부 연금으로 먹고 산다.)
② 타동사의 과거분사: 수동(~되는)
   예 A wounded deer leaps the highest.
   (상처 입은 사슴이 가장 높이 뛴다.)

2 분사의 역할

분사는 문장에서 명사를 수식하는 형용사의 역할과 부사구 역할을 한다.

(1) 형용사 역할

분사는 명사를 수식하거나 주어나 목적어를 보충 설명하는 보어 역할을 한다.

① 명사를 수식하는 분사

명사 앞에서 수식	형용사 역할로 단독으로 명사를 수식할 때는 명사 앞에 온다. 예 The crying baby is my sister's daughter. 　(울고 있는 아기는 내 누이의 딸이다.) 예 She found a painted wall. (그녀는 페인트가 칠해진 벽을 발견했다.)
명사 뒤에서 수식	• 분사에 목적어나 부사구 등이 수반되어 길어질 때는 명사 뒤에서 수식한다. 　예 The baby sleeping in the room is my sister's daughter. 　　(방에서 잠자고 있는 아기는 내 누이의 딸이다.) • 분사가 대명사를 수식하는 경우에는 명사 뒤에서 수식한다. 　예 those participating(참가하고 있는 사람들), those invited(초대받은 사람들)

② 보어 역할을 하는 분사

주격 보어	주어를 보충 설명하는 주격 보어 예 The speech was so touching. (그 연설은 정말 감동적이었다.) 예 She stood surrounded by her friends. (그녀는 그녀의 친구들로 둘러싸여 있었다.)
목적격 보어	목적어를 보충 설명하는 목적격 보어 예 We found the lecture boring. (우리는 그 강의가 지루하다는 것을 알게 되었다.) 예 I want to have this letter sent by express mail. 　(나는 이 편지를 속달 우편으로 발송하고 싶다.)

(2) 부사 역할

분사는 부사절을 축약시킨 분사구문의 형태로 부사구를 이끈다.

예 Walking along the street, I met an old friend of mine.
　(거리를 따라 걷다가, 나는 오랜 친구를 만났다.)

3 특수한 형태의 분사

(1) 분사형 형용사

능동, 수동의 의미와는 관계없이 '형용사'로 굳어진 분사어이다.

unexperienced 미숙한	learned 박식한
experienced 노련한	renowned 유명한
skilled 숙련된	certified 인증된
estimated 추정된	established 기성의, 기존의
frozen 냉동의	educated/informed 많이 아는
distinguished 저명한	lacking 부족한
missing 없어진	leading 일류의
promising 유망한	compromising 더럽히는, 평판을 떨어뜨리는
convincing 설득력이 있는	celebrated 저명한

(2) 유사분사

'형용사/부사+-ed'의 형태로 '~한 …을 가진'을 의미하는 분사를 유사분사라고 한다.

a red-haired lady 빨간 머리의 여성	a broad-minded teacher 관대한 선생님
a good-natured partner 마음씨 좋은 파트너	a semi-skilled worker 반숙련공
a hot-tempered boy 다혈질의 소년	a red-colored rose 빨간 장미
a strong-willed athlete 강한 의지의 선수	a blue-eyed foreigner 파란 눈의 외국인

(3) 다른 품사와 결합하여 사용되는 분사

분사는 부사, 형용사, 명사와 결합되어 사용되기도 한다.

well-educated 교양 있는	half-baked 미숙한
well-known 잘 알려진	good-looking 잘생긴
hard-working 열심히 일하는	epoch-making 획기적인
ready-made 만들어져 있는	self-made 자수성가한
time-consuming 시간 소모적인	well-read 박식한
well-dried 잘 마른	well-bred 잘 자란

(4) 분사의 명사 용법: the+분사 = 명사

① 복수 취급

the wounded/injured 부상자들	the aged 노인들
the unemployed 실업자들	the dying 죽어 가는 사람들
the living 살아 있는 사람들	the handicapped/disabled 장애인들

② 단수 취급

the accused 피고	the deceased 고인
the condemned 사형수	the insured 피보험자

02 동사의 종류에 따른 분사

1 감정 유발 동사와 분사

감정 유발 타동사는 사람과 만나면 과거분사를 취하고 사물과 만나면 현재분사를 취한다.

> 예 You are convinced! (당신은 확신하고 있군요!)
> 예 Your opinion is convincing! (당신의 의견은 설득력이 있군요!)
> 예 It was a really exciting game. (그것은 정말 흥미진진한 게임이었다.)
> 예 He calmed down the excited audience. (그는 흥분한 청중들을 진정시켰다.)
> 예 The surprising news made us perplexed. (그 놀라운 소식이 우리를 당황스럽게 만들었다.)
> 예 I found a surprised girl. (나는 한 놀란 소녀를 발견했다.)
> cf. I found that he was a boring man. (나는 그가 지루한 사람이란 걸 알았다.)

2 자동사와 분사

자동사의 현재분사는 진행의 의미를 나타내고, 과거분사는 완료의 의미를 나타낸다.

예 The sleeping dog lies in front of the door. (잠자는 개가 문 앞쪽에 있다.)

예 I always feel alone because of the fallen leaves on the street.
(거리에 떨어진 낙엽 때문에 나는 항상 외로움을 느낀다.)

3 타동사와 분사

타동사의 현재분사는 능동과 진행의 의미를, 과거분사는 수동과 완료의 의미를 나타낸다.

예 He always suggests his convincing opinion in the team.
(그는 항상 팀에 설득력 있는 의견을 제시한다.)

예 The wounded soldiers were taken to the nearby hospitals.
(부상당한 군인들이 가까운 병원으로 이송되었다.)

더 알아보기

헷갈리기쉬운 자·타동사

fall-fell-fallen (자)	떨어지다	fell-felled-felled (타)	넘어뜨리다
lie-lay-lain (자)	눕다, 놓여 있다	lay-laid-laid (타)	눕히다, 낳다, 놓다
rise-rose-risen (자)	오르다, 뜨다	raise-raised-raised (타)	올리다, 키우다
sit-sat-sat (자)	앉다	seat-seated-seated (타)	앉히다

03 분사구문

1 개념

분사로 시작하는 구문으로 주절을 수식하는 부사구의 역할을 분사구문이라고 한다. 부사절에서 부사구로 축약된 것이다.

예 Seeing such a terrible scene, he screamed. (그렇게 끔찍한 장면을 보고, 그는 소리를 질렀다.)

예 Wanting to pass the test, he studied very hard.
(그 시험에 합격하는 것을 원하기 때문에, 그는 매우 열심히 공부했다.)

2 분사구문 만드는 법

시간 · 조건 · 원인 · 양보 · 부대상황을 나타내는 부사절에서 접속사를 생략하고, 주절의 주어와 중복되는 종속절의 주어를 생략한 후, 주어와 동사의 관계가 능동이면 현재분사, 수동이면 과거분사를 쓴다.

예 When I returned home, I felt tired.
= Returning home, I felt tired.
(집에 돌아왔을 때, 나는 피곤함을 느꼈다.)

예 When I was offered a chance, I took it.
= Offered a chance, I took it.
(기회를 부여받았을 때, 나는 그것을 잡았다.)

3 분사구문의 의미

(1) **시간**: ~할 때, ~하는 동안

예 Walking down the street, I met a friend.
= While I walked down the street, I met a friend.
(길을 따라 걷는 동안 나는 한 친구를 만났다.)

(2) **조건**: 만약 ~이라면, ~한다면

예 Turning to the left, you will find City Hall.
= If you turn to the left, you will find City Hall.
(왼쪽으로 돌면, 당신은 시청을 발견할 것이다.)

(3) **이유**: ~이기 때문에

예 Being sick, she was absent from school.
= Because she was sick, she was absent from school.
(아파서 그녀는 학교에 결석했다.)

(4) 양보: ~일지라도, ~이지만

예) Admitting you are right, I cannot forgive you.

= Even if I admit you are right, I cannot forgive you.

(네가 옳다는 것은 인정하지만, 나는 너를 용서할 수 없다.)

(5) 부대상황: ~하면서, 그리고 …하다

예) Smiling brightly, she answered "Yes."

= While she smiled brightly, she answered "Yes."

(밝게 웃으며 그녀는 "네."라고 대답했다.)

4 분사구문의 시제

능동형		수동형	
단순분사구문	–ing	단순분사구문	being p.p.
완료분사구문	having p.p.	완료분사구문	having been p.p.

예) When I felt the earthquake, I ran out of the house.

= Feeling the earthquake, I ran out of the house. 〈단순분사구문〉

(지진을 느꼈을 때, 나는 집 밖으로 뛰어나갔다.)

예) As I felt shame, I don't want to go there.

= Having felt shame, I don't want to go there. 〈완료분사구문〉

(수치심을 느꼈기 때문에, 나는 거기에 가고 싶지 않다.)

5 능동태와 수동태

능동형	–ing
수동형	being p.p./having been p.p.

예) When it is taken too much, vitamin C can be harmful.

= (Being) Taken too much, vitamin C can be harmful.

(지나치게 많이 섭취되면, 비타민 C는 해로울 수 있다.)

예) As she conducts experiments with chemicals, she's very attentive.

= Conducting experiments with chemicals, she's very attentive.

(화학 물질을 가지고 실험을 하므로, 그녀는 매우 주의를 기울인다.)

6 주의해야 할 분사구문

(1) 부정의 표시

분사의 바로 앞에 not을 붙여 부정의 의미를 만든다.

예 Not knowing her, I didn't answer her question.
   (그녀를 알지 못하므로, 나는 그녀의 질문에 답하지 않았다.)

(2) 접속사 + 분사

접속사를 생략하는 것이 원칙이나, 분사구문의 의미를 명확하게 하기 위해 접속사를 그대로 두기도 한다.

예 While working at a hospital, she saw her first air show.
   (병원에 근무하는 동안, 그녀는 처음으로 비행기 공중 곡예를 보았다.)

(3) with 분사구문: '~가 …한 채'

목적어와 목적격 보어의 관계가 능동이면 목적격 보어의 형태는 현재분사가 되고, 수동이면 과거분사가 된다.

with + 목적어 + 목적격 보어(현재분사/과거분사, 형용사, 부사, 전치사구)

예 With his arms folded, he lay down on the bench.
   (팔짱을 낀 채, 그는 벤치에 누워 있었다.)

예 With the TV turned on, he slept on the sofa.
   (TV를 켜 둔 채, 그는 소파에서 잠들었다.)

예 With night coming on, they began to leave the party place.
   (밤이 다가옴에 따라, 그들은 그 파티 장소를 떠나기 시작했다.)

(4) 독립분사구문

주절의 주어와 종속절의 주어가 다를 때, 종속절의 주어를 분사구문의 의미상의 주어로 분사 앞에 쓰는데, 반드시 주격으로 쓴다.

예 The woman being sick, we didn't invite her to the party.
   (그 여자가 아파서, 우리는 그녀를 파티에 초대하지 않았다.)

예 There being no objection, the meeting could end in ten minutes.
   (반대가 없었기 때문에, 그 회의가 10분 내로 끝날 수 있었다.)

예 It being cold outside, I stayed in bed and slept.
   (바깥 날씨가 추워서, 나는 침대에 누워 있다가 잤다.)

예 The sun having set, we gave up looking for them.
   (해가 져서, 우리는 그들을 찾는 것을 포기했다.)

(5) 비인칭 독립분사구문: 관용표현으로 익혀 둔다.

의상 주어가 일반 주어(we, they, you)인 경우에는 의미상 주어를 생략한다. 이를 비인칭 독립분사구문이라 한다.

roughly speaking 대략적으로 말하면	frankly speaking 솔직히 말하자면
strictly speaking 엄밀히 말해서	generally speaking 일반적으로 말해서

예) Frankly speaking, he is not much of a scholar.
(솔직히 말하자면, 그는 대단한 학자는 아니다.)

만일 ~라면	providing/provided
	supposing/suppose
	assuming
~이라고 할지라도	granting/granted
	admitting
	allowing
~을 고려하면	considering/given
~을 보면(~이기 때문에)	seeing
~에 관해	concerning
	regarding
~와 비교하면	compared with
~에 따라서	depending on

예) Considering his age, he has really good eyesignt.
(그의 나이를 고려해 보면, 그는 매우 시력이 좋다.)

예) Granting that you are young, you are responsible for your mistake.
(어리다고 할지라도, 당신은 당신의 실수에 책임이 있다.)

예) Depending on the weather, the work can be done.
(날씨에 따라, 그 일은 가능할 수도 있다.)

예) Provided (that) all your work is done, you may go home.
(당신의 일이 다 끝나면, 집에 가도 좋다.)

Review

1. 준동사 자리에 자동사의 과거분사는 불가능하다(수동의 의미일 경우).
2. 분사는 명사의 앞, 뒤에서 명사를 꾸며 주거나 보충해 주는 형용사 역할을 한다.
3. 명사의 뒤에 있는 자동사의 현재분사는 진행의 의미를 나타내는 부사(구)이다.
   예) The women dancing there passionately belong to the club Martin.
   (저쪽에서 열정적으로 춤추는 여성들은 club Martin 소속이다.)
4. 명사의 앞에 있는 타동사의 현재분사는 능동의 의미를 지닌다.

promising 유망한	neighboring 인접한
presiding 주재하는	following 다음의
underlying 근본적인	practicing 활동 중인

5. 명사의 앞에서 수식하는 타동사의 과거분사는 수동의 의미를 지닌다.

authorized 인가받은	qualified 자격을 갖춘
established 확립된	experienced 경험 있는

6. 감정유발동사는 일반적으로 사람이 주어일 때는 과거분사, 사물이 주어일 때는 현재분사로 쓰인다.
   예) I am amazed when I consider how weak my mind is. (내 마음이 얼마나 약한지 생각하면 나는 놀란다.)
7. 부사절을 부사구로 줄여 쓴 분사구문은 주절의 앞이나 뒤 또는 문장 중간에 둘 수 있다.

일반분사구문	예) Written in the 1960s, the novel was not known to people. (1960년대에 쓰여진 이 소설은 사람들에게 알려지지 않았다.)
독립분사구문	예) It being fine tomorrow, the team will begin the special training. (내일 날씨가 좋으면 팀은 특별 훈련을 시작한다.) 예) There being no bus on the street, we had to take a taxi. (거리에 버스가 없어서 택시를 타야 했다.)
비인칭 독립분사구문	Generally speaking, Judging from, Seeing that 등

8. 자동사의 현재분사는 진행의 의미를 나타내고, 과거분사는 완료의 의미를 나타낸다.
   예) The sleeping dog lies in front of the door. (잠자고 있는 개가 문 앞 쪽에 있다.)
   예) I always feel alone because of the fallen leaves on the street.
   (거리에 떨어진 낙엽 때문에 나는 항상 외로움을 느낀다.)
9. 타동사의 현재분사는 능동과 진행의 의미를, 과거분사는 수동과 완료의 의미를 나타낸다.
   예) He always suggests his convincing opinion in the team.
   (그는 항상 팀에 설득력 있는 의견을 제시한다.)
   예) The wounded soldiers were taken to the nearby hospitals.
   (부상당한 군인들이 가까운 병원으로 이송되었다.)

※ 현재분사와 과거분사는 문장 속에서 형용사 역할을 수행한다.
   예) Half of the students are experiencing worrying levels of exam stress.
   (학생의 절반은 걱정되는 수준의 시험 스트레스를 받고 있다.)
   예) A flooded car is cheap. (침수된 차는 저렴하다.)

Chapter 13 | 형용사·부사

01 형용사·부사의 역할과 위치

1 형용사의 역할

(1) 명사를 수식

명사의 앞 또는 뒤에서 명사의 상태나 성질을 수식하는 한정 용법이 있다.

> 형용사/분사 + 명사

예 It is an <u>interesting</u> book. (그것은 재미있는 책이다.)
예 She is a <u>beautiful</u> <u>young</u> woman. (그녀는 아름다운 젊은 여성이다.)

(2) 주어 또는 목적어를 서술

주어 또는 목적어의 상태나 성질을 보충하는 서술적 용법이 있다.

> 주어 + 동사 + 형용사(주격 보어)/부사 (×)

예 She kept <u>silent</u> at the meeting. (그녀는 회의 시간에 침묵을 지켰다.)

> 주어 + 동사 + 목적어 + 형용사(목적격 보어)/부사 (×)

예 Stress causes insomnia by making it <u>difficult</u> to sleep well. (○)
　Stress causes insomnia by making it difficulty to sleep well. (×)
　(스트레스는 잠을 잘 자는 것을 어렵게 함으로써 불면증을 유발한다.)

2 부사의 역할

(1) 동사를 수식

수식하는 동사의 앞 또는 뒤에서 동사를 보충 설명한다.

예 She sings beautifully. (그녀는 아름답게 노래한다.)

(2) 다른 수식어를 수식

형용사, 분사, 동사 그리고 부사와 같은 수식어의 앞 또는 뒤에서 의미를 보충 설명해 준다.

부사 + 형용사/분사

예 She has a very expensive dress. (그녀는 매우 고가의 드레스를 가지고 있다.)

예 She is smiling alone. (그녀는 홀로 미소짓고 있다.)

예 They don't look like a newly married couple. (그들은 새로 결혼한 커플로 보이지 않는다.)

부사 + 부사

예 The A team rounded up the mission very neatly.
   (A 팀은 그 임무를 매우 깔끔하게 마무리했다.)

> **더 알아보기**
>
> 강조부사는 수식하는 부사 바로 앞에 둔다.
>
> 예 Puritans and Quakers regarded excessive personal debt as a sin, views that widely and firmly were held until relatively recently. (○)
> Puritans and Quakers regarded excessive personal debt as a sin, views that widely and firmly were held until recently relatively. (×)
> (청교도와 퀘이커 교인들에게 지나친 개인의 빚은 죄로, 이는 비교적 최근까지도 넓고도 확고하게 만연되어 있던 견해였었다.)
>
> 예 The couple are relatively poorly paid. (그 커플은 비교적 보수를 잘 받지 못한다.)
>
> 예 My father is almost completely lack of humor. (나의 아버지는 유머가 거의 하나도 없다.)

(3) 문장 전체를 수식

문장 전체를 수식하며 앞이나 뒤에 위치할 수 있다.

예 Unfortunately, we couldn't arrive there in time.
   (불행하게도 우리는 제때에 그곳에 도착할 수 없었다.)

02 형용사의 어순

1 개념

명사의 앞에서 한정적으로 명사를 수식하는 것이 일반적이나 몇 가지 예외도 있다.

> a skinny tall model 깡마른 키 큰 모델
> expensive branded bags 비싼 유명 브랜드의 가방들
> authorities concerned 관계 당국들
> something wrong 잘못된 어떤 일

2 여러 개의 형용사가 함께 쓰일 경우

'한정사-수량 형용사-일반형용사'의 순으로 기술한다. 한정사의 종류는 다음과 같다.

전치한정사	all, both, half, double, twice, such 등
중심한정사	a, the, 소유격, 지시형용사, some, any, every, each
후치한정사	서수, 기수, many, much 등

> **더 알아보기**
>
> 한정사란?
> 명사는 그 범위가 한정되어야 한다. book이라는 단어를 예를 들면 우리는 어떤 책인지 알지 못한다. 그저 책이라는 개념만 알 수 있다. 이때 '책'이라는 의미의 범위를 좁혀 주기 위해 the book, my book, this book 등 관사, 소유격, 지시형용사 등의 일종의 형용사인 한정사를 사용한다. 한정사는 '전치-중심-후치'의 순으로 쓰며 후치한정사를 제외하고서는 각 한정사는 하나씩만 써야 한다. 참고로 형용사의 순서는 '수량(숫자)-대소(big)-상태(bad)-모양(round)-색깔-기원-재료(plastic)'의 순으로 쓰며, 명사와 가까워질수록 그 명사의 속성에 가까워지는 것이 특징이다.

3 이중소유격의 원리

중심한정사는 중복되어 사용될 수 없기 때문에 연이어 쓰지 않고 중심한정사 중 하나를 소유대명사로 바꾼 뒤 전치사 of와 함께 뒤에 위치시키는데 이를 이중소유격이라고 한다.

> 중심한정사+명사+of+소유대명사/명사(구)'s/명사(구)s'

> **더 알아보기**
>
> 중심한정사의 사용
>
> > a, an, this(these), that(those)는 소유격과 쓸 수 없다. a my friend (×)
> > 따라서 '한정사+명사+of+소유대명사'의 이중소유격 형태로 쓴다. a friend of mine (○)
>
> 예 That is no fault of hers. (○)
>   That is no her fault. (×)
>   (그것은 그녀의 잘못이 아니다.)
> 예 Many friends of my father's came to the party. (○)
>   = Many of my father's friends came to the party. (○)
>   Many father's friends came to the party. (×)
>   (나의 아버지의 많은 친구 분들이 그 파티에 오셨다.)

4 형용사가 명사 뒤에서 수식하는 경우

(1)
```
           -thing
           -body
                   +형용사
           -one
           -where
```

예 After graduation she made up her mind to try something interesting.
(졸업 후 그녀는 흥미로운 것을 시도하기로 결심했다.)

(2) **2개 이상의 형용사는 뒤에서 명사를 수식하기도 한다.**

예 The young model is beautiful, smart, tall, and fabulous.
(그 젊은 모델은 예쁘고, 영리하고, 키 크고 그리고 멋지다.)

03 부사의 위치

1 일반부사의 위치

장소, 시간, 방법의 일반부사가 함께 사용되는 경우 다음의 어순으로 쓴다.

(1) 일반동사와 등장: 방법+장소+시간
  예) She studied very hard in the library then.
  　　　　　　　　　　 방법　　 장소　　　 시간
  (그녀는 그때 도서관에서 매우 열심히 공부했다.)

(2) 왕래발착동사와 등장: 장소+방법+시간
  예) She wants to go there by taxi at dawn.
  　　　　　　　　　　 장소　 방법　　 시간
  (그녀는 새벽에 택시로 거기에 가기를 원한다.)

> **더 알아보기**
>
> 왕래발착동사
> go, come, arrive, leave, start 등의 단어가 있으며, 말 그대로 '이동'의 의미를 나타내는 동사다. 이러한 동사들은 현재진행형으로 가까운 미래를 나타내거나 미래를 나타내는 시간부사와 함께 현재시제로 가까운 미래를 나타낼 수 있다.

2 빈도부사(always, usually, often, sometimes, hardly, scarcely, seldom, never)의 위치

빈도부사는 be동사 뒤, 조동사 뒤, 일반동사의 앞에 온다.
  예) It always seems impossible until it's done.
  　　(무엇이든 이루어지기 전까지는 불가능한 것처럼 보인다.)
  예) We can always begin again.
  　　(우리는 언제든 다시 시작할 수 있다.)

3 부사 enough의 위치

enough가 부사로 '충분히'라고 쓰일 때는 동사/형용사/부사 뒤에 온다. 다만 한정사로 쓰이는 경우 주로 복수명사나 불가산명사 앞에 온다.
  예) I am old enough to be arrested.
  　　(나는 체포될 만큼 충분히 나이가 들었다.)
  예) I have enough money to last a week.
  　　(일주일을 견디는 데 충분한 돈을 가지고 있다.)

4 부정부사 중복 금지

부정의 부사인 little, hardly, scarcely, rarely, seldom, barely, never 등은 다른 부정어 not, no 따위와 한 문장에 쓰지 않는 것이 원칙이다.

예 She has hardly arrived at work late. (○) (그녀는 직장에 결코 늦게 도착한 적이 없었다.)
　　She has hardly never arrived at work late. (×)

예 She didn't have money to use. (○) (그녀는 쓸 돈이 전혀 없었다.)
　　She didn't hardly have money to use. (×)

더 알아보기

이중부정

한 문장에서 부정을 두 번 사용한 표현으로, 긍정의 의미를 갖는다.

A. A not[never/ hardly… 등], without[but/unless] B: 'B하지 않고는 A하지 않는다[A하면 반드시 B한다]'
　　예 There is no rule but has exceptions. (예외 없는 규칙은 없다.)
　　→ 'There is no 명사+but 동사~' 구문에서 but은 'that(which)~not'처럼 쓰여 부정어(not)를 포함하고 있으므로, but 다음에 나오는 동사에 부정어가 없어야 한다.

B. never fail to~: 결코 ~하지 않는다
　　예 My grandson never fails to phone me on my birthday.
　　　　(내 손자는 내 생일에 꼭 전화를 건다.)
　　→ 부정을 의미하는 'never'와 'fail'은 '결코 ~하는 것을 실패하지 않는다'라는 의미로 강한 긍정을 나타낸다.

C. no doubt[without a doubt]: 의심 없이, 확실히
　　예 No doubt you'll have your own ideas. (분명 당신만의 생각이 있을 겁니다.)
　　→ '의심', '의혹'을 뜻하는 부정어인 doubt 앞에 부정어인 no[without]을 함께 써서 '의심 없이', '확실한'이라는 의미를 뜻한다.

5 타동사+부사: 타동사구의 목적어 위치

see off, put off, put down, put on, turn over, turn on, turn off, make out, make over

(1) 타동사+명사(구)+부사 (○)&타동사+부사+명사(구) (○)

　예 She went to see the sponsor off. (○)
　　= She went to see off the sponsor. (○)
　　(그녀는 후견인을 배웅하러 갔다.)

(2) 타동사+대명사+부사 (○)&타동사+부사+대명사 (×)

　예 She put it off. (○)
　　She put off it. (×)
　　(그녀는 그것을 연기했다.)

6 still ~ not/not ~ yet

still은 빈도부사는 아니지만 빈도부사의 위치를 따르며 부정문에서 still은 부정어 앞에, yet은 부정어 뒤에 위치한다.

예 She still hasn't finished the work.
= She hasn't yet finished the work.
(그녀는 그 일을 아직 끝내지 못했다.)

04 형용사의 종류

1 개념

대명사와 형용사의 역할을 동시에 할 수 있는 대명형용사(지시/의문/부정형용사), 명사의 수나 양을 설명하는 수량 형용사, 명사의 성질이나 상태를 설명하는 성상 형용사로 구분할 수 있다.

2 대명형용사

대명형용사는 대명사가 명사를 수식하는 형용사 역할을 하는 것으로 지시형용사, 의문형용사, 부정형용사가 있다.

지시형용사	지시대명사가 형용사 역할을 하는 것으로, this, that, these, those가 있다. 예 Is there any way of solving these problems? (이 문제들을 해결할 방법이 있나요?)
의문형용사	의문대명사가 형용사 역할을 하는 것으로, what, which, whose가 있다. 예 What school do you want to go to? (너는 어떤 학교에 가고 싶니?)
부정형용사	부정대명사가 형용사 역할을 하는 것으로, some, any, all, either, neither, one, another, other, both 등이 있다. 예 I need some apples for this recipe. (난 이 요리법을 위해 사과가 좀 필요해요.)

3 수량 형용사

수량 형용사는 명사의 수나 양을 설명하는 형용사이다. 특정한 수를 말하는 수사(one, two, first, second)와 많고 적음을 표현하는 부정 수량 형용사(many, much, few, little, a lot of)로 구분한다.

(1) '수량 형용사+측정 단위명사'가 서술 용법으로 사용되면 단위명사는 복수

예 She is seven years old.
(그녀는 일곱 살이다.)

(2) '수량 형용사+수 단위명사'가 수식 용법으로 사용되면 단위명사는 단수

① 수량 형용사(기수)+수 단위명사(지정된 수)(단수)+명사(복수)

수량 형용사	dozen(12) hundred(백) million(백 만) trillion(조)	score(20) thousand(천) billion(십 억)

예 I was flying seven hundred miles to save a dying man.
(나는 죽어가는 한 남성을 구하기 위해 700마일을 비행기로 이동하고 있었다.)

② 수량 형용사+측정 단위명사(단수)+명사

수와 측정 단위명사가 하이픈(-)으로 연결되어(복합 형용사) 명사를 수식할 때 측정 단위명사는 단수이다.

측정 단위명사	foot, dollar, square, won, year, day, story

예 10달러짜리 지폐: a ten-dollar bill(○)/a ten-dollars bill(×)

예 100평방피트 크기의 방: a 100-square-foot room(○)/a 100-square-feet room(×)

(3) 막연한 수 단위명사(복수)+of+명사: 막연한 수를 의미할 때 사용

명사(복수)+of+명사(복수)+of+~

예 수백 명의 사람들: hundreds of people(○)/hundred of people(×)

예 수천 개의 상자들: thousands of boxes(○)/thousand of boxes(×)

예 The scientist experienced scores of hundreds of failed experiments for each success.
(그 과학자는 각각의 실험에서 성공하기까지 수십 수백 번의 실패를 거듭했다.)

4 성상 형용사

(1) 성품 형용사

성격이나 성품을 표현하는 형용사는 다음과 같은 규칙을 따르며 사람 주어가 가능하다.

It is+성품 형용사+of+의미상 주어+to부정사(진주어) thoughtful, considerate, careless 등

예 She is stupid to make such the mistake.
= It is stupid of her to make such the mistake.
(그녀가 그런 실수를 한 것은 어리석다.)

(2) 난도 형용사

쉽고 어려움을 나타내는 형용사를 난도 형용사라고 하며 사람 주어가 불가능하다.

> It is + 난도 형용사 + for 의미상 주어 + to부정사(진주어)
> difficult, easy, hard, tough 등

예 She is easy to do the work. (×)
  → It is easy for her to do the work. (○) (그녀가 그 일을 하기는 쉽다.)

예 He is difficult to meet her. (×)
  → It is difficult for him to meet her. (○)
  → She is difficult for him to meet. (○) (그가 그녀를 만나기는 어렵다.)

※ to부정사의 목적어는 사람이라도 강조를 위해 주어 자리에 올 수 있으며, 목적어 자리는 비워 둔다.

(3) 이성적 판단 또는 감정 형용사

이성적 판단이나 감정을 나타내는 형용사로 다음과 같은 구문을 익혀 둔다.

이성/감정 판단 형용사	important, vital, urgent, necessary, required, essential, advisable, desirable, natural, right

> It is + 이성적 판단 · 감정 형용사 + for + 의미상 주어 + to부정사(진주어) (○)
> It is + 이성적 판단 · 감정 형용사 + that + 주어 + (should) + 동사원형(진주어) (○)

예 It is important for me to finish the work.
  = It is important that I (should) finish the work.
  (내가 그 일을 끝내는 것은 중요하다.)

(4) 사실 판단 형용사

진위 판단 형용사라고도 하며, 사실 판단 여부를 전달하는 형용사로 다음과 같은 구문을 익혀 둔다.

사실 판단 형용사	clear, true, evident, obvious, explicit, apparent, plain, impossible, probable 등

> It is + 사실 판단 형용사 + for + 의미상 주어 + to부정사(진주어) (×)
> It is + 사실 판단 형용사 + that + 주어 + 동사 + (that절이 진주어) (○)

예 It was evident that Tim had taken money from Bernard Park.
  (Tim이 Bernard Park의 돈을 훔친 것은 분명했다.)

05 주의해야 하는 형용사와 부사

1 서술적 용법만 가능한 형용사

'a-' 형용사는 서술적 용법(주격 보어, 목적격 보어)으로만 사용되며 한정적 용법으로는 쓰일 수 없다.

> afraid, alone, ashamed, alive, asleep, alike, awake, aware

예 He caught a living tiger. (○)
　(그는 살아 있는 호랑이를 잡았다.)
예 He caught a tiger alive. (○)
　(그는 호랑이 한 마리를 산 채로 잡았다.)
cf. He caught an alive tiger. (×)

2 집합·수량 의미 명사를 수식하는 형용사

구분	내용	기준
집합·수량 의미 명사	number, quantity, sum, scale, attendance, population, family, audience, income, amount	large/small
수치 의미 명사	demand, supply, price, rate, level, speed, sale, standard, voice, temperature, salary	high/low

예 Propaganda can be compared to other attempts to persuade large audience.
　(선전활동은 많은 관중을 설득하려는 다른 시도들과 비교될 수 있다.)
예 The price of the gorgeous car is high. (○)
　The price of the gorgeous car is expensive. (×)
　The gorgeous car is expensive. (○)
　(그 멋진 차의 가격은 비싸다.)

3 어미가 바뀌면서 의미가 바뀌는 형용사

(1) luxurious 사치스러운, 화려한/luxuriant 풍성한
　예 There are many luxurious cars in the Mercedes Car Group.
　　(메르세데스 자동차 그룹에는 호화스러운 차량들이 많이 있다.)

(2) desirable 바람직한/desirous 바라는, 갈망하는
　예 Fear has been a desirable driving force of humankind.
　　(두려움은 인류의 바람직한 원동력이었다.)

(3) economic 경제의/economical 경제적인, 절약하는
   예 They have confronted several economic issues so far.
   (그들은 지금까지 몇몇 경제 문제에 부딪혀 왔다.)

(4) historic 역사적인/historical 역사를 다루는, 역사에 관한
   예 Lots of historical documents were destroyed when a fire broke out at the museum.
   (그 박물관에 화재가 발생했을 때 역사에 관한 많은 문서가 파괴되었다.)

(5) imaginary 상상의/imaginable 상상할 수 있는/imaginative 상상력이 풍부한
   예 She is famous as an imaginative writer.
   (그녀는 상상력이 풍부한 작가로 유명하다.)

(6) intelligent 총명한/intelligible 알기 쉬운/intellectual 지적인
   예 His accent was strong but intelligible.
   (그의 억양은 강하지만 알기 쉬웠다.)

(7) literary 문학의/literal 문자 그대로의/literate 읽고 쓸 줄 아는
   예 They are engaged in literary work.
   (그들은 저술업에 종사하고 있다.)

(8) human 인간의/humane 인도적인, 인정이 있는
   예 We should make a caring and humane society.
   (우리는 배려와 인정이 넘치는 사회를 만들어야 한다.)

(9) considerable 중요한(= important), 상당한/considerate 신중한, 사려 깊은
   예 They have always been considerate of others.
   (그들은 항상 다른 사람들을 배려해 왔다.)

(10) respectful 공손한, 경의를 표하는/respectable 존경할 만한/respective 각각의
   예 Dr. David is a respectable professor.
   (David 박사는 존경할 만한 교수이다.)

(11) regrettable 유감스러운/regretful 후회하는
   예 She is regretful to have offended her husband.
   (그녀는 자신의 남편을 불쾌하게 했던 것을 후회한다.)

(12) successful 성공적인/successive 연속적인/succeeding 이어지는
   예 Team LA won three successive games.
   (LA 팀은 세 번의 경기를 연속해서 이겼다.)

(13) sensible 지각 있는, 분별력 있는/sensitive 민감한/sensual 관능적인
　　예 The cancer patient was still sensitive to sunlight.
　　　(그 암 환자는 여전히 햇빛에 민감했다.)

(14) industrial 산업의/industrious 부지런한, 근면한
　　예 Ants are industrious insects.
　　　(개미는 부지런한 곤충이다.)

(15) classic 일류의, 전형적인/classical 고전적인, 정통파의
　　예 She was famous for playing classical music.
　　　(그녀는 클래식 음악 연주자로 유명했다.)

4 형용사와 부사의 형태가 같은 경우

단어	형용사	부사
hard	단단한	열심히
late	늦은	늦게
long	긴	길게
far	먼	멀리
fast	빠른	빠르게
early	이른	일찍
last	마지막의, 지난	마지막에[으로]

예 We caught the last bus home. (우리는 집으로 가는 마지막 버스를 탔다.)
예 He came last in the race. (그는 그 경주에서 맨 끝에 들어왔다.)

> friendly(친절한, 다정한), lovely(사랑스러운), lonely(외로운, 쓸쓸한)

※ -ly가 붙어서 부사처럼 보이지만, 형용사인 단어도 있음을 유의한다.
　예 The hotel staff were very friendly and helpful.
　　(호텔 직원들은 매우 친절하고 도움이 되었다.)
　예 Our neighbor George is a very lonely man.
　　(우리 이웃인 George는 매우 외로운 사람이다.)

5 형용사가 두 가지 형태의 부사를 갖는 경우

구분	형용사	부사
near	가까운	near 가까이
		nearly 거의
high	높은	high 높게(높이)
		highly 매우(정도)
deep	깊은	deep 깊게(깊이)
		deeply 매우, 심히(정도)
hard	딱딱한	hard 열심히
		hardly 거의 ~않는
late	늦은	late 늦게
		lately 최근에

예) Still waters run deep. (○)
　　Still waters run deeply. (×)
　　(고요한 물은 깊이 흐른다.)

Review

1. 형용사
　① 사람을 주어로 쓸 수 없는 형용사도 반드시 정리해 둔다.
　　예) 난도 형용사: difficult, easy, hard, tough
　　예) 가치, 중요, 필수 형용사: (im)possible, (un)important, (un)necessary
　　예) 유쾌한(pleasant), 편리한(convenient)
　② 명사와 형용사의 관계는 한정적 관계와 서술적 관계를 이룬다.
　　예) There is nothing special this weekend. (이번 주말에 특별한 일이 없다.)
　　예) Those who were present at the party were surprised at the result.
　　　　(파티에 참석한 사람들은 그 결과에 놀랐다.)
　　예) The man who works hard in the factory makes his family happy.
　　　　(공장에서 열심히 일하는 그 남자는 가족을 행복하게 만든다.)
　③ 서술적 용법으로만 쓰이는 형용사도 반드시 기억해 둔다.
　　alike, alive, ashamed, alone, afraid, asleep, alike, fond, loath
　④ 용법에 따라 뜻이 달라지는 형용사
　　예) At the present time we have no explanation for this. 〈한정적 용법: 현재의〉
　　　　(현재로서는 이것에 대한 설명이 없다.)
　　예) Foreign observers were present at the elections. 〈서술적 용법: 참석한〉
　　　　(외국인 참관인들이 선거에 참석했다.)
　　예) The late Mr. Gates was a millionaire. 〈한정적 용법:고인〉
　　　　(고(故) Gates씨는 백만장자였다.)
　　예) He was late for the train. 〈서술적 용법: 늦은〉
　　　　(그는 기차 시간에 늦었다.)

⑤ 형용사의 어순: 지시+수량+성상(크기+모양+신구+색깔+기원+재료)+명사
　예 Look at those two big old wooden boxes.
⑥ 수량형용사
　many/a few/few: 셀 수 있는 명사
　much/a little/little: 셀 수 없는 명사
⑦ '수사+지정된 수사(dozen, score, hundred, thousand, million)+명사'가 형용사처럼 쓰이면 단수형이 된다.
　예 He is a seven-year-old boy. (그는 7살 소년이다.)
　예 He has a seven-square-foot garden in the back yard.
　　(그는 뒤뜰에 7평방피트의 정원을 가지고 있다.)

2. 부사
① 부정부사(구)가 문두에 나오면 반드시 '주어+동사' 도치구문을 확인한다.

> hardly, scarcely, only, seldom, only after, not until, not only

② 부사의 위치는 문장 안에서 가장 자유롭지만, 명사를 직접 수식하지는 못한다.
③ 빈도·정도 부사의 위치를 정확히 이해해 두자.
　always, usually, often, sometimes, hardly, seldom, never는 be동사·조동사 뒤, have+p.p. 사이, 일반동사 앞에서 사용한다.
④ 문장 안에서 부정어가 중복되는 중복부정은 불가능하다.
　예 I can't hardly remember the figure. (×)
　　(나는 그 수치를 거의 기억할 수 없다.)
　예 No few have not attended the conference room. (×)
　　(사람들이 거의 그 회의실에 참석하지 않았다.)
⑤ 형용사가 두 가지 형태의 부사를 갖는 경우를 익혀 둔다.

> late(늦은, 늦게)/lately(최근에)
> fast(빠른, 빨리)/fastly(존재하지 않음)
> high(높은, 높게)/highly(매우, 몹시)
> hard(열심히, 단단한)/hardly(거의 ~하지 않다)

⑥ 타동사+명사(구)+부사 (○)
　• 타동사+대명사+부사 (○)
　• 타동사+부사+명사(구) (○)
　• 타동사+부사+대명사 (×)

※ 형용사는 명사의 상태나 성질 따위를 수식하거나 보충하는 역할을 하고 부사는 부사 자신, 형용사, 동사 등을 수식하여 문장 속에서 가장 자유롭게 위치할 수 있다.

Chapter 14 비교

01 원급을 이용한 비교

1 개념

'~만큼 …한'의 뜻으로, 형용사와 부사의 원급을 이용하여, 두 개의 대상이 동등함을 표현하는 것을 '동등비교'라 한다.

예 The child is as cute as my son. (그 아이는 내 아들만큼 귀엽다.)
→ 'as ~ as'에서 앞에 as는 부사이고 뒤에 as는 접속사이다. 따라서 위의 문장의 본래 의미는 다음과 같다.
= The child is as cute as my son (is cute).

2 원급 비교

구조	의미
A+as 형용사/부사 원급 as+B	A는 B만큼 ~하다
A+not as/so 형용사/부사 원급 as+B	A는 B만큼 ~하지 않다

(1) **as 원급 as**: ~만큼 원급하다
예 She is as tall as her sister. (그녀는 그녀의 언니만큼 키가 크다.)

(2) **배수사 as 원급 as**: 배수사만큼 ~하다
예 Halla mountain is five times as high as this mountain. (한라산은 이 산보다 다섯 배 높다.)

(3) **not so[as] 원급 as**: ~만큼 원급하지 않다
예 It is not so[as] easy as you think. (그것은 네가 생각하는 것만큼 쉽지 않다.)

3 원급 비교 주요 관용표현

(1) **as ~ as+주어+can**: 주어가 할 수 있는 만큼 ~한(= as ~ as possible)
예 She had better answer the letter as soon as she can.
(그녀는 그녀가 할 수 있는 만큼 빨리 편지에 답하는 것이 낫다.)
예 We will study English as hard as possible. (우리는 가능한 한 영어를 열심히 공부할 것이다.)

(2) **not so much A as B**: A라기보다는 오히려 B인
   = not A so much as B
   = less A than B
   = more B than A
   = B rather than A
   예 She is not so much a singer as an actor. (그녀는 가수라기보다는 연기자이다.)
   예 A person's value lies not so much in what he has as in what he is.
      (사람의 가치는 재산보다도 오히려 인격에 있다.)

(3) **not so much as ~**: ~조차도 없는
   예 My father could not so much as remember his name.
      (나의 아버지는 자신의 이름조차도 기억할 수 없었다.)

(4) **as ~ as any**: 어느 누구 못지않게 ~한(최상급 의미)
   예 He is as intelligent as any. (그는 어느 누구 못지않게 똑똑하다.)

02 비교급을 이용한 비교

1 개념

'~보다 더 …하다'의 뜻으로, 두 개의 대상을 비교한 우등비교와 열등비교가 있다.

예 Health is more important than money. (건강은 돈보다 더 중요하다.)

* '비교급 ~ than' 구문에서 than은 접속사이므로 다음과 같은 문장의 의미로 보면 된다.
   = Health is more important than money (is important).
* 따라서 'as ~ as'와 '비교급 ~ than' 구문에서는 접속사 as와 than 뒤에 비교 대상을 반드시 올바르게 기술하였는지 확인한다.

2 비교급 비교

구조	의미
A+형용사/부사의 비교급+than+B	A가 B보다 더 ~하다(우등)
A+not+비교급+than+B	A가 B보다 더 ~하지 않다(열등)

예 Gold is heavier than copper. (금은 구리보다 무겁다.)
예 The weather in Korea is better than that in Japan. (한국의 날씨가 일본의 날씨보다 좋다.)
예 A human cannot run faster than a dog. (인간은 개보다 더 빨리 달릴 수 없다.)

3 동일 대상의 성질 비교

동일 대상의 성질을 비교할 때 경우 음절 수와 상관없이 반드시 형용사 앞에 'more ~ than'을 이용한다.

> 동일 대상의 성질 비교: more A than B

예 She is more smart than wise. (O) (그녀는 현명하다기보다는 똑똑하다.)
　　She is smarter than wise. (×)
　cf. She is smarter than her sister (is smart). (그녀는 그녀의 언니보다 똑똑하다.)

4 라틴어 어원 형용사/부사의 비교급

superior, inferior, senior, junior, exterior, interior, major, minor, anterior, posterior, prior 등은 단어 자체에 비교급 의미를 포함하므로 than 대신에 to를 쓴다.

예 This machine is superior to that one. (이 기계는 저 기계보다 더 뛰어나다.)
예 I prefer playing soccer to playing basketball.
　　(나는 농구하는 것보다 축구하는 것을 더 좋아한다.)

5 배수사를 쓰는 비교급 표현

배수사를 앞에 쓰고 뒤에 형용사나 부사의 원급비교 또는 비교급에 의한 비교를 쓴다.

> A + twice(= two times) / three times 등 + [as 형용사/부사 원급 as / 형용사/부사의 비교급 than] + B　　A는 B보다 몇 배만큼 ~하다

예 This tree is twice as big as that tree.
　= This tree is two times bigger than that tree.
　(이 나무는 저 나무의 두 배만큼 크다.)

6 The+비교급+주어+동사, the+비교급+주어+동사

(1) The 비교급+주어+동사, the+비교급 주어+동사: ~하면 할수록, 더욱 …하다

예 The more money they earn, the more money they spend.
　　(그들이 더 많은 돈을 벌수록 그들은 더 많은 돈을 쓴다.)
예 The higher prices rose, the more money the workers asked for.
　　(물가가 높이 상승하면 할수록, 노동자들의 임금 인상 요구도 더욱더 높아졌다.)

동사 뒤의 형용사, 부사는 앞에 비교급으로 등장해야 한다.

예 The older you grow, the more difficult it becomes to learn a foreign language. (○)
　　The older you grow, the more it becomes difficult to learn a foreign language. (×)
　　(나이가 들면 들수록 그만큼 더 외국어 공부하기가 어려워진다.)

예 The fewer plans you make, the more fun you have. (○)
　　The fewer you make plans, the more you have fun. (×)
　　(우리는 계획을 덜 세우면 세울수록, 더 많은 즐거움을 갖게 된다.)

(2) 동사가 be동사인 경우 도치 가능

예 The higher the tree is, the stronger is the wind.
　　(나무가 높이 자라면 자랄수록, 바람은 더 거세지는 법이다.)

(3) 동사가 be동사인 경우 양쪽 be동사 동시 생략 가능

예 The bigger is a mall, the wider is the choice.
　　= The bigger a mall, the wider the choice.
　　(쇼핑몰이 더 크면 클수록 선택의 폭은 더욱더 넓다.)

7 비교급 주요 표현

(1) **A is no 비교급 than B**: A가 B보다 더 ~한 것도 아니다(= A도 B만큼 ~하지 않다)

예 She is no taller than her sister.
　　= She is as short as her sister.
　　[그녀가 언니보다 키가 큰 것은 아니다(그녀도 언니만큼 키가 작다).]
　비교하는 두 대상이 모두 크지 않다는 '양자 부정'의 의미를 갖게 된다.

예 The pants are no more expensive than the skirt.
　　= The pants are as cheap as the skirt.
　　[그 바지가 치마보다 더 비싼 것도 아니다(그 바지도 치마만큼 싸다).]

예 The pants are no less expensive than the skirt.
　　= The pants are as expensive as the skirt.
　　[그 바지가 치마보다 덜 비싼 것도 아니다(그 바지도 치마만큼 비싸다).]

예 John is no less stupid than you are.
　　= John is quite as stupid as you are.
　　[John이 당신보다 덜 멍청한 것도 아니다(John은 당신만큼 꽤 멍청하다).]

(2)
> no more than ~: 단지 ~밖에 안 되는(= only)
> not more than ~: 기껏해야[= at (the) most]
> no less than ~: ~나 만큼/씩이나(= as much as)/자그마치 ~만큼
> not less than ~: 적어도[= at (the) least]/최소한

예 He has no more than 10,000 won. (그는 단지 만 원만을 가지고 있다.)
예 He has not more than 10,000 won. (그는 기껏해야 만 원을 가지고 있다.)
예 He has no less than 10,000 won. (그는 자그마치 만 원씩이나 가지고 있다.)
예 He has not less than 10,000 won. (그는 적어도 만 원은 가지고 있다.)

(3) **A is no more B than C is D**: A가 B가 아닌 것은 C가 D가 아닌 것과 같다
= A is not B any more than C is D

> not: '아니다'의 개념
> no: '없다'의 개념

예 A whale is no more a fish than a horse is.
= A whale is no more a fish than a horse is (a fish).
(고래가 물고기가 아닌 것은 말이 물고기가 아닌 것과 같다.)

03 최상급을 이용한 비교

1 개념

'가장 ~한'의 뜻으로 비교의 대상이 적어도 3개 이상이 되어야 한다.
예 This is the most beautiful picture that I have ever seen.
(이것은 내가 지금까지 본 것 중에서 가장 아름다운 그림이다.)

2 최상급의 의미

형용사/부사가 나타내는 최고 또는 최하의 수준, '가장 ~한'으로 해석하며 정관사 the와 쓴다.
예 A whale is the largest animal on Earth.
(고래는 지구상에서 가장 큰 동물이다.)
예 I have no idea where the nearest bank is around here.
(나는 여기 주변에서 가장 가까운 은행이 어디 있는지 모른다.)

3 정관사 the를 쓰지 않는 최상급

최상급은 원래 정관사 the와 함께 쓰지만, 다음과 같은 세 가지 경우에는 정관사 the를 쓰지 않고 최상급 표현만 사용한다.

(1) 동일 인물/물체의 비교

예 This lake is the deepest in Asia. [이 호수는 아시아에서 가장 깊은 (호수)이다.]
→ '가장 깊은 호수'라는 의미의 the deepest lake에서 lake가 생략된 것이므로 이때는 명사를 한정하는 한정사인 정관사 the가 필요하다.

예 This lake is deepest at this point. (○) (이 호수는 이 지점에서 가장 깊다.)
This lake is the deepest at this point. (×)
→ '깊다'는 의미의 형용사 deep의 최상급인 deepest가 보어로 쓰였으므로 명사를 한정하는 한정사인 정관사 the가 필요 없다.

(2) 부사의 최상급

예 She ran fastest of all the runners. (그녀는 모든 주자 중에서 가장 빨리 달렸다.)
→ 부사 fast의 최상급이므로 정관사 the가 필요 없다.

(3) 소유격과 함께 쓰일 때

예 He is my best friend. (그는 나의 가장 좋은 친구이다.)
→ 소유격도 한정사이므로 역시 한정사인 정관사 the를 중복해서 사용할 필요가 없다.

4 최상급 대용 표현

원급이나 비교급을 사용해서 최상급의 의미를 표현할 수 있다.

(1) 부정 주어

부정 주어 + 동사 + [원급 비교(as ~ as) / 비교급 비교(비교급 than)] + A

(2) 긍정 주어

긍정 주어 + 비교급 than + any other + 단수명사 / all the other + 복수명사 / anyone else/anybody else(사람) / anything else(사물)

예 Nothing is as precious as health.
(어떤 것도 건강만큼 소중하지 않다.)

예 There is no love so unselfish as parental love.
(부모의 사랑만큼 이타적인 사랑은 없다.)

예 No (other) artist has had a sharper sense of color than Susan did.
(어떤 (다른) 화가도 Susan이 했던 것보다 더 선명한 색감을 가지지 않았다.)

예 He had better marks than any other student in his class.
(그는 그의 반의 다른 어떤 학생보다도 더 나은 점수를 기록했다.)

예 Time is more important than anything else.
(시간은 다른 어떤 것보다 더 중요하다.)

04 비교 대상의 일치

1 개념

기본적으로 비교 대상의 일치, 형태상의 일치, 격의 일치를 항상 확인한다.

예 <u>To walk</u> is more important than <u>to run</u>. 〈형태상 일치〉
(걷는 것이 뛰는 것보다 더 중요하다.)

예 The <u>houses</u> of the rich are larger than <u>those</u> of the poor. 〈비교 대상의 일치〉
(부자의 집은 가난한 사람의 집보다 크다.)

예 <u>She</u> is wiser than <u>he</u>. 〈격의 일치〉
(그녀는 그보다 더 현명하다.)

2 비교 대상 일치

머릿속에 가상의 공간에 두고 이야기하므로 반복되는 명사는 대명사 that(단수)/those(복수) 또는 one(단수)/ones(복수)로 표시한다.

예 The houses of the rich are generally larger than those of the poor.
(부자들의 집은 가난한 사람들의 집보다 일반적으로 더 크다.)

> **더 알아보기**
>
> that은 수식어가 뒤에 있는 경우, one은 수식어가 앞에 있는 경우 주로 사용된다.
> 예 The ability of mind control is as important as that of body control.
> (감정 조절 능력은 신체 조절 능력만큼 중요하다.)
> 예 The new contract is significantly more lucrative than the old one.
> (새로운 계약이 예전의 것보다 상당히 더 수익성이 좋다.)

3 격의 일치

비교 대상이 주어이면 주격을, 목적어면 목적격을 사용한다.

예 Nobody speaks more clearly than she. (○)

Nobody speaks more clearly than her. (×)

(아무도 그녀보다 더 분명하게 말하지 않는다.)

예 There is only one pianist who is better than he. (○)

There is only one pianist who is better than him. (×)

(그보다 더 훌륭한 피아니스트는 한 명밖에 없다.)

4 동사의 종류 일치

비교 대상이 주어가 전달하는 동작이나 상태인 경우, 제시된 대상이 be동사라면 as, than 뒤에 be동사, 조동사라면 조동사, 일반동사라면 대동사 do를 활용한다.

예 He is much taller than his sister (is). (그는 자신의 누나보다 훨씬 더 키가 크다.)

예 Her latest film is far more boring than her previous ones (are). (ones = films)

(그녀의 최근 영화는 그녀의 이전 작품들보다 훨씬 더 지루하다.)

예 Smith made a much greater contribution to my research than Jane (did). (○)

Smith made a much greater contribution to my research than did Jane. (○)

Smith made a much greater contribution to my research than Jane was. (×)

(Smith는 Jane이 했던 것보다 내 연구에 훨씬 더 큰 공헌을 했다.)

※ 주어가 대명사일 경우에는 than 이하에서 도치될 수 없다.

5 준동사의 형태의 일치

예 Seeing the performance is more interesting than going to the movie.

(공연을 보는 것은 영화를 보러 가는 것보다 더 흥미롭다.)

예 To ride a bicycle is as helpful to your health as to walk. (○)

(자전거를 타는 것은 걷는 것만큼 당신의 건강에 도움이 된다.)

To ride a bicycle is as helpful to your health as walking. (×)

05 비교급, 최상급 강조 부사

(1) 비교급 앞 강조부사는 '훨씬', 최상급 앞 강조부사는 '단연코'라는 의미를 가진다.

(2) 비교급과 최상급 앞에서는 very를 쓸 수 없다.

비교급	much, even, far, still, a lot
최상급	much, by far, far and away, the very

예) The high-tech model of Benz is very expensive. 〈원급〉
(벤츠의 첨단 모델은 매우 비싸다.)

예) The high-tech model of Benz is far more expensive than the old one. 〈비교급〉
(벤츠의 첨단 모델은 구 모델보다 훨씬 더 비싸다.)

예) She is much the most industrious in her class. 〈최상급〉
(그녀는 그녀의 학급에서 단연코 가장 부지런하다.)

Review

1. 최상급의 의미를 전달하는 표현을 8가지로 구분해서 익혀 둔다.
    예) Rice is the most important crop in Korea.
    = No (other) crop is so important as rice in Korea.
    = No (other) crop is more important than rice in Korea.
    = Rice is more important than all the other crops in Korea.
    = Rice is more important than any other crop in Korea.
    = Rice is more important than anything else in Korea.
    = Rice is as important as any crop in Korea.
    = Rice is as important as ever grown in Korea.
    (쌀은 한국에서 가장 중요한 농작물이다.)

2. 형용사와 부사의 어감의 차이를 변형시키는 기본적인 방법을 익혀 둔다.

    many/much-more-most (많은-더 많은-가장 많은)
    good/well-better-best (좋은-더 좋은-가장 좋은)
    little-less-least (거의 ~없는-덜 없는-가장 최소한의)

3. 동등비교, 열등비교, 우등비교의 활용법의 원리를 익혀 둔다.

동등비교	He is as tall as she. (그는 그녀만큼 크다.)
열등비교	He is not so tall as she. (그는 그녀만큼 크지 않다.) He is less clever than she. (그는 그녀보다는 덜 영리하다.)
우등비교	He is taller than she. (그는 그녀보다 크다.)

4. 원급을 이용한 비교에 대한 관용표현을 익혀 둔다.

A라기보다는 오히려 B인	not so much A as B not A so much as B less A than B = more B than A
매우 ~한	as ~ as can be
가능한 ~한	as ~ as possible as ~ as 주어+can

5. 비교급을 이용한 비교에 대한 관용표현을 익혀 둔다.

- no more than = only (단지)
- A is no more B than C is D [A가 B하지 못하듯이 C도 D하지 못하다(양자 부정)]
- not more than = at (the) best[most] (기껏해야)
- A is not more ~ than B (A는 B 이상은 ~아니다)
- no less than = as much as (~만큼)
- A is no less ~ than B (A는 B만큼 ~하다)
- not less than = at (the) least (적어도)
- A is not less ~ than B (A는 B 못지않게 ~하다)
- no better than = as good as (~나 마찬가지)
- little more than (~에 지나지 않는)

6. 최상급과 관련된 관용표현을 익혀 둔다.
   예 He is the last man to tell a lie.
   (그는 결코 거짓말을 할 사람이 아니다.)
   예 The wisest man can't solve everything.
   (아무리 현명한 사람일지라도 모든 것을 해결할 수는 없다.)

7. 라틴어에 어원을 둔 단어의 비교급에 관련된 규칙을 익혀 두자.

superior, inferior, posterior, major, minor, exterior, interior, prior 등은 단어 자체에 비교급 의미를 포함하므로 than 대신에 to를 쓴다.

예 He is superior to me in math, but inferior to her in English.
   (그는 나보다 수학은 우수하지만 영어는 그녀보다 떨어진다.)

8. 최상급 앞에도 the를 생략할 수 있다.

동일인의 성질 비교	He is happiest when listening to music. (그는 음악을 들을 때 가장 행복하다.)
동일물의 성질 비교	This lake is deepest at this point. (이 호수는 이 지점이 가장 깊다.)
부사의 최상급	She likes soccer most. (그녀는 축구를 가장 좋아한다.)

※ 형용사와 부사의 어형 변화를 통해서 어감의 차이를 나타내주는 방식으로 원급을 이용한 비교, 비교급을 이용한 비교, 최상급을 이용한 비교 방식으로 나눌 수가 있다.

Chapter 15 | 등위접속사와 병치

01 등위접속사와 병치 구조

1 개념

등위접속사로는 but, or, yet, for, and, nor, so가 있다. (BOYFANS로 암기)

2 등위접속사의 종류와 주요 용법

(1) and: '그리고'의 뜻으로 단어와 단어, 구와 구, 절과 절을 병치관계로 연결한다.

- 예 New shopping centers and movie complexes help develop outer cities.
  (새로운 쇼핑 센터와 영화 단지는 외곽 도시의 발전을 돕는다.)
- 예 We need a government of the people, by the people, and for the people. 〈구와 구 연결〉
  (우리는 국민의, 국민에 의한, 국민을 위한 정부가 필요하다.)

> **더 알아보기**
>
> **명령문에서 and의 용법**
>
> 명령문+and+주어+동사: ~해라, 그러면 …할 것이다
>
> 예 Do your best and you will pass the test. (최선을 다해라, 그러면 시험에 합격할 것이다.)

(2) or: 또는, 즉, 다시 말해서, 그렇지 않으면

- 예 Do the couple work slowly or quickly? 〈부사와 부사 연결〉
  (그 두 명은 천천히 일하니? 아니면 빨리 일하니?)

> **더 알아보기**
>
> **명령문에서 or의 용법**
>
> 명령문+or+주어+동사: ~해라, 그렇지 않으면 …할 것이다
>
> 예 Hurry up, or you will be late. (서둘러라, 그렇지 않으면 당신은 늦을 것이다.)
> 예 Eat well, or you will lose your health. (잘 먹어라, 그렇지 않으면 당신은 건강을 잃을 것이다.)

(3) **but**: 그러나, 하지만
- 예 He told me that he would keep the secret, but he didn't. 〈절과 절 연결〉
  (그는 나에게 비밀을 지킬 것이라 말했지만, 그는 지키지 않았다.)
- 예 Environmentalists want not to destroy nature, but they also want to live in apartment complexes.
  (환경론자들은 자연을 보존하는 것을 원하지만, 그들 또한 아파트 단지에서 살기를 원한다.)

(4) **so**: 그래서/comma(,)를 반드시 앞에 찍는다.
- 예 He was really tired of the job, so he quit it.
  (그는 정말 그 일에 싫증이 났고, 그래서 그만뒀다.)

(5) **for**: ~ 때문에, 왜냐하면/comma(,)를 반드시 앞에 찍는다. 〈추가적인 내용의 근거〉
- 예 It is morning, for the birds are singing.
  (새가 지저귀고 있기 때문에 아침이다.) - 이때 for를 명확한 인과관계를 나타내는 접속사 because와 대체하지 못함에 유의

(6) **nor(= and + ~not, either)**: ~ 또한 …가 아닌/도치
- 예 He doesn't like movies, nor does his wife.
  (그는 영화를 좋아하지 않고, 그의 아내 또한 마찬가지다.)

3 등위접속사의 병치 구조

등위접속사로 연결된 두 요소는 반드시 문법적으로 같은 구조이어야 한다. 즉, 단어와 단어, 구와 구, 절과 절이 와야 하고 좀 더 구체적으로 동사와 동사, 동명사와 동명사, to부정사구와 to부정사구와 같이 세부적인 특징도 같아야 한다. 이를 '병치'라고 한다.
- 예 I waited for her, walking and reading. 〈분사 병치〉
  (나는 산책하고, 책을 읽으면서 그녀를 기다렸다.)
- 예 He knocked on the door and went in. 〈동사 병치〉
  (그는 문을 두드리고 들어갔다.)

02 상관접속사와 병렬 구조

1 상관접속사

등위접속사 중 연결하는 두 가지 요소의 상관 관계를 맺어 주는 접속사이다.

> both A and B: A와 B 둘 다
> not only A but also B(= B as well as A): A뿐만 아니라 B도
> either A or B: A 혹은 B
> neither A nor B: A도 B도 아닌
> not A but B: A가 아니라 B인

예 Anna both studies and works. (Anna는 공부와 일 둘 다 한다.) 〈단어와 단어〉
예 Success of life is the result of neither working long hours, nor waiting for good luck.
(인생의 성공은 장시간 일을 한 결과도 행운을 기다린 결과도 아니다.) 〈구와 구〉
예 Not only does cycling contribute to the reduction of pollution, but it improves the speed of cars on road as well. - 부정어구가 문두에 등장할 때 주어와 조동사가 도치된다.
(자전거 타기는 오염의 감소에도 기여할 뿐 아니라 도로에서 차들의 속도도 향상시킨다.) 〈절과 절〉

더 알아보기

A뿐만 아니라 B도 역시
Not only A but (also) B
= Not just A but (also) B
= Not merely A but (also) B
= Not only A but B as well
= Not only A; B as well
= B as well as A

2 상관접속사의 병렬 구조

상관접속사로 연결된 요소들도 반드시 등위접속사의 병치 관계의 연장에서 생각해야 하며 같은 병렬 구조여야 한다.

예 He enjoys neither skiing nor hiking.
(그는 스키를 타는 것도 하이킹하는 것도 즐기지 않는다.)
예 They can either work in this group or join a different one.
(그들은 이 그룹에서 일을 하거나 또는 다른 그룹에 참여할 수 있다.)

Review

1. 등위접속사는 병치 관계를 우선적으로 확인한다.

   병치란 영어에서 둘 이상의 단어, 구, 절이 등위접속사로 연결될 때 연결되는 단어, 구, 절은 동일한 품사 · 형태 · 시제이어야 한다는 것이다. 즉, 등위접속사인 and, or, but 뒤에는 반드시 품사적 기능의 병치 관계가 형성되어야 한다.

   예 Mother was so proud of my appearance and intelligence. 〈형용사 병치〉
   　　(어머니는 나의 외모와 지성을 매우 자랑스러워 하셨다.)

   예 I wanted to know what he did and how he felt. 〈명사절 병치〉
   　　(나는 그가 무엇을 했고 어떤 기분이었는지 알고 싶었다.)

2. 상관접속사는 동일한 구조가 연결되어야 한다.

   > Not only A but (also) B = B as well as A: A뿐만 아니라 B도 역시
   > not A but B: A가 아니라 B인
   > = B, and not A
   > = B, not A
   > = alike A and B
   > = at once A and B
   > either A or B: A이거나 B인[A든지 B든지]
   > neither A nor B = not either A of B: A와 B 둘 다 아닌
   > both A and B: A와 B 둘 다

Chapter 16 | 접속사

01 명사절 종속접속사

1 명사절 종속접속사의 종류

명사절을 이끄는 접속사로는 what, that, whether, 의문사, 복합관계사, 관계부사 등이 대표적이다.

> **더 알아보기**
>
> 명사절 종속접속사의 종류 6가지
> - 예) What appeared in the telescope looked more like large black spots.
>   (망원경에 나타나는 것은 큰 검은 반점처럼 보였다.)
> - 예) That I don't love her has nothing to do with the matter.
>   (내가 그녀를 사랑하지 않는 것은 그 문제와는 아무런 상관이 없다.)
> - 예) Whether she will come or not is another question.
>   (그녀가 올 것인지 오지 않을 것인지는 별개의 문제다.)
> - 예) Why she behaves in that way is not important.
>   (왜 그녀가 그런 식으로 행동하는지는 중요하지 않다.)
> - 예) Whoever of all dancers performs most gracefully will win this vase as a prize.
>   (모든 댄서들 가운데 가장 멋지게 춤을 추는 사람은 누구나 상으로 이 꽃병을 받게 될 것이다.)
> - 예) Now is when we have to study hard for our schooldays.
>   (지금이야말로 우리가 우리의 학창시절을 위하여 최선을 다해야 할 시기이다.)

2 명사절 심화 연구

(1) **명사절 접속사 that**: 문장 앞에 의미를 갖지 않는 that을 붙이는 이유는 문장을 명사절로 쓰기 위해서이다.

  예) I believe that imagination is stronger than knowledge.
   (나는 상상력이 지식보다 강력하다는 것을 믿는다.)

  예) The reason for my happiness is that I focus on the positive.
   (내 행복의 이유는 내가 긍정적인 측면에 초점을 맞추는 데에 있다.)

  ① that은 접속사의 역할만 하므로 뒤에는 완벽한 절의 형태를 갖추어야 한다.

   예) It has turned out that she didn't go to school yesterday.
    (그녀가 어제 학교를 가지 않았다는 것이 밝혀졌다.)

② 앞에 나온 명사의 내용과 일치할 때 that절은 동격의 that절이다.
> 예 We know the fact that the earth is round. 〈the fact와 동격〉
>   (우리는 지구가 둥글다는 사실을 알고 있다.)

③ 전치사의 목적어로는 사용할 수 없다.
> 예 She is aware of that he will not come back. (×)

(2) if/whether

if는 '~인지'라는 의미, whether는 '~인지(아닌지)'라는 의미이다.

예 Nobody knows if he owns a luxury car. 〈목적어〉
  (아무도 그가 호화스러운 차를 소유하고 있는지 모른다.)

예 There is a disagreement about whether early education is desirable. 〈전치사의 목적어〉
  (조기 교육이 바람직한지 아닌지에 대한 논쟁이 있다.)

예 One of the most important questions about life is whether it is necessary to go to college or not. 〈보어〉
  (인생에 관한 가장 중요한 질문 중 하나는 대학에 가는 것이 필수적인지 아닌지이다.)

예 It has not yet been clear if the high-tech technology can be commercially practical.
  (고도의 기술이 상업적으로 실용적인지는 아직 확실하지 않다.)

예 We worried whether we could get home by midnight. 〈부사절〉
  (우리는 자정까지 집에 도착할 수 있을지 걱정했다.)

> **더 알아보기**
>
> if가 whether의 대용으로 쓰이지만 whether만 쓰고 if는 쓸 수 없는 곳도 있다.
> A. if절은 동사의 목적어로만 사용하며, 주어 또는 보어로 사용 불가하다.
>   예 Whether she is smart or pretentious is debatable. (○)
>   If she is smart or pretentious is debatable. (×)
>   (그녀가 똑똑한지 허세 부리는 것인지는 논란의 여지가 있다.)
> B. if or not의 형태는 사용 불가하다.
>   예 We wonder whether he sent us a message or not. (○)
>   We wonder if or not he sent us a message. (×)
>   (우리는 그가 우리에게 메시지를 보냈는지 아닌지 궁금하다.)

(3) 의문부사 when/where/why/how

각각의 의문사가 뒤에 주어, 동사를 갖추어 명사절의 자리에 등장하면 이는 간접의문문을 형성한다.

예 How we should solve the problem is still in question.
  (우리가 어떻게 문제를 해결해야 하는지는 여전히 의문이다.)

예 This is why the prosecutor started the investigation.

　　(이것은 검찰이 조사를 시작한 이유이다.)

예 We don't know why the security alarm went off.

　　(우리는 경보기가 왜 울렸는지 모르겠다.)

(4) 의문대명사 what/who/which

각각의 의문사가 뒤에 주어, 동사를 갖추어 명사절의 위치에 등장하면 간접의문문을 형성한다.

예 I'll do what I can do to help her.

　　(나는 그녀를 돕기 위해 할 수 있는 것을 할 것이다.)

예 That's what I've heard. (그것이 내가 들은 것이다.)

① 의문대명사 what과 who 뒤는 완벽하지 않은 절의 형태이다.

　　예 That is what I was looking for. (저것은 내가 찾고 있던 것이다.)

　　　→ what이 동사구 look for에 대한 목적어 역할을 하고 있다.

　　예 The plan can be changed depending on who is going to plan this project.

　　　(누가 이 프로젝트를 계획할지에 따라서 계획은 바뀔 수 있다.)

　　　→ who가 동사인 is에 대한 주어 역할을 하고 있다.

② 복합 관계대명사(whoever, whomever, whichever, whatever)도 명사절의 접속사 기능을 한다.

　　예 The Olympic committee gave a prize to whoever entered the contest.

　　　(올림픽위원회는 대회에 참가한 사람 누구에게나 상을 주었다.)

3 명사절 종속접속사의 what/that의 선택 : what＋불완전한 절/that＋완전한 절

예 I can't believe (that/what) he got married to her. 〈that〉

　　(나는 그가 그녀와 결혼을 했다는 사실을 믿을 수 없다.)

예 I can't believe (that/what) he told me. 〈what〉

　　(나는 그가 나에게 한 말을 믿을 수 없다.)

예 (That/What) we are worried about is his too much work. 〈What〉

　　(우리가 걱정하는 것은 그의 과도하게 많은 일이다.)

예 (That/What) movies are based on novels seems natural today. 〈That〉

　　(영화들이 소설을 토대로 하는 것은 오늘날 자연스러운 것처럼 보인다.)

02 부사절 종속접속사

1 개념
부사절은 접속사+주어+동사로 이루어진 절이 문장 내에서 부사 역할을 하는 종속절을 말한다. 접속사의 종류가 매우 다양하기 때문에 시간, 이유, 조건 등으로 그 의미에 따라 접속사를 구분해야 한다.

2 부사절 종속접속사의 종류

(1) 시간의 부사절 종속접속사

while ~하는 동안	before ~전에
until ~할 때까지	as soon as ~하자마자
when ~할 때	after ~후에
by the time ~할 때까지	whenever ~할 때마다

예 His parents separated when he was three years old.
(그의 부모는 그가 세 살이었을 때 헤어졌다.)
예 John listens to music whenever he does his homework.
(John은 숙제를 할 때마다 음악을 듣는다.)
예 My mother was very disappointed after she talked with my teacher.
(어머니는 선생님과 이야기를 한 후 매우 실망하셨다.)

(2) 이유의 부사절 종속접속사

because ~이기 때문에(직접적 이유)
as/since/now that ~이기 때문에(여러 이유 중 하나)
in that ~라는 점에서, ~이기 때문에
seeing (that) ~를 고려하면

예 Since the weather was bad, we put off the picnic for the island.
(날씨가 안 좋기 때문에 우리는 섬으로 가려던 소풍을 미루었다.)

(3) 조건의 부사절 종속접속사

if 만일 ~한다면	unless 만일 ~하지 않는다면(= if not)
whether (or not) ~이든 아니든	as/so long as ~하는 한
provided that 만일 ~라면	given that ~라고 가정하면

예) Please let me know if you find these items in the picture.
(당신이 사진 속의 이 물품들을 찾으면 알려 주세요.)

예) Unless you wear sunscreen on the scorching beach, you will get burnt.
(찌는 듯한 해변에서 자외선 차단제를 바르지 않는다면, 당신은 화상을 입을 것이다.)

(4) 양보의 부사절 종속접속사

> although/though/even though/even if 비록 ~이지만
> while/whereas ~하는 반면

예) Though there was a storm, all the flights were on time.
(비록 폭풍이 있었지만 모든 비행기가 제시간에 도착했다.)

예) Even though children make a lot of mistakes, their parents would accept them with great affection.
(비록 어린이들이 실수를 많이 하지만, 부모들은 큰 애정으로 그것을 받아들일 것이다.)

(5) 목적의 부사절 종속접속사

> so that/in order that ~하기 위해서
> lest ~ should ~하지 않기 위해서

예) We should watch a lot of American movies so that we can improve our English skills.
(우리는 영어 실력을 향상시키기 위해서 많은 미국 영화를 봐야만 한다.)

예) We got up early lest I should miss the train.
(우리는 기차를 놓치지 않기 위해 일찍 일어났다.)

(6) 결과의 부사절 종속접속사

> so+형용사/부사+that+주어+동사 너무 ~해서 …하다
> such+a/an+형용사+명사+that+주어+동사 너무 ~한/~이어서 …하다
> so that 그래서, 그 결과

예) The new novel was so interesting that I read it four times.
(그 새로운 소설은 너무 재미있어서 그것을 네 번 읽었다.)

예) It is such a fine weather that I will go out for lunch instead of eating at home.
(너무나도 좋은 날씨여서 나는 집에서 먹는 대신 점심을 먹으러 밖으로 외출할 것이다.)

예) No student handed in the paper in time, so that my teacher got angry.
(어떤 학생도 시험지를 제시간에 제출하지 않아서 우리 선생님이 화가 나셨다.)

(7) 비교의 부사절 종속접속사

| as ~처럼 | like ~처럼(종종 사용 - 비문법적 표현) |

예) No one needs you as I do.
(아무도 나처럼 너를 필요로 하지 않는다.)

예) No one can do it as I can.
(아무도 내가 할 수 있는 것처럼 그것을 할 수 없다.)

3 중복 부정 금지 접속사

다음의 접속사들은 이미 부정(not)의 의미를 내포하고 있으므로 뒤에 연결되는 동사에 다시 부정(not)의 의미를 사용할 수 없다.

접속사	예문
nor (= and ~ not … either) neither (= not ~ either)	예) She didn't like it, nor didn't her husband. (×) 예) She didn't like it, nor did her husband. (○) (그녀는 그것을 싫어했고, 그녀의 남편도 역시 그것을 싫어했다.)
lest ~ should … (= so that ~ may not)	예) He didn't go out lest he should not waste money. (×) He didn't go out lest he should waste money. (○) (그는 돈을 낭비하지 않기 위해 밖에 나가지 않았다.) 예) I ran away lest I should not be caught. (×) I ran away lest I should be caught. (○) (나는 잡히지 않기 위해 도망쳤다.)
unless (= if ~ not)	예) Unless he don't go out, we will go out. (×) Unless he go out, we will go out. (○) (만약 그가 나가지 않으면 우리가 나갈 것이다.)
but (= that ~ not)	예) There is no rule but doesn't have exceptions. (×) There is no rule but has exceptions. (○) There is no rule that doesn't have exceptions. (○) (예외 없는 법칙은 없다.) 예) Who is there but doesn't love his own country? (×) Who is there but loves his own country? (○) Who is there that doesn't love his own country? (○) (자신의 고국을 사랑하지 않는 사람이 누가 있는가?)

4 부사절의 접속사 또는 부사구의 전치사 구분하기

부사절 종속접속사는 주어와 동사를 취해 부사절을 형성한다. 반면 전치사는 명사구를 목적어로 취해 부사구를 형성한다.

의미	부사절 접속사	부사구
~때문에	because	because of
비록 ~이지만	although	in spite of/despite
~동안	while	during
~까지	until	until, by

예 Though it was not an easy decision, we made it in thirty minutes. (○)
　 Despite it was not an easy decision, we made it in thirty minutes. (×)
　 (그것은 쉬운 결정은 아니었지만 우리는 30분 만에 결정했다.)

03 주요 양보구문

1 복합의문사(= No matter 의문사)+주어+동사: 아무리 ~라고 해도, ~라도

예 Whatever he may say, I will not believe him.
　 = No matter what he may say, I will not believe him.
　 (그가 무슨 말을 해도, 나는 그를 믿지 않을 것이다.)
예 Don't open your door to a stranger, whatever he says.
　 (상대방이 무슨 말을 해도 낯선 사람에게는 문을 열어 주지 마라.)

> **더 알아보기**
>
> However의 사용
>
> > However+형용사/부사+주어+동사 or However+형용사+a(n)+명사+주어+동사
>
> 복합관계부사 however(아무리 ~하더라도)는 양보 부사절에만 쓰이며 'however+형용사[부사]+주어+동사'의 어순으로 쓴다. 원래의 자리에 쓰이던 형용사 또는 부사를 however 뒤에 써서 'however+형용사/부사'로 나타낸다.
> 예 However poor he may be, I will marry him. (○)
> 　 However he may be poor, I will marry him. (×)
> 　 However poorly he may be, I will marry him. (×)
> 　 (그가 아무리 가난하다고 해도 나는 그와 결혼할 것이다.)

2 명사(無관사)/형용사/부사/분사+as+주어+동사: 비록 ~이지만

예) Child as he is, he is very courageous.
　　(비록 그는 어린아이지만 매우 용감하다.)
예) Poor as she is, she is honest and diligent.
　　(비록 가난하지만 그녀는 정직하고 부지런하다.)

3 Be it ever so+형용사/Let it be ever so+형용사: 아무리 ~해도

예) Be it ever so humble, there is no place like home.
　　(아무리 초라해도 집 같은 곳은 없다.)

4 동사원형+의문사+주어+조동사: 아무리 ~해도

예) Go where you may, there is no place like home.
　　(어디를 가든 집 같은 곳은 없다.)

Review

1. 종속접속사는 관계사, 의문사, 접속사, 전치사 중 하나이며, 명사절, 형용사절, 부사절을 이끈다.
2. 명사절을 이끄는 접속사는 that, whether, if, 의문사, 복합관계사, 관계부사 등이 있으며, 종속절은 주절에 대하여 주어, 목적어, 보어의 역할을 한다.
   ① 명사절을 이끄는 접속사 that과 whether의 의미상의 차이를 확인한다.
   ② 접속사 whether 자리에 if를 쓸 수 있는 경우를 확인한다.
   • 타동사의 목적어 자리에는 whether를 대신하여 if를 쓸 수 있다.
   • 주어, 전치사의 목적어, 보어절의 경우는 if로 whether를 대용할 수 없다.
   • or not이 연결되거나 to부정사가 연결되면 whether만 쓴다.
3. 부사절을 이끄는 종속접속사는 주절의 내용에 대해 시간, 조건, 이유, 양보 등의 부연설명을 해주는 부사 역할을 한다.

시간 부사절	when, before, after, since, while, until, by the time, whenever 등
조건 부사절	if, unless, as long as, given that~, provided that~ 등
이유 부사절	because, as, since, now that~, in that~, seeing (that)~ 등
양보 부사절	even though, although, even if, though while, whereas 등
목적 부사절	so that, in order that, lest ~ should
결과 부사절	so 형용사[부사] that 주어+동사, such a[an] 형용사[부사] that 주어+동사, so that
비교 부사절	as, like

Chapter 17 | 관계사

01 관계대명사의 역할과 용법

1 관계대명사의 역할

관계대명사는 공통되는 부분을 묶어서 하나의 문장으로 연결해 주는 것으로, '대명사+접속사'의 역할을 하며, 형용사절을 이끈다.

> 관계 　　 대명사
> = 접속사(등위, 종속)+대명사

예 Any child, (who should do that), would be laughed at.
　　선행사　　　관계대명사절
(어떤 아이라도, 그런 일을 한다면, 비웃음을 살 것이다.)
= If he should do that, the child would be laughed at. 〈종속접속사+대명사 기능〉

예 I have a girlfriend and she plays the piano very well.
(나는 피아노를 매우 잘 연주하는 여자친구가 있다.)
= I have a girlfriend (who plays the piano very well). 〈등위접속사+대명사 기능〉
　　　선행사　　　　　관계대명사절

* 위의 예문에서처럼 관계대명사절이 앞에 놓인 선행사 a girlfriend를 수식하는 역할을 한다. 또한 관계대명사인 who는 관계대명사절의 주어 역할을 담당하고 있다.

2 관계대명사의 한정적 용법과 계속적 용법

(1) 한정적 용법: comma(,)가 없다.

선행사와 관계대명사절 사이에 특별한 구분이 없고, 관계대명사절이 바로 앞의 선행사를 수식하는 형용사절 역할을 한다. 관계대명사절을 먼저 해석한 후 명사를 해석하는 것이 자연스럽다.

예 She had two daughters who became English teachers.
[그녀에게는 영어 선생님이 된 2명의 딸이 있었다(딸이 2명 이상일 수도 있다).]

(2) 계속적 용법: comma(,)로 분리한다.

앞에 나오는 명사를 보충 설명하고, '접속사+대명사'로 쓸 수 있으며 앞에서부터 뒤로 해석한다.

예 She had two daughters, who became English teachers.
　　[그녀에게는 (자식으로) 딸이 2명이었는데, (모두) 영어 선생님이 되었다(딸이 2명뿐이다).]

02 관계대명사의 종류와 격변화

1 관계대명사의 분류

관계대명사는 선행사와 관계절에서의 역할에 따라 다음과 같이 분류된다.

선행사	주격	목적격	소유격
사람	who	whom	whose
동물, 사물	which	which	whose(= of which)
사람, 동물, 사물	that	that	–

관계대명사를 기준으로 우선 2개의 문장으로 나눈다. 관계대명사절은 불완전한 절을 이끌기 때문에 선행사를 빈자리에 넣을 때 관계대명사를 제외하고는 완전한 문장이 되어야 한다. 또한 관계대명사절의 동사와 선행사와 수일치도 따져봐야 한다.

2 who, whom, whose

선행사가 사람일 경우 who, whom, whose를 각각 주격, 목적격, 소유격으로 사용한다.

예 The person who planned this trip was Mary. (이 여행을 계획한 사람은 Mary였다.)
　　→ 선행사(The person)가 사람이고 관계절에서 동사 planned 앞에 주어가 없으므로 주격 관계대명사인 who가 적합하다.

예 This is the boy whom I want to see. (이 아이는 내가 보고 싶은 소년이다.)
　　→ 선행사(the boy)가 사람이고 관계절에서 동사 see에 대한 목적어가 없으므로 목적격 관계대명사인 whom이 적합하다.

예 I know a boy whose father is a soldier. (나는 아버지가 군인인 소년을 안다.)
　　→ 선행사(a boy)가 사람이고 관계절에서 주어인 father 앞에 한정사가 없으므로 소유격인 his가 생략된 것으로 and his의 개념을 재빠르게 넣어 본다. 그러면 소유격 관계대명사인 whose가 확인된다.
　　※ 주의: 명사 앞에 한정사가 없는 경우도 가끔 등장하며, 이때는 추상명사가 주로 주어로 등장하는 관계대명사절이 나오는 경우가 많으니 참고하기 바란다.

예 We need a person who can speak both English and French.
(우리는 영어와 프랑스어를 모두 할 수 있는 사람이 필요하다.)

예 People who drink coffee every morning are likely to be addicted to caffeine.
(매일 아침 커피를 마시는 사람들은 카페인에 중독되기 쉽다.)

예 The sister whom I am going to visit is single.
(내가 방문할 예정인 언니는 미혼이다.)

예 Never go to a doctor whose office plants have died.
(진료실의 식물이 죽은 의사에게는 절대 가지 마라.)

> **더 알아보기**
>
> who와 whom의 구별
> 주어+동사+동사 앞에는 who가 정답이며, 주어+동사+준동사가 보이면 whom이 정답이다. 주로 believe, think, know, guess, find 등이 삽입절의 동사로 자주 사용되니 주의하도록 하자.
> 예 He is a man who we think is reliable. (그는 우리가 믿을 만하다고 생각하는 사람이다.)
>   = He is a man who we think (that) is reliable.
> 예 He is a man whom we think to be reliable. (그는 우리가 신뢰할 수 있다고 생각하는 사람이다.)
>   = He is a man whom we think (him) to be reliable.

3 which, whose/of which

선행사가 사물일 경우 which를 주격과 목적격으로, of which/whose를 소유격으로 사용한다.

예 I read a book which is very interesting. (나는 매우 흥미로운 책을 읽었다.)
→ 선행사(a book)가 사물이고 관계절에서 동사 is 앞에 주어가 없으므로 주격 관계대명사인 which가 적합하다.

예 He submitted his assignment which he finished last night.
(그는 어젯밤에 끝낸 과제를 제출했다.)
→ 선행사(his assignment)가 사물이고 관계절에서 동사 finished 뒤에 목적어가 없으므로 사물의 목적격 관계대명사인 which가 적합하다.

예 There are many organizations whose purpose is to help endangered animals.
(멸종 위기에 처한 동물들을 돕는 것이 목적인 많은 단체들이 있다.)
→ 선행사(many organizations)가 사물이고 관계절의 주어인 명사 purpose가 단독 등장하며 의미를 완성하지 못하므로 의미상 '협회의 목적'을 의미하는 소유격이 적합함을 알 수 있다. 따라서 사물의 소유격인 whose가 적합하다.

예 There are many organizations of which the purpose is to help endangered animals.
(= There are many organizations the purpose of which is to help endangered animals.)
→ '많은 협회들의 목적'을 의미하는 the purpose of many organizations에서 선행사인 many organizations을 관계대명사 which로 바꾸면 the purpose of which로 바꿀 수 있다.

4 관계대명사 that

(1) 관계대명사 that은 불완전한 문장을 이끈다는 점에서 완전한 절을 이끄는 명사절 접속사 that과 구분된다.

(2) 선행사가 사람, 사물, 동물인 경우 모두에 대해 쓰이므로 관계대명사(who, whom, which)를 대신할 수 있다. 다만, 관계대명사의 소유격(whose, of which)을 대신할 수는 없다.

예) Movies that[which] are popular have a few characteristics in common.
(인기 있는 영화들은 공통적인 몇몇 특징이 있다.)

예) The film that[which] I like the best won the prize.
(내가 가장 좋아하는 영화가 그 상을 차지했다.)

예) She is the greatest novelist that[who] has ever lived.
(그녀는 생존했던 소설가 중에 가장 위대한 소설가이다.)

(3) 선행사가 사람과 사물의 혼합이거나, 의문사인 경우 그리고 the only, the very, the same, 최상급, 서수, all의 수식을 받는 명사일 때 관계대명사 that을 사용할 수 있다.

> 사람＋사물
> 의문사(who/what)
> the only/very/same＋명사 ＋관계대명사 that
> 최상급/서수
> all

예) Who that has a family to support would waste so much money?
(부양해야 할 가족을 가진 사람으로서 누가 그렇게 많은 돈을 낭비할까?)

예) Man is the only animal that can speak.
(사람은 말할 수 있는 유일한 동물이다.)

예) You are the very person that I'd like to employ.
(당신은 내가 채용하고픈 바로 그 사람이다.)

예) She is the only daughter that has been born by her mother.
(그녀는 그녀의 엄마가 낳은 유일한 딸이다.)

예) All that glitters is not gold.
(반짝이는 모든 것이 금은 아니다.)

예) Who that is rich could do such a stingy thing?
(부자라면 누가 그런 인색한 짓을 할 수 있을까?)

(4) 관계대명사 that은 계속적 용법(, that)과 '전치사＋that'이 불가능하다.

예) I said nothing, which made him angry. (○)
I said nothing, that made him angry. (×)
(나는 아무 말도 안 했고, 그것이 그를 화나게 만들었다.)

5 관계대명사의 생략

(1) 목적격 관계대명사(whom, which, that)는 생략하는 경우가 많다.
- 예 He is the gentleman (whom) I met last year.
  (그는 내가 작년에 만났던 신사이다.)
- 예 This is the book (which) she wanted to buy.
  (이것은 그녀가 사고 싶어 했던 책이다.)
- 예 He refused to give me the answer (which) I wanted to know.
  (그는 나에게 내가 알고 싶어 했던 정답을 주는 것을 거절했다.)

(2) '주격 관계대명사(who, which, that)+be동사'도 생략 가능하다.
- 예 I have a watch (which was) made in Swiss.
  (나는 스위스에서 만들어진 시계를 가지고 있다.)

6 관계대명사 what: ~것

what은 선행사를 포함하는 관계대명사이므로 선행사가 없고 명사절을 이끈다.
- 예 He didn't believe what I said. (그는 내가 말하는 것을 믿지 않았다.)
- 예 What she believes is not true. (그녀가 믿는 것은 사실이 아니다.)

(1) what과 that/which/who/whom

시험에 자주 출제되는 what으로 시작되는 절은 주어 또는 목적어가 없는 불완전한 절의 형태라는 점에서 다른 관계대명사와 같으나 선행사를 갖지 않는다는 차이점이 있다.

선행사	접속사+대명사	관계절의 구조
있음	관계대명사 that/which/who/whose/whom	주어+동사 동사+목적어 (주어 또는 목적어가 없는 불완전한 절)
없음	what	

- 예 He didn't believe what I told. (그는 내가 말했던 것을 믿지 않았다.)
- 예 He didn't believe the truth that I told. (그는 내가 말했던 진실을 믿지 않았다.)
- 예 I'm wondering what she'd like to eat for lunch.
  I'm wondering the thing that she'd like to eat for lunch.
  (나는 그녀가 점심에 무엇을 먹고 싶어 할지 궁금하다.)

(2) 관계대명사 what은 주격, 목적격의 형태가 같고, 소유격으로는 쓰이지 않는다.
- 예 You should not do what is wrong. (당신은 잘못된 것을 해서는 안 된다.)
- 예 The very thing is what I have been looking for. (바로 그것이 내가 찾고 있었던 것이다.)
- 예 She never told anyone what she did in the past 10 years.
  (그녀는 지난 10년 동안 그녀가 했던 것을 누구에게도 결코 말하지 않았다.)

(3) what 관련 관용표현

① 현재[과거]의 주어의 인격[지위]: what+주어+be

   예 She is not the woman what she used to be(= was). (그녀는 과거의 그녀가 아니다.)

   예 My parents have made me what I am. (나의 부모님은 나를 현재의 나로 만들었다.)

> what I am 현재의 나
> what he/she is 현재의 그/그녀
> what we/they are 현재의 우리/그들
> what we/they were 과거의 우리/그들
> what I/he/she was 과거의 나/그/그녀
> what I/he/she/we/they used to be 과거의 나/그/그녀/우리/그들

② 현재[과거]의 주어의 재산: what+주어+have

> what I/we/they have 현재 내가/우리가/그들이 가진 것
> what he/she has 현재 그가/그녀가 가진 것
> what I/he/she/we/they had 과거에 내가/그가/그녀가/우리가/그들이 가졌던 것

   예 A man's worth lies not in what he has, but in what he is.
   (어떤 사람의 가치는 그 사람이 가진 것이 아니라 그가 어떠한 사람인가에 있다.)

③ A is to B what C is to D: A와 B와의 관계는 C와 D와의 관계와 같다

   = A is to B as C is to D

   = What C is to D, A is to B

   = As C is to D, (so) A is to B

   예 Reading is to the mind what food is to the body.

   = Reading is to the mind as food is to the body.

   = What food is to the body, reading is to the mind.

   = As food is to the body, (so) reading is to the mind.
   (독서와 마음의 관계는 음식과 신체의 관계와 같다.)

03 전치사＋관계대명사: 완전한 문장을 이끄는 형용사절

1 전치사＋관계대명사

관계대명사가 관계절에 있는 전치사의 목적어로 사용되는 경우, '전치사＋관계대명사'가 관계사절의 앞에 위치하게 된다.

예 She is the person. ＋I can depend on the person.
　She is the person whom I can depend on.
　She is the person on whom I can depend.
　(그녀는 내가 의지할 수 있는 사람이다.)

예 This is the house. ＋The teacher lives in the house.
　This is the house which the teacher lives in.
　This is the house in which the teacher lives.
　(이곳은 그 선생님이 살고 계신 집이다.)

2 부분사 주어＋of＋목적격 관계대명사

선행사를 가리키는 관계대명사의 부분을 표시하기 위해 'both/some/all/one/each/many/much of＋목적격 관계대명사'의 형태로 사용된다.

예 She has relatives, some of whom live in the U.S.
　(그녀는 친척들이 있는데, 그들 중 몇 명은 미국에서 살고 있다.)

※ 이때 관계대명사절의 동사와 관계대명사의 수일치를 주의해야 한다.

　예 There are pencils, some of which are blue. (연필들이 있는데, 그것 중 몇 개는 푸른색이다.)
　　→ some of which는 which의 수에 따라 동사의 수가 결정되는데 여기서는 선행사인 pencils를 가리키므로 동사는 복수형인 are가 된다.

　예 There are pens, one of which is bule. (펜들이 있는데, 그것 중 한 개는 푸른색이다.)
　　→ one of which는 one(단수)의 수를 따라 동사의 수가 정해지므로 동사는 단수형인 is가 된다.

> **더 알아보기**
>
> 관계대명사의 심층 연구
>
> A. 전치사+which/whom은 완전한 절을 형성하는데 완전한 절은 다음과 같다.
>   = 주어+동사+부사(구)(절)
>   = 주어+동사+보어
>   = 주어+동사+목적어 = 주어+be+p.p. = 주어+be+자동사의 p.p.+전치사+(by) 〈구동사의 수동태〉
>   * 여기부터는 수동태도 주의
>   = 주어+동사+간접 목적어+직접 목적어 = 주어+be+p.p.+목적어
>   = 주어+동사+목적어+목적격 보어 = 주어+be+p.p.+주격 보어
>   예 The happiness and success of a man depend on the manner in which a small thing is dealt with.
>   (사람의 행복과 성공은 사소한 일을 다루는 방법에 따라 달라진다.)
>
> B. '전치사+관계대명사'의 구조에서 올바른 전치사를 찾기 위해서는 전치사를 관계대명사절의 끝에 넣어 연결이 자연스러운지 확인하면 된다.
>   The information on which we can rely is severely limited. (○)
>   (우리가 의지할 수 있는 정보는 아주 제한적이다.)
>   The information to which we can rely is severely limited. (×)
>   → 관계대명사절의 끝인 rely의 뒤에 전치사 to를 넣으면 rely to가 되는데, '~에 의존하다'는 동사구인 rely on이 아니므로 잘못된 것이다. 전치사를 on으로 바꿔야 한다.
>   예 The prison to which many prisoners of conscience were sent was filthy.
>   (많은 양심수들이 보내졌던 그 교도소는 아주 더러웠다.)
>   예 Democracy is a word with which we are so familiar that we rarely take the trouble to ask what we mean by it.
>   (민주주의는 우리에게 너무 친숙해져 있어서 그것이 의미하는 바를 거의 반문하지 않는 단어이다.)

04 유사관계대명사

1 개념

> - 접속사에서 유래하여 의미를 가지고 있다. 표시만 하지 않는다.
> - 관계대명사의 특징을 가지고 있어서 불완전한 문장을 이끈다.
> - 선행사는 사람, 사물, 동물에 두기보다는 특정어구의 동반으로 결정된다.

who, which, that 등 일반적인 관계대명사 이외에 다른 품사적 기능이지만 특수한 상황에서 관계대명사 역할을 하는 단어들이 있다. 이를 유사관계대명사라고 부른다.

2 but

부정어 not을 포함하는 관계대명사 that의 의미, '~하지 않는'의 의미를 가진다. 즉, 선행사를 부정하며 수식한다. 선행사에 부정어가 있는 경우 주로 주격으로 사용된다. 따라서 유사관계대명사 but 다음에는 대체로 동사가 온다.

예) There is no rule but has some exceptions.
= There is no rule that doesn't have some exceptions.
(예외 없는 법칙은 없다.)

예) There is no one but knows the rumor. (그 소문을 알지 못하는 사람은 없다.)

예) There is no one but believes what he said. (그가 말했던 것을 믿지 않는 사람은 없다.)

예) There is no greater leader but is optimistic. (낙관적이지 않은 위대한 지도자는 없다.)

예) Who is there but admires her courage? (그녀의 용기를 존경하지 않는 사람이 누가 있겠는가?)

> **더 알아보기**
>
> but 뒤에 부정어구가 중복해서 등장해서는 안 된다.
> 앞에 부정적 의미를 이미 가지고 있어서 유사관계대명사 but 이후에 부정어가 다시 들어가면 부정어가 중복된다. 따라서 유사관계대명사 but으로 시작하는 관계대명사절에서 not이 중복되어 쓰이면 어법상 틀린 문장이 된다.
>
> 예) There is no rule but doesn't have some exceptions. (×)
> (예외를 가지지 않는 규칙은 없다.)
>
> 예) There is no greater leader but is not optimistic. (×)
> (낙관적이지 않은 위대한 지도자는 없다.)

3 as

명사인 선행사 앞에 the same, such, as, so가 함께 있을 때 주로 쓰는 관계대명사이다.

예) She bought the same pen as I had.
(그녀는 내가 가지고 있던 것과 같은 펜을 샀다.) - 같은 종류

cf. She has the same pen that I lost yesterday.
(그녀는 내가 어제 잃어버린 그 펜을 가지고 있다.) - 내가 잃어버린 바로 그 펜

예) Love such people as will believe in you.
(너를 믿게 될 그러한 사람을 사랑하라.)

4 than

명사인 선행사 앞에 비교급이 있을 때 주로 쓰는 관계대명사이다.

예) She spends more money than is necessary.
(그녀는 필요한 것보다 더 많은 돈을 쓴다.)

예) She offered me much assistance than could be expected.
(그녀는 내가 기대했던 것보다 훨씬 더 많은 도움을 주었다.)

> **더 알아보기**
>
> 유사관계대명사
>
> | 선행사 | 유사관계대명사 |
> |---|---|
> | 부정어구(no/few/little/not a/never)+명사 | but |
> | 특정어구(as/the same/such/so)+명사 | as |
> | 강조부사 기능+비교급+명사 | than |

05 관계부사

1 관계부사의 역할과 종류

(1) 관계부사의 역할

관계부사는 시간, 장소, 이유, 원인 등을 나타내는 선행사 뒤에서 사용된다. 관계대명사가 '접속사+대명사'의 역할을 하는 데 반해, 관계부사는 '접속사+부사'의 역할을 한다.

예 He didn't tell me the time and she would come back at the time.

He didn't tell me the time when she would come back.

(그는 그녀가 돌아올 시간을 나에게 말해 주지 않았다.)

* 관계부사인 when은 선행사인 the time을 수식하는 역할과 관계부사절에서 시간을 표현하는 부사의 역할을 하고 있다.

(2) 관계부사의 종류

관계부사는 선행사에 따라 종류가 달라진다.

선행사	관계부사(= 전치사+which)
시간(the time, the day)	when(on, at, in+which)
장소(the place)	where(in, at+which)
이유(the reason)	why(for which)
방법(the way)	how(in which)

2 관계대명사 vs 관계부사

(1) 관계대명사

관계대명사는 '접속사+대명사'의 역할을 하므로 관계절은 주어나 목적어, 또는 보어가 없는 불완전한 절이다.

예) She wants to buy the house which she saw last month. (○) 〈목적어가 없는 불완전한 절〉
She wants to buy the house where she saw last month. (×)
(그녀는 지난달에 봤던 그 집을 구입하고 싶어 한다.)
→ 관계절에서 타동사인 saw에 대한 목적어가 없으므로 목적격 관계대명사인 which가 그 목적어 역할을 한다.

(2) 관계부사

관계부사는 '접속사+부사'의 역할을 하므로 관계절은 완전한 문장을 이끈다.

예) She wants to buy the house where she will live. (○) 〈완전한 절〉
She wants to buy the house which she will live. (×)
(그녀는 살 집을 구입하고 싶어 한다.)
→ 관계절이 주어(she), 자동사(live)로 구성된 완전한 절의 형태를 갖추고 있으므로 관계대명사가 아니라 장소의 선행사인 the house를 수식하는 관계부사 where가 적합하다.

3 시간의 관계부사 when

선행사가 관계절 속에서 시간을 의미하는 '그때'일 때 관계부사 when이 사용된다.

예) The 1400s is the period when the revival of classical culture occurred.
(1400년대는 고전 문화의 부흥이 일어난 시기이다.)

예) There are times when I hate him.
(나는 가끔 그가 싫을 때가 있다.)

4 장소의 관계부사 where

선행사가 관계절 속에서 장소를 의미하는 '그곳에서'일 때 관계부사 where가 사용된다.

예) Seoul is the place where I was born.
(서울은 내가 태어났던 곳이다.)

예) This is the village where Admiral Yi Sun-shin established the naval force.
(이곳은 이순신 장군이 수군을 창설했던 바로 그 마을이다.)

5 이유의 관계부사 why

선행사가 관계절 속에서 이유를 의미하는 '그 때문에'일 때 관계부사 why가 사용된다.

예 This is the reason why I refuse to go.
  (이것이 내가 가기를 거부하는 이유이다.)
예 The reason why I'm calling you is to invite you to a party.
  (내가 너에게 전화를 한 이유는 파티에 너를 초대하기 위해서이다.)
예 People who know the reason why they make mistakes are unlikely to make the same mistakes again.
  (실수를 하는 이유를 아는 사람들은 같은 실수를 다시 할 것 같지 않다.)

6 방법의 관계부사 how

선행사가 관계절 속에서 방법을 의미하는 '그런 방법으로'일 때 관계부사 how가 사용된다. 하지만 the way how라고 현대 영어에서 함께 쓰이지 않고 the way 또는 how로 사용된다. 다만 the way in which는 가능하다.

예 She knows the way I opened the door. (○)
  She knows how I opened the door. (○)
  She knows the way in which I opened the door. (○)
  She knows the way how I opened the door. (×)
  (그녀는 내가 문을 어떻게 열었는지 알고 있다.)
예 This is the way she won the game.
  (이것이 그녀가 경기에서 이긴 방법이다.)

06 복합관계대명사

1 개념

관계사에 -ever를 덧붙여서 만든 형태로 복합관계대명사와 복합관계부사로 구분된다.

2 복합관계대명사: 명사 기능

복합관계대명사란 관계대명사에 -ever를 붙여 만든 형태로, 관계대명사 what과 마찬가지로 자체에 선행사를 포함한다. 명사절 '~든지'와 부사절 '~라도'의 역할을 한다.

(1) 명사절의 역할

'어떤(any)'의 의미로 명사절로 쓰여, 주어, 목적어, 보어 역할을 한다.

예) You may give this magazine to whoever wants to read it.
(당신은 그것을 읽고 싶어 하는 누구에게나 이 잡지를 주어도 좋다.)

예) Whomever they send will be welcomed.
(그들이 누구를 보내든지 환영 받을 것이다.)

예) Whoever is responsible for this will be punished.
(누구든지 이 일에 책임이 있는 사람은 처벌받을 것이다.)

(2) 부사절의 역할

'~하더라도'라는 '양보'의 의미로 사용되며 주로 주절의 앞이나 뒤에 comma(,)로 분리되어 등장한다.

예) Whoever may say so, I can't believe it.
(누가 그렇게 말하더라도 나는 그것을 믿을 수 없다.)

예) Whichever you may take, you cannot be satisfied.
(당신이 어떤 것을 택하더라도 당신은 만족할 수 없다.)

예) Whatever you may say, I shall do it.
(당신이 무슨 말을 하더라도 나는 그것을 할 것이다.)

3 복합관계부사: 부사 기능

복합관계부사란 관계부사에 -ever를 붙여 만든 형태로 선행사를 포함하고 있으며 부사절을 이끈다.

예) You can come whenever you want.
(네가 원할 때 언제라도 와도 된다.)

예) I carry my smart phone with me wherever I go.
(나는 어디에 가든 내 스마트폰을 가지고 다닌다.)

예) However hard you may try, you can't solve everything.
(당신이 아무리 열심히 노력한다고 할지라도, 당신이 모든 것을 해결할 수 없다.)

Review

1. 관계대명사 that과 what, 명사절 접속사 that과 what을 상대적으로 비교한다.

불완전한 문장의 명사절	What counts in life is not money, but honor. 〈관계대명사〉 (인생에서 중요한 것은 돈이 아니라 명예이다.)
불완전한 문장의 형용사절	Who that believes the truth does such a mean thing? 〈관계대명사〉 (진실을 믿는 사람이 누가 그런 비열한 짓을 하는가?)
완전한 문장의 명사절	I think that he has lived in Seoul for ten years. 〈명사절 접속사〉 (내 생각에 그는 서울에서 10년 동안 산 것 같다.)

2. 관계대명사는 불완전한 문장을, 관계부사는 완전한 문장을 이끈다.
   예 This is the house which I lived in.
   　 This is the house where I lived.
   　 This is the house in which I lived.
   　 (이곳이 내가 살았던 집이다.)

3. 전치사+관계대명사는 완전한 문장을 이끌며, 이때 전치사+which가 장소, 시간, 이유, 방법일 때는 관계부사로 대체가 가능하다.
   예 This is the reason why I explained the fact to him.
   　 This is the reason for which I explained the fact to him.
   　 (이것이 내가 그에게 그 사실을 설명한 이유이다.)
   예 Now is the time when we have to study hard.
   　 Now is the time at which we have to study hard.
   　 (지금은 우리가 열심히 공부해야 할 때이다.)

4. 주격 관계대명사는 항상 선행사의 뒤에 오는 동사의 수와 태를 일치시켜야 한다.
   예 I know the girls who speak English very fluently. (나는 영어를 매우 유창하게 말하는 소녀들을 안다.)
   예 This is the luxury car which is made in Germany. (이것은 독일에서 만들어진 고급 차이다.)

5. 관계대명사 삽입절도 출제 비율이 높다.
   예 He is the actor who she thinks has deceived her sister.
   　 (그는 그녀가 그녀의 여동생을 속였다고 생각하는 배우이다.)

6. 관계대명사 which는 앞에 나온 단어, 구, 절 따위를 선행사로 받기도 한다.
   예 She said she was ill, which was a lie. (그녀가 아프다고 했는데 그건 거짓말이었어요.)

7. 복합관계대명사는 관계사+ever의 개념으로 관계사의 원리를 그대로 적용하되 항상 명사절이나 양보의 부사절의 개념으로 등장한다.
   예 He will give it to whoever likes him. (그는 그를 좋아하는 사람에게 그것을 줄 것이다.)
   예 He will give it to whomever he likes. (그는 그가 좋아하는 사람에게 그것을 줄 것이다.)
   예 No matter how hard I try, I cannot explain the depth of pain. (아무리 노력해도 고통의 깊이를 설명할 수 없다.)

※ 관계대명사는 형용사절 또는 명사절을 형성하며, 관계부사는 부사절 또는 명사절을 형성한다.

Chapter 18 전치사

01 전치사의 역할과 목적어

1 전치사의 목적어

전치사는 단독으로 사용될 수 없으므로 반드시 전치사 뒤에 명사(구)와 함께 사용되어야 한다. 이때 전치사에 이어지는 명사(구)를 전치사의 목적어라 하고 반드시 목적격으로 사용한다.

(1) 명사 역할을 하는 것들(명사, 대명사, 동명사, 명사구, 명사절)이 올 수 있다.

전치사(구)	at, by, in, on, of, to, for, instead of, due to, thanks to, owing to, in spite of, in behalf of, at the cost of
목적어	명사(구), 대명사(목적격), 동명사, 명사절

- 예 She'll be ready in ten minutes. (그녀는 십 분 내에 준비가 될 거야.)
- 예 He will visit his grandparents during this summer vacation.
  (그는 이번 여름 방학 동안 그의 조부모님 댁을 방문할 것이다.)
- 예 Everyone attended the meeting but the managers and me. (○)
  Everyone attended the meeting but the managers and I. (×)
  (매니저들과 나를 제외한 모든 사람들이 회의에 참석했다.)
- 예 I'm tired of waiting for her mother. (○)
  I'm tired of wait for her mother. (×)
  (나는 그녀의 어머니를 기다리는 것에 지쳤다.)
- 예 We appreciated her work in that she had difficulty in using her left hand.
  (우리는 그녀가 왼손을 사용하는 데에 어려움이 있었다는 점에서 그녀의 작품의 가치를 인정했다.)

(2) 예외적으로 형용사나 부사라도 명사의 역할을 하는 명사 상당어구로 사용될 때는 전치사의 목적어로 쓰이기도 한다.

- 예 He was at best a bench warmer. (그는 기껏해야 후보 선수였다.)
- 예 She had been sleeping till then. (그녀는 그때까지 잠을 자고 있었다.)
- 예 I'm afraid things go from bad to worse. (나는 상황이 악화되는 것이 두렵다.)
- 예 He finally came back from abroad in 1998 and got a permanent job.
  (그는 마침내 1998년 외국에서 돌아왔고 영구적인 직업을 구했다.)

2 전치사구의 역할

'전치사+명사(구)' 또는 '전치사+대명사'로 구성된 전치사구는 주로 명사를 수식하는 형용사구의 역할과 동사나 형용사, 부사 또는 문장 전체를 수식하는 부사구의 역할을 한다.

(1) 형용사 기능

명사를 뒤에서 수식하는 역할과 주격 보어 또는 목적격 보어 자리에서 주어와 목적어를 보충 설명하는 보어의 역할을 한다.

- 예 She is a woman of ability. (그녀는 능력 있는 여자다.)
- 예 The A team consisted of people with different ideas.
  (A팀은 다른 생각을 가진 사람들로 구성되었다.)
- 예 He did not have a clear insight into how to proceed.
  (그는 나아갈 방법에 대한 명백한 통찰력이 없었다.)
- 예 He found him on duty.
  (그는 그가 근무 중임을 알게 되었다.)

(2) 부사 기능

동사, 형용사, 부사 또는 문장 전체를 수식하는 역할을 한다.

- 예 I don't live in Korea; I live in myself.
  (나는 한국에 살지 않는다. 나는 내 자신 안에 산다.)
- 예 I never think about fiction except when I'm writing it.
  (나는 그것을 쓸 때를 제외하고는 소설에 대해 생각하지 않는다.)

02 주요 전치사

1 in

(1) **시간**: ~에(세기, 년, 계절, 월, 오전, 오후)/~내에, ~안에/~이 지나서

- 예 My mommy promised me to come back home in three years.
  (엄마는 나에게 3년 안에 집으로 돌아오겠다고 약속했다.)

(2) **장소**: ~에서, ~안에서

- 예 He has lived in Seoul for three years. (그는 3년 동안 서울에서 살고 있다.)

(3) **상태**: ~한, ~된

- 예 The people in the town were in despair. (그 도시의 사람들은 절망 속에 있었다.)

(4) 방법: ~로, ~으로
- 예 He will buy the car in the same way you did.
  (그는 네가 했던 것과 똑같은 방법으로 차를 살 것이다.)

(5) in -ing: ~할 때
- 예 In drinking water, she makes noise. (물을 마실 때 그녀는 거슬리는 소리를 낸다.)

2 on

(1) 시간: ~에(날짜), ~하자마자
- 예 They go to church on Sundays. (그들은 일요일마다 교회에 간다.)
- 예 On coming back, he hurried to her room. (돌아오자마자 그는 그녀의 방으로 급히 갔다.)

(2) 장소: ~위에
- 예 She forgot putting the books on the table. (그녀는 탁자 위에 책을 놓은 것을 잊었다.)

(3) 상태: ~중인, ~상태인
- 예 He was on his way home. (그는 집으로 가는 중이었다.)

3 at

(1) 시간: ~에(시각)
- 예 They were supposed to meet at five o'clock. (그들은 정각 5시에 만날 예정이었다.)

(2) 장소: ~에
- 예 She will arrive at the station by noon. (그녀는 12시까지 역에 도착할 것이다.)

(3) 원인: ~에
- 예 They were surprised at the news. (그들은 그 소식에 놀랐다.)

4 with

(1) 소유: ~을 가진, ~이 있는
- 예 She introduced a man with a beard to us. (그녀는 우리에게 수염이 있는 남자를 소개했다.)

(2) 시간: ~을 한 채, ~하면서
- 예 She stood with her eyes closed. (그녀는 눈을 감은 채 서 있었다.)

(3) 결합: ~와 함께, ~와, ~에

예 He wants to get along with you. (그는 너와 친하게 지내기를 바란다.)
예 He doesn't agree with her idea. (그는 그녀의 생각에 동의하지 않는다.)

5 to

(1) 방향: ~로, ~를 향해

예 He went to the bookstore. (그는 서점으로 갔다.)

(2) 정도: ~하게도

예 To my surprise, he quit the job last week. (놀랍게도 그는 지난주에 일을 그만두었다.)

(3) 부속: ~에

예 This computer belongs to her. (이 컴퓨터는 그녀에게 속해 있다.)
예 She still sticks to the theory. (그녀는 그 이론에 여전히 집착한다.)

6 for

(1) 기간: ~동안

예 They've stayed here for three days. (그들은 3일 동안 여기에 머물렀다.)

(2) 방향: ~을 향해, ~로

예 She left for New York this morning. (그녀는 오늘 아침 뉴욕으로 떠났다.)

(3) 목적: ~을 위해

예 We read books only for pleasure. (우리는 오직 재미로 책을 읽는다.)
예 Unbalanced diet is bad for health. (균형이 잡히지 않은 식단은 건강에 좋지 않다.)

(4) 원인: ~때문에

예 He stopped studying for several reasons. (그는 몇 가지 이유 때문에 학업을 중단했다.)

7 from

(1) 출발점: ~로부터, ~에서

예 From now on I will be nicer to her. (지금부터 나는 그녀에게 더 친절할 것이다.)

(2) 분리: ~로부터

예 He differs from her in opinion. (그는 그녀와 의견이 다르다.)

(3) **원인**: ~때문에, ~로

   예 She has suffered from a cold. (그녀는 감기로 고통받았다.)

8 by

(1) **시간**: ~까지

   예 All students should submit their assignments by tomorrow.
   (모든 학생들은 내일까지 과제를 제출해야 한다.)

(2) **수단**: ~로, ~에 의해

   예 You can get there by bus. (당신은 버스로 그곳에 갈 수 있다.)

(3) **동작의 주체**: ~에 의해

   예 This book is written by your English teacher. (이 책은 너의 영어 선생님에 의해 쓰여졌다.)

9 of

(1) **소유, 부분**: ~의

   예 He is the owner of this company. (그는 이 회사의 주인이다.)
   예 We ate half of the cake. (우리는 케이크의 절반을 먹었다.)

(2) **제거**: ~을

   예 She promised to get rid of her bad habits. (그녀는 그녀의 나쁜 버릇을 없애겠다고 약속했다.)

10 through

(1) **시간**: ~동안 내내

   예 She worked through the night. (그녀는 밤새 일했다.)

(2) **방향**: ~을 뚫고, ~을 지나서

   예 We've passed through several tunnels. (우리는 몇 개의 터널을 통과했다.)
   예 He didn't have a key, so he came in through the window.
   (그는 열쇠를 갖고 있지 않아서 창문으로 들어갔다.)

(3) **방법, 수단**: ~을 통해

   예 He could get a lot of information through diverse media.
   (그는 다양한 매체를 통해 많은 정보를 얻을 수 있었다.)

11 about

(1) **주제**: ~에 관하여, ~에 대하여
  예 He spoke his opinion about the issue. (그는 그 쟁점에 대한 그의 의견을 말했다.)

(2) **장소**: ~주위에, ~주변에
  예 She stood about the window. (그녀는 창문 주위에 서 있었다.)

(3) **짐작**: 대략~
  예 She's about my height. (그녀는 대략 내 키 정도 된다.)

12 into

(1) **방향**: ~로, ~안으로
  예 We went into the classroom. (우리는 교실로 들어왔다.)

(2) **변화**: ~으로
  예 She wanted to change bills into coins. (그녀는 지폐를 동전으로 바꾸고 싶어 했다.)

13 under

(1) **위치**: ~아래
  예 They hid themselves under the table. (그들은 탁자 밑에 숨었다.)

(2) **상태**: ~중인, ~의 상태인
  예 The building was still under renovation. (그 건물은 여전히 보수 중이었다.)

Review

1. 동사와 연결되어 구분해야 할 전치사도 확인해야 한다.

result from ~이 원인이다	result in ~을 낳다
call at 방문하다	call on 요청하다
look into 조사하다	look for 찾다
deal with 다루다	deal in 거래하다
succeed in 성공하다	succeed on 계승하다

2. 전치사와 접속사의 형태를 구분해야 한다.

~때문에	because of+명사(구)	because+주어+동사
~하는 경우에	in case of+명사(구)	in case+주어+동사
~도 불구하고	despite+명사(구)	though+주어+동사
~하는 동안에	during+명사(구)	while+주어+동사
~에 따르면	according to+명사(구)	according as+주어+동사
~때쯤	by+명사(구)	by the time+주어+동사

3. 전치사는 명사(구)의 목적어를 가지며 직접 절을 이끌지 못한다.
   - 예 He is different to me in he belongs to the club K. (×)
     He is different to me in that he belongs to club K. (○) (그는 K 클럽에 소속되어 있다는 점에서 나와는 다르다.)

4. 전치사의 목적어는 목적격을 쓴다.
   - 예 He loves me more than her between me and she. (×)
     He loves me more than her between me and her. (○) (그는 나와 그녀 사이에서 그녀보다 나를 더 사랑한다.)

5. 비교형 전치사는 반드시 구분해서 익혀야 한다.

~동안	during+특정 기간 명사	for+수사+명사
~사이	between+둘	among+셋 이상
~까지	by(완료 개념)	until(계속 의미)
~로부터	from(~로부터)	since(~로부터 현재까지)
~을 가지고	with+도구	by+수단

※ 전치사는 명사와 명사 사이에 등장하는 연결사의 일종으로 반드시 명사(구), 명사절, 대명사 따위를 목적어로 가지며, 바로 뒤에 '주어+동사'가 이어지는 구조는 가질 수 없다. 우리말의 조사처럼 작용하여 '~에, ~게, ~로, ~서' 등으로 해석되며 명사나 대명사를 목적어로 가질 때는 반드시 목적격으로 사용해야 한다.

Chapter 19 | 특수구문: 도치, 강조, 생략

01 강조

1 동사의 강조

동사를 강조하기 위해서는 동사 앞에 조동사인 do/does/did를 넣는다.

예 We do hope you will pass the exam.
   (우리는 네가 시험에 통과하기를 정말 바란다.)
예 Do tell me. (제발 저에게 말해 주세요.)
예 Do book ahead as the restaurant is very popular.
   (그 식당은 매우 인기가 있으니 미리 예약을 꼭 하세요.)

2 It ~ that … 강조구문

It과 that 관계절 사이에 강조 대상을 넣어 강조한다.

예 It is you that I love. (내가 사랑하는 사람은 바로 당신입니다.)
예 It was yesterday that I told you to do it.
   (내가 너에게 그것을 하라고 말한 것은 바로 어제였다.)
예 It was the main entrance that she was looking for.
   (그녀가 찾고 있던 것은 바로 중앙 출입구였다.)

> **더 알아보기**
>
> 강조구문을 사용할 때는 격의 선택에 주의해야 한다.
> It is not you but he that is to blame for the car accident of the crosswalk.
>   him(×)
> (그 횡단보도에서의 교통사고 책임이 있는 사람은 당신이 아니라 바로 그 사람이다.)
> → not A but B 구문을 It ~ that … 강조구문으로 강조하고 있으며 이때 동사는 he에 일치시키고, 주어의 강조는 주격으로 쓴다.

3 부정어의 강조

부정어의 뒤에 at all, a bit, in the least, in the slightest 등의 표현을 써서 부정어를 강조한다. 이러한 표현들이 부정어와 함께 쓰이면 '절대 ~아닌' 또는 '결코 ~아닌'의 의미를 가지게 된다.

예) It wasn't funny at all. (그것은 전혀 재미있지 않았다.)
예) I don't understand in the least what you mean.
(나는 네가 말하는 것이 전혀 이해가 안 된다.)

02 도치

1 개념

정상적인 영어 문장은 '주어+동사'의 어순이 일반적인데 특별한 이유로 어순이 바뀌는 것을 도치라고 한다. 도치가 발생하는 몇 가지 주요한 경우를 살펴보면 다음과 같다.

2 부사구 강조에 의한 도치

부사구가 문장의 제일 앞으로 강조되어 나오는 경우 뒤의 주어와 동사는 '동사+주어'의 순으로 도치된다.

(1) There+동사+주어

예) There is a big tree on the hill. (언덕 위에는 큰 나무가 하나 있다.)
예) There are direct paths to a successful career. But there are plenty of indirect paths, too.
(성공적인 직장생활로의 직접적인 길은 있다. 하지만 간접적인 길 역시 많다.)

(2) 장소/방향/위치 부사(구)+동사+주어

예) On the hill stood a tall boy. (언덕 위에 키가 큰 한 소년이 서 있었다.)
예) Among the first animals to land our planet were the insects.
(곤충은 우리 행성에 착륙한 첫 동물 중 하나였다.)

(3) 강조 · 부정부사+동사+주어

강조 · 부정 의미의 부사	only after, never, only, hardly, scarcely, rarely, not only, not ~ until, no sooner, little, seldom

예) Never did I meet him again.
= I never met him again. (나는 그를 결코 다시 만나지 않았다.)
예) Only once was he late for the class.
= He was late for the class only once. (그는 수업에 단지 한 번 늦었을 뿐이다.)

예 Not only was she a star of the screen, but also of the stage.
　　= She was not only a star of the screen, but also of the stage.
　　(그녀는 스크린의 스타일뿐 아니라 연극 무대의 스타였다.)
예 Not until they lose it do people know the blessing of health.
　　= Until they lose it, people don't know the blessing of health.
　　(사람들은 그것을 잃기 전까지 자신들의 건강의 축복을 모른다.
　　= 건강을 잃고 나서야 비로소 건강의 축복을 알게 된다.)
예 On no account must strangers be let in.
　　(어떠한 경우라도 낯선 사람들을 들어오게 해서는 안 된다.)

> **더 알아보기**
>
> 동사의 종류에 따른 도치
> 일반동사의 도치의 경우 완전 자동사는 '동사+주어'의 어순이 가능하지만, 그렇지 않은 일반동사의 경우 'do, does, did+주어+동사'의 어순이 되어야 한다.
> 예 There stands a big tree beside the church on the hill.
> 　　(그 언덕의 교회 옆에는 큰 나무 하나가 서 있다.)
> 예 Once upon a time along the street were people shouting "Golla, Golla" on the stalls.
> 　　(옛날에는 그 거리를 따라서 가판대 위에서 "골라, 골라"를 외치는 사람들이 있었다.)
> 예 Little did I dream that she loves me.
> 　　(그녀가 나를 사랑하리라고는 꿈도 꾸지 못했다.)

3 보어 강조에 의한 도치

강조를 위해 문장의 앞에 보어가 위치하면 '동사+주어'의 순으로 도치된다.

보어+동사+주어

예 So smart is the boy. (그 소년은 정말 똑똑하다.)
예 Really nice was our meeting. (우리의 회의는 정말 훌륭했다.)
예 Pleased with the result were the participants. (참가자들은 결과에 대해 기뻐했다.)

4 '역시' 표현의 도치

'~도 그렇다'라는 문장의 경우 도치가 발생한다. 긍정문과 부정문의 경우가 각각 다르므로 구분하도록 하자.

(1) 긍정문 다음에는 So+동사+주어: '주어'는 역시 '동사'하다.
　예 He can speak French. So can she.
　　　(그는 프랑스어를 말할 수 있다. 그녀 역시 그러하다.)
　예 He works very hard. So does his brother.
　　　(그는 매우 열심히 일한다. 그의 형도 그러하다.)

(2) 부정문 다음에는 Neither+동사+주어: '주어'는 역시 '동사'하지 않다.
　예 Most students didn't want to stay all night, and neither did I.
　　　(대부분의 학생들은 밤을 새는 것을 원하지 않았고, 나도 그러했다.)
　예 John has not been to France before, and neither has Mary.
　　　(John은 이전에 프랑스에 간 적이 없는데, 이는 Mary도 마찬가지이다.)

5 as+동사+주어

'~처럼 역시'라는 의미를 가지는 as 뒤에도 '동사+주어'의 어순으로 도치될 수 있다.
　예 Kevin was a Christian, as were most of his friends.
　　　(Kevin은 그의 대부분의 친구들처럼 역시 기독교 신자였다.)
　예 Sean believed, as did all his family, that the King was their supreme lord.
　　　(Sean은 그의 모든 가족들이 그러했듯이, 그 왕이 그들의 최고의 군주라고 믿었다.)
　예 Streets that are narrow, steep, or shaded, receive special attention, as do those streets scheduled for next day trash collection.
　　　(좁거나, 가파르거나, 그늘진 거리는 다음 날 쓰레기 수거 대상으로 예정된 거리가 그런 것처럼 특별한 주목을 받는다.)

03　생략

1 개념

경제성과 간결성의 원칙과 훼손을 방지하기 위해서 중복되거나 의미가 없는 어구들의 표현은 생략된다. 생략의 몇 가지 원칙을 익혀 보자.

2 반복되는 어구 생략

　예 You may go there if you want to. (네가 원한다면 거기에 가도 좋다.)
　　　→ to 뒤에 go there가 반복에 의해 생략되었다.

예 We checked the information of the car but not the price.
 (우리는 그 차에 대한 정보는 확인했지만 가격은 확인하지 못했다.)
 → 원래 but we did not check the price of the car에서 반복된 we did와 check, of the car가 생략되었다.

3 종속절의 '주어+동사' 생략

(1) 종속절의 주어가 주절의 주어와 같고 종속절의 동사가 별 다른 의미없는 be동사이거나 대동사 do일 경우 접속사 뒤의 주어와 동사가 동시에 생략할 수 있다.

예 Though timid, he is no coward.
 (비록 그는 소심하지만 겁쟁이는 아니다.)
 → Though he is timid에서 주절의 주어와 같은 he, 특별한 의미가 없는 is가 생략되었다.

예 This book, if read carefully, will give you much information about the area.
 (주의해서 읽는다면 이 책은 너에게 그 지역에 대한 많은 정보를 줄 것이다.)
 → if it is read carefully에서 it is가 생략되었다.

예 They worked harder than before.
 (그들은 전보다 더 열심히 일했다.)
 → than they did before에서 they did가 생략되었다.

예 She has a necklace that is attractive, if not valuable.
 (그녀는 비싸지는 않지만 매력적인 목걸이를 갖고 있다.)
 → if it is not valuable에서 it is가 생략되었다.

(2) 그 밖의 생략 가능한 경우

예 I'll go with you if (it is) necessary. 〈비인칭 주어 생략〉
 (필요하다면 너와 함께 갈게.)

예 (I wish you) A Happy new year! 〈감탄문에서 생략〉
 (새해 복 많이 받으세요!)

예 He visited his friend's (house) last Saturday. 〈확실한 장소 명사의 생략〉
 (그는 지난 토요일에 그의 친구 집을 방문했다.)

예 (Being) Surprised at the news that her son died, she almost fainted. 〈분사구문의 Being 생략〉
 (그녀의 아들이 죽었다는 소식에 그녀는 거의 기절할 뻔했다.)

예 This is the man (whom) I saw at school yesterday. 〈목적격 관계대명사의 생략〉

Review

문장의 정상적인 어순을 타파하여 특별히 문장이 추구하는 목적을 달성하려는 문장의 변형 형태를 특수구문이라 한다. 문장의 정상 어순이 변화를 일으켜 '동사+주어', '보어+주어+동사', '목적어+주어+동사'의 어순 등으로 쓰인다. 경우에 따라서는 문장의 경제성이나 실효성을 위해서 문장의 공통 부분이나 의미 전달에 변화를 주지 않는 범위 내에서 생략하는 표현도 이 경우에 해당한다. 영어의 문장은 품사적 기능별로 자신의 자리를 지키고 있는 것이 중요하지만 경우에 따라서 특수한 상황에 맞게 문장 구조가 바뀌는 현상을 이해하도록 하자.

1. 강조

동사의 강조	do[does/did]+동사원형 예) We do hope you will pass the exam. (우리는 네가 시험에 통과하기를 정말 바란다.)
It~that 강조구문	It과 that 관계절 사이에 강조 대상을 넣어 강조 예) It is you that I love. (내가 사랑하는 사람은 바로 당신입니다.)
부정어 강조	not+at all[in the least/ by any means 등]: '절대 ~아닌' 또는 '결코 ~아닌' 예) It wasn't funny at all. (그것은 전혀 재미있지 않았다.)

2. 도치

부사구 도치	부사구가 강조되어 나오는 경우 뒤의 주어와 동사는 '동사+주어'의 순으로 도치 예) There is a big tree on the hill. (언덕 위에는 큰 나무가 하나 있다.) 예) On the hill stood a tall boy. (언덕 위에 키가 큰 한 소년이 서 있었다.) 예) Not until they lose it do people know the blessing of health. (사람들은 그것을 잃기 전까지 자신들의 건강의 축복을 모른다.)
보어 도치	문장의 앞에 보어가 위치하면 '동사+주어'의 순으로 도치 예) So smart is the boy. (그 소년은 정말 똑똑하다.)

'역시' 표현 도치	• 긍정문 다음에는 So+동사+주어: '주어'는 역시 '동사'하다
	  예) He works very hard. So does his brother.
	     (그는 매우 열심히 일한다. 그의 형도 그러하다.)
	• 부정문 다음에는 Neither+동사+주어: '주어'는 역시 '동사'하지 않다
	  예) Most students didn't want to stay all night, and neither did I.
	     (대부분의 학생들은 밤을 새는 것을 원하지 않았고, 나도 그러했다.)

as+동사+주어	'~처럼 역시'의 의미인 as 뒤에도 '동사+주어'의 어순으로 도치 예) Kevin was a Christian, as were most of his friends. (Kevin은 그의 대부분의 친구들처럼 역시 기독교 신자였다.)

3. 생략

반복 어구 생략	예) You may go there if you want to (go there). (네가 원한다면 거기에 가도 좋다.)
종속절의 '주어+동사' 생략	종속절의 주어가 주절의 주어와 같고 종속절의 동사가 be동사 또는 대동사 do일 경우 접속사 뒤의 주어와 동사 생략 가능 예) Though (he is) timid, he is no coward. (비록 그는 소심하지만 겁쟁이는 아니다.)

Chapter 20 | 어휘

01 문제 유형에 따른 어휘 익히기

1 문맥에 맞는 단어 고르기

대표 기출

밑줄 친 부분에 들어갈 말로 가장 적절한 것을 고르시오. 25년 국가직 9급

> We are polluting the oceans, killing the fish and thereby _____ ourselves of invaluable food supply.

① depriving
② informing
③ accusing
④ curing

해설
빈칸 앞에 위치한 'thereby(그것 때문에)'를 통해 빈칸 앞부분인 'We are polluting the oceans, killing the fish(우리가 바다를 오염시키고 물고기를 죽이며)'와 빈칸 뒷부분인 'ourselves of invaluable food supply'가 '원인과 결과'의 관계라는 것을 유추할 수 있다. 빈칸 앞 행위의 결과로 인해 우리 자신들로부터 귀중한 식량 자원을 ~하게 되었으므로, 문맥상 빈칸에 들어갈 말로 가장 적절한 것은 ①'depriving(빼앗는)'이다.

해석
우리는 바다를 오염시키고 물고기를 죽이고 있으며, 그것 때문에 우리 자신들에게서 귀중한 식량 공급을 빼앗고 있다.

어휘
- pollute 오염시키다
- thereby 그렇게 함으로써, 그것 때문에
- invaluable 매우 유용한, 귀중한

정답 ①

■ 문맥에 따라 의미가 달라지는 다의어

address	명 주소, 연설 동 주소를 쓰다, 연설하다, 고심하다[다루다]
book	명 책 동 예약하다 / [표]를 사다
break	동 깨다, 부수다 / 고장나다 / (법·약속 등을) 어기다 / 쉬다[휴식하다] 명 휴식 (시간) / 중단 / (텔레비전·라디오 프로 중간의) 광고
close	형 가까운, 거의[곧] ~할 것 같은 동 닫다[치다], (눈을) 감다
direct	형 직접적인 동 향하다[겨냥하다] / 지휘하다 / 안내하다 / 지시[명령]하다 부 직행으로, 곧바로 / 직접
forward	부 앞으로 / 더 일찍[빨리] 형 앞으로 가는[향한] 동 보내다[전달하다]
interest	명 관심, 흥미 / 이자, 이익 동 ~의 관심[흥미]을 끌다
long	형 (길이·거리가) 긴 / (시간상으로) 긴, 오랜 부 오래, 오랫동안 동 간절히 바라다
major	형 주요한, 중대한 명 소령, 전공 cf. major in: ~을 전공하다
mean	동 뜻하다[의미하다], 의도하다 형 비열한, 못된 명 수단(복수형)
meet	동 만나다 / (필요·요구 등을) 충족시키다 / 지불하다
present	형 현재의, 현~ / 참석[출석]한 명 선물 / 현재 동 주다, 수여[증정]하다 / 출석[참석/출두]하다
order	명 순서 / 정돈[정리] / 질서 / 명령, 지시 / 주문[품] 동 명령[지시]하다 / 주문하다 / 정리하다 cf. in order to: ~하기 위해, out of order: 고장 난
subject	명 주제 / 학과, 과목 / 대상[소재] / 연구[실험] 대상, 피험자 / 주어 형 ~될[당할/걸릴] 수 있는 / ~의 권한 아래 있는[지배를 받는] 동 지배하에 두다[종속시키다]
object	명 물건, 물체 / 대상 / 목표 / 목적어 동 반대하다 / ~라고 항의하다
succeed	동 성공하다 cf. success: 성공 동 (작위·재산 등을) 물려받다[승계하다] cf. succession: 승계, 계승 동 (~의 자리·지위 등의) 뒤를 잇다

sentence	명 문장 / (형의) 선고 동 선고하다(흔히 수동태로)
paper	명 종이 / 신문 / 서류 / 문서[증서] / 논문 (발표) / 과제물[리포트] 동 벽지를 바르다
party	명 정당 / 파티 / 단체 / (소송 등의) 당사자

Quick Check 보기에서 밑줄 친 부분에 들어갈 적절한 것을 고르시오.

ⓐ book   ⓑ direct   ⓒ long   ⓓ order   ⓔ present

01 We can get a _____ flight to New York.

02 To get tickets, you have to _____ in advance.

03 They _____ to find new worlds where freedom is possible.

04 All creatures, past and _____, either have gone or will go extinct.

05 People need to accumulate skills in their jobs in _____ to be competitive and become successful.

해석

01 뉴욕으로 가는 직항편을 탈 수 있다.
02 티켓을 구하려면 미리 예매해야 한다.
03 그들은 자유가 가능한 새로운 세상을 찾기를 갈망한다.
04 과거와 현재의 모든 생물들은 이미 사라졌거나 앞으로 멸종할 것이다.
05 사람들은 직장에서 경쟁력을 갖추고 성공하기 위해 기술을 축적할 필요가 있다.

정답 01 ⓑ 02 ⓐ 03 ⓒ 04 ⓔ 05 ⓓ

2 유의어 고르기

대표 기출

밑줄 친 부분에 들어갈 말로 가장 적절한 것은?   9급 출제기조 전환 예시문제

> Recently, increasingly _____ weather patterns, often referred to as "abnormal climate," have been observed around the world.

① irregular
② consistent
③ predictable
④ ineffective

해설

빈칸 다음의 'weather patterns(기후 패턴)'을 수식하는 often referred to as "abnormal climate,(종종 "이상기후"로 불리는)"로 미루어 빈칸에는 'abnormal(비정상적인)'과 의미가 비슷한 단어가 들어가야 함을 유추할 수 있다. 따라서 빈칸에 들어갈 말로 적절한 것은 ① 'irregular(불규칙한)'이다.

해석

최근, 종종 "이상기후"로 불리는, 점점 더 불규칙한 기후 패턴이 세계 곳곳에서 관측되고 있다.

정답 ①

■ 반드시 알아두어야 하는 유의어

완화하다 / 진정시키다			
alleviate	완화하다	soothe	달래다[진정시키다]
appease	달래다	subdue	가라앉히다[억누르다]
ease	덜해지다[덜어 주다]	pacify	진정시키다[달래다]
mitigate	완화[경감]시키다	palliate	증상만 완화시키다
relieve	완화하다	relax	안심[진정]하다

Quick Check 밑줄 친 부분의 의미와 가장 가까운 것을 고르시오.

Strategies that a writer adopts during the writing process may alleviate the difficulty of attentional overload.

① complement
② accelerate
③ calculate
④ relieve

해석
작가가 글쓰기 과정 동안 채택하는 전략은 주의력 과부하의 어려움을 완화할 수도 있다.

정답 ④

버리다 / 포기하다

abandon 형 abandoned	버리다 형 버려진	renounce	포기하다, 단념하다
surrender	포기하다, 양도하다	forgo	포기하다
desert 형 deserted	버리다, 저버리다 형 버림받은	discard	버리다, 처분하다
relinquish	양도하다, 포기하다	forsake	저버리다
give up	포기하다	cast off	~을 (던져/벗어) 버리다

Quick Check 밑줄 친 부분의 의미와 가장 가까운 것을 고르시오.

I am so fearful of being deserted that I won't venture out and take even minimal risks.

① defended
② abhorred
③ confirmed
④ abandoned

해석
나는 버림받는 것이 너무도 두렵기에 모험을 하지 않을 것이고 최소한의 위험도 감수하지 않을 것이다.

정답 ④

3 반의어 고르기

대표 기출

밑줄 친 부분에 들어갈 말로 가장 적절한 것을 고르시오. 　　　9급 출제기조 전환 예시문제

> Most economic theories assume that people act on a ＿＿＿＿＿ basis; however, this doesn't account for the fact that they often rely on their emotions instead.

① temporary
② rational
③ voluntary
④ commercial

해설
빈칸 다음에서 'however, ~ the fact that they often rely on their emotions instead.'에서 'rely on their emotions(종종 감정에 의존한다)'라고 했으므로, 빈칸에는 '감정(emotions)'과 반대되는 의미의 단어가 들어가야 함을 유추할 수 있다. 따라서 빈칸에 들어갈 말로 적절한 것은 ② 'rational(이성적인)'이다.

해석
대부분의 경제 이론은 사람들이 이성적인 근거에 따라 행동한다고 가정한다. 그러나 이것은 그들이 종종 감정에 의존한다는 사실을 설명하지 않는다.

정답 ②

■ 반드시 알아두어야 하는 반의어

급증[증가]하다		급감하다[줄어들다]	
increase	증가하다	decrease	줄다[감소하다]
proliferate	급증하다	plunge	급락하다
surge	급등[급증]하다	diminish	줄어들다
skyrocket	급등하다	decline	감소[축소/위축]하다
soar	급증[급등]하다	slump	급감[급락/폭락]하다

Quick Check 밑줄 친 부분의 의미가 나머지와 다른 것을 고르시오.

① The trade deficit has skyrocketed.
② The unemployment rate plunged sharply.
③ Orders from customers in the Far East have surged.
④ The population increased dramatically in the first half of the century.

> 해석
> ① 무역 적자가 급증했다.
> ② 실업률이 급격히 떨어졌다.
> ③ 극동 지역 고객들의 주문이 급증했다.
> ④ 금세기 전반에 인구가 급격하게 증가했다.
>
> 정답 ②

영구적인		일시적인	
permanent	영구[영속]적인	temporary	일시적인
perpetual	끊임없이 계속되는	momentary	순간적인
persistent	지속[반복]되는	transient	일시적인
eternal	영원한	brief	잠시 동안의
continuous	계속되는	transitory	일시적인

Quick Check 밑줄 친 단어와 의미가 다른 것을 고르시오.

> Prudence indeed will dictate that governments long established should not be changed for light and transient causes.

① permanent
② momentary
③ transitory
④ temporary

> 해석
> 신중함은 오랫동안 확립된 정부가 사소하고 일시적인 이유로 바뀌어서는 안 된다고 확실히 지시할 것이다.
>
> 정답 ①

02 빈출 구동사(phrasal verbs) 익히기

1 get+전치사/부사

대표 기출

밑줄 친 부분에 공통으로 들어갈 말로 가장 적절한 것은? 17년 국가직 9급

- She's disappointed about their final decision, but she'll _____ it eventually.
- It took me a very long time to _____ the shock of her death.

① get away
② get down
③ get ahead
④ get over

해설
문맥상 실망스러움과 충격 같은 부정적인 상황에서 벗어난다는 의미가 와야 하므로 빈칸에 공통으로 들어갈 말로 가장 적절한 것은 ④ 'get over(극복하다)'이다.

해석
- 그녀는 그들의 최종 결정에 대해 실망했지만, 그녀는 결국 극복할 것이다.
- 내가 그녀의 죽음에 대한 충격을 극복하는 데는 매우 오랜 시간이 걸렸다.

정답 ④

■ 자주 출제되는 get 구동사

get on	~에 타다	get over	극복하다
get rid of	제거하다, 삭제하다	get away	벗어나다, 도망치다
get through with	~을 끝내다	get on with	~을 해나가다
get across	건너다, 이해시키다	get ahead	성공하다, 앞지르다
get off	내리다	get up	일어나다[일어서다]
get out of	~에서 나오다	get in touch with	~와 연락하다

Quick Check 보기에서 밑줄 친 부분에 들어갈 적절한 것을 고르시오.

ⓐ get across ⓑ get ahead ⓒ get away ⓓ get out of ⓔ get rid of

01 The meeting dragged on, and I didn't _____ until seven.

02 We must _____ the simple fact that drugs are dangerous.

03 Governments should be encouraged to _____ all nuclear weapons.

04 We need to work hard to _____ of the competition.

05 He is usually very aggressive when he swims because he wants to finish quickly and _____ the cold water.

해석
01 회의는 질질 끌었고, 나는 7시가 되어서야 벗어났다.
02 우리는 마약이 위험하다는 단순한 사실을 이해해야 한다.
03 정부는 모든 핵무기를 없애도록 장려해야 한다.
04 경쟁에서 앞서나가기 위해 열심히 일해야 한다.
05 그는 보통 수영을 할 때 매우 공격적인데, 빨리 끝내고 차가운 물에서 벗어나고 싶기 때문이다.

정답 01 ⓒ 02 ⓐ 03 ⓔ 04 ⓑ 05 ⓓ

2 make+전치사/부사

> **대표 기출**
>
> 밑줄 친 부분에 들어갈 말로 가장 적절한 것은?   18년 지방직 9급
>
> > Since the air-conditioners are being repaired now, the office workers have to _____ electric fans for the day.
>
> ① get rid of   ② let go of
> ③ make do with   ④ break up with
>
> **해설**
> 빈칸 앞부분에서 'Since the air-conditioners are being repaired now(에어컨들이 지금 수리 중이기 때문에)'라고 했고, 빈칸 다음에 'electric fans for the day(이날은 선풍기로)'로 미루어 빈칸에는 선풍기로 '임시변통하다'라는 의미의 단어가 들어가야 함을 유추할 수 있다. 따라서 빈칸에 들어갈 말로 적절한 것은 ③ 'make do with(~으로 임시변통하다)'이다.
>
> **해석**
> 에어컨들이 현재 수리 중이기 때문에, 근무자들은 이날은 선풍기로 임시변통해야 한다.
>
> **정답** ③

■ 자주 출제되는 make 구동사

make good	성공하다	make sense	타당하다[말이 되다]
make up	~을 만들다	make up for	보상하다, 보전하다
make up with	화해하다	make do with	임시변통하다
make out	이해하다[알다]	make over	양도하다
make a point of	반드시[애써] ~하다	make ends meet	겨우 먹고 살 만큼 벌다
make a head or tail of	이해하다	make certain	확인하다

Quick Check 보기에서 밑줄 친 부분에 들어갈 적절한 것을 고르시오.

ⓐ make over　　ⓑ make out　　ⓒ make sense　　ⓓ make up for　　ⓔ make ends meet

01 I couldn't _____ what he was saying.

02 It doesn't _____ to drive if you can walk.

03 He wants to _____ the whole estate to his son.

04 Old people on pensions are finding it hard to _____.

05 I tried desperately to _____ lost time, scrambling madly through analogies and sentence completions.

해석

01 나는 그가 무슨 말을 하고 있는지 이해할 수 없었다.

02 걸을 수 있다면 운전하는 게 말이 안 된다.

03 그는 아들에게 전 재산을 양도하기를 원한다.

04 연금 받는 노인들은 겨우 먹고 살기가 힘들어지고 있다.

05 나는 필사적으로 놓친 시간을 만회하려 노력했고, 미친 듯이 허둥지둥 유추 문제와 문장 완성 문제를 간신히 끝냈다.

정답　01 ⓑ　02 ⓒ　03 ⓐ　04 ⓔ　05 ⓓ

3 take+전치사/부사

> **대표 기출**
>
> 밑줄 친 부분 중 의미상 옳지 않은 것은?   17년 국가직 9급
> ① I'm going to take over his former position.
> ② I can't take on any more work at the moment.
> ③ The plane couldn't take off because of the heavy fog.
> ④ I can't go out because I have to take after my baby sister.
>
> **해설**
> ④ 밑줄 친 take after는 '~을 닮다'의 뜻으로 문맥상 '돌보다'의 뜻을 가진 take care of(=look after)로 변경되어야 한다.
>
> **해석**
> ① 나는 그의 이전 직책을 인계받게 될 것이다.
> ② 나는 당분간 더 이상의 일을 맡을 수 없다.
> ③ 비행기는 짙은 안개 때문에 이륙할 수 없었다.
> ④ 나는 여동생을 돌봐야 해서 나갈 수가 없다.
>
> **정답** ④

■ 자주 출제되는 take 구동사

take on	떠맡다	take off	이륙하다
take out	가지고 나가다	take over	인계받다
take in	구독하다, 섭취하다	take down	[건물 등을] 헐어버리다
take care of	돌보다	take up	차지하다
take after	닮다	take place	일어나다, 발생하다

Quick Check 보기에서 밑줄 친 부분에 들어갈 적절한 것을 고르시오.

ⓐ take on   ⓑ take off   ⓒ take place   ⓓ take after   ⓔ take up

01 I don't want to _____ any extra work.

02 How much disk space will it _____?

03 Mrs. Kim's daughter doesn't _____ her at all.

04 The accident happened as the jet was about to _____.

05 The difficult task is to know which will actually _____.

해석

01 나는 어떤 일도 추가로 더 맡고 싶지 않아요.

02 그것은 디스크 공간을 얼마나 차지할까?

03 Mrs. Kim의 딸은 그녀를 전혀 안 닮았다.

04 그 사고는 그 제트기가 막 이륙하려는 순간에 일어났다.

05 어려운 작업은 실제로 어떤 일이 일어날지를 아는 것이다.

정답 01 ⓐ 02 ⓔ 03 ⓓ 04 ⓑ 05 ⓒ

4 turn+전치사/부사

대표 기출

밑줄 친 부분에 들어갈 말로 가장 적절한 것은? 18년 국가직 9급

> 그는 사람들이 생각했던 만큼 인색하지 않았다는 것이 드러났다.
> → It _____ that he was not so stingy as he was thought to be.

① turns out
② turns to
③ turns into
④ turns over

해설

빈칸 다음의 'that he was not so stingy as he was thought to be'가 목적어인 명사절이므로, 빈칸에는 '~ 것이 드러났다'라는 뜻의 동사구가 들어가야 한다. 따라서 빈칸에 들어갈 말로 적절한 것은 ① 'turns out(밝혀지다, 드러나다)'이다.

정답 ①

■ 자주 출제되는 turn 구동사

turn on	켜다	turn off	끄다
turn down	거절하다	turn out	밝혀지다, 드러나다
turn into	~으로 변하다	turn to	의지하다
turn up	나타나다, 도착하다	turn over	뒤집다

Quick Check 보기에서 밑줄 친 부분에 들어갈 적절한 것을 고르시오.

| ⓐ turn into | ⓑ turn down | ⓒ turn to | ⓓ turn over | ⓔ turn up |

01 I don't know who to _____.

02 The bed squeaks every time I _____.

03 Why did he _____ your invitation?

04 Don't worry, I'm sure a job will _____ soon.

05 We have pre-cancerous lesions, which often don't _____ cancer.

> **해석**
> 01 누구에게 의지해야 할지 모르겠어요.
> 02 내가 몸을 뒤집을 때마다 침대가 삐걱거린다.
> 03 그는 왜 너의 초대를 거절했니?
> 04 걱정하지 마, 곧 일자리가 나타날 거야.
> 05 암으로 변하지 않는 전암성 병변이 있다.
>
> **정답** 01 ⓒ 02 ⓓ 03 ⓑ 04 ⓔ 05 ⓐ

03 상황에 따른 어휘/표현 익히기

1 이메일에 쓰는 어휘/표현

대표 기출

다음 글의 목적으로 가장 적절한 것은? 9급 출제기조 전환 예시문제

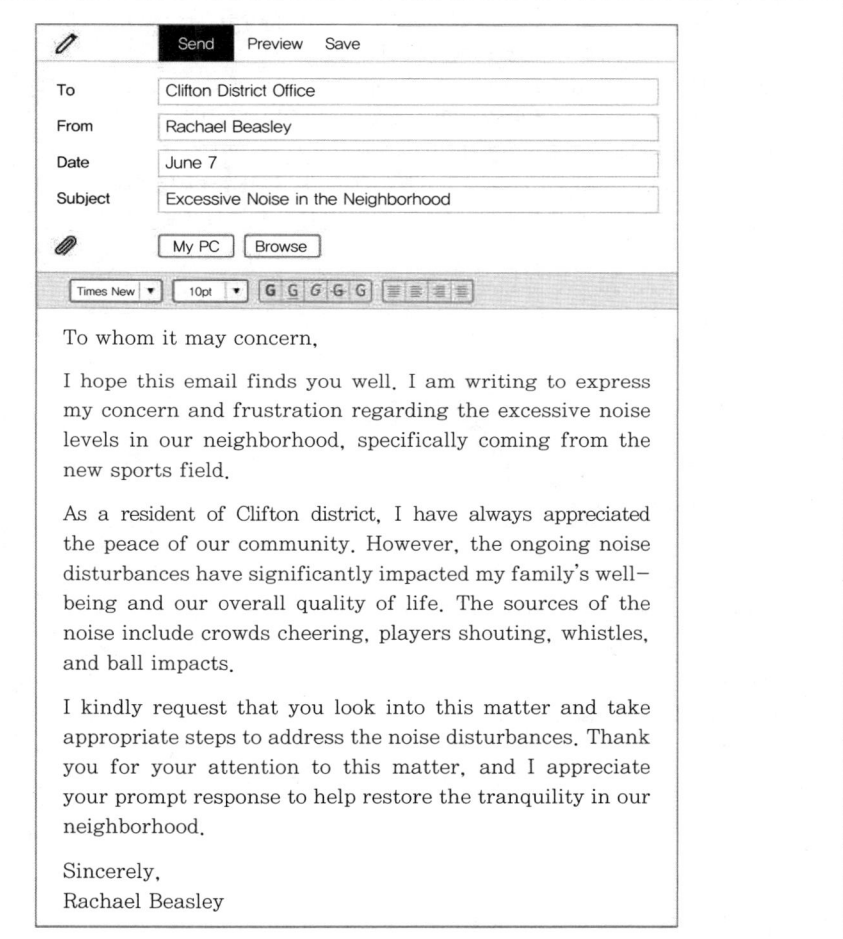

① 체육대회 소음에 대해 주민들의 양해를 구하려고
② 새로 이사 온 이웃 주민의 소음에 대해 항의하려고
③ 인근 스포츠 시설의 소음에 대한 조치를 요청하려고
④ 밤 시간 악기 연주와 같은 소음의 차단을 부탁하려고

해설

두 번째 문장에서 'I am writing to express my concern and frustration regarding the excessive noise levels ~ coming from the new sports field.'라고 했고, 마지막 문단의 첫 번째 문장에서 'I kindly request that ~ and take appropriate steps to address the noise disturbances.'라고 했으므로, 글의 목적으로 적절한 것은 ③ '인근 스포츠 시설의 소음에 대한 조치를 요청하려고'이다.

해석

관계자 제위,
이 이메일이 귀하에게 잘 닿기를 바랍니다. 나는 이웃의 과도한 소음, 즉 구체적으로 말하면 새 스포츠 시설에서 나오는 소음과 관련된 우려와 불만에 대해 말하려고 합니다.
Clifton 지역 주민의 한 사람으로서, 나는 항상 평화로운 지역 사회에 감사해 왔습니다. 하지만, 계속되는 소음장애가 심각하게 우리 가족의 안녕과 전반적인 삶의 질에 영향을 주었습니다. 소음의 원인은 군중의 응원, 선수들의 함성, 호각 소리, 그리고 공에 의한 충격 등입니다.
이 문제를 주의 깊게 살펴보고 소음장애 문제를 해결하기 위해 적절한 조치를 취해줄 것을 부탁드립니다. 이 문제에 관심을 가져주셔서 감사드리며, 우리 동네의 평온을 되찾는 데 도움이 되도록 신속하게 대응해 주시면 감사하겠습니다.
진심을 담아,
Rachael Beasley

어휘

- To whom it may concern 관계자 제위[각위]
- frustration 불만, 좌절감
- specifically 구체적으로 말하면
- ongoing 계속 진행 중인
- noise disturbance 소음장애
- impact 충돌, 충격
- well-being 행복, 안녕
- source 출처, 원천
- address 해결하다
- restore 회복하다, 되찾다
- tranquility 평온

■ 이메일의 목적을 밝힐 때 쓰는 표현

- I am writing to enquire about your product.
  (귀사 제품에 대해 문의드립니다.)
- I am writing in reference to the project we discussed earlier today.
  (오늘 의논했던 프로젝트 관련하여 메일 드립니다.)
- I visited your website and would like to know more about your service.
  (귀사의 홈페이지를 방문했는데 제공하는 서비스에 대하여 더 알기를 원합니다.)

- I am very happy to find your site on the internet.
  (인터넷을 통하여 귀사의 사이트를 알게 돼서 기쁩니다.)
- I would appreciate any information you can send to us.
  (어떤 자료라도 보내주시면 고맙겠습니다.)
- If you have other information available about your service, I'd like to receive it.
  (귀사의 서비스에 관한 다른 자료가 있으면 받고 싶습니다.)

■ 이메일 답신에 쓰는 표현

- Thank you for your inquiry about our products.
  (저희 제품에 관하여 문의해 주셔서 고맙습니다.)
- You will receive our catalog soon.
  (곧 카탈로그를 받아 보실 수 있을 것입니다.)
- If you need more information, please reply this mail. Thank you for your interest.
  (정보가 좀 더 필요하시면 답장을 해주시기 바랍니다. 관심 가져주셔서 감사합니다.)
- I would appreciate if you could let me know when you are available.
  (편한 시간을 알려 주시면 감사하겠습니다.)
- I appreciate your quick response.
  (빠른 회신 감사합니다.)

■ 독촉 이메일(Reminder email)에 쓰는 표현

- Would you please follow-up on this?
  (이에 대한 후속 조치를 취해주시겠어요?)
- Could you share an update asap?
  (최대한 빨리 업데이트를 공유해 주시겠어요?)
- Please let me know the progress of your project.
  (프로젝트의 진행 상황을 공유 부탁드립니다.)
- I would appreciate if you could support me on this project.
  (본 건에 대한 지원 부탁드립니다.)

■ 긴급한 요청에 쓰는 표현

- I have an urgent request. Would you mind calling me back as soon as you get back to the office?
  (죄송하지만 급한 건으로 인해 연락드립니다. 사무실에 돌아오자마자 다시 전화주시겠어요?)
- I am afraid this is very last minute, but could you send me the catalogue today?
  (급하게 요청드려 죄송하지만, 오늘 중으로 카탈로그 전달이 가능할까요?)

■ 이메일 약어
- AKA(Also Known As): 다른 이름으로, 별칭으로
- ASAP(As soon As Possible): 가능한 한 빨리
- FAQ(Frequently Asked Questions): 빈번한 질문
- FYI(For Your Information): 참고로
- IMO(In My Opinion): 내 견해로
- NRN(No Response Needed): 답장 불필요
- WRT(With Respect To): ~에 관하여

2 공지·안내문에 쓰는 어휘/표현

대표 기출

안내문에서 City Harbour Festival에 관한 내용과 일치하지 않는 것은? 9급 출제기조 전환 예시문제

Celebrate Our Vibrant Community Events

We're pleased to announce the upcoming City Harbour Festival, an annual event that brings our diverse community together to celebrate our shared heritage, culture, and local talent. Mark your calendars and join us for an exciting weekend!

Details
- Dates: Friday, June 16 - Sunday, June 18
- Times: 10:00a.m. - 8:00p.m. (Friday & Saturday)
  10:00a.m. - 6:00p.m. (Sunday)
- Location: City Harbour Park, Main Street, and surrounding areas

Highlights
- Live Performances
  Enjoy a variety of live music, dance, and theatrical performances on multiple stages throughout the festival grounds.
- Food Trucks
  Have a feast with a wide selection of food trucks offering diverse and delicious cuisines, as well as free sample tastings.

For the full schedule of events and activities, please visit our website at www.cityharbourfestival.org or contact the Festival Office at (552) 234-5678.

① 일 년에 한 번 개최된다.
② 일요일에는 오후 6시까지 열린다.
③ 주요 행사로 무료 요리 강습이 진행된다.
④ 웹사이트나 전화 문의를 통해 행사 일정을 알 수 있다.

> **해설**

③ 주요 행사로 라이브 공연과 푸드 트럭에서 제공하는 '무료 시식 행사(free sample tastings)'와 다양한 음식을 설명하고 있으므로 글의 내용과 일치하지 않는다.
① 안내문의 첫 문장에서 '~ upcoming City Harbour Festival, an annual event(연례 행사) that brings ~'라고 했으므로 글의 내용과 일치한다.
② 행사 세부 사항에서 '10:00a.m. – 6:00p.m. (Sunday)'라고 나와 있으므로 글의 내용과 일치한다.
④ 제시문의 마지막 문장에서 'For the full schedule of events and activities, please visit our website at www.cityharbourfestival.org or contact the Festival Office at (552) 234-5678.'이라고 했으므로 글의 내용과 일치한다.

> **해석**

활기찬 지역 공동체 행사 축하하기
우리의 공유 유산과 문화, 지역의 재능을 기념하기 위해 다양한 지역 공동체를 하나로 모으는 연례행사인 금번 City Harbour Festival을 발표하게 되어 대단히 기쁩니다. 달력 일정에 표시하고, 신나는 주말을 함께해요!

세부 사항
- 날짜: 6월 16일 금요일 – 6월 18일 일요일
- 시간: 오전 10:00 – 오후 8:00(금요일 & 토요일)
  오전 10:00 – 오후 6:00(일요일)
- 장소: City Harbour Park, Main Street, 주변 지역

주요 행사
- 라이브 공연
  축제장 곳곳의 여러 무대에서 다양한 라이브 음악, 춤, 연극 공연을 즐기세요.
- 푸드 트럭
  무료 시식회뿐만 아니라, 다채롭고 맛있는 음식을 제공하는 엄선된 푸드 트럭으로 축제를 즐기세요.

행사 및 활동의 전체 일정은 당사 웹사이트(www.cityharbourfestival.org)를 방문하시거나 축제 사무실 전화 (552) 234-5678번으로 문의하시기 바랍니다.

■ 공지/ 안내문을 시작하는 표현
- We're pleased[happy] to announce ~
- Do you want to discover ~
- Learn about ~
- Join us for our ~
- This is a great chance to ~
- Unfortunately we had to ~

■ 주요 공지 / 안내문 예시

- 조문(Letter of condolence)

> We are sorry to learn about the demise of your beloved grandfather. We wish to express our deepest condolences to you and your family during this time bereavement.
>
> 조부님의 사망소식을 접하게 되어 유감스럽게 생각하며 가족분들께 우리의 심심한 위로의 말씀을 전합니다.

- 초대장(Invitation letter)

> Requests the honor of your presence at a formal reception of our new Vice President on Wednesday, March 25th from 6 to 9o'clock in the evening at Shilla Hotel.
>
> 3월 25일 수요일 저녁 6시부터 9시까지 신라호텔에서 열리는 신임 부사장 공식 리셉션에 정중히 초대합니다.

- 정책 공지 메모

> To: All employees
> Re: New policy on information protection law
> The Information Committee has recently agreed on introducing a new policy as the private information protection law has been enacted by the government. An improved security measure related to our paper recycling practice will be implemented effective as of September 1, 2021. It requires all the documents produced or received by the company to be no longer recycled after their use, but destructed. We are taking this measure at the safety inspectors' recommendations based on their findings.
>
> 전 직원들께
> Re: 정보 보호법에 대한 새로운 정책
> 종이 재활용 실행과 관련하여 개선된 보안대책은 2021년 9월 1일부터 시행되므로 회사에서 제작되거나 받은 모든 서류는 사용 후 더 이상 재활용하지 않고 파쇄해야 한다는 내용의 공지 메모이다.

3 상황별 대화에 사용되는 어휘/표현

(1) 메신저 대화

대표 기출

밑줄 친 부분에 들어갈 말로 가장 적절한 것을 고르시오. 9급 출제기조 전환 예시문제

> **Kate Anderson**
> Are you coming to the workshop next Friday?
> 10:42
>
> **Jim Henson**
> I'm not sure. I have a doctor's appointment that day.
> 10:42
>
> **Kate Anderson**
> You should come! The workshop is about A.I. tools that can improve out work efficiency.
> 10:43
>
> **Jim Henson**
> Wow, the topic sounds really interesting!
> 10:44
>
> **Kate Anderson**
> Exactly. But don't forget to reserve a seat if you want to attend the workshop.
> 10:45
>
> **Jim Henson**
> How do I do that?
> 10:45
>
> **Kate Anderson**
> _____
> 10:46

① You need to bring your own laptop.

② I already have a reservation.

③ Follow the instructions on the bulletin board.

④ You should call the doctor's office for an appointment.

> **해설**
>
> 대화는 워크숍 참석을 안내하는 메신저 대화로, 빈칸 앞에서 Kate Anerson이 워크숍에 참석하고 싶다면 좌석 예약하는 것을 잊지 말라고 하자, Jim Henson이 'How do I do that(어떻게 하지요?)'이라고 물었으므로, 빈칸에는 워크숍 좌석 예약하는 법에 관한 내용이 와야 한다. 따라서 빈칸에 들어갈 말로 가장 적절한 것은 ③ 'Follow the instructions on the bulletin board(게시판의 설명대로 따라 하세요).'이다.
>
> **해석**
>
> Kate Anderson: 다음 주 금요일에 워크숍에 오시나요?
> Jim Henson: 잘 모르겠어요. 그날 병원 예약이 있어요.
> Kate Anderson: 꼭 오셔야 해요! 워크숍은 업무 효율을 향상시킬 수 있는 인공지능 도구에 관한 것입니다.
> Jim Henson: 와우, 주제가 정말 재미있을 거 같아요!
> Kate Anderson: 맞아요. 하지만 워크숍에 참석하고 싶다면 좌석 예약하는 것 잊지 마세요.
> Jim Henson: 어떻게 하지요?
> Kate Anderson: 게시판의 설명대로 따라 하세요.
>
> **정답** ③

■ 약속 시간 묻기

- What time shall we meet[make it]?

    (몇 시에 만날까요?)

- What time would be good[convenient] for you?

    (몇 시가 좋겠어요?)

- When do you want to meet?

    (언제 만날까요?)

- What time are you available?

    (몇 시에 시간 되세요?)

- Could I come and see you now? / May I call on you now? / Can I drop in to see you? / Do you mind if I stop by?

    (지금 만나러 가도 될까요?)

■ 약속 승낙하기
- That'll be fine. / That'll all right with me.
  (좋아요.)
- Let's meet the time up[back] an hour.
  (한 시간 빨리[늦게] 만나요.)
- I'm free any time after 3.
  (3시 이후에는 언제든지 좋아요.)
- Any time will do.
  (언제든지 좋아요.)
- All right, I'll be expecting you then.
  (좋아요, 그 시간에 기다릴게요.)

■ 약속 거절하기
- I'm sorry, but I don't have time this weekend.
  (죄송하지만, 이번 주말은 시간이 없어요.)
- Unfortunately I have an appointment.
  (죄송하지만, 선약이 있어요.)
- I can't make it today. How about tomorrow?
  (오늘은 안 되겠어요. 내일은 어때요?)
- Let's make it another time.
  (다음에 만나요.)
- Can I take a rain check?
  (다음으로 미뤄도 될까요?)

■ 약속 장소 정하기
- Where should we meet? / Where can we get together?
  (어디서 만날까요?)
- Where can you make it? / Where would be good for you?
  (어디가 좋겠어요?)

(2) 우체국에서 하는 대화

대표 기출

다음 대화에서 빈칸에 들어갈 말로 가장 적절한 것은?   24년 계리직 9급

> A: Excuse me. I'd like to send this parcel to Los Angeles, USA.
> B: Okay. What's in it?
> A: Just some clothes and snacks.
> B: Did you put any fragile items in it?
> A: No. How long will it take to LA?
> B: The airmail usually takes about 5-7 days, and it takes about two weeks by ship. _____
> A: Then I'll go with the second one.

① What's the recipient's name?
② How much does it weigh?
③ Which one do you prefer?
④ What's your mailing address?

해설

주어진 대화는 우체국에서 미국 LA로 소포를 보내면서 나누는 대화이다. 빈칸 앞에서 B가 항공 우편은 보통 5~7일 정도 걸리고, 배로는 2주 정도 걸린다고 하자, 빈칸 다음에서 A가 'Then I'll go with the second one(그럼 두 번째 것으로 할게요).'이라고 했으므로, 빈칸에 들어갈 말로 가장 적절한 것은 ③ 'Which one do you prefer(어느 편이 더 좋으세요)?'이다.

해석

A: 실례합니다. 이 소포를 미국 로스앤젤레스로 보내고 싶어요.
B: 알겠습니다. 그 안에 뭐가 들어 있나요?
A: 옷 몇 벌과 간식이에요.
B: 깨지기 쉬운 물건을 넣었나요?
A: 아니요. LA까지 얼마나 걸릴까요?
B: 항공 우편은 보통 5~7일 정도 걸리고, 배로는 2주 정도 걸립니다. 어느 편이 더 좋으세요?
A: 그럼 두 번째 것으로 할게요.

어휘

• parcel: 소포
• fragile: 부서지기[깨지기, 부러지기] 쉬운

정답 ①

- **편지 · 소포 보내기**
  - I'd like to send this package to Korea.
    (이 소포를 한국으로 보내고 싶어요.)
  - I want to send this by express.
    (빠른 등기로 보내주세요.)
  - How long does registered mail take?
    (등기우편으로 얼마나 걸리나요?)
  - How much does it cost to send this parcel by airmail to Australia?
    (이 소포를 항공편으로 호주에 보내려면 얼마인가요?)
  - Could you please weigh this box?
    (이 상자 무게 좀 달아주시겠어요?)
  - Put a fragile sticker on this parcel, please.
    (이 소포에 취급주의 스티커 붙여주세요.)

- **편지 · 소포 받기**
  - I'm here to pick up a package.
    (소포를 찾으러 왔어요.)
  - I tracked it online and it says the package arrives but it hasn't been delivered.
    (인터넷에서 조회해 봤더니 물건이 도착했다고 나오는데 아직 못 받았어요.)
  - The shipping fee is cash on delivery.
    (비용은 착불입니다.)

- **우체국 관련 어휘**

registered mail	등기우편	zip code	우편번호
express mail	빠른우편	rent a P.O. Box	사서함을 대여하다
regular mail	일반우편	parcel[package]	소포
airmail	항공우편	fragile sticker	취급주의 스티커
delivery receipt	배달 영수증	Cash on Delivery(COD)	착불
address	주소	courier	운반, 택배

(3) 업무 중 대화 1

대표 기출

밑줄 친 부분에 들어갈 말로 가장 적절한 것을 고르시오. 　　　　25년 국가직 9급

Alex Brown
Hello. Do you remember we have a meeting with the city hall staff this afternoon?
10:10 am

Cathy Miller
Is it today? Isn't it tomorrow?
10:11 am

Alex Brown
I'll check my calendar.
10:11 am

I'm sorry, I was mistaken.
The meeting is at 2 pm tomorrow.
10:13 am

Cathy Miller
Yes, that's right.
10:13 am

Alex Brown
You know we don't have to go to city hall for the meeting, right?
10:15 am

Cathy Miller
_____. It's sometimes more convenient.
10:16 am

Alex Brown
I agree. Please share the meeting URL. Also, could you send me the ID and password?
10:19 am

Cathy Miller
Sure, I'll share them via email and text.
10:19 am

① Yes, it's an online meeting
② Yes, be sure to reply to the email
③ No, I didn't receive your text message
④ No, I don't have another meeting today

해설

대화에서 Alex Brown이 빈칸 앞에서 'You know we don't have to go to city hall for the meeting, right(우리가 회의 때문에 시청에 가지 않아도 되는 거 알고 계시죠)?'라고 묻자, Cathy Miller가 빈칸 다음에서 'It's sometimes more convenient(때로 그게 더 편할 때도 있어요).'라고 대답했으므로, 대화의 흐름상 빈칸에 들어갈 말로 적절한 것은 ① 'Yes, it's an online meeting(네, 온라인 회의예요).'이다.

> **해석**
> Alex Brown: 안녕하세요. 오늘 오후에 시청 직원들과 회의 있는 거 기억하시죠?
> Cathy Miller: 오늘이에요? 내일 아닌가요?
> Alex Brown: 일정표를 확인해볼게요.
> Alex Brown: 죄송해요. 제가 착각했어요. 회의는 내일 오후 2시에 있어요.
> Cathy Miller: 네, 맞아요.
> Alex Brown: 우리가 회의 때문에 시청에 가지 않아도 되는 거 알고 계시죠?
> Cathy Miller: 네, 온라인 회의예요. 때로 그게 더 편할 때도 있어요.
> Alex Brown: 동의해요. 회의 URL을 공유해 주세요. 그리고 ID랑 비밀번호도 보내주시겠어요?
> Cathy Miller: 물론이죠. 이메일과 문자로 공유해드릴게요.
>
> **정답** ④

■ 다양한 동의 표현

- I completely agree with you. (완전 동의해.)
- You're right. (네 말이 맞아.)
- Absolutely! (물론!)
- Sounds good to me. (좋아.)
- That's exactly what I was thinking. (나도 그렇게 생각하고 있었는데.)
- I can't agree more. (전적으로 동의해.)
- You can say that again. (네 말에 전적으로 동의해.)
- I'm with you on that. (나도 같은 생각이야.)

(4) 업무 중 대화 2

대표 기출

밑줄 친 부분에 들어갈 말로 가장 적절한 것을 고르시오. 24년 지방직 9급

> A: Can I get the document you referred to at the meeting yesterday?
> B: Sure. What's the title of the document?
> A: I can't remember its title, but it was about the community festival.
> B: Oh, I know what you're talking about.
> A: Great. Can you send it to me via email?
> B: I don't have it with me. Mr. Park is in charge of the project, so he should have it.
> A: _____
> B: Good luck. Hope you get the document you want.

① Can you check if he is in the office?
② Mr. Park has sent the email to you again.
③ Are you coming to the community festival?
④ Thank you for letting me know. I'll contact him.

> **해설**
> 대화는 어제 회의에서 언급했던 문서를 이메일로 요청하는 상황으로, B가 빈칸 앞에서 '나는 갖고 있지 않아요. Mr. Park이 프로젝트 담당자이니까, 갖고 있을 겁니다.'라고 했고, 빈칸 다음에서 'Hope you get the document you want(원하는 문서를 받기를 바랍니다.)'라고 했으므로, 대화의 흐름상 빈칸에 들어갈 말로 적절한 것은 ④ 'Thank you for letting me know. I'll contact him(알려주셔서 감사합니다. 그에게 연락해 볼게요).'이다.
>
> **해석**
> A: 어제 회의에서 언급했던 문서를 받을 수 있을까요?
> B: 네, 문서 제목이 뭐죠?
> A: 제목은 기억이 나지 않는데, 지역 축제에 관한 것이었어요.
> B: 네, 무엇을 얘기하고 계신지 알아요.
> A: 좋아요. 그것을 내게 이메일로 보내주실 수 있나요?
> B: 내가 그것을 가지고 있지 않아요. Mr. Park이 프로젝트 담당자이니까 갖고 있을 겁니다.
> A: 알려주셔서 감사합니다. 그에게 연락해 볼게요.
> B: 행운을 빌어요. 원하는 문서를 받기길 바랍니다.
>
> **정답** ④

■ 회의할 때 쓰는 표현

- The meeting will be held in the main conference room on the 3rd floor.
  (3층 주 회의실에서 회의가 열릴 것입니다.)
- 10 minutes for questions are allocated for each presentation.
  (각 발표자에게는 10분의 질문 시간이 주어집니다.)
- Let me introduce today's presenters to you one by one.
  (오늘 발표자를 한 사람씩 소개하겠습니다.)
- Let's take a 10-minute break.
  (10분간 휴식시간을 갖겠습니다.)
- We will adjourn until after lunch time and reconvene at 2 o'clock sharp.
  (점심시간 후까지 휴회하기로 하고 2시 정각에 회의를 재개하겠습니다.)
- We will close today's conference.
  (오늘 회의를 마치겠습니다.)

■ 회의 관련 어휘

agenda	의제, 안건	opening address	개회사
attendee	참석자	quorum	(의결에 필요한) 정족수
by majority	다수에 의해	representative	대표자, 대의원
call a meeting to order	개회를 선언하다	session	회의, 회의 기간
conference room	회의실	turnout	참석자 수
handout	유인물	unanimous	만장일치의

(5) 예약할 때 대화

대표 기출

밑줄 친 부분에 들어갈 말로 가장 적절한 것을 고르시오. 9급 출제기조 전환 예시문제

> A: Hello. I'd like to book a flight from Seoul to Oakland.
> B: Okay. Do you have any specific dates in mind?
> A: Yes. I am planning to leave on May 2nd and return on May 14th.
> B: Okay, I found one that fits your schedule. What class would you like to book?
> A: Economy class is good enough for me.
> B: Any preference on your seating?
> A: _____
> B: Great. Your flight is now booked.

① Yes. I'd like to upgrade to business class.
② No. I'd like to buy a one-way ticket.
③ No. I don't have any luggage.
④ Yes. I want an aisle seat.

해설

대화는 서울에서 오클랜드로 가는 항공편을 예약하는 상황으로, 빈칸 앞에서 B가 'Any preference on your seating(선호하는 좌석이 있으신가요?)'이라고 물었으므로, 빈칸에 들어갈 A의 답변으로 적절한 것은 ④ 'Yes. I want an aisle seat(네, 통로 쪽 좌석을 원해요).'이다.

해석

A: 안녕하세요. 서울에서 오클랜드로 가는 비행기를 예약하고 싶어요.
B: 알겠습니다. 계획하고 있는 날짜가 있으신가요?
A: 네, 5월 2일에 출발해서 5월 14일에 돌아올 예정이에요.
B: 네, 고객님 일정에 맞는 것을 찾았습니다. 어떤 등급 좌석으로 예약하시겠어요?
A: 일반석이면 충분해요.
B: 선호하는 좌석이 있으신가요?
A: 네, 통로 쪽 좌석을 원해요.
B: 잘됐네요. 항공편이 지금 예약되었어요.

정답 ④

- **예약 관련 표현**
    - I'd like to book a flight from Seoul to Oakland. (서울에서 오클랜드로 가는 비행기를 예약하고 싶어요.)
    - Can I reserve a shuttle to the airport tomorrow? (내일 공항 가는 셔틀버스를 예약할 수 있을까요?)
    - I'd like to make a reservation. (예약하고 싶어요.)
    - Can I reserve two seats at 7:00? (7시에 2명 예약할 수 있을까요?)
    - I'd like to check my reservation, please. / I want to confirm my reservation. (예약 확인하고 싶어요.)
    - May I have your name, please? (예약하신 분 성함이 어떻게 되시나요?)
    - We have a reservation in the name of Kim. (김으로 예약했어요.)
    - I'd like to change my reservation for tomorrow. (내일 예약을 변경하고 싶어요.)
    - Can I change reservation to 8:00? (예약시간을 8시로 바꿀 수 있을까요?)
    - Can I cancel my reservation? (예약을 취소할 수 있을까요?)

- **항공기 관련 어휘**

aisle seat	통로 좌석	nonsmoking area	금연 구역
business class	비즈니스석	occupied	(화장실 등을) 사용 중
economy class	일반석	overhead rack	(기내의 짐 넣는) 선반
in-flight meal	기내식	stopover	중간기착(지)
jet lag	시차로 인한 피로	window seat	창가 좌석
ETA(= estimated time of arrival)	도착 예정 시각	ETD(= estimated time of departure)	출발 예정 시간

(6) 무역 거래할 때 대화

> **대표 기출**
>
> **밑줄 친 부분에 들어갈 말로 적절한 것을 고르시오.** 24년 국가직 9급
>
> A: Thank you. We appreciate your order.
> B: You are welcome. Could you send the goods by air freight? We need them fast.
> A: Sure. We'll send them to your department right away.
> B: Okay. I hope we can get the goods early next week.
> A: If everything goes as planned, you'll get them by Monday.
> B: Monday sounds good.
> A: Please pay within 2 weeks. Air freight costs will be added on the invoice.
> B: _____
> A: I am afraid the free delivery service is no longer available.

① I see. When will we be getting the invoice from you?
② Our department may not be able to pay within two weeks.
③ Can we send the payment to your business account on Monday?
④ Wait a minute. I thought the delivery costs were at your expense.

> **해설**
>
> 대화에서 빈칸 앞에서 A가 'Air freight costs will be added on the invoice(송장에 항공운임이 추가될 겁니다).'라고 한 다음에 빈칸 다음에서 'I am afraid the free delivery service is no longer available(죄송하지만, 무료 배송서비스는 더 이상 제공되지 않습니다).'라고 했으므로, 대화의 흐름상 빈칸에 들어갈 말로 적절한 것은 ④ 'Wait a minute. I thought the delivery costs were at your expense(잠시만요. 배송비는 귀사에서 부담하는 줄 알았어요).'이다.
>
> **해석**
>
> A: 감사합니다. 주문해주셔서 감사합니다.
> B: 천만에요. 항공화물로 물품을 보내주실 수 있나요? 저희는 빨리 물건이 필요해요.
> A: 네, 지금 바로 귀하의 부서로 보내겠습니다.
> B: 알겠습니다. 다음 주 초에 물건을 받을 수 있으면 좋겠어요.
> A: 모든 것이 일정대로 진행된다면 월요일까지 받을 수 있을 거예요.
> B: 월요일 좋아요.
> A: 2주 안에 결제 부탁드립니다. 송장에 항공운임이 추가될 겁니다.
> B: 잠시만요. 배송비는 귀사에서 부담하는 줄 알았어요.
> A: 죄송하지만, 무료배송 서비스는 더 이상 제공되지 않습니다.
>
> **정답** ④

■ 경제 관련 어휘

CEO(Chief Executive Officer)	최고경영자
bankruptcy	도산, 파산
recession(= depression)	불황, 불경기
inflation	인플레이션
promising	유망한, 전망이 좋은
slump	경기 폭락
trade deficit	무역수지 적자

■ 무역 관련 어휘

invoice	송장
L/C (Letter of Credit)	신용장
P.O. (Purchase Order)	구입주문서
shipment	선적
due date	만기일
delivery option	배송 선택사항
free of charge	무료

Quick Check 보기에서 밑줄 친 부분에 들어갈 적절한 것을 고르시오.

ⓐ recession　　ⓑ slump　　ⓒ promising　　ⓓ invoice　　ⓔ shipment

01 The war was followed by an economic _____.

02 The future looks _____ for Korean companies abroad.

03 All fees are payable when the _____ is issued.

04 In the _____, the company's profits plunged 60%.

05 The goods are ready for _____.

해석
01 전쟁은 경기침체로 이어졌다.
02 해외에 있는 한국 기업들의 미래가 유망해 보인다.
03 모든 수수료는 송장이 발행되면 지불해야 한다.
04 불경기에 회사 수익이 60% 급감했다.
05 상품이 선적 준비가 완료되었다.

정답 01 ⓑ 02 ⓒ 03 ⓓ 04 ⓐ 05 ⓔ

(7) 은행 거래할 때 대화

대표 기출

밑줄 친 부분에 들어갈 말로 적절한 것을 고르시오. 19년 지방직 9급

> A: Hello. I need to exchange some money.
> B: Okay. What currency do you need?
> A: I need to convert dollars into pounds. What's the exchange rate?
> B: The exchange rate is 0.73 pounds for every dollar.
> A: Fine. Do you take a commission?
> B: Yes, we take a small commission of 4 dollars.
> A: _____?
> B: We convert your currency back for free. Just bring your receipt with you.

① How much does this cost
② How should I pay for that
③ What's your buy-back policy
④ Do you take credit cards

해설

빈칸에 해당하는 A의 질문에 대해 B가 다시 환전할 때는 비용이 없다고 설명하므로 빈칸에는 통화를 되파는 것과 관련된 ③ 'What's your buy-back policy(환매 정책은 어떻게 되죠)'가 적절하다.

해석

A: 안녕하세요. 돈을 환전하려고 합니다.
B: 예. 어떤 화폐로 해드릴까요?
A: 달러를 파운드로 바꿔야 합니다. 환율이 어떻게 되나요?
B: 1달러당 0.73파운드입니다.
A: 좋아요. 수수료를 떼시나요?
B: 예. 4달러의 소액 수수료를 받습니다.
A: 환매 정책은 어떻게 되죠?
B: 무료로 매입합니다. 영수증만 챙겨 오시면 됩니다.

정답 ③

■ 은행 관련 어휘

currency	통화	accrue	(이자 등이) 붙다
convert A into B	A를 B로 바꾸다	ATM	현금자동인출기
exchange rate	환율	balance	잔고
buy-back	환매	bank clerk[teller]	은행 창구직원
commission	수수료	bounce	(수표가) 부도 처리되다
CD	양도성 정기예금증서	checking account	당좌예금
clear	결제하다	credit to	~에 입금하다
deposit	입금[예금]하다	interest	이자
note	어음	outstanding	미지불의(=unpaid)
mortgage (loan)	담보대출	principal	원금
transfer	이체하다	withdrawal slip	예금청구서

Quick Check 보기에서 밑줄 친 부분에 들어갈 적절한 것을 고르시오.

ⓐ principal   ⓑ currency   ⓒ outstanding   ⓓ clear   ⓔ interest

01 The _____ on the loan is 16% per year.

02 We've got quite a few debts still _____.

03 No _____ is due for repayment until next year.

04 It usually takes three working days to _____ cheques.

05 The local language is Arabic and the _____ is the Egyptian Pound.

해석
01 대출 이자는 연 16%이다.
02 아직 미지불된 부채가 꽤 많다.
03 내년까지 상환 예정인 원금은 없다.
04 수표를 결제하는 데 보통 평일로 쳐서 3일이 걸린다.
05 지역 언어는 아라비아어이고 통화는 이집트 파운드이다.

정답 01 ⓔ 02 ⓒ 03 ⓐ 04 ⓓ 05 ⓑ

제3과목

한국사

Chapter 01	역사의 이해
Chapter 02	선사 시대와 국가의 형성
Chapter 03	고대 사회의 발전
Chapter 04	중세 사회의 발전
Chapter 05	근세 사회의 발전
Chapter 06	근대 태동기 사회의 발전
Chapter 07	근대 사회의 발전
Chapter 08	민족의 독립운동
Chapter 09	현대 사회의 발전

Chapter 01 역사의 이해

1 역사의 의미

(1) 사실로서의 역사
과거에 있었던 사실을 객관적으로 서술하는 것으로 객관적 의미의 역사를 말하며 과거의 모든 사건을 나타낸다(실증주의).

> 역사가는 자기 자신을 죽이고 과거가 본래 어떠했는가를 밝히는 것을 그의 지상 과제로 삼아야 하고, 이때 오직 역사적 사실로 하여금 이야기하게 해야 한다.
> ― L. V. 랑케(Ranke) ―

(2) 기록으로서의 역사
역사가에 의해 조사되어 기록된 과거를 나타내는 것으로 주관적 의미의 역사를 말하며 역사가의 가치관과 같은 주관적 요소가 개입된다(상대주의).

> 역사가와 역사상의 사실은 서로를 필요로 한다. '역사란 무엇인가?'라는 물음에 대한 나의 대답은 결국 다음과 같은 것이 된다. 역사란 역사가와 사실 사이의 부단한 상호작용의 과정이며, 현재의 사회와 과거의 사회 사이의 끊임없는 대화이다.
> ― E. H. 카(Carr) ―

더 알아보기

한자의 역사(歷史)라는 말에서 역(歷)이란 세월, 세대, 왕조 등이 하나하나 순서를 따라 계속되어 가는 것으로서 '과거에 있었던 사실'이나 '인간이 과거에 행한 것'을 의미하며, 사(史)란 활쏘기에 있어서 옆에서 적중한 수를 계산·기록하는 사람을 가리키는 말로써, '기록을 관장하는 사람' 또는 '기록한다'라는 의미로 쓰였다. 한편, 영어에서 역사를 뜻하는 'history'라는 단어의 어원으로 그리스어의 'historia'와 독일어의 'Geschichte'를 들 수 있다. 그리스어의 'history'라는 말은 '탐구' 또는 '탐구를 통하여 획득한 지식'을 의미하며, 독일어의 'Geschichte'라는 말은 '과거에 일어난 일'을 뜻한다.

Chapter 02 | 선사 시대와 국가의 형성

01 선사 시대

1 우리 민족의 기원

한민족의 특성	한민족의 형성
• 인종상 – 황인종, 언어학상 – 알타이 어족 • 단일 민족의 독자적 농경 문화 형성	• 만주~한반도 중심 분포(구석기 시대부터) • 민족의 기틀 형성(신석기 시대~청동기 시대)

2 우리나라의 선사 시대

(1) 구석기 · 신석기 시대

구분	구석기 시대(약 70만 년 전)	신석기 시대(기원전 8000년경)
유물	• 사냥 도구(주먹도끼, 찍개, 슴베찌르개) • 조리 도구(긁개, 밀개) • 골각기, 뗀석기	• 간석기(돌괭이, 돌보습 등 농기구) • 토기(이른 민무늬 토기, 덧무늬 토기, 눌러찍기문 토기, 빗살무늬 토기)
경제	약탈 경제(사냥, 채집, 어로)	• 생산 경제(농경 · 목축 시작) • 원시 수공업(가락바퀴, 뼈바늘)
사회 · 생활	• 이동 생활 • 가족 단위 · 무리 사회, 평등 사회 • 주술적 의미의 예술품(고래, 물고기 조각) • 동굴, 바위그늘, 막집(전국 분포)	• 정착 생활 • 씨족 단위 · 부족 사회, 족외혼 • 원시 신앙 발생(애니미즘, 샤머니즘) • 움집 거주(강가와 해안 – 원형 · 방형, 중앙 화덕, 저장 구덩이)

(2) 주요 유적지

구석기 시대	신석기 시대
• 단양 금굴: 가장 오래된 구석기 유적지 • 공주 석장리: 남한에서 발견된 최초의 구석기 유적지, 선각화 발견 • 청원 두루봉 동굴: 흥수아이 발견 • 종성 동관진: 한반도에서 최초로 발견된 구석기 유적지 • 연천 전곡리: 아슐리안형 주먹도끼 발견	• 제주 고산리: 가장 오래된 신석기 유적지 • 양양 오산리: 한반도 최고(最古)의 집터 유적지 발견 • 서울 암사동: 빗살무늬 토기 발견

02 고조선

1 고조선과 청동기 문화

(1) 청동기 · 철기 시대

구분	청동기 시대(기원전 10세기경)	철기 시대(기원전 4세기경)
유물	• 청동 제품(비파형동검, 거친무늬 거울) • 간석기(홈자귀, 바퀴날 도끼) • 민무늬 토기, 미송리식 토기, 붉은 간 토기	• 철제 농기구 · 무기 • 청동제의 독자 발전(거푸집 – 세형동검, 잔무늬 거울) • 토기 다양화(검은 간 토기, 덧띠 토기)
경제	농경과 목축 발달(보리, 콩, 벼), 반달돌칼	• 경제 기반 확대 • 중국과 교역 시작(명도전 · 반량전 · 오수전, 붓)
사회 · 생활	• 사유 재산 · 계급 발생(군장 사회) • 전문 분업 발생 • 선민 사상 • 움집(장방형, 4~8명 거주, 주춧돌 사용) • 무덤: 고인돌, 돌널무덤, 돌무지무덤	• 연맹 국가 발전: 부족장 → 왕 • 바위 그림: 울주 반구대, 고령 장기리 암각화 • 지상 가옥: 배산임수 · 밀집 취락 형성 • 무덤: 널무덤, 독무덤
유적지	평북 의주 미송리 동굴, 경기 여주 흔암리, 충남 부여 송국리, 울산 검단리	

(2) 고조선의 성립(기원전 2333~기원전 108)

① 단군과 고조선
  ㉠ 배경: 청동기 문화 바탕 → 철기 문화 성장(기원전 4세기)
  ㉡ 기록 문헌: 『삼국유사』, 『제왕운기』, 『응제시주』, 『세종실록지리지』, 『동국여지승람』
  ㉢ 특징: 구릉 지대 거주, 선민 사상, 농경 사회, 토테미즘, 계급 분화, 사유 재산, 제정 일치
  ㉣ 주요 유물: 거친무늬 거울, 미송리식 토기, 북방식 고인돌, 비파형동검
② 정치 발전: 요령 지방 중심 → 한반도까지 발전

단군과 고조선(기원전 2333)	위만의 집권(기원전 194)
• 청동기 문화 배경 • 왕위 세습(기원전 3세기경 부왕, 준왕 등장) • 관직 정비(상, 대부, 장군) • 요령 지방 → 한반도 영토 확장 • 중국(연)과 대립	• 철기 문화의 본격 수용 • 활발한 정복 사업 • 농업 · 상공업 발달 • 중계 무역으로 경제적 이익 독점 • 한의 침략 · 멸망(기원전 108) → 한 군현 설치

(3) **고조선 사회**: 8조법(『한서』 지리지) → 법 60조항 증가, 풍속 각박(한 군현 설치 후)

살인자 → 사형	개인 생명 중시
상해자 → 곡물 배상	농경 사회, 노동력 중시
절도자 → 노비화, 돈 배상	사유 재산 보호, 노비가 존재하는 계급사회, 화폐 사용
여자의 정절 중시	가부장적 가족 제도 확립

03 여러 나라의 성장

1 국가의 형성

구분	부여	고구려	옥저	동예	삼한
위치	송화강 유역	졸본 지방	함경도 해안	강원 북부 해안	한강 이남
정치	5부족 연맹체 (사출도)	5부족 연맹체 (제가 회의)	왕 없음 (군장 지배)		연맹 국가 (목지국)
군장	마가, 우가, 저가, 구가	상가, 고추가, 대로, 사자, 조의, 선인	삼로, 읍군		신지, 견지, 읍차, 부례
경제	농경, 목축	약탈 경제(부경)	농경, 어업	농경, 방직 기술 발달	벼농사(저수지)
	말, 주옥, 모피	토지 척박 – 양식 부족	어물, 소금	단궁, 과하마, 반어피	철(변한)
제천 행사	영고(12월)	동맹(10월), 국동대혈	–	무천(10월)	5월 수릿날, 10월 계절제
혼인	형사취수제	데릴사위제(서옥제), 형사취수제	민며느리제	족외혼	군혼
기타	순장, 1책 12법, 흰옷, 우제점복	무예 숭상, 점복	골장제(가족 공동묘), 쌀 항아리	책화	제정분리(소도), 귀틀집, 두레

더 알아보기

연맹 국가의 생활 모습
- 고구려에는 큰 산과 깊은 골짜기가 많고 평원과 연못이 없어서 계곡을 따라 살며 골짜기 물을 식수로 마셨다. 좋은 밭이 없어서 힘들여 일구어도 배를 채우기는 부족하였다. 사람들의 성품은 흉악하고 급해서 노략질하기를 좋아하였다.
- 부여는 구릉과 넓은 못이 많아서 동이 지역 가운데서 가장 넓고 평탄한 곳이다. 토질은 오곡을 가꾸기에는 알맞지만 과일은 생산되지 않았다. 사람들 체격이 매우 크고 성품이 강직·용맹하며 근엄하고 후덕하여 다른 나라를 노략질하지 않았다.
- 옥저는 큰 나라 사이에서 시달리고 괴롭힘을 당하다가 마침내 고구려에 복속되었다. 고구려는 그 나라 사람 가운데 대인을 뽑아 사자로 삼고 토착 지배층과 함께 통치하게 하였다. 동예는 대군장이 없고 한 대 이후로 후, 읍군, 삼로 등의 관직이 있어서 하호를 통치하였다. 동예의 풍속은 산천을 중요시하여 산과 내마다 구분이 있어 함부로 들어가지 않는다.
- 삼한에서는 5월에 파종하고 난 후 제사를 올렸다. 이때 사람들이 모여 노래하고 춤추고 밤낮을 쉬지 않고 놀았다. 10월에 농사가 끝나면 이와 같이 제사를 지내고 즐긴다.

– 『삼국지』 위서 동이전 –

Chapter 03 | 고대 사회의 발전

01 고대의 정치

1 고대 국가의 성립

(1) 고대 국가의 성격

　① 고대 국가의 형성: 영역 확대 과정에서 경제력과 군사력 성장 → 왕권 강화

　② 중앙 집권적 고대 국가 형성

구분	고대 국가 형성	율령 반포	불교 발달	영토 확장
고구려	태조왕	소수림왕	소수림왕	광개토대왕, 장수왕
백제	고이왕	고이왕	침류왕	근초고왕
신라	내물왕	법흥왕	눌지왕, 법흥왕	진흥왕

(2) 삼국의 성립

구분	건국 집단	왕	중앙 집권 국가 기반
고구려	부여계 유이민 + 압록강 유역 토착민	태조왕	• 옥저 복속, 낙랑 압박 • 고씨의 왕위 세습
백제	고구려계 유이민 + 한강 유역 토착민	고이왕	• 한 군현과 항쟁, 한강 유역 장악 • 율령 반포, 관등제 정비, 관복제 도입
신라	유이민 집단(박 · 석 · 김) + 경주 토착 세력 → 국가 발전의 지연	내물왕	• 낙동강 유역 진출 • 김씨 왕위 세습, 마립간(대군장) 왕호 사용
가야	낙동강 하류의 변한 지역 → 6가야 연맹	미상	• 농경 문화, 철 생산, 중계 무역(낙랑, 왜) • 중앙 집권 국가로의 성장 한계

2 삼국의 발전과 통치 조직

(1) 삼국의 정치적 발전

구분		고구려	백제	신라
부족 연맹 단계		졸본 사회(기원전 37)	위례 사회(기원전 18)	6사로 사회(기원전 57)
고대 국가 형성기 (1~4세기)	고대 형성	태조왕(1세기 후반)	고이왕(3세기 중엽)	내물왕(4세기 말)
	율령 반포	소수림왕(4세기 후반)	고이왕(3세기 중엽)	법흥왕(6세기 초)
	불교 공인	소수림왕(4세기 후반)	침류왕(4세기 말)	법흥왕(6세기 초)
정복 활동기 (4~6세기)		• 광개토대왕: 신라에 침입한 왜구 격퇴(호우명 그릇), 광개토대왕비 • 장수왕: 남진 정책, 충주 고구려비 → 나·제 동맹	• 근초고왕: 마한 정복 및 요서·산둥 진출, 규슈 진출(칠지도) • 문주왕: 웅진 천도(475) • 무령왕: 지방 통제 강화 • 성왕: 사비 천도(538), 신라와 연합하여 한강 유역을 일시적으로 수복하였으나, 신라의 배신으로 점령지를 빼앗기고 관산성 전투에서 전사	• 지증왕: 우산국(울릉도) 복속 (512, 이사부) • 법흥왕: 금관가야 정복(532) • 진흥왕: 한강 유역 장악 및 대가야 정복(562) → 단양 적성비, 4개의 순수비

(2) 삼국 간 항쟁과 대외 관계

구분			삼국의 상호 경쟁	삼국의 대외 관계
4세기	–	근초고왕	백제 전성기 ↔ 고구려·신라 동맹	동진 – 백제 – 왜 전진 – 고구려 – 신라
5세기	제1기	광개토대왕, 장수왕	• 고구려 전성기 ↔ 신라·백제 동맹 • 중원 고구려비	중국(송·제) – 백제 – 왜 중국(송·제) – 백제 – 신라
6세기	제2기	법흥왕, 진흥왕	• 신라 발전기 ↔ 고구려·백제 동맹 • 단양 적성비, 4개 순수비	중국(양·진) – 백제 – 왜 중국(양·진) – 신라
7세기	제3기	무열왕, 문무왕	• 삼국 통일기(남북 진영 ↔ 동서 진영) • 고구려와 수·당의 전쟁	돌궐 – 고구려 – 백제 – 왜 수·당 – 신라

(3) 삼국의 통치 체제

구분	고구려	백제	신라
통치 체제	국왕 중심의 일원적 통치 체제		
관등	10여 관등(형, 사자)	16관등(솔, 덕)	17관등(찬, 나마)
중앙관제	–	6좌평(고이왕) → 22부(성왕)	병부(법흥왕) 등 10부
합의 제도	제가 회의(대대로)	정사암 회의(상좌평)	화백 회의(상대등)
지방행정	5부(수도) – 5부(지방, 욕살)	5부(수도) – 5방(지방, 방령)	6부(수도) – 5주(지방, 군주)
특수 구역	3경(국내성, 평양성, 한성)	22담로(지방 요지)	2소경(충주, 강릉)
군사 조직	• 지방 행정 조직 = 군사 조직 • 지방관 = 군대의 지휘관(백제 – 방령, 신라 – 군주)		

3 대외 항쟁과 신라의 삼국 통일

(1) 대 중국 전쟁
　① 고구려와 수·당의 전쟁
　　㉠ 배경: 수의 중국 통일 이후 위기감 고조 ↔ 고구려의 대 중국 강경책
　　㉡ 과정: 고구려의 요서 지방 선제 공격(598, 영양왕) → 수의 침입 → 수의 대패 → 수의 침입 → 살수대첩(612, 을지문덕) → 수의 멸망(618) → 천리장성 축조(연개소문) → 당 태종의 침입 → 안시성 전투(645, 양만춘)
　　㉢ 의의: 민족의 방파제 역할(중국의 침입으로부터 민족을 수호)
　② 신라의 삼국 통일
　　㉠ 배경: 여·제 동맹의 신라 압박, 중국의 고구려 침략 실패(살수대첩, 안시성 전투)
　　㉡ 과정: 나·당 연합 → 백제 멸망(660) → 고구려 멸망(668) → 나·당 전쟁 승리(676, 매소성·기벌포)
　　㉢ 의의: 불완전 통일(외세의 협조, 대동강 이남 통일), 자주적 성격(당 축출), 민족 문화 발전의 토대 마련

(2) 고구려와 백제의 부흥 운동

구분	고구려	백제
근거지	한성(재령), 오골성	주류성(서천), 임존성(예산)
중심 인물	안승, 검모잠, 고연무	복신, 도침, 흑치상지
결과	신라의 도움 → 실패, 발해의 건국(대조영)	왜의 지원(백촌강 전투), 나·당 연합군에 의해 실패

4 남북국 시대의 정치 변화

(1) 통일 신라와 발해의 발전

구분	통일 신라	발해
7세기	• 무열왕: 최초의 진골 출신 왕, 백제 정복(660) • 문무왕: 고구려 멸망(668), 나·당 전쟁 승리 → 삼국 통일(676) • 신문왕: 체제 정비(9주 5소경), 관료전 지급, 국학 설립	고왕: 진 건국(대조영, 698) → 고구려 부흥
8세기	• 성덕왕: 전제 왕권 안정, 정전 지급 • 경덕왕: 녹읍제 부활 • 선덕왕: 내물왕계 왕위 계승, 왕위 쟁탈전 • 원성왕: 독서삼품과 실시(788)	• 무왕: 말갈족 통합, 당과 대결(산둥 반도 공격) → 만주~연해주 영토 확보, 일본에 국서 보냄(고구려 계승 의식) • 문왕: 당과 친교·문화 수용, 상경 천도, 체제 정비(3성 6부제)

9세기	• 헌덕왕: 무열계의 항거(김헌창의 난, 822) • 문성왕: 장보고의 난(846) • 진성여왕: 농민 봉기 발생, 최치원의 시무 10조 건의(과거 제도와 유교 정치 이념)	선왕: 해동성국 칭호, 요하 중류 진출, 지방 행정 조직 정비(5경 15부 62주)
10세기	• 견훤: 후백제 건국(900) • 궁예: 후고구려 건국(901) • 왕건: 고려 건국(918), 신라 멸망(935), 후백제 멸망(936)	애왕: 거란에 멸망(926)

(2) 통일 신라와 발해의 통치 체제

구분	통일 신라	발해
수상	집사부(시중)	대내상
중앙관제	집사부 13관부, 사정부(감찰 기구)	3성 6부
귀족 회의	화백 회의	정당성
지방	9주(총관 → 도독)	15부(도독) - 62주(자사)
특수 구역	5소경(사신)	5경
군사 제도	9서당 10정	10위

(3) 신라 말기의 정치 변동과 호족 세력의 성장

① 신라 말기의 정치 변동
  ㉠ 전제 왕권 몰락: 왕위 쟁탈전 격화, 귀족 연합 정치 운영(시중<상대등) → 지방 반란 빈발(김헌창의 난)
  ㉡ 농민 사회의 위기: 대토지 소유 확대, 농민 몰락(노비나 초적으로 몰락) → 신라 정부에 저항
  ㉢ 호족 세력의 등장: 지방의 행정·군사권 장악(성주, 군주), 경제적 지배력 행사
  ㉣ 개혁 정치의 시도: 6두품 출신의 유학생, 선종 승려 중심 → 골품제 사회 비판, 새로운 정치 이념 제시

② 후삼국의 성립

구분	후백제	후고구려
배경	• 견훤(농민 출신) • 군진·호족 세력을 토대로 건국(900)	• 궁예 • 초적·호족 세력을 토대로 건국(901)
발전	• 완산주(전주)에 도읍 • 우수한 경제력을 토대로 군사적 우위 확보 • 중국과 외교 관계 수립	• 국호(후고구려 → 마진 → 태봉) • 도읍지(송악 → 철원) • 관제 정비: 광평성 설치(국정 총괄) • 9관등제 실시
한계	• 농민에 대한 지나친 조세 부과 • 신라에 적대적, 호족 세력의 포섭에 실패	• 농민에 대한 지나친 조세 부과 • 미륵 신앙을 이용한 전제 정치 도모

02 고대의 경제

1 삼국의 경제 생활

(1) 삼국의 경제 정책

① 농민 지배 정책의 변화

삼국 초기	삼국 간 경쟁기
주변 소국과의 정복 전쟁	피정복민을 노비처럼 지배하던 방식 개선
• 피정복 토지 · 농민의 국가 재원화 → 토산물 징수 • 공물 수취, 전쟁 포로, 식읍	• 피정복민에 대한 수취와 대우 개선 • 신분적 차별과 경제적 부담은 존속

② 수취 체제의 정비와 민생 안정책

수취 제도 정비	민생 안정책
• 초기: 농민에게 전쟁 물자 징수, 군사로 동원 → 농민의 토지 이탈 초래 • 수취 정비: 합리적 세금 부과 → 곡물 · 포, 특산물, 노동력 동원	• 농업 생산력 향상: 철제 농기구 보급, 우경 장려, 황무지 개간 권장, 저수지 축조 • 농민 구휼 정책: 부채 노비 발생 → 진대법 시행

③ 경제 활동

상공업	무역
• 수공업: 노비가 생산(초기) → 관청 수공업 • 상업: 도시에 시장 형성 → 시장 감독관청 설치	• 공무역 형태 • 고구려: 남북조, 북방 민족 • 백제: 남중국, 왜 • 신라: 한강 점령 후 당항성을 통하여 중국과 직접 교역

(2) 귀족과 농민의 경제 생활

구분	귀족의 경제 생활	농민의 경제 생활
경제 기반	• 본래 소유 토지 · 노비 + 녹읍 · 식읍 + 전쟁 포로 • 생산 조건 유리: 비옥한 토지, 철제 농기구 + 고리대 이용 → 재산 확대	• 척박한 토지 소유, 부유한 자의 토지 경작 • 농기구 변화: 돌 · 나무 농기구(초기) → 철제 농기구 보급(4 · 5세기)과 우경 확대(6세기)
경제 생활	• 노비 · 농민 동원: 토지 경작 강요, 수확물의 대부분 수탈 • 고리대금업 → 농민의 토지 수탈, 농민 노비화 • 생활상: 기와집, 창고, 마구간, 우물, 주방 등을 갖춤 → 풍족 · 화려한 생활(안악 3호분)	• 농민의 부담: 곡물 · 삼베 · 과실 부담, 노동력 징발, 전쟁 물자 조달 • 자연 재해, 고리대 → 노비 · 유랑민 · 도적으로 전락 • 생활 개선 노력: 농사 기술 개발, 경작지 개간 → 농업 생산력 향상

(3) 삼국의 무역

① 4세기 이후 발달(공무역 형태)

② 수출품: 토산물

③ 수입품: 귀족 용도 사치품

2 남북국 시대의 경제적 변화

(1) 통일 신라의 경제 정책

구분	수취 체제의 변화	국가의 토지 지배권 재확립
배경	• 피정복민과의 갈등 해소, 사회 안정 추구 • 촌주를 통해 백성 간접 지배(민정문서)	• 왕토 사상 배경 • 국왕의 권한 강화, 농민경제 안정 추구
변화	• 조세: 생산량의 1/10 징수 • 공물: 촌락 단위로 특산물 징수 • 역: 군역과 요역(16~60세의 정남 대상)	• 귀족: 녹읍 폐지(신문왕) → 관료전 지급(신문왕) → 녹읍 부활(경덕왕) • 농민: 정전 지급(성덕왕), 구휼 정책 강화 – 민정문서

(2) 통일 신라의 경제 활동

① 경제력의 신장: 농업 생산력 증가, 인구 증가, 상품 생산 증가 → 시장(서시 · 남시) 설치
② 무역의 발달(8세기 이후): 공무역 · 사무역 발달 → 이슬람 상인 왕래(울산항)

구분	통일 신라	발해
무역	• 대당 무역: 산둥 반도 – 양쯔강 하류 진출(신라방 · 신라소 · 신라관 · 신라원 설치) • 대일 무역: 초기 무역 제한 → 8세기 이후 발달 • 장보고의 활약: 청해진 설치 → 남해 · 황해의 해상 무역권 장악 • 국제 무역 발달: 이슬람 상인 왕래 – 울산항 • 무역로: 영암, 남양만, 울산항	• 대당 무역(산둥 반도 덩저우 – 발해관) • 대일 무역(동해 해로 개척 → 신라 견제 목적)
수출	견직물, 베, 해표피, 금 · 은 세공품	모피, 말, 인삼 등 토산품, 불상, 유리잔, 자기
수입	비단, 책, 귀족의 사치품	비단, 책, 황금 등 귀족의 수요품

(3) 귀족과 농민의 경제 생활

구분	귀족의 경제 생활	농민의 경제 생활
경제 기반	• 녹읍 · 식읍 바탕 → 조세 · 공물 징수, 노동력 동원 • 통일 후 녹읍 폐지, 관료전 지급, 곡식 분배 • 귀족은 세습 토지, 노비, 목장, 섬 소유	• 시비법 미발달, 척박한 토지 → 적은 생산량 • 귀족의 토지 경작 → 생산량의 1/2 납부
경제 생활	• 당, 아라비아에서 사치품 수입 • 호화 별장 소유(금입택, 사절유택)	• 조세 부담 가혹: 전세, 공물, 부역 부담 가중 • 귀족과 지방 유력자의 농장 확대, 고리대 → 노비, 유랑민, 도적으로 전락 • 향 · 부곡민: 농민보다 많은 공물 부담 • 노비: 왕실, 관청, 귀족, 절 등에 소속되어 물품 제작, 일용 잡무 및 주인의 땅 경작

(4) 신라 민정문서

목적	촌락 단위로 호구, 인구 수, 생산물을 조사·파악하여 수취 체제 확립
조사 대상	농민(남녀 모두)과 노비
작성자	촌주가 매년 조사하고, 촌주가 3년마다 작성
호의 등급	인정의 다과에 따라 9등급
인정의 구분	연령별·남녀별로 6등급
토지의 종류	연수유답, 촌주위답, 관모전답, 내시령답 등
시기	경덕왕 시기로 추정, 서원경(청주) 부근의 4개 촌락에 관한 기록
발견	1933년 일본 도다이사 정창원

(5) 발해의 경제 발달

① 수취 제도: 조세(곡물 징수), 공물(특산물 징수), 부역 동원

② 귀족의 생활: 대토지 소유, 화려한 생활(당의 비단·서적 수입)

③ 산업의 발달

농업	밭농사 중심, 일부 지방 벼농사, 목축·수렵 발달
어업	고기잡이 도구 개량, 숭어, 문어, 대게, 고래 등 포획
수공업	금속 가공업, 직물업, 도자기업 발달, 철 생산 풍부, 구리 제련술 발달
상업	도시와 교통의 요충지에 상업 발달, 현물 화폐 사용, 외국 화폐 유통

④ 대외 무역: 당·신라·거란·일본 등과 교역

㉠ 대당 무역: 발해관 설치(산둥 반도의 덩저우), 수출품(모피, 불상, 자기), 수입품(귀족 수요품 – 비단, 책, 황금 등)

㉡ 대일 무역: 일본과의 외교 관계 중시 – 활발한 무역 활동 전개

03 고대의 사회

1 신분제 사회의 성립

청동기·철기 시대	• 정복 전쟁 전개 → 정복과 복속의 부족 간 통합 과정 • 지배층 사이의 위계 서열 형성 → 신분 제도(귀족, 평민, 천민)로 발전
초기 국가	• 가와 대가: 호민을 통해 읍락 지배, 관리와 군사력 소유 → 정치 참여 • 호민과 하호: 호민(경제적 부유층), 하호(농업 종사 평민) • 노비: 주인에게 예속된 최하층 천민
고대 국가	• 귀족: 왕족과 부족장 세력으로 편성, 특권 향유(율령 제정, 골품 제도) • 평민: 신분적 자유민(대부분 농민), 정치·사회적 제약, 조세 납부·노동력 징발 • 천민: 노비와 집단 예속민 구성, 전쟁·세습·형벌·부채 노비 발생

2 삼국 사회의 모습

(1) 고구려와 백제의 사회 기풍

구분	고구려	백제
사회 기풍	• 산간 지역 입지 → 식량 생산 부족 • 대외 정복 활동 → 상무적 기풍	• 고구려와 유사(언어, 풍속, 의복), 상무적 기풍 • 세련된 문화(중국과 교류 → 선진 문화 수용)
법률	• 반역자·반란자 → 화형·참형(가족은 노비) • 항복자·패전자 → 사형 • 절도자 → 12배 배상	• 반역자·패전자·살인자 → 사형 • 절도자 → 귀양, 2배 배상 • 뇌물, 횡령 관리 → 3배 배상, 종신형
지배층	왕족인 고씨와 5부 출신 귀족	왕족인 부여씨와 8성의 귀족
사회 모습	• 자영 농민: 조세와 병역·요역 의무, 진대법 • 천민과 노비: 피정복민, 몰락 평민, 부채 노비 • 형사취수제·서옥제(지배층), 자유 결혼(평민)	• 지배층: 한문 능숙, 투호·바둑·장기 즐김 • 일반 백성: 농민, 천민, 노비도 존재

(2) 신라의 화백 회의와 골품 제도, 화랑도

화백 회의	• 기원: 신라 초기의 전통을 오랫동안 유지 • 구성: 의장인 상대등(이벌찬)과 진골 출신의 대등 • 운영: 만장일치제 → 집단의 단결 강화와 부정 방지 • 역할: 귀족 세력과 왕권의 권력 조절 기능 → 귀족들의 왕권 견제(국왕 추대 및 폐위)
골품 제도	• 배경: 각 족장 세력 통합 편제 → 왕권 강화, 통치 기반 구축 • 구분: 왕족(성골, 진골), 귀족(6·5·4두품) • 역할: 사회 활동과 정치 활동의 범위 제한, 일상 생활 규제(가옥, 복색, 수레 등 구분)
화랑도	• 기원: 원시 씨족 사회의 청소년 집단 → 국가 조직으로 발전(진흥왕, 원광의 세속 오계) • 구성: 화랑(귀족 중 선발)과 낭도(평민 및 귀족) • 기능: 계층 간 대립과 갈등 조절·완화, 전통 사회 규범 습득

3 남북국 시대의 사회

(1) 통일 신라의 사회 변화

구분	사회 모습
민족 문화 발전	삼국 상호 간 혈연적 동질성과 문화적 공통성 바탕 → 민족 문화 발전 계기
민족 통합 노력	• 백제와 고구려 옛 지배층에게 신라 관등 부여 • 백제와 고구려 유민 등을 9서당에 편입
전제 왕권 강화	• 영토와 인구 증가 → 국가 경제력 향상 • 신문왕의 일부 진골 귀족 숙청(김흠돌의 난)
신분제의 변화	• 진골 귀족 위주 사회: 중앙 관청의 장관직 독점, 합의를 통한 국가 중대사 결정 • 6두품 부각: 학문적 식견과 실무 능력 바탕 → 국왕 보좌, 고위직 진출 한계 • 골품제의 변화: 하위 신분층(3두품~1두품)은 점차 희미 → 평민과 동등 간주

(2) 발해의 사회 구조

구분	지배층	피지배층
사회 구성	• 고구려계(왕족 대씨, 귀족 고씨 등) • 중앙과 지방의 주요 관직 독점, 노비와 예속민 소유	• 대부분 말갈인 → 일부는 지배층에 편입 • 촌락의 우두머리로 행정 보조
이원적 사회 체제	• 당의 제도와 문화 수용 • 당에 유학생 파견 → 빈공과에 응시	고구려나 말갈 사회의 전통 생활 유지

(3) 통일 신라 사회의 생활

도시의 발달	귀족과 평민의 생활
• 수도 금성: 정치와 문화의 중심지, 귀족의 금입택과 민가 밀집, 거대한 소비 도시 • 5소경: 지방 문화의 중심지, 과거 백제·고구려·가야의 지배층, 수도에서 이주한 신라 귀족 거주	• 귀족 생활: 금입택 거주, 노비·사병 소유, 대토지와 목장 수입, 고리대업 소득, 불교 후원, 수입 사치품 선호 • 평민 생활: 자신의 토지를 경작하거나 귀족의 토지를 빌려 경작, 귀족의 부채 노비화

(4) 통일 신라 말의 사회 모순

농민의 몰락	• 귀족들의 정권 다툼, 대토지 소유 확대, 자연 재해 빈번 → 자영농 몰락 촉진 • 대토지 소유자의 조세 회피 → 농민 부담 가중
지방 세력 성장	지방 토착 세력과 사원의 대토지 소유 → 신흥 세력으로 등장
농민 봉기 발발	중앙 정부의 기강 극도 문란, 국가 재정의 고갈, 강압적 조세 징수 → 원종·애노의 난(889)

04 고대의 문화

1 학문과 사상·종교

(1) 한자의 보급과 교육
  ① 한학의 발달
   ㉠ 한자의 보급: 철기 시대(경남 창원 다호리에서 붓 출토) → 삼국 시대(지배층 사용 - 유교, 불교, 도교의 서적들을 이해)
   ㉡ 한학의 발달: 이두와 향찰 사용 → 한문의 토착화, 한문학의 보급
  ② 역사서 편찬과 유학의 보급

구분	고구려	백제	신라	통일 신라	발해
교육 기관	• 태학(경전, 역사) • 경당(한학, 무술)	박사 제도 (경전과 기술 교육)	• 화랑도 • 임신서기석	• 국학 • 독서삼품과(관리 등용)	• 주자감(경전) • 당의 빈공과에 응시
대표적 한문	• 광개토대왕릉비문 • 중원고구려비문 • 을지문덕 5언시	• 개로왕의 국서 • 사택지적비문 • 무령왕릉지석	• 울진봉평신라비 • 진흥왕 순수비 • 임신서기석	• 강수(외교문서) • 설총(이두 정리) • 최치원(『계원필경』, 『토황소격문』, 『제왕연대력』)	• 정혜공주묘 • 정효공주묘 • 한시(양태사, 왕효렴)
역사서	『유기』, 『신집』 (이문진, 영양왕)	『서기』 (고흥, 근초고왕)	『국사』 (거칠부, 진흥왕)	『화랑세기』, 『고승전』(김대문)	발해 문자 사용

(2) 불교의 수용
  ① 불교 사상의 발달

구분	불교의 전래	불교 사상의 발달	
시기	중앙 집권 체제 정비 무렵	통일 신라	발해
과정	• 고구려: 소수림왕 공인(372) • 백제: 침류왕 공인(384) • 신라: 법흥왕 공인(528)	• 원효(『대승기신론소』, 『금강삼매경론』, 『십문화쟁론』) • 의상(『화엄일승법계도』 - 화엄사상 성립) • 혜초(『왕오천축국전』)	• 고구려 불교 계승 • 정효공주묘 - 대흥보력효감금륜성법대왕(大興寶曆孝感金輪聖法大王) → 문왕(불교적 성왕 자칭)
주체	왕실, 귀족 주도	불교의 대중화	왕실, 귀족 주도
사상	업설, 미륵불 신앙	아미타 신앙(원효), 관음 사상(의상)	관음 신앙, 법화 신앙
영향	• 새로운 국가 정신 확립 • 왕권 강화의 이념적 토대 • 문화 발전에 기여	삼국 불교 토대 + 중국과 교류 → 불교 사상의 확대와 본격적 이해 기반 확립	많은 사원과 불상 조성

② 선종의 등장: 불립문자(不立文字) · 견성성불(見性成佛) → 실천적 경향

구분	교종	선종
시기	신라 중대	신라 하대
내용	불경 · 교리 중시	참선 · 수행 중시
지지 기반	중앙 진골 귀족	지방 호족, 6두품
종파	5교	9산
영향	중앙 집권 강화, 조형 미술 발달	• 조형 미술 쇠퇴, 승탑 · 탑비 발달 • 지방 문화의 역량 증대, 고려 사회 건설의 사상 바탕

(3) 도교와 풍수지리설의 전래

구분	도교의 전래	풍수지리설 전래
내용	• 고구려(사신도, 연개소문의 장려 ↔ 열반종) • 백제(산수무늬 벽돌, 백제 금동 대향로) • 발해(정효공주묘)	• 신라 말기 전래(도선): 신라 왕실의 권위 약화 • 고려 시대: 서경 길지설 - 북진 정책의 근거 • 조선 시대: 산송 문제 발생 → 현재까지 계승
영향	• 산천 숭배나 신선 사상과 결합 • 귀족 사회를 중심으로 유행	• 인문지리학설: 국토의 효율적인 이용과 관련 • 도참 신앙 결합: 지방 중심의 국토 재편성 주장

2 과학 기술의 발달

구분	발달 내용
천문학	• 농경과 밀접한 관련, 왕의 권위를 하늘과 연결 • 고구려 천문도(고분 벽화의 별자리 그림), 신라 첨성대(현존 세계 최고의 천문대) • 『삼국사기』: 천문 현상 관측 기록(일월식, 혜성 출현, 기상 이변 등)
수학	• 고구려: 고분의 석실 · 천장의 구조 • 백제: 정림사지 5층 석탑 • 신라: 황룡사 9층 목탑, 석굴암의 석굴 구조, 불국사 3층 석탑 · 다보탑
인쇄술	• 인쇄술: 무구정광대다라니경(현존하는 세계 최고의 목판 인쇄물) • 제지술: 닥나무 종이 재료 - 통일 신라의 기록 문화 발전에 크게 기여
금속 기술	• 고구려: 우수한 철제 무기와 도구 출토 - 고분 벽화에 묘사 • 백제: 금속 공예 기술 발달 - 칠지도, 백제 금동 대향로 • 신라: 금 세공 기술 발달(금관, 금속 주조 기술 발달) - 성덕대왕 신종
농업 기술	• 고구려: 쟁기 갈이, 보습 사용 • 백제: 수리 시설 축조, 철제 농기구 개량 → 논농사의 발전 • 신라: 우경 보급 확대, 농기구의 보급(쟁기, 호미, 괭이의 사용)

3 고대인의 자취와 멋

(1) 고분과 고분 벽화: 굴식 돌방무덤에서 벽화 발견 – 패기와 진취성 표출(고구려), 부드럽고 온화한 기풍(백제)

구분		대표적 고분	고분 양식	특징
고구려	초기	장군총	돌무지무덤	7층 계단식 무덤
	후기	강서 고분, 무용총	굴식 돌방무덤	벽화 발달(사신도, 수렵도)
백제	한성 시대	석촌동 고분	돌무지무덤	고구려의 영향
	웅진 시대	송산리 고분	굴식 돌방무덤	거대한 규모, 사신도 발견
		무령왕릉	벽돌무덤	중국 남조의 영향
	사비 시대	능산리 고분	굴식 돌방무덤	규모가 작고 세련, 사신도 발견
신라		천마총	돌무지 덧널무덤	목재 덧널, 거대한 규모, 천마도
통일 신라		문무왕릉	수중릉	불교 영향, 화장 유행
		김유신묘	굴식 돌방무덤	둘레돌, 12지 신상 조각
발해		정혜공주묘	굴식 돌방무덤	모줄임 천장 구조(고구려 고분과 유사), 돌사자상 출토
		정효공주묘	벽돌무덤	당의 영향, 불로장생 사상

(2) 건축과 탑

① **건축**: 남아 있는 고분과 궁궐터를 통해 건축 양식을 짐작할 수 있음

구분	건축물	시기	특징
고구려	안학궁	장수왕	궁궐 건축 중 가장 큰 규모, 남진 정책의 기상 반영
백제	미륵사	무왕	백제의 중흥 반영, 중앙에 목탑·동서에 석탑 배치
신라	황룡사	진흥왕	신라의 팽창 의지, 황룡사 9층 목탑(선덕여왕)
통일 신라	불국사	8세기 중엽	불국토의 이상 표현(조화와 균형 감각)
	석굴암		아름다운 비례와 균형의 조형미
	안압지		뛰어난 조경술, 귀족 생활의 화려함
발해	상경 궁궐터	–	당의 수도(장안성) 모방, 외성과 주작대로, 온돌 장치

② 탑: 부처의 사리를 봉안하여 예배의 주대상으로 삼음

구분	대표적 탑	특징
고구려	주로 목탑 건립	현존하는 탑 없음
백제	익산 미륵사지 석탑	목탑 양식의 석탑, 서탑만 일부 존재
	부여 정림사지 5층 석탑	안정되면서 경쾌한 모습
신라	황룡사 9층 목탑	거대한 규모, 고려 시대 몽골 침입으로 소실
	분황사 모전 석탑	벽돌 모양의 전탑 양식 모방
통일 신라	감은사지 3층 석탑	장중하고 웅대, 삼국 통일을 달성한 기상 반영
	불국사 3층 석탑	석가탑, 통일 신라 석탑 양식의 전형, 높은 예술성과 건축술 반영
	화엄사 4사자 3층 석탑	4마리의 사자가 탑을 이루고 있는 형태, 뛰어난 예술성
	진전사지 3층 석탑	기단과 탑신에 부조로 불상을 조각
	승탑과 탑비	팔각원당형 기본, 선종의 영향 및 지방 호족의 정치적 역량이 성장하였음을 반영
발해	영광탑	누각식 전탑, 동북 지역에서 현존하는 가장 오래된 탑

(3) 불상 조각과 공예

① 불상 조각

구분	대표적 불상	특징
고구려	연가 7년명 금동 여래 입상	북조 영향, 고구려의 독창성 가미(강인한 인상과 은은한 미소)
백제	서산 마애 삼존불상	부드러운 자태와 온화한 미소
신라	경주 배리 석불 입상	푸근한 자태와 부드럽고 은은한 미소
	금동 미륵보살 반가 사유상	날씬한 몸매와 그윽한 미소
통일 신라	석굴암 본존불과 보살상	균형 잡힌 모습과 사실적인 조각
발해	이불병좌상	고구려 양식 계승

② 공예

구분	대표적 공예	특징
백제	백제 금동 대향로	백제 금속 공예 기술의 우수성 나타냄
	칠지도	백제가 일본에 하사, 금으로 상감한 명문
통일 신라	무열왕릉비 받침돌	거북이가 힘차게 전진하는 생동감 있는 모습
	법주사 쌍사자 석등, 불국사 석등	단아하면서도 균형 잡힌 걸작
	성덕대왕 신종	맑고 장중한 소리, 경쾌하고 아름다운 비천상
	상원사종	우리나라에서 가장 오래된 범종(725)
발해	자기 공예	가볍고 광택·종류·모양 등이 매우 다양, 당에 수출
	벽돌과 기와 무늬	고구려의 영향, 소박하고 힘찬 모습
	상경 석등	발해 석조 미술의 대표, 발해 특유의 웅대한 느낌

(4) 글씨, 그림, 음악, 한문학, 향가

글씨	광개토대왕릉비문	웅건한 서체
	김생	질박하고 굳센 독자적 서체, 집자비문(고려 시대)
	정혜공주와 정효공주 묘지	4·6변려체
그림	천마도	경주 황남동 천마총, 신라의 힘찬 화풍
	솔거 노송도	황룡사 벽에 그린 소나무 그림
	화엄경 변상도	섬세하고 유려한 모습, 신라 그림의 높은 수준 반영
음악	고구려 왕산악	진의 7현금을 개량하여 거문고 제작, 악곡 지음
	백제	고구려와 비슷, 일본 음악에 영향
	신라 백결 선생	방아타령을 지어 가난한 사람들을 달램
	가야 우륵	가야금을 만들고 12악곡을 지음
한문학	황조가	고구려 유리왕이 이별의 슬픔을 노래
	여수장우중문시	을지문덕이 수의 장수에게 보낸 오언시
향가	구지가	무속 신앙과 관련된 노래
	회소곡	노동과 관련된 노래
	정읍사	민중들은 어려운 생활 속에 그들의 소망을 노래로 표현
	불교 수용 후	혜성가 등, 『삼대목』 편찬(대구화상과 위홍, 진성여왕)
설화 문학	일반 서민들 사이에서 구전	에밀레종 설화, 설씨녀 이야기, 효녀 지은 이야기 등

4 일본으로 건너간 우리 문화

고구려	백제	신라	통일 신라
• 담징(종이·먹의 제조 방법 전달, 호류사의 금당 벽화) • 혜자(쇼토쿠 태자의 스승) • 혜관(불교 전파)	• 아직기(한자 교육) • 왕인(천자문과 논어 보급) • 노리사치계(불경과 불상 전달)	• 배 만드는 기술(조선술) • 제방 쌓는 기술(축제술)	• 원효, 설총, 강수의 불교·유교 문화 • 심상의 화엄 사상 – 일본 화엄종 발달에 영향
다카마쓰 고분 벽화 (수산리 고분 벽화와 흡사)	• 고류사 미륵 반가 사유상 • 호류사 백제 관음상 • 백제 가람 양식	한인의 연못	일본에서 파견해 온 사신을 통해 전해짐
야마토 조정 성립(6세기경), 아스카 문화 형성(7세기경)			하쿠호 문화 성립

Chapter 04 중세 사회의 발전

01 중세의 정치

1 중세 사회의 성립과 전개

(1) 고려의 성립과 민족의 재통일

① 고려의 성립

구분	후백제	후고구려 → 마진 → 태봉	고려
건국자	견훤(호족 + 군사)	궁예(초적 + 호족)	왕건(호족 + 해상 + 선종 세력)
수도	완산주(전주)	송악 → 철원	송악
지배 지역	전라도, 충청도	경기도, 강원도	고구려 계승 표방
기타	• 중국, 일본 등과 외교 관계 수립 • 신라에 적대적	• 미륵 신앙 이용, 전제 정치 도모 • 연호 무태, 골품제를 대신할 신분 제도 모색 • 백성과 신하들의 지지 확보 실패	• 나주 점령 → 후백제 견제 • 호족 세력 포섭, 친 신라 정책

② 중세 사회의 성립

구분	고대 사회	중세 사회	문화의 폭 확대와 질 향상
정치	진골 귀족	호족, 문벌귀족	• 고대 문화의 혈족적 관념과 종교(불교)의 제약에서 탈피 • 유교 사상 발달과 불교의 선종과 교종의 융합 • 대외 문화와의 교류 확대 – 송, 원, 서역 문화 • 지방 문화의 수준 향상 – 지방 세력이 문화의 주인공으로 등장
사회	친족 중심 (골품제, 폐쇄적 사회)	능력 본위 (개방적 사회)	
사상	불교 – 왕권 강화	유교 정치 이념 정립	
문화	귀족 중심 문화	문화의 폭 확대·질 향상	
민족의식	민족 의식 결여	민족 의식 강화 (북진 정책)	

(2) 정치 구조의 정비

① 태조(918~943)의 통치 기반 강화

민생 안정	취민유도, 조세 완화(세율 1/10로 경감), 억울한 노비 해방, 흑창 설치(빈민 구제)
통치 기반 강화	• 관제 정비: 개국 공신과 호족을 관리로 등용(태봉 + 신라 + 중국 제도) • 호족 통합: 정략 결혼, 호족의 중앙 관리화 및 향직 부여(호장, 부호장 등), 역분전 지급, 사성(賜姓) 정책 • 호족 통제: 사심관 제도(우대), 기인 제도(감시) • 통치 규범 정립: 『정계』와 『계백료서』(관리의 규범), 훈요 10조(후대 왕들에게 정책 방안 제시)
북진 정책 추진	• 고구려 계승자 강조(국호 - 고려, 서경 중시) • 발해 유민 포섭, 북방 영토 확장(청천강~영흥만) • 거란 강경책(만부교 사건, 942)

② 광종(949~975)의 개혁 정치

노비안검법(956) 실시	• 불법적으로 노비가 된 자를 해방 • 호족의 경제적, 군사적 기반 약화 → 왕권 강화 • 조세, 부역 담당자인 양인의 확보 → 국가 재정 기반 강화
과거 제도(958) 실시	신구 세력 교체 → 문치주의, 새로운 관리 선발 기준 마련
백관의 공복 제정	사색 공복(자, 단, 비, 록) → 관료 기강 확립
주현공부법 실시	지방의 주·현 단위로 공물과 부역 징수, 국가 수입 증대
공신과 호족 세력 숙청	전제 왕권 확립
칭제 건원(稱帝建元)	황제 칭호, 독자적 연호 사용(광덕, 준풍) - 자주성 표현

③ 성종(981~997)의 유교 정치 질서의 강화

유교 정치 실현	• 신라 6두품 출신의 유학자들이 국정 주도 • 최승로의 시무 28조 채택: 왕권의 전제화 규제, 행정의 기능 강화
정치 체제 정비	• 중앙 통치 기구 개편: 당 + 송 + 신라 + 태봉 → 독특한 정치 체제 마련(2성 6부) • 지방 세력 견제: 12목에 지방관 파견, 향리 제도 마련 • 유학 교육 진흥: 국자감 정비, 과거제 정비, 경학·의학 박사의 지방 파견, 문신월과법 시행 • 사회 정책: 노비환천법(987) 시행, 의창 제도 실시, 상평창 설치(서경 및 12목), 자모상모법, 면재법

2 통치 체제의 정비

(1) 중앙 통치 조직

정치 조직	2성 6부	• 중서문하성: 중앙 최고 관서, 장관인 문하시중이 국정 총괄, 재신과 낭사로 구성 • 상서성: 행정 업무 집행, 6부(이·병·호·형·예·공부)
	중추원(추부)	군국 기무 담당(추밀, 2품 이상), 왕명 출납(승선, 3품 이하)
	삼사	국가 회계 업무 담당(화폐와 곡식의 출납)
	어사대	감찰 기구(풍속 교정, 관리들의 비리 감찰)
귀족 중심의 정치	귀족 합좌 회의 기구	• 도병마사: 국방 문제 담당(국가 최고 회의 기구) → 도평의사사(도당)로 개편되어 국정 전반 관장 • 식목도감: 법의 제정 및 국가 의례의 규정을 다루던 최고 회의 기구
	대간제도	• 기능: 어사대의 관원과 중서문하성의 낭사로 구성 → 간쟁, 봉박, 서경 • 성격: 왕과 고관의 활동을 지원하거나 제약 → 정치 운영에 견제와 균형

(2) 지방 행정 조직

5도 양계	편제	• 5도(일반 행정 단위 - 안찰사) - 주 - 군 - 현 - 촌 • 양계(국경 지대, 병마사) - 진(군사적 특수 지역)
	기타	주현<속현 - 향리(호장, 부호장 - 실제 행정 업무 담당)
특수 행정 구역	3경	풍수지리와 밀접(개경, 서경, 동경 → 남경)
	도호부	군사적 방비의 중심지
	향·부곡·소	하층 양민들의 집단 거주 지역

(3) 군역 제도와 군사 조직

중앙군	편제	• 2군(국왕의 친위 부대): 응양군, 용호군 • 6위(수도 경비와 국경 방어): 좌우위, 신호위, 흥위위, 금오위, 천우위, 감문위
	기타	• 직업 군인으로 편성: 군적에 등록, 군인전 지급, 군역 세습 • 상장군, 대장군 등의 무관이 지휘
지방군	주현군(5도)	농병 일치 → 보승·정용(전투, 방위), 일품군(노동: 향리가 지휘)
	주진군(양계)	국방의 주역을 담당한 상비군(좌군, 우군, 초군) → 국경 수비
특수군	광군(정종)	거란 대비
	별무반(숙종)	신보군, 신기군, 항마군 → 여진 정벌
	삼별초	최씨 정권의 사병, 항몽 투쟁
	연호군	왜구 대비, 양천혼성부대

(4) 관리 임용 제도

과거 제도	음서 제도
법적으로 양인 이상 응시 가능	공신과 종실의 자손, 5품 이상의 고관 자손
문과(제술과, 명경과), 승과, 잡과(기술관)	가문을 기준으로 과거 없이 관리 등용
• 능력 중심의 인재 등용 → 유교적 관료 정치 토대 마련 • 무과의 미실시 • 백정(농민)은 주로 잡과에 응시	• 특권적 신분 세습 가능 • 과거 출신자보다 음서 출신자가 더 높이 출세 • 고려 관료 체제의 귀족적 특성을 반영

3 문벌귀족 사회의 성립과 동요

(1) 문벌귀족 사회의 성립

① 문벌귀족 사회의 전개

　㉠ 성격: 진취적·개방적 사회 → 보수적·배타적 사회(음서제, 공음전)

　㉡ 과정: 지방 호족 → 문벌귀족 → 무인 세력 → 권문세족 → 신진 사대부(향리, 과거)

　㉢ 영향: 문벌귀족 사회 동요 → 붕괴(이자겸의 난, 묘청의 서경 천도 운동)

② 문벌귀족 사회의 모순

정치 특권	과거제, 음서제 → 고위 관직 독점(중서문하성과 중추원의 재상 등)
경제 특권	과전(관직), 공음전(자손에게 세습), 사전(賜田), 토지 겸병
사회 특권	왕실 및 귀족 상호 간의 중첩적인 혼인 관계 → 왕실 외척의 지위 이용하여 정권 장악

(2) 문벌귀족 사회의 동요

구분	이자겸의 난(1126)	묘청의 서경 천도 운동(1135)
배경	문벌귀족 사회 모순 → 정권 장악 시도	서경파(북진주의) ↔ 개경파(사대주의)
과정	이자겸·척준경의 난 → 개경 궁궐 소실 → 내분·실패	서경 천도 추진·좌절 → 묘청 반란(국호 - 대위국, 연호 - 천개, 군대 - 천견충의군) → 실패
영향	왕실 권위 하락, 문벌귀족 사회의 붕괴 발단(민심 동요)	서경파 몰락, 서경의 지위 격하(분사 제도 폐지), 숭문천무 정책의 노골화, 문벌귀족 체제 강화 → 무신 정변 발생 원인
의의	문벌귀족 사회의 붕괴 촉진	문벌귀족 사회 내부의 모순 표출

(3) 무신 정권의 성립

① 무신 정변(1170)

  ㉠ 배경: 지배층의 정치적 분열, 무신 차별 심화, 군인의 경제적 궁핍, 의종의 실정
  ㉡ 과정: 무신 정권 수립(정중부의 난, 1170) → 권력 쟁탈전 전개 → 최씨 정권 시대 전개(1196~1258)
  ㉢ 영향: 무신 독재 정치(중방), 전시과 체제의 붕괴, 사회의 동요(반 무신난, 농민·천민의 난)

1170~1196				1196~1258	1258~1271
무신 정권 형성기				확립기	붕괴기
정중부, 이의방	정중부	경대승	이의민	최씨 정권 시대	김준, 유경 → 임연, 임유무
중방 (1170~1179)	도방 (1179~1183)	중방 (1183~1196)		교정도감, 정방, 서방, 도방, 삼별초	교정도감, 정방

② 최씨 정권 시대(1196~1258): 4대 60년간(최충헌 → 최우 → 최항 → 최의)

최충헌의 독재(1196~1219)	최우의 정치(1219~1249)
• 봉사 10조의 개혁안 • 무단 독재 기구: 교정도감(최고 집정부), 도방 • 농장 확대(진주 지방), 진강부 설치	• 정방 설치: 문·무 인사권 장악 • 서방 설치: 문신들의 숙위 기구, 문신 등용 • 삼별초 조직: 사병이면서 공적 임무 역할 • 항몽 투쟁: 강화도 천도

③ 사회의 동요

반 무신의 항거	• 동북면 병마사 김보당(1173), 서경 유수 조위총의 난(1174) • 교종 세력의 반발: 무신 정권의 교종 불교 탄압 → 귀법사, 흥왕사 등 승려들의 난
농민·천민의 난	• 망이·망소이의 난(1176): 공주 명학소의 소민들이 일으킨 봉기 → 향·소·부곡이 소멸되는 계기 • 김사미·효심의 봉기(1193): 경상도 운문과 초전, 신라 부흥을 표방, 농민들의 봉기 • 만적의 난(1198): 천민들의 신분 해방 운동 • 최광수의 난(1217): 서경, 고구려 부흥을 표방 • 이연년의 난(1237): 담양, 백제 부흥을 표방

4 대외 관계의 변화

(1) 고려 시대 각국의 상호 관계

고려 초기 각국의 상호 관계	13세기 초 동아시아의 정세
• 고려: 북진 정책과 친송 정책 → 거란 견제 • 송과 거란의 관계: 대립적 • 거란: 송과 친교 관계를 맺고 있는 고려를 경계 • 정안국(발해 유민이 건국)의 친송 정책: 거란 자극	• 고려: 최씨 무신 정권 확립기 • 몽골의 등장: 칭기즈칸에 의해 통일(1206) • 거란족: 금의 쇠약을 틈타 대요수국 건설(1216) • 금의 장수 포선만노가 동진국 건설(1216)

(2) 대외 관계의 변화

구분	거란	여진	몽골	홍건적과 왜구
배경	북진 정책, 친송 정책, 정안국의 친송 정책	여진족 통합 → 정주까지 남하	강동성의 역 → 몽골의 지나친 공물 요구	고려 말 정치 기강 문란
전개	• 1차 침입: 강동 6주 획득(서희) • 2차 침입: 개경 함락, 양규의 선전 • 3차 침입: 귀주대첩(강감찬) • 천리장성, 나성 축조	동북 9성 축조(윤관) → 여진의 금 건국 후 군신관계 요구·수용(이자겸이 수락)	• 강화도 천도(최우) • 처인성 승리(김윤후) • 팔만대장경 조판 • 천민과 노비의 저항	• 홍건적 침입(서경, 개경 함락) → 공민왕 복주(안동)까지 피난 • 왜구 격퇴(진포, 홍산, 황산) • 쓰시마 정벌(박위)
특수군	광군 조직	별무반 편성	삼별초 항쟁(강화도 → 진도 → 제주도)	화포 제작(화통도감)
영향	고려·송·거란의 세력 균형 구도 형성	북진 정책 좌절	자주성 시련	신흥 무인 세력 성장

5 고려 후기의 정치 변동

(1) 원의 내정 간섭

자주성의 시련	인적·경제적 수탈
• 여·몽 연합군의 일본 원정(1274, 1281) • 영토 축소(쌍성총관부, 동녕부, 탐라총관부) • 관제 격하(2성 → 첨의부, 6부 → 4사, 도병마사 → 도평의사사, 중추원 → 밀직사) • 내정 간섭(정동행성, 이문소, 만호부, 다루가치) • 원의 부마국 지위	• 공녀, 매(응방), 특산물 징발 • 몽골풍 유행, 고려양, 조혼 풍속 • 친원 세력 등장 → 권문세족 형성

(2) 공민왕의 개혁 정치

① 공민왕의 개혁: 14세기 후반 원·명 교체기의 혼란 이용

반원 자주 정책(대외)	왕권 강화 정책(대내)
• 친원 세력 숙청, 정동행성 이문소 폐지 • 2성 6부의 관제 복구, 몽골풍 일소 • 쌍성총관부 수복, 요동 공략	• 신돈의 등용, 권문세족 억압 • 정방 폐지(신진 사대부 등용), 전민변정도감 설치 • 유학 교육 강화: 성균관, 과거 제도 정비

② 신진 사대부의 성장

　㉠ 출신 배경: 무신 집권기 이래 과거를 통해 진출한 지방 향리 자제 출신
　㉡ 정치 활동: 성리학 수용, 불교의 폐단 시정 추구, 권문세족의 비리와 불법을 견제
　㉢ 성장 한계: 권문세족의 인사권 독점으로 관직 진출 제한, 경제적 기반 미약

(3) 고려의 멸망

① 정치 상황

구분	대내	대외
배경	고려 사회의 모순 심화	홍건적과 왜구의 침입
정치상황	• 권문세족의 정치 권력 독점, 토지 겸병 확대 • 백성의 생활 궁핍	• 홍건적 침입(개경 함락, 공민왕 피난) • 왜구 침입(전국 해안 지방 황폐화)
영향	신진 사대부의 개혁 요구	신흥 무인 세력 성장

② 조선의 건국

　㉠ 배경: 홍건적과 왜구의 격퇴 과정에서 신흥 무인 세력 성장(최영, 이성계의 큰 전과)

　㉡ 과정: 요동 정벌론(최영)과 4불가론(이성계) 대립 → 위화도 회군(1388) → 전제 개혁(과전법) → 조선 건국(1392)

　㉢ 영향: 근세 사회의 성립

02 중세의 경제

1 경제 정책

(1) 국가 재정의 운영

재정 운영 원칙	국가와 관청 종사자에게 조세 수취 권리가 포함된 토지 지급
재정 운영 근거	토지 대장인 양안과 호구 장부인 호적 작성
재정 운영 관청	• 호부: 호적과 양안 작성 → 인구와 토지 파악·관리 • 삼사: 재정 관련 사무 담당, 실제 업무는 각 관청이 담당
재정의 지출	녹봉, 일반 비용, 국방비, 왕실 경비, 관청 비용

(2) 수취 제도

조세	공물	역	기타
토지를 논·밭으로 구분	가구별 포나 토산물 징수	백성의 노동력 무상 동원	특수 생산 종사자
• 비옥도에 따라 3등급으로 구분 • 생산량의 1/10 징수	• 상공(매년) • 별공(필요에 따라 수시)	• 요역(공사) • 군역(군대)	• 어염세(어민) • 상세(상인) • 물품 조달(수공업자)
조운 제도(조창 → 개경)	조세<공물 부담	16세에서 60세의 정남	재정에 사용

(3) 전시과 제도와 토지 소유

① 토지 제도의 정비: 귀족 사회의 안정적 운영 - 수조권만 지급, 사망·퇴직 시 국가 반납

구분	시기	지급 대상	지급 기준	비고
역분전	태조	개국 공신	충성도, 인품	논공행상 성격
시정전시과	경종	직산관	관등, 인품	역분전의 성격
개정전시과	목종	직산관	관등(18관등)	문관 우대
경정전시과	문종	현직 관리	관등(18관등)	공음전 병행

② 토지 종류

전시과	지급 대상	모든 문무 관리 대상 - 관등 기준(18등급)
	지급 내용	전지(곡물 수취)와 시지(임야, 땔감 조달)의 수조권(조세를 거둘 수 있는 권리) 지급, 수조권 세습 불가
	지급 원칙	소유권(국가), 수조권(관리), 경작권(농민)
	토지 종류	• 과전: 문무 관리에게 보수로 지급 • 공음전: 5품 이상 고위 관리 → 문벌귀족의 세습적인 경제적 기반 • 한인전: 6품 이하 하급 관료 자제 → 관인 신분의 세습 목적 • 군인전: 군역 대가(중앙군) → 군역 세습으로 토지 세습 • 구분전: 하급 관료·군인의 유가족 → 생활 대책 마련 • 외역전(향리), 내장전(왕실 경비), 공해전(관청 운영), 사원전(사원)
민전	백성 사유지	• 소유권 보장(매매, 상속, 기증, 임대 가능), 국가에 세금 납부(1/10) • 민전은 전시과와 더불어 고려 시대 토지 제도의 근간 형성

③ 전시과의 붕괴

녹과전 지급 (1271, 원종)	• 녹봉을 보충할 목적으로 관리에게 지급한 토지 • 경기8현의 토지 한정
과전법 시행 (1391, 공양왕)	• 권문세족의 토지 몰수·재분배, 신진 사대부의 경제적 기반 마련 • 경기에 한정하여 전지만 지급

2 경제 활동

(1) 귀족과 농민의 경제 생활

구분	귀족의 경제 생활	농민의 경제 생활
경제 기반	• 상속 받은 토지(공음전·공신전 - 1/2 징수)와 노비(솔거 노비, 외거 노비) • 과전(1/10 조세)과 녹봉(1년 2회) • 농장: 권력과 고리대 → 토지 강탈, 매입·개간	• 자영 농민: 민전 경작 • 소작 농민: 국·공유지, 타인 소유지 경작 • 기타: 품팔이, 가내 수공업(삼베, 모시, 비단 등)
경제 생활	• 큰 누각·지방 별장 소유 • 화려하고 사치스러운 생활 영위	• 경작지 확대: 진전·황무지 개간, 저습지·간척지 개간 • 농업 기술 개발: 수리 시설 발전, 종자·농기구 개량, 시비법·깊이갈이 발달, 윤작법·이앙법 보급 • 고려 후기: 권문세족의 농장 확대 → 소작인·노비 몰락

(2) 상공업 활동

수공업 활동	상업 활동
• 관청 수공업: 공장과 농민 부역 • 소(所) 수공업: 먹·종이·옷감 등 제품을 공물로 납부 • 민간 수공업: 농촌 가내 수공업 형태 • 사원 수공업: 기술 있는 승려, 노비 활용 • 관청·소 수공업 중심(전기) → 사원·민간 수공업 발달(후기)	• 도시: 시전(개경)·관영 상점(대도시)·비정기 시장·경시서 설치 • 지방: 관아 근처 시장 형성, 행상의 활동 • 사원: 곡물과 수공업품을 민간인에게 판매 • 고려 후기: 개경 시전 규모 확대, 항구·조운로·육상로 중심의 상업 발달, 소금 전매, 벽란도가 상업의 중심지로 떠오름

(3) 농업의 발달

전기	후기
• 휴한농법(휴경지) • 윤작법(2년 3작) 등장	• 심경법, 시비법 발달로 휴경지 감소 • 윤작법 확대 • 이앙법, 목화, 『농상집요』(이암) 전래

(4) 화폐 주조와 고리대의 유행

구분	화폐 주조	보
배경	정부의 재정 확충 및 경제 활동 장악 의도	고리대 성행 → 농민의 토지 상실, 노비화
내용	건원중보, 삼한통보, 해동통보, 해동중보, 활구(은병)	기금 이식 사업(학보, 경보, 팔관보, 제위보 등)
결과	귀족들의 불만, 자급자족적 경제 구조로 유통 부진 → 곡식이나 삼베가 유통의 매개체	농민 생활의 폐해 등 부작용 발생

(5) 무역 활동

대송 무역	• 벽란도(예성강)와 합포(마산)가 국제 무역항으로 번성 • 비단·약재·책 수입 ↔ 종이·인삼·나전칠기·화문석 수출
거란·여진	은·말·모피 등 수입 ↔ 식량·문방구·철제 농기구 등 수출
일본	• 송, 거란, 여진에 비해 부진 → 11세기 후반부터 내왕 • 수은·유황 수입 ↔ 식량·인삼·서적 수출
아라비아	• 수은·향료·산호 수입 • 고려(Corea)의 이름이 서방에 알려짐
원 간섭기	• 공무역과 함께 사무역도 활발 → 상인들의 독자적 무역 활발 • 금·은·소·말의 과도한 유출이 사회 문제화

03 중세의 사회

1 고려의 신분 제도

(1) 사회 신분

구분		구성	특징
양인	귀족	왕족, 고위관료	• 상호 혼인관계, 고위 관직 세습, 음서와 공음전 혜택 • 문벌귀족 → 무신세력 → 권문세족
	중간계층	잡류(서리), 남반(궁중 실무), 향리, 역리, 군반(하급 장교) 등	• 향리층 분화: 지방 호족 출신 향리(호장층) → 지방의 실질적인 지배층 • 향리는 특수 행정 구역의 실질적 행정 사무를 담당 • 직역의 대가로 토지를 받음, 신분 세습
	양민 (평민)	일반 농민, 상인, 수공업자, 특수 집단민	• 일반 군현민: 농민(백정), 상인, 수공업자 • 특수 행정 구역: 향·부곡·소의 거주민, 일반 군현민에 비해 조세 차별 대우, 거주 이전 금지, 과거 응시 및 국자감 입학 금지
천인		대다수가 노비	• 종류: 공노비(국가 소유), 사노비(개인 소유) • 일천즉천(종모법)의 원칙 적용, 매매·증여·상속의 대상

(2) 지배층의 변화

구분	문벌귀족	권문세족	신진 사대부
출신 배경	호족, 공신, 신라 6두품 계열	문벌귀족, 무신, 친원 세력	하급 관리, 향리
관직 진출	과거<음서	음서, 도평의사사 장악	과거(학자적 관료)
경제 기반	대토지 소유(공음전, 과전)	대농장 소유(부재 지주)	지방 중소 지주
사상 성향	불교·유교, 보수적	불교, 보수적	성리학 수용, 진취적·개혁적
대외 정책	북진 정책 → 점차 보수·사대화	친원 외교	친명 외교

2 백성들의 생활 모습

(1) 농민의 공동 조직, 사회 시책

향도(불교 신앙 조직)	사회시책	사회제도
• 신앙적 성격: 매향 활동 – 불상·석탑·사찰 조성 • 농민 조직 발전: 공동체 생활을 주도 – 마을 노역, 혼례와 상장례, 민속신앙	• 농번기에 농민 잡역 동원 금지 • 재해 시 조세·부역 감면 • 고리대 이자율의 법제화 • 황무지나 진전 개간 – 일정 기간 면세 혜택	• 빈민 구제 기관: 흑창, 의창 • 물가 조절 기관: 상평창 • 의료 기관: 동서대비원, 혜민국 • 재해 대비 기구: 구제도감, 구급도감 • 보: 제위보, 학보, 광학보, 경보, 팔관보

(2) 법률과 풍속, 가정 생활

법률	• 기본법: 당률을 참작한 71개조 법률 시행, 대부분 관습법 따름 • 지방관의 사법권 행사, 유교 윤리 강조(반역죄와 불효죄는 중죄)
상장제례	• 정부: 유교적 의례 권장 • 민간: 토착 신앙 + 불교 전통 의식 + 도교 신앙 풍속 거행
명절	정월 초하루, 삼짇날, 단오, 추석 등
혼인	• 일부일처제(여자 18세, 남자 20세 전후 혼인) • 왕실에서는 근친혼 성행 → 중기 이후 금지령 실시
여성의 지위	• 자녀 균분 상속, 딸도 제사 모심, 출생 순 호적 기재, 사위의 처가 입적 가능 • 사위와 외손자 음서 혜택, 여성의 재가 허용(→ 소생 자식의 사회적 진출 무차별)

3 고려 후기의 사회 변화

(1) 무신 집권기 하층민의 봉기

사회 변화	백성의 저항
• 신분제 동요 • 무신들 간 대립과 지배 체제의 붕괴 • 백성에 대한 통제력 약화	• 조위총의 반란(서경) • 망이・망소이의 봉기, 김사미・효심의 봉기 • 만적의 봉기(신분 해방 추구)

(2) 몽골의 침입과 백성의 생활

몽골 침입 시	원 간섭기
• 자력 항쟁으로 충주 다인철소와 처인부곡 승리 • 몽골의 과도한 공물 수탈 • 두 차례 일본 원정에 동원되어 많은 희생	• 친원 세력이 권문세족으로 성장 • 몽골풍 유행, 고려양 전래, 공녀 요구 → 조혼 문제

(3) 왜구의 침략

① **왜구의 침입**: 왜구 침략 격퇴 과정에서 신흥 무인 세력 성장

　㉠ 홍산 전투(1376): 최영

　㉡ 황산 전투(1380): 이성계

　㉢ 진포대첩(1380): 나세・최무선, 화통도감 설치

　㉣ 대마도 토벌(1389): 박위

② **홍건적의 침입**: 1차 침입 때 이승경・이방실 등이 활약, 2차 침입 때 정세운・이방실・안우 등이 활약

04 중세의 문화

1 유학의 발달과 역사서의 편찬

(1) 유학의 발달

구분	유학 학풍	교육 발달	대표 학자
초기	자주적 · 주체적, 과거제 실시	국자감, 향교 설치	최승로, 김심언
중기	보수적 · 사대적, 문벌귀족 사회 발달	사학 12도 융성	최충, 김부식
무신 집권기	유학 쇠퇴, 문벌귀족 몰락	교육 활동 위축	신진 사대부 성장
원 간섭기	성리학 수용, 실천적 기능 강조	관학 진흥	안향, 이제현, 백이정 등
고려 말기	사회 개혁적, 배불론(정도전, 『불씨잡변』)	성균관 부흥	정몽주, 정도전 등

(2) 교육 기관

① 국자감

학부	경사 6학	입학자격
유학부	국자학	3품 이상 자제
	태학	5품 이상 자제
	사문학	7품 이상 자제
기술학부	율학 · 서학 · 산학	8품 이상 자제
	그 외 학문	해당 관청 교육

② 교육 기관의 변화

관학 장려	사학의 융성	관학 진흥책
• 국자감 정비(중앙): 유학부, 기술학부 • 향교 설치(지방): 지방 관리와 서민의 자제 교육	최충의 9재(사립 교육기관) → 사학 12도로 확대 → 관학 위축	• 숙종: 서적포 설치 • 예종: 국학 7재, 양현고, 청연각, 보문각 설치 • 인종: 경사 6학 정비, 유학 교육 강화 • 충렬왕: 섬학전, 문묘 건립 • 공민왕: 성균관 부흥(순수 유교 교육)

(3) 역사서의 편찬: 유학의 발달, 유교적인 역사 서술 체계 확립

초기	중기	무신정변 이후	후기
고구려 계승 의식	신라 계승 의식	자주적 역사 의식 (고구려 · 고조선)	성리학적 유교 사관
『7대 실록』 (황주량, 편년체 사서)	『삼국사기』 (김부식, 기전체 사서), 『고금록』(박인량)	『해동고승전』(각훈), 『동명왕편』(이규보), 『삼국유사』(일연), 『제왕운기』(이승휴)	『본조편년강목』(민지), 『사략』(이제현)
자주적 사관의 역사서	유교적 합리주의	민족적 자주 의식 + 전통 문화 이해	정통 · 대의 명분 중시

2 불교 사상과 신앙

(1) 불교 정책

① 불교 정책: 호국적 · 현세 구복적 성격 → 국가 보호

태조	광종	성종	현종 이후
불교 국가의 방향 제시	승과제도 실시	유교 정치 이념 채택	국가 보호로 융성
• 훈요 10조 • 연등회 · 팔관회 중시	• 국사 · 왕사 제도 설치 • 불교 통합 노력(귀법사 창건) • 천태종 연구(의통, 제관) • 『천태사교의』(제관)	연등회 · 팔관회 폐지	• 현화사 · 흥왕사 건립 • 연등회 · 팔관회 부활 • 초조대장경 조판

• 사원: 사원전 지급, 승려의 면역 혜택 부여
• 향도: 불교와 함께 토속 신앙의 면모도 보이며, 불교와 풍수지리설이 융합된 모습도 보임

② 불교 통합 운동

구분	천태종(의천)	조계종(지눌)
배경	불교 의식의 폐단 노출(법상종과 화엄종 발달)	선종 부흥과 신앙 결사 운동 전개(수선사 등)
과정	교종>선종	선종>교종
중심 사찰	국청사	송광사
결사 운동	백련 결사(요세)	정혜 결사(지눌)
후원 세력	문벌귀족	무신 정권
특징	• 교종 중심에서 선종 통합 노력 • 교관겸수(이론과 실천 강조) • 원효의 '화쟁사상' 중시	• 선 · 교 일치 사상 완성 • 정혜쌍수(선종 중심으로 교종 포용), 돈오점수(단번에 깨닫고 꾸준히 실천) • 불교 개혁 운동(독경, 선 수행, 노동)
영향	• 불교의 폐단 시정 대책 미흡 • 의천 사후 교단 분열, 귀족 중심 불교 지속	유 · 불교 사상 일치설(혜심): 심성 도야 강조 → 성리학 수용 기반 형성

③ 대장경 조판

구분	초조대장경(현종)	속장경(숙종, 의천)	팔만대장경(몽골 침입 시)
배경	• 불교에 대한 이해 체계의 정비, 불교 관련 서적의 체계화 필요성, 호국 불교적 성격 • 경장(부처 설법 결집), 율장(교단 계율 결집), 논장(교리 연구 논문 결집)으로 구성		
조판	• 거란 퇴치 염원 • 불교의 교리 정리	• 교장도감 설치 • 신편제종교장총록 작성(불서 목록) • 장·소 간행(대장경 주석서)	• 대장도감 설치(최우) • 몽골 퇴치 염원 • 강화도에서 판각
현재	몽골 침입으로 소실		합천 해인사에 보관

(2) 도교와 풍수지리설

구분	도교	풍수지리설
배경	불로장생·현세 구복 추구	도참 사상이 가미되어 크게 유행
내용	• 국가의 안녕과 왕실의 번영 기원(초제 성행) • 팔관회(도교, 민간 신앙, 불교 복합 행사)	• 서경 길지설: 북진 정책 배경 → 묘청의 서경 천도 운동 • 남경 길지설: 한양 명당설 → 한양 천도의 근거
영향	불교적 요소·도참 사상 수용 → 일관성 결여, 교단 성립 못함	훈요 10조에서 중시, 비보 사찰 건립, 과거를 통해 풍수지리 관리 등용

3 과학 기술의 발달

(1) **천문학과 의학**: 전통 과학 기술 계승, 중국과 이슬람 과학 기술 수용, 국자감의 잡학 교육, 잡과 실시

천문학	• 사천대(서운관) 설치: 천문과 역법 담당 관청 → 천문 관측 기록 풍부(일식, 혜성 등) • 역법 연구 발전: 당의 선명력(초기), 원의 수시력(충선왕), 명의 대통력(공민왕)
의학	• 태의감: 의료 업무 담당, 의학 교육 실시, 의과 시행 • 자주적 의학 발달: 『향약방』, 『향약구급방』 편찬
인쇄술	• 목판 인쇄술: 대장경 간행 • 금속 인쇄술: 『상정고금예문』(1234), 『직지심체요절』(1377) – 현존 최고의 금속 활자본 • 제지술: 닥나무 재배 장려, 종이 제조 전담 관서 설치
무기 제조	• 화약: 최무선(화통도감) → 왜구 격퇴(진포 대첩) • 조선 기술: 대형 범선 제조, 대형 조운선, 전함 등장

(2) 농업 기술의 발달

권농 정책	토지 개간 장려(광종), 무기의 농기구화(성종)
농업 기술	• 토지 개간과 간척: 묵은 땅, 황무지, 산지 등 개간 → 해안 지방의 저습지 간척 • 수리 시설 개선: 벽골제와 수산제 개축, 제언 확충, 해안의 방조제 축조 • 농법 발달: 시비법·녹비법 발달, 이앙법 보급, 2년 3작의 윤작법 보급, 깊이갈이(심경법) • 중국 농법 보급: 『농상집요』(이암), 목화 전래(문익점)

4 귀족 문화의 발달

(1) 문학의 성장

시기	갈래	특징	대표적 작가 · 작품
전기	한문학	과거제 실시와 문치주의의 영향, 독자적	박인량, 정지상 등
	향가	한시에 밀려 점차 퇴조	「보현십원가」 11수(균여전, 불교 대중화)
중기	한문학	당(시) · 송(산문) 문화를 숭상하는 풍조	최충, 김부식
무신 집권기	수필 문학	문신들의 낭만적 · 현실 도피적 경향	「국순전」(임춘)
		형식보다는 내용에 치중, 현실을 제대로 표현	「동국이상국전집」(이규보)
	경기체가	신진 사대부, 향가 형식 계승	「한림별곡」, 「관동별곡」, 「죽계별곡」 등
	패관 문학	설화 형식으로 현실 비판	「백운소설」, 「역옹패설」, 『파한집』(이인로), 「보한집」(최자)
후기	가전체 문학	현실을 합리적으로 파악	「국선생전」, 「국순전」, 「죽부인전」
	장가	서민 생활 감정 표현(속요)	「청산별곡」, 「가시리」, 「쌍화점」 등
	한시	유학자를 중심으로 발전	이제현, 이곡, 정몽주

(2) 건축과 조각

건축	궁궐과 사찰 중심, 단아하고 세련된 특성	• 주심포 양식: 봉정사 극락전, 부석사 무량수전, 수덕사 대웅전 • 다포 양식: 성불사 응진전(후기 건물 → 조선 시대 건축에 영향)
석탑	신라 양식 일부 계승 + 독자적 조형미 → 다양한 형태	• 전기: 개성 불일사 5층 석탑(고구려 양식 계승), 개성 현화사 7층 석탑(신라 양식 계승) • 중기: 월정사 8각 9층 석탑(다각 다층, 송의 영향), 무량사 5층 석탑(백제 양식 계승) • 후기: 경천사 10층 석탑(원 모방, 조선 원각사지 10층 석탑의 원형)
승탑	선종 유행과 관련	고달사지 승탑(팔각원당형 계승), 법천사 지광국사탑
불상	대형 철불 다수 조성, 균형미 부족, 시기와 지역에 따라 다양	• 대형 불상 축조: 광주 춘궁리 철불(하남 하사창동 철조석가여래좌상) • 민심 안정 소망 반영: 논산 관촉사 석조보살입상, 안동 이천동 석불 • 전통 양식 계승: 영주 부석사 소조여래 좌상(조화와 뛰어난 균형미)

(3) 청자와 공예

자기 공예	• 특징: 신라 · 발해의 전통 + 송의 자기 기술 → 독특한 미 완성 • 순수 청자(11세기) → 상감 청자(12~13세기) → 분청 사기의 등장(15세기, 원 간섭기 이후 퇴조) • 도요지: 강진, 부안
금속 공예	불교 도구 중심 발전: 은입사 기술 발달(청동 은입사 포류 수금문 정병, 향로)
나전 칠기	경함, 화장품갑, 문방구 → 현재까지 전함

(4) 글씨·그림과 음악

서예	• 전기: 구양순체 유행, 신품 4현(유신, 탄연, 최우, 김생) • 후기: 송설체(조맹부) 유행, 이암
회화	• 왕실과 귀족의 취미로 발달, 도화원 설치 • 이령(「예성강도」), 공민왕(「천산대렵도」 – 원대 북화의 영향), 문인화의 유행 • 불화: 「관음보살도」(혜허), 부석사 조사당 사천왕상·보살상, 사경화
음악	• 아악: 송에서 대성악 수입 → 궁중 음악, 전통 음악으로 발전 • 향악(속악): 고유 음악이 당악의 영향으로 발달(동동·대동강·한림별곡 등)

Chapter 05 근세 사회의 발전

01 근세의 정치

1 근세 사회의 성립과 전개

(1) 조선의 건국
① 고려 말의 정세
  ㉠ 배경: 고려 말 사회 모순(권문세족의 횡포), 홍건적·왜구의 침입 → 신진 사대부와 신흥 무인 세력 성장
  ㉡ 과정: 명의 철령위 설치 요구 → 요동 정벌 단행 → 위화도 회군(1388) → 전제 개혁 → 조선 건국(1392) → 국호·수도 변경
  ㉢ 의의: 근세 사회의 전개(모범적 유교 정치, 능력 존중 사회, 민족 문화의 기반 확립)
② 권문세족과 신진 사대부

구분	권문세족	신진 사대부
출신	중앙 고관	지방 향리
정계 진출	음서 바탕	과거 바탕
경제 기반	대농장 소유	중소 지주
사상	비 유학자, 불교 신봉	성리학자·불교 배척(정도전)
외교	친원파	친명파
역사 의식	주체성 미약	강한 민족 의식

③ 근세 사회의 특징

정치	• 왕권 중심의 중앙 집권적 관료 체제 마련 • 왕권과 신권의 조화, 모범적인 유교 정치 추구
경제	• 자영농의 증가와 경작권 보장 • 향·소·부곡의 폐지 • 과전법 실시
사회	• 양인 수의 증가와 권익 신장 • 과거 제도의 정비, 개인의 능력이 보다 존중됨
문화	• 교육 기회 확대 • 정신 문화와 물질 문화의 균형 발전을 통한 민족 문화 발달, 근세 사회로의 전환

(2) 국왕 중심의 통치 체제 정비와 유교 정치의 실현 노력

태조 (1392~1398)	왕조의 기틀 마련	• 조선으로 국호 제정 • 한양 천도: 교통과 군사의 중심지, 풍부한 농업 생산력 보유 • 정도전 활약: 민본적 통치 규범 마련(『조선경국전』), 재상 중심의 정치 주장, 성리학적 통치 이념 확립(『불씨잡변』)
태종 (1400~1418)	국가 기반 확립	• 개국 공신 세력의 견제와 숙청: 왕권 확립 • 국왕 중심의 통치 체제: 의정부 설치, 6조 직계제, 사간원 독립, 신문고 설치 • 경제 기반 안정과 군사력 강화: 양전 사업 실시, 호패법 시행, 사원전과 사원 노비 몰수·제한, 억울한 노비 해방, 사병 폐지
세종 (1418~1450)	유교 정치 문화의 확립	• 유교 정치의 실현: 집현전의 육성·유학자 우대 • 의정부 서사제 실시: 재상 합의제로 정책을 심의, 왕권과 신권의 조화 추구 • 유교적 의례의 실천: 유교식 국가 행사, 『주자가례』 장려 • 유교적 민본 사상의 실현: 왕도 정치 - 인재 등용, 국민 여론 존중 • 국토 확장(압록강~두만강): 4군 6진 개척(김종서, 최윤덕), 대마도 정벌 • 민족 문화 발전: 한글 창제, 측우기, 앙부일구 등 과학 기구 발명 등
세조 (1455~1468)	왕권의 재확립과 집권 체제의 강화	• 왕권 재확립: 6조 직계제, 집현전과 경연 폐지, 직전법 실시, 보법 제정 및 5위·진관체제 실시 • 『경국대전』 편찬 착수 • 중앙 집권과 부국강병: 권신과 지방 세력 억제(유향소 폐쇄)
성종 (1469~1494)	유교적 집권 체제의 완성	• 홍문관 설치: 학문 연구(집현전 계승), 왕의 자문 기구 • 학술 연구: 경연 부활 및 참여의 폭 확대 • 『경국대전』 반포: 조선의 기본 통치 방향과 이념 제시 • 성리학적 질서 확립: 사림파 등용, 유향소 부활, 도첩제 폐지 • 관수관급제 실시: 국가의 토지 지배력 강화 • 편찬 사업: 『동국여지승람』, 『동국통감』, 『동문선』, 『악학궤범』, 『국조오례의』 등

(3) 유교적 통치 이념(성리학 명분론)

정치적	덕치주의와 민본 사상을 바탕으로 하는 왕도 정치 구현
사회적	• 양반 중심의 지배 질서와 가족제도에 종법 사상이 응용 • 신분적으로 양천 구분과 직역의 법제화, 유교의 가부장적 가족 원리 • 성리학적 사회 윤리 확산
경제적	지배층의 농민 지배 허용 - 지주전호제
국제적	평화 추구의 친선 정책으로 국제적 긴장 관계 완화
사상적	불교, 도교, 토속 신앙을 배격하고 유교 사상으로 흡수하고자 함

2 통치 체제의 정비

(1) 중앙 통치 조직
① 양반 관료 체제 확립
  ㉠ 『경국대전』 체제: 문·무반 관리의 정치·행정 담당 → 경관직(중앙관)과 외관직(지방관)으로 편제
  ㉡ 18등급의 품계: 당상관(관서 책임자)과 당하관(실무 담당)으로 구분
    ※ 정1품부터 종6품까지는 상계, 하계로 나누어져 실제로는 30등급
② 의정부와 6조 체계

의정부	재상 합의제, 국정 총괄	행정의 통일성과 전문성, 효율성의 조화
6조	• 직능에 따라 행정 분담 • 이조, 호조, 예조, 병조, 형조, 공조	
3사	• 사간원(간쟁), 사헌부(감찰), 홍문관(자문 기관, 경연 주관) • 권력의 독점과 부정 방지 • 경연: 학문과 정책 토론(왕-신하), 정책 자문 및 협의를 통한 정책 결정 • 서경: 관리 임명에 대한 동의권(5품 이하), 양사(사간원, 사헌부)의 대간이 담당	
왕권 강화 기구	승정원(국왕 비서 기구), 의금부(국가의 큰 죄인을 다스림)	
기타	성균관(국립 대학), 춘추관(역사 편찬 및 보관), 한성부(수도 행정·치안)	

(2) 지방 행정 조직
① 중앙 집권 체제 강화

구분	근세 사회
행정 조직	• 8도(관찰사) – 부·목·군·현 – 면·리·통 • 수령 권한 강화(행정·군사·사법권 행사)
특징	• 모든 군현에 관리 파견 • 향·소·부곡을 일반 군현으로 승격
향리 지위	향리 지위 약화(수령의 행정 실무 보좌, 무보수, 문과 응시 제한, 세습직 아전)
지방 통제	경재소, 지방관 견제(상피제와 임기제)

② 향촌 사회
  ㉠ 면·리·통 제도: 주민 중에서 책임자 선임(면임, 이정, 통주) → 수령의 정령 집행(인구 파악, 부역 징발)
  ㉡ 양반 중심의 향촌 사회 확립: 사심관 분화 → 유향소(지방민 자치 허용), 경재소(향청과 중앙 정부 간 연락 기능)

(3) 군역 제도와 군사 조직

① 군사 조직: 양인개병, 농병일치 원칙 → 보법 구성(정군과 보인), 호적제와 호패제

중앙군	• 5위: 궁궐과 한성 수비 • 정군(현역 군인, 한성 또는 군사적 요충지에 근무), 보인(정군의 군역 경비 부담) • 갑사(시험으로 선발된 직업 군인), 특수병(공신과 고급 관료 자제)
지방군	• 육군(병영), 수군(수영)으로 조직 – 농민 의무병(정병) • 건국 초기: 국방상 요지인 영·진에 소속·복무 • 세조 이후: 진관 체제(군현 단위의 독자적 방위 체제)
잡색군	정규군 외의 예비군(서리, 잡학인, 신량역천인, 노비 등), 평상시 – 본업, 유사시 – 향토 방어

② 교통·통신제도: 봉수제(군사 통신), 역참제(육로), 조운제(수로, 세곡의 수송, 지방·조창 → 한성·경창)

(4) 관리 임용 제도

① 과거 제도

문과	대과 (문과)	• 식년시(3년마다 실시하는 정기 시험), 부정기 시험(알성시, 증광시 등) • 초시(각 도의 인구 비례 선발) → 복시(33명 선발) → 전시(석차 결정) • 합격자: 홍패 수여 • 소과에 합격한 생원, 진사에게 응시 자격을 주었으나 후에는 큰 제한이 없어짐
	소과 (생진과)	• 생진과(생원과, 진사과): 초시(700명) → 복시(100명) • 합격자: 백패 수여, 성균관에 입학하거나 문과 응시 또는 하급 관리
무과		• 무관 선발 시험(병조) – 28명 선발 • 합격자: 홍패 수여, 선달
잡과		• 해당 관청에서 교육, 기술관 선발(역과 – 사역원, 율과 – 형조, 의과 – 전의감, 음양과 – 관상감) • 합격자: 백패 수여

② 고려·조선의 과거 제도와 음서 제도

구분	고려	조선
특징	음서 발달, 무과 없음	음서 제한, 무과 실시
과거 제도의 종류	• 문과(제술과, 명경과) • 승과(교종선, 선종선) • 잡과(의학, 천문학, 음양 지리)	• 문과(생진과, 대과) • 무과(문무 양반제도의 확립) • 잡과(역과, 율과, 의과, 음양과)
자격	양인 이상(원칙)·귀족 독점(실제)	양인 이상 (상공업자, 승려, 무당, 노비 등은 응시 불가)
음서 제도	5품 이상 귀족 자제·귀족적 성격	2품 이상 제한·관료적 성격

③ 기타 관리 임용 방법

기타 관리 임용 방법	인사 관리 제도
• 취재: 간단한 시험, 하급 관리 선발(녹사, 서리) • 천거: 학덕이 높은 자를 추천(기존 관리 대상) • 음서: 2품 이상의 고관 자제	• 상피제: 권력의 집중과 부정 방지 • 서경제: 5품 이하 관리 임명 시 양사(사헌부, 사간원)에서 심사(인사의 공정성 도모) • 근무 평가: 승진 및 좌천의 자료

3 사림의 대두와 붕당 정치

(1) 훈구와 사림

구분	훈구파	사림파
학통	관학파(근기 지방)	사학파(영남 · 기호 지방)
학문 경향	사장 중심 - 다른 사상도 포용	경학 중심 - 성리학 이외의 사상 배격
정치 체제	부국강병, 중앙 집권	왕도 정치, 향촌자치제
역사 의식	자주적 사관(단군 숭상)	중국 중심 세계관(기자 중시)
경제 기반	대농장 소유	향촌의 중소 지주
의의	15세기 민족 문화 정비	16세기 정치 · 사상 주도

(2) 사림의 정치적 성장

① 사림의 정계 진출
  ㉠ 중앙 정계 진출: 전랑과 3사의 언관직 담당(성종, 김종직) → 훈구 세력의 비리 비판
  ㉡ 사림 등용 배경: 세력 균형 추구 → 훈구 세력 견제

② 사화와 붕당의 발생

구분	사화	붕당 정치
배경	훈구파(중앙) → 사림파(지방)	사림파 분열(양반 수 증가 → 관직 · 토지 부족)
과정	무오사화 → 갑자사화 → 기묘사화 → 을사사화	4색 붕당 형성(북인, 남인, 노론, 소론)
영향	16세기 이후 정권 장악	정치 활성화 → 정치 기강 문란, 왕권 약화
전개	서원, 향약	지방 농장, 족당, 학파 → 언론

더 알아보기

조선의 4대 사화

무오사화 (1498, 연산군)	• 삼사를 중심으로 결집한 사림과 강력한 왕권을 표방한 훈구와의 갈등 • 김종직의 '조의제문' 사초 수록 문제 • 김일손 등 사림 처벌, 김종직 부관참시
갑자사화 (1504, 연산군)	• 폐비 윤씨 사건 • 사림뿐만 아니라 훈구 세력도 처벌
기묘사화 (1519, 중종)	• 조광조의 급진적인 개혁 정치 • 위훈 삭제 추진: 훈구 공신들의 반발로 조광조를 비롯한 사림 세력 대거 처벌
을사사화 (1545, 명종)	• 왕위 계승을 둘러싼 외척 간의 갈등: 윤원형(소윤) 일파 대 윤임(대윤) 일파 • 윤원형 일파가 윤임 일파를 대거 숙청하고 정국 주도

(3) 조광조의 개혁 정치

정치	• 현량과 실시(사림 등용) • 위훈 삭제 추진(훈구파 제거 시도)
문화	성리학적 질서 추구: 불교·도교 행사 폐지, 소격서 폐지 → 유교식 의례 장려
사회	• 향약 시행: 향촌 자치 추구 • 소학의 전국적 보급
경제	방납의 폐단 시정: 수미법 건의

(4) 붕당의 출현과 전개: 사림의 정계 주도 → 선조 때 정권 장악

① 동·서 분당: 척신 정치의 잔재 청산 방법을 둘러싼 대립 → 이조 전랑 자리 다툼

구분	동인	서인
출신 배경	신진 사림(선조 때부터 정치 참여)	기성 사림(명종 때부터 정치 참여)
정치적 입장	• 철저한 사림 정치 실현 – 수기(修己) 강조 • 지배자의 도덕적 자기 절제 강조 • 원칙 중시	• 척신 정치 개혁에 소극적 – 치인(治人) 강조 • 제도 개혁을 통한 부국 안민 • 현실 중시
학맥	• 김효원 지지 세력 • 이황·조식·서경덕의 학문 계승	• 심의겸 지지 세력 • 이이·성혼의 문인 중심

② 붕당 정치의 전개

초기	동인이 우세한 가운데 정국 운영
동인의 분당	정여립 모반 사건(1589) 계기 → 남인(온건파, 초기 정국 주도)과 북인(급진파, 임진왜란 후 – 광해군)으로 분당
광해군	북인의 정국 주도 → 전후 복구 사업, 중립 외교 정책, 인조 반정으로 몰락(서인 주도)
인조 반정 이후	• 서인 중심으로 정국 운영 → 남인 일부와 연합(서인과 남인의 공존 체제) • 서원 중심으로 모여진 정치적 여론을 중앙정치에 반영 • 친명배금 정책, 척화주전론 주장(서인) → 정묘·병자호란 초래
효종	북벌운동 추진(서인)
현종	서인과 남인의 정치적 대립 → 기해예송(서인 정권 지속), 갑인예송(남인의 득세)
숙종	경신환국(1680)으로 공존의 틀 붕괴 → 붕당의 변질, 서인이 노론·소론으로 분화

더 알아보기

예송 논쟁

구분	기해예송 (제1차 예송 논쟁, 1659)	갑인예송 (제2차 예송 논쟁, 1674)
분쟁 원인	효종의 상 때 자의대비의 복제 문제	효종 비의 상 때 자의대비의 복제 문제
서인	1년설(기년설)	9개월설(대공설)
남인	3년설	1년설
채택	서인(1년설)	남인(1년설)

③ 붕당 정치의 성격
    ㉠ 정치적, 학문적 경향에 따라 결집 → 정파적, 학문적 성격
    ㉡ 복수의 붕당이 공존 → 상호 견제와 비판을 통한 정치 운영 형태
    ㉢ 지방 사림 세력의 정치적 성장 → 정치 참여층의 기반 확대

긍정적인 면	부정적인 면
• 여론을 수렴하여 정국 운영 → 공론의 중시 • 3사의 언관과 이조 전랑의 정치적 비중 증대 → 상대 세력 견제, 자기 세력 확대 • 산림(재야의 공론 주도 지도자) 출현 • 서원, 향교: 지방 사족의 의견 수렴	• 신하들 간의 파당 형성 → 국론의 분열 • 의리와 명분에 치중 → 현실 문제 경시 • 지배층의 의견만 정치에 반영

4 조선 초기의 대외 관계

(1) **명과의 관계**: 사대 정책 → 왕권의 안정과 국가의 안전 보장

초기	• 요동 정벌 준비, 표전문제, 여진과의 문제로 마찰 • 태종 이후 정상화
사대 정책	• 왕권 안정과 국제적 지위 확보, 조공 무역 • 사절 교환, 문화적·경제적 교류 활발
실리 외교	자주적 실리·문화 외교, 공무역 성격

(2) **명 이외의 주변 민족**: 교린 정책 → 회유와 토벌의 양면 정책
① 여진·일본과의 관계

구분	강경책	회유책
여진	• 국경에 진·보 설치 • 4군 6진 개척(압록강~두만강, 오늘날의 국경선)	• 귀순 장려(관직, 토지 제공) • 국경 무역 허용(경원, 경성에 무역소, 북평관 설치) • 사민 정책, 토관 제도
일본	대마도 토벌(세종, 이종무)	• 3포 개항(1426, 부산포·제포·염포) • 제한적인 조공 무역 허용(1443, 계해약조)

② 동남아시아와의 관계
    ㉠ 류큐, 시암, 자와(자바) 등과 교류
    ㉡ 수입 – 각종 토산품, 수출 – 옷, 문방구 등
    ㉢ 류큐에 불경, 유교 경전, 범종 등을 전해 주어 문화 발전에 기여

5 전란의 극복과 대청 관계

(1) 임진왜란(1592)
① 전란의 극복과 영향
- ㉠ 배경: 조선의 국방력 약화와 국론 분열, 일본 전국시대의 혼란 수습 → 명과 조선 침략
- ㉡ 과정: 부산진(정발), 동래성(송상현) 패배 → 충주 탄금대 전투(신립) 패배 → 선조 피난(의주) → 한양과 평양 함락 → 수군 승리와 의병 항쟁 → 명 참전과 전열의 정비 → 명·일본 간 화의 교섭 → 화의 결렬 후 정유재란 발발(1597) → 왜군 철수
- ㉢ 영향
  - 국내 영향: 인구 격감(기근·질병, 일본에 포로), 국가 재정 궁핍, 신분제 동요, 문화재 소실, 명과 의리를 지켜야 한다는 사대 의식 강화
  - 국외 영향: 일본 문화의 발전(성리학 및 도자기 문화 발달), 여진족 성장·명 쇠퇴(명·청 교체기)

② 수군의 승리와 의병의 항쟁

수군의 승리	의병의 항쟁
이순신의 남해 제해권 장악	농민 주축, 전직 관리·사림·승려 지도
• 곡창 지대인 전라도 보존 • 왜군의 수륙 병진 작전 좌절	• 향토 지리에 맞는 전술 구사 • 관군에 편입 • 정인홍, 곽재우, 휴정(서산대사), 유정(사명대사) 등 활약

(2) 호란의 발발과 전개
① 광해군의 전후복구 정책

내정 개혁	북인 정권의 수립, 양안·호적의 재작성, 대동법 실시(경기 지역), 군사력 강화, 『동의보감』 편찬, 사고 정비(4대 사고 → 5대 사고)
외교 정책	실리 외교의 추진: 명과 후금 사이에 중립 외교

② 정묘호란과 병자호란

구분	정묘호란(1627)	병자호란(1636)
원인	인조 반정 후 친명배금 정책, 명의 모문룡 군대의 가도 주둔, 이괄의 잔당이 후금에 투항	청의 성립과 군신 관계 요구 → 조선의 거부
경과	후금의 침입 → 정봉수, 이립의 의병 활약	청의 침입 → 남한산성에서 항전(주화파와 척화파 대립)
결과	형제 관계 수립	• 군신 관계 수립 • 북벌운동의 전개, 청에 대한 적개심 고조

③ 대북방 운동

구분	북벌론의 대두(17세기)	북학론의 대두(18세기)
배경	• 명분론 → 척화주전론 • 청에 대한 적개심과 문화적 우월감	• 현실론 → 주화파 • 청의 국력 신장과 문물의 발달
전개	효종(군대 양성, 성곽 수리) → 숙종(북벌의 움직임 제기) → 북벌론 발전	청의 실체를 인정 → 선진 문물 도입(상업 중시, 대외 무역 활성화, 서양의 과학 기술 수용)
영향	서인의 정권 유지 수단 이용(남인 진출 견제) → 5군영 설치(어영청, 총융청, 수어청 등)	박지원, 박제가, 홍대용 등 중상주의 실학자 → 19세기 후반 개화사상 형성에 영향

④ 나선 정벌: 러시아의 남하 → 청의 원병 요청 → 변급(1654), 신유(1658) 등 두 차례에 걸쳐 조선 총수병의 실력 입증

02 근세의 경제

1 경제 정책

(1) 농본주의 경제 정책

구분	중농 정책	상공업의 통제
배경	재정 확충과 민생 안정 방안 추구	사치와 낭비 억제, 농업 피폐화·빈부 격차 심화 우려, 사농공상의 직업적 차별
경제	• 농경지 확대: 토지 개간 장려, 양전 사업 실시 • 농업 생산력 향상: 새로운 농법과 농기구 개발 • 농민의 조세 부담 경감	• 유교적 경제관: 검약 생활 강조, 소비 억제 • 도로와 교통 수단 미비 • 화폐 유통, 상공업 활동, 무역 등 부진
정책	왕도 정치의 우선 과제 – 민생 안정	16세기 이후 국가의 통제력이 약화되면서 국내 상공업과 무역 활발

(2) 토지 제도의 변화

구분	과전법	직전법	관수관급제	녹봉제
시기	고려 말(공양왕)	세조	성종	명종
대상	현·퇴직 관리 – 사후 반납	현직 관리	현직 관리	현직 관리
배경	권문세족의 대농장 확대 → 재정 궁핍	신진 관료에게 지급할 토지 부족	양반 관료의 수조권 남용	직전법 체제 붕괴
원칙	경기 지역에 한하여 수조권 지급	• 수신전·휼양전 등 폐지 • 현직 관리에게만 수조권 지급	관청에서 직접 수조권 행사하여 관리에게 지급	녹봉만 지급 (수조권 제도 소멸)

목적	신진 사대부의 경제 기반 마련	토지 부족의 보완	국가의 토지 지배권 강화	관리의 생활 수단 마련
영향	• 농민의 경작권 인정 • 병작반수 금지 • 수신전 · 휼양전 · 공신전 세습	농장 확대	• 농장 확대 가속화 • 지주전호제 강화 • 명종 때 관수관급제 폐지	• 수조권 지급 제도 소멸 • 농장의 보편화

(3) 수취 체제의 확립

조세	공납	역	기타
토지 소유주 부담	토산물 징수, 호구 기준	16세 이상 정남 대상	-
• 과전법(30두/결, 답험손실법) • 연분9등법 · 전분6등법 (20~4두/결)	• 상공(정기적), 별공 · 진상 (부정기적) • 각종 수공업 제품, 광물, 수산물, 모피, 과실, 약재 등	• 군역: 정군, 보인 • 요역: 가호 기준, 공사 동원, 1인/8결, 6일/1년(성종)	• 염전, 광산, 산림, 어장 • 상인 · 수공업자에게 징수
• 조운(조창 → 경창) • 잉류 지역(평안도, 함경도), 제주도 → 자체 소비	생산량 감소, 생산지 변화로 공물 확보 곤란 → 전세<공납 부담	양반 · 서리 · 향리, 성균관 유생 등은 군역 면제	-

(4) 수취 제도의 문란: 유민과 도적 증가 → 임꺽정의 난(1559, 명종)

구분	조세 제도(15세기)	농민 부담 가중(16세기)
전세	과전법(30두) → 전분 6등법 · 연분 9등법(20~4두)	지주전호제, 병작반수제 → 몰락 농민 증가
공납	토산물 징수(호구 기준) – 상공, 별공, 진상	방납제의 폐단, 인징, 족징 → 수미법 주장(조광조, 이이)
역	군역과 요역(8결당 – 1인, 1년 – 6일)	군역의 요역화 → 방군수포제 · 대립제
환곡	빈민 구제 목적 – 춘대 추납법(이자: 1/10)	이자의 고리대화

2 양반과 평민의 경제 활동

(1) 양반 지주의 생활

경제 기반	농장 경영	노비 소유
• 과전, 녹봉 • 자신 소유의 토지와 노비	• 직접 경작(노비) • 소작 경영(농민과 병작반수)	• 솔거 노비: 가사, 농경, 직조 종사 • 외거 노비: 신공(포, 돈) 납부
토지 경영: 비옥한 경상, 충청, 전라 지역에 집중 → 농장 형태 형성	15세기 후반 농장의 증가 → 유랑민들을 노비화시켜 토지를 경작함	재산의 한 형태: 노비 매매 가능, 노비 신분 세습, 양인과 혼인 통해 소유

(2) 농민 생활의 변화

농업 생산력 증가	농민의 생활
• 중농 정책: 중국 농업 기술 도입, 개간 장려, 수리 시설 확충, 농서 보급, 양반의 농업 관심 증대 • 농업 기술 개량: 2년 3작, 모내기 보급, 시비법 발달, 농기구 개량, 목화·약초·과수 등 작물 재배 확대	• 농민 몰락: 지주제 확대, 자연 재해, 고리대, 세금 부담 → 소작농 전락, 유민 증가 • 농촌 안정책: 정부(구황 방법 제시, 호패법 → 오가작통제 강화), 양반(향약 시행)

(3) 상공업 생산 활동

수공업 생산 활동	상업 활동
• 관영 수공업: 공장안 등록, 16세기 부역제 해이와 상업이 발전함에 따라 관영 수공업 쇠퇴 • 민영 수공업: 주로 농기구 등 물품 제작, 양반 사치품 생산 • 가내 수공업: 자급자족 형태로 생활필수품 생산, 무명 생산 증가	• 시전 중심: 왕실과 관청에 물품 공급, 특정 상품의 독점 판매권 획득(금난전권), 육의전 번성, 경시서 설치(세조 때 평시서로 개칭) • 장시 성장: 15세기 후반부터 등장하여 서울 근교와 지방에서 증가, 일부 정기 시장으로 정착, 보부상 활동, 16세기 이후 전국적으로 확대 • 화폐: 저화(태종), 조선통보(세종) 발행 → 유통 부진, 쌀·무명 이용 • 무역: 대외 무역 통제 → 명(공·사무역 허용), 여진(무역소 설치), 일본(왜관 중심), 국경 부근 사무역 통제

03 근세의 사회

1 양반 관료 중심의 사회

(1) 양천 제도와 반상 제도

구분	양천 제도의 법제화	반상 제도의 일반화
특징	양인과 천민 구분 – 법제적 신분 제도	양반과 상민 간의 차별 – 실제적 신분 제도
구성	• 양인: 자유민(과거 응시 가능, 조세·국역 의무) • 천민: 비자유민(개인·국가에 소속, 천역 담당)	• 양반과 양반을 보좌하던 중인이 신분층으로 정착 • 신분 제도 정착(양반, 중인, 상민, 천민)
성격	• 신분 이동 가능: 양인의 과거 응시 및 관직 진출, 양반의 노비·중인·상민화 • 한계: 고려 사회에 비해 개방된 사회, 신분제 사회 틀 유지의 한계	

(2) 신분구조

구분	구성	특징
양반	문반과 무반	• 문·무반의 합칭 → 가족과 가문까지 지칭(신분 명칭으로 고정) • 토지와 노비 소유, 고위 관직 독점(과거·음서·천거 등), 국역 면제 • 지주층(경제적 측면)이며 관료층(정치적 측면), 관료 지향

중인	기술관, 서리, 향리, 군교, 역리, 서얼 등	• 양반과 상민의 중간 신분(기술관) → 군역 면제, 조선 후기 독립된 신분층 형성 • 서리, 향리, 기술관: 직역 세습, 동일 신분 간 혼인 • 서얼(중서): 문과 응시 불가, 무반 등용 가능 • 한품서용법(限品敍用法): 신분과 직종에 따라 품계를 제한하여 관리를 서용, 기술관과 서얼은 정3품 당하관까지 승진 허용
상민	농민, 수공업자, 상인 등	• 생산 활동 종사(농업, 수공업, 상업 등) → 조세·공납·역 부담 • 법적으로 자유민으로 과거 응시 가능 → 현실적 곤란 • 신량역천(身良役賤): 수군, 조례, 나장, 일수, 봉수군, 역졸, 조졸
천민	노비, 창기, 사당, 무당, 백정, 광대 등	• 노비의 지위: 매매·상속·증여 대상 → 일천즉천(一賤則賤) • 공노비[국가에 신공 납부(납공 노비), 관청에 노동력 제공(입역 노비)], 사노비(솔거 노비, 외거 노비)

2 사회 정책과 사회 시설

(1) 사회 정책과 사회 제도

① 사회 정책

농본 정책	농민의 몰락 방지
성리학적 명분론 입각	국가의 안정과 재정의 근간 보호 목적
신분 사회 질서의 유지와 농민의 생활 안정 도모	• 양반 지주의 토지 겸병 억제 • 농번기에 잡역 동원 금지, 재해 시 조세 감면

② 사회 제도

환곡제	의료 시설
• 국가 운영: 의창, 상평창 → 빈농 구제 목적 • 양반 지주의 자치적 운영: 사창 제도 → 양반 중심의 향촌 지배 및 질서 유지가 목적	• 중앙: 혜민서, 동·서 대비원(서민 환자의 구제·약재 판매) • 지방: 제생원(지방민의 구호 및 진료 담당) • 동·서 활인서: 유랑자의 수용과 구휼 담당

(2) 법률 제도

형법	• 기본법: 형법(대명률과 『경국대전』 적용)과 민법(관습법 적용) • 반역죄와 강상죄는 중죄 → 연좌법 적용(가족 연좌, 고을의 호칭 강등과 수령 파면) • 형벌: 태·장·도·유·사의 5종이 기본
민법	• 운영: 지방관(관찰사, 수령)이 관습법에 의거하여 처리 • 사례: 노비 관련 소송(초기) → 산송(山訟) 문제 증대(후기) • 상속: 종법에 의거, 조상의 제사와 노비의 상속 중시
사법 기관	• 중앙: 사헌부, 의금부, 형조(법률·소송 등 사법에 관한 일), 한성부(수도 치안 담당), 장례원(노비 관련 문제 처리) • 지방: 지방관(관찰사, 수령)의 사법권 행사 • 재심 청구: 다른 관청이나 상부 관청에 소송 → 신문고, 격쟁

3 향촌 사회의 조직과 운영

(1) 향촌 사회의 모습

향촌 조직	향촌 자치
• 향(鄕): 행정 구역상 군·현 단위 • 촌(村): 촌락·마을(면·리 설치)	• 유향소: 향촌 양반의 자치 기구 → 수령 보좌, 향리 감찰, 풍속 교정(향안, 향규, 향회) • 경재소: 중앙 현직 관료의 유향소 통제 → 중앙과 지방의 연락 업무 • 향약 보급: 향촌 사회의 운영 질서 강구 → 지방 사족의 지배력 확보와 유지 수단
군·현 아래 면·리 설치, 몇 개의 자연 촌락으로 구성, 중앙에서 관리 파견 없음	유향소 변화: 경재소가 혁파(1603)되며 유향소는 향청으로 명칭 변경

(2) 촌락의 구성과 운영

① 촌락: 농민 생활의 기본 단위(자연촌 존재, 동·이 편제) → 촌락 주민 지배(면리제, 오가작통제)
② 분화: 신흥 사족의 향촌 이주 → 향촌 사회 촌락의 분화(반촌, 민촌)

구분	반촌	민촌
구성	양반 거주	평민과 천민 구성
생활	친족·처족·외족의 동족 구성(성씨 다양)	지주의 소작농으로 생활
변화	18세기 이후 동성 촌락으로 발전	18세기 이후 구성원의 다수가 신분 상승

③ 공동체 조직

구분	동계, 동약	두레, 향도
주체	사족	일반 백성
역할	촌락민을 신분적·사회 경제적으로 지배	자생적 생활 문화 조직 형성, 공동 노동 조직
변화	동계, 동약은 임진왜란 이후 양반과 평민층이 함께 참여하는 상하 합계의 형태로 전환	

4 성리학적 사회 질서의 강화

(1) 예학과 보학: 양반 사대부의 신분적 우월성 강조, 향촌 사회에 대한 지배력 강화

구분	예학	보학
성격	상장 제례 의식 연구 학문 – 종족의 내부 의례 규정	종족(宗族)의 종적 내력과 횡적 관계 기록 – 족보 편찬
배경	성리학적 도덕 윤리 강조 – 신분 질서의 안정 추구	가족의 내력을 기록하고 암기
영향	• 유교적 가족 제도 확립(가부장적 종법 질서 구현) • 가묘와 사당 건립 • 사림 간 정쟁의 구실로 이용되는 폐단 발생(예송 논쟁)	• 종적 내부의 결속 다짐 • 결혼 상대나 붕당 구별의 자료 • 양반 문벌 제도 강화에 기여

(2) 서원과 향약: 향촌 사회에서 사림의 지위 강화

구분	서원	향약
기능	• 선현 제사 • 학문 연구, 후진 교육	전통적 향촌 규약(향규 · 계 · 향도) + 삼강오륜 → 향촌 교화 규약
내용	백운동 서원(최초의 서원) · 소수 서원(사액 서원)	4덕목(덕업상권, 과실상규, 예속상교, 환난상휼)
영향	• 유교 보급, 향촌의 사림 결집 • 학문의 지방 확대 • 사림의 향촌 지배력 강화	• 상민층까지 유교의 예속 · 침투, 백성 교화에 기여 • 향촌 사회의 질서 유지와 치안 담당 • 사림의 지방 자치 구현, 농민 지배력 강화
문제점	• 토호 및 지방 유력자들이 주민을 위협 · 수탈하는 배경 제공 • 향약 간부들의 갈등과 대립으로 풍속과 질서를 해치는 경우 발생	

04 근세의 문화

1 민족 문화의 융성

(1) 발달 배경: 민족적 · 자주적 성격의 학문 발달 → 민생 안정과 부국강병 추구, 과학 기술과 실용적 학문 중시

(2) 한글의 창제와 편찬 사업

한글 창제	• 배경: 조선 한자음의 혼란 방지, 피지배층에 대한 도덕적 교화를 통해 양반 중심의 사회 운영에 필요
	• 1443년에 「훈민정음」을 창제하여 1446년에 반포
	• 보급
	  - 「용비어천가」, 「월인천강지곡」 등 제작
	  - 불경, 농서, 윤리서, 병서 등 간행
	  - 서리 채용 시험에 부과

지도 · 지리서 편찬	• 배경: 중앙 집권과 국방 강화 • 지도: 혼일강리역대국도지도(태종), 팔도도(태종), 동국지도(세조, 양성지 – 최초의 실측지도), 조선방역지도(명종) • 지리서: 「신찬팔도지리지」(세종), 「세종실록지리지」(단종), 「동국여지승람」(성종), 「신증동국여지승람」(중종)
윤리 · 의례서, 법전 편찬	• 배경: 유교적 사회 질서 확립(윤리서), 통치 규범의 성문화(법전) • 윤리서: 「삼강행실도」(세종), 「이륜행실도」(중종), 「동몽수지」(중종) • 의례서: 「국조오례의」(성종) • 법전: 「조선경국전」(정도전), 「경제문감」(정도전), 「경제육전」(조준 · 하륜), 「경국대전」(조선의 기본 법전, 조선 사회의 기본 통치 방향과 이념 제시)

(3) 『조선왕조실록』

정의	조선 태조부터 철종까지의 역사를 편년체로 기록하여 편찬(『태조실록』~『철종실록』)
내용	• 편찬 기관: 춘추관 내 실록청 • 편찬 자료: 사초, 각 관청의 문서를 모은 시정기, 『승정원일기』, 『비변사등록』, 『의정부등록』, 『일성록』(정조 이후) 등의 문서를 종합·정리하여 편년체로 편찬 • 편찬 과정: 초초(初草) → 중초(中草) → 정초(正草) → 실록 편찬 후 세초(기밀 누설 방지) • 『국조보감』: 역대 왕의 업적 가운데 선정만을 모아 후대 왕들에게 교훈을 주고자 편찬
의의	• 조선 시대 각 방면의 역사적 사실을 망라한 역사 기록물 • 유네스코 세계기록유산 등재

(4) 역사서의 편찬

구분	건국 초기	15세기 중엽	16세기
사관	성리학적 사관	자주적 사관, 단군 중시	존화주의적 사관, 기자 중시
편찬 목적	• 왕조의 정통성에 대한 명분 • 성리학적 통치 규범 정착	• 민족적 자각 인식 • 고려 역사를 자주적 재정리	사림의 정치·문화 의식 반영
저서	• 『고려국사』(1451, 정도전) • 『동국사략』(권근)	• 『고려사』(1451, 기전체) • 『고려사절요』(1452, 편년체) • 『동국통감』(1485, 서거정, 고조선~고려 말의 통사)	• 『동국사략』(1522, 박상) • 『기자실기』(1580, 이이) • 『동몽선습』(1670, 박세무)

2 성리학의 발달

(1) 성리학의 정착

구분	관학파(성균관, 집현전)	사림파(서원, 3사 언관직)
계보	혁명파 사대부(정도전, 권근)	온건파 사대부(정몽주, 길재)
조선 건국 과정	조선 건국에 적극 참여	고려에 대한 충성 주장
학풍	사장 중시(시와 문장)	경학 중시
정치	중앙 집권과 부국강병, 현실적인 정치·경제	향촌 자치와 왕도 정치, 명분과 의리
사상	• 주례를 국가의 통치 이념으로 중시 • 관대한 사상 정책(민간 신앙까지 포용) • 성리학적 정치 이념 정착 • 자주 의식(단군 숭배)	• 교화에 의한 통치와 성리학적 명분 중시 • 성리학 이외의 사상 배척 • 성리학적 이념과 제도의 실천 노력 • 화이 사상(기자 숭상)
의의	15세기 민족 문화 발전에 기여	16세기 이후 관념적 이기론 발전에 기여

(2) 성리학의 융성

① 16세기 사림: 도덕성과 수신을 중시 → 인간의 심성에 대한 관심 증대

구분	주기론	주리론
학풍	• 기(氣)를 중심으로 세계 이해 • 불교와 노장 사상에 개방적 태도 • 경험적 현실 세계(개혁 사상)	• 이(理)를 중심으로 이론 전개 • 이기이원론 • 도덕적 원리 문제(사회 질서 유지)
학파	서경덕, 조식 → 이이 → 기호 학파(서인)	이언적 → 이황 → 영남 학파(동인)
경제 기반	불우한 산림 처사	향촌 중소 지주 출신
영향	• 심오한 이기 철학의 성립과 왕도적 정치 철학 확립 · 정치 활성화 • 지나친 도덕주의 → 현실적 부국강병책 소홀	

② 성리학의 정착(집대성)

구분	퇴계 이황	율곡 이이
학풍	이기이원론	일원적 이기이원론
저서	『성학십도』, 『주자서절요』	『동호문답』, 『성학집요』
영향	• 도덕적 행위로서의 인간의 심성 중시 • 근본적 · 이상주의적 성격 강함 • 예안향약 • 일본 성리학 발전에 영향	• 현실적 · 개혁적 성격(통치 체제의 정비와 수취 제도의 개혁 제시) • 서원향약, 해주향약 • 조선 후기 북학파 형성에 기여
계승	김성일, 유성룡 → 영남 학파	조헌, 김장생 → 기호 학파

(3) 학파의 형성과 대립

① 학파의 형성

구분	동인	서인
배경	서경덕 학파, 조식 학파, 이황 학파	이이 학파, 성혼 학파
전개	정여립 모반 사건으로 남인 · 북인 분화	인조 반정으로 정국 주도 → 노론 · 소론 분화(경신환국)
	북인(서경덕 · 조식 학파), 남인(이황 학파)	서경덕과 조식 사상, 양명학, 노장 사상 배척

② 학파의 대립

붕당	동인(선조 이후, 영남 학파)		서인(인조 반정 이후, 기호 학파)	
사상	주리론(이기이원론), 도덕적 원리, 실천 중시, 도덕적 규범 확립		주기론(일원론적 이기이원론), 경험적 현실 세계, 현실 개혁	
출신	안정된 중소 지주 출신		사림 출신	
분열	북인	남인	노론	소론
학파	서경덕 · 조식 (남명 학파)	이황 (퇴계 학파)	이이 (율곡 학파)	성혼 (우계 학파)
성향	절의 중시, 부국강병, 의병장 배출, 개혁적 성격	수취 체제 완화, 갑인예송, 기사환국 때 집권	정통 성리학 강조, 대의명분 중시, 호락 논쟁으로 발전	실리 추구, 양명학과 노장 사상에 호의적, 북방 개척

(4) 예학의 발달

예학의 보급 (16세기)	• 16세기 중반: 생활 규범서(『주자가례』) 출현, 『주자가례』의 학문적 연구 시작 • 16세기 후반: 성리학을 공부하는 학자들 대부분이 예에 관심을 가짐
예학의 발달 (17세기)	• 양난 이후 유교적 질서의 회복 강조 → 예학 연구 심화(김장생, 정구 등) • 각 학파 간 예학의 차이 → 예송 논쟁 발생

3 불교와 민간 신앙

(1) 불교의 정비

구분	억불책	진흥책
배경	• 성리학적 통치 이념 확립 • 집권 세력의 경제적 기반 확보	왕실의 안녕과 왕족의 명복 기원
정비	• 태조: 도첩제 실시 → 승려의 수 제한 • 태종: 사원의 토지와 노비 몰수 • 세종: 교단 정리 – 선교 양종 36개 절만 인정	• 세종: 내불당 설치, 『월인천강지곡』·『석보상절』 간행 • 세조: 간경도감 설치(한글로 불경 간행) • 명종: 불교 회복 정책(보우 중용, 승과 부활) • 임진왜란 때 승병 활약(서산대사, 사명대사)

(2) 도교와 풍수지리설, 민간 신앙

도교	풍수지리설	민간 신앙
• 소격서 설치, 초제 시행(참성단) • 사림 진출 이후 도교 행사 폐지	• 한양 천도에 반영 • 산송 문제(명당 선호) 야기	• 무격 신앙, 산신 신앙, 삼신 숭배, 촌락제 성행 • 세시 풍속: 유교 이념과 융합

4 과학 기술의 발달

(1) 천문학 및 역법과 의학

천문학	• 혼의 · 간의 · 혼천의(천체 관측), 앙부일구 · 자격루(시간 측정) • 측우기(세계 최초, 강우량 측정), 인지의 · 규형(토지 측량 – 양전과 지도 제작에 활용) • 천문도 제작: 천상열차분야지도(← 고구려의 천문도 바탕)
역법	『칠정산』(중국 · 아라비아 역법 참고, 한양 기준으로 천체 운동 계산)
의학	민족 의학의 발전: 『향약집성방』(국산 약재와 치료 방법), 『의방유취』(의학 백과사전)

(2) 활자 인쇄술과 제지술: 각종 서적의 국가적 편찬 사업의 추진

활자	• 주자소 설치: 계미자 주조(태종), 갑인자 주조(세종) • 인쇄 기술 발달: 식자판을 조립하는 방법 창안 → 인쇄 능률의 향상
제지술	조지서 설치(세종, 다양한 종이의 대량 생산) → 출판 문화의 수준 향상

(3) 농서의 편찬과 농업 기술의 발달

농서 편찬	농업 기술
• 『농사직설』(정초): 우리의 실정에 맞는 농법 정리(씨앗 저장법, 토질 개량법, 모내기법) • 『금양잡록』(강희맹): 경기 지방(시흥)의 농사법 정리	• 밭농사: 2년 3작 보편화 • 논농사: 벼와 보리의 이모작, 남부 일부 지방에서 모내기, 건경법(건사리), 수경법(물사리) 시행 • 기타: 농기구 개량, 시비법 발달, 가을갈이의 농사법, 목화 재배와 누에치기의 전국적 확산, 작물 재배

(4) 병서 편찬과 무기 제조

병서 편찬	무기 제조
• 『총통등록』(화약 무기의 제작과 사용법 정리) • 『병장도설』(군사 훈련 지침서) • 『동국병감』(고조선~고려 말까지의 전쟁사 정리)	• 화약 무기 제조(최해산), 화포, 화차(신기전) • 거북선(태종), 비거도선(세종) 제조 → 수군의 전투력 향상

5 문학과 예술

(1) 다양한 문학

구분	15세기	16세기
주체	관료 문인 중심	사림 및 여류 문인 중심
문학 경향	• 격식을 존중하고 질서와 조화 추구 • 관학파의 사장 중시(한문학 발달)	• 개인적 감정과 심성을 표현 • 사림파의 경학 중시(한문학 저조)
한문학	• 자주적 한문학 발달(『동문선』 편찬) • 시조와 악장 문학 발달(가사 출현)	• 흥취와 정신 중요(한시, 가사와 시조 활발) • 여류 문인(신사임당, 허난설헌, 황진이)
설화 문학	• 서민들의 풍속 · 감정 · 역사 의식 • 『필원잡기』(서거정), 『용재총화』(성현), 『금오신화』(김시습)	• 『수성지』(임제) – 사회모순과 존화의식 비판 • 『패관잡기』(어숙권) – 적서차별 비판
시조 문학	• 새 사회 건설 희망 · 진취적 기상(김종서, 남이) • 유교적 충절(길재, 원천석, 사육신)	• 순수한 인간 본연의 감정 노래(황진이) • 자연 속 은둔 생활의 즐거움(윤선도)
악장 · 가사	• 새 왕조 탄생과 업적 찬양(『용비어천가』 등) • 훈민정음 창제로 발전	• 악장과 초기의 가사가 더욱 발전 • 「면앙정가」(송순), 「관동별곡」, 「사미인곡」(정철), 「누항사」(박인로)

(2) 건축, 공예, 그림과 글씨, 음악과 무용

구분	15세기	16세기
건축	• 법적으로 신분별 건물 규모 규제 • 주위 환경과의 조화 중시 • 궁궐 · 관아 · 성곽 · 성문 · 학교 건축 중심	• 서원 건축 중심(가람배치 양식과 주택 양식 결합) • 옥산서원(경주), 도산서원(안동)
공예	분청사기(광주 분원 유명)	순수백자(사대부의 취향과 관련)
공예	목공예(실용성과 예술성의 조화), 화각 공예, 자개 공예(나전칠기), 자수와 매듭 공예	
그림	• 중국 화풍 수용, 독자적 화풍 개발 • 일본 무로마치 시대에 영향 • 몽유도원도(안견), 고사관수도(강희안) • 화기(신숙주): 안평대군의 소장품 소개	• 자연 속의 서정미 추구(산수화, 사군자 유행) • 이암(영모도), 이정(대나무), 황집중(포도), 어몽룡(매화) • 신사임당(초충도 – 꽃, 나비, 오리), 이상좌(송하보월도)
글씨	안평대군(조맹부체)	양사언(초서), 한호(해서)
음악 · 무용	• 아악 정리(박연), 『악학궤범』 편찬(성현) • 궁중 무용(나례춤, 처용무)	• 속악 발달 • 산대놀이, 꼭두각시놀이 • 서민 무용(농악무, 무당춤, 승무)

Chapter 06 근대 태동기 사회의 발전

01 근대 태동기의 정치

1 조선 후기 근대 사회로의 이행

구분	근대 사회의 정의	조선 후기의 근대 태동
정치	민주 정치	각 분야의 근대적 움직임을 수용하지 못함 → 서인의 일당 전제화, 세도 정치
사회	평등 사회	봉건적 신분제 사회의 붕괴 → 신분 변동 활발
경제	자본주의 사회	경영형 부농과 임노동자, 도고의 등장, 상품 화폐 경제의 발달
사상	합리적 사고, 평등 사상	실학, 동학, 천주교, 서민 문화 발달, 중국적 세계관 극복(지전설)

2 통치 체제의 변화

(1) 정치 구조의 변화

구분	비변사의 기능 강화	3사의 언론 기능 변질	전랑의 권한 강화
배경	왜구와 여진족의 침입에 대비한 임시 기구	공론 반영 → 각 붕당의 이해 관계 대변 기능	중하급 관원에 대한 인사권과 후임자 추천권
변화	• 국방·외교·내정까지 관장 • 양반의 정치적 지위 강화, 의정부와 6조의 기능 약화, 왕권 약화	상대 세력의 비판, 견제	자기 세력 확대, 상대 세력 견제
혁파	흥선 대원군의 개혁 정치 → 의정부와 삼군부의 기능 회복	영조와 정조의 탕평 정치 → 3사의 언론 기능과 전랑의 권한 혁파	

(2) 군사 제도의 변화

구분	전기	후기
중앙군	5위(농병일치제, 의무병제)	5군영(상비군제, 용병제)
지방군	영진군(양인개병제)	속오군(양반~노비까지)
방위 체제	진관 체제(세조) → 제승방략 체제(16세기 후반) → 진관 체제 복구(임진왜란 이후)	

(3) 5군영 체제

구분	시기	병종	경제 기반	특징	
훈련도감	선조	용병	삼수미세	핵심 군영, 삼수병 양성	• 임기응변식 설치 • 병종 다양(번상병, 용병) • 상비군제 · 용병제화 → 서인의 군사 기반으로 변질
어영청	인조	번상병	보(군포)	북벌 추진의 중심 군영	
금위영	숙종	번상병	보(군포)	수도 방위	
수어청	인조	속오군	경비 자담	남한산성 일대 방어	
총융청	인조	속오군	경비 자담	북한산성 일대 방어	

(4) 수취 체제의 개편

① 수취 제도의 개편

구분	전기	후기
전세	전분 6등법 · 연분 9등법(20~4두)	영정법(1결당 4두)
공납	토산물 징수 · 방납 폐단	대동법(1결당 12두 - 쌀, 옷감, 돈)
역	군역의 요역화(방군수포제, 대립제)	균역법(군포 1필)
영향	농민의 부담 일시 경감 · 지주의 부담 증가, 실제 운영에서 농민 부담이 다시 가중됨	

② 농민 통제책의 강화

구분	향촌 지배 방식의 변화	농민 통제책 강화
전개	사족을 통한 향촌 지배(전기) → 수령과 향리 중심의 지배 체제 변화(후기)	호패법, 오가작통제 강화
영향	농민 수탈 증대	농민들의 향촌 이탈 방지 목적

3 정쟁의 격화와 탕평 정치

(1) 붕당 정치의 변질

① 붕당 정치의 변질 배경: 17세기 이후 사회 · 경제적 변화

㉠ 경제: 상품 화폐 경제의 발달 → 정치 집단의 상업적 이익 독점 욕구 증대

㉡ 정치: 정치 쟁점 변질(사상 문제 · 예송 논쟁 → 군영 장악 · 군사력과 경제력 확보에 필수)

㉢ 사회: 지주제와 신분제의 동요 → 양반의 향촌 지배력 약화, 붕당 정치의 기반 붕괴

② 붕당 정치의 과정과 영향

㉠ 과정: 붕당 간 견제와 균형을 바탕으로 운영(전기) → 빈번한 환국의 발생(숙종) → 일당 전제화의 추세

㉡ 영향: 왕실과 외척의 정치적 비중 증대, 3사와 이조 전랑의 정치적 비중 감소, 비변사의 기능 강화

(2) 탕평론의 대두

숙종(1674~1720)	영조(1724~1776)	정조(1776~1800)
탕평론 제시	• '탕평교서' 발표 → 탕평파 육성 • 완론 탕평	• 탕평책 계승 → 인재의 고른 기용 • 준론 탕평
• 공평한 인사 관리 → 정치 집단 간 세력 균형 추구 • 환국으로 서인과 남인이 번갈아 집권	• 산림 존재 부정, 서원 대폭 정리 • 이조 전랑의 후임자 천거제 폐지 • 균역법 실시, 비총제(比總制) 시행 • 군영 정비, 수성윤음 반포 • 악형 폐지, 신문고 부활 • 『속대전』 편찬 • 청계천 준설 사업 추진	• 장용영, 규장각 설치, 초계문신제 시행 • 화성 건설: 행차 시 격쟁, 상언 시행 • 서얼, 노비 차별 완화 • 신해통공(1791): 금난전권 폐지 • 지방통치 개편(수령 권한 강화 - 향약 직접 주관) • 편찬 사업: 『대전통편』, 『동문휘고』, 『무예도보통지』, 『탁지지』, 『추관지』, 『홍재전서』 등
명목상 탕평론, 편당적 인사 관리 → 환국 발생의 빌미	왕권 강화에 의한 일시적 탕평 → 노론 우세(이인좌의 난 등)	근본적 문제 해결 미흡(붕당 간 융화와 붕당의 해체 미흡)

더 알아보기

조선 후기의 환국

경신환국 (1680)	• 남인의 영수인 허적의 유악 사건이 발단 • 남인 실각하고 서인이 정권 장악 • 서인의 노·소론 분화
기사환국 (1689)	• 소의 장씨의 희빈 승격 문제와 원자 책봉 문제로 갈등 • 서인이 실각하고 남인이 정권 장악 • 송시열 사사
갑술환국 (1694)	• 인현왕후의 복위운동을 남인이 저지하려 했던 것이 발단 • 남인이 실각하고 서인이 정권 장악 → 이후 서인이 정국 주도

4 정치 질서의 변화

(1) 세도 정치의 전개(1800~1863)

① 세도 정치
  ㉠ 배경: 정조 사후 정치 세력의 균형 붕괴 → 붕당 정치의 파탄, 유교적 관료 정치의 허구화
  ㉡ 과정: 안동 김씨(순조) → 풍양 조씨(헌종) → 안동 김씨(철종)
  ㉢ 영향: 특정 가문의 정권 독점, 정치 권력의 사회적 기반 약화 → 정치 질서의 파탄

② 권력 구조
  ㉠ 정치 집단의 폐쇄화: 소수 가문의 권력 독점, 정치 권력의 사회적 기반 약화
  ㉡ 권력 구조의 변화: 정2품 이상 고위직만 정치적 기능 발휘, 비변사에 권한 집중(의정부·6조 기능 약화)

(2) 세도 정치의 폐단

① 체제 유지에 치중

　㉠ 사회 변화에 소극적: 상업 발달과 도시적 번영에만 만족

　㉡ 사회 통합 실패: 새로운 세력(남인, 소론, 지방 선비들)의 정치 참여 배제

② 정치 기강의 문란

　㉠ 관직의 매관 매직: 지배층의 수탈 극심 → 삼정(전정, 군정, 환곡)의 문란과 농촌 경제의 피폐

　㉡ 경제적 수탈: 상공업자에 대한 수탈 → 상품 화폐 경제의 성장 둔화

　㉢ 민란 발생: 사회적 압제, 경제적 수탈, 사상적 경색, 정치적 문란으로 대대적인 민란 발생

　㉣ 세도가의 한계: 고증학에 치중하여 개혁 의지 상실, 지방 사회의 어려움을 이해하지 못함

③ 조선 후기의 정치 상황

17세기		18세기	19세기
전반(명·청 교체기)	후반		
북인 → 서인·남인의 공존 → 일당 전제화		탕평책 실시	세도 정치
• 북인: 중립 외교(광해군) • 서인 → 인조 반정으로 집권 → 친명배금 → 정묘·병자호란 → 북벌론(5군영 설치)	• 예송 논쟁 → 남인 집권 • 경신환국 → 서인의 일당 전제화 • 정치적 보복 심화 • 정권의 사회 기반 축소	영조, 정조: 탕평책 → 왕권 강화	• 안동 김씨, 풍양 조씨의 권력 독점 • 삼정의 문란 • 민란: 홍경래의 난(1811), 임술민란(1862)

5 대외 관계의 변화

(1) 청과의 관계

① 관계 변화: 북벌론 추진(17세기) → 북학론 대두(18세기)

② 국경 문제 야기: 백두산 정계비(숙종, 1712, 압록강~토문강) → 간도 귀속 분쟁 발생(19세기) → 간도 협약(1909)

(2) 일본과의 관계

① 대일 외교관계 수립

　㉠ 국교 재개: 도쿠가와 막부의 국교 재개 간청 → 포로 교환(사명대사) → 기유약조(광해군, 부산포 개항, 제한 무역)

　㉡ 통신사 파견: 외교·문화 사절(조선의 선진 문화를 일본에 전파), 1607~1811년까지 12회에 걸쳐 파견

② 울릉도·독도: 신라(지증왕, 이사부) → 조선(숙종, 안용복) → 19세기 말(울릉도에 관리 파견, 독도까지 관할) → 독도 강탈(러·일 전쟁 중)

02 경제 상황의 변동

1 수취 체제의 개편

(1) 농촌 사회의 동요

농촌의 황폐화	제도의 개편
• 양 난 이후 농촌 사회 파괴, 토지의 황폐화 • 기근과 질병 만연, 농민의 조세 부담 심각	• 지배층: 정치적 다툼에 몰두, 민생 문제 등한시 • 정부: 수취 체제 개편 → 농촌 사회의 안정, 재정 기반 확대 추구

(2) 조세 제도의 개편

구분	전세 제도	공납 제도	군역 제도
배경	농경지 황폐화, 전세 제도 문란 → 농민 몰락	특산물 · 현물 징수 곤란, 방납 폐단 → 농민의 향촌 이탈	양인 장정의 납포군화, 군포 징수 폐단 (인징, 족징, 백골징포, 황구첨정)
내용	• 영정법(1결당 4두) • 양전 사업(54만 결 → 140만 결)	• 대동법(1결당 12두 - 쌀, 옷감, 돈) • 양반 지주 반대로 전국적 실시 지연	• 균역법(군포 1필) • 선무군관포(양반), 결작(지주) • 잡세(어장세, 선박세)의 징수
영향	전세율 감소 → 지주 · 자영농 부담 감소	• 공납의 전세화, 조세의 금납화 • 농민 부담 감소, 국가 재정 수입 증가 • 공인, 도고 등장(상공업 발달)	농민 부담의 일시적 감소
한계	• 병작농 혜택 미비 • 부가세 징수 증가	• 현물 부담(별공과 진상)의 존속 • 수령 · 아전의 수탈	• 결작의 소작농 전가 • 군적 문란 → 농민 부담 증가

2 서민 경제의 발전

(1) 양반 지주의 경영 변화

구분	양반의 토지 확대	지주전호제의 변화
지주전호 관계	신분적 관계	경제적 관계
변화 배경	토지 개간 주력, 농민의 토지 매입 → 소유 농토의 확대	상품 화폐 경제 발달, 소작인 저항 증가 → 소작제의 변화
토지 경영	지주전호제 경영 일반화 (농민에게 토지를 빌려주고 소작료 수취)	소작인의 소작권 인정, 소작료 인하, 소작료 정액화 대두(도조법)
경제 활동	소작료와 미곡 판매, 물주로서 상인에게 투자, 고리대로 부 축적, 몰락 양반 등장	

(2) 농민 경제의 변화

수취 체제 개편	양반 중심 지배 체제의 유지 목적 → 농촌 사회의 안정에 한계
농민 자구책	• 황폐한 농토 개간, 수리 시설 복구, 농기구 개량과 시비법 개발, 새로운 영농 방법 시도 • 모내기법 확대: 벼 · 보리의 이모작, 단위 면적당 생산량 증가, 보리 재배 확대
농업 경영 변화	• 광작 농업: 농민의 경작지 규모 확대, 지주의 직접 경작 토지 확대 • 상품 작물 재배: 곡물, 면화, 채소, 담배, 약초 등 재배, 특히 쌀의 상품화 활발
지대의 변화	• 소작 쟁의 전개: 소작권 인정, 소작료의 정액화, 소작료의 금납화 요구 • 타조법(정률 지대, 병작 반수제) · 도조법(정액 지대, 1/3 정도) → 도전법(지대의 금납화)
농민 계층 분화	• 일부 부농화: 광작 농업, 토지 개간 · 매입 → 부농 성장(지주화) • 농민 몰락: 광산 · 포구의 임노동자화, 도시 상공업 종사

(3) 민영 수공업과 민영 광산의 발달

구분	민영 수공업	광산의 개발
15세기	관장의 부역 노동	국가가 직접 경영
17세기	• 장인의 등록 기피 • 민간 수공업자(私匠) 대두	• 민간인에게 채굴 허용하고 세금 징수(설점수세제, 1651) • 은광 개발(대청 무역에서 은의 수요 증가)
18세기 후반	• 민영 수공업 발달(공장안 – 납포장) • 점의 발달(철점, 사기점) • 선대제 수공업 유행(상업 자본>수공업자) • 독립 수공업자 출현(18세기 후반) • 농촌 수공업의 변화(자급자족 → 전문화)	• 금광 개발 활발(상업 자본의 광산 경영 참여) • 잠채 성행 • 광산 경영: 자본(상인), 경영(덕대), 채굴(혈주와 채굴 · 제련 노동자) → 작업 과정의 분업화

3 상품 화폐 경제의 발달

(1) 사상의 대두

① 상품 화폐 경제의 발달

㉠ 농업 생산력 증대, 수공업 생산 활발 → 상품 유통 활성화

㉡ 부세 및 소작료의 금납화 → 상품 화폐 경제 진전

㉢ 인구의 증가, 농민의 계층 분화 → 인구의 도시 유입

② 상인의 종류

㉠ 관허상인
- 중앙: 시전 상인(육의전 중심, 금난전권 소유), 공인(대동법 시행 이후 등장, 국가 수요품 조달, 도고로 성장)
- 지방: 보부상(장시를 거점으로 활동)

㉡ 자유상인
- 중앙: 난전(무허가 상인)
- 지방: 경강 상인(한양), 송상, 유상, 만상, 내상, 객주 · 여각

③ 사상의 활동

송상(개성)	송방(전국적인 유통망) 설치, 인삼 판매, 대외 무역 관여(중계 무역)
경강 상인(한양)	선상, 조세·공물을 한양으로 운반, 한강·서남 해안 중심 상권 확대
유상(평양)	청 북경에 파견된 사신을 수행하면서 교역
만상(의주)	청과 무역 활동
내상(동래)	일본과 무역 활동

(2) 장시의 발달

① 장시의 증가
  ㉠ 과정: 남부 지방에서 개설 시작(15세기 말) → 전국적 확대(16세기) → 전국에 1천여 개 개설(18세기 중엽)
  ㉡ 성격: 지방민의 교역 장소, 정보 교환 장소 → 일부 장시는 상설 시장화, 지역적 시장권 형성
  ㉢ 종류: 송파장(경기 광주), 강경장(은진), 원산장(덕원), 마산포장(창원) → 상업 중심지로 발돋움

② 보부상의 활동: 농촌의 장시를 하나의 유통망으로 연계, 생산자와 소비자를 이어주는 역할 → 보부상단 조합 결성

(3) 포구에서의 상업 활동

포구의 성장	포구 거점 상인
• 변화: 세곡·소작료 운송 기지(전기) → 상업 중심지로 성장(18세기) • 성장: 포구 간·인근 장시와 연계 상거래(초기) → 전국 유통권 형성(선상 활동 활발) • 장시 개설: 칠성포, 강경포, 원산포 등 포구	• 선상: 경강 상인(미곡·소금·어물 거래 → 거상 성장) • 객주·여각: 선상의 상품 매매 중개, 운송·보관·숙박·금융업 종사

(4) 대외 무역의 발달

구분	대청 무역		대일 무역
시기	17세기 중엽부터 활기		17세기 이후 국교 정상화
대표 상인	만상(의주)	송상(개성)	내상(동래)
무역 형태	• 개시(공적으로 허용된 무역) • 후시(사적인 무역)		왜관 개시를 통한 공무역
교역품	• 수입품: 비단, 약재, 문방구 • 수출품: 은, 종이, 무명, 인삼		• 수입품: 은, 구리, 황, 후추 • 수출품: 인삼, 쌀, 무명

(5) 화폐 유통

① 화폐의 보급

　㉠ 배경: 상공업 발달 → 금속 화폐(동전)의 전국적 유통

　㉡ 과정: 동전 주조(상평통보, 인조) → 유통 확대 시도(효종) → 전국적 유통(숙종) → 세금과 소작료도 동전으로 대납 가능(18세기 후반)

　㉢ 영향: 교환 매개 수단, 재산 축적 수단 기능 → 상품 화폐 경제 발달, 전황 발생(→ 이익의 폐전론 제기)

② 신용 화폐 등장: 상품 화폐 경제 진전과 상업 자본의 성장 → 대규모 상거래에 환·어음 이용

03 사회의 변동

1 사회 구조의 변동

(1) 신분제의 동요

① 조선 후기 사회 계층의 분화

　㉠ 배경: 조선 후기의 사회·경제적 변화(사회 계층 구조의 변질, 지배층의 분열)

　㉡ 과정: 양반층 분화, 중간 계층의 신분 상승 운동, 노비의 해방

　㉢ 영향: 양반 수의 증가, 상민과 노비 수의 감소 → 신분 체제 동요

② 신분제의 동요

구분	양반층 분화	양반 수 증가	중간 계층의 성장	노비 감소
배경	붕당 정치의 변질 → 일당 전제화	부농의 지위 향상과 역 부담 모면 추구	조선 후기의 사회·경제적 변화	재정상·국방상 목적 해방
과정	• 권반(집권 세력) • 향반(향촌의 토호) • 잔반(몰락한 양반) • 신향(경제력으로 양반 신분 획득)의 등장	• 납속책, 공명첩 • 족보 매입 및 위조	• 서얼(납속책·공명첩, 상소 운동) • 기술직(소청 운동 전개) • 역관: 외래 문화 수용의 선구적 역할	• 공노비(입역 노비 → 납공 노비화) • 사노비(납속, 도망 등으로 신분 상승) • 노비종모법 시행
영향	양반층의 자기 도태	• 양반의 사회 권위 하락 • 양반 중심의 신분제 동요	• 규장각 검서관 기용(정조) • 전문직으로서의 역할 부각 • 성리학적 가치 체계 도전	• 공노비 해방(순조, 1801) • 사노비 해방(갑오개혁 → 노비제 폐지)

(2) 가족 제도의 변화와 인구의 변동

① 가족 제도의 변화

구분	조선 전기~중기	17세기 이후	조선 후기
배경	부계 · 모계 함께 영향	부계 중심의 가족 제도 확립	부계 중심의 가족 제도 강화
변화	• 남귀여가혼 • 자녀 균분 상속 • 형제들의 제사 분담	• 성리학적 의식과 예절 발달 • 친영 제도 정착 • 장자 상속제, 장자 중심 제사	• 양자 입양 일반화 • 부계 위주 족보 적극적 편찬 • 동성 마을 형성(종중 의식)

② 사회 풍습

사회 윤리 강조	혼인 풍습
• 효와 정절 강조 • 과부의 재가 금지 • 효자와 열녀 표창	• 일부일처 기본 → 남자의 축첩 허용 • 서얼의 차별(문과 응시 제한, 제사나 재산 상속 차별) • 혼사는 가장이 결정(법적 연령 – 남자 15세, 여자 14세)

③ 인구의 변동
  ㉠ 호적 대장: 3년마다 수정 · 작성 → 공물과 군역 부과의 기준, 남성들만 통계 · 기록
  ㉡ 지역별 분포: 경상 · 전라 · 충청도(50%), 경기 · 강원(20%), 평안 · 함경 · 황해(30%)
  ㉢ 인구 수: 건국 무렵(550~750만 명) → 임진왜란 전 16세기(1,000만 명) → 19세기 말(1,700만 명 이상)

2 향촌 질서의 변화

(1) 조선 후기 향촌 사회의 변화

배경	• 양반의 권위 약화: 농촌 사회 분화, 양반의 몰락, 소작농 또는 임노동자로 전락 • 부농층의 등장: 경제적 능력을 바탕으로 부농층으로 성장하거나 납속책 · 공명첩 등을 이용하여 양반으로 신분 상승 → 관권과 결탁

향촌 사회의 변화	• 구향의 향촌 지배를 위한 노력: 촌락 단위의 동약 실시, 동족 마을 형성, 문중 중심의 서원 · 사우 건립, 청금록 · 향안 작성
	• 신향의 도전
	  – 관권과 결탁하여 종래의 재지사족(구향)이 담당하던 정부의 부세 제도 운영에 적극 참여하거나 향임직에 진출하여 향회를 장악 또는 향안에 이름을 올리는 등 향촌 사회에서의 영향력 확대
	  – 향촌 사회의 주도권을 둘러싼 구향과 신향 사이의 향전(鄕戰) 발생
	• 관권의 강화(정부의 향촌 직접 통제)
	  – 수령과 향리의 권한 강화
	  – 재지사족의 영향력 감소: 향회는 수령에 의해 좌우지되는 부세 자문 기구로 전락

결과	세도 정치하에서 수령과 향리의 자의적인 농민 수탈 강화

(2) 부농 계층의 대두

신분 상승의 합법화	부농의 향촌 지배 참여
• 합법적 신분 상승 방안 마련(납속, 향직의 매매 등) • 정부의 재정난 해결의 필요성	• 향임직 진출, 정부의 부세 제도 운영에 참여 • 수령이나 기존의 향촌 세력과 타협

3 농민층의 변화

(1) 농민층의 분화
① 조선 후기 농민 구성: 상층(중소 지주층), 대다수의 농민(자영농, 소작농)
② 농민의 사회적 현실
㉠ 정부의 농민 정책: 각종 의무 부과, 호패법으로 이동 제한 → 한 곳에 정착하여 자급자족적 생활
㉡ 양난 이후: 국가 재정의 파탄, 관리들의 기강 해이, 대동법과 균역법의 효과 없음 → 농민들의 불만 증대
㉢ 농민층의 분화: 농업 경영을 통하여 부농으로 성장, 상공업 종사, 도시·광산 임노동자 전환

(2) 지주와 임노동자

양반 지주	대부분 양반, 상품 화폐 경제의 발달로 이윤 추구 → 광작을 하는 대지주 등장
농민 지주	• 부의 축적: 농지의 확대, 영농 방법 개선 • 양반 신분 획득: 재력을 바탕으로 공명첩, 족보 위조 → 향촌 사회에 영향력 증대 기도
임노동자	• 농민 계층의 분화 결과로 출현 – 다수 농민의 토지 이탈 • 국가의 임노동자 고용(부역제 해이), 부농층의 임노동자 고용(1년 계약 품팔이)

4 사회 변혁의 움직임

(1) 사회 불안의 심화

지배 체제의 위기	예언 사상의 대두
• 농민 항거: 신분제 동요, 지배층의 수탈 심화, 삼정 문란, 농민 의식 성장 → 적극적 항거 운동 • 민심 불안: 탐관오리 횡포, 자연 재해와 질병, 비기·도참설 유행, 이양선 출몰, 도적의 창궐	• 예언 사상 유행: 비기·도참(『정감록』) 등을 이용 → 말세의 도래, 왕조 교체 및 변란 예고 등 낭설 유행 • 미륵 신앙: 현세에서 얻지 못한 행복을 미륵 신앙에서 해결하려고 함 • 무격 신앙

(2) 천주교의 전파

① 천주교의 도입: 서학 소개(17세기) → 신앙 발전(18세기 후반, 남인 실학자) → 정부의 탄압

② 정부의 탄압

초기 (1785, 정조)	사교로 규정, 국왕에 대한 권위 도전, 성리학 질서 부정
신해박해 (1791, 정조)	• 진산의 윤지충이 모친의 장례를 화장장으로 치른 일에 대하여 관련자를 사형으로 처결한 사건 • 정조의 관대한 정책, 큰 탄압 없음
신유박해 (1801, 순조)	• 순조 즉위 후 집권한 노론 벽파 세력이 남인 시파를 탄압하기 위해 일으킨 박해 사건 • 이승훈·정약종 사형, 정약용·정약전 유배 → 시파 몰락, 실학 퇴조
황사영 백서 사건	신유박해 이후 황사영이 군대를 동원하여 조선에서 신앙의 자유를 보장받게 해달라는 서신을 북경에 있는 주교에게 보내려다 발각된 사건
기해박해 (1839, 헌종)	• 벽파 풍양 조씨가 시파인 안동 김씨로부터 권력 탈취 • 정하상 등의 신도들과 서양인 신부들을 처형, 이후 척사윤음 발표
병오박해 (1846, 헌종)	조선인 신부 김대건의 체포를 계기로 발생한 박해 사건
병인박해 (1866, 고종)	• 흥선 대원군이 러시아를 견제하기 위하여 프랑스 선교사 등을 정치적으로 이용하여 교섭하려다 실패한 사건 • 9명의 프랑스 선교사와 8천 명의 신도를 처형 • 병인양요의 원인이 됨

③ 교세 확장

㉠ 사회 불안 속에서 평등 사상과 내세 신앙 전파 → 일부 백성의 공감

㉡ 조선 교구 설정(1831), 서양인 신부가 몰래 들어와 포교 활동 전개

(3) 동학의 발생

구분	전개 과정	기본 사상
동학 창시	• 최제우(1860년) 창시 • 유·불·선 사상과 민간 신앙 결합	• 성격: 19세기 후반의 사회상 반영 → 사회 모순 극복, 일본·서양의 침략 방어 주장 • 사상: 시천주와 인내천 사상 → 신분 차별과 노비제도 타파, 여성과 어린이의 인격 존중하는 사회 추구
정부 탄압	신분 질서 부정 → 최제우 처형(혹세무민죄)	
교세 확장	• 최시형의 교리 정리(『동경대전』, 『용담유사』) • 교단 조직 정비, 교세 확장	

(4) 농민의 항거

① 농촌 사회의 피폐

㉠ 배경: 정치 기강 문란, 탐관오리의 수탈, 삼정(전정, 군정, 환곡)의 문란 → 농촌 피폐(화전민, 간도·연해주 이주, 임노동자 등)

㉡ 과정: 농민의 의식 각성·저항(소청·벽서 등 소극적 저항 → 적극적 농민 봉기)

㉢ 영향: 농민의 자율적·적극적 사회 모순의 변혁 시도, 양반 중심의 통치 체제 붕괴

② 농민의 봉기

구분	홍경래의 난(순조, 1811)	임술농민봉기(철종, 1862)
주도	영세 농민, 중소 상인, 광산 노동자 등이 합세	농촌 임노동자, 영세 소작농, 영세 자작농 합세
배경	서북인의 차별 대우와 세도 정치에 대한 반발	세도 정치로 인한 관료의 부패, 양반 지주층의 수탈
경과	가산 봉기 → 한때 청천강 이북 지역 장악	진주 민란 계기 → 전국 확산(함흥~제주)
영향	• 사회 불안으로 농민 봉기 계속됨 • 관리들의 부정과 탐학 여전	• 농민의 사회 의식 성장, 양반 중심의 통치 체제 붕괴 • 안핵사 박규수 파견 • 삼정이정청 설치 → 큰 효과 거두지 못함

04 문화의 새 기운

1 성리학의 변화

(1) 성리학의 교조화 경향

① 성리학의 교조화와 성리학에 대한 비판

구분	성리학의 교조화	성리학에 대한 비판
시기	인조 반정 후 의리 명분론 강화	17세기 후반부터 본격화
배경	주자의 성리학을 절대화	주자 중심의 성리학을 상대화
주장	주자의 본뜻에 충실함으로써 당시의 모순을 해결 가능하다고 생각	6경과 제자백가 등에서 모순 해결의 사상적 기반을 발견하고자 함
영향	성리학의 교조화(사상의 경직성)	서인(노론)의 공격 → 사문난적으로 몰림
대표자	송시열	윤휴, 박세당

② 성리학의 이론 논쟁

이기론 논쟁		호락 논쟁(노론 내부)	
주리론	주기론	충청도 노론(호론)	서울·경기 노론(낙론)
도덕적·이상적	현실적·개혁적	주기론 고집(이이 학통)	주리론도 포괄적으로 이해
이기이원론	일원론적 이기이원론	인물성이론	인물성동론
이황 학파(영남 학파)	이이 학파(기호 학파)	위정척사사상으로 계승	북학 사상, 개화 사상으로 계승

(2) 양명학의 수용

구분	수용 초기	연구	강화 학파 형성	한말 계승
시기	16세기 말경	17세기	18세기 초	한말과 일제 강점기
내용	• 성리학의 형식화 비판 • 인간의 마음이 곧 이(理)(심즉리) • 실천성 중시(지행합일) • 치양지설(선험적 지식)	소론 학자들의 본격적 수용	• 일반민을 도덕 실천의 주체로 상정 • 양반 신분제 폐지 주장 • 『존언』, 만물일치설 • 가학 형태로 계승	양명학을 계승하여 민족 운동 전개
대표자	서경덕 학파와 종친들 사이에 확산	남언경, 최명길	정제두, 이광려, 이광사 등	이건창, 이건방, 박은식, 정인보 등

② 실학의 발달

(1) 실학의 등장

구분	실학의 태동기	실학의 연구
시기	17세기 전반	18세기
배경	성리학의 현실 문제 해결 능력 상실	고증학과 서양 과학의 영향
성격	민생 안정과 부국강병 목표 → 비판적·실증적 논리로 사회 개혁론 제시	
전개	• 이수광(『지봉유설』, 문화 인식의 폭 확대) • 한백겸(『동국지리지』, 우리나라의 역사 지리를 치밀하게 고증)	• 농업 중심의 개혁론(성호 학파) • 상공업 중심의 개혁론(연암 학파) • 실사구시 학파(추사 학파)

(2) 중농 학파와 중상 학파

① 농업 중심의 개혁론(중농 학파): 경세치용

구분	개혁안	내용
유형원 (반계)	균전론	• 17세기 후반에 활동한 농업 중심 개혁론의 선구자 • 균전론: 사·농·공·상 등 신분에 따라 차등을 두어 토지 분배 → 기성 질서의 인정 한계, 신분제적 한계 극복 못함 • 양반 문벌 제도, 과거 제도, 노비 제도의 모순 비판 • 병농일치의 군사 제도와 사농일치의 교육 제도 확립 주장 • 경무법: 결부법(수확량 단위) 대신 경무법(면적 단위) 채택 주장 • 『반계수록』, 『동국여지지』 등 저술
이익 (성호)	한전론	• 유형원의 실학 사상을 계승·발전, 성호 학파 형성 • 한전론: 생계유지에 필요한 최소한도의 토지를 영업전으로 정하여 영업전은 법으로 매매를 금지하고, 나머지 토지만 매매 허용 • 6좀론: 나라를 좀먹는 여섯 가지의 폐단으로 노비 제도, 과거 제도, 양반 문벌 제도, 사치와 미신, 승려, 게으름을 지적 • 실증적·비판적 역사 서술로 중국 중심의 역사관을 비판하고 민족의 주체적 자각을 고취 • 『성호사설』, 『곽우록』 등 저술

정약용 (다산)	여전론, 정전론	• 이익의 실학 사상을 계승하고 실학을 집대성한 최대의 학자 • 여전론(공동 농장 제도) → 정전론(일종의 토지 국유제) 주장 • 과학과 기술의 중요성을 강조하고 상공업의 발달에도 관심 • 「기기도설」을 참고하여 거중기를 만들어 수원 화성을 쌓는 데 이용, 한강에 배다리(주교) 설치 • 「경세유표」(중앙 행정의 개혁), 「목민심서」(지방 행정의 개혁 방안), 「흠흠신서」(형정의 개선 방안), 「마과회통」 등 500여 권을 저술

② 상공업 중심의 개혁론(중상 학파): 이용후생

구분	저서	상공업 진흥론	농업 개혁론
유수원	「우서」	• 사농공상의 직업적 평등화와 전문화 추구 • 상인 간 합자를 통한 경영 규모 확대 • 상인이 수공업자 고용(선대 제도)	• 농업의 전문화 · 상업화 • 농업 기술 혁신
홍대용	「의산문답」, 「임하경륜」	• 기술 문화의 혁신, 문벌 제도 철폐 • 성리학 극복 주장 · 부국강병의 근본 강조 • 중국 중심의 세계관 비판(지전설 제기)	균전제(「임하경륜」)
박지원	「열하일기」, 「과농소초」, 「한민명전의」	• 수레 · 선박 이용 주장 • 화폐 유통의 필요성 강조 • 양반 문벌 제도의 비생산성 비판	• 한전제 • 영농 방법 혁신, 상업적 농업 장려, 수리 시설의 확충
박제가	「북학의」	• 청과의 적극적 통상 주장 • 수레 · 선박의 이용 주장 • 소비 권장 · 생산 자극 유도 • 생산과 소비와의 관계를 우물물에 비유	-

(3) 실학의 의의와 한계

① 의의: 과학적 · 객관적인 실증적 학문, 사회개혁적 · 근대지향적 사상, 독자적인 민족 학문, 개화 사상으로 계승

② 한계: 대부분 정치적 권력과 멀었던 계층으로 정책이 현실적으로 반영되기 어려웠고, 전통적 성리학의 한계를 완전히 극복하지 못함

(4) 국학 연구의 확대

① 역사 연구

이익		실증적 · 비판적 역사 서술, 중국 중심의 역사관 비판, 민족의 주체적 자각 고취
안정복	「동사강목」	고조선~고려 말까지의 역사 서술, 독자적 정통론(단군 - 기자 - 마한 - 통일 신라 - 고려), 고증사학의 토대 마련, 편년체
이종휘	「동사」(고구려사)	고대사 연구의 시야를 만주 지방까지 확대, 한반도 중심의 사관 극복에 기여
유득공	「발해고」(발해사)	
한치윤	「해동역사」	500여 종의 중국 및 일본의 자료 참고, 민족사 인식의 폭 확대, 기전체
이긍익	「연려실기술」	조선의 정치와 문화 정리 - 실증적 · 객관적 역사 서술, 기사본말체
김정희	「금석과안록」	금석학 연구, 북한산비가 진흥왕 순수비임을 고증

② 지리, 국어, 백과사전

구분	지리 연구	국어학 연구	백과사전
배경	산업, 문화에 대한 관심 반영	한글의 우수성, 문화적 자아 의식 발현	실학 발달, 문화 인식의 폭 확대
편찬	• 지리서: 『택리지』(이중환), 『동국지리지』(한백겸), 『아방강역고』(정약용), 『여지도서』, 『대동지지』(김정호) 등 • 지도: 동국지도(정상기), 대동여지도(김정호), 서양식 지도 전래	• 음운: 『훈민정음운해』(신경준), 『언문지』(유희) • 어휘: 『고금석림』(이의봉)	• 『지봉유설』(이수광), 『성호사설』(이익), 『오주연문장전산고』(이규경), 『청장관전서』(이덕무), 『임원경제지』(서유구), 『대동운부군옥』(권문해) • 『동국문헌비고』(영조의 명에 따라 편찬)

3 과학 기술의 발달

(1) 서양 문물의 수용

① 과학 기술 발달 배경: 전통적 과학 기술 + 서양의 과학 기술 수용

② 서양 문물의 수용
  ㉠ 사신들의 전래: 서양 선교사들과 접촉·수용 → 세계 지도(곤여만국전도, 이광정), 화포·천리경·자명종(정두원) 등 전래
  ㉡ 서양인의 표류: 벨테브레이(서양식 대포 제조법 전수), 하멜(『하멜 표류기』, 조선의 사정을 유럽에 전함)

(2) 과학 기술의 발전

천문학	지전설 대두(이익, 김석문, 홍대용) → 성리학적 세계관 비판의 근거
역법과 수학	• 시헌력 도입(김육), 유클리드 기하학 도입(『기하원본』 도입) • 『주해수용』(홍대용, 수학의 연구 성과 정리) 저술
지리학	서양 지도(곤여만국전도) 전래 → 세계관의 확대에 기여, 정확한 지도 제작
의학	• 17세기: 『동의보감』(허준, 전통 한의학 체계 정리), 『침구경험방』(허임, 침구술 집대성) • 18세기: 『마과회통』(정약용, 홍역 연구 진전, 박제가와 종두법 연구) • 19세기: 『동의수세보원』(이제마, 사상 의학 확립)
건축 기술	정약용: 기예론, 거중기 제작(수원 화성), 배다리 설계

(3) 농서의 편찬과 농업 기술의 발달

농서 편찬	농업 기술
• 『농가집성』(신속): 벼농사 중심의 농법 소개, 이앙법 보급에 공헌 • 『색경』(박세당), 『산림경제』(홍만선), 『해동농서』(서호수): 상업적 농업 기술 발전에 이바지 • 『임원경제지』(서유구): 농촌 생활 백과사전	• 논농사: 이앙법 보급 확대, 수리 시설 개선(당진의 합덕지, 연안의 남대지 등) • 밭농사: 이랑 간 간격 좁힘, 깊이갈이 일반화(이랑과 고랑의 높이 차 커짐) • 토지의 생산력 증대: 소를 이용한 쟁기 사용 보편화, 시비법 발달, 가을갈이 보편화 • 경지 면적 확대: 황무지 개간(내륙 산간 지방), 간척 사업(서해안, 큰 강 유역 저습지)

4 문학과 예술의 새 경향

(1) 서민 문화의 발달

① 서민 문화의 등장: 경제력 성장과 교육 기회 확대 → 서당 교육의 보편화, 서민의 경제적·신분적 지위 향상

② 서민 문화의 발전

구분	전기	후기
주체	양반 중심	중인층과 서민 중심
내용	• 성리학적 윤리관 강조 • 생활 교양·심성 수양	• 감정의 적나라한 묘사, 사회 부정·비리 고발 • 양반들의 위선적인 모습 비판
배경	비현실적 세계 - 영웅적 존재	현실적 인간 세계 - 서민적 인물

(2) 판소리와 탈놀이, 한글 소설과 사설 시조

판소리	• 서민 문화의 중심, 광대들에 의해 가창과 연극으로 공연, 판소리 정리(신재효) • 춘향가·심청가·흥보가·적벽가·수궁가
탈놀이	• 탈놀이, 산대놀이가 도시의 상인이나 중간층의 지원으로 성행 • 당시의 사회적 모순 드러냄, 서민 자신들의 존재 자각에 기여
한글 소설	• 평범한 인물이 주인공, 현실세계 배경 • 『홍길동전』(서얼 차별 철폐와 탐관오리 응징) • 『춘향전』(신분 차별의 비합리성 → 인간 평등 의식), 『구운몽』, 『사씨남정기』
사설 시조	• 사설 시조 발달(서민 생활상, 남녀 간의 애정 표현, 현실에 대한 비판) • 시조집 정리(『청구영언』, 『해동가요』, 『가곡원류』 → 문학사 정리에 이바지)
한문학	• 정약용: 삼정의 문란을 폭로하는 한시 • 박지원: 『양반전』, 『허생전』(양반 생활 비판, 실학 정신 표현, 자유로운 문체 개발)
시 활동	시사 조직, 풍자 시인(정수동, 김삿갓)

(3) 서화, 서예, 건축, 공예, 음악

① 서화, 서예

서화	• 산수화 유행, 김명국이 일본 화단에 영향을 끼침 • 진경산수화: 우리의 자연을 사실적으로 묘사, 회화의 토착화(정선 – 인왕제색도, 금강전도) • 풍속화: 김홍도(서민의 생활 모습), 신윤복(양반 및 부녀자의 풍습, 남녀의 애정) • 강세황(영통골입구도, 서양화 기법), 장승업(강렬한 필법과 채색법 발휘) • 민화: 민중의 기복적 염원과 미의식 표현, 생활 공간 장식, 한국적 정서가 짙게 반영됨
서예	이광사(동국진체), 김정희(추사체)

② 건축

건축	• 17세기: 금산사 미륵전, 화엄사 각황전, 법주사 팔상전 – 대규모 다층 건물, 불교의 사회적 지위 향상, 양반 지주층의 경제 성장 반영 • 18세기: 논산 쌍계사, 부안 개암사, 안성 석남사 – 부농과 상인의 지원, 장식성이 강함 수원 화성(전통 + 서양) – 공격과 방어를 겸한 성곽, 주변과 조화 • 19세기: 경복궁의 근정전과 경회루 – 화려하고 장중한 건물, 국왕의 권위 고양

③ 공예, 음악

공예	• 도자기: 청화 백자(간결 · 소탈하고 준수한 세련미), 옹기(서민들이 주로 사용) • 생활 공예: 목공예, 화각 공예
음악	• 음악의 향유층 확대 · 다양한 음악 출현 • 양반층(가곡, 시조), 광대 · 기생(판소리, 산조, 잡가), 서민(민요)

Chapter 07 | 근대 사회의 발전

01 외세의 침략적 접근과 개항

1 제국주의 시대의 세계

(1) 제국주의의 배경과 전개
  ① 제국주의의 배경
    ㉠ 자본주의의 발달: 산업 자본주의 → 독점 자본주의 → 식민지 쟁탈전 격화
    ㉡ 민족주의의 고양: 이탈리아와 독일의 통일 → 침략적·배타적 민족주의화
  ② 제국주의의 전개
    ㉠ 금융·독점 자본주의와 침략적·배타적 민족주의의 결합 형태 → 사회진화론 영향
    ㉡ 제국주의 열강들의 세계 정책 대립 → 제1차 세계 대전 발발

(2) 제국주의 열강의 식민지 쟁탈 경쟁

구분	아프리카 지역의 분할	아시아 지역의 분할
프랑스	횡단 정책(알제리-사하라사막-마다가스카르 섬)	베트남, 캄보디아, 라오스 통합
영국	종단 정책(3C 정책: 카이로-케이프타운-캘커타)	인도, 싱가포르·말레이 반도 점령
독일	3B 정책(베를린-비잔티움-바그다드)·영국의 세계 정책(3C)과 충돌	
네덜란드	인도네시아 점령	
미국	하와이 등 태평양 진출, 필리핀 지배 등	

(3) 중국·일본의 개항과 근대화 운동
  ① 중국·일본의 개항

구분	중국의 개항	일본의 개항
배경	아편 전쟁(1840)	페리 제독의 개항 요구 - 미·일 화친 조약(1854)
개항	난징 조약(1842)	미·일 수호 통상 조약(1858)
내용	• 공행의 폐지, 홍콩 할양 • 관세의 자주권 상실 • 치외 법권, 최혜국 대우	• 영사 주재 인정 • 관세의 자주권 상실 • 치외 법권, 최혜국 대우
성격	불평등 조약	

② 중국·일본의 근대화 운동

구분	중국의 근대화 운동	일본의 근대화 운동
계기	양무운동(1862~1895)	메이지유신(1868)
기본 정신	중체서용	문명개화론
차이점	서양 문물의 부분적 수용	서양 제도의 적극적 수용
결과	청·일 전쟁 패배 → 변법자강운동	청·일 전쟁 승리 → 중국과 조선 침략
조선에 영향	온건 개화파(김홍집) → 갑오개혁	급진 개화파(김옥균) → 갑신정변

2 통치 체제의 재정비 노력

(1) 19세기 후반 국내외 정세

구분	대내	대외
배경	세도 정치의 전개	서양 세력의 도전
전개	• 관직 매매 성행, 탐관오리의 수탈, 삼정의 문란 • 항조, 거세 등 소극적 저항 • 민란의 발생(홍경래의 난, 진주·개령 민란 등) • 동학 사상의 확산	• 이양선 출몰: 해안 측량과 탐사(18세기)·직접적인 통상 요구(19세기) • 천주교의 확산 • 중국과 일본의 문호 개방, 조선에 통상 요구
당면 과제	지배층 수탈로부터 국민의 권익 보호	서양 세력 침략으로부터 국권 수호

(2) 흥선 대원군의 정치

① 통치 체제 정비

대내		대외
왕권 강화책	삼정 개혁	쇄국 정책
• 세도 정치 일소, 능력 중심 인재 등용 • 서원 정리(국가 재정 확충, 민생 안정) • 비변사 폐지 – 의정부·삼군부 기능 부활 • 경복궁 중건(당백전 발행, 원납전 징수) • 법전 정비(『대전회통』, 『육전조례』)	• 전정: 양전 사업(은결 색출) • 군정: 호포제(양반) • 환곡: 사창제(민간 주도)	• 국방력 강화 • 천주교 탄압(병인박해) → 병인양요 • 열강의 통상 요구 거절 → 신미양요 • 척화비 건립(1871)
• 전통적인 통치 체제의 재정비, 민생 안정에 기여 • 한계: 전통적인 체제 내에서의 개혁 정책		• 외세 침략의 일시적 저지에 성공 • 조선의 문호 개방 방해 → 근대화 지연

② 통상 수교 거부 정책

병인박해 (1866.1.)	프랑스 세력 이용하여 러시아 견제 시도 → 교섭 실패 → 9명의 프랑스 선교사와 8,000여 명의 천주교 신자 처형
제너럴셔먼호 사건 (1866.8.)	평양 대동강에서 미국 상선 제너럴셔먼호가 통상 요구 → 평양 관민들에게 격침당함
병인양요 (1866)	• 병인박해를 구실로 프랑스가 침략 • 문수산성의 한성근과 정족산성의 양헌수 부대가 프랑스군을 격퇴 • 외규장각 문화재, 서적, 병기 등 약탈
오페르트 남연군 묘 도굴 사건(1868)	독일의 통상 요구 → 독일 상인 오페르트의 남연군 묘 도굴 미수 → 통상 수교 거부 의지 강화
신미양요 (1871)	• 제너럴셔먼호 사건을 구실로 미군함 5척 강화도 침입 • 강화도, 초지진, 광성보 등 점령, 광성보의 어재연 부대가 결사항전하여 격퇴 • 수(帥)자기를 포함한 많은 문화재 약탈
척화비 건립	• 신미양요 직후 전국에 건립 • 통상 수교 거부 의지 천명

(3) 개항과 불평등 조약 체제

① 강화도 조약과 부속 조약

구분	강화도 조약(1876)	부속 조약
내용	• 운요호 사건(1875)을 빌미로 문호 개방 요구 → 강화도 조약 체결 • 조선의 자주국 인정 → 청의 종주권 부인 • 부산, 원산, 인천 개항 → 경제 · 군사 · 정치적 침략 • 연해의 자유 측량권 허용 → 군사적 필요 • 치외 법권 인정 → 주권 침해	• 일본 외교관의 여행 자유 인정 • 일본 거류민 지역(조계) 설정 • 일본 화폐 유통, 상품 수출입의 무관세 • 양곡의 무제한 유출 허용
결과	최초의 근대적 조약, 불평등 조약	일본의 경제적 침략의 토대 구축

더 알아보기

강화도 조약의 부속조약

조 · 일 무역 규칙 (1876)	• 양곡의 무제한 유출 허용 • 일본 수출입 상품 무관세
조 · 일 수호 조규 부록 (1876)	• 일본 화폐 유통 • 개항장에서 거류민 지역(조계) 설정 • 일본인 거류지 제한 설정: 간행이정(10리) • 일본 외교관 여행 허용
조 · 일 수호 조규 속약 (1882)	• 일본인 거류지 제한 설정(50리 → 1884년 100리로 확대) • 외교관의 내지 여행 허용
조 · 일 통상 장정 (1883)	• 방곡령의 근거 조항 설정(1개월 전 통보) • 일본 상품에 대한 관세 규정 • 최혜국 대우

② 서구 열강과의 통상 수교

구분	연도	수교상의 특징
미국	1882	• 대미 수교론 대두(『조선책략』 영향), 서양과 맺은 최초의 조약 • 청의 알선(러시아 견제 목적) • 조·미 수호 통상 조약 체결(1882) → 불평등 조약(치외 법권, 최혜국 대우), 거중 조정, 관세 조항 규정
영국, 독일	1883	청의 알선, 최혜국 대우
러시아	1884	조선이 독자적으로 수교, 청과 일본의 러시아 남하 견제로 지연, 최혜국 대우
프랑스	1886	천주교 선교 문제 → 천주교의 신앙의 자유, 선교권 인정

02 근대 의식의 성장과 민족 운동

1 개화 세력의 대두

(1) 개화 사상의 형성

개화 사상의 배경	개화 사상의 형성	개화 세력의 형성
북학 사상	1860~1870년대	1880년대
• 북학파의 사상 계승 • 메이지유신(일본 – 문명 개화론), 양무운동(청 – 중체서용) 영향	• 개화 사상가 등장 • 통상개화론으로 발전	• 정부의 개화 시책과 개혁 운동 추진 • 정부 기구 개편, 해외 시찰단 파견
• 홍대용, 박지원, 박제가 • 『연암집』, 『북학의』 등	• 박규수(양반), 오경석(역관), 유홍기(의원) • 『영환지략』, 『해국도지』 등	• 김옥균, 박영효, 서광범(급진 개화파) • 김홍집, 어윤중, 김윤식(온건 개화파)

• 사상: 자주적 문호 개방, 서양 문물과 제도 수용 → 근대적 개혁 통한 부국강병 추구
• 한계: 농민들의 요구인 토지 문제 해결에 대해서는 소극적

(2) 개화파의 분화

구분	온건 개화파(사대당)	급진 개화파(개화당)
대표 인물	김홍집, 김윤식, 어윤중 등	김옥균, 박영효, 홍영식, 서광범 등
사상 배경	양무운동(청)	메이지유신(일본)
개혁 방법	유교 사상 유지 + 서양 과학 기술만 수용 → 점진적 개혁(개량적 개화론, 동도서기론)	서양 과학 기술 + 사상·제도까지 수용 → 급진적 개혁(변법적 개화론, 문명개화론)
정치 성향	민씨 정권과 결탁, 청나라와의 관계 중시	청의 내정 간섭과 정부의 친청 정책 비판
활동	갑오개혁 주도(1894)	갑신정변 주도(1884)

2 개화 정책의 추진과 반발

(1) 개화 정책의 추진

배경	• 북학파의 실학 사상 계승 • 청의 양무운동 수용
중심 세력	일부 개화 지식인
내용	• 제도 개편 　- 개화 기구 설치: 통리기무아문(1880)과 12사 설치 　- 군제 개편: 5군영 → 2영(무위영, 장어영), 별기군 창설(신식 군대) • 수신사 파견 　- 제1차 수신사(1876): 조ㆍ일 수호 조규 체결 이후 일본의 개화 사상과 근대 문물 시찰, 『일동기유』(김기수) 　- 제2차 수신사(1880): 김홍집에 의해 『조선책략』 유입 → 미국과의 수교에 영향 　- 제3차 수신사(1881): 일본의 무관세 문제를 해결하기 위해 조병호를 파견했으나 목적 달성하지 못함 　- 제4차 수신사(1882): 임오군란에 대한 처리 위해 파견, 박영효, 태극기 최초 사용 • 시찰단 파견 　- 조사시찰단(신사유람단, 1881): 박정양, 어윤중, 홍영식 등을 일본에 파견하여 일본의 각종 산업 시설 시찰, 『문견사건』(박정양) 　- 영선사(1881): 김윤식과 유학생들을 청의 톈진에 파견하여 근대 무기제조법, 군사훈련법 등 학습, 정부의 재정적 뒷받침 부족으로 1년 만에 귀국 → 기기창(1883) 설치 　- 보빙사(1883): 민영익, 홍영식, 서광범, 유길준 등을 미국에 파견, 육영공원 설립(1886), 『서유견문』(유길준, 1895)
성격	• 근대적 자주 국가의 수립 추구 • 외세 의존적, 위로부터의 개혁 운동 → 민중의 지지 기반 미약

(2) 위정척사 운동의 전개

배경	• 성리학의 주리론 • 존화주의 세계관 바탕
중심 세력	보수적 양반 유생층
내용	• 통상 반대 운동(1860년대): 척화주전론 - 이항로, 기정진 등 • 개항 반대 운동(1870년대): 왜양일체론, 개항불가론 - 최익현 등 • 개화 반대 운동(1880년대): 상소운동 - 이만손의 영남만인소, 홍재학의 만언척사소 • 항일 의병 운동(1890년대 이후)
성격	• 반침략ㆍ반외세 자주 운동 • 봉건적ㆍ전통적 지배 체제 고수 → 역사 발전의 역기능 초래, 시대의 흐름에 역행

(3) 임오군란과 갑신정변

구분	임오군란(1882)	갑신정변(1884)
원인	• 개화 세력(민씨) ↔ 보수 세력(흥선 대원군) • 곡물의 일본 유출로 인한 민중의 불만 → 구식 군대의 차별 대우	• 개화당(친일 급진파) ↔ 사대당(친청 온건파) • 청·프 전쟁 발발로 청군 일부 철수 → 친청 수구 정권 타도(자주 근대 국가 건설 목표)
과정	구식 군인 봉기 → 민씨 세력 처단과 일본 세력 추방 시도 → 대원군 재집권 → 청군 개입 → 실패	우정국 정변 → 개화당 정부 수립(14개조 개혁 정강) → 청군 개입 → 실패
조약	• 조·일 제물포조약 • 조·청 상민수륙무역장정	• 조·일 한성조약 • 청·일 톈진조약
영향	청군의 조선 주둔, 정치·외교 고문 파견 → 민씨 일파의 친청 정책(청의 내정 간섭 심화)	• 최초의 정치 개혁 운동, 근대화 운동 선구 → 개화 세력의 도태(보수 세력의 장기 집권 가능) • 중립화론 대두: 부들러, 유길준

3 동학 농민 운동의 전개

(1) 농민층의 동요와 동학의 교세 확장

① 농민층의 동요

열강의 침략 강화	갑신정변 후 청·일본, 영국·러시아 간의 대립 → 거문도 사건(1885)
국가 재정 악화	배상금 지불과 근대 문물 수용 비용으로 재정 악화
농촌 경제의 피폐	지배층의 억압과 수탈, 외세의 경제 침탈로 인한 농민 생활 궁핍
일본의 경제적 침략	일본 무역 독점(중계 무역 → 일본 상품 판매), 미곡 수탈(立稻先賣) → 방곡령
농민 의식 성장	농촌 지식인과 농민의 정치·사회 의식 급성장 → 사회 변혁 욕구 고조

② 동학의 교세 확장

동학의 창시(1860)	정부의 탄압	교단 정비(개항 이후)
몰락 양반 최제우 창시	교조 최제우 처형(혹세무민죄)	최시형의 포교 활동
인내천(인간 존중, 평등 사상), 후천개벽(사회 개혁 사상) → 농민 요구에 부응	교세의 일시적 위축	• 교단 조직 정비: 법소, 도소, 포와 주 설치 • 교리 정리: 『동경대전』, 『용담유사』 편찬 • 포접제 조직 → 농민 세력을 조직적으로 규합

(2) 동학 농민 운동

① 교조 신원 운동

삼례 집회(1892)	서울 복합 상소(1893.2.)	보은 집회(1893.3.)
• 순수한 교조 신원 운동 • 동학 공인 운동	교도 대표 40여 명이 궁궐 문 앞에 엎드려 교조 신원을 상소	• 탐관오리 숙청, 일본·서양 세력 축출 • 척왜양창의, 보국안민, 제폭구민 표방
동학 중심의 종교 운동		농민 중심의 정치 운동으로 전환

② 동학 농민 운동의 전개

시기		전개
제1기 고부 봉기	배경	고부 군수 조병갑의 횡포
	전개	전봉준이 1천여 명의 농민을 이끌고 고부 관아 점령 → 정부의 폐정 시정 약속 → 안핵사 파견 → 10여 일 만에 농민군 해산
제2기 제1차 봉기	배경	안핵사 이용태가 봉기 참가자와 주모자를 역적으로 몰아 탄압, 농민 수탈 심화
	전개	사발통문(보국안민, 제폭구민) → 전봉준, 손화중, 김개남 등 백산 봉기 → 농민군의 4대 강령 발표 → 황토현 전투(1894.4.7.)·황룡촌 전투(1894.4.23.)에서 관군 격퇴 → 전주성 점령(1894.4.27.)
제3기 폐정 개혁	전주 화약	정부의 요청에 따라 청군 파견(1894.5.5. 아산만) → 톈진 조약 위반을 명분으로 일본군 파병(1894.5.6. 인천) → 전주 화약 체결(1894.5.8. 동학 농민군은 외국 군대 철수와 폐정 개혁을 조건으로 정부와 화친) → 집강소 설치(농민 자치 기구) → 교정청 설치(1894.6.11. 정부의 개혁 기구)
	결과	일본군이 정부의 철수 요구 거부 → 일본의 경복궁 장악(1894.6.21.) → 친청(민씨) 정부 붕괴 → 대원군의 섭정(반청 정부) → 청·일 전쟁(1894.6.23.) → 군국기무처의 설치(1894.6.25.) → 갑오개혁(1894.7.)
제4기 제2차 봉기	전개	남접(전봉준)과 북접(손병희, 최시형)의 연합 부대 논산 집결 → 영동과 옥천에서 공주로 진격 → 조·일 연합군에 대항하여 우금치 전투에서 패배(1894.11.10.)
	결과	전봉준, 손화중, 김개남 등 농민군 지도자 처형(1894.12.)

더 알아보기

집강소
황룡촌·황토현 전투에서 승리한 후 동학 농민군은 폐정 개혁안을 제시하며 정부와 전주 화약을 체결하였고, 그 결과 집강소가 설치되었다. 집강소는 청·일 전쟁 발발 직후에도 운영되었으며, 전주 화약을 체결하는 과정에서 동학 농민군은 외세의 개입을 막고자 청·일 군대의 철수를 요청하기도 하였다.

③ 동학 농민 운동의 성격: 반봉건·반침략·반외세 성격

구분	반봉건 성격	반침략·반외세 성격
내용	노비 문서의 소각, 토지의 평균 분작 등	침략적인 일본 세력 축출
영향	갑오개혁에 일정한 영향 → 성리학적 전통 질서의 붕괴를 촉진	동학 농민군의 잔여 세력이 의병 운동에 가담 → 의병 운동과 구국 무장 투쟁의 활성화
한계	근대 사회 건설의 구체적인 방안을 제시하지 못함	

4 갑오개혁과 을미개혁

구분	제1차 갑오개혁(1894.7.)	제2차 갑오개혁(1894.12.)	제3차 개혁(을미개혁, 1895.8.)
배경	일본군의 경복궁 점령 → 대원군 섭정	청 · 일 전쟁에서 일본 승리 → 조선에 대한 적극적 간섭	삼국(러 · 프 · 독) 간섭, 친러 내각 성립 → 을미사변 후 추진
경과	• 제1차 김홍집 내각 • 군국기무처 설치	• 제2차 김홍집 · 박영효 연립 내각 • 독립 서고문과 홍범 14조 반포	• 제4차 김홍집 친일 내각 조직 • 을미개혁 추진
영향	갑신정변과 동학 농민군의 요구 수용	군제 개혁 미비	• 을미의병 발생 • 아관파천으로 개혁 중단
정치	• 개국 연호 사용 • 왕실과 정부의 사무 분리 • 6조제 → 8아문 체제 • 과거제 폐지 • 경무청 설치 • 왕의 관리 인사권 제한	• 청의 간섭과 왕실의 정치 개입 배제 • 내각제 시행 • 중앙행정 개편(8아문 → 7부) • 지방행정 개편(8도 → 23부 337군) • 지방관 권한 축소(사법 · 군사권 배제) • 훈련대 · 시위대 설치, 사관 양성소 설치	• 건양 연호 사용 • 군사 개편(중앙군 - 친위대, 지방군 - 진위대)
경제	• 재정의 일원화(탁지아문 관장) • 왕실과 정부의 재정 분리 • 은본위 화폐, 조세 금납제 • 도량형의 개정 · 통일 시행	탁지부 산하에 관세사, 징세사 설치하여 재정 관련 사무 담당	-
사회	• 신분제 폐지: 양반과 평민의 계급 타파, 공사 노비 제도 폐지, 인신매매 금지 • 조혼 금지, 과부의 재가 허용 • 고문과 연좌법 폐지	• 재판소 설치 • 사법권과 행정권 분리	• 단발령 반포 • 태양력 사용 • 종두법 시행 • 우편 사무 재개
교육	-	• 교육입국조서 발표 • 한성 사범학교 설립 • 외국어 학교 관제 공포	소학교 설치
평가	• 조선 개화 인사들과 동학 농민층의 개혁 의지 반영 → 근대적 개혁(제1차 개혁) • 침략의 발판을 마련하려는 일제의 강요에 의한 개혁 • 일본의 침략적 간섭과 만행, 개혁의 급진성 → 일반 대중이 개혁에 등을 돌림		

5 독립 협회의 활동과 대한 제국

(1) 독립 협회의 창립과 민중 계몽(1896~1898)

① 독립 협회의 창립
  ㉠ 배경: 아관파천(1896.2.) → 친러파 정권 수립, 열강의 이권 침탈 심화
  ㉡ 목표: 자강을 통한 자주독립, 내정 개혁 주장 → 의회 설립, 국민의 권리 신장, 개학 내각 수립 등 민중 입장 대변
  ㉢ 구성원: 진보적 지식인(지도부) → 민중 지지 계층(도시 시민층, 학생, 노동자, 부녀자, 천민 등 광범위한 사회 계층 참여)
② 활동: 민중 계몽 활동(초기) → 정치 활동(후기, 만민공동회) → 보수 세력(황국 협회)의 방해 → 해산 (1898)

민중 계몽 운동	• 독립문 건립, 독립관, 강연회·토론회 개최, 독립신문·잡지 발간 • 정부의 외세 의존적 자세 비판 → 민중에 기반을 둔 정치·사회 단체로 발전
자주 국권 운동	• 만민공동회 개최(1898): 최초의 근대적 민중 대회, 개화 세력과 민중의 결합 의미 → 러시아의 절영도 조차 요구 저지, 한러은행 폐쇄, 군사교련단·재정 고문단 철수 • 국권과 국익 수호: 열강의 내정 간섭, 이권 양도 요구, 토지 조차 요구 등에 대항
자유 민권 운동	• 국민 기본권 확보 운동: 신체 자유권, 재산권, 언론·출판·집회·결사의 자유 주장 • 국민 참정 운동과 국정 개혁 운동 전개: 의회 설립 추진 → 박정양의 진보 내각 수립
자강 개혁 운동	• 관민공동회 개최: 만민공동회에 정부 대신 참석 → 헌의 6조 결의 • 의회식 중추원 관제 반포 → 역사상 처음으로 의회 설립 단계까지 이르렀으나 보수 세력의 방해로 실패

더 알아보기

헌의 6조

조항	내용
1. 외국인에게 의지하지 말고 관민이 합심하여 황제권을 공고히 할 것	자주 국권 수호
2. 외국과의 이권에 관한 계약과 조약은 해당 부처의 대신과 중추원 의장이 함께 날인하여 시행할 것	국정 개혁 주장
3. 재정은 탁지부에서 전담하여 맡고, 예산과 결산을 국민에게 공포할 것	국정 개혁 주장
4. 중대한 범죄는 공판하고, 피고의 인권을 존중할 것	민권 보장
5. 칙임관(2품 이상 고관)은 정부에 그 뜻을 물어 과반수가 동의하면 임명할 것	국정 개혁 주장
6. 정해진 규정을 실천할 것	개혁 의지

③ 의의: 민중을 개화 운동과 결합 → 민중에 의한 자주적 근대화 운동 전개

자주 국권 운동	자유 민권 운동	자강 개혁 운동
민족주의 사상	민주주의 사상	근대화 사상
자주 독립 국가 수립	근대 국민 국가 수립	자주적 근대 개혁 단행
만민공동회 개최	관민공동회 개최	민중을 개화 운동과 결합
열강의 내정 간섭과 이권 요구 저지 운동 전개	국민의 자유와 평등 및 국민 주권 확립 추구 – 헌의 6조 결의	근대적 민중 운동 전개

④ 한계: 이권 수호 운동이 주로 러시아를 대상으로 추진되고, 미국·영국·일본에 대해서는 우호적

(2) 대한 제국의 성립과 광무개혁
  ① 대한 제국의 성립(1897~1910)
    ㉠ 배경: 자주 국가 수립의 국민적 자각, 러시아 견제의 국제적 여론, 고종의 환궁
    ㉡ 과정: 아관파천 후 고종의 환궁 → 대한 제국 성립(국호–대한 제국, 연호–광무, 왕호–황제) → 광무개혁 추진
    ㉢ 영향: 집권층의 보수적 성향, 국민적 결속 실패, 열강의 간섭 → 성과 미비
  ② 광무개혁: 구본신참(舊本新參), 갑오·을미개혁의 급진성 비판

정치	• 전제 왕권의 강화: 대한국 국제 제정(1899) → 독립 협회의 정치 개혁 운동 탄압 • 교정소(황제 직속의 입법기구) 설치, 고등재판소를 평리원으로 개칭하고 순회재판소 설치 • 관제 개편: 23부 → 13도, 황제 자문 기구로 중추원 설정 • 해삼위 통상 사무관과 간도 관리사 파견: 블라디보스토크와 간도 이주 교민 보호 • 한·청 통상 조약 체결: 대등한 주권 국가로서 대한 제국이 청과 맺은 근대적 조약
경제	• 양전 사업: 민생 안정과 국가의 재정 확보, 양지아문(1898)·지계아문(1901) 설치, 지계 발급(근대적 토지 소유권 제도 확립) • 상공업 진흥책: 근대적 공장과 회사의 설립, 교통·통신·전기 등 근대적 시설 확충 • 신식 화폐 발행 장정 폐지, 금 본위제 시도, 도량형 개정 • 광산, 홍삼 전매 등의 수입을 내장원으로 이관하여 황실 재정 확충, 양잠 사업
교육	실업 교육 강조: 실업학교(상공학교 – 1899년, 광무학교 – 1900년), 유학생 파견
군사	군제 개혁: 시위대(서울)와 진위대(지방)의 군사 수 증가, 무관학교 설립, 원수부 설치(1899)

(3) 간도와 독도 문제
  ① 간도 문제 발생
    ㉠ 백두산 정계비 근거: 청의 철수 요구 ↔ 우리 정부의 간도 소유권 주장(1902) → 간도 관리사 파견(이범윤)
    ㉡ 간도 협약(1909): 일본은 남만주 철도 부설권을 얻는 대가로 간도를 청의 영토로 인정
  ② 일제의 독도 강탈
    ㉠ 1884년 울릉도 개척령에 따라 육지 주민을 이주시키고 관리 파견
    ㉡ 러·일 전쟁 중 일방적으로 일본 영토로 편입

03 개항 이후의 경제와 사회

1 열강의 경제 침탈

(1) 개항 이후의 대외 무역

개항 초기	임오군란 후	청·일 전쟁 후
불평등 조약에 바탕	조·청 상민수륙무역장정 체결	일본의 영향력 강화
• 거류지 무역: 개항장 10리 이내 무역 제한, 조선 상인의 매개 • 약탈 무역: 일본 정부의 정책적 지원 • 중계 무역: 영국산 면직물 판매	• 청 상인 진출 급증 → 청·일 간 경쟁 치열 • 일본 상인의 내륙 진출 → 곡물의 대량 반출, 방곡령 선포	일본 상인의 조선 시장의 독점적 지배
일본 상인의 조선 시장 침투	국내 상인 타격, 국내 산업 몰락	조선 상인의 몰락

(2) 열강의 이권 침탈: 아관파천 이후 극심

철도	일본 상품 수출과 군대를 수송하는 침략의 도구로 이용 → 경인선과 경부선 부설권
광산	청·일 전쟁 이후 미국, 일본, 러시아, 독일, 영국 등이 침탈 → 국내 자본 축적 저해
삼림	아관파천 이후 러시아의 삼림 채벌권 독점 → 러·일 전쟁 이후 일본으로 넘어감
어업	1880년대 이후 청과 일본이 어업권 침탈

(3) 일본의 금융 지배와 차관 제공, 토지 약탈

금융 지배	• 개항 직후: 일본 제일은행 → 주요 도시에 지점 설치, 은행 업무·세관 업무 등 장악 • 러·일 전쟁 후: 제일은행이 한국의 국고금 취급, 대한 제국 정부의 화폐 발행권 박탈 • 화폐 정리 사업(1905): 대한 제국 화폐를 일본 화폐로 교환, 국내 상공업자 금융 기관에 타격
차관 제공	• 개항 직후: 일조세 징수권과 해관세 수입을 담보로 차관 제의하여 실현 • 청·일 전쟁 후: 내정 간섭과 이권 획득 목적으로 차관 제의 • 러·일 전쟁 후: 일본의 차관 제공 본격화 → 화폐 정리와 시설 개선의 명목 → 대한 제국의 재정 예속
토지 약탈	• 개항 직후: 고리 대금업 등으로 일본인의 토지 소유 확대 • 청·일 전쟁 이후: 일본인 대자본가 침투 → 대농장 경영(전주, 군산, 나주 지역) • 러·일 전쟁 이후: 토지 약탈 본격화 → 철도 부지와 군용지 확보 구실, 황무지 개간과 역둔토 수용 • 국권 피탈 무렵: 조선의 식민지화를 위한 기초 사업 → 동양척식주식회사의 특혜

2 경제적 구국 운동의 전개

(1) 경제적 침탈 저지 운동

① 방곡령의 시행(1889)
  ㉠ 배경: 일본 상인의 농촌 시장 침투와 지나친 곡물 반출 규제
  ㉡ 과정: 함경도, 황해도 등지에서 방곡령 선포 → 조·일 통상 장정 규정(실시 1개월 전 통보) 위배를 이유로 배상금 요구
  ㉢ 결과: 방곡령 철회 → 조선 정부는 일본에 배상금 지불

② 상권 수호 운동
  ㉠ 배경: 청·일 상인의 상권 침탈 경쟁 → 시전 상인·공인·객주 등 국내 토착 상인 몰락
  ㉡ 과정: 서울 시전 상인들의 철시, 외국 상점 퇴거 요구, 상권 수호 시위 등
  ㉢ 결과: 황국 중앙 총상회(1898) 조직 → 외국인들의 불법적인 내륙 상행위 금지 요구

③ 독립 협회의 이권 수호 운동
  ㉠ 배경: 아관파천 이후 러시아를 중심으로 열강들의 이권 침탈 심화
  ㉡ 과정: 절영도 조차 요구 저지, 한러은행 폐쇄, 군사 기지 요구 저지, 프랑스와 독일 광산 채굴권 저지
  ㉢ 결과: 독립 협회 중심 → 열강의 이권 침탈 감소

④ 황무지 개간권 요구 반대 운동
  ㉠ 배경: 일본의 황무지 개간권 요구 – 일제의 토지 약탈 음모
  ㉡ 과정: 적극적 반대 운동(보안회 활동), 우리 손으로 황무지 개간 주장(농광회사 설립)
  ㉢ 결과: 보안회와 국민들의 반대 운동에 부딪혀 황무지 개간 요구를 철회

⑤ 국채 보상 운동의 전개(1907)

배경	일제의 차관 제공(1,300만 원)에 의한 경제적 예속화 정책 저지
목적	국민의 힘으로 국채를 상환하여 국권을 회복하자는 운동
전개	• 대구에서 시작(서상돈, 김광제 중심)하여 전국으로 확대 • 서울에서 국채보상기성회 조직 • 금주·금연, 여성들의 패물 납부 • 대한매일신보, 황성신문, 제국신문 등 언론 기관들의 참여
결과	일제 통감부의 방해로 실패, 횡령 누명으로 양기탁 구속 → 거족적인 경제적 구국 운동 좌절

(2) 상업 자본의 육성

① 상업 자본의 변모

시전 상인	• 외국 상인들과 경쟁 과정에서 근대적 상인으로 성장 • 황국중앙총상회 조직 → 독립 협회와 상권 수호 운동 전개 • 근대적 생산 공장 경영에 투자
경강 상인	일본인 증기선의 정부 세곡 운반 독점 · 타격 → 증기선 구입으로 일본 상인에 대항
개성 상인	인삼 재배업도 일본에 침탈
객주와 보부상	• 외국 상품을 개항장과 내륙 시장에서 유통시켜 이익을 취함 • 자본 축적에 성공한 일부 객주들은 상회사 설립 • 을사늑약 이후 일본의 유통 기구에 편입됨

② 상회사의 설립

1880년대 초기	대한 제국 시기
동업 조합 형태 또는 근대적 주식 회사	정부의 식산 흥업 정책 → 기업 활동 활발
대동 상회, 장통 회사 등 상회사 설립, 갑오개혁 이전의 회사 수 전국 40여 개	해운 회사, 철도 회사, 광업 회사 설립 → 민족 자본의 토대 구축

(3) 산업 자본과 금융 자본

산업 자본	• 합자 회사 설립: 유기 공업과 야철 공업 계승 → 조선 유기 상회 설립 • 면직물 공업: 민족 자본에 의한 대한 직조 공장, 종로 직조사 등
금융 자본	• 조선은행(1896~1901): 관료 자본 중심의 민간 은행, 국고 출납 대행 • 민간 은행의 설립: 한성은행(1897), 천일은행(1899)

3 사회 구조와 의식의 변화

(1) 근대적 사회 사상의 발생

구분	조선 후기	개항 이후
중심 세력	실학자	개화파
방향	근대 지향적 사회 사상의 등장	근대 사회 건설의 움직임 등장
내용	사민 평등 의식 토대 → 양반 제도의 문제점과 노비 제도 개선 주장	• 부국강병 → 양반 신분의 폐지 필요성 인식, 군주권의 제한 • 인권 보장 → 근대적 개혁의 필요성 인식
영향	개화파에 계승 · 발전	위로부터의 사회 개혁 추진

(2) 근대적 사회 제도의 형성

구분	갑신정변(1884)	동학 농민 운동(1894)	갑오개혁(1894)
방향	근대 사회 건설 목표	반봉건적 사회 개혁 요구	민족 내부의 근대화 노력
내용	• 문벌 폐지, 인민 평등권 확립 • 지조법 개혁, 행정 기구 개편	• 노비 문서 소각, 청상과부의 재가 허용 • 차별적 신분 제도 타파 등	• 차별적 신분 제도 폐지 • 여성의 지위 향상, 인권 보장
한계	• 보수 세력의 방해와 청의 간섭 • 국민의 지지 부족	• 수구 세력의 방해와 일본의 개입 • 근대적 사회 의식 결여	민권 의식 부족, 민중과 유리
의의	근대화 운동의 선구	양반 중심의 신분 제도 폐지에 기여	근대적 평등 사회의 기틀 마련

(3) 사회 의식의 성장

평민과 천민의 활동	여성들의 사회 진출
각종 사회 활동을 통해서 차별 의식 극복	스스로 사회의 한 구성원이라는 자각
• 독립 협회 활동에 참여 → 민족 의식을 가진 사회적 존재로 성장 • 부당한 관리의 처우에 대항 → 상급 기관에 제소 • 관민공동회에서 천인 출신 백정(박성춘)의 연사 → 정부와 국민의 합심 호소 • 국채 보상 운동에 참여, 의병 활동 가담 → 국권 수호 운동의 밑거름이 됨 • 시전 상인이 만민공동회의 회장으로 선출	• 여성의 사회 진출 제한 → 인권과 지위 향상 노력 • 교육받은 여성 → 새로운 여성관 수립, 여성들의 사회 활동과 사회적 역할 추구 • 국권 회복 운동과 국채 보상 운동에 적극 참여 → 남녀 평등과 여성의 사회 활동 참여를 발전시키는 계기 • 소학교령 → 남녀 교육의 기회 균등을 규정

04 근대 문화의 형성

1 근대 문물의 도입

(1) 과학 기술의 수용

① 동도서기론과 개화 사상가

㉠ 배경: 동도서기론 바탕(조선의 정신 문화 + 서양의 과학 기술) → 부국강병(외세 침략 저지 + 사회 발전)

㉡ 과정: 실학자 관심 → 동도서기론 대두 → 서양의 과학 기술 도입과 교육 제도의 개혁 인식

㉢ 영향: 과학 기술과 제도의 도입 ↔ 체계적인 과학 기술보다 단편적이거나 단순한 기술 수용의 한계

② 과학 기술의 수용 과정

흥선 대원군 집권기	서양의 무기 제조술에 관심 → 수뢰포 제작, 화륜선 제작
개항 이후	산업 기술 수용에 관심 → 조사시찰단(일본), 영선사(청) 파견
1880년대	서양의 산업 기술 도입에 노력(기계 도입, 외국 기술자 초빙)
1890년대	교육 제도 개혁에 관심 → 유학생 파견, 근대적 기술 교육 기관 설립

(2) 근대 시설의 수용
① 민중의 사회·경제적 생활 개선 공헌: 외세의 이권 침탈·침략 목적과 연관
② 근대 시설 마련

구분	내용
인쇄술	• 박문국(근대적 인쇄술 도입, 한성순보 발간) • 광인사(근대 기술 서적 발간 – 민간 출판사)
통신	전신(1885, 서울 – 인천), 전화(1898), 우정국(1884), 만국 우편 연합 가입(1900)
전기	한성전기회사 설립, 전등 가설
교통	• 철도 부설(경인선, 경부선, 경의선 – 일본의 군사적 목적으로 부설) • 전차(한성전기회사 – 황실 + 콜브란)
의료	광혜원(1885, 제중원), 광제원(1900), 대한의원(1907), 자혜의원(1909), 세브란스 병원 설립, 종두법 보급(지석영)
건축	명동성당(고딕식), 독립문(개선문 모방), 덕수궁 석조전(르네상스식)

2 언론 기관의 발달, 근대 교육과 국학 연구

(1) 근대 언론 기관: 일제의 신문지법 제정(1907)

구분	연도	특징	활동 내용
한성순보	1883	순한문체, 최초의 신문이나 관보의 형식, 박문국에서 발행	개화파들이 개화 취지 설명
한성주보	1886	국한문 혼용, 최초의 상업 광고 게재	한성순보 계승
독립신문	1896	최초의 민간 신문, 한글과 영문판	자유주의, 민주주의 개혁 사상 보급
제국신문	1898	순한글, 서민과 부녀자 대상	일본의 황무지 개간 요구 반대
황성신문	1898	국한문 혼용, 유생층 대상	장지연의 '시일야방성대곡', 보안회 지원
대한매일신보	1904	양기탁과 영국인 베델 합작, 순한글, 국한문과 영문판	강경한 항일 논설, 국채 보상 운동에 앞장, 의병 운동에 호의적
만세보	1906	오세창을 중심으로 한 천도교계 신문	여성 교육과 여권 신장에 관심

(2) 교육의 발흥

구분	정부의 교육 진흥	사립학교
교육의 시작	• 동문학(1883, 영어 교육) • 육영공원(1886, 최초의 관립학교, 근대 학문)	원산학사(1883, 최초의 근대식 학교, 근대 학문과 무술 교육)
교육의 발전	• 교육입국조서 반포 • 소·중학교, 사범학교, 외국어 학교 설립 • 교과서 편찬: 『국민소학독본』, 『심상소학』	개신교 선교사와 민족 운동가 주도 → 근대적 학문 교육과 민족 의식 고취

더 알아보기

근대 교육 기관

기관명	설립연도	특징
원산학사	1883	• 함경도 덕원(원산) 주민들이 설립한 최초의 근대식 사립학교 • 근대 학문과 무술교육 실시
동문학	1883	• 묄렌도르프의 건의로 정부가 설립한 외국어 교육 기관 • 통역관 양성소
배재학당	1885	• 선교사 아펜젤러가 서울에 설립 • 선교사가 세운 최초의 사립학교이자 한국 최초의 근대식 중등 교육 기관
육영공원	1886	• 정부가 설립한 최초의 근대적 관립학교 • 상류층 자제 대상으로 근대 학문 교육(헐버트, 길모어)
경신학교	1886	선교사 언더우드가 서울에 설립한 최초의 전문 실업 교육 기관
이화학당	1886	선교사 스크랜턴이 서울에 설립한 최초의 여성 전문 교육 기관
정신여학교	1887	선교사 엘레스가 서울에 설립
한성사범학교	1895	교육입국조서 반포 이후 소학교 교관 양성을 위해 설립된 관립학교
숭실학교	1897	선교사 베어드가 평양에 설립한 최초의 지방 사립교육 기관
흥화학교	1898	민영환이 서울에 세운 사립학교
순성여학교	1899	• 북촌의 양반집 부인들이 주축이 되어 조직된 찬양회가 설립 • 여성들이 설립한 한국 최초의 사립여학교
점진학교	1899	안창호가 평안남도 강서에 설립한 최초의 남녀공학학교
한성중학교	1900	정부에서 설립한 최초의 근대식 중등 교육 기관
서전서숙	1906	이상설이 북간도 지역에 설립한 국외 항일 교육 기관
오산학교	1907	신민회 소속의 이승훈이 실력 양성 운동의 목적으로 정주에 설립
대성학교	1908	신민회 소속의 안창호가 실력 양성 운동의 목적으로 평양에 설립
신흥 강습소	1911	신흥 무관 학교(1919)의 전신으로, 이시영이 서간도에 독립군 양성을 목적으로 설립

(3) 국학 연구

국어 연구	국사 연구
• 국한문 혼용체: 유길준의 『서유견문』 • 한글 전용 신문: 독립신문, 대한매일신보, 제국신문 • 국문 연구소 설립(1907): 지석영·주시경 • 주시경의 『국어문법』: 민족주의적 입장에서 국어국문 연구 통일 노력	• 근대 계몽 사학 성립(박은식, 신채호 주도): 민족 영웅전 저술 및 보급, 외국 독립운동사 소개 • 신채호: 『독사신론』(민족주의 사학의 연구 방향 제시) • 조선 광문회 설립(1910): 최남선·박은식 등 → 민족의 고전 정리·간행

• 한계: 일제의 통제하에서 국권 회복 운동의 일환으로 전개 → 학문적으로는 일정한 한계
• 의의: 민족 의식과 독립 의지 고취

3 문예와 종교의 새 경향

(1) 문학의 새 경향

신소설	언문 일치의 문장 → 신식 교육, 여권 신장, 계급 타파 등 계몽 문학의 구실 → 이인직의 「혈의 누」, 이해조의 「자유종」, 안국선의 「금수회의록」 등
신체시	문명 개화, 부국강병 등 노래 - 최남선의 「해에게서 소년에게」
외국 문학	「성경」, 「천로역정」, 「이솝 이야기」, 「로빈슨 표류기」, 「걸리버 여행기」 등

(2) 예술계의 변화

음악	찬송가 소개, 창가 유행(애국가 · 독립가 · 권학가 등) → 민족 의식 고취
미술	서양 화풍 소개, 서양식 유화 도입
연극	• 민속 가면극 성행 • 신극 운동 전개(은세계, 치악산) → 극장 설립(원각사)

(3) 종교 운동의 새 국면

천주교	애국 계몽 운동 전개, 고아원, 양로원 운영 등 사회 사업 전개
개신교	교육 · 의술 보급 기여, 한글 보급, 미신 타파, 평등 사상 전파에 공헌
천도교	동학 3대 교주 손병희가 천도교로 개칭, 만세보 간행 → 민족 종교로 발전
유교	박은식의 유교 구신론 → 실천적 유교 강조
불교	한용운의 불교 유신론 → 불교의 자주성과 근대화 추진
대종교	나철 · 오기호 창시 → 단군 신앙 발전, 간도 · 연해주에서 항일 운동 전개(중광단, 북로 군정서)

Chapter 08 민족의 독립운동

01 일제의 침략과 민족의 수난

◼ 20세기 전반의 세계

(1) 제1차 세계 대전과 전후 처리
- ① 제1차 세계 대전(1914~1918.11.)
  - ㉠ 배경: 제국주의 열강의 식민지 획득 경쟁
  - ㉡ 경과: 사라예보 사건 → 세계 대전 확대(동맹국 ↔ 연합국) → 미국 참전 → 러시아의 이탈 → 연합국 승리
  - ㉢ 결과: 파리 강화 회의(1919.1.) → 베르사유 체제 성립, 패전국의 식민지 독립, 국제 연맹 창설(1920)
- ② 소련의 세력 확대
  - ㉠ 러시아 혁명 → 레닌의 소비에트 정부 수립
  - ㉡ 1919년 코민테른(국제 공산당 기구) 결성 → 반제국주의 운동과 약소 민족 독립운동에 사회주의 세력 침투

(2) 전체주의의 대두와 제2차 세계 대전
- ① 전체주의의 성립
  - ㉠ 배경: 세계 경제 공황(미국 → 전 세계 확산), 베르사유 체제에 대한 불만
  - ㉡ 과정: 이탈리아의 파시즘, 독일의 나치즘, 일본의 군국주의
  - ㉢ 영향: 전체주의 ↔ 자유민주주의 → 제2차 세계 대전 발생
- ② 제2차 세계 대전(1939~1945)
  - ㉠ 원인: 세계 경제 공황
  - ㉡ 경과: 독일의 폴란드 침공(1939.9.) → 세계 대전 확대 → 독소전 개전(1941.6.) → 태평양 전쟁(1941.12.) → 연합국 승리
  - ㉢ 결과: 대서양 헌장(1941.8.14.) → 국제 연합 창설(1945.10.), 냉전 체제의 성립과 변화(동·서 진영 대립)

(3) 아시아 각국의 민족 운동

① 중국
  ㉠ 신해 혁명(1911, 아시아 최초의 공화제 정부), 5 · 4 운동(1919, 반제국 · 반군벌 민족 운동)
  ㉡ 제1차 국 · 공 합작(1924, 군벌 타도), 제2차 국 · 공 합작(1937, 항일 투쟁)
② 인도: 간디의 완전 자치 운동 전개(비폭력 · 불복종 운동), 네루의 완전 독립 민족 운동(독립 전쟁 수행)
③ 오스만 제국: 케말 파샤의 민족 운동 → 터키 공화국 수립(1923), 근대화 정책 추진
④ 이란 · 이라크: 영국의 지배에서 탈피 → 독립 국가 성장
⑤ 동남아시아: 영국, 프랑스, 미국으로부터 독립운동 전개

2 일제의 침략과 국권의 피탈

(1) 민족 운동의 시련과 항일 운동의 전개

구분	국내	국외
시대 상황	일제의 철저한 민족 억압 · 수탈 식민 통치 → 민족의 생존권까지 위협	제국주의 체제하에 전개 → 열강의 우리 독립 노력 외면
주권 피탈 이후	• 비밀 결사 조직 • 3 · 1 운동	• 독립운동 기지 건설(만주, 연해주) • 독립 전쟁 준비
3 · 1 운동 이후	• 민족 실력 양성 운동 • 민족 문화 보존 · 수호	• 대한민국 임시 정부 수립(상하이) • 무장 독립운동(만주, 연해주)

(2) 국권 피탈 과정

한 · 일 의정서 (1904.2.)	• 러 · 일 전쟁 중 체결 • 대한시설강령: 구체적인 식민지 실천 방침
제1차 한 · 일 협약 (1904.8.)	• 황무지 개간권 철회 대신 고문 초빙 강요 – 고문 통치 • 재정 고문(메가타), 외교 고문(스티븐스) → 내정 간섭 강화
가쓰라 · 태프트 밀약 (1905.7.)	미국(필리핀 독점) → 일본(조선 독점)
제2차 영 · 일동맹 (1905.8.)	영국(인도 독점) → 일본(조선 독점)
포츠머스 조약 (1905.9.)	러시아(한반도 포기) → 일본(한반도 지배권 국제적 승인)
제2차 한 · 일 협약 (을사늑약, 1905.11.)	• 통감부 설치: 이토 히로부미(초대 통감) – 통감 통치 • 외교권 박탈
한 · 일 신협약 (정미7조약, 1907)	• 차관 통치 • 대한 제국 군대 해산
한 · 일 병합 조약 (경술국치, 1910.8.)	• 사법권 박탈(1909, 기유각서), 경찰권 박탈(1910) • 조선 총독부 설치, 헌병 무단 통치의 식민 통치 시작

3 항일 의병 전쟁과 애국 계몽 운동

(1) 항일 의병 전쟁

① 항일 의병 전쟁의 전개

구분	을미의병(1895)	을사의병(1905)	정미의병(1907)
특징	의병 운동 시작	의병 항전 확대	의병 전쟁 전개
배경	을미사변, 단발령	을사늑약	고종의 강제 퇴위, 군대 해산
과정	• 유생층 주도(이소응, 유인석 등) • 일반 농민과 동학 농민군의 잔여 세력 참여 • 단발령 철회, 고종의 해산 권고 조칙에 따라 해산	• 평민 의병장 등장(신돌석) • 양반 유생장(민종식, 최익현)	• 해산 군인 가담·의병 전쟁 발전 • 서울 진공 작전(의병 연합 전선, 이인영, 허위) • 국내 진공 작전(간도·연해주 일대, 홍범도, 이범윤)
목표	• 존화양이를 내세움 • 친일 관리와 일본인 처단	• 국권회복을 전면에 내세움 • 일본 세력과 친일 관료 처단	• 의병의 조직과 화력 강화 • 외교 활동: 각 영사관에 의병을 국제법상의 교전단체로 승인해 줄 것을 요구하는 서신 발송, 독립군 주장
기타	활빈당 조직(농민 무장 조직) – 의적 활동 전개 – 대한 사민 논설 게재	을사늑약에 대한 저항 – 상소 운동(조병세, 이상설 등) – 순국(민영환, 이한응) – 5적 암살단(나철, 오기호) – 언론 투쟁(장지연 등)	• 남한 대토벌 작전(1909)·의병 전쟁 위축 → 만주·연해주 이동 • 채응언(1915, 한말의 마지막 의병장)

② 항일 의병 운동의 의의

성격	광범위한 사회 계층을 망라한 대표적인 민족 구국 운동
한계	• 일본의 정규군을 제압하기에 미흡 • 외교권 상실로 대외 고립 • 양반 유생층의 전통적 지배 질서 고수
의의	• 국권 회복을 위한 무장 투쟁으로 결사 항전의 정신 표출 • 일제 강점하 무장 독립 투쟁의 기반 마련 • 세계 약소국의 반제국주의 독립 투쟁사에 커다란 의의

③ 의사들의 활동

㉠ 장인환, 전명운(1908): 미국 샌프란시스코에서 미국인 외교 고문 스티븐스 처단

㉡ 안중근(1909): 만주 하얼빈역에서 초대 통감 이토 히로부미 처단

㉢ 이재명(1909): 명동성당에서 이완용에게 부상을 입히고 체포

(2) 애국 계몽 운동의 전개

① 애국 계몽 단체의 활동: 개화 자강 계열의 계몽 단체 설립

보안회 (1904)	• 일본의 황무지 개간권 요구 반대 운동 → 요구 철회시킴, 일제 탄압으로 해산 • 농광회사 설립, 협동회로 발전
헌정 연구회 (1905)	• 국민의 정치 의식 고취와 입헌정체 수립 목적 • 일진회의 반민족적 행위 규탄
대한 자강회 (1906)	• 독립 협회와 헌정 연구회 계승, 윤치호, 장지연 등 중심 • 교육과 산업 진흥 운동 전개, 월보 간행, 강연회 개최, 전국에 지회 설치 • 고종 황제 퇴위에 대해 격렬한 반대 운동 주도
대한협회 (1907)	• 대한 자강회 간부들과 천도교 지도자들이 중심 • 교육 보급, 산업 개발, 민권 신장, 행정의 개선 등 주장 • 일제의 한국 지배권 강화로 약화됨 → 친일 성격의 단체로 변질
신민회 (1907~1911)	• 안창호, 양기탁 등 중심의 비밀 결사 단체, 국권 회복과 공화정체의 국민 국가 건설 목표 • 표면적: 문화·경제적 실력 양성 운동(도자기 회사, 태극서관, 대성·오산 학교 설립) • 내면적: 국외 독립군 기지 건설에 의한 실력 양성 운동(삼원보, 밀산부 한흥동) • 105인 사건으로 해산, 남만주 무장 투쟁의 기초

② 애국 계몽 운동의 전개

언론 활동	• 황성신문: 장지연의 '시일야방성대곡' 수록 • 대한매일신보: 국채 보상 운동에 참여 → 항일 운동의 선봉적 역할
교육 운동	• 정치와 교육을 결합시킨 구국 운동 전개 • 국민 교육회, 서북 학회, 호남 학회, 기호 흥학회 등의 교육 단체 설립
식산 흥업 운동	• 일제의 경제 침략에 대한 경각심과 근대적 경제 의식 고취 • 상권 보호 운동 전개: 상업 회의소, 협동 회의소 등 상업 단체 설립 • 근대적 산업 발전 장려: 상회사, 공장, 농회와 농장, 실업 학교 등 설립 • 국채 보상 운동 전개: 일제의 경제적 예속화 차단 목적

③ 애국 계몽 운동의 의의

민족 독립운동의 이념 제시	국권 회복과 근대적 국민 국가 건설을 목표로 제시
민족 독립운동의 전략 제시	문화·경제적 실력 양성, 군사력 양성 목표 제시의 독립전쟁론
민족 독립운동의 기반 구축	독립운동의 인재 양성과 경제적 토대 마련, 독립군 기지 건설

4 민족의 수난

(1) 일제의 식민통치 기관

구분	조선 총독부(1910)	중추원 운영
역할	식민 통치의 중추 기관 → 민족 독립운동의 철저한 탄압 목적	친일 조선 고위 관리 구성 → 조선 총독부 자문 기구
성격	현역 일본군 대장이 전권 통치 (입법, 사법, 행정, 군대 통수권)	한국인의 정치 참여 위장 (한국인의 회유 위한 명목상 기구)

(2) 식민 통치 형태의 변화

구분	무단 통치(헌병 경찰 통치)	문화 통치(보통 경찰 통치)	민족 말살 통치
시기	1910~1919	1919~1931	1931~1945
배경	일진회의 합방 건의 - 국권 강탈	3·1 운동, 국제적 비난 여론	경제 공황의 타개책
전개	• 헌병 경찰제, 태형·즉결 심판권, 관리·교사의 제복·착검 • 언론·집회·출판·결사의 자유 박탈: 보안법, 신문지법, 출판법 • 일본어 학습, 조선어 수업 축소, 역사·지리 교육 금지 • 민족 운동 탄압: 105인 사건	• 문관 총독 임명 • 보통 경찰제 • 민족 신문 발행 허가 • 교육 기회 확대(초급 학문과 기술 교육에 한정) • 조선어·역사·지리 교육 허용, 경성제국대학 설립	• 병참 기지화 정책: 대륙 침략의 전진 기지화 • 민족 말살 통치: 내선일체, 일선동조론, 황국 신민화 선전 → 국어·국사 교육 금지, 창씨 개명 강행 • 신사참배, 궁성요배 강요 • 인적 자원 수탈: 지원병제, 징병제, 정신대
성격	• 강압적 무단 통치 • 민족 독립운동 말살 시도	• 민족 분열과 이간 책동 • 민족 근대 의식의 성장 오도	• 한민족의 문화 말살 • 대륙 침략에 필요한 인적·물적 수탈

5 경제 수탈의 심화

구분	무단 통치		문화 통치	민족 말살 통치
	토지 침탈	산업 침탈	식량 수탈	대륙 침략과 총동원령
배경	근대적 토지 제도 확립 명분 → 전국 토지 약탈	산업 전반에 걸친 착취	일본의 공업화 정책 → 식량 부족 문제 해결	경제 공황 타개 목적 → 대륙 침략 감행
경제 수탈	토지 조사 사업: 기한부 신고제, 토지 침탈(40%), 동양척식주식회사	금융 지배, 회사령(허가제), 전매제, 일본 기업의 독점, 삼림령, 어업령, 공업령	산미 증식 계획 추진 → 증산량<수탈량	남면북양 정책, 군수 산업 확충, 인적·물적 자원 수탈
영향	• 기한부 소작농화 • 해외 이주민 증가	민족 산업 성장 저해	• 농민 몰락(유랑민, 화전민) • 농민의 해외 이주 촉진	한반도 경제가 일제 식민지 체제로 예속

더 알아보기

산미 증식 계획(1920~1934)

배경	일본의 공업화 → 이촌향도 현상으로 쌀값 폭등, 쌀 부족 현상
내용	• 제1차(1920~1925): 연간 920만 석을 증산하고, 그중 700만 석을 일본으로 수출 • 제2차(1926~1934): 1929년 경제 공황과 한국의 쌀 공급이 일본의 쌀값을 폭락시키는 요인으로 작용 → 일본 지주들이 한국의 쌀 수입 반대 → 1934년 중단
결과	• 농업 구조의 변화: 쌀 중심의 단작형 농업구조 형성, 다양한 상품 작물의 재배 축소 • 식민지 지주제 강화: 수리조합비, 품종 개량비, 비료 대금 등 증산 비용을 농민들이 지주 대신 부담, 일부 지주는 부 축적 • 농민의 몰락: 유랑민이나 화전민으로 전락 • 쌀 부족 현상: 증산된 양보다 훨씬 많은 양의 쌀 수출 → 한국은 만주에서 조, 콩, 수수 등의 잡곡 수입

6 대륙 침략과 총동원령(1930년대)

구분	병참기지화 정책	남면북양 정책	농촌 진흥 운동 전개
배경	경제 공황 극복을 위해 침략 전쟁 확대	세계 경제 공황 후 선진 자본주의 국가들의 보호 무역 정책	일제에 의한 수탈 기반 재조정, 농민의 반발 방지·회유
과정	대륙 침략의 병참기지화	면화 재배(남부), 면양 사육(북부)	농촌 진흥 운동 → 조선 소작 조정령(1932), 조선농지령(1934) 등
영향	산업 간 불균형(중화학 공업 중심), 한국인 노동자에 대한 가혹한 착취 → 노동 쟁의 전개	값싼 원료의 공급지로 삼음	소작료의 증가, 수리 조합비의 소작농 증가 → 소작농의 몰락

더 알아보기

국가 총동원법(1938)
- 정부는 전시에 국가 총동원법상 필요할 때에는 칙령이 정하는 바에 따라 제국 신민을 징용하여 총동원 업무에 종사하게 할 수 있다(제4조).
- 국가 총동원법상 국가 총동원이라 함은 전시 또는 전쟁에 준하는 사변의 경우에 국방의 목적을 달성하기 위해 국가의 모든 힘을 가장 유효하게 발휘할 수 있도록 인적·물적 자원을 통제·운용함을 말한다.

02 독립운동의 전개

1 3·1 운동 이전의 민족 운동

(1) 1910년대 국내 독립운동
① 의병 항쟁의 지속: 일부 의병의 국내 잔류와 항전, 채응언(서북 지방 중심으로 일본군과 헌병대 공격)
② 비밀 결사 조직

신민회	1907	안창호, 양기탁 등 – 문화·경제적 실력 양성 운동, 해외 독립군 기지 건설
독립 의군부	1912	임병찬(고종의 밀조), 복벽주의 표방, 국권 반환 요구서 제출
대한 광복회	1915	군대식 조직(총사령관 – 박상진, 부사령관 – 김좌진), 군자금 모집 활동(의연금 납부), 친일파 차단, 독립 전쟁을 통한 국권 회복, 공화국 수립 목표

(2) 국외의 독립운동: 해외 독립운동 기지 건설

서간도	삼원보 중심(신민회), 경학사(→ 부민단), 신흥 강습소(→ 신흥 무관 학교), 서로 군정서(한족회가 임시 정부와 연합)
북간도	용정 중심, 간민회(자치 단체), 중광단(→ 북로 군정서군), 서전서숙(이상설), 명동 학교(김약연)
연해주	신한촌 중심, 권업회(→ 대한 광복군 정부, 1914), 전로 한족회 중앙 총회(→ 대한 국민 의회)
중국	신한 청년당 결성(상하이) → 파리 강화 회의에 김규식 파견
미주	• 대한인 국민회(이승만), 대조선 국민 군단(박용만), 흥사단(안창호), 숭무 학교(멕시코) • 만주·연해주 지역에 독립운동 자금 지원, 외교 활동을 통한 구국 운동 전개
일본	조선 유학생 학우회, 조선 기독교 청년회, 조선 청년 독립단 – 2·8 독립 선언

2 3·1 운동과 대한민국 임시 정부

(1) 3·1 운동의 전개
① 3·1 운동의 태동

세계 질서의 변화	우리 민족의 독립을 향한 움직임
• 세계 질서의 재편: 미국의 세계 주도권 장악, 사회주의 국가(소련)의 등장 • 정의·인도주의 강조: 윌슨의 민족 자결주의 제시, 소련의 식민지 민족 해방 지원 선언	• 파리 강화 회의에 독립 청원: 신한 청년당(김규식) • 독립 선언: 대한 독립 선언(무오 독립 선언, 1918, 만주), 2·8 독립 선언(1919, 일본, 조선 청년 독립단) • 국내 독립운동의 역량 축적: 만세 시위 계획

② 3·1 운동의 전개: 33인의 독립 선언 → 국내·외 확산(만주, 연해주, 미주, 일본) → 일제의 무력 탄압

준비 단계	확대 단계	해외 확산
• 민족 대표 33인·학생 조직 중심 • 독립 선언문 작성, 태극기 제작·배포	• 1단계: 점화기, 비폭력주의 표방 • 2단계: 도시 확산기, 상인·노동자 참가 • 3단계: 농촌 확산기, 무력 저항 변모	간도와 연해주, 미국 필라델피아, 일본 등에서 만세 운동 전개

③ 3·1 운동의 의의
　㉠ 일제의 통치 방식 변화, 항일 운동의 체계화·조직화·활성화의 계기 → 대한민국 임시 정부 수립
　㉡ 독립 전쟁의 활성화, 독립운동의 주체 확대, 중국의 5·4 운동, 인도의 비폭력·불복종 운동에 영향

(2) 대한민국 임시 정부의 수립과 활동
① 임시 정부의 수립 과정: 한성 정부 계승 + 대한 국민 의회 흡수 → 임시 정부 수립(상하이)

임시 정부 수립 운동	임시 정부의 통합
• 한성 정부(국내, 이승만·이동휘) • 대한 국민 의회(연해주, 손병희·이승만) • 대한민국 임시 정부(상하이, 이승만)	• 배경: 독립운동의 체계화와 조직화 필요성 대두 • 정체: 3권 분립의 민주 공화정 – 의정원, 국무원, 법원 • 독립 노선: 외교·군사 활동 병행

② 헌정 체제의 변화

제1차 개헌(1919)	제2차 개헌(1925)	제3차 개헌(1927)	제4차 개헌(1940)	제5차 개헌(1944)
대통령 지도제	내각 책임제	집단 지도 체제	주석 지도 체제	주석·부주석 체제
이승만	김구	국무 위원(김구)	김구	김구, 김규식

③ 임시 정부의 활동

비밀 행정 조직	• 연통제(비밀 행정 조직망): 정부 문서와 명령 전달, 군자금 송금, 정보 보고 • 교통국(통신 기관): 정보 수집, 분석·교환을 담당
군자금 마련	• 애국공채 발행, 국민 의연금 모집 • 이륭양행(만주)과 백산상회(부산) 협조
군사 활동	• 군무부(군사 업무)·참모부(군사 지휘) 설치, 군사 관련 법령 제정 • 육군 무관 학교 설립(상하이), 한국 광복군 창설(1940)
외교 활동	• 파리 위원부 설치(김규식이 대표 → 파리 강화 회의에 독립 공고서 제출) • 구미 위원부 설치(이승만), 한국 친우회 결성(미국·영국·프랑스) • 제네바 국제 연맹 회의 활동(조소앙 참가 → 한국 민족 독립 결정서 통과)
문화 활동	• 독립신문 발행(기관지), 사료 편찬소 설치(『한일 관계 사료집』 간행) • 민족 교육 실시(인성 학교와 삼일 중학교 설립)

④ 임시 정부의 시련
  ㉠ 배경: 이념 대립(민족주의 ↔ 사회주의), 독립운동의 방략 대립(외교독립론, 실력양성론, 무장투쟁론), 일제의 탄압으로 인한 자금난·인력난
  ㉡ 과정: 국민 대표 회의 소집(1923) → 개조파(임시 정부 개편)와 창조파(새로운 정부 수립)의 대립 → 결렬 → 이승만 탄핵, 박은식을 제2대 대통령으로 추대 → 제2차 개헌(국무령 김구 중심의 내각 책임제)

개조파		창조파	현상 유지파
외교 독립론	실력 양성론	무장 투쟁론	
이승만	안창호	신채호, 이동휘	이동녕, 김구
미국에 구미 위원부 설치	교육과 산업 등 민족 실력 양성	임시 정부 폐지론 주장	현행 임시 정부 유지

  ㉢ 영향: 독립운동 진영의 분열 → 임시 정부의 자구 노력(김구, 지도 체제 개편과 한인애국단 조직 등)

3 국내 항일 운동(3·1 운동 이후)

(1) 국내 무장 항일 투쟁

천마산대	보합단	구월산대
평북 의주 천마산 거점	평북 의주 동암산 거점	황해도 구월산 거점
• 대일 유격전 전개 • 만주의 광복군 사령부와 협조	• 군자금 모금에 중점 • 임시 정부에 송금, 독립운동에 사용	• 일제의 관리와 밀정 처형 활동 • 친일파 은율 군수 최병혁 처단

(2) 학생 항일 운동(3·1 운동 이후)

구분	6·10 만세 운동(1926.6.10)	광주 학생 항일 운동(1929.11.3.)
배경	사회주의 운동 고조	일제의 식민지 차별 교육과 억압, 신간회의 활동
전개	순종의 인산일 → 만세 시위 → 전국적 확산	한·일 학생 간의 충돌 → 전국 확대·해외 확산
의의	• 학생이 독립운동의 주역으로 변화 • 민족주의·사회주의 계열의 갈등 극복 계기	• 3·1 운동 이후 최대의 항일 민족 운동 • 식민 통치의 부정과 민족 독립 주장으로 확대

(3) 애국지사들의 활동

① 단독 의거: 조명하(1928, 타이완 일본 왕족 살해)

② 의열단과 한인애국단

구분	의열단(1919)	한인 애국단(1931)
배경	3·1 운동 이후 무장 조직체 필요성 절감	국민 대표 회의 결렬 후 대한민국 임시 정부의 침체
조직	• 김원봉, 윤세주 – 만주 길림성 • 신채호의 조선혁명선언에 기초	김구 – 중국 상하이
활동	• 김익상(1921, 조선 총독부 투탄) • 김상옥(1923, 종로 경찰서 투탄) • 김지섭(1924, 일본 도쿄 왕궁에 투탄) • 나석주(1926, 동양척식주식회사 투탄)	• 이봉창(1932, 일본 국왕 암살 미수) • 윤봉길(1932, 상하이 홍커우 공원 투탄)
의의	• 개별 투쟁 한계: 중국 혁명 세력과 연대 • 군사 활동: 중국의 황포 군관 학교 입학, 조선 혁명 간부 학교 설립, 조선 의용대 창설 • 정당 활동: 조선 민족 혁명당 결성(1935)	• 국제 관심 고조, 한국인의 독립운동 의기 고양 • 중국 국민당 정부의 임시 정부 지원의 계기 → 한국 광복군 창설

4 해외 무장 독립 전쟁의 전개

(1) 1920년대 무장 독립 전쟁

① 봉오동 전투와 청산리 전투

구분	봉오동 전투(1920.7)	청산리 전투(1920.10)
주도 부대	대한 독립군(홍범도) 주도	북로 군정서군(김좌진) 주도
연합 부대	군무도독부군(최진동) + 국민회군(안무)	대한 독립군(홍범도) + 국민회군(안무)
결과	일본군 1개 대대 공격	일본군 1개 연대 격파

② 독립 전쟁의 시련

간도 참변(1920)	자유시 참변(1921)	미쓰야 협정(1925)
일본군의 간도 교포 무차별 학살	대한 독립 군단(서일)의 자유시 집결	한국의 독립군 탄압 협정 체결
독립군의 기반 파괴 목적	소련군에 의해 강제 무장 해제	일제와 만주 군벌 간 밀착

③ 독립군 재정비(통합 운동)

3부의 성립	3부의 성격	3부의 통합
• 참의부(1923, 압록강 유역) • 정의부(1924, 남만주 일대) • 신민부(1925, 북만주 일대)	민정 기관(자치 행정)인 동시에 군정 기관(독립군의 작전 담당)	• 1920년대 후반 민족 유일당 운동 • 국민부(1929, 남만주, 조선 혁명군) • 혁신의회(1928, 북만주, 한국 독립군)

(2) 1930년대 무장 독립 전쟁

① 한·중 연합 작전: 일제의 만주 사변 → 중국 내의 반일 감정 고조

구분	한국 독립군의 활약	조선 혁명군의 활약
연합	한국 독립군(지청천) + 중국 호로군	조선 혁명군(양세봉) + 중국 의용군
활동	쌍성보 전투(1932), 대전자령 전투(1933) 등	영릉가 전투(1932), 흥경성 전투(1933) 등
개편	한국 독립군은 이후 임시 정부에 합류	양세봉 피살 이후 조선 혁명군의 세력 약화

② 만주 지역의 항일 유격 투쟁

구분	동북 인민 혁명군(1933)	조선 의용대(1938)
조직	조선인 공산주의자 + 중국 공산당 유격대	조선 민족 혁명당(김원봉) + 중국 정부의 지원
전개	• 동북 항일 연군(1936): 사회주의 계열 독립군 • 조국 광복회(1936): 반일 민족 전선 실현	• 한국 광복군 합류(1940) • 조선 의용군에 흡수(조선독립동맹 주도)
활동	항일 유격전 전개, 국내 진공 작전(보천보 전투)	국민당과 합작, 대일 항전, 첩보·암살 활동

> **더 알아보기**
>
> 1920~1940년대 무장 독립운동
>
> | 1920년대 | 1930년대 | 1940년대 |
> |---|---|---|
> | • 무장 독립 전쟁의 본격화: 봉오동 전투, 청산리 전투
• 간도 참변(경신 참변) 이후
→ 대한 독립군단 편성 후 자유시로 이동
• 자유시 참변 이후
→ 참의부·정의부·신민부 편성
• 한국 독립군, 조선 혁명군 조직 | • 한국 독립군 + 중국 호로군 작전
→ 중국 본토로 이동
• 조선 혁명군 + 중국 의용군 작전
→ 1930년대 중반 이후 세력 약화
• 조선 의용대 + 중국 국민당 정부군 작전 | • 한국 광복군: 신흥무관학교 출신 독립군 + 조선 의용대 일부
→ 연합군과 연합 작전 전개
• 조선 의용군: 중국 공산당의 팔로군과 연합 작전 |

(3) 대한민국 임시 정부와 한국 광복군(1940년대의 독립 전쟁)

① 대한민국 임시 정부의 체제 정비

이동 시기의 임시 정부	충칭 시기의 임시 정부
윤봉길의 의거 이후 일제의 탄압 가중	독립 전쟁을 위한 정부 체제 강화
전시 체제 준비	주석 중심제 헌법 개정
• 초급 간부 양성, 국군 편성 계획 • 의정원의 확대, 군사 위원회·참모부 설치 • 군사 특파단 파견(모병 공작, 한국 청년 탈출 공작) • 한국 청년 전지 공작대 조직	• 김구 중심의 단일 지도 체제 • 한국 독립당 조직(1940) • 대한민국 건국 강령 발표: 민주 공화제, 삼균주의(조소앙) • 좌·우 통합정부 수립: 조선 혁명당과 통합

② 한국 광복군의 결성

창설	활동
• 중 · 일 전쟁 계기(1937)로 창설(1940, 충칭) • 신흥 무관 학교 출신 주축 + 조선 의용대 흡수 통합 • 중국 국민당 정부의 지원	• 대일 · 대독 선전 포고 • 연합군(영국)과 연합 작전(미얀마, 인도 전선) • 국내 진입 작전 계획(국내 정진군 편성)

03 사회·경제적 민족 운동

1 사회적 민족 운동의 전개

(1) 사회주의 사상의 유입

① 사회주의 계열의 등장
  ㉠ 배경: 독립에 대한 국제적 지원 무산, 레닌의 약소 민족 독립운동 지원 약속
  ㉡ 경과: 3 · 1 운동 이후 국내 유입 → 청년 · 지식인 중심으로 활발하게 보급
  ㉢ 영향: 조선 공산당 결성, 사회 · 경제 운동의 활성화, 민족 독립운동 전선의 분화(사회주의 ↔ 민족주의)

② 다양한 사회 운동

청년 운동	여성 운동	소년 운동	형평 운동
3 · 1 운동 이후 많은 청년 단체 조직	3 · 1 운동 때 여성의 적극적 참여와 희생	천도교 소년회(방정환)	갑오개혁 때 신분제 폐지되었으나 사회적 차별 존속
청소년 품성 도야, 생활 개선 등 민족 실력 양성 운동, 무산 계급의 해방 주장	문맹 퇴치 · 구습 타파, 실력 양성 운동 전개, 무산 계급 여성의 해방 주장	어린이날 제정, 『어린이』 발간	백정에 대한 평등한 대우 요구와 백정 자녀의 교육 문제 해결 촉구
조선 청년 총동맹(1924)	근우회(1927)	조선 소년 연합회(1927)	조선 형평사(1923)

(2) 민족 유일당 운동

① 민족 유일당 운동
  ㉠ 배경: 민족주의계 내 자치 운동론 대두(이광수, 최린 등), 중국의 국 · 공 합작 등 → 단일화된 민족 운동의 필요성
  ㉡ 과정: 한국 독립 유일당 북경 촉성회 창립, 만주 지역의 3부 통합 운동, 6 · 10 만세 운동 전개, 신간회 창립
  ㉢ 영향: 민족 유일당 운동으로 발전, 비타협적 민족주의계와 사회주의계 결합

② 신간회(1927~1931)

배경	민족주의계의 분화(민족 개량주의자 ↔ 비타협적 민족주의자), 사회주의계의 위기(1925년 치안유지법)
활동	• 일제 강점기 최대의 합법적 항일 운동 단체(회장: 이상재, 부회장: 홍명희) • 조선 민흥회(1926) → 정우회 선언 발표(1926) → 신간회 창립(1927) → 해체(1931) • 민중대회 개최, 전국 순회강연 • 농민·노동·학생운동 지원: 한국인 본위의 교육 실시·착취 기관 철폐 등 주장, 원산 노동자 총파업 지원, 갑산 화전민 학살 사건에 대한 진상 규명 운동 전개 • 광주 학생 항일 운동에 진상 조사단 파견
해소	• 민족주의 계열 내에 타협적 노선 등장, 민족주의 세력과 사회주의 세력의 대립 • 코민테른의 노선 변화

2 민족 실력 양성 운동

(1) 민족 기업의 육성과 물산 장려 운동

구분	민족 기업의 육성	물산 장려 운동(1920년대)
배경	민족 자본과 산업 육성 → 민족 경제의 자립 달성 운동	
경과	• 경성 방직 주식 회사(지주 자본) • 평양 메리야스 공장(서민 자본) • 민족계 은행 설립(삼남은행)	• 1920년 조만식 등 민족 자본가 중심으로 평양에서 시작 • 조선 물산 장려회 조직(1923), 자작회(1922) 결성 • 일본 상품 배격, 국산품 애용 • 근검 저축, 생활 개선, 금주·금연 등
결과	일제 탄압으로 민족 기업 해체 → 일본 기업에 흡수·통합, 기업 활동 침체	민족 기업의 생산력 부족, 상인·자본가 일부 계급의 이익만 추구, 민중의 외면 등 → 실패

(2) 민립대학 설립 운동, 문맹 퇴치 운동

구분	민립대학 설립 운동	문맹 퇴치 운동
배경	• 일제의 초급 학문과 기술 교육만 허용 • 고등 교육을 통한 민족의 역량 강화	• 한국민의 우민화(문맹자 증가, 민족 역량 약화) • 한글 보급으로 민족 정신과 항일 의식 고취
경과	• 조선 교육회 조직(1920, 한규설, 이상재) • 민립대학 기성회 조직(1922) → 민립대학 설립 운동(1923, 이상재, 조만식)	• 야학 운동(1920년대) • 문자 보급 운동(조선일보), 브나로드 운동(동아일보) • 한글 강습회(조선어 학회)
결과	일제의 경성제국대학 설립(1924)	일제의 문맹 퇴치 운동 금지(1935)

(3) 농민 운동과 노동 운동

구분	농민 운동(소작 쟁의)	노동 운동(노동 쟁의)
배경	소작민에 대한 수탈 강화 → 농민 생활 파탄	일제의 식민지 공업화 정책 → 열악한 노동 조건
성격	• 1910년대: 일제의 지주 비호, 농민 지위 하락 • 1920년대: 생존권 투쟁, 고율 소작료 인하 • 1930년대: 항일 민족 운동, 식민지 수탈 반대	• 1910년대: 농업 중심의 산업 구조, 노동자 계급 형성 부진 • 1920년대: 생존권 투쟁, 임금 인상, 노동 조건 개선 • 1930년대: 항일 민족 운동, 혁명적 노동 운동 전개
조직	조선 농민 총동맹(1927) → 농민 조합(1930년대)	조선 노동 총동맹(1927) → 지하 노동 조합(1930년대)
활동	암태도 소작 쟁의(1923~1924)	원산 노동자 총파업(1929)

3 국외 이주 동포의 활동과 시련

구분	배경	민족 운동	시련
만주 이주 동포	• 조선 후기부터 농민들의 생계 유지 위해 이주 • 국권 피탈 후 정치·경제적 이유로 증가	• 대한 독립 선언서 발표(1918) • 독립운동 기지 마련 • 무장 독립 전쟁 준비	• 간도 참변(1920) • 미쓰야 협정(1925) • 만보산 사건(1931) 등
연해주 이주 동포	• 러시아의 변방 개척 정책 • 1905년 이후 급증하여 한인 집단촌 형성	• 국외 의병 운동 중심지(13도 의군 결성, 1910) • 권업회 조직(1911) • 대한 광복군 정부 수립(1914, 이상설) • 대한 국민 의회 수립(1919, 손병희)	• 자유시 참변(1921) • 볼셰비키 정권의 무장 해제 강요 • 연해주 동포의 중앙 아시아 강제 이주(1937)
일본 이주 동포	• 19세기 말: 정치적 망명·유학생 중심 • 국권 피탈 후: 몰락 농민들의 산업 노동자 취업 • 1930년대: 일제의 강제 징용	2·8 독립 선언	• 노동력 착취와 민족 차별의 수모 • 관동 대학살(1923)
미주 이주 동포	• 20세기 초: 하와이·멕시코 노동자로 이주 • 국권 피탈 후: 정치적 망명자, 유학생 다수	• 대한인 국민회 조직(1910) • 대조선 국민 군단(1914) • 대한민국 임시 정부에 대한 지원	기후 조건, 노동 조건 열악

04 민족 문화 수호 운동

1 일제의 식민지 문화 정책

(1) 우민화 교육과 한국사의 왜곡

구분	민족 교육의 탄압	한국사의 왜곡
목적	'동화'와 '차별' 교육 → 황국 신민화 교육 시도	한국사 왜곡 바탕 → 식민 통치 정당화
전개	• 1910년대: 우민화 정책 – 민족 사립학교 폐쇄, 실업 교육 중심 • 1920년대: 유화 정책 – 보통학교 수 증대, 조선어 필수 과목 지정, 조선 역사 교육 실시 • 1930년대: 황국 신민화 교육 강화 – 황국 신민 서사 암송, 한글과 한국사 교육 금지	• 민족 고대사 왜곡(단군 조선 부정) • 식민사관: 한국사의 타율성·정체성·당파성론 • 일선동조론 강조 • 『반도사』 편찬 계획(조선 총독부 중추원), 『조선사』(조선사 편수회), 청구 학보(청구학회) 간행

더 알아보기

일제의 식민지 교육 정책

1차 조선교육령 (1911)	• 우민화 교육 • 보통학교(4년)·실업·전문 교육, 일본어 학습 강요
사립학교 규칙 (1911)	지리·역사·한글 교육 금지
서당 규칙 (1918)	서당 설립 인가제에서 허가제로 변경하고 서당 활동 억압
2차 조선교육령 (1922)	• 한국인의 대학 입학 허용, 고등보통학교 변경 시행(5년) • 보통학교(4년 → 6년), 조선어, 역사·지리 교육 허용
경성제국대학 설립 (1924)	민립대학 설립운동의 회유책으로 경성제국대학 설립
3차 조선교육령 (1938)	• 내선일체와 일선동조론 강조 • 보통학교·소학교 → 심상 소학교, 고등보통학교 → 중학교 • 조선어: 수의(선택) 과목화
국민학교령 (1941)	소학교 → 국민학교(4년) 변경
4차 조선교육령 (1943)	• 전시 교육 체제 • 조선어와 역사 과목 폐지

(2) 일제의 언론 정책과 종교 탄압

언론 탄압	종교 활동의 탄압
• 1910년대: 신문지법(1907) – 언론 암흑기 • 1920년대: 동아일보·조선일보 신문 창간, 개벽·신생활·신천지·조선지광 잡지 발행 • 1930년대: 언론 탄압 강화 → 조선·동아일보 폐간(1940), 일장기 말소 사건	• 기독교 탄압: 105인 사건(안악 사건, 1910), 사립학교 규칙 개정·통제(1915), 신사 참배 강요 • 불교 탄압: 사찰령 공포(1911), 사찰령의 시행규칙으로 포교 규칙 공포(1915), 중앙 학림 폐지(3·1 운동 이후) • 천도교와 대종교의 탄압 • 친일적 유교 단체 결성

2 국학 운동의 전개

(1) **국어 연구**: 국문 연구소(1907) → 조선어 연구회(1921) → 조선어 학회(1931) → 한글 학회(1949)

구분	조선어 연구회(1921)	조선어 학회(1931)
인물	장지연, 이윤재, 최현배 등	임경재, 장지영 등
내용	• 한글 연구와 보급 • 『한글』 잡지 발간 • '가갸날' 제정(1926)	• 한글 맞춤법 통일안과 표준어 제정 • 『우리말 큰사전』 편찬 시도 • 외래어 표기법 제정
변화	조선어 학회로 확대 개편	조선어 학회 사건으로 해체(1942)

(2) 한국사의 연구

구분	민족주의 사학	사회·경제 사학	실증주의 사학
내용	우리 문화의 우수성과 한국사의 주체성 강조	역사 발전의 보편성을 한국사에 적용	객관적 사실에 근거하는 연구를 통해 한국사를 실증적으로 연구
연구	박은식(혼), 신채호(낭가 사상), 정인보(얼), 문일평(심), 안재홍 계승	백남운: 정체성과 타율성을 주장한 식민사관 비판	이병도, 손진태: 진단학회 창립, 진단학보 발행
한계	민족의 주체성 강조 → 실증성이 약하다는 비판	한국사의 발전을 서양 역사의 틀에 끼워 맞추려 한다는 비판	민족사의 현실 인식을 제대로 하지 못했다는 비판

3 교육 운동과 종교 활동

(1) 민족 교육 운동

　① 교육 운동 단체 설립(3·1 운동 이후)

　　㉠ 조선여자교육회: 순회강연과 토론회 개최, 『여자시론』 간행, 야학 개설 → 여성 교육의 대중화

　　㉡ 조선교육회: 『신교육』 발간, 한글 강습회 개최, 민립대학 설립 운동 주도

　② 민족 교육 기관

　　㉠ 사립학교: 근대 지식 보급, 항일 운동의 거점, 민족 의식 고취 → 일제의 통제로 감소

　　㉡ 개량 서당: 한국어와 근대적 교과 및 항일적 교재 사용 → 서당 규칙(1918)으로 탄압

　　㉢ 야학: 가난한 민중과 그 자녀를 대상 → 1931년 이후 탄압 강화

(2) 과학 대중화 운동
　① 안창남의 고국 방문 비행(1922.12.): 과학에 대한 인식 재고에 영향
　② 단체의 설립
　　㉠ 발명 학회 창립(1924): 김용관 등이 중심 → 『과학 조선』 창간, 과학의 날 제정, 과학의 중요성 계몽 등
　　㉡ 과학 지식 보급회 설립(1934): 과학의 생활화/생활의 과학화 주장, 『과학 조선』 간행 → 과학 대중화 운동 전개

(3) 종교 활동

개신교	신문화 운동, 농촌 계몽 운동, 한글 보급 운동, 신사 참배 거부 운동
천주교	• 고아원 · 양로원 설립, 잡지 『경향』 간행 • 무장 항일 투쟁 전개(의민단 조직 → 청산리 전투에 참전)
천도교	3 · 1 운동 주도, 잡지 『개벽』 간행
대종교	• 단군 숭배 사상을 통해 민족 의식 고취 • 무장 항일 투쟁에 적극적 참여(중광단 → 북로 군정서 확대)
불교	• 3 · 1 운동 주도 • 교육 운동 · 사회 운동 전개 • 조선 불교 유신회(1921) 조직 → 불교 정화 운동, 사찰령 폐지, 친일 지주 성토 운동 전개
원불교	박중빈 창시(1916) - 개간 사업, 저축 운동, 생활 개선 운동 전개(남녀 평등, 허례허식 폐지)

4 문학과 예술 활동

구분	1910년대	1920년대	1930년대 이후
문학	계몽주의 성격 - 이광수(무정), 최남선(신체시)	사실주의 경향 대두, 민족 의식 고취, 신경향파 문학(계급 의식 고취, 카프)	일제의 협박과 탄압 가중, 강렬한 저항 의식(이육사, 윤동주), 일제에 협력(이광수, 최남선)
음악	창가 유행 - 국권 상실과 망국의 아픔을 노래	서양 음악을 통한 민족 정서 노래 - 홍난파(봉선화), 현제명(고향 생각)	안익태(애국가, 코리아 환상곡), 홍난파, 현제명 등의 친일 활동
미술	-	안중식(전통 회화 계승 · 발전), 프로 예술 동맹 창립(1920년대 중반)	이중섭(서양화), 김은호, 김기창 등의 친일 활동
연극	-	토월회 활동(1922), 신파극 유행, 나운규(아리랑 등)	극예술연구회(1931), 조선 영화령 발표(1940)

Chapter 09 현대 사회의 발전

01 대한민국의 수립

1 제2차 세계 대전 이후의 세계

(1) 냉전 체제의 형성과 해체
① 냉전의 성립: 자유주의 진영(미국) ↔ 공산주의 진영(소련) → 그리스에서 공산주의자 반란(1946)
② 냉전의 전개
   ㉠ 유럽: 소련의 베를린 봉쇄(1948) → 북대서양 조약 기구(NATO, 1949) ↔ 바르샤바 조약 기구(WTO, 1955)
   ㉡ 아시아: 중국의 공산화, 우리나라의 한국전쟁(6.25 전쟁), 베트남 전쟁 등
③ 냉전의 해체
   ㉠ 냉전 완화: 흐루쇼프의 평화 공존 표방, 닉슨 독트린 발표(1969), 중국의 유엔 가입(1971) 등
   ㉡ 냉전 종식: 고르바초프의 개방과 개혁 정책(1985), 동유럽 공산 체제 붕괴, 독일 통일(1990), 소련 해체(1991)

(2) 제3세계의 대두와 유럽의 통합
① 제3세력의 대두
   ㉠ 아시아 · 아프리카 신생 독립국: 평화 5원칙 발표 → 비동맹 중립노선 표방
   ㉡ 반둥회의(1955): 평화 10원칙 채택(반식민주의, 반인종주의, 민족주의, 평화 공존, 전면 군축 등)
② 유럽 통합 움직임: 유럽 경제 공동체(EEC, 1958) → 유럽 공동체(EC, 1967) → 유럽 연합(EU, 1993)

2 8·15 광복과 분단

(1) 광복 직전의 건국 준비 활동

대한민국 임시 정부(충칭, 1940)	조선 독립 동맹(중국 화북, 1942)	조선 건국 동맹(국내, 1944)
김구 중심	김두봉 중심	여운형 중심
민족주의 계열	사회주의 계열	좌·우 연합 성격
한국 광복군 + 조선 의용대 흡수	조선 의용군	비밀 결사
대한민국 건국 강령(1941) → 삼균주의 기초(정치·경제·교육)	항일 전쟁 수행(+ 중국 팔로군), 보통선거, 남녀 평등권 확립	일제의 타도와 민족의 자유와 독립 회복
민주 공화국 건설	민주 공화국 건설	민주주의 국가 건설

(2) 8·15 광복과 국토 분단

① 8·15 광복

대내	대외
• 우리 민족의 독립 투쟁 • 학생·노동·농민의 민족 운동 • 민족 실력 양성 운동, 민족 문화 수호 운동 • 무장 독립 투쟁, 외교 활동 등 • 우리나라 독립에 대한 국제적 여론 고조	• 일본의 무조건 항복과 연합군의 승리 • 카이로 회담(1943): 미·영·중, 최초로 한국의 독립에 대해 약속 • 얄타 회담(1945): 미·영·소, 소련의 대일전 참전 • 포츠담 선언(1945): 미·영·중, 일본의 무조건 항복 요구, 카이로 선언 재확인 • 국제 사회의 한국 독립 약속

② 국토 분단
  ㉠ 한국 광복군의 국내 진입 작전 계획 무산
  ㉡ 소련의 참전: 얄타 회담(1945.2.) → 소련군의 대일전 참전 결의(1945.8.) → 소련의 북한 점령
  ㉢ 북위 38도선 분할: 일본군의 무장 해제를 명목으로 분할(북 - 소련 군정, 남 - 미국 군정) → 분단의 고착화

(3) 광복 직후 남북한의 정세

남한의 정세	북한의 정세
미군정의 통치	소련군 사령부 설치
• 건국 준비 위원회와 대한민국 임시 정부 부정 • 일제의 총독부 체제 이용 • 우익 세력 지원(한국 민주당 중심)	• 공산 정권 수립의 기반 마련 • 민족주의 계열 인사 숙청(조만식 등)
• 조선 건국 준비 위원회: 여운형·안재홍 중심 → 좌·우 세력 연합, 조선인민공화국 선포 등 • 한국 민주당: 송진우·김성수 등 → 민족주의 우익 세력 중심, 임시 정부 지지, 미군정에 적극 참여 • 조선 공산당: 박헌영 중심 → 조선 공산당 재건 • 독립 촉성 중앙 협의회: 이승만 → 국내 정치 활동 재개(한국민주당과 관계 유지) • 한국 독립당: 김구 → 통일 정부 수립 활동	• 평남 건국 준비 위원회: 조만식, 건국 작업 시작 • 인민 위원회: 소련군의 행정권·치안권 행사 • 북조선 임시 인민 위원회(1946): 토지 개혁, 주요 산업 국유화, 8시간 노동제 실시 • 북조선 인민 위원회 결성(1947): 위원장 김일성

(4) 신탁 통치 문제

① 모스크바 3국 외상 회의와 반탁 운동

모스크바 3국 외상 회의(1945.12.)	반탁 운동 전개
• 임시 민주 정부 수립 • 미 · 소 공동위원회 설치 • 5년 간 4개국(미 · 영 · 중 · 소)의 신탁 통치 실시	• 우익 세력: 반탁 운동 → 반소 · 반공 운동으로 몰아감 • 좌익 세력: 초기 반탁 운동 → 모스크바 3국 외상 회의 결정 지지 운동 전개

② 미 · 소 공동위원회

구분	제1차 미 · 소 공동위원회(1946.3.)	제2차 미 · 소 공동위원회(1947.5.)
배경	신탁 통치와 임시 정부 수립 문제 해결	임시 정부 수립의 협의 대상 문제로 결렬
영향	• 단독 정부 수립론(이승만, 1946.6.) • 남조선 과도 정부 수립(1947~1948.8.) • 좌우 합작 운동 추진(1946.10.)	• 미국이 한국 문제를 유엔에 상정(1947.9.) • 유엔의 남북한 총선거 결의(1947.11.) • 유엔 한국 임시 위원단의 내한(1948.1.): 소련의 거부로 입국조차 실패 • 유엔 소총회의 남한만의 총선거 결의(1948.2.)

3 5 · 10 총선거와 대한민국의 수립

(1) 통일 정부 수립 노력

구분	좌우 합작 운동	남북 협상 시도
배경	• 좌 · 우익 대립 • 단독 정부 수립론 대두(이승만의 정읍 발언)	• 유엔 소총회의 남한만의 총선거 결의(1948.2.) • 우익 세력의 분열(한국 민주당, 이승만 ↔ 한국 독립당)
과정	• 좌우 합작 위원회(김규식 + 여운형 등) • 좌우 합작 7원칙 발표(1946.10.) • 미군정의 남조선 과도 정부 설치	• 남북 협상(김구 · 김규식, 김일성 · 김두봉, 1948.4.) • 통일 독립 촉진회 결성(1948)
영향	한국 민주당 · 이승만 · 김구 · 조선 공산당의 불참, 미국 지원 철회 → 여운형 암살로 실패(1947.7.)	김구의 암살(1949.6.)과 김규식의 납북으로 실패
의의	통일 민족 국가 수립 운동의 출발점	주체적 평화 통일론에 입각한 통일 국가 수립의 일환

(2) 남북한 정권의 수립

구분	대한민국 정부 수립(1948.8.15.)	조선 민주주의 인민 공화국 수립(1948.9.9.)
전개	• 5·10 총선거(1948) → 제헌 국회 구성 • 제헌 헌법(대통령 중심제, 임기 4년, 단원제 국회) • 국회에서 대통령 선출	• 북조선 임시 인민 위원회 구성(1946, 김일성) • 북조선 인민 위원회 수립(1947.2.), 조선 인민군 창설 • 최고 인민 회의 대의원 선거 실시
정부 수립	대통령 – 이승만, 부통령 – 이시영	수상 – 김일성, 부수상 – 박헌영, 홍명희
UN 승인	한반도의 유일한 합법 정부로 '대한민국 정부' 승인 (1948.12.)	–
경제 정책	• 농지 개혁(유상매입·유상분배, 1949) • 자유 경제 체제 지향 • 미국의 경제 원조 도입	• 토지 개혁(무상매입·무상분배, 1946) • 주요 산업 국유화 • 남녀 평등법
일제의 잔재 청산	• 반민족 행위 처벌법 제정(1948.9.) • 반민족 행위 특별 조사 위원회 설치 • 반민 특위 습격 사건(1949.6.6.)으로 반민법 공소 시효 단축 및 반민 특위 해체	일제 잔재 청산

4 한국전쟁(6·25 전쟁)

(1) 건국 초기의 정세

구분	제주 4·3 사건(1948)	여수·순천 10·19 사건(1948)
배경	남한만의 단독정부 수립 반대와 미군 철수 요구	제주 4·3 사건의 진압 명령 거부와 통일정부 수립 요구
과정	좌익 세력 무장 봉기 → 일부 지역 총선거 무산 → 좌익 세력의 유격전 전개	여수·순천 등 점령 → 이승만 정부의 신속한 대응으로 진압
결과	군·경의 초토화 작전으로 수많은 주민들이 희생	군·민의 막대한 인명 피해, 군대 내의 좌익 세력 숙청

(2) 한국전쟁(6·25 전쟁)과 공산군의 격퇴

① 배경: 냉전 체제 대립, 주한 미군 철수(1949), 중국의 공산화(1949), 애치슨 선언(1950.1.)

② 과정: 북한의 남침 → 국군의 후퇴(낙동강 전선) → 유엔군의 참전 → 인천 상륙 작전으로 서울 탈환 → 압록강까지 진격 → 중국군의 개입(1·4 후퇴) → 휴전 회담 진행 → 반공 포로 석방 → 휴전 협정 체결 → 한·미 상호 방위 조약 체결

③ 영향: 인적·물적 피해, 분단의 고착화, 미·소 냉전의 격화, 남북한의 독재 체제 강화, 촌락 공동체 의식 약화, 이산가족의 발생 등

02 민주주의의 시련과 발전

1 4 · 19 혁명과 민주주의의 성장

(1) 이승만 정부의 독재 체제 강화(제1공화국)

① 이승만 정부의 반공 정책

㉠ 반공 정책 추진: 북진 통일 주장, 공산군과 휴전 반대, 반공 포로 석방, 자유 우방 국가와 외교 강화 등

㉡ 반공의 통치 이념화: 정치적 반대 세력 탄압, 독재 체제에 이용, 자유 민주주의 발전 저해

② 정권 연장을 위한 헌법 개정

㉠ 발췌 개헌(1952.7.): 자유당 조직(1951.12.) → 대통령 직선제 개헌 → 이승만 대통령의 재선(1952.8.)

㉡ 사사오입 개헌(1954.11.): 초대 대통령의 3선 제한 철폐 개헌안 제출 → 사사오입 통과 선언 → 이승만 재집권

③ 반공 독재 정치 강화: 신국가 보안법 통과, 진보당 사건 조작(1959, 조봉암을 간첩 혐의로 처형), 경향신문 폐간(1959) 등

(2) 4 · 19 혁명(1960)

① 3 · 15 부정 선거와 마산 의거

㉠ 배경: 자유당의 독재와 부정 부패, 경제난 가중 → 3 · 15 부정 선거

㉡ 과정: 마산 의거(1960.3.15.) → 학생과 시민의 시위가 전국 확산(1960.4.19.) → 계엄령 선포 → 대학 교수들의 시국 선언 → 이승만 대통령 하야 발표

㉢ 영향: 학생과 시민들의 민주주의 혁명으로 민주주의 발전의 중요한 계기

② 장면 내각의 성립(제2공화국)

㉠ 허정 과도 정부: 부정 선거의 주범 처리, 제3차 개헌(내각 책임제 · 양원제), 총선거 실시 → 민주당 집권(대통령 윤보선, 국무총리 장면)

㉡ 장면 내각: 독재 정권의 유산 청산, 민주주의의 실현, 경제 재건과 경제 개발, 남북 관계의 개선 노력

㉢ 한계: 정쟁과 민주당 분당 등 정치적 갈등, 개혁 의지 미흡 → 5 · 16 군사 정변으로 붕괴(1961)

2 5·16 군사 정변과 민주주의의 시련

(1) 5·16 군사 정변과 박정희 정부(제3공화국)
- ① 5·16 군사 정변(1961)
  - ㉠ 박정희 중심의 일부 군인 세력이 정변을 일으킴(1961) → 전국에 비상계엄령 선포
  - ㉡ 군사 혁명 위원회의 정권 장악, 혁명 공약 발표 → 국가 재건 최고 회의 구성, 중앙정보부 설치
- ② 군정 실시
  - ㉠ 사회 개혁: 부정 축재자 처벌, 농어촌 고리채 정리와 화폐 개혁 단행, 경제 개발 5개년 계획 추진(1962)
  - ㉡ 사회 통제: 반공 국시, 정치 활동 정화법·반공법 실시 등
  - ㉢ 민주 공화당 창당, 헌법 개정(대통령 중심제·단원제) → 5대 대통령 당선(1963.10.)
- ③ 박정희 정부의 정치(제3공화국)
  - ㉠ 국정 지표: 조국 근대화와 민족 중흥 표방
  - ㉡ 경제 개발: 경제 개발 5개년 계획 추진, 한·일 국교 정상화(1965), 국군 베트남 파견(1964), 6·3 항쟁(1964)
  - ㉢ 장기 집권 시도: 6대 대통령 당선(1967), 3선 개헌안 통과(1969), 7대 대통령 당선(1971), 유신 헌법 제정(1972)

(2) 유신 체제(제4공화국)
- ① 10월 유신(1972)
  - ㉠ 배경: 냉전 체제 약화, 세계 경제의 불황 등 → 국가 안보와 경제의 지속적 성장을 위한 정치 안정 명분
  - ㉡ 과정: 7·4 남북공동성명 발표(1972) → 10월 유신 선포(1972.10.17.) → 국민 투표로 확정(1972.12.17.)
  - ㉢ 내용: 대통령의 권한 강화(국회 해산권, 국회의원 1/3 지명, 긴급조치권 등), 간선제(통일주체국민회의), 임기 6년, 중임 제한 철폐
  - ㉣ 영향: 비민주적·권위주의적 통치 체제 → 국민의 기본권과 자유 제한
- ② 유신 체제에 대한 저항
  - ㉠ 유신 반대 운동: 유신 반대 시위와 헌법 개정 운동 확산(1973), 3·1 민주 구국 선언 발표(1976) 등
  - ㉡ 유신 정권의 탄압: 긴급 조치 발동, 민청학련 사건 조작(1974) 등
  - ㉢ 유신 체제의 붕괴: 인권 탄압에 대한 비판적 국제 여론 형성, 경제 불황 등 → 부·마 항쟁, 10·26 사태(1979)

3 민주화 운동과 민주주의의 발전

(1) 1980년대의 민주화 운동
① 신군부 세력의 등장
- ㉠ 12 · 12 사태(1979): 신군부 세력(전두환, 노태우)의 군부 장악, 비상계엄령 유지, 최규하 정부의 무력화
- ㉡ 서울의 봄: 학생과 시민들의 민주화 시위 전개 → 유신 헌법 폐지, 비상계엄 철폐, 전두환 퇴진 등 요구
- ㉢ 신군부의 대응: 전국으로 계엄령 확대, 정치 활동 금지, 주요 정치 인사 체포 등

② 전두환 정부 수립(제5공화국, 1980)
- ㉠ 성립: 5 · 18 광주 민주화 운동 → 국가보위비상대책위원회 설치, 정치 활동 통제 → 전두환 정부 수립
- ㉡ 국정 지표: 정의 사회 구현, 복지 사회 건설 등 표방
- ㉢ 권위주의적 강권 통치: 언론 통폐합, 민주화 운동과 노동 운동 탄압, 인권 유린, 각종 부정과 비리 등
- ㉣ 유화 정책: 제적 학생의 복교, 민주화 인사 복권, 통행 금지 해제, 교복 자율화, 해외 여행 자유화 등
- ㉤ 경제 성장: 3저 호황으로 인한 경제 성장, 물가 안정으로 수출 증대 → 국제 수지 흑자
- ㉥ 6월 민주 항쟁(1987): 박종철 고문치사 사건 → 4 · 13 호헌 조치 → 연세대 학생 이한열 사망 사건 → 민주 헌법 쟁취 국민운동본부의 국민 대회 개최 → 6월 민주 항쟁 → 6 · 29 선언(5년 단임의 대통령 직선제 개헌)

③ 노태우 정부(제6공화국, 1987)
- ㉠ 성립: 6월 민주 항쟁 → 야당 후보의 단일화 실패, 지역 감정 심화 등으로 노태우 후보의 대통령 당선
- ㉡ 국정 지표: 민족 자존, 민주 화합, 균형 발전, 통일 번영 등 표방
- ㉢ 민주화 조치: 부분적 지방 자치제 실시, 언론 기본법 폐지, 노동 운동 활성화
- ㉣ 외교 활동: 서울 올림픽 개최(1988), 북방 외교 활성화, 남북한 유엔 동시 가입(1991)

(2) 민주주의의 지속적 발전
① 김영삼 정부(1993)
- ㉠ 성립: 5 · 16 군사 정변 이후 첫 민간인 출신 대통령 취임(1993.2.)
- ㉡ 국정 지표: 깨끗한 정부, 튼튼한 경제, 건강한 사회, 통일된 조국 건설
- ㉢ 정치 개혁: 공직자 윤리법 제정, 금융 실명제 실시, 지방자치제 전면 실시, 역사 바로 세우기 운동 추진
- ㉣ 경제적 위기: 권력형 비리 표출, 외환 위기(IMF 사태) 발생(1997)

② 김대중 정부(1998)
- ㉠ 성립: 야당의 김대중 후보 당선(1997) → 헌정 사상 최초의 여 · 야의 평화적 정권 교체
- ㉡ 국정 지표: 민주주의와 시장 경제의 발전 병행, IMF 관리 체제의 조기 극복 등 천명

ⓒ 남북 관계 개선: 대북 화해 협력(햇볕 정책) 추진(금강산 관광 시작, 1998), 6 · 15 남북공동선언(제1차 남북정상회담, 2000), 외환 위기 극복(2002)

③ 노무현 정부(2003)
ⓐ 성립: 노무현, 이회창의 경합 끝에 16대 대통령으로 노무현이 당선, 참여정부 표방
ⓑ 국정 목표: 국민과 함께하는 민주주의, 더불어 사는 균형 발전 사회, 평화와 번영의 동북아 시대
ⓒ 대북 정책: 10 · 4 남북공동선언(제2차 남북정상회담, 2007)
ⓓ 경제 정책: 한 · 미 FTA 체결(2007)

④ 이명박 정부(2008)
ⓐ 성립: 이명박, 정동영의 경합 끝에 제17대 대통령으로 이명박이 당선
ⓑ 국정 목표: 신 발전체제 구축
ⓒ 경제 정책: 747 성장, 저탄소 녹색 성장, 자원과 에너지 외교, 4대강 사업 등

⑤ 박근혜 정부(2013~2017): 제18대 대통령 박근혜 당선, 국정농단(國政壟斷)으로 탄핵되어 대통령직에서 파면(2017.3.10.)

⑥ 문재인 정부(2017~2022): 제19대 대통령 문재인 당선

⑦ 윤석열 정부(2022~): 제20대 대통령 윤석열 당선

더 알아보기

대한민국 개헌 과정

제1차 개헌 (발췌 개헌, 1952)	대통령 직선제, 부통령제, 양원제 국회, 국무위원에 대한 국회의 불신임결의 등
제2차 개헌 (사사오입 개헌, 1954)	대통령 직선제, 초대 대통령의 중임 제한 철폐, 국민 투표제 신설, 부통령의 대통령 지위 승계권 부여 등
제3차 개헌 (1960)	내각 책임제, 양원제 국회, 지방자치 단체장의 선거제 채택, 경찰의 중립 규정 등
제4차 개헌 (1960)	소급 특별법 제정(3 · 15 부정 선거 관련자 및 부정 축재자들을 소급하여 처벌)
제5차 개헌 (1962)	• 5 · 16 군사 정변 • 대통령 직선제, 단원제 국회
제6차 개헌 (3선 개헌, 1969)	대통령의 3선 허용, 국회의원 정수 증원, 국회의원의 각료 겸임 등
제7차 개헌 (유신 헌법, 1972)	대통령 간선제, 6년 임기, 중임 제한 철폐, 대통령 권한 강화, 법률유보조항을 통한 기본권 제한 용이, 통일주체국민회의 설치
제8차 개헌 (1980)	• 12 · 12 사태 • 대통령 간선제, 7년 단임제
제9차 개헌 (1987)	• 6월 민주 항쟁 • 대통령 직선제, 5년 단임제, 국군의 정치적 중립 • 대한민국 임시 정부의 법통 계승, 4 · 19 민주 이념의 계승 명시

4 북한의 체제 변화

(1) 북한 사회주의 체제의 성립
① 김일성 유일 체제의 확립
　㉠ 김일성 권력 강화: 김일성 · 김두봉 · 박헌영 · 허가이 연립 형태 → 남로당계 · 소련파 · 연안파 숙청(1950)
　㉡ 경제 발전 도모: 협동 농장 조직, 천리마 운동, 3대 혁명 운동, 중공업 우선 정책 등 전개
　㉢ 주체 사상: 정치의 자주화, 경제적 자립, 국방의 자위 주장 → 김일성 중심의 통치 체제
　㉣ 사회주의 헌법 공포(1972): 주석제 도입 → 김일성의 독재 권력 체제 제도화
② 김정일 체제의 출범
　㉠ 부자 세습 체제: 김정일 후계자 내정(1974) → 김정일 후계 체제 공식화(1980) → 김정일 국방위원장 선출(1993)
　㉡ 김정일 정권: 김일성 사망(1994) 후 유훈 통치, 헌법 개정(1998, 김정일 정권 출범), 사회주의 강성 대국 표방
③ 김정은의 권력 승계
　㉠ 김정일의 사망 후 김정은이 권력 승계(2011)
　㉡ 국방위원장 및 노동당 제1비서로 추대되어 정권 장악(2012)

(2) 북한의 변화
① 북한의 경제 변화

3개년 계획(1954~1956)	경제를 전쟁 이전의 수준으로 복구, 협동 농장 조직 시작
5개년 경제 계획(1957~1961)	모든 농지의 협동 농장화, 개인 상공업 폐지, 사유제 부정
제1차 7개년 계획(1960년대)	공업 · 기술 · 생활 개선 노력 → 소련의 원조 중단과 군비 증가로 달성 미흡
인민 경제 발전 6개년 계획(1970년대)	현대적 공업화, 생활 향상 모색 → 농업 부진과 생필품 부족
북한의 경제 위기(1980~90년대)	자본 · 기술 부족, 지나친 자립 경제 추구, 계획 경제의 한계, 국방비 과다

② 개방 정책

외국과의 경제 교류 확대	합작 회사 운영법(합영법, 1984), 나진 · 선봉 자유 무역 지대 설치 공포(1991), 외국인 투자법 제정(1992), 신의주 경제 특구 설치 결정(2002)
외교적 고립 탈피 추구	남북한 동시 유엔 가입(1991), 제네바 기본 합의서(1994), 금강산 관광 사업 시작(1998), 6 · 15 남북정상회담(2000), 미 · 일과 수교 추진

5 통일 정책과 남북 간 대화

(1) 남북한의 대치(1950~1960년대)

구분	남한의 정책	북한의 정책
이승만 정부	북한 정권 부정, 반공 정책, 북진 통일과 멸공 통일, 평화 통일 주장 세력 탄압	• 평화 통일 위장 공세 강화(1950년대 중반 이후) • 연방제 통일 방안 제시(1960) • 남조선 혁명론에 근거한 대남 혁명 전략 • 북한의 대남 도발로 남북 갈등 고조
4·19 혁명 이후	통일 논의 활성화 → 북진 통일론 철회, 유엔 감시하 남북한 자유 총선거 주장, 평화통일론, 남북 학생 회담 추진(1961)	
박정희 정부	선건설 후통일론 제시, 반공 태세 강화, 민간의 통일 운동 탄압, 경제 개발에 전념	

(2) 남북 관계의 새로운 진전

과정	배경	통일 정책 추진
1960년대	북한의 대남 도발로 남북 갈등 고조	반공 강조(북한의 무력 도발 억제)
1970년대	70년대 초 긴장 완화, 평화 공존 분위기 → 남북 대화 및 남북 교류 시작	• 8·15 평화 통일 구상(1970): 평화 정착, 남북 교류 협력, 총선거 • 남북 적십자 회담(1971): 이산가족 찾기 운동 제안 • 7·4 남북 공동 성명(1972): 자주·평화·민족적 대단결 통일 원칙 → 남북 독재 체제에 이용 • 6·23 평화 통일 선언(1973): 유엔 동시 가입 제안, 문호 개방 제시 • 남북한 상호 불가침 협정 체결 제안(1974): 상호 무력 불사용, 상호 내정 불간섭, 휴전 협정 존속
1980년대		• 민족 화합 민주 통일 방안(1982): 민족 통일 협의회 구성 • 남북 이산가족 방문단 및 예술 공연단 교환 방문(1985)
1990년대	민주화 분위기 확산, 통일 열기 고조, 냉전 체제 붕괴 → 남북 관계의 새로운 진전	• 한민족 공동체 통일 방안 제의(1989): 자주, 평화, 민주 → 민주 공화제 통일 국가 지향 • 남북 고위급 회담 시작(1990) • 남북한 동시 유엔 가입(1991) • 남북 기본 합의서 채택(1991): 화해, 불가침, 교류와 협력 → 2체제 2정부 논리 인정 • 한반도 비핵화 선언(1992) • 3단계 3기조 통일 정책(1993): 화해·협력 → 남북 연합 → 통일 국가 • 민족 공동체 통일 방안 발표(1994): 한민족 공동체 통일 방안 + 3단계 3기조 통일 방안 제안 • 남북 경제 교류 지속: 나진·선봉 지구의 자유시 건설에 참여, 경수로 건설 사업 추진 (1995, KEDO)
2000년대	평화와 화해 협력을 통한 남북 관계 개선	• 베를린 선언(2000): 북한의 경제 회복 지원, 한반도 냉전 종식과 남북한 평화 공존, 이산가족 문제 해결, 남북한 당국 간의 대화 추진 표명 • 남북 교류 활성화: 금강산 관광 사업, 이산가족 문제 논의, 경의선 복구, 개성 공단 설치, 국제경기 남북한 동시 입장 등 • 제1차 남북 정상 회담(2000): 6·15 남북 공동 선언 발표, 남측의 연합제 안과 북측의 연방제 안 사이의 공통성 인정, 경제 협력 • 제2차 남북 정상 회담(2007): 10·4 남북 공동 선언 발표 • 2018년 남북 정상회담: 4·27 남북 공동 선언 발표(판문점 공동 선언)

03 경제 발전과 사회·문화의 변화

1 경제 혼란과 전후 복구

(1) 광복 직후의 경제 혼란
① 경제 난관 봉착
  ㉠ 광복 이전: 일본의 주요 산업과 기술 독점, 민족 기업의 자유로운 성장 억제, 식민지 공업화 정책
  ㉡ 국토 분단: 경제 교류 단절, 북한의 전기 공급 중단, 생산 활동 위축, 실업자 증가, 물가 폭등 등
② 이승만 정부의 경제 정책
  ㉠ 기본 방향: 자유 경제 체제 지향, 농·공의 균형 발전, 경자 유전의 원칙 확립 등
  ㉡ 농지개혁법 제정(1949): 농가당 3정보 제한, 유상 몰수와 유상 분배 → 농민 중심의 토지소유제 확립
  ㉢ 미국의 경제 원조: 한·미 원조 협정 체결(1948.12.) → 경제 안정과 시설 복구 목적 → 한·미 경제 원조 협정(1961.2.)
  ㉣ 귀속 재산 처리: 일본인 소유 재산과 공장 등을 민간인에게 불하

(2) 한국전쟁(6·25 전쟁)과 경제 복구
① 전후 경제 상태: 생산 시설 42% 파괴, 인플레이션의 가속화, 물자 부족
② 미국의 경제 원조
  ㉠ 미국의 잉여 농산물 원조: 부족한 식량 문제 해결 → 국내 농업 기반 파괴
  ㉡ 소비재 원조: 소비재 중심 산업 발달 → 삼백 산업(밀가루·설탕·면직물) 중심의 재벌 형성, 생산재 공업 부진 등 불균형 심화

2 경제 성장과 자본주의의 발전

(1) 경제 개발 5개년 계획의 추진
① 경제 개발 계획 수립
  ㉠ 이승만 정부(7개년 계획) → 장면 내각(경제 개발 5개년 계획 수립 등)
  ㉡ 5·16 군사 정변으로 중단 → 박정희 정부의 본격적 추진
② 경제 개발 5개년 계획의 추진
  ㉠ 제1차(1962~1966): 공업화와 자립 경제 구축 목표, 수출 산업 육성, 사회 간접 자본 확충
  ㉡ 제2차(1967~1971): 자립 경제 확립 목표, 경공업 중심의 수출 주도형 공업화 추진, 경부고속도로 건설(1970), 베트남 파병에 따른 특수
  ㉢ 제3차(1972~1976): 중화학 공업 중심의 공업 구조 전환, 새마을 운동 병행, 수출 주도형 성장 지속 정책
  ㉣ 제4차(1977~1981): 수출과 건설업의 중동 진출로 석유 파동 극복, 수출 100억 달러 달성(1977)

③ 경제 성장 현황과 문제점
  ㉠ 고도 성장과 수출 증대, 국민의 생활 수준 향상, 아시아의 신흥 공업국으로 부상, 민주화 열망 고조
  ㉡ 빈부 격차 심화, 미국과 일본에 대한 의존 심화와 외채 증가, 재벌 중심의 경제 구조와 정경 유착 등

> **더 알아보기**
>
> 1970년대 경제 정책
> - 새마을 운동의 추진(지역사회 개발운동)
> - 통일벼의 전국적인 보급(미곡 생산량 3배 가량 증가)
> - 제3·4차 경제 개발 계획: 중화학 공업, 광공업의 비중이 증가

(2) 오늘날의 한국 경제

① 1980년대 이후의 한국 경제
  ㉠ 1980년대: 3저 호황(저유가, 저달러, 저금리)으로 무역 흑자 기록, 기술 집약형 산업 성장, 중산층과 근로자의 민주화 요구 고조
  ㉡ 1990년대: 선진국형 산업 구조, 세계무역기구 출범(1995), 경제협력개발기구(OECD) 가입(1996)
  ㉢ 외환 위기: 사전 준비 부족 상태에서 경제 개방화·국제화 원인 → IMF의 긴급 지원과 경제적 간섭으로 이어짐(1997)

② 한국 경제의 과제
  ㉠ 세계 경제 침체에 따른 수출 부진, 국내 경기 침체, 구조 조정에 따른 실업 증가 등
  ㉡ 정보 통신 기술(IT), 생명 기술(BT), 나노 기술(NT), 문화 기술(CT) 등 → 지식 정보화 시대 대비
  ㉢ UR(우루과이라운드, 관세 및 무역에 관한 일반 협정의 제8차 다자간 무역협상으로 1986년 9월 개최)와 WTO(세계무역기구) 출범(1995.1.)에 따른 시장 개방, 지역 중심의 경제 블록화 강화 → 국가 경쟁력 강화 요구

3 사회의 변화

(1) 산업화와 도시화, 정보화

구분	산업화와 도시화	정보화
사회 변화	1차 산업 중심에서 2·3차 산업 중심으로 변화, 산업화에 따른 인구의 도시 집중 가속화	정보, 통신의 발달 → 정보화 사회의 기반 구축
사회 문제	도시의 주택난, 교통난, 도시 공해, 도시 빈민 문제, 실업 문제 등	사생활 침해, 가치관 혼란, 비인간화 등

(2) 농업 사회의 변화와 농촌 문제

① 농촌 문제: 공업화 정책, 저곡가 정책 → 도시와 농촌 간의 소득 격차 심화, 농촌 인구 감소

② 농업 정책
- ㉠ 새마을 운동: 근면 · 자조 · 협동 바탕 → 정부 주도의 지역사회 개발 운동과 농어촌의 소득 증대 운동
- ㉡ 주곡 자급 정책: 수리 시설 개선, 비료 농약 개발, 다수확계 벼 종자 도입
- ㉢ 추곡 수매: 농촌 경제 안정을 위한 이중 곡가제 실시 → 재정 적자로 저곡가 정책으로 전환

③ 농민 운동
- ㉠ 1970년대: 가톨릭노동청년회(1966년 설립)에서 가톨릭 농민회로 개칭(1972) → 추곡 수매 투쟁, 농협 민주화 투쟁 등 농민 운동 활성화
- ㉡ 1980년대: 전국농민운동연합 조직 → 농축산물 수입 반대 운동 · 농가 부채 해결 운동 전개
- ㉢ 1990년대: 우루과이 라운드 협상, 세계무역기구의 출범으로 타격 → 쌀 시장 개방 반대 운동
- ㉣ 2000년대: WTO 뉴라운드 출범(2001) → 전면적 쌀 시장 개방에 대비

(3) 노동 운동, 시민 운동, 환경 운동

① 노동 운동
- ㉠ 1970년대: 전태일의 항의 분신 자살 계기 → 노동 운동 본격화, 학생 · 지식인 · 종교계의 노동 운동 참여
- ㉡ 1980년대: 6월 항쟁 이후 노동자 대투쟁 전개 → 노동 현장의 민주화, 민주적 노동 조합의 결성 요구
- ㉢ 1990년대: 외환 위기에 따른 구조 조정의 고통 → 전국 민주 노동자 조합 총연맹, 전국 교직원 노동 조합의 합법화, 노사정 위원회 구성, 주 5일 근무제 도입 추진, 외국인 노동자 문제 발생

② 시민 운동
- ㉠ 1980년대 후반 이후 사회 민주화 진전, 경제 발전에 따른 중산층 형성 → 삶의 질 중시
- ㉡ 사회 개혁, 복지, 여성, 환경 문제 등 다양한 분야의 사회 문제 제기 → 국가 인권 위원회의 발족 등

③ 환경 운동
- ㉠ 산업화에 따른 환경 오염 문제
- ㉡ 환경부 설치, 환경 비전 21 수립, 각종 환경 단체들의 활동(환경운동연합, 녹색연합 등)

(4) 사회 보장 정책과 여성 운동

① 사회 보장 정책
- ㉠ 산업화로 소외 계층 발생, 노령화로 노인 문제 대두
- ㉡ 국민의 기본적 생활 보장 추진, 의료 보험과 국민연금제도 시행, 사회보장기본법 마련(1995)

② 여성 운동
- ㉠ 출산율 저하, 핵가족화 및 여성의 교육 기회 확대 등 → 여성의 지위 향상
- ㉡ 남녀고용평등법 제정(1987), 가족법 개정(1989), 여성부 설치(2001), 21세기 남녀 평등 헌장 제정(2001)

(5) 국외 이주 동포

① 활발한 국외 진출
- ㉠ 1960년대: 외화 획득 목적 → 독일 등에 간호사와 광부 파견, 브라질 등에 농업 이민 추진
- ㉡ 1970년대: 중동 지역에 건설 노동자 파견
- ㉢ 1990년대 이후: 이민 목적과 지역의 다양화, 선진 지역으로 이주 → 질 높은 삶에 대한 욕구 등도 이민 동기로 작용

② 국내외 동포의 교류
- ㉠ 상호 교류를 통하여 국내외 동포들의 노동력·자본·기술·노하우 활용
- ㉡ 효과적인 네트워크 구축 필요

04 현대 문화의 동향

1 교육과 학술 활동

(1) 교육 활동

광복 이후	미국식 민주주의 이념과 교육 제도의 영향 → 6·3·3학제 도입
이승만 정부	홍익 인간의 교육 이념, 멸공 통일 교육, 도의 교육, 1인 1기 교육 강조
4·19 혁명 이후	교육자치제 확립, 교원노조운동 전개
박정희 정부	• 교원노조 불법화, 교육자치제 폐지 • 중앙 집권적 통제 강화, 국민교육헌장 제정, 중학교 무시험 진학제 • 국사 교육 강조, 새마을 교육 실시, 대학 통제 강화, 고교평준화 제도 도입
1980년대	국민윤리 교육 강화, 과외 전면 금지, 대입 본고사 폐지, 졸업 정원제 실시
1990년대 이후	• 정보화·세계화 시대 준비, 대학수학능력시험 도입 • 학교 정보화 추진, 의무 교육 확대, 교육개혁 추진

(2) 학술·과학 기술 활동

광복 직후	일제 식민지 잔재 청산 → 민족의 자주 독립 국가 수립과 발전에 필요한 정신적 토대와 이념 제시 필요
1950~1960년대	• 한국전쟁(6·25 전쟁)으로 학계에 큰 타격, 한글 학회의 『큰사전』 완간(1957) • 서구 사회 과학 이론 수용 탈피 → 민족의 재발견 시작, 한국학 연구의 고조 • 한국 과학 기술 연구원(KIST) 설립
1970년대	• 박정희 정부의 국사 교육 강화, 정신 교육 강화 → 국민 정신 문화 연구원 설립 • 한국 과학 재단 설립, 대덕 연구 단지 조성(1973)
1980년대 이후	• 한국 과학 기술원(KAIST) 설립 • 학생들의 체제 변혁 운동 전개, 민중 사학의 등장, 일본의 역사 왜곡 문제 발생

(3) 언론 활동

광복 직후	• 좌 · 우익 언론의 공존, 신문 발행의 허가제 실시 • 조선일보 · 동아일보의 복간, 해방일보(공산당 기관지), 조선 인민보(좌익 성향) 등
이승만 정부	• 반공 정책 홍보 강조, 국가보안법을 통한 언론 통제 • 사상계 문제로 함석헌 구속, 대구 매일신문 테러, 경향신문 폐간
박정희 정부	• 4 · 19 혁명 후의 언론 자유와 개방 → 5 · 16 군사 정변 이후 언론 통폐합 • 반공 · 근대 이데올로기 확산, 유신 체제의 언론 통제합, 프레스 카드제 실시 • 언론인의 언론 자유 수호 운동 전개
전두환 정부	• 언론 통폐합, 언론인 해직, 언론 기본법 제정, 보도 내용의 통제 • 일부 언론의 거대한 언론 기업화 – 언론과 권력 기관의 유착, 상업주의 경향 확산
1990년대 이후	6월 민주 항쟁 이후 언론 자유 확대, 프레스 카드제 폐지, 언론 노동 조합 연맹 조직, 방송 민주화 운동, 다양한 언론 매체의 등장(인터넷 신문)

2 종교 생활과 문예 활동

(1) 종교 생활

광복 직후	일제 친일 행위에 대한 정화 운동
1950~1960년대	양적 팽창에 치중, 정치 권력과 유착
1970~1980년대	• 사회 문제에 관심, 민주화 운동에 참여 • 민중 불교 운동, 정의 구현 전국 사제단, 크리스천 아카데미 운동, 산업 선교 활동
1990년대	시민 운동에 참여

(2) 문예 활동

광복 직후	좌 · 우익 간의 문학 사상 논쟁
1950년대	반공 문학과 순수 문학 주류(현대 문학, 사상계)
1960~1970년대	• 장르의 다양화, 독자층 확대(창작과 비평, 문학과 지성) • 참여 문학론 – 민족 문학론
1980년대 이후	전통 문화 관심 고조, 민중 예술 활동 활발 – 한국 민족 예술인 총연합회 조직(1988)

(3) 대중문화의 발달

광복 직후	미국 대중문화 유입 – 전통적 가치 규범 파괴
1960년대	대중매체 보급으로 대중문화의 본격화
1970년대	청소년층이 대중문화의 중심으로 등장, 텔레비전이 대중문화의 총아로 급부상
1980년대	민주화와 사회 · 경제적 평등 지향의 민중문화가 대중에게 확산
1990년대	대중문화의 다양화, 대중 스포츠의 성장, 문화 시장 개방, 문화 산업 등장 등

(4) 체육 활동

1960~1970년대	정부 차원에서 스포츠를 적극적으로 지원
1980년대	• 체육진흥법 제정, 사회 체육 권장, 체육 경기 활성화, 프로 야구단 출범(1982) • 제10회 아시아 경기 대회(1986), 제24회 서울 올림픽 개최(1988)
1990년대	• 세계 탁구 선수권 대회에서 남북 단일팀 참가(1991) • 황영조 마라톤 금메달(바르셀로나, 1992)
2000년대 이후	• 남북한 선수단의 공동 입장(시드니 올림픽, 2000), 한일 월드컵 대회의 개최(2002) • 두 차례의 아시아 경기 대회 개최(부산, 인천), 평창 동계올림픽 개최(2018)

3 유네스코와 유산

유네스코 세계유산 (16건)	석굴암·불국사, 해인사 장경판전, 종묘, 창덕궁, 화성, 경주역사유적지구, 고창·화순·강화 고인돌 유적, 제주화산섬과 용암동굴, 조선왕릉, 한국의 역사마을(하회와 양동), 남한산성, 백제역사유적지구, 산사(한국의 산지승원), 한국의 서원, 한국의 갯벌, 가야 고분군
유네스코 무형문화유산 (22건)	종묘제례 및 종묘제례악, 판소리, 강릉단오제, 강강술래, 남사당놀이, 영산재, 제주 칠머리당 영등굿, 처용무, 가곡, 대목장, 매사냥, 택견, 줄타기, 한산 모시짜기, 아리랑, 김장문화, 농악, 줄다리기, 제주해녀문화, 씨름, 연등회, 한국의 탈춤
유네스코 세계기록유산 (18건)	훈민정음, 조선왕조실록, 직지심체요절, 승정원일기, 조선왕조 의궤, 고려대장경판 및 제경판, 동의보감, 일성록, 5·18 광주민주화운동 기록물, 난중일기, 새마을운동 기록물, 한국의 유교책판, KBS 특별생방송 '이산가족을 찾습니다' 기록물, 조선왕실 어보와 어책, 국채보상운동 기록물, 조선통신사 기록물, 4·19 혁명 기록물, 동학농민혁명 기록물

* 2023년 12월 기준 등재 목록

교육이란 사람이 학교에서 배운 것을 잊어버린 후에 남은 것을 말한다.

– 알버트 아인슈타인 –

제4과목

교정학개론

형사정책

- Chapter 01 형사정책의 개관
- Chapter 02 범죄원인론
- Chapter 03 범죄현상론
- Chapter 04 범죄피해자론
- Chapter 05 형벌과 보안처분론
- Chapter 06 범죄예방과 범죄예측론
- Chapter 07 소년범죄론

교정학

- Chapter 08 교정학의 이해
- Chapter 09 교정시설과 수용제도론
- Chapter 10 수용자의 법적 지위와 처우
- Chapter 11 교정처우론 – 시설 내 처우
- Chapter 12 교정처우론 – 사회적 처우와 사회 내 처우
- Chapter 13 교정의 민영화

01 형사정책의 개관

01 범죄의 개념

1 개별현상으로서의 범죄와 집단현상으로서의 범죄

(1) 개별현상으로서의 범죄란 특정 개인에 의한 범죄를 의미한다(개인적 병리현상).

(2) 집단현상으로서의 범죄란 일정한 시기의 일정한 사회적 산물인 범죄의 총체를 의미한다(사회적 병리현상). 개별현상·집단현상으로서의 범죄 모두 형사정책의 연구대상이다.

2 절대적 범죄와 상대적 범죄

(1) 절대적 범죄란 일정한 국가의 법질서와 무관하게 시간과 공간을 초월해서 누구나 범죄라고 인정할 수 있는 개념(가로팔로, 『범죄학』의 '자연범')이다.

(2) 상대적 범죄는 일정한 국가가 실정법상 어떤 행위를 금지 또는 의무화하느냐에 따라 범죄가 성립될 수 있다. 즉, 범죄는 일정한 국가의 법질서와 관련해서 정의할 수 있다.

3 형식적 의미의 범죄와 실질적 의미의 범죄

(1) 형식적 의미의 범죄란 형법상 범죄구성요건으로 규정된 행위(절도, 사기, 살인 등)를 말한다.

(2) 형사정책의 중요한 목표 중 하나는 현행법상 가벌화되지 않은 반사회적 행위를 신범죄화하는 것과 사회의 변화에 따라 가벌화할 필요가 없는 행위에 대하여 비범죄화하는 것인데, 이것의 척도가 되는 범죄개념이 바로 실질적 범죄이다. 즉 실질적 의미의 범죄는 인간의 행위 중 가벌화가 필요한 반사회적 행위를 범죄로 인식하는 것이다.

02 형사정책의 의의

1 개념

형사정책이라는 용어는 독일어의 'Kriminal Politik'에서 유래되었으며, 1800년 포이에르바하가 『코란 형사법 서설』에서 최초로 사용하였다.

2 협의의 형사정책과 광의의 형사정책

(1) 협의의 형사정책은 범죄자와 범죄위험이 있는 자를 대상으로 형벌 또는 이와 유사한 수단으로 직접 범죄 방지를 목적으로 하는 국가의 입법·사법·행정활동을 의미한다고 본다.

(2) 광의의 형사정책은 범죄자 방지를 위해 간접적·종속적 목적으로 하는 일체의 활동 또는 범죄예방과 관계되는 각종 사회정책을 포괄하는 개념이라고 본다.

(3) 우리나라에서 형사정책은 일반적으로 광의의 형사정책을 연구대상으로 삼고 있다.

3 형사정책의 연구방법

(1) 대량관찰법
① **의의**: 대량관찰이란 정부에서 발간하는 공식적인 범죄통계표를 통하여 사회 대량적 현상으로서의 범죄의 규모나 추이를 파악하는 조사방법을 말한다.
② **장점**: 범죄자의 외형적·일회적 분석으로 범죄통계 분석을 통해 범죄발생의 계절적·시간적 상황 파악에 유리하다. 또한 일정기간 범죄발생 동향 및 특성을 파악하는 데 유용하다.
③ **단점**: 공식통계는 범죄학적 연구를 위한 통계라기보다는 형사사법기관의 독자적인 목적을 우선시하여 작성된 것이므로 사회학적 연구를 위한 자료로 한계가 있다. 그리고 범죄를 양적으로 파악하는 결과 질적인 파악, 즉 범죄피해의 구체적 상황이나 범죄자의 개인적 특성 등을 파악하는 것이 어렵다. 또한 수사기관이 인지한 사건만을 산술적으로 집계하는 결과 범죄통계표에 드러나지 않는 이른바 암수범죄의 문제가 존재한다.

(2) 실험적 연구
① **의의**: 실험적 연구란 인위적으로 일정한 조건을 설정해 놓고 그 안에서 일어나는 반응이나 사실을 관찰함으로써 어떤 가설의 타당성을 검증하고 새로운 사실을 발견해 내는 방법을 말한다.
② **장점**: 적은 비용으로 원하는 내용을 신속하고 쉽게 자료화하며, 암수범죄의 조사에 이용 가능하다.
③ **단점**: 실험여건이나 대상의 확보가 쉽지 않고, 자연사실이 아닌 인간을 대상으로 한다는 점에서 실행의 한계가 존재하며, 조사대상자의 수가 소수에 그칠 수밖에 없어 그 결과를 일반화하기 곤란하다.

(3) 참여적 관찰법
① **의의**: 참여적 관찰법이란 연구자가 범죄자 집단에 들어가 그들과 생활하면서 같은 조건에서 그들의 생태·심리·가치관 등을 살펴 범죄성의 원인이나 기질을 고찰하는 조사방법이다.
② **장점**: 일탈자의 일상생활을 자연스럽게 관찰할 수 있으며 다른 연구방법에 비하여 범죄인에 대한 생생한 실증자료를 취득할 수 있다.
③ **단점**: 연구자의 주관적인 편견 개입 여지가 존재하며 피관찰자들의 인격상태에 관한 객관적인 관찰이 불가능하다. 또한 관찰의 대상이 한정되어 다양한 범죄인의 전체적인 파악이 곤란하며 조사방법이 소규모로 진행되므로 그 결과를 일반화하기 어렵다.

(4) 사례연구
① **의의**: 사례연구란 범죄자 개인을 대상으로 그의 인격, 성장과정, 사회생활, 범죄경력 등과 같은 여러 가지 측면들을 종합적으로 분석하여 각 요소 간의 상호관계를 밝힘으로써 범죄의 원인을 해명하고, 이를 기초로 해당 범죄자의 치료 및 처우를 도모하려는 조사방법이다. 사례연구를 위해서는 일기나 편지 등 개인의 극히 내밀한 정보를 획득해야 한다. 대표적으로 1937년 서덜랜드가 실시한 '직업절도범 연구'가 있다.
② **장점**: 조사대상자의 장래에 관한 대책수립이 용이하며, 범죄인 개인의 성향을 구체적으로 파악할 수 있고, 조사대상자를 가장 깊이 이해할 수 있다.
③ **단점**: 연구대상을 범죄자 개인으로 한정하는 결과 인적 범위가 지나치게 협소하여 집단현상으로 활용하기에 한계가 있으며, 연구자의 주관이 개입될 가능성이 많고, 선택된 사례가 전형적인 것인지 확신하기 어려우며, 그 결과를 일반화하기 곤란하다.

(5) 표본조사
① **의의**: 표본조사란 범죄의 종류나 수법, 범인의 연령, 범죄경력 등 공통점을 가진 범죄인의 일부를 표본으로 선정한 후 이들을 정밀하게 관찰한 결과를 전체 범죄자에게 유추적용하여 범죄의 일반적 현상을 파악하는 조사방법을 말한다.
② **장점**: 시간과 비용을 절약할 수 있으며, 전수조사보다 조사과정을 잘 통제할 수 있어서 정확한 자료를 얻을 수 있다.
③ **단점**: 범죄 및 범죄자의 일반적인 경향 파악은 가능하나, 표본조사의 결과가 전체 모집단을 대표하지 못할 경우 일반화 가능성이 낮아진다.

(6) 추행조사
① **의의**: 추행조사란 특정 범죄인 또는 일반인을 일정 기간 동안 엄밀하게 관찰함으로써 그들의 인격·행태·사회적 환경의 변화 등을 분석하여 그것들의 상호 연결 관계를 알아보는 조사방법이다.
② **장점**: 일정한 시간적 연속성 속에서 조사대상자들의 변화를 관찰하기에 용이하며 대상자의 사실관계를 비교적 정확히 파악할 수 있다.
③ **단점**: 인권적 측면에서 사생활 침해가 우려되며 대상자의 심리상태를 정확히 파악하는 데에 한계가 있다. 대상자가 추행 사실을 알게 되면 의식적인 행동을 하게 되어 자연적 상태에서의 동정파악이 곤란하다.

03 암수범죄

1 의의와 연혁

(1) 의의

암수범죄란 실제로 범죄가 발생하였지만 수사기관에 인지되지 않았거나, 인지된 경우라도 미해결 상태로 남아 있어 공식적인 범죄통계에 나타나지 않는 범죄행위의 총체를 말한다.

(2) 암수범죄에 대한 학자들의 견해

① 서덜랜드(Sutherland): 범죄와 비행에 대한 통계는 모든 사회통계 중 가장 신빙성이 없고 난해한 것이다.

② 엑스너(Exner): 암수범죄의 정확한 이해는 곧 범죄통계의 급소이다.

③ 라즈노비츠(Radzinowicz): 암수범죄가 전체 범죄의 85%에 달하며, 특히 성범죄의 90% 이상이 암수범죄에 해당한다.

④ 폴락(Pollak): 남녀의 암수범죄 간 차이의 원인 중 하나는 기사도 정신에 의한 것이고, 그것은 여성에 대한 남성의 일반적인 태도를 말한다.

⑤ 셀린(Sellin): 통계상 표시되는 범죄는 형사사법절차의 각 단계가 진행됨에 따라 점점 줄어들며, 법집행기관의 개입이 가장 적은 경찰단계의 통계에서 암수가 가장 적게 나타난다.

2 암수범죄의 구분

(1) 절대적 암수범죄

범행이 실제적으로 행해졌음에도 수사기관을 포함한 어느 누구도 인지하지 못하여 공식적 범죄통계에서 누락된 범죄를 말한다. 마약수수·도박·낙태·매춘 등 피해자가 없거나, 피해자와 가해자의 구별이 어려운 범죄도 포함된다.

(2) 상대적 암수범죄

수사기관에서 인지하였으나 해결하지 못하여 공식적 범죄통계에서 누락된 범죄를 말하며 수사기관의 검거율, 형사사법기관의 자의 또는 재량과 관련이 깊다.

3 암수범죄의 원인

(1) 형사사법기관 측면
① **미인지**: 범죄수법의 지능화 또는 수사기법의 미흡 등으로 수사기관이 인지하지 못한 범죄
② **미검거**: 수사기관이 범죄를 인지하였으나 수사기관의 소극적 대응 내지 무능으로 범인을 검거하지 못한 경우
③ **차별적 집행**: 형사사법기관의 선별적인 범죄수사나 형사소추도 암수범죄 발생의 원인

(2) 범죄 측면
강력범죄는 검거율이 비교적 높고, 발견이 용이하여 암수범죄율이 낮지만, 낙태 · 컴퓨터 범죄 · 여성범죄 · 화이트칼라범죄 · 성범죄 등은 발견이 쉽지 않아 암수범죄율이 높다.

4 암수범죄의 조사방법

(1) 직접관찰
① **자연적 관찰**: 범죄행위에 직접 참여하여 관찰하는 참여적 관찰과 몰래카메라 등으로 촬영하는 비참여적 관찰이 있다.
② **인위적 관찰**: 위장된 절도범에게 절도를 하게 하여 발각의 위험성 등을 관찰하는 등 의도적으로 범죄상황을 실현하여 관찰하는 방법을 말한다.

(2) 간접관찰
① **행위자조사(자기보고)**: 일정한 집단을 대상으로 개개인의 범죄나 비행을 면접이나 설문지 등을 통하여 스스로 보고하게 함으로써 암수범죄율을 측정하는 방법이다.
　㉠ 장점: 공식 통계에 나타나지 않은 암수범죄를 파악하는 데에 유용하다.
　㉡ 단점: 경미한 범죄의 파악에는 도움이 되나, 중한 범죄의 은폐 우려가 있다.
② **피해자조사**: 범죄피해자에게 자신이 당한 범죄피해 경험을 진술하게 하는 방법이다. 이 방법은 1960년대 미국에서 암수범죄에 대한 연구가 시작되면서 함께 도입된 가장 오래된 방법으로, 가장 많이 활용되고 있으며, 가장 신뢰할 수 있는 방법이다.
　㉠ 장점: 피해자 중심의 통계를 이용한 범죄현상 파악과 연구를 가능하게 하며, 보다 정확한 범죄현상의 파악이 용이하고 암수범죄의 규모를 파악할 수 있게 하여 실제 범죄 발생량을 추산할 수 있다. 또한, 범죄유형 간의 상대적 비교도 가능하므로 공식통계의 문제점을 보완한다.
　㉡ 단점: 주로 강도 · 절도 등 전통적인 범죄가 대상이 되고, 화이트칼라범죄 등은 조사가 곤란하여 모든 범죄현상을 완전히 파악하는 데 한계가 있다. 또한 피해자가 존재하지 않는 범죄나 피해자가 조사를 거부하는 경우에는 조사가 불가능하다.
③ **정보제공자조사**: 피해자조사에 대한 보조수단으로서 법집행기관에 알려지지 않은 범죄나 비행을 인지하고 있는 제3자에게 범죄내용을 보고하게 하는 방법이다. 자기보고와 피해자조사와 결합하여 행해지면 더욱 효과적이다.

04 형사정책의 새로운 동향

1 비범죄화

(1) 의의
① 비범죄화란 범죄로 규정하고 있던 행위규정을 폐지하여 범죄목록에서 삭제하거나 형사 사법절차에서 특정범죄에 대한 형사처벌의 범위를 축소하는 것이다. 비범죄화는 일정한 행위를 대상으로 한다는 점에서 일정한 범죄자를 대상으로 형벌을 완화하거나 형벌 이외의 처분을 하는 비형벌화와 구별된다.
② 비범죄화 논의는 사회적 가치관에 따른 변화를 반영하기 위한 것으로, 형법의 최후수단성이나 보충성 원칙에 부합한다.

(2) 필요성
① 비범죄화는 행위에 대한 형사처벌의 폐지가 아니라 형사처벌의 완화를 목표로 하며, 형법의 보충성이나 최후수단성을 강조하는데 이러한 주장은 공공질서와 관련된 범죄들은 국가 또는 공식적 통제조직이 아니라, 가족이나 지역사회 등과 같은 비공식적 통제조직에 의해 오히려 효과적으로 통제될 수 있다고 본다.
② 비범죄화는 불필요한 형사처벌대상을 감소시키는 결과를 가져오므로 형사사법기관의 과중한 업무의 부담을 경감한다.

(3) 비범죄화가 가능한 영역
비범죄화의 대상으로는 경미한 범죄에 대하여 형사사법의 경제적 관점에서 주장되고 있고, 피해자 없는 범죄로서 매춘, 도박, 마약흡입, 낙태 등이 거론되고 있으며, 도덕 또는 윤리에 맡겨도 될 행위나 공공질서와 관련된 범죄에 대해서도 많이 주장한다.

(4) 유형
① **법률상(입법상) 비범죄화**: 종전의 범죄행위가 법률규정의 폐지로 인하여 더 이상 범죄로 되지 않는 경우로 협의의 비범죄화란 이를 의미하며, 여기에는 다음과 같은 세 가지 유형이 있다.
   ㉠ 비범죄화와 동시에 해당 행위가 법적·사회적으로도 완전히 승인되는 경우
   ㉡ 국가의 임무에 대한 인식의 변화와 인권신장 등의 영향으로 일정한 행위 태양에 대해 국가형벌권의 중립성이 요구되는 경우
   ㉢ 해당 행위의 가벌성이 법률적으로 여전히 인정되어 있음에도 국가가 여러 가지 이유로 형법의 투입을 포기하는 경우
② **재판상(사법상) 비범죄화**: 법원이 판례를 변경하여 종래 범죄였던 행위를 범죄로 인정하지 않는 경우

③ 사실상(행정상 · 수사상 · 단속상) 비범죄화
  ㉠ 형벌법규가 존재하고 형사사법의 공식적 통제권한 또는 변함이 없지만, 일정한 행위 태양에 대해 형사사법기관이 활동을 축소하거나, 국민이나 규제당국이 범죄라고 인식하지 않기 때문에 사실상 단속이 행해지지 않는 경우
  ㉡ 검찰의 기소편의주의에 의한 불기소처분이 여기에 해당

2 비형벌화

(1) 의의
① 비형벌화란 형벌 대신에 다른 제재를 가하는 것으로 당해 행위에 대한 일련의 제재조치는 고려되어 있지만, 형벌이라는 제재는 회피하는 것을 말한다.
② 비형벌화의 논의 대상이 되는 것으로는 소년비행 · 사상범죄 등이 있는데 특히 매춘 · 마약사범 · 낙태 등 이른바 피해자 없는 범죄가 주로 논의 대상이다.

> **더 알아보기**
>
> 비형벌화와 비범죄화의 요약 · 비교
>
> | 구분 | 비형벌화 | 비범죄화 |
> |---|---|---|
> | 의의 | 형벌을 완화하거나 형벌 대신에 다른 제재를 가하는 것 | 형법에서 범죄로 규정하고 있던 행위 규정을 삭제하거나 특정 범죄에 대한 형사처벌의 범위를 축소하는 것 |
> | 사례 | 훈방, 기소유예, 선고유예, 집행유예, 보호관찰, 사회봉사명령 등 | • 경미한 범죄
• 피해자 없는 범죄(매춘, 도박, 낙태 등)
• 윤리에 맡겨도 될 행위나 공공질서와 관련된 범죄 |
> | 대상 | 범죄자 | 범죄 |

Chapter 02 범죄원인론

01 범죄원인론

1 범죄원인에 대한 인식과 처벌의 근거

(1) 단원론과 다원론
① 단원론: 범죄의 원인을 소질이나 환경 중 어느 하나에만 중점을 두어 설명하는 입장
② 다원론: 범죄의 원인을 다수의 인자에 의해 설명하는 입장(힐리, 글룩 부부 등)

(2) 비결정론과 결정론
① 비결정론: 모든 인간의 행위는 자유의사를 가진 개인의 자유로운 선택의 결과라는 입장으로 고전주의로 불리는 이 견해는 법률적 질서를 자유의사에 따른 합의의 산물로 보아 법에서 금지하는 행위를 하거나 의무를 태만히 하는 행위 모두를 범죄로 규정한다. 비결정론에서는 인간의 선택의 자유와 더불어 그 선택에 대한 책임을 강조하며, 범죄자는 도덕적 장애인이므로 처벌되어야 한다고 주장한다.
② 결정론: 인간행위는 개인 외부에 존재하는 요인들에 의해 결정된다는 입장으로 인간의 사고나 판단은 이미 하도록 결정된 행위과정을 정당화하는 것에 불과하다고 본다(실증주의). 범죄는 인간의 선택이 아니라, 어쩔 수 없는 환경과 요인에 의해 결정되므로 범죄자는 사회적 병약자로 보아야 하며, 이들에 대해서는 처벌보다는 치료와 처우가 효과적이라고 주장한다.

(3) 상황적 결정론
범죄발생에 있어서 상황적 요소를 중시한다. 즉 범죄는 범행의 기회 등 행위자 이외의 요인에 의해 이루어진다고 보았으며 상황적 결정론에서는 대부분의 비행이 계획되지 않고 갑작스럽게 집단적으로 행해진다고 본다.

2 고전학파

(1) 감옥개량운동[하워드(Howard)]
① 응보형사상과 유형제를 반대하고, 사형제도의 폐지를 주장하였다. 감옥은 안전하고 위생적이어야 하므로 계곡이나 강 근처에 지어져야 하며, 과다수용은 지양되어야 하고, 분리해서 수용하여야 한다고 보았다. 또 수형자는 야간에는 독거수용하여야 하며, 수형성적에 따른 형기단축제도를 도입하여 수형자의 자력개선을 촉진하여야 한다.
② 교도관은 공적으로 임명되어야 하고, 충분한 보수가 지급되어야 하며, 국가로부터 봉급을 받는 일종의 공무원으로 전환하여야 한다. 또한 모든 감옥에는 의회나 행정당국으로부터 시찰관이 선임되어야 하고, 어떤 사적 보수도 받아서는 아니 된다.

(2) 고전학파와 형법개혁운동
① 배경: 중상주의와 산업혁명으로 중산계층이 사회의 중심세력이 되고, 계몽주의의 등장으로 시민계급이 성장함에 따라 전제군주의 우월성은 점차 부정되었고, 정부의 역할은 국가와 시민들 간의 사회계약으로 이해하게 되었으며, 천부인권론의 등장으로 인간의 존엄성이 강조되었다.
② 전개: 고전주의 범죄학은 18세기 중엽 이탈리아의 베카리아와 영국의 벤담 등 공리주의 사회철학자의 저술에 근거하고 있는데, 두 학자는 모두 범죄행위의 설명보다는 주로 법과 형벌의 개혁에 관심을 가졌다.
③ 사상적 기초
  ⊙ 인간의 자유의지: 인간은 스스로의 행동을 규율하고 통제할 수 있는 자유의사를 가진 합리적인 존재인 동시에 일탈 잠재성을 지닌 존재로(비결정론·성악설), 공포감을 불러일으키기 위한 방법으로서 처벌(고통의 부과, 수치, 불명예)은 인간의 의지가 행위를 통제하는 데에 영향을 주기 위하여 필요하다.
  ⓒ 공리주의: 모든 인간은 공리적이고 쾌락적이어서 항상 기쁨을 극대화하고 고통을 최소화하려는 경향을 가지며(공리주의·쾌락주의), 형벌의 엄격성, 확실성, 신속성이 더 많이 보장될 때 범죄행위는 보다 잘 통제된다.
    ※ 범죄와 형벌의 균형: 지나치게 과도한 형벌은 불필요하고, 잘못된 양형은 오히려 더 많은 형벌을 유발할 수 있다.
  ⓒ 일반예방과 특별예방: 일반예방이란 법을 위반하면 범죄자가 형벌이라는 고통 외에는 아무것도 얻지 못할 것이라는 것을 일반인에게 보여 주어 일반인들이 범죄에 대한 생각을 갖지 못하도록 하는 것을 말한다. 특별예방이란 범죄를 저지른 개인에게 범죄로부터 얻는 기쁨을 상쇄할 만큼의 고통을 가하여 범죄를 억제하자는 것을 말한다.

(3) 주요 학자
① 베카리아(Beccaria)
  ⊙ 비결정론: 인간행동은 자유의지와 판단능력을 배경으로 하므로 개인은 법에 의해 정해진 형벌과 범죄행위로부터 얻어지는 이득을 비교하여 행동을 결정하는 합리적 존재이다.

ⓒ 죄형법정주의: 범죄에 대한 형벌은 법률만으로 정할 수 있도록 해야 하고, 사회계약에 의해 결합된 사회 전체를 대표할 수 있는 입법기관만이 형법제정권을 가지며, 법률은 문서로 확정하되 모든 사람들이 읽고 이해할 수 있도록 간결하고 명확해야 한다.
　　ⓒ 법관의 법해석 금지: 법관은 입법자가 아니기 때문에 형법을 해석할 권한이 없으며, 법의 정신을 고려해야 한다는 명분도 인정되어서는 안 된다.
　　ⓔ 형벌의 비례성: 범죄와 형벌 사이에는 적절한 비례관계가 있어야 한다.
　　ⓜ 형벌의 신속성: 범죄행위 후 신속하게 형벌이 이루어져야 하는데, 이는 신속한 형벌은 범죄자가 자신의 행위와 형벌의 연관성을 이해하도록 하고 범죄 가능성을 억제할 수 있기 때문이다.
　　ⓑ 형벌의 확실성: 엄격하고 잔혹한 형의 집행보다 확실하고 예외 없는 처벌이 범죄예방면에서 더욱 효과적이며, 효율적이다.
　　ⓢ 일반예방주의: 법률은 일반인이 법의 정신이나 목적을 이해할 수 있도록 공포되어야 하며, 형벌의 근본목적은 범죄인에게 고통을 주기 위한 것이 아니라, 범죄인이 재차 사회에 해악을 끼치지 않도록 하고, 다른 사람이 범죄를 저지르지 않도록 예방하는 데 있다.
　　ⓞ 사형 및 고문제도 폐지: 사회에 실익이 없고 고통만을 주는 사형 등 잔혹한 형벌과 고문제도는 사회계약론과 공리주의 원칙에 위배되므로 폐지되어야 한다.
　　ⓩ 인도적 구금제도: 감옥은 보다 인도적인 시설로 개선되어야 한다.
　　ⓩ 범죄와 형벌의 등가성: 형벌의 고통이 범죄로 얻을 수 있는 이득을 약간 넘어서는 정도일 때 범죄와 형벌 간의 등가적 균형이 확보된다.

② 벤담(Bentham)
　　⊙ 최대 다수의 최대 행복이라는 공리주의 원리에 입각한 형벌개량운동을 전개하였다.
　　ⓒ 범죄는 형법의 불완전에서 생겨난 것이므로 범죄 없는 사회의 실현을 위해서는 형법 개정이 필요하며, 형법의 목적은 본보기·개선·격리·피해자 보호·경제성에 있고, 형벌부과의 목적은 응보에 있는 것이 아니라 범죄예방에 있다.
　　ⓒ 형벌은 악이지만 범죄를 통하여 더 큰 악이 사회에 가해지는 것을 방지하기 위한 필요악이며, 죄와 형벌은 균형을 이루어야 한다고 주장하며 범죄행위는 생물학적·풍토적 원인보다는 사회적 원인에 있다.
　　ⓔ 벤담은 사상적으로 베카리아와 매우 유사하나, 고문을 부정하지 않았고(공익을 위한 고문을 예외적으로 인정), 묵비권에 소극적인 입장을 취하였다는 점에서 고문이나 묵비권 제한을 인정하지 않았던 베카리아와 구별된다.

③ 포이에르바하(Feuerbach) – 형벌의 위하적 기능 강조
　　형사정책이라는 용어를 최초로 사용한 인물로 법률이 없으면 형벌도 없다는 죄형법정주의 원칙을 주장하였고, 잔혹한 형벌과 불명확한 범죄개념을 비판하였다.

(4) 고전학파의 평가
① 공헌
  ㉠ 인본주의를 바탕으로 합목적인 형사사법제도의 토대를 구축하였으며, 범죄의 예방과 제지를 위한 가장 기본적인 일반예방주의 개념을 제공하였다.
  ㉡ 처벌의 자의성과 가혹성을 비판하고, 처벌의 형평성을 중시함으로써 범죄와 처벌 간의 관계를 새롭게 정립하였다.
② 비판: 범죄 원인에 대한 사실적 탐구를 등한시하였으며, 이론 자체가 다분히 사변적이고 비현실적이다.

3 실증학파

(1) 배경
18세기에서 19세기 자연과학의 비약적인 발달로 과학적인 방법을 범죄 현상에 적용하고자 하는 학문적 움직임이 일어났다. 이에 19세기 중반 사회적 혼란과 범죄의 급증은 심각한 사회적 문제로 대두되었고 기존 형사정책에 대한 의문으로 이어졌다.

(2) 사상적 기초
범죄행위 자체의 성격과 범죄인에게 초점을 맞춘 과학적 연구방법을 사용하는 실증적 접근법을 사용하였으며 처우(교화개선)에 의하여 사회를 보호해야 한다고 주장하였다. 또한 실증주의는 인간행동에 대해 결정론적 시각으로 접근하며 개별 범죄자에게 관심을 가졌다.

(3) 주요 학자
① 게리(Guerry)
  ㉠ 1833년 프랑스 도덕통계분석을 통해 1825년부터 1830년까지 프랑스에서 발생한 범죄통계를 지도상에 명암으로 표시한 범죄생태지도를 작성하여 분석하였다.
  ㉡ 범죄와 연령의 관계는 25~30세 사이에 범죄율이 가장 높고, 범죄발생에 빈곤은 큰 영향을 미치지 않는다. 오히려 프랑스 빈민구역에서 사기와 절도가 가장 적게 발생하였다.
② 케틀레(Quetelet)
  ㉠ 모든 사회현상을 '대수(大數)의 법칙'으로 파악하였으며, 나이·성별·인종·빈곤·교육·계절·경제사정 등의 제 조건과 범죄와의 관계를 분석하였다.
  ㉡ 범죄항상설: 범죄는 일정 사회에서 항상적인 법칙을 가지고 반복되므로 감옥이나 사형장의 비용은 정확하게 예산화할 수 있다.
  ㉢ 결정론, 범죄의 사회적 요인: 사회는 범죄를 준비하고 범죄인은 이를 실행하는 도구에 불과하므로 사회에는 일정량의 범죄 발생이 필연적이다.

4 이탈리아 학파

(1) 롬브로조(Lombroso)
① 범죄인류형, 생래적 범죄인 개념을 주장하였으며, 범죄자들의 타고난 생물학적 퇴행성 또는 격세유전적 특징이 이들의 행위에 중요한 영향을 미친다는 사실을 발견하였다.
② 이들은 범죄 예방이나 교정이 불가능하므로 단기자유형을 반대하고, 영구적 격리나 도태 처분만이 효율적 대처방법이라고 주장하였으며 매춘의 범죄성을 긍정하였다. 또한 소년범죄자·경범죄자·우발범죄자에게는 구금형을 피하고 감독제도를 도입하는 것이 바람직하며, 특히 소년에게는 체벌이 바람직하다고 보았다.
③ 범죄인의 분류
  ㉠ 생래적 범죄인: 선천적으로 범죄자적인 생물학적 구조를 타고난 범죄인으로 전형적인 범죄인, 초범은 무기형, 누범은 사형
  ㉡ 정신병 범죄인: 정신병이 원인이 되어 범행하는 자로서 정책적으로 개선의 여지가 없는 범죄인으로 생래적 범죄인과 함께 전형적 범죄인
  ㉢ 격정(우발) 범죄인: 선천적으로 범죄소질을 가진 것은 아니나, 우발적으로 범행하는 자
  ㉣ 기회 범죄인: 사이비범죄인과 준범죄인이 있으며, 사이비범죄인은 범죄의 위험성은 없으나, 자신의 생존이나 명예를 지키기 위해서 범행할 수 있는 자, 준범죄인은 생래적 범죄인과는 구별되나, 선천적 원인이 다소 있는 자로서 생래적 범죄인과 유사
  ㉤ 관습(습관) 범죄인: 좋지 못한 환경으로 인해 상습적으로 범행하는 자
  ㉥ 잠재적 범죄인: 평소에는 범죄의 소질이 나타나지 않으나, 음주 등 다른 이유로 격한 감정이 생기면 범죄인의 특성이 나타나는 자

(2) 페리(Ferri)
① 롬브로조의 가르침을 받은 후 마르크스의 유물사관, 스펜서의 발전사관, 다윈의 진화론, 롬브로조의 생래적 범죄인설을 결합하여 범죄사회학을 창시하였으며, 스스로 '실증학파'라고 지칭하였다.
② 범죄 발생의 원인으로 인류학적·물리적·사회적 요인을 꼽았으며, 이 중 사회적 원인을 가장 중요하게 보았다.
③ **범죄 포화의 법칙**: 일정한 양과 일정한 온도의 물에서는 일정량의 화학물질이 용해되나, 그 외의 양은 더 이상 용해되지 않는 화학상 포화법칙과 같이 일정한 개인적·사회적 조건이 구비된 사회에서는 일정량의 범죄가 있기 마련이라고 주장하였다.
④ **범죄 과포화의 원칙**: 사회물리적 예외조건에 따라 기본 범죄에 수반하여 부수적 범죄들이 증가하는 것과 같은 과포화현상이 일어나게 된다고 주장하였다.
⑤ **사회적 책임론**: 결정론적 입장에 대해 고전주의에서 가정하였던 자유의지론을 비판하고, 인간은 환경에 의해 영향을 받을 수밖에 없다고 주장하였으며, 개인의 자유의사에 의한 규범의 선택 가능성은 환상에 불과하다고 보는 등 도의적 책임을 부정하고, 사회적 책임을 강조하였다.

⑥ 범죄인 분류
  ㉠ 생래적 범죄인: 롬브로조의 생래적 범죄인처럼 선천적으로 개선이 불가능한 범죄인으로서 사회로부터 무기한 격리 또는 유형
  ㉡ 정신병 범죄인: 정신병에 의해 범행하는 자로서 정신병원에 수용
  ㉢ 격정 범죄인: 돌발적 격정으로 범행하는 자로서 손해배상이나 강제이주
  ㉣ 기회(우발) 범죄인: 정도가 중한 자는 훈련치료, 가벼운 자는 격정 범죄인과 같이 처벌
  ㉤ 관습(상습) 범죄인: 개선 가능성 있는 자는 훈련 조치, 개선 불능한 자는 무기한 격리

(3) 가로팔로(Garofalo)
  ① 자유의지 및 도의적 책임론을 부정하고, 결정론적 입장에서 범죄 원인을 파악하였으며, 범죄자의 위험성에 상응한 처우를 확립할 것을 주장하였다.
  ② 범죄인을 자연범(특히 중점)·법정범·과실범으로 구분하였으며, 법정범은 정기구금의 필요성을 인정한 반면, 과실범은 처벌할 필요가 없다고 주장하였다.

(4) 평가
  ① 공헌: 범죄학에 경험과학적인 연구방법을 도입하고 발전시켰으며 고전주의가 범죄학 연구의 초점을 범죄행위에 두었다면, 실증주의는 범죄학 연구의 초점을 '범죄행위'에서 '범죄인'으로 전환시켰다. 또한 '잔혹한 형벌의 감소'를 연구의 주요 대상으로 한 고전학파에 비해, '범죄의 감소'까지 연구의 범위에 포함하였고, 범죄자에 대한 적합한 처벌을 강조함으로써 교화 개선이라는 현대 형벌철학의 기초를 마련하는 계기를 조성하였다.
  ② 비판: 연구의 초점을 범죄인 개개인에게 집중함으로써 사회적인 범죄 원인을 간과하고, 범죄인의 사회적 도태를 당연한 것으로 치부하였다. 가로팔로의 주장은 인류학적·정신의학적이고, 롬브로조는 생물학적이며, 페리는 사회학적이므로 상호 통일성과 일관성이 결여되었다.

5 프랑스 학파

(1) 라카사뉴(Lancassgne)
  사회는 그 각각에 상응하는 범죄를 갖기 마련이며, 처벌해야 할 것은 범죄인이 아니라 사회라고 주장하였다. 특히 경제적 사정을 중시하여 물가의 앙등과 실업의 증가가 범죄의 증가를 가속화한다고 보았다(사형존치론).

(2) 타르드(Tarde): 모방의 법칙
  ① 제1법칙(거리의 법칙): 사람들은 서로를 모방하는 경향이 있으며, 그 정도는 거리에 반비례하고 타인과 얼마나 밀접하게 접촉하고 있는가에 비례한다.
  ② 제2법칙(방향의 법칙): 모방은 일반적으로 열등한 사람이 우월한 사람을 모방하는 방향으로 진행한다는 것으로 하층계급은 상층계급에서 행해지는 범죄를 모방하고, 시골에서는 도시에서 발생되는 범죄를 모방한다.

③ 제3법칙(삽입의 법칙, 무한진행의 법칙): 모방 → 유행 → 관습의 패턴으로 확대 진전되며, 새로운 유행으로서의 모방이 종래의 모방 속에 삽입되어 예전부터 있었던 관습으로 변화한다는 것이다.

(3) 뒤르켐(Durkheim)

① 자살론(아노미이론)
   ㉠ 아노미적 자살: 급격한 사회변동으로 사회의 통합력이 약화됨에 따라 감정에 대한 억제력과 기존 규범의 규제능력이 상실되어 발생하는 자살(예 경제적 파산 등에 의한 자살)을 말한다.
   ㉡ 이기주의적 자살: 사회적 지위와 규범해체 간의 관계에서 발생하는 자살로서 사회로부터 유리된 상황에서의 자살(예 분노와 같은 자신만의 욕망에 의한 자살)을 말한다.
   ㉢ 이타주의적 자살: 사회통합이 높은 곳에서 사회적 의무수행을 위해 발생하는 자살(예 자살특공대의 자폭)을 말한다.
   ㉣ 숙명적 자살: 사회의 외적인 권위로부터 발생하는 자살(예 고대의 순장)을 말한다.

② 범죄관
   ㉠ 범죄정상설: 범죄는 사회의 발전 단계에서 특정 시점에 부합한 평균적 수준에 따라 발생하는 회피할 수 없는 사회현상이다.
   ㉡ 범죄필요설: 범죄는 사회의 도덕적 각성과 법제의 정상적인 발전 계기가 된다는 점에서 유용하다.
   ㉢ 범죄기능설: 범죄의 본질은 집합 의식의 침해이고, 형벌은 사회연대를 강화하는 작용을 하며, 범죄에 대한 제재와 비난을 통해 사람들이 사회공통의식을 체험하게 됨으로써 범죄가 사회의 유지·존속에 중요한 역할을 담당한다.
   ㉣ 범죄개혁설: 범죄는 진보의 가능성을 위해 사회가 치르는 대가이며, 전통적 행동양식의 틀을 깨는 어느 정도까지의 범죄행위는 사회의 진보를 위해 필요하다.

6 독일 학파

(1) 리스트(Liszt)

① **특별예방주의**: 범죄의 사회적 원인을 중시하여 고전학파의 행위주의를 비판하고, 행위주의자를 표방하였다.
② 형벌의 개별화를 통한 사회방위와 인권보장을 동시에 강조하여 형법전은 범죄인의 마그나카르타이며 형사정책의 넘을 수 없는 한계라고 주장하고, 1882년 발표한 마르부르크 강령을 통해 형벌의 사회적 효과를 고려한 목적형주의를 주창하였다.
③ 리스트는 교육형주의의 입장에서 범죄방지대책으로 부정기형의 채택, 단기자유형의 폐지, 집행유예 벌금형, 누진제도의 합리화, 강제노역 인정, 소년범죄자에 대한 특별처우 등을 주장하였다.
④ 범죄인 분류
   ㉠ 개선불가능자: 법익 침해 의식이 없거나 희박한 범죄인
   ㉡ 개선가능자: 동정 범죄인, 긴급 범죄인, 성욕 범죄인, 격정 범죄인
   ㉢ 기회범: 명예·지배욕범죄인, 이념범죄인, 이욕·쾌락욕범죄인

7 기타 범죄학자의 범죄인 분류

(1) **슈툼플(Stumpfl)**
① 범죄인 성격에 따른 분류
㉠ 경범죄인: 외적 사정, 내적 갈등으로 가벼운 범죄를 저지르는 자
㉡ 중범죄인: 외적 사정, 내적 갈등 없이 소질에 의해 범죄를 저지르는 자
② 범죄 시기에 따른 분류
㉠ 조발성 범죄인: 25세 이전에 처음 범죄를 저지르는 자
㉡ 지발성 범죄인: 25세 이후에 처음 범죄를 저지르는 자

8 우리나라의 형사사법상 범죄인 분류

(1) **우발범**: 범죄 동기가 계획적이지 않고 우발적이며, 범죄의 상습성이나 반복성이 없는 범죄자

(2) **상습범**: 습관적으로 반복하여 범죄를 저지르는 자

(3) **심신장애범**: 심신장애로 인하여 범죄를 저지르는 자

(4) **소년범**: 14세 이상 19세 미만의 연령층에 속하는 자로서 죄를 범한 소년

(5) **사상범**: 사상적 · 종교적 또는 정치적 · 경제적 신념 등에 따라 행한 행위가 법규범에 반하는 경우

9 생물학적 범죄원인론

(1) **신체적 특징**: 골상학
① 갈(Gall): 두개골의 외형 분석으로 뇌의 발달상태를 알 수 있고, 이러한 두개골의 모양과 안면의 모습은 성격, 지능상태, 범죄성 등과 상관관계를 갖는다고 주장하였다.
② 롬브로조(Lombroso): 범죄자는 비범죄인과 달리 함몰된 이마, 돌출된 광대뼈, 곱슬머리, 체모 부족, 입술 돌출 등의 신체적 특징을 가진다고 주장하였다. 그는 다원의 진화론에 많은 영향을 받아 범죄연구에서 귀납적인 연구방법을 사용하여 최초의 과학주의 또는 실증주의적 연구로 평가된다.
③ 고링(Goring): 범죄인이 비범죄인보다 일반적으로 신장과 체중이 다소 미달될 뿐 신체적으로 일반인과 구별되는 특징을 발견할 수 없었다고 주장하였다(롬브로조 비판).
④ 후튼(Hooton): 열등성의 근본적인 원인은 환경과는 무관하며, 유전이 가장 중요하다고 주장하였다(롬브로조 동조).

(2) **체형과 범죄**
① 크레치머(Kretschmer)
㉠ 세장형: 분열 기질, 정신분열증, 비사교적, 내성적, 변덕, 조발성, 절도

        ⓒ 투사형: 점착 기질, 간질, 집착, 완고, 인내심 부족, 대인범죄, 성범죄
        ⓒ 비만형: 순환 기질, 조울증, 사교적, 다정자감, 누범성, 지발성 범죄, 사기
    ② 셸던(Sheldon)
        ㉠ 외배엽형(세장형): 두뇌긴장형, 내성적, 민감, 비사교적, 우발성 범죄
        ㉡ 중배엽형(투사형): 신체긴장형, 활동적, 공격적, 권력 지향, 비행소년 범죄
        ㉢ 내배엽형(비만형): 내장긴장형, 온화, 활달, 사교적, 배신적 범죄

(3) 유전과 범죄
  ① 범죄인 가계의 연구: 범죄인 가계의 범죄인 역사를 추급하여 조사함으로써 유전과 범죄의 상관관계를 밝히려는 연구를 말한다.
  ② 쥬크가(家) 연구: 네덜란드계 이민자의 자손인 맥스 쥬크(Max Juke)의 7대를 거슬러 올라가 총 709명을 조사한 결과 매춘부, 알코올중독자, 중범죄자, 정신병자가 많았다. 이들의 행동유형 또한 대체로 탐욕적이고 향락적이며, 책임감과 정의관념이 희박하고 노동을 싫어하는 등 성격상 특이한 현상이 나타났다고 한다.
  ③ 칼리카크가(家) 연구: 마틴 칼리카크(Martin Kallikak)와 정신박약자인 여인과의 사이에서 출생한 마틴 칼리카크 주니어의 자손 480명에게는 정신박약자가 143명(29.3%), 알코올중독자가 24명(4.9%), 기타 범죄자 등이 다수 배출된 반면, 청교도 신앙을 가진 여인과의 사이에서 출생한 프레드릭 칼리카크의 자손 490명에게는 정신박약자가 1명도 없었고, 알코올중독자 2명, 성적 일탈자가 1명이 있었을 뿐 대체로 건전한 시민이었다고 한다.

(4) 쌍생아 연구[랑게(Lange)]
  30쌍의 쌍생아를 대상으로 조사한 결과가 13쌍의 일란성 쌍생아 중 10쌍이 범죄를 저지른 반면, 17쌍의 이란성 쌍생아 중에는 2쌍만이 범죄를 저지른 것으로 나타났다고 발표하고, 이러한 연구결과를 토대로 범죄는 유전적 소질에 의해 행해진다고 주장하였다.

(5) 입양자 연구
  ① 슐징거(Schulsinger): 정신질환자 중에서 양자로 입양된 자를 57명 선발하여 정신질환을 가진 양자의 혈육 중에서 14.4%가 유사한 질환에 시달리는 반면, 정신질환이 없는 양자의 경우에는 그 비율이 6.7%에 불과하였다고 발표하였으며, 이 연구결과로 정신질환과 같은 정신적 결함이 혈연관계를 통하여 전수된다고 주장하였다.
  ② 크로우(Crowe): 슐징거가 양자들을 중심으로 연구를 한 반면, 크로우는 어머니가 범죄자였던 양자들의 상태를 중심으로 연구하였다. 어머니가 범죄자였던 양자들 중에서는 3년 6개월 이상 교도소에 수감되었던 사람이 5명이나 되었지만, 정상적인 양자들 중에서는 1명도 없었다고 발표하여 유전적 요소와 범죄성 간에 상관성이 있음을 주장하였다.
  ③ 허칭스와 메드닉(Hutchigs & Mednick): 실부가 범죄인이었던 양자가 양부가 범죄인이었던 양자보다도 범죄율이 높다는 사실과 실부·양부 모두 범죄인이었던 경우에 범죄율이 가장 높다는 사실을 알게 되었다. 이들은 추가연구를 통하여 유전적 요인 외에 환경적 요인도 범죄에 영향을 미친다는 결론을 도출하였다.

(6) 성염색체 연구
　① 성염색체 이상이 범죄와 관련되는가를 규명하여 유전소질과 범죄의 상관관계를 밝히려는 것으로, 특히 연구들이 범죄발생과 관련하여 다루었던 사항은 성염색체 과잉현상 중 하나인 XYY 염색체의 영향에 관한 것이다.
　② 제이콥스와 스트롱(Jacobs & Strong)
　　㉠ XYY형 성염색체(초남성 증후군): 성염색체에 있어 남성적 특징을 나타내는 Y염색체의 수가 하나 더 많은 경우로서 범죄와의 관계에서 특히 문제되는 유형으로 성범죄, 방화, 살인 등의 강력범죄를 저지르는 경우가 많다.
　　㉡ XXY형 성염색체(여성적 남성 증후군, 클라인펠터 증후군): 성염색체에 있어서 여성적 특징을 나타내는 X염색체의 수가 증가하는 경우로서 XXX형, XXY형, XXXY형이 있다. 특히 XXY형(여성적 남성)이 범죄와의 관계에서 문제인데, 동성애 경향과 성범죄, 조폭범죄, 절도죄 등을 저지르는 경우가 많으나 범죄학적으로 크게 위험시되지는 않는다.

10 심리학적 원인론

(1) 심리와 범죄
　① 프로이드(Freud)
　　㉠ 이드(id): 모든 동물의 생물학적 충동, 심리적 욕구, 본능적 욕망 등을 요소로 하는 개인의 인성
　　㉡ 에고(ego): 본능과 초자아를 조정하는 기능을 가진 스스로 의식할 수 있는 자아
　　㉢ 슈퍼에고(superego): 자아비판력, 양심, 특정한 문화적 환경에서 생활하면서 경험을 통하여 습득한 의무감 등을 반영하는 초자아
　② 범죄성: 자아나 초자아가 제대로 형성되지 않았거나 적절히 작동하지 않기 때문에 범죄가 발생한다고 보았다.

(2) 슈나이더(Schneider): 정신병질 10분법

구분	성격의 특징	범죄 상관성
발양성	• 자신의 운명과 능력에 대해 낙관적임 • 경솔하고 불안정한 면을 갖는 성격 • 실현가능성이 없는 약속남발로 상습사기범이 되기 쉬움	• 무전취식과 절도 • 죄의식 결여, 충동적 행동 • 유혹에 약함 • 상습사기범의 비율 높음
우울성	• 염세적·회의적 인생관에 빠져 자책성 불평이 심함 • 과거 후회, 장래 걱정	• 강박증상으로 성범죄를 자행하는 경우가 간혹 있음 • 범죄와는 관련이 적고 자살 충동에 잘 빠져듦 • 자살자, 살인범 등
의지박약성	• 모든 환경에 저항을 상실하여 우왕좌왕하며, 지능이 낮음 • 인내심과 저항력 빈약	• 상습누범죄자가 많음 • 알코올 및 마약 중독자 • 상습누범자, 성매매여성

무정성 (정성박약성)	• 동정심·수치심·회오 등 인간의 고등감정이 결여되어 냉혹·잔인 • 복수심이 강하고 완고하며 교활함 • 도덕적 백치 혹은 도덕적 박약자 • 자기중심적	• 범죄학상 가장 문제시 됨 • 흉악범이나 위험한 상습범이 많음 • 생래적 범죄인설, XYY범죄인설, 뇌손상범죄인설 등
폭발성	• 사소한 자극에 민감하고 병적 흥분상태가 나타남(병적 흥분자) • 음주 시 무정성·의지박약형과 결합되면 매우 위험하나 타 유형에 비해 자기치료가 가능	• 뇌파검사 결과 간질성 기질 • 강력범죄자 많음 • 충동적 살상범, 폭행범, 손괴범 등
기분이변성	기분 동요가 많아 예측이 곤란	• 낭비, 방화, 폭행을 행하는 성향 • 방화범, 상해범 등
과장성 (자기현시욕성)	• 자기중심적, 자신에의 주목 및 관심을 유발하고자 함 • 타인의 주목과 평판의 대상이 되기 위해 공상성 허언 남발 • 욕구좌절 시 히스테리 반응	• 타인의 사기에 걸려들 가능성 높음 • 고등사기범(화이트칼라범죄 등)
자신결핍성 (자기불확실성)	• 능력 부족, 주변을 의식함 • 강박관념에 시달림 • 주변사정에 민감하여 도덕성은 강함	• 경우에 따라서 살인, 상해, 성범죄 등을 행하기도 함 • 범죄성과 관련 적음
광신성 (열광성)	• 개인적·이념적 사항에 열중하여 그에 따라서만 행동하는 강한 성격 • 정의감에 따라 소송을 즐김	• 비현실적 주장을 펴는 종교적 광신자, 정치적 광신자가 많음 • 종교적 광신자, 정치적 확신범
무력성	심신의 부조화 상태를 호소하여 타인의 동정을 바라며 신경질적임	신경질적이며 범죄와는 거리가 있음

11 사회학적 원인론

(1) 배경

① **일탈이론**: 미국은 사회학에서의 일탈이론으로 범죄학에 대한 연구가 시작되고 발전되었다. 제2차 세계 대전을 전후하여 대륙의 검증되지 않은 관념적인 연구방법의 한계가 노출되고 다원적인 사회구조를 해명하는 데 미국의 실용주의이론이 세계 범죄학을 주도하게 되었다.

② **범죄사회학**: 초기 단계의 미국범죄학은 실증주의의 영향을 많이 받았으나, 파크(Park), 버제스(Burgess), 토마스(Thomas)와 같은 1920년대 시카고 대학의 사회학자들을 중심으로 한 사회해체에 초점을 둔 생태학적 범죄연구를 시작으로 사회의 환경이 범죄를 유발한다고 보고 이를 과학적으로 증명하려는 노력을 중심으로 발전하게 되었다.

(2) 유형

① **거시환경론(사회구조론)**: 범죄의 원인에 있어 개인의 생활환경보다는 보다 광범위한 사회환경을 강조하는 것으로 정치·경제·사회·문화와 같은 사회적 상황 자체가 범죄를 유발시킨다는 관점이다.

② **미시환경론(사회과정론)**: 범죄의 원인에 있어 개인생활에 보다 밀접하게 연관된 생활환경을 강조하는 것으로 개인이 처해 있는 주위 상황 자체가 범죄를 유발시킨다는 관점이다.

(3) 다원인자론

① 의의: 범죄행동에 관한 일반적이며 포괄적인 명제의 설정은 단념하고 도리어 유사한 행동에서 생기는 다수·다종의 결합된 제 인자를 발견하고자 하는 견해로, 모든 인자를 병렬적으로 취급하여 각 인자의 고정된 범죄산출력과 이에 대한 대책을 수립하고자 한다.

② 주요 연구

㉠ 힐리(Healy): 생물학적·심리학적 요인들과 사회적 요인들이 복합적으로 작용하여 비행에 이르는 동태적·발전적인 비행화과정을 해명하려 하였다.

㉡ 글룩 부부: 『소년비행의 해명』을 저술하여 힐리의 연구성과를 정리하고 비행 예측에 이용하였다.

㉢ 미국 사회학적 범죄이론의 분류

미시환경이론	학습이론	타르드의 모방의 법칙	
		서덜랜드의 차별적 접촉이론	
		학습이론의 발전	차별적 동일화이론(글레이저)
			사회학습이론(버제스와 에이커스)
	통제이론	라이스와 나이의 개인 및 사회통제이론	
		레크리스의 봉쇄이론	
		맛차의 표류이론	
		허쉬의 사회통제이론	
	낙인이론	레머트, 베커, 슈어	
거시환경이론	사회해체이론(쇼와 맥케이, 버식과 웹)		
	사회적 긴장이론(머튼)		
	범죄적 하위문화이론	밀러의 하위계급 주요관심사론	
		코헨의 비행하위문화론	
		클라워드와 올린의 차별적 기회구조론	
갈등론적 범죄론	보수적 갈등론	셀린의 문화갈등이론	
		볼드의 집단갈등론	
		터크의 범죄화론(권위에 의한 지배복종, 법률갈등)	
	급진적 갈등론	마르크스의 계급투쟁과 범죄	
		봉거의 자본주의와 탈도덕화	
		퀴니의 지배와 억압의 범죄, 화해와 저항의 범죄	
		스피처의 후기 자본주의 갈등론	

(4) 사회해체론(Thomas, Cooley)

사회변동, 이민증대, 계층 간의 갈등, 윤리의식의 저하 등으로 인해 종래의 사회구조가 붕괴됨에 따라, 현존하는 사회적 행동기준이 개인에 대하여 미치는 영향력이 감소하여 사람들의 반사회적 태도가 증가하고 규범준수에 대한 사회구성원의 공감이 약화되어 가는 상태로, '사회조직의 분화'라고도 한다. 토마스(Thomas), 쿨리(Cooley) 등이 주장하였다.

(5) 이론적 기반

① **당시 시카고 지역의 상황**: 미시간호의 운하작업과 급격한 외국 이민의 증가로 값싼 노동력을 이용하기 시작하면서 급속하게 성장했는데, 1898년에서 1930년의 30여 년 사이에 시카고의 인구는 두 배로 늘어났고 청소년범죄도 급증하였다.

② **시카고 학파의 인간생태학**: 파크, 버제스 등 시카고 대학의 사회학과와 쇼와 맥케이(Shaw & Mckay) 등을 중심으로 시카고 지역에 대한 조사연구를 통하여 생태계에 일어나는 지배, 침입, 계승의 과정이 사회 내에서도 그대로 일어나 인구의 지리적 분포는 '경쟁 → 갈등 → 적응 → 동화'의 주기로 순환하는데, 주거 구성이나 직업에 따라 분화된 도시의 특정 구역인 자연지역(Natural Area)을 형성하게 되고, 그 과정에서 일정한 문화적 갈등이 야기된다고 보았다.

③ **버제스의 동심원이론**: 첫 번째 지역은 회사와 공장들이 있고 거주자는 거의 없는 '중심업무지역'이고, 다음 지역은 회사와 공장들에 잠식당하고 있는 지역이므로 '점이지대'라고 한다. 이 지역은 거주지로서는 바람직하지 않으며 질적 저하 때문에 살기에 가장 값싼 장소였고 일자리를 쉽게 구할 수 있어 당시 이주민들과 빈민층이 거주했다(또한 틈새지역이라고 하는데, 과거의 지배적인 사회관계는 와해되었지만 아직까지 새로운 관계가 형성되어 있지 않은 지역이라고 보았다). 이사할 여유가 생긴 이주민들은 '노동자계층지역'인 세 번째 지역으로 이사했으며, 점이지대는 다른 이민자들로 대체되었다. 같은 과정을 반복하여 '주거지역(중간계급지역)'과 '통근자지역(교외주변지역)' 등이 동심원의 형태로 형성되었다.

> **더 알아보기**
>
> **동심원이론**
>
>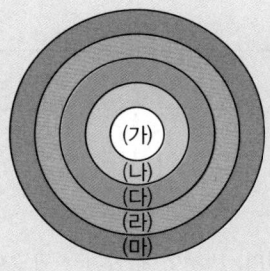
>
> (가) 중심업무지역(Central Business District)
>
> (나) 점이지대(Zone in Transition)
>
> (다) 노동자계층지역(Working Class Zone)
>
> (라) 중간계급지역(Middle Class Zone)
>
> (마) 교외주변지역(Suburbs and Urban Fringe)
>
> - 중심업무지역(Central Business District): 도시의 중심부에 위치하는 상공업, 기타 각종 직종의 중앙적 업무지역이다.
> - 점이지대(Zone in Transition): 도시의 확대·발전의 결과 많은 중심부의 사람들이 공기가 맑고 넓은 교외지역으로 옮겨감에 따라 퇴화과정을 걷게 된 지역으로, 구건물이 그대로 남아 있고 불량한 조건들이 산재하며 술집·매음가가 성행하고 각종 실패자가 범람하여 일종의 빈민가(Slum Area)를 형성하므로 범죄학상 가장 문제되는 지역이다.
> - 노동자계층지역(Working Class Zone): 2~3세대가 한 건물 안에서 공동 거주하는 경우가 많고, 저소득의 노동자들이 많이 거주하는 지역이다.
> - 중간계급지역(Middle Class Zone): 대개 2세대씩 주택을 이루고 살며, 중간계급 이상의 고소득층의 사람들이 거주하는 지역이다.
> - 교외주변지역(Suburbs and Urban Fringe): 도시의 주변지대로 정기 통근자지역이라고도 한다.

(6) 범죄의 원인

① **공식적인 사회조직의 해체**: 급격한 산업화와 도시화로 인한 도시로의 인구의 유입은 원래 거주민이 교외로 나가게 되는 인구이동을 가져와 지역사회가 전이하게 되어 주민들이 더 이상 그 지역사회와 일체감을 갖지 못하게 되고 사회통제가 약화된다.

② **사회통제의 약화**: 사회해체를 경험하는 지역에서는 비행적 전통과 가치관(반사회적인 하위문화)이 관습적 전통과 가치관을 대체하여 공식적 또는 비공식적인 사회통제를 약화시켜서 일탈이 야기된다.

> **더 알아보기**
>
> 사회해체이론의 인과구조

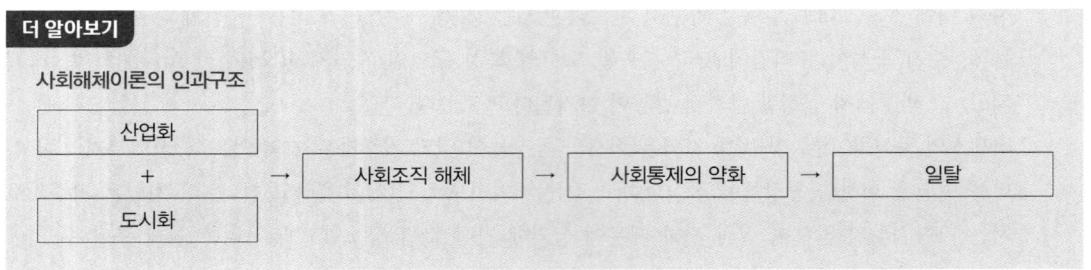

③ **사회해체론의 한계**: 사회해체이론은 산업화·도시화의 초기 단계에 있는 개발도상국에는 타당할 수 있으나 이미 산업화·도시화가 다 이루어진 현대사회에서는 적용하기 어렵고, 방법론상 공식 통계에 지나치게 의존하여 형사사법기관의 자의에 따른 암수의 문제점을 제대로 고려하지 않았다(쇼와 맥케이의 연구).

④ **사회해체론의 공헌**: 사회해체론은 미국 사회학적 범죄이론의 시작으로 차별적 접촉이론, 문화갈등이론, 아노미이론, 사회통제이론의 이론적 발전에 기초를 제공하였다.

02 문화전달이론(비행다발지역이론)

1 의의

범죄는 개인 심리의 소산이라기보다 사회적 요인에 의하여 결정되는 것이며, 비행이나 범죄가 다발하는 지역에는 범죄를 일으키기 쉬운 사회적 요인(주택사정의 열악, 심한 인구이동, 학교환경의 열악) 등이 주민들 간에 계속 전달된다. 또한 비행지역에는 비행이 생기는 고유한 문화가 있는데, 그러한 비행문화는 그 지역의 구성원이 바뀌더라도 계속 다음 세대에 전달되기 때문에 비행은 지속적으로 발생하게 된다.

2 쇼와 맥케이(Shaw & Mckay)의 연구 – 범죄지도의 작성

1900~1927년에 걸쳐 소년, 청년중범죄자, 성인 등 남녀 55,998명의 법률위반자의 주거지를 시카고의 시가지도에 기록, 비행다발 지역을 명시하여 시카고의 범죄지도를 작성하였다.

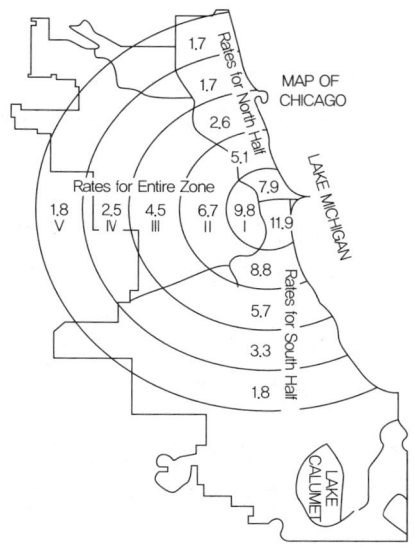

[Vold, Theoretical Criminology, 168p]

3 연구결과

인구 이동이 심하고 문화적 갈등이 상존하여 사회의 비공식적 통제력이 약화된 과도기적인 지역의 도심에 가까울수록 비행이 다발하고, 반대로 도심에서 멀어질수록 비행 사실이 적어진다는 사실을 발견하였다. 즉, 누가 거주하든지 관계없이 와해된 지역사회는 범죄적 관행을 만들어 내고 이를 지속하게 한다는 것이다.

(1) 동일 도시 내에서도 근린관계나 지역을 달리함에 따라 퇴학, 비행, 상습범의 발생률에 현저한 차이가 있는데 이것은 인구의 대소나 밀도에 의해 설명될 수 없다.

(2) 비행자의 비율은 시의 중심부에 가까운 곳에 위치하는 저전세금지역에서 가장 높고, 중심부에서 멀어질수록 감소한다. 단, 도시주변에 위치하는 공업·상업지역에 이르면 다시 그 발생률이 증가하고 거기서 멀어질수록 감소한다.

(3) 퇴학율이 높은 지역에서는 소년법원 수리사건의 비율도 높고 성인의 교도소 수감율도 높으며, 남성비행자의 비율이 높은 지역에서는 여성비행자의 비율도 높다.

(4) 비행자의 비율이 높은 지역에서는 그 지역주민의 인종·민족의 구성상태가 크게 변화된 후에 있어서도 계속 높은 비율을 나타낸다. 즉 1930년에 비행률이 높은 지역은, 그 지역주민의 인종·민족구성이 독일인·스웨덴인에서 폴란드인·이탈리아인·흑인으로 바뀌었음에도 불구하고 1900년에도 역시 비행률이 높았다.

(5) 비행률의 차이는 그 지역이 배경을 달리하는 것의 반영이고, 비행률이 높은 지역에서는 폐기된 건물이 산재하고 인구는 감소하며 상공업의 진출에 따라 거주인구가 압박을 받고 육체적 불건강의 특색을 띤다.

4 연구결과의 분석

생태학의 원리와 같이 하나의 인종이 지배하던 지역에 문화와 가치관이 다른 인종이 침입하여 지배하더라도 그 지역의 비행발생률이 지속적으로 높다는 것은 인종이나 문화의 문제보다는 지역특성, 즉 사회해체에 기인하는 것으로 볼 수 있다.

(1) 안정된 거주지역에서는 범죄율이 낮으나, 공업지역 및 상업지역에 인접한 지역에서는 범죄율이 높았고, 이는 그 지역의 주민의 구성이 바뀌더라도 마찬가지이다.

(2) 이러한 현상은 전자의 경우에 이웃의 사회적 통제가 가능함에 반하여 후자의 경우에는 주거환경이 불안정하고 사회적 통제가 개입될 여지가 적은 데에 기인한다.

(3) 도시의 범죄가 동심원이론 모델과 일치하여 중심부에서 멀어질수록 범죄발생량이 감소하는 것은 아니며, 쇼와 맥케이도 나중의 연구에서는 경제활동, 공업, 상업이 분산됨에 따라 범죄도 여러 지역으로 분산된다는 점을 지적하고 있다.

5 범죄다발지역의 특징

주민들의 전출입이 잦고 상업시설이나 공업시설이 많았으며, 황폐하고 노후된 건물이 많았다. 또한 건물의 임대료가 저렴하고 정상적인 가정을 이룬 가구의 비율이 낮으며 영아사망율이나 결핵발생률이 높은 불결한 환경이었다.

(1) **공간적 분포(spatial distribution)**: 학교를 퇴학하는 비율이 높은 생태학적 지역은 비행과 성인범죄의 비율이 높다.

(2) **지대가설(zonal hypothesis)**: 범죄율과 비행률은 도시중심부에서 가장 높고 외곽으로 갈수록 점차 감소한다.

(3) **지속성(persistence)**: 거주자들의 사회적·인종적 구성이 변화하여도 일부 생태학적 지역에서는 높은 비행률이 지속된다. 따라서 높은 비행률은 그 지역의 인종이나 문화의 문제보다는 사회해체와 같은 사회적 조건과 관련되어 있다.

(4) **사회해체(social disorganization)**: 비행률이 높은 지역은 인구이동, 높은 비율의 정부 구호대상 가족, 낮은 평균수입, 낮은 주택 소유율, 높은 비율의 비백인 거주자 등 조직해체의 지표들로 특징지어져 있다.

6 공헌

비행의 원인이 사회의 해체와 이에 따른 긴장과 문화의 전달에 기인한 것이기 때문에 개별범죄자의 처우는 비효과적이며, 도시 생활환경에 영향을 미치는 '지역사회의 조직화'가 필요하며, 이를 위해 '시카고 지역 계획(Chicago Area Project)'을 시행하여 상당한 효과를 거두었다고 한다.

7 시카고 지역 계획

비행지역의 연구결과를 토대로 지역사회의 비행예방정책에 응용하려는 것으로 먼저 지역의 관계자를 설득하여 자기 지역 내의 환경을 정화하는 데 관심을 가질 것을 역설하고, 그들 스스로 자치적·독립적인 안보단체를 조직하고, 모든 공공단체가 이를 지원하도록 하여 지역사회의 환경을 미화하고, 보호를 요하는 소년을 스스로 찾아내어 개인적 접촉을 통한 사적인 처우를 행하였는데, 많은 효과가 있었다고 한다.

8 이론의 한계와 비판

높은 범죄율 및 일탈률은 빈민지역과 관련 있는 것이지 그 지역에 사는 사람들과는 관련이 없다는 것을 보여 주었다.

(1) **사회해체 개념의 모호한 정의**: 사회해체가 높은 일탈률을 초래한다고 개념화하였으나 일탈 자체가 사회조직 와해의 지표라고도 볼 수 있다. 따라서 조직와해의 존재가 일탈의 발생과는 독립적으로 측정되어야 할 필요가 있다. 또한 연구시기와 대상 도시가 연구자들에 따라 다르므로 연구결과에 차이가 있다.

(2) **자료의 문제**: 경찰 기록을 주로 사용하여 경찰의 감시 수준이 높은 슬럼지역, 우범지역을 주대상으로 하였다.

(3) **제한적인 적용 가능성**: 개발도상국에서는 적용 가능한 이론이나 공업화나 도시화가 이미 진전된 나라에는 적용하기 곤란하다.

> **더 알아보기**
>
> 버식(Bursik)과 웹(Webb)의 사회해체론
> (1) 개관: 쇼와 맥케이의 이론이 사회해체가 어떻게 범죄발생과 관련되는지에 대한 불명확한 설명임을 비판하고 지역사회의 안정성(Community Stability)의 관점에서 사회해체의 입장을 재정리하였다.
> (2) 정의: 사회해체는 지역사회가 주민들에게 공통된 가치체계를 실현하지 못하고 지역주민들이 공통적으로 겪는 문제를 해결할 수 없는 상태를 말한다.
> (3) 높은 범죄율의 원인
>   ① 사회통제능력의 부족
>   ㉠ 비공식적인 감시기능의 약화: 범죄 유혹의 증가
>   ㉡ 행동지배율의 결핍: 범죄예방을 위한 우범지역 등에 대한 정보공유의 부재
>   ㉢ 직접통제의 부재: 익명성으로 인한 통제의 어려움
>   ② 사회화 능력의 부족: 이질적인 사람들이 공존하면서 생기게 되는 부작용(예 소통의 부재)으로 일관된 행위기준을 내면화하지 못할 때 혼란에 빠져 쉽게 범죄행위로 나아감

03 거시적 관점의 범죄이론

1 아노미이론(긴장이론)

(1) 의의
① 사회적·문화적 구조의 요소: 사회적·문화적 구조는 부의 획득, 높은 지위로의 출세, 좋은 학교에의 입학 등의 문화적 목표(성공목표)와 이에 도달하기 위한 제도적 규범(합법적 수단)의 두 가지 요소로 이루어지는데, 이 두 구성요소는 반드시 조화적으로 구성되는 것이 아니고 각기 독립적으로 구성된다.
② 아노미현상의 발생원인: 문화적 목표는 지나치게 강조하면서도 그것을 달성하기 위한 합리적 수단에의 접근 가능성은 각 사람의 능력이나 사회계층에 따라 상이하기 때문에 목표와 수단 간의 괴리가 커진다. 이때 아노미 조건이 유발되어 분노와 좌절이라는 긴장이 초래되고 그 소망하는 목적 달성이 합법적인 방법으로 불가능한 경우에 수단의 합법성을 무시한 행동으로 나가게 되어 범죄나 비행이 발생하게 된다.
③ 뒤르켐의 영향: 무규범의 상태인 아노미는 급격한 사회변동의 산물이며, 그 결과 사람들은 관습적 윤리성에 대한 자신의 유대를 상실하게 되고, 이는 사회적 통제를 약화시켜서 일탈행위를 증대시킨다는 뒤르켐의 주장에 크게 영향을 받았다.

> **더 알아보기**
>
> 뒤르켐(Durkheim)과 머튼(Merton)의 이론 비교
>
> | 구분 | 뒤르켐 | 머튼 |
> | --- | --- | --- |
> | 인간의 욕구 | 생래적인 것 | 사회의 관습이나 문화적 전통에 의해 형성 |
> | 인간의 본성 | 성악설 | 성선설 |
> | 아노미의 개념 | 끝없는 자기 욕망을 사회규범이나 도덕으로써 제대로 규제하지 못하는 사회적 상태 | 문화적 목표와 제도화된 수단 간의 괴리 |
> | 범죄 원인 | 욕망의 분출 또는 좌절에 의한 긴장의 해소
(개인적 차원) | 강조되는 문화적 목표에 비해 제한된 성취기회
(사회구조적 차원) |

(2) 아노미이론의 세 가지 명제
첫째, 부의 성취를 강조하는 가치가 미국문화의 특징이며 이 성공목표는 모든 계층의 사람이 다 가지고 있다는 것, 둘째, 많은 하류계층 사람들에게는 이 목표를 달성할 수 있는 합법적인 수단이 거부되어 있다는 것, 셋째, 이 갈등으로 인하여 하류계층 사람들이 비합법적인 수단으로도 성공을 하려고 노력을 하게 된다는 것이다.

> **더 알아보기**
>
> 아노미현상의 발생 원인
>
> | 빈곤 | → | 아노미조건 유발 | → | 범죄나 비행 |
> |---|---|---|---|---|
> | • 고립된 슬럼지역의 형성
• 관습(합법)적인 사회적 기회의 결여
• 인종적·민족적 차별 | ↑
하류계층의 목표와 수단 간의 괴리 증가 | 분노와 좌절이라는 긴장 초래 | | 목적 달성을 위해 합법성을 무시한 행동으로 나가게 됨 |

(3) 범죄의 원인

머튼(Merton)은 대공황을 갓 넘긴 자본주의적인 미국 사회가 정의한 사회적 목표인 물질적 부의 성취는 개인적 성공을 강조하는 사회풍토를 조성하게 되는데, 이때 사회적 목표와 그 목표에 이르는 수단 간의 괴리로 인해 아노미가 초래된다고 보았다.

(4) 사회·문화적 구조에 대한 적응방식

적응 유형	문화적 목표	제도화의 과정	적응 예시
동조형(순응)	+	+	정상인
개혁형(혁신)	+	-	전통적인 범죄인
의례형(의식주의)	-	+	샐러리맨
도피형(퇴행)	-	-	알코올·마약 중독자
반역형(전복)	±	±	혁명가

※ 여기서는 +는 수용을, -는 거부를 나타내며, ±는 만연된 가치의 거절과 새로운 가치의 보충(기존의 사회질서를 다른 사회질서로 대체할 것을 요구)을 의미한다.

① **동조형(conformity)**: 그 사회의 성공목표를 용인하고 또한 그에 도달하기 위한 제도적 수단도 인정하여 정상적인 생활을 유지하는 사람들이다.

② **개혁형(innovation)**: 그 사회의 성공목표는 적극 수용하는데, 제도적 수단에만 의존하지 않고 비합법적인 방법도 용인한다. 사회에서 전통적인 범죄행위는 이들에 의해서 행해지며 일반적으로 금전획득을 위한 재산범죄가 많다.

③ **의례형(ritualism)**: 현실의 높은 성공목표를 외면(포기)하면서도 제도적 규범수단들에 충실하여 순종적인 생활을 해나간다. 사회적으로 중하층에 속해 있는 사람들에서 흔히 볼 수 있는 적응방식으로 특별한 범죄유형은 발견되지 않는다.

④ **도피형(retreatism)**: 현실적인 성공목표와 그 제도적 규범수단을 모두 부정하고 그로부터 도피적인 생활을 하는 유형으로 알코올·마약 중독자나 부랑자들이 이에 속한다. 머튼에 의하면 합법적 수단을 통한 목표 성취 노력의 계속적인 실패와 제도화된 수단에 대한 내면화에 따른 양심의 가책 때문에 불법적인 수단을 사용할 능력이 없는 결과 나타나는 유형이라고 한다.

⑤ **반역형(rebellion)**: 도피형과는 달리 사회목표의 거부를 비밀리에 하지 않고 공공연히 하는 것으로, 현행 제도의 개혁을 주장하는 데모나 혁명에 가담하는 정치범 또는 확신범의 경우이다.

(5) 적응유형과 범죄

① 머튼에 의하면 사회가 인정하는 '목표'와 '수단'에 충실한 사람만이 동조자라고 할 수 있고, 목표와 수단의 둘 중에서 한 가지나 두 가지 모두를 부인하는 사람은 사회로부터 일탈자로 간주된다. 즉, 동조형을 제외한 나머지는 모두 반사회적(일탈적) 적응방식이다.

② 범죄학적으로 특히 문제가 되는 것은 '개혁형'이다. 이들은 강한 성취욕구는 있으나 이에 도달하는 제도적 수단이 허용되지 않기 때문에 또는 제도적 수단에만 의존할 이유를 강하게 느끼지 못하기 때문에 비합법적으로 성공목표에 도달하려고 하므로 범죄행위 내지 일탈행위를 저지를 위험성이 가장 크다.

③ 적응양식의 차이는 개인적인 속성의 차이가 아니라 사회적 문화구조에 의해 결정된다고 보기 때문에 사회구조에 관한 이론이다.

④ 머튼은 자본주의 체계의 모순은 인식하였으나 범죄의 원인을 아노미라고 보아 자본주의의 구조적 모순이 범죄의 원인이라는 갈등론적 범죄학과 차이가 있다.

(6) 비판

① 어느 사회에서나 문화적 목표와 가치에 대한 기본적인 합의가 이루어지고 있다는 공통 가치를 전제로 하고 있으나 지위고하를 막론하고 모든 인간이 일률적으로 물질적 성공이라는 목표를 공유하고 있다는 주장은 그 근거가 의문이다.

② 일탈의 원인을 문화와 사회구조 속에서 파악하려 한 나머지 집단 또는 개인들 간의 상호작용이 일탈행위에 미치는 영향을 과소평가 또는 무시하고 있다.

③ 구조적 긴장이 극도화되어 있는 하류계층의 일탈행위는 설명할 수 있으나, 중상류층의 범죄나 일탈에 대해서는 의문이 많다.

④ 재산범죄에서는 타당한 논리이지만 격정범죄(폭력범죄)에 대한 설명은 낮다.

⑤ 사회적 목표의 달성이 아닌 오직 개인적인 즐거움을 위하여 저질러지는 대부분의 소년비행의 동기가 되는 비영리적인 요소를 설명하지 못한다.

⑥ 문화적 목표와 제도화된 수단 간의 괴리를 경험하는 사람들이 범죄에 가담한다고 하였으나 서로 다른 구조가 차단되어 있지 않은 사람들도 범죄행위를 한다.

(7) 아노미이론의 발전

① 사회구조적 수준의 긴장 – 제도적 아노미이론

관련학자	메스너와 로젠펠드(Messner & Rosenfeld)의 '범죄와 아메리칸 드림'

주장 내용	• 개념: 아노미이론은 반사회적 행동을 미국 사회의 문화 · 제도적 영향의 결과로 인식한다.
	• 물질적 재화의 획득인 성공목표가 미국 문화에 널리 퍼져 있다는 머튼의 관점에 동의하며 지나치게 금전적 성공을 강조하는 것은 이를 통제할 만한 종교나 자선단체 같은 제도가 무기력하거나 퇴보된 상태로 남겨져 있기 때문으로 본다.
	• 사회제도가 손상된 이유
	  – 비경제적 사회제도(예 가족, 학교, 공동체 등)의 역할이 평가절하되었으며, 사회제도 간에 갈등이 발생하면 비경제적 역할은 경제적 역할에 종속되어 그것을 따르게 되었다. 예컨대 승진의 기회가 주어진 부모는 가족과 떨어진다거나 온 가족이 다른 곳으로 이사를 가는 것을 당연하게 생각하게 되었다.
	  – 경제적 언어, 기준, 규범 등이 비경제적 영역까지 침투하고 있다. 예를 들어 배우자를 살림을 위한 경영 파트너로 바라보았다.
	• 아메리칸 드림 신화의 지배는 많은 사람에게 합법적 수단으로는 충족할 수 없는 물질적 상품에 대한 소망과 욕망을 갖게 했다.
	• 상대적으로 높은 미국의 범죄율은 문화와 제도 간의 상호관계를 통해 설명할 수 있다. 즉, 제도적 수준에서 경제적 관심의 지배는 가족, 교회, 학교에서 실행하는 비공식적 사회통제를 약화시킨다고 보며 미국문화에서 범죄율이 높은 이유를 설명해 주는 이론이다.

범죄예방 대책	시민들이 경제적 안전망을 제공받게 된다면 그들은 경제적 박탈감의 영향을 이겨낼 수 있고, 범죄율이 감소될 것이기에 복지, 연금, 혜택, 보건 등 자원을 제공하는 국가는 범죄율이 현저히 낮을 것이다.

② 개인적 수준의 긴장 – 일반긴장이론

관련학자	로버트 애그뉴(Robert Agnew)
주장 내용	• 머튼이 범죄율에서 사회계층의 차이를 설명했다면 애그뉴는 스트레스와 긴장을 느끼는 개인이 범죄를 저지르기 쉬운 이유를 설명(긴장의 개인적 영향을 밝히는 데 도움을 줌)한다. • 하류층의 범죄에 국한하지 않고 사회의 모든 계층의 범죄행위에 대한 일반적인 설명을 제공하고자 하여 중산층의 범죄를 설명하였다. • 긴장 경험의 강도가 강하고 횟수가 많을수록 그 충격은 더 커지고 일탈에 빠질 가능성이 높다. • 개인적 수준의 일탈을 예측할 뿐 아니라 공동체 수준의 범죄율 차이를 설명하기도 한다.
가치 및 공헌	• 현대사회에서 긴장의 복잡성을 밝혀내고 아노미이론을 확장시켰다. • 생애과정에 걸쳐 사회적 사건이 행동에 미치는 영향을 보여주었다. • 하류계층뿐만 아니라 중산층의 범죄 설명에도 유용하다.

> **더 알아보기**
>
> 일반긴장이론의 요소
>
> | 긴장의 원인 | 부정적 감정의 상황 | 반사회적 행동 |
> |---|---|---|
> | • 긍정적 가치를 주는 목적 달성의 실패(열망과 기대 사이의 괴리에 의한 결과)
• 기대와 성취 사이의 괴리(동료와의 비교에 의한 상대적 긴장)
• 긍정적 가치를 주는 자극이 제거됨(결별, 이사, 전학, 이혼 등)
• 부정적 자극의 출현(아동학대와 무관심, 범죄피해, 체벌, 학교생활의 실패 등) | • 노여움
• 좌절
• 실망
• 우울
• 두려움 | • 약물 남용
• 일탈
• 폭력
• 학업 중도 포기 |

2 하위계층 문화이론(하위계층 주요관심사론)

(1) 의의
① 밀러(Miller)는 미국 보스턴시의 우범지역에서 빈번히 발생하는 청소년 갱문제를 해결할 수 있는 방안을 연구하던 중 우범지역에 거주하는 사람들이 관심을 갖는 사항은 다른 지역에서는 찾아볼 수 없을 정도로 독특하다는 것을 발견하였는데, 하층계급은 그들의 관심이 일반인들과 다르기 때문에 독특한 문화규범이 생기고 이에 따라 행동함으로써 중류계층의 법규범을 위반하고 범죄가 생기게 된다는 것이다.
② 즉, 하류계층 청소년의 비행은 중류계층 가치의 수용 불능이기보다는 하류계층의 문화나 가치가 더 중요하게 작용하여 이러한 하류계층의 문화를 체득하여 나온 행동패턴은 지배적인 계층인 중류계급이 희망하는 행동패턴과 상치하기 때문에 발생하는 것이다.

(2) 범죄의 원인
하층문화계급에의 동조는 곧 중류계층 규범의 위반을 의미하지만, 중류계층의 가치와 행동규범에 대한 악의적인 원한이나 울분을 표시하는 것은 아니고 그들의 집중된 관심에의 추구가 범죄 원인이다. → 중류계층의 가치나 행동규범을 정면으로 거부하고 이에 대한 악의적인 원한이나 울분을 표시하는 것은 코헨의 비행하위문화이론의 부정성이다.

(3) 관심의 초점
① **말썽**(trouble, 걱정): 법이나 법집행기관 등과의 말썽이 오히려 영웅적이거나 정상적이며 성공적인 것으로 간주되는 것이다.
② **강인**(toughness): 특히 남자들의 경우에 남성다움과 육체적 힘의 과시, 용감성, 대담성에 대한 관심을 의미한다.
③ **교활**(smartness, 영악함): 지적인 영리함이 아니라 도박, 사기, 탈법과 같이 속고 속이는 세상에서 남이 나를 속이기 이전에 내가 먼저 남을 속일 수 있는 능력을 말한다.
④ **흥분**(excitement, 자극성): 스릴, 모험, 권태감을 모면하는 데에 대한 관심을 의미한다.
⑤ **숙명론**(fate, 운명): 빈곤한 사람은 때때로 그들의 생활을 숙명이라고 생각함으로써 자기의 현실을 정당화한다. 성공은 요행이 중요하다고 생각하고 체포되면 운수가 좋지 않았기 때문이라고 생각한다.
⑥ **자율**(autonomy): 외부로부터 통제나 간섭을 받기 싫어하는 속성으로, 자신들의 사회계층 제도상의 위치 때문에 항상 타인으로부터 명령과 간섭을 받고 있는 현실에 대한 잠재의식적인 반발을 보인다.

> **더 알아보기**
>
> 비행과정
>
>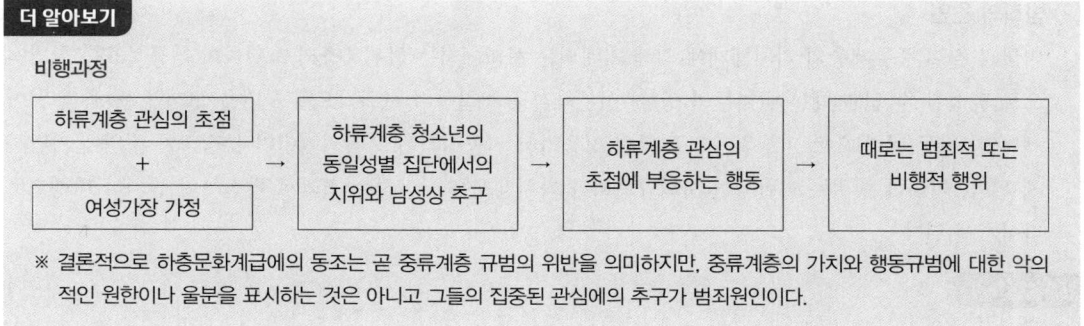
>
> ※ 결론적으로 하층문화계급에의 동조는 곧 중류계층 규범의 위반을 의미하지만, 중류계층의 가치와 행동규범에 대한 악의적인 원한이나 울분을 표시하는 것은 아니고 그들의 집중된 관심에의 추구가 범죄원인이다.

(4) 울프강(Wolfgang)과 페라큐티(Ferracuti)의 폭력하위문화이론

① 19세기에 이미 미국 남부지역의 상대적으로 상당히 높은 범죄율, 특히 살인범죄가 연구자들의 관심을 끌기 시작하였는데, 남부의 주들은 미국 전체 평균 살인 발생률에 비해 상당히 높은 발생률을 기록(대략 10배 정도)하였다.

② 특정한 상황에서 상호작용과 문제 해결의 정당한 수단으로서 폭력의 사용이 도덕적으로 지지되는 하위문화가 미국사회 내에 존재하고 있다는 입장을 취하였다.

③ 특정한 가치체계로의 동조가 빈번한 범죄 및 일탈의 발생을 설명하는 데 고려되어야 한다고 주장하였다.

3 비행(일탈)하위문화이론(코헨)

(1) 의의

밀러나 울프강 등은 범죄하위문화가 사회계급이나 특정 지역에 전래하는 것으로 가정하고 이러한 문화가 생성되는 과정에 대해서는 특별한 관심을 두지 않았지만, 코헨은 청소년들 사이에서 반사회적 가치나 태도를 옹호하는 비행문화가 형성되는 과정을 집중적으로 다루었다.

(2) 비행문화 형성의 이유 – 비행청소년들

① 상대적으로 많은 수의 하류계층 청소년들이 학교에서 실패하고 있는데 이러한 저조한 학업성취도는 비행과 관련되며, 이들의 학업성취가 저조한 것은 대부분 하류계층 청소년들의 가치와 학교체제의 지배적인 중류계층의 갈등에 기인한다.

② 하위계층 청소년의 '지위좌절(status frustration)'은 하위계층의 청소년들은 중류계층의 기준을 충족시킬 수 있는 언어나 사회적 기술을 갖고 있지 않고 있어서 지위좌절을 경험한다는 것이다. 이러한 실패를 극복하기 위해 하류계층 청소년들은 자신들의 지위와 사회적 인정을 제고하고 자아존중감을 회복할 수 있는 방안을 위해 중산층의 문화와 반대되는 기준에 바탕을 둔 비행집단을 형성하게 된다.

(3) 범죄의 원인

미국과 같이 중류계층의 가치체계에 의해 지배되는 사회에서는 하위계층의 소년들이 성공목표를 합법적으로 달성할 수 없기 때문에(머튼의 영향) 신분좌절을 경험하며 사회적으로 불만을 느끼게 됨에 따라 이에 대한 반동(반항)으로 비행집단으로 함께 어울려서 비공리적이고 악의적이며 부정적인 행위에 가담하게 된다. 이러한 행위는 일반적인 사회규범이나 가치체계를 무시하는 결과로 발전하여 범죄나 비행으로 나아가게 된다.

더 알아보기

비행(일탈)의 과정

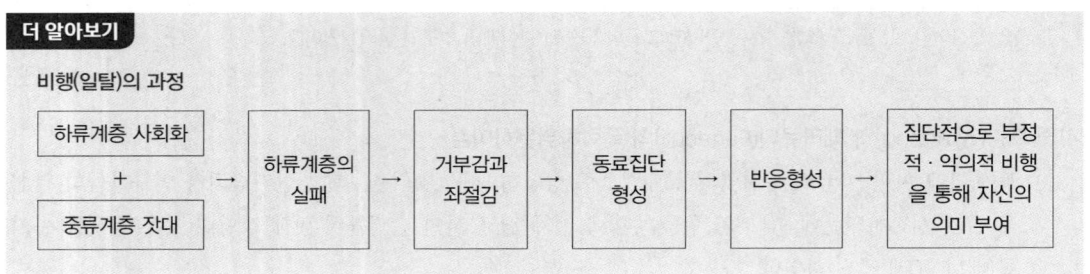

(4) 하위계층 청소년의 반응 형태
① 거리의 불량자(corner boy): 가장 일반적인 반응으로 만성적인 비행소년은 아니지만 사소한 비행이나 지위비행을 저지른다.
② 학생(college boy): 중류계층의 문화적·사회적 가치를 받아들이고 이에 부합하려고 노력한다.
③ 태만한 소년(delinquent boy): 중류계층의 가치에 직접적으로 반대되는 규범과 원칙들을 선택하여 발전시키는데, 이는 비행 하위문화가 된다.

(5) 비행적 하위문화의 특징
① '악의적(malicious)'이고 '부정적(negativistic)'인 가치에 입각하고 있다.
② 비행조직에서 지위를 획득하는 것은 하위계층 청소년들이 쉽게 충족할 수 있다고 주장하였다.
③ 비행청소년들이 재산범죄를 범하는 것은 머튼의 주장과는 달리 금전적 성공을 이루려는 행위라기보다는 비행 하위문화에 놓여 있는 비행친구들의 인정을 받기 위한 행위라고 보았다.
④ 비행적 하위문화의 유형
   ㉠ 비공리성(non-utilitarian): 중산층 문화가 행위규범으로 합리성·공리성을 강조하는 데 비하여 비공리성을 강조하는데, 예를 들어 절도의 경우 물건 그 자체보다는 단순한 스릴이나 자기 동료들로부터 영광과 지위를 얻기 위해 행하는 것이다.
   ㉡ 악의성(maliciousness): 다른 사람에게 불편을 주고 고통당하는 모습에서 쾌감을 느끼는 심리를 의미한다.
   ㉢ 부정성(거부주의, negativism): 중간계급의 가치 또는 어른들의 문화를 거부하는 경향으로, 중간계급에서 강조하는 가치를 전도시켜 그들 나름의 가치체계를 구축하는 것이다. 하위계급의 소년들이 사회의 일반문화와 정반대되는 방향으로 하위문화의 가치나 규범을 설정하는 과정을 반항형성이라는 개념으로 표현한다.

ⓔ 단기적 쾌락주의(short-run hedonism): 장기적인 계획과 목표를 가지고 사는 것이 아니고 당장의 쾌감만을 추구하는 심리를 가리킨다.
ⓜ 집단자율성의 강조(emphasis of group autonomy): 갱단의 형성, 내적으로 강한 단결력을 보이고 외적으로 적대감 형성, 변덕 등을 나타낸다.

(6) 한계
① 상류계층이나 중산계층 출신들이 저지르는 비행이나 범죄는 설명하지 못하며 하위계급 출신의 소년 중에서도 비행을 저지르지 않는 소년이 많다는 사실을 간과하였다.
② 하위계급 출신들이 저지르는 비행 중에서 가장 많은 것이 절도인데, 이는 비공리성·악의성·부정성 등의 비행 하위문화의 영향 때문만이라기보다는 공리적이고 이성적으로 저질러질 때도 많다.
③ 하위계급 소년들이 자신들의 문화에 의해 비행을 저지르면 행위에 대한 자부심이나 만족감을 가지고 죄의식이나 수치심은 느끼지 않아야 하는데, 실제 체포된 소년의 대부분은 자기 행동을 후회하고 있다. 이는 비행소년들이 항상 비행적 하위문화의 지배를 받는 것은 아니라는 것을 시사해 준다.

> **더 알아보기**
>
> 하위계층문화이론과 비행하위문화이론의 비교
>
> | 구분 | 하위계층문화이론 | 비행하위문화이론 |
> |---|---|---|
> | 관련 학자 | 밀러(Miller) | 코헨(Cohen) |
> | 범죄 원인 | 하위계층 청소년의 주요 관심사에 대한 동조 및 추구 | 중류계층의 가치와 행동규범에 대한 악의적인 원한이나 울분의 표시 |

4 차별적 기회구조이론(클라워드와 올린)

(1) 이론의 전제
클라워드(Cloward)와 올린(Ohlin)은 쇼와 맥케이의 문화전달이론 및 이를 체계화한 서덜랜드(Sutherland)의 차별적 접촉이론과 머튼의 아노미이론을 종합하여 범죄 내지 비행문제를 설명하되, 위의 이론들이 놓친 '기회구조의 개념'을 도입하여 성공을 위한 목표에의 수단이 합법적·비합법적인 두 가지 기회구조가 있음을 전제로 한다.

(2) 의의
개인이 합법적인 기회구조와 비합법적인 기회구조라는 양자에 걸친 지위에 있다고 가정하고, 개인이 성공을 위한 목표를 달성하려고 할 때 양자 중 어느 수단을 취하는가는 사회구조와의 관계에서 어떠한 수단을 취할 수 있는 위치에 있는가에 달려 있다고 한다.

(3) 범죄의 원인

① **문화전달·차별적 접촉·아노미이론에 대한 비판**: 문화전달이론이나 차별적 접촉이론은 주로 비합법적인 행동방식을 전하는 학습환경에 대한 접근 가능성만 문제시하고 합법적인 행동방식을 전하는 학습환경에 대한 접근 가능성은 경시되었고, 반대로 아노미이론에서는 성공목표에 접근하는 방법으로서 합법적인 수단에 대한 기회차별만 강조되었을 뿐 그것이 불가능할 경우 비합법적인 수단에 대한 접근 가능성의 차이에 관하여는 언급하지 않은 결함이 있음을 지적하였다.

② **기회구조의 개념 도입**: 비행을 학습하는 과정이나 그것을 실제로 수행하는 과정에 사람들은 합법적인 것과 비합법적인 것의 양면으로 그 접근 가능성의 차이를 느끼게 되어 있고, 이 두 가지 면에서의 접근 가능성의 차별은 비행의 학습 여부와 비행의 수행 여부를 결정하는 데 있어 더욱 중요한 문제가 되며, 이러한 문제는 '기회구조'의 개념을 도입해서만 해결할 수 있다.

③ **차별적인 기회구조**: 합법적인 기회구조에 접근할 수 있는 기회가 차단되어 있다고 해서 바로 범죄가 유발되는 것이 아니라 동시에 불법적인 수단에 접근할 수 있는 기회가 주어져야 하고(이 점에서 머튼의 이론과 차이가 있다) 이러한 불법적인 기회구조도 역시 차별적으로 분배되어 있다.

④ **범죄 하위문화론**: 클라워드와 올린은 합법적인 기회구조가 배제된 청소년들이 참여할 수 있는 비행적 하위문화를 제시하였는데, 밀러의 하위계급문화이론, 코헨의 비행 하위문화이론 등을 포함하여 '범죄 하위문화론'으로 분류하기도 한다.

⑤ **상이한 형태의 비행문화 성격결정조건**: 문화전달이론과 분화적 접촉이론을 원용하여 인간이 비행자가 되는 것은 비합법적 기회인 비행문화와 접촉하여 이를 습득함으로써 가능하다고 보았다.

(4) 개인적 적응양식의 유형(머튼의 모형 수정)

적응양식	목표	합법적 수단	비합법적 수단	폭력수용	하위문화
동조형	+	+			
개혁형	+	−	+		범죄적 하위문화
공격형	+	−	−	+(Yes)	갈등적 하위문화
도피형	+	−	−	−(No)	도피적 하위문화

① **동조형**: 문화적 목표와 이를 달성하기 위한 합법적 수단을 가진 사람들로 머튼의 동조형에 해당한다.

② **개혁형**: 문화적 목표는 수용하지만 이를 달성하기 위한 합법적 수단은 없고 비합법적 기회를 가진 자들로 주로 도구적 일탈행위를 저지른다. 머튼의 개혁형에 해당하지만 머튼과는 달리 비합법적 기회구조와의 접촉을 강조하고 있다.

③ **공격형**: 문화적 목표는 인정하지만 이를 달성하기 위한 합법적·비합법적 기회가 모두 차단되어 이에 대한 불만을 폭력으로 분출하는 유형으로 표출적 일탈행위가 이에 속한다. 머튼의 유형에는 없는 새로운 유형이다.

④ **도피형**: 문화적 목표는 인정하지만 이를 달성하기 위한 합법적·비합법적 기회구조가 모두 차단되어 있고 이에 대한 불만을 폭력으로 배출하지 않고 자포자기하는 유형으로 도피적 일탈행위가 이에 속한다.

(5) 비행 하위문화의 종류

슬럼(slum)지역에는 합법적인 기회구조가 배제된 청소년들이 참여할 수 있는 다음과 같은 세 가지의 비행 하위문화가 있다.

① **범죄 하위문화**: 클라워드와 올린의 모형 중 개혁형에 해당되는 비행문화로 문화적 가치를 인정하지만 합법적 기회구조는 없고 비합법적인 기회구조와 접촉이 가능하여 성인범죄자 및 각 연령층의 긴밀한 유대와 통합의 바탕 위에 주위 환경의 옹호를 통하여 범행이 장려되고 불법이 생활화된다. 이들은 주로 성인범죄자와의 접촉을 통하여 사기·절도의 기술과 지식을 습득하여 재산범죄를 저지르므로 성인범죄자와 긴밀한 연계가 있는 지역에서 발생할 가능성이 가장 높다.

② **갈등 하위문화**: 클라워드와 올린의 모형 중 공격형에 해당되는 비행문화로 문화적 가치를 달성하기 위한 합법적·비합법적 기회구조(즉, 성인들의 범죄가 조직화되지 않아 비합법적인 수단에 소년들이 접근할 수 없어 범죄기술을 전수할 수 있는 환경이나 기회가 발전되지 않은 지역)가 모두 차단되어 있어 이에 대한 욕구불만을 폭력행위나 집단싸움으로 해소하는 청소년 비행문화집단으로, 가장 위험성이 없으며 그들이 나이가 들어 직장을 가지거나 결혼을 하게 되면 이전의 비행적인 행동양식을 청산하고 정상인의 생활을 하게 된다.

③ **도피 하위문화**: 도피형에 해당되는 비행문화로 문화적 목표는 인정하지만 이를 달성하기 위한 합법적·비합법적 기회구조와의 접촉이 모두 차단되어 있고 폭력도 사용하지 못해 자포자기하는 집단으로 '이중실패자(double failure)'라고도 하는데 주로 알코올·약물 중독자들이 이에 속한다.

(6) 이론의 공헌

① 집단비행 현상의 구조적 요인은 아노미이론에서, 구체적인 비행의 성격과 형태를 문화전달이론과 분화적 접촉이론에서 파악한 점에서 독창적이다.
② 범죄와 비행을 유발하는 중간적인 사회구조적 여건, 즉 합법적 기회구조·비합법적 기회구조를 지적하였다.
③ 미국의 1960년대 존슨 행정부의 지역사회 행동과 비행예방 프로그램 등의 사회정책에 크게 영향을 주었다.

(7) 이론의 비판

① 상이한 하류계층 간에 존재하는 가족구조와 인종적 요소 등 배경적인 차이를 체계적으로 취급하지 않고 있다.
② 비행이 하류계층에 상대적으로 더욱 보편화되어 있다는 가정에서 출발한 이론으로 중상류계층에서의 비행발생에 관한 설명이 없다.
③ 동일한 기회구조 속에서도 왜 사람마다 서로 다르게 반응하는지에 대해서 설명할 수 없다.
④ 다른 조사결과에 의하면 높은 청소년 비행률을 나타내고 있는 지역사회들에는 어느 특정한 한 가지 하위문화가 아니라 복수의 하위문화가 존재한다고 한다.

더 알아보기

범죄 하위문화 이론 비교

이론	학자	주요 전제	이론의 장점
하위층 계급 문화이론	밀러	하위계층의 주요 관심사에 따르는 사람은 스스로 지배적인 문화와 갈등을 일으킨다.	하위계층 문화의 주요 관심사(핵심가치)를 밝히고 그 가치와 범죄의 관계를 보여 준다.
비행하위 문화이론	코헨	중산층의 성공을 달성하는 데 실패한 하위계층 청소년들은 신분좌절을 경험하게 되고 그로 인해 갱조직에 가담하게 된다.	하위계층 생활조건이 어떻게 범죄를 발생시키는지를 보여 주고, 폭력과 파괴적 행위를 설명하고, 하류계층과 중산층 사이의 갈등을 알려 준다.
차별 기회구조이론	클라워드와 올린	합법적 기회의 차단이 하위계층 청소년이 범죄·갈등·도피 하위문화(갱)에 가담하게 되는 원인을 제공한다.	불법적 기회마저 사회 내에서 차별화되어 있음을 보여 주고, 왜 사람들이 범죄행위에서 특정 유형에 개입하게 되는지를 밝힌다. 또한 빈곤의 축소와 같은 범죄방지 대책의 이론적 기초를 제공하고 있다.

04 미시적 관점의 범죄이론

1 사회학습이론적 관점

(1) 개관

반두라(Bandura)의 사회학습이론(Social Learning Theory)을 시작으로 서덜랜드(Sutherland, 1947)의 차별 접촉이론(Differential Association Theory) 및 이것을 발전시킨 버제스와 에이커스(Akers)의 차별 강화이론(Differential Association-Reinforcement Theory), 글레이저(Glaser)의 차별 동일시이론(Differential Identification Theory)이 대표적이다.

(2) 초기 학습이론 – 타르드(Tarde)

① 타르드는 당시 롬브로조가 제기하였던 생물학적 원인론을 부정하고 인간행위는 다른 사람들과 접촉하면서 관념을 학습하며, 행위는 자기가 학습한 관념으로부터 유래하는 것이라고 주장하였다.

② 모방의 법칙

거리의 법칙	모방성의 강도는 사람 간의 친밀한 정도에 비례
방향의 법칙	위에서 아래로(모방은 사회적 지위가 우월한 자를 중심으로 이루어짐)
삽입의 법칙	모방은 모방 → 유행 → 관습의 형태로 변화·발전(무한진행의 법칙)

(3) 사회학습이론(Social Learning Theory) – 반두라(Bandura)

① **의의**: 공격적 행위의 형태, 빈도, 상황 그리고 목표 등은 대개 학습요인에 의해서 결정된다고 하지만 학습된 행위가 실행되기 위해서는 동기나 자극이 필요하다.
② **폭력성을 유발하는 요소**: 공격적 자극, 학습된 공격적 기술, 공격에 대한 예견된 보상, 공격의 정당성에 대한 신념 등이 폭력성을 유발한다.
③ **주요 내용**: 동기요인은 대체로 강화와 모방에 의해서 좌우되며, 재강화 또는 보상은 처벌보다는 보상될 때 공격성이 증가한다고 본다. 이러한 보상에는 처벌과 같은 외적 강화, 재강화되는 다른 사람의 지위를 관찰하는 대리적 강화, 그리고 자기규제 기제로서의 자신의 행동에 대한 반응의 세 가지 유형이 있으며, 재강화나 보상에 있어서 가족, 하위문화 그리고 언론의 중요성이 강조된다.

2 차별 접촉이론(Differential Association Theory)

(1) 의의

① 사회해체이론[파크와 버제스(Park & Burgess)], 문화전달이론[쇼와 맥케이(Shaw & Mckay)], 문화갈등이론[셀린(Sellin)] 및 상호관계의 의사소통과정을 통한 행위와 태도의 학습을 강조하는 상징적 상호작용이론[토마스와 미드(Thomas & Mead)]을 기초로 하여 특정 지역사회와 범죄발생을 연결하는 메커니즘을 규명하려는 이론이다.
② 차별적(differential)은 분화적 또는 이질적으로도 번역되며, 접촉(association)은 교제라고도 번역된다. 분화적 또는 이질적보다는 차별적이, 교제보다는 접촉이라는 표현이 이론과 더 잘 부합된다고 생각한다.
③ 서덜랜드는 미국범죄학의 아버지로, 제자인 크레시와 『범죄학의 원리』를 저술하였고, 차별적 접촉이론을 통해 화이트칼라범죄의 개념을 제시하였다.

(2) 이론의 기초

① **차별적 집단(사회)조직화**
  ㉠ 사회해체란 사회가 '무조직의 상태로 되어 있음'을 뜻하는 것이 아니라 사회가 이질적 이익과 이질적 목표를 추구하는 잡다한 조직으로 분화되어 각기 나름대로의 문화를 형성, 이를 계승하고 있는 상태를 의미하는 것으로 그 의미를 명확히 하기 위해 사회해체라는 용어 대신 '차별적 집단조직화'라는 용어를 사용하였다.
  ㉡ 전체 사회조직은 범죄적인 행동양식에 동의하고 이를 지지하는 집단, 범죄성을 전혀 띠지 않는 중립적인 집단, 반범죄적 준법집단으로 나눌 수 있는데 인간의 본성을 백지로 보아 각 집단에 있어서의 행동양식은 집단의 구성원들로부터 배워 익혀지는 것이다. 따라서 범죄행위란 범죄적인 행동양식에 동의하고 이를 지지하는 집단 내에서 정상적인 학습을 통해서 터득한 행동양식의 표현이다.
② **개인의 차별적 접촉**: (문화갈등이 존재하는 상황하에서) 특정인이 어떻게 범죄행위에 가담하게 되었는가에 관해 학습명제 9가지로 설명한다.

(3) 이론의 9가지 명제

① 범죄행위는 학습의 결과이다. 따라서 생물학적으로 결정되는 것도, 심리적 결함에 기인하는 것도 아니며 배워서 학습되는 것이다.
② 범죄행위는 다른 사람과의 교제나 접촉 등의 상호작용을 수행하는 과정에서 학습된다.
③ 범죄행위 학습의 주요 부분은 가족·친지 등의 가까운 사집단 내에서 이루어지고 라디오, TV, 영화, 신문 등의 비인격적 매체와는 관련이 없다.
④ 범죄행위의 학습에는 복잡하든지 단순하든지 간에 범죄를 행하는 기법/동기, 욕구, 합리화 및 태도의 구체적 관리법을 포함하고 있다.
⑤ 동기와 욕구의 관리법은 법을 우호적·비우호적으로 정의하느냐에 따른 다양한 관점으로부터 학습된다.
⑥ 특정 개인이 범죄자가 되는 것은 법 위반을 긍정적으로 해석하는 정의들과의 접촉이 법 위반을 부정적으로 해석하는 정의들과의 접촉을 능가하기 때문이다. 차별적 접촉이론의 기본원칙으로 단순히 나쁜 동료와의 접촉을 문제 삼는 이론과는 차이가 있다. 법을 위반하는 것을 비우호적으로 정의하는 것보다 우호적인 것으로 정의하는 것을 학습한다.
⑦ 차별적 접촉은 접촉의 빈도(frequency, 특정 개인이 범죄 호의적 또는 범죄 거부적 정의들과 접촉한 횟수), 기간(duration, 그러한 정의와 접촉한 시간적 길이), 시간적 우선성(priority, 그러한 정의와 접촉할 당시의 나이), 강도(intensity, 특정 개인과 범죄 호의적, 범죄 거부적 정의를 제공하는 자 사이의 애착의 정도)에 따라 다르다. 즉 접촉의 빈도가 높고 기간이 길수록 학습의 영향은 더 커지고, 시간적 우선성이 빠를수록, 접촉의 강도가 클수록 더 강하게 학습을 하게 된다. 따라서 차별적 접촉이론은 나쁜 친구를 사귀면 범죄를 저지를 것이라는 식의 단순한 등식이 아니라 불법적인 정의를 접촉한 정도와 준법적인 정의를 접촉한 접촉의 차이가 범죄 유발의 중요한 요인이라는 것이다.

더 알아보기

차별적 접촉의 유형
- 빈도(frequency) : 특정 개인이 범죄 호의적 또는 범죄 거부적 정의들과 접촉한 횟수
- 기간(duration) : 범죄 호의적 또는 거부적 정의와 접촉한 시간적 길이
- 시간적 우선성(priority) : 범죄 호의적 또는 거부적 정의와 접촉할 당시의 나이
- 강도(intensity) : 특정 개인과 범죄 호의적·범죄 거부적 정의를 제공하는 자 사이의 애착 정도

⑧ 범죄행위를 배우는 과정은 일상생활 속에서 행해지는 다른 행위의 학습과정과 동일한 메커니즘을 지닌다. 범죄자와 준법자와의 차이는 접촉의 양상에 있을 뿐 학습이 진행되는 과정에는 아무런 차이가 없다.
⑨ 범죄행위도 욕구와 가치관의 표현이라는 점에서 일반적인 타 행위와 같으나 일반적인 욕구나 가치관으로는 범죄행위를 설명할 수 없다. 욕구와 가치관(행복추구, 금전적 동기)은 합법적 행위의 유발원인도 된다.

(4) 화이트칼라범죄(white collar crime)의 원인

화이트칼라범죄를 부정적으로 규정하는 정직한 기업인들보다는 그것을 긍정적으로 규정하는 다른 화이트칼라범죄자와 더 많은 접촉을 가졌기 때문에 그 범죄행위를 학습하게 된다고 보았다. 즉, 부정직한 기업인들과의 차별적 접촉을 통한 범죄의 학습과 부정직한 기업관행을 통제하고자 하는 사회적 노력의 부족에 기인하는 것으로 보았다.

(5) 차별적 접촉이론의 공헌

집단적이고 모방적인 면이 많으며, 동료집단을 중시하는 학습단계에 있는 청소년의 특성을 고려한다면 청소년비행의 설명에는 상당한 근거가 있다고 할 수 있으며, 또한 범죄 대책으로 집단관계에 의한 요법을 제시하였다.

(6) 차별적 접촉이론의 비판과 수정·보완이론

① 이질적 반응의 문제: 범죄에 호의적인 집단과 자주, 가까이 접촉했다고 해서 모두가 범죄자가 되는 것은 아니며, 반대로 소질적으로 친범죄적 성향을 지닌 사람은 비록 범죄와의 접촉 경험이 전혀 없더라도 얼마든지 범죄를 저지를 수 있다는 점을 간과하고 있다.

② 범죄행위의 학습은 비행집단과의 직접적 접촉을 통해서만 학습되는가?

㉠ 버제스와 에이커스의 차별적 강화이론(사회학습이론)
- 인간의 행위는 타인의 행위 모방뿐만 아니라 시행착오적 학습을 통해서도 타인과 무관하게 학습될 수 있다.
- 사람들은 특정 행위의 결과로서 보상의 취득(긍정적 재강화)과 처벌의 회피(부정적 재강화) 시 그 특정 행위는 강화되고 처벌이나 보상의 상실 시에는 그 행위가 약화된다.
- 사람들은 자신의 생활에 있어서 중요한 집단의 사람들과의 접촉을 통하여 자신의 행위를 평가하는 것을 배우게 되는데, 자신의 행위가 바람직하지 않게 보일 때보다는 좋거나 적어도 정당한 것으로 보일수록 그 행위에 가담할 가능성은 높아진다.
- 사회학습이론은 범죄행위를 학습하는 방법이나 학습환경을 더욱 구체화한 이론이다. 행위의 동기는 과거 보상의 취득 때문이고 학습환경도 차별적 접촉이론은 사람들과의 접촉만을 고려했으나 사회학습이론은 사회적 상호작용뿐만 아니라 비사회적인 사항에 의해서도 학습될 수 있고, 모델링(본인의 직접적인 경험이 아니라 범죄행위의 결과가 다른 사람에게 미치는 영향을 관찰함으로써)을 통해서도 학습할 수 있다.

> **더 알아보기**
>
> **차별적 접촉이론을 수정한 이론**
> - 레크리스(Reckless)의 자아관념이론: 차별적 반응의 무시에 대한 비판을 보완
> - 버제스와 에이커스의 차별적 강화이론: 학습과정에 대한 설명 부족(관념을 관념과 구체적 행위 자체로 봄)
> - 글레이저(Glaser)의 차별적 동일화이론: 접촉집단의 확대
> - 맛차와 사이크스(Matza & Sykes)의 중화이론: 범죄인이 되는 과정의 차이 수정(합리화)
> - 클라워드와 올린의 차별적 기회구조이론: 학습환경에 대한 접근 가능성 문제

3 차별적 동일화이론

(1) 의의
사람은 누구나 자신을 누군가와 동일화(identification)하려는 경향이 있으며, 자신의 범죄행위를 수용할 수 있다고 생각되는 실재하는 인간이나 관념상의 인간에게 자신을 동일화시키는 과정을 통해 자기 자신을 합리화하고 용납하면서 범죄를 저지르게 된다.

(2) 동일화
글레이저가 서덜랜드의 접촉 대신 동일화라는 개념을 사용하여 문화전달의 주체를 직접 접촉하는 사람뿐만 아니라 멀리 떨어져 있는 준거집단이나 준거인에게까지 확장함으로써 문화전달의 범위를 보다 탄력적이고 광범위한 것으로 보았다.

4 중화기술이론

(1) 의의
맛차와 사이크스는 기존의 이론들이 비행소년과 일반소년들과는 근본적인 차이가 있으며, 그로 인해 항상 특정한 하위문화의 지배를 받아 비행을 지속한다고 하는데(비행하위문화), 실제로 비행소년이라 할지라도 대부분의 경우에는 다른 사람과 마찬가지로 일상적이고 준법적인 생활을 하고 특별한 경우에 한하여 위법적인 범죄를 저지르게 되고, 체포된 후에는 대부분 후회하고 수치심을 느낀다고 지적하였다. 즉 비행자들은 이미 내면화되어 있는 규범의식이나 가치관이 중화(neutralization)·마비되면서(또는 합리화하면서) 비행으로 나아가게 된다.

(2) 범죄의 원인
① 표류: 표류란 사회통제가 약화되었을 때에 소년들이 합법적인 규범이나 가치에 전념하지 못하고 그렇다고 위법적인 행위양식에도 몰입하지 않는 합법과 위법의 중간단계로, 대부분의 청소년들은 항상 일정한 범죄적 하위문화의 지배를 받아 비행을 반복하는 것이 아니라 비관습적이고 일탈적인 생활양식과 관습적인 생활양식 사이를 오가며 행동한다.
② 중화의 기술: 청소년들은 표류 중 일탈적인 방향으로 옮기게 되어 그들의 행동이 사회적으로 수용되는 규범을 위반할 때에 그들의 행위에 대한 일련의 정당성을 강구하게 된다. 이때 중화기술이 바로 청소년으로 하여금 일시적으로 규범적인 사회의 규칙으로부터 멀리 표류하게 하고 일탈적인 행위에 참여하게 만드는 것이다.

(3) 중화의 기술
① (행위에 대한) 책임의 부정: 자기의 행위가 마치 당구에서와 같이 '빗맞아서 할 수 없이' 그렇게 되었다고 생각하는 것으로, 규범 자체에 대한 직접적인 공격 없이 자기의 행위를 용납하고, 비행의 책임을 열악한 가정환경, 빈곤 등 외부적 요인으로 전가하면서 오히려 자신을 사회상황의 희생물로 여기는 것이다.

② **가해의 부정(행위로 인한 피해발생의 부인)**: 자동차를 훔치고는 잠시 빌렸다고 생각하는 것과 같이 자기의 행위로 아무도 침해를 받지 않았다고 자기 자신과 타인에게 강조하는 중화의 기술이다.
③ **피해자의 부정**: 자기의 절취 행위는 부정직한 점포에 대한 보복이라고 생각하는 식으로 자기의 가해행위는 피해자가 마땅히 받아야 하는 정의로운 응징이라고 변명하는 방법으로 이 경우 범죄자는 자신을 도덕적 복수자로 생각한다.
④ **비난하는 자에 대한 비난**: 자기를 비난한 사람(법관, 경찰, 선생님 등)들의 약점과 비행을 생각하면서 자기의 비행에 대한 가책심을 중화시키는 것을 말한다.
⑤ **고도의 충성심에 대한 호소(상위 가치에 대한 호소)**: 자기의 가족, 친구, 그 밖의 개인적 친근집단에 대한 충성 때문에 자기는 범죄행위를 하지 않을 수 없다는 식으로 생각하는 것이다.

구분	예시
책임의 부정	• 강간범 홍길동은 자신이 술에 너무 취해서 제정신이 아닌 상태에서 자신도 모르게 강간을 하게 되었다고 주장하는 경우(음주로의 책임 전가) • 비행 책임을 열악한 가정환경, 빈약한 부모 훈육, 빈곤한 외부적 요인으로 전가하는 경우 • 만약 가게에서 구할 수 있었다면 직장에서 훔치지 않았을 것이라고 정당화하는 경우(책임의 전가) • 자신과 같은 처지에 있다면 누구도 그런 행동을 했을 것이라고 생각하는 경우 • 당신도 나와 같은 가정환경에서 자랐다면 나처럼 불량청소년이 될 수밖에 없었을 것이라고 생각하는 경우
가해의 부정	• 자신의 행위는 누구에게도 피해를 주지 않았다고 생각함 • 절도범죄를 저지르면서 물건을 잠시 빌리는 것이라고 생각함 • 마약을 사용하면서 누구에게도 피해를 주지 않았다고 생각함 • 방화를 하면서 보험회사가 피해를 모두 보상해 줄 것이라고 생각함
피해자의 부정	• 가게에서 물건을 훔치면서 가게 주인은 정직하지 못하므로 자신의 행동이 정당하다고 생각함 • 성적으로 난잡한 여성이나 매춘부는 보호받을 가치 없는 정조라고 강간범이 자신의 행위를 정당화한 경우 • 아버지가 폭력을 사용하여 나를 심하게 괴롭혀왔기 때문에 나도 아버지에게 폭력을 사용할 수 있다고 합리화함 • 보석을 절도하면서 피해자가 부당한 방법으로 모은 재산이기 때문에 보복으로 한 것이라고 자기의 행위를 합리화함 • 자기 선생을 구타하면서 이 선생은 학생들에게 공평하게 대하지 않았기 때문에 당연함 • 다른 사람을 폭행하면서 이 사람이 먼저 때리려고 했기 때문에 먼저 때릴 수밖에 없었음
비난자에 대한 비난	• 전문 장물아비가 자신의 최고 고객 중 일부는 판사와 경찰관이라고 지적한 경우 • 은행강도가 자신에 대한 처벌이 뇌물을 받은 정치인이나 은행돈을 횡령한 은행가보다 엄하게 처벌하는 것에 항변하는 경우 • 사회통제기관을 부패한 자들로 규정하여 자기를 심판할 자격이 없다고 하는 경우 • 꾸짖는 부모에게 항변하고, 오히려 자신의 잘못된 행동은 모두 부모의 무능으로 돌리는 경우 • 부모들은 본인의 무능을 자식들을 대상으로 분풀이하는 사람들이기 때문에 이들이 비행소년을 비난할 자격이 없다고 비난하는 경우

상위가치에 대한 호소(고도의 충성심에 호소)	• 은행 여직원이 사랑하는 애인을 위하여 원치 않는 돈을 횡령했다고 주장하는 경우 • 조직원이 의리 때문에 자신과 상관없는 일에 참여함으로써 범죄행위를 한 경우 • 나의 폭력적인 쟁의행위가 위법이지만, 악덕기업인으로부터 근로자로서의 정당한 권익을 보장받기 위해서는 어쩔 수 없다고 주장하는 경우 • 가족을 먹여 살리기 위해 어쩔 수 없이 범죄를 하였다고 생각함 • 자식에 대한 도리를 다하기 위해 어쩔 수 없이 범죄를 하였다고 생각함 • 차량을 절도하면서 사회 일반적인 규범에는 어긋나지만 친구들과의 의리 때문에 할 수밖에 없었다고 합리화함

(4) 이론의 발전
① **잠재가치론**: 중화기술이 꼭 범죄자에게만 존재하는 것이 아니고, 이 중화기술이 발전하는 데에는(중화기술이 지역사회에 확산되는 데에는) 일반 사회문화 속에 잠재되어 있는 유한계급적 가치관이 배후에서 작용하는데 이러한 잠재적 가치로는 모험과 스릴을 구하는 마음, 노동의 천시, 남성의 증거로서의 공격성의 찬양, 일확천금을 노리는 마음, 성급한 성공에 대한 꿈 등이 있다.
② **표류이론**: 종래의 범죄이론이 범죄나 비행을 하층계급의 비행적 하위문화의 소산으로 본 데 반하여, 비행소년은 항상 특정한 하위문화에 지배되어 끊임없이 반사회적 행위를 하는 것이 아니고 비행과 무비행의 생활양식 사이에서 떠다니는 존재에 불과하므로 비행을 직접적으로 유발하는 원인을 사전에 예측하는 일은 쉽지가 않으며 대신에 소년들에 대한 사회통제가 약화되어 이들을 표류상태에 빠뜨리는 조건을 밝히는 부분에 많은 관심을 두어야 한다고 주장하였다.

(5) 이론의 한계
① **중화의 시기에 따른 문제**: 범행 후에 자신의 비행을 합리화하고 죄책감을 중화하는 것이라면 비행의 원인에 대한 설명이 아니라 청소년들의 비행에 대한 반응을 기술하는 데에 지나지 않는다.
② **표류의 이유에 대한 의문**: 어떤 청소년은 지속적으로 비행에 표류하며 다른 청소년은 관습적으로 표류하지 않는 개인적 차이를 설명하지 못한다.

5 개인적 통제에 관한 이론

(1) 개관
① **특이한 논리적 구조**: 일반적으로 범죄의 원인을 설명하는 많은 이론들은 '범죄자가 왜 범죄를 범하게 되는가.' 또는 '어떤 사회적 상황이 범죄의 발생을 가져 오는가.'를 탐구하는 데 비하여 통제이론은 오히려 '왜 어떤 사람은 사회적 규범을 준수하게 되는가.'를 연구하여야 한다고 주장한다.
② **인간의 본성에 대한 가정**
  ㉠ 범죄동기는 인간본성의 일부로서 개인의 범죄동기는 일정하다고 보았다. 따라서 연구자들이 연구할 문제는 '왜 사람들이 일탈을 하게 되는가.'라는 것이 아니라 '왜 사람들이 규범적 가치에 동조하게 되는가.'라는 것이다.
  ㉡ 사람들을 규범적 가치에 동조하게 하는 핵심적 요소는 바로 통제 또는 사회적 결속이므로 범죄는 통제 또는 사회적 결속이 약화되거나 손상되었을 때 발생한다는 것이다.

(2) 라이스(Reiss)와 나이(Nye)의 개인 및 사회통제이론

① **라이스(Reiss, 1951)**: 자기통제력과 범죄와의 관계를 처음으로 지적하였는데, 소년들이 비행을 저지르는 계기를 두 가지 측면에서 파악하였으며 소년비행은 개인통제력(personal control)의 미비함으로 유발되며, 사회통제력(social control)의 부족으로 이들의 비행 성향이 분출되는 것을 통제하지 못한다고 주장하였다.

② **나이(Nye, 1958)**: 라이스의 견해를 발전시켜 청소년의 비행을 예방할 수 있는 사회통제방법의 종류를 분류하였는데, 직접통제, 간접통제, 내부통제 및 공식통제와 비공식통제로 분류하였다.
  ㉠ 직접통제: 억압적인 수단과 처벌을 부과하는 것이다.
  ㉡ 간접통제: 자신들의 잘못이 부모나 주위 사람들에게 고통과 실망을 줄 것이라는 점을 자각하도록 하는 것이다.
  ㉢ 내부통제: 스스로의 양심이나 죄의식 때문에 비행을 하지 않도록 하는 방법이다.
  ㉣ 공식통제: 경찰이나 국가기관이 담당하는 것이다.
  ㉤ 비공식통제: 가정이나 학교에서 담당하는 것이다. 나이는 비공식적 간접통제를 소년비행을 예방할 수 있는 가장 효율적인 방법이라고 본다.

(3) 자아관념이론과 봉쇄이론

① **종래의 연구와 구별**: 레크리스(Reckless), 디니츠(Dinitz), 머레이(Murray) 등의 연구로, 범죄적 문화에 접촉한 사람은 왜 범죄에 빠지게 되는가의 문제가 아니라 범죄적 문화와 접촉한 사람 가운데 어떤 사람은 왜 범죄에 빠지지 않는가를 연구의 대상으로 한다.

② **비범죄화의 원인**
  ㉠ 자아관념의 차이: 동일한 비행적 접촉환경에서도 좋은 자아관념을 갖는 자는 범죄에 빠지지 않고, 나쁜 자아관념을 갖는 자는 범죄를 저지르게 된다.
  ㉡ 자아관념의 형성: 청소년들에게 있어 비행을 멀리하게 하는 절연체로서의 가족관계(자아관념은 가정에서 담당하는 사회화 교육에 크게 영향을 받아 12세 이전에 대체로 형성된다고 한다)를 들고 이를 바탕으로 형성된 무비행적 태도의 내면화, 즉 사회적으로 용인된 적정한 자아관념의 획득과 유지가 비범죄화의 요인이 된다.

③ **레크리스의 견제이론(봉쇄이론)으로 발전**: 레크리스는 자아관념이론을 발전시켜 강력한 내면적 통제와 이를 보강하는 외부적 통제가 사회적·법적 행위규범의 위반에 대한 하나의 절연체를 구성한다고 하였으나 긍정적 자아관념이 구체적으로 어떻게 생성되는지는 설명하지 못했다.

(4) 레크리스(Reckless)의 견제이론(봉쇄이론)

레크리스는 두 가지 상호 대립된 영향력을 기초로, 사람들은 누구든지 범죄나 비행으로 이끄는 힘과 이를 차단하는 힘을 받게 되는데 만일 이끄는 힘이 차단하는 힘보다 강하면 그 사람은 범죄나 비행을 저지르게 되고, 반면에 차단하는 힘이 강하면 비록 이끄는 힘이 있더라도 범죄나 비행을 자제한다는 것이다.

① **범죄유발요인**
  ㉠ 압력요인(pressures): 사람들을 불만족한 상태에 들게 하는 것으로 열악한 생활조건, 가족갈등, 열등한 신분적 지위, 성공기회의 박탈 등이 있다.

ⓒ 유인요인(pulls): 정상적인 생활로부터 이탈하도록 유인하는 요소로 나쁜 친구들, 범죄하위문화, 범죄조직, 불건전한 대중매체 등이 있다.
　　ⓒ 배출요인(pushes): 범죄나 비행을 저지르도록 하는 각 개인의 생물학적·심리적 요소로 불안감, 불만감, 내적 긴장감, 증오심, 공격성, 즉흥성 등을 들 수 있다.
　② 범죄통제요인
　　㉠ 내적 통제: 주로 사람들이 사회적 규범이나 도덕을 내면화함으로써 각자가 내부적으로 형성한 범죄차단력에 관한 요인으로 좋은 자아관념(내적 통제가 적절히 형성되는 데 있어 가장 중요), 자아나 초자아의 능력, 목표지향성과 현실적 목표, 책임감, 좌절감의 인내, 합법성에 대한 일체감 등을 들 수 있다.
　　ⓒ 외적 통제: 가족이나 주위 사람들과 같이 외부적으로 범죄를 차단하는 요인으로 일관된 도덕교육, 합리적 규범과 기대체계, 집단의 포용성, 효율적인 감독과 훈육, 가족과 지역사회의 기대감, 소속감 등을 들 수 있다.

> **더 알아보기**
>
> 내적 통제와 외적 통제
> - 내적 통제: 문화적 가치와 규범을 옳고 적절한 것으로 받아들임에 따라 규범을 위반하지 않는 과정으로 내적 과정은 규범의 갈등, 문화적 변동, 사회적 이동에 의하여 약화된다.
> - 외적 통제: 사회규범을 동조함으로써 받는 보상과 위반함으로써 받는 처벌 때문에 규범을 위반하지 않는 과정이다.

　③ 자아개념: 소년이 자기 자신에 대해 갖는 인식으로 내부 봉쇄요인이 적절히 형성되는지의 여부는 자아개념에 달려 있다고 보았다.
　④ 주요 내용
　　㉠ 내적 봉쇄요인과 외적 봉쇄요인 중에서 어느 한 가지라도 제대로 작용하면 범죄나 비행을 예방할 수 있다고 보았다.
　　ⓒ 자아개념(self-concept)을 소년이 자기 자신에 대해서 갖는 인식으로 여기고, 내부 봉쇄요인들이 적절히 형성되는지 여부는 이에 달려 있다고 보았다. 즉, 스스로를 '올바른' 소년으로 인식할 경우에 내부 봉쇄요인은 이에 따라 보다 긍정적인 방향에서 형성된다는 것이다.
　　ⓒ 자아개념은 비행에 대한 절연체라고 설명하고 압력요인, 유발요인, 배출요인이 강하고 열악한 가정환경 등으로 외부통제가 취약함에도 불구하고 많은 소년들이 비행을 저지르지 않고 정상적인 사회성원으로 성장할 수 있기 때문이라고 하였다.

6 동조성 전념이론(브라이어와 필리아빈)

동조성이란 사회규범에 대한 동조 또는 순응으로 정의하고, 동조성에 대한 전념이 강할수록 범죄행위의 확률이 낮아지고, 내적 통제가 약할수록 범죄행위의 확률이 높아진다고 주장하였다.

7 사회적 통제[사회유대(연대)이론]

(1) 의의
허쉬는 반사회적 행위의 근본적인 원인은 인간의 본성에 있어 모든 사람들은 내버려 두면 범죄를 저지를 가능성을 가지고 있으나, 이러한 범죄발생을 통제하는 것이 개인이 일상적인 사회와 맺고 있는 유대(연대)라고 본다.

(2) 범죄의 원인
① 허쉬는 『비행의 원인』(1969)에서 뒤르켐의 아노미이론과 반대로 규범준수행위가 정상적이고 규범위반행위는 비정상적이며, 우리 사회는 비행을 저지르도록 강요하는 긴장은 없으며 오히려 저지르지 못하게 하는 요인, 즉 통제를 달성하는 기제로서 개인이 일상적인 사회와 맺고 있는 유대라는 개념을 제시하였다.
② 허쉬는 "우리는 모두 동물이며 자연적으로 누구든지 범죄를 저지를 수 있다."라고 단언하면서 반사회적 행위를 자행하는 근본적인 원인은 인간의 본성에 있다고 주장하였다. 범죄는 개인의 사회에 대한 유대가 약해지거나 끊어졌을 때 발생하며 이는 관습적인 규범에 대한 신념이 없기 때문이다. 범죄자의 전형적인 특징으로 젊은 남성, 도시 빈민가의 결손가정 출신, 제대로 학교교육을 이수하지 못한 자, 실업자 등을 들고 있다.
③ 사회와의 유대가 약화될 경우 사람들은 비행이나 범죄를 저지르게 된다는 것이 허쉬의 통제이론의 이론적 주장으로 사람들의 본능에 내재하는 범죄성향의 표출을 통제하는 기제는 바로 가족, 학교, 동료, 이웃 등 일상생활 주변에서 사회와 맺고 있는 유대 또는 연대인 것이기에 결론적으로 범죄의 동기, 범죄적 문화 등을 통하여 범죄를 설명하려는 기존의 이론적 노력은 잘못된 것이며 누구든지 내버려 두면 범죄를 저지를 것인데, 이를 통제하는 것이 무엇인지를 살펴보아야 한다고 주장하였다.

(3) 사회유대(연대)의 요소
① **애착(attachment)**: 자신에게 중요하고 그들의 의견에 민감한 사람들에 대한 청소년의 감정적 결속으로 부자지간의 정, 친구 사이의 우정, 가족끼리의 사랑, 학교선생님에 대한 존경심 등을 들 수 있다(주로 감정적·정서적 관계에 기초한다).
② **전념(commitment)**: 관습적인 생활방식과 활동에 투자하는 시간과 정열로 규범준수에 따른 사회적 보상에 관심을 두는 것을 의미한다. 이러한 열망의 소유자는 자신의 비행이 미래의 희망을 망칠 수도 있다고 우려하기 때문에 비행을 자제한다는 것이다(합리적인 판단을 바탕으로 개인과 사회의 유대가 형성되고 유지되는 형태이다).
③ **참여(involvement)**: 행위적인 측면에서 개인이 사회와 맺고 있는 유대의 형태로, 전념의 결과로 실제로 관습적인 일에 참여하는 것을 의미한다. 사회생활에 대하여 참여가 낮으면 그만큼 일탈행동의 기회가 증가함으로써 비행이나 범죄를 저지를 가능성이 높다고 보았다(산업예비군, 즉 실업자는 범죄의 예비군이다).
④ **신념(belief)**: 관습적인 규범의 내면화를 통하여 개인이 사회와 맺고 있는 유대의 형태로서, 관습적인 도덕적 가치에 대한 믿음을 의미한다. 이는 내적 통제와 같은 표현으로 규범에 대한 믿음이 약할수록 비행이나 범죄를 저지를 가능성이 높다고 보았다.

8 일반통제이론(갓프레드슨과 허쉬)

(1) 통제의 개념을 생물학적·심리학적 이론, 일상활동론과 합리적 선택이론의 통제개념과 통합한 이론으로 비행의 욕구를 통제할 수 있는 내적 자기통제력(예 충동성, 쾌락추구, 고통에 대한 둔감성, 무모함 등)을 비행의 가장 중요한 원인으로 다루었다(충동적 성격 → 낮은 자아통제력 → 사회유대의 약화 + 범죄적 기회 = 범죄적 행동).

(2) 자기통제력은 어려서 형성되어 성인이 될 때까지 쉽게 변하지 않는 안정적 성향이라고 한다.

(3) 실증주의적 시각에서 자기통제력은 어릴 때 부모의 양육방식에 의해 결정된다고 하여 가정에서 부모의 역할을 강조했다.

(4) 어려서 부모로부터 적절한 행동통제와 애정 및 처벌을 받아오며 자란 아이들은 자기통제력이 형성되어 비행을 저지를 가능성이 낮지만, 그렇지 않은 아이들은 어려서부터 문제행동을 하게 되고, 청소년기에도 비행의 가능성이 높다고 주장한다. 즉, 낮은 통제력은 한 번 형성되면 지속되기 쉽고, 범죄나 일탈행동을 범할 경향과 계속 결합하기 쉽다.

(5) 범죄성향(자기통제력)과 범죄기회를 통합함으로써 유사한 환경 속에서 자란 아이들이 왜 범죄를 하고, 또는 하지 않는가를 설명한 이론이다(예 존경받는 기업인들의 횡령, 사기 등).

(6) 충동적인 성격으로 인해 자기통제력이 빈약한 사람은 범죄를 범할 위험성이 높지만, 그들의 충동적인 욕구를 만족시켜줄 만한 범죄기회가 없다면 범죄를 실행에 옮기지는 않는다.

(7) 욕구충족을 위한 기회가 주어진다면, 자기통제력이 강한 사람도 범죄행동을 할 수 있다는 것으로 결론적으로 범행을 위한 기회가 주어진다면 자기통제력은 제 기능을 발휘하지 못한다.

9 차별적 강압(강제)이론(콜빈)

(1) 개인의 낮은 자기통제력은 충동적인 성격이 원인이 아니라 개인으로서도 어쩔 수 없는 외부의 강제의 작용이 원인이라고 주장하며, 강압의 근원을 파악하고자 하였다.

(2) 사회유대이론(강압적 훈육), 일반긴장이론(긴장의 원인), 아노미이론(경제적 불평등), 통제균형이론(억압)이 포함되는 통합개념으로 강제를 파악하였다.

(3) 강제는 사람에 대한 직접적인 폭력이나 위협, 타인으로부터의 협박과 같은 사람 사이의 강제와 개인의 통제할 수 없는 실업, 빈곤 등 경제적·사회적 압력 등과 같은 비인격적인 강제로 구분된다.

(4) 강압적인 환경 속에서 성장한 사람들은 자기통제력이 약해져서 더욱 강압적인 환경 속에 노출되고, 결국 범죄로 반응하게 되며, 이에 대해 형사사법기관의 강압적인 대응이 뒤따르는 악순환이 되풀이된다. 이러한 악순환을 제거하는 것이 교정처우의 주된 목적이다.

10 발달이론 – 인생항로(생애과정)이론

(1) 인생항로이론

① 의의: 인간은 인생항로 속에서 많은 변화를 경험하게 되고, 다양한 사회적·개인적·경제적 요인들이 범죄성에 영향을 미친다는 것으로 일부 위험스러운 아이가 왜 범죄를 중단하는가를 설명할 수 있다. 이 이론은 개인의 생애 과정 가운데 범죄를 만들어 내는 결정적 순간을 파악하고자 한다.

② 관련 이론

㉠ 연령-등급이론[샘슨과 라우웁(Sampson & Laub)]
- 사람이 성숙해가면서 범죄를 저지르는 성향에 영향을 주는 요인은 변화한다는 것이다.
- 어린 시절에는 가족요인이 결정적이고, 성인기에는 결혼이나 직장요인이 범죄행위에 큰 영향을 끼친다.
- 생애에 걸쳐 범죄를 발생시키는 결정적 순간을 파악하고자 한 이론이다.

㉡ 사회적 발달모델[호킨스와 카탈라노(Hawkins & Catalano)]
- 지역사회의 위험요인이 일부 사람을 반사회적 행위에 노출시킨다(가족과 사회의 해체 등).
- 반사회적 행위의 위험을 통제하려면 아이들이 친사회적 유대를 유지할 수 있도록 해야 한다.
- 가족 간의 애착, 학교와 친구에 대한 애착 정도는 반사회적 행동발달에 큰 영향을 미치는 요인이다.
- 가족이나 친구 사이에 애착관계가 형성되면, 친사회적 행동으로 발달하게 되고, 애착관계가 적절히 형성되지 않으면 반사회적 행동의 발달을 촉진한다.

㉢ 상호작용이론(Thomberry & Krohn & Lizotte & Farnwirth)
- 악화된 유대는 비행친구들과의 관계를 발전시켜 비행에 참여하게 되고, 빈번한 비행의 참여는 다른 친구들과의 유대를 약화시키고 결국 관습적 유대관계를 재정립하기가 어렵게 하여 만성적 범죄경력을 유지하도록 만든다.
- 범죄성이란 사람이 성숙해가면서 단계별로 다른 의미와 형태를 갖는 발달 과정이다.
- 초기 청소년기에는 가족의 애착이 결정적이고, 중기 청소년기까지는 가족의 영향력이 친구, 학교, 청소년 문화로 대체되며, 성인기에 이르러서는 개인 행위의 선택이 관습적 사회와 자신이 속한 핵가족 내의 위치에 따라 형성된다.
- 비록 범죄가 이런 사회적 힘에 의해 영향을 받는다고 하더라도, 범죄도 이런 사회적 과정과 교제에 영향을 주기 때문에 범죄와 사회적 과정은 상호작용적이다.

05 낙인이론

1 전통적 범죄학과의 차이

(1) 전통적 범죄학

전통적 범죄학 또는 주류 범죄학은 대체로 1930년대에서 1950년대에 형성된 범죄사회학적 이론을 말한다. 전통적 실증주의 범죄이론들은 법제도의 안정성과 이것의 무비판적 수용을 바탕으로 범죄인과 비범죄인 사이에는 근본적인 차이가 있다는 전제 하에서 주요 분석적 초점을 개인으로 제한하여 범죄의 원인을 개인의 소질이나 환경에 있다고 보고, 범죄는 소수 일탈자의 문제이므로 이를 교정주의적 간섭을 통하여 해결하려 한다.

(2) 낙인이론

1938년 탄넨바움(Tannenbaum)의 『범죄와 지역사회』를 시작으로 1960년대 이후 본격적으로 논의된 낙인이론은 특정한 범죄행위를 취급하는 것이 아니라 일탈행위 전반이 준거하고 있는 토대라고 할 수 있는 일탈행위와 사회적 낙인화의 동적 관계를 '사회적 상호작용'이라는 관점에서 파악하는 것으로, '사회적 반작용이론' 또는 '사회반응이론'이라고도 한다.

① **관점의 전환**: '무엇이 일탈행동으로 규정되는가?', '누가 일탈자로 규정되는가?'라는 두 가지 의문에서 출발하여 전자에서는 전통적 범죄학이 당연한 것으로 간주하던 법제도에 의문을 갖고 사회규범의 실체와 생성과정, 규범위반에 대한 사회적 낙인의 실체와 생성과정을 검증하였다. 또한 후자는 누가 규범위반자로 사회적으로 낙인찍히고 낙인찍힌 결과는 무엇인가에 대한 해답을 규명하고자 하였다.

② **관심의 집중**: 사회구조보다는 사회과정에, 사회의 거시적 측면보다는 미시적 측면(사회심리적 측면)에 집중하여 사회적 낙인으로 인한 결과, 즉 특정 형태의 규범 위반이 공식적 낙인을 야기시키고, 그 결과로 자아낙인(self-labeling)을 강화시켜 2차적 일탈행동으로 고정화되는 과정에 주목한다.

> **더 알아보기**
>
> **전통적 범죄학과 낙인이론의 비교**
>
> | 구분 | 전통적 범죄학 | 낙인이론 |
> | --- | --- | --- |
> | 관심의 초점 | • 동기(motivation)
• 왜 범죄자가 되는가? | • 정의(definition)
• 누가 어떤 행위를 범죄로 규정하는가? |
> | | 범죄 | 범죄통제(통제자의 자의와 편견에 따른) |
> | | 범죄의 원인 | 범죄자가 되는 과정 |
> | 범죄의 대책 | 국가의 간섭(교정) | 불간섭주의 |

2 낙인이론의 주요 내용

(1) 일탈자와 비일탈자의 차이 부정
일반적으로 법과 질서는 물론 관습적 도덕성을 대변하는 사람들이 법과 도덕을 어긴 사람들에 대하여 일탈적 낙인을 붙이게 되는데, 이렇게 낙인이 붙게 된 일탈자는 낙인을 제외하고는 비일탈자에 비해 생물학적·심리적인 차이가 없으나, 우리 사회가 그들에게 반응하는 방법상의 차이만을 만든다.

(2) 규범회의주의에 따른 선별적 형사소추
① 낙인이론은 사회가치의 합의를 부정하고 사안에 대한 규범적용은 원칙적으로 자의적이라는 전제에 있다.
② 범죄행위의 구조와 범죄자의 선별은 사회적 강자인 형사사법기관이 하는데 이들은 범죄와 비범죄 사이의 한계를 그들 자신의 표상에 따라서 인위적으로 결정한다(형법적용에 있어서 결단주의적 요소 내포).
③ 따라서 형법의 구성요건표지는 서술적이 아니라 귀속적 성격을 가진다.

(3) 낙인이론의 인과과정

> **더 알아보기**
>
> 낙인 인지 과정

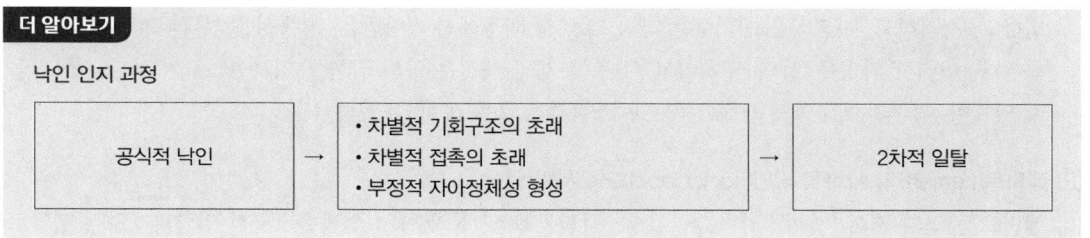

① **차별적 기회구조의 초래**: 다양한 원인과 영향으로 인해 야기되는 비행행위의 결과 붙게 된 공식적 낙인은 그 행위자를 관습적 사회와 기회로부터 격리·소외시켜 합법적 기회가 제한되는 반면, 불법적 기회가 증대되는 차별적 기회구조를 초래한다.
② **차별적 접촉의 초래**: 차별적 기회구조의 결과로 동료의식과 지원을 찾아 유사한 일탈자들과의 접촉을 시도하게 되어 범죄를 학습하게 된다.
③ **부정적 자아정체성 형성**: 행위자가 부정적인 자아정체성을 형성 및 내면화 하도록 하여 행위자는 일탈자로서의 지위와 자아정체성에 따라 지속적으로 일탈행위를 저지른다.

(4) 사회적 반응 및 범죄자의 해석 능력
낙인이론에서 일탈은 사회적 반응과 분리해서 개념화할 수 없으며 사회적 반응이 일탈의 특성과 강도를 결정하는 요인이다. 즉, 범죄 행위에 대한 주변 사람들의 비난, 차별, 배척과 같은 부정적인 반응이 행위자에게 큰 영향을 미친다는 것이다. 또한 사회적 상호작용 과정에서 행위자는 사회적 반응을 해석하고 이에 따라 행위를 한다. 이는 행위자를 수동적인 존재로 파악한 기존 이론과 차이를 보이며 행위자의 해석 능력을 주목하고자 하였다.

(5) 법률 위반이 행위를 기술한다고 했을 때, 일탈은 그 행위에 대한 타인의 반응을 기술한다고 본다.
   ① 그 행위가 이루어진 시간이 언제인가
   ② 행위자와 피해자가 누구인가
   ③ 행위결과에 대한 사회의 인식이 어떠한가에 따라 낙인이 결정된다고 보았다.

(6) 전통적·심리학적·다원적 범죄원인론을 배척하고 행위자의 주관적 사고과정을 중심으로 범죄현상을 설명하며 전통적인 범죄이론이 등한시했던 법집행기관(낙인의 주체)을 주요 연구대상으로 하였다.

(7) 일탈규정 자체를 종속변수로 보아 그러한 규정이 형성된 과정이나 적용되는 메커니즘을 연구대상으로 삼았다.

3 낙인이론의 주요 학자

(1) 탄넨바움(Tannenbaum)의 악의 극화
낙인이론에 관한 최초의 주장자인 탄넨바움은 그의 저서 『범죄와 지역사회』에서 범죄자를 만들어 내는 과정을 일탈강화의 악순환으로 묘사한다. 범죄자를 만들어 내는 과정은 꼬리표를 붙이고, 규정하고, 차별하고, 평가하고, 자의식을 심어주는 과정으로, 그 과정에서 지탄받은 그 특성은 자극되고 장려되어 강화된다. 이러한 과정을 '악의 극화'라고 하며, 문제의 해결은 악의 극화를 거부함으로써 돌파구를 찾을 수 있으며, 결론적으로 악의 극화가 적으면 적을수록 좋다고 할 수 있다.

(2) 레머트(Lemert)의 사회적 낙인(social label)으로서의 일탈
레머트는 그의 저서 『사회병리학』과 『일탈·사회문제 및 통제』에서 일탈을 1차적 일탈과 2차적 일탈로 구별하여 개인이 일탈자로 불리는 과정 및 일탈의 경력에 빠져들게 되는 과정을 설명하였다.
   ① 1차적 일탈과 2차적 일탈
      ㉠ 1차적 일탈(일시적 일탈) : 모든 사람은 개인적 또는 사회상황적 이유 때문에 가끔 순간적으로 규범을 어기는 행위를 하지만, 이 경우 규범위반자는 자기 자신을 일탈자라고 생각하지도 않고 타인에게 노출되지도 않아 일탈에 대한 사회적 반작용이 발생되지 않는 경우이다.
      ㉡ 2차적 일탈(경력적 일탈) : 일탈행위가 타인이나 사회통제기관에 발각되어 일탈자로 낙인찍히게 됨으로써 합법적·경제적 기회가 감소하고 정상인과의 대인적 관계가 줄어들며, 자기 자신을 일탈자로 자아규정을 하게 되어 계속 범죄행위를 저지르는 경력범죄자가 된다.
      ㉢ 2차적 일탈에 관심 : 레머트는 특히 2차적 일탈에 관심을 두었고, 1차적 일탈이 반드시 2차적 일탈을 일으키는 것은 아니나 1차적 일탈에 대한 부정적 사회반응과 그 결과로 인한 경제적 기회의 상실 등은 부정적 자아관념을 초래하여 직업범죄자가 된다고 보았다.
   ② **공식적 반응이 미치는 낙인효과** : 레머트는 사회적 반응을 다른 사람들의 표출적인 반응(범인 주변의 사회적·문화적 요인)과 형사사법기관에 의한 공식적 반응으로 나누고, 현대사회와 같이 다원화된 사회에서는 형사사법기관의 공식적인 반응이 가장 권위 있고 광범위한 영향력을 줄 수 있다고 이에 주목하였다.

㉠ 오명 씌우기(stigmatization): 공식처벌은 대중매체 등을 통하여 공포되고 전과기록에 의해 장기적으로 기록됨으로써 정상적인 사회성원으로서의 역할을 수행하지 못하고 2차적 일탈자로 발전하게 된다.

㉡ 불공정의 자각(sense of injustice): 공식처벌을 받는 과정에서 1차적 일탈자는 불공정한 사법집행의 여러 측면을 직접 경험함으로써 사법제도의 공정성에 대한 신뢰를 갖지 못할 뿐만 아니라 사회정의에 대한 신뢰감도 실추하게 된다.

㉢ 제도적 강제(institutional restraint): 공식처벌을 받게 되면 1차적 일탈자는 자신에 대한 사법기관의 판단을 받아들일 수밖에 없게 된다.

㉣ 일탈하위문화에 의한 사회화(socialization of deviant subculture): 공식처벌을 집행하는 시설 특유의 일탈하위문화를 접함으로써 범죄행위의 기술이나 가치관 등을 습득하게 된다.

㉤ 부정적 정체성의 긍정적 측면(positive side of negative identity): 형사사법기관이 부여하는 부정적 정체성을 일탈자가 수용함으로써 얻게 되는 이익으로, 죄책감으로부터의 도피, 책임감에 대한 면책 등을 예로 들 수 있다.

(3) 베커(Becker)의 사회적 지위(social status)로서의 일탈

① 주지위(master status): 『이방인들(Outsiders)』로 잘 알려진 베커는 일탈은 사람이 저지르는 행위의 특성이 아니라 오히려 다른 사람이 범인에게 법과 제재를 적용한 결과 일탈행동으로 규정하거나 낙인찍는 것이 사회적 지위와 같은 효과를 주며, 일탈자로 공식적으로 규정된다는 것은 그것이 사회적 상호작용에 악영향을 미친다는 점에서 다른 보조적 지위(auxiliary status)를 능가하기 때문에 주지위(master status)로서의 기능을 갖게 된다고 하였다.

② 단계적 모델에 따른 경력일탈 → 자기성취적 예언
  ㉠ 기존의 전통적 동시모델은 최초 일탈의 원인이 일탈행위의 전 과정에 작용한다고 보았는데, 동시적 모델은 재범이나 누범과 같이 지속적으로 발생하는 대다수 범죄현상을 설명하는 데는 근본적으로 한계가 있다고 보았다.
  ㉡ 베커는 이에 대치되는 개념으로 단계적 모델을 제시하여 최초 일탈행위의 원인이 다음 단계의 일탈행위에 대한 설명으로는 타당하지 않고 최초 일탈은 사회적 낙인을 만들어 내고 이것이 다음 단계의 일탈을 낳는 원인(경력일탈)이 된다고 하였다.
  ㉢ 즉, 범죄가 범죄통제를 야기한다기보다는 범죄통제가 오히려 범죄를 야기한다(억제이론과 낙인이론의 논쟁)는 명제에 따라 범죄 내지 범죄통제에 대한 사회반응이 범죄에 미치는 영향에 주목하였다.

③ 일탈행위의 유형

구분	규범준수행위	규범위반행위
일탈자로 인지된 경우	잘못된 소추	진성일탈자
일탈자로 인지되지 않은 경우	규범준수자	드러나지 않은 일탈자

(4) 슈어(Schur)의 자아관념으로서의 일탈

① 자아관념(self-concept)으로서의 비행
  ㉠ 슈어는 그의 저서 『낙인적 일탈행동』에서 규범위반 또는 사회적 지위 때문에 일탈자로서 자동적으로 낙인이 찍히는 것은 아니며(베커와의 차이점), 일탈자가 되는 과정은 시간이 걸려서 이루어진 협상과 같은 것으로 이 협상의 성공 여부가 자아낙인에 영향을 미쳐 2차적 일탈을 불러일으키는 것이다. 즉 2차적 일탈은 일탈적 자아관념의 표출이라고 본다.
  ㉡ 규범위반을 했다고 해서 바로 낙인찍히는 것도 아니고 낙인이 이루어졌더라도 바로 경력일탈자로 되는 과정이 단계적으로 진행되지 않는다는 것이다. 사회의 반응에 대해 어떤 사람은 그 낙인을 수용하기도 하고 어떤 사람은 여러 가지 협상이나 타협을 통하여 낙인을 회피할 수도 있다.
  ㉢ 따라서 2차적 일탈로의 발전이 꼭 주위 사람들의 낙인을 통해서만 이루어지는 것이 아니며, 본인 스스로의 내면화된 사회적 기대에 따라 일탈자로 자아낙인할 수 있다는 것이다.
② 불간섭주의: 슈어는 국가적 형사사법의 한계를 지적하고 불간섭주의를 표방하면서 비형법적 방법에 의한 범죄인의 처우를 주장하였다.

4 낙인이론의 평가

(1) 낙인이론의 공헌
① 불간섭주의의 이론적 근거: 기존의 범죄인처우에 있어 국가의 개입이 인격의 발전과정에 하등의 실효를 거두지 못함을 비판하고, 자유박탈적처분을 피하면서 비형법적인 새로운 방법으로 범죄인을 처우할 것을 주장하여 비범죄화(Decriminalization), 비형벌화(Depenalization), 비시설수용화(Deinstitutionalization), 대체처분(Diversion)의 4D이론의 이론적 근거를 제공하였다[적법절차의 원리(Due Process)를 포함시켜 5D이론으로 표현하는 견해도 있다].
② 사회 내 처우의 형사정책적 근거: 실증학파는 범죄인의 교정·교화를 위한 구금주의를 주장하나, 낙인이론은 구금에 따른 악폐감염과 낙인의 문제점을 지적하고 사회 내 처우의 필요성을 주장하여 구금형 정신병원의 폐지 내지 제한, 사회봉사명령제도, 피해자에 대한 금전적 보상제도의 근거를 마련하였다.
③ 암수의 문제점 지적: 범죄통계에 있어서 법집행기관의 자의적인 판단에 따른 암수의 문제점을 지적하고 참여적 관찰에 의한 보완을 주장하였다.

(2) 낙인이론에 대한 비판
① 사회적 낙인의 수락이 불가피하다는 가정을 하고 있으나 사회적 규범을 어기는 모든 사람이 반드시 일탈자라는 사회적 낙인을 수락하는 것은 아니다.
② 일탈의 개념 규정에서 낙인이 없으면 일탈도 없다는 상대주의에 빠져들게 되는데 특정 행위가 일탈로 되는 이유는 사회적 규범 때문일 수도 있고 그 행위의 본질적 속성 때문일 수도 있다. 즉, 일탈자의 주체적 특성을 무시하고 있다.

③ 일탈자에 대한 사회적 반작용을 지나치게 강조하다 보니 최초의 일탈을 일으키는 원인의 문제는 회피하고 있다.
④ 사회적 반작용을 경험하지 않고서도 일탈행위를 반복 및 지속하는 경우를 설명하지 못한다.
⑤ 화이트칼라범죄와 같은 지배계층의 범죄에 관대한 결과가 된다.
⑥ 형법상의 사회통제기관을 너무나 비판적으로 바라보고 있다.

06 비판범죄학(갈등론)

1 의의

1960년대 후반 이후 주류 범죄학에 대항하여 범죄 및 범죄통제에 관한 새로운 관점을 발전시켜 온 급진주의적 제경향으로 급진적(Radical), 갈등론적(Conflict), 마르크스주의적(Marxist), 사회주의적(Socialist) 등 여러 가지로 불리는데, 낙인이론이 제기한 문제의식을 마르크스주의의 인식론 틀 안에서 재구성함으로써 일탈사회학 및 범죄학 영역의 이론과 실천의 양 측면에서 새로운 대안을 모색하려는 노력에 대한 결실이라고 할 수 있다.

2 이론의 공통분모

(1) 인식론적으로 사회과학의 가치중립 혹은 가치자유의 가능성을 거부하며 실증주의 패러다임 및 자유주의적 관점과 결별한다.

(2) 자본주의 사회의 모순에 관심을 가지며 일탈 및 사회문제도 자본주의 사회 모순의 총체적 해명 속에서 이해한다.

(3) 일탈 및 범죄문제의 해결에 있어 현상유지와 개혁주의적 해결을 거부하고 전반적인 체제변동과 억압에 대한 투쟁에의 정치적 참여를 주장한다.

(4) 일탈 및 범죄의 인과적 설명에서 개인주의적 접근을 배격하여 범죄의 원인을 자본주의 내재적 모순의 결과로 간주하고 법과 사회통제는 범죄의 결과 당연시되는 것이 아니라 그 자체로서 분석의 대상이 되어야 한다고 본다.

(5) 범죄의 정치경제성과 사회심리성을 중요시하는 한편, 권력층의 범죄를 폭로하고 형사사법체계의 불평등을 폭로하는 폭로범죄학의 성향을 갖는다. 그 결과 그들은 범죄를 만드는 권력에 속박되지 않는 새로운 사회건설을 궁극적 목표로 한다.

3 다른 범죄학 이론과의 차이

(1) 주류범죄학 내지 실증주의 범죄학과의 차이
① **주류범죄학**: 어떠한 행위가 범죄로 규정되는 것은 그 사회의 공통가치를 저해하는 행위로 보았기 때문에 범죄행위를 이해하는 데 있어 법에 대한 이해는 필수적인 것이 아니었고 따라서 법은 당연히 주어진 것으로 이해하였다.
② **비판범죄학**: 그러나 비슷한 종류의 행위 중 어느 것은 범죄로 규정되고 어느 것은 범죄로 규정되지 않는다면 어느 사람이 범죄로 규정된 행위를 주로 하느냐는 원인론뿐만 아니라 한 사회에서 어느 특정한 행위가 어떠한 과정을 통하여 무엇 때문에 범죄로 규정되며 그 결과로 만들어진 법이 집행되는 과정에서 과연 그 법이 정의롭게 공익을 위해 집행되는가 여부가 중요한 문제라는 것이 이론의 출발점이다.

(2) 낙인이론과의 차이

구분	낙인이론	비판범죄학
이론의 관점	• 미시적 이론 • 사회과정이론(사회적 상호작용)	• 거시적 이론 • 사회구조이론(자본주의사회의 구조적 모순)
보호관찰	긍정	부정
범죄 대책	불간섭주의	자본주의 체제의 타파와 사회주의 체제로의 전환

비판범죄학은 낙인이론과 기본적인 관점(범죄통제이론, 규범회의주의)은 같지만, 낙인이론의 가치중립성과 추상성을 새로운 형이상학이라고 비판하면서 범죄자로 만드는 주체의 정당성을 문제 삼는다.

4 연혁

(1) 1940년대 문화갈등이론
문화적 다원주의 입장에서 공동가치론을 거부하고 범죄의 정치적 성격만 강조하는 단계로 셀린(Sellin)과 볼드(Vold)의 집단갈등이론을 들 수 있다.

(2) 1960년대 수단주의이론(도구적 비판이론)
① 형법과 형사사법체계는 가난하고 가지지 못한 사람을 통제하기 위한 수단이며 자본주의의 사법은 권력을 가진 사람과 부유한 사람을 위해 기능하며, 그들의 도덕성과 행동의 기준을 전체 사회에 부과하는 것이 가능하다.
② 계급갈등으로 하류계층은 사회질서에 대해 반감을 가지고 있다고 보고 자본주의 사회에서 범죄를 가치갈등과 권력의 불평등한 배분관계에서 파악하고 법을 통제수단, 즉 체제 유지의 수단으로 본다. 퀴니(Quinney), 챔블리스(Chambliss), 터크(Turk), 테일러(Taylor), 영(Young) 등의 주장이다.

(3) 1970년대 구조주의이론

① 법과 자본주의의 관계는 항상 부자를 위해 일하고 가난한 사람에게는 등을 돌리는 것이 아니라 자본주의 체제의 장기적인 이득을 위해서 기존의 체제를 위협하는 계급을 통제하는 데 이용되며, 법이란 자본주의 체제가 효율적으로 작동할 수 있도록 하기 위해 만들어졌고, 자본가와 노동자에 상관없이 이 체제를 흔드는 사람은 규제의 대상이 된다는 관점이다.

② 자본가 계급의 궁극적 이해는 자본주의 구조 자체의 존속에 있는 것이며, 근시안적인 이익을 법이라는 수단을 통해서 보호받으려는 것이 아니라고 주장하는 이론으로 스피처(Spitzer), 제이콥스(Jacobs) 등이 대표적 이론가이다.

(4) 1980년대 포스트모던이론과 평화구현이론

① 포스트모던이론(Postmodern Theory)

㉠ 포스트모던주의자들은 범죄행동을 포함한 인간관계를 이해하기 위한 방법으로 언어를 그 표면적 의미를 넘어선 상징이나 기호로 간주하는 기호학(Semiotics)을 채택하며 가치를 함유한 언어가 불평등을 촉진하는 것으로 본다.

㉡ 법과 전문적 지식, 형사사법은 모두 다른 서비스나 생산품처럼 사고팔 수 있는 상품으로 보면서 부자가 가난한 사람보다 다양한 형사사법을 구매할 수 있다는 것을 비판하며, 권력을 가진 사람은 자신의 언어로 범죄와 법을 규정하고, 수용자나 가난한 사람처럼 그들이 통제에 반대하는 이들을 배제하거나 무시한다고 본다. 즉, 이러한 배제와 무시가 사회갈등의 원인이 된다는 관점이다.

② 평화구현 범죄학이론(Peacemaking Criminology Theory)

㉠ 설리번과 티프트(Sullivan & Tifft)에 의해 처음 소개된 것으로 국가가 범죄자를 통제하고 처벌하는 것이 범죄를 감소시키기보다 범죄를 더욱 촉진한다고 주장하며 현재의 갈등적 사회 맥락에서는 범죄자를 교정하고 처벌하는 것이 별다른 소용이 없다는 사실을 강조한다.

㉡ 조화로운 사회를 위해 강제적 처벌이 아니라 상호지원이 필요하다는 사실을 지적하고 화해를 통한 범죄문제의 인본주의적 해결이라는 새로운 제안을 하고 있다는 점이 주목할 점이다. → 회복적 사법

5 보수적 갈등이론

(1) 셀린(Sellin)의 문화갈등이론

① 의의: 셀린은 『문화갈등과 범죄』라는 책을 통하여 다원적이고 복잡한 현대사회에서는 고유한 규범의식을 가진 다양한 부분사회를 내포하고 있으므로 전체사회의 규범과 부분사회의 규범 간에 갈등이 생기기 쉽고, 개인의 범죄에 대해서도 이러한 종류의 문화갈등이 내면화하고 규범갈등이 증대하면 그것이 행위자의 인격해체를 일으켜 결국 범죄를 유발하게 된다고 하였다.

② 이론의 배경: 1940년대 미국으로의 이민 증가로 인해 다양한 민족이 혼재하게 되고, 규범 상호 간의 갈등이 야기된 현상을 직면하면서 이러한 주장을 하게 되었다.

③ 문화갈등의 유형
  ㉠ 1차적(횡적) 문화갈등: 이질적인 문화 사이에서 발생하는 갈등으로, 두 가지 문화 사이의 경계지역이나 식민지 정복과 같이 하나의 문화가 다른 문화영역 속으로 확장될 때나, 이민집단과 같이 특정 문화의 구성원들이 다른 문화의 영역으로 이동할 때 발생한다.
  ㉡ 2차적(종적) 문화갈등: 하나의 단일문화가 각기 독특한 행위규범을 갖는 여러 개의 상이한 하위문화로 분화될 때 일어나는 갈등형태로서 도시와 농촌의 갈등이나 신세대와 구세대와의 갈등, 부자와 가난한 사람의 갈등 등을 꼽을 수 있다.
  ㉢ 이때 법규범은 다양한 사회성원 간의 합의된 가치를 반영하는 것이 불가능해지면 가장 지배적인 문화의 행위규범만을 반영하므로 양자가 모두 범죄의 원인이 된다고 보았다.
④ **문화갈등이론의 영향**: 문화갈등이론은 차별적 접촉이론에 기초를 제공하였고, 하층계급문화이론(2차적 문화갈등)에 영향을 주었으며, 1960년대 계급갈등을 강조하는 비판범죄학의 이론적 기초가 되었다.

(2) 볼드(Vold)의 집단갈등이론
① 내용
  ㉠ 『이론범죄학』(1958)에서 이해관계의 갈등에 기초한 집단갈등론을 전개하였는데 범죄를 개인적 법률 위반이 아니라 집단투쟁으로 이해하고, 인종차별의 분쟁, 산업분쟁 또는 확신범죄 등 전통적인 범죄학에서 도외시되었던 특수한 범죄를 이해하려는 이론이다.
  ㉡ 집단 간의 이익갈등이 가장 첨예한 상태로 대립하는 영역은 입법정책 부분이며 범죄란 집단이익의 갈등이나 집단 간 투쟁의 결과이며 범죄행위란 집단갈등 과정에서 자신들을 제대로 방어하지 못한 집단의 행위로 보았다.
  ㉢ 권력투쟁에서 패배한 소수집단은 자신의 이익을 보장받을 수 있는 의견을 반영하지 못하고 범죄에 가담하며 범죄행위란 다른 집단들과의 갈등관계에서 자신의 위치를 유지하기 위해 그 집단에게 요구되는 행위로 이해하였다.
  ㉣ 정치적 갈등의 가장 궁극적인 형태는 반란과 혁명, 특수유형의 범죄뿐만 아니라 통상적인 범죄들도 집단갈등과 관련된다.
② **문제점**: 이익집단들 간의 갈등과 연관되지 않은 비이성적·격정적 범죄를 설명하는 데에는 부적합하고, 범죄의 정치적 성격을 강조하지만 아직 권력과 범죄와의 관계에 대해서는 언급하지 않아 현대적 갈등이론이나 비판범죄학의 이념과는 거리가 있다.

(3) 터크(Turk)의 범죄화론(다원적 갈등)
① **권위에 의한 지배-피지배(지배-복종이론)**: 사실 질서유지의 근원을 집단 간의 경쟁과 투쟁의 소산으로 보았으며 집단들 간의 갈등의 원인은 사회를 통제할 수 있는 권위를 추구하는 데 있다고 보고, 사회의 권위구조를 집단의 문화적 규범이나 행동양식을 다른 사람들에게 강제할 수 있는 권위를 가진 지배집단과 그렇지 못한 피지배집단으로 구분하여 권위에 의한 지배-피지배의 개념을 중시하였다.

② 범죄화 현상의 세 가지 조건
  ㉠ 현실의 법이 지배집단의 행동규범 및 문화규범과 일치할수록 그러한 법이 우선적으로 집행될 가능성이 크다.
  ㉡ 피지배집단의 권력이 약할수록 법이 집행될 가능성이 높다.
  ㉢ 집단 간의 갈등이 얼마나 현실적인 목표를 중심으로 진행되는가에 관한 것으로 실현 가능성이 낮은 목표를 주장·관철하려는 경우일수록 법집행이 강화된다.

6 급진적 갈등이론

(1) 의의

낙인이론이 제기한 문제의식을 마르크스주의의 인식론의 틀 안에서 재구성한 것으로 일탈사회학 및 범죄학 영역의 이론과 실천의 양 측면에서 새로운 대안의 모색을 위한 노력의 결과라고 볼 수 있다. → 갈등론적 관점
① 국가는 권력집단의 이익과 가치를 대변하는 것으로 해석하였다.
② 지배계층의 행위에 대한 관심을 다른 곳으로 돌리고, 법률이 특정 집단이나 계층에 대해서만 집행되어 일부 특정 법률위반자만 범죄자로 만들어 낸다고 보았다.

> **더 알아보기**
>
> 갈등론의 인과적 가정 모형

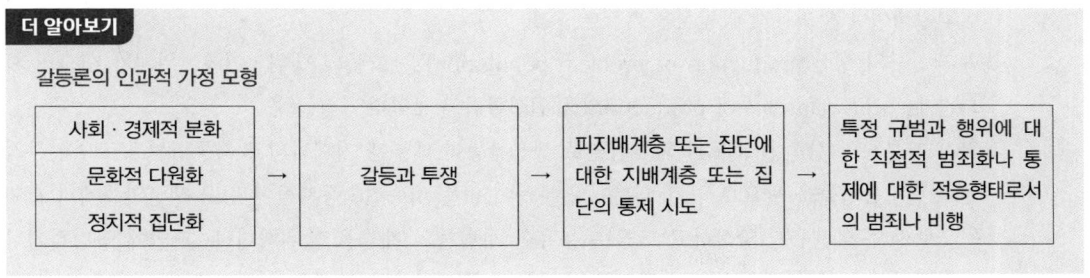

(2) 급진적 갈등론자

① **마르크스(Marx)의 계급투쟁과 범죄**: 부르주아와 프롤레타리아라는 두 집단이 경제적 이익의 차원으로 특징지어져 이익의 극대화로 인해 범행의 유혹과 압력을 받게 되었다.
② **봉거(Bonger)의 자본주의와 탈도덕화(demoralization)**: 가진 자와 못 가진 자의 간격이 가진 자와 못 가진 자 모두를 타락·비도덕화시켰으며 범죄예방을 위한 유일한 방법은 자본주의를 사회주의로 대치하는 것이다.
③ **퀴니(Quinney)의 범죄의 사회적 구성 – 급진적 갈등론**
  ㉠ 적응범죄와 대항범죄: 범죄는 자본주의 국가의 사회·경제·정치적 구조에 의해서 영향을 받는다고 보고, 노동자계급의 범죄를 자본주의 체제에 대한 '적응범죄(crime of accommodation)'와 '대항범죄(crime of resistance)'로 구분하였다.
  ㉡ 적응범죄: 자본주의에 의해 곤경에 빠진 사람들이 다른 사람의 수입과 재산을 탈취함으로써 보상하려 하거나 혹은 자본주의에 의해 침탈된 사람들이 무력을 행사하여 다른 사람의 신체를 해하는 유형 등의 범죄를 말한다.

㉢ 대항범죄: 자본가들의 지배에 대항하는 범죄유형으로 비폭력적이거나 잠재적인 불법행위와 자본주의에 직접적으로 대항하는 혁명적인 행위를 말한다.
   ㉣ 지배와 억압의 범죄(crime of domination and repression): 자본가들이 자신의 이익을 보호하기 위하여 저지르는 범죄를 말한다.
      • 기업범죄: 부당내부거래, 가격담합, 입찰담합 등 경제적 지배를 도모하기 위해 유발되는 범죄
      • 통제범죄: 불공정한 사법기관의 활동
      • 정부범죄: 공무원이나 정부관리들이 저지르는 부정부패범죄 등
   ㉤ 특징: 사회과학의 가치중립성 거부, 자본주의 사회의 모순에 관심
   ㉥ 가치: 범죄를 다루는 기관들의 행동에 대해 그 배후에 있는 진정한 동기를 묻고자 했고 형법의 정당성을 의문시했으며 범죄통계에 관해 공식통계의 신빙성의 문제를 제기하였다.
   ㉦ 한계: 사회주의 국가도 범죄는 정상적으로 발생하여 이념적 성격 및 정치적 성격을 지나치게 강조하였고, 범죄통계의 지나친 강조로 인하여 범죄 원인 규명에 미흡하였다.
④ 테일러(Taylor) 등의 신범죄학(New Criminology): 국가와 자본가의 동맹으로 형성된 단 하나의 유력한 이익만이 존재하고 이로 인한 갈등이 발생한다.
⑤ 스피처(spitzer) - 후기 자본주의 갈등론
   ㉠ 대량생산과 대량소비를 주축으로 하는 후기 자본주의 시대의 경제활동이나 계급갈등을 중심으로 범죄발생이나 사회통제에 관심을 가졌다.
   ㉡ '문제인구의 생산(production of problem population)'은 그들의 행위·인성·위치가 생산의 사회관계(social relations of production)를 위협한다고 보았다.
   ㉢ 후기 자본주의 사회는 고도의 과학기술로 생산활동이 대부분 기계화되고 자동화됨으로써 전문적인 숙련노동자들을 필요로 하기 때문에 전문성이 없는 비숙련노동자들이 점차 생산활동에서 소외됨으로써 문제인구를 양산하고 이들은 부유한 사람들의 재물을 탈취하거나, 파업에 동참하거나 범죄행위를 포함한 많은 일탈적 행위가 야기될 것을 예견하였다.
   ㉣ 급진적 갈등론의 공통점은 사회과학의 가치중립성을 거부하였으며 실증주의 및 자유주의의 패러다임과 결별하였고, 자본주의 사회의 모순에 관심이 많았으며, 일탈의 문제도 자본주의 사회의 모순에 대한 총체적 해명 속에서 이해하려 했고, 일탈 및 범죄문제의 해결에 대해서도 현상유지와 개혁주의적 해결을 거부하고 전반적인 체제변동과 억압에 대해 투쟁에 대한 정치적 참여 주장 등을 강조했다.

> **더 알아보기**
>
> **급진적 갈등론의 공통된 특징**
> • 사회과학의 가치중립성을 거부
> • 실증주의 및 자유주의의 패러다임과 결별
> • 자본주의 사회의 모순에 관심
> • 일탈의 문제도 자본주의 사회의 모순에 대한 총체적 해명 속에서 이해
> • 일탈 및 범죄문제의 해결에 대해서도 현상유지와 개혁주의적 해결을 거부하고 전반적인 체제변동과 억압에 대한 투쟁에의 정치적 참여 주장 등

7 비판범죄학의 평가

(1) 이론의 공헌
이전까지의 전통적인 범죄사회학과는 달리 그 연구대상을 범죄나 범죄자가 아닌 사회통제기관으로 하였다는 점에서 하나의 전환점이 되었으며 인종차별주의, 노동착취, 전쟁, 빈곤, 사회불안, 도시문제 등 사회병리현상이 구조적 불평등에서 야기되는 점을 지적하였다.

(2) 이론의 한계
① 이론적 수준이 미약하고, 지나친 이데올로기적 기반으로 다분히 사변적이며, 가치전제적인 주장으로 인하여 과학적 이론이라기보다는 이데올로기적 성격이 강하다.

② 범죄통제의 측면에 대한 지나친 관심으로 범죄의 원인에 대한 구명이 제대로 행해지지 못하고, 자본주의 구조 혹은 국가가 범죄를 생산한다는 지극히 일차적이고 막연한 논의에 그치고 있으며, 범죄통제를 위한 구체적인 대안도 제시하지 못한다.

③ 이 이론에 따르면 자본주의 국가가 아닌 사회주의 국가에서는 범죄가 발생하지 않아야 하는데, 사회주의 국가에서도 다양한 범죄 내지 비행이 존재하고 있어, 경험적 조사결과가 이론을 뒷받침하지 못하고 있다.

④ 이 이론에 따르면 하류계급에만 범죄가 존재해야 하는데도 불구하고 중류계급이나 상류계급에서도 범죄가 존재하고 있는 것이 현실이다.

⑤ 형법의 보호적 기능이라는 긍정적 측면을 간과하고 있으며, 형벌을 지배계급의 통제수단으로 보기 때문에 특별예방이론과 양립할 수 없고, 보호관찰제도에 대해서도 역시 부정적인 입장이다.

Chapter 03 | 범죄현상론

01 주요 범죄별 특징과 추세

1 화이트칼라범죄

(1) 정의
① 서덜랜드는 '사회적 지위가 높은 사람들이 그 직업상 저지르는 범죄'라고 정의하였으며, 주로 상류계층에 속하는 사람의 직무와 관련된 범죄이어야 하므로 상류층의 범죄라도 일반형사범죄는 제외되며, 고도의 지능적 범죄라도 범죄의 주체가 상류층이 아니라면 제외하였다.
② 오늘날 화이트칼라범죄는 개인이나 집단이 직업활동을 하는 과정에서 자신의 지위 또는 전문적 지식을 이용하여 저지르는 범죄행위로 확대 해석한다.

(2) 특성
① 피해의 대규모성
② 범죄성 인정의 곤란
③ 증거확보의 곤란
④ 암수범죄성
⑤ 사회적 비난의 미약
⑥ 확산 추세

2 여성범죄

(1) 환경에 따른 범죄율: 여성의 사회진출이 많은 국가일수록 여성범죄율이 높고 농촌보다는 도시지역에서 여성범죄율이 높은 편이다.

(2) 은폐성: 성범죄는 남성과는 달리 소규모로 반복적인 경향이 있고, 남편·자녀·애인 등과 같이 자신과 밀접한 관계에 있는 사람을 피해자로 하는 경우가 많으며, 범행방법으로는 독살·학대 등 비신체적 수단을 이용하거나 배후에서 가담하는 경우가 많다고 주장하였다(폴락).

(3) 기회성: 여성범죄는 대부분 생래성이 드물고, 환경의 영향을 받는 기회적 성향을 나타내며, 특히 전쟁기에 증가한다고 주장하였다(롬브로조).

(4) 연령별 분포: 여성범죄자의 연령별 분포는 40대가 가장 많고, 30대가 그다음을 차지한다.

02 환경인자와 관련된 범죄

1 매스미디어와 범죄

(1) 범죄무관론

매스미디어는 비인격적 관계에서 제시되는 사회적 환경의 일부에 불과하므로 범죄의 증가와 무관하며, 범죄발생은 개인적 인격, 가정, 집단관계 등 복합적 요소에 따라 좌우된다.

(2) 범죄유관론

① **단기효과이론(직접효과이론, 자극성 가설)**: 카츠(Katz), 버코위츠(Berkowitz), 윌슨(Wilson) 등이 주장한 것으로 매스미디어는 폭력을 미화하고 범죄수법을 자세히 묘사하여 범죄에 대한 죄의식을 줄이는 등 단기적·직접적인 범죄유발요인이 된다는 이론

② **장기효과이론(간접효과이론)**: 슈람(Suhramn), 쿤칙(Kunczik) 등이 주장한 것으로 매스미디어는 건전한 정신발달을 저해하고 범죄를 미화하여 범죄를 동경하도록 가치관을 변화시킴으로써 범죄에 대한 무비판적·무감각적 성향을 가지게 한다는 이론

③ **범죄정화론(카타르시스가설)**: 시청자는 매스미디어에서 방영되는 폭력장면들을 보며 카타르시스를 경험함으로써 대리만족을 하게 되어 공격적 성향을 자제하게 된다는 이론

Chapter 04 범죄피해자론

01 범죄피해자학

1 의의

범죄피해를 받거나 받을 위험성이 있는 자를 대상으로 피해자화의 원인, 피해자의 특성 등을 생물학적·사회학적 견지에서 과학적으로 분석하고, 이를 기초로 피해자화의 방지 및 피해자의 보호대책 등을 연구하는 학문분야를 말한다.

2 피해자학론자

(1) 멘델존(Mendelsohn)
① '피해자학'이라는 용어를 처음으로 사용하고, 피해자학의 독립과학성을 주장하였다. 또한 각국의 법제도나 사회정세 등에 따라 서로 다르게 나타나는 피해현상을 실증적으로 연구하기 위해 피해자학의 문헌을 수집하는 도서관 창설, 피해자의 심리적·신체적 피해를 치료하기 위한 중앙클리닉 창설, 세계적인 수준으로 피해자에 관한 문제를 토의하기 위한 장으로서 국제회의를 창설할 것을 주장하였다.
② 피해자의 분류
  ㉠ 책임이 없는 피해자: 범죄발생에 전혀 책임이 없는 이상적 피해자로 영아살해죄의 영아, 약취유인된 유아 등이 여기에 해당한다.
  ㉡ 책임이 조금 있는 피해자: 이 유형은 통상 무지로 인해 피해자가 되는 경우로 낙태로 인하여 사망한 임산부 등이 있는데 실제 대부분의 범죄가 여기에 해당한다.
  ㉢ 가해자와 동일한 책임 있는 피해자: 자살미수·동반자살 등 자발적인 피해자가 여기에 해당한다.
  ㉣ 가해자보다 더 책임 있는 피해자: 부모에 대한 패륜행위가 원인이 되어 부모에게 살해된 피해자와 같이 범죄자의 가해행위를 유발시킨 피해자, 부주의에 의한 피해자가 여기에 해당한다.
  ㉤ 가장 책임 있는 피해자: 가해자보다 범죄발생에 더 큰 영향을 미치는 피해자를 말하며, 정당방위의 상대방 같은 공격적 피해자, 무고죄의 범인 같은 기망적 피해자 등이 여기에 해당한다.

(2) 헨티히

① 일반적 특성(연령, 성별, 정신장애, 사회적 지위 등)에 따른 피해자 유형과 정신·심리적 특성에 따른 피해자 유형을 구분하였으며, 그는 이러한 특성 중에는 피해자가 선천적으로 유쾌한 것도 있다는 입장에서 '선천적 피해자'의 존재를 강력히 주장하였다(선천적 피해자설).

② 피해자의 분류

　㉠ 일반적 피해자: 어린이·여자·노인·심신장애자 등 비정상이라고 할 수는 없지만, 평균인에 비해 정신적·육체적 또는 사회적 지위가 상대적으로 열악한 사람이 이 유형에 해당한다.

　㉡ 심리적 피해자
- 폭군: 자신의 밑에서 고통받던 자가 보복하는 입장에 서면 쉽게 이를 감수한다.
- 탐욕자: 탐욕에 눈이 어두워 쉽게 속는다.
- 의기소침자: 누구에게나 쉽게 압도되고, 장래의 위험에도 관심이 결여되어 있다.
- 울화병자: 비판능력이 상실 또는 위축되어 있어 저항력이 약해져 있다.
- 파멸된 자: 파멸적 상황에 몰려 저항능력이 약하고 도와주는 사람도 없어 범죄자에게 가장 손쉬운 먹이가 된다.

　㉢ 활동적 피해자: 자신이 당한 범죄피해의 충격과 악영향으로 인하여 스스로가 범죄자로 전락하는 피해자 또는 명백히 부당한 처분이나 판결에 대한 반항심으로 재차 범죄를 저지르는 사람을 말한다.

(3) 엘렌베르거

① 그는 범죄자와 피해자의 관계에 대해서 범죄자는 다른 상황에서는 피해자가 될 수도 있고, 범죄자가 동시에 피해자가 될 수도 있으며, 범죄자의 심층 심리가 범죄를 야기하여 피해를 발생시키는 경우가 있다고 주장하고, 이러한 접근방법을 기초로 '잠재적 피해자'설을 제창하였다.

② 피해자의 분류

　㉠ 잠재적 피해자: 실제로 범죄피해를 당하지 않았지만 영속적·무의식적으로 범죄자들이 목표로 삼을 만한 특성을 가지고 있기 때문에 언젠가는 범죄자의 표적이 될 가능성이 있는 사람을 말한다.

　㉡ 일반적으로 피해자는 일시적 또는 외형적인 요인 때문에 피해를 당한다고 보고, 이들의 일반적 특성으로서 연령, 직업, 정신병리적, 사회적 또는 신체적 상황 등을 들고 있다.

(4) 레크리스의 피해자의 분류

① 가해자 – 피해자 모델: 피해자의 도발이 없음에도 가해자의 악의에 의해 피해가 발생하는 유형(순수한 피해자)

② 피해자 – 가해자 – 피해자 모델: 피해자의 도발에 의해 피해가 발생하는 유형

3 최근의 범죄피해원인론

(1) 생활양식이론
힌델랑 · 가로팔로 등이 제안한 것으로 범죄와 접촉할 가능성이 높은 생활양식을 취하고 있는 자가 범죄피해자가 되기 쉽다는 이론으로 생활양식이란 일상생활 속에서 습관화된 활동으로 일에 관련된 활동, 학교생활과 관련된 활동, 가정생활과 관련된 활동, 레저활동 등을 말하며, 이러한 생활양식은 사람에 따라 다른데 그러한 차이가 범죄피해자가 될 가능성의 차이로 나타난다고 주장한다.

(2) 일상생활이론
범죄가 실행되는 기회는 일상생활 속에 수없이 존재하고 있으며, 범죄의 표적이 무방비상태로 방치되어 있을 때에 범죄가 발생한다는 이론을 말하며, 구체적인 요소로서 범행동기를 지닌 자(잠재적 범죄자), 적당한 범죄대상(합당한 표적), 보호능력의 부존재(감시자의 부재) 등 세 가지를 제시하였다.

(3) 대안이론
생활양식이론과 일상생활이론을 결합한 이론을 말한다.
① **구조적 선택이론**: 미테와 마이어의 이론으로 범죄발생요인을 범행기회와 대상선택이라는 두 가지 관점으로 압축하고, 범죄근접성과 범죄노출성으로 구성되는 전자를 범죄기회의 독립적 · 구조적 특성으로, 매력성과 보호 가능성으로 구성되는 후자를 가변변수로 두는 방법을 취한다.
② **표적선택과정이론**: 코니쉬와 클라크가 주장한 이론으로 범죄자도 '사고하는 범죄자'로서 범죄행위를 통하여 이익을 추구하려 하며, 최소한의 위험과 노력으로 최대한의 결과를 얻을 수 있는 피해자를 선택한다고 주장하였다.

02 범죄피해자 보호법

1 목적(동법 제1조)
이 법은 범죄피해자 보호 · 지원의 기본정책 등을 정하고, 타인의 범죄행위로 인하여 생명 · 신체에 피해를 받은 사람을 구조함으로써 범죄피해자의 복지 증진에 기여함을 목적으로 한다.

2 용어의 정의(동법 제3조)
이 법에서 사용하는 용어의 뜻은 다음과 같다.

(1) "범죄피해자"란 타인의 범죄행위로 피해를 당한 사람과 그 배우자(사실상의 혼인관계를 포함한다), 직계친족 및 형제자매를 말하며(동조 제1항 제1호) 그 외에 범죄피해 방지 및 범죄피해자 구조 활동으로 피해를 당한 사람도 범죄피해자로 본다(동조 제2항).

(2) "범죄피해자 보호·지원"이란 범죄피해자의 손실복구, 정당한 권리 행사 및 복지 증진에 기여하는 행위를 말한다. 다만, 수사·변호 또는 재판에 부당한 영향을 미치는 행위는 포함되지 아니한다(동조 제1항 제2호).

(3) "범죄피해자 지원법인"이란 범죄피해자 보호·지원을 주된 목적으로 설립된 비영리법인을 말한다(동조 제1항 제3호).

(4) "구조대상 범죄피해"란 대한민국의 영역 안에서 또는 대한민국의 영역 밖에 있는 대한민국의 선박이나 항공기 안에서 행하여진 사람의 생명 또는 신체를 해치는 죄에 해당하는 행위[형법 제9조(형사미성년자), 제10조(심신장애인) 제1항, 제12조(강요된 행위), 제22조(긴급피난) 제1항에 따라 처벌되지 아니하는 행위를 포함하며, 형법 제20조(정당행위) 또는 제21조(정당방위) 제1항에 따라 처벌되지 아니하는 행위 및 과실에 의한 행위는 제외한다]로 인하여 사망하거나 장해 또는 중상해를 입은 것을 말한다(동조 제1항 제4호).

(5) "장해"란 범죄행위로 입은 부상이나 질병이 치료(그 증상이 고정된 때를 포함한다)된 후에 남은 신체의 장해로서 대통령령으로 정하는 경우를 말한다(동조 제1항 제5호).

(6) "중상해"란 범죄행위로 인하여 신체나 그 생리적 기능에 손상을 입은 것으로서 대통령령으로 정하는 경우를 말한다(동조 제1항 제6호).

3 범죄피해자보호위원회

(1) 범죄피해자 보호·지원에 관한 기본계획 및 주요사항 등을 심의하기 위하여 법무부장관 소속으로 범죄피해자보호위원회(이하 "보호위원회"라 한다)를 둔다(동법 제15조 제1항).

(2) 보호위원회는 위원장을 포함하여 20명 이내의 위원으로 구성한다(동조 제3항).

(3) 보호위원회의 위원장은 법무부장관이 된다(시행령 제13조 제1항).

(4) 위원의 임기는 2년으로 하고, 두 차례만 연임할 수 있으며, 보궐위원의 임기는 전임자의 임기의 남은 기간으로 한다(동조 제3항).

(5) 보호위원회 위원장은 보호위원회를 대표하고 보호위원회의 업무를 총괄하며, 보호위원회의 회의를 소집하고 그 의장이 된다(시행령 제14조 제1항).

(6) 보호위원회 위원장의 부득이한 사유로 직무를 수행할 수 없을 때에는 위원장이 미리 지정한 위원이 그 직무를 대행한다(동조 제2항).

(7) 보호위원회의 회의는 재적위원 과반수의 출석으로 개의하고, 출석위원 과반수의 찬성으로 의결한다(동조 제3항).

4 구조금의 지급요건(동법 제16조)

국가는 구조대상 범죄피해를 받은 사람(이하 "구조피해자"라 한다)이 다음의 어느 하나에 해당하면 구조피해자 또는 그 유족에게 범죄피해 구조금(이하 "구조금"이라 한다)을 지급한다.

(1) 구조피해자가 피해의 전부 또는 일부를 배상받지 못하는 경우

(2) 자기 또는 타인의 형사사건의 수사 또는 재판에서 고소·고발 등 수사단서를 제공하거나 진술, 증언 또는 자료제출을 하다가 구조피해자가 된 경우

5 구조금의 종류(동법 제17조)

(1) 구조금은 유족구조금·장해구조금 및 중상해구조금으로 구분한다(동법 제17조 제1항).

(2) 유족구조금은 구조피해자가 사망하였을 때 맨 앞의 순위인 유족에게 지급한다. 다만, 순위가 같은 유족이 2명 이상이면 똑같이 나누어 지급한다(동조 제2항).

(3) 장해구조금 및 중상해구조금은 해당 구조피해자에게 지급한다(동조 제3항).

6 유족의 범위 및 순위(동법 제18조)

(1) 유족구조금을 지급받을 수 있는 유족은 다음의 어느 하나에 해당하는 사람으로 한다(동법 제18조 제1항).
① 배우자(사실상 혼인관계를 포함한다) 및 구조피해자의 사망 당시 구조피해자의 수입으로 생계를 유지하고 있는 구조피해자의 자녀
② 구조피해자의 사망 당시 구조피해자의 수입으로 생계를 유지하고 있는 구조피해자의 부모, 손자·손녀, 조부모 및 형제자매
③ 제1호 및 제2호에 해당하지 아니하는 구조피해자의 자녀, 부모, 손자·손녀, 조부모 및 형제자매

(2) 제1항에 따른 유족의 범위에서 태아는 구조피해자가 사망할 때 이미 출생한 것으로 본다(동조 제2항).

(3) 유족구조금을 받을 유족의 순위는 제1항 각 호에 열거한 순서로 하고, 같은 항 제2호 및 제3호에 열거한 사람 사이에서는 해당 각 호에 열거한 순서로 하며, 부모의 경우에는 양부모를 선순위로 하고 친부모를 후순위로 한다(동조 제3항).

(4) 유족이 다음의 어느 하나에 해당하면 유족구조금을 받을 수 있는 유족으로 보지 아니한다(동조 제4항).
① 구조피해자를 고의로 사망하게 한 경우
② 구조피해자가 사망하기 전에 그가 사망하면 유족구조금을 받을 수 있는 선순위 또는 같은 순위의 유족이 될 사람을 고의로 사망하게 한 경우
③ 구조피해자가 사망한 후 유족구조금을 받을 수 있는 선순위 또는 같은 순위의 유족을 고의로 사망하게 한 경우

7 구조금을 지급하지 아니할 수 있는 경우

(1) 범죄행위 당시 구조피해자와 가해자 사이에 다음 각 호의 어느 하나에 해당하는 친족관계가 있는 경우에는 구조금을 지급하지 아니한다(동법 제19조 제1항).
① 부부(사실상의 혼인관계를 포함한다)
② 직계혈족
③ 4촌 이내의 친족
④ 동거친족

(2) 범죄행위 당시 구조피해자와 가해자 사이에 제1항 각 호의 어느 하나에 해당하지 아니하는 친족관계가 있는 경우에는 구조금의 일부를 지급하지 아니한다(동조 제2항).

(3) 구조피해자가 다음의 어느 하나에 해당하는 행위를 한 때에는 구조금을 지급하지 아니한다(동조 제3항).
① 해당 범죄행위를 교사 또는 방조하는 행위
② 과도한 폭행·협박 또는 중대한 모욕 등 해당 범죄행위를 유발하는 행위
③ 해당 범죄행위와 관련하여 현저하게 부정한 행위
④ 해당 범죄행위를 용인하는 행위
⑤ 집단적 또는 상습적으로 불법행위를 행할 우려가 있는 조직에 속하는 행위(다만 그 조직에 속하고 있는 것이 해당 범죄피해를 당한 것과 관련이 없다고 인정되는 경우는 제외한다)
⑥ 범죄행위에 대한 보복으로 가해자 또는 그 친족이나 그 밖에 가해자와 밀접한 관계가 있는 사람의 생명을 해치거나 신체를 중대하게 침해하는 행위

(4) 구조피해자가 다음의 어느 하나에 해당하는 행위를 한 때에는 구조금의 일부를 지급하지 아니한다(동조 제4항).
① 폭행·협박 또는 모욕 등 해당 범죄행위를 유발하는 행위
② 해당 범죄피해의 발생 또는 증대에 가공한 부주의한 행위 또는 부적절한 행위

(5) 유족구조금을 지급하지 아니할 수 있는 경우에 관하여는 제1항부터 제4항까지를 준용한다. 이 경우 "구조피해자"는 "구조피해자 또는 맨 앞의 순위인 유족"으로 본다(동조 제5항).

(6) 구조피해자 또는 그 유족과 가해자 사이의 관계, 그 밖의 사정을 고려하여 구조금의 전부 또는 일부를 지급하는 것이 사회통념에 위배된다고 인정될 때에는 구조금의 전부 또는 일부를 지급하지 아니할 수 있다(동조 제6항).

(7) 제1항부터 제6항까지의 규정에도 불구하고 구조금의 실질적인 수혜자가 가해자로 귀착될 우려가 없는 경우 등 구조금을 지급하지 아니하는 것이 사회통념에 위배된다고 인정할 만한 특별한 사정이 있는 경우에는 구조금의 전부 또는 일부를 지급할 수 있다(동조 제7항).

8 법령에 따른 급여 등과의 관계

(1) 구조피해자나 유족이 해당 구조대상 범죄피해를 원인으로 하여 국가배상법이나 그 밖의 법령에 따른 급여 등을 받을 수 있는 경우에는 대통령령으로 정하는 바에 따라 구조금을 지급하지 아니한다(동법 제20조).

(2) 국가는 구조피해자나 유족이 해당 구조대상 범죄피해를 원인으로 하여 손해배상을 받았으면 그 범위에서 구조금을 지급하지 아니한다(동법 제21조 제1항).

(3) 국가는 지급한 구조금의 범위에서 해당 구조금을 받은 사람이 구조대상 범죄피해를 원인으로 하여 가지고 있는 손해배상청구권을 대위한다(동조 제2항).

(4) 국가는 제2항에 따라 손해배상청구권을 대위할 때 대통령령으로 정하는 바에 따라 가해자인 수형자나 보호감호대상자의 작업장려금 또는 근로보상금에서 손해배상금을 받을 수 있다(동조 제3항).

9 외국인에 대한 구조(동법 제23조)

이 법은 외국인이 구조피해자이거나 유족인 경우에는 해당 국가의 상호보증이 있는 경우에만 적용한다.

10 구조금의 지급(동법 제25조)

(1) 구조금을 받으려는 사람은 법무부령으로 정하는 바에 따라 그 주소지, 거주지 또는 범죄 발생지를 관할하는 지구심의회에 신청하여야 한다(동법 제25조 제1항).

(2) 제1항에 따른 신청은 해당 구조대상 범죄피해의 발생을 안 날부터 3년이 지나거나 해당 구조대상 범죄피해가 발생한 날부터 10년이 지나면 할 수 없다(동조 제2항).

11 소멸시효(동법 제31조)

구조금을 받을 권리는 그 구조결정이 해당 신청인에게 송달된 날부터 2년간 행사하지 아니하면 시효로 인하여 소멸된다.

12 구조금 수급권의 보호(동법 제32조)

구조금을 받을 권리는 양도하거나 담보로 제공하거나 압류할 수 없다.

13 형사조정

(1) 검사는 피의자와 범죄피해자(이하 "당사자"라 한다)사이에 형사분쟁을 공정하고 원만하게 해결하여 범죄피해자가 입은 피해를 실질적으로 회복하는 데 필요하다고 인정하면 당사자의 신청 또는 직권으로 수사 중인 형사사건을 형사조정에 회부할 수 있다(동법 제41조 제1항).

(2) 형사조정에 회부할 수 있는 형사사건의 구체적인 범위는 대통령령으로 정한다. 다만, 다음의 어느 하나에 해당하는 경우에는 형사조정에 회부하여서는 아니 된다(동조 제2항).
① 피의자가 도주하거나 증거를 인멸할 염려가 있는 경우
② 공소시효의 완성이 임박한 경우
③ 불기소처분의 사유에 해당함이 명백한 경우(다만, 기소유예처분의 사유에 해당하는 경우는 제외한다)

(3) 제41조에 따른 형사조정을 담당하기 위하여 각급 지방검찰청 및 지청에 형사조정위원회를 둔다(동법 제42조 제1항).

Chapter 05 | 형벌과 보안처분론

01 형벌제도의 개관

1 형벌이론

(1) 응보형주의

형벌의 본질을 범죄에 대한 응보에 두는 사상으로 형벌은 일정한 목적 추구를 위하여 존재하는 것이 아니라, 범죄인에게 고통을 주는 그 자체를 가치 있는 것으로 보는 견해(형벌의 자기 목적성)로 대표적인 학자로는 칸트(Kant), 헤겔(Hegel), 빈딩(Binding) 등이 있다.

(2) 목적형주의

형벌의 도구적 성격을 분명히 하는 입장으로서 목적 없는 국가행위는 존재할 수 없다는 전제하에 형벌은 자기목적적인 절대적인 개념이 아니라 국가 및 사회의 이익을 위해 일정한 목적을 가지고 범죄인에게 과해진다고 보는 견해이다. 또한 목적형주의는 사회환경을 지나치게 중요시하는 숙명적 의사관으로 인간의 주체적 의사를 과소평가하고 있다는 비판이 있는 반면, 교육형주의로 나아가는 단서를 제공하였다는 평가를 받고 있다.

① **일반예방주의**: 범죄예방의 대상을 사회일반인에 두고 형벌로 사회일반인을 위하·경계하여 범죄를 행하지 못하도록 함에 형벌의 본래적 임무가 있다는 견해로 인간의 합리적 선택 가능성을 전제로 하며, 공리주의적 사고가 그 사상적 기초이다. 필연적으로 형벌의 엄격성을 동반하며, 형벌의 위협작용을 중시하는 소극적 일반예방과 사회일반의 규범의식을 강화시키고 사회의 안정기능을 중시하는 적극적 일반예방으로 구분한다.

② **특별예방주의**: 형벌을 통해 범죄인을 교정하여 재범을 저지르지 못하도록 하거나 교정이 불가능한 범죄인을 사회에서 격리시켜 재범의 기회를 배제함으로써 범죄를 예방하려는 것에 형벌의 본래적 임무가 있다는 견해이다.

(3) 통합설(절충설)

절대적 형벌이론과 상대적 형벌이론을 절충한 입장으로서 형벌은 응보를 본질로 하지만 예방의 관점을 동시에 고려해야 한다는 견해로 형벌의 법적 근거를 정의와 합목적성에 있다고 보며, 범죄가 있기 때문에 그리고 범죄를 저지르지 않게 하기 위하여 벌이 주어진다고 주장한다.

02 양형의 합리화와 판결 전 조사제도

1 양형의 합리화

(1) 법관이 법정형을 토대로 구체적 형벌의 종류와 범위를 정하는 일련의 과정을 말한다.

(2) **양형의 일반이론**
   ① **유일형이론**: 책임은 언제나 고정된 크기를 가지므로 정당한 형벌은 오직 하나일 수밖에 없다는 이론으로, 책임과 일치하는 정확한 형벌의 결정이 이상적이기는 하지만 현실적으로 불가능한 가설에 지나지 않으며, 형벌의 일반예방이나 특별예방 효과를 양형과정에 고려할 수 없다는 비판이 있다.
   ② **범위의 이론**: 형벌에 상응하는 정당하고 유일한 형벌을 결정하는 것은 현실적으로 불가능하므로 범죄에 대한 책임은 일정한 상하의 폭이 있다는 이론으로, 형량은 수량개념이지만 가치개념이므로 책임에 상응하는 정당하고 유일한 형벌을 찾아내는 것은 현실적으로 불가능한 일이라는 점에서 근거를 두고 있으며, 형벌은 책임에 적합한 상하의 범위에서 특별예방과 일반예방을 고려하여 양정해야 한다고 본다.
   ③ **단계이론**: 형량은 불법과 책임에 따라 결정하고, 형벌의 종류와 집행 여부는 예방을 고려하여 결정해야 한다는 이론을 말하며 유일형이론과 범위의 이론이 대립하는 과정에서 범위의 이론을 변형하기 위한 시도로 등장한 이론으로 양형의 단계에 따라 개별적인 형벌목적의 의의와 가치를 결정해야 한다고 본다.

2 양형의 합리화방안

(1) **양형지침서(양형기준표)의 활용**: 법관의 주관적 요인에 의한 양형의 불균형을 줄임과 동시에 양형에서 법관이 겪는 어려움을 완화시키기 위한 것으로 어떤 범죄가 어떤 형벌과 어느 정도의 형량을 선고받을지에 대해 예측 가능하도록 한 일종의 업무지침이다.

(2) **양형예측표의 활용**: 양형조건과 형량 간의 수량적 상관을 설명한 것이다.

3 판결 전 조사제도

범죄란 개개인에 상응한 적절한 처우를 위하여 형사소송절차에 있어서 유죄가 인정된 범죄인에 대하여 판결 전에 피고인의 인격·소질·환경 등에 대한 과학적 조사를 실시하여 이를 양형의 기초자료로 활용하는 제도이다.

(1) **목적과 기능**
  ① **합리적 양형**: 판결 전 조사제도의 가장 핵심적인 기능으로서 유죄가 인정된 피고인의 범죄원인, 범죄 경력, 성격, 환경, 심리상태 등에 관한 객관적 자료를 법관에게 제공함으로써 양형의 적정성과 투명성 제고에 기여한다.
  ② **과학적 처우**: 재판단계 이후 절차인 보호관찰 또는 교정단계에 있어서 범죄자처우에 필요한 기초자료를 제공함으로써 사법적 처우의 개별화는 물론 범죄자의 교화개선과 사회복귀에도 기여한다.
  ③ **가석방심사 지원**: 교정시설 수용자에 대한 가석방심사에 있어 범죄자의 재범예측과 가석방 적격 여부의 결정 여부에 참고자료를 제공한다.
  ④ **범죄자연구 지원**: 형사사법기관과 관련 연구자에게 범죄의 양태, 범죄자의 특수성 등 범죄자와 관련된 연구자료를 제고함으로써 형사사법제도의 발전에 기여한다.

(2) **연혁**
  사실인정절차와 양형절차를 분리하는 소송절차 이분을 전제로, 미국에서는 보호관찰제도의 일환인 프로베이션(Probation)과 함께 발전되어 왔다.

(3) **장점**
  법관이 판결전에 피고인에 대한 다양한 자료를 얻을 수 있어 실체적 진실발견에 도움을 주며, 양형의 과학화 및 합리화에 기여할 수 있으며, 변호인의 자료수집능력의 한계를 보완하여 피고인의 방어권을 보전하는 기능을 수행한다. 형확정 이후에는 수형자의 과학적 분류와 합리적 개별처우를 위한 참고자료로 활용할 수 있다.

(4) **단점**
  사실인정절차와 양형절차가 합체된 형사소송구조에서는 양형을 위한 조사자료가 유죄인정의 자료로 이용되며, 유죄판결 후 양형선고 전에 조사를 하는 경우에는 조사결과에 대한 피고인의 반론기회가 제공되지 않아 피고인에게 불리한 자료로 이용된다. 양형에 관한 변호권이 실질적으로 제한되고, 조사과정에 피고인이 관여할 여지가 없으므로 직권주의의 부활 또는 직권주의화할 가능성이 존재한다.

(5) **우리나라의 판결 전 조사제도**
  현행법에서는 성인을 대상으로 양형을 위한 본래 의미의 판결 전 조사제도는 인정되지 않고 있으나 보호관찰법에서 보호관찰, 사회봉사, 수강명령을 위하여 필요한 경우와 소년법상 소년보호사건에 대하여 판결 전 조사제도를 인정하고 있다.

03 형벌의 종류

1 사형제도

(1) 사형폐지론

① 폐지론자
  ㉠ 베카리아: 당시의 사회계약론에 입각하여 사형제도를 '인간이 자신을 죽일 권리가 없는 이상 그 권리를 타인이나 일반사회에 양도하는 것 역시 불가능한 것이다.'라고 비판하고, 종신형으로도 사형 이상의 효과를 볼 수 있다고 주장하였다.
  ㉡ 하워드: 『감옥상태론』을 통해 비참한 교도소 상태를 비판하고, 사형폐지 운동을 전개하였다.
  ㉢ 그 외 사형폐지를 주장한 학자는 페스탈로치(Pestalozzi), 리프만(Liepmann), 캘버트(Calvert) 등이 있다.

② 주요 논거
  ㉠ 사형은 권위주의적 전체주의 사상의 잔재로 오늘날의 국가이념에 부합하지 않으며 사형은 일반사회인이 기대하는 것과 같이 범죄억제적 효과를 갖지 못한다.
  ㉡ 사형은 현대교정의 이념에 반하고, 교육 및 개선기능이 전무하며, 사형을 집행한 후 오판으로 판명되면 구제할 방법이 없다.
  ㉢ 사회적 견지에서 사형은 공중감정을 해치는 비인도적 행위이며, 철학적 견지에서 생명은 그것을 부여한 신만이 박탈할 수 있는 것이므로 신성(神性)에 반한다.

(2) 사형존치론

① 존치론자: 계몽기의 몽테스키외(Montesquieu), 루소(Rousseau) 등은 사형을 합리적인 것이라고 긍정하였으며, 칸트 · 헤겔도 사형존치론자였다. 이들은 사람을 살해한 자의 생명을 빼앗지 않으면 안 된다는 것은 일반인의 법적 확신이라고 주장하였다[비르크마이어(Birkmeyer), 로크(Locke), 벨첼(welzel), 블랙스톤(Blackstone), 페리(Ferri), 메츠거(Metzger) 등].

② 주요 논거
  ㉠ 사형은 악에 대한 악의 반동으로 응보적 요구차원에서 정당하고, 정의관념에 부합하며, 그 자체의 위하력으로 강력한 일반예방효과를 가진다.
  ㉡ 극악한 흉악범에 대한 일종의 필요악으로 살인범을 장기간 교정시설에 수용함은 국가경비의 낭비이므로 사형폐지는 경제력이 풍부한 선진국에서는 가능할지 모르나, 후진국의 경제적 · 사회적 여건에서는 곤란하다.

③ 사형 집행절차 요약

| 사형확정판결 | 6개월 이내 → | 법무부장관의 집행명령 | 5일 이내 → | • 교수형 원칙
• 소장 집행
• 군인 총살형 |

④ 사형의 집행정지 사유
   ㉠ 심신의 장애로 의사능력이 없는 경우
   ㉡ 잉태 중에 있는 여자
   ㉢ 공휴일과 토요일

2 자유형제도

범죄인을 사회로부터 격리하여 신체의 자유를 박탈하는 것을 내용으로 하는 형벌로 우리나라 형법은 징역, 금고, 구류의 3종을 규정한다.

(1) 단기자유형
구류형 또는 단기의 징역형 및 금고형을 말하는데 단기자유형은 여러 면에서 많은 문제점을 지니고 있어 폐지의 목소리가 높다.

① 폐지의 논거
   ㉠ 단기자유형은 수형자의 고통이 크지 않아 형벌로서의 위하력이 약하므로 일반예방효과를 거두기 곤란하며 짧은 형기로 인해 교화개선의 효과를 기대할 시간적 여유가 없어 특별예방효과를 거두기 곤란하다.
   ㉡ 질이 좋지 않은 다른 수형자들로부터 범죄적 악풍에 오염될 우려가 많으며, 출소 후 전과자로 낙인 받아 사회적응이 어려워 재범위험성이 조장되며, 개별적 특성의 분석과 개별처우계획 수립에는 최소한 수개월이 소요되는데, 단기자유형 수형자는 수개월이 지나면 석방되므로 효과적인 교정처우계획의 수립이 곤란하다. 또한 수용공간을 부족하게 하여 과밀수용의 원인이 된다.

② 단기자유형 대체방안
   ㉠ 벌금형의 폭넓은 사용: 재산박탈은 현대복지사회에 적합한 형벌이므로 벌금형의 양정 및 집행방법을 개선하여 단기자유형을 대체하였다.
   ㉡ 각종 유예제도의 활용: 기소유예·선고유예·집행유예제도는 범죄인의 정서에 충격을 주면서 동시에 재사회화의 가능성을 높일 수 있는 장점이 있으므로 이들 유예제도를 보다 적극적으로 활용하였다.
   ㉢ 구금제도의 완화: 자유형제도를 유지하면서 신체구금만을 완화하는 방법으로 주말구금·휴일구금·단속구금·반구금제 등을 적극적으로 활용 또는 선행보증·가택구금·거주지 제한 등을 수반하는 독자적인 보호관찰을 사용한다.
   ㉣ 사회 내 처우: 시설 내 구금으로 인한 폐해를 최소화하기 위한 사회 내 처우로는 수강명령·사회봉사명령 등이 있다.

(2) 부정기형의 도입 문제
① 의의: 부정기형이란 형기를 정하지 않은 상태에서 자유형을 선고하고, 수형자의 교정성적에 따라 형기를 결정하는 제도로서 교정주의에 근거한 형벌의 개별화에 중점을 둔 근대 형사정책의 일환을 말한다.
② 찬성의 논거
  ㉠ 개선 목적의 달성에 가장 적합한 방법으로 상습범이나 위험성 있는 범죄인을 장기 구금함으로써 사회를 방위하며, 초범자나 범죄성이 계속되지 않는 자의 수형기간은 단축한다.
  ㉡ 수형자 스스로의 노력에 따라 석방기일을 앞당길 수 있어 개선의욕을 촉진하며 행형단계에서 수형자를 관찰하여 범죄성을 재평가함으로써 형량의 불균형을 시정하며 행형성적에 따라 수형기간을 결정하는 것은 사회나 수형자 모두에게 이익이다.
③ 반대의 논거
  ㉠ 형기의 미확정이 수형자의 개선의욕을 촉진하기보다는 오히려 수형자에게는 긴장감을, 그 가족에게는 불안감을 조성하며 정치적 의도가 개입될 경우 비상식적 양형의 소지가 있고, 행형당국의 자의가 개입될 여지가 많으며, 운용과정이 적정하지 못할 경우 인권침해가 자행될 우려가 있다.
  ㉡ 사회적 약자에게 부정기형이 부과될 경우가 상대적으로 많아 사회적 불공정 시비가 발생할 수 있으며 수형자와 교도관 간 인간관계가 왜곡될 우려가 있으며, 교활한 수형자에게는 유리한 반면, 융통성이 없는 수형자에게는 불리하게 작용될 수 있다.

> **더 알아보기**
>
> 자유형 요약·비교
>
> | 구분 | 금고 | 구류 | 징역 |
> | --- | --- | --- | --- |
> | 기간 | 징역과 동일 | 1일 이상 30일 미만 | 1개월 이상 30년 이하
(가중 시 50년까지 가능) |
> | 가석방 | 징역과 동일 | 대상이 되지 않음 | • 무기: 20년 경과
• 유기: 3분의 1 경과 |
> | 작업의무 | 신청에 의한 작업 | 신청에 의한 작업 | 정역 복무 의무 |

3 재산형제도

(1) 의의

국가가 범죄인으로부터 일정한 재산을 박탈하는 것을 내용으로 하는 형벌을 말하며, 우리나라 형법은 재산형으로 벌금, 과료, 몰수의 3종을 규정하고 있다.

(2) 종류

① 벌금형

㉠ 의의: 범죄인으로 하여금 일정한 금액의 지불을 강제하는 형벌을 말하며, 과료와는 적용대상범죄와 금액 면에서 구별되며, 벌금은 5만 원 이상으로 하며, 상한에는 제한이 없고, 다만, 감경하는 경우에는 5만 원 미만으로 할 수 있다(형법 제45조).

- 벌금은 판결확정일로부터 30일 내에 납입하여야 하고, 벌금을 납입하지 아니한 자는 1일 이상 3년 이하의 기간 노역장에 유치하여 작업에 복무하게 한다(형법 제69조). 만일 벌금의 일부만 납입하면 벌금액과 유치기간의 일수에 비례하여 납입금액에 해당하는 일수를 뺀다(형법 제71조).
- 몰수 또는 조세, 전매 기타 공과에 관한 법령에 의하여 재판한 벌금 또는 추징은 그 재판을 받은 자가 재판확정 후 사망한 경우에는 그 상속재산에 대하여 집행할 수 있다(형사소송법 제478조).

㉡ 특징

- 일신전속적 성격을 지니므로 상속이나 제3자의 대납이 불가하며 범죄인이 국가에 대하여 가지고 있는 채권과 상계가 불가능하다.
- 18세 미만인 소년에게는 노역장유치선고를 하지 못한다(소년법 제62조).
- 벌금형에 대하여 선고유예는 가능하나(형법 제59조), 집행유예는 500만 원 이하까지만 가능하다(동법 제62조).

㉢ 장점

- 구금으로 인한 실직 · 가정파탄 · 범죄오염 등의 위험성을 제거할 수 있어 단기자유형의 폐해를 차단한다.
- 형집행비용이 적게 들어 자유형보다 경제적으로 유리하며 이욕적인 범죄자나 법인에게 효과적인 형벌이 될 수 있고, 국고의 수입을 늘릴 수 있으며, 벌금수입을 범죄의 예방 및 범죄인의 교화개선의 비용으로 활용한다.
- 오판의 경우에도 회복이 가능하며, 집행이 간편하고 범죄인의 명예가 보호된다. 또한 인신을 구속하지 않으므로 범죄인의 사회화에 기여한다.

㉣ 단점: 범죄자를 격리하는 목적을 달성할 수 없으며, 범죄를 행하고도 사회에서 활동하게 되므로 공공의 안전을 해칠 우려가 있고 고도의 인플레이션 하에서는 형벌의 효과를 기대하기 어렵고, 중량 있는 처벌을 부과함에 한계가 있으며, 교화개선작용이 미흡하다.

② 과료형
    ㉠ 의의: 일정한 재산적 이익의 박탈을 내용으로 하는 형벌이라는 점에서 벌금형과 같으나, 금액(2천 원 이상 5만 원 미만)과 그에 따른 노역장 유치기간이 벌금형에 비해 적다는 것에서 구별되며, 판결확정일로부터 30일 내에 납입하여야 한다(형법 제69조 제1항). 또한 과료를 납입하지 아니한 자는 1일 이상 30일 미만의 기간 노역장에 유치하여 작업에 복무하게 한다(동조 제2항).
    ㉡ 특징: 과료형도 벌금형과 마찬가지로 18세 미만인 소년에게는 노역장 유치선고를 하지 못한다(소년법 제62조).
③ 몰수
    ㉠ 의의: 몰수란 범죄의 반복을 막거나 범죄인이 범죄로부터 부당한 이득을 얻지 못하게 할 목적으로 범죄행위와 관련된 재산을 박탈하여 국가에 귀속시키는 것을 내용으로 하는 재산형으로 재산권을 일방적으로 국가에 이전시키는 물권적 효과를 발생시킨다는 점에서 범죄인에게 금전지급의 부담이라는 채권적 효과만을 발생시키는 벌금과 구별된다.
    ㉡ 법적 성격: 몰수의 법적 성격에 관해서는 형식적으로는 형벌이지만, 실질적으로는 대물적 보안처분이라는 절충적 견해가 다수설이다.
    ㉢ 내용: 몰수는 원칙적으로 다른 형에 부가하여 과하는 부과형이다. 다만, 행위자에게 유죄판결을 하지 않을 때에도 몰수요건이 있는 때에는 몰수만을 선고할 수 있다(형법 제49조). 몰수대상인 물건을 몰수할 수 없을 때에는 그 가액을 추징하고(동법 제48조 제2항), 문서·도화·전자기록 등 특수매체기록 또는 유가증권의 일부가 몰수의 대상이 된 경우에는 그 부분을 폐기한다(동조 제3항).
④ 추징
    ㉠ 의의: 범죄와 관련된 부정한 이익을 범인의 손에 남기지 않으려는 목적에서 몰수대상물의 전부 또는 일부를 몰수할 수 없을 때 몰수를 대신해서 그 가액의 납부를 명하는 사법처분의 일종이며 여기에서 '몰수할 수 없을 때'란 소비·분실·훼손·혼동·가공에 의해서 물건의 소멸 또는 동일성의 상실이 있을 때를 의미한다.
    ㉡ 법적 성격: 추징은 형벌은 아니지만, 몰수에 준하는 성질을 가진다.

(3) 개선방안
① 총액벌금제
    ㉠ 의의: 범죄인의 빈부를 고려하지 않고 동일액의 벌금을 부과하는 벌금제도이다.
    ㉡ 현실태: 현재 과형인원 80% 이상이 벌금형을 선고받고 있다.
    ㉢ 문제점: 범죄인의 재정상태에 따라 같은 액수라도 형벌이 가지는 효과가 다를 수 있다.
    ㉣ 개선안
        • 일수벌금제도의 운영
        • 벌금형의 집행유예제도의 도입 등 벌금형의 탄력적 운영
        • 벌금미납자의 노역장 유치 대신 사회봉사명령 등 대체자유형제의 도입 등
    ※ 벌금에 대하여 선고유예는 가능하다(형법 제59조 제1항).

② 일수벌금제
　㉠ 의의 : 총액벌금제와 대비되는 개념으로 벌금을 선고할 때 행위자의 경제능력 내지 지불능력에 따라 행위자의 수입·자산·가족관계 기타 사정을 고려하여 벌금의 액수와 1일 벌금액을 구분하여 선고하는 방식을 말한다. 일수벌금제는 벌금액의 차등화를 통해 형벌의 상대적인 균등화에 기여하고, 벌금의 탄력성 및 배분적 정의에 충실하며, 책임주의와 희생평등의 원칙 간 조화를 도모한다.
　㉡ 장점 : 일수정액은 재산상황 내지 경제적 능력을 고려하여 결정되므로 배분적 정의에 적합하며 일수벌금제의 근본취지는 범죄인의 경제력에 따른 벌금의 차등화를 통하여 형벌의 상대적 균등화를 이루고자 함에 있으므로 총액벌금제에 비하여 희생평등의 원칙에 충실하다. 또한 범죄인의 경제적 자력과 무관하게 형벌적응력을 갖게 하므로 정의의 관념과 형벌 개념화 원칙에 부합한다.
　㉢ 단점 : 범죄인의 경제능력 내지는 지불능력에 대한 정확한 조사가 현실적으로 쉽지 않아 실효성을 기대하기 곤란하며 다른 양형의 기초사실과 비교할 때 경제적 사정을 지나치게 고려하고 있으며, 벌금액 산정방법이 너무 기교적이다. 1일 벌금액 산정에 있어 법관들의 기계적 산정 내지는 자의적 산정이 우려되며 범죄와 관련 없는 재산을 형량결정의 주요 변수로 삼는 것은 책임주의에 배치된다.

③ 총액벌금제도와 일수벌금제도의 비교

구분	총액벌금제도	일수벌금제도
형벌의 위하력	낮음	높음
행위자의 책임	전체 벌금액 산정 기준	일수의 기준
행위자의 경제능력과 지불능력	고려하지 않음	1일 벌금액 산정 시 고려
노역장 유치기간의 산정	복잡함	일수만큼 유치(명료함)

> **더 알아보기**
>
> 벌금과 과료 요약·비교
>
> | 구분 | 벌금 | 과료 |
> | --- | --- | --- |
> | 금액 | 5만 원 이상
(감경 시 5만 원 미만 가능) | 2천 원 이상 5만 원 미만 |
> | 노역장 유치 | 1일 이상 3년 이하 | 1일 이상 30일 미만 |
> | | 18세 미만 소년 노역장 유치 불가 | |
> | 선고유예 여부 | 가능 | 불가능 |

4 명예형제도

(1) 의의
범죄인의 명예 또는 자격을 박탈 또는 제한하는 것을 내용으로 하는 형벌을 말한다.

(2) 종류
① 자격상실
  ㉠ 의의: 사형·무기징역 또는 무기금고를 선고받은 자에 대하여 법률로써 일정한 자격을 박탈하는 형벌로 다른 형벌과 함께 선고되는 것이 아니라, 일정한 형벌, 즉 사형·무기징역 또는 무기금고가 선고되면 그 효력으로 당연히 자격이 상실되는 것이 특징이다.
  ㉡ 내용: 사형·무기징역 또는 무기금고의 판결을 받은 자는 다음에 기재한 자격을 상실한다(형법 제43조 제1항).
  • 공무원이 되는 자격
  • 공법상의 선거권과 피선거권
  • 법률로 요건을 정한 공법상의 업무에 관한 자격
  • 법인의 이사, 감사 또는 지배인 기타 법인의 업무에 관한 검사역이나 재산관리인이 되는 자격
  ㉢ 현행법상 자격상실은 형선고에 따르는 부수적 효력
  ㉣ 자격상실은 무기징역을 선고받은 자가 가석방되더라도 그대로 유효

② 자격정지
  ㉠ 당연정지: 유기징역이나 유기금고의 판결을 받은 자에 대해서는 그 형의 집행이 종료되거나 면죄될 때까지 형법 제43조 제1항의 자격상실 대상 중 제1호~제3호(공무원이 되는 자격, 공법상의 선거권과 피선거권, 법률로 요건을 정한 공법상의 업무에 관한 자격)가 정지(형법 제43조 제2항)
  ㉡ 판결의 선고에 의한 정지: 판결의 선고에 의하여 형법 제43조의 자격상실 대상의 전부 또는 일부를 정지시키는 경우로 그 기간은 1년 이상 15년 이하(형법 제44조 제1항)
  ㉢ 자격정지의 가산점: 유기징역 또는 유기금고에 자격정지를 병과한 때에는 징역 또는 금고의 집행을 종료하거나 면제된 날부터 정지기간을 기산(동조 제2항)

5 벌금 미납자와 사회봉사집행

(1) 목적
벌금 미납자에 대한 노역장 유치를 사회봉사로 대신하여 집행할 수 있는 특례와 절차를 규정함으로써 경제적인 이유로 벌금을 낼 수 없는 사람의 노역장 유치로 인한 구금을 최소화하여 그 편익을 도모함을 목적으로 한다(벌금 미납자의 사회봉사 집행에 관한 특례법 제1조).

(2) 효과
노역장 유치에 따른 범죄학습폐해 방지와 가족관계 단절 방지 및 구금시설 과밀화 등의 문제점을 해소하여 벌금 미납자에 대한 편익을 도모할 수 있다.

(3) 사회봉사의 신청
① 500만 원 범위 내의 벌금형이 확정된 벌금 미납자는 검사의 납부명령일부터 30일 이내에 주거지를 관할하는 지방검찰청의 검사에게 사회봉사를 신청할 수 있다. 다만, 검사로부터 벌금의 일부납부 또는 납부연기를 허가받은 자는 그 허가기한 내에 사회봉사를 신청할 수 있다(동법 제4조 제1항).
② 사회봉사의 신청 제외 대상자(동조 제2항)
  ㉠ 징역 또는 금고와 동시에 벌금을 선고받은 사람
  ㉡ 법원으로부터 벌금 선고와 동시에 벌금을 완납할 때까지 노역장에 유치할 것을 명받은 사람
  ㉢ 다른 사건으로 형 또는 구속영장이 집행되거나 노역장에 유치되어 구금 중인 사람
  ㉣ 사회봉사를 신청하는 해당 벌금에 대하여 법원으로부터 사회봉사를 허가받지 못하거나 취소당한 사람. 다만, 사회봉사 불허가 사유가 소멸한 경우에는 그러하지 아니하다.

(4) 사회봉사의 청구 및 허가(동법 제5조 · 제6조)
① 청구
  ㉠ 청구의 기각
    • 신청인이 정당한 이유 없이 검사의 출석 요구나 자료제출 요구를 거부한 경우 검사는 신청을 기각할 수 있다.
    • 사회봉사신청을 기각하는 검사의 처분에 대한 이의신청은 법원에 할 수 있다.
  ㉡ 청구기간: 검사는 신청일부터 7일 이내에 사회봉사의 청구 여부를 결정하여야 한다. 다만, 출석요구, 자료제출 요구에 걸리는 기간은 위 기간에 포함하지 아니한다.
② 법원의 허가: 법원은 검사로부터 사회봉사 허가 청구를 받은 날부터 14일 이내에 벌금 미납자의 경제적 능력, 사회봉사 이행에 필요한 신체적 능력, 주거의 안정성 등을 고려하여 사회봉사 허가 여부를 결정한다. 다만, 출석요구, 자료제출 요구에 걸리는 기간은 위 기간에 포함하지 아니한다.
③ 법원의 불허사유
  ㉠ 벌금의 범위를 초과(500만 원)하거나 신청 기간이 지난 사람이 신청을 한 경우
  ㉡ 사회봉사를 신청할 수 없는 사람이 신청을 한 경우
  ㉢ 정당한 사유 없이 법원의 출석 요구나 자료제출 요구를 거부한 경우
  ㉣ 신청인이 일정한 수입원이나 재산이 있어 벌금을 낼 수 있다고 판단하는 경우
  ㉤ 질병이나 그 밖의 사유로 사회봉사를 이행하기에 부적당하다고 판단되는 경우
④ 사회봉사시간 산정
  법원은 사회봉사를 허가하는 경우 벌금 미납액에 의하여 계산된 노역장 유치기간에 상응하는 사회봉사시간을 산정하여야 한다. 다만, 산정된 사회봉사시간 중 1시간 미만은 집행하지 아니한다.
⑤ 사회봉사를 허가받지 못한 벌금 미납자는 그 결정을 고지받을 날부터 15일 이내에 벌금을 내야 하며, 위의 기간 내에 벌금을 내지 아니할 경우 노역장에 유치한다.

(5) 사회봉사 허가 여부 통지 및 신고(동법 제7조 · 제8조)

① 법원의 사회봉사 허가 통지

㉠ 법원은 사회봉사 허가 여부 결정을 검사와 신청인에게 서면으로 알려야 한다.

㉡ 법원은 사회봉사를 허가하는 경우 그 확정일부터 3일 이내에 사회봉사 대상자의 주거지를 관할하는 보호관찰소의 장에게 사회봉사 허가서, 판결문 등본, 약식명령 등본 등 사회봉사 집행에 필요한 서류를 송부하여야 한다.

② 대상자의 신고: 사회봉사 대상자는 법원으로부터 사회봉사 허가의 고지를 받은 날부터 10일 이내에 사회봉사 대상자의 주거지를 관할하는 보호관찰소의 장에게 주거, 직업, 그 밖에 대통령령으로 정하는 사항을 신고하여야 한다.

(6) 사회봉사의 집행(동법 제9조 · 제10조 · 제13조)

① 사회봉사는 보호관찰관이 집행한다. 다만, 보호관찰관은 그 집행의 전부 또는 일부를 국공립기관이나 그 밖의 단체 또는 시설의 협력을 받아 집행할 수 있다(동법 제9조 제1항).

② 검사는 보호관찰관에게 사회봉사 집행실태에 대한 관련 자료의 제출을 요구할 수 있고, 집행방법 및 내용이 부적당하다고 인정하는 경우에는 이에 대한 변경을 요구할 수 있다(동조 제2항).

③ 보호관찰관은 검사로부터 제2항의 변경요구를 받으면 그에 따라 사회봉사의 집행방법 및 내용을 변경하여 집행하여야 한다(동조 제3항).

④ 보호관찰관은 사회봉사 대상자의 성격, 사회경력, 범죄의 원인 및 개인적 특성 등을 고려하여 사회봉사의 집행분야를 정하여야 하며(동법 제10조 제1항), 사회봉사를 전부 또는 일부 이행한 경우에는 집행한 사회봉사시간에 상응하는 벌금액을 낸 것으로 본다(동법 제13조).

(7) 사회봉사의 집행기간(동법 제10조 · 제11조 · 시행령 제8조)

① 사회봉사는 1일 9시간을 넘겨 집행할 수 없다. 다만, 사회봉사의 내용상 연속집행의 필요성이 있어 보호관찰관이 승낙하고 사회봉사 대상자가 분명히 동의한 경우에만 연장하여 집행할 수 있고(제10조 제2항), 1일 총 13시간을 초과할 수 없다(시행령 제8조 제2항).

② 사회봉사의 집행시간은 사회봉사기간 동안의 집행시간을 합산하여 시간 단위로 인정한다. 다만, 집행시간을 합산한 결과 1시간 미만이면 1시간으로 인정한다(동법 제10조 제3항).

③ 사회봉사의 집행은 사회봉사가 허가된 날부터 6개월 이내에 마쳐야 한다. 다만, 보호관찰관은 특별한 사정이 있으면 검사의 허가를 받아 6개월의 범위에서 한 번 그 기간을 연장하여 집행할 수 있다(동법 제11조).

④ 사회봉사는 평일 주간에 집행하는 것을 원칙으로 한다. 다만, 사회봉사 대상자의 동의 또는 신청을 받아 사회봉사 대상자의 생업, 학업, 질병 등을 고려하여 야간 또는 공휴일에 집행할 수 있다(시행령 제8조 제1항).

(8) 사회봉사 대상자의 벌금 납입(동법 제12조 제1항)

사회봉사 대상자는 사회봉사의 이행을 마치기 전에 벌금의 전부 또는 일부를 낼 수 있다.

(9) 사회봉사 허가의 취소(동법 제14조)

① 사회봉사 대상자가 다음의 어느 하나에 해당하는 경우 보호관찰소 관할 지방검찰청의 검사는 보호관찰소의 장의 신청에 의하여 사회봉사 허가의 취소를 법원에 청구한다(동조 제1항).
  ㉠ 정당한 사유 없이 사회봉사 대상자가 법원으로부터 사회봉사 허가의 고지를 받은 날부터 10일 이내에 사회봉사 대상자의 주거지를 관할하는 보호관찰소의 장에게 주거, 직업, 그 밖에 대통령령으로 정하는 사항의 신고를 하지 아니하는 경우
  ㉡ 사회봉사 집행 기간 내에 사회봉사를 마치지 아니한 경우
  ㉢ 정당한 사유 없이 보호관찰 등에 관한 법률상의 준수사항을 위반하거나 구금 등의 사유로 사회봉사를 계속 집행하기에 적당하지 아니하다고 판단되는 경우
② 취소신청이 있는 경우 보호관찰관은 사회봉사의 집행을 중지하여야 한다. 다만, 취소신청에 따라 사회봉사의 집행이 중지된 기간은 사회봉사 집행기간에 포함되지 아니한다(동조 제2항).
③ 법원은 사회봉사 허가 취소의 청구가 있는 날부터 14일 이내에 사회봉사 취소 여부를 결정한다. 다만, 사회봉사 대상자의 의견을 듣거나 필요한 자료의 제출 요구 등에 걸리는 기간은 위 기간에 포함하지 아니한다(동조 제4항).
④ 사회봉사 허가가 취소된 사회봉사 대상자는 취소통지를 받은 날부터 7일 이내에 남은 사회봉사시간에 해당하는 미납벌금을 내야 하며, 그 기간 내에 미납벌금을 내지 아니하면 노역장에 유치한다(동조 제7항).

(10) 사회봉사의 종료(동법 제15조)

① 사회봉사는 다음의 어느 하나에 해당하는 경우에 종료한다(동법 제15조 제1항).
  ㉠ 사회봉사의 집행을 마친 경우
  ㉡ 사회봉사 대상자가 벌금을 완납한 경우
  ㉢ 사회봉사 허가가 취소된 경우
  ㉣ 사회봉사 대상자가 사망한 경우
② 보호관찰소의 장은 사회봉사 대상자가 종료사유에 해당되면 사회봉사 대상자의 주거지를 관할하는 지방검찰청의 검사에게 지체 없이 통보하여야 한다(동조 제2항).

더 알아보기

사회봉사와 사회봉사명령의 차이점

구분	근거법률	집행근거	집행분야 지정	국공립기관 등의 협력과 위탁집행	집행지휘
사회봉사	벌금 미납자의 사회봉사 집행에 관한 특례법	본인의 신청	보호관찰관	협력집행	검사
사회봉사명령	형법, 보호관찰 등에 관한 법률	법원의 명령	법원	위탁집행	법원

6 형의 실효와 사면

(1) 형의 실효
① 목적: 전과기록 및 수사경력자료의 관리와 형의 실효에 관한 기준을 정함으로써 전과자의 정상적인 사회복귀를 보장함을 목적으로 한다[형의 실효 등에 관한 법률(형실효법) 제1조].

② 내용(동법 제7조)
수형인이 자격정지 이상의 형을 받지 아니하고 형의 집행을 종료하거나 그 집행이 면제된 날부터 다음에 해당되는 기간이 경과한 때에 그 형은 실효된다.

구분	기간
3년을 초과하는 징역·금고	10년
3년 이하의 징역·금고	5년
벌금	2년
구류·과료	형의 집행을 종료하거나 그 집행이 면제된 때에 그 형이 실효됨

7 재판상 실효

(1) 징역 또는 금고의 집행을 종료하거나 집행이 면제된 자가 피해자에게 손해를 보상하고, 자격정지 이상의 형을 받음이 없이 7년을 경과한 때 본인 또는 검사의 신청에 의하여 재판의 실효를 선고할 수 있다(형법 제81조).

(2) 형의 시효
① 효과: 형을 선고받은 사람이 재판이 확정된 후 그 형의 집행을 받지 않고 일정한 기간이 경과한 때에는 집행이 면제되는 것을 말한다. 즉, 형(사형은 제외한다)을 선고받은 사람에 대해서는 시효가 완성되면 그 집행이 면제된다(형법 제77조).

② 시효기간
  ㉠ 형의 시효는 형을 선고하는 재판이 확정된 후 그 집행을 받지 아니하고 다음 기간이 지나면 완성된다(형법 제78조).
  - 무기의 징역 또는 금고: 20년
  - 10년 이상의 징역 또는 금고: 15년
  - 3년 이상의 징역이나 금고 또는 10년 이상의 자격정지: 10년
  - 3년 미만의 징역이나 금고 또는 5년 이상의 자격정지: 7년
  - 5년 미만의 자격정지, 벌금, 몰수 또는 추징: 5년
  - 구류 또는 과료: 1년

  ㉡ 시효기간의 계산에 있어 연 또는 월로 정한 기간은 연 또는 월 단위로 계산하며(동법 제83조), 시효기간의 초일은 시간을 계산함이 없이 1일로 산정한다(동법 제85조).

(3) 형의 소멸

① 의의: 유죄판결의 확정에 의하여 발생한 국가의 형벌권이 소멸되는 것을 말하며 적법한 공소가 제기되어 유죄의 확정판결이 있은 후에 그 집행권을 소멸시키는 것이라는 점에서 형선고의 효력을 상실하게 하는 형의 실효와 구별되고, 검사의 형벌청구권을 소멸시키는 공소시효제도와 구별된다.

② 사면(사면법 제5조)
  ⊙ 일반사면: 죄를 범한 자에 대하여 이들 대상자가 위반한 죄 또는 형의 종류를 정하여 대통령령으로 행하는 사면을 말하며 일반사면이 되면 원칙적으로 형의 선고를 받은 자에 대하여는 그 선고의 효력이 상실되고, 아직 형의 선고를 받지 아니한 자에 대하여는 공소권이 상실된다.
  ⓒ 특별사면: 형의 선고를 받은 특정인에 대하여 대통령이 행하는 사면을 말하며, 원칙적으로 형의 집행이 면제되는 것이지만, 특별한 사정이 있을 때에는 형 선고의 효력을 상실하게 할 수 있다.

③ 복권
  ⊙ 사면법상의 복권: 죄를 범하여 형의 선고를 받은 자가 그 형의 선고의 부수적 효력으로서 다른 법령에 의하여 자격이 상실 또는 정지된 경우에 그 상실 또는 정지된 자격의 회복을 목적으로 하는 것을 말한다.
    • 형 선고의 효력으로 상실 또는 정지된 자격은 복권으로 회복되나(동법 제5조 제1항 제5호), 형의 선고에 따른 기성의 효과는 복권으로 인하여 변경되지 않는다(동조 제2항).
    • 사면법상의 복권은 형의 집행이 끝나지 아니한 자 또는 집행이 면제되지 아니한 자에 대하여는 하지 아니한다(동법 제6조).
  ⓒ 형의 실효 및 복권: 형벌권은 형집행의 종료, 형집행의 면제, 기타 일정한 원인으로 소멸되더라도 형선고의 법률상 효과는 소멸되지 않는다.

8 형의 유예제도

(1) 선고유예제도

① 의의: 비교적 경미한 범죄인에 대하여 일정기간 동안 형의 선고를 유예하고, 그 유예기간을 특별한 범행 없이 경과한 때에는 면소된 것으로 간주하는 제도로서 선고유예는 형법이 인정하고 있는 제재 중 가장 가벼운 것이라 할 수 있으며, 특별예방적 목적을 달성하기 위한 책임주의의 중대한 양보를 의미한다.

② 현행법상 선고유예제도
  ⊙ 요건: 1년 이하의 징역이나 금고, 자격정지 또는 벌금의 형을 선고할 경우 형법 제51조(양형의 조건)의 사항을 고려하여 뉘우치는 정상이 뚜렷할 때에는 그 형의 선고를 유예할 수 있다. 다만, 자격정지 이상의 형을 받은 전과가 있는 사람에 대해서는 선고유예를 할 수 없다. 형을 병과할 경우에도 형의 전부 또는 그 일부에 대하여 그 선고를 유예할 수 있다(형법 제59조).
  ⓒ 보호관찰: 형의 선고를 유예하는 경우에 재범방지를 위하여 지도 및 원호가 필요한 때에는 보호관찰을 받을 것을 명할 수 있는데 그 기간은 1년으로 한다(동법 제59조의2).
  ⓒ 효과: 선고유예를 받은 날로부터 2년을 경과한 때에는 면소된 것으로 간주한다(동법 제60조).

② 실효: 형의 선고유예를 받은 자가 유예기간 중 자격정지 이상의 형에 처한 판결이 확정되거나 자격정지 이상의 형에 처한 전과가 발견된 때에는 유예한 형을 선고한다. 형법 제59조의2의 규정에 의하여 보호관찰을 명한 선고유예를 받은 자가 보호관찰기간 중에 준수사항을 위반하고 그 정도가 무거운 때에는 유예한 형을 선고할 수 있다(동법 제61조).

(2) 집행유예제도

① 의의: 형의 선고를 하면서 일정기간 동안 형의 집행을 유예하고, 그 유예기간을 무사히 경과한 때에는 형선고의 효력을 잃게 하는 제도를 말한다.

② 현행법상 집행유예

㉠ 요건
- 3년 이하의 징역이나 금고 또는 500만 원 이하의 벌금의 형을 선고할 경우에 양형의 조건을 참작하여 그 정상에 참작할 만한 사유가 있는 때에는 1년 이상 5년 이하의 기간 형의 집행을 유예할 수 있다. 다만, 금고 이상의 형을 선고한 판결이 확정된 때부터 그 집행을 종료하거나 면제된 후 3년까지의 기간에 범한 죄에 대하여 형을 선고하는 경우에는 그러하지 아니하다(형법 제62조 제1항).
- 형을 병과할 경우에는 그 형의 일부에 대하여 집행을 유예할 수 있다(동조 제2항).

㉡ 보호관찰, 사회봉사명령·수강명령
- 형의 집행을 유예하는 경우에는 보호관찰을 받을 것을 명하거나 사회봉사 또는 수강을 명할 수 있다(형법 제62조의2 제1항).
- 위 규정에 의한 보호관찰의 기간은 집행을 유예한 기간으로 한다. 다만, 법원은 유예기간의 범위 내에서 보호관찰기간을 정할 수 있다(동조 제2항).
- 사회봉사명령 또는 수강명령은 집행유예기간 내에 이를 집행한다(동조 제3항).

㉢ 효과: 집행유예의 선고를 받은 후 그 선고의 실효 또는 취소됨이 없이 유예기간을 경과한 때에는 형의 선고는 효력을 잃는다(형법 제65조).

㉣ 실효: 집행유예의 선고를 받은 자가 유예기간 중 고의로 범한 죄로 금고 이상의 형의 선고를 받아 그 판결이 확정된 때는 집행유예의 선고는 효력을 잃는다(형법 제63조).

㉤ 취소
- 필요적 취소: 집행유예의 선고를 받은 후 제62조 단행의 사유(금고 이상의 형을 선고한 판결이 확정된 때부터 그 집행을 종료하거나 면제된 후 3년을 경과하지 않은 경우)가 발각된 때에는 집행유예의 선고를 취소한다(형법 제64조 제1항).
- 임의적 취소: 보호관찰이나 사회봉사 또는 수강을 명한 집행유예를 받은 자가 준수사항이나 명령을 위반하고, 그 정도가 무거운 때에는 집행유예의 선고를 취소할 수 있다(동조 제2항).

04 보안처분론

1 의의와 연혁

(1) 개념
보안처분은 형벌만으로 범죄로부터의 사회방위가 불충분 또는 부적당하여 국가가 범죄인이나 범죄위험성이 있는 자에게 행하는 각종 범죄예방처분으로 개선·보안·특별예방적 기능을 가진다는 점에서 형벌과 구별된다.

(2) 특징
① 범죄의 위험성이 그 근거가 되며 예방주의 내지 사회방위사상을 실현하기 위한 국가의 처분이다.
② 행위자의 과거를 판단하는 것이 아니라, 행위자의 미래를 판단하는 제도이며 사람뿐만 아니라 물건에 대해서도 보안처분이 부과된다.
③ 일반예방보다는 범죄자의 개선과 사회방위 등 특별예방을 중시하며 형벌을 대체하거나 보충하는 사회방위적 제재이다. 또한 치료, 개선, 교육 등의 목적을 위한 강제적 예방처분이다.

(3) 연혁
① 근대 이전
   ㉠ 고대: 정치범의 국외추방, 음주방지를 위한 주류판매의 금지 등 보안처분과 유사한 제도가 존재하였다.
   ㉡ 중세: 치안유지를 목적으로 부랑자나 걸인에 대해 사형 또는 신체상해형을 부과하였다.
   ㉢ 18~19세기
      • 18세기 말 독일의 클라인(Klein)은 최초로 보안처분이론을 정립한 사람으로 평가받고 있는데 그는 형벌의 개선적 효과를 인정하면서도 행위자의 위험성을 대상으로 하는 보안처분의 필요성을 주장하여 이원주의의 이론적 기초를 제공하였다.
      • 19세기에 접어들면서 절대주의에 바탕을 둔 경찰국가가 몰락하고, 시민적·자유주의적 법치국가가 등장함에 따라 클라인의 보안처분규정은 당시 지배적 이념이었던 포이에르바하를 중심으로 하는 죄형법정주의와 응보형사상의 영향으로 1871년 독일제국형법에서 삭제되었다.

② 근대 이후
   ㉠ 페리: 범죄원인으로서 사회적 요인을 중시하고, 사회방위이론을 처음으로 주장한 학자로서 범죄인 개인에 대한 형벌은 제한적인 범죄예방효과만을 가진다고 보고, 형벌을 대신한 특별한 사회방위처분으로서 보안을 할 것을 주장(형벌 대용물 사상)하였으며 범죄적 위험성이 있는 자는 사법처분으로, 사회적 위험성이 있는 자는 행정처분으로 조치할 것을 주장하였다.
   ㉡ 리스트: 종래의 응보형을 특별예방에 중점을 둔 목적형으로 전환할 것과, 진압을 위한 조치에서 방위를 위한 조치로 전환할 것을 주장하였으며, 개선이 불가능한 범죄인에게는 장기간 또는 종신격리를 통해 사회에 해가 없도록 보안처분을 부과할 것을 주장하였다.

ⓒ 슈토스(Stoss): 리스트의 사상을 구체화하였으며 형벌의 본질을 응보에 두되, 형벌은 범죄의 예방에 불충분하므로 범죄원인에 따라 격리 등 개선을 위한 보안처분을 체계적으로 형법에 도입하고자 최초로 시도하였다.

2 보안처분 기본원리

(1) 보안처분 법정주의
보안처분의 종류 · 요건 · 효과 등을 법률로 미리 정해 두어야 한다는 원칙을 말한다.

(2) 내용
① 죄형법정주의의 적용상 한계
② 소급효금지의 원칙
③ 유추해석금지의 원칙
④ 부정기형의 금지

(3) 비례의 원칙
보안처분으로 개인의 자유를 침해하는 경우라도 보안처분의 목적인 사회방위와 균형을 이루어야 한다는 것을 말하며, 상당성의 원칙 또는 과잉금지의 원칙이라고도 한다.
① **적합성의 원칙(적합성)**: 보안처분의 목적을 실현하기 위하여 투입하는 보안처분의 수단은 그 목적달성에 적합해야 한다는 것
② **최소침해의 원칙(필요성)**: 보안처분을 개인에게 집행하는 경우라도 대상자의 자유침해는 필요한 최소화에 그치도록 해야 한다는 것
③ **법익균형의 원칙(균형성)**: 보안처분으로 달성하려는 목적과 침해되는 법익은 균형을 이루어야 한다는 것

(4) 보안처분의 전제조건
위법한 행위의 존재 - 형벌에 버금가는 제재를 가하게 되므로 위험성의 제거를 위한 일정한 조치를 하기 위해서는 일정한 불법행위가 전제되어야 하는데 이러한 불법행위는 보안처분의 성질상 반드시 유책할 필요는 없고, 형법상 구성요건에 해당하고 위법한 행위이면 충분하다.

3 보안처분과 형벌과의 관계

구분	이원주의		일원주의	대체주의
의의	형벌 ≠ 보안처분		형벌 = 보안처분 (정도와 분량에서만 차이)	• 선고단계: 형벌과(이원론) • 집행단계: 보안처분으로 대체되거나 선집행(일원론)
주장 학자	메이어, 비르크마이어, 벨링 등 응보형론자		리스트, 페리, 목적형, 교육형론자	슈토스초안
논거	형벌	보안처분	• 형벌 및 보안처분은 모두 사회방위처분이다. • 형벌의 본질도 범죄인의 개선교화에 있다. • 형벌을 해악의 부과로만 보는 응보형론은 부당하며, 형벌도 수형자의 사회복귀에 중점을 두어야 한다.	• 요건이나 선고는 별개이지만, 범죄인의 사회복귀라는 목적을 추구하고 있으므로 집행은 대체가 가능하다. • 집행의 순서는 보안처분이 개인적 처벌의 필요성에 적합하므로 먼저 집행하는 것이 합목적적이다. • 보안처분이 집행된 경우 그 기간을 형기에 산입하거나 형벌집행을 않는 기능적 대체를 인정한다. • 현실적응성이 있고 형사정책적 고려의 이론이다.
	책임	사회적 위험성		
	범죄의 진압	범죄의 예방		
	회고적	전망적		
	응보	사회방위· 교정교육		
	형사처분적 성격이 강함	행정처분적 성격이 강함		
대체성	형벌과의 대체성은 부정, 병과는 인정		대체성으로 어느 하나만을 선고·집행하여야 한다.	요건과 선고는 별개이지만, 집행은 대체가 가능하다.
보안처분 선고기관	행정처분이므로 행정청		형사처분이므로 법원	특별법이나 형소법에 특별규정을 두는 것이 바람직
문제점	• 이중처벌의 위험성 • 벨첼은 상표사기, 콜라우슈는 명칭사기라고 비판		• 책임주의에 반할 위험성 • 형사정책적 차원에서 양자의 중복 문제	• 책임주의와 불일치 • 양자의 적용범위 불분명 • 정의의 관념에 반하는 부당한 결과 초래

4 보안처분의 종류

(1) 대인적 보안처분

① 자유박탈적 보안처분

　㉠ 치료감호처분: 치료감호 등에 관한 법률상 치료감호대상자에 대한 치료시설수용처분

　㉡ 교정처분: 알코올·마약중독자 등에 대한 교정소 또는 금단시설에 수용처분

　㉢ 보호감호처분: 상습범 등에 대한 보안감호시설수용처분

　㉣ 노동시설수용처분: 노동개선처분, 노작처분

　㉤ 사회치료처분: 환경요법, 행동요법 등 전문사회치료시설에 수용처분

② 자유제한적 보안처분
  ㉠ 보호관찰: 일정조건하에서 범죄인을 사회 내 처우하는 처분
  ㉡ 선행보증: 보증금 몰수라는 심리적 압박을 통한 선행유도처분
  ㉢ 직업금지: 작업 또는 직업이나 영업을 일정기간 금지시키는 처분
  ㉣ 거주제한: 일정한 범죄인에게 거주를 제한하는 보안처분
  ㉤ 국외추방: 외국인 범죄자를 국외로 추방하는 처분
  ㉥ 음주점 출입금지: 음주로 인한 범죄인에게 과해지는 처분
  ㉦ 운전면허박탈: 운전부적격자에 대한 운전면허취소처분
  ㉧ 단종·거세: 불량유전인자의 소유자 내지는 성범죄자에 대한 처분

(2) 대물적 보안처분
  ① 물건의 몰수: 형벌과 보안처분의 양면적 성격을 갖는 보안처분
  ② 영업소의 폐쇄: 범죄에 이용되는 영업소의 일시 또는 영구적 폐쇄처분
  ③ 법인의 해산: 범죄와 관련된 법인조직의 해산처분

05 현행법상 보안처분

1 치료감호 등에 관한 법률(치료감호법)상 보안처분

(1) 목적(치료감호 등에 관한 법률 제1조)
  이 법은 심신장애 상태, 마약류·알코올이나 그 밖의 약물중독 상태, 정신성적 장애가 있는 상태 등에서 범죄행위를 한 자로서 재범의 위험성이 있고 특수한 교육·개선 및 치료가 필요하다고 인정되는 자에 대하여 적절한 보호와 치료를 함으로써 재범을 방지하고 사회복귀를 촉진하는 것을 목적으로 한다.

(2) 치료감호 대상자(동법 제2조 제1항)
  "치료감호대상자"란 다음의 어느 하나에 해당하는 자로서 치료감호시설에서 치료를 받을 필요가 있고 재범의 위험성이 있는 자를 말한다.
  ① 형법 제10조 제1항에 따라 벌하지 아니하거나 같은 조 제2항에 따라 형을 감경할 수 있는 심신장애인으로서 금고 이상의 형에 해당하는 죄를 지은 자
  ② 마약·향정신성의약품·대마, 그 밖에 남용되거나 해독을 끼칠 우려가 있는 물질이나 알코올을 식음·섭취·흡입·흡연 또는 주입받는 습벽이 있거나 그에 중독된 자로서 금고 이상의 형에 해당하는 죄를 지은 자
  ③ 소아성기호증, 성적가학증 등 성적 성벽이 있는 정신성적 장애인으로서 금고 이상의 형에 해당하는 성폭력범죄를 지은 자

(3) 관할(동법 제3조)
① 치료감호사건의 토지관할은 치료감호사건과 동시에 심리하거나 심리할 수 있었던 사건의 관할에 따른다(동법 제3조 제1항).
② 치료감호사건의 제1심 재판관할은 지방법원합의부 및 지방법원지원 합의부로 한다. 이 경우 치료감호가 청구된 치료감호대상자(이하 "피치료감호청구인"이라 한다)에 대한 치료감호사건과 피고사건의 관할이 다른 때에는 치료감호사건의 관할에 따른다(동조 제2항).

(4) 검사의 치료감호 청구(동법 제4조)
① 검사는 치료감호대상자가 치료감호를 받을 필요가 있는 경우 관할 법원에 치료감호를 청구할 수 있다(동법 제4조 제1항).
② 치료감호대상자에 대한 치료감호를 청구할 때에는 정신건강의학과 등의 전문의의 진단이나 감정을 참고하여야 한다. 다만, 제2조 제1항 제3호에 따른 치료감호대상자에 대하여는 정신건강의학과 등의 전문의의 진단이나 감정을 받은 후 치료감호를 청구하여야 한다(동조 제2항).
③ 치료감호를 청구할 때에는 검사가 치료감호청구서를 관할 법원에 제출하여야 한다. 이는 피치료감호청구인 수만큼의 부본(副本)을 첨부하여야 한다(동조 제3항).
④ 치료감호청구서에는 다음의 사항을 적어야 한다(동조 제4항).
　㉠ 피치료감호청구인의 성명과 그 밖에 피치료감호청구인을 특정할 수 있는 사항
　㉡ 청구의 원인이 되는 사실
　㉢ 적용 법 조문
　㉣ 그 밖에 대통령령으로 정하는 사항을 적어야 한다.
⑤ 검사는 공소제기한 사건의 항소심 변론종결 시까지 치료감호를 청구할 수 있다(동조 제5항).
⑥ 법원은 치료감호 청구를 받으면 지체 없이 치료감호청구서의 부본을 피치료감호청구인이나 그 변호인에게 송달하여야 한다. 다만, 공소제기와 동시에 치료감호 청구를 받았을 때에는 제1회 공판기일 전 5일까지, 피고사건 심리 중에 치료감호 청구를 받았을 때에는 다음 공판기일 전 5일까지 송달하여야 한다(동조 제6항).
⑦ 법원은 공소제기된 사건의 심리결과 치료감호를 할 필요가 있다고 인정할 때에는 검사에게 치료감호 청구를 요구할 수 있다(동조 제7항).

(5) 치료감호영장(동법 제6조 제1항)
치료감호대상자에 대하여 치료감호를 할 필요가 있다고 인정되고 다음 각 호의 어느 하나에 해당하는 사유가 있을 때에는 검사는 관할 지방법원 판사에게 청구하여 치료감호영장을 발부받아 치료감호대상자를 보호구속(보호구금과 보호구인을 포함한다)할 수 있다.
① 일정한 주거가 없을 때
② 증거를 인멸할 염려가 있을 때
③ 도망하거나 도망할 염려가 있을 때

(6) 치료감호의 독립청구(동법 제7조)

검사는 다음의 어느 하나에 해당하는 경우에는 공소를 제기하지 아니하고 치료감호만을 청구할 수 있다.
① 피의자가 형법 제10조 제1항에 해당하여 벌할 수 없는 경우
② 고소·고발이 있어야 논할 수 있는 죄에서 그 고소·고발이 없거나 취소된 경우 또는 피해자의 명시적인 의사에 반하여 논할 수 없는 죄에서 피해자가 처벌을 원하지 아니한다는 의사표시를 하거나 처벌을 원한다는 의사표시를 철회한 경우
③ 피의자에 대하여 형사소송법 제247조에 따라 공소를 제기하지 아니하는 결정을 한 경우

(7) 치료감호의 판결 등(동법 제12조·제15조)

① 법원은 치료감호사건을 심리하여 그 청구가 이유 있다고 인정할 때에는 판결로써 치료감호를 선고하여야 하고, 이유 없다고 인정할 때 또는 피고사건에 대하여 심신상실 외의 사유로 무죄를 선고하거나 사형을 선고할 때에는 판결로써 청구기각을 선고하여야 한다(동법 제12조 제1항).
② 치료감호사건의 판결은 피고사건의 판결과 동시에 선고하여야 한다. 다만, 제7조에 따라 공소를 제기하지 아니하고 치료감호만을 청구한 경우에는 그러하지 아니하다(동조 제2항).
③ 치료감호대상자에 대한 치료감호청구사건에 관하여는 형사소송법 제282조(필요적 변호) 및 제283조(국선변호인)를 준용한다(동법 제15조 제2항).

(8) 치료감호의 집행·지휘(동법 제16조·제17조)

① 치료감호를 선고받은 자(이하 "피치료감호자"라 한다)에 대하여는 치료감호시설에 수용하여 치료를 위한 조치를 한다(동법 제16조 제1항).
② 피치료감호자를 치료감호시설에 수용하는 기간은 다음 기간을 초과할 수 없다(동조 제2항).
　㉠ 형법 제10조 제1항에 따라 벌하지 아니하거나 같은 조 제2항에 따라 형을 감경할 수 있는 심신장애인으로서 금고 이상의 형에 해당하는 죄를 지은 자. 소아성기호증, 성적가학증 등 성적 성벽이 있는 정신성적 장애인으로서 금고 이상의 형에 해당하는 성폭력범죄를 지은 자: 15년
　㉡ 마약·향정신성의약품·대마, 그 밖에 남용되거나 해독을 끼칠 우려가 있는 물질이나 알코올을 식음·섭취·흡입·흡연 또는 주입받는 습벽이 있거나 그에 중독된 자로서 금고 이상의 형에 해당하는 죄를 지은 자: 2년
③ 치료감호의 집행은 검사가 지휘한다(동법 제17조 제1항).

(9) 치료감호의 집행 순서 및 방법(동법 제18조)

치료감호와 형이 병과된 경우에는 치료감호를 먼저 집행한다. 이 경우 치료감호의 집행기간은 형집행기간에 포함한다.

(10) 구분 수용(동법 제19조)

피치료감호자는 특별한 사정이 없으면 심신장애인, 약물중독자, 성적 성벽이 있는 정신성적 장애인으로 성폭력범죄를 지은 자를 구분하여 수용하여야 한다.

(11) 치료감호 내용 등의 공개(동법 제20조)
치료감호의 내용과 실태는 대통령령으로 정하는 바에 따라 공개하여야 한다. 이 경우 피치료감호자나 그의 보호자가 동의한 경우 외에는 피치료감호자의 개인신상에 관한 것은 공개하지 아니한다.

(12) 근로보상금 등의 지급(동법 제29조)
근로에 종사하는 피치료감호자에게는 근로의욕을 북돋우고 석방 후 사회정착에 도움이 될 수 있도록 법무부장관이 정하는 바에 따라 근로보상금을 지급하여야 한다.

(13) 처우개선의 청원(동법 제30조)
피치료감호자 등이나 법정대리인 등은 법무부장관에게 피치료감호자 등의 처우개선에 관한 청원을 할 수 있다(동조 제1항).

(14) 가종료 등의 심사·결정
치료감호심의위원회는 피치료감호자에 대하여 치료감호 집행을 시작한 후 매 6개월마다 치료감호의 종료 또는 가종료 여부를 심사·결정한다(동법 제22조).
① 치료의 위탁(동법 제23조)
   ㉠ 치료감호심의위원회는 치료감호만을 선고받은 피치료감호자에 대한 집행이 시작된 후 1년이 지났을 때에는 상당한 기간을 정하여 그의 법정대리인, 배우자, 직계친족, 형제자매(이하 "법정대리인 등"이라 한다)에게 치료감호시설 외에서의 치료를 위탁할 수 있다.
   ㉡ 치료감호심의위원회는 치료감호와 형이 병과되어 형기에 상당하는 치료감호를 집행받은 자에 대하여는 상당한 기간을 정하여 그 법정대리인 등에게 치료감호시설 외에서의 치료를 위탁할 수 있다.
② 가종료와 치료위탁의 종료 심사·종료: 가종료 또는 치료위탁된 피치료감호자에 대하여는 가종료 또는 치료위탁 후 매 6개월마다 종료 여부를 심사·결정한다(동법 제22조).

(15) 피치료감호자 및 피치료감호청구인 등의 처우와 권리
① 피치료감호자의 처우(동법 제25조)
   ㉠ 치료감호시설의 장은 피치료감호자의 건강한 생활이 보장될 수 있도록 쾌적하고 위생적인 시설을 갖추고 의류, 침구, 그 밖에 처우에 필요한 물품을 제공하여야 한다.
   ㉡ 피치료감호자에 대한 의료적 처우는 정신병원에 준하여 의사의 조치에 따르도록 한다.
   ㉢ 치료감호시설의 장은 피치료감호자의 사회복귀에 도움이 될 수 있도록 치료와 개선 정도에 따라 점진적으로 개방적이고 완화된 처우를 하여야 한다.
② 피치료감호청구인의 처우(동법 제25조의2 제1항): 피치료감호청구인은 피치료감호자와 구분하여 수용한다. 다만, 다음의 어느 하나에 해당하는 경우에는 피치료감호청구인을 피치료감호자와 같은 치료감호시설에 수용할 수 있다.
   ㉠ 치료감호시설이 부족한 경우
   ㉡ 범죄의 증거인멸을 방지하기 위하여 필요하거나 그 밖에 특별한 사정이 있는 경우

(16) 보호관찰
치료 위탁된 피치료감호자를 치료감호시설 외에서 지도·감독하는 것을 내용으로 하는 보안처분으로 상당기간의 시설감호에 의해 단절되었던 피치료감호자의 사회적응력을 사회 내 처우를 통해 증진시키려는 조치이다.

① 요건: 피치료감호자가 다음의 어느 하나에 해당하게 되면 보호관찰이 시작된다(동법 제32조 제1항).
  ㉠ 피치료감호자에 대한 치료감호가 가종료되었을 때
  ㉡ 피치료감호자가 치료감호시설 외에서 치료받도록 법정대리인 등에게 위탁되었을 때
  ㉢ 제16조 제2항 각 호에 따른 기간 또는 같은 조 제3항에 따라 연장된 기간(이하 "치료감호기간"이라 한다)이 만료되는 피치료감호자에 대하여 제37조에 따른 치료감호심의위원회가 심사하여 보호관찰이 필요하다고 결정한 경우에는 치료감호기간이 만료되었을 때

② 내용
  ㉠ 기간: 보호관찰의 기간은 3년으로 한다(동조 제2항).
  ㉡ 종료: 보호관찰이 받기 시작한 자(이하 "피보호관찰자"라 한다)가 다음의 어느 하나에 해당하게 되면 보호관찰이 종료된다(동조 제3항).
   • 보호관찰기간이 끝났을 때
   • 보호관찰기간이 끝나기 전이라도 치료감호심의위원회의 치료감호의 종료결정이 있을 때
   • 보호관찰기간이 끝나기도 전이라도 피보호관찰자가 다시 치료감호 집행을 받게 되어 재수용되었을 때

③ 치료감호의 종료
  ㉠ 보호관찰기간이 끝나면 피보호관찰자에 대한 치료감호가 끝난다(동법 제35조 제1항).
  ㉡ 치료감호심의위원회는 피보호관찰자의 관찰성적 및 치료경과가 양호하면 보호관찰기간이 끝나기 전에 보호관찰의 종료를 결정할 수 있다(동조 제2항).

④ 치료감호심의위원회
  ㉠ 치료감호 및 보호관찰의 관리와 집행에 관한 사항을 심사·결정하기 위하여 법무부에 치료감호심의위원회(이하 "위원회"라 한다)를 둔다(동법 제37조 제1항).
  ㉡ 위원회는 판사, 검사, 법무부의 고위공무원단에 속하는 일반직공무원 또는 변호사의 자격이 있는 6명 이내의 위원과 정신건강의학과 등 전문의의 자격이 있는 3명 이내의 위원으로 구성하고, 위원장은 법무부차관으로 한다(동조 제2항).
  ㉢ 치료감호심의위원회의 위원은 위원장의 제청으로 법무부장관이 임명하거나 위촉하며, 공무원이 아닌 위원의 임기는 3년으로 한다(시행령 제14조 제1항·제2항).

(17) 보칙
① 치료감호 청구의 시효
  ㉠ 치료감호 청구의 시효는 치료감호가 청구된 사건과 동시에 심리하거나 심리할 수 있었던 죄에 대한 공소시효기간이 지나면 완성된다(동법 제45조 제1항).
  ㉡ 치료감호가 청구된 사건은 판결의 확정 없이 치료감호가 청구되었을 때부터 15년이 지나면 청구의 시효가 완성된 것으로 본다(동조 제2항).

② **치료감호의 시효**
  ㉠ 피치료감호자는 그 판결이 확정된 후 집행을 받지 아니하고 다음 각 호의 구분에 따른 기간이 지나면 시효가 완성되어 집행이 면제된다(동법 제46조 제1항).
    - 형법 제10조 제1항에 따라 벌하지 아니하거나 같은 조 제2항에 따라 형을 감경할 수 있는 심신장애인으로서 금고 이상의 형에 해당하는 죄를 지은 자 및 소아성기호증, 성적가학증 등 성적 성벽이 있는 정신성적 장애인에 해당하는 성폭력 범죄를 지은 자의 치료감호: 10년
    - 마약·향정신성 의약품·대마, 그 밖에 남용되거나 해독을 끼칠 우려가 있는 물질이나 알코올을 식음·섭취·흡입·흡연 또는 주입받는 습벽이 있거나 그에 중독된 자로서 금고 이상의 형에 해당하는 죄를 지은 자의 치료감호: 7년
  ㉡ 시효는 치료감호의 집행정지 기간 또는 가종료 기간이나 그 밖에 집행할 수 없는 기간에는 진행되지 아니한다(동조 제2항).
  ㉢ 시효는 피치료감호자를 체포함으로써 중단된다(동조 제3항).

2 보호관찰제도

(1) 의의
보호관찰이란 범죄인에 대하여 형벌을 집행하지 않고 일반적 사회생활을 영위하게 하면서 일정한 준수사항을 명령하고, 이를 준수하도록 보호·지도함으로써 범죄인의 개선을 도모하려는 제도이다.

(2) 연혁
① 보호관찰은 보안처분 중 가장 의미 있고 오랜 역사를 가진 제도로 영미법계의 프로베이션(probation) 제도와 대륙법계의 조건부 판결제도에서 유래하였다.
② 미국의 경우에는 1814년 오거스터스(J. Augustus)가 보호관찰을 실시한 것을 시작으로 1878년 메사추세츠주에서 최초로 현대적인 보호관찰법이 시행되었다.
③ 우리나라는 대륙법계의 보호관찰제도를 받아들여 1988년 보호관찰 등에 관한 법률을 통해 소년범에 대한 보호관찰을 실시하였고, 1995년 12월 형법 개정을 통해 선고유예와 집행유예 그리고 가석방되거나 임시퇴원된 사람에 대하여 보호관찰을 명할 수 있도록 규정함으로써 성인범에 대하여도 보호관찰을 실시하였다.

(3) 보호관찰 등의 목적
이 법은 죄를 지은 사람으로서 재범 방지를 위하여 보호관찰, 사회봉사, 수강 및 갱생보호 등 체계적인 사회 내 처우가 필요하다고 인정되는 사람을 지도하고 보살피며 도움으로써 건전한 사회 복귀를 촉진하고, 효율적인 범죄예방 활동을 전개함으로써 개인 및 공공의 복지를 증진함과 아울러 사회를 보호함을 목적으로 한다[보호관찰 등에 관한 법률(보호관찰법) 제1조].

(4) 보호관찰 대상자의 준수사항

보호관찰법 제32조에 규정된 보호관찰 대상자의 준수사항은 서면으로 고지하여야 한다(동법 제32조 제5항).

① 일반준수사항(동조 제2항)
- ㉠ 주거지에 상주하고 생업에 종사할 것
- ㉡ 범죄로 이어지기 쉬운 나쁜 습관을 버리고 선행을 하며 범죄를 저지를 염려가 있는 사람들과 교제하거나 어울리지 말 것
- ㉢ 보호관찰관의 지도·감독에 따르고 방문하면 응대할 것
- ㉣ 주거를 이전하거나 1개월 이상 국내외여행을 할 때에는 미리 보호관찰관에게 신고할 것

② 특별준수사항(동조 제3항)
- ㉠ 야간 등 재범의 기회나 충동을 줄 수 있는 특정 시간대의 외출 제한
- ㉡ 재범의 기회나 충동을 줄 수 있는 특정 지역·장소의 출입 금지
- ㉢ 피해자 등 재범의 대상이 될 우려가 있는 특정인에 대한 접근 금지
- ㉣ 범죄행위로 인한 손해를 회복하기 위하여 노력할 것
- ㉤ 일정한 주거가 없는 자에 대한 거주장소 제한
- ㉥ 사행행위에 빠지지 아니할 것
- ㉦ 일정량 이상의 음주를 하지 말 것
- ㉧ 마약 등 중독성 있는 물질을 사용하지 아니할 것
- ㉨ 마약류관리에 관한 법률상의 마약류 투약, 흡연, 섭취 여부에 관한 검사에 따를 것
- ㉩ 그 밖에 보호관찰 대상자의 재범 방지를 위하여 필요하다고 인정되어 대통령령으로 정하는 사항

(5) 보호관찰심사위원회

① 설치: 보호관찰에 관한 사항을 심사·결정하기 위하여 법무부장관 소속으로 보호관찰심사위원회를 두며 고등검찰청 소재지 등 대통령령으로 정하는 지역에 설치한다(동법 제5조). 현재 보호관찰심사위원회는 서울, 부산, 대전, 대구, 광주와 경기도 수원에 설치되어 있다.

② 관장 사무(동법 제6조)
- ㉠ 가석방과 그 취소에 관한 사항: 가석방은 소년수형자의 경우에 한하며, 성인의 경우에는 형집행법의 규율을 받으면서 중앙법무부에 소재하는 가석방 심사위원회에서 결정
- ㉡ 임시퇴원, 임시퇴원의 취소 및 보호소년의 퇴원에 관한 사항
- ㉢ 보호관찰의 임시해제와 그 취소에 관한 사항
- ㉣ 보호관찰의 정지와 그 취소에 관한 사항
- ㉤ 가석방 중인 사람의 부정기형의 종료에 관한 사항
- ㉥ 보호관찰 등에 관한 법률 또는 다른 법령에서 심사위원회의 관장 사무로 규정된 사항
- ㉦ 위와 관련된 사항으로서 위원장이 회의에 부치는 사항

③ 보호관찰심사위원회의 구성(동법 제7조)
  ㉠ 심사위원회는 위원장을 포함하여 5명 이상 9명 이하의 위원으로 구성한다.
  ㉡ 심사위원회의 위원장은 고등검찰청 검사장 또는 고등검찰청 소속 검사 중에서 법무부장관이 임명한다.
  ㉢ 심사위원회의 위원은 판사·검사·변호사·보호관찰소장·지방교정청장·교도소장·소년원장 및 보호관찰에 관한 지식과 경험이 풍부한 사람 중에서 법무부장관이 임명하거나 위촉한다.
  ㉣ 심사위원회의 위원 중 3명 이내의 상임위원을 둔다.
④ 위원의 임기 및 신분
  ㉠ 위원의 임기: 위원의 임기는 2년으로 하되 연임할 수 있다. 다만, 공무원인 비상임위원의 임기는 그 직위에 있는 기간으로 한다(동법 제8조).
  ㉡ 위원의 신분: 상임위원은 고위공무원단에 속하는 일반직공무원 또는 4급 공무원으로서 국가공무원법 제26조의5에 따른 임기제공무원으로 한다(동법 제10조 제1항).
⑤ 심사 및 회의(동법 제11조·제12조)
  ㉠ 심사위원회는 심사에 필요하다고 인정하면 보호관찰 대상자와 그 밖의 관계인을 소환하여 심문하거나 상임위원 또는 보호관찰관에게 필요한 사항을 조사하게 할 수 있고, 심사위원회는 심사에 필요하다고 인정하면 국공립기관이나 그 밖의 단체에 사실을 알아보거나 관계 자료의 제출을 요청할 수 있다.
  ㉡ 심사위원회의 회의는 재적위원 과반수의 출석으로 개의하고, 출석위원 과반수의 찬성으로 의결한다.
  ㉢ 회의를 개최할 시간적 여유가 없는 등 부득이한 경우로서 대통령령으로 정하는 경우에는 서면으로 의결할 수 있다. 이 경우 재적위원 과반수의 찬성으로 의결한다.
  ㉣ 심사위원회의 회의는 비공개로 한다.
⑥ 보호관찰소
  ㉠ 설치(동법 제14조)
    • 보호관찰, 사회봉사, 수강 및 갱생보호에 관한 사무를 관장하기 위하여 법무부장관 소속으로 보호관찰소를 둔다.
    • 보호관찰소의 사무 일부를 처리하게 하기 위하여 그 관할 구역에 보호관찰지소를 둘 수 있다.
  ㉡ 관장 사무(동법 제15조)
    • 보호관찰, 사회봉사명령 및 수강명령의 집행
    • 갱생보호
    • 검사가 보호관찰관이 선도함을 조건으로 공소제기를 유예하고 위탁한 선도 업무
    • 범죄예방 자원봉사위원에 대한 교육훈련 및 업무지도
    • 범죄예방활동
    • 보호관찰 등에 관한 법률 또는 다른 법령에서 보호관찰소의 관장 사무로 규정된 사항

ⓒ 보호관찰관(동법 제16조 · 제61조)
- 보호관찰소에는 보호관찰소의 관장 사무를 처리하기 위하여 보호관찰관을 두며 보호관찰관은 형사정책학, 행형학, 범죄학, 사회사업학, 교육학, 심리학 그 밖에 보호관찰에 필요한 전문적 지식을 갖춘 사람이어야 한다.
- 보호관찰관은 보호관찰은 물론이고 사회봉사명령 또는 수강명령도 집행한다.
- 보호관찰관은 국공립기관이나 그 밖의 단체에 사회봉사 및 수강명령의 집행의 전부 또는 일부를 위탁할 수 있다.

ⓔ 범죄예방 자원봉사위원(동법 제18조)
- 범죄예방활동을 하고, 보호관찰활동과 갱생보호사업을 지원하기 위하여 범죄예방 자원봉사위원(이하 "범죄예방위원"이라 한다)을 둘 수 있다.
- 법무부장관은 법무부령으로 정하는 바에 따라 범죄예방위원을 위촉한다.
- 범죄예방위원의 명예와 보호관찰 등에 관한 법률에 따른 활동은 존중되어야 하며 범죄예방위원은 명예직으로 하되, 예산의 범위에서 직무수행에 필요한 비용의 전부 또는 일부를 지급할 수 있다.
- 범죄예방위원의 위촉 및 해촉, 정원, 직무의 구체적 내용, 조직, 비용의 지급, 그 밖에 필요한 사항은 법무부령으로 정한다.

⑦ 조사제도
ⓐ 판결 전 조사(동법 제19조)
- 법원은 피고인에 대하여 형법 제59조의2(보호관찰) 및 제62조의2(보호관찰, 사회봉사 · 수강명령)에 따른 보호관찰, 사회봉사 또는 수강을 명하기 위하여 필요하다고 인정하면 그 법원의 소재지 또는 피고인의 주거지를 관할하는 보호관찰소의 장에게 범행 동기, 직업, 생활환경, 교우관계, 가족상황, 피해회복 여부 등 피고인에 관한 사항의 조사를 요구할 수 있다.
- 판결 전 조사를 요구받은 보호관찰소의 장은 지체 없이 이를 조사하여 서면으로 해당 법원에 알려야 한다. 이 경우 필요하다고 인정하면 피고인이나 그 밖의 관계인을 소환하여 심문하거나 소속 보호관찰관에게 필요한 사항을 조사하게 할 수 있다.
- 법원은 판결 전 조사를 요구받은 보호관찰소의 장에게 조사 진행 상황에 관한 보고를 요구할 수 있다.

ⓑ 결정 전 조사(동법 제19조2)
- 법원은 소년법 제12조에 따라 소년 보호사건에 대한 조사 또는 심리를 위하여 필요하다고 인정하면 그 법원의 소재지 또는 소년의 주거지를 관할하는 보호관찰소의 장에게 소년의 품행, 경력, 가정상황, 그 밖의 환경 등 필요한 사항에 관한 조사를 의뢰할 수 있다.
- 결정 전 조사를 의뢰받은 보호관찰소의 장은 지체 없이 조사하여 서면으로 법원에 통보하여야 하며, 조사를 위하여 필요한 경우에는 소년 또는 관계인을 소환하여 심문하거나 소속 보호관찰관으로 하여금 필요한 사항을 조사하게 할 수 있다.

⑧ 환경조사 및 환경개선
  ㉠ 환경조사(동법 제26조)
    - 의료재활소년원의 장은 소년수형자 및 소년법에 의해 보호처분을 받은 사람을 수용한 경우에는 지체 없이 거주예정지를 관할하는 보호관찰소의 장에게 신상조사서를 보내 환경조사를 의뢰하여야 한다.
    - 환경조사를 의뢰받은 보호관찰소의 장은 수용자의 범죄 또는 비행의 동기, 수용 전의 직업, 생활환경, 교우관계, 가족상황, 피해회복 여부, 생계대책 등을 조사하여 수용기관의 장에게 알려야 하며 이 경우 필요하다고 인정하면 수용자를 면담하거나 관계인을 소환하여 심문하거나 소속 보호관찰관에게 필요한 사항을 조사하게 할 수 있다.
  ㉡ 환경개선활동(동법 제27조)
    - 보호관찰소의 장은 환경조사 결과에 따라 수용자의 건전한 사회복귀를 촉진하기 위하여 필요하다고 인정하면 본인의 동의를 얻거나 가족·관계인의 협력을 받아 본인의 환경개선을 위한 활동을 할 수 있다.
    - 보호관찰소의 장은 환경개선활동을 위하여 필요하다고 인정하면 수용기관의 장에게 수용자의 면담 등 필요한 협조를 요청할 수 있으며, 환경개선활동의 결과를 수용기관의 장과 수용기관의 소재지를 관할하는 심사위원회에 알려야 한다.

⑨ 보호관찰 대상자 등의 조사·경고, 구인, 긴급구인
  ㉠ 조사·경고(동법 제37조·38조)

조사	• 보호관찰소의 장은 보호관찰을 위하여 필요하다고 인정하면 보호관찰 대상자나 그 밖의 관계인을 소환하여 심문하거나 소속 보호관찰관에게 필요한 사항을 조사하게 할 수 있다(동법 제37조 제1항). • 보호관찰소의 장은 보호관찰을 위하여 필요하다고 인정하면 국공립기관이나 그 밖의 단체에 사실을 알아보거나 관련 자료의 열람 등 협조를 요청할 수 있다(동조 제2항).
경고	보호관찰소의 장은 보호관찰 대상자가 준수사항을 위반하거나 위반할 위험성이 있다고 인정할 상당한 이유가 있는 경우에는 준수사항의 이행을 촉구하고 형의 집행 등 불리한 처분을 받을 수 있음을 경고할 수 있다(동법 38조).

  ㉡ 구인(동법 제39조)

구인사유	보호관찰 대상자가 보호관찰 준수사항을 위반하였다고 의심할 상당한 이유가 있고 다음의 어느 하나에 해당하는 사유가 있는 경우 • 일정한 주거가 없는 경우 • 소환에 따르지 않는 경우 • 도주한 경우 또는 도주할 염려가 있는 경우
절차	보호관찰소장의 신청 → 관할 지방검찰청 검사의 청구 → 관할 지방법원 판사의 구인장 발부 → 보호관찰관의 집행(검사 지휘)

  ㉢ 구인 기간: 보호관찰 대상자를 구인하였을 때에는 유치 허가를 청구한 경우를 제외하고는 구인한 때부터 48시간 이내에 석방하여야 한다(동법 제41조).

⑩ 대상자의 유치

㉠ 유치사유 및 절차(동법 제42조)

유치사유	• 제47조에 따른 보호관찰을 조건으로 한 형(벌금형을 제외한다)의 선고유예의 실효 및 집행유예의 취소 청구의 신청(동조 제1항 제1호) • 제48조에 따른 가석방 및 임시퇴원의 취소 신청(동조 제1항 제2호) • 제49조에 따른 보호처분의 변경 신청(동조 제1항 제3호)
절차	• 유치를 하려는 경우에는 보호관찰소의 장이 검사에게 신청하여 검사의 청구로 관할 지방법원 판사의 허가를 받아야 한다. 이 경우 검사는 보호관찰 대상자가 구인된 때부터 48시간 이내에 유치 허가를 청구하여야 한다. • 보호관찰소의 장은 유치 허가를 받은 때부터 24시간 이내에 유치사유 각 호의 신청을 하여야 한다. • 검사는 보호관찰소의 장으로부터 유치사유 제1호의 신청을 받고 그 이유가 타당하다고 인정되면 48시간 이내에 관할 지방법원에 보호관찰을 조건으로 한 형의 선고유예의 실효 또는 집행유예의 취소를 청구하여야 한다.
유치기간의 형기 산입	유치된 사람에 대하여 보호관찰을 조건으로 한 형의 선고유예가 실효되거나 집행유예가 취소된 경우 또는 가석방이 취소된 경우에는 그 유치기간을 형기에 산입한다(동법 제45조).

(6) 보호관찰관의 지도·감독(동법 제33조 제1항·제2항)

보호관찰관은 보호관찰 대상자의 재범을 방지하고 건전한 사회복귀를 촉진하기 위하여 필요한 다음의 지도·감독을 한다.

① 보호관찰 대상자와 긴밀한 접촉을 가지고 항상 그 행동 및 환경 등을 관찰하는 것
② 보호관찰 대상자에게 준수사항을 이행하기에 적절한 지시를 하는 것
③ 보호관찰 대상자의 건전한 사회복귀를 위하여 필요한 조치를 하는 것

(7) 보호관찰관의 원호(동법 제34조)

보호관찰관은 보호관찰 대상자가 자조의 노력을 할 때 그의 개선과 자립을 위하여 필요하다고 인정되는 적절한 원호를 한다. 구체적인 내용으로는 숙소 및 취업의 알선, 직업훈련 기회의 제공, 환경의 개선, 보호관찰 대상자의 건전한 사회 복귀에 필요한 원조의 제공이 있다.

(8) 분류처우(동법 제33조의2)

보호관찰소의 장은 범행 내용, 재범위험성 등 보호관찰 대상자의 개별적 특성을 고려하여 그에 알맞은 지도·감독의 방법과 수준에 따라 분류처우를 하여야 하며 분류처우에 관하여 필요한 사항은 대통령령으로 정한다.

(9) 보호장구

① 보호장구의 사용(동법 제46조의2)

㉠ 보호관찰소 소속 공무원은 보호관찰 대상자가 다음 각 호의 어느 하나에 해당하고, 정당한 직무집행 과정에서 필요하다고 인정되는 상당한 이유가 있으면 제46조의3 제1항에 따른 보호장구를 사용할 수 있다(동조 제1항).

- 구인 또는 긴급구인한 보호관찰 대상자를 보호관찰소에 인치하거나 수용기관 등에 유치하기 위해 호송하는 때
- 구인 또는 긴급구인한 보호관찰 대상자가 도주하거나 도주할 우려가 있는 때
- 위력으로 보호관찰소 소속 공무원의 정당한 직무집행을 방해하는 때
- 자살·자해 또는 다른 사람에 대한 위해의 우려가 큰 때
- 보호관찰소 시설의 설비·기구 등을 손괴하거나 그 밖에 시설의 안전 또는 질서를 해칠 우려가 큰 때

ⓒ 보호장구를 사용하는 경우에는 보호관찰 대상자의 나이, 신체적·정신적 건강상태 및 보호관찰 집행 상황 등을 고려하여야 한다.

ⓒ 그 밖에 보호장구의 사용절차 및 방법 등에 관하여 필요한 사항은 법무부령으로 정한다.

② 보호장구의 종류 및 사용요건(동법 제46조의3)
  ㉠ 보호장구의 종류는 다음과 같다(동조 제1항).
    - 수갑
    - 포승
    - 보호대
    - 가스총
    - 전자충격기
  ⓒ 보호장구의 종류별 사용요건은 다음과 같다(동조 제2항).
    - 수갑·포승·보호대: 제46조의2 제1항 제1호부터 제5호까지의 어느 하나에 해당하는 때
    - 가스총: 제46조의2 제1항 제2호부터 제5호까지의 어느 하나에 해당하는 때
    - 전자충격기: 제46조의2 제1항 제2호부터 제5호까지의 어느 하나에 해당하는 경우로서 상황이 긴급하여 다른 보호장구만으로는 그 목적을 달성할 수 없는 때

③ 보호장구 사용의 고지 등(동법 제46조의4)
  ㉠ 수갑·포승·보호대를 사용할 경우에는 보호관찰 대상자에게 그 사유를 알려 주어야 한다. 다만, 상황이 급박하여 시간적인 여유가 없을 때에는 보호장구 사용 직후 지체 없이 알려 주어야 한다(동조 제1항).
  ⓒ 가스총·전자충격기를 사용할 경우에는 사전에 상대방에게 이를 경고하여야 한다. 다만, 상황이 급박하여 경고할 시간적인 여유가 없는 때에는 그러하지 아니하다(동조 제2항).

(10) 보호관찰의 종료 등
  ① 보호관찰의 종료(동법 제51조)
    ㉠ 보호관찰기간이 지난 때
    ⓒ 보호관찰을 조건으로 한 형의 선고유예가 실효되거나 또는 보호관찰을 조건으로 한 집행유예가 실효되거나 취소된 때
    ⓒ 가석방 또는 임시퇴원이 실효되거나 취소된 때
    ㉢ 보호처분이 변경된 때

ⓜ 부정기형의 종료 결정이 있는 때
　　ⓑ 보호관찰이 정지된 임시퇴원자가 보호소년 등의 처우에 관한 법 제43조 제1항의 나이인 22세가 된 때
　　ⓢ 다른 법률에 따라 보호관찰이 변경되거나 취소·종료된 때
　　ⓞ 보호관찰 대상자가 보호관찰 기간 중 금고 이상의 형의 집행을 받게 된 때에는 해당 형의 집행기간 동안 보호관찰 대상자에 대한 보호관찰 기간은 계속 진행되고, 해당 형의 집행이 종료·면제되거나 보호관찰 대상자가 가석방된 경우 보호관찰 기간이 남아있는 때에는 그 잔여기간 동안 보호관찰을 집행한다.

② **보호관찰의 임시해제(동법 제52조)**
　　㉠ 요건: 심사위원회는 보호관찰 대상자의 성적이 양호할 때에는 보호관찰소의 장의 신청을 받거나 직권으로 보호관찰을 임시해제할 수 있다(동법 동조 제1항).
　　㉡ 준수의무: 임시해제 중에는 보호관찰을 하지 아니한다. 다만, 보호관찰 대상자는 준수사항을 계속하여 지켜야 한다(동조 제2항).
　　㉢ 임시해제의 취소: 심사위원회는 임시해제결정을 받은 사람에 대하여 다시 보호관찰을 하는 것이 적절하다고 인정되면 보호관찰소의 신청을 받거나 직권으로 임시해제 결정을 취소할 수 있다(동조 제3항).
　　㉣ 기간의 산입: 임시해제결정이 취소된 경우에는 그 임시해제 기간을 보호관찰 기간에 포함한다(동조 제4항).

③ **보호관찰의 정지(동법 제53조)**
　　㉠ 정지시기: 심사위원회는 가석방 또는 임시퇴원된 사람이 있는 곳을 알 수 없어 보호관찰을 계속할 수 없을 때에는 보호관찰소의 장의 신청을 받거나 직권으로 보호관찰을 정지하는 결정을 할 수 있다(동조 제1항).
　　㉡ 정지해제: 보호관찰을 정지한 사람이 있는 곳을 알게 되면 즉시 그 정지를 해제하는 결정을 하여야 한다. 보호관찰 정지 중인 사람이 구인된 경우에는 구인된 날에 정지해제결정을 한 것으로 본다(동조 제2항·제3항).
　　㉢ 형기 등의 진행: 형기 또는 보호관찰기간은 정지결정을 한 날부터 그 진행이 정지되고 정지해제결정을 한 날부터 다시 진행된다(동조 제4항).
　　㉣ 정지결정의 취소: 정지결정을 한 후 소재 불명이 천재지변이나 그 밖의 부득이한 사정 등 보호관찰 대상자에게 책임이 있는 사유로 인한 것이 아닌 것으로 밝혀진 경우에는 그 정지결정을 취소하여야 한다. 이 경우 정지결정은 없었던 것으로 본다(동조 제5항).

3 사회봉사명령과 수강명령제도

(1) 성격
구금회피수단적 성격으로 보는 견해, 사회에 대한 보상을 할 기회를 제공하는 것으로 보는 견해, 범죄자에게 봉사정신을 함양하려는 견해가 있으나 주로 단기나 중기의 구금형에 대한 대체수단으로 보는 견해가 유력하다(구금형 대체수단설).

구금회피수단설	사회봉사명령제도를 단순히 과잉구금에 대처하기 위한 구금회피의 수단으로 보는 견해이다.
사회책임설	사회봉사를 통하여 사회봉사명령 대상자에게 사회적 책임을 환기시키거나 사회에 대한 보상을 할 기회를 제공하는 것으로 보는 견해이다.
봉사정신자각설	사회봉사명령 대상자에게 자원봉사의 정신을 배우게 하고 봉사작업의 중요성을 일깨우는 데에 기여하는 제도라는 견해이다.
구금형 대체수단설	주로 단기나 중기의 구금형에 대한 대체수단으로 보는 견해로 최근에는 사회봉사명령을 사회복귀를 위한 케이스워크(case work)를 주축으로 한 처우방법이라는 입장은 후퇴하고 단기나 중기의 구금형에 대한 대체수단으로 보는 견해가 유력해지고 있다.

(2) 기능
① **처벌적 성격**: 사회봉사명령제도는 육체적인 고된 작업과 훈련 그리고 가시적인 성과라는 요소를 가지며, 무보수의 의무적인 작업을 실시함으로써 처벌의 성격을 지니고 있다.

② **배상적 성격**: 피해자나 지역사회에 대해 사회봉사적응을 함으로써 범죄인은 사회자원을 저해한 자라는 낙인에서 벗어나 사회일반의 복지에 유익한 기여자로서 사회에 대한 보상이 이루어진다.

③ **범죄자와 사회의 화해**: 사회복귀적 성격으로 범죄자를 사회에 재통합 내지 재사회화하는 데 기여하여 범죄자와 사회와의 화해를 가능하게 한다. '보호관찰 이래 최대의 형벌개혁'이라고 주장될 만큼 범죄자와 사회의 화해를 통한 지역사회 내 재통합이 가능하다는 평가를 받고 있다.

④ **사회봉사명령과 수강명령 대상자**
  ㉠ 사회봉사명령 부적합자
  - 마약 · 약물중독 범죄자
  - 상습 및 심한 폭력, 성적 도착범
  - 정신질환, 정신장애
  - 육체적 장애로 작업 감당이 어려운 자

  ㉡ 수강명령 적합자
  - 본드 등 약물 · 마약범
  - 알코올중독
  - 심리적 정서상 특이자

(3) 대상자의 유형

① 성인 대상자

㉠ 자기 비하 및 목적 없는 생활을 하는 경우

㉡ 사회적으로 고립되었거나 단편적인 행동양식을 갖고 있는 경우

㉢ 근로정신 희박, 타인의 재산을 탐내거나 직무와 관련하여 부당한 대가를 받은 경우

㉣ 음주운전, 무면허운전 등 중대한 교통법규 위반 죄를 범한 경우

② 소년 대상자

㉠ 부모의 과잉보호로 인하여 자기중심적이고 배타적인 성격을 가진 경우

㉡ 생활궁핍의 경험이 없는 경우

㉢ 근로정신이 희박하고 무위도식을 하는 경우

㉣ 퇴폐향락과 과소비에 물든 경우

㉤ 경미한 비행을 반복하여 범함으로써 가정에서 소외된 경우

(4) 사회봉사명령과 보호관찰의 비교평가

사회봉사명령	보호관찰
• 사회에 대한 봉사활동을 행하는 능동적 주체로 전환시켰다. • 지역사회에 대한 봉사활동으로 바꾸고자 한다. • 처우의 중점을 통제로 이행시켜 종래 구금형이 가지고 있던 범죄인에 대한 관리통제기능은 사회로의 대체효과가 있다. • 보호관찰보다 비용이 적게 든다. • 여러 가지 형벌목적을 결합시킬 수 있으므로 자유형에 상응한 효과를 지닌다. • 비구금처우 중에 형벌의 엄격함을 도입하여 양형차원에서 구금형과 종래의 비구금처우의 간격을 좁혔다. • 범죄인의 문제보다는 적극적 측면에 중점을 둔다. 사회봉사에 종사하는 범죄인은 부조의 대상이 아니라 오히려 베푸는 사람으로 여겨진다. • 사회봉사는 주로 외부사회에서 이루어진다. • 사회봉사명령에서는 법원이 명확하고 객관적으로 명령한 것을 성취한다는 제한된 목표를 가진다.	• 종래 사회 내 처우의 기본형태로서 보호관찰관에 의해 처우되었다. • 보호관찰관으로부터 지도나 원조를 받는 수동적 객체로 처우하였다. • 범죄인의 행동을 사회에 대한 보상이라는 관점에서 보았다. • 처우의 중점을 원조나 지도에 두었다. • 제도의 운용상 인적·물적 자원의 측면에서 비용이 많이 필요하다. • 사회사업적 방법에 입각하여 범죄인의 결핍과 실패에 주안점을 두고 이것이 범죄의 근원이라 생각하고 이것을 해결하려 한다. • 주로 사무실이나 가정에서의 면담을 통해 이루어진다. • 보호관찰은 매우 광범위한 목표를 추구한다.

(5) 사회봉사명령 · 수강명령의 구체적 내용

① **사회봉사명령**: 자연보호활동, 식물원 봉사활동, 도서관 봉사활동, 문화재 봉사활동, 장애자 및 노약자 시설에 대한 봉사활동 등

② **수강명령 프로그램**: 푸른교실, 희망교실, 청소년건강교실, 알개교실, 토요교실 등이 있고 그 내용으로는 약물남용의 폐해에 대한 교육, 인간관계의 개선방법, 올바른 성관념을 위한 성교육, 심성개발훈련 등을 들 수 있다.

③ **사회봉사명령과 수강명령의 지정**: 법원은 사회봉사·수강명령 대상자가 사회봉사를 하거나 수강할 분야와 장소 등을 지정할 수 있다. 참고로 벌금미납자의 사회봉사 집행분야는 보호관찰관이 지정한다.

④ 집행담당자(보호관찰법 제61조)
　㉠ 사회봉사명령 또는 수강명령은 보호관찰관이 집행한다. 다만, 보호관찰관은 국공립기관이나 그 밖의 단체에 그 집행의 전부 또는 일부를 위탁할 수 있으며, 앞의 단체에 위탁한 때에는 이를 법원 또는 법원의 장에게 통보하여야 한다(동법 제61조 제1항·제2항).
　㉡ 보호관찰관은 사회봉사명령 또는 수강명령의 집행을 위하여 필요하다고 인정하면 국공립기관이나 그 밖의 단체에 협조를 요청할 수 있다(동법 제4항).
⑤ 사회봉사·수강명령 대상자의 준수사항(동법 제62조)
　㉠ 사회봉사·수강명령 대상자는 대통령령으로 정하는 바에 따라 주거, 직업, 그 밖에 필요한 사항을 관할 보호관찰소의 장에게 신고하여야 한다(동법 제62조 제1항).
　㉡ 사회봉사·수강명령 대상자는 다음의 사항을 지켜야 한다(동조 제2항).
　　• 보호관찰관의 집행에 관한 지시에 따를 것
　　• 주거를 이전하거나 1개월 이상 국내외여행을 할 때에는 미리 보호관찰관에게 신고할 것
　㉢ 법원은 판결의 선고를 할 때 대통령령으로 정하는 범위에서 본인의 특성 등을 고려하여 특별히 지켜야 할 사항을 따로 과할 수 있으며 준수사항은 이를 서면으로 고지하여야 한다(동조 제3항·제4항).

(6) 사회봉사·수강명령의 종료(동법 제63조)
① 사회봉사·수강은 사회봉사·수강명령 대상자가 다음의 어느 하나에 해당하는 때에 종료한다.
　㉠ 사회봉사명령 또는 수강명령의 집행을 완료한 때
　㉡ 형의 집행유예 기간이 지난 때
　㉢ 형법 제63조 또는 제64조에 따라 사회봉사·수강명령을 조건으로 한 집행유예의 선고가 실효되거나 취소된 때
　㉣ 다른 법률에 따라 사회봉사·수강명령이 변경되거나 취소·종료된 때
② 사회봉사·수강명령 대상자가 사회봉사·수강명령 집행 중 금고 이상의 형의 집행을 받게 된 때에는 해당 형의 집행이 종료·면제되거나 사회봉사·수강명령 대상자가 가석방된 경우 잔여 사회봉사·수강명령을 집행한다.

4 특정 범죄자에 대한 전자감시제도

(1) 목적
수사·재판·집행 등 형사사법 절차에서 전자장치를 효율적으로 활용하여 불구속재판을 확대하고, 범죄인의 사회복귀를 촉진하며, 범죄로부터 국민을 보호함을 목적으로 한다[전자장치 부착 등에 관한 법률(전자장치부착법) 제1조].

(2) 국가의 책무와 적용범위

① **국가의 책무(동법 제3조)**: 국가는 전자장치부착법의 집행과정에서 국민의 인권이 부당하게 침해되지 아니하도록 주의하여야 한다.

② **적용 범위(동법 제4조)**: 만 19세 미만의 자에 대하여 부착명령을 선고한 때에는 19세에 이르기까지 전자장치부착법에 따른 전자장치를 부착할 수 없다.

(3) 전자장치 부착의 유형

① 형 집행 종료 후의 전자장치 부착

　㉠ 전자장치 부착명령의 청구

> **전자장치부착법 제5조(전자장치 부착명령의 청구)**
> ① 검사는 다음 각 호의 어느 하나에 해당하고, 성폭력범죄를 다시 범할 위험성이 있다고 인정되는 사람에 대하여 전자장치를 부착하도록 하는 명령(이하 "부착명령"이라 한다)을 법원에 청구할 수 있다.
> 　1. 성폭력범죄로 징역형의 실형을 선고받은 사람이 그 집행을 종료한 후 또는 집행이 면제된 후 10년 이내에 성폭력범죄를 저지른 때
> 　2. 성폭력범죄로 이 법에 따른 전자장치를 부착받은 전력이 있는 사람이 다시 성폭력범죄를 저지른 때
> 　3. 성폭력범죄를 2회 이상 범하여(유죄의 확정판결을 받은 경우를 포함한다) 그 습벽이 인정된 때
> 　4. 19세 미만의 사람에 대하여 성폭력범죄를 저지른 때
> 　5. 신체적 또는 정신적 장애가 있는 사람에 대하여 성폭력범죄를 저지른 때
> ② 검사는 미성년자 대상 유괴범죄를 저지른 사람으로서 미성년자 대상 유괴범죄를 다시 범할 위험성이 있다고 인정되는 사람에 대하여 부착명령을 법원에 청구할 수 있다. 다만, 유괴범죄로 징역형의 실형 이상의 형을 선고받아 그 집행이 종료 또는 면제된 후 다시 유괴범죄를 저지른 경우에는 부착명령을 청구하여야 한다.
> ③ 검사는 살인범죄를 저지른 사람으로서 살인범죄를 다시 범할 위험성이 있다고 인정되는 사람에 대하여 부착명령을 법원에 청구할 수 있다. 다만, 살인범죄로 징역형의 실형 이상의 형을 선고받아 그 집행이 종료 또는 면제된 후 다시 살인범죄를 저지른 경우에는 부착명령을 청구하여야 한다.
> ④ 검사는 다음 각 호의 어느 하나에 해당하고 강도범죄를 다시 범할 위험성이 있다고 인정되는 사람에 대하여 부착명령을 법원에 청구할 수 있다.
> 　1. 강도범죄로 징역형의 실형을 선고받은 사람이 그 집행을 종료한 후 또는 집행이 면제된 후 10년 이내에 다시 강도범죄를 저지른 때
> 　2. 강도범죄로 이 법에 따른 전자장치를 부착하였던 전력이 있는 사람이 다시 강도범죄를 저지른 때
> 　3. 강도범죄를 2회 이상 범하여(유죄의 확정판결을 받은 경우를 포함한다) 그 습벽이 인정된 때
> ⑤ 검사는 다음 각 호의 어느 하나에 해당하고 스토킹범죄를 다시 범할 위험성이 있다고 인정되는 사람에 대하여 부착명령을 법원에 청구할 수 있다.
> 　1. 스토킹범죄로 징역형의 실형을 선고받은 사람이 그 집행을 종료한 후 또는 집행이 면제된 후 10년 이내에 다시 스토킹범죄를 저지른 때
> 　2. 스토킹범죄로 이 법에 따른 전자장치를 부착하였던 전력이 있는 사람이 다시 스토킹범죄를 저지른 때
> 　3. 스토킹범죄를 2회 이상 범하여(유죄의 확정판결을 받은 경우를 포함한다) 그 습벽이 인정된 때
> ⑥ 제1항부터 제5항까지의 규정에 따른 부착명령의 청구는 공소가 제기된 특정범죄사건의 항소심 변론종결 시까지 하여야 한다.
> ⑦ 법원은 공소가 제기된 특정범죄사건을 심리한 결과 부착명령을 선고할 필요가 있다고 인정하는 때에는 검사에게 부착명령의 청구를 요구할 수 있다.
> ⑧ 제1항부터 제5항까지의 규정에 따른 특정범죄사건에 대하여 판결의 확정 없이 공소가 제기된 때부터 15년이 경과한 경우에는 부착명령을 청구할 수 없다.

ⓛ 조사

> **전자장치부착법 제6조(조사)**
> ① 검사는 부착명령을 청구하기 위하여 필요하다고 인정하는 때에는 피의자의 주거지 또는 소속 검찰청(지청을 포함한다. 이하 같다) 소재지를 관할하는 보호관찰소(지소를 포함한다. 이하 같다)의 장에게 범죄의 동기, 피해자와의 관계, 심리상태, 재범의 위험성 등 피의자에 관하여 필요한 사항의 조사를 요청할 수 있다.
> ② 제1항의 요청을 받은 보호관찰소의 장은 조사할 보호관찰관을 지명하여야 한다.
> ③ 제2항에 따라 지명된 보호관찰관은 지체 없이 필요한 사항을 조사한 후 검사에게 조사보고서를 제출하여야 한다.
> ④ 검사는 제1항의 요청을 받은 보호관찰소의 장에게 조사진행상황의 보고를 요구할 수 있다.
> ⑤ 검사는 부착명령을 청구함에 있어서 필요한 경우에는 피의자에 대한 정신감정이나 그 밖에 전문가의 진단 등의 결과를 참고하여야 한다.

ⓒ 부착명령의 판결

> **전자장치부착법 제9조(부착명령의 판결 등)**
> ① 법원은 부착명령 청구가 이유 있다고 인정하는 때에는 다음 각 호에 따른 기간의 범위 내에서 부착기간을 정하여 판결로 부착명령을 선고하여야 한다. 다만, 19세 미만의 사람에 대하여 특정범죄를 저지른 경우에는 부착기간 하한을 다음 각 호에 따른 부착기간 하한의 2배로 한다.
>   1. 법정형의 상한이 사형 또는 무기징역인 특정범죄: 10년 이상 30년 이하
>   2. 법정형 중 징역형의 하한이 3년 이상의 유기징역인 특정범죄(제1호에 해당하는 특정범죄는 제외한다): 3년 이상 20년 이하
>   3. 법정형 중 징역형의 하한이 3년 미만의 유기징역인 특정범죄(제1호 또는 제2호에 해당하는 특정범죄는 제외한다): 1년 이상 10년 이하
> ② 여러 개의 특정범죄에 대하여 동시에 부착명령을 선고할 때에는 법정형이 가장 중한 죄의 부착기간 상한의 2분의 1까지 가중하되, 각 죄의 부착기간의 상한을 합산한 기간을 초과할 수 없다. 다만, 하나의 행위가 여러 특정범죄에 해당하는 경우에는 가장 중한 죄의 부착기간을 부착기간으로 한다.
> ③ 부착명령을 선고받은 사람은 부착기간 동안 보호관찰 등에 관한 법률에 따른 보호관찰을 받는다.
> ④ 법원은 다음 각 호의 어느 하나에 해당하는 때에는 판결로 부착명령 청구를 기각하여야 한다.
>   1. 부착명령 청구가 이유 없다고 인정하는 때
>   2. 특정범죄사건에 대하여 무죄(심신상실을 이유로 치료감호가 선고된 경우는 제외한다)·면소·공소기각의 판결 또는 결정을 선고하는 때
>   3. 특정범죄사건에 대하여 벌금형을 선고하는 때
>   4. 특정범죄사건에 대하여 선고유예 또는 집행유예를 선고하는 때(제28조 제1항에 따라 전자장치 부착을 명하는 때를 제외한다)
> ⑤ 부착명령 청구사건의 판결은 특정범죄사건의 판결과 동시에 선고하여야 한다.
> ⑥ 부착명령 선고의 판결이유에는 요건으로 되는 사실, 증거의 요지 및 적용 법조를 명시하여야 한다.
> ⑦ 부착명령의 선고는 특정범죄사건의 양형에 유리하게 참작되어서는 아니 된다.
> ⑧ 특정범죄사건의 판결에 대하여 상소 및 상소의 포기·취하가 있는 때에는 부착명령 청구사건의 판결에 대하여도 상소 및 상소의 포기·취하가 있는 것으로 본다. 상소권회복 또는 재심의 청구나 비상상고가 있는 때에도 또한 같다.
> ⑨ 제8항에도 불구하고 검사 또는 피부착명령청구자 및 형사소송법 제340조·제341조에 규정된 자는 부착명령에 대하여 독립하여 상소 및 상소의 포기·취하를 할 수 있다. 상소권회복 또는 재심의 청구나 비상상고의 경우에도 또한 같다.

ⓔ 대상자 준수사항

> **전자장치부착법 제9조의2(준수사항)**
> ① 법원은 제9조 제1항에 따라 부착명령을 선고하는 경우 부착기간의 범위에서 준수기간을 정하여 다음 각 호의 준수사항 중 하나 이상을 부과할 수 있다. 다만, 제4호의 준수사항은 500시간의 범위에서 그 기간을 정하여야 한다.
>   1. 야간, 아동·청소년의 통학시간 등 특정 시간대의 외출제한
>   2. 어린이 보호구역 등 특정지역·장소에의 출입금지 및 접근금지
>   2의2. 주거지역의 제한
>   3. 피해자 등 특정인에의 접근금지
>   4. 특정범죄 치료 프로그램의 이수
>   5. 마약 등 중독성 있는 물질의 사용금지
>   6. 그 밖에 부착명령을 선고받는 사람의 재범방지와 성행교정을 위하여 필요한 사항
> ③ 제1항에도 불구하고 법원은 성폭력범죄를 저지른 사람(19세 미만의 사람을 대상으로 성폭력범죄를 저지른 사람으로 한정한다) 또는 스토킹범죄를 저지른 사람에 대해서 제9조 제1항에 따라 부착명령을 선고하는 경우에는 다음 각 호의 구분에 따라 제1항의 준수사항을 부과하여야 한다.
>   1. 19세 미만의 사람을 대상으로 성폭력범죄를 저지른 사람: 제1항 제1호 및 제3호의 준수사항을 포함할 것. 다만, 제1항 제1호의 준수사항을 부과하여서는 아니 될 특별한 사정이 있다고 판단하는 경우에는 해당 준수사항을 포함하지 아니할 수 있다.
>   2. 스토킹범죄를 저지른 사람: 제1항 제3호의 준수사항을 포함할 것

ⓜ 부착명령 판결 등에 따른 조치

> **전자장치부착법 제10조(부착명령 판결 등에 따른 조치)**
> ① 법원은 제9조에 따라 부착명령을 선고한 때에는 그 판결이 확정된 날부터 3일 이내에 부착명령을 선고받은 자(이하 "피부착명령자"라 한다)의 주거지를 관할하는 보호관찰소의 장에게 판결문의 등본을 송부하여야 한다.
> ② 교도소, 소년교도소, 구치소, 국립법무병원 및 군교도소의 장(이하 "교도소장 등"이라 한다)은 피부착명령자가 석방되기 5일 전까지 피부착명령자의 주거지를 관할하는 보호관찰소의 장에게 그 사실을 통보하여야 한다.

ⓑ 부착명령의 집행지휘 및 집행

> **전자장치부착법 제12조(집행지휘)**
> ① 부착명령은 검사의 지휘를 받아 보호관찰관이 집행한다.
> ② 제1항에 따른 지휘는 판결문 등본을 첨부한 서면으로 한다.
>
> **제13조(부착명령의 집행)**
> ① 부착명령은 특정범죄사건에 대한 형의 집행이 종료되거나 면제·가석방되는 날 또는 치료감호의 집행이 종료·가종료되는 날 석방 직전에 피부착명령자의 신체에 전자장치를 부착함으로써 집행한다. 다만, 다음의 경우에는 각 호의 구분에 따라 집행한다.
>   1. 부착명령의 원인이 된 특정범죄사건이 아닌 다른 범죄사건으로 형이나 치료감호의 집행이 계속될 경우에는 부착명령의 원인이 된 특정범죄사건이 아닌 다른 범죄사건에 대한 형의 집행이 종료되거나 면제·가석방 되는 날 또는 치료감호의 집행이 종료·가종료 되는 날부터 집행한다.
>   2. 피부착명령자가 부착명령 판결 확정 시 석방된 상태이고 미결구금일수 산입 등의 사유로 이미 형의 집행이 종료된 경우에는 부착명령 판결 확정일부터 부착명령을 집행한다.
> ② 제1항 제2호에 따라 부착명령을 집행하는 경우 보호관찰소의 장은 피부착명령자를 소환할 수 있으며, 피부착명령자가 소환에 따르지 아니하는 때에는 관할 지방검찰청의 검사에게 신청하여 부착명령 집행장을 발부받아 구인할 수 있다.
> ③ 보호관찰소의 장은 제2항에 따라 피부착명령자를 구인한 경우에는 부착명령의 집행을 마친 즉시 석방하여야 한다.
> ④ 부착명령의 집행은 신체의 완전성을 해하지 아니하는 범위 내에서 이루어져야 한다.
> ⑤ 부착명령이 여러 개인 경우 확정된 순서에 따라 집행한다.
> ⑥ 다음 각 호의 어느 하나에 해당하는 때에는 부착명령의 집행이 정지된다.
>   1. 부착명령의 집행 중 다른 죄를 범하여 구속영장의 집행을 받아 구금된 때
>   2. 부착명령의 집행 중 다른 죄를 범하여 금고 이상의 형의 집행을 받게 된 때
>   3. 가석방 또는 가종료된 자에 대하여 전자장치 부착기간 동안 가석방 또는 가종료가 취소되거나 실효된 때
> ⑦ 제6항 제1호에도 불구하고 구속영장의 집행을 받아 구금된 후에 다음 각 호의 어느 하나에 해당하는 사유로 구금이 종료되는 경우 그 구금기간 동안에는 부착명령이 집행된 것으로 본다. 다만, 제1호 및 제2호의 경우 법원의 판결에 따라 유죄로 확정된 경우는 제외한다.
>   1. 사법경찰관이 불송치결정을 한 경우
>   2. 검사가 혐의없음, 죄가안됨, 공소권없음 또는 각하의 불기소처분을 한 경우
>   3. 법원의 무죄, 면소, 공소기각 판결 또는 공소기각 결정이 확정된 경우
> ⑧ 제6항에 따라 집행이 정지된 부착명령의 잔여기간에 대하여는 다음 각 호의 구분에 따라 집행한다.
>   1. 제6항 제1호의 경우에는 구금이 해제되거나 금고 이상의 형의 집행을 받지 아니하게 확정된 때부터 그 잔여기간을 집행한다.
>   2. 제6항 제2호의 경우에는 그 형의 집행이 종료되거나 면제된 후 또는 가석방된 때부터 그 잔여기간을 집행한다.
>   3. 제6항 제3호의 경우에는 그 형이나 치료감호의 집행이 종료되거나 면제된 후 그 잔여기간을 집행한다.
> ⑨ 제1항부터 제8항까지 규정된 사항 외에 부착명령의 집행 및 정지에 관하여 필요한 사항은 대통령령으로 정한다.

ⓐ 피부착자의 의무와 부착기간의 연장

> **전자장치부착법 제14조(피부착자의 의무)**
> ① 전자장치가 부착된 자(이하 "피부착자"라 한다)는 전자장치의 부착기간 중 전자장치를 신체에서 임의로 분리·손상, 전파 방해 또는 수신자료의 변조, 그 밖의 방법으로 그 효용을 해하여서는 아니 된다.
> ② 피부착자는 특정범죄사건에 대한 형의 집행이 종료되거나 면제·가석방되는 날부터 10일 이내에 주거지를 관할하는 보호관찰소에 출석하여 대통령령으로 정하는 신상정보 등을 서면으로 신고하여야 한다.
> ③ 피부착자는 주거를 이전하거나 7일 이상의 국내여행을 하거나 출국할 때에는 미리 보호관찰관의 허가를 받아야 한다.
>
> **제14조의2(부착기간의 연장 등)**
> ① 피부착자가 다음 각 호의 어느 하나에 해당하는 경우에는 법원은 보호관찰소의 장의 신청에 따른 검사의 청구로 1년의 범위에서 부착기간을 연장하거나 제9조의2 제1항의 준수사항을 추가 또는 변경하는 결정을 할 수 있다.
>   1. 정당한 사유 없이 보호관찰 등에 관한 법률 제32조에 따른 준수사항을 위반한 경우
>   2. 정당한 사유 없이 제14조 제2항을 위반하여 신고하지 아니한 경우
>   3. 정당한 사유 없이 제14조 제3항을 위반하여 허가를 받지 아니하고 주거 이전·국내여행 또는 출국을 하거나, 거짓으로 허가를 받은 경우
>   4. 정당한 사유 없이 제14조 제3항에 따른 출국허가 기간까지 입국하지 아니한 경우
> ② 제1항 각 호에 규정된 사항 외의 사정변경이 있는 경우에도 법원은 상당한 이유가 있다고 인정되면 보호관찰소의 장의 신청에 따른 검사의 청구로 제9조의2 제1항의 준수사항을 부과, 추가, 변경 또는 삭제하는 결정을 할 수 있다.

ⓞ 보호관찰관의 임무

> **전자장치부착법 제15조(보호관찰관의 임무)**
> ① 보호관찰관은 피부착자의 재범방지와 건전한 사회복귀를 위하여 필요한 지도와 원호를 한다.
> ② 보호관찰관은 전자장치 부착기간 중 피부착자의 소재지 인근 의료기관에서의 치료, 상담시설에서의 상담치료 등 피부착자의 재범방지 및 수치심으로 인한 과도한 고통의 방지를 위하여 필요한 조치를 할 수 있다.
> ③ 보호관찰관은 필요한 경우 부착명령의 집행을 개시하기 전에 교도소장 등에게 요청하여 형의 집행 및 수용자의 처우에 관한 법률 제63조의 교육, 제64조의 교화프로그램 및 제107조의 징벌에 관한 자료 등 피부착자의 형 또는 치료감호 집행 중의 생활실태를 확인할 수 있는 자료를 확보하고, 형 또는 치료감호의 집행을 받고 있는 피부착자를 면접할 수 있다. 이 경우 교도소장 등은 보호관찰관에게 협조하여야 한다.

ⓩ 보호관찰소장의 수신자료 폐기

> **전자장치부착법 제16조(수신자료의 보존·사용·폐기 등)**
> ⑥ 보호관찰소의 장은 다음 각 호의 어느 하나에 해당하는 때에는 수신자료를 폐기하여야 한다.
>   1. 부착명령과 함께 선고된 형이 형법 제81조에 따라 실효된 때
>   2. 부착명령과 함께 선고된 형이 사면으로 인하여 그 효력을 상실한 때
>   3. 전자장치 부착이 종료된 자가 자격정지 이상의 형 또는 이 법에 따른 전자장치 부착을 받음이 없이 전자장치 부착을 종료한 날부터 5년이 경과한 때

ㅊ 피부착자의 신상정보 제공 등

> **전자장치부착법 16조의2(피부착자의 신상정보 제공 등)**
> ① 보호관찰소의 장은 범죄예방 및 수사에 필요하다고 판단하는 경우 피부착자가 제14조 제2항에 따라 신고한 신상정보 및 피부착자에 대한 지도·감독 중 알게 된 사실 등의 자료를 피부착자의 주거지를 관할하는 경찰관서의 장 등 수사기관에 제공할 수 있다.
> ② 수사기관은 범죄예방 및 수사활동 중 인지한 사실이 피부착자 지도·감독에 활용할 만한 자료라고 판단할 경우 이를 보호관찰소의 장에게 제공할 수 있다.
> ③ 보호관찰소의 장은 피부착자가 범죄를 저질렀거나 저질렀다고 의심할만한 상당한 이유가 있을 때에는 이를 수사기관에 통보하여야 한다.
> ④ 수사기관은 체포 또는 구속한 사람이 피부착자임을 알게 된 경우에는 피부착자의 주거지를 관할하는 보호관찰소의 장에게 그 사실을 통보하여야 한다.
> ⑤ 제1항부터 제4항에 따른 제공 및 통보의 절차와 관리 등에 필요한 사항은 대통령령으로 정한다.

ㅋ 부착명령의 임시해제

> **전자장치부착법 제17조(부착명령의 임시해제 신청 등)**
> ① 보호관찰소의 장 또는 피부착자 및 그 법정대리인은 해당 보호관찰소를 관할하는 심사위원회에 부착명령의 임시해제를 신청할 수 있다.
> ② 제1항의 신청은 부착명령의 집행이 개시된 날부터 3개월이 경과한 후에 하여야 한다. 신청이 기각된 경우에는 기각된 날부터 3개월이 경과한 후에 다시 신청할 수 있다.
> ③ 제2항에 따라 임시해제의 신청을 할 때에는 신청서에 임시해제의 심사에 참고가 될 자료를 첨부하여 제출하여야 한다.
>
> **제19조(임시해제의 취소 등)**
> ① 보호관찰소의 장은 부착명령이 임시해제된 자가 특정범죄를 저지르거나 주거이전 상황 등의 보고에 불응하는 등 재범의 위험성이 있다고 판단되는 때에는 심사위원회에 임시해제의 취소를 신청할 수 있다. 이 경우 심사위원회는 임시해제된 자의 재범의 위험성이 현저하다고 인정될 때에는 임시해제를 취소하여야 한다.
> ② 제1항에 따라 임시해제가 취소된 자는 잔여 부착명령기간 동안 전자장치를 부착하여야 하고, 부착명령할 때 개시된 보호관찰을 받아야 하며, 부과된 준수사항(준수기간이 종료되지 않은 경우에 한정한다)을 준수하여야 한다. 이 경우 임시해제기간은 부착명령기간에 산입하지 아니한다.

ㅌ 부착명령 집행의 종료

> **전자장치부착법 제20조(부착명령 집행의 종료)**
> 제9조에 따라 선고된 부착명령은 다음 각 호의 어느 하나에 해당하는 때에 그 집행이 종료된다.
> 1. 부착명령기간이 경과한 때
> 2. 부착명령과 함께 선고한 형이 사면되어 그 선고의 효력을 상실하게 된 때
> 3. 삭제
> 4. 부착명령이 임시해제된 자가 그 임시해제가 취소됨이 없이 잔여 부착명령기간을 경과한 때

② 형 집행 종료 후의 보호관찰
　㉠ 보호관찰명령의 청구

> **전자장치부착법 제21조의2(보호관찰명령의 청구)**
> 검사는 다음 각 호의 어느 하나에 해당하는 사람에 대하여 형의 집행이 종료된 때부터 보호관찰 등에 관한 법률에 따른 보호관찰을 받도록 하는 명령(이하 "보호관찰명령"이라 한다)을 법원에 청구할 수 있다.
> 1. 성폭력범죄를 저지른 사람으로서 성폭력범죄를 다시 범할 위험성이 있다고 인정되는 사람
> 2. 미성년자 대상 유괴범죄를 저지른 사람으로서 미성년자 대상 유괴범죄를 다시 범할 위험성이 있다고 인정되는 사람
> 3. 살인범죄를 저지른 사람으로서 살인범죄를 다시 범할 위험성이 있다고 인정되는 사람
> 4. 강도범죄를 저지른 사람으로서 강도범죄를 다시 범할 위험성이 있다고 인정되는 사람
> 5. 스토킹범죄를 저지른 사람으로서 스토킹범죄를 다시 범할 위험성이 있다고 인정되는 사람

　㉡ 보호관찰명령의 판결

> **전자장치부착법 제21조의3(보호관찰명령의 판결)**
> ① 법원은 제21조의2 각 호의 어느 하나에 해당하는 사람이 금고 이상의 선고형에 해당하고 보호관찰명령의 청구가 이유 있다고 인정하는 때에는 2년 이상 5년 이하의 범위에서 기간을 정하여 보호관찰명령을 선고하여야 한다.
> ② 법원은 제1항에도 불구하고 제9조 제4항 제1호에 따라 부착명령 청구를 기각하는 경우로서 제21조의2 각 호의 어느 하나에 해당하여 보호관찰명령을 선고할 필요가 있다고 인정하는 때에는 직권으로 제1항에 따른 기간을 정하여 보호관찰명령을 선고할 수 있다.

　㉢ 준수사항

> **전자장치부착법 제21조의4(준수사항)**
> ① 법원은 제21조의3에 따라 보호관찰명령을 선고하는 경우 제9조의2 제1항 각 호의 준수사항 중 하나 이상을 부과할 수 있다. 다만, 제9조의2 제1항 제4호의 준수사항은 300시간의 범위에서 그 기간을 정하여야 한다.
> ② 제1항 본문에도 불구하고 법원은 성폭력범죄를 저지른 사람(19세 미만의 사람을 대상으로 성폭력범죄를 저지른 사람으로 한정한다) 또는 스토킹범죄를 저지른 사람에 대해서는 제21조의3에 따라 보호관찰명령을 선고하는 경우 제9조의2 제1항 제3호를 포함하여 준수사항을 부과하여야 한다.

　㉣ 보호관찰명령의 집행

> **전자장치부착법 제21조의5(보호관찰명령의 집행)**
> 보호관찰명령은 특정범죄사건에 대한 형의 집행이 종료되거나 면제·가석방되는 날 또는 치료감호 집행이 종료·가종료되는 날부터 집행한다. 다만, 보호관찰명령의 원인이 된 특정범죄사건이 아닌 다른 범죄사건으로 형이나 치료감호의 집행이 계속될 경우에는 보호관찰명령의 원인이 된 특정범죄사건이 아닌 다른 범죄사건에 대한 형의 집행이 종료되거나 면제·가석방되는 날 또는 치료감호의 집행이 종료·가종료되는 날부터 집행한다.

ⓜ 보호관찰대상자의 의무

> **전자장치부착법 제21조의6(보호관찰대상자의 의무)**
> ① 보호관찰대상자는 특정범죄사건에 대한 형의 집행이 종료되거나 면제·가석방되는 날부터 10일 이내에 주거지를 관할하는 보호관찰소에 출석하여 서면으로 신고하여야 한다.
> ② 보호관찰대상자는 주거를 이전하거나 7일 이상의 국내여행을 하거나 출국할 때에는 미리 보호관찰관의 허가를 받아야 한다.

ⓗ 보호관찰 기간의 연장

> **전자장치부착법 제21조의7(보호관찰 기간의 연장 등)**
> ① 보호관찰대상자가 정당한 사유 없이 제21조의4 또는 보호관찰 등에 관한 법률 제32조에 따른 준수사항을 위반하거나 제21조의6에 따른 의무를 위반한 때에는 법원은 보호관찰소의 장의 신청에 따른 검사의 청구로 다음 각 호의 결정을 할 수 있다.
>   1. 1년의 범위에서 보호관찰 기간의 연장
>   2. 제21조의4에 따른 준수사항의 추가 또는 변경
> ② 제1항 각 호의 처분은 병과할 수 있다.
> ③ 제1항에 규정된 사항 외의 사정변경이 있는 경우에도 법원은 상당한 이유가 있다고 인정하면 보호관찰소의 장의 신청에 따른 검사의 청구로 제21조의4에 따른 준수사항을 추가, 변경 또는 삭제하는 결정을 할 수 있다.

③ 가석방 및 가종료 등과 전자장치 부착

㉠ 가석방과 전자장치 부착

> **전자장치부착법 제22조(가석방과 전자장치 부착)**
> ① 제9조에 따른 부착명령 판결을 선고받지 아니한 특정 범죄자로서 형의 집행 중 가석방되어 보호관찰을 받게 되는 자는 준수사항 이행 여부 확인 등을 위하여 가석방기간 동안 전자장치를 부착하여야 한다. 다만, 심사위원회가 전자장치 부착이 필요하지 아니하다고 결정한 경우에는 그러하지 아니하다.
> ② 심사위원회는 특정범죄 이외의 범죄로 형의 집행 중 가석방되어 보호관찰을 받는 사람의 준수사항 이행 여부 확인 등을 위하여 가석방 예정자의 범죄내용, 개별적 특성 등을 고려하여 가석방 기간의 전부 또는 일부의 기간을 정하여 전자장치를 부착하게 할 수 있다.
> ③ 심사위원회는 제1항 및 제2항의 결정을 위하여 가석방 예정자에 대한 전자장치 부착의 필요성과 적합성 여부 등을 조사하여야 한다.
> ④ 심사위원회는 제1항 및 제2항에 따라 전자장치를 부착하게 되는 자의 주거지를 관할하는 보호관찰소의 장에게 가석방자의 인적사항 등 전자장치 부착에 필요한 사항을 즉시 통보하여야 한다.
> ⑤ 교도소장 등은 제1항 및 제2항에 따른 가석방 예정자가 석방되기 5일 전까지 그의 주거지를 관할하는 보호관찰소의 장에게 그 사실을 통보하여야 한다.

ⓒ 가종료 등과 전자장치 부착

> **전자장치부착법 제23조(가종료 등과 전자장치 부착)**
> ① 치료감호 등에 관한 법률 제37조에 따른 치료감호심의위원회(이하 "치료감호심의위원회"라 한다)는 제9조에 따른 부착명령 판결을 선고받지 아니한 특정 범죄자로서 치료감호의 집행 중 가종료 또는 치료위탁되는 피치료감호자나 보호감호의 집행 중 가출소되는 피보호감호자(이하 "가종료자 등"이라 한다)에 대하여 치료감호 등에 관한 법률 또는 사회보호법(법률 제7656호로 폐지되기 전의 법률을 말한다)에 따른 준수사항 이행여부 확인 등을 위하여 보호관찰 기간의 범위에서 기간을 정하여 전자장치를 부착하게 할 수 있다.
> ② 치료감호심의위원회는 제1항에 따라 전자장치 부착을 결정한 경우에는 즉시 피부착결정자의 주거지를 관할하는 보호관찰소의 장에게 통보하여야 한다.
> ③ 치료감호시설의 장·보호감호시설의 장 또는 교도소의 장은 가종료자 등이 가종료 또는 치료위탁되거나 가출소되기 5일 전까지 가종료자 등의 주거지를 관할하는 보호관찰소의 장에게 그 사실을 통보하여야 한다.

ⓒ 전자장치의 부착

> **전자장치부착법 제24조(전자장치의 부착)**
> ① 전자장치 부착은 보호관찰관이 집행한다.
> ② 전자장치는 다음 각 호의 어느 하나에 해당하는 때 석방 직전에 부착한다.
>   1. 가석방되는 날
>   2. 가종료 또는 치료위탁되거나 가출소되는 날. 다만, 제23조 제1항에 따른 피치료감호자에게 치료감호와 병과된 형의 잔여 형기가 있거나 치료감호의 원인이 된 특정범죄사건이 아닌 다른 범죄사건으로 인하여 집행할 형이 있는 경우에는 해당 형의 집행이 종료·면제되거나 가석방되는 날 부착한다.
> ③ 전자장치 부착집행 중 보호관찰 준수사항 위반으로 유치허가장의 집행을 받아 유치된 때에는 부착집행이 정지된다. 이 경우 심사위원회가 보호관찰소의 장의 가석방 취소신청을 기각한 날 또는 법무부장관이 심사위원회의 허가신청을 불허한 날부터 그 잔여기간을 집행한다.

ⓔ 부착집행의 종료

> **전자장치부착법 제25조(부착집행의 종료)**
> 제22조 및 제23조에 따른 전자장치 부착은 다음 각 호의 어느 하나에 해당하는 때에 그 집행이 종료된다.
> 1. 가석방 기간이 경과하거나 가석방이 실효 또는 취소된 때
> 2. 가종료자 등의 부착기간이 경과하거나 보호관찰이 종료된 때
> 3. 가석방된 형이 사면되어 형의 선고의 효력을 상실하게 된 때

④ 형의 집행유예와 부착명령

ⓐ 형의 집행유예와 부착명령

> **전자장치부착법 제28조(형의 집행유예와 부착명령)**
> ① 법원은 특정범죄를 범한 자에 대하여 형의 집행을 유예하면서 보호관찰을 받을 것을 명할 때에는 보호관찰 기간의 범위 내에서 기간을 정하여 준수사항의 이행여부 확인 등을 위하여 전자장치를 부착할 것을 명할 수 있다.

ⓛ 부착명령의 집행

> **전자장치부착법 제29조(부착명령의 집행)**
> ① 부착명령은 전자장치 부착을 명하는 법원의 판결이 확정된 때부터 집행한다.
> ② 부착명령의 집행 중 보호관찰 준수사항 위반으로 유치허가장의 집행을 받아 유치된 때에는 부착명령 집행이 정지된다. 이 경우 검사가 보호관찰소의 장의 집행유예 취소신청을 기각한 날 또는 법원이 검사의 집행유예 취소청구를 기각한 날부터 그 잔여기간을 집행한다.

ⓒ 부착명령 집행의 종료

> **전자장치부착법 제30조(부착명령 집행의 종료)**
> 제28조의 부착명령은 다음 각 호의 어느 하나에 해당하는 때에 그 집행이 종료된다.
> 1. 부착명령기간이 경과한 때
> 2. 집행유예가 실효 또는 취소된 때
> 3. 집행유예된 형이 사면되어 형의 선고의 효력을 상실하게 된 때

⑤ 보석과 전자장치 부착

㉠ 보석과 전자장치 부착

> **전자장치부착법 제31조의2(보석과 전자장치 부착)**
> ① 법원은 형사소송법 제98조 제9호에 따른 보석조건으로 피고인에게 전자장치 부착을 명할 수 있다.
> ② 법원은 제1항에 따른 전자장치 부착을 명하기 위하여 필요하다고 인정하면 그 법원의 소재지 또는 피고인의 주거지를 관할하는 보호관찰소의 장에게 피고인의 직업, 경제력, 가족상황, 주거상태, 생활환경 및 피해회복 여부 등 피고인에 관한 사항의 조사를 의뢰할 수 있다.
> ③ 제2항의 의뢰를 받은 보호관찰소의 장은 지체 없이 조사하여 서면으로 법원에 통보하여야 하며, 조사를 위하여 필요한 경우에는 피고인이나 그 밖의 관계인을 소환하여 심문하거나 소속 보호관찰관에게 필요한 사항을 조사하게 할 수 있다.
> ④ 보호관찰소의 장은 제3항의 조사를 위하여 필요하다고 인정하면 국공립 기관이나 그 밖의 단체에 사실을 알아보거나 관련 자료의 열람 등 협조를 요청할 수 있다.

㉡ 전자장치 부착의 집행

> **전자장치부착법 제31조의3(전자장치 부착의 집행)**
> ① 법원은 제31조의2 제1항에 따라 전자장치 부착을 명한 경우 지체 없이 그 결정문의 등본을 피고인의 주거지를 관할하는 보호관찰소의 장에게 송부하여야 한다.
> ② 제31조의2 제1항에 따라 전자장치 부착명령을 받고 석방된 피고인은 법원이 지정한 일시까지 주거지를 관할하는 보호관찰소에 출석하여 신고한 후 보호관찰관의 지시에 따라 전자장치를 부착하여야 한다.
> ③ 보호관찰소의 장은 제31조의2 제1항에 따른 피고인의 보석조건 이행 여부 확인을 위하여 적절한 조치를 하여야 한다.
> ④ 전자장치 부착 집행의 절차 및 방법 등에 관한 사항은 대통령령으로 정한다.

ⓒ 보석조건 이행 상황 등 통지

> **전자장치부착법 제31조의4(보석조건 이행 상황 등 통지)**
> ① 보호관찰소의 장은 제31조의2 제1항에 따른 피고인의 보석조건 이행 상황을 법원에 정기적으로 통지하여야 한다.
> ② 보호관찰소의 장은 피고인이 제31조의2 제1항에 따른 전자장치 부착명령을 위반한 경우 및 전자장치 부착을 통하여 피고인에게 부과된 주거의 제한 등 형사소송법에 따른 다른 보석조건을 위반하였음을 확인한 경우 지체 없이 법원과 검사에게 이를 통지하여야 한다.
> ③ 제2항에 따른 통지를 받은 법원은 형사소송법 제102조에 따라 피고인의 보석조건을 변경하거나 보석을 취소하는 경우 이를 지체 없이 보호관찰소의 장에게 통지하여야 한다.
> ④ 제1항부터 제3항까지의 규정에 따른 통지의 절차 및 방법 등에 관한 사항은 대통령령으로 정한다.

ⓔ 전자장치 부착의 종료

> **전자장치부착법 제31조의5(전자장치 부착의 종료)**
> 제31조의2 제1항에 따른 전자장치의 부착은 다음 각 호의 어느 하나에 해당하는 경우에 그 집행이 종료된다.
> 1. 구속영장의 효력이 소멸한 경우
> 2. 보석이 취소된 경우
> 3. 형사소송법 제102조에 따라 보석조건이 변경되어 전자장치를 부착할 필요가 없게 되는 경우

(4) 전자장치 부착기간의 계산

> **전자장치부착법 제32조(전자장치 부착기간의 계산)**
> ① 전자장치 부착기간은 이를 집행한 날부터 기산하되, 초일은 시간을 계산함이 없이 1일로 산정한다.
> ② 다음 각 호의 어느 하나에 해당하는 기간은 전자장치 부착기간에 산입하지 아니한다. 다만, 보호관찰이 부과된 사람의 전자장치 부착기간은 보호관찰기간을 초과할 수 없다.
> 1. 피부착자가 제14조 제1항을 위반하여 전자장치를 신체로부터 분리하거나 손상하는 등 그 효용을 해한 기간
> 2. 피부착자의 치료, 출국 또는 그 밖의 적법한 사유로 전자장치가 신체로부터 일시적으로 분리된 후 해당 분리사유가 해소된 날부터 정당한 사유 없이 전자장치를 부착하지 아니한 기간

(5) 벌칙

> **전자장치부착법 제36조(벌칙)**
> ① 전자장치 부착 업무를 담당하는 자가 정당한 사유 없이 피부착자의 전자장치를 해제하거나 손상한 때에는 1년 이상의 유기징역에 처한다.
> ② 전자장치 부착 업무를 담당하는 자가 금품을 수수·요구 또는 약속하고 제1항의 죄를 범한 때에는 2년 이상의 유기징역에 처한다.
> ③ 수신자료(스토킹행위자 수신자료를 포함한다)를 관리하는 자가 제16조 제2항 또는 제31조의8 제2항을 위반한 때에는 1년 이상의 유기징역에 처한다. [시행일: 2024. 1. 12.]
>
> **제37조(벌칙)**
> ① 타인으로 하여금 부착명령 또는 보호관찰명령을 받게 할 목적으로 공무소 또는 공무원에 대하여 허위의 사실을 신고하거나 형법 제152조 제1항의 죄를 범한 때에는 10년 이하의 징역에 처한다.
> ② 제2장의 부착명령 또는 보호관찰명령 청구사건에 관하여 피부착명령청구자 또는 피보호관찰명령청구자를 모해할 목적으로 형법 제154조·제233조 또는 제234조(허위작성진단서의 행사에 한한다)의 죄를 범한 때에는 10년 이하의 징역에 처한다. 이 경우 10년 이하의 자격정지를 병과한다.
>
> **제38조(벌칙)**
> ① 피부착자가 제14조 제1항(제27조 및 제31조에 따라 준용되는 경우를 포함한다)을 위반하여 전자장치의 부착기간 중 전자장치를 신체에서 임의로 분리·손상, 전파 방해 또는 수신자료의 변조, 그 밖의 방법으로 그 효용을 해한 때에는 7년 이하의 징역 또는 2천만 원 이하의 벌금에 처한다.
> ② 제1항의 미수범은 처벌한다.
>
> **제39조(벌칙)**
> ① 피부착자 또는 보호관찰대상자가 제9조의2 제1항 제3호 또는 제4호의 준수사항을 정당한 사유 없이 위반한 때에는 3년 이하의 징역 또는 3천만 원 이하의 벌금에 처한다.
> ② 피부착자 또는 보호관찰대상자가 정당한 사유 없이 보호관찰 등에 관한 법률 제32조 제2항 또는 제3항에 따른 준수사항을 위반하여 같은 법 제38조에 따른 경고를 받은 후 다시 정당한 사유 없이 같은 법 제32조 제2항 또는 제3항에 따른 준수사항을 위반한 경우 1년 이하의 징역 또는 1천만 원 이하의 벌금에 처한다.
> ③ 피부착자 또는 보호관찰대상자가 제9조의2 제1항 제1호·제2호·제2호의2·제5호 또는 제6호의 준수사항을 정당한 사유 없이 위반한 때에는 1년 이하의 징역 또는 1천만 원 이하의 벌금에 처한다.

(6) 전자장치 부착의 장·단점

① 장점
  ㉠ 구금시설의 과밀수용을 완화시키고 수용비용 절감
  ㉡ 형사시설에 수용하지 않고도 수용의 목적을 충족시킬 수 있음
  ㉢ 대상자가 사회에서 정상적으로 생활하도록 함으로써 사회복귀를 원활하게 함
  ㉣ 처우의 다양화를 기할 수 있음
  ㉤ 범죄자에 대한 지속적 감시를 통해 사회안전을 확보할 수 있음

② 단점
  ㉠ 프라이버시 등 인권침해문제나 윤리적 문제 야기
  ㉡ 대상자에 대한 사회경제적 편견이 개입되어 낙인효과를 초래할 가능성이 있음
  ㉢ 아직 기술적으로 완전하지 않아 전자감시가 실패할 가능성이 높고, 이 경우 사회의 안전이 훼손될 위험성이 있음

ⓔ 사회통제망이 지나치게 확대될 염려가 있음
ⓜ 전자감시제도를 실시하기 위한 비용이 과다함

5 성폭력범죄자의 성충동 약물치료에 관한 법률(성충동약물치료법)

(1) 용어의 정의
① "성도착증 환자"란 정신성적 장애인으로서 금고 이상의 형에 해당하는 성폭력범죄를 지은 자 및 정신건강의학과 전문의의 감정에 의하여 성적 이상 습벽으로 인하여 자신의 행위를 스스로 통제할 수 없다고 판명된 사람을 말한다(동법 제2조 제1호).
② "성충동 약물치료"(이하 "약물치료"라 한다)란 비정상적인 성적 충동이나 욕구를 억제하기 위한 조치로서 성도착증 환자에게 약물투여 및 심리치료 등의 방법으로 도착적인 성기능을 일정기간 동안 약화 또는 정상화하는 치료를 말한다(동조 제3호).

(2) 약물치료의 요건(동법 제3조)
약물치료는 다음 각 호의 요건을 모두 갖추어야 한다.
① 비정상적 성적 충동이나 욕구를 억제하거나 완화하기 위한 것으로서 의학적으로 알려진 것일 것
② 과도한 신체적 부작용을 초래하지 아니할 것
③ 의학적으로 알려진 방법대로 시행될 것

(3) 조사(동법 제5조)
① 검사는 치료명령을 청구하기 위하여 필요하다고 인정하는 때에는 치료명령 피청구자의 주거지 또는 소속 검찰청 소재지를 관할하는 보호관찰소의 장에게 필요한 사항의 조사를 요청할 수 있다(동법 제5조 제1항).
② 제1항의 요청을 받은 보호관찰소의 장은 조사할 보호관찰을 지명하여야 한다(동조 제2항).
③ 제2항에 따라 지명된 보호관찰관은 검사의 지휘를 받아 지체 없이 필요한 사항을 조사한 후 검사에게 조사보고서를 제출하여야 한다(동조 제3항).

(4) 치료명령의 청구(동법 제4조)
① 검사는 사람에 대하여 성폭력범죄를 저지른 성도착증 환자로서 성폭력범죄를 다시 범할 위험성이 있다고 인정되는 19세 이상의 사람에 대하여 약물치료명령을 법원에 청구할 수 있다(동법 제4조 제1항).
② 검사는 치료명령 청구대상자(이하 "치료명령 피청구자"라 한다)에 대하여 정신건강의학과 전문의의 진단이나 감정을 받은 후 치료명령을 청구하여야 한다(동조 제2항).
③ 치료명령의 청구는 공소가 제기되거나 치료감호가 독립청구된 성폭력범죄사건(이하 "피고사건"이라 한다)의 항소심 변론종결 시까지 하여야 한다(동조 제3항).
④ 법원은 피고사건의 심리결과 치료명령을 할 필요가 있다고 인정하는 때에는 검사에게 치료명령의 청구를 요구할 수 있다(동조 제4항).

⑤ 피고사건에 대하여 판결의 확정 없이 공소가 제기되거나 치료감호가 독립청구된 때부터 15년이 지나면 치료명령을 청구할 수 없다(동조 제5항).

(5) 치료명령 청구사건의 관할(동법 제6조)
① 치료명령 청구사건의 관할은 치료명령 청구사건과 동시에 심리하는 피고사건의 관할에 따른다(동법 제6조 제1항).
② 치료명령 청구사건의 제1심 재판은 지방법원 합의부(지방법원지원 합의부를 포함)의 관할로 한다(동조 제2항).

(6) 치료명령의 판결 등(동법 제8조)
① 법원은 치료명령 청구가 이유 있다고 인정하는 때에는 15년의 범위에서 치료기간을 정하여 판결로 치료명령을 선고하여야 한다(동법 제8조 제1항).
② 치료명령을 선고받은 사람은 치료기간 동안 보호관찰 등에 관한 법률에 따른 보호관찰을 받는다(동조 제2항).
③ 법원은 다음의 어느 하나에 해당하는 때에는 판결로 치료명령 청구를 기각하여야 한다(동조 제3항).
  ㉠ 치료명령 청구가 이유 없다고 인정하는 때
  ㉡ 피고사건에 대하여 무죄(심신상실을 이유로 치료감호가 선고된 경우는 제외한다)·면소·공소기각의 판결 또는 결정을 선고하는 때
  ㉢ 피고사건에 대하여 벌금형을 선고하는 때
  ㉣ 피고사건에 대하여 선고를 유예하거나 집행유예를 선고하는 때
④ 치료명령 청구사건의 판결은 피고사건의 판결과 동시에 선고하여야 한다(동조 제4항).
⑤ 치료명령 선고의 판결 이유에는 요건으로 되는 사실, 증거의 요지 및 적용 법조를 명시하여야 한다(동조 제5항).
⑥ 치료명령의 선고는 피고사건의 양형에 유리하게 참작되어서는 아니 된다(동조 제6항).
⑦ 피고사건의 판결에 대하여 형사소송법에 따른 상소 및 상소의 포기·취하가 있는 때에는 치료명령 청구사건의 판결에 대하여도 상소 및 상소의 포기·취하가 있는 것으로 본다. 상소권회복 또는 재심의 청구나 비상상고가 있는 때에도 또한 같다(동조 제7항).
⑧ 검사 또는 치료명령 피청구자 및 형사소송법 제340조·제341조에 규정된 사람은 치료명령에 대하여 독립하여 형사소송법에 따른 상소 및 상소의 포기·취하를 할 수 있다. 상소권회복 또는 재심의 청구나 비상상고의 경우에도 또한 같다(동조 제8항).

(7) 치료명령을 받은 사람의 의무(동법 제15조)
① 치료명령을 받은 사람은 치료기간 중 상쇄약물의 투약 등의 방법으로 치료의 효과를 해하여서는 아니 된다(동법 제15조 제1항).
② 치료명령을 받은 사람은 형의 집행이 종료되거나 면제·가석방 또는 치료감호의 집행이 종료·가종료 또는 치료위탁되는 날부터 10일 이내에 주거지를 관할하는 보호관찰소에 출석하여 서면으로 신고하여야 한다(동조 제2항).

③ 치료명령을 받은 사람은 주거 이전 또는 7일 이상의 국내여행을 하거나 출국할 때에는 미리 보호관찰관의 허가를 받아야 한다(동조 제3항).

(8) 치료명령의 임시해제 신청 등(동법 제17조)
① 보호관찰소의 장 또는 치료명령을 받은 사람 및 그 법정대리인은 해당 보호관찰소를 관할하는 보호관찰 등에 관한 법률 제5조에 따른 보호관찰 심사위원회(이하 "심사위원회"라 한다)에 치료명령의 임시해제를 신청할 수 있다(동법 제17조 제1항).
② 제1항의 신청은 치료명령의 집행이 개시된 날부터 6개월이 지난 후에 하여야 한다. 신청이 기각된 경우에는 기각된 날부터 6개월이 지난 후에 다시 신청할 수 있다(동조 제2항).
③ 임시해제의 신청을 할 때에는 신청서에 임시해제의 심사에 참고가 될 자료를 첨부하여 제출하여야 한다(동조 제3항).

(9) 치료명령 임시해제의 심사 및 결정(동법 제18조)
① 심사위원회는 임시해제를 심사할 때에는 치료명령을 받은 사람의 인격, 생활태도, 치료명령 이행상황 및 재범의 위험성에 대한 전문가의 의견 등을 고려하여야 한다(동법 제18조 제1항).
② 심사위원회는 임시해제의 심사를 위하여 필요한 때에는 보호관찰소의 장으로 하여금 필요한 사항을 조사하게 하거나 치료명령을 받은 사람이나 그 밖의 관계인을 직접 소환 · 심문 또는 조사할 수 있다(동조 제2항).
③ 제2항의 요구를 받은 보호관찰소의 장은 필요한 사항을 조사하여 심사위원회에 통보하여야 한다(동조 제3항).
④ 심사위원회는 치료명령을 받은 사람이 치료명령이 계속 집행될 필요가 없을 정도로 개선되어 죄를 다시 범할 위험성이 없다고 인정하는 때에는 치료명령의 임시해제를 결정할 수 있다(동조 제4항).
⑤ 심사위원회는 치료명령의 임시해제를 하지 아니하기로 결정한 때에는 결정서에 그 이유를 명시하여야 한다(동조 제5항).

(10) 임시해제의 취소 등(동법 제19조)
① 보호관찰소의 장은 치료명령이 임시해제된 사람이 성폭력범죄를 저지르거나 주거 이전 상황 등의 보고에 불응하는 등 재범의 위험성이 있다고 판단되는 때에는 심사위원회에 임시해제의 취소를 신청할 수 있다. 이 경우 심사위원회는 임시해제된 사람의 재범의 위험성이 현저하다고 인정될 때에는 임시해제를 취소하여야 한다(동법 제19조 제1항).
② 임시해제가 취소된 사람은 잔여 치료기간 동안 약물치료를 받아야 한다. 이 경우 임시해제기간은 치료기간에 산입하지 아니한다(동조 제2항).

(11) 치료명령 집행의 종료(동법 제20조)
치료명령은 다음 각 호의 어느 하나에 해당하는 때에 그 집행이 종료된다.
① 치료기간이 지난 때
② 치료명령과 함께 선고한 형이 사면되어 그 선고의 효력을 상실하게 된 때
③ 치료명령이 임시해제된 사람이 그 임시해제가 취소됨이 없이 잔여 치료기간을 지난 때

(12) 성폭력 수형자에 대한 치료명령 청구(동법 제22조)

① 검사는 사람에 대하여 성폭력범죄를 저질러 징역형 이상의 형이 확정되었으나 제8조 제1항에 따른 치료명령이 선고되지 아니한 수형자(이하 "성폭력 수형자"라 한다) 중 성도착증 환자로서 성폭력범죄를 다시 범할 위험성이 있다고 인정되고 약물치료를 받는 것을 동의하는 사람에 대하여 그의 주거지 또는 현재지를 관할하는 지방법원에 치료명령을 청구할 수 있다(동법 제22조 제1항).

② 법원은 치료명령 청구가 이유 있다고 인정하는 때에는 결정으로 치료명령을 고지하고, 치료명령을 받은 사람에게 준수사항 기재서면을 송부하여야 하고(동조 제2항 제6호), 이 결정에 따른 치료기간은 15년을 초과할 수 없다(동조 제3항).

(13) 가종료자 등에 대한 치료명령의 집행 및 종료(동법 제25조·제27조·제28조)

① 치료감호심의위원회(이하 "치료감호심의위원회"라 한다)는 성폭력범죄자 중 성도착증 환자로서 치료감호의 집행 중 가종료 또는 치료위탁되는 피치료감호자나 보호감호의 집행 중 가출소되는 피보호감호자(이하 "가종료자 등"이라 한다)에 대하여 보호관찰 기간의 범위에서 치료명령을 부과할 수 있다(동법 제25조 제1항).

② 보호관찰관은 가종료자 등이 가종료·치료위탁 또는 가출소 되기 2개월 이내에 치료명령을 집행하여야 한다. 다만, 치료감호와 형이 병과된 가종료자의 경우 집행할 잔여 형기가 있는 때에는 그 형의 집행이 종료되거나 면제되어 석방되기 전 2개월 이내에 치료명령을 집행하여야 한다(동법 제27조).

③ 치료감호대상자의 치료명령 집행의 종료(동법 제28조)
　㉠ 치료기간이 지난 때
　㉡ 가출소·가종료·치료위탁으로 인한 보호관찰 기간이 경과하거나 보호관찰이 종료된 때

Chapter 06 범죄예방과 범죄예측론

01 범죄예방

1 범죄예방의 의의

범죄원인을 제거하거나 범죄억제작용을 강화함으로써 장래에 범죄가 발생하지 않도록 하는 일련의 활동을 말하며, 여기에는 범죄억제활동, 치료 및 갱생활동, 사회발전활동, 범죄기회 제거활동 등이 모두 포함된다.

2 범죄예방모델

(1) 브랜팅햄과 파우스트(Brantingham & Faust)의 범죄예방모델
① 1차적 범죄예방: 범죄행위를 야기할 가능성이 있는 문제들을 미연에 방지할 목적으로 범죄기회를 제공하거나 범죄를 촉진하는 물리적·사회적 환경조건들을 변화시키는 것으로 예를 들면, 조명·자물쇠장치·접근 통제 등과 같은 환경설비, 감시·시민순찰 등과 같은 이웃 감시, 경찰방범활동, 범죄예방교육, 민간경비 등이 여기에 해당된다.
② 2차적 범죄예방: 범죄가능성이 있는 잠재적 범죄인을 조기에 발견하여 감시 또는 교육을 통해 이들의 비합법적 행위를 예방하려는 것으로 2차적 범죄예방 방법은 이미 존재하는 범죄유발 요인들과 일탈행위를 조장하는 요인들에 중점을 두며, 비행가능성이 있는 소년의 고용훈련 및 교육프로그램 실시, 범죄발생 지역의 분석, 전환제도 등이 여기에 해당된다.
③ 3차적 범죄예방: 실제 범죄인을 대상으로 무능화·교화개선들을 통해 재범요소를 제거하거나, 재범방지를 위해 활동하는 것을 말하며, 이 기능의 대부분은 형사법기관에 의해 이루어지고 있고 구금, 교정 및 치료, 사회복귀, 갱생보호사업, 지역사회교정 등이 여기에 해당된다.

02 범죄방지대책

1 범죄예방(초범예방)을 위한 대책

(1) 형벌의 일반예방적 기능 강화

일반예방주의란 목적형주의의 입장에서 범죄예방의 대상을 사회일반인에게 두고, 형벌에 의하여 사회일반인을 위하·경계시킴으로써 범죄를 행하지 않도록 하는 데에 형벌의 목적을 두는 것을 말한다.

① **지역사회의 조직화**: 지역사회가 범죄나 비행의 예방을 위하여 범인성 환경을 정비하는 조직적인 활동을 말한다.
② **경찰의 범죄예방활동**: 범죄기회 및 범죄유발요인을 제거하거나 줄이는 일상적 범죄예방활동을 말한다.
③ **매스컴의 범죄예방활동**: 매스컴은 신종범죄 또는 은폐된 범죄를 가장 신속하게 사회구성원에게 알릴 수 있다는 점에서 범죄예방에 효과적이다.
④ **그룹워크(Group work)**
  ㉠ 개체중심적 방법: 범죄우려자를 그룹의 일원으로 편입시켜 개인적 욕구를 충족하도록 함으로써 범죄유발 요인을 제거하는 방법
  ㉡ 집단중심적 방법: 반사회적 성격이 강한 집단에 대하여 일정한 합법적 과제를 부여하여 자립의식을 회복시킴으로써 준법적 방향을 유도하는 방법
⑤ **여가지도**: 조직적인 레크리에이션 활동 등을 통해 범죄에 대한 욕구를 억제시키고, 건전한 정신을 가지게 하여 범죄성을 예방하는 것을 말한다.
⑥ **협력회의의 편성과 활동**: 경찰·소년법원·학교·아동상담소·행정당국·사회복지단체 등 범죄예방 기능을 담당하는 기관들이 범죄예방에 관하여 통합적·조직적 프로그램을 수행하는 것을 말한다.

2 재범방지를 위한 대책

(1) 형벌 및 보안처분

형벌은 범죄자를 교화개선하여 범행을 뉘우치게 하는 데 중점을 두지만, 보안처분은 범죄자를 격리하여 사회를 방위하고 재범을 방지하는 데에 중점을 둔다.

① **기계적 개선법**: 작업부과·직업훈련·교양교육 등과 같은 강제적 방법을 통해 준법생활습관을 가지게 하거나 각종 교화프로그램을 통해 도덕화 과정을 거치는 것으로 수형자의 의사를 무시하고, 특정한 교육과정을 강제하는 방법을 사용하는데, 이러한 방법이 정당한가에 대하여 비판적 견해가 있다.
② **임상적 개선법**: 생물학적·정신의학적·심리학적 이상이나 결함을 발견하여 치료하는 데에 중점을 두는 방법으로 전기충격요법·인슐린주사·진정제 투여, 약물중독자에 대한 치료프로그램 등이 여기에 해당한다.

③ **집단관계 개선법**: 범죄행동을 특수한 성격이나 속성의 결과가 아니라 집단관계나 집단문화의 소산이라고 보고, 범죄를 조장하는 환경으로부터 범죄인을 차단하여 준법적 행동양식을 습득하게 하는 방법을 말하며, 수형자자치제, 약물중독자의 금단프로그램 등이 여기에 해당한다. 이 방법은 환경성 범죄자에게 적합하며, 일반교정시설보다는 소년원이나 소년교도소 등 인격발달과정에 있는 소년들이나 개방적 처우가 보장되는 교정시설 등에서 효과적이다.

④ **전문기술응용 개선법**: 대상자의 잠재능력을 발견하여 이를 발전시키고, 사회적 자원을 활용하여 범죄인 스스로 당면한 문제를 해결하도록 함으로써 사회에 복귀할 수 있도록 원조·지도하는 방법이다.

⑤ **교육·훈련**: 수형자의 사회적응에 필요한 지식·기능·태도 등을 함양하기 위하여 실시되며, 여기에는 교육기회의 확대, 교육·직업훈련 프로그램의 개선, 직업알선 등이 포함된다.

3 사회여건 개선

수형자가 범죄를 반복적으로 저지르는 것은 그들이 성공적으로 적응할 여건이 구비되지 않았음을 의미하므로 재범방지를 위한 근본적인 대책은 그들이 출소 후 사회에 원만히 적응할 수 있도록 사회의 제반 여건을 조성하는 데에 있다.

03 과학적 범죄예측

1 정의

예방·수사·재판 교정의 각 단계에서 개개의 사례를 통하여 범행우려자 또는 범죄자를 대상으로 장래의 범죄행위 발생가능성·빈도·정도 등을 사전에 판별하는 활동을 말한다.

2 전제조건

(1) 객관성
범죄예측은 누가 하더라도 동일한 결과가 나올 수 있도록 신뢰성이 담보되어야 한다.

(2) 타당성
범죄예측은 예측의 목적에 따라서 합목적적 방법으로 수행되어야 하며, 예측방법이 범죄예측의 목적에 맞는 결과를 얻을 수 있어야 한다.

(3) 단순성
예측방법과 결과가 쉽게 이해될 수 있도록 단순하게 구성되어야 하며, 예측척도의 판정을 위한 조작이 간단하고 많은 시간이 소요되지 않아야 한다.

(4) 경제성
예측에 소요되는 비용과 시간은 경제적이어야 하며, 적은 예측인자로 정확성이 높은 결과를 얻을 수 있어야 한다.

3 연혁

(1) 워너
범죄예측은 1923년 미국의 워너에 의해 처음으로 시작하였으며 매사추세츠주 교도소의 가석방위원회에서 사용하고 있던 가석방 판정기준이 가석방의 성공 유무와 큰 차이가 있음을 발견하고, 가석방 기준들이 적절하지 않다고 비판하였다. 그는 재범 가능성을 점수화한 범죄예측을 시도하였으며(점수법), 가석방 심사방법을 과학화할 것을 주장하였다.

(2) 버제스
1929년 경험표라 불렸던 예측표를 작성하여 객관적인 범죄예측의 기초를 마련하였으며 일리노이주의 교도소와 교정원에서 석방된 3,000명의 가석방자를 대상으로 수형자에게 공통된 21개 인자(因子)에 대한 통계적 평가를 실시하고, 그것을 이용하여 가석방기간 중 재범하지 아니할 확률에 관한 가석방예측표를 작성하였다.

(3) 글룩 부부
글룩 부부는 소년비행을 예측하기 위하여 비행소년 500명을 조사대상 실험군으로 선정하고, 대조군으로 500명의 무비행청소년을 선정하여 약 300개의 인자에 관하여 조사한 결과를 토대로 아버지의 훈육, 어머니의 감독, 소년에 대한 아버지의 애정, 소년에 대한 어머니의 애정, 가정의 결합성 등 5개의 요인으로 예측표를 작성한 후 예측점수를 계산하였다.

4 예측방법에 따른 분류

(1) 임상적(직관적 · 전체적) 관찰법
① 의의
  ㉠ 의학 · 심리학 · 사회학 등 전문지식을 이용하여 예측대상자의 인격상태 · 성장환경 등 인격과 관련된 사항을 전체적으로 분석하고, 그 결과를 바탕으로 범죄 성향을 임상적으로 경험에 의하여 예측하는 방법
  ㉡ 이 방법은 임상을 통하여 진단과정에서 병리학적 지식을 통해 완치 가능성 · 치료기간 등을 예측하는 것처럼 의학 · 심리학 · 사회학 등 여러 가지 이론과 시각들을 바탕으로 노련한 경험 및 직관적인 판단을 통해 범죄 가능성을 종합적으로 판단
② **장점**: 각 개인에게 내재하는 특수성이나 특이성을 집중적으로 관찰함

③ 단점
  ㉠ 평가자의 주관이 개입되기 쉬워 객관성이 결여됨
  ㉡ 범죄학적 전문가로부터는 효율적인 결과를 기대할 수 있지만, 전문지식이나 경험이 없는 사람들이 사용할 경우에는 잘못된 판정이 나올 가능성 존재
  ㉢ 전문가라 할지라도 개인차에 따라 판단 결과가 달라질 수 있어 객관적 기준을 확보하기 곤란함

(2) **통계적 예측법(점수법)**
  ① 의의
    ㉠ 통계적 예측법이란 전체적으로 관찰법에서 범하기 쉬운 객관적 문제를 개선하기 위하여 개발된 방법으로 여러 자료를 통하여 범죄예측요인을 수량화함으로써 점수의 비중에 따라 범죄 또는 비행을 예측하는 것
    ㉡ 이 방법은 기존자료에 대한 분석을 통하여 예측요인 중에서 빈도가 높거나 범죄요인으로 간주되는 요소들을 통계적으로 점수화하여 판정척도를 작성하고, 그 기준에 따라 범죄 또는 비행 여부를 예측한다.
    ㉢ 이 방법은 전체적 관찰법에 비해 연역적 방법
  ② 장점
    ㉠ 이미 작성된 판정척도를 사용하므로 전문가가 판단 과정에 개입하지 않아도 객관적 기준에 따라 범죄예측을 할 수 있어 실효성과 공평성 면에서 우수하며, 예측비용을 절감할 수 있음
    ㉡ 임상적 지식이나 경험이 없는 사람도 예측할 수 있으며, 임상적 예측법에 비하여 객관적임
  ③ 단점
    ㉠ 사례를 중심으로 개발된 것이기 때문에 개별 범죄인에게 존재하는 고유한 특성이나 개인적 편차를 예측과정에 충분히 반영하기 곤란함
    ㉡ 임상적 예측법에 비하여 재범의 가능성을 판단하는 데에 불리함

(3) **통합적 예측법**
  ① 의의: 통합적 예측법이란 전체적 관찰법과 통계적 예측법을 절충한 방법으로 양자를 일정한 방향으로 조합하여 양자의 단점을 보완하려는 방법
  ② 장점: 전체적 관찰법과 통계적 예측법의 결함 다소 보완
  ③ 단점
    ㉠ 전체적 관찰법과 통계적 예측법은 범죄에 대한 이해의 기초가 다르므로 양자의 완전한 보완 불가능
    ㉡ 이중적 예측을 하는 결과와 많은 시간이 소요되는 등 효율성 저하

5 예측시점에 따른 분류

(1) 조기예측
① 의의: 조기예측이란 잠재적인 범죄인의 범죄성 발전을 예방하기 위하여 사전에 그들의 범죄 가능성을 예측하는 방법으로 주로 청소년을 대상으로 그들의 잠재적인 비행을 예측하는 데에 이용한다.
② 특징: 재판단계예측이나 가석방예측이 재범방지를 목적으로 하는 범죄예측이라면, 조기예측은 범죄의 사전예방을 목적으로 하는 초범예측에 해당하며, 사법예측이 아니라는 점이 특징이다.
③ 단점
  ㉠ 범죄와 무관한 시민의 자유영역을 침해할 소지가 있음
  ㉡ 예측대상 선정 기준의 공정성과 공평성을 담보하기 곤란함
  ㉢ 소년기에 미래비행을 예측하는 것이 쉽지 않음
  ㉣ 예측결과 범죄 위험성이 있는 것으로 판정된 경우라도 가시적인 법적 조치를 취하기 곤란함
  ㉤ 범죄예방을 목적으로 하는 교육이 오히려 대상자를 미래의 비행자로 낙인찍는 결과를 초래함

(2) 수사단계예측
① 의의: 경찰 또는 검찰에서 비행자 또는 범죄자에 대한 수사를 종결하면서 처분내용을 결정할 때 사용하는 예측이다.
② 특징: 수사단계 예측에서는 성인범인 경우에는 기소 또는 기소유예 여부를, 소년범인 경우에는 훈계방면, 가정법원 송치, 일반법원 기소 등의 여부를 결정하게 되는데 이러한 결정은 범죄자나 비행소년의 위험성 판정을 전제로 하며, 여기에서의 적정한 예측은 수사종결 후 처분에 있어 중요한 역할을 하게 된다.

(3) 재판단계예측
① 의의: 법원에서 유·무죄의 판별이나 처분의 종류를 결정하는 과정에서 피고인의 개별처우를 위하여 그들의 장래행동을 예측하는 것을 말한다.
② 특징: 피고인의 양형을 선고하는 단계에서는 법원의 재량권이 많이 주어지므로 예측판단에 의한 개별화의 가능성이 매우 넓다.

(4) 교정단계예측
① 의의: 교도소 및 소년원에서 가석방 또는 임시퇴원을 결정할 때 그 대상자의 누범 및 재범위험성을 예측하는 것을 말한다.
② 특징: 가석방단계에서 예측을 할 경우 과거에는 수용생활성적이 예측의 주된 자료로 활용되었으나, 최근에는 수용생활성적뿐만 아니라 사회복귀 후의 환경 등도 중요한 예측자료로 활용된다.

(5) 범죄예측의 발생순서
석방 시 예측 → 재판 시 예측 → 조기예측

Chapter 07 소년범죄론

01 소년형사대책론

1 소년범죄의 현대적 특징

(1) 전 세계적 특징
① 알코올 · 마약 · 기타 약품과 관계 있는 비행의 증가
② 조폭범죄 및 성범죄의 증가
③ 집단비행의 증가
④ 중류계층 이상 가정 출신 소년의 비행화 경향
⑤ 소년비행의 연령 저하
⑥ 이유 없는 비행의 증가

(2) 우리나라의 특징
① 전체범죄 및 범죄유형: 폭력범죄 비중이 높음
② 가정환경: 대부분 양친이 존재
③ 생활정도: 중류계층의 증가
④ 범죄원인: 우발범 비중이 높음

2 소년사법의 역사

(1) 영미법계
① 미국
㉠ 미국에서는 19세기 중엽부터 범죄소년에 대해서는 엄격한 형사재판보다는 특별한 처우가 필요하다는 주장이 제기되었다. 이러한 주장은 1899년 일리노이주에서 세계 최초의 소년재판법 제정이라는 결실을 맺게 되었으며, 같은 해 7월 1일 시카고 소년법원 개설로 이어졌다.
㉡ 미국의 소년사법은 1967년의 갈트(Gault)판결 등을 통하여 소년사법절차의 보호적 성격을 전제로 하면서도 각종 고지권 · 변호인선임권 · 자기부죄거부의 특권 등과 같은 적정절차의 보장이 강조되어 국친사상에서 적법절차로 방향전환을 시도했다.

② 영국
　㉠ 영국에서는 범죄소년 또는 우범소년만을 관할하는 전담법원이 설치되어 있지 않고, 이른바 '약식 재판소'가 이를 담당한다.
　㉡ 영국에서는 미국의 소년법원이 소년재판의 방향을 적법절차의 견지로 전환하려는 것과는 달리 오히려 보호주의적 경향을 견지하려는 입장이다.

(2) 대륙법계
① 독일
　㉠ 독일은 제1차 세계 대전 후 소년비행이 격증함에 따라 1922년 소년복지법, 1923년 소년재판법을 제정했다.
　㉡ 소년복지법은 소년의 건전육성을 담당하는 소년국과 소년복지위원회에 관해 규정함과 동시에 후견법원이 비행소년에 대하여 보호관찰 내지 구호조치를 부과할 수 있도록 하고 있으며, 소년재판법은 범죄소년의 심판과 처우에 관하여 규정했다.
② 프랑스
　㉠ 프랑스는 1912년 청소년 재판소 및 감시부 자유에 관한 법률에 의해 소년법원의 설립과 보호관찰 제도를 채택했다.
　㉡ 1945년 범죄소년에 관한 법령이 제정되어 1951년과 1958년에 수정을 거쳐 현행 소년법의 근간이 만들어졌으며 1958년 소년사건의 법원구성에 관한 법령이 제정되었고, 1974년 법률 제 631호로 민사상의 성인연령과 형사상의 성인연령을 18세로 통일되었다.

3 현대 소년사법의 경향

(1) 비범죄화
비범죄화란 형사사법절차에서 특정범죄에 대한 형사처벌의 범위를 축소하는 것, 특히 소년의 구금화에 따르는 부작용을 차단하고, 비행소년의 재사회화와 재범방지를 위하여 형사사법절차를 사회 내 처우로 대신하려는 경향으로 3D이론 · 4D이론 · 5D이론이 있다.
① 3D: 비형벌화(Depenalization), 비범죄화(Decriminalization), 비시설수용화(Deinstitutionalization)
② 4D: 3D + 전환(Diversion)
③ 5D: 4D + 적법절차(Due Process)

(2) 적법절차의 보장
소년보호입법의 보호적 · 복지적 · 후견적 기능의 강조(국친이론)로 인하여 적법절차가 무시되어서는 아니 된다는 것으로 갈트판결에 의해 확립되었다.

(3) 처우의 개별화

비행소년에 대해서는 성인범과 달리 연령 및 신체적 특성에 상응한 개별처우를 해야 한다는 것을 말하며 여기에서 개별처우란 시설에 수용된 소년은 성인범과 분리수용하여야 하며, 소년의 특성에 적합한 교정 프로그램을 실시해야 한다는 것을 의미한다.

02 소년법

1 소년법의 특징

(1) **성격**: 소년법은 실체법적인 부분과 절차법적인 부분을 모두 포괄하는 형법의 특별법적 성격을 가진다.

(2) **구분**: 소년사건을 보호사건과 형사사건으로 구분하고 있으며, 소년보호사건에는 국친주의적 요소가 포함된다.

(3) **절차**: 범죄소년사건의 처리절차에 관하여 검사선의주의를 채택하고 있다.

(4) **대상**: 소년보호의 대상을 범죄소년, 촉법소년, 우범소년으로 분류하고, 소년의 연령을 19세 미만으로 하며, 촉법소년은 10세 이상 14세 미만으로, 우범소년은 10세 이상으로 규정한다.

(5) **특징**: 실체법적 특징으로 보호주의, 인격주의, 교육주의, 예방주의, 절차법적 특징으로 분리주의, 직권주의, 심문주의, 과학주의, 밀행주의, 통고주의, 협력주의를 취하고 있다.

(6) 2007년 12월 21일 개정된 소년법에서는 보호처분을 보다 다양화하고, 항고제를 인정하는 방향으로 개정되었다.

2 실체법과 절차법적 성격

(1) **실체법적 성격**
   ① **인격주의**: 소년보호절차에서 비행사실보다는 소년의 인격에 내재하고 있는 범죄적 위험성의 판단과 평가를 중시해야 한다는 것을 말한다.
   ② **예방주의**: 예방주의란 범죄로부터 소년을 보호하기 위해서는 사후처리보다는 예방활동을 중요시해야 한다는 것을 말하며 소년법이 범죄소년·촉법소년뿐만 아니라, 장차 죄를 범할 우려가 있는 우범소년까지 보호의 대상에 포함하고 있는 것은 예방주의의 표현이다.
   ③ **교육주의**: 소년의 건전한 육성을 위한 환경조성과 비행소년의 보호절차와 활동의 모든 과정에 교육적 측면이 중시되어야 한다는 것을 말한다. 즉, 소년범죄에 대해서는 처벌보다는 치료, 지도, 개선 등의 조치가 우선되어야 한다는 것이다.
   ④ **보호주의**: 보호처분과 형사처분의 특칙으로 특별예방적 조치를 하여 소년의 건전한 성장을 목표로 한다.

(2) 절차법적 성격
① **개별주의**: 소년에 대한 보호조치를 취할 때에는 소년 개개인을 1건으로 독립해서 취급하고, 행위와 외형에 구애받지 않으며, 각 개인마다의 특성을 중시하여 처리해야 한다는 것을 말한다.
② **과학주의**: 소년의 처우에 대한 결정 및 교정교육의 과정을 법률가에게만 맡기지 말고, 종교학·정신의학·심리학·교육학·사회학·생물학 등 제 학문에 관한 전문가의 도움을 받아 보다 과학적으로 이루어져야 한다는 것을 말한다.
③ **비공개주의(밀행주의)**: 소년의 범죄 또는 비행의 내용이 공개되면 전과자 또는 비행자라는 낙인의 영향으로 소년의 건전한 육성 및 사회생활에 지장을 초래하게 되므로 소년에 대한 조사 또는 심리 중에 있는 보호사건이나 형사사건에 있어서 신분이 노출되지 않도록 한다는 것을 말한다.
④ **통고주의**: 보호할 필요가 있는 소년을 조기에 발견, 보호기관에 통고하여 관리할 수 있도록 함으로써 범죄자로 발전하는 것을 사전에 차단하는 것을 말한다.

3 보호사건의 조사와 심리

(1) 조사 명령(소년법 제11조)
① 소년부 판사는 조사관에게 사건 본인, 보호자 또는 참고인의 심문이나 그 밖에 필요한 사항을 조사하도록 명할 수 있다(동법 제11조 제1항).
② 소년부는 제4조 제3항에 따라 통고된 소년을 심리할 필요가 있다고 인정하면 그 사건을 조사하여야 한다(동조 제2항).

(2) 전문가의 진단(동법 제12조)
소년부는 조사 또는 심리를 할 때에 정신건강의학과의사·심리학자·사회사업가·교육자나 그 밖의 전문가의 진단, 소년분류심사원의 분류심사 결과와 의견, 보호관찰소의 조사 결과와 의견 등을 고려하여야 한다.

(3) 동행영장(동법 제13조·제16조)
① 사건 본인이나 보호자가 정당한 이유 없이 소환에 응하지 아니하면 소년부 판사는 동행영장을 발부할 수 있다(동법 제13조 제2항).
② 동행영장은 조사관이 집행한다(동법 제16조 제1항).
③ 소년부 판사는 소년부 법원서기관·법원사무관·법원주사·법원주사보나 보호관찰관 또는 사법경찰관리에게 동행영장을 집행하게 할 수 있다(동조 제2항).
④ 동행영장을 집행하면 지체 없이 보호자나 보조인에게 알려야 한다(동조 제3항).

(4) 국선보조인(동법 제17조의2)

① 소년이 소년분류심사원에 위탁된 경우 보조인이 없을 때에는 법원은 변호사 등 적정한 자를 보조인으로 선정하여야 한다(동법 제17조의2 제1항).
② 소년이 소년분류심사원에 위탁되지 아니하였을 때에도 다음의 경우 법원은 직권에 의하거나 소년 또는 보호자의 신청에 따라 보조인을 선정할 수 있다(동조 제2항).
  ㉠ 소년에게 신체적·정신적 장애가 의심되는 경우
  ㉡ 빈곤이나 그 밖의 사유로 보조인을 선임할 수 없는 경우
  ㉢ 그 밖에 소년부 판사가 보조인이 필요하다고 인정하는 경우
③ 제1항과 제2항에 따라 선정된 보조인에게 지급하는 비용에 대하여는 형사소송비용 등에 관한 법률을 준용한다(동조 제3항).

4 소년 보호처분과 부가처분(소년법)

(1) 보호처분의 내용

소년부 판사는 심리 결과 보호처분을 할 필요가 있다고 인정하면 결정으로써 다음의 어느 하나에 해당하는 처분을 하여야 한다(소년법 제32조·제33조).

종류	내용(동법 제32조 제1항)	종류	기간(동법 제33조)	처분성격
제1호	보호자 또는 보호자를 대신하여 소년을 보호할 수 있는 자에게 감호 위탁	제1항	6개월 (6개월 범위에서 한 번 연장)	사회 내 처우
제2호	수강명령(12세 이상만 가능)	제4항	100시간 이내	
제3호	사회봉사명령(14세 이상만 가능)	제4항	200시간 이내	
제4호	보호관찰관의 단기보호관찰	제2항	1년	
제5호	보호관찰관의 장기보호관찰	제3항	2년 (1년 범위에서 한 번 연장)	
제6호	아동복지법에 따른 아동복지시설이나 그 밖의 소년보호시설에 감호 위탁	제1항	6개월 (6개월 범위에서 한 번 연장)	시설 내 처우
제7호	병원, 요양소 또는 보호소년 등의 처우에 관한 법률에 따른 의료재활소년원에 위탁	제1항	6개월 (6개월 범위에서 한 번 연장)	
제8호	1개월 이내의 소년원 송치	–	–	
제9호	단기 소년원 송치	제5항	6개월 이내	
제10호	장기 소년원 송치(12세 이상만 가능)	제6항	2년 이내	

(2) 부가처분

① 제4호 또는 제5호의 처분을 할 때에 3개월 이내의 기간을 정하여 보호소년 등의 처우에 관한 법률에 따른 대안교육 또는 소년의 상담·선도·교화와 관련된 단체나 시설에서의 상담·교육을 받은 것을 동시에 명할 수 있다(동법 제32조의2 제1항).

② 제4호 또는 제5호의 처분을 할 때에 1년 이내의 기간을 정하여 야간 등 특정 시간대의 외출을 제한하는 명령을 보호관찰대상자의 준수사항으로 부과할 수 있다(동조 제2항).

③ 소년부 판사는 가정상황 등 고려하여 필요하다고 판단되면 보호자에게 소년원·소년분류심사원 또는 보호관찰소 등에서 실시하는 소년의 보호를 위한 특별교육을 받을 것을 명할 수 있다(동조 제3항).

(3) 보호처분의 취소

① 보호처분이 계속 중일 때에 사건 본인이 처분 당시 19세 이상인 것으로 밝혀진 경우에는 소년부 판사는 결정으로써 그 보호처분을 취소하고, 다음의 구분에 따라 처리하여야 한다(동법 제38조 제1항).
  ㉠ 검사·경찰서장의 송치 또는 통고에 의한 사건인 경우에는 관할 지방법원에 대응하는 검찰청 검사에게 송치한다.
  ㉡ 법원이 송치한 사건인 경우에는 송치한 법원에 이송한다.

② 제4조 제1항 제1호(범죄소년)·제2호(촉법소년)의 소년에 대한 보호처분이 계속 중일 때에 사건 본인이 행위 당시 10세 미만으로 밝혀진 경우 또는 제4조 제1항 제3호(우범소년)의 소년에 대한 보호처분이 계속 중일 때에 사건 본인이 처분 당시 10세 미만으로 밝혀진 경우에는 소년부 판사는 결정으로써 그 보호처분을 취소하여야 한다(동조 제2항).

(4) 보호처분의 경합

보호처분이 계속 중일 때에 사건 본인에 대하여 새로운 보호처분이 있었을 때에는 그 처분을 한 소년부 판사는 이전의 보호처분을 한 소년부에 조회하여 어느 하나의 보호처분을 취소하여야 한다(동법 제40조).

5 선의주의

(1) 선의권

소년법원이 형사법원과 별개의 법원으로 설립되어 있고, 소년의 사법처리가 보호절차와 형사절차로 양분되어 있는 경우에 일반적으로 소년사건의 처리절차를 제1차적으로 선택하는 권한을 말한다.

(2) 검사선의주의

소년사건의 사법처리절차가 보호절차와 형사절차로 이원화되어 있는 법제하에서 절차선택권을 1차적으로 검사에게 부여하는 것으로서 소년피의사건에 대하여 형사절차에 따라 재판을 할 것인가 보호절차에 따라 재판을 할 것인가의 선택권을 검사가 먼저 행사하도록 하는 입법태도를 말한다.

(3) 법원선의주의

법원에게 부여하는 것으로서 소년 피의사건에 대해 수사한 검사는 모든 사건을 소년법원에 송치하고, 보호절차를 택할 것인지 형사절차를 택할 것인지의 선택권을 법원에 부여하는 입법태도를 말한다.

6 형사처분

(1) 검사의 결정 전 조사

검사는 소년 피의사건에 대하여 소년부 송치, 공소제기, 기소유예 등의 처분을 결정하기 위하여 필요하다고 인정하면 피의자의 주거지 또는 검찰청 소재지를 관할하는 보호관찰소의 장, 소년분류심사원장 또는 소년원장(이하 "보호관찰소장 등"이라 한다)에게 피의자의 품행, 경력, 생활환경이나 그 밖에 필요한 사항에 관한 조사를 요구할 수 있다(동법 제49조의2 제1항).

(2) 조건부 기소유예

검사는 피의자에 대하여 범죄예방자원봉사위원의 선도, 소년의 선도·교육과 관련된 단체·시설에서의 상담·교육·활동 등에 해당하는 선도 등을 받게 하고, 피의사건에 대한 공소를 제기하지 아니할 수 있다. 이 경우 소년과 소년의 친권자·후견인 등 법정대리인의 동의를 받아야 한다(동법 제49조의3).

(3) 조사의 위촉 및 심리의 분리

① 법원은 소년에 대한 형사사건에 관하여 필요한 사항을 조사하도록 조사관에게 위촉할 수 있다(동법 제56조).
② 소년에 대한 형사사건의 심리는 다른 피의사건과 관련된 경우에도 심리에 지장이 없으면 그 절차를 분리하여야 한다(동법 제57조).

(4) 심리의 방침

모든 소년형사사건은 필요적 변호사건으로 하며, 변호인이 출석하지 아니한 때에는 법원은 직권으로 변호인을 선정하여야 한다(형사소송법 제33조 제1항 제2호·제283조).

(5) 형기의 완화

① 죄를 범할 당시 18세 미만인 소년에 대하여 사형 또는 무기형으로 처할 경우에는 15년의 유기징역으로 한다(소년법 제59조).
② 소년이 법정형으로 장기 2년 이상의 유기형에 해당하는 죄를 범한 경우에는 그 형의 범위에서 장기와 단기를 정하여 선고한다. 다만, 장기는 10년, 단기는 5년을 초과하지 못한다(동법 제60조 제1항).
③ 소년의 특성에 비추어 상당하다고 인정되는 때에는 그 형을 감경할 수 있다(동조 제2항).
④ 형의 집행유예나 선고유예를 선고할 때에는 제1항을 적용하지 아니한다(동조 제3항).
⑤ 소년에 대한 부정기형을 집행하는 기관의 장은 형의 단기가 지난 소년범의 행형 성적이 양호하고, 교정의 목적을 달성하였다고 인정되는 경우에는 관할 검찰청 검사의 지휘에 따라 그 형의 집행을 종료시킬 수 있다(동조 제4항).

(6) 미결구금일수의 산입

소년부 판사가 사건을 조사 또는 심리하는 데에 필요하다고 인정하여 소년을 소년분류심사원에 위탁한 경우 그 위탁기간은 형법 제57조 제1항의 판결선고 전 구금일수로 본다(동법 제61조).

(7) 환형처분의 금지(동법 제62조)

① 형법상 벌금 또는 과료를 납입하지 않는 경우에는 노역장유치기간을 정하여 동시에 선고하여야 하나, 18세 미만의 소년에게는 노역장유치 선고를 하지 못한다.

② 다만 판결 선고 전 구속되었거나 소년분류심사원에 위탁된 경우에는 그 구속 또는 위탁의 기간에 해당하는 기간은 노역장에 유치된 것으로 보아 판결선고 전 구금일수에 산입한다.

(8) 가석방조건 및 가석방기간 완화

① 가석방조건: 징역 또는 금고를 선고받은 소년에 대하여는 다음의 기간이 지나면 가석방을 허가할 수 있다(동법 제65조).
  ㉠ 무기형의 경우에는 5년
  ㉡ 15년 유기형의 경우에는 3년
  ㉢ 부정기형의 경우에는 단기의 3분의 1

② 가석방 기간의 종료: 징역 또는 금고를 선고받은 소년이 가석방된 후 그 처분이 취소되지 아니하고, 가석방 전에 집행을 받은 기간과 같은 기간이 지난 경우에는 형의 집행을 종료한 것으로 한다. 다만, 제59조의 형기(죄를 범할 당시 18세 미만인 소년에 대하여 사형 또는 무기형으로 처할 경우 15년의 유기징역), 제60조 제1항에 따른 장기의 기간(소년이 법정형 장기 2년 이상의 유기형에 해당하는 죄를 범한 경우에 선고된 부정기형의 장기 10년)이 먼저 지난 경우에는 그 때에 형의 집행을 종료한 것으로 한다(동법 제66조).

③ 가석방 퇴원 및 임시퇴원의 신청: 교도소·구치소·소년교도소 및 소년원(이하 "수용기관"이라 한다)의 장은 소년법 제65조의 기간이 지난 소년수형자 또는 수용 중인 보호소년에 대하여 법무부령이 정하는 바에 따라 관할 심사위원회에 가석방, 퇴원 또는 임시퇴원의 심사를 신청할 수 있다(보호관찰법 제22조 제1항).

④ 심사와 결정: 심사위원회는 수용기관의 장의 신청 또는 직권으로 본인의 인격, 교정성적, 직업, 생활태도, 가족관계 및 재범 위험성 등 모든 사정을 고려하여 가석방의 적부를 심사하여 결정하며 법무부장관에게 이에 대한 허가를 신청하여야 하며 법무부장관은 심사위원회의 결정이 정당하다고 인정하면 이를 허가할 수 있다(동법 제23조·제25조).

7 벌칙

(1) 보도 금지

소년법에 따라 조사 또는 심리 중에 있는 보호사건이나 형사사건에 대하여는 성명·연령·직업·용모 등으로 비추어 볼 때 그 자가 당해 사건의 당사자라고 미루어 짐작할 수 있는 정도의 사실이나 사진을 신문이나 그 밖의 출판물에 싣거나 방송하는 경우 1년 이하의 징역 또는 1천만 원 이하의 벌금에 처한다(소년법 제68조).

(2) 나이의 거짓진술

성인이 고의로 나이를 거짓으로 진술하여 보호처분이나 소년 형사처분을 받은 경우에는 1년 이하의 징역에 처한다(동법 제69조).

(3) 조회응답금지

소년 보호사건과 관계있는 기관은 그 사건 내용에 관하여 재판, 수사 또는 군사상 필요한 경우 외의 어떠한 조회에도 응하여서는 아니 되며(동법 제70조 제1항), 이 규정을 위반한 자는 1년 이하의 징역 또는 1천만 원 이하의 벌금에 처한다(동조 제2항).

(4) 소환의 불응 등

다음의 어느 하나에 해당하는 자에게는 300만 원 이하의 과태료를 부과한다(동법 제71조).
① 소년부 판사가 사건의 조사 또는 심리에 필요하다고 인정하여 소환한 경우 정당한 이유 없이 응하지 아니한 자
② 소년부 판사가 보호자에게 소년원·소년분류심사원 또는 보호관찰소 등에서 실시하는 소년의 보호를 위한 특별교육을 명령한 경우 정당한 이유 없이 응하지 아니한 자

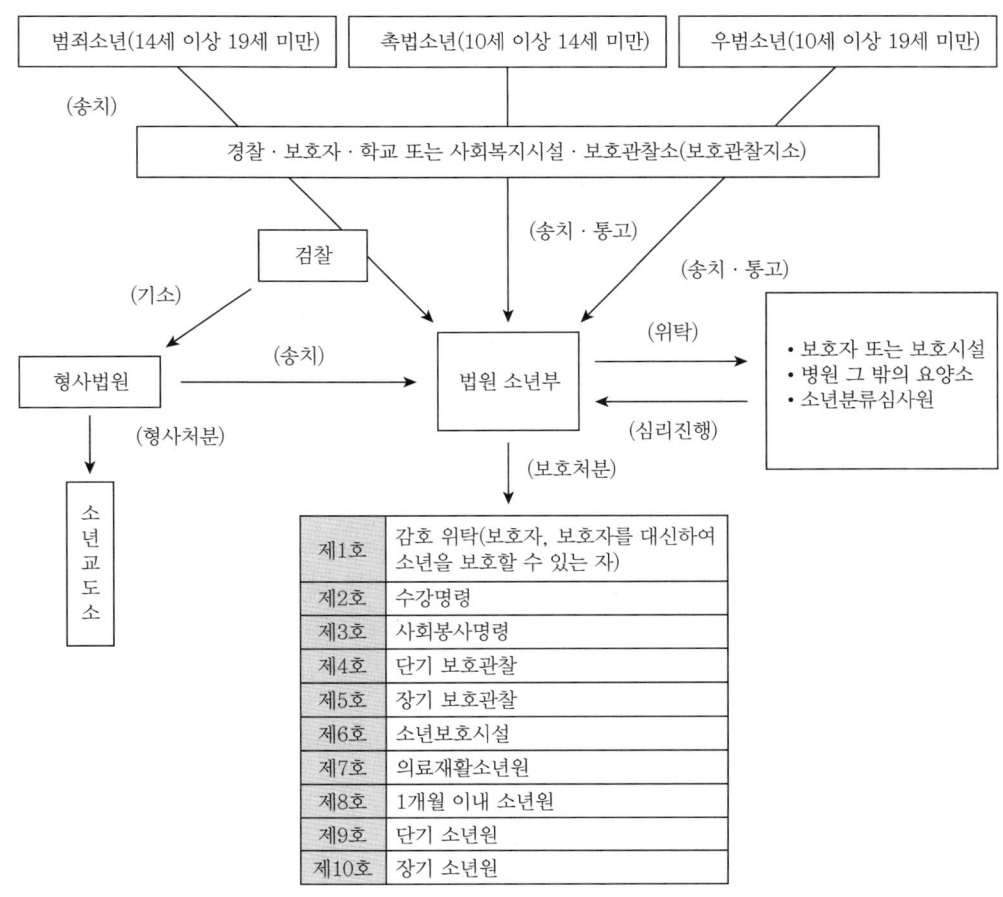

03 보호소년 등의 처우에 관한 법률

1 목적

이 법은 보호소년 등의 처우 및 교정교육과 소년원과 소년분류심사원의 조직, 기능 및 운영에 관하여 필요한 사항을 규정함을 목적으로 한다[보호소년 등의 처우에 관한 법률(보호소년법) 제1조].

2 조직별 임무

(1) 소년원의 임무

소년원은 보호소년을 수용하여 교정교육을 하는 것을 임무로 한다(동법 제3조 제1항).

(2) 소년분류심사원의 임무

소년분류심사원은 다음의 임무를 수행한다(동조 제2항).
① 위탁소년의 수용과 분류심사
② 유치소년의 수용과 분류심사
③ 전문가 진단의 일환으로 법원소년부가 상담조사를 의뢰한 소년의 상담과 조사
④ 소년 피의사건에 대하여 검사가 조사를 의뢰한 소년의 품행 및 환경 등의 조사
⑤ 위의 규정에 해당되지 아니하는 소년으로서 소년원장이나 보호관찰소장이 의뢰한 소년의 분류심사

3 관장 및 조직

(1) 소년원과 소년분류심사원은 법무부장관이 관장한다(동법 제4조 제1항).

(2) 소년원과 소년분류심사원의 명칭, 위치, 직제, 그 밖에 필요한 사항은 대통령령으로 정한다(동조 제2항).

4 소년원의 분류

(1) **설치**: 법무부장관은 보호소년의 처우상 필요하다고 인정하면 대통령령으로 정하는 바에 따라 소년원을 초·중등교육, 직업능력개발훈련, 의료재활 등 기능별로 분류하여 운영하게 할 수 있다(동법 제5조 제1항).

(2) **운영**: 법무부장관은 제1항에 따라 의료재활기능을 전문적으로 수행하는 소년원을 의료재활소년원으로 운영한다(동조 제2항).

5 처우의 기본원칙

(1) 소년원장 또는 소년분류심사원장(이하 "원장"이라 한다)은 보호소년 등을 처우할 때에 인권보호를 우선적으로 고려하여야 하며, 그들의 심신 발달 과정에 알맞은 환경을 조성하고 안정되고 규율있는 생활 속에서 보호소년 등의 성장 가능성을 최대한으로 신장시킴으로써 사회적응력을 길러 건전한 청소년으로서 사회에 복귀할 수 있도록 하여야 한다(동법 제2조 제1항).

(2) 보호소년에게는 품행의 개선과 진보의 정도에 따라 점차 향상된 처우를 하여야 한다(동조 제2항).

6 분리수용 및 분류처우

(1) 원장은 보호소년 등의 정신적·신체적 상황 등 개별적 특성을 고려하여 생활실을 구분하는 등 적합한 처우를 하여야 한다(동법 제8조 제1항).

(2) 보호소년 등은 다음의 기준에 따라 분리 수용한다(동조 제2항).
① 남성과 여성
② 보호소년, 위탁소년 및 유치소년

(3) 병원, 요양소 또는 의료재활소년원에 위탁처분을 받은 보호소년은 의료재활소년원에 해당하는 소년원에 수용하여야 한다(동조 제3항).

7 보호장비의 사용

(1) **보호장비의 종류(동법 제14조의2 제1항)**
① 수갑
② 포승
③ 가스총
④ 전자충격기
⑤ 머리보호장비
⑥ 보호대

(2) 원장은 다음의 어느 하나에 해당하는 경우에는 소속 공무원으로 하여금 보호소년 등에 대하여 수갑, 포승 또는 보호대를 사용하게 할 수 있다(동조 제2항).
① 이탈·난동·폭행·자해·자살을 방지하기 위하여 필요한 경우
② 법원 또는 검찰의 조사·심리, 이송, 그 밖의 사유로 호송하는 경우
③ 그 밖에 소년원·소년분류심사원의 안전이나 질서를 해칠 우려가 현저한 경우

(3) 원장은 다음의 어느 하나에 해당하는 경우에는 소속 공무원으로 하여금 보호소년 등에 대하여 수갑, 포승 또는 보호대 외에 가스총이나 전자충격기를 사용하게 할 수 있다(동조 제3항).
   ① 이탈, 자살, 자해하거나 이탈, 자살, 자해하려고 하는 때
   ② 다른 사람에게 위해를 가하거나 가하려 하는 때
   ③ 위력으로 소속 공무원의 정당한 직무집행을 방해하는 때
   ④ 소년원·소년분류심사원의 설비·기구 등을 손괴하거나 손괴하려고 하는 때
   ⑤ 그 밖에 시설의 안전 또는 질서를 크게 해치는 행위를 하거나 하려고 하는 때

(4) 위에 따라 가스총이나 전자충격기를 사용하려면 사전에 상대방에게 이를 경고하여야 한다. 다만, 상황이 급박하여 경고할 시간적인 여유가 없는 때에는 그러하지 아니하다(동조 제4항).

(5) 원장은 보호소년 등이 자해할 우려가 큰 경우에는 소속 공무원으로 하여금 보호소년 등에게 머리보호장비를 사용하게 할 수 있다(동조 제5항).

(6) 보호장비는 필요한 최소한의 범위에서 사용하여야 하며, 보호장비를 사용할 필요가 없게 되었을 때에는 지체 없이 사용을 중지하여야 한다(동조 제6항).

(7) 보호장비는 징벌의 수단으로 사용되어서는 아니 된다(동조 제7항).

(8) 보호장비의 사용방법 및 관리에 관하여 필요한 사항은 법무부령으로 정한다(동조 제8항).

8 외부교통

(1) **면회**
   ① 원장은 비행집단과 교제하고 있다고 의심할 만한 상당한 이유가 있는 경우 등 보호소년 등의 보호 및 교정교육에 지장이 있다고 인정되는 경우 외에는 보호소년 등의 면회를 허가하여야 한다. 다만, 20일 이내의 근신을 받은 보호소년 등에 대한 면회는 그 상대방이 변호인이나 보조인(이하 "변호인 등"이라 한다) 또는 보호자인 경우에 한정하여 허가할 수 있다(동법 제18조 제1항).
   ② 보호소년 등이 면회를 할 때에는 소속 공무원이 참석하여 보호소년 등의 보호 및 교정교육에 지장이 없도록 지도할 수 있다. 이 경우 소속 공무원은 보호소년 등의 보호 및 교정교육에 지장이 있다고 인정되는 경우에는 면회를 중지할 수 있다(동조 제2항).
   ③ 제2항의 전단에도 불구하고 보호소년 등이 변호인 등과 면회를 할 때에는 소속 공무원이 참석하지 아니한다. 다만, 보이는 거리에서 보호소년 등을 지켜볼 수 있다(동조 제3항).

(2) **편지**
   ① 원장은 공동으로 비행을 저지른 관계에 있는 사람의 편지인 경우 등 보호소년 등의 보호 및 교정교육에 지장이 있다고 인정되는 경우에는 보호소년 등의 편지 왕래를 제한할 수 있으며, 편지의 내용을 검사할 수 있다(동조 제4항).

② 제4항에도 불구하고 보호소년 등이 변호인 등과 주고받는 편지는 제한하거나 검사할 수 없다. 다만 상대방이 변호인 등임을 확인할 수 없는 때에는 예외로 한다(동조 제5항).

(3) 전화통화
① 원장은 공범 등 교정교육에 해가 된다고 인정되는 사람과의 전화통화를 제한하는 등 보호소년 등의 보호 및 교정교육에 지장을 주지 아니하는 범위에서 가족 등과 전화통화를 허가할 수 있다(동조 제6항).
② 제1항과 제2항에 따른 면회 허가의 제한과 면회 중지, 제4항에 따른 편지 왕래의 제한 및 제6항에 따른 전화통화의 제한 사유에 관한 구체적인 범위는 대통령령으로 정한다(동조 제7항).
③ 제6항에 따른 전화통화를 위하여 소년원 및 소년분류심사원에 설치하는 전화기의 운영에 필요한 사항은 법무부장관이 정한다(동조 제8항).

(4) 외출
소년원장은 보호소년에게 다음의 어느 하나에 해당하는 사유가 있을 때에는 본인이나 보호자 등의 신청에 따라 또는 직권으로 외출을 허가할 수 있다(동법 제19조).
① 직계존속이 위독하거나 사망하였을 때
② 직계존속의 회갑 또는 형제자매의 혼례가 있을 때
③ 천재지변이나 그 밖의 사유로 가정에 인명 또는 재산상의 중대한 피해가 발생하였을 때
④ 병역, 학업, 질병 등의 사유로 외출이 필요할 때
⑤ 그 밖에 교정교육상 특히 필요하다고 인정할 때

9 퇴원 및 임시퇴원

(1) 퇴원
① 소년원장은 보호소년이 22세가 되면 퇴원시켜야 한다(동법 제43조 제1항).
② 소년원장은 소년법상 수용상한기간에 도달한 보호소년은 즉시 퇴원시켜야 한다(동조 제2항).
③ 소년원장은 교정성적이 양호하며, 교정의 목적을 이루었다고 인정되는 보호소년(1개월 이내에 소년원 송치된 보호소년은 제외)에 대하여는 보호관찰 등에 관한 법률에 따른 보호관찰심사위원회에 퇴원을 신청하여야 한다(동조 제3항).
④ 위탁소년 또는 유치소년의 소년분류심사원 퇴원은 법원소년부의 결정서에 의하여야 한다(동조 제4항).

(2) 임시퇴원
소년원장은 교정성적이 양호한 자 중 보호관찰의 필요성이 있다고 인정되는 보호소년(1개월 이내에 소년원 송치된 보호소년은 제외)에 대하여는 보호관찰심사위원회에 임시퇴원을 신청하여야 한다(동법 제44조).

10 사회정착지원

(1) 원장은 출원하는 보호소년 등의 성공적인 사회정착을 위하여 장학·원호·취업알선 등 필요한 지원을 할 수 있다(동법 제45조의2 제1항).

(2) 제1항에 따른 사회정착지원의 기간은 6개월 이내로 하되, 6개월 이내의 범위에서 한 번에 한하여 그 기간을 연장할 수 있다(동조 제2항).

04 아동·청소년의 성보호에 관한 법률

1 목적

아동·청소년의 성보호에 관한 법률은 아동·청소년대상 성범죄의 처벌과 절차에 관한 특례를 규정하고, 피해아동·청소년을 위한 구제 및 지원 절차를 마련하며, 아동·청소년대상 성범죄자를 체계적으로 관리함으로써 아동·청소년을 성범죄로부터 보호하고, 아동·청소년이 건강한 사회구성원으로 성장할 수 있도록 함을 목적으로 한다[아동·청소년의 성보호에 관한 법률(청소년성보호법) 제1조].

2 대상

"아동·청소년"은 19세 미만의 자를 말한다. 다만, 19세에 도달하는 연도의 1월 1일을 맞이한 자는 제외한다(동법 제2조 제1호).

3 가중처벌 및 감경규정에 관한 특례

(1) 신고의무자의 성범죄에 대한 가중처벌

아동·청소년에 대한 강간·강제추행 등(동법 제7조), 장애인인 아동·청소년에 대한 간음 등(동법 제8조), 강간 등 상해·치상(동법 제9조), 강간 등 살인·치사(동법 제10조), 아동·청소년성착취물의 제작·배포 등(동법 제11조), 아동·청소년 매매행위(동법 제12조), 아동·청소년의 성을 사는 행위 등(동법 제13조), 아동·청소년에 대한 강요행위 등(동법 제14조), 알선영업행위 등(동법 제15조), 피해자 등에 대한 강요행위(동법 제16조)에 대해서는 징역 또는 벌금형에 처하도록 하고 있으며, 특히 아동·청소년대상 성범죄의 신고의무가 있는 기관·시설 또는 단체의 장과 그 종사자가 자기의 보호·감독 또는 진료를 받는 아동·청소년을 대상으로 성범죄를 범한 경우에는 그 죄에 정한 형의 2분의 1까지 가중처벌하고 있다(동법 제18조).

(2) 형법상 감경규정에 대한 특례

음주 또는 약물로 인한 심신장애상태에서 아동·청소년대상 성폭력범죄를 범한 때에는 형법 제10조(심신장애인) 제1항·제2항 및 제11조(청각 및 언어 장애인)를 적용하지 아니할 수 있다(동법 제19조).

4 공소시효에 관한 특례

(1) **진행**: 아동·청소년대상 성범죄의 공소시효는 형사소송법 제252조(시효의 기산점) 제1항에도 불구하고 해당 성범죄로 피해를 당한 아동·청소년이 성년에 달한 날부터 진행한다(동법 제20조 제1항).

(2) **연장**: 동법 제7조(아동·청소년에 대한 강간·강제추행 등)의 죄는 디엔에이(DNA)증거 등 그 죄를 증명할 수 있는 과학적인 증거가 있는 때에는 공소시효가 10년 연장된다(동조 제2항).

5 형벌과 수강명령 등의 병과

(1) **개념**: 법원은 아동·청소년대상 성범죄를 범한 소년에 대하여 형의 선고를 유예하는 경우에는 반드시 보호관찰을 명하여야 한다(동법 제21조 제1항).

(2) **병과**: 법원은 아동·청소년대상 성범죄를 범한 자에 대하여 유죄판결을 선고하거나 약식명령을 고지하는 경우에는 500시간의 범위에서 재범예방에 필요한 수강명령 또는 성폭력 치료프로그램의 이수명령(이하 "이수명령"이라 한다)을 병과하여야 한다. 다만, 수강명령 또는 이수명령을 부과할 수 없는 특별한 사정이 있는 경우에는 그러하지 아니하다(동조 제2항).

6 대상 아동·청소년에 대한 수사, 송치

(1) 성매매알선 등 행위의 처벌에 관한 법률 제21조(벌칙) 제1항(성매매자 처벌조항)에도 불구하고 제13조(아동·청소년의 성을 사는 행위 등) 제1항의 죄의 상대방이 된 아동·청소년에 대하여는 보호를 위하여 처벌하지 아니한다(동법 제38조 제1항).

(2) 검사 또는 사법경찰관은 성매매 피해아동·청소년을 발견한 경우 신속하게 사건을 수사한 후 지체 없이 여성가족부장관 및 제47조의2에 따른 성매매 피해아동·청소년 지원센터를 관할하는 특별시장·광역시장·특별자치시장·도지사·특별자치도지사에게 통지하여야 한다(동조 제2항).

(3) 여성가족부장관은 제2항에 따른 통지를 받은 경우 해당 성매매 피해아동·청소년에 대하여 다음 각 호의 어느 하나에 해당하는 조치를 하여야 한다(동조 제3항).
   ① 제45조에 따른 보호시설 또는 제46조에 따른 상담시설과의 연계
   ② 제47조의2에 따른 성매매 피해아동·청소년 지원센터에서 제공하는 교육·상담 및 지원 프로그램 등의 참여

7 등록정보의 공개

(1) 정보의 공개

법원은 다음의 어느 하나에 해당하는 자에 대하여 판결로 공개정보를 등록기간 동안 정보통신망을 이용하여 공개하도록 하는 명령(이하 "공개명령"이라 한다)을 등록대상 사건의 판결과 동시에 선고하여야 한다. 다만, 피고인이 아동·청소년인 경우, 그 밖에 신상정보를 공개하여서는 아니 될 특별한 사정이 있다고 판단되는 경우에는 그러하지 아니하다(동법 제49조 제1항).
① 아동·청소년대상 성범죄를 저지른 자
② 성폭력범죄의 처벌 등에 관한 특례법 제2조 제1항 제3호·제4호, 같은 조 제2항(제1항 제3호·제4호에 한정한다), 제3조부터 제15조까지의 범죄를 저지른 자
③ 제1호 또는 제2호의 성범죄를 범하였으나 형법 제10조(심신장애인) 제1항에 따라 처벌할 수 없는 자로서 아동·청소년대상 성범죄를 다시 범할 위험성이 있다고 인정되는 자

(2) 공개기간: 제1항에 따른 등록정보의 공개기간은 판결이 확정된 때부터 기산한다(동조 제2항).

(3) 기간 제외 사유 다음 각 호의 기간은 제1항에 따른 공개기간에 넣어 계산하지 아니한다(동조 제3항).
① 공개명령을 받은 자(이하 "공개대상자"라 한다)가 신상정보 공개의 원인이 된 성범죄로 교정시설 또는 치료감호시설에 수용된 기간. 이 경우 신상정보 공개의 원인이 된 성범죄와 다른 범죄가 형법 제37조(판결이 확정되지 아니한 수개의 죄를 경합범으로 하는 경우로 한정한다)에 따라 경합되어 같은 법 제38조에 따라 형이 선고된 경우에는 그 선고형 전부를 신상정보 공개의 원인이 된 성범죄로 인한 선고형으로 본다.
② 제1호에 따른 기간 이전의 기간으로서 제1호에 따른 기간과 이어져 공개대상자가 다른 범죄로 교정시설 또는 치료감호시설에 수용된 기간
③ 제1호에 따른 기간 이후의 기간으로서 제1호에 따른 기간과 이어져 공개대상자가 다른 범죄로 교정시설 또는 치료감호시설에 수용된 기간

(4) 공개정보: 제1항에 따라 공개하도록 제공되는 등록정보(이하 "공개정보"라 한다)는 다음 각 호와 같다(동법 제49조 제4항).
① 성명
② 나이
③ 주소 및 실제거주지
④ 신체정보(키와 몸무게)
⑤ 사진
⑥ 등록대상 성범죄 요지
⑦ 성폭력범죄 전과사실
⑧ 전자장치 부착 등에 관한 법률에 따른 전자장치 부착 여부

(5) **실명인증**: 공개정보를 정보통신망을 이용하여 열람하고자 하는 자는 실명인증절차를 거쳐야 한다(동조 제6항).

(6) **공개명령**: 공개명령은 여성가족부장관이 정보통신망을 이용하여 집행한다(동법 제52조 제1항).

8 계도 및 범죄정보의 공표

(1) **공표**: 여성가족부장관은 아동·청소년대상 성범죄의 발생추세와 동향, 그 밖에 계도에 필요한 사항을 연 2회 이상 공표하여야 한다(동법 제53조 제1항).

(2) **요청**: 여성가족부장관은 성범죄 동향 분석 등을 위하여 성범죄로 유죄판결이 확정된 자에 대한 자료를 관계 행정기관에 요청할 수 있다(동조 제2항).

9 취업제한 및 해임요구

(1) **취업제한**

법원은 아동·청소년대상 성범죄 또는 성인대상 성범죄(이하 "성범죄"라 한다)로 형 또는 치료감호를 선고하는 경우에는 판결(약식명령을 포함한다)로 그 형 또는 치료감호의 전부 또는 일부의 집행을 종료하거나 집행이 유예·면제된 날(벌금형을 선고받은 경우에는 그 형이 확정된 날)부터 일정기간(이하 "취업제한 기간"이라 한다) 동안 시설·기관· 또는 사업장(이하 "아동·청소년 관련시설 등"이라 한다)을 운영하거나 아동·청소년 관련기관 등에 취업 또는 사실상 노무를 제공할 수 없도록 하는 명령(이하 "취업제한 명령"이라 한다)을 성범죄 사건의 판결과 동시에 선고(약식명령의 경우에는 고지)하여야 한다. 다만, 재범의 위험성이 현저히 낮은 경우, 그 밖에 취업을 제한하여서는 아니 되는 특별한 사정이 있다고 판단하는 경우에는 그러하지 아니한다(동법 제56조 제1항).

(2) **해임요구**: 중앙행정기관의 장, 시·도지사, 시장·군수·구청장 또는 교육감은 제56조 제1항에 따른 취업제한 기간 중에 아동·청소년 관련기관 등에 취업하거나 사실상 노무를 제공하는 자가 있으면 아동·청소년 관련기관 등의 장에게 그의 해임을 요구할 수 있다(동법 제58조 제1항).

(3) **폐쇄요구**: 중앙행정기관의 장, 시·도지사, 시장·군수·구청장 또는 교육감은 제56조 제1항에 따른 취업제한 기간 중에 아동·청소년 관련기관 등을 운영 중인 아동·청소년 관련기관 등의 장에게 운영 중인 아동·청소년 관련기관 등의 폐쇄를 요구할 수 있다(동조 제2항).

(4) **취소요구**: 중앙행정기관의 장, 시·도지사, 시장·군수·구청장 또는 교육감은 아동·청소년 관련기관 등의 장이 제2항의 폐쇄요구를 정당한 사유 없이 거부하거나 1개월 이내에 요구사항을 이행하지 아니하는 경우에는 관계 행정기관의 장에게 해당 아동·청소년 관련기관 등의 폐쇄, 등록·허가 등의 취소를 요구할 수 있다(동조 제3항).

10 보호관찰

(1) 검사는 아동·청소년대상 성범죄를 범하고 재범의 위험성이 있다고 인정되는 사람에 대하여는 형의 집행이 종료한 때부터 보호관찰을 받도록 하는 명령을 법원에 청구하여야 한다. 다만, 검사가 전자장치 부착 등에 관한 법률 제21조의2에 따른 보호관찰명령을 청구한 경우에는 그러하지 아니하다(동법 제61조 제1항).

(2) 법원은 공소가 제기된 아동·청소년대상 성범죄 사건을 심리한 결과 보호관찰명령을 선고할 필요가 있다고 인정하는 때에는 검사에게 보호관찰명령의 청구를 요청할 수 있다(동조 제2항).

Chapter 08 교정학의 이해

01 교정(행형)의 의의

교정은 심리학적 용어인 'Correction(교정, 처벌)'이라는 단어에서 유래하였으며 범죄인의 반사회적 성격이나 행동 등을 바로잡아 건전한 사회의 일원으로 복귀시킨다는 의미를 갖는다.

02 교정의 목적

1 응보적 목적과 공리적 목적

초기 응보주의자들은 범죄자의 처벌을 통해보복의 원칙에 입각한 해악의 부과에 두었으나, 후기 응보주의자들은 범죄자에 대한 처벌은 마땅하나 처벌은 복수심을 만족시키기 위해 행해져서는 안 된다는 논리전개를 보이며 공리주의자들은 처벌을 통해 바람직한 목표를 성취할 수 있어야 한다고 보았다.

2 무능화

무능화란 범죄방지 및 피해자보호를 위해서는 범죄성이 강한 자들을 추방·구금 또는 사형에 처함으로써 범죄를 원천적으로 행하지 못하도록 범죄능력을 무력화시키자는 주장으로 과거 회귀적인 응보와 달리 미래지향적(2차적 범죄의 예방)이고, 범죄의 특성에 기초를 두는 일반제지와 달리 범죄자의 특성에 기초하며, 범죄자의 교화개선에 목적을 두는 교육형주의와 달리 범죄자로부터 사회를 방위하는 데에 목적을 두고 있다.

(1) 종류
① **집단적 무능화**: 유죄 확정된 모든 강력범죄자를 대상으로 장기형의 선고를 권장하며 부정기형제도하에서는 가석장의 지침이나 요건의 강화하여 가석방을 지연시킴으로써 가능하며, 정기형제도하에서는 장기형을 강제하는 법률의 제정이나 선시제도를 이용하여 선행에 대한 가산점을 줄임으로써 가능하다.

② **선별적 무능화**: 소수의 중・누범자들을 장기간 격리시키면 그 기간 중에는 범죄발생량을 대폭 감소시킬 수 있으며, 교도소는 이들만을 선별 수용하므로 과밀수용문제도 해소될 수 있다고 보며 상대적인 의미에서 경미한 범죄자나 재범의 위험성이 낮은 범죄자에게는 사회 내 처우를 확대하자는 전략이다.
　㉠ 장점
　　상습적 누범자들의 격리를 통해 범죄발생량이 감소하고, 교정시설의 과밀수용 문제를 해소한다. 또한 경미한 범죄자의 사회 내 처우를 활성화하며, 집합적 무능화에 비해 교정예산을 절감한다.
　㉡ 단점
　　상습적 누범자의 판단기준을 현재나 미래에 두지 않고, 과거의 범죄전력에 두며 중・누범자들이 구금되더라도 다른 범죄자들이 그 자리를 차지하게 되어 범죄감소효과를 사실상 기대하기 어렵다. 또한 사형 외에 영원히 사회로부터 격리시킬 수 없으므로 일시적 효과에 그친다.

3 선별적 무능화이론의 문제점

(1) **잘못된 긍정**: 위험성이 없음에도 위험성이 있는 것으로 예측되어 장기간 구금됨으로써 안전한 사람을 지속적으로 수용할 우려가 있다.

(2) **잘못된 부정**: 위험성이 있음에도 위험성이 없는 것으로 예측되어 구금되지 않음으로써 무능화되지 않는 것을 말한다.

03 교정학의 의의 및 발전

1 교정학의 의의

교정학은 교정사실을 연구대상으로 삼는 학문으로 과거・현재・미래를 고찰하여 교정을 있는 그대로 설명하고 일정한 이념 하에서 그 가치를 판단, 합리적이고 효과적인 운영의 원리를 연구하는 학문이다.

2 교정학의 발전

(1) **감옥학**
　① 감옥학은 1870년대에 영국과 프랑스에서 대강의 학문적 체계를 갖추었고, 독일에서는 감옥학의 목적・범위・교육방법・작업방법・출소 후의 문제 등에 관한 것을 연구대상으로 하였으며, 하나의 학파를 형성하였다.
　② 1890년대 일본에서는 독일의 감옥학, 미국의 교정교육학, 국제감옥회의 등의 영향을 받아 감옥학이 발전하였다. 19세기 감옥학은 질서가 강조되는 권위적 감옥관리가 중심문제였으며, 수형자의 처우는 감옥의 관리적 차원에서 인정되는 것에 불과하였다.

(2) 행형학

① 종래 감옥학이 시설의 질서와 관리 기능을 강조하는 반면, 행형학은 수형자 중심의 교육기능을 강조하며, 수형자의 법적 지위문제를 부각시켜 격리구금에 따르는 폐단을 제거하는 데 중점을 두었다.

② 행형학은 시설관리적 시각에 머물렀던 감옥학을 인간처우적 시각으로 전환시킨 공로는 인정되나, 감옥학의 인간화를 지향하는 수준에 불과하였다.

(3) 교정처우론

① 범죄인은 치료되어야 할 어떤 문제를 지니고 있다는 가정하에서 일정한 프로그램을 통해 그 문제 요소를 제거할 필요가 있다고 보았다. 또한 범죄인의 교화개선 및 성공적인 사회복귀에 그 목적을 두었다.

② 교정처우론은 제2차 세계 대전 이전까지 큰 호응을 얻었으나, 시설 내의 구금을 전제로 하는 한계가 있었다.

(4) 교정보호론

① 강제적 치료보다는 정의에 입각한 처벌과 범죄인에 대한 법률적 보호의 필요성을 강조하였다.

② 신응보형주의자들이 주장한 대표적인 것으로 그린우드의 선별적 무능화방안과 이 안을 구체적인 제도로 실현한 삼진법(Three Strikes Out Law) 등이 있다.

04 범죄인처우의 개관과 처우모델 및 새로운 동향

1 범죄인처우의 개념

범죄인처우란 국가의 형사사법절차에서 범죄인의 인격이나 기타 개인적 특성을 고려하여 그에 상응한 대우와 취급을 하는 것을 의미한다.

2 범죄인처우의 유형

(1) **사법적 처우**: 교정처우가 시작되기 전인 형집행 이전의 단계에서 범죄인의 범죄행위 · 인격 등을 고려하여 처우(제재)의 종류와 정도를 정하는 것을 말하며 범죄자에 대해서 형벌 · 보안처분 · 보호처분 중 어떤 제재를 가할 것인가에 대한 처우선택의 문제와 어느 정도로 가할 것인가에 대한 양정의 문제가 그 핵심적 내용이다.

(2) **교정처우**: 교정단계에서 이루어지는 교정시설 내에서의 범죄인 처우를 말한다.

(3) **보호적 처우**: 사법적 처우와 연계하거나 교정처우 이후의 단계에서 범죄인의 재사회화를 주된 목적으로 하는 처우를 말한다.

3 범죄인처우의 기본원리

(1) 인도주의: 인간의 존엄성이 보장되도록 인도적·인간적 방법으로 범죄인을 처우해야 한다는 것을 말한다.

(2) 공평주의: 사회적 신분이나 지위에 따라 범죄인의 처우에 차별을 두어서는 아니 된다는 것을 말한다.

(3) 법률주의: 법률에 따라 범죄인을 처우해야 한다는 것을 말한다.

(4) 과학주의: 인습이나 전통적 행형관념을 버리고 교육학·심리학·사회학·정신의학 등 여러 과학적 지식을 종합적으로 응용하여 객관적이고 합리적인 기준에 따라 범죄인을 처우해야 한다는 것을 말한다.

(5) 개별주의: 범죄의 원인 및 환경, 범죄인의 특성 등에 따라 범죄인처우의 내용을 달리해야 한다는 것을 말한다. 살레이유(Saleilles)는 1898년 그의 저서 『형벌의 개별화』를 통해 개별화를 3단계로 분류하였으며, 개별화는 법률의 개별화, 재판의 개별화, 행정(행형)의 개별화의 순으로 발전된다고 주장하였다.
  ① **법률의 개별화:** 형법규정상 형벌구성요건을 세분화하는 것
  ② **재판의 개별화:** 법원이 법정형의 범위 내에서 범죄자 개인의 사정을 고려하여 사법처우의 종류와 정도를 결정하는 것
  ③ **행정(행형)의 개별화:** 행형단계에서의 개별처우, 즉 범죄인의 개인적 특성과 환경을 고려하여 그에 상응한 처우를 행하는 것

(6) 사회접근주의: 교정시설 내에서 수형자의 생활은 가능한 한 일반사회의 생활상태와 비슷하게 유지하여 장차 그들이 원만하게 사회에 복귀할 수 있도록 해야 한다는 것을 말한다.

4 교정처우모델

(1) 구금모델

응보사상을 전제로 인간은 스스로 희망하지 않으면 변용이 되지 않는다는 인간관에 기초하여 교화보다는 시설 내의 질서유지, 훈육 및 보안을 강조하였으며 자유의사론에 입각한 정기형을 강조하였다.

(2) 의료모델
  ① 결정론적 관점에서 범죄행위를 범죄인의 반사회적 태도 또는 불완전한 정신심리적 성장의 결과라고 파악하였다. 또한 범죄인을 사회화나 인성에 결함이 있는 환자로 보는 입장으로 범죄인의 처우방법으로 심리적·내적 조건의 변용에 주력하였다.
  ② 치료되지 않은 범죄인은 정해진 형기에 관계없이 석방될 수 없다는 부정기형의 이론적 기초를 이루고 있다. 그리고 범죄자는 이성과 의사능력을 결여하고 있기 때문에 처벌로 책임을 묻는 것은 바람직하지 않다고 본다.

(3) 개선모델(적응모델)

① 결정론적 시각에서 진보주의와 교육형사상에 기초하였으며 범죄행위를 행위규범에 대한 불복종의 결과로 파악하고, 교정시설에서의 수형자 행동변용방법을 복종에서 찾으며 교도관은 보안직원이면 충분하고, 그 영향력 확보를 위해 법적·사회적으로 승인된 상벌의 개발에 치중하며, 그 영향력을 권위주의적으로 행사하였다.
② 부정기형제도를 근간으로 하며, 교정시설은 경비가 엄중한 중구금시설로서 사회로부터 격리되어 설치될 필요가 있다고 본다.

(4) 재통합모델

① 수형자의 동의와 자발적 참여 속에 처우프로그램을 실시할 것과 지역사회와 유대를 가진 프로그램 개발 및 사회 내 처우의 확대를 강조하므로 지역사회교정과 필연적으로 연결되며 수형자의 처우프로그램은 교도관과 수형자의 공동토의에 의해 결정된다.
② 수형자의 주체성과 자율성을 중시하며, 수형자의 동의와 참여하에 처우프로그램을 시행하였다. 이 모델에서는 범죄인 개인에 대한 관심뿐만 아니라 사회에 대한 관심도 가장 높다.

(5) 정의모델(사법모델)

① 응보주의의 강화모형 내지 응보측면을 강조하며 정당한 처벌을 통한 사법정의의 확보와 그에 따른 인권보호에 초점을 맞추고 있다.
② 낙인이론의 등장과 그 배경을 같이 하고 있으며 국가재량의 축소 및 수형자자치의 확대, 부정기형에서 정기형으로의 복귀, 수형자의 법적 구제 확대, 교정시설 처우의 공개, 가석방위원회의 폐지, 가석방의 지양, 과학적 범죄예측을 통한 선별적 무능화방안 제시 및 삼진법 도입을 강조하고 있다.

더 알아보기

교정처우모델 비교

구분	구금모델	의료모델	개선모델 (적응모델)	재통합모델	정의모델 (사법모델)
교정목적	범죄인 격리를 통한 사회보호	범죄인 치료를 통한 사회재적응	범죄인의 처벌로 사회를 보호	범죄인의 사회 재적응	사법정의 실현
처우 전략	물리적 질서	동일화	복종	내재화	교정제도 개선
처우 프로그램	육체노동 실시	심리적·내적 조건의 변용시도	노동과 기술훈련으로 행위 교정	직업훈련과 교육을 통한 사회 재적응	자치프로그램
교도소 역할	규율유지장소	병원의 일종	범죄인 처벌장소	유사 거주단위	형벌집행 및 자치를 위한 훈련장
교도관 역할	질서유지	질서유지	사회문화규범 강제	범죄인의 행동변용	공정한 형벌집행

5 범죄인처우의 새로운 동향

(1) 비범죄화(Decriminalization)
① 의의: 비범죄화란 범죄화와 대칭되는 개념으로 지금까지 형법에서 범죄로 규정하고 있던 행위규정을 폐지하여 범죄목록에서 삭제하거나 형사사법절차에서 특정범죄에 대한 형사처벌의 범위를 축소하는 것이다. 비범죄화는 일정한 행위를 대상으로 한다는 점에서 일정한 범죄자를 대상으로 형벌을 완화하거나 형벌 이외의 처분을 하는 비형벌화와 구별한다.

② 필요성: 비범죄화는 행위에 대한 형사처벌의 폐지가 아니라 형사처벌의 완화를 목표로 하며, 형법의 보충성원칙이나 최후수단성을 강조한다. 이러한 주장은 공공질서와 관련된 범죄들은 국가 또는 공식적 통제조직이 아니라, 가족이나 지역사회 등과 같은 비공식적 통제조직에 의해 오히려 효과적으로 통제될 수 있다는 생각에 그 바탕을 두고 있다. 또한 비범죄화는 불필요한 형사처벌 대상을 감소시키는 결과를 가져오므로 형사사법기관의 과중한 업무부담을 경감한다.

③ 비범죄화가 가능한 영역: 비범죄화의 대상으로는 경미한 범죄에 대하여 형사사법의 경제적 관점에서 주장되고 있다. 피해자 없는 범죄로서 매춘, 도박, 마약흡입, 낙태 등이 거론되고 있으며, 도덕 또는 윤리에 맡겨도 될 행위나 공공질서와 관련된 범죄에 대해서도 많이 주장하였다.

④ 유형
  ㉠ 법률상(입법상) 비범죄화: 종전에는 범죄였던 행위가 법률규정의 폐지로 인하여 더 이상 범죄로 되지 않는 경우로 협의의 비범죄화란 이에 해당한다.
  ㉡ 재판상(사법상) 비범죄화: 법원이 판례를 변경하여 종래 범죄였던 행위를 범죄로 인정하지 않는 경우이다.
  ㉢ 사실상(행정상·수사상·단속상) 비범죄화
    • 형벌법규가 존재하고 형사사법의 공식적 통제권한에는 변함이 없지만, 일정한 행위의 태양에 대해 형사사법기관이 활동을 축소하거나, 국민이나 규제당국이 범죄라고 인식하지 않기 때문에 사실상 단속이 행해지지 않는 경우
    • 검찰의 기소편의주의에 의한 불기소처분

(2) 비형벌화(Depenalization)
① 의의: 비형벌화란 형벌 대신에 다른 제재를 가하는 것으로 당해 행위에 대한 일련의 제재조치는 고려되어 있지만, 형벌이라는 제재는 회피하는 것이다. 비형벌화의 논의대상은 소년비행·사상범죄 등이 있는데 특히 매춘·마약사범·낙태 등 이른바 피해자 없는 범죄가 주로 이에 속한다.

② 종류
  ㉠ 입법상 비형벌화: 범죄를 질서위반으로 바꾸거나 형벌에 대신하여 행정벌을 과하는 경우와 같이 입법단계에서 형벌을 대체하는 조치이다.
  ㉡ 형사사법상 비형벌화: 경찰·검찰·법원·교정·보호 등의 형사사법기관에서 비형벌화하는 것을 말하며, 다음과 같이 구분된다.

- 재판 전 단계에서의 비형벌화: 훈방·기소유예 등
- 재판단계에서의 비형벌화: 집행유예·선고유예 등
- 교정단계에서의 비형벌화: 보호관찰·사회봉사명령 등

(3) 다이버전(Diversion)

① **의의**: 다이버전이란 형사사건의 처리를 형벌 이외의 조치로 대응함으로써 형사사법절차의 개입을 회피하기 위한 수단을 총칭한다. 일반적으로 공식적 형사절차로부터의 이탈과 동시에 사회 내 처우 프로그램에 위탁하는 것이다. 다이버전은 형사사법기관이 통상의 형사절차를 중단하고 이를 대체하는 새로운 절차로의 이행을 통해 형사제재의 최소화를 도모할 수 있다는 점에서 보석이나 구속적부심과 구별되며, 절차적 의미를 갖는다는 점에서 실체적 의미를 갖는 비범죄화와 구별된다.

② **필요성**: 소년범의 경우 낙인효과를 방지하고, 시설수용의 대안으로서 사회복귀를 도모하며, 재범방지에 기여한다.

③ **장점**
  ⊙ 정식의 형식절차보다 경제적인 방법으로 범죄문제를 처리함으로써 대안적 분쟁해결이 용이하며 범죄자를 전과자로 낙인찍는 낙인효과가 방지된다.
  ⓒ 형사사법기관의 업무량이 감소되며 범죄인처우에 인도적이고 과밀수용 방지, 시설 내 처우의 폐해 등을 방지할 수 있다.

④ **단점**
  ⊙ 형사사법의 대상이 아니어도 다이버전의 대상이 될 수 있다는 점에서 사회적 통제를 오히려 강화하는 결과를 가져올 뿐 범죄인 제거에는 큰 효과가 없다.
  ⓒ 형사사법기관의 재량범위가 지나치게 확대될 우려가 있으며, 형벌의 고통을 감소시켜 오히려 재범의 위험성을 증가시킬 수 있다.
  ⓒ 경찰이나 검찰단계에서 행해지는 전환의 경우 재판절차 전에 행해지는 형사사법 개입프로그램이라는 점에서 또 하나의 형사사법절차를 창출할 뿐이다.
  ⓔ 적법절차의 위반으로 대상자의 인권이 침해될 수 있다.
  ⓜ 범죄원인의 제거에 효과적이지 못하며, 선별적 법집행으로 인하여 오히려 형사사법의 불평등을 초래할 수 있다.

(4) 회복적 사법(Restorative Justice)

① **의의**: 회복적 사법의 개념은 한마디로 정의하기 어려운데 그 이유는 다양한 프로그램을 통해 발전되어 왔기 때문이다. 여러 정의 중 대표적인 두 가지를 정리하면 다음과 같으며, 공동사법, 배상적 사법, 관계적 사법이라고도 불린다.
  ⊙ 범죄로 인한 피해자와 가해자, 그 밖의 관련자 및 지역공동체가 함께 범죄로 인한 문제를 치유하고 해결하는 데에 적극적으로 참여하는 절차
  ⓒ 특정범죄와 관련된 피해자와 가해자 등 모든 당사자들이 사건의 해결과정에 능동적으로 참여하여 범죄의 피해와 그로 인한 후유증 등을 건설적인 방식으로 해결하고, 관련 당사자들의 재통합을 추구하는 일체의 범죄대응 형식

② **기원**: 회복적 사법은 전통적인 형사방법의 효과와 정당성에 대한 반성에서 시작하여 범죄문제 해결의 새로운 방안을 모색하는 과정에서 고안된 사법모델로 1970년대 이후 북미와 유럽에서 시행되고 있는 다양한 형태의 배상명령제도 및 가해자-피해자 화해프로그램을 통한 새로운 범죄 대응방식이다.

③ **발전**: '회복적 사법'이라는 개념은 1977년 바넷(Barnett)에 의해 당시 미국에서 피해자와 가해자 사이의 조정을 위해 활용되었던 여러 원칙들을 지칭하는 의미로 사용된 이래 수많은 학자와 실무가들의 이론적 검토와 실무운용의 경험을 통해 매우 다양한 모습으로 발전하였다.

④ **목적**
 ㉠ 범죄로 인한 손해의 복구를 위해 중재, 협상, 화합의 방법을 강조
 ㉡ 가해자와 피해자뿐만 아니라, 그들이 구성원으로 있는 지역사회 자체의 역할과 기능을 강조

⑤ **시행요건**: 피해자를 확인할 수 있어야 하고, 가해자와 피해자의 자발적인 참여가 있어야 하며, 가해자가 범죄행위에 대한 책임을 인정해야 한다.

05 교정(행형)의 역사

1 복수의 시대

(1) 원시 시대부터 고대 국가 형성기까지의 형벌관으로 피해자 측이 범죄자에 대해 동일한 방식으로 복수를 행하는 동해보복이 허용되었다.

(2) 사형벌제도가 주류를 형성하였다.

2 위하적 시대

(1) 고대 국가부터 17세기까지 형성되었으며 절대군주의 등장에 따른 왕권강화 및 중앙집권제의 추진으로 형벌에 의한 치안유지가 강력히 행해지던 시대로 대표적인 법전은 카롤리나 형법전이다.

(2) 범죄자에 대한 사적 복수가 금지되었고, 국가가 형벌을 관장하였으며 일반예방주의가 주된 이념이었고, 동해보복사상이 아직 남아 있었으나, 형벌의 국가화가 이루어져 복수시대와 비교하면 형벌권이 매우 체계화되었다.

3 교육적 개선 시대

(1) 국가는 수형자의 교화개선에 중점을 두게 되었으며, 주야 엄정독거제를 내용으로 하는 펜실베니아제, 주간혼거·야간독거를 내용으로 하는 오번제, 누진제도인 마코노키(Maconochie)의 점수제 등이 이 시대의 영향을 받은 것이다.

(2) 형벌은 종전의 생명형·신체형에서 자유형 위주로 전환되었고, 자유형의 집행도 응보적·위하적 목적에서 교정적·개선적 목적으로 전환되었으며, 민주주의·계몽주의·합리주의의 영향을 받아 개인의 인권을 중시하였다.

(3) 국가권력에 의한 자의적인 형벌집행단계에서 벗어나 범죄의 성립과 그에 대한 형벌은 오직 법률에 의해서만 인정되는 죄형법정주의가 원칙화되었다.

4 과학적 처우 시대

(1) 19세기 말부터 20세기 초에 걸쳐 자연과학과 사회과학에 대한 실증적인 연구가 활발해짐에 따라 행형의 개별화가 추진된 시대이며 범죄인을 미온적으로 배려하는 것에서 범죄성의 개선·교육을 강조하는 것으로 전환되었다.

(2) 특별예방주의에 따른 범죄인의 재사회화에 관심을 두었고, 수형자의 적성을 파악하여 개별적 처우를 함으로써 건전한 사회인으로 복귀하였다.

5 사회적 권리보장 시대

제2차 세계 대전 이후 종전의 개선·치료프로그램이 수형자의 교화보다는 교도소 생활에 익숙한 수형인을 만들 뿐이라는 지적과 함께 재통합을 전제로 한 사회 내 처우의 필요성이 강조되던 시기이며 보호관찰, 가석방, 중간처우의 집, 외부통근 등 사회를 기초로 한 교정프로그램들이 새롭게 등장하였다.

6 국제적 협력 시대

20세기에 접어들면서 교통·통신의 발달로 세계 각국에서 범죄의 보편화 현상이 나타남에 따라 행형의 과학적 운영이 공통적으로 요망되어 각국은 교정과 관련한 국제적인 조직을 형성하였다.

06 우리나라 교정(행형)의 역사

1 고대 시대

(1) 고조선
주요 범죄는 살인·상해·절도로서 형벌은 철저한 응보형주의에 입각한 복수주의(8조 금법)에 입각하였다.

(2) 부여(옥저·동예와 유사)
① 고조선보다 응보주의적 성격이 더욱 강하였고, 특히 절도죄에 대해서는 훔친 물건의 12배를 배상하는 1책 12법이 존재하였다.
② 부여에는 구금의 형태로 원형옥이 존재하였는데 이는 신라·고려·조선 시대에 이르기까지 원형옥의 전형이 되었다.

(3) 동예
동예에서는 읍락 상호 간에 경계가 설정되어 있어서 이를 침범하는 경우에는 책화라 하여 노비나 우마 등으로 배상하였다.

(4) 삼한
제정은 일찍부터 분리되어 족장 외에 제사권을 장악한 '천군'이란 제사장이 별도로 있었으며, '소도'라는 신성 특별구역이 존재하였다.

2 삼국 시대

(1) 공통
형벌제도는 응보형주의에 기초를 둔 복수형 시대로 형벌의 종류가 사형·유형·장형·재산형 등으로 다양해졌고, 감옥제도가 정비되는 등 국가공권력이 체계를 갖추게 되었으며, 감옥 명칭으로는 뇌옥·영어·형옥·수옥 등이 사용하였다.

(2) 고구려(우마도살죄)
모반자·패전자·투항자·살인자·겁탈자는 사형에 처하고, 절도죄는 12배의 배상을 하도록 하였으며, 특히 모반자는 가혹한 방법으로 사형에 처하고, 그 가족은 노비로 삼았으며, 재산을 몰수하였다.

(3) 백제
살인자·반역자·퇴군자는 사형에 처했으며, 부인이 간음하면 남편 집의 종으로 삼게 하고, 절도죄는 유형 또는 3배의 배상을 하게 하였으나, 고구려에 비해 상당히 완화되었고, 사형의 경우는 복심제도를 실시하였다.

(4) 신라(백제와 고구려의 사이)

형률을 관장하는 기관은 이방부였는데 신라 말까지 존속하였다.

3 고려 시대(정형주의의 확립)

(1) 성종 때에 이르러 3성(중서성·문하성·상서성) 6부의 중앙집권적 통치체제가 확립됨에 따라 상서성 아래에 6부를 두고, 6부 가운데 행형을 관장하는 형부를 두었으며, 형부 아래에 형옥을 담당하는 전옥서와 노비의 부적과 이에 송사를 담당하는 상서도관을 두었다.

(2) 형벌은 태·장·도·유·사의 5종이, 부가형으로는 삽루, 경면, 속전, 가재몰수 및 노비몰입이 있다.

(3) 감옥제도
① **전옥서**: 최초의 독립행형기관으로 종래 옥, 뇌옥, 영어라고 불리던 구금시설이 전옥서라는 명칭으로 정비하였으며 옥수만을 전담하는 유일한 중앙관서로 수도인 개경에만 설치하였다.
② **가옥**: 광종 때 노비법 개정과정에서 급증하는 수용자를 관리하기 위하여 전옥서 외에 임시로 설치한 감옥으로 주로 노예수용을 담당하였다.
③ **시옥**: 지방관아에서 직접 관장하는 부설감옥이다.
④ **휼형제도**: 고려 시대에도 오늘날의 특별귀휴제도와 유사한 제도가 존재하였는데(조선 시대 보방제도로 발전) 사형의 죄를 범한 자로 옥중에 있을 때 악역 이상이 아니면 부모·남편·조부모상을 당한 자에게 7일, 유형·도형은 30일간 출옥하게 하고, 보증인을 세우도록 하였다. 또한 옥중에 있는 부녀자가 출산이 임박하면 보증인을 세우고 출옥을 허가하되 사형의 죄는 20일, 유형의 죄 이하는 30일로 하였다.
⑤ **속전제도**: 일정한 범위에서 금전을 내고 형을 대신하는 제도이다.

4 조선 시대(삼복제)

(1) 특징

고려와 마찬가지로 태형·장형·도형·유형·사형 등 5종을 근간으로 여러 가지 부가형이 실시되었고, 자유형에 해당되는 도형·유형을 확대 실시하였으며 남형을 방지하고 인권을 보호하려는 취지에서 인신을 구속할 수 있는 기관인 직수아문을 경국대전에 특별히 규정하였다.

(2) 형제도
① **태형**: 사람이 가벼운 죄를 범한 경우에 작은 가시나무 회초리인 형장으로 죄인의 볼기를 때리는 형벌로 10도, 20도, 30도, 40도, 50도의 5등급이 있으며 매 10도를 기준으로 형을 1등에 가감한다. 태형의 집행은 죄수를 형대에 묶은 다음 하의를 내리고 둔부를 노출시켜 대수를 세어가면서 회초리로 때리는데, 부녀자의 경우에는 옷을 벗기지 않음이 원칙이나 간음한 여자에 대해서는 예외적으로 옷을 벗기고 집행하였고, 나이가 70세 이상인 자, 임신한 여자, 15세 미만인 자, 폐질환자는 태형 대신 속전을 받았다.

② 장형: 사람이 죄를 범한 경우에 큰 가시나무 회초리로 죄인의 볼기를 치는 형벌로 60도, 70도, 80도, 90도, 100도의 5등급이 있으며 매 10도를 기준으로 형을 1등에 가감한다. 장형은 그것만 별도로 집행되는 경우도 있지만 대체로 도·유형에 대하여 이를 병과하는 것이 보통이었다.

③ 도형: 도형은 사람이 약간 중한 죄를 범한 경우에 관에 붙잡아두고 오금을 굽히거나 쇠를 달구게 하여 온갖 힘들고 괴로운 일을 시키는 형벌로 오늘날의 징역형과 유사하다. 도형의 기간은 최단기 1년에서 최장기 3년까지 5종으로 구분되는데, 도형에는 반드시 장형이 병과되었다. 도형의 일종으로 충군은 도역에 복역하는 대신에 군역에 복무시키는 일종의 형벌로, 군인으로서 죄를 범하여 도형에 처하여지면 도형기간 동안 충군하며 도형 대신에 충군하게 된 경우에는 도형의 연한이 만기가 되면 석방한다.

④ 유형: 사람이 중한 죄를 범한 경우에 차마 사형까지는 처하지 못하고 먼 지방으로 귀양 보내 죽을 때까지 고향에 돌아오지 못하게 하는 형벌로, 도형과 함께 자유형의 일종이나 형의 기간이 정해지지 않은 점이 특징인데, 귀양 보내는 거리에 따라 2,000리, 2,500리, 3,000리의 3등이 있으나 반드시 장 100대가 병과된다.

⑤ 부처: 주로 관원에 대하여 과하던 유형의 일종으로 일정한 지역을 지정하여 그곳에서만 유거하게 하는 형벌이다.

⑥ 안치: 배소 중에서도 일정한 장소를 격리하여 유거시키는 형벌로서 유형 중 가장 행동의 제한이 많으며 왕족이나 고관, 현직에 있는 자에 한하여 적용된다.

⑦ 본향안치: 죄인의 고향에 안치하는 것으로 어느 정도의 은전을 베푸는 것이다.

⑧ 위리안치: 집 주위에 가시나무 담장을 치고 그 안에서만 유폐하여 살게 하는 것으로 일반 유형과는 달리 가족과 함께 기거하는 것은 금지되었다.

⑨ 절도안치: 죄인을 외딴 섬에 격리시키는 것으로 가장 가혹하여 특별교지가 있을 때만 시행하였다.

⑩ 사형: 교수형은 죄인의 두 손과 두 발목을 묶고 높은 데다 매달아 목을 졸라 죽이는 것이고, 참수형 내지 참형은 죄인의 목을 큰 칼로 베어 죽이는 것을 말한다.

⑪ 금고: 오늘날의 자유형의 일종인 금고와 한자는 동일하지만 뜻은 전혀 다른 것으로, 오늘날의 자격상실 내지 자격정지에 해당하는 개념이다.

⑫ 규형: 역시 자격정지의 일종이나 현재의 자격을 박탈한다는 점에서 일정 기간 또는 영구히 일정한 자격의 취득을 박탈하거나 제한하는 금고와 구분된다.

⑬ 휼형(恤刑)제도: 범죄인에 대한 수사·신문·재판·형집행 과정을 엄중하고 공정하게 진행하되, 처리를 신중하게 하고 죄인을 진실로 불쌍히 여겨 성심껏 보살피며 용서하는 방향으로 고려해 주는 일체의 행위를 말한다. 삼국 시대에서 비롯하여 고려를 거쳐 조선 시대에도 폭넓게 시행되었다.

⑭ 감강종경(減降從輕): 사형 → 유형, 유형 → 도형, 도형 → 장형으로 강등하는 제도로 오늘날 감형제도에 해당한다.

⑮ 보방제도(保放制度): 구속 집행정지, 형 집행정지, 귀휴제도 및 가석방제도와 유사하며, 구금 중인 죄인의 건강이 좋지 않거나 구금 중 친상을 당한 때 죄인을 옥에서 석방하여 불구속상태로 재판을 받게 하거나 상을 치르고 나서 다시 구금한 것을 말한다.

※ 관찰사는 유형 이하의 사건만을, 군·현의 수령은 장형 이하의 사건만을 처리하였다.

(3) 형벌관장기관

① 형조
- ㉠ 상복사: 사형에 해당하는 중죄자의 복심을 담당
- ㉡ 고율사: 법령의 조사 및 심의를 담당
- ㉢ 장금사: 감옥과 범죄수사를 담당
- ㉣ 장예사: 노예의 호적과 소송 및 포로에 관한 업무를 담당

② 사헌부: 일종의 감찰기관으로 관리의 기강과 시정의 시비를 논하는 직무를 수행

③ 의금부: 고려관제의 순군만호부를 답습한 것으로 왕의 명령에 의하여 특수범죄를 담당

④ 한성부: 수도의 행정을 맡은 기관으로 중앙관부에 속하며, 6조 다음의 서열로 판윤 이하 관원을 두고, 수도의 일반행정 외에 경찰 및 사법업무까지 관장

⑤ 관찰사: 유형 이하의 형사사건을 초심으로 직접 재판하고, 민사사건에 있어서는 수령의 재판에 대한 복심을 행함

⑥ 수령: 일반행정 이외에 태형 이하의 형사사건과 일반 민사사건의 초심을 관장

(4) 감옥제도

① 조선 시대의 감옥은 범죄의 혐의가 있는 자에 대하여 수사·재판의 형사절차를 거쳐 형을 집행할 때까지의 미결구금을 위한 장소에 불과하였다.

② 직수아문: 조선 시대에는 행정과 사법이 엄격히 분리되지 않았지만, 남형 방지와 인권보호를 위해 인신구속기관을 직수아문이라 하여 경국대전을 특별히 규정하였으며, 형조·병조·한성부·사헌부·승정원·장예원·종부시·비변사·포도청·관찰사·지방수령 등이 이에 해당되고, 각 직수아문에는 감옥이 부설되었다.

③ 전옥서: 형조에 소속된 전옥서는 구금 전담기관으로 주로 상민을 수용하여 상민감옥이라 하였으며, 이에 대하여 의금부옥은 주로 양반을 수용하여 양반감옥이라 하였다.

5 갑오개혁~한일합방

(1) 갑오개혁

① 갑오개혁은 개혁의 주체나 과정에서 많은 문제점을 내포하고 있음에도 불구하고 종래 전통적인 5형 중심의 형벌체계를 자유형 중심의 근대 행형체계로 전환하였다.

② 형조에 소속된 전옥서를 경무청 감옥서로 변경하고, 종전 직수아문(형조·의금부·한성부 등)에 부설되었던 감옥을 모두 폐지하였으며, 감옥사무를 내무아문으로 일원화하였다.

③ 1895년 5월 2일 법률 제6호로 제정된 징역처단례를 통해 조선의 기본형이었던 5형 중 장형을 폐지하고, 종전의 유형·도형을 징역형으로 바꾸었으며, 유형은 국사범(정치범)에 한하여 존속하였으며 장형을 금지하고, 징역형 수형자는 감옥서에서 노역에 종사하게 하였으며, 미결수와 기결수를 분리 수용하였다.

(2) 광무 시대

① 1898년 4월 4일 형율명례를 제정하였고 동년 감옥규칙의 시행세칙인 감옥세칙이 내부령 제11호로 제정되었다.
② 1905년 대전회통·대명률·형률명례를 폐지하고, 형법대전을 제정하여 형사관계 법률을 일원화하였다.
③ 감옥관제를 개편하고, 여러 감옥기구를 감옥서로 일원화하였으며, 감옥서장·간수장·순검 등의 직명을 사용하는 등 이 시기에 근대행형의 기틀이 마련되었다.

> **더 알아보기**
>
> 감옥규칙
> - 1894년(고종 31) 제정 - 감옥사무의 지침
> - 미결수와 기결수를 구분하여 분리수용
> - 판·검사의 감옥순시 명시(오늘날의 시찰)
> - 재감자 준수사항 제정
> - 징역표 제정
>   - 징역수형자의 누진처우 규정
>   - 범죄인의 개과촉진을 목적으로 네 가지 유형으로 분류(특수기예자, 보통자, 부녀, 노유자)
>   - 1~5등급으로 나누어 처우개선 및 계호의 완화를 통한 단계적 처우 실시
> - 1898년에는 감옥세칙이 제정되어 근대 행형법의 완성을 보게 됨
> - 조선의 전통적 행형에서 근대적 행형으로 전환하는 과도기적 특징

(3) 융희 시대

① 1907년 감옥사무가 내부관할에서 법무관할로 이관되어 감옥관제가 경무청 관제에서 독립하였다.
② 1909년 7월 12일 기유각서로 조선의 사법 및 감옥사무가 일본으로 넘어가고, 동년 10월 31일 조선의 사법 및 감옥에 관한 제 법령이 폐지되었으며, 동년 11월 1일부터 일본 통감부의 법령이 적용됨에 따라 일제에 의한 행형 시대로 전락하였다.

6 일제 강점기 이후

(1) 일제 강점기

① 1917년 훈령 제23호로 간수교습규정을 제정하고, 1923년 조선감화령을 제정하여 감옥을 형무소로 분감을 지소로 감옥과를 행형과로 개칭하였으며, 비행청소년에 대한 처우제도를 처음으로 도입하였다.
② 행형 법규는 일본 법규를 의용하여 일견 근대적 모습을 띠고 있었고, 목적형주의를 표방하여 교회, 누진처우제도, 가출옥제도 등을 실시하기도 하였으나, 실제로는 조선감옥령을 제정하여 총독의 명령으로 별도 규정을 둘 수 있도록 하여 태형제도 및 예방구금을 인정하는 등 민족적 차별과 응보주의적 행형을 시행하였다.

- 1912년 3월에 감옥관제를 보완하여 조선감옥령과 동 시행규칙을 제정·시행
  - 외형상 근대화
  - 실제에 있어서는 조선감옥령 제정: 총독 권한으로 행형에 관한 별도규정 가능
  - 태형제도, 예방구금 인정: 민족 차별과 응보적 행형 시행
- 1917년 간수교습규정이 제정되어 교도관학교 설치·운영의 근거 마련
- 1923년 5월 5일 감옥을 형무소로 개칭
- 1924년 김천지소를 김천소년교도소로 개편
- 1936년 인천소년형무소 신설
- 누진처우제도 실시: 1923년 이래 소년수형자에 대하여만 실시하다가, 1938년부터 수형자에게 교정누진처우제도를 실시하였으나 형식적인 제도에 불과함

(2) 대한민국의 행형

① 1945~1948년(미군정기): 일제의 행형법제를 그대로 사용

② 기본이념은 민주적 행형

③ 조선감옥령을 의용, 조선 총독부의 행형조직 인수

④ 미국 교정이념에 근거한 교화이념의 도입 시작

⑤ 우량수형자 석방령(선시제도): 자기형기단축제도라고도 하며 선행을 유지하면서 특정작업에 종사하게 되면 석방시기가 단축되는 제도로 실질적 형기단축의 성격을 지님

⑥ 수용자석방청원제

- 1945년 11월 19일 군정령 제36호 제정
- 검사에 의하여 공소하지 아니하고 조사 중에 있는 구속 피의자나 또는 피고인
- 30일 이상 수용 중인 자는 군정청 법무국장에게 석방 청원
- 피의 공소사실에 대한 증거 유무의 확인 후 확실한 증거가 없는 경우 석방을 명할 수 있게 함

⑦ 형구사용의 제한과 징벌제도 개선

  ㉠ 1948년: 대한민국 정부수립으로 법무부직제를 제정하여 행형업무 인수

  ㉡ 1950년: 행형법 제정 공포

  ㉢ 1961년: 행형법 제1차 개정으로 형무소, 형무관을 교도소, 교도관으로 변경

Chapter 09 교정시설과 수용제도론

01 교정시설

1 교정시설의 의의

교정시설이란 형사소송절차 및 형집행을 보전하기 위한 물적 계호시설과 관리직원의 결합체로 운영되는 국가시설을 말한다.

더 알아보기

교정시설 연도표

구분	장소	특징
1555년	브라이드 웰(Bride Well)의 교정원(노역장)	최초의 교정시설
1595년	네덜란드 암스테르담 징치장	최초 자유형 집행시설
1597년	여자조사장	성별 분류의 기원
1603년	불량청소년 숙식소	연령별 분류의 기원
1704년	이탈리아 산 미켈레 감화원	소년교도소의 기원, 최초 분방식 구조
1773년	간트 교도소	근대교도소의 효시, 오번제의 시초로 평가받기도 함
1790년	월넛 교도소	미국 최초의 독거교도소, 펜실베니아제의 시초
1876년	엘마이라 감화원	미국 최초 가석방 실시기관, 상대적 부정기형제도의 기원
1914년	오번 교도소	최초 수형자자치제 실시(1823년 오번제 최초 실시)

2 교정시설의 구분

(1) 형의 확정에 따른 구분

① 교도소: 형이 확정된 기결수용자를 수용하는 교정시설로서 확정된 형의 종류에 따라 징역감·금고감·노역유치장 등으로 구분한다.

② 구치소: 형이 확정되지 않은 미결수용자(형사피고인 및 형사피의자)를 수용하는 교정시설을 말한다.

(2) 연령에 따른 구분
① 일반교도소: 19세 이상의 수형자를 수용하는 교정시설
② 소년교도소: 19세 미만의 수형자를 수용하는 교정시설

(3) 성별에 따른 구분
교도소는 수형자의 성별에 따라 남자교도소와 여자교도소로 구분하고 있으며, 동일 교도소인 경우에는 특히 분계된 장소에서 남녀를 구분하여 수용하며 형집행법은 제13조 제1항에서 "남성과 여성은 분리하여 수용한다."라고 규정하여 분리주의를 원칙으로 하고 있다.

(4) 수용설비 및 계호의 정도에 따른 구분
① 개방시설: 도주방지를 위한 통상적인 설비의 전부 또는 일부를 갖추지 아니하고, 수형자의 자율적 활동이 가능하도록 통상적인 관리·감시의 전부 또는 일부를 하지 아니하는 교정시설
② 완화경비시설: 도주방지를 위한 통상적인 설비 및 수형자에 대한 관리·감시를 일반경비시설보다 완화한 교정시설
③ 일반경비시설: 도주방지를 위한 통상적인 설비를 갖추고, 수형자에 대하여 통상적인 관리·감시를 하는 교정시설
④ 중경비시설: 도주방지 및 수형자 상호 간의 접촉을 차단하는 설비를 강화하고, 수형자에 대한 관리·감시를 엄중히 하는 교정시설

3 교정시설의 건축구조

(1) 분방형
장방형의 사동을 방사익형으로 배열한 구조로 수용자와 외부와의 직접 연결을 방지하고 도주예방을 목적으로 설계하였으며, 1821년 미국 동부 펜실베니아 감옥과 1870년 개축된 간트(Gand) 교도소가 이 방식을 채택한 후 유럽 전역에 널리 전파하였다.

(2) 파놉티콘형
1787년 영국의 공리주의 철학자 벤담이 고안한 구조로서 파놉티콘이란 '모든 것을 본다' 또는 '만능의 눈을 가진 감시소'라는 뜻을 가진 말로 원형 독거방 형태이다. 결과적으로 파놉티콘형은 관리자의 감시능력을 무한한 것처럼 느끼도록 함으로써 최소비용으로 감시효과를 극대화할 수 있도록 고안되었다.

(3) 파빌리온형
병렬식 형태인 파빌리온 양식은 계호 측면에서는 많은 인력이 소요되나, 사동간 공간이 확보되어 채광 및 통풍 등 자연 위생에 우수하고, 사동간 차단이 용이하여 수형자의 개별처우 및 경비기능 측면에서 우수하여 일명 전주형이라고도 한다. 우리나라 대부분의 교정시설이 이러한 형태이다.

(4) 오번형

① 엄정독거제에 대한 반성으로 1823년 엘람 린즈(Elam Lynds)에 의해 처음 실시되었으며 야간에는 독거, 주간에는 엄정침묵하에 작업하게 하는 완화독거제에 적합하였다.
② 외부창이 없는 2열의 내방식 구조로 통풍과 채광에 불리하며, 이 양식의 대표적인 모델은 싱싱 교도소로 미국 교도소 건축모형의 기본형이다.

(5) 캠퍼스형

주로 청소년이나 여성수용자를 위한 교정시설로 활용되고 있으나, 최근 미국에서는 일부 남성교도소로도 이용하였다.

(6) 정원형

전주형처럼 긴 복도를 통하여 수용자들이 이동하는 것이 아니라, 앞뜰 또는 정원을 가로질러 이동할 수 있도록 설계된 건축구조로서 사동시설과 부대시설이 정원을 둘러싸고 있는 듯한 형태이다.

(7) 전주형

현재 우리나라는 일자형 사동을 병렬하는 전주형 교도소가 대부분이며 전주형은 채광이나 통풍 등 위생적 측면에서는 유리하나, 관리·감독 측면에서는 많은 인력이 소요된다.

(8) 고층형

전주형이 기능상 한계를 드러내고, 도시 팽창으로 부지확보가 어려워짐에 따라 1990년대에 들어서면서 교정시설 건축양식이 고층형으로 변화되었다. 특히 구치시설은 미결수용자의 법원·검찰청 왕래의 편의도모를 위해 도심지에 고층형으로 건축하였다.

02 수형자 구금제도

1 펜실베니아제(엄정독거제)

(1) 의의

펜실베니아제는 중세 교회의 독거참회사상, 존 하워드가 주창한 독거제, 퀘이커 교도들의 감옥개량운동 등이 결부된 구금방식으로 수형자 1인을 1개 수용거실에 주·야간 격리수용하는 구금방식이다. 이 구금방식에서는 절대침묵이 강요되고, 운동·목욕 등 기본적 처우는 물론 접견·작업 등 모든 처우를 자신의 거실 내에서 행하도록 하여 다른 수형자와의 접촉을 금지한다.

(2) 연혁

퀘이커 교도이자 감옥개량운동가인 윌리엄 펜(William Pen)의 참회사상과 존 하워드(John Howard)의 독거제의 영향을 받은 벤자민 프랭클린이 '필라델피아 협회'를 창설한 것에서 시작하였다. 1790년 소규모 독거시설인 필라델피아 월넛 교도소가 설치된 이후 1818년에 서부감옥, 1821년에 동부감옥이 필라델피아의 동서에 건립되면서 완성되었다.

(3) 장점

① 자신의 비행에 대한 회오와 반성의 기회를 주는 등 교화적 작용에 효과적이며 다른 수형자와의 혼거에서 초래되는 범죄적 악풍감염의 폐해를 방지한다.
② 계획적 폭동·난동 등 통모에 의한 교정사고를 사전에 차단할 수 있으며, 미결수용자의 경우 증거인멸 방지에 효과적이고, 수형자의 명예보호 및 개별처우에 적합하다.
③ 질병발견이 용이하며, 감염병의 예방 및 확산방지에 효과적이다. 계호 및 규율유지가 용이하고 수형자의 사생활 침해를 방지하는 데 효과적이다.

(4) 단점

① 타인과의 접촉 차단은 사회적 존재로서의 인간본성에 반하며 개개 수형자의 독립된 생활공간 확보에 따르는 재정부담이 크다.
② 수형자의 개별관리에 많은 인력이 소요되며 수형자 간의 감시기능을 활용할 수 없어 감시감독비용이 증가한다.
③ 고립으로 인한 자해·자살·정신장애 등 정신적·생리적 장애를 유발하며 집단적 교육 및 작업을 곤란하게 하여 행형실무상 불편을 초래한다.
④ 공동생활에 대한 적응능력 배양을 저해하여 원만한 사회복귀에 불리하다.

2 오번제(반독거제)

(1) 의의

오번제란 엄정독거제의 폐해를 방지하면서 혼거제의 단점인 수형자 상호 간의 범죄적 악풍감염을 방지하기 위하여 주간에는 침묵상태에서 동료 수형자와 함께 작업을 하도록 하고, 야간에는 독방에 수용하는 구금방식이다.
① 주간에는 작업 시 엄중한 침묵을 강요한다는 점에서 침묵제(교담금지제)
② 엄정독거제보다 완화된 구금형태라는 점에서 완화독거제(반독거제)
③ 야간에만 독거하게 한다는 점에서 야간독거제
④ 엄정독거제와 혼거제의 중간적 특징을 지닌다는 점에서 절충제

(2) 연혁

1823년 오번 감옥의 2대 소장이 된 엘람 린즈는 혼거구금과 엄정독거구금의 단점을 제거하고, 장점만을 취하여 절충적인 구금제도인 오번제를 창안하였다.

(3) 장점
① 엄정독거제의 결함을 보완할 수 있으며, 엄정독거제에 비해 인간적이다. 주간에는 작업을 통한 공동생활을 하므로 직업훈련에 용이하다.
② 공장작업에 취업시킬 수 있어 작업경영에 유리하며 시설건축 경비를 절감할 수 있다.

(4) 단점
① 공동으로 하는 교육이나 작업 시 공동협의가 불가능하여 작업능률이 감소되며 개별처우에 불리하다.
② 계호상 감시 및 규율유지가 곤란하다. 엄정독거제에 비하여 비위생적이며, 방역이 곤란하다.

3 혼거제

(1) 의의
독거제가 개인적 정신의 개선에 중점을 두는 구금형태라면, 혼거제는 사회복귀에 적합한 사회성 배양에 중점을 두는 구금방식이다.

(2) 장점
① 수형자 상호 간의 인적 교류로 사회성 배양에 적합하다.
② 형벌집행 및 처우의 통일로 건축비·인건비 등 수용관리비용이 절감된다.
③ 작업 및 직업훈련 등을 통해 노동생산성이 향상되며 공동작업 등을 통한 단체생활은 출소 후 원만한 사회복귀에 유리하다.
④ 고립으로 인한 정신적 장애를 방지하며 수용자 상호 간의 감시를 통해 자살 등 교정사고를 막는다.

(3) 단점
① 수용자 상호 간 갈등의 증폭과 범죄적 악풍감염의 우려, 모의에 의한 증거인멸·도주·난동 등 교정사고의 우려가 있다.
② 수형자의 개별처우에 불리하며 출소 후 공범범죄의 가능성이 있다. 계호가 용이하지 않고, 규율유지 및 위생관리상 불리하다.

4 독거제

(1) 독거수용의 원칙
① 수용자는 독거수용한다. 다만, 다음의 어느 하나에 해당하는 사유가 있으면 혼거수용할 수 있다[형의 집행 및 수용자의 처우에 관한 법률(형집행법) 제14조].
  ㉠ 독거실 부족 등 시설여건이 충분하지 아니한 때
  ㉡ 수용자의 생명 또는 신체의 보호, 정서적 안정을 위하여 필요한 때
  ㉢ 수형자의 교화 또는 건전한 사회복귀를 위하여 필요한 때
② 교정시설을 새로 설치하는 경우에는 수용자의 거실수용을 위하여 독거실과 혼거실의 비율이 적정한 수준이 되도록 한다(시행령 제4조).

(2) 처우상 독거 · 계호상 독거

① **처우상 독거수용**

주간에는 교육 · 작업 등의 처우를 위하여 일과에 따른 공동생활을 하게 하고, 휴업일과 야간에만 독거수용하는 것을 말한다(시행령 제5조 제1호).

② **계호상 독거수용**

㉠ 사람의 생명 · 신체의 보호 또는 교정시설의 안전과 질서유지를 위하여 항상 독거수용하고 다른 수용자와의 접촉을 금지하는 것을 말한다. 다만, 수사 · 재판 · 실외운동 · 목욕 · 접견 · 진료 등을 위하여 필요한 경우에는 그러하지 아니하다(동조 제2호).

㉡ 교도관은 계호상 독거수용자를 수시로 시찰하여 건강상 또는 교화상 이상이 없는지 살펴야 한다(시행령 제6조 제1항).

㉢ 교도관은 시찰 결과 계호상 독거수용자가 건강상 이상이 있는 것으로 보이는 경우에는 교정시설에 근무하는 의사(공중보건의사를 포함한다. 이하 "의무관"이라 한다)에게 즉시 알려야 하고, 교화상 문제가 있다고 인정하는 경우에는 소장에게 지체 없이 보고하여야 한다(동조 제2항).

㉣ 의무관은 계호상 독거수용자의 건강상 이상이 있다는 통보를 받은 즉시 해당 수용자를 상담 · 진찰하는 등 적절한 의료조치를 하여야 하며, 계호상 독거수용자를 계속하여 독거수용하는 것이 건강상 해롭다고 인정하는 경우에는 그 의견을 소장에게 즉시 보고하여야 한다(동조 제3항).

㉤ 소장은 계호상 독거수용자를 계속하여 독거수용하는 것이 건강상 또는 교화상 해롭다고 인정하는 경우에는 이를 즉시 중단하여야 한다(동조 제4항).

> **더 알아보기**
>
> 처우상 독거와 계호상 독거의 요약 · 비교
>
> | 구분 | 처우상 독거 | 계호상 독거 |
> | --- | --- | --- |
> | 개념 | 주간에는 공동생활을 하게 하고, 휴업일과 야간에만 독거수용하는 것 | 주야간 항상 독거수용하고, 다른 수용자와 접촉을 금지하는 것 |
> | 성격 | 수용의 원칙에 따른 독거 | 징벌적 의미의 독거 |
> | 처우 | 혼거수용자의 처우와 다르지 않음 | • 수시시찰의 대상
• 계속수용이 해롭다고 인정될 경우 즉시 중단 |

(3) 예외적 혼거수용

① **혼거수용 인원의 기준**: 혼거수용 인원은 3명 이상으로 한다. 다만, 요양이나 그 밖의 부득이한 사정이 있는 경우에는 예외로 한다(시행령 제8조).

② **혼거수용 제한**: 소장은 노역장 유치명령을 받은 수형자와 징역형 · 금고형 또는 구류형을 선고받아 형이 확정된 수형자를 혼거수용해서는 아니 된다. 다만, 징역형 · 금고형 또는 구류형의 집행을 마친 다음에 계속해서 노역장 유치명령을 집행하거나 그 밖에 부득이한 사정이 있는 경우에는 그러하지 아니하다(시행령 제9조).

03 교도소사회

1 수형자사회

(1) 연혁
① 클레머(Clemmer): 1940년 미국의 한 교도소장이자 행형학자인 클레머가 그 자신의 경험과 나름대로의 분석결과를 기초로 한 『교도소사회』라는 책을 발간한 데서 비롯되었다.
② 사이크스(Sykes): 1958년 수형자사회 연구의 대표작인 『수인의 사회』를 발표하였다.

(2) 교도소화(Prisonization)
① 의의: 클레머는 교도소화란 '교정시설의 일반적 문화, 관습, 규범 그리고 민속 등을 다소간 취하는 것'이라고 규정하고 있다. 신입수용자가 교정시설의 규범과 가치에 익숙해지고 그것을 내재화하는 행위유형을 학습하는 과정이라고 본 것이다. 교도소화의 가장 중요한 관점은 '범죄성과 반사회성을 유발하거나 심화시키고 수용자의 특성을 이념으로 변화시키는 영향력'이다.
② 교도소화의 내용
  ㉠ 수용자가 일반적으로 반사회적인 행동과 태도가 중심이 되는 수용자사회로 동화된다는 것을 강조한 것은 클레머의 가장 큰 공헌이라고 할 수 있다.
  ㉡ 클레머는 수용자의 수용기간이 길수록 반교정적·반사회적·친범죄적 부문화에의 재현이 더 커진다고 주장하였다.
  ㉢ 클레머는 수형기간의 장기화에 따라 수용자의 교도소화의 정도가 강화된다고 주장하였다.
  ㉣ 여러 연구에 의해 수형자의 역할에 따라 그리고 단순히 수형기간이 아니라 수형단계에 따라 달라진다는 사실이 밝혀지게 되었다.
  ㉤ 결론적으로 교정시설의 형태와 특성이 교도소화에 영향을 줄 수 있고, 수형자가 간직하고 추구하는 규범이나 가치관에 따라 교도소화에 차이가 있을 수 있다.

> **더 알아보기**
>
> 클레머의 수형자집단의 유형
>
> | | |
> |---|---|
> | 도당 | 3~4명의 친밀한 수형자로 구성되며, 긴밀한 친밀성으로 인하여 제1차적 집단이라고도 하는데 수형기간이 길어질수록 그 비율이 작아진다. |
> | 집단원 | 집단구성원 간의 친밀도와 집단에의 소속감이 긴밀하지 않으며, 반1차적 집단 또는 제2차적 집단이라고도 한다. |
> | 비집단원 | 고령자·정신박약자 등 수형자 일반에게 배척되는 자 또는 범죄자 집단보다는 외부의 가족이나 친구들과의 연락에 더 관심을 기울이는 자들로 수형기간이 길어질수록 그 비율이 커진다. |

> **더 알아보기**
>
> 클레머의 수형자집단의 지도자 유형
>
> | 정치인
(배급원) | 교정시설 당국과 깊은 연관을 가지고 수형자에게 상당한 권한을 행사하는 자들로 이러한 권한을 이용하여 약한 수형자들의 금품을 갈취하거나 노력을 대신하게 하는 등의 행위를 하는 자 |
> |---|---|
> | 정의한 | 수형자사회에서 통용되는 계율을 준수하고, 동료수형자의 이익을 위한 일에 관심을 두며, 약한 수형자를 괴롭히는 일이 없어 수형자들에게 진정한 지도자로 인정받는 자 |

③ 휠러(Wheeler)의 교도소화 U형 곡선(U-shaped curve) - 클레머의 가설을 검증하기 위함
  ㉠ 초기 단계의 수용자: 가장 높은 친교도관적 태도를 보인다.
  ㉡ 중간 단계의 수용자: 친교도관적 태도가 가장 낮다.
  ㉢ 말기 단계의 수용자: 친교도관적 태도를 보이고 수형자강령을 거부하는 경향을 보인다.

④ 슈랙(Schrag)의 수형자사회에의 적응양식에 의한 수형자의 분류
  ㉠ 친사회적(prosocial) 고지식자(square Johns): 이들은 범죄자집단과 잘 어울리지 않고, 또한 교도관이 주도하는 처우계획에도 적극적으로 참여하지도 않으며, 그냥 조용히 수형생활을 하면서 사회적응을 지향하는 사람들로 '합사회적 수형자'라 할 수 있다.
  ㉡ 반사회적(antisocial) 정의한(right guys): 이들은 범죄자집단에 적극 가담하여 이를 지도하고 교도관의 처우계획에는 전혀 참여하지 않아 '반사회적 수형자'라 할 수 있다.
  ㉢ 가사회적(pseudosocial) 정치인(politicians): 이들은 교도관이 주도하는 처우계획에 참여하여 거기서 상당한 지위를 획득하는 한편, 수형자들과도 긴밀한 관계를 유지하는 교활한 수형자로 '가사회적 수형자'라 할 수 있다.
  ㉣ 비사회적(asocial) 무법자(outlaws): 이들은 약자를 폭력으로 다스리는 무뢰한의 범죄자로서, 교도관과 수형자들로부터 모두 배척받으며, 교도소 내의 규율이나 수형자계율을 지키지 않아 '비사회적 수형자'라 할 수 있다.

(3) 수형자사회의 부(하위)문화

① 의의: 수형자사회에 존재하는 특수한 문화로 수형자들이 지향하는 가치를 기준으로 구분한 일반적인 가치관이나 문화체계를 말한다.
② 수형자사회 부문화의 형태(서덜랜드와 크레시)
  ㉠ 합법지향적 부문화
    • 가족이나 친지 등의 외부사회로부터의 강한 유대관계에서 오는 형태로, 수형자의 역할 중 '고지식자'에 해당되는 자들이 지향하는 부문화이다.
    • 아무 사고 없이 속히 형기를 마치고 사회로 나아가 정상적인 사회생활을 하고자 하는 부류로 재입소율이 가장 낮으며, 전체 수형자 중 가장 높은 비율을 점하고 있다.
    • 교정시설 입소 시에도 범죄지향적 부문화에 속하지 않았으며, 수용생활 중에서도 범죄지향적 부문화나 수형지향적 부문화를 받아들이지 않는다.

- ⓒ 범죄지향적 부문화
  - 외부에서 터득한 범죄주의 부문화를 그대로 고집하고 앞으로 사회에 나가서도 계속 범죄행위를 행할 것을 지향하며, 수형자의 역할 중 '정의한'에 해당한다.
  - 교도소 내에서 공식적으로 인정되는 어떤 지위를 얻고자 하지 않고, 반교도소적이거나 합법지향적 수형자들과 같이 조용한 수형생활을 보낸다.
- ⓒ 수형지향적 부문화
  - 교도소사회에서의 생활방식들을 자신의 생활방식으로 인용하고 적응해 나가며, 수형자의 역할 중 '정치인'에 해당한다.
  - 교도소 내에서의 지위 획득에 깊은 관심을 가질 뿐 사회에 나가서의 생활문제를 부차적인 문제로 돌리는 이른바 '교도소화'가 극도로 잘된 사람들로 재입소율이 가장 높다.

더 알아보기

부문화에의 차별적 참여

구분	비범죄적 부문화	수형자 부문화	
	합법지향적 부문화	범죄지향적 부문화	수형지향적 부문화
준거집단	합법적	사회와 교정시설	교정시설
목표	특별한 목표 없음	출소 후 범죄	수형생활의 편의
행동강령	–	범죄자강령	수형자강령
관심	합법적·공식적 절차	합리적으로 계산된 행위로 규정하고 오락과 특전을 결합	동료수용자에 대한 영향력과 권한을 행사할 수 있는 지위 추구
수형자 역할	고지식자	정의한	정치인
성향	규율에 순응	반교도소적 태도	시설 내 지위획득에 골몰
재범률 (교도소화의 정도)	낮음	높음	가장 높음

(4) 교도소화의 설명모형

① 박탈모형(deprivation model)
  - ⓘ 수형자의 교도소화는 수용으로 인한 고통, 각종 권익의 박탈 등 수용이 그 직접적인 원인이라고 보는 설명체계이다.
    - ※ 박탈: 수형자의 교도소화가 수용의 직접적 결과라고 보고 수형자는 생존을 위한 수단으로 수형자문화를 개발하고 그 문화에 적응하는 등 교도소화하게 되는데, 이는 그렇게 함으로써 수용으로 인한 고통과 박탈을 최소화할 수 있다고 보기 때문이다. 교도소화를 수용으로 인한 고통과 박탈을 최소화하기 위한 기능으로 설명하고 있어 기능적 모형(functional model)이라고도 한다.

> **더 알아보기**
>
> 사이크스의 수용으로 인한 고통과 박탈
> - 자유의 박탈
> - 자율성의 박탈
> - 이성관계의 박탈
> - 안전성의 박탈
> - 재화와 용역의 박탈
>   - 지위강등: 수형자는 입소로 인해 거의 모든 권익이 박탈되고 과거 자신이 가지고 있었던 신분 대신 숫자로 표현되는 새로운 신분을 가지게 되는데, 이러한 제도적 지위강등은 자기증오와 자기소외로 이어져 자존감 저하와 자기 파괴적인 행동을 초래하게 된다.
>   - 집합적 적응(응집): 박탈과 지위강등을 통해 자신의 약함과 불안정성을 의식하고 자신의 보전과 안정을 위해 크고 작은 비공식적인 집단을 형성시키면서 서로 응집화되고 교도소화된다.

> **더 알아보기**
>
> 사이크스와 메신저가 제시한 수형자강령
> - 동료방해금지: 구체적으로 동료를 배신하지 말라(정보제공금지), 참견하지 말라, 뒤를 넘겨보지 말라, 네 계급에 충성하라 등이다.
> - 동료와의 싸움 억제: 구체적으로 정신을 잃지 말라, 냉정히 놀아라, 흥분하지 말라 등이다.
> - 자기이익 추구금지: 구체적으로 동료를 착취하지 말라, 약속을 지켜라, 다른 동료의 것을 훔치지 말라, 공정하라 등이다.
> - 자기보전: 구체적으로 약해지지 말라, 우는 소리 하지 말라, 자인하지 말라, 억센 사람이 되어라, 사나이가 되어라 등이다.
> - 권위인정금지: 속는 사람이 되지 말라, 윗껍질을 걷어내고 보라, 직원들과 대화하지 말라, 날카로운 자가 되어라 등이다.

   ⓒ 결론
- 박탈모형에 따르면 수형자조직은 제도적 환경과 조건에 대한 일종의 집합적 반응이며, 이는 공식제도 안의 수용자가 고통받는 일련의 박탈에 대한 적응이라고 할 수 있다.
- 교도소화인 낙인화와 비인간화는 교정시설 내의 사회통제를 유지하기 위한 시도와 교도관에 의해 강제력의 영향이 결합된 결과라고 할 수 있다.
- 박탈모형은 교정시설을 범죄학교로 비판하는 사람들의 논리적 근거가 될 수 있고, 반대로 자유주의자들의 주장처럼 수용에 따른 박탈의 정도를 줄이는 것이 석방 후 성공률을 높일 수 있는 대안이라는 주장에 대해서 그 근거를 마련해 주고 있다.

   ⓒ 개선대책: 보다 인간적인 처우를 받을 기회의 증대, 교도관과 수형자의 인격적인 교류증대, 수형자문화 자체를 반사회적·배타적 성격을 띠지 않도록 개선, 교도소의 규모를 줄이고 동질적인 수형자들이 작업과 여가시간을 함께 할 수 있도록 배려하는 등의 노력이 필요하다.

박탈 + 제도적 지위강등	→	교도소화(집합적 응집력) (수형자강령 증대)	→	석방 후 실패 (재입소)

② 유입모형(importation model)
  ㉠ 어윈(Irwin)과 크레시는 사회과학자들은 교정시설의 수형자문화를 설명하는 데 교정시설의 내부 영향을 지나치게 강조한다(박탈모형)고 주장하면서 그 이유로 대부분의 수형자 부문화가 결코 수용시설에만 있는 독특한 것이 아니라고 설명한다. 교정시설 내 수형자의 행위유형은 수형자가 사회로부터 함께 들여온 것이라는 유입모형을 제시하였다.
  ㉡ 어윈과 크레시는 교도소 부문화와 범죄자 부문화를 구분할 필요성을 강조하면서 수형생활지향·범죄생활지향·합법생활지향의 세 가지 부문화를 제시하였으며, 이 중 범죄생활지향 부문화와 수형생활지향 부문화의 결합이 수형자 부문화를 형성한다고 보았다.
  ㉢ 입소 전 경험의 중요성
    • 수형자 부문화에 일차적인 역할을 하는 것은 수형자가 입소 전 가지고 있던 다양한 태도와 행위유형이라는 주장으로 수형생활지향적 수형자는 수용에 따른 박탈과 고통에 대한 반응의 결과라는 주장에 적합할 수 있지만, 합법생활 지향자와 범죄생활 지향자는 박탈에 대한 반응이 중요한 역할을 하지 못한다고 보았다(박탈에 대한 반응보다는 유입에 의한 부문화 형성).
    • 합법생활지향자와 범죄생활지향자는 자신이나 자기(self)라는 것이 쉽게 지워지지 않기 때문에 입소하는 수형자들의 초기 사회화를 완전히 제거할 수 없다고 확신한다.
  ㉣ 수형자의 교도소 적응에 중요한 결정요인: 입소 전 사회·경제적 지위, 교육의 정도, 취업관계 등 개인적 요인, 전과경력과 수형횟수 및 기간 등 범죄관련 요인, 사법제도에 대한 범죄적 태도와 가치관에 대한 동일시, 개인의 자아관념 그리고 광범위한 사회적·경제적·정치적·종교적 신념 등이 있다.
  ㉤ 평가: 교정시설의 역할에 대해 유입모형은 박탈모형보다 더 비관적이다. 즉, 교정시설에서의 경험(교육·교화프로그램 등)은 출소 후 미래의 범죄활동에는 별로 관련성이 없는 것으로 본다. 따라서 유입모형의 주장은 교정시설이 적절하게 고안되고 운영되면 개선을 이룰 수 있다는 개선론자들에게는 매우 부정적이라고 할 수 있다.

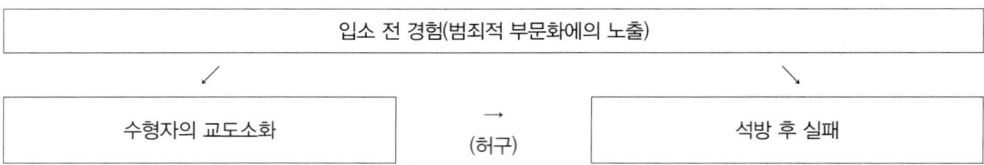

③ 통합모형(integration model)
  ㉠ 대체로 자유주의자(진보주의자)들은 박탈모형을 지지한다면, 보수주의자들은 유입모형을 지지한다. 하지만 유입모형이건 박탈모형이건 하나로는 현대 교정시설의 사회체계를 설명하기에 단순하다는 비판이 수많은 연구결과를 통해 제기되고 있다.
  ㉡ 교정시설의 권한의 재분배: 교정시설의 권력은 원래 소장에게 있었으나 처우에 관한 상당부분이 수형자의 권리로 전환되었고, 이제는 법원이나 시민운동단체 등 외부의 기타 제3자와도 나누어 가지게 되었으며, 이러한 권력의 분파와 외부영향력의 증대로 교도소 부문화는 유입되거나 토착적인 것이라기보다는 상호작용적인 것으로 간주되고 있다.

ⓒ 교정시설과 수용자의 특성에 따른 차이: 박탈의 정도가 낮은 보안수준인 경구금시설에는 경미한 초범자들이 많이 수용될 가능성이 높고, 박탈의 정도가 높은 보안수준이 상급인 중구금교정시설에는 일반적으로 범죄적 성향이 강하고 수용의 경험이 있는 사람들이 주로 수용될 것이기 때문에, 교도소화의 정도도 교정시설의 유형에 따라 차이가 날 수밖에 없으며, 결코 시설의 보안수준의 차이만으로 교도소화의 정도가 달라지는 것은 아니라고 본다.

ⓓ 결론: 교도소화를 이해하기 위해서는 유입모형과 박탈모형을 통합하는 것이 바람직하다는 것으로, 수형자 부문화의 형성에는 시설적응의 영향을 크게 받지만(박탈모형), 교도소화되는 경향은 입소 전의 경험과 조건에 크게 좌우된다(유입모형)고 보는 설명체계이다. 예를 들면, 교정시설 내의 마약남용의 경우 교정시설의 형태, 즉 경비등급 등의 처우수준이 결정하지만 어느 수형자가 마약에 손을 대는가는 누가 입소 전에 마약경험이 있었느냐에 달려 있다는 것이다. 따라서 출소 후 재범률 결정은 수용시설 내에서의 경험 및 입소 전의 경험, 양자로부터 영향을 받는다는 것이다.

04 과밀수용의 원인과 해소방안

1 의의와 원인

(1) **의의**: 과밀수용이란 일정한 시설에 수용되어 있는 인원이 적정수준에 비해 과도하게 많은 경우, 즉 '수용인원의 과잉상태'를 의미한다.

(2) **원인**: 인구 및 범죄의 증가, 형사정책의 강경화, 범죄대응력의 향상, 교화개선기능의 미흡 등이 있다.

2 과밀수용의 부작용

(1) **수용자 측면**

개별처우가 곤란하며 수용자의 공격성, 대인공포증, 자기도피, 무관심, 권태감 등이 증가한다. 또한 정신적 장애의 발생률과 성적 일탈행위의 증가하며 교도소 하위문화가 급속히 진행된다. 질병, 폭행, 자살 등 교정사고 발생위험도 증가한다.

(2) **교도관 측면**

담당 업무량의 증가로 육체적·정신적 스트레스의 증가, 수용자와의 갈등 증가로 교도관의 사기 저하, 수용자의 교화개선보다 교정사고 방지를 위한 소극적 역할에 그친다.

(3) **사회일반 측면**

수용인원이 증가할수록 교정에 지출되는 국가예산은 증가되며, 인력과 공간부족으로 재범방지를 위한 프로그램 시행이 곤란하다.

3 과밀수용의 해소방안 – 블럼스타인의 제안

(1) 무익한 전략
수용자가 증가되더라도 별도의 대책을 마련할 필요 없이 자체적으로 증가된 인원을 소화해야 한다는 방안으로 단기적 전략에 해당한다.

(2) 선별적 무능화
교정시설의 확충에는 과다한 비용이 소요되므로 기존 교정시설에 특히 격리구금이 필요한 일부 중범자나 누범자만을 선별적으로 구금하여 교정시설 공간을 효율적으로 운영하자는 방안이다.

(3) 정문정책
범죄인을 구금하기보다는 보호관찰·가택구금·벌금형·배상처분·사회봉사명령 등 비구금적 제재로 전환시켜 수용할 인원 자체를 줄이자는 방안이다.

(4) 후문정책
기존의 수형자를 보호관찰부 가석방·선시제도 등을 이용하여 형기종료 이전에 미리 출소시켜 새로운 입소자들을 위한 수용공간을 확보하자는 방안이다.

(5) 형사사법절차의 개선전략
형사사법기관이 형사절차를 진행하는 과정에서 범죄인을 수용하는 경우 교정시설 수용능력을 감안해서 결정해야 한다는 방안으로 교정의 주체성·주관성·능동성의 필요성을 강조하는 전략이다.

(6) 교정시설 확충방안
교정시설을 증설하여 범죄인 수용능력을 확대하자는 방안이다.

Chapter 10 | 수용자의 법적 지위와 처우

01 수용자의 인권과 법적 지위

1 수형자의 법적 지위

(1) 의의

수형자의 법적 지위란 수형자가 가지는 권리·의무 및 그 처우에 관한 국가와의 관계를 말한다.

(2) 연혁

① 20세기 초 프로이덴탈(Freudental)은 1911년 "법률과 판결은 행형에 있어서도 마그나카르타이다."라고 선언하고, 수형자의 권리제한은 법률에 의해서만 가능하다고 주장하였다.
② 1972년 3월 14일 서독연방헌법재판소는 결정에 의해 특별권력관계이론을 부인하였다.

(3) 수형자의 기본권

① 절대적 기본권
 ㉠ 어떠한 이유나 근거로도 제한되거나 침해될 수 없는 기본권
 ㉡ 인간의 존엄과 평등권, 사상과 양심의 자유, 신앙의 자유, 연구·창작의 자유 등
② 상대적 기본권
 ㉠ 국가적 질서나 국가적 목적을 위하여 제한이 가능한 기본권을 말하며, 내심의 작용을 내용으로 하지 아니하는 모든 자유와 권리
 ㉡ 영조물의 존립목적을 위해 제한되는 기본권: 사생활의 비밀과 자유, 통신의 자유, 알 자유, 읽을 자유, 쓸 자유 등
 ㉢ 구금의 본질상 불가피하게 제한되는 기본권: 신체의 자유, 집회결사의 자유, 거주이전의 자유, 직업선택의 자유 등

2 수형자의 권리구제제도

> **더 알아보기**
>
> 권리구제수단의 구분
>
> | 구분 | 사법적 구제수단 | 비사법적 구제수단 |
> |---|---|---|
> | 종류 | • 행정소송
• 민·형사소송
• 헌법소원
• 권리구제수단으로 가장 확실하게 인식되는 것은 소송을 통한 구제이다. | • 청원
• 소장 면담
• 행정심판
• 국가인권위원회 진정
• 민원조사관제
• 중재 |
> | 특징 | • 문제점
  - 소송은 많은 시간과 경비를 요하며, 수형자와 당국과의 갈등의 골을 깊게 할 수도 있기 때문에 소송이 유일한 최선의 수단이 되지 못한 경우도 많다.
  - 교정당국으로서는 경제적 비용과 갈등 외에도 지도력의 상실이라는 상처를 받게 된다.
  - 수용자는 자신과 소송을 대변할 능력이나 여건이 부족하고, 헌법적 기준이 충족되기 어려우며, 소송에 이기더라도 그 해결은 상당한 시간을 요하는 경우가 많다. | • 소송의 어려움과 문제로 인하여 행정상의 문제는 사법적 처리보다는 비사법적 해결방안의 모색이 필요하다.
• 장점
  - 시간과 자원을 절감할 수 있다.
  - 수형자의 불평과 불만에 대해 보다 효과적으로 반응할 수 있다.
  - 시간이 적게 걸리기 때문에 수형자의 문제가 심화되기 전에 처리할 수 있다.
  - 쌍방의 합의로 인하여 법원에 의해서 강제로 해결된 것보다 수형자에게 더 큰 의미를 부여할 수 있다. |

(1) 비사법적 권리구제제도

① 청원제도

　㉠ 수용자는 그 처우에 관하여 불복하는 경우 법무부장관·순회점검공무원 또는 관할 지방교정청장에게 청원할 수 있다(형집행법 제117조 제1항).

　㉡ 청원권자
　　• 수형자, 미결수용자, 내·외국인을 불문하고 형집행법상 수용자이면 누구나 청원을 할 수 있다.
　　• 석방된 자는 형집행법의 적용대상이 아니므로 청원할 수 없다. 다만, 수용 중 관계법규에 의해 일시적으로 석방된 구속집행정지자, 형집행정지자, 보석출소자 등은 청원이 가능하다고 보는 견해가 있다.
　　• 수용자들의 공동청원은 인정되지 않는다.

　㉢ 청원사항 및 제한사항
　　• 청원사항: 청원자 본인에 대한 교도소장의 위법·부당한 처우로 인해 권리가 침해된 경우, 교도소장 등의 (부)작위로 인해 권리가 침해된 경우, 권리침해의 우려가 있는 경우 등
　　• 제한사항: 본인의 이익과 관계없는 다른 수용자에 대한 사항(대리청원 금지), 행형제도 전반에 관한 개선의견, 감정적 의견, 막연한 희망의 표시, 집단 공동청원 등

ⓔ 청원방법 및 절차
- 청원하려는 수용자는 청원서를 작성하여 봉한 후 소장에게 제출하여야 한다. 다만, 순회점검공무원에 대한 청원은 말로도 할 수 있다(동조 제2항).
- 소장은 청원서를 개봉하여서는 아니 되며, 이를 지체 없이 법무부장관·순회점검공무원 또는 관할 지방교정청장에게 보내거나 순회점검공무원에게 전달하여야 한다(동조 제3항).
- 청원에 관한 결정은 문서로 하여야 한다(동조 제5항).
- 소장은 청원에 관한 결정서를 접수하면 청원인에게 지체 없이 전달하여야 한다(동조 제6항).

ⓜ 순회점검공무원에의 청원
- 청원하려는 수용자는 청원서를 작성하여 봉한 후 소장에게 제출하여야 한다. 순회점검공무원에 대한 청원은 말로도 할 수 있다. 순회점검공무원이 청원을 청취하는 경우에는 해당 교정시설의 교도관이 참여하여서는 아니 된다(동조 제2항·제4항).
- 소장은 수용자가 순회점검공무원에게 청원하는 경우에는 그 인적사항을 청원부에 기록하여야 하고, 순회점검공무원은 청원에 관하여 결정을 한 경우에는 그 요지를 청원부에 기록하여야 한다(시행령 제139조 제1항·제3항).
- 순회점검공무원은 처우에 관한 불복에 대한 청원을 스스로 결정하는 것이 부당하다고 인정하는 경우에는 그 내용을 법무부장관에게 보고하여야 한다(동조 제4항).
- 수용자의 청원처리의 기준·절차 등에 관하여 필요한 사항은 법무부장관이 정한다(동조 제5항).

> **더 알아보기**
>
> 순회점검
> - 권한관청의 감독작용으로 법무부장관이나 법무부장관이 명한 소속 공무원이 행하는 감독작용을 말한다.
> - 감독상·지도상 필요성: 수용자에 대한 위법·부당한 처우를 시정하고 수형자의 인권을 보장하기 위한 감독상 필요와 상·하급관청 사이의 법령·훈령·통첩 등의 통일적인 적용을 유도하고 교정시설의 관리상태, 교도관의 복무, 예산집행 상황을 검사하고 적절한 운용을 지도하기 위한 필요성에서 이루어진다.
> - 횟수: 매년 1회 이상 실시한다.

ⓑ 청원에 대한 결정
- 각하사유
  - 청원내용이 처우에 대한 불복에 해당하지 아니하는 경우
  - 청원내용이 명백히 사실이 아니거나 이유가 없다고 인정되는 경우
  - 청원의 원인이 된 사실에 관하여 공소시효, 징계시효 및 민사상 시효 등이 완성된 경우
  - 청원이 제기될 당시 청원의 원인이 된 사실에 관하여 법원이나 헌법재판소의 재판, 수사기관의 수사, 국가인권위원회·법무부 인권국 진정, 국가기관 민원서신 또는 그 밖의 법률에 따른 권리구제절차가 진행 중이거나 종결된 경우
  - 청원이 익명 또는 가명으로 제출되거나 청원내용이 불명확한 경우
  - 청원의 취지가 당해 청원의 원인이 된 사실에 관한 법원의 확정 판결이나 헌법재판소의 결정에 반하는 경우

- 법무부장관 또는 지방교정청장이 기각하거나 각하한 청원과 동일한 내용에 대해 다시 청원한 경우
- 청원인이 청원을 취하한 경우
- 청원인의 출소, 이송 등으로 명백히 권리구제 실익이 없다고 인정되는 경우
※ 청원에 대한 조사를 시작한 후에도 그 청원이 각하사유 중 어느 하나에 해당하게 된 경우에는 그 청원을 각하한다.
- 기각사유
  - 청원내용이 사실이 아니거나 사실 유무를 확인하는 것이 사실상 불가능한 경우
  - 청원내용이 사실이라고 인정할 만한 객관적인 증거가 없는 경우
  - 기타 청원내용이 이유 없다고 인정되는 경우
  ※ 청원을 기각하는 경우 청원인에게 그 결과와 이유를 통보하여야 한다.
ⓐ 불이익처우의 금지: 수용자는 청원, 진정, 소장과의 면담, 그 밖의 권리구제를 위한 행위를 하였다는 이유로 불이익한 처우를 받지 아니한다(형집행법 제118조).
ⓑ 청원의 효과: 청원의 제기만으로 당해 처분의 정지와 같은 효과는 발생하지 않고(집행부정지원칙), 법무부장관의 지휘감독권 발동을 기대하는 데 불과하므로, 청원이 채택되더라도 즉시 당해 처분이 무효 또는 취소되는 효과는 없으며 당해 소장 또는 상급감독청의 취소명령이 있음으로써 그 효력이 발생하고 이때 소장의 취소명령은 반드시 문서로 할 필요는 없다.

② 소장 면담
㉠ 수용자는 그 처우에 관하여 소장에게 면담을 신청할 수 있다(동법 제116조 제1항).
㉡ 소장 면담은 청원과는 달리 처우에 대한 불복에 한하지 않고 호소할 수 있는 점에서 차이가 있다.
㉢ 면담제외사유: 소장은 수용자의 면담신청이 있으면 다음의 어느 하나에 해당하는 사유가 있는 경우를 제외하고는 면담을 하여야 한다(동조 제2항).
  • 정당한 사유 없이 면담사유를 밝히지 아니하는 때
  • 면담목적이 법령에 명백히 위배되는 사항을 요구하는 것인 때
  • 동일한 사유로 면담한 사실이 있음에도 불구하고 정당한 사유 없이 반복하여 면담을 신청하는 때
  • 교도관의 직무집행을 방해할 목적이라고 인정되는 상당한 이유가 있는 때
㉣ 면담제외사유 고지: 소장은 면담제외사유에 해당하여 수용자의 면담 신청을 받아들이지 아니하는 경우에는 그 사유를 해당 수용자에게 알려 주어야 한다(시행령 제138조 제3항).
㉤ 소장 면담의 대리: 소장은 특별한 사정이 있으면 소속 교도관으로 하여금 그 면담을 대리하게 할 수 있다. 이 경우 면담을 대리한 사람은 그 결과를 소장에게 지체 없이 보고하여야 한다(형집행법 제116조 제3항).
㉥ 소장 면담절차
  • 소장은 수용자가 면담을 신청한 경우에는 그 인적사항을 면담부에 기록하고 특별한 사정이 없으면 신청한 순서에 따라 면담하여야 한다(시행령 제138조 제1항).
  • 소장은 수용자를 면담한 경우에는 그 요지를 면담부에 기록하여야 한다(동조 제2항).
  • 소장은 면담한 결과 처리가 필요한 사항이 있으면 그 처리결과를 수용자에게 알려야 한다(형집행법 제116조 제4항).

③ 행정심판의 청구: 행정청의 처분 또는 부작위에 대하여 다른 법률에 특별한 규정이 있는 경우 외에는 행정심판법에 따라 행정심판을 청구할 수 있다(행정심판법 제3조 제1항)는 규정에 의거하여 수용자는 직근상급관청인 지방교정청장에게 행정심판을 청구할 수 있다.

④ 국가인권위원회법에 의한 구제
   ㉠ 국가인권위원회

> **국가인권위원회법 제5조(위원회의 구성)**
> ① 위원회는 위원장 1명과 상임위원 3명을 포함한 11명의 인권위원(이하 "위원"이라 한다)으로 구성한다.
> ② 위원은 다음 각 호의 사람을 대통령이 임명한다.
>   1. 국회가 선출하는 4명(상임위원 2명을 포함한다)
>   2. 대통령이 지명하는 4명(상임위원 1명을 포함한다)
>   3. 대법원장이 지명하는 3명
> ③ 위원은 인권문제에 관하여 전문적인 지식과 경험이 있고 인권의 보장과 향상을 위한 업무를 공정하고 독립적으로 수행할 수 있다고 인정되는 사람으로서 다음 각 호의 어느 하나에 해당하는 자격을 갖추어야 한다.
>   1. 대학이나 공인된 연구기관에서 부교수 이상의 직이나 이에 상당하는 직에 10년 이상 있거나 있었던 사람
>   2. 판사·검사 또는 변호사의 직에 10년 이상 있거나 있었던 사람
>   3. 인권 분야 비영리 민간단체·법인·국제기구에서 근무하는 등 인권 관련 활동에 10년 이상 종사한 경력이 있는 사람
>   4. 그 밖에 사회적 신망이 높은 사람으로서 시민사회단체로부터 추천을 받은 사람
> ④ 국회, 대통령 또는 대법원장은 다양한 사회계층으로부터 후보를 추천받거나 의견을 들은 후 인권의 보호와 향상에 관련된 다양한 사회계층의 대표성이 반영될 수 있도록 위원을 선출·지명하여야 한다.
> ⑤ 위원장은 위원 중에서 대통령이 임명한다. 이 경우 위원장은 국회의 인사청문을 거쳐야 한다.
> ⑥ 위원장과 상임위원은 정무직공무원으로 임명한다.
> ⑦ 위원은 특정 성(性)이 10분의 6을 초과하지 아니하도록 하여야 한다.
> ⑧ 임기가 끝난 위원은 후임자가 임명될 때까지 그 직무를 수행한다.
>
> **제6조(위원장의 직무)**
> ① 위원장은 위원회를 대표하며 위원회의 업무를 총괄한다.
> ② 위원장이 부득이한 사유로 직무를 수행할 수 없을 때에는 위원장이 미리 지명한 상임위원이 그 직무를 대행한다.
>
> **제7조(위원장 및 위원의 임기)**
> ① 위원장과 위원의 임기는 3년으로 하고, 한 번만 연임할 수 있다.
>
> **제14조(의사의 공개)**
> 위원회의 의사는 공개한다. 다만, 위원회, 상임위원회 또는 소위원회가 필요하다고 인정하면 공개하지 아니할 수 있다.
>
> **제25조(정책과 관행의 개선 또는 시정 권고)**
> ③ 권고를 받은 관계기관 등의 장은 권고를 받은 날부터 90일 이내에 그 권고사항의 이행계획을 위원회에 통지하여야 한다.
> ④ 권고를 받은 관계기관 등의 장은 그 권고의 내용을 이행하지 아니할 경우에는 그 이유를 위원회에 통지하여야 한다.

ⓒ 시설의 방문조사

국가인권위원회법 제24조(시설의 방문조사)
① 위원회(상임위원회와 소위원회를 포함한다. 이하 이 조에서 같다)는 필요하다고 인정하면 그 의결로써 구금·보호시설을 방문하여 조사할 수 있다.
② 제1항에 따른 방문조사를 하는 위원은 필요하다고 인정하면 소속 직원 및 전문가를 동반할 수 있으며, 구체적인 사항을 지정하여 소속 직원 및 전문가에게 조사를 위임할 수 있다. 이 경우 조사를 위임받은 전문가가 그 사항에 대하여 조사를 할 때에는 소속 직원을 동반하여야 한다.
③ 제2항에 따라 방문조사를 하는 위원, 소속 직원 또는 전문가는 그 권한을 표시하는 증표를 지니고 이를 관계인에게 내보여야 하며, 방문 및 조사를 받는 구금·보호시설의 장 또는 관리인은 즉시 방문과 조사에 편의를 제공하여야 한다.
④ 제2항에 따라 방문조사를 하는 위원 등은 구금·보호시설의 직원 및 구금·보호시설에 수용되어 있는 사람과 면담할 수 있고 구술 또는 서면으로 사실이나 의견을 진술하게 할 수 있다.
⑥ 구금·보호시설에 대한 방문조사의 절차와 방법 등에 관하여 필요한 사항은 대통령령으로 정한다.

국가인권위원회법 시행령 제3조(구금·보호시설의 방문조사)
① 국가인권위원회(이하 "위원회"라 한다)는 법 제24조 제1항의 규정에 의한 방문조사를 하고자 하는 때에는 당해 구금·보호시설의 장 또는 관리인에게 그 취지·일시·장소 등을 미리 통지하여야 한다. 다만, 긴급을 요하는 경우와 미리 통지를 하면 조사의 목적달성이 어렵다고 인정되는 경우에는 그러하지 아니하다.
② 법 제24조 제2항에 따라 방문조사를 하는 법 제5조 제1항에 따른 위원회 소속직원 또는 전문가(이하 "위원 등"이라 한다)는 필요하다고 인정되는 때에는 관계행정기관의 장에게 필요한 지원을 요청할 수 있다.
③ 방문조사를 하는 위원 등은 필요하다고 인정하는 때에는 다음 각 호의 방법에 의한 조사를 할 수 있다.
  1. 구금·보호시설의 직원이나 구금·보호시설에 수용되어 있는 자(이하 "시설수용자"라 한다) 등의 진술을 듣는 일
  2. 구금·보호시설의 장 또는 관리인에게 필요한 자료의 제출을 요구하고 이를 받는 일
  3. 녹음, 녹화, 사진촬영, 시설수용자의 건강상태조사 등 필요한 물건·사람·장소 그 밖의 상황을 확인하는 일
④ 법 제24조 제4항의 규정에 의하여 녹음 또는 녹화한 내용은 당해 진술의 취지 또는 조사대상의 상태를 확인하는 등 조사의 목적으로만 사용하여야 하며, 당초 녹음 또는 녹화된 상태 그대로 공표하여서는 아니된다.
⑤ 법 제24조 제4항의 규정에 의하여 방문조사를 하는 위원 등은 구금·보호시설에 대하여 방문조사를 마친 때에는 그 내용을 방문조사조서에 기재하여야 한다.
⑥ 제5항의 규정에 의한 방문조사조서의 작성에 관하여 필요한 사항은 위원회의 규칙으로 정한다.

국가인권위원회법 시행령 제4조(시설수용자와의 면담)
① 법 제24조 제4항의 규정에 의하여 위원 등이 시설수용자와 면담하는 경우 구금·보호시설의 장 또는 관리인은 자유로운 분위기에서 면담이 이루어질 수 있는 장소를 제공하여야 한다.
② 법 제24조 제4항의 규정에 따라 시설수용자를 면담하는 위원 등은 구금·보호시설의 장 또는 관리인에게 면담장소에 참석하는 구금·보호시설의 직원의 수를 제한하도록 요구할 수 있으며, 구금보호시설의 장 또는 관리인은 특별한 사유가 없는 한 이에 응해야 한다.
③ 법 제24조 제4항의 규정에 따라 위원 등이 시설수용자와 면담하는 장소에 참석하는 구금·보호시설의 직원은 위원 등의 승낙 없이는 면담에 참여할 수 없으며, 자신의 의견을 개진하는 등의 방식으로 시설수용자의 진술을 방해해서는 안 된다.

ⓒ 진정서의 작성 및 제출

> **국가인권위원회법 제31조(시설수용자의 진정권 보장)**
> ⑧ 시설수용자의 자유로운 진정서 작성과 제출을 보장하기 위하여 구금·보호시설에서 이행하여야 할 조치와 그 밖에 필요한 절차와 방법은 대통령령으로 정한다.
>
> **국가인권위원회법 시행령 제9조(진정서의 자유로운 작성 및 제출)**
> ① 시설수용자가 구금·보호시설의 장 또는 관리인에 대하여 위원회에 보내는 진정서 그밖의 서면의 작성의사를 표명한 때에는 구금·보호시설의 장 또는 관리인은 이를 금지하거나 방해하여서는 아니 된다.
> ② 구금·보호시설에 소속된 공무원 또는 직원은 시설수용자가 위원회에 보내기 위하여 작성 중이거나 소지하고 있는 진정서 또는 서면을 열람·압수 또는 폐기하여서는 아니 된다. 다만, 제1항의 규정에 의하여 미리 작성의사를 표명하지 아니하고 작성중이거나 소지하고 있는 문서의 경우에는 그러하지 아니하다.
> ③ 구금·보호시설에 소속된 공무원 또는 직원은 시설수용자가 징벌혐의로 조사를 받고 있거나 징벌을 받고 있는 중이라는 이유로 위원회에 보내기 위한 진정서 또는 서면을 작성하거나 제출할 수 있는 기회를 제한하는 조치를 하여서는 아니 된다.

ⓔ 녹음·녹취의 금지

> **국가인권위원회법 제24조(시설의 방문조사)**
> ⑤ 구금·보호시설의 직원은 위원 등이 시설수용자를 면담하는 장소에 참석할 수 있다. 다만, 대화 내용을 녹음하거나 녹취하지 못한다.

ⓜ 면담조사 이후의 조치

> **국가인권위원회법 시행령 제5조(면담조사 이후의 보호조치)**
> ① 법 제24조 제4항의 규정에 의하여 시설수용자를 면담하는 위원은 면담을 하였다는 이유로 구금·보호시설의 직원 또는 시설수용자가 신체·건강상의 위해 그 밖의 불이익을 받을 우려가 있는 경우 구금·보호시설의 장 또는 관리인에게 이를 방지하기 위한 조치를 취하여 줄 것을 요청할 수 있다.
> ② 구금·보호시설의 장 또는 관리인은 제1항의 규정에 의한 조치를 취한 때에는 그 내용을 위원회에 즉시 통보하여야 한다.

ⓗ 시설수용자의 진정권 보장(본인과 제3자 진정 가능)

> **국가인권위원회법 제30조(위원회의 조사대상)**
> ① 다음 각 호의 어느 하나에 해당하는 경우에 인권침해나 차별행위를 당한 사람 또는 그 사실을 알고 있는 사람이나 단체는 위원회에 그 내용을 진정할 수 있다.
>   1. 국가기관, 지방자치단체, 초·중등교육법 제2조, 고등교육법 제2조와 그 밖의 다른 법률에 따라 설치된 각급 학교, 공직자윤리법 제3조의2 제1항에 따른 공직유관단체 또는 구금·보호시설의 업무 수행(국회의 입법 및 법원·헌법재판소의 재판은 제외한다)과 관련하여 대한민국헌법 제10조부터 제22조까지의 규정에서 보장된 인권을 침해당하거나 차별행위를 당한 경우
>   2. 법인, 단체 또는 사인으로부터 차별행위를 당한 경우
> ② 삭제
> ③ 위원회는 제1항의 진정이 없는 경우에도 인권침해나 차별행위가 있다고 믿을 만한 상당한 근거가 있고 그 내용이 중대하다고 인정할 때에는 직권으로 조사할 수 있다.

ⓢ 진정방법의 고지 등

> **국가인권위원회법 시행령 제6조(진정방법의 고지 등)**
> ① 구금・보호시설의 장 또는 관리인은 시설수용자를 최초로 보호・수용하는 때에는 시설수용자에게 인권침해 사실을 위원회에 진정을 할 수 있다는 뜻과 그 방법을 고지하여야 한다.
> ② 구금・보호시설의 장 또는 관리인은 인권침해에 관하여 위원회에 진정할 수 있다는 뜻과 그 방법을 기재한 안내서를 시설수용자가 상시로 열람할 수 있는 곳에 비치하여야 한다.

ⓞ 진정함의 설치・운용

> **국가인권위원회법 시행령 제7조(진정함의 설치・운용)**
> ① 구금・보호시설의 장은 구금・보호시설안의 적절한 장소에 진정함을 설치하고, 용지・필기도구 및 봉함용 봉투를 비치하여야 한다.
> ② 구금・보호시설의 장 또는 관리인은 진정함을 설치한 때에는 위원회에 진정함이 설치된 장소를 통보하여야 한다.
> ③ 구금・보호시설의 장 또는 관리인은 시설수용자가 직접 진정서를 봉투에 넣고 이를 봉함한 후 진정함에 넣을 수 있도록 하여야 한다.
> ④ 구금・보호시설에 소속된 공무원 또는 직원은 매일 지정된 시간에 시설수용자가 위원회에 제출할 목적으로 작성한 진정서 또는 서면이 진정함에 들어 있는지 여부를 확인하여야 하며, 진정함에 진정서 또는 서면이 들어 있는 때에는 지체 없이 이를 위원회에 송부하여야 한다.

ⓩ 면전진정

> **국가인권위원회법 제31조(시설수용자의 진정권 보장)**
> ② 시설수용자가 위원 또는 위원회 소속 직원 앞에서 진정하기를 원하는 경우 소속공무원 등은 즉시 그 뜻을 위원회에 통지하여야 한다.
> ③ 소속공무원 등은 제1항에 따라 시설수용자가 작성한 진정서를 즉시 위원회에 보내고 위원회로부터 접수증명원을 받아 이를 진정인에게 내주어야 한다. 위원회의 확인서 및 면담일정서는 발급받는 즉시 진정을 원하는 시설수용자에게 내주어야 한다.
> ④ 제2항에 따라 통지를 받은 경우 또는 시설수용자가 진정을 원한다고 믿을 만한 상당한 근거가 있는 경우 위원회는 위원 또는 소속 직원으로 하여금 구금・보호시설을 방문하게 하여 진정을 원하는 시설수용자로부터 구술 또는 서면으로 진정을 접수하게 하여야 한다. 이때 진정을 접수한 위원 또는 소속 직원은 즉시 접수증명원을 작성하여 진정인에게 내주어야 한다.
> ⑤ 제4항에 따른 위원 또는 소속 직원의 구금・보호시설의 방문 및 진정의 접수에 관하여는 제24조 제3항 및 제4항을 준용한다.

ⓩ 참여, 내용의 청취・녹취의 금지

> **국가인권위원회법 제31조(시설수용자의 진정권 보장)**
> ⑥ 시설에 수용되어 있는 진정인(진정을 하려는 사람을 포함한다)과 위원 또는 위원회 소속 직원의 면담에는 구금・보호시설의 직원이 참여하거나 그 내용을 듣거나 녹취하지 못한다. 다만, 보이는 거리에서 시설수용자를 감시할 수 있다.

ⓒ 진정서 · 서면의 열람금지

> **국가인권위원회법 제31조(시설수용자의 진정권 보장)**
> ⑦ 소속공무원 등은 시설수용자가 위원회에 제출할 목적으로 작성한 진정서 또는 서면을 열람할 수 없다.

ⓔ 위원회가 보낸 서면의 열람금지

> **국가인권위원회법 시행령 제8조(위원회가 보낸 서면의 열람금지)**
> 구금 · 보호시설에 소속된 공무원 또는 직원은 위원회명의의 서신을 개봉한 결과 당해 서신이 위원회가 진정인인 시설수용자에게 발송한 서신임이 확인된 때에는 당해 서신중 위원회가 열람금지를 요청한 특정서면은 이를 열람하여서는 아니 된다.

(2) 사법적 권리구제제도

① 행정소송
  ㉠ 수용자는 소장과 직원들의 조치가 위법한 경우에는 행정소송법에 의하여 자신의 처우에 관하여 내려진 행정조치의 취소 · 부작위 위법확인 등의 항고소송을 통하여 권리를 구제받을 수 있다.
  ㉡ 수용자는 행정소송을 비사법적인 권리구제제도와 별개로 제기할 수 있고, 행정심판을 거치지 아니하고 직접 행정소송을 제기할 수 있으며, 청원이나 행정심판 등이 기각된 경우에도 제기할 수 있다.

② 민사소송: 수용자가 제기하는 대부분의 민사소송은 손해배상청구이고, 그 다수는 국가배상법에 의한 것인데 국가배상법에 의한 국가의 배상에는 공권력의 행사에 의한 손해의 배상과 영조물의 설치관리의 하자에 의한 손해의 배상이 있다.

③ 형사소송
  ㉠ 수용자는 소장과 직원들의 조치가 범죄를 구성하는 경우 수사기관에 고소 · 고발 등을 통하여 형사처벌을 요구할 수 있다.
  ㉡ 고소 · 고발은 피해자인 수용자의 직접적 권리구제수단이라고 보기는 어려우나, 관련조치에 대한 사법적 판단이 유사행위의 반복을 방지할 수 있고, 이를 근거로 민사상 배상을 이끌어 낼 수 있다는 점에서 간접적인 권리구제방법이라고 할 수 있다.

④ 헌법소원
  ㉠ 공권력의 행사 또는 불행사로 인하여 헌법상 보장된 기본권을 침해받은 자는 법원의 재판을 제외하고는 헌법재판소에 헌법소원심판을 청구할 수 있다(헌법재판소법 제68조 제1항).
  ㉡ 따라서 수용자는 헌법재판소에 헌법소원을 제기할 수 있다. 다만 다른 법률에 구제절차가 있는 경우에는 그 절차를 모두 거친 후가 아니면 청구할 수 없다.
  ㉢ 헌법재판소는 기본권 침해의 원인이 된 공권력의 행사를 취소하거나 그 불행사가 위헌임을 확인할 수 있고, 헌법재판소가 공권력의 불행사에 대한 헌법소원을 인용하는 결정을 한 때에는 피청구인은 결정취지에 따라 새로운 처분을 하여야 한다(동법 제75조 제3항 · 제4항).

3 정보공개청구

(1) 수용자는 공공기관의 정보공개에 관한 법률에 따라 법무부장관, 지방교정청장 또는 소장에게 정보의 공개를 청구할 수 있다(형집행법 제117조의2 제1항).

(2) 현재의 수용기간 동안 법무부장관, 지방교정청장 또는 소장에게 제1항에 따른 정보공개청구를 한 후 정당한 사유 없이 그 청구를 취하하거나 공공기관의 정보공개에 관한 법률 제17조에 따른 비용을 납부하지 아니한 사실이 2회 이상 있는 수용자가 제1항에 따른 정보공개청구를 한 경우에 법무부장관, 지방교정청장 또는 소장은 그 수용자에게 정보의 공개 및 우송 등에 들 것으로 예상되는 비용을 미리 납부하게 할 수 있다(동조 제2항).

(3) 정보의 공개 및 우송 등에 들 것으로 예상되는 비용을 미리 납부하여야 하는 수용자가 비용을 납부하지 아니한 경우 법무부장관, 지방교정청장 또는 소장은 그 비용을 납부할 때까지 공공기관의 정보공개에 관한 법률 제11조에 따른 정보공개 여부의 결정을 유예할 수 있다(동조 제3항).

(4) 예상비용의 산정방법, 납부방법, 납부기간, 그 밖에 비용납부에 관하여 필요한 사항은 대통령령으로 정한다(동조 제4항).

(5) 예상비용은 공공기관의 정보공개에 관한 법률 시행령 제17조에 따른 수수료와 우편요금(공개되는 정보의 사본·출력물·복제물 또는 인화물을 우편으로 송부하는 경우로 한정한다)을 기준으로 공개를 청구한 정보가 모두 공개되었을 경우에 예상되는 비용으로 한다(시행령 제139조의2 제1항).

(6) 법무부장관, 지방교정청장 또는 소장은 법 제117조의2 제2항에 해당하는 수용자가 정보공개의 청구를 한 경우에는 청구를 한 날부터 7일 이내에 제1항에 따른 비용을 산정하여 해당 수용자에게 미리 납부할 것을 통지할 수 있다(동조 제2항).

(7) 납부기간 및 납부 후의 조치
① 비용납부의 통지를 받은 수용자는 그 통지를 받은 날부터 7일 이내에 현금 또는 수입인지로 법무부장관, 지방교정청장 또는 소장에게 납부하여야 한다(동조 제3항).
② 법무부장관, 지방교정청장 또는 소장은 수용자가 제1항에 따른 비용을 제3항에 따른 납부기한까지 납부하지 아니한 경우에는 해당 수용자에게 정보공개 여부 결정의 유예를 통지할 수 있다(동조 제4항).
③ 법무부장관, 지방교정청장 또는 소장은 제1항에 따른 비용이 납부되면 신속하게 정보공개 여부의 결정을 하여야 한다(동조 제5항).

(8) 법무부장관, 지방교정청장 또는 소장은 비공개 결정을 한 경우에는 제3항에 따라 납부된 비용의 전부를 반환하고 부분공개 결정을 한 경우에는 공개 결정한 부분에 대하여 드는 비용을 제외한 금액을 반환하여야 한다(동조 제6항).

(9) 법무부장관, 지방교정청장 또는 소장은 제1항에 따른 비용이 납부되기 전에 정보공개 여부의 결정을 할 수 있다(동조 제7항).

(10) 비용의 세부적인 납부방법 및 반환방법 등에 관하여 필요한 사항은 법무부장관이 정한다(동조 제8항).

4 순회점검과 시찰 및 참관

(1) 순회점검
① 의의: 순회점검이란 상급관청이 그 지휘감독의 일환으로서 하급관청인 일선교정시설을 정기적으로 점검하는 것을 말한다.
② 성격: 교정시설이 행하는 업무의 적법성 및 타당성을 검증하거나 감독하는 데에는 외부적 방법과 내부적 방법이 있는데 순회점검은 후자에 해당한다.
③ 목적: 형집행법 제8조는 "법무부장관은 교정시설의 운영, 교도관의 복무, 수용자의 처우 및 인권실태 등을 파악하기 위하여 매년 1회 이상 교정시설을 순회점검하거나 소속 공무원으로 하여금 순회점검하게 하여야 한다."라고 규정하고/교정시설의 운영/교도관의 복무/수용자의 처우 및 인권실태 등을 파악하는 것을 순회점검의 목적으로 제시하였다.

(2) 시찰
① 의의
　㉠ 시찰이란 판사와 검사가 직무상 필요한 경우 교정시설을 방문하여 수용관리 실태를 살펴보는 것을 말한다.
　㉡ 판사와 검사는 직무상 필요하면 교정시설을 시찰할 수 있다(형집행법 제9조 제1항).
② 구별개념
　㉠ 특정 업무수행의 참고를 위한 제도라는 점에서 감독권의 작용인 순회점검과 구별된다.
　㉡ 시찰은 판사·검사에 한정되어 인정되고, 직무상 필요가 있어야 하며, 소장의 허가를 요하지 않는다는 점에서 일반인을 그 대상으로 하고, 직무관련성이 없으며, 소장의 허가를 요하는 참관과 구별된다.

(3) 참관
① 의의: 참관이란 판사와 검사 외의 사람이 학술연구 등 정당한 이유를 명시하여 소장의 허가를 받아 교정시설의 내부를 돌아보는 것을 말한다(동조 제2항).
② 대상에 따른 제한: 미결수용자나 사형확정자가 수용된 거실은 참관이 금지되는데(동법 제80조·제89조) 전자는 무죄가 추정되므로 그 명예와 인권을 존중하기 위함이고, 후자는 해당 수용자의 정서적·심리적 안정도모를 위한 것이다.
③ 절차
　㉠ 소장은 판사와 검사 외의 사람이 교정시설의 참관을 신청하는 경우에는 그 성명·직업·주소·나이·성별 및 참관목적을 확인한 후 허가 여부를 결정하여야 한다(시행령 제3조 제1항).
　㉡ 소장은 외국인에게 참관을 허가할 경우에는 미리 관할 지방교정청장의 승인을 받아야 한다(동조 제2항).

02 분류와 처우

1 수형자의 분류

(1) 개념
수형자 분류란 일반적으로 수형자의 개인적 특성을 고려하여 일정한 기준에 따라 구분하는 것을 말한다.

(2) 수용분류와 처우분류
① 수용분류란 수형자의 성별·연령·형명·형기·죄질 등을 기초로 수형자의 보호나 관리에 중점을 둔 분류를 말하며, 처우분류란 수형자의 적성·능력 등을 고려하여 교육·작업·직업능력개발훈련 등 구체적 처우결정에 중점을 둔 분류를 말한다.
② 오늘날 수형자처우의 중심은 수용분류에서 처우분류의 형태로 이동한다.

(3) 횡적 분류와 종적 분류
① 누진처우제도는 수형자 입소 시 일정한 기준에 따라 계급을 부여하고, 수형생활태도 및 교정성적에 따라 점차적으로 완화된 처우를 실시한다는 의미에서 종적 분류라 한다.
② 분류처우제도는 현재의 시점에서 수형자의 인성·행동특성 및 자질 등을 분석하여 개별처우계획을 수립한다는 점에서 횡적 분류라 한다.

(4) 비교법적 차원의 분류(유럽형과 미국형)
① 유럽형 분류(수용분류)
　㉠ 유럽형 분류란 수형자를 그 특성에 따라 여러 유형으로 구분하여 각각 다른 시설에 수용하고, 각 시설 내에서 다시 몇 개의 집단으로 세분화하여 처우하는 것을 의미한다.
　㉡ 유럽에서 분류라는 개념은 교정시설의 질서유지 및 관리, 악풍감염 방지 등과 같이 소극적 목적으로 수형자를 동질적인 그룹으로 유형화하여 구분수용하는 것을 의미하며 수형자를 몇 개의 그룹으로 나누어 각 그룹에 적합한 처우를 하는 데 중점을 두는 이른바 '집단별 분류'의 방식을 취하고 있다.
② 미국형 분류(처우분류)
　㉠ 미국형 분류개념은 유럽형 분류개념(수용분류)을 당연한 것으로 보고, 그 외에 개인에 대한 진단, 지도, 치료의 개념을 추가한 개념을 의미하며 개인의 대한 진단과 치료에 중점을 둔다.
　㉡ 미국형 분류개념을 처우분류라 부르는데 이는 개별수형자에 대한 철저한 분석과 평가에 따라 개별적 처우계획을 작성하고, 그 계획에 따라 처우하기 때문이다.

> **더 알아보기**
>
> 유럽형 분류와 미국형 분류 요약·비교
>
> | 구분 | 유럽형 분류 | 미국형 분류 |
> | --- | --- | --- |
> | 목적 | 수형자의 보호와 교정관리(소극적) | 개인의 진단과 치료, 개별처우(적극적) |
> | 특징 | 전통적 의미의 분류(수용분류) | 현대적 의미의 분류(처우분류) |
> | 방식 | 집단별 분류방식 | 개별적 분류방식 |
> | 분류기준 | • 외부적 특징: 성별, 연령, 죄질, 범수 등
• 수직적·종적 분류 | • 내부적 특징: 지능 및 적성검사 등
• 수평적·횡적 분류 |
> | 대표시설 | 암스테르담 노역장 | 포레스트 감옥 |

03 현행법상 분류처우

1 분류처우

(1) 이송·재수용 수형자의 개별처우계획

① 소장은 해당 교정시설의 특성 등을 고려하여 필요한 경우에는 다른 교정시설로부터 이송되어 온 수형자의 개별처우계획법에 따른 개별처우계획을 변경할 수 있다(형집행법 시행규칙 제60조 제1항).

② 소장은 형집행정지 중에 있는 사람이 기간만료 또는 그 밖의 정지사유가 없어져 재수용된 경우에는 석방 당시와 동일한 처우등급을 부여할 수 있다(동조 제2항).

③ 소장은 가석방의 취소로 재수용되어 남은 형기가 집행되는 경우에는 석방 당시보다 한 단계 낮은 처우등급을 부여한다. 다만, 가석방 취소사유에 특히 고려할 만한 사정이 있는 때에는 석방 당시와 동일한 처우등급을 부여할 수 있다(동조 제3항).

④ 소장은 형집행정지 중이거나 가석방기간 중에 있는 사람이 형사사건으로 재수용되어 형이 확정된 경우에는 개별처우계획을 새로 수립하여야 한다(동조 제4항).

(2) 분류심사

① 의의

㉠ 분류심사란 수형자에 대한 개별처우계획을 합리적으로 수립하고 조정하기 위하여 수형자의 인성, 행동특성 및 자질 등을 과학적으로 조사·측정·평가하는 것을 말한다(형집행법 제59조 제1항).

㉡ 분류심사는 모든 수형자를 대상으로 실시되나, 집행할 형기가 짧거나 그 밖에 특별한 사정이 있는 경우에는 예외로 할 수 있다(동조 제1항).

㉢ 분류심사는 시기에 따라 신입심사와 재심사로 구분되며, 방법에 따라 분류조사와 분류검사로 구분된다.

② 분류심사사항(시행규칙 제63조)
　㉠ 처우등급에 관한 사항
　㉡ 작업, 직업훈련, 교육 및 교화프로그램 등의 처우방침에 관한 사항
　㉢ 보안상의 위험도 측정 및 거실 지정 등에 관한 사항
　㉣ 보건 및 위생관리에 관한 사항
　㉤ 이송에 관한 사항
　㉥ 가석방 및 귀휴심사에 관한 사항
　㉦ 석방 후의 생활계획에 관한 사항
　㉧ 그 밖에 수형자의 처우 및 관리에 관한 사항
③ 분류처우위원회
　㉠ 수형자의 개별처우계획, 가석방심사신청 대상자 선정, 그 밖에 수형자의 분류처우에 관한 중요 사항을 심의·의결하기 위하여 교정시설에 분류처우위원회(이하 이 조에서 "위원회"라 한다)를 둔다(형집행법 제62조 제1항).
　㉡ 위원회는 위원장을 포함한 5명 이상 7명 이하의 위원으로 구성하고, 위원장은 소장이 되며, 위원은 위원장이 소속 기관의 부소장 및 과장(지소의 경우에는 7급 이상의 교도관) 중에서 임명한다(동조 제2항).
　㉢ 위원회는 그 심의·의결을 위하여 외부전문가로부터 의견을 들을 수 있다(동조 제3항).
　㉣ 이 법에 규정된 사항 외에 위원회에 관하여 필요한 사항은 법무부령으로 정한다(동조 제4항).

(3) 재심사의 구분
개별처우계획을 조정할 것인지를 결정하기 위한 분류심사(이하 "재심사"라 한다)는 다음과 같이 구분한다(시행규칙 제65조).
① 정기재심사: 일정한 형기가 도달한 때 하는 재심사
　㉠ 정기재심사는 다음의 어느 하나에 해당하는 경우에 한다. 다만 형집행지휘서가 접수된 날부터 6개월이 지나지 아니한 경우에는 그러하지 아니하다(시행규칙 제66조 제1항).
　　• 형기의 3분의 1에 도달한 때
　　• 형기의 2분의 1에 도달한 때
　　• 형기의 3분의 2에 도달한 때
　　• 형기의 6분의 5에 도달한 때
　㉡ 부정기형의 재심사 시기는 단기형을 기준으로 한다(동조 제2항).
　㉢ 무기형과 20년을 초과하는 징역형·금고형의 재심사 시기를 산정하는 경우에는 그 형기를 20년으로 본다(동조 제3항).
　㉣ 2개 이상의 징역형 또는 금고형을 집행하는 수형자의 재심사 시기를 산정하는 경우에는 그 형기를 합산한다. 다만, 합산한 형기가 20년을 초과하는 경우에는 그 형기를 20년으로 본다(동조 제4항).

② **부정기재심사**: 상벌 또는 그 밖의 사유가 발생한 경우에 하는 재심사로 부정기재심사는 다음 각 호의 어느 하나에 해당하는 경우에 할 수 있다(시행규칙 제67조).
  ㉠ 분류심사에 오류가 있음이 발견된 때
  ㉡ 수형자가 교정사고의 예방에 뚜렷한 공로가 있는 때
  ㉢ 수형자를 징벌하기로 의결한 때
  ㉣ 수형자가 집행유예의 실효 또는 추가사건으로 금고 이상의 형이 확정된 때
  ㉤ 수형자가 전국기능경기대회 입상, 기사 이상의 자격취득, 학사 이상의 학위를 취득한 때
  ㉥ 그 밖에 수형자의 수용 또는 처우의 조정이 필요한 때
③ **재심사의 시기 등**
  ㉠ 소장은 재심사를 할 때에는 그 사유가 발생한 달의 다음 달까지 완료하여야 한다(시행규칙 제68조 제1항).
  ㉡ 재심사에 따라 경비처우급을 조정할 필요가 있는 경우에는 한 단계의 범위에서 조정한다. 다만, 수용 및 처우를 위하여 특히 필요한 경우에는 두 단계의 범위에서 조정할 수 있다(동조 제2항).

(4) 분류조사

① **의의**: 분류조사란 분류심사를 위하여 수형자를 대상으로 상담 등을 통한 신상에 관한 개별사안을 조사하는 것을 말한다(형집행법 제59조 제3항 참조).
② **분류조사 사항**
  ㉠ 신입심사를 할 때에는 다음 사항을 조사한다(시행규칙 제69조 제1항). – 성장과정, 학력 및 직업경력, 생활환경, 건강상태 및 병력사항, 심리적 특성, 마약·알코올 등 약물중독 경력, 가족 관계 및 보호자 관계, 범죄경력 및 범행내용, 폭력조직 가담 여부 및 정도, 교정시설 총 수용기간, 교정시설 수용 중에 받은 징벌 관련 사항, 도주 또는 자살기도 유무와 횟수, 상담관찰 사항, 수용생활 태도, 범죄피해의 회복 노력 및 정도, 석방 후의 생활계획, 재범의 위험성, 처우계획 수립에 관한 사항, 그 밖에 수형자의 처우 및 관리에 필요한 사항
  ㉡ 재심사를 할 때에는 위의 사항 중 변동된 사항과 다음 사항을 조사한다(동조 제2항). – 교정사고 유발 및 징벌 관련 사항, 소득점수를 포함한 교정처우의 성과, 교정사고 예방 등 공적사항, 추가사건 유무, 재범의 위험성, 처우계획 변경에 관한 사항, 그 밖에 재심사를 위하여 필요한 사항

(5) 분류검사

① **의의**: 분류검사란 분류심사를 위하여 수형자를 대상으로 심리·지능·적성 검사 및 그 밖에 필요한 검사 실시하는 것을 말한다(형집행법 제59조 제3항 참조).
② **분류검사 방법**
  ㉠ 소장은 분류검사를 위하여 수형자의 인성, 지능, 적성 등의 특성을 측정·진단하기 위한 검사를 할 수 있다(시행규칙 제71조 제1항).
  ㉡ 인성검사는 신입심사 대상자 및 그 밖에 처우상 필요한 수형자를 대상으로 한다. 다만, 수형자가 다음의 어느 하나에 해당하면 인성검사를 하지 아니할 수 있다(동조 제2항).

- 분류심사가 유예된 때
- 그 밖에 인성검사가 곤란하거나 불필요하다고 인정되는 사유가 있는 때

ⓒ 이해력의 현저한 부족 등으로 인하여 인성검사를 하지 아니한 경우에는 상담 내용과 관련 서류를 토대로 인성을 판정하여 경비처우급 분류지표를 결정할 수 있다(동조 제3항).

ⓔ 지능 및 적성 검사는 제2항 각 호의 어느 하나에 해당하지 아니하는 신입심사 대상자로서 집행할 형기가 형집행지휘서 접수일부터 1년 이상이고, 나이가 35세 이하인 경우에 한다. 다만, 직업훈련 또는 그 밖의 처우를 위하여 특히 필요한 경우에는 예외로 할 수 있다(동조 제4항).

(6) 분류심사의 제외 및 유예

① **분류심사 제외**: 다음의 사람에 대해서는 분류심사를 하지 아니한다(시행규칙 제62조 제1항).
  ㉠ 징역형·금고형이 확정된 사람으로서 집행할 형기가 형집행지휘서 접수일부터 3개월 미만인 사람
  ㉡ 구류형이 확정된 사람

② **분류심사 유예**
  ㉠ 소장은 수형자가 다음 각 호의 어느 하나에 해당하는 사유가 있으면 분류심사를 유예한다(동조 제2항).
  - 질병 등으로 분류심사가 곤란한 때
  - 징벌대상행위의 혐의가 있어 조사 중이거나 징벌집행 중인 때
  - 그 밖의 사유로 분류심사가 특히 곤란하다고 인정하는 때

  ㉡ 소장은 제2항에 해당하는 사유가 소멸한 경우에는 지체 없이 분류심사를 하여야 한다. 다만, 집행할 형기가 사유 소멸일부터 3개월 미만인 경우에는 분류심사를 하지 아니한다(동조 제3항).

04 처우등급의 기준과 유형

1 처우등급의 기준(형집행법 시행규칙 제72조)

(1) 기본수용급: 성별·국적·나이·형기 등에 따라 수용할 시설 및 구획 등을 구별하는 기준

(2) 경비처우급: 도주 등의 위험성에 따라 수용시설과 계호의 정도를 구별하고, 범죄성향의 진전과 개선정도, 교정성적에 따라 처우수준을 구별하는 기준

(3) 개별처우급: 수형자의 개별적인 특성에 따라 중점처우의 내용을 구별하는 기준

2 처우등급의 유형

(1) 기본수용급(시행규칙 제73조)
① 여성수형자
② 외국인수형자
③ 금고형수형자
④ 19세 미만의 소년수형자
⑤ 23세 미만의 청년수형자
⑥ 65세 이상의 노인수형자
⑦ 형기가 10년 이상인 장기수형자
⑧ 정신질환 또는 장애가 있는 수형자
⑨ 신체질환 또는 장애가 있는 수형자

(2) 경비처우급(시행규칙 제74조)

구분	개념	작업기준
개방처우급	개방시설에 수용되어 가장 높은 수준의 처우가 필요한 수형자	외부통근작업 및 개방지역작업 가능
완화경비처우급	완화경비시설에 수용되어 통상적인 수준보다 높은 수준의 처우가 필요한 수형자	개방지역작업 및 필요 시 외부통근작업 가능
일반경비처우급	일반경비시설에 수용되어 통상적인 수준의 처우가 필요한 수형자	구내작업 및 필요 시 개방지역작업 가능
중경비처우급	중경비시설에 수용되어 기본적인 처우가 필요한 수형자	필요 시 구내작업 가능

(3) 개별처우급(시행규칙 제76조)
① 직업훈련
② 학과교육
③ 생활지도
④ 작업지도
⑤ 운영지원작업
⑥ 의료처우
⑦ 자치처우
⑧ 개방처우
⑨ 집중처우

3 소득점수

(1) 소득점수 산정
소득점수는 다음의 범위에서 산정한다(시행규칙 제77조).
① 수형생활 태도: 5점 이내
② 작업 또는 교육 성적: 5점 이내

(2) 소득점수 평가방법
① 소장은 수형자의 소득점수를 소득점수 평가 및 통지서에 따라 매월 평가하여야 한다. 이 경우 대상기간은 매월 초일부터 말일까지로 한다(시행규칙 제78조 제1항).
② 수형자의 소득점수 평가 방법은 다음 각 호로 구분한다(동조 제2항).
　㉠ 수형생활 태도: 품행·책임감 및 협동심의 정도에 따라 매우양호(수, 5점)·양호(우, 4점)·보통(미, 3점)·개선요망(양, 2점)·불량(가, 1점)으로 구분하여 채점한다.
　㉡ 작업 또는 교육 성적: 작업·교육의 실적 정도와 근면성 등에 따라 매우우수(수, 5점)·우수(우, 4점)·보통(미, 3점)·노력요망(양, 2점)·불량(가, 1점)으로 구분하여 채점한다.
③ 보안·작업 담당교도관 및 관구의 책임교도관은 서로 협의하여 소득점수 평가 및 통지서에 해당 수형자에 대한 매월 초일부터 말일까지의 소득점수를 채점한다(동조 제4항).

(3) 소득점수 평가기준
① 수형생활 태도 점수와 작업 또는 교육성적 점수는 제78조 제2항의 방법에 따라 채점하되, 수는 소속 작업장 또는 교육장 전체인원의 10퍼센트를 초과할 수 없고, 우는 30퍼센트를 초과할 수 없다. 다만, 작업장 또는 교육장 전체인원이 4명 이하인 경우에는 수·우를 각각 1명으로 채점할 수 있다(시행규칙 제79조 제1항).
② 소장이 작업장 중 작업의 특성이나 난이도 등을 고려하여 필수 작업장으로 지정하는 경우 소득점수의 수는 5퍼센트 이내, 우는 10퍼센트 이내의 범위에서 각각 확대할 수 있다(동조 제2항).
③ 소장은 수형자가 부상이나 질병, 그 밖의 부득이한 사유로 작업 또는 교육을 받지 못한 경우에는 3점 이내의 범위에서 작업 또는 교육 성적을 부여할 수 있다(동조 제3항).

(4) 소득점수 평정
① 소장은 제66조(정기재심사) 및 제67조(부정기재심사)에 따라 재심사를 하는 경우에는 그때마다 평가한 수형자의 소득점수를 평정하여 경비처우급을 조정할 것인지를 고려하여야 한다. 다만, 부정기재심사의 소득점수 평정대상기간은 사유가 발생한 달까지로 한다(시행규칙 제80조 제1항).
② 소득점수를 평정하는 경우에는 평정 대상기간 동안 매월 평가된 소득점수를 합산하여 평정 대상기간의 개월 수로 나누어 얻은 점수(평정소득점수)로 한다(동조 제2항).

4 처우등급의 조정

(1) 경비처우급 조정
경비처우급을 상향 또는 하향 조정하기 위하여 고려할 수 있는 평정소득점수의 기준은 다음과 같다. 다만, 수용 및 처우를 위하여 특히 필요한 경우 법무부장관이 달리 정할 수 있다(시행규칙 제81조).
① 상향 조정: 8점 이상(제66조 제1항 제4호에 따른 재심사의 경우에는 7점 이상)
② 하향 조정: 5점 이하

(2) 조정된 처우등급의 처우
① 조정된 처우등급에 따른 처우는 그 조정이 확정된 다음 날부터 한다. 이 경우 조정된 처우등급은 그 달 초일부터 적용된 것으로 본다(시행규칙 제82조 제1항).
② 소장은 수형자의 경비처우급을 조정한 경우에는 지체 없이 해당 수형자에게 그 사항을 알려야 한다(동조 제2항).

5 누진처우제도

(1) 의의 및 연혁
① 의의: 누진처우란 재판상 선고된 형기의 집행단계를 여러 개의 단계로 나누어 수형자의 개선 정도에 따라 구금을 완화하고 확대하는 등 수형자의 처우를 점차 완화해나가는 제도를 말한다.
② 연혁
  ㉠ 영국 교정당국이 1822년 교정당국을 4개의 단계로 나누어 교정성적에 따라 점차 자유를 허용하는 일종의 고사제를 시작하였으며 1840년 호주의 노포크 교도소에서 알렉산더 마코노키가 이 제도의 점수제를 결합시켜 발전시켰고, 마코노키의 점수제를 본국인 영국에서 채택하여 잉글랜드제를 시행하였으며, 1854년 아일랜드에서는 월터 크로프턴이 이를 수정한 아일랜드제를 시행한다.
  ㉡ 미국에서는 이와 같은 제도의 영향을 받아 드와이트·와인즈·브록웨이 등이 주축이 되어 잉글랜드제와 아일랜드제에 부정기형을 결합한 엘마이라제를 고안하였다.

(2) 누진처우의 유형
① 고사제
  ㉠ 고사제란 1842년 호주의 제임스 그레이엄과 로드 스탠리가 창안한 제도로 일정기간이 경과하였을 때에 그 기간 내의 교정성적을 담당 교도관의 보고로 교도위원회가 심사하여 진급을 결정하는 방법으로, 일정한 기간이 경과되었을 때 교정성적을 상세히 조사하여 진급을 결정하는 것이므로 기간제라고도 한다.
  ㉡ 그레이엄은 수형자를 형기·위험성·개선 가능성 등을 기준으로 세 가지로 분류하고, 4단계의 처우를 행하였다(제1단계 – 공공노역에 복역, 제2단계 – 개인기업에 복역, 제3단계 – 가석방증을 주어 취업지역을 제한하여 자유노동에 복역, 제4단계 – 가석방을 인정).

ⓒ 진급과 가석방의 구체적 타당성을 기대할 수 있고 자력개선의 희망을 가지게 한다.
ⓓ 진급이 교도관의 자의에 좌우되기 쉬우며 관계 직원이 공정한 심사를 하지 아니할 경우 수형자의 불신을 초래하여 자력개선 의욕을 저하시킬 수 있다.

② 점수제
ⓐ 점수제란 1840년 마코노키가 창안한 제도로서 형익에 상당하는 책임점수를 정한 후 매일 또는 매월마다 취득하는 소득점수로 그 책임점수 전부를 소각한 때에는 석방시키는 제도이다.
ⓑ 점수제는 '시간제'를 '노동제'로 대체하고, 그 노동을 측정하는 데에 점수제도를 활용하고 있다는 점에서 고사제와 구별된다.

③ 잉글랜드제
ⓐ 마코노키가 창안한 점수제가 영국에서 채택되어 잉글랜드제라 불리는 누진제가 형성되었는데 이는 수형자를 최초 9개월간 독거구금 후 공역교도소에서 혼거시켜 강제노역에 종사하도록 하고, 이들을 고사급·제3급·제2급·제1급·특별급의 5계급으로 나누어 지정된 책임점수를 소각하면 진급시키고 처우상 우대하였다.
ⓑ 매일의 작업에 대한 노력과 성적에 따라 소득점수와 작업상여금이 정해졌고, 적어도 4계급을 경과하지 않으면 가석방이 허가되지 않았으며, 형기단축의 최고한도는 공역감옥 복역기간의 1/4을 초과할 수 없었다.

④ 아일랜드제
ⓐ 마코노키의 점수제를 응용하여 1854년부터 1862년 사이 아일랜드의 교정국장을 지냈던 월터 크로프턴이 창안한 제도로 점차 자유로운 상태에 근접하게 하며, 마지막 단계에 가까울수록 규제는 최소화하고, 자유는 확대하였다.
ⓑ 석방 이후 엄격한 감시를 받게 되며, 재범의 우려가 높으면 석방허가증이 철회되었다.

⑤ 엘마이라제(상대적 부정기형, 초범 대상, 신입자는 2급에 편입)
ⓐ 엘마이라제란 부정기형제도와 누진제를 결합한 것으로 계급에 따른 처우와 가석방을 연계하여 누진계급에 따라 점차적으로 향상된 처우를 하다가 최종적으로 가석방하는 것을 내용으로 하는 제도이다.
ⓑ 마코노키의 점수제, 스탠리와 그레이엄의 고사제, 크로프턴의 아일랜드제 및 부정기형제도를 결합한 형태이다.
ⓒ 수형자의 자력적 개선에 중점을 둔 행형제도라는 점에서 '감화제'라고도 한다.
ⓓ 드와이트·와인즈·샌본·브록웨이 등이 누진제의 선사상에 입각한 새로운 감화원의 설립과 부정기형제도의 채용을 주장하였다. 또한 1870년 신시내티 선언에서 행형원칙이 선언되었으며, 이 원칙에 따라 채택된 것이 엘마이라 감화제이다.
ⓔ 1876년 엘마이라 감화원이 설립되고, 초대 원장으로 취임한 브록웨이는 16세에서 30세까지의 초범자를 대상으로 엘마이라제도를 처음 실시하였으며, 1910년 워싱턴 국제형무회의에서 승인을 받아 세계적 행형제도로 널리 전파하였다.

ⓑ 장점
- 특히 청소년 범죄자의 건강증진과 규율유지 및 교화개선에 효과적이다.
- 수형자분류, 교화개선 프로그램, 보호관찰부 가석방 등이 이 제도에서 비롯되었다는 점에서 19세기 인도적 행형집행의 결정체로 평가받는다.

ⓐ 단점
- 초범 청소년 범죄인만을 대상으로 하여 제도 수혜의 대상자가 제한적이다.
- 새로운 교육방법의 개발에 소극적이다.
- 진지한 개선노력과 상위등급을 받기 위한 속임수를 구별하기 곤란하다.

ⓞ 문제점
- 고지식하고 성실한 수형자보다 위선적이고 교활한 수형자에게 오히려 유리하게 작용될 수 있어 수형자의 위선과 기망을 조장할 수 있다.
- 처우를 결정하는 누진심사가 교도관의 주관적 기준과 자의적 판단에 의해 좌우될 수 있다.

> **더 알아보기**
>
> 잉글랜드제와 아일랜드제 요약·비교
>
> | 구분 | 아일랜드제 | 잉글랜드제 |
> | --- | --- | --- |
> | 소득점수 | 매월 계산 | 매일 계산 |
> | 처우단계 | 독거 → 혼거 → 중간교도소 → 가석방 | 독거 → 혼거 → 가석방 |
> | 회상급 점수자 처우 | 중간교도소 이송 | 가석방 |
> | 가석방자 경찰감시 | 필요 | 불필요 |

05 시설 내 처우

1 수형자자치제

(1) 의의

수형자자치제란 수형자 스스로의 책임에 기초하여 교도소 내의 질서를 유지하게 하며, 자치활동을 보장하여 사회복귀를 유도하는 처우방법이다.

(2) 연혁

수형자자치제는 19세기 초에 소년감화원이나 소년구호원 등에서 실시한 것에서 기원하였으며 수형자자치제가 행형제도로 처음 실시된 곳은 뉴욕주의 오번 교도소로서 오번시장 출신인 오스본이 자원수형자가 되어 수형자 자치단체인 상호복지연맹을 조직한 후 이를 중심으로 수형자자치제의 실시를 건의하였고, 뉴욕주지사와 오번 교도소장의 동의하에 1914년 오번 교도소에서 시행되었다.

(3) 수형자자치 전제조건
① 수형자에 대한 과학적 조사와 분류가 선행되어야 하며 독거제에서는 자치영역에 한계가 있으므로 혼거제가 전제되어야 한다.
② 소규모 교도소에서 실시하는 것이 바람직하며 부정기형제도하에서 운영되어야 보다 효과적이다.
③ 교도관과 수형자 간에 깊은 인간적 유대관계가 형성되어야 하며 근본적으로 사회 자체가 민주화되어야 한다.

(4) 장점
① 수형자에게 독립심 및 자립심을 가지게 하여 미흡한 자기통제력이 회복된다.
② 수형자의 저항유발을 최소화하고, 엄격한 계호에 따르는 등 마찰이 감소되며 자율적이고 자발적인 수용질서를 유지한다.
③ 수형자와 교도관의 인격적 관계를 회복시켜 교정의 효율성이 극대화되며, 명예심과 경쟁심의 자극을 통하여 자력개선의지가 고양된다.
④ 수형자의 사회성 훈련 또는 사회적응능력이 함양된다.

(5) 단점
① 범죄자에게 특권을 베푸는 것은 국민의 법감정에 배치된다.
② 형벌의 위하력이 약화된다.
③ 법집행의 준엄함이 약화되고 교도관의 권위가 저하된다.
④ 전문인력과 자치제에 적합한 설비를 요한다는 점에서 교정비용이 증가한다.
⑤ 선량한 시민보다 선량한 수형자를 만드는 데 그친다.

(6) 현행법령상 수형자자치제
① 소장은 개방처우급·완화경비처우급 수형자에게 자치생활을 허가할 수 있다(시행규칙 제86조 제1항).
② 수형자 자치생활의 범위는 인원점검, 취미활동, 일정한 구역 안에서의 생활 등으로 한다(동조 제2항).
③ 소장은 자치생활 수형자들이 교육실, 강당 등 적당한 장소에서 월 1회 이상 토론회를 할 수 있도록 하여야 한다(동조 제3항).
④ 소장은 개방처우급·완화처우급 또는 자치생활 수형자에 대하여 월 2회 이내에서 경기 또는 오락회를 개최하게 할 수 있다(시행규칙 제91조 제1항).
⑤ 소장은 자치생활 수형자가 법무부장관 또는 소장이 정하는 자치생활 중 지켜야 할 사항을 위반한 경우에는 자치생활 허가를 취소할 수 있다(시행규칙 제86조 제4항).

2 커티지제

(1) 의의
① 커티지제란 수형자를 개인적 적성에 따라 여러 개의 소규모 커티지로 분류하여 수용한 후 커티지별로 가족적인 분위기에서 단위별 특성에 적합한 처우를 행하는 제도로 대규모 시설에서 획일적 처우를 행하는 것에 따르는 부작용을 보완하기 위한 차원에서 시도된 소규모 처우제도이다.
② 과학적 분류제도 및 부정기형이 전제될 때 효과적이며, 수형자자치제의 한 형태이다.

(2) 연혁
커티지제는 기존의 대형화·집단화 행형에 대한 반성에서 비롯되며 1854년 미국 오하이오주 랭커스터의 오하이오 학교에서 최초로 시행하던 것을 행형제도에 도입한 것으로 1904년 뉴욕주의 청소년보호수용소에서 이를 채택한 이래 여자교도소와 소년교도소 및 성인교도소까지 확대 시행되었다.

(3) 장점
① 누진제 및 자치제와 결합하여 분류와 처우를 가족적으로 소형화하여 수형자의 개별처우에 적합하다.
② 독립적인 자치심 배양에 유리하며 진정한 행형규율의 확립과 교화에 유리하다.

(4) 단점
① 시설의 소규모화를 이루기 위해서는 적지 않은 경비가 소요되므로 재정부담이 증가된다.
② 범죄인에 대한 배려는 국민의 법감정 및 피해자의 감정과 배치되며 과학적 분류제도와 전문요원의 확보가 선행되지 않으면 제도적 효과는 반감된다.

3 선시제도

(1) 의의
선시제도란 교도소의 규칙을 준수하고 작업에 자발적으로 참여하며 선행을 행하는 수형자에게 그 대가로 수형기간의 일정부분을 감축시켜 주는 제도로 형기 그 자체가 경감되는 것이 아니라, 수형자의 노력에 따라 석방시기가 단축되는 것이라는 점에서 형기 그 자체가 감경되는 감형과 구별된다.

(2) 연혁
① 선시제도는 가석방제도가 창안되기 이전인 19세기 초에 은사를 남용하지 않으면서 정기형의 엄격성을 완화할 목적으로 창안되었으며 1817년 뉴욕주에서 선시법이 최초로 제정되어 시행된 이래 1868년까지 미국의 24개 주로 확대 시행되었다. 그 후 호주·캐나다 등 영미법계 국가에서 이를 채택하여 다양한 형태로 운영되었다.
② 우리나라는 1948년 우량수형자 석방령으로 시행되다가 1953년 10월 3일 신형법 실시와 함께 폐지하였다.

(3) 가석방과 구별
① 선시제도는 시설 내 처우인 반면, 가석방제도는 사회 내 처우이다.
② 선시제도는 법률에 정한 일정요건이 충족되면 반드시 석방해야 한다는 점에서 가석방 요건이 충족되더라도 가석방을 하지 않을 수 있는 가석방제도와 구별된다.
③ 선시제도는 자신의 형기가 실질적으로 단축된다는 점에서 형기 중 사회 내 처우로 형의 집행방법이 변경되는 가석방제도와 구별된다.
④ 재범의 위험성 유무와 관계없이 수형생활 중 선행과 근면 정도를 기준으로 한다는 점에서 행형성적의 우수 외에도 재범 위험성이 없음을 요하는 가석방제도와 구별된다.

(4) 장점
① 수형자의 교화개선을 촉진한다.
② 행형성적이 우수한 수형자의 석방일을 단축해 줌으로써 선행을 장려한다.
③ 정기형의 엄격성이 완화된다.
④ 좋은 작업성적을 거두기 위해 스스로 노력하므로 작업능률이 향상된다.

(5) 단점
① 형기계산이 복잡하다.
② 사법부가 결정한 형기를 행정권이 변경시키는 결과가 되므로 삼권분립 원칙에 위배된다.
③ 요령 있는 수형자에게 유리하게 이용될 소지가 많고, 행형성적이 우수한 수형자가 반드시 건전한 시민이 된다고 보기 어려우므로 형사정책상 불합리하다.
④ 직업훈련이 덜 된 수형자라 할지라도 수형자의 선행업적에 따라 요건이 충족되면 별도의 심사 없이 석방되므로 본인의 사회적응은 물론 사회방위에도 불리하다.
⑤ 본래적 목적인 교화개선보다 수용관리의 방편으로 이용될 수 있다.

Chapter 11 | 교정처우론 - 시설 내 처우

01 형집행법의 개관

1 형집행법의 성격

(1) 공법
형집행법은 국가와 수용자 간의 공법관계를 규율하고, 형집행법에 의해 보호되는 법익은 대부분 공익의 유지 및 향상에 그 주된 목적이 있으므로 공법의 성격을 지닌다.

(2) 행정법
형집행법은 수형자를 교화개선하여 건전한 사회인으로 복귀시킨다는 합목적성에 그 목적을 두고 있으므로 행정법의 성격을 지닌다. 다만, 형집행법은 사법작용에 의해 확정된 형을 집행한다는 형사사법체계의 한 축을 형성하고 있으므로 사법적 색채가 강한 행정법이다.

(3) 형사법
형집행법은 격리구금을 통한 형벌집행과 범죄인에 대한 교화개선을 통하여 범죄로부터 사회를 보호하고, 공공의 안전과 질서유지라는 공익을 추구하므로 형사법의 성격을 지닌다.

(4) 절차법
형집행법은 형벌권을 실현하는 구체적 절차를 규정하고 있으므로 절차법의 성격을 지닌다.

(5) 강행법
형집행법은 당사자의 의사에 따라 법적 효과를 달리하는 임의법과는 달리, 국가권력에 의하여 강제적으로 일방적인 법적 효과를 발생시키므로 강행법의 성격을 지닌다.

2 형집행법의 기능

(1) 규범적 기능
형집행법은 교정시설에서 수용자와 관계되어 발생되는 여러 가지 상황에 대하여 정해진 기준에 따라 그에 상응한 법적 효과를 부여하는 규범적 기능을 가진다.

(2) 강제적 기능
형집행법은 수용자가 동법에서 요구하는 작위·부작위에 반하는 행동을 할 때 공권력으로 이를 실현하는 강제적 기능을 가진다.

(3) 보장적 기능
형집행법은 수용자의 기본적 인권과 최저한도의 문화적 생활을 확보해 주는 '수용자의 마그나카르타'로서의 보장적 기능을 가진다.

(4) 형제적 기능
형집행법은 형의 집행 및 수용자의 처우에 관한 여러 가지 제도를 창설하고 정립하는 기능을 수행한다.

3 형집행법의 목적 및 용어 정의

(1) 목적(형집행법 제1조)
① 수형자의 교정교화와 건전한 사회복귀의 도모
② 수용자의 처우와 권리 및 교정시설의 운영에 관하여 필요한 사항의 규정

(2) 용어 정의
① 수용자란 수형자·미결수용자·사형확정자 등 법률과 적법한 절차에 따라 교도소·구치소 및 그 지소(이하 "교정시설"이라 한다)에 수용된 사람을 말한다(형집행법 제2조 제1호).
② 수형자란 징역형·금고형 또는 구류형의 선고를 받아 그 형이 확정되어 교정시설에 수용된 사람과 벌금 또는 과료를 완납하지 아니하여 노역장 유치명령을 받아 교정시설에 수용된 사람을 말한다(동조 제2호).
③ 미결수용자란 형사피의자 또는 형사피고인으로서 체포되거나 구속영장의 집행을 받아 교정시설에 수용된 사람을 말한다(동조 제3호).
④ 사형확정자란 사형의 선고를 받아 그 형이 확정되어 교정시설에 수용된 사람을 말한다(동조 제4호).

4 형집행법의 적용범위

(1) 형집행법은 교정시설의 구내와 교도관이 수용자를 계호하고 있는 그 밖의 장소로서 교도관의 통제가 요구되는 공간에 대하여 적용한다(동법 제3조).

(2) 따라서 동법은 교정시설의 밖에서도 수용자와 관련된 사항에 관해 적용한다.

5 형집행법의 기본계획 수립

(1) 법무부장관은 이 법의 목적을 효율적으로 달성하기 위하여 5년마다 형의 집행 및 수용자 처우에 관한 기본계획(이하 "기본계획"이라 한다)을 수립하고 추진하여야 한다(동법 제5조의2 제1항).

(2) 기본계획에는 다음 각 호의 사항이 포함되어야 한다(동조 제2항).
   ① 형의 집행 및 수용자 처우에 관한 기본 방향
   ② 인구・범죄의 증감 및 수사 또는 형 집행의 동향 등 교정시설의 수요 증감에 관한 사항
   ③ 교정시설의 수용 실태 및 적정한 규모의 교정시설 유지 방안
   ④ 수용자에 대한 처우 및 교정시설의 유지・관리를 위한 적정한 교도관 인력 확충 방안
   ⑤ 교도작업과 직업훈련의 현황, 수형자의 건전한 사회복귀를 위한 작업설비 및 프로그램의 확충 방안
   ⑥ 수형자의 교육・교화 및 사회적응에 필요한 프로그램의 추진방향
   ⑦ 수용자 인권보호 실태와 인권 증진 방안
   ⑧ 교정사고의 발생 유형 및 방지에 필요한 사항
   ⑨ 형의 집행 및 수용자 처우와 관련하여 관계 기관과의 협력에 관한 사항
   ⑩ 그 밖에 법무부장관이 필요하다고 인정하는 사항

(3) 법무부장관은 기본계획을 수립 또는 변경하려는 때에는 법원, 검찰 및 경찰 등 관계 기관과 협의하여야 한다(동조 제3항).

(4) 법무부장관은 기본계획을 수립하기 위하여 실태조사와 수요예측 조사를 실시할 수 있다(동조 제4항).

(5) 법무부장관은 기본계획을 수립하기 위하여 필요하다고 인정하는 경우에는 관계 기관의 장에게 필요한 자료를 요청할 수 있다. 이 경우 자료를 요청받은 관계 기관의 장은 특별한 사정이 없으면 요청에 따라야 한다(동조 제5항).

02 수용관리

1 수용

(1) 의의

수용이란 국가의 강제력에 의하여 수용자의 자유권을 박탈하고 교정시설에 수용하여 수용자로서의 신분을 설정하는 처분으로 법원의 선고로 확정된 형을 국가의 강제력에 의하여 집행하거나, 형사소송법상 피의자나 피고인의 구속집행 등을 위하여 특정인의 신병을 교정시설에 입소시켜 수용자로서의 신분을 설정하고, 이를 법정의 절차에 따라 계속 유지하는 것을 말한다.

(2) 수용요건
① **형식적 수용요건**: 수용에 필요한 법정서식의 서류구비 여부를 말한다.
② **실질적 수용요건**: 문서에 표시된 내용이 사실과 일치하고, 수용거절사유가 없어야 하며, 수용능력이 구비되어야 함을 말한다.

(3) 수용의 구분
① **구분수용의 기준**
  ㉠ 교도소에는 19세 이상의 수형자를, 소년교도소에는 19세 미만의 수형자를, 구치소에는 미결수용자를 수용한다(동법 제11조 제1항).
  ㉡ 교도소 및 구치소의 각 지소에는 교도소 또는 구치소에 준하여 수용자를 수용한다(동조 제2항).
  ㉢ 남성과 여성은 분리하여 수용한다(동법 제13조 제1항).
② **구분수용의 예외(동법 제12조)**
  ㉠ 미결수용자 수용(동조 제1항)
    • 관할 법원 및 검찰청 소재지에 구치소가 없는 때
    • 구치소의 수용인원이 정원을 훨씬 초과하여 정상적인 운영이 곤란한 때
    • 범죄의 증거인멸을 방지하기 위하여 필요하거나 그 밖에 특별한 사정이 있는 때
  ㉡ 취사 등의 작업을 위하여 필요하거나 그 밖에 특별한 사정이 있으면 구치소에 수형자를 수용할 수 있다(동조 제2항).
  ㉢ 수형자가 소년교도소에 수용 중에 19세가 된 경우에도 교육ㆍ교화프로그램, 작업, 직업훈련 등을 실시하기 위하여 특히 필요하다고 인정되면 23세가 되기 전까지는 계속하여 수용할 수 있다(동조 제3항).
  ㉣ 소장은 특별한 사정이 있으면 구분수용 기준에 따라 다른 교정시설로 이송하여야 할 수형자를 6개월을 초과하지 아니하는 기간 동안 계속하여 수용할 수 있다(동조 제4항).

(4) 수용의 거절사유

① **수용요건의 흠결**: 수용에 필요한 적법서류를 갖추지 않았거나, 서류의 기재내용과 실제내용이 일치하지 않는 경우에는 수용요건의 흠결로 수용이 거절된다.

② **감염병에 걸린 자**

> **형집행법 제18조(수용의 거절)**
> ① 소장은 다른 사람의 건강에 위해를 끼칠 우려가 있는 감염병에 걸린 사람의 수용을 거절할 수 있다.
> ② 소장은 제1항에 따라 수용을 거절하였으면 그 사유를 지체 없이 수용지휘기관과 관할 보건소장에게 통보하고 법무부장관에게 보고하여야 한다.

(5) 수용의 절차

① **신원확보를 위한 절차**

㉠ 신입자 인수
- 소장은 법원·검찰청·경찰관서 등으로부터 처음으로 교정시설에 수용되는 사람에 대하여는 집행지휘서, 재판서, 그 밖에 수용에 필요한 서류를 조사한 후 수용한다(동법 제16조 제1항).
- 소장은 법원·검찰청·경찰관서 등으로부터 처음으로 교정시설에 수용되는 사람을 인수한 경우에는 호송인에게 인수서를 써 주어야 한다. 이 경우 신입자에게 부상·질병, 그 밖에 건강에 이상이 있을 때에는 호송인으로부터 그 사실에 대한 확인서를 받아야 한다(시행령 제13조 제1항).
- 신입자를 인수한 교도관은 제1항의 인수서에 신입자의 성명, 나이 및 인수일시를 적고 서명 또는 날인하여야 한다(동조 제2항).
- 소장은 제1항 후단에 따라 확인서를 받는 경우에는 호송인에게 신입자의 성명, 나이, 인계일시 및 부상 등의 사실을 적고 서명 또는 날인하도록 하여야 한다(동조 제3항).

㉡ 신입자 수용
- 신입자 및 다른 교정시설로부터 이송되어 온 사람에게는 말이나 서면으로 다음 각 호의 사항을 알려 주어야 한다(동법 제17조).
  - 형기의 기산일 및 종료일
  - 접견·편지, 그 밖의 수용자의 권리에 관한 사항
  - 청원, 국가인권위원회법에 따른 진정, 그 밖의 권리구제에 관한 사항
  - 징벌·규율, 그 밖의 수용자의 의무에 관한 사항
  - 일과, 그 밖의 수용생활에 필요한 기본적인 사항
- 소장은 신입자를 인수한 경우에는 교도관에게 신입자의 신체·의류 및 휴대품을 지체 없이 검사하게 하여야 한다(시행령 제14조).
- 소장은 수용자의 거실을 지정하는 경우에는 죄명·형기·죄질·성격·범죄전력·나이·경력 및 수용생활 태도, 그 밖에 수용자의 개인적 특성을 고려하여야 한다(동법 제15조).
- 소장은 신입자 또는 다른 교정시설로부터 이송되어 온 사람이 있으면 그 사실을 수용자의 가족(배우자, 직계 존속·비속, 형제자매)에게 지체 없이 알려야 한다. 다만, 수용자가 알리는 것을 원하지 아니하면 그러하지 아니하다(동법 제21조).

- 소장은 신입자가 환자이거나 부득이한 사정이 있는 경우가 아니면 수용된 날부터 3일 동안 신입자거실에 수용하여야 한다(시행령 제18조 제1항).
- 소장은 제1항에 따라 신입자거실에 수용된 사람에게는 작업을 부과해서는 아니 된다(동조 제2항).
- 소장은 19세 미만의 신입자 그 밖에 특히 필요하다고 인정하는 수용자에 대하여는 제1항의 기간을 30일까지 연장할 수 있다(동조 제3항).

ⓒ 수용기록부 작성
- 소장은 신입자 또는 이입자를 수용한 날부터 3일 이내에 수용기록부, 수용자명부 및 형기종료부를 작성·정비하고 필요한 사항을 기록하여야 한다(시행령 제19조).
- 소장은 신입자의 신원에 관한 사항을 조사하여 수용기록부에 기록하여야 한다(시행령 제20조 제1항).
- 소장은 신입자의 본인 확인 및 수용자의 처우 등을 위하여 불가피한 경우 개인정보 보호법 제23조에 따른 정보, 같은 법 시행령 제18조 제2호에 따른 범죄경력자료에 해당하는 정보, 같은 영 제19조에 따른 주민등록번호, 여권번호, 운전면허의 면허번호 또는 외국인등록번호가 포함된 자료를 처리할 수 있다(동조 제2항).
- 수용기록부 등 수용자의 범죄횟수를 기록하는 문서에는 필요한 경우 수용횟수(징역 또는 금고 이상의 형을 선고받고 그 집행을 위하여 교정시설에 수용된 횟수를 말한다)를 함께 기록하여 해당 수용자의 처우에 참고할 수 있도록 한다(시행규칙 제3조 제3항).
- 수용자의 범죄횟수는 징역 또는 금고 이상의 형을 선고받아 확정된 횟수로 한다. 다만, 집행유예의 선고를 받은 사람이 유예기간 중 고의로 범한 죄로 금고 이상의 실형이 확정되지 아니하고 그 기간이 지난 경우에는 집행이 유예된 형은 범죄횟수에 포함하지 아니한다(동조 제1항).
- 형의 집행을 종료하거나 그 집행이 면제된 날부터 다음 각 호의 기간이 지난 경우에는 범죄횟수에 포함하지 아니한다. 다만, 그 기간 중 자격정지 이상의 형을 선고받아 확정된 경우는 제외한다(동조 제2항).
    - 3년을 초과하는 징역 또는 금고: 10년
    - 3년 이하의 징역 또는 금고: 5년
- 소장은 신입자의 키·용모·문신·흉터 등 신체 특징과 가족 등 보호자의 연락처를 수용기록부에 기록하여야 하며, 교도관이 업무상 필요한 경우가 아니면 이를 열람하지 못하도록 하여야 한다(시행령 제17조 제1항).

② 수용자 식별을 위한 절차
ⓘ 사진촬영, 지문채취
- 소장은 신입자 및 다른 교정시설로부터 이송되어 온 사람에 대하여 다른 사람과의 식별을 위하여 필요한 한도에서 사진촬영, 지문채취, 수용자 번호지정, 그 밖에 대통령령으로 정하는 조치를 하여야 한다(동법 제19조 제1항).
- 소장은 수용목적상 필요하면 수용 중인 사람에 대하여도 제1항의 조치를 할 수 있다(동조 제2항).

ⓛ 번호표 · 거실 부착사항
- 소장은 신입자 및 다른 교정시설로부터 이송되어 온 사람에 대하여 수용자번호를 지정하고 수용 중 번호표를 상의의 왼쪽 가슴에 붙이게 하여야 한다. 다만, 수용자의 교화 또는 건전한 사회복귀를 위하여 특히 필요하다고 인정하면 번호표를 붙이지 아니할 수 있다(시행령 제17조 제2항).
- 소장은 수용자거실에 면적, 정원 및 현재인원을 적은 현황표를 붙여야 한다(시행령 제12조 제1항).
- 소장은 수용자거실 앞에 이름표를 붙이되, 이름표 윗부분에는 수용자의 성명 · 출생연도 · 죄명 · 형명 및 형기를 적고, 그 아랫부분에는 수용자번호 및 입소일을 적되 윗부분의 내용이 보이지 않도록 해야 한다(동조 제2항).
- 소장은 수용자가 법령에 따라 지켜야 할 사항과 수용자의 권리구제 절차에 관한 사항을 수용자 거실의 보기 쉬운 장소에 붙이는 등의 방법으로 비치하여야 한다(동조 제3항).

(6) 수용자의 이송

① 소장은 수용자의 수용 · 작업 · 교화 · 의료, 그 밖의 처우를 위하여 필요하거나 시설의 안전과 질서유지를 위하여 필요하다고 인정하면 법무부장관의 승인을 받아 수용자를 다른 교정시설로 이송할 수 있다(동법 제20조 제1항).

② 이송승인
ⓐ 법무부장관은 이송승인에 관한 권한을 대통령령으로 정하는 바에 따라 지방교정청장에게 위임할 수 있다(동조 제2항).
ⓛ 지방교정청장은 법 제20조 제2항에 따라 다음 각 호의 어느 하나에 해당하는 경우에는 수용자의 이송을 승인할 수 있다(시행령 제22조 제1항).
- 수용시설의 공사 등으로 수용거실이 일시적으로 부족한 때
- 교정시설 간 수용인원의 뚜렷한 불균형을 조정하기 위하여 특히 필요하다고 인정되는 때
- 교정시설의 안전과 질서유지를 위하여 긴급하게 이송할 필요가 있다고 인정되는 때

ⓒ 제1항에 따른 지방교정청장의 이송승인은 관할 내 이송으로 한정한다(동조 제2항).

③ 이송중지: 소장은 수용자를 다른 교정시설에 이송하는 경우에 의무관으로부터 수용자가 건강상 감당하기 어렵다는 보고를 받으면 이송을 중지하고 그 사실을 이송받을 소장에게 알려야 한다(시행령 제23조).

④ 긴급이송
ⓐ 소장은 교정시설의 안에서 천재지변이나 그 밖의 사변에 대한 피난의 방법이 없는 경우에는 수용자를 다른 장소로 이송할 수 있다(동법 제102조 제2항).
ⓛ 소장은 제2항에 따른 이송이 불가능하면 수용자를 일시 석방할 수 있다(동조 제3항).
ⓒ 소장은 수용자를 일시 석방하는 경우에는 출석 시한과 장소를 알려 주어야 한다(시행령 제127조 제2항).
ⓓ 일시 석방된 사람은 석방 후 24시간 이내에 교정시설 또는 경찰관서에 출석하여야 한다(동법 제102조 제4항).

(7) 수용자의 호송

① 수용자를 이송이나 출정, 그 밖의 사유로 호송하는 경우에는 수형자는 미결수용자와, 여성수용자는 남성수용자와, 19세 미만의 수용자는 19세 이상의 수용자와 각각 호송 차량의 좌석을 분리하는 등의 방법으로 서로 접촉하지 못하게 하여야 한다(시행령 제24조).
② 교도소·구치소 및 그 지소 간의 호송은 교도관이 행하며, 그 밖의 호송은 경찰관 또는 검찰청법 제47조에 따라 사법경찰관리로서의 직무를 수행하는 검찰청 직원이 행한다(수형자 등 호송 규정 제2조).
③ 호송은 피호송자를 받아야 할 관서 또는 출두하여야 할 장소와 유치할 장소에 곧바로 호송한다(동규정 제3조 제1항).
④ 호송은 필요에 의하여 차례로 여러 곳을 거쳐서 행할 수 있다(동조 제2항).
⑤ 발송관서는 미리 수송관서에 대하여 피호송자의 성명·발송시일·호송사유 및 방법을 통지하여야 한다(동규정 제5조).
⑥ 호송은 일출 전 또는 일몰 후에는 행할 수 없다. 다만, 열차·선박·항공기를 이용하는 때 또는 특별한 사유가 있는 때에는 예외로 한다(동규정 제7조).
⑦ 피호송자가 법령에 의하여 필요한 물품을 자신의 비용으로 구입할 수 있는 때에는 호송관은 물품의 구매를 허가할 수 있다(동규정 제9조 제1항).
⑧ 피호송자가 질병에 걸렸을 때에는 적당한 치료를 하여야 하며, 호송을 계속할 수 없다고 인정한 때에는 피호송자를 그 서류 및 금품과 함께 인근 교정시설 또는 경찰관서에 일시 유치할 수 있다(동규정 제11조 제1항).
⑨ 호송관의 여비나 피호송자의 호송비용은 호송관서가 부담한다. 다만, 피호송자를 교정시설이나 경찰관서에 숙식하게 한 때에는 그 비용은 교정시설이나 경찰관서가 부담한다(동규정 제13조 제1항).

2 수용자 계호의 개관

(1) 계호의 의의

계호란 교정시설의 안전확보와 질서유지를 목적으로 하는 일체의 강제력으로서 수용자에 대한 격리작용과 교화개선작용을 위하여 행하는 경계와 보호작용을 말한다.

(2) 계호의 목적

① **구금확보**: 계호는 수용자가 박탈된 자유의 회복을 위하여 구속상태를 불법적으로 벗어나려는 시도를 저지하는 것이 1차적 목적이다.
② **규율유지**: 계호는 수용자가 정해진 일과시간표를 준수하고, 규율 및 교도관의 직무상 지시에 복종하도록 함으로써 시설의 안전과 질서를 유지하는 것이 2차적 목적이다.
③ **자체방호**: 계호는 외부의 불순세력이 사회혼란을 목적으로 교정시설을 공격하거나 특정 수용자의 탈취를 목적으로 교정시설에 침입하는 것을 방어하는 것이 3차적 목적이다.

(3) 계호권자
① 계호권자란 계호업무를 수행할 수 있는 권능을 법적으로 인정받은 자를 말한다.
② 현행법상 계호권자는 교도관이다.

(4) 계호권의 범위
① **제3자에 대한 계호권**
  ㉠ 계호권은 수용자에 대하여 발생하는 것이 원칙이나, 제3자가 교정시절을 무단침입하거나 방화·시설파괴 등 테러를 시도하는 경우와 교정시설 외에서 수용자를 탈취하려고 시도하는 경우에는 제3자에 대해서도 계호권을 발동할 수 있다.
  ㉡ 이 경우 계호권자는 대상자가 현행범인 경우에는 체포할 수 있고, 일정한 요건에 해당하는 경우에는 강제력을 행사하거나 무기를 사용할 수 있다.
② **다른 교정시설 수용자에 대한 계호권**
  ㉠ 교도관은 자신이 소속된 교정시설의 수용자에 대해서만 계호권을 발동할 수 있는 것이 원칙이다.
  ㉡ 예외적으로 다른 교정시설에 비상사태가 발생하여 응원을 위해 출동한 경우에는 해당 교정시설의 장의 지휘·감독하에 계호권을 행사 가능하다.

(5) 계호행위
① **시찰**: 수용자의 동정 및 교정시설의 상태를 살피는 예방조치를 말하며, 가장 빈번하게 사용되는 계호행위이다.
② **명령**: 계호권자가 직무권한 범위 안에서 직무목적의 달성을 위하여 수용자에게 일정한 작위나 부작위를 강제적으로 요구하는 것을 말한다.
③ **강제**: 수용자가 정당한 이유 없이 법규 또는 계호권자의 직무상 명령을 이행하지 않은 경우에 이행한 것과 동일한 상태를 실현하기 위하여 행하는 조치를 말하며, 강제력 행사·보호장비사용 등이 여기에 해당한다.
④ **검사**: 교정사고를 방지하기 위하여 사전에 보안상태를 조사하는 것으로 신체 및 의류·거실·작업장 등에 대한 검사가 여기에 해당한다.
⑤ **정돈**: 수용자의 규칙적 생활을 유도하고, 시설 내 물품이나 장비의 이상 유무를 확인하는 행위를 말한다.
⑥ **구제**: 위험이 발생한 경우에 수용자를 구하기 위한 사후조치를 말한다.
⑦ **배제**: 위험발생의 개연성이 있다고 판단되는 경우에 이를 사전에 예방하기 위한 조치를 말하며, 위험발생의 우려가 있는 물품의 소지를 금지하고, 이를 소지하는 경우에는 몰수 또는 폐기하는 것이 여기에 해당한다.

(6) 계호의 종류

① 계호대상에 따른 구별
　㉠ 대인계호: 신체검사, 강제력행사, 보호장비사용, 무기사용 등과 같이 수용자나 제3자의 신체에 직접적으로 행사되는 계호이다.
　㉡ 대물계호: 거실 및 작업장 검사, 차입물품검사, 소지품검사 등과 같이 시설이나 물건에 대하여 행사되는 계호이다.

② 계호수단에 따른 구별
　㉠ 인적 계호: 계호권자의 육체적·정신적 기능을 통한 계호를 말하며, 직접 인적 계호(사동·작업장 근무나 운동·목욕 시 계호근무)와 간접 인적 계호(출입구 경계나 순찰경비근무)로 구분한다.
　㉡ 물적 계호: 건조물이나 부속설비, 보호장비나 무기의 사용 등 시설이나 장비를 통한 계호이다.

③ 계호장소에 따른 구별
　㉠ 호송계호: 수용자를 교정시설 외부로 이동시키기 위한 계호이다.
　㉡ 출정계호: 검찰이나 법원 등 형사사법기관의 소환에 응할 때의 계호이다.

④ 계호사태의 긴급성에 따른 구별
　㉠ 통상계호: 일상적인 계호를 말한다.
　㉡ 비상계호: 천재지변·폭동·도주·화재 등의 경우에 특별한 수단과 방법으로 행해지는 계호를 말하며, 수용자의 신체 및 법익에 대한 침해가 통상계호에 비해 강하게 작용한다.

⑤ 계호대상의 특수성에 따른 구별
　㉠ 일반계호: 일반수용자에 대한 통상의 계호를 말한다.
　㉡ 특별계호: 계호대상의 특성에 따른 구별로서 중형선고자, 상습규율위반자, 도주나 자살우려자, 정신질환자 등 교정사고의 우려가 높은 수용자를 대상으로 행해지는 계호를 말하며, 수용자의 신체 및 법익에 대한 침해가 일반계호에 비해 강하게 작용한다.

(7) 엄중관리대상자

① 소장은 마약류사범·조직폭력사범 등 법무부령으로 정하는 수용자에 대하여는 시설의 안전과 질서유지를 위하여 필요한 범위에서 다른 수용자와의 접촉을 차단하거나 계호를 엄중히 하는 등 법무부령으로 정하는 바에 따라 다른 수용자와 달리 관리할 수 있다. 소장은 제1항에 따라 관리하는 경우에도 기본적인 처우를 제한하여서는 아니 된다(형집행법 제104조 제1항·제2항).

② 법 제104조에 따라 교정시설의 안전과 질서유지를 위하여 다른 수용자와의 접촉을 차단하거나 계호를 엄중히 하여야 하는 수용자(이하 "엄중관리대상자"라 한다)는 다음 각 호와 같이 구분한다(시행규칙 제194조).
　㉠ 조직폭력수용자
　㉡ 마약류수용자
　㉢ 관심대상수용자

(8) 엄중관리대상자의 일반적 관리

① 번호표 등 표시

　㉠ 엄중관리대상자의 번호표 및 거실표의 색상은 다음 각 호와 같이 구분한다(시행규칙 제195조 제1항).
　　・관심대상수용자: 노란색
　　・조직폭력수용자: 노란색
　　・마약류수용자: 파란색
　㉡ 엄중관리대상자 구분이 중복되는 수용자의 경우 그 번호표 및 거실표의 색상은 제1항 각 호의 순서에 따른다(동조 제2항).

② 상담

　㉠ 소장은 엄중관리대상자 중 지속적인 상담이 필요하다고 인정되는 사람에 대하여는 상담책임자를 지정한다(시행규칙 제196조 제1항).
　㉡ 제1항의 상담책임자는 감독교도관 또는 상담 관련 전문교육을 이수한 교도관을 우선하여 지정하여야 하며, 상담대상자는 상담책임자 1명당 10명 이내로 하여야 한다(동조 제2항).
　㉢ 상담책임자는 해당 엄중관리대상자에 대하여 수시로 개별상담을 함으로써 신속한 고충처리와 원만한 수용생활 지도를 위하여 노력하여야 한다(동조 제3항).
　㉣ 제3항에 따라 상담책임자가 상담을 하였을 때에는 그 요지와 처리결과 등을 교정정보시스템에 입력하여야 한다. 이 경우 엄중관리대상자의 처우를 위하여 필요하면 엄중관리대상자 상담결과 보고서를 작성하여 소장에게 보고하여야 한다(동조 제4항).

③ 작업부과: 소장은 엄중관리대상자에게 작업을 부과할 때에는 법 제59조 제3항에 따른 조사나 검사 등의 결과를 고려하여야 한다(시행규칙 제197조).

(9) 유형별 관리방법

① 조직폭력수용자

　㉠ 지정대상: 조직폭력수용자의 지정대상은 다음 각 호와 같다(시행규칙 제198조).
　　・체포영장, 구속영장, 공소장 또는 재판서에 조직폭력사범으로 명시된 수용자
　　・공소장 또는 재판서에 조직폭력사범으로 명시되어 있지는 아니하나 폭력행위 등 처벌에 관한 법률 제4조・제5조 또는 형법 제114조가 적용된 수용자
　　・공범・피해자 등의 체포영장・구속영장・공소장 또는 재판서에 조직폭력사범으로 명시된 수용자
　㉡ 지정 및 해제
　　・소장은 제198조 각 호의 어느 하나에 해당하는 수용자에 대하여는 조직폭력수용자로 지정한다. 현재의 수용생활 중 집행되었거나 집행할 형이 제198조 제1호 또는 제2호에 해당하는 경우에도 또한 같다(시행규칙 제199조 제1항).
　　・소장은 제1항에 따라 조직폭력수용자로 지정된 사람에 대하여는 석방할 때까지 지정을 해제할 수 없다. 다만, 공소장 변경 또는 재판 확정에 따라 지정사유가 해소되었다고 인정되는 경우에는 교도관회의의 심의 또는 분류처우위원회의 의결을 거쳐 지정을 해제한다(동조 제2항).

ⓒ 처우
- 소장은 조직폭력수용자에게 거실 및 작업장 등의 봉사원, 반장, 조장, 분임장, 그 밖에 수용자를 대표하는 직책을 부여해서는 아니 된다(시행규칙 제200조).
- 소장은 조직폭력수형자가 작업장 등에서 다른 수형자와 음성적으로 세력을 형성하는 등 집단화할 우려가 있다고 인정하는 경우에는 법무부장관에게 해당 조직폭력수형자의 이송을 지체 없이 신청하여야 한다(시행규칙 제201조).
- 소장은 조직폭력수용자가 다른 사람과 접견할 때에는 외부 폭력조직과의 연계가능성이 높은 점 등을 고려하여 접촉차단시설이 있는 장소에서 하게 하여야 하며, 귀휴나 그 밖의 특별한 이익이 되는 처우를 결정하는 경우에는 해당 처우의 허용 요건에 관한 규정을 엄격히 적용하여야 한다(시행규칙 제202조).
- 소장은 조직폭력수용자의 편지 및 접견의 내용 중 특이사항이 있는 경우에는 검찰청, 경찰서 등 관계기관에 통보할 수 있다(시행규칙 제203조).

② 마약류수용자

ⓐ 지정대상: 마약류수용자의 지정대상은 다음 각 호와 같다(시행규칙 제204조).
- 체포영장·구속영장·공소장 또는 재판서에 마약류관리에 관한 법률, 마약류 불법거래방지에 관한 특례법, 그 밖에 마약류에 관한 형사 법률이 적용된 수용자
- 제1호에 해당하는 형사 법률을 적용받아 집행유예가 선고되어 그 집행유예 기간 중에 별건으로 수용된 수용자

ⓑ 지정 및 해제
- 소장은 제204조 각 호의 어느 하나에 해당하는 수용자에 대하여는 마약류수용자로 지정하여야 한다. 현재의 수용생활 중 집행되었거나 집행할 형이 제204조 제1호에 해당하는 경우에도 또한 같다(시행규칙 제205조 제1항).
- 소장은 제1항에 따라 마약류수용자로 지정된 사람에 대하여는 석방할 때까지 지정을 해제할 수 없다. 다만, 다음 각 호의 어느 하나에 해당하는 경우에는 교도관회의의 심의 또는 분류처우위원회의 의결을 거쳐 지정을 해제할 수 있다(동조 제2항).
  - 공소장 변경 또는 재판 확정에 따라 지정사유가 해소되었다고 인정되는 경우
  - 지정 후 5년이 지난 마약류수용자로서 수용생활태도, 교정성적 등이 양호한 경우. 다만, 마약류에 관한 형사 법률 외의 법률이 같이 적용된 마약류수용자로 한정한다.

ⓒ 마약반응검사
- 마약류수용자에 대하여 다량 또는 장기간 복용할 경우 환각증세를 일으킬 수 있는 의약품을 투약할 때에는 특히 유의하여야 한다(시행규칙 제206조 제1항).
- 소장은 교정시설에 마약류를 반입하는 것을 방지하기 위하여 필요하면 강제에 의하지 아니하는 범위에서 수용자의 소변을 채취하여 마약반응검사를 할 수 있다(동조 제2항).
- 소장은 제2항의 검사 결과 양성반응이 나타난 수용자에 대하여는 관계기관에 혈청검사, 모발검사, 그 밖의 정밀검사를 의뢰하고 그 결과에 따라 적절한 조치를 하여야 한다(동조 제3항).

ⓔ 기타 처우
- 소장은 수용자 외의 사람이 마약류수용자에게 물품을 건네줄 것을 신청하는 경우에는 마약류 반입 등을 차단하기 위하여 신청을 허가하지 않는다. 다만, 다음 각 호의 어느 하나에 해당하는 물품을 건네줄 것을 신청한 경우에는 예외로 할 수 있다(시행규칙 제207조).
  – 법무부장관이 정하는 바에 따라 교정시설 안에서 판매되는 물품
  – 그 밖에 마약류 반입을 위한 도구로 이용될 가능성이 없다고 인정되는 물품
- 담당교도관은 마약류수용자의 보관품 및 지니는 물건의 변동 상황을 수시로 점검하고, 특이사항이 있는 경우에는 감독교도관에게 보고해야 한다(시행규칙 제208조).
- 소장은 마약류수용자가 마약류 근절 의지를 갖고 이를 실천할 수 있도록 해당 교정시설의 여건에 적합한 마약류수용자 재활교육계획을 수립하여 시행하여야 한다(시행규칙 제209조 제1항).
- 소장은 마약류수용자의 마약류 근절 의지를 북돋울 수 있도록 마약 퇴치 전문강사, 성직자 등과 자매결연을 주선할 수 있다(동조 제2항).

③ **관심대상수용자**
ⓐ 지정대상: 관심대상수용자의 지정대상은 다음 각 호와 같다(시행규칙 제210조).
- 다른 수용자에게 상습적으로 폭력을 행사하는 수용자
- 교도관을 폭행하거나 협박하여 징벌을 받은 전력이 있는 사람으로서 같은 종류의 징벌대상행위를 할 우려가 큰 수용자
- 수용생활의 편의 등 자신의 요구를 관철할 목적으로 상습적으로 자해를 하거나 각종 이물질을 삼키는 수용자
- 다른 수용자를 괴롭히거나 세력을 모으는 등 수용질서를 문란하게 하는 조직폭력수용자(조직폭력사범으로 행세하는 경우를 포함한다)
- 조직폭력수용자로서 무죄 외의 사유로 출소한 후 5년 이내에 교정시설에 다시 수용된 사람
- 상습적으로 교정시설의 설비·기구 등을 파손하거나 소란행위를 하여 공무집행을 방해하는 수용자
- 도주(음모, 예비 또는 미수에 그친 경우를 포함한다)한 전력이 있는 사람으로서 도주의 우려가 있는 수용자
- 중형선고 등에 따른 심적 불안으로 수용생활에 적응하기 곤란하다고 인정되는 수용자
- 자살을 기도한 전력이 있는 사람으로서 자살할 우려가 있는 수용자
- 사회적 물의를 일으킨 사람으로서 죄책감 등으로 인하여 자살 등 교정사고를 일으킬 우려가 큰 수용자
- 징벌집행이 종료된 날부터 1년 이내에 다시 징벌을 받는 등 규율 위반의 상습성이 인정되는 수용자
- 상습적으로 법령에 위반하여 연락을 하거나 금지물품을 반입하는 등의 방법으로 부조리를 기도하는 수용자
- 그 밖에 교정시설의 안전과 질서유지를 위하여 엄중한 관리가 필요하다고 인정되는 수용자

- ⓒ 지정 및 해제
  - 소장은 제210조 각 호의 어느 하나에 해당하는 수용자에 대하여는 분류처우위원회의 의결을 거쳐 관심대상수용자로 지정한다. 다만, 미결수용자 등 분류처우위원회의 의결 대상자가 아닌 경우에도 관심대상수용자로 지정할 필요가 있다고 인정되는 수용자에 대하여는 교도관회의의 심의를 거쳐 관심대상수용자로 지정할 수 있다(시행규칙 제211조 제1항).
  - 소장은 관심대상수용자의 수용생활태도 등이 양호하고 지정사유가 해소되었다고 인정하는 경우에는 제1항의 절차에 따라 그 지정을 해제한다(동조 제2항).
  - 제1항 및 제2항에 따라 관심대상수용자로 지정하거나 지정을 해제하는 경우에는 담당교도관 또는 감독교도관의 의견을 고려하여야 한다(동조 제3항).
- ⓒ 수용동 및 작업장 계호 배치: 소장은 다수의 관심대상수용자가 수용되어 있는 수용동 및 작업장에는 사명감이 투철한 교도관을 엄선하여 배치하여야 한다(시행규칙 제213조).

3 교정장비

(1) 전자장비를 이용한 계호

① 의의
  - ㉠ 교도관은 자살·자해·도주·폭행·손괴, 그 밖에 수용자의 생명·신체를 해하거나 시설의 안전 또는 질서를 해하는 행위(이하 "자살 등"이라 한다)를 방지하기 위하여 필요한 범위에서 전자장비를 이용하여 수용자 또는 시설을 계호할 수 있다. 다만, 전자영상장비로 거실에 있는 수용자를 계호하는 것은 자살 등의 우려가 큰 때에만 할 수 있다(형집행법 제94조 제1항).
  - ㉡ 제1항 단서에 따라 거실에 있는 수용자를 전자영상장비로 계호하는 경우에는 계호직원·계호시간 및 계호대상 등을 기록하여야 한다. 이 경우 수용자가 여성이면 여성교도관이 계호하여야 한다(동조 제2항).
  - ㉢ 제1항 및 제2항에 따라 계호하는 경우에는 피계호자의 인권이 침해되지 아니하도록 유의하여야 한다(동조 제3항).

② 전자장비의 종류: 교도관이 법 제94조에 따라 수용자 또는 시설을 계호하는 경우 사용할 수 있는 전자장비는 다음 각 호와 같다(시행규칙 제160조).
  - ㉠ 영상정보처리기기: 일정한 공간에 지속적으로 설치되어 사람 또는 사물의 영상 및 이에 따르는 음성·음향 등을 수신하거나 이를 유·무선망을 통하여 전송하는 장치
  - ㉡ 전자감지기: 일정한 공간에 지속적으로 설치되어 사람 또는 사물의 움직임을 빛·온도·소리·압력 등을 이용하여 감지하고 전송하는 장치
  - ㉢ 전자경보기: 전자파를 발신하고 추적하는 원리를 이용하여 사람의 위치를 확인하거나 이동경로를 탐지하는 일련의 기계적 장치
  - ㉣ 물품검색기(고정식 물품검색기와 휴대식 금속탐지기로 구분한다)
  - ㉤ 증거수집장비: 디지털카메라, 녹음기, 비디오카메라, 음주측정기 등 증거수집에 필요한 장비
  - ㉥ 그 밖에 법무부장관이 정하는 전자장비

(2) 보호실과 진정실

구분		보호실	진정실
의의		자살 및 자해 방지 등의 설비를 갖춘 거실	일반 수용거실로부터 격리되어 있고, 방음설비 등을 갖춘 거실
수용요건		• 자살 또는 자해의 우려가 있는 때 • 신체적·정신적 질병으로 인하여 특별한 보호가 필요한 때	• 교정시설의 설비 또는 기구 등을 손괴하거나 손괴하려고 하는 때 • 교도관 등의 제지에도 불구하고 소란행위를 계속하여 다른 수용자의 평온한 수용생활을 방해하는 때
사유의 고지		○	○
기간	수용	15일 이내	24시간 이내
	연장	1회당 7일 이내	1회당 12시간 이내
	최대연장	3개월	3일

(3) 보호장비

① 의의

㉠ 보호장비란 수용자의 도주·자살·자해 또는 다른 사람에 대한 위해를 방지하거나 시설의 안전과 질서유지를 목적으로 특정수용자의 신체를 속박하여 자유로운 행동을 제한하는 데 사용되는 도구를 말한다.

㉡ 보호장비는 자살·자해를 방지한다는 점에 있어서는 해당 수용자 자신의 생명과 신체를, 폭행을 방지한다는 점에 있어서는 다른 사람의 생명과 신체를, 도주·손괴 등을 방지한다는 점에 있어서는 시설의 안전과 질서를 보호하는 기능을 각각 수행한다.

② 종류

㉠ 수갑: 팔 또는 상체의 작용을 억제하기 위해 손목에 사용하는 보호장비

㉡ 머리보호장비: 머리의 보호를 위한 헬멧형 보호장비

㉢ 발목보호장비: 다리의 작용을 억제하기 위해 양 발목에 사용하는 보호장비

㉣ 보호대: 상체 또는 하체의 작용을 억제하기 위해 사용하는 폭이 좁은 띠 형태의 보호장비

㉤ 보호의자: 앉은 자세를 유지시키는 의자형 보호장비

㉥ 보호침대: 누운 자세를 유지시키는 침대형 보호장비

㉦ 보호복: 상체의 작용을 억제하기 위해 사용되는 의복형 보호장비

㉧ 포승: 상체, 하체 또는 상·하체 전체의 작용을 억제하기 위해 사용되는 끈 형태의 보호장비

③ 사용요건

㉠ 일반사용요건: 교도관은 수용자가 다음 각 호의 어느 하나에 해당하면 보호장비를 사용할 수 있다(형집행법 제97조 제1항).

• 이송·출정, 그 밖에 교정시설 밖의 장소로 수용자를 호송하는 때

• 도주·자살·자해 또는 다른 사람에 대한 위해의 우려가 큰 때

• 위력으로 교도관의 정당한 직무집행을 방해하는 때

• 교정시설의 설비·기구 등을 손괴하거나 그 밖에 시설의 안전 또는 질서를 해칠 우려가 큰 때

ⓒ 종류별 사용요건: 보호장비의 종류별 사용요건은 다음 각 호와 같다(동법 제98조 제2항).
    - 수갑·포승: 제97조 제1항 제1호부터 제4호까지의 어느 하나에 해당하는 때
    - 머리보호장비: 머리부분을 자해할 우려가 큰 때
    - 발목보호장비·보호대·보호의자: 제97조 제1항 제2호부터 제4호까지의 어느 하나에 해당하는 때
    - 보호침대·보호복: 자살·자해의 우려가 큰 때
  ④ 사용
    ㉠ 사용절차
      - 보호장비를 사용하는 경우에는 수용자의 나이, 건강상태 및 수용생활 태도 등을 고려하여야 한다(동법 제97조 제2항).
      - 교도관이 교정시설의 안에서 수용자에 대하여 보호장비를 사용한 경우 의무관은 그 수용자의 건강상태를 수시로 확인하여야 한다(동조 제3항).
      - 교도관은 소장의 명령 없이 수용자에게 보호장비를 사용하여서는 아니 된다. 다만, 소장의 명령을 받을 시간적 여유가 없는 경우에는 사용 후 소장에게 즉시 보고하여야 한다(시행령 제120조 제1항).
      - 보호장비를 사용하는 경우에는 수용자에게 그 사유를 알려 주어야 한다(시행령 제122조).
      - 보호장비를 착용 중인 수용자는 특별한 사정이 없으면 계호상 독거수용한다(시행령 제123조).
      - 교도관은 보호장비 규격에 맞지 아니한 보호장비를 수용자에게 사용해서는 아니 된다(시행규칙 제170조 제2항).
      - 소장은 보호장비 사용을 명령하거나 승인하는 경우에는 보호장비의 종류 및 사용방법을 구체적으로 지정하여야 하며, 이 규칙에서 정하지 아니한 방법으로 보호장비를 사용하게 해서는 아니 된다(시행규칙 제171조).
      - 하나의 보호장비로 사용목적을 달성할 수 없는 경우에는 둘 이상의 보호장비를 사용할 수 있다. 다만, 다음 각 호의 어느 하나에 해당하는 경우에는 다른 보호장비와 같이 사용할 수 없다(시행규칙 제180조).
        - 보호의자를 사용하는 경우
        - 보호침대를 사용하는 경우
      - 교도관은 보호장비를 사용하는 경우에는 보호장비 사용 심사부에 기록하여야 한다. 다만, 법 제97조 제1항 제1호에 따라 보호장비를 사용하거나 중경비시설 안에서 수용자의 동행계호를 위하여 양손수갑을 사용하는 경우에는 호송계획서나 수용기록부의 내용 등으로 그 기록을 갈음할 수 있다(시행규칙 제181조).
      - 의무관은 보호장비 착용 수용자의 건강상태를 확인한 결과 특이사항을 발견한 경우에는 보호장비 사용 심사부에 기록하여야 한다(시행규칙 제182조).
      - 소장은 보호장비를 착용 중인 수용자에 대하여 보호장비 사용 심사부 및 보호장비 착용자 관찰부 등의 기록과 관계직원의 의견 등을 토대로 보호장비의 계속사용 여부를 매일 심사하여야 한다(시행규칙 제183조 제1항).

- 교도관은 보호장비 사용 사유가 소멸한 경우에는 소장의 허가를 받아 지체 없이 보호장비 사용을 중단하여야 한다. 다만, 소장의 허가를 받을 시간적 여유가 없을 때에는 보호장비 사용을 중단한 후 지체 없이 소장의 승인을 받아야 한다(시행규칙 제184조 제1항).
- 교도관은 보호장비 착용 수용자의 목욕, 식사, 용변, 치료 등을 위하여 필요한 경우에는 보호장비 사용을 일시 중지하거나 완화할 수 있다(동조 제2항).
- 소장은 보호장비를 사용하거나 보호장비를 사용하게 하는 경우에는 교도관으로 하여금 수시로 해당 수용자의 상태를 확인하고 매 시간마다 보호장비 착용자 관찰부에 기록하게 하여야 한다. 다만, 소장은 보호장비 착용자를 전자영상장비로 계호할 때에는 거실수용자 영상계호부에 기록하게 할 수 있다(시행규칙 제185조).

ⓒ 남용금지
- 교도관은 필요한 최소한의 범위에서 보호장비를 사용하여야 하며, 그 사유가 없어지면 사용을 지체 없이 중단하여야 한다(형집행법 제99조 제1항).
- 보호장비는 징벌의 수단으로 사용되어서는 아니 된다(동조 제2항).

(4) 강제력 행사
① 의의: 강제력의 행사란 일정한 수용목적을 달성하기 위하여 신체의 일부분 또는 장비·기구를 이용하여 수용자의 신체에 유형력을 행사하는 것을 의미한다.
② 행사요건
ㄱ 교도관은 수용자가 다음 각 호의 어느 하나에 해당하면 강제력을 행사할 수 있다(동법 제100조 제1항).
- 도주하거나 도주하려고 하는 때
- 자살하려고 하는 때
- 자해하거나 자해하려고 하는 때
- 다른 사람에게 위해를 끼치거나 끼치려고 하는 때
- 위력으로 교도관의 정당한 직무집행을 방해하는 때
- 교정시설의 설비·기구 등을 손괴하거나 손괴하려고 하는 때
- 그 밖에 시설의 안전 또는 질서를 크게 해치는 행위를 하거나 하려고 하는 때

ㄴ 교도관은 수용자 외의 사람이 다음 각 호의 어느 하나에 해당하면 강제력을 행사할 수 있다(동조 제2항).
- 수용자를 도주하게 하려고 하는 때
- 교도관 또는 수용자에게 위해를 끼치거나 끼치려고 하는 때
- 위력으로 교도관의 정당한 직무집행을 방해하는 때
- 교정시설의 설비·기구 등을 손괴하거나 하려고 하는 때
- 교정시설에 침입하거나 하려고 하는 때
- 교정시설의 안(교도관이 교정시설의 밖에서 수용자를 계호하고 있는 경우 그 장소를 포함한다)에서 교도관의 퇴거요구를 받고도 이에 따르지 아니하는 때

③ 방법 및 한계
  ㉠ 교도관은 소장의 명령 없이 강제력을 행사해서는 아니 된다. 다만, 그 명령을 받을 시간적 여유가 없는 경우에는 강제력을 행사한 후 소장에게 즉시 보고하여야 한다(시행령 제125조).
  ㉡ 강제력을 행사하는 경우에는 보안장비를 사용할 수 있다(형집행법 제100조 제3항).
  ㉢ "보안장비"란 교도봉·가스분사기·가스총·최루탄 등 사람의 생명과 신체의 보호, 도주의 방지 및 시설의 안전과 질서유지를 위하여 교도관이 사용하는 장비와 기구를 말한다(동조 제4항).
  ㉣ 강제력을 행사하려면 사전에 상대방에게 이를 경고하여야 한다. 다만, 상황이 급박하여 경고할 시간적인 여유가 없는 때에는 그러하지 아니하다(동조 제5항).
  ㉤ 강제력의 행사는 필요한 최소한도에 그쳐야 한다(동조 제6항).
  ㉥ 보안장비의 종류, 종류별 사용요건 및 사용절차 등에 관하여 필요한 사항은 법무부령으로 정한다(동조 제7항).

(5) **보안장비**
  ① 종류: 교도관이 강제력을 행사하는 경우 사용할 수 있는 보안장비는 다음 각 호와 같다(시행규칙 제186조).
    ㉠ 교도봉(접이식을 포함한다)
    ㉡ 전기교도봉
    ㉢ 가스분사기
    ㉣ 가스총(고무탄 발사겸용을 포함한다)
    ㉤ 최루탄: 투척용, 발사용(그 발사장치를 포함한다)
    ㉥ 전자충격기
    ㉦ 그 밖에 법무부장관이 정하는 보안장비
  ② 종류별 사용요건
    ㉠ 교도관이 수용자에 대하여 사용할 수 있는 보안장비의 종류별 사용요건은 다음 각 호와 같다(시행규칙 제187조 제1항).
      • 교도봉·가스분사기·가스총·최루탄: 법 제100조 제1항 각 호의 어느 하나에 해당하는 경우
      • 전기교도봉·전자충격기: 법 제100조 제1항 각 호의 어느 하나에 해당하는 경우로서 상황이 긴급하여 제1호의 장비만으로는 그 목적을 달성할 수 없는 때
    ㉡ 교도관이 수용자 외의 사람에 대하여 사용할 수 있는 보안장비의 종류별 사용요건은 다음 각 호와 같다(동조 제2항).
      • 교도봉·가스분사기·가스총·최루탄: 법 제100조 제2항 각 호의 어느 하나에 해당하는 경우
      • 전기교도봉·전자충격기: 법 제100조 제2항 각 호의 어느 하나에 해당하는 경우로서 상황이 긴급하여 제1호의 장비만으로는 그 목적을 달성할 수 없는 때
    ㉢ 제186조 제7호에 해당하는 보안장비의 사용은 법무부장관이 정하는 바에 따른다(동조 제3항).
  ③ 종류별 사용기준: 보안장비의 종류별 사용기준은 다음 각 호와 같다(시행규칙 제188조).
    ㉠ 교도봉·전기교도봉: 얼굴이나 머리부분에 사용해서는 아니 되며, 전기교도봉은 타격 즉시 떼어야 함

ⓒ 가스분사기·가스총: 1미터 이내의 거리에서는 상대방의 얼굴을 향하여 발사해서는 안 됨
ⓓ 최루탄: 투척용 최루탄은 근거리용으로 사용하고, 발사용 최루탄은 50미터 이상의 원거리에서 사용하되, 30도 이상의 발사각을 유지하여야 함
ⓔ 전자충격기: 전극침 발사장치가 있는 전자충격기를 사용할 경우 전극침을 상대방의 얼굴을 향해 발사해서는 안 됨

(6) 무기의 사용

① **의의**: 무기란 수용자가 사람의 생명·신체 및 설비에 대한 중대하고도 뚜렷한 위험을 초래할 우려가 있거나, 도주 등을 하는 경우 이를 방지하기 위하여 사용하는 계호장비를 말한다.

② **일반적 사용요건**
  ㉠ 교도관은 다음 각 호의 어느 하나에 해당하는 사유가 있으면 수용자에 대하여 무기를 사용할 수 있다(동법 제101조 제1항).
   • 수용자가 다른 사람에게 중대한 위해를 끼치거나 끼치려고 하여 그 사태가 위급한 때
   • 수용자가 폭행 또는 협박에 사용할 위험물을 지니고 있어 교도관이 버릴 것을 명령하였음에도 이에 따르지 아니하는 때
   • 수용자가 폭동을 일으키거나 일으키려고 하여 신속하게 제지하지 아니하면 그 확산을 방지하기 어렵다고 인정되는 때
   • 도주하는 수용자에게 교도관이 정지할 것을 명령하였음에도 계속하여 도주하는 때
   • 수용자가 교도관의 무기를 탈취하거나 탈취하려고 하는 때
   • 그 밖에 사람의 생명·신체 및 설비에 대한 중대하고도 뚜렷한 위험을 방지하기 위하여 무기의 사용을 피할 수 없는 때
  ㉡ 교도관은 교정시설의 안(교도관이 교정시설의 밖에서 수용자를 계호하고 있는 경우 그 장소를 포함한다)에서 자기 또는 타인의 생명·신체를 보호하거나 수용자의 탈취를 저지하거나 건물 또는 그 밖의 시설과 무기에 대한 위험을 방지하기 위하여 급박하다고 인정되는 상당한 이유가 있으면 수용자 외의 사람에 대하여도 무기를 사용할 수 있다(동조 제2항).

③ **사용절차**
  ㉠ 교도관은 소장 또는 그 직무를 대행하는 사람의 명령을 받아 무기를 사용한다. 다만, 그 명령을 받을 시간적 여유가 없으면 그러하지 아니하다(동조 제3항).
  ㉡ 무기를 사용하려면 공포탄을 발사하거나 그 밖에 적당한 방법으로 사전에 상대방에 대하여 이를 경고하여야 한다(동조 제4항).
  ㉢ 교도관이 총기를 사용하는 경우에는 구두경고, 공포탄 발사, 위협사격, 조준사격의 순서에 따라야 한다. 다만, 상황이 긴급하여 시간적 여유가 없을 때에는 예외로 한다(시행규칙 제192조).
  ㉣ 무기의 사용은 필요한 최소한도에 그쳐야 하며, 최후의 수단이어야 한다(동법 제101조 제5항).
  ㉤ 교도관은 무기를 사용한 경우에는 소장에게 즉시 보고하고, 보고를 받은 소장은 그 사실을 법무부장관에게 즉시 보고하여야 한다(시행령 제126조).

4 수용자의 외부교통

(1) 접견

① 의의
- ㉠ 접견이란 수용자가 친족·친지 등 사회일반인과 면접교담을 하는 것으로 수용자의 구금생활로 인한 폐쇄적 정서를 완화하고, 심리적 안정을 도모하며, 나아가 사회적응력을 향상시키는 제도이다.
- ㉡ 접견은 교정시설의 구내에 설치된 접견실에서 실시하는 것이 원칙이나, 출정 중인 피의자의 변호인접견은 검사가 지정한 장소에서 실시한다. 현행법상 접견은 국가공무원 복무규정에 의한 근무시간 내에 실시하는 것이 원칙이나, 원거리 거주자의 편의를 위해 공휴일에도 일정한 조건하에 접견을 실시한다.

② **접견권**: 수용자는 교정시설의 외부에 있는 사람과 접견할 수 있다. 다만, 다음 각 호의 어느 하나에 해당하는 사유가 있으면 그러하지 아니하다(형집행법 제41조 제1항).
- ㉠ 형사 법령에 저촉되는 행위를 할 우려가 있는 때
- ㉡ 형사소송법이나 그 밖의 법률에 따른 접견금지의 결정이 있는 때
- ㉢ 수형자의 교화 또는 건전한 사회복귀를 해칠 우려가 있는 때
- ㉣ 시설의 안전 또는 질서를 해칠 우려가 있는 때

③ **접견내용의 청취·기록·녹음 또는 녹화사유와 고지(임의적)**
- ㉠ 소장은 다음 각 호의 어느 하나에 해당하는 사유가 있으면 교도관으로 하여금 수용자의 접견내용을 청취·기록·녹음 또는 녹화하게 할 수 있다(동조 제4항).
  - 범죄의 증거를 인멸하거나 형사 법령에 저촉되는 행위를 할 우려가 있는 때
  - 수형자의 교화 또는 건전한 사회복귀를 위하여 필요한 때
  - 시설의 안전과 질서유지를 위하여 필요한 때
- ㉡ 제4항에 따라 녹음·녹화하는 경우에는 사전에 수용자 및 그 상대방에게 그 사실을 알려 주어야 한다(동조 제5항).

④ **외국어 사용**: 수용자와 교정시설 외부의 사람이 접견하는 경우에 접견내용이 청취·녹음 또는 녹화될 때에는 외국어를 사용해서는 아니 된다. 다만, 국어로 의사소통하기 곤란한 사정이 있는 경우에는 외국어를 사용할 수 있다(시행령 제60조 제1항).

⑤ **그 외 필요한 사항**: 접견의 횟수·시간·장소·방법 및 접견내용의 청취·기록·녹음·녹화 등에 관하여 필요한 사항은 대통령령으로 정한다(형집행법 제41조 제6항).

⑥ **접견시간**
- ㉠ 수용자의 접견은 매일(공휴일 및 법무부장관이 정한 날은 제외한다) 국가공무원 복무규정 제9조에 따른 근무시간 내에서 한다(시행령 제58조 제1항).
- ㉡ 변호인(변호인이 되려고 하는 사람을 포함한다. 이하 같다)과 접견하는 미결수용자를 제외한 수용자의 접견시간은 회당 30분 이내로 한다(동조 제2항).

ⓒ 법 및 이 영에 규정된 사항 외에 수형자, 사형확정자 및 미결수용자를 제외한 수용자의 접견 횟수·시간·장소 등에 관하여 필요한 사항은 법무부장관이 정한다(동조 제5항).
ⓔ 소장은 교정시설의 외부에 있는 사람의 수용자 접견에 관한 사무를 수행하기 위하여 불가피한 경우 개인정보 보호법 시행령 제19조에 따른 주민등록번호, 여권번호, 운전면허의 면허번호 또는 외국인등록번호가 포함된 자료를 처리할 수 있다(동조 제6항).

⑦ 접견횟수
  ㉠ 수형자의 접견 횟수는 매월 4회로 한다(동조 제3항).
  ㉡ 미결수용자의 접견 횟수는 매일 1회로 하되, 변호인과의 접견은 그 횟수에 포함시키지 않는다(시행령 제101조).
  ㉢ 사형확정자의 접견 횟수는 매월 4회로 한다(시행령 제109조).
  ㉣ 수형자의 경비처우급별 접견의 허용횟수는 다음 각 호와 같다(시행규칙 제87조 제1항).
    • 개방처우급: 1일 1회
    • 완화경비처우급: 월 6회
    • 일반경비처우급: 월 5회
    • 중경비처우급: 월 4회
  ㉤ 제1항 제2호부터 제4호까지의 경우 접견은 1일 1회만 허용한다. 다만, 처우상 특히 필요한 경우에는 그러하지 아니하다(동조 제2항).

⑧ 접견장소
  ㉠ 수용자의 접견은 접촉차단시설이 설치된 장소에서 하게 한다. 다만, 다음 각 호의 어느 하나에 해당하는 경우에는 접촉차단시설이 설치되지 아니한 장소에서 접견하게 한다(형집행법 제41조 제2항).
    • 미결수용자(형사사건으로 수사 또는 재판을 받고 있는 수형자와 사형확정자를 포함한다)가 변호인(변호인이 되려는 사람을 포함한다. 이하 같다)과 접견하는 경우
    • 수용자가 소송사건의 대리인인 변호사와 접견하는 경우 등 수용자의 재판청구권 등을 실질적으로 보장하기 위하여 대통령령으로 정하는 경우로서 교정시설의 안전 또는 질서를 해칠 우려가 없는 경우
  ㉡ 제2항에도 불구하고 다음 각 호의 어느 하나에 해당하는 경우에는 접촉차단시설이 설치되지 아니한 장소에서 접견하게 할 수 있다(동조 제3항).
    • 수용자가 미성년자인 자녀와 접견하는 경우
    • 그 밖에 대통령령으로 정하는 경우
  ㉢ 소장은 개방처우급 수형자에 대하여는 법무부장관이 정하는 바에 따라 접촉차단시설이 설치된 장소 외의 적당한 곳에서 접견을 실시할 수 있다. 다만, 처우상 특히 필요하다고 인정하는 경우에는 그 밖의 수형자에 대하여도 이를 허용할 수 있다(시행규칙 제88조).
  ㉣ 소장은 교화 및 처우상 특히 필요한 경우에는 수용자가 다른 교정시설의 수용자와 통신망을 이용하여 화상으로 접견하는 것(이하 "화상접견"이라 한다)을 허가할 수 있다. 이 경우 화상접견은 제1항의 접견 허용횟수에 포함한다(시행규칙 제87조 제3항).

⑨ 접견의 중지
　㉠ 교도관은 접견 중인 수용자 또는 그 상대방이 다음 각 호의 어느 하나에 해당하면 접견을 중지할 수 있다(형집행법 제42조).
　　• 범죄의 증거를 인멸하거나 인멸하려고 하는 때
　　• 금지물품을 주고받거나 주고받으려고 하는 때
　　• 형사 법령에 저촉되는 행위를 하거나 하려고 하는 때
　　• 수용자의 처우 또는 교정시설의 운영에 관하여 거짓사실을 유포하는 때
　　• 수형자의 교화 또는 건전한 사회복귀를 해칠 우려가 있는 행위를 하거나 하려고 하는 때
　　• 시설의 안전 또는 질서를 해하는 행위를 하거나 하려고 하는 때
　㉡ 교도관이 수용자의 접견을 중지한 경우에는 그 사유를 즉시 알려 주어야 한다(시행령 제63조).
⑩ 접견의 예외
　㉠ 접견시간의 예외: 소장은 수형자의 교화 또는 건전한 사회복귀를 위하여 특히 필요하다고 인정하면 접견 시간대 외에도 접견을 하게 할 수 있고 접견시간을 연장할 수 있다(시행령 제59조 제1항).
　㉡ 접견횟수의 예외: 소장은 수형자가 다음 각 호의 어느 하나에 해당하면 접견횟수를 늘릴 수 있다(동조 제2항).
　　• 19세 미만인 때
　　• 교정성적이 우수한 때
　　• 교화 또는 건전한 사회복귀를 위하여 특히 필요하다고 인정되는 때
　㉢ 접견장소의 예외: 소장은 접촉차단시설에 설치된 장소에서의 접견실시규정에도 불구하고 수형자가 교정성적이 우수하거나 교화 또는 건전한 사회복귀를 위하여 특히 해당하는 경우에는 접촉차단시설이 없는 장소에서 접견하게 할 수 있다(동조 제3항 1호).

(2) 편지수수
① 의의
　㉠ 편지수수란 수용자가 서면을 통해 외부의 다른 사람과 교통하는 것을 말한다.
　㉡ 편지수수는 종래 엄격한 통제하에 수신대상이 제한되었으나, 현행 형집행법에서는 수용자의 권리로 규정한다.
② 편지수수권
　㉠ 수용자는 다른 사람과 편지를 주고받을 수 있다. 다만, 다음 각 호의 어느 하나에 해당하는 사유가 있으면 그러하지 아니하다(형집행법 제43조 제1항).
　　• 형사소송법이나 그 밖의 법률에 따른 편지의 수수금지 및 압수의 결정이 있는 때
　　• 수형자의 교화 또는 건전한 사회복귀를 해칠 우려가 있는 때
　　• 시설의 안전 또는 질서를 해칠 우려가 있는 때
　㉡ 제1항 본문에도 불구하고 같은 교정시설의 수용자 간에 편지를 주고받으려면 소장의 허가를 받아야 한다(동조 제2항).
　㉢ 수용자가 보내거나 받는 편지는 법령에 어긋나지 않으면 횟수를 제한하지 않는다(시행령 제64조).

③ 편지내용물 확인
  ㉠ 소장은 수용자가 주고받는 편지에 법령에 따라 금지된 물품이 들어 있는지 확인할 수 있다(형집행법 제43조 제3항).
  ㉡ 수용자는 편지를 보내려는 경우 해당 편지를 봉함하여 교정시설에 제출한다. 다만, 소장은 다음 각 호의 어느 하나에 해당하는 경우로서 법 제43조 제3항에 따른 금지물품의 확인을 위하여 필요한 경우에는 편지를 봉함하지 않은 상태로 제출하게 할 수 있다(시행령 제65조 제1항).
    • 다음 각 목의 어느 하나에 해당하는 수용자가 변호인 외의 자에게 편지를 보내려는 경우
      – 마약류사범·조직폭력사범 등 법무부령으로 정하는 수용자
      – 처우등급이 법 제57조 제2항 제4호의 중(重)경비시설 수용대상인 수형자
    • 수용자가 같은 교정시설에 수용 중인 다른 수용자에게 편지를 보내려는 경우
    • 규율위반으로 조사 중이거나 징벌집행 중인 수용자가 다른 수용자에게 편지를 보내려는 경우

④ 편지내용 검열
  ㉠ 수용자가 주고받는 편지의 내용은 검열받지 아니한다. 다만, 다음 각 호의 어느 하나에 해당하는 사유가 있으면 그러하지 아니하다(형집행법 제43조 제4항).
    • 편지의 상대방이 누구인지 확인할 수 없는 때
    • 형사소송법이나 그 밖의 법률에 따른 편지검열의 결정이 있는 때
    • 제1항 제2호 또는 제3호에 해당하는 내용이나 형사 법령에 저촉되는 내용이 기재되어 있다고 의심할 만한 상당한 이유가 있는 때
    • 대통령령으로 정하는 수용자 간의 편지인 때
  ㉡ 소장은 법 제43조 제4항 제4호에 따라 다음 각 호의 어느 하나에 해당하는 수용자가 다른 수용자와 편지를 주고받는 때에는 그 내용을 검열할 수 있다(시행령 제66조 제1항).
    • 법 제104조 제1항에 따른 마약류사범·조직폭력사범 등 법무부령으로 정하는 수용자인 때
    • 편지를 주고받으려는 수용자와 같은 교정시설에 수용 중인 때
    • 규율위반으로 조사 중이거나 징벌집행 중인 때
    • 범죄의 증거를 인멸할 우려가 있는 때
  ㉢ 수용자 간에 오가는 편지에 대한 제1항의 검열은 편지를 보내는 교정시설에서 한다. 다만, 특히 필요하다고 인정되는 경우에는 편지를 받는 교정시설에서도 할 수 있다(동조 제2항).
  ㉣ 소장은 수용자가 주고받는 편지가 법 제43조 제4항 각 호의 어느 하나에 해당하면 이를 개봉한 후 검열할 수 있다(동조 제3항).
  ㉤ 소장은 제3항에 따라 검열한 결과 편지의 내용이 법 제43조 제5항의 발신 또는 수신 금지사유에 해당하지 아니하면 발신편지는 봉함한 후 발송하고, 수신편지는 수용자에게 건네준다(동조 제4항).
  ㉥ 소장은 편지의 내용을 검열했을 때에는 그 사실을 해당 수용자에게 지체 없이 알려 주어야 한다(동조 제5항).

⑤ 편지의 수 · 발신 금지: 소장은 확인 또는 검열한 결과 수용자의 편지에 법령으로 금지된 물품이 들어있거나 편지의 내용이 다음 각 호의 어느 하나에 해당하면 발신 또는 수신을 금지할 수 있다(형집행법 제43조 제5항).
  ㉠ 암호 · 기호 등 이해할 수 없는 특수문자로 작성되어 있는 때
  ㉡ 범죄의 증거를 인멸할 우려가 있는 때
  ㉢ 형사 법령에 저촉되는 내용이 기재되어 있는 때
  ㉣ 수용자의 처우 또는 교정시설의 운영에 관하여 명백한 거짓사실을 포함하고 있는 때
  ㉤ 사생활의 비밀 또는 자유를 침해할 우려가 있는 때
  ㉥ 수형자의 교화 또는 건전한 사회복귀를 해칠 우려가 있는 때
  ㉦ 시설의 안전 또는 질서를 해칠 우려가 있는 때

⑥ 기타 편지 관련 규정
  ㉠ 소장이 편지를 발송하거나 내어주는 경우에는 신속히 하여야 한다(동조 제6항).
  ㉡ 소장은 제1항 단서 또는 제5항에 따라 발신 또는 수신이 금지된 편지는 그 구체적인 사유를 서면으로 작성해 관리하고, 수용자에게 그 사유를 알린 후 교정시설에 보관한다. 다만, 수용자가 동의하면 폐기할 수 있다(동조 제7항).
  ㉢ 소장은 법원 · 경찰관서, 그 밖의 관계기관에서 수용자에게 보내온 문서는 다른 법령에 특별한 규정이 없으면 열람한 후 본인에게 전달하여야 한다(시행령 제67조).
  ㉣ 소장은 수용자가 편지, 소송서류, 그 밖의 문서를 스스로 작성할 수 없어 대신 써 달라고 요청하는 경우에는 교도관이 대신 쓰게 할 수 있다(시행령 제68조).
  ㉤ 수용자의 편지 · 소송서류, 그 밖의 문서를 보내는 경우에 드는 비용은 수용자가 부담한다. 다만, 소장은 수용자가 그 비용을 부담할 수 없는 경우에는 예산의 범위에서 해당 비용을 부담할 수 있다(시행령 제69조).

(3) 전화통화

① 의의: 전화통화란 수형자가 미리 구입한 전화카드를 이용하여 교정시설 구내에 설치된 공중전화로 외부의 다른 사람과 직접 통화하는 것을 말한다.

② 전화통화 허가 및 취소
  ㉠ 수용자는 소장의 허가를 받아 교정시설의 외부에 있는 사람과 전화통화를 할 수 있다(형집행법 제44조 제1항).
  ㉡ 제1항에 따른 허가에는 통화내용의 청취 또는 녹음을 조건으로 붙일 수 있다(동조 제2항).
  ㉢ 제2항에 따라 통화내용을 청취 또는 녹음하려면 사전에 수용자 및 상대방에게 그 사실을 알려 주어야 한다(동조 제4항).
  ㉣ 소장은 전화통화(발신하는 것만을 말한다. 이하 같다)를 신청한 수용자에 대하여 다음 각 호의 어느 하나에 해당하는 사유가 없으면 전화통화를 허가할 수 있다(시행규칙 제25조 제1항).
   • 범죄의 증거를 인멸할 우려가 있을 때
   • 형사법령에 저촉되는 행위를 할 우려가 있을 때

- 형사소송법 제91조 및 같은 법 제209조에 따라 접견·편지수수 금지결정을 하였을 때
- 교정시설의 안전 또는 질서를 해칠 우려가 있을 때
- 수형자의 교화 또는 건전한 사회복귀를 해칠 우려가 있을 때

ⓜ 소장은 제1항에 따른 허가를 하기 전에 전화번호와 수신자를 확인하여야 한다. 이 경우 수신자에게 제1항 각 호에 해당하는 사유가 있으면 제1항의 허가를 아니할 수 있다(동조 제2항).

ⓑ 전화통화의 통화시간은 특별한 사정이 없으면 5분 이내로 한다(동조 제3항).

ⓢ 소장은 다음 각 호의 어느 하나에 해당할 때에는 전화통화의 허가를 취소할 수 있다(시행규칙 제27조).
- 수용자 또는 수신자가 전화통화 내용의 청취·녹음에 동의하지 아니할 때
- 수신자가 수용자와의 관계 등에 대한 확인 요청에 따르지 아니하거나 거짓으로 대답할 때
- 전화통화 허가 후 제25조 제1항 각 호의 어느 하나에 해당되는 사유가 발견되거나 발생하였을 때

③ **전화통화 허용 횟수**

㉠ 수형자의 경비처우급별 전화통화의 허용횟수는 다음 각 호와 같다(시행규칙 제90조 제1항)
- 개방처우급: 월 20회 이내
- 완화경비처우급: 월 10회 이내
- 일반경비처우급: 월 5회 이내
- 중경비처우급: 처우상 특히 필요한 경우 월 2회 이내

㉡ 소장은 제1항에도 불구하고 처우상 특히 필요한 경우에는 개방처우급·완화경비처우급 수형자의 전화통화 허용횟수를 늘릴 수 있다(동조 제2항).

④ **전화통화 이용시간**

㉠ 수용자의 전화통화는 매일(공휴일 및 법무부장관이 정한 날은 제외한다) 국가공무원 복무규정 제9조에 따른 근무시간 내에서 실시한다(시행규칙 제26조 제1항).

㉡ 소장은 제1항에도 불구하고 평일에 전화를 이용하기 곤란한 특별한 사유가 있는 수용자에 대해서는 전화이용시간을 따로 정할 수 있다(동조 제2항).

⑤ **통화내용 청취·녹음**

㉠ 소장은 제25조 제1항 각 호의 어느 하나에 해당하지 아니한다고 명백히 인정되는 경우가 아니면 통화내용을 청취하거나 녹음한다(시행규칙 제28조 제1항).

㉡ 제1항의 녹음기록물은 공공기록물 관리에 관한 법률에 따라 관리하고, 특히 녹음기록물이 손상되지 아니하도록 유의해서 보존하여야 한다(동조 제2항).

㉢ 소장은 제1항의 녹음기록물에 대한 보호·관리를 위해 전화통화정보 취급자를 지정해야 하고, 전화통화정보 취급자는 직무상 알게 된 전화통화정보를 누설 또는 권한 없이 처리하거나 다른 사람이 이용하도록 제공하는 등 부당한 목적으로 사용해서는 안 된다(동조 제4항).

㉣ 전화통화 녹음기록물을 관계기관에 제공하는 경우에는 영 제62조 제4항 및 제5항을 준용한다(동조 제4항).

⑥ 참고사항 기록 및 통화요금
　㉠ 교도관은 수용자의 접견, 편지수수, 전화통화 등의 과정에서 수용자의 처우에 특히 참고할 사항을 알게 된 경우에는 그 요지를 수용기록부에 기록해야 한다(시행령 제71조).
　㉡ 수용자의 전화통화 요금은 수용자가 부담한다(시행규칙 제29조 제1항).
　㉢ 소장은 교정성적이 양호한 수형자 또는 보관금이 없는 수용자 등에 대하여는 제1항에도 불구하고 예산의 범위에서 요금을 부담할 수 있다(동조 제2항).

5 수용자의 금품관리

(1) 보관의 개념
① 보관의 의의: 보관이란 수용자가 입소 시 휴대한 금품과 수용 중 전달되거나 자비로 구입한 물품을 교정시설에서 보관 또는 처분하는 강제적 행정처분을 말한다.
② 보관의 법적 성격
　㉠ 보관은 사용자의 사유물에 대한 지배권을 일시 정지 또는 제한하는 행위이며, 소유권을 박탈하는 행위는 아니다.
　㉡ 금품의 보관으로 인하여 제한되는 수용자의 금품에 대한 권리는 사용권·수익권·처분권이다.
　㉢ 보관은 임의적인 제출금품의 보관·처분인 점에서 형사소송법상 강제적인 점유의 이전과 보관인 '압수'와 구별되고, 소유권이 아닌 점유를 박탈한다는 점에서 형벌로써 소유권을 박탈하는 강제처분인 '몰수'와 구별된다.
　㉣ 보관금은 민법상 소비대차와 같은 성격을 지니고 있는 것으로 수용자는 국가에 대하여 보관금과 동액의 지불을 청구할 채권을 가진다.
　㉤ 보관품은 민법상 무이자 소비대차와 유사한 성격을 가지므로 교정시설은 선량한 관리자의 주의의무로 보관하여야 하며, 반환 시에는 동일 성질의 물품을 제공하면 충분하나, 교도관의 고의 또는 과실에 의하여 손해가 발생하였을 경우 국가는 그 손해를 배상해야 한다.
③ 보관의 종류
　㉠ 보통보관: 수용자가 입소 시 휴대한 물품과 수용 중 외부로부터 차입한 물품 중 일반물품에 대한 보관이다.
　㉡ 특별보관: 수용자가 입소 시 휴대한 물품과 수용 중 외부로부터 차입한 물품 중 귀중품에 대한 보관이다.

(2) 보관의 절차
① 휴대금품
　㉠ "휴대금품"이란 신입자가 교정시설에 수용될 때에 지니고 있는 현금(자기앞수표를 포함한다)과 휴대품을 말한다(시행령 제34조 제1항).
　㉡ 소장은 수용자의 휴대금품을 교정시설에 보관한다. 다만, 휴대품이 다음 각 호의 어느 하나에 해당하는 것이면 수용자로 하여금 자신이 지정하는 사람에게 보내게 하거나 그 밖에 적당한 방법으로 처분하게 할 수 있다(형집행법 제25조 제1항).

- 썩거나 없어질 우려가 있는 것
- 물품의 종류·크기 등을 고려할 때 보관하기에 적당하지 아니한 것
- 사람의 생명 또는 신체에 위험을 초래할 우려가 있는 것
- 시설의 안전 또는 질서를 해칠 우려가 있는 것
- 그 밖에 보관할 가치가 없는 것

ⓒ 소장은 수용자가 제1항 단서에 따라 처분하여야 할 휴대품을 상당한 기간 내에 처분하지 아니하면 폐기할 수 있다(동법 동조 제2항).

ⓔ 법 제25조 제1항 각 호의 어느 하나에 해당하지 아니한 신입자의 휴대품은 보관한 후 사용하게 할 수 있다(시행령 제34조 제2항).

ⓜ 법 제25조 제1항 단서에 따라 신입자의 휴대품을 팔 경우에는 그 비용을 제외한 나머지 대금을 보관할 수 있다(동조 제3항).

ⓑ 소장은 신입자가 법 제25조 제1항 각 호의 어느 하나에 해당하는 휴대품을 법무부장관이 정한 기간에 처분하지 않은 경우에는 본인에게 그 사실을 고지한 후 폐기한다(동조 제4항).

ⓢ 수용자의 현금을 보관하는 경우에는 그 금액을 보관금대장에 기록하고 수용자의 물품을 보관하는 경우에는 그 품목·수량 및 규격을 보관품대장에 기록해야 한다(시행령 제35조).

ⓞ 소장은 보관품이 금·은·보석·유가증권·인장, 그 밖에 특별히 보관할 필요가 있는 귀중품인 경우에는 잠금장치가 되어 있는 견고한 용기에 넣어 보관해야 한다(시행령 제36조).

ⓩ 소장은 수용자의 신청에 따라 보관품을 팔 경우에는 그 비용을 제외한 나머지 대금을 보관할 수 있다(시행령 제37조).

② 전달물품

㉠ "전달금품"이란 수용자 외의 사람이 교정시설의 장(이하 "소장"이라 한다)의 허가를 받아 수용자에게 건넬 수 있는 금품을 말한다(시행규칙 제2조 제4호).

㉡ 수용자 외의 사람이 수용자에게 금품을 건네줄 것을 신청하는 때에는 소장은 다음 각 호의 어느 하나에 해당하지 아니하면 허가하여야 한다(형집행법 제27조 제1항).
- 수형자의 교화 또는 건전한 사회복귀를 해칠 우려가 있는 때
- 시설의 안전 또는 질서를 해칠 우려가 있는 때

㉢ 소장은 수용자 외의 사람이 수용자에게 주려는 금품이 제1항 각 호의 어느 하나에 해당하거나 수용자가 금품을 받지 아니하려는 경우에는 해당 금품을 보낸 사람에게 되돌려 보내야 한다(동조 제2항).

㉣ 소장은 제2항의 경우에 금품을 보낸 사람을 알 수 없거나 보낸 사람의 주소가 불분명한 경우에는 금품을 다시 가지고 갈 것을 공고하여야 하며, 공고한 후 6개월이 지나도 금품을 돌려달라고 청구하는 사람이 없으면 그 금품은 국고에 귀속된다(동조 제3항).

㉤ 소장은 제2항 또는 제3항에 따른 조치를 하였으면 그 사실을 수용자에게 알려 주어야 한다(동조 제4항).

㉥ 소장은 수용자가 아닌 사람이 법 제27조 제1항에 따라 수용자에게 금품을 건네줄 것을 신청하는 경우에는 그의 성명·주소 및 수용자와의 관계를 확인해야 한다(시행령 제41조).

ⓐ 소장은 법 제27조 제1항에 따라 수용자에 대한 금품의 전달을 허가한 경우에는 그 금품을 보관한 후 해당 수용자가 사용하게 할 수 있다(시행령 제42조 제1항).

ⓞ 소장은 법 제27조 제1항에 따라 건네줄 것을 허가한 물품은 검사할 필요가 없다고 인정되는 경우가 아니면 교도관으로 하여금 검사하게 해야 한다. 이 경우 그 물품이 의약품인 경우에는 의무관으로 하여금 검사하게 해야 한다(시행령 제43조).

ⓩ 소장은 수용자 외의 사람이 수용자에게 금원을 건네줄 것을 신청하는 경우에는 현금·수표 및 우편환의 범위에서 허가한다. 다만, 수용자 외의 사람이 온라인으로 수용자의 예금계좌에 입금한 경우에는 금원을 건네줄 것을 허가한 것으로 본다(시행규칙 제22조 제1항).

ⓩ 소장은 수용자 외의 사람이 수용자에게 음식물을 건네줄 것을 신청하는 경우에는 법무부장관이 정하는 바에 따라 교정시설 안에서 판매되는 음식물 중에서 허가한다. 다만, 제30조 각 호에 해당하는 종교행사 및 제114조 각 호에 해당하는 교화프로그램의 시행을 위하여 특히 필요하다고 인정하는 경우에는 교정시설 안에서 판매되는 음식물이 아니더라도 건네줄 것을 허가할 수 있다(동조 제2항).

ⓚ 소장은 수용자 외의 사람이 수용자에게 음식물 외의 물품을 건네줄 것을 신청하는 경우에는 다음 각 호의 어느 하나에 해당하지 아니하면 법무부장관이 정하는 교정시설의 보관범위 및 수용자가 지닐 수 있는 범위에서 허가한다(동조 제3항).
- 오감 또는 통상적인 검사장비로는 내부검색이 어려운 물품
- 음란하거나 현란한 그림·무늬가 포함된 물품
- 사행심을 조장하거나 심리적인 안정을 해칠 우려가 있는 물품
- 도주·자살·자해 등에 이용될 수 있는 금속류, 끈 또는 가죽 등이 포함된 물품
- 위화감을 조성할 우려가 있는 높은 가격의 물품
- 그 밖에 수형자의 교화 또는 건전한 사회복귀를 해칠 우려가 있거나 교정시설의 안전 또는 질서를 해칠 우려가 있는 물품

③ 물품소지

㉠ 수용자는 편지·도서, 그 밖에 수용생활에 필요한 물품을 법무부장관이 정하는 범위에서 지닐 수 있다(형집행법 제26조 제1항).

㉡ 소장은 제1항에 따라 법무부장관이 정하는 범위를 벗어난 물품으로서 교정시설에 특히 보관할 필요가 있다고 인정하지 아니하는 물품은 수용자로 하여금 자신이 지정하는 사람에게 보내게 하거나 그 밖에 적당한 방법으로 처분하게 할 수 있다(동조 제2항).

㉢ "수용자가 지닐 수 있는 범위"란 수용자 1명이 교정시설 안에서 지닌 채 사용할 수 있는 물품의 수량으로서 법무부장관이 정하는 범위를 말한다(시행규칙 제2조 제3호).

④ 금지물품

㉠ 수용자는 다음의 물품을 지녀서는 아니 된다(형집행법 제92조 제1항).
- 마약·총기·도검·폭발물·흉기·독극물, 그 밖에 범죄의 도구로 이용될 우려가 있는 물품
- 무인비행장치, 전자·통신기기, 그 밖에 도주나 다른 사람과의 연락에 이용될 우려가 있는 물품
- 주류·담배·화기·현금·수표, 그 밖에 시설의 안전 또는 질서를 해칠 우려가 있는 물품

- 음란물, 사행행위에 사용되는 물품, 그 밖에 수형자의 교화 또는 건전한 사회복귀를 해칠 우려가 있는 물품

ⓒ 제1항에도 불구하고 소장이 수용자의 처우를 위하여 허가하는 경우에는 제1항 제2호의 물품을 지닐 수 있다(동조 제2항).

(3) 보관금품의 사용 및 처분

① 보관금품의 사용
  ㉠ 소장은 수용자가 그의 가족(배우자, 직계존비속 또는 형제자매를 말한다. 이하 같다) 또는 배우자의 직계존속에게 도움을 주거나 그 밖에 정당한 용도로 사용하기 위하여 보관금의 사용을 신청한 경우에는 그 사정을 고려하여 허가할 수 있다(시행령 제38조 제1항).
  ㉡ 제1항에 따라 보관금을 사용하는 경우 발생하는 비용은 수용자가 부담한다(동조 제2항).
  ㉢ 보관금의 출납·예탁, 보관금품의 보관 등에 관하여 필요한 사항은 법무부장관이 정한다(동조 제3항).

② 유류금품의 처리 및 보관금품의 반환
  ㉠ 소장은 사망자 또는 도주자가 남겨두고 간 금품이 있으면 사망자의 경우에는 그 상속인에게, 도주자의 경우에는 그 가족에게 그 내용 및 청구절차 등을 알려 주어야 한다. 다만, 썩거나 없어질 우려가 있는 것은 폐기할 수 있다(형집행법 제28조 제1항).
  ㉡ 소장은 상속인 또는 가족이 제1항의 금품을 내어달라고 청구하면 지체 없이 내어주어야 한다. 다만, 제1항에 따른 알림을 받은 날(알려줄 수가 없는 경우에는 청구사유가 발생한 날)부터 1년이 지나도 청구하지 아니하면 그 금품은 국고에 귀속된다(동조 제2항).
  ㉢ 소장은 수용자가 석방될 때 제25조에 따라 보관하고 있던 수용자의 휴대금품을 본인에게 돌려주어야 한다. 다만, 보관품을 한꺼번에 가져가기 어려운 경우 등 특별한 사정이 있어 수용자가 석방 시 소장에게 일정 기간 동안(1개월 이내의 범위로 한정한다) 보관품을 보관하여 줄 것을 신청하는 경우에는 그러하지 아니하다(동법 제29조 제1항).
  ㉣ 소장은 사망자의 유류품을 건네받을 사람이 원거리에 있는 등 특별한 사정이 있는 경우에는 유류품을 받을 사람의 청구에 따라 유류품을 팔아 그 대금을 보낼 수 있다(시행령 제45조 제1항).
  ㉤ 법 제28조에 따라 사망자의 유류금품을 보내거나 제1항에 따라 유류품을 팔아 대금을 보내는 경우에 드는 비용은 유류금품의 청구인이 부담한다(동조 제2항).

③ 보관품의 폐기
  ㉠ 소장은 수용자가 제2항에 따라 처분하여야 할 물품을 상당한 기간 내에 처분하지 아니하면 폐기할 수 있다(형집행법 제26조 제3항).
  ㉡ 지닐 수 있는 범위를 벗어난 수용자의 물품을 처분하는 경우에는 제34조 제3항 및 제4항을 준용한다(시행령 제39조).
  ㉢ 수용자의 물품을 폐기하는 경우에는 그 품목·수량·이유 및 일시를 관계 장부에 기록하여야 한다(시행령 제40조).

6 수용자 물품지급

(1) 의의
① 물품지급의 의의: 물품지급이란 수용자의 기본생활을 충족시키기 위하여 의식주에 소요되는 생활필수품을 지급 또는 대여하는 것을 말한다.
② 유사성의 원칙: 유사성의 원칙이란 행형에서의 가능한 한 일반적인 사회생활과 유사해야 한다는 것을 의미한다.

(2) 물품지급의 내용
① 생활품 급여
　㉠ 소장은 수용자에게 건강유지에 적합한 의류·침구, 그 밖의 생활용품을 지급한다(형집행법 제22조 제1항).
　㉡ 의류·침구, 그 밖의 생활용품의 지급기준 등에 관하여 필요한 사항은 법무부령으로 정한다(동조 제2항).
　㉢ 소장은 의류·침구, 그 밖의 생활용품(이하 "의류 등"이라고 한다)을 지급하는 경우에는 수용자의 건강, 계절 등을 고려하여야 한다(시행령 제25조 제1항).
　㉣ 소장은 수용자에게 특히 청결하게 관리할 수 있는 재질의 식기를 지급하여야 하며, 다른 사람이 사용한 의류 등을 지급하는 경우에는 세탁하거나 소독하여 지급하여야 한다(동조 제2항).
　㉤ 소장은 수용자가 사용하는 의류 등을 적당한 시기에 세탁·수선 또는 교체하도록 하여야 한다(시행령 제33조 제1항).

② 생활기구 비치
　㉠ 소장은 거실·작업장, 그 밖에 수용자가 생활하는 장소(이하 "거실 등"이라고 한다)에 수용생활에 필요한 기구를 갖춰 둬야 한다(시행령 제26조 제1항).
　㉡ 거실 등에는 갖춰 둔 기구의 품목·수량을 기록한 품목표를 붙여야 한다(동조 제2항).

③ 음식물 지급
　㉠ 소장은 수용자에게 건강상태, 나이, 부과된 작업의 종류, 그 밖의 개인적 특성을 고려하여 건강 및 체력을 유지하는 데에 필요한 음식물을 지급한다(형집행법 제23조 제1항).
　㉡ 수용자에게 지급하는 음식물은 주식·부식·음료, 그 밖의 영양물로 한다(시행령 제27조).
　㉢ 수용자에게 지급하는 주식은 쌀로 하되(시행령 제28조 제1항), 소장은 쌀 수급이 곤란하거나 그 밖에 필요하다고 인정하면 주식을 쌀과 보리 등 잡곡의 혼합곡으로 하거나 대용식을 지급할 수 있다(동조 제2항).
　㉣ 소장은 국경일이나 그 밖에 이에 준하는 날에는 특별한 음식물을 지급할 수 있다(시행령 제29조).
　㉤ 소장은 의무관의 의견을 고려하여 환자에게 지급하는 음식물의 종류 또는 정도를 달리 정할 수 있다(시행령 제30조).
　㉥ 소장이 주식을 쌀과 보리 등 잡곡의 혼합곡으로 하거나 대용식을 지급하는 경우에는 법무부장관이 정하는 바에 따른다(시행규칙 제10조).

    Ⓐ 수용자에게 지급하는 주식은 1명당 1일 390그램을 기준으로 하되(시행규칙 제11조 제1항), 소장은 수용자의 나이, 건강, 작업 여부 및 작업의 종류 등을 고려하여 필요한 경우에는 지급 기준량을 변경할 수 있다(동조 제2항).
    Ⓑ 소장은 작업시간을 3시간 이상 연장하는 경우에는 수용자에게 주·부식 또는 대용식 1회분을 간식으로 지급할 수 있다(시행규칙 제15조 제2항).

(3) 물품의 자비구매

① 의의: "자비구매물품"이란 수용자가 교도소·구치소 및 그 지소의 장의 허가를 받아 자신의 비용으로 구매할 수 있는 물품을 말한다(시행규칙 제2조 제1호).

② 종류: 자비구매물품의 종류는 다음 각 호와 같다(시행규칙 제16조 제1항).
    ㉠ 음식물
    ㉡ 의약품 및 의료용품
    ㉢ 의류·침구류 및 신발류
    ㉣ 신문·잡지·도서 및 문구류
    ㉤ 수형자 교육 등 교정교화에 필요한 물품
    ㉥ 그 밖에 수용생활에 필요하다고 인정되는 물품

③ 내용
    ㉠ 수용자는 소장의 허가를 받아 자신의 비용으로 음식물·의류·침구, 그 밖에 수용생활에 필요한 물품을 구매할 수 있다(형집행법 제24조 제1항).
    ㉡ 수용자가 자비로 구매하는 물품은 교화 또는 건전한 사회복귀에 적합하고 교정시설의 안전과 질서를 해칠 우려가 없는 것이어야 한다(시행령 제31조).
    ㉢ 소장은 수용자가 자비로 구매한 의류 등을 보관한 후 그 수용자가 사용하게 할 수 있다(시행령 제32조).
    ㉣ 자비로 구매한 의류 등을 세탁 등을 하는 경우 드는 비용은 수용자가 부담한다(시행령 제33조 제2항).
    ㉤ 자비구매물품의 품목·유형 및 규격 등은 영 제31조에 어긋나지 아니하는 범위에서 소장이 정하되, 수용생활에 필요한 정도, 가격과 품질, 다른 교정시설과의 균형, 공급하기 쉬운 정도 및 수용자의 선호도 등을 고려하여야 한다(시행규칙 제16조 제2항).
    ㉥ 법무부장관은 자비구매물품 공급의 교정시설 간 균형 및 교정시설의 안전과 질서유지를 위하여 공급물품의 품목 및 규격 등에 대한 통일된 기준을 제시할 수 있다(동조 제3항).
    Ⓐ 소장은 수용자가 자비구매물품의 구매를 신청하는 경우에는 법무부장관이 교정성적 또는 경비처우급을 고려하여 정하는 보관금의 사용한도, 교정시설의 보관범위 및 수용자가 지닐 수 있는 범위에서 허가한다(시행규칙 제17조 제1항).
    Ⓑ 소장은 감염병의 유행 또는 수용자의 징벌집행 등으로 자비구매물품의 사용이 중지된 경우에는 구매신청을 제한할 수 있다(동조 제2항).

- ⊙ 소장은 교도작업제품(교정시설 안에서 수용자에게 부과된 작업에 의하여 생산된 물품을 말한다)으로서 자비구매물품으로 적합한 것은 제21조에 따라 지정받은 자비구매물품 공급자를 거쳐 우선하여 공급할 수 있다(시행규칙 제18조).
- ⊙ 소장은 물품공급업무 담당공무원을 검수관으로 지정하여 제21조에 따라 자비구매물품 공급자로부터 납품받은 제품의 수량·상태 및 소비기한 등을 검사하도록 하여야 한다(시행규칙 제19조 제1항).
- ㉠ 검수관은 공급제품이 부패, 파손, 규격미달, 그 밖의 사유로 수용자에게 공급하기에 부적당하다고 인정하는 경우에는 소장에게 이를 보고하고 필요한 조치를 하여야 한다(동조 제2항).
- ㉡ 소장은 수용자에게 자비구매물품의 품목·가격, 그 밖에 구매에 관한 주요사항을 미리 알려 주어야 한다(시행규칙 제20조 제1항).
- ㉢ 소장은 제품의 변질, 파손, 그 밖의 정당한 사유로 수용자가 교환, 반품 또는 수선을 원하는 경우에는 신속히 적절한 조치를 하여야 한다(동조 제2항).
- ㉣ 법무부장관은 자비구매물품의 품목·규격·가격 등의 교정시설 간 균형을 유지하고 공급과정의 효율성·공정성을 높이기 위하여 그 공급업무를 담당하는 법인 또는 개인을 지정할 수 있다(시행규칙 제21조 제1항).

7 위생과 의료

(1) 위생

① 위생관리
- ㉠ 소장은 수용자가 사용하는 모든 설비와 기구가 항상 청결하게 유지되도록 하여야 한다(형집행법 제31조).
- ㉡ 소장은 수용자의 건강, 계절 및 시설여건 등을 고려하여 보건·위생관리계획을 정기적으로 수립하여 시행하여야 한다(시행령 제46조).
- ㉢ 소장은 거실·작업장·목욕탕, 그 밖에 수용자가 공동으로 사용하는 시설과 취사장, 주식·부식 저장고, 그 밖에 음식물 공급과 관련된 시설을 수시로 청소·소독하여야 한다(시행령 제47조 제1항).
- ㉣ 소장은 저수조 등 급수시설을 6개월에 1회 이상 청소·소독하여야 한다(동조 제2항).

② 청결의무
- ㉠ 수용자는 자신의 신체 및 의류를 청결히 하여야 하며, 자신이 사용하는 거실·작업장, 그 밖의 수용시설의 청결유지에 협력하여야 한다(형집행법 제32조 제1항).
- ㉡ 수용자는 교도관이 법 제32조 제1항에 따라 자신이 사용하는 거실, 작업장, 그 밖의 수용시설의 청결을 유지하기 위하여 필요한 지시를 한 경우에는 이에 따라야 한다(시행령 제48조).
- ㉢ 수용자는 위생을 위하여 머리카락과 수염을 단정하게 유지하여야 한다(형집행법 제32조 제2항).
- ㉣ 미결수용자의 머리카락과 수염은 특히 필요한 경우가 아니면 본인의 의사에 반하여 짧게 깎지 못한다(동법 제83조).

③ 운동 및 목욕
   ㉠ 소장은 수용자가 건강유지에 필요한 운동 및 목욕을 정기적으로 할 수 있도록 하여야 한다(동법 제33조 제1항).
   ㉡ 운동시간·목욕횟수 등에 관하여 필요한 사항은 대통령령으로 정한다(동조 제2항).
   ㉢ 소장은 수용자가 매일(공휴일 및 법무부장관이 정하는 날은 제외한다) 국가공무원 복무규정 제9조에 따른 근무시간 내에서 1시간 이내의 실외운동을 할 수 있도록 하여야 한다. 다만, 다음 각 호의 어느 하나에 해당하면 실외운동을 실시하지 아니할 수 있다(시행령 제49조).
      • 작업의 특성상 실외운동이 필요 없다고 인정되는 때
      • 질병 등으로 실외운동이 수용자의 건강에 해롭다고 인정되는 때
      • 우천, 수사, 재판, 그 밖의 부득이한 사정으로 실외운동을 하기 어려운 때
   ㉣ 소장은 작업의 특성, 계절, 그 밖의 사정을 고려하여 수용자의 목욕횟수를 정하되 부득이한 사정이 없으면 매주 1회 이상이 되도록 한다(시행령 제50조).

(2) **의료**
   ① 건강검진
      ㉠ 소장은 수용자에 대하여 건강검진을 정기적으로 하여야 한다(형집행법 제34조 제1항).
      ㉡ 건강검진의 횟수 등에 관하여 필요한 사항은 대통령령으로 정한다(동조 제2항).
      ㉢ 소장은 수용자에 대하여 1년에 1회 이상 건강검진을 하여야 한다. 다만, 19세 미만의 수용자와 계호상 독거수용자에 대하여는 6개월에 1회 이상 하여야 한다(시행령 제51조 제1항).
      ㉣ 제1항의 건강검진은 건강검진기본법 제14조에 따라 지정된 건강검진기관에 의뢰하여 할 수 있다(동조 제2항).
   ② 감염병에 관한 조치
      ㉠ 소장은 감염병이나 그 밖에 감염의 우려가 있는 질병의 발생과 확산을 방지하기 위하여 필요한 경우 수용자에 대하여 예방접종·격리수용·이송, 그 밖에 필요한 조치를 하여야 한다(형집행법 제35조).
      ㉡ 형집행법상 "감염병"이란 감염병의 예방 및 관리에 관한 법률에 따른 감염병을 말한다(시행령 제52조).
      ㉢ 소장은 수용자가 감염병에 걸렸다고 의심되는 경우에는 1주 이상 격리수용하고 그 수용자의 휴대품을 소독하여야 한다(시행령 제53조 제1항).
      ㉣ 소장은 감염병이 유행하는 경우에는 수용자가 자비로 구매하는 음식물의 공급을 중지할 수 있다(동조 제2항).
      ㉤ 소장은 수용자가 감염병에 걸린 경우에는 즉시 격리수용하고 그 수용자가 사용한 물품과 설비를 철저히 소독하여야 한다(동조 제3항).
      ㉥ 소장은 제3항의 사실을 지체 없이 법무부장관에게 보고하고 관할 보건기관의 장에게 알려야 한다(동조 제4항).

③ 부상자 치료 및 위독사실의 알림
　㉠ 소장은 수용자가 부상을 당하거나 질병에 걸리면 적절한 치료를 받도록 하여야 한다(형집행법 제36조 제1항).
　㉡ 제1항의 치료를 위하여 교정시설에 근무하는 간호사는 야간 또는 공휴일 등에 의료법 제27조에도 불구하고 대통령령으로 정하는 경미한 의료행위를 할 수 있다(동조 제2항).
　㉢ 법 제36조 제2항에서 "대통령령으로 정하는 경미한 의료행위"란 다음 각 호의 의료행위를 말한다(시행령 제54조의2).
　　• 외상 등 흔히 볼 수 있는 상처의 치료
　　• 응급을 요하는 수용자에 대한 응급처치
　　• 부상과 질병의 악화방지를 위한 처치
　　• 환자의 요양지도 및 관리
　　• 제1호부터 제4호까지의 의료행위에 따르는 의약품의 투여
　㉣ 소장은 수용자가 부상을 당하거나 질병에 걸린 경우에는 그 수용자를 의료거실에 수용하거나, 다른 수용자에게 그 수용자를 간병하게 할 수 있다(시행령 제54조).
　㉤ 소장은 정신질환이 있다고 의심되는 수용자가 있으면 정신건강의학과 의사의 진료를 받을 수 있도록 하여야 한다(형집행법 제39조 제2항).
　㉥ 소장은 수용자가 위독한 경우에는 그 사실을 가족에게 지체 없이 알려야 한다(시행령 제56조).

④ 외부의료시설 진료
　㉠ 소장은 수용자에 대한 적절한 치료를 위하여 필요하다고 인정하면 교정시설 밖에 있는 의료시설(이하 "외부의료시설"이라 한다)에서 진료를 받게 할 수 있다(형집행법 제37조 제1항).
　㉡ 소장은 특히 필요하다고 인정하면 외부의료시설에서 근무하는 의사(이하 "외부의사"라 한다)에게 수용자를 치료하게 할 수 있다(시행령 제55조).
　㉢ 소장은 수용자가 자신의 비용으로 외부의료시설에서 근무하는 의사(이하 "외부의사"라 한다)에게 치료받기를 원하면 교정시설에 근무하는 의사(공중보건의사를 포함하며, 이하 "의무관"이라 한다)의 의견을 고려하여 이를 허가할 수 있다(형집행법 제38조).
　㉣ 외부의사는 수용자를 진료하는 경우에는 법무부장관이 정하는 사항을 준수하여야 한다(동법 제39조 제3항).
　㉤ 소장은 수용자의 정신질환 치료를 위하여 필요하다고 인정하면 법무부장관의 승인을 받아 치료감호시설로 이송할 수 있다(동법 제37조 제2항).
　㉥ 제2항에 따라 이송된 사람은 수용자에 준하여 처우한다(동조 제3항).
　㉦ 소장은 수용자가 외부의료시설에서 진료 받거나 치료감호시설로 이송되면 그 사실을 그 가족(가족이 없는 경우에는 수용자가 지정하는 사람)에게 지체 없이 알려야 한다. 다만, 수용자가 알리는 것을 원하지 아니하면 그러하지 아니하다(동조 제4항).
　㉧ 소장은 수용자가 자신의 고의 또는 중대한 과실로 부상 등이 발생하여 외부의료시설에서 진료를 받은 경우에는 그 진료비의 전부 또는 일부를 그 수용자에게 부담하게 할 수 있다(동조 제5항).

ⓩ 소장은 수용자를 외부 의료시설에 입원시키거나 입원 중인 수용자를 교정시설로 데려온 경우에는 그 사실을 법무부장관에게 지체 없이 보고하여야 한다(시행령 제57조).

　⑤ **진료환경**
　　　㉠ 교정시설에는 수용자의 진료를 위하여 필요한 의료 인력과 설비를 갖추어야 한다(동법 제39조 제1항).
　　　㉡ 교정시설에는 의료법 제3조에 따른 의료기관 중 의원이 갖추어야 하는 시설 수준 이상의 의료시설(진료실 등의 의료용 건축물을 말한다)을 갖추어야 한다(시행규칙 제23조 제1항).
　　　㉢ 소장은 수용정원과 시설여건 등을 고려하여 적정한 양의 비상의료용품을 갖추어 둔다(시행규칙 제24조 제1항).

　⑥ **수용자의 의사에 반하는 의료조치**
　　　㉠ 소장은 수용자가 진료 또는 음식물의 섭취를 거부하면 의무관으로 하여금 관찰·조언 또는 설득을 하도록 하여야 한다(형집행법 제40조 제1항).
　　　㉡ 소장은 제1항의 조치에도 불구하고 수용자가 진료 또는 음식물의 섭취를 계속 거부하여 그 생명에 위험을 가져올 급박한 우려가 있으면 의무관으로 하여금 적당한 진료 또는 영양보급 등의 조치를 하게 할 수 있다(동조 제2항).

8 수용자 상벌제도

(1) 상우제도

① **의의**: 수형자 자신의 발전적 변화와 교정행정의 목적에 기여하는 바가 있다고 판단되는 행위를 하여 다른 수형자에게 모범이 될 때 그 수형자에게 행형상의 이익이 되는 처분을 보장해 주는 제도로서 수용자 공로에 대한 정당한 평가를 통하여 수용자의 긍정적인 자아관념 형성을 꾀하고 자력개선의지를 촉진하여 건전한 사회복귀에 기여할 수 있도록 수용자 포상제도의 법률적 근거를 마련하였다.

② **현행법상 상우제도**
　㉠ 소장은 수용자가 다음 각 호의 어느 하나에 해당하면 법무부령으로 정하는 바에 따라 포상할 수 있다(동법 제106조).
　　・사람의 생명을 구조하거나 도주를 방지한 때
　　・제102조 제1항에 따른 응급용무에 공로가 있는 때
　　・시설의 안전과 질서유지에 뚜렷한 공이 인정되는 때
　　・수용생활에 모범을 보이거나 건설적이고 창의적인 제안을 하는 등 특히 포상할 필요가 있다고 인정되는 때
　㉡ 포상기준은 다음과 같다(시행규칙 제214조의2).
　　・법 제106조 제1호 및 제2호에 해당하는 경우 소장표창 및 제89조에 따른 가족만남의 집 이용 대상자 선정
　　・법 제106조 제3호 및 제4호에 해당하는 경우 소장표창 및 제89조에 따른 가족만남의 날 행사 참여 대상자 선정

(2) 현행 법령상 징벌

① 징벌의 종류

  ㉠ 경고
  - 가장 경미한 징벌로서 훈계적 · 예방적 성격
  - 특별히 부과되는 불이익은 없으나, 각종 이익적 처우의 대상에서 제외되는 불이익을 당할 수 있다.

  ㉡ 50시간 이내의 근로봉사: 주로 정역복무의무가 없는 금고형수형자, 구류형수형자, 미결수용자 등을 대상으로 부과되는 징벌

  ㉢ 3개월 이내의 작업장려금 삭감
  - 원칙적으로 정역복무의무가 있는 징역형수형자에게만 부과할 수 있는 재산형적 징벌이나 신청에 의한 작업으로 작업장려금 지급의 대상이 되는 금고형수형자나 구류형수형자에게도 예외적으로 부과한다.
  - 금액이 아닌 기간으로 부과하는 것으로 월 단위 작업장려금이 소액인 경우 징벌의 효과를 거둘 수 없고, 형벌이 아닌 행정처분으로 재산권을 박탈하는 것은 징벌의 범위를 넘어서는 것이라는 비판이 있으며, 절차상의 번잡성 때문에 실무적으로 활용도가 높지 않다.

  ㉣ 30일 이내의 공동행사 참가 정지
  - 종교집회, 위문행사 등 각종 단체행사에 참가할 수 있는 기회를 일시적으로 정지하는 징벌이다.
  - 해당 교정시설에 공동행사가 없는 경우 적시에 부과하기 곤란하다.

  ㉤ 30일 이내의 신문열람 제한
  - 신문을 구독 중인 경우에는 그 열람을 정지하고, 신문을 구독하고 있지 않은 경우에는 구독을 신청할 수 없도록 하는 징벌이다.
  - 지식층 수용자나 시사에 관심이 많은 수용자에게 효과적이다.

  ㉥ 30일 이내의 텔레비전 시청 제한
  - 신문열람 제한과 마찬가지로 정보접근 기회를 일시적으로 차단하는 징벌이다.
  - 혼거실에서는 집행의 실효성이 없으므로 독거실 수용을 전제한다.

  ㉦ 30일 이내의 자비구매물품(의사가 치료를 위하여 처방한 의약품 제외) 사용 제한
  - 자비로 구매한 물품을 사용하지 못하도록 하는 징벌이다.
  - 자비구매물품의 사용만 제한되므로 국가에서 지급하는 관용물품의 사용은 제한되지 않는다.

  ㉧ 30일 이내의 작업 정지(신청에 따른 작업에 한정한다): 신청에 의해 작업을 행하는 수용자에 한다. 즉 금고형수형자, 구류형수형자, 미결수용자가 그 대상이다.

  ㉨ 30일 이내의 전화통화 제한
  - 시행규칙 제90조에 따르면 일반경비처우급이나 중경비처우급 수형자에 대해서도 처우상 특히 필요한 경우에는 월 2회 이내에서 전화통화를 허용할 수 있으므로 모든 수용자에 대해 적용되는 징벌에 해당한다.

- ⓒ 30일 이내의 집필 제한
  - 문서나 도화의 작성을 금지하는 징벌이다.
  - 미결수용자가 소송서류를 작성하는 것은 제한할 수 없다(형집행법 제85조).
- ㅋ 30일 이내의 편지수수 제한
  - 편지를 보내는 것뿐만 아니라, 받는 것도 금지하는 징벌이다.
  - 편지를 주고받는 것만 제한하므로 편지의 작성은 해당하지 않는다.
  - 미결수용자의 변호인과의 편지수수는 제한할 수 없다(동법 제85조).
- ㅌ 30일 이내의 접견 제한
  - 외부인과의 접견을 금지하는 징벌이다.
  - 미결수용자의 변호인과의 접견은 제한할 수 없다(동법 제85조).
- ㅍ 30일 이내의 실외운동 정지
  - 실외에서 하는 운동을 제한하는 징벌로 금치 다음으로 가장 중한 징벌이다.
  - 소장은 실외운동 정지를 부과하는(또는 실외운동을 제한하는 경우) 경우라도 수용자가 매주 1회 이상 실외운동을 할 수 있도록 하여야 한다. 이 경우 의무관으로 하여금 사전에 수용자의 건강을 확인하도록 하여야 하며, 집행 중인 경우에도 수시로 건강상태를 확인하여야 한다(동법 제112조 제5항·제6항).
- ㅎ 30일 이내의 금치
  - 가장 중한 징벌로 제4호부터 제13호까지의 처우제한이 함께 부과된다. 다만, 소장은 수용자의 권리구제, 수형자의 교화 또는 건전한 사회복귀를 위하여 특히 필요하다고 인정하면 집필·편지수수·접견 또는 실외운동을 허가할 수 있다(동조 제3항).
  - 소장은 금치를 집행하는 경우에는 의무관으로 하여금 사전에 수용자의 건강을 확인하도록 하여야 하며, 집행 중인 경우에도 수시로 건강상태를 확인하여야 한다(동조 제6항).

> 형집행법 시행규칙 제215조의2(금치 집행 중 실외운동의 제한)
> 법 제112조 제4항 제4호에서 "법무부령으로 정하는 경우"란 다음 각 호와 같다.
> 1. 다른 사람으로부터 위해를 받을 우려가 있는 경우
> 2. 위력으로 교도관의 정당한 직무집행을 방해할 우려가 있는 경우
> 3. 소란행위를 계속하여 다른 수용자의 평온한 수용생활을 방해할 우려가 있는 경우
> 4. 교정시설의 설비·기구 등을 손괴할 우려가 있는 경우

(3) 징벌대상자의 조사

① **분리수용**: 소장은 징벌사유에 해당하는 행위를 하였다고 의심할 만한 상당한 이유가 있는 수용자(이하 "징벌대상자"라 한다)가 다음 각 호의 어느 하나에 해당하면 조사기간 중 분리하여 수용할 수 있다(형집행법 제110조 제1항).
  - 증거를 인멸할 우려가 있는 때
  - 다른 사람에게 위해를 끼칠 우려가 있거나 다른 수용자의 위해로부터 보호할 필요가 있는 때

② 조사기간
- ㉠ 수용자의 징벌대상행위에 대한 조사기간(조사를 시작한 날부터 법 제111조 제1항의 징벌위원회의 의결이 있는 날까지를 말한다. 이하 같다)은 10일 이내로 한다. 다만, 특히 필요하다고 인정하는 경우에는 1회에 한하여 7일을 초과하지 아니하는 범위에서 그 기간을 연장할 수 있다(시행규칙 제220조 제1항).
- ㉡ 소장은 제1항의 조사기간 중 조사결과에 따라 다음 각 호의 어느 하나에 해당하는 조치를 할 수 있다(동조 제2항).
  - 법 제111조 제1항의 징벌위원회(이하 "징벌위원회"라고 한다)로의 회부
  - 징벌대상자에 대한 무혐의 통고
  - 징벌대상자에 대한 훈계
  - 징벌위원회 회부 보류
  - 조사 종결
- ㉢ 제1항의 조사기간 중 법 제110조 제2항에 따라 징벌대상자에 대하여 처우를 제한하는 경우에는 징벌위원회의 의결을 거쳐 처우를 제한한 기간의 전부 또는 일부를 징벌기간에 포함할 수 있다(동조 제3항).
- ㉣ 소장은 징벌대상행위가 징벌대상자의 정신병적인 원인에 따른 것으로 의심할 만한 충분한 사유가 있는 경우에는 징벌절차를 진행하기 전에 의사의 진료, 전문가 상담 등 필요한 조치를 하여야 한다(동조 제4항).
- ㉤ 소장은 징벌대상행위에 대한 조사 결과 그 행위가 징벌대상자의 정신병적인 원인에 따른 것이라고 인정하는 경우에는 그 행위를 이유로 징벌위원회에 징벌을 요구할 수 없다(동조 제5항).
- ㉥ 제1항의 조사기간 중 징벌대상자의 생활용품 등의 보관에 대해서는 제232조를 준용한다(동조 제6항).

③ 조사의 일시정지
- ㉠ 소장은 징벌대상자의 질병이나 그 밖의 특별한 사정으로 인하여 조사를 계속하기 어려운 경우에는 조사를 일시 정지할 수 있다(시행규칙 제221조 제1항).
- ㉡ 제1항에 따라 정지된 조사기간은 그 사유가 해소된 때부터 다시 진행한다. 이 경우 조사가 정지된 다음 날부터 정지사유가 소멸한 전날까지의 기간은 조사기간에 포함되지 아니한다(동조 제2항).

④ 조사기간 중 징벌대상자에 대한 처우
- ㉠ 소장은 징벌대상자가 제1항 각 호의 어느 하나에 해당하면 접견·편지수수·전화통화·실외운동·작업·교육훈련, 공동행사 참가, 중간처우 등 다른 사람과의 접촉이 가능한 처우의 전부 또는 일부를 제한할 수 있다(형집행법 제110조 제2항).
- ㉡ 소장은 법 제110조 제2항에 따라 접견·편지수수 또는 전화통화를 제한하는 경우에는 징벌대상자의 가족 등에게 그 사실을 알려야 한다. 다만, 징벌대상자가 알리기를 원하지 않는 경우에는 그렇지 않다(시행규칙 제222조).

(4) 징벌위원회
① 설치 및 구성 등
  ㉠ 설치: 징벌대상자의 징벌을 결정하기 위하여 교정시설에 징벌위원회(이하 이 조에서 "위원회"라 한다)를 둔다(형집행법 제111조 제1항).
  ㉡ 구성: 위원회는 위원장을 포함한 5명 이상 7명 이하의 위원으로 구성하고, 위원장은 소장의 바로 다음 순위자가 되며, 위원은 소장이 소속 기관의 과장(지소의 경우에는 7급 이상의 교도관) 및 교정에 관한 학식과 경험이 풍부한 외부인사 중에서 임명 또는 위촉한다. 이 경우 외부위원은 3명 이상으로 한다(동조 제2항).
  ㉢ 위원회의 직무대행: 위원회의 위원장이 불가피한 사정으로 그 직무를 수행하기 어려운 경우에는 위원장이 미리 지정한 위원이 그 직무를 대행한다(시행령 제130조).
  ㉣ 위원회의 개회 및 의결
   • 징벌위원회의 위원장은 소장의 징벌요구에 따라 위원회를 소집한다(시행령 제129조).
   • 소장이 징벌대상자에 대하여 징벌의결을 요구하는 경우에는 징벌의결 요구서를 작성하여 징벌위원회에 제출하여야 한다(시행규칙 제226조 제1항).
   • 위원회는 소장의 징벌요구에 따라 개회하며, 징벌은 그 의결로써 정한다(형집행법 제111조 제3항).
   • 위원회는 징벌대상자가 위원회에 출석하여 충분한 진술을 할 수 있는 기회를 부여하여야 하며, 징벌대상자는 서면 또는 말로써 자기에게 유리한 사실을 진술하거나 증거를 제출할 수 있다(동조 제6항).
   • 위원회가 징벌을 의결한 경우에는 이를 소장에게 즉시 통고하여야 한다(시행령 제132조).
   • 징벌위원회는 출석한 징벌대상자를 심문하고, 필요하다고 인정하는 경우에는 교도관이나 다른 수용자 등을 참고인으로 출석하게 하여 심문할 수 있다(시행규칙 제228조 제1항).
   • 징벌위원회는 징벌대상자에게 출석통지서를 전달하였음에도 불구하고 징벌대상자가 출석포기서를 제출하거나 정당한 사유 없이 출석하지 아니한 경우에는 그 사실을 징벌위원회 회의록에 기록하고 서면심리만으로 징벌을 의결할 수 있다(동조 제3항).
   • 징벌위원회는 재적위원 과반수의 출석으로 개의하고, 출석위원 과반수의 찬성으로 의결한다. 이 경우 외부위원 1명 이상이 출석한 경우에만 개의할 수 있다(동조 제4항).
  ㉤ 제척 및 기피
   • 위원이 징벌대상자의 친족이거나 그 밖에 공정한 심의 · 의결을 기대할 수 없는 특별한 사유가 있는 경우에는 위원회에 참석할 수 없다(형집행법 제111조 제4항).
   • 위원회의 위원이 해당 징벌대상 행위의 조사를 담당한 경우에는 해당 위원회에 참석할 수 없다(시행령 제131조).
   • 징벌대상자는 위원에 대하여 기피신청을 할 수 있다. 이 경우 위원회의 의결로 기피 여부를 결정하여야 한다(동법 제111조 제5항).

ⓑ 징벌위원회 심의·의결대상: 징벌위원회는 다음 각 호의 사항을 심의·의결한다(시행규칙 제225조).
- 징벌대상행위의 사실 여부
- 징벌의 종류와 내용
- 제220조 제3항에 따른 징벌기간 산입
- 법 제111조 제5항에 따른 징벌위원에 대한 기피신청의 심의·의결
- 법 제114조 제1항에 따른 징벌집행의 유예여부와 그 기간
- 그 밖에 징벌내용과 관련된 중요 사항

(5) 징벌의 부과

① **징벌부과 시 고려사항**: 제215조의 기준에 따라 징벌을 부과하는 경우에는 다음 각 호의 사항을 고려하여야 한다(시행규칙 제216조).
- ㉠ 징벌대상행위를 하였다고 의심할 만한 상당한 이유가 있는 수용자(이하 "징벌대상자"라 한다)의 나이·성격·지능·성장환경·심리상태 및 건강
- ㉡ 징벌대상행위의 동기·수단 및 결과
- ㉢ 자수 등 징벌대상행위 후의 정황
- ㉣ 교정성적 또는 그 밖의 수용생활태도

② **교사와 방조**
- ㉠ 다른 수용자를 교사하여 징벌대상행위를 하게 한 수용자에게는 그 징벌대상행위를 한 수용자에게 부과되는 징벌과 같은 징벌을 부과한다(시행규칙 제217조 제1항).
- ㉡ 다른 수용자의 징벌대상행위를 방조한 수용자에게는 그 징벌대상행위를 한 수용자에게 부과되는 징벌과 같은 징벌을 부과하되, 그 정황을 고려하여 2분의 1까지 감경할 수 있다(동조 제2항).

③ **징벌대상행위의 경합**
- ㉠ 둘 이상의 징벌대상행위가 경합하는 경우에는 각각의 행위에 해당하는 징벌 중 가장 중한 징벌의 2분의 1까지 가중할 수 있다(시행규칙 제218조 제1항).
- ㉡ 제1항의 경우 징벌의 경중은 제215조 각 호의 순서에 따른다. 이 경우 같은 조 제2호부터 제5호까지의 경우에는 각 목의 순서에 따른다(동조 제2항).

④ **징벌의 가중**: 수용자가 다음 각 호의 어느 하나에 해당하면 징벌의 장기의 2분의 1까지 가중할 수 있다(형집행법 제109조 제2항).
- ㉠ 2 이상의 징벌사유가 경합하는 때
- ㉡ 징벌이 집행 중에 있거나 징벌의 집행이 끝난 후 또는 집행이 면제된 후 6개월 내에 다시 징벌사유에 해당하는 행위를 한 때

(6) 징벌의 집행
① 집행절차
ㄱ. 징벌은 소장이 집행한다(동법 제112조 제1항).
ㄴ. 소장은 징벌집행을 위하여 필요하다고 인정하면 수용자를 분리하여 수용할 수 있다(동조 제2항).
ㄷ. 소장은 제108조 제14호(30일 이내의 금치)의 처분을 받은 사람에게 다음 각 호의 어느 하나에 해당하는 사유가 있어 필요하다고 인정하는 경우에는 건강유지에 지장을 초래하지 아니하는 범위에서 실외운동을 제한할 수 있다(동조 제4항).
- 도주의 우려가 있는 경우
- 자해의 우려가 있는 경우
- 다른 사람에게 위해를 끼칠 우려가 있는 경우
- 그 밖에 시설의 안전 또는 질서를 크게 해칠 우려가 있는 경우로서 법무부령으로 정하는 경우

ㄹ. 소장은 제132조의 통고를 받은 경우에는 징벌을 지체 없이 집행하여야 한다(시행령 제133조 제1항).
ㅁ. 소장은 수용자가 징벌처분을 받아 접견, 편지수수 또는 전화통화가 제한된 경우에는 그의 가족에게 그 사실을 알려야 한다. 다만, 수용자가 알리는 것을 원하지 않으면 알리지 않는다(동조 제2항).
ㅂ. 소장은 법 제108조 제13호(30일 이내의 실외운동 정지) 및 제14호(30일 이내의 금치)의 징벌집행을 마친 경우에는 의무관에게 해당 수용자의 건강을 지체 없이 확인하게 하여야 한다(동조 제4항).
ㅅ. 의무관이 출장, 휴가, 그 밖의 부득이한 사유로 법 제112조 제5항 및 이 조 제4항의 직무를 수행할 수 없는 경우에는 제119조 제2항을 준용한다(동조 제5항).
ㅇ. 징벌위원회는 영 제132조에 따라 소장에게 징벌의결 내용을 통고하는 경우에는 징벌의결서 정본을 첨부하여야 한다(시행규칙 제229조 제1항).
ㅈ. 소장은 징벌을 집행하려면 징벌의결의 내용과 징벌처분에 대한 불복방법 등을 기록한 징벌집행통지서에 징벌의결서 부본을 첨부하여 해당 수용자에게 전달하여야 한다(동조 제2항).

② 집행순서
ㄱ. 금치와 그 밖의 징벌을 집행할 경우에는 금치를 우선하여 집행한다. 다만, 작업장려금의 삭감과 경고는 금치와 동시에 집행할 수 있다(시행규칙 제230조 제1항).
ㄴ. 같은 종류의 징벌은 그 기간이 긴 것부터 집행한다(동조 제2항).
ㄷ. 금치를 제외한 두 가지 이상의 징벌을 집행할 경우에는 함께 집행할 수 있다(동조 제3항).

③ 집행방법
ㄱ. 작업장려금의 삭감은 징벌위원회가 해당 징벌을 의결한 날이 속하는 달의 작업장려금부터 이미 지급된 작업장려금에 대하여 역순으로 집행한다(시행규칙 제231조 제1항).
ㄴ. 소장은 금치를 집행하는 경우에는 징벌집행을 위하여 별도로 지정한 거실(이하 "징벌거실"이라 한다)에 해당 수용자를 수용하여야 한다(동조 제2항).

ⓒ 소장은 금치 외의 징벌을 집행하는 경우 그 징벌의 목적을 달성하기 위하여 필요하다고 인정하면 해당 수용자를 징벌거실에 수용할 수 있다(동조 제3항).
　　ⓔ 소장은 징벌집행을 받고 있거나 집행을 앞둔 수용자가 같은 행위로 형사 법률에 따른 처벌이 확정되어 징벌을 집행할 필요가 없다고 인정하면 징벌집행을 감경하거나 면제할 수 있다(동조 제4항).

④ **징벌집행 중인 수용자처우**
　　㉠ 소장은 금치 중인 수용자가 생활용품 등으로 자살·자해할 우려가 있거나 교정시설의 안전과 질서를 해칠 우려가 있는 경우에는 그 물품을 따로 보관하고 필요한 경우에만 이를 사용하게 할 수 있다(시행규칙 제232조).
　　㉡ 소장은 징벌집행 중인 수용자의 심리적 안정과 징벌대상행위의 재발방지를 위해서 교도관으로 하여금 징벌집행 중인 수용자에 대한 심리상담을 하게 해야 한다(시행규칙 제233조 제1항).
　　㉢ 소장은 징벌대상행위의 재발방지에 도움이 된다고 인정하는 경우에는 징벌집행 중인 수용자가 교정위원, 자원봉사자 등 전문가의 상담을 받게 할 수 있다(동조 제2항).

⑤ **징벌집행의 정지·면제**
　　㉠ 소장은 질병이나 그 밖의 사유로 징벌집행이 곤란하면 그 사유가 해소될 때까지 그 집행을 일시 정지할 수 있다(동법 제113조 제1항).
　　㉡ 소장은 징벌집행 중인 사람이 뉘우치는 빛이 뚜렷한 경우에는 그 징벌을 감경하거나 남은 기간의 징벌집행을 면제할 수 있다(동조 제2항).
　　㉢ 징벌 집행 중인 수용자가 다른 교정시설로 이송되거나 법원 또는 검찰청 등에 출석하는 경우에는 징벌집행이 계속되는 것으로 본다(시행령 제134조).
　　㉣ 징벌기간의 계산: 소장은 징벌집행을 일시 정지한 경우 그 정지사유가 해소되었을 때에는 지체 없이 징벌집행을 재개하여야 한다. 이 경우 집행을 정지한 다음날부터 집행을 재개한 전날까지의 일수는 징벌기간으로 계산하지 아니한다(시행령 제135조).

(7) 징벌집행의 유예

① 징벌위원회는 징벌을 의결하는 때에 행위의 동기 및 정황, 교정성적, 뉘우치는 정도 등 그 사정을 고려할 만한 사유가 있는 수용자에 대하여 2개월 이상 6개월 이하의 기간 내에서 징벌의 집행을 유예할 것을 의결할 수 있다(형집행법 제114조 제1항).
② 소장은 징벌집행의 유예기간 중에 있는 수용자가 다시 제107조의 징벌대상행위를 하여 징벌이 결정되면 그 유예한 징벌을 집행한다(동조 제2항).
③ 수용자가 징벌집행을 유예받은 후 징벌을 받음이 없이 유예기간이 지나면 그 징벌의 집행은 종료된 것으로 본다(동조 제3항).

(8) 징벌의 시효

① 징벌의 시효란 형법상 공소시효제도와 유사한 제도로서 징벌대상이 되는 규율위반행위를 한 후 일정 기간이 경과한 경우에는 징벌사유에서 제외시키는 것을 말한다.
② 징벌사유가 발생한 날부터 2년이 지나면 이를 이유로 징벌을 부과하지 못한다(동법 제109조 제4항).

(9) 징벌의 실효

① 소장은 징벌의 집행이 종료되거나 집행이 면제된 수용자가 교정성적이 양호하고 법무부령으로 정하는 기간 동안 징벌을 받지 아니하면 법무부장관의 승인을 받아 징벌을 실효시킬 수 있다(동법 제115조 제1항).

② 제1항에도 불구하고 소장은 수용자가 교정사고 방지에 뚜렷한 공로가 있다고 인정되면 분류처우위원회의 의결을 거친 후 법무부장관의 승인을 받아 징벌을 실효시킬 수 있다(동조 제2항).

③ 이 법에 규정된 사항 외에 징벌에 관하여 필요한 사항은 법무부령으로 정한다(동조 제3항).

④ 법 제115조 제1항에서 "법무부령으로 정하는 기간"이란 다음 각 호와 같다(시행규칙 제234조 제1항).

㉠ 제215조 제1호부터 제4호까지의 징벌 중 금치의 경우에는 다음 각 목의 기간
- 21일 이상 30일 이하의 금치: 2년 6개월
- 16일 이상 20일 이하의 금치: 2년
- 10일 이상 15일 이하의 금치: 1년 6개월
- 9일 이하의 금치: 1년

㉡ 제215조 제2호에 해당하는 금치 외의 징벌: 2년

㉢ 제215조 제3호에 해당하는 금치 외의 징벌: 1년 6개월

㉣ 제215조 제4호에 해당하는 금치 외의 징벌: 1년

㉤ 제215조 제5호에 해당하는 징벌: 6개월

(10) 징벌사항의 기록

① 소장은 수용자의 징벌에 관한 사항을 수용기록부 및 징벌집행부에 기록하여야 한다(시행령 제137조).

② 소장은 영 제137조에 따라 수용자의 징벌에 관한 사항을 징벌집행부에 기록한 때에는 그 내용을 제119조 제3항에 따른 교정정보시스템에 입력해야 한다(시행규칙 제229조 제4항).

9 특별한 보호

(1) 여성수용자의 처우

① 원칙

㉠ 소장은 여성수용자에 대하여 여성의 신체적·심리적 특성을 고려하여 처우하여야 한다(형집행법 제50조 제1항).

㉡ 소장은 여성수용자에 대하여 건강검진을 실시하는 경우에는 나이·건강 등을 고려하여 부인과질환에 관한 검사를 포함시켜야 한다(동조 제2항).

㉢ 소장은 생리 중인 여성수용자에 대하여는 위생에 필요한 물품을 지급하여야 한다(동조 제3항).

② 여성수용자 처우 시 유의사항

㉠ 교도관은 시설의 안전과 질서유지를 위하여 필요하면 수용자의 신체·의류·휴대품·거실 및 작업장 등을 검사할 수 있다(동법 제93조 제1항).

ⓒ 소장은 여성수용자에 대하여 상담·교육·작업 등(이하 이 조에서 "상담 등"이라 한다)을 실시하는 때에는 여성교도관이 담당하도록 하여야 한다. 다만, 여성교도관이 부족하거나 그 밖의 부득이한 사정이 있으면 그러하지 아니하다(동법 제51조 제1항).
　　ⓒ 제1항 단서에 따라 남성교도관이 1인의 여성수용자에 대하여 실내에서 상담 등을 하려면 투명한 창문이 설치된 장소에서 다른 여성을 입회시킨 후 실시하여야 한다(동조 제2항).
　　ⓔ 소장은 특히 필요하다고 인정하는 경우가 아니면 남성교도관이 야간에 수용자거실에 있는 여성수용자를 시찰하게 하여서는 아니 된다(시행령 제7조).
　　ⓜ 소장은 여성수용자의 목욕횟수를 정하는 경우에는 그 신체적 특성을 특히 고려하여야 한다(시행령 제77조 제1항).
　　ⓑ 소장은 여성수용자가 목욕을 하는 경우에 계호가 필요하다고 인정하면 여성교도관이 하도록 하여야 한다(동조 제2항).
　③ 임산부 수용자의 처우
　　㉠ 소장은 수용자가 임신 중이거나 출산(유산·사산을 포함한다)한 경우에는 모성보호 및 건강유지를 위하여 정기적인 검진 등 적절한 조치를 하여야 한다(동법 52조 제1항). 여기에서 "출산(유산·사산을 포함한다)한 경우"란 출산(유산·사산한 경우를 포함한다) 후 60일이 지나지 아니한 경우를 말한다(시행령 제78조).
　　㉡ 소장은 수용자가 출산하려고 하는 경우에는 외부의료시설에서 진료를 받게 하는 등 적절한 조치를 하여야 한다(동법 제52조 제2항).
　　㉢ 소장은 임산부인 수용자 및 법 제53조에 따라 유아의 양육을 허가받은 수용자에 대하여 필요하다고 인정하는 경우에는 교정시설에 근무하는 의사(공중보건의사를 포함한다. 이하 "의무관"이라 한다)의 의견을 들어 필요한 양의 죽 등의 주식과 별도로 마련된 부식을 지급할 수 있으며, 양육유아에 대하여는 분유 등의 대체식품을 지급할 수 있다(시행규칙 제42조).

(2) 유아의 양육
　① 의의: 여성수용자가 자신이 출산한 유아를 교정시설에서 양육하는 것을 말한다.
　② 허가요건
　　㉠ 여성수용자는 자신이 출산한 유아를 교정시설에서 양육할 것을 신청할 수 있다. 이 경우 소장은 다음 각 호의 어느 하나에 해당하는 사유가 없으면, 생후 18개월에 이르기까지 허가하여야 한다(형집행법 제53조 제1항).
　　　• 유아가 질병·부상, 그 밖의 사유로 교정시설에서 생활하는 것이 특히 부적당하다고 인정되는 때
　　　• 수용자가 질병·부상, 그 밖의 사유로 유아를 양육할 능력이 없다고 인정되는 때
　　　• 교정시설에 감염병이 유행하거나 그 밖의 사정으로 유아양육이 특히 부적당한 때
　　㉡ 유아의 양육은 해당 수용자의 신청에 의하므로 유아를 양육할 적당한 보호자가 없는 경우라도 교정시설 당국이 직권으로 유아양육을 결정할 수 없으며, 신청자는 해당 여성수용자에 한하므로 남편 등 가족에게는 유아양육의 신청이 인정되지 않는다.

③ 유아의 양육 또는 불허가 이후 조치
  ㉠ 소장은 제1항에 따라 유아의 양육을 허가한 경우에는 필요한 설비와 물품의 제공, 그 밖에 양육을 위하여 필요한 조치를 하여야 한다(동법 제53조 제2항).
  ㉡ 소장은 유아의 양육을 허가한 경우에는 교정시설에 육아거실을 지정·운영하여야 한다(시행령 제79조).
  ㉢ 소장은 유아의 양육을 허가하지 아니하는 경우에는 수용자의 의사를 고려하여 유아보호에 적당하다고 인정하는 법인 또는 개인에게 그 유아를 보낼 수 있다. 다만, 적당한 법인 또는 개인이 없는 경우에는 그 유아를 해당 교정시설의 소재지를 관할하는 시장·군수 또는 구청장에게 보내서 보호하게 하여야 한다(시행령 제80조 제1항).
  ㉣ 양육이 허가된 유아가 출생 후 18개월이 지나거나, 유아양육의 허가를 받은 수용자가 허가의 취소를 요청하는 때 또는 유아가 질병·부상, 그 밖의 사유로 교정시설에서 생활하는 것이 특히 부적당하다고 인정되는 때, 수용자가 질병·부상, 그 밖의 사유로 유아를 양육할 능력이 없다고 인정되는 때, 교정시설에 감염병이 유행하거나 그 밖의 사정으로 유아양육이 특히 부적당한 때에도 앞 ㉢의 유아양육을 허가하지 아니하는 경우와 동일하게 처리한다(동조 제2항).

(3) 노인수용자·장애인수용자·외국인수용자·소년수용자의 처우
① 노인수용자의 처우
  ㉠ "노인수용자"란 65세 이상인 수용자를 말한다(시행령 제81조 제1항).
  ㉡ 소장은 노인수용자에 대하여 나이·건강상태 등을 고려하여 그 처우에 있어 적정한 배려를 하여야 한다(동법 제54조 제1항).
  ㉢ 법무부장관이 노인수형자의 처우를 전담하도록 정하는 시설에는 장애인·노인·임산부 등의 편의증진보장에 관한 법률 시행령 별표 2의 교도소·구치소 편의시설의 종류 및 설치기준에 따른 편의시설을 갖추어야 한다(시행규칙 제43조 제1항).
  ㉣ 노인수형자 전담교정시설에는 별도의 공동휴게실을 마련하고 노인이 선호하는 오락용품 등을 갖춰두어야 한다(동조 제2항).
  ㉤ 노인수형자 전담교정시설이 아닌 교정시설에서는 노인수용자를 수용하기 위하여 별도의 거실을 지정하여 운용할 수 있다(시행규칙 제44조 제1항).
  ㉥ 노인수용자의 거실은 시설부족 또는 그 밖의 부득이한 사정이 없으면 건물의 1층에 설치하고, 특히 겨울철 난방을 위하여 필요한 시설을 갖추어야 한다(동조 제2항).
  ㉦ 소장은 노인수용자의 나이·건강상태 등을 고려하여 필요하다고 인정하면 제4조부터 제8조까지의 규정, 제10조, 제11조, 제13조 및 제14조에 따른 수용자의 지급기준을 초과하여 주·부식, 의류·침구, 그 밖의 생활용품을 지급할 수 있다(시행규칙 제45조).
  ㉧ 소장은 노인수용자의 나이·건강상태 등을 고려하여 필요하다고 인정하면 영 제49조(실외운동)에 따른 운동시간을 연장하거나 영 제50조(목욕횟수)에 따른 목욕횟수를 늘릴 수 있다(시행규칙 제46조 제1항).

ⓢ 소장은 노인수용자가 거동이 불편하여 혼자서 목욕하기 어려운 경우에는 교도관, 자원봉사자 또는 다른 수용자로 하여금 목욕을 보조하게 할 수 있다(동조 제2항).
ⓩ 노인수형자 전담교정시설의 장은 노인성 질환에 관한 전문적인 지식을 가진 의료진과 장비를 갖추고, 외부의료시설과 협력체계를 강화하여 노인수형자가 신속하고 적절한 치료를 받을 수 있도록 노력하여야 한다(시행규칙 제47조 제1항).
ⓒ 소장은 노인수용자에 대하여 6개월에 1회 이상 건강검진을 하여야 한다(동조 제2항).
ⓔ 노인수형자 전담교정시설의 장은 노인문제에 관한 지식과 경험이 풍부한 외부전문가를 초빙하여 교육하게 하는 등 노인수형자의 교육 받을 기회를 확대하고, 노인전문오락, 그 밖에 노인의 특성에 알맞은 교화프로그램을 개발·시행하여야 한다(시행규칙 제48조 제1항).
ⓟ 소장은 노인수용자가 작업을 원하는 경우에는 나이·건강상태 등을 고려하여 해당 수용자가 감당할 수 있는 정도의 작업을 부과한다. 이 경우 의무관의 의견을 들어야 한다(동조 제2항).

② 장애인수용자의 처우
㉠ "장애인수용자"란 장애인복지법 시행령 별표 1의 제1호부터 제15호까지의 규정에 해당하는 사람으로서 시각·청각·언어·지체 등의 장애로 통상적인 수용생활이 특히 곤란하다고 인정되는 수용자를 말한다(시행규칙 제49조).
㉡ 소장은 장애인수용자에 대하여 장애의 정도를 고려하여 그 처우에 있어 적정한 배려를 하여야 한다(형집행법 제54조 제2항).
㉢ 법무부장관이 장애인수형자의 처우를 전담하도록 정하는 시설(이하 "장애인수형자전담교정시설"이라 한다)의 장은 장애종류별 특성에 알맞은 재활치료프로그램을 개발하여 시행하여야 한다(시행규칙 제50조 제1항).
㉣ 장애인수형자 전담교정시설 편의시설의 종류 및 설치기준에 관하여는 제43조 제1항을 준용한다(동조 제2항).
㉤ 장애인수형자 전담교정시설이 아닌 교정시설에서는 장애인수용자를 수용하기 위하여 별도의 거실을 지정하여 운용할 수 있다(시행규칙 제51조 제1항).
㉥ 장애인수용자의 거실은 시설부족 또는 그 밖의 부득이한 사정이 없으면 건물의 1층에 설치하고, 특히 장애인이 이용할 수 있는 변기 등의 시설을 갖추도록 하여야 한다(동조 제2항).
㉦ 장애인수형자 전담교정시설의 장은 장애인의 재활에 관한 전문적인 지식을 가진 의료진과 장비를 갖추도록 노력하여야 한다(시행규칙 제52조).
㉧ 장애인수형자 전담교정시설의 장은 장애인수형자에 대한 직업훈련이 석방 후의 취업과 연계될 수 있도록 그 프로그램의 편성 및 운영에 특히 유의하여야 한다(시행규칙 제53조).
㉨ 장애인수용자의 장애정도, 건강 등을 고려하여 필요하다고 인정하는 경우 주·부식 등의 지급, 운동·목욕 및 교육·교화프로그램·작업에 관하여 제45조(주·부식 등 지급)·제46조(운동·목욕) 및 제48조(교육·교화프로그램 및 작업)를 준용한다(시행규칙 제54조).

③ 외국인수용자의 처우
  ㉠ 소장은 외국인수용자에 대하여 언어·생활문화 등을 고려하여 적정한 처우를 하여야 한다(형집행법 제54조 제3항).
  ㉡ 법무부장관이 외국인수형자의 처우를 전담하도록 정하는 시설의 장은 외국인의 특성에 알맞은 교화프로그램 등을 개발하여 시행하여야 한다(시행규칙 제55조).
  ㉢ 외국인수용자를 수용하는 소장은 외국어에 능통한 소속 교도관을 전담요원으로 지정하여 일상적인 개별면담, 고충해소, 통역·번역 및 외교공관 또는 영사관 등 관계기관과의 연락 등의 업무를 수행하게 하여야 한다(시행규칙 제56조 제1항). 전담요원은 외국인 미결수용자에게 소송 진행에 필요한 법률지식을 제공하는 등의 조력을 하여야 한다(동조 제2항).
  ㉣ 소장은 외국인수용자의 수용거실을 지정하는 경우에는 종교 또는 생활관습이 다르거나 민족감정 등으로 인하여 분쟁의 소지가 있는 외국인수용자는 거실을 분리하여 수용하여야 한다(시행규칙 제57조 제1항).
  ㉤ 소장은 외국인수용자에 대하여는 그 생활양식을 고려하여 필요한 수용설비를 제공하도록 노력하여야 한다(동조 제2항).
  ㉥ 외국인수용자에게 지급하는 음식물의 총열량은 제14조 제2항에도 불구하고 소속 국가의 음식문화, 체격 등을 고려하여 조정할 수 있다(시행규칙 제58조 제1항).
  ㉦ 외국인수용자에 대하여는 쌀, 빵 또는 그 밖의 식품을 주식으로 지급하되, 소속 국가의 음식문화를 고려하여야 한다(동조 제2항).
  ㉧ 외국인수용자에게 지급하는 부식의 지급기준은 법무부장관이 정한다(동조 제3항).
  ㉨ 소장은 외국인수용자가 질병 등으로 위독하거나 사망한 경우에는 그의 국적이나 시민권이 속하는 나라의 외교공관 또는 영사관의 장이나 그 관원 또는 가족에게 이를 즉시 알려야 한다(시행규칙 제59조).
④ 소년수용자의 처우
  ㉠ "소년수용자"란 다음 각 호의 사람을 말한다(시행령 제81조 제4항).
    • 19세 미만의 수형자
    • 법 제12조의 제3항에 따라 소년교도소에 수용 중인 수형자
    • 19세 미만의 미결수용자
  ㉡ 전담교정시설(시행규칙 제59조의2)
    • 법무부장관이 19세 미만의 수형자(이하 "소년수형자"라 한다)의 처우를 전담하도록 정하는 시설(이하 소년수형자 전담교정시설"이라 한다)의 장은 소년의 나이·적성 등 특성에 알맞은 교육·교화프로그램을 개발하여 시행하여야 한다(시행규칙 제59조의2 제1항).
    • 소년수형자 전담교정시설에는 별도의 공동학습공간을 마련하고 학용품 및 소년의 정서 함양에 필요한 도서, 잡지 등을 갖춰 두어야 한다(동조 제2항).

㉢ 수용시설(시행규칙 제59조의3)
- 소년수형자 전담교정시설이 아닌 교정시설에서는 소년수용자를 수용하기 위하여 별도의 거실을 지정하여 운용할 수 있다.
- 소년수형자 전담교정시설이 아닌 교정시설에서 소년수용자를 수용한 경우 교육·교화프로그램에 관하여는 소년수형자 제59조의2(전담교정시설) 제1항을 준용한다.

㉣ 접견과 전화(시행규칙 제59조의4): 소장은 소년수형자 등의 나이·적성 등을 고려하여 필요하다고 인정하면 제87조 및 제90조에 따른 접견 및 전화통화 횟수를 늘릴 수 있다.

㉤ 사회적 처우(시행규칙 제59조의5): 제92조(사회적처우) 제1항에도 불구하고 소장은 소년수형자 등의 나이·적성 등을 고려하여 필요하다고 인정하면 소년수형자 등에게 같은 항 각 호에 해당하는 활동을 허가할 수 있다. 이 경우 소장이 허가할 수 있는 활동에는 발표회 및 공연 등 참가 활동을 포함한다.

03 교정교화

1 교화프로그램

(1) 의의
① 교화프로그램이란 종교 기타 방법으로 수형자의 덕성을 함양하고 인격을 도야하여 장차 건전한 사회인으로 살아갈 수 있도록 재사회화를 돕는 교화방법을 말한다.
② 최초의 종교 교화프로그램은 1787년 로저스가 월넛 교도소에서 실시하였다.
③ 소장은 수형자의 교정교화를 위하여 상담·심리치료, 그 밖의 교화프로그램을 실시하여야 한다. 교화프로그램의 종류·내용 등에 관하여 필요한 사항은 법무부령으로 정한다(형집행법 제64조 제1항·제3항).

(2) 교화프로그램의 종류
교화프로그램의 종류는 다음 각 호와 같다(시행규칙 제114조 참조).
① 문화프로그램: 소장은 수형자의 인성 함양, 자아존중감 회복 등을 위하여 음악, 미술, 독서 등 문화예술과 관련된 다양한 프로그램을 도입하거나 개발하여 운영할 수 있다(시행규칙 제115조).
② 문제행동 예방프로그램: 소장은 수형자의 죄명, 죄질 등을 구분하여 그에 따른 심리측정·평가·진단·치료 등의 문제행동 예방프로그램을 도입하거나 개발하여 실시할 수 있다(시행규칙 제116조).
③ 가족관계 회복프로그램
  ㉠ 소장은 수형자와 그 가족의 관계를 유지·회복하기 위하여 수형자의 가족이 참여하는 각종 프로그램을 운영할 수 있다. 다만, 가족이 없는 수형자의 경우 교화를 위하여 필요하면 결연을 맺었거나 그 밖에 가족에 준하는 사람의 참여를 허가할 수 있다(시행규칙 제117조 제1항).

ⓒ 제1항의 경우 대상 수형자는 교도관회의의 심의를 거쳐 선발하고, 참여인원은 5명 이내의 가족으로 한다. 다만, 특히 필요하다고 인정하는 경우에는 참여인원을 늘릴 수 있다(동조 제2항).

④ **교화상담**
ⓐ 소장은 수형자의 건전한 가치관 형성, 정서안정, 고충해소 등을 위하여 교화상담을 실시할 수 있다(시행규칙 제118조 제1항).
ⓑ 소장은 제1항의 교화상담을 위하여 교도관이나 제33조(종교상담)의 교정참여인사를 교화상담자로 지정할 수 있으며, 수형자의 안정을 위하여 결연을 주선할 수 있다(동조 제2항).

2 문화

(1) 도서비치 및 이용
① 소장은 수용자의 지식함양 및 교양습득에 필요한 도서를 비치하고 수용자가 이용할 수 있도록 하여야 한다(형집행법 제46조).
② 소장은 수용자가 쉽게 이용할 수 있도록 비치도서의 목록을 정기적으로 공개하여야 한다(시행령 제72조 제1항).
③ 비치도서의 열람방법, 열람기간 등에 관하여 필요한 사항은 법무부장관이 정한다(동조 제2항).

(2) 신문·잡지·도서의 구독
① 수용자는 자신의 비용으로 신문·잡지 또는 도서(이하 "신문 등"이라 한다)의 구독을 신청할 수 있다(형집행법 제47조 1항).
② 법 제47조(신문 등의 구독)에 따라 수용자가 구독을 신청할 수 있는 신문·잡지 또는 도서는 교정시설의 보관범위 및 수용자가 지닐 수 있는 범위를 벗어나지 않는 범위에서 신문은 월 3종 이내로, 도서(잡지를 포함한다)는 월 10권 이내로 한다. 다만, 소장은 수용자의 지식함양 및 교양습득에 특히 필요하다고 인정하는 경우에는 신문 등의 신청 수량을 늘릴 수 있다(시행규칙 제35조).
③ 소장은 제1항에 따라 구독을 신청한 신문 등이 출판문화산업 진흥법에 따른 유해간행물인 경우를 제외하고는 구독을 허가하여야 한다(동법 제47조 제2항).
④ 소장은 신문 등을 구독하는 수용자가 다음 각 호의 어느 하나에 해당하는 사유가 있으면 구독의 허가를 취소할 수 있다(시행규칙 제36조 제1항).
ⓐ 허가 없이 다른 거실 수용자와 신문 등을 주고받을 때
ⓑ 그 밖에 법무부장관이 정하는 신문 등과 관련된 지켜야 할 사항을 위반하였을 때
⑤ 소장은 소유자가 분명하지 아니한 도서를 회수하여 비치도서로 전환하거나 폐기할 수 있다(동조 제2항).

3 라디오 청취 및 텔레비전 시청

(1) 방송권 및 방송금지
① 수용자는 정서안정 및 교양습득을 위하여 라디오 청취와 텔레비전 시청을 할 수 있다(동법 제48조 제1항).
② 소장은 다음 각 호의 어느 하나에 해당하는 사유가 있으면 수용자에 대한 라디오 및 텔레비전의 방송을 일시 중단하거나 개별 수용자에 대하여 라디오 및 텔레비전의 청취 또는 시청을 금지할 수 있다(동조 제2항).
　㉠ 수형자의 교화 또는 건전한 사회복귀를 해칠 우려가 있는 때
　㉡ 시설의 안전과 질서유지를 위하여 필요한 때

(2) 방송의 기본원칙
① 수용자를 대상으로 하는 방송은 무상으로 한다(시행규칙 제37조 제1항).
② 법무부장관은 방송의 전문성을 강화하기 위하여 외부전문가의 협력을 구할 수 있고, 모든 교정시설의 수용자를 대상으로 통합방송을 할 수 있다(동조 제2항).
③ 소장은 방송에 대한 의견수렴을 위하여 설문조사 등의 방법으로 수용자의 반응도 및 만족도를 측정할 수 있다(동조 제3항).

(3) 방송설비 및 방송시간
① 수용자의 라디오 청취와 텔레비전 시청은 교정시설에 설치된 방송설비를 통하여 할 수 있다(시행령 제73조).
② 소장은 방송을 위하여 텔레비전, 라디오, 스피커 등의 장비와 방송선로 등의 시설을 갖추어야 한다(시행규칙 제38조 제1항).
③ 소장은 물품관리법령에 따라 장비와 시설을 정상적으로 유지·관리하여야 한다(동조 제2항).
④ 소장은 수용자의 건강과 일과시간 등을 고려하여 1일 6시간 이내에서 방송편성시간을 정한다. 다만, 토요일·공휴일, 작업·교육실태 및 수용자의 특성을 고려하여 방송편성시간을 조정할 수 있다(시행규칙 제39조).

(4) 수용자 준수사항 등
① 수용자는 소장이 지정한 장소에서 지정된 채널을 통하여 텔레비전을 시청하거나 라디오를 청취하여야 한다. 다만, 제86조에 따른 자치생활 수형자는 법무부장관이 정하는 방법에 따라 텔레비전을 시청할 수 있다(시행규칙 제41조 제1항).
② 수용자는 방송설비 또는 채널을 임의 조작·변경하거나 임의수신 장비를 지녀서는 안 된다(동조 제2항).
③ 수용자가 방송시설과 장비를 손상하거나 그 밖의 방법으로 그 효용을 해친 경우에는 배상을 하여야 한다(동조 제3항).

(5) 집필

① **의의**
  ㉠ 집필이라 함은 수용자가 필기용구를 이용하여 문서 또는 도화를 작성하는 것을 말한다.
  ㉡ 수용자는 문서 또는 도화를 작성하거나 문예·학술, 그 밖의 사항에 관하여 집필할 수 있다. 다만, 소장이 시설의 안전 또는 질서를 해칠 명백한 위험이 있다고 인정하는 경우는 예외로 한다(형집행법 제49조 제1항).

② **집필시간 및 집필장소**
  ㉠ 수용자는 휴업일 및 휴게시간 내에 시간의 제한 없이 집필할 수 있다. 다만, 부득이한 사정이 있는 경우에는 그러하지 아니하다(시행령 제75조 제1항).
  ㉡ 수용자는 거실·작업장, 그 밖에 지정된 장소에서 집필할 수 있다(동조 제2항).

③ **집필문서 및 집필도서**
  ㉠ 제1항에 따라 작성 또는 집필한 문서나 도화를 지니거나 처리하는 것에 관하여는 제26조(수용자가 지니는 물품)를 준용한다(동법 제49조 제2항).
  ㉡ 제1항에 따라 작성 또는 집필한 문서나 도화가 제43조 제5항 각 호의 어느 하나에 해당하면 제43조 제7항을 준용한다(동조 제3항).

④ **문서·도화의 외부발송 등**
  ㉠ 소장은 수용자 본인이 작성 또는 집필한 문서나 도화를 외부에 보내거나 내가려고 할 때에는 그 내용을 확인하여 법 제43조 제5항 각 호의 어느 하나에 해당하지 않으면 허가해야 한다(시행령 제76조 제1항).
    • 암호·기호 등 이해할 수 없는 특수문자로 작성되어 있는 때
    • 범죄의 증거를 인멸할 우려가 있는 때
    • 형사 법령에 저촉되는 내용이 기재되어 있는 때
    • 수용자의 처우 또는 교정시설의 운영에 관하여 명백한 거짓사실을 포함하고 있는 때
    • 사생활의 비밀 또는 자유를 침해할 우려가 있는 때
    • 수형자의 교화 또는 건전한 사회복귀를 해칠 우려가 있는 때
    • 시설의 안전 또는 질서를 해칠 우려가 있는 때
  ㉡ 제1항에 따라 문서나 도화를 외부로 보내거나 내갈 때 드는 비용은 수용자가 부담한다(동조 제2항).
  ㉢ 집필용구의 구입비용은 수용자가 부담한다. 다만, 소장은 수용자가 그 비용을 부담할 수 없는 경우에는 필요한 집필용구를 지급할 수 있다(시행령 제74조).

4 교육

(1) 의의
소장은 수형자가 건전한 사회복귀에 필요한 지식과 소양을 습득하도록 교육할 수 있다(형집행법 제63조 제1항).

(2) 교정교육의 기본원리
① 인간존중의 원리
② 자기인식의 원리
③ 자조의 원리
④ 신뢰의 원리
⑤ 개인차 존중의 원리
⑥ 사회화의 원리
⑦ 직관의 원리(교정교육은 직접 느끼며 체험하는 실습적 방법이나 체험교육이 가장 효과적)

(3) 교육관리 기본원칙
① 소장은 교육대상자를 소속기관에서 선발하여 교육한다. 다만, 소속기관에서 교육대상자를 선발하기 어려운 경우에는 다른 기관에서 추천한 사람을 모집하여 교육할 수 있다(시행규칙 제101조 제1항).
② 소장은 교육대상자의 성적불량, 학업태만 등으로 인하여 교육의 목적을 달성하기 어려운 경우에는 그 선발을 취소할 수 있다(동조 제2항).
③ 소장은 교육대상자 및 시험응시 희망자의 학습능력을 평가하기 위하여 자체 평가시험을 실시할 수 있다(동조 제3항).
④ 소장은 교육의 효과를 거두지 못하였다고 인정하는 교육대상자에 대하여 다시 교육을 할 수 있다(동조 제4항).
⑤ 소장은 기관의 교육전문인력, 교육시설, 교육대상인원 등의 사정을 고려하여 단계별 교육과 자격취득 목표를 설정할 수 있으며, 자격취득·대회입상 등을 하면 처우에 반영할 수 있다(동조 제5항).

(4) 교육대상자 준수사항
독학에 의한 학위취득과정, 방송통신대학과정, 전문대학 위탁교육과정, 정보화 및 외국어 교육과정에 따른 교육을 실시하는 경우 소요되는 비용은 특별한 사정이 없으면 교육대상자의 부담으로 한다(시행규칙 제102조 제2항).

(5) 교육대상자 관리 등
① 학과교육대상자의 과정수료 단위는 학년으로 하되, 학기의 구분은 국공립학교의 학기에 준한다. 다만, 독학에 의한 교육은 수업 일수의 제한을 받지 아니한다(시행규칙 제104조 제1항).
② 소장은 교육을 위하여 필요한 경우에는 외부강사를 초빙할 수 있으며, 카세트 또는 재생전용기기의 사용을 허용할 수 있다(동조 제2항).

③ 소장은 교육의 실효성을 확보하기 위하여 교육실을 설치·관리하여야 하며, 교육목적을 위하여 필요한 경우 신체장애를 보완하는 교육용 물품의 사용을 허가하거나 예산의 범위에서 학용품과 응시료를 지원할 수 있다(동조 제3항).

(6) 교육의 취소·중지
① 소장은 교육대상자가 다음 각 호의 어느 하나에 해당하는 경우에는 교육대상자 선발을 취소할 수 있다(시행규칙 제105조 제1항).
㉠ 각 교육과정의 관계법령, 학칙, 교육관리지침 등을 위반한 때
㉡ 학습의욕이 부족하여 구두경고를 하였는데도 개선될 여지가 없거나 수학능력이 현저히 부족하다고 판단되는 때
㉢ 징벌을 받고 교육 부적격자로 판단되는 때
㉣ 중대한 질병, 부상, 그 밖의 부득이한 사정으로 교육을 받을 수 없다고 판단되는 때
② 교육과정의 변경은 교육대상자의 선발로 보아 제103조를 준용한다(동조 제2항).
③ 소장은 교육대상자에게 질병, 부상, 그 밖의 부득이한 사정이 있는 경우에는 교육과정을 일시 중지할 수 있다(동조 제3항).

(7) 이송
① 소장은 특별한 사유가 없으면 교육기간 동안에 교육대상자를 다른 기관으로 이송할 수 없다(시행규칙 제106조 제1항).
② 교육대상자의 선발이 취소되거나 교육대상자가 교육을 수료하였을 때에는 선발 당시 소속기관으로 이송한다. 다만, 다음 각 호의 어느 하나에 해당하는 경우에는 소속기관으로 이송하지 아니하거나 다른 기관으로 이송할 수 있다(동조 제2항).
㉠ 집행할 형기가 이송 사유가 발생한 날부터 3개월 이내인 때
㉡ 징벌을 받고 교육 부적격자로 판단되어 교육대상자 선발이 취소된 때
㉢ 소속기관으로의 이송이 부적당하다고 인정되는 특별한 사유가 있는 때

(8) 작업면제 등
① 교육대상자에게는 작업·직업훈련 등을 면제한다(시행규칙 제107조 제1항).
② 작업·직업훈련 수형자 등도 독학으로 검정고시·학사고시 등에 응시하게 할 수 있다. 이 경우 자체 평가시험 성적 등을 고려해야 한다(동조 제2항).

(9) 교육의 종류
① 검정고시반 설치 및 운영: 소장은 매년 초 다음 각 호의 시험을 준비하는 수형자를 대상으로 검정고시반을 설치·운영할 수 있다(시행규칙 제108조 제1항).
㉠ 초등학교 졸업학력 검정고시
㉡ 중학교 졸업학력 검정고시
㉢ 고등학교 졸업학력 검정고시

> **더 알아보기**
>
> 대학교육 과정(시행규칙 제110조~제112조)
>
> | 구분 | 기본요건 | 경비처우급 |
> |---|---|---|
> | 독학에 의한 학위취득과정 | • 고등학교 졸업 또는 이와 동등 이상의 학력이 인정될 것
• 교육개시일을 기준으로 형기의 1/3(21년 이상의 유기형 또는 무기형의 경우에는 7년)이 지났을 것
• 집행할 형기가 2년 이상일 것 | 모두 가능 |
> | 방송통신대학 과정 | | 개방처우급 · 완화경비처우급 · 일반경비처우급 |
> | 전문대학 위탁교육과정 | | 개방처우급 · 완화경비처우급 · 일반경비처우급 |

② **외국어 교육과정**: 소장은 개방처우급 · 완화경비처우급 · 일반경비처우급 수형자에게 다문화 시대에 대처할 수 있는 교육기회를 부여하기 위하여 외국어 교육과정을 설치 · 운영할 수 있다(시행규칙 제113조 제2항).

③ **정보화 교육과정**: 소장은 수형자에게 지식정보사회에 적응할 수 있는 교육기회를 부여하기 위하여 정보화 교육과정을 설치 · 운영할 수 있다(시행규칙 제113조 제1항).

5 교정상담(교화상담)

(1) 개관

① 의의
  ㉠ 교정상담이란 수용자를 대상으로 다양한 전문가들이 그들의 기술과 전문지식을 활용하여 교정시설 적응, 사회적응 등을 유도하거나 수용자의 고충을 해소하는 치료활동을 말한다.
  ㉡ 교정상담은 일차적으로 범죄자의 교화에 그 목적을 두고 있지만, 기존 조직의 유지나 효율성 제고라는 이차적 목적도 있다.

② 일반상담과의 구별
  ㉠ 일반상담은 내담자가 문제유발 시 내담자가 당면한 문제 해결을 최우선적으로 고려하는 반면, 교정상담은 수용자가 문제유발 시 수용질서를 최우선적으로 고려한다.
  ㉡ 일반상담은 내담자가 자발적으로 신청하거나 지속적으로 방문하려는 의지가 중요한 반면, 교정상담은 수용자의 의지와 관계없이 수시로 교도관이 관리자로서 호출상담을 할 수 있다.
  ㉢ 일반상담은 내담자에 대한 사전정보를 갖지 못한 상태에서 상담이 시작되는 반면, 교정상담은 사전정보를 인식한 상태에서 상담이 시작되므로 편견이나 선입견 등이 상담의 진행을 방해할 수 있다.
  ㉣ 일반상담은 일정한 상담횟수와 시간이 정해져서 체계적으로 이루어지는 반면, 교정상담은 관리자의 지도력을 중심으로 일회성 또는 단기간의 상담이 이루어지는 경우가 많다.

(2) 교정상담의 기법

① 개별심리요법

㉠ 현실요법(Reality Therapy)
- 글레이저(Glaser)가 주장한 것으로 갈등이나 문제상황에 봉착한 내담자가 성공적인 정체성을 가지고 자기 삶을 바람직한 방향으로 통제하며 건강한 행동으로 유도하는 상담기법을 말한다.
- 현실요법은 인간의 존엄성과 잠재가능성의 믿음을 전제로 과거보다는 현재를, 무의식적 경험보다는 의식적 경험을 중시하며 책임감과 성실성, 통제력 결여로 인한 부적응을 개선시키고자 하는 노력이며, 상담과정 관계형성단계(진실되고 따뜻하며 관심 어린 친밀한 관계형성)와 행동변화단계(WDEP)를 거쳐 현실적인 상황에서 최선의 선택과 행동을 실천하여 궁극적으로 자기존중감을 증진시키고 성공적인 정체감 형성을 돕는다.
- 동기보다 행위 중시: 왜 하는가(why)의 동기를 강조하기보다는 무엇을 하는가(what)의 행동을 중시하며, 상담자는 일관성 있는 훈육과 사랑으로 수용자의 교화개선과 재활에 필요한 통제, 재교육, 사회재통합의 조치를 실시하고 범죄자가 책임 있는 행동을 보여줄 때 보호관찰부 가석방 추천 등을 해야 한다.

㉡ 교류분석(Transactional Analysis)
- 에릭 번(Eric Berne)이 창안한 것으로 과거의 경험을 회상하게 하고 반성하게 하며 스스로 과거의 부정적인 장면을 삭제하여 새로운 삶에 대한 확신을 주는 처우기법을 말하며, 부모·성인·아동의 자아가 내재한다. 부모는 판단·통제의 역할, 성인은 성숙되고 현실적이며 윤리적 역할, 아동은 유희적이고 의존적이며 버릇이 없는 역할을 담당한다.
- 심리분석학파와 유사한 인성이론을 이용하며, 인성은 세 가지 분야로 구성된다.

부모(Parent)	성인(Adult)	아동(Child)
초자아(superego)와 유사	자아(ego)와 유사	본능(id)과 유사

- 수용자로 하여금 과거경험이 현재 행위에 미친 영향은 녹음을 재생하듯 되돌려 보도록 하는 것이다(되돌아본 자신은 패배자). 따라서 과거에 대한 부정적 장면을 지우고 승자가 될 수 있다는 확신을 주는 것이다.

② 집단심리요법
집단심리요법이란 자신들이 공유한 개인적 또는 사회적 문제를 해결할 목적으로 3~4명이 집단적으로 벌이는 상담치료적 활동을 말하며, 개별상담 대신에 집단상담을 택하는 가장 중요한 이유는 전문인력자원의 부족 때문이다.

㉠ 집단지도상호작용(Guided Group Interaction)
- 주로 청소년범죄자에게 많이 적용되는 방법이며, 청소년 수형자들을 건전한 공동체에 합류시켜 캠퍼스와 같은 자율적인 환경에서 함께 생활하고 공부하는 가운데 자신의 인생사나 문제를 서로 나누고 자신이 문제에 빠지게 된 이유를 밝히는 것으로 시설이나 사회생활의 문제를 논의하게 하여 변화를 위한 자신의 계획을 구성하도록 유도하는 처우기법이다.
- 이 기법은 부분적인 것이 아니라 가치관, 행동, 신념을 전혀 새로운 구조로 바꾸는 종합적인 전략이라는 데 의의가 있다.

ⓒ 심리극(Psychodrama): 자신의 감정이나 행동을 보여 주게 하는 역할연기상황에 놓이게 함으로써 자신의 문제를 표출시키게 유도하여 자신이 겪고 있는 갈등을 공개적으로 다루는 것을 학습하게 하는 처우기법이다. 심리극을 수용자로 하여금 사회적 상호작용의 기술을 배울 수 있게 해주고, 포용력을 함양시켜 줌으로써 특히 격정범죄자에게 상당한 효과가 있는 것으로 평가되고 있다.

(3) 행동수정(Behavior Modification)요법

① 의의: 수용자에게 보상 또는 처벌을 통해 그들의 행동을 통제하고 변화시키려는 처우기법(동전경제)이다.

② 주요 내용
  ㉠ 태도보다 행동 중심, 보상과 처벌 이용, 비자발적·강제적 참여, 긍정적 재강화 요소는 물질적 보상과 사회적 칭찬 등이 있다. 또한 동전경제(Token Economy)는 보상을 통하여 행위를 형성하는데, 수용자에게 중요한 보상일수록 효과적이다.
  ㉡ 한계: 현실세계는 통제된 환경이 아니어서 열심히 일한다고 다 성공할 수 없다. 즉, 현실적용의 한계가 있다.

(4) 사회요법(Social Therapy)

① 의의: 범죄를 개인적 인격과 주변 환경의 복합적 상호작용의 산물로 인식하며, 교도소의 친사회적인 환경개발을 시도하는 처우기법으로 지금까지의 심리요법 또는 행동수정 프로그램의 약점을 보완하기 위하여 등장하였다.

② 종류
  ㉠ 환경요법(Milieu Therapy): 1956년 맥스웰 존스(Maxwell Jones)의 요법처우공동체라는 개념에서 시작하였으며, 모든 교정환경을 이용하여 수용자들 간의 상호작용의 수정과 환경통제를 통하여 개별 수용자의 행동에 영향을 미치고자 하는 처우기법이다.
  ㉡ 요법처우공동체: 수형자의 구금보다는 자율적인 처우에 역점을 두는 방식이다(범죄자의 적절한 사회적 태도를 견지하고 법을 준수하는 생활양식을 함양할 수 있도록 수형자문화를 개발하고 모든 관행은 민주적으로 시행). 예 수형자 자치제
  ㉢ 남녀공용교도소제: 미국의 남녀분리수용에 따른 문제에 대응하는 것으로 거실이나 수용동은 분계며, 시설의 공동사용과 처우의 공동참여 등을 통한 형태로 남녀를 통합하여 공동으로 교육·교화하는 교도소이다.

장점	단점
• 여성수용자에 대한 차별적 불이익 해소 • 수용자 간의 폭력이나 동성애 문제 해결 • 시설 내 질서유지에 긍정적임 • 수용자들의 자기존중심 고양, 사회 재적응이라는 관점에 부합	• 국민의 법감정상 위배 • 많은 계호인력에 따른 관리비용의 증대 • 남성수용자의 교화개선에 지장

③ 긍정적 동료문화(PPC; Positive Peer Culture)요법
  ㉠ 집단지도상호작용(GGI)을 모태로 하여 생산적인 청소년하위문화를 형성시켜 부정적인 동료집단을 생산적인 방향으로 전환시키는 전략으로 PPC는 참여자에게 상호 배려하는 훈련을 중시하여 이러한 상호 보살핌의 확산을 통해 상호 해침을 소멸시키는 데 역점을 두었다.
  ㉡ PPC를 활용한 결과 청소년수용시설에서 수용사고가 적어지고 프로그램이 더욱 부드럽게 운영될 수 있다고 밝혀지고 있다(상호 배려하는 훈련 중시 → 상호 해침을 소멸시키는 데 역점 → 긍정적인 효과 발생).

(5) 물리요법(Physical Therapy)
상담치료 등이 별로 효과가 없는 유전적인 범죄자나 생화학적 문제로 인한 범죄자에게 가장 효과적인 처우는 약물요법으로 대표되는 물리요법으로 수형자의 동의에 관계없이 수형자에 대한 처우의 필요성과 목표를 결정하는 것으로 인권의 침해 소지가 많다는 점에서 적용이 극히 한정되어야 한다. 또한, 현재 성폭력범죄자의 성충동 약물치료에 관한 법률을 제정하여 성폭력범죄자에 대한 화학적 거세(치료명령)가 가능해졌다.

04 교도작업과 직업훈련

1 교도작업

(1) 의의 및 연혁
  ① 의의
    ㉠ 교도작업은 수형자에게 교정작업의 일환으로 형기 중 교정당국이 부과하는 일체의 작업을 말한다.
    ㉡ 교도작업은 정역복무의무가 있는 징역형 선고자만을 대상으로 시행하는 강제작업이나, 현행법상 금고수형자·구류수형자·미결수용자인 경우에도 신청이 있을 경우 작업 부과 가능하다.
    ㉢ 교도작업은 강제적 성격을 지니므로 자유계약에 의하는 사회의 일반근로와 구별되며, 형집행법 시행규칙 제95조 제1항에 따른 개인작업과 구별된다.
    ㉣ 교도작업은 의무작업이므로 사회일반인의 계약이나 고용과 관련된 법령은 그 적용이 배제된다.
  ② 연혁
    ㉠ 갑오개혁 이전에는 수형자에게 작업을 과하였다는 기록은 없고, 다만 공도라는 것이 있어 관아에서 사역을 시켰다는 근거는 있으나, 현대적 의미의 교도작업은 아니었다.
    ㉡ 갑오개혁 이후 1895년에 징역처단례의 제정으로 교도작업의 실시가 구체화되었고, 1898년에 감옥규칙이 제정되어 정역을 과하도록 하였다.
    ㉢ 1908년 감옥관제의 실시와 함께 종로감옥에서 민간인의 고공을 도급작업으로 최초 실시한 바 있으며, 1909년에는 전국적으로 수형자에게 작업을 과하였다.

(2) 목적
① 윤리적 목적: 수형자가 노동혐오감을 극복하고 건전한 노동습관을 가지도록 하여 수용생활의 고독감과 번민의 제거 및 정신적·육체적 건강 증진을 도모하여, 근로정신을 함양한다.
② 경제적 목적: 작업으로 생성된 수익을 국고에 귀속시켜 교정행정의 재정적·경제적 비용으로 충당하는 등 국가이익을 도모한다.
③ 행정적 목적: 교정시설의 질서를 유지하게 하여 수형자의 부패·타락을 방지한다.
④ 사회교육적 목적: 수형자에 대한 생활지도 및 직업지도에 유용하다.
⑤ 행형적(처벌적) 목적: 수형자는 부과된 작업을 성실히 이행할 의무를 진다는 점에서 처벌적 성격을 가지며, 이러한 기능은 잠재적 범죄인을 위한 일반예방의 목적에 기여한다.

(3) 교도작업의 운영
① 부과기준
  ㉠ 수형자에게 부과하는 작업은 건전한 사회복귀를 위하여 기술을 습득하고 근로의욕을 고취하는 데에 적합한 것이어야 한다(형집행법 제65조 제1항).
  ㉡ 소장은 수형자에게 작업을 부과하려면 나이·형기·건강상태·기술·성격·취미·경력·장래생계, 그 밖의 수형자의 사정을 고려하여야 한다(동조 제2항).
  ㉢ 소장은 19세 미만의 수형자에게 작업을 부과하는 경우에는 정신적·신체적 성숙 정도, 교육적 효과 등을 고려하여야 한다(시행령 제90조).
② 신청에 의한 작업
  ㉠ 소장은 금고형 또는 구류형의 집행 중에 있는 사람에 대하여는 신청에 따라 작업을 부과할 수 있다(형집행법 제67조).
  ㉡ 소장은 미결수용자에 대하여는 신청에 따라 교육 또는 교화프로그램을 실시하거나 작업을 부과할 수 있다(동법 제86조 제1항).
  ㉢ 소장은 작업이 부과된 수형자가 작업의 취소를 요청하는 경우에는 그 수형자의 의사, 건강 및 교도관의 의견 등을 고려하여 작업을 취소할 수 있다(시행령 제93조).
③ 작업종류의 선정·신설·폐지·중지
  ㉠ 소장은 법무부장관의 승인을 받아 수형자에게 부과하는 작업의 종류를 정한다(시행령 제89조).
  ㉡ 소장은 작업종류를 신설하고자 할 때에는 별지 제1호 서식부터 별지 제4호 서식에 따라 법무부장관의 승인을 받아야 한다(교도작업운영지침 제7조).
④ 작업과정
  ㉠ 소장은 수형자에게 작업을 부과하는 경우에는 작업의 종류 및 작업과정을 정하여 고지하여야 한다(형집행법 시행령 제91조 제1항).
  ㉡ 제1항의 작업과정은 작업성적, 작업시간, 작업의 난이도 및 숙련도를 고려하여 정한다. 작업과정을 정하기 어려운 경우에는 작업시간을 작업과정으로 본다(동조 제2항).
  ㉢ 소장은 교도관에게 매일 수형자의 작업실적을 확인하게 하여야 한다(시행령 제92조).

⑤ 작업시간 등
　㉠ 1일의 작업시간(휴식·운동·식사·접견 등 실제 작업을 실시하지 않는 시간을 제외한다. 이하 같다)은 8시간을 초과할 수 없다(형집행법 제71조 제1항).
　㉡ 제1항에도 불구하고 취사·청소·간병 등 교정시설의 운영과 관리에 필요한 작업의 1일 작업시간은 12시간 이내로 한다(동조 제2항).
　㉢ 1주의 작업시간은 52시간을 초과할 수 없다. 다만, 수형자가 신청하는 경우에는 1주의 작업시간을 8시간 이내의 범위에서 연장할 수 있다(동조 제3항).
　㉣ 제2항 및 제3항에도 불구하고 19세 미만 수형자의 작업시간은 1일에 8시간을, 1주에 40시간을 초과할 수 없다(동조 제4항).
　㉤ 공휴일·토요일과 대통령령으로 정하는 휴일에는 작업을 부과하지 아니한다. 다만, 다음 각 호의 어느 하나에 해당하는 경우에는 작업을 부과할 수 있다(동조 제5항).
　　• 제2항에 따른 교정시설의 운영과 관리에 필요한 작업을 하는 경우
　　• 작업장의 운영을 위하여 불가피한 경우
　　• 공공의 안전이나 공공의 이익을 위하여 긴급히 필요한 경우
　　• 수형자가 신청하는 경우

⑥ 작업의 면제: 소장은 수형자의 가족 또는 배우자의 직계존속이 사망하면 2일간, 부모 또는 배우자의 제삿날에는 1일간 해당 수형자의 작업을 면제한다. 다만, 수형자가 작업을 계속하기를 원하는 경우는 예외로 한다(형집행법 제72조 제1항).

⑦ 집중근로
　㉠ "집중근로제"란 취업수용자로 하여금 작업시간 중 접견, 운동, 전화사용, 교육, 교화활동 등을 시행하지 않고, 휴게시간 외에는 작업에만 전념토록 하여 생산성 향상 및 근로정신 함양으로 출소 후 재사회화를 촉진시키는 작업제도를 말한다(교도작업운영지침 제3조 제6호).
　㉡ 소장은 수형자의 신청에 따라 제68조의 작업, 제69조 제2항의 훈련, 그 밖에 집중적인 근로가 필요한 작업을 부과하는 경우에는 접견·전화통화·교육·공동행사 참가 등의 처우를 제한할 수 있다. 다만, 접견 또는 전화통화를 제한한 때에는 휴일이나 그 밖에 해당 수용자의 작업이 없는 날에 접견 또는 전화통화를 할 수 있게 하여야 한다(형집행법 제70조 제1항).
　㉢ "집중적인 근로가 필요한 작업"이란 수형자의 신청에 따라 1일 작업시간 중 접견·전화통화·교육 및 공동행사 참가 등을 하지 아니하고 휴게시간을 제외한 작업시간 내내 하는 작업을 말한다(시행령 제95조).

⑧ 개인작업
　㉠ 소장은 수형자가 개방처우급 또는 완화경비처우급으로서 작업기술이 탁월하고 작업성적이 우수한 경우에는 수형자 자신을 위한 개인작업을 하게 할 수 있다. 이 경우 개인작업 시간은 교도작업에 지장을 주지 아니하는 범위에서 1일 2시간 이내로 한다(시행규칙 제95조 제1항).
　㉡ 소장은 제1항에 따라 개인작업을 하는 수형자에게 개인작업 용구를 사용하게 할 수 있다. 이 경우 작업용구는 특정한 용기에 보관하도록 하여야 한다(동조 제2항).

ⓒ 제1항의 개인작업에 필요한 작업재료 등의 구입비용은 수형자가 부담한다. 다만, 처우상 필요한 경우에는 예산의 범위에서 그 비용을 지원할 수 있다(동조 제3항).

(4) 교도작업의 종류
① 작업성질에 따른 분류
  ㉠ 일반작업: 징역형수형자에게 과하는 작업
  ㉡ 신청작업: 정역부과의 대상이 아닌 금고형수형자, 구류형수형자, 미결수용자, 사형확정자 등의 신청에 따라 소장이 이를 허가한 경우에 행해지는 작업
② 경영방식에 따른 분류
  ㉠ 직영작업(관사작업): 교정시설에서 일체의 시설·장비·재료·노무 및 경비 등을 부담하여 직접 물건의 생산 및 판매를 하는 작업방식
    • 장점
      - 형벌집행의 통일과 작업통제가 용이
      - 사인의 관여를 차단할 수 있으며, 규율유지에 용이
      - 경제변동에 따른 불시의 손해를 입지 않으며, 이윤 독점 가능
      - 작업종목의 선택이 자유롭고, 직업훈련에 용이
      - 국가세입의 증대와 자급자족이 가능
    • 단점
      - 제품생산에 많은 예산이 소요되며, 생산에서 판매까지 사무가 번잡
      - 시장개척이나 판로의 어려움으로 일반기업과의 경쟁에서 불리
      - 저렴한 가격으로 시장에 대량 공급될 경우 민간기업을 압박
  ㉡ 위탁작업(단가작업): 외부의 개인 또는 기업체 등 위탁자로부터 작업에 사용할 각종 설비 및 재료의 전부 또는 일부를 제공받아 물건을 생산·가공 또는 수선하여 위탁자에게 교부하고, 그 대가를 받는 작업방식
    • 장점
      - 기계와 기구의 설비자금, 원자재의 구입자금 등이 불필요
      - 재료구입이나 제품판매에 관계없이 생산하여 납품만 하면 되므로 경기에 좌우되지 않고 사무가 간편
      - 적은 비용으로 다수의 인원이 취업
      - 제품의 판로에 대한 부담이 없음
      - 작업의 통일성을 유지
    • 단점
      - 일시적 작업이 보통이므로 작업목적과 일치하지 않는 경우가 많으며, 수형자의 기술습득에 적합한 작업을 선택하기 곤란

- 위탁자의 사정에 따라 작업의 종류가 좌우될 수 있고, 업종이 다양하지 못하여 직업훈련에 부적합
    - 위탁업자의 빈번한 교정시설 출입으로 금지물품의 반입이나 작업수용자와의 부정한 거래 등 보안상 문제가 발생될 여지 존재
  ⓒ 노무작업: 개인 또는 외부민간단체와의 계약을 통해 노무를 제공하고, 그 대가로 노임만을 징수하는 작업방식
    • 장점
      - 경기변동에 영향을 받지 않으므로 손실에 대한 부담이 없음
      - 노무만을 제공하면 되므로 물적 자본이 없이도 가능
      - 제품의 판로에 대한 부담이 없음
    • 단점
      - 작업의 통일 곤란
      - 단순노동인 경우 기술습득 및 직업훈련에 부적합
      - 작업운영에 외부민간단체의 관여가 가장 심하여 교도작업 본래의 취지가 퇴색될 수 있으며, 외부 부정의 개입가능성 존재
  ② 도급작업: 외부 기업체 또는 사인과 계약에 의해 노동력의 제공은 물론 재료·비용·감독 등을 일괄 책임지고, 어느 공사를 완성하여 그 공사의 결과에 따라 약정금액을 지급받는 작업방식
    • 장점
      - 작업규모가 대형인 경우가 많으므로 높은 수익이 보장
      - 대규모 작업으로 불취업자 해소에 유리
      - 수형자의 전문기술습득에 용이
      - 수형자와 교도관 간의 인간적인 신뢰로 인한 반사회성 교정 및 갱생의욕 고취
    • 단점
      - 대부분 구외작업인 경우가 많아 계호상 부담
      - 사업이 대규모인 관계로 실패할 경우 손실이 막대
③ **작업목적에 따른 분류**
  ⊙ 생산작업: 행형에 소요되는 경제적 비용을 마련하고 수형자에게 직업을 보도하려는 목적으로 시장성이 있는 상품을 생산하거나 서비스에 종사하도록 하는 것
  ⓒ 직업훈련: 수형자의 사회복귀 촉진과 기능인력 양성을 목적으로 하는 작업
  ⓒ 관용작업: 교정시설의 유지·관리와 수용자의 수용 등 교정시설 자체의 기능을 유지하기 위하여 행하는 작업으로 취사, 청소, 운반, 세탁, 영선, 원예, 간병, 이발 등이 여기에 해당
④ **구외작업**
  ⊙ 의의: 구내작업과 대립되는 개념으로 교정시설 밖에서 행해지는 작업으로 현행법령은 원칙적으로 개방처우급·완화경비처우급 수형자를 구외작업(개방지역작업)대상으로 하고 있으나, 일반경비처우급 수형자도 필요 시 구외작업(개방지역작업)이 가능하도록 규정하고 있다(시행규칙 제74조 제2항).

- ⓒ 장점
  - 취업자의 교정과 재활 등에 유리하며, 사회교육적 차원에서 효과적
  - 단기수형자에게는 원활한 사회복귀를 촉진시키고, 장기수형자에게는 장기간의 수형생활에서 오는 정신적·신체적 장애를 제거
  - 구내작업에 비해 보다 높은 작업장려금을 받을 수 있어 경제적인 면에서 수형자에게 유리
  - 개방시설이나 완화된 경비시설의 수형자에게 중간처우의 방법으로 활용될 수 있으며, 행형비용 면에서 구내작업보다 경제적
- ⓒ 단점
  - 다수 수형자가 함께 하는 작업이 대부분이므로 혼거제의 폐해가 초래
  - 도주 등 교정사고의 위험으로 계호의 부담이 가중되며, 경비인력의 낭비를 초래
  - 작업자와 계호자 사이에 정실이 개입되면 교화개선의 효과를 거두기 곤란
- ⓔ 미결수용자의 구외작업: 미결수용자에 대한 작업은 교정시설 밖에서 행하는 것은 포함하지 아니한다(시행령 제103조 제1항).

(5) 작업장려금

① 의의: 소장은 수형자의 근로의욕을 고취하고 건전한 사회복귀를 지원하기 위하여 법무부장관이 정하는 바에 따라 작업의 종류, 작업성적, 교정성적, 그 밖의 사정을 고려하여 수형자에게 작업장려금을 지급할 수 있다(형집행법 제73조 제2항). 작업장려금은 다음과 같은 점에서 임금적 성격이 아니라, 은혜적 급부의 성질을 가진다.
  - ⓐ 작업에 대한 사법적 대가가 아니라, 작업장려를 위한 공법적·정책적 급부이다.
  - ⓑ 징역형수형자는 형법상 정역복무의무를 가지고, 수형자는 형집행법상 작업의무를 가지므로 청구권이 인정되지 않는다.
  - ⓒ 형집행법상 작업수입은 국고수입으로 한다.

② 작업장려금 지급: 작업장려금은 석방할 때에 본인에게 지급한다. 다만, 본인의 가족생활 부조, 교화 또는 건전한 사회복귀를 위하여 특히 필요하면 석방 전이라도 그 전부 또는 일부를 지급할 수 있다(동법 제73조 제3항).

(6) 위로금 및 조위금

① 의의: 수형자가 작업 또는 직업훈련으로 인한 부상 또는 질병으로 신체에 장해가 발생한 때에는 법무부장관이 정하는 바에 따라 위로금을 지급한다(동법 제74조 제1항 제1호). 수형자가 작업 또는 직업훈련 중에 사망하거나 그로 인하여 사망한 때에는 법무부장관이 정하는 바에 따라 조위금을 지급한다(동항 제2호).

② 지급내용
  - ⓐ 위로금은 본인에게 지급하고, 조위금은 그 상속인에게 지급한다(동법 제74조 제2항).
  - ⓑ 위로금 또는 조위금을 지급받을 사람이 국가로부터 동일한 사유로 민법이나 그 밖의 법령에 따라 제74조의 위로금 또는 조위금에 상당하는 금액을 지급받은 경우에는 그 금액을 위로금 또는 조위금으로 지급하지 아니한다(동법 제75조).

ⓒ 위로금 또는 조위금을 지급받을 권리는 다른 사람 또는 법인에게 양도하거나 담보로 제공할 수 없으며, 다른 사람 또는 법인은 이를 압류할 수 없다(동법 제76조 제1항).

ⓔ 지급받은 금전을 표준으로 하여 조세와 그 밖의 공과금을 부과하여서는 아니 된다(동조 제2항).

(7) 교도작업 관용주의

① **의의**: 교도작업 관용주의란 교도작업으로 인한 생산품을 주로 국가·지방공공단체·국영기업체 또는 정부관리기업체에 우선 공급하는 것

② **관련규정**

㉠ 법무부장관은 교도작업으로 생산되는 제품의 종류와 수량을 회계연도 개시 1개월 전까지 공고하여야 한다[교도작업의 운영 및 특별회계에 관한 법률(교도작업법) 제4조].

㉡ 국가, 지방자치단체 또는 공공기관은 그가 필요로 하는 물품이 제4조에 따라 공고된 것인 경우에는 공고된 제품 중에서 우선적으로 구매하여야 한다(동법 제5조).

㉢ 법무부장관은 형의 집행 및 수용자의 처우에 관한 법률 제68조에 따라 수형자가 외부기업체 등에 통근 작업하거나 교정시설의 안에 설치된 외부기업체의 작업장에서 작업할 수 있도록 민간기업을 참여하게 하여 교도작업을 운영할 수 있다(동법 제6조 제1항).

㉣ 교정시설의 장은 제1항에 따라 민간기업이 참여할 교도작업(이하 이 조에서 "민간참여작업"이라 한다)의 내용을 해당 기업체와의 계약으로 정하고 이에 대하여 법무부장관의 승인(재계약의 경우에는 지방교정청장의 승인)을 받아야 한다. 다만, 법무부장관이 정하는 단기의 계약에 대하여는 그러하지 아니하다(동조 제2항).

㉤ 제1항 및 제2항에 따른 민간기업의 참여 절차, 민간참여작업의 종류, 그 밖에 민간참여작업의 운영에 필요한 사항은 형의 집행 및 수용자의 처우에 관한 법률 제68조 제1항의 사항을 고려하여 법무부장관이 정한다(동조 제3항).

㉥ 교도작업으로 생산된 제품은 민간기업 등에 직접 판매하거나 위탁하여 판매할 수 있다(동법 제7조).

㉦ 법무부장관은 교도작업제품의 전시 및 판매를 위하여 필요한 시설을 설치·운영하거나 전자상거래 등의 방법으로 교도작업제품을 판매할 수 있다(동법 시행령 제7조).

㉧ 교도작업의 효율적인 운영을 위하여 교도작업특별회계(이하 "특별회계"라 한다)를 설치한다(동법 제8조 제1항).

㉨ 특별회계는 법무부장관이 운용·관리한다(동조 제2항).

㉩ 특별회계는 세입총액이 세출총액에 미달된 경우 또는 시설 개량이나 확장에 필요한 경우에는 예산의 범위에서 일반회계로부터 전입을 받을 수 있다(동법 제10조).

㉪ 특별회계의 결산상 잉여금은 다음 연도의 세입에 이입한다(동법 제11조의2).

㉫ 특별회계는 예측할 수 없는 예산 외의 지출 또는 예산을 초과하는 지출에 충당하기 위하여 세출예산에 예비비를 계상할 수 있다(동법 제12조).

③ 장점
　　㉠ 소비기관이 구축되어 있어 수주활동 등 판로개척에 부담이 없다.
　　㉡ 수요층이 확보되어 있으므로 경기에 좌우되지 않고 경영안정을 도모할 수 있다.
　　㉢ 저렴한 비용으로 제품을 공급받을 수 있어 예산절감의 효과가 있다.
　　㉣ 압박의 문제가 발생될 여지가 적다.
　　㉤ 설비 및 계획생산 등 자급경영의 합리화에 용이하다.
④ 단점
　　㉠ 무경쟁으로 인한 경쟁력 저하로 제품의 질이 저하된다.
　　㉡ 판로에 따른 제품개발 소홀로 생산의 효율성이 저하된다.
　　㉢ 다양한 기술습득 기회가 줄어들어 직업훈련에 부적합하다.

(8) 작업임금제 도입
① 의의 : 작업임금제란 수형자가 교도작업을 위해 제공한 노동에 대하여 그 대가를 국가에 청구할 수 있는 제도
② 찬성론
　　㉠ 근로의욕을 고취시켜 제품의 질을 향상시키므로 작업수입 증대에 유리하다.
　　㉡ 노동에 대한 정당한 대가는 근로를 국민의 권리이자 의무로 보는 헌법의 태도와 일치한다.
　　㉢ 교도작업에 대해 임금을 지급하지 않는 것은 작업을 일종의 형벌로 보기 때문이며, 비자발적인 봉사와 속죄를 강요하는 것과 다를 바 없다.
　　㉣ 석방 후 경제적 자립기반을 제공하여 행형의 과제인 재사회화에 실질적으로 기여할 수 있다.
　　㉤ 피해자에 대한 손해배상의 기회를 제공할 수 있다.
③ 반대론
　　㉠ 수형자의 작업은 근로계약에 의한 것이 아니므로 국가는 임금을 지급할 의무가 없다.
　　㉡ 자급자족원칙에 따라 작업수익 가운데 행형비용을 제외하면 임금제를 채택하더라도 현재의 작업장려금보다 많아진다고 보기 어렵다.
　　㉢ 수형자의 작업은 형집행의 과정이므로 이들에게 임금을 지급하는 것은 사회정의나 국민의 법감정에 부합하지 않는다.
　　㉣ 범죄인이 사회의 실직자에 비해 우대받는 것은 형평성의 원리에 어긋난다.
　　㉤ 임금지급을 위한 추가적 예산배정은 교정경비의 과다한 증가를 초래할 수 있다.
　　㉥ 형벌집행과정에서 임금이 지급된다면 형벌의 억제효과를 감퇴시킬 우려가 있다.

2 직업훈련(기술훈련)

(1) 직업훈련
직업훈련이란 교정시설에서 수형자를 대상으로 석방 후 취업에 필요한 직무수행능력을 습득·향상하게 하기 위하여 실시하는 훈련을 말한다.

(2) 직업훈련대상자선정
① 직종 및 대상자 선정
  ㉠ 직업훈련 직종 선정 및 훈련과정별 인원은 법무부장관의 승인을 받아 소장이 정한다(형집행법 시행규칙 제124조 제1항).
  ㉡ 직업훈련 대상자는 소속기관의 수형자 중에서 소장이 선정한다. 다만, 집체직업훈련(직업훈련 전담 교정시설이나 그 밖에 직업훈련을 실시하기에 적합한 교정시설에 수용하여 실시하는 훈련을 말한다) 대상자는 집체직업훈련을 실시하는 교정시설의 관할 지방교정청장이 선정한다(동조 제2항).

② 대상자 선정기준
  ㉠ 소장은 수형자가 다음 각 호의 요건을 갖춘 경우에는 수형자의 의사, 적성, 나이, 학력 등을 고려하여 직업훈련 대상자로 선정할 수 있다(시행규칙 제125조 제1항).
   • 집행할 형기 중에 해당 훈련과정을 이수할 수 있을 것(기술숙련과정 집체직업훈련 대상자는 제외한다)
   • 직업훈련에 필요한 기본소양을 갖추었다고 인정될 것
   • 해당 과정의 기술이 없거나 재훈련을 희망할 것
   • 석방 후 관련 직종에 취업할 의사가 있을 것
  ㉡ 소장은 소년수형자의 선도를 위하여 필요한 경우에는 제1항의 요건을 갖추지 못한 경우에도 직업훈련 대상자로 선정하여 교육할 수 있다(동조 제2항).

③ 대상자 선정의 제한: 소장은 제125조에도 불구하고 수형자가 다음 각 호의 어느 하나에 해당하는 경우에는 직업훈련 대상자로 선정해서는 아니 된다(시행규칙 제126조).
  ㉠ 15세 미만인 경우
  ㉡ 교육과정을 수행할 문자해독능력 및 강의 이해능력이 부족한 경우
  ㉢ 징벌대상행위의 혐의가 있어 조사 중이거나 징벌집행 중인 경우
  ㉣ 작업, 교육·교화프로그램 시행으로 인하여 직업훈련의 실시가 곤란하다고 인정되는 경우
  ㉤ 질병·신체조건 등으로 인하여 직업훈련을 감당할 수 없다고 인정되는 경우

05 미결수용자와 사형확정자의 처우

1 미결수용자의 처우

(1) 의의
미결수용자란 형사피의자 또는 형사피고인으로서 체포되거나 구속영장의 집행을 받아 교정시설에 수용된 사람을 말한다(형집행법 제2조 제3호).

(2) 미결수용자의 법적 지위
"미결수용자"는 형사절차의 원활한 진행과 이에 따른 재판집행의 확보를 위해 형벌확정 이전에 신병이 구속된 자이므로 유죄가 확정된 수형자와는 본질적으로 다른 법적 지위를 가진다.

(3) 현행법상 미결수용자의 처우
① 처우, 설비, 계호
  ㉠ 미결수용자는 무죄의 추정을 받으며, 그에 합당한 처우를 받는다(동법 제79조).
  ㉡ 미결수용자를 수용하는 시설의 설비 및 계호의 정도는 일반경비시설에 준한다(시행령 제98조).
  ㉢ 소장은 미결수용자가 빈곤하거나 무지하여 수사 및 재판과정에서 권리를 충분히 행사하지 못한다고 인정하는 경우에는 법률구조에 필요한 지원을 할 수 있다(시행령 제99조).

② 참관금지 및 공범분리
  ㉠ 미결수용자가 수용된 거실은 참관할 수 없다(형집행법 제80조).
  ㉡ 소장은 미결수용자로서 사건에 서로 관련이 있는 사람은 분리수용하고, 서로 간의 접촉을 금지하여야 한다(동법 제81조).
  ㉢ 소장은 이송이나 출정, 그 밖의 사유로 미결수용자를 교정시설 밖으로 호송하는 경우에는 해당 사건에 관련된 사람과 호송 차량의 좌석을 분리하는 등의 방법으로 서로 접촉하지 못하도록 하여야 한다(시행령 제100조).

③ 복장 및 두발
  ㉠ 미결수용자는 수사・재판・국정감사 또는 법률로 정하는 조사에 참석할 때에는 사복을 착용할 수 있다. 다만, 소장은 도주우려가 크거나 특히 부적당한 사유가 있다고 인정하면 교정시설에서 지급하는 의류를 입게 할 수 있다(형집행법 제82조).
  ㉡ 미결수용자의 머리카락과 수염은 특히 필요한 경우가 아니면 본인의 의사에 반하여 짧게 깎지 못한다(동법 제83조).

④ 외부교통
  ㉠ 미결수용자와 변호인과의 접견에는 교도관이 참여하지 못하며, 그 내용을 청취 또는 녹취하지 못한다. 다만, 보이는 거리에서 미결수용자를 관찰할 수 있다(동법 제84조 제1항).
  ㉡ 미결수용자와 변호인 간의 접견은 시간과 횟수를 제한하지 아니한다(동조 제2항).

ⓒ 미결수용자와 변호인 간의 편지는 교정시설에서 상대방이 변호인임을 확인할 수 없는 경우를 제외하고는 검열할 수 없다(동조 제3항).

② 소장은 미결수용자가 징벌대상자로서 조사받고 있거나 징벌집행 중인 경우에도 소송서류의 작성, 변호인과의 접견 및 편지수수, 그 밖의 수사 및 재판과정에서의 권리 행사를 보장하여야 한다(동법 제85조).

③ 미결수용자의 접견횟수는 매일 1회로 하되, 변호인과의 접견은 그 횟수에 포함시키지 않는다(시행령 제101조).

④ 소장은 미결수용자의 처우를 위하여 특히 필요하다고 인정하면 접견시간대 외에도 접견하게 할 수 있고, 변호인이 아닌 사람과 접견하는 경우에도 접견시간을 연장하거나 접견횟수를 늘릴 수 있다(시행령 제102조).

⑤ **교육, 작업**

ⓐ 소장은 미결수용자에 다하여는 신청에 따라 교육 또는 교화프로그램을 실시하거나 작업을 부과할 수 있다(형집행법 제86조 제1항).

ⓑ 미결수용자에 대한 교육·교화프로그램 또는 작업은 교정시설 밖에서 행하는 것은 포함하지 아니한다(시행령 제103조 제1항).

ⓒ 소장은 작업이 부과된 미결수용자가 작업의 취소를 요청하는 경우에는 그 미결수용자의 의사, 건강 및 교도관의 의견 등을 고려하여 작업을 취소할 수 있다(동조 제2항).

2 사형확정자의 처우

(1) 사형확정자의 수용

① 사형확정자는 독거수용한다. 다만, 자살방지, 교육·교화프로그램, 작업, 그 밖의 적절한 처우를 위하여 필요한 경우에는 법무부령으로 정하는 바에 따라 혼거수용할 수 있다(형집행법 제89조 제1항).

② 사형확정자가 수용된 거실은 참관할 수 없다(동조 제2항).

③ 사형확정자를 수용하는 시설의 설비 및 계호의 정도는 일반경비시설 또는 중경비시설에 준한다(시행령 제108조).

④ 사형확정자는 사형집행시설이 설치되어 있는 교정시설에 수용하되, 다음과 같이 구분하여 수용한다(시행규칙 제150조 제1항).

ⓐ 교도소: 교도소 수용 중 사형이 확정된 사람, 교도소에서 교육·교화프로그램 또는 신청에 따른 작업을 실시할 필요가 있다고 인정되는 사람

ⓑ 구치소: 구치소 수용 중 사형이 확정된 사람, 교도소에서 교육·교화프로그램 또는 신청에 따른 작업을 실시할 필요가 없다고 인정되는 사람

⑤ 사형확정자의 심리적 안정 도모 또는 교정시설의 안전과 질서유지를 위하여 특히 필요하다고 인정하는 경우에는 제1항 각 호에도 불구하고 교도소에 수용할 사형확정자를 구치소에 수용할 수 있고, 구치소에 수용할 사형확정자를 교도소에 수용할 수 있다(동조 제2항).

⑥ 소장은 사형확정자의 자살·도주 등의 사고를 방지하기 위하여 필요한 경우에는 사형확정자와 미결수용자를 혼거수용할 수 있고, 사형확정자의 교육·교화프로그램, 작업 등의 적절한 처우를 위하여 필요한 경우에는 사형확정자와 수형자를 혼거수용할 수 있다(동조 제3항).

⑦ 사형확정자의 번호표 및 거실표의 색상은 붉은색으로 한다(동조 제4항).

⑧ 소장은 사형확정자의 교육·교화프로그램, 작업 등을 위하여 필요하거나 교정시설의 안전과 질서유지를 위하여 특히 필요하다고 인정하는 경우에는 법무부장관의 승인을 받아 사형확정자를 다른 교정시설로 이송할 수 있다(시행규칙 제151조).

⑨ 사형확정자에 대한 교육·교화프로그램, 작업 등의 처우를 위하여 법무부장관이 정하는 전담교정시설에 수용할 수 있다(시행규칙 제155조).

(2) 사형확정자의 교육 등

소장은 사형확정자의 심리적 안정 및 원만한 수용생활을 위하여 교육 또는 교화프로그램을 실시할 수 있다(형집행법 제90조 제1항).

(3) 사형확정자의 작업

① 소장은 사형확정자의 심리적 안정 및 원만한 수용생활을 위하여 신청에 따라 작업을 부과할 수 있다(동법 제90조 제1항).

② 소장은 사형확정자가 작업을 신청하면 교도관회의의 심의를 거쳐 교정시설 안에서 실시하는 작업을 부과할 수 있다. 이 경우 부과하는 작업은 심리적 안정과 원만한 수용생활을 도모하는 데 적합한 것이어야 한다(시행규칙 제153조 제1항).

③ 소장은 작업이 부과된 사형확정자에 대하여 교도관회의의 심의를 거쳐 해당 사형확정자의 번호표 및 거실표의 색상을 붉은색으로 하지 않을 수 있다(동조 제2항).

④ 소장은 작업이 부과된 사형확정자가 작업의 취소를 요청하면 사형확정자의 의사·건강, 담당교도관의 의견 등을 고려하여 작업을 취소할 수 있다(동조 제3항).

⑤ 사형확정자에게 작업을 부과하는 경우에는 법 제71조부터 제76조까지의 규정(작업시간, 작업의 면제, 작업수입, 위로금·조위금) 및 시행규칙 제200조(수용자를 대표하는 직책 부여 금지)를 준용한다(동조 제4항).

(4) 사형확정자의 외부교통

① 사형확정자의 접견 횟수는 매월 4회로 한다(시행령 제109조).

② 소장은 사형확정자의 교화나 심리적 안정을 도모하기 위하여 특히 필요하다고 인정하면 접견 시간대 외에도 접견을 허가할 수 있고, 접견시간을 연장하거나 접견 횟수를 늘릴 수 있다(시행령 제110조).

③ 소장은 사형확정자의 심리적 안정과 원만한 수용생활을 위하여 필요하다고 인정하는 경우에는 월 3회 이내의 범위에서 전화통화를 허가할 수 있다(시행규칙 제156조).

06 시설 내 처우의 종료

1 석방

(1) 의의

석방이란 수용자의 구금상태를 적법하게 해제하여 사회에 복귀시키는 것을 말하며, 시설 내 처우의 최후단계이자 사회복귀의 최초단계를 의미하며 수용자의 석방은 사면·형기종료 또는 권한이 있는 자의 명령에 따라 소장이 한다.

(2) 석방절차

① 석방시기

㉠ 사면·가석방·형의 집행면제·감형에 따른 석방은 그 서류가 교정시설에 도달한 후 12시간 이내에 행하여야 한다. 다만, 그 서류에서 석방일시를 지정하고 있으면 그 일시에 한다(형집행법 제124조 제1항).

㉡ 형기종료에 따른 석방은 형기종료일에 하여야 한다(동조 제2항).

㉢ 권한이 있는 사람의 명령에 따른 석방은 서류가 도달한 후 5시간 이내에 하여야 한다(동조 제3항).

② 석방 전 조치

㉠ 소장은 수형자의 건전한 사회복귀를 위하여 필요하다고 인정하면 석방 전 3일 이내의 범위에서 석방예정자를 별도의 거실에 수용하여 장래에 관한 상담과 지도를 할 수 있다(시행령 제141조).

㉡ 소장은 형기종료로 석방될 수형자에 대하여는 석방 10일 전까지 석방 후의 보호에 관한 사항을 조사하여야 한다(시행령 제142조).

㉢ 소장은 석방될 수형자의 재범방지, 자립지원 및 피해자 보호를 위하여 필요하다고 인정하면 해당 수형자의 수용이력 또는 사회복귀에 관한 의견을 그의 거주지를 관할하는 경찰관서나 자립을 지원할 법인 또는 개인에게 통보할 수 있다. 다만, 법인 또는 개인에게 통보하는 경우에는 해당 수형자의 동의를 받아야 한다(형집행법 제126조의2 제1항).

㉣ 소장은 수용자에 대하여 건강상의 사유로 형의 집행정지 또는 구속의 집행정지를 할 필요가 있다고 인정하는 경우에는 의무관의 진단서와 인수인에 대한 확인서류를 첨부하여 그 사실을 검사에게, 기소된 상태인 경우에는 법원에도 지체 없이 통보하여야 한다(시행령 제21조).

③ 피석방자 보호

㉠ 소장은 피석방자가 질병이나 그 밖에 피할 수 없는 사정으로 귀가하기 곤란한 경우에 본인의 신청이 있으면 일시적으로 교정시설에 수용할 수 있다(형집행법 제125조).

㉡ 소장은 피석방자에게 귀가에 필요한 여비 또는 의류가 없으면 법무부장관이 정하는 범위에서 이를 지급하거나 빌려줄 수 있다(동법 제126조).

㉢ 소장은 피석방자에게 귀가 여비 또는 의류를 빌려준 경우에는 특별한 사유가 없으면 이를 회수한다(시행령 제145조).

㉣ 소장은 수형자를 석방하는 경우 특히 필요하다고 인정하면 한국법무보호복지공단에 그에 대한 보호를 요청할 수 있다(시행령 제144조).

2 사망

(1) 사망 알림 및 사망자 검시
① 소장은 수용자가 사망한 경우에는 그 사실을 즉시 그 가족(가족이 없는 경우에는 다른 친족)에게 알려야 한다(형집행법 제127조).
② 소장은 수용자의 사망사실을 알리는 경우에는 사망 일시·장소 및 사유도 같이 알려야 한다(시행령 제146조).
③ 소장은 수용자가 사망한 경우에는 그 시신을 검사하여야 한다(시행령 제147조).
④ 의무관은 수용자가 질병으로 사망한 경우에는 사망장에 그 병명·병력·사인 및 사망일시를 기록하고 서명하여야 한다(시행령 제148조 제1항).
⑤ 소장은 수용자가 자살이나 그 밖에 변사한 경우에는 그 사실을 검사에게 통보하고, 기소된 상태인 경우에는 법원에도 통보하여야 하며, 검시가 끝난 후에는 검시자·참여자의 신분·성명과 검시 결과를 사망장에 기록하여야 한다(동조 제2항).

(2) 시신의 인도·매장·화장
① 소장은 사망한 수용자의 친족 또는 특별한 연고가 있는 사람이 그 시신 또는 유골의 인도를 청구하는 경우에는 인도하여야 한다. 다만, 제3항에 따라 자연장을 하거나 집단으로 매장을 한 후에는 그러하지 아니하다(형집행법 제128조 제1항).
② 소장은 제127조(사망 알림)에 따라 수용자가 사망한 사실을 알게 된 사람이 다음 각 호의 어느 하나에 해당하는 기간 이내에 그 시신을 인수하지 아니하거나 시신을 인수할 사람이 없으면 임시로 매장하거나 화장 후 봉안하여야 한다. 다만, 감염병 예방 등을 위하여 필요하면 즉시 화장하여야 하며, 그 밖에 필요한 조치를 할 수 있다(동조 제2항).
  ㉠ 임시로 매장하려는 경우: 사망한 사실을 알게 된 날부터 3일
  ㉡ 화장하여 봉안하려는 경우: 사망한 사실을 알게 된 날부터 60일
③ 소장은 제2항에 따라 시신을 임시로 매장하거나 화장하여 봉안한 후 2년이 지나도록 시신의 인도를 청구하는 사람이 없을 때에는 다음 각 호의 구분에 따른 방법으로 처리할 수 있다(동조 제3항).
  ㉠ 임시로 매장한 경우: 화장 후 자연장을 하거나 일정한 장소에 집단으로 매장
  ㉡ 화장하여 봉안한 경우: 자연장
④ 소장은 병원이나 그 밖의 연구기관이 학술연구상의 필요에 따라 수용자의 시신인도를 신청하면 본인의 유언 또는 상속인의 승낙이 있는 경우에 한하여 인도할 수 있다(동조 제4항).
⑤ 소장은 수용자가 사망하면 법무부장관이 정하는 범위에서 화장·시신인도 등에 필요한 비용을 인수자에게 지급할 수 있다(동조 제5항).
⑥ 소장은 시신을 인도, 화장, 임시 매장, 집단 매장 또는 자연장을 한 경우에는 그 사실을 사망장에 기록하여야 한다(시행령 제148조 제3항).
⑦ 소장은 시신을 임시 매장하거나 봉안한 경우에는 그 장소에 사망자의 성명을 적은 표지를 비치하고, 별도의 장부에 가족관계 등록기준지, 성명, 사망일시를 기록하여 관리하여야 한다(시행령 150조 제1항).
⑧ 소장은 시신 또는 유골을 집단 매장한 경우에는 집단 매장된 사람의 가족관계 등록기준지, 성명, 사망일시를 집단 매장부에 기록하고 그 장소에 묘비를 세워야 한다(동조 제2항).

Chapter 12 | 교정처우론 – 사회적 처우와 사회 내 처우

01 사회적 처우(개방처우)

1 개방처우 개관

(1) 의의 및 연혁
① 의의
  ㉠ 개방처우의 개념은 이론적으로 그 의미와 내용이 확립된 것이 아니라, 각국의 교정제도의 발전에 따라 연혁적으로 정립된 역사적·경험적 개념을 말한다.
  ㉡ 통상 개방처우란 종래의 전통적·인습적인 폐쇄처우에 대응하는 개념으로 시설 내 처우에 기반을 두면서 시설의 폐쇄성을 완화하여 구금의 폐해를 최소화하고, 수형자를 가능한 한 일반사회인의 생활에 근접시킴으로써 수형자와 사회와의 거리를 좁혀 사회적응력을 강화시키려는 처우방법이다.

② 연혁
  ㉠ 1840년 영국의 식민지였던 호주 노포크섬의 교도소장 마코노키가 단계별로 처우를 완화해가는 점수제식 누진처우제도를 시행하면서 누진처우의 마지막 단계로 개방처우를 실시하였으며 1920년 미국 행형위원회의 위원으로 있던 패터슨(Paterson)은 "사람을 구금하고 자유를 위한 훈련을 하는 것은 불가능하다."라고 보고 개방처우를 실시하였다.
  ㉡ 1960년 런던에서 개최된 UN회의에서 개방시설의 채택과 확충을 각국에 권고하였고, 현재 개방처우는 대부분의 국가에서 다양한 형태로 시행한다.

(2) 장점
① 완화된 시설과 감시가 수형자의 신체적·정신적 건강에 유리
② 교정당국에 대한 신뢰감 증가로 자발적 개선의욕을 촉진
③ 가족이나 친지 등과의 유대감 지속으로 정서적 안정을 도모
④ 통제 및 감시에 소요되는 비용을 절감할 수 있다는 점에서 경제적
⑤ 수형자의 사회적응력 향상에 적합하며, 사회복귀를 촉진
⑥ 형벌의 인도화에 기여

(3) 단점
① 통상적 형벌관념이나 일반국민의 법감정에 배치
② 도주의 위험이 증가하며, 완화된 계호와 감시를 이용하여 외부인과의 부정한 거래 우려

③ 대상자 선정에 있어 사회의 안전을 지나치게 강조할 경우 수용의 필요성이 없는 수형자를 개방처우하게 되어 결과적으로 형사사법망의 확대를 초래

2 개방처우의 유형

(1) 귀휴제도
  ① 의의
    ㉠ 귀휴제도란 일정기간을 복역하고 교정성적이 우수한 수형자에 대하여 교도소장의 권한으로 일정한 기간과 행선지를 정하여 외출 또는 외박을 허가하는 반자유처우의 일종
    ㉡ 귀휴제도는 형의 집행을 정지시키지 않는다는 점에서 형사사법상의 형집행정지제도와 구별
  ② 제도적 취지
    ㉠ 수형자의 장기수용에 따른 부작용을 최소화
    ㉡ 가족과의 유대관계 유지를 통해 안정된 수용생활을 유도
    ㉢ 석방 이후의 생활설계에 도움을 줄 수 있음
    ㉣ 사회와의 유대관계를 통해 사회적응능력을 촉진
  ③ 귀휴요건
    ㉠ 일반귀휴
      - 소장은 6개월 이상 형을 집행받은 수형자로서 그 형기의 3분의 1(21년 이상의 유기형 또는 무기형의 경우에는 7년)이 지나고 교정성적이 우수한 사람이 다음의 어느 하나에 해당하면 1년 중 20일 이내의 귀휴를 허가할 수 있다(형집행법 제77조 제1항).
        - 가족 또는 배우자의 직계존속이 위독한 때
        - 질병이나 사고로 외부의료시설에의 입원이 필요한 때
        - 천재지변이나 그 밖의 재해로 가족, 배우자의 직계존속 또는 수형자 본인에게 회복할 수 없는 중대한 재산상의 손해가 발생하였거나 발생할 우려가 있는 때
        - 그 밖에 교화 또는 건전한 사회복귀를 위하여 법무부령으로 정하는 사유가 있는 때
      - 법 제77조 제1항 제4호에 해당하는 귀휴사유는 다음과 같다(시행규칙 제129조 제3항).
        - 직계존속, 배우자, 배우자의 직계존속 또는 본인의 회갑일이나 고희일인 때
        - 본인 또는 형제자매의 혼례가 있는 때
        - 직계비속이 입대하거나 해외유학을 위하여 출국하게 된 때
        - 직업훈련을 위하여 필요한 때
        - 숙련기술장려법 제20조 제2항에 따른 국내기능경기대회의 준비 및 참가를 위하여 필요한 때
        - 출소 전 취업 또는 창업 등 사회복귀 준비를 위하여 필요한 때
        - 입학식·졸업식 또는 시상식에 참석하기 위하여 필요한 때
        - 출석수업을 위하여 필요한 때
        - 각종 시험에 응시하기 위하여 필요한 때
        - 그 밖에 가족과의 유대강화 또는 사회적응능력 향상을 위하여 특히 필요한 때

- 일반귀휴의 경우 형기를 계산할 때 부정기형은 단기를 기준으로 하고, 2개 이상의 징역 또는 금고의 형을 선고받은 수형자의 경우에는 그 형기를 합산한다(시행규칙 제130조 제1항).
- 법 제77조 제1항의 "1년 중 20일 이내의 귀휴" 중 "1년"이란 매년 1월 1일부터 12월 31일까지를 말한다(동조 제2항).

ⓒ 특별귀휴: 소장은 다음의 어느 하나에 해당하는 사유가 있는 수형자에 대하여는 제1항에도 불구하고 5일 이내의 특별귀휴를 허가할 수 있다(형집행법 제77조 제2항).
- 가족 또는 배우자의 직계존속이 사망한 때
- 직계비속의 혼례가 있는 때

④ 귀휴심사위원회
ㄱ 설치 및 구성
- 수형자의 귀휴허가에 관한 심사를 하기 위하여 교정시설에 귀휴심사위원회를 둔다(시행규칙 제131조 제1항).
- 위원회는 위원장을 포함한 6명 이상 8명 이하의 위원으로 구성한다(동조 제2항).
- 위원장은 소장이 되며, 위원은 소장이 소속기관의 부소장·과장(지소의 경우에는 7급 이상의 교도관) 및 교정에 관한 학식과 경험이 풍부한 외부인사 중에서 임명 또는 위촉한다. 이 경우 외부위원은 2명 이상으로 한다(동조 제3항).

ㄴ 위원장의 직무
- 위원장은 위원회를 소집하고 위원회의 업무를 총괄한다(시행규칙 제132조 제1항).
- 위원장이 부득이한 사유로 직무를 수행할 수 없을 때에는 부소장인 위원이 그 직무를 대행하고, 부소장이 없거나 부소장인 위원이 사고가 있는 경우에는 위원장이 미리 지정한 위원이 그 직무를 대행한다(동조 제2항).

ㄷ 회의
- 위원회의 회의는 위원장이 수형자에게 귀휴사유가 발생하여 귀휴심사가 필요하다고 인정하는 때에 개최한다(시행규칙 제133조 제1항).
- 위원회의 회의는 재적위원 과반수의 출석으로 개의하고, 출석위원 과반수의 찬성으로 의결한다(동조 제2항).

ㄹ 심사의 특례
- 소장은 토요일, 공휴일, 그 밖에 위원회의 소집이 매우 곤란한 때에 특별귀휴의 사유 중 수형자의 가족 또는 배우자의 직계존속이 사망한 경우에는 위원회의 심사를 거치지 아니하고 귀휴를 허가할 수 있다. 다만, 이 경우 수용관리 및 귀휴업무를 담당하고 있는 부서의 장의 의견을 들어야 한다(시행규칙 제134조 제1항).
- 수용관리 및 귀휴업무를 담당하고 있는 부서의 장은 관련 서류를 검토하여 그 의견을 지체 없이 소장에게 보고하여야 한다(동조 제2항).

ㅁ 심사사항: 위원회는 귀휴심사대상자에 대하여 다음 사항을 심사해야 한다(시행규칙 제135조).
- 수용관계: 건강상태, 징벌유무 등 수용생활태도, 작업·교육의 근면·성실 정도, 작업장려금 및 보관금, 사회적 처우의 시행 현황, 공범·동종범죄자 또는 심사대상자가 속한 범죄단체 구성원과의 교류 정도

- 범죄관계: 범행 시의 나이, 범죄의 성질 및 동기, 공범관계, 피해의 회복 여부 및 피해자의 감정, 피해자에 대한 보복범죄의 가능성, 범죄에 대한 사회의 감정
- 환경관계: 가족 또는 보호자, 가족과의 결속 정도, 보호자의 생활상태, 접견·전화통화의 내용 및 횟수, 귀휴예정지 및 교통·통신관계, 공범·동종범죄자 또는 심사대상자가 속한 범죄단체의 활동상태 및 이와 연계한 재범 가능성

⑤ 귀휴절차

㉠ 귀휴허가
- 소장은 귀휴를 허가하는 귀휴심사위원회의 심사를 거쳐야 한다(시행규칙 제129조 제1항).
- 소장은 개방처우급·완화경비처우급 수형자에게 귀휴를 허가할 수 있다. 다만, 교화 또는 사회복귀 준비 등을 위하여 특히 필요한 경우에는 일반경비처우급 수형자에게도 이를 허가할 수 있다(동조 제2항).

㉡ 귀휴조건: 귀휴를 허가하는 경우 붙일 수 있는 조건(이하 "귀휴조건"이라 한다)은 다음과 같다(시행규칙 제140조).
- 귀휴지 외의 지역 여행 금지
- 유흥업소, 도박장, 성매매업소 등 건전한 풍속을 해치거나 재범 우려가 있는 장소 출입 금지
- 피해자 또는 공범·동종범죄자 등과의 접촉금지
- 귀휴지에서 매일 1회 이상 소장에게 전화보고(교도관이 동행하는 귀휴는 제외)
- 그 밖에 귀휴 중 탈선 방지 또는 귀휴 목적달성을 위하여 필요한 사항

㉢ 귀휴허가 후 조치
- 소장은 2일 이상의 귀휴를 허가한 경우에는 귀휴를 허가받은 사람(이하 "귀휴자"라 한다)의 귀휴지를 관할하는 경찰관서의 장에게 그 사실을 통보하여야 한다(시행령 제97조 제1항).
- 귀휴자는 귀휴 중 천재지변이나 그 밖의 사유로 자신의 신상에 중대한 사고가 발생한 경우에는 가까운 교정시설이나 경찰관서에 신고하여야 하고, 필요한 보호를 요청할 수 있다(동조 제2항).
- 제2항의 보호요청을 받은 교정시설이나 경찰관서의 장은 귀휴를 허가한 소장에게 그 사실을 지체 없이 통보하고, 적절한 보호조치를 하여야 한다(동조 제3항).
- 소장은 귀휴를 허가한 때에는 귀휴허가부에 기록하고, 귀휴허가를 받은 수형자에게 귀휴허가증을 발급하여야 한다(시행규칙 제139조).
- 소장은 수형자에게 귀휴를 허가한 경우 필요하다고 인정하면 교도관을 동행시킬 수 있다(시행규칙 제141조 제1항).
- 소장은 귀휴자의 가족 또는 보호관계에 있는 사람으로부터 보호서약서를 제출받아야 한다(동조 제2항).
- 귀휴자의 여비와 귀휴 중 착용할 복장은 본인이 부담한다(시행규칙 제142조 제1항).
- 소장은 귀휴자가 신청할 경우 작업장려금의 전부 또는 일부를 귀휴비용으로 사용하게 할 수 있다(동조 제2항).
- 귀휴기간은 형 집행기간에 포함한다(동법 제77조 제4항).

ㄹ 귀휴의 취소
- 소장은 귀휴 중인 수형자가 다음의 어느 하나에 해당하면 그 귀휴를 취소할 수 있다(동법 제78조).
  - 귀휴의 허가사유가 존재하지 아니함이 밝혀진 때
  - 거소의 제한이나 그 밖에 귀휴허가에 붙인 조건을 위반할 때
- 소장은 귀휴자가 귀휴조건을 위반한 경우에는 법 제78조에 따라 귀휴를 취소하거나 이의 시정을 위하여 필요한 조치를 하여야 한다(시행규칙 제143조).

(2) 외부통근제

① 의의

ㄱ 외부통근제란 교정성적이 우수한 시설구금 중인 수형자를 주간에는 교도관의 계호 없이 교정시설 밖의 외부기업체에서 사회일반근로자와 같은 조건에서 작업하도록 하고, 야간과 휴일에는 교정시설에서 일정규칙에 따라 생활하도록 하는 제도를 말한다. 야간이나 휴일은 시설 내에 구금하고, 주간에는 시설 외에서 자유로이 작업한다는 의미에서 반구금제 또는 반자유처우제도라고도 할 수 있다.

ㄴ 이 제도는 구외작업과는 달리 수용자가 교정시설 외에서 작업함에 있어 교도관의 감시를 받지 않으며, 또한 자유노역제와는 달리 하루의 작업이 종료하면 교정시설로 복귀하여야 한다는 특징을 갖는다. 외부통근제는 교정시설 밖에서 작업을 하는 점에서는 구외작업과 동일하나, 교도관의 계호를 받지 않는다는 점에서 구별된다.

② 연혁

ㄱ 미국: 미국에서 외부통근이란 수형자가 최소한의 감시나 제한을 받으면서 시설외의 기업체에서 임금노동을 하는 것을 말하는데 1880년 미국 매사추세츠주의 플라밍감 교도소에서 여자수형자를 연말봉사의 형태로 사회에 내보낸 것이 시초이며, 1913년 위스콘신주에서 후버법(Huber Law)으로 최초로 법제화(사법형 외부통근제)되었다.

ㄴ 영국: 1947년 스코틀랜드의 브리스톨(Bristol)에서 소년수형자를 시작으로 1953년에는 남자성인 수형자까지 확대 실시하였다.

ㄷ 독일: 1929년 독일의 프로이센에서 처음으로 누진제의 최상급자에 대한 석방 전 교육으로서 외부통근이 허용되었다.

③ 외부통근제의 유형

ㄱ 사법형
- 의의: 일명 '통근제'라고 부르는 것으로 법원이 형벌의 일종으로 유죄확정자에게 외부통근형을 선고하는 것으로 미국의 많은 주에서 이런 형태로 실시하고 있다.
- 주로 경범죄자가 그 대상이 되며, 본인이 원하고 판사가 대상자로서 적합하다고 판단되면 보호관찰관에게 조사를 명하게 된다.
- 통상 시설에서 통근이 가능한 거리에 직장이 있고, 고용주의 협력을 전제로 선고하는 것이 일반적이다.

- 장점
  - 판결 전의 직업을 그대로 유지할 수 있으므로 가족의 생계유지 가능
  - 개인의 존엄을 유지
  - 단기구금형의 폐해를 방지
  - 주말구금이나 야간구금과 같은 반구금제도와 함께 활용 가능
- 단점: 국민의 응보적 법감정에 배치

ⓒ 행정형
- 의의: 교도소 또는 가석방위원회 등과 같은 행정기관에 의하여 형의 종류로서가 아닌 석방 전 교육 및 사회복귀능력 향상의 일환으로 시행하는 통근제로 유럽 대부분의 국가와 우리나라, 일본 등에서 운영하고 있는 외부통근의 형태이다.
- 일정기간을 복역하고 행장이 양호한 수형자가 선정대상이 되며, 장기수형자도 대상이 될 수 있다. 일정기간을 복역한 교정성적이 우수한 자에게 허가되는 것이 보통이다.
- 대상자 선정은 교도소 간부 · 노동부 직원 · 보호관찰소 직원으로 구성되는 시설별 대상자선정위원회에서 관장하며, 처음에는 장기수형자에 대하여 석방 전의 처우방법으로 활용되었으나 점차 단기수형자에게로 확대 적용되고 있다.
- 장점
  - 장기수형자들에게 사회와의 접촉기회를 증가시켜 타성적인 습성을 교정하고, 사회인으로서의 자율성 배양에 유리하며 직장에 대한 애착심을 갖게 하고, 출소 후에도 관련 직종에 계속 종사할 수 있어 재범방지 및 사회적응촉진에 기여한다.
  - 가족과의 유대관계를 강화하여 출소 후 원만한 가족관계 유지 및 환경변화에서 오는 부작용을 최소화하며 새로운 기술을 습득할 기회를 부여하고, 시설 내 작업보다 많은 보수를 받을 수 있어 출소 후 재활에 도움을 주며, 주간의 수용경비절감에 기여한다.
- 단점
  - 계호의 완화에 따른 도주발생의 가능성이 상존하고 국민의 응보적 법감정에 배치된다.
  - 사회일반 근로자와의 부조화 및 마찰이 발생되며 외부통근에 적합한 수용자 선별이 곤란하다.
  - 불경기일 경우 취업직종 선정에 곤란을 겪을 수 있으며, 취업직장의 경영상태에 따라 고용이 좌우되는 경우가 많아 취업의 안정을 기하기 곤란하다.

ⓒ 혼합형: 사법형 외부통근제와 행정형 외부통근제를 혼합하여 시행하는 제도로서 법원은 형벌의 일종으로 외부통근형을 선고하는 한편, 교도소도 가석방위원회 등의 허가를 얻어 외부통근을 실시할 수 있도록 하는 형태이다. 혼합형은 현재 미국의 위스콘신주와 노스캐롤라이나주 등에서 시행한다.

④ 우리나라의 외부통근제
  ㉠ 의의
    - 소장은 수형자의 건전한 사회복귀와 기술습득을 촉진하기 위하여 필요하면 외부기업체 등에 통근 작업하게 하거나 교정시설의 안에 설치된 외부기업체의 작업장에서 작업하게 할 수 있다(형집행법 제68조 제1항).
    - 외부 통근 작업 대상자의 선정기준 등에 관하여 필요한 사항은 법무부령으로 정한다(동조 제2항).
  ㉡ 연혁
    - 우리나라 외부통근제도는 1984년 6월 수원 교도소에서 모범수형자 4명이 인접한 법무연수원 직원이발소에 출역한 것이 시초이나, 본격적인 외부통근작업은 1988년 12월 천안개방 교도소와 군산 교도소에서 일부 모범수형자를 대상으로 외부기업체에 직원의 계호하에 통근한 것이 그 시초이다.
    - 1989년 2월 외부통근작업 운영규칙이 제정된 이후 1991년 2월부터 전국교정시설로 확대되었다.
    - 1995년 1월 5일 행형법 제5차 개정을 통해 외부통근제도의 법률적 근거가 마련되었다.
  ㉢ 외부통근자 선정기준
    - 외부기업체에 통근하며 작업하는 수형자는 다음 요건을 갖춘 수형자 중에서 선정한다(시행규칙 제120조 제1항).
      - 18세 이상 65세 미만일 것
      - 해당 작업수행에 건강상 장애가 없을 것
      - 개방처우급 · 완화경비처우급에 해당할 것
      - 가족 · 친지 또는 교정위원 등과 접견 · 편지수수 · 전화통화 등으로 연락하고 있을 것
      - 집행할 형기가 7년 미만이고, 가석방이 제한되지 아니할 것
    - 교정시설 안에 설치된 외부기업체의 작업장에 통근하며 작업하는 수형자는 위의 1에서 4까지의 요건(3의 경우에는 일반경비처우급에 해당하는 수형자도 포함)을 갖춘 수형자로서 집행할 형기가 10년 미만이거나 형기기산일부터 10년 이상이 지난 수형자 중에서 선정한다(동조 제2항).
    - 소장은 제1항 및 제2항에도 불구하고 작업부과 또는 교화를 위하여 특히 필요하다고 인정하는 경우에는 제1항 및 제2항의 수형자 외의 수형자에 대하여도 외부통근자로 선정할 수 있다(동조 제3항).
  ㉣ 외부통근자 선정취소: 소장은 외부통근자가 법령에 위반되는 행위를 하거나 법무부장관 또는 소장이 정하는 지켜야 할 사항을 위반한 경우에는 외부통근자 선정을 취소할 수 있다(시행규칙 제121조).
  ㉤ 외부통근자 교육: 소장은 외부통근자로 선정된 수형자에 대하여는 자치활동 · 행동수칙 · 안전수칙 · 작업기술 및 현장적응훈련에 대한 교육을 하여야 한다(시행규칙 제122조).
  ㉥ 외부통근자 자치활동: 소장은 외부통근자의 사회적응능력을 기르고 원활한 사회복귀를 촉진하기 위하여 필요하다고 인정하는 경우에는 수형자 자치에 의한 활동을 허가할 수 있다(시행규칙 제123조).

(3) 부부특별면회제도
① 의의: 부부특별면회란 배우자가 있는 수형자에게 배우자와의 면회기간에 교정시설 내의 일정한 숙박시설에서 상당한 기간 함께 생활할 수 있도록 하는 제도로 면회를 하는 동안 직원의 입회를 생략하고, 자유로운 분위기를 조성하여줌으로써 부부 간의 성적 해소와 애정의 자유를 보장하려는 취지이다.
② 장점
  ㉠ 수형자의 성적 긴장감을 해소
  ㉡ 부부관계의 유대감을 증대시켜 혼인관계의 유지에 유리하고 안정적 수용생활을 유도
③ 단점
  ㉠ 미혼인 수형자와의 형평성 내지 역차별 논란이 제기
  ㉡ 국민의 응보적 법감정에 배치
  ㉢ 관련설비의 구비 및 유지로 인해 교정비용이 증대

(4) 가족만남의 날(합동접견제도)
① 의의
  ㉠ 가족만남의 날 제도는 교정시설의 일정한 구역 내에서 수형자와 그 가족들이 차단막이 설치되지 않은 개방된 공간에서 보다 자유롭고 비교적 장시간 동안 접견하는 방법이다.
  ㉡ 형집행법 시행규칙 제89조 제4항에서는 가족만남의 날을 '수형자와 그 가족이 교정시설의 일정한 장소에서 다과와 음식을 함께 나누면서 대화의 시간을 갖는 행사를 말한다.'라고 정의하고 있다.
② 관련 규정
  ㉠ 소장은 개방처우급·완화경비처우급 수형자에 대하여 가족만남의 날 행사에 참여하게 하거나 가족 만남의 집을 이용하게 할 수 있다. 다만, 교화를 위하여 특히 필요한 경우에는 일반경비처우급 수형자에 대하여도 가족만남의 날 행사의 참여 또는 가족 만남의 집 이용을 허가할 수 있다(시행규칙 제89조 제1항·제3항).
  ㉡ 소장은 가족이 없는 수형자에 대하여는 결연을 맺었거나 그 밖에 가족에 준하는 사람으로 하여금 그 가족을 대신하게 할 수 있다(동조 제2항).
  ㉢ 가족만남의 날 행사의 참석은 접견 허용횟수에 포함되지 아니한다(시행규칙 제89조 제1항).

(5) 사회견학·봉사활동·외부종교행사 참석
① 의의
  ㉠ 사회견학: 수형자로 하여금 경제·사회·문화적으로 급속히 변화하는 사회의 실상을 교정시설 밖의 사회현장에서 직접 체험하도록 하는 것
  ㉡ 봉사활동: 수형자로 하여금 자연재해 등으로 인한 피해현장의 복구, 사회의 소외된 계층에 대한 도우미 형태로 교정시설 밖에서 활동하게 하는 것
  ㉢ 외부종교행사 참석: 수형자로 하여금 교정시설 외에 설치되어 있는 일반종교시설에서 행하는 종교의식이나 행사 등에 참여하게 하는 것

② 관련 규정
  ㉠ 수형자는 교화 또는 건전한 사회복귀를 위하여 교정시설 밖의 적당한 장소에서 봉사활동·견학, 그 밖에 사회적응에 필요한 처우를 받을 수 있다(형집행법 제57조 제5항).
  ㉡ 소장은 개방처우급, 완화경비처우급 수형자에 대하여 교정시설 밖에서 이루어지는 사회견학, 사회봉사, 자신이 신봉하는 종교행사 참석, 연극, 영화, 그 밖의 문화공연관람을 허가할 수 있다. 다만 처우상 특히 필요한 경우에는 일반경비처우급 수형자에게도 이를 허가할 수 있다(시행규칙 제92조 제1항).

02 지역사회교정(사회 내 처우)

1 지역사회교정의 개관

(1) 개관
① **의의**: 지역사회교정이란 지역사회에서 일어나고 있는 모든 교정활동 전체를 말하며 범죄인이 법을 준수하는 시민이 되는 데 도움을 주는 것을 목표로 하는 지역사회에서의 활동, 지역사회와 범죄인과의 상호 의미 있는 유대라는 개념을 기초로 지역사회 내에서 행해지는 범죄인에 대한 여러 제재와 비시설적 교정처우프로그램 등 그 정의가 다양하다.
② **연혁**: 2000년대로 접어들면서 보다 적은 비용으로 교정의 효과를 얻을 수 있는 범죄통제기법이 요구됨에 따라 지역사회교정이 재차 대두되고 있다.
③ **필요성**
  ㉠ 범죄인의 인도적 처우
  ㉡ 교정교화에 유리
  ㉢ 사회적 유대강화
  ㉣ 중간처벌기능의 제공
  ㉤ 구금의 폐해 예방
  ㉥ 교정비용의 절감

(2) 지역사회교정의 목표
① **지역사회의 보호**: 지역사회교정은 비구금을 통한 처벌 프로그램이므로 지역사회가 범죄자로 인해 불안정한 상태가 되지 않도록 대상자의 신중한 선정과 적절한 범죄인 통제수준이 전제되어야 한다.
② **처벌의 연속성 제공**: 지역사회교정은 범죄자가 구금시설에서 일정한 제재를 받은 후 가석방이나 보호관찰에 처해지면 그에 상응한 처벌적 성격을 지닌 연속적으로 다양한 교정프로그램을 제공할 수 있어야 한다.
③ **사회복귀와 재통합**: 지역사회교정은 사회 내 처우를 통하여 범죄인과 사회와의 기존 유대관계를 유지시키고, 나아가 보다 긍정적인 사회관계를 개발하도록 원조하는 데 그 목표가 있다.

④ 비용절감 효과: 지역사회교정은 최소비용으로 범죄인의 사회복귀와 지역사회의 목표를 달성하려는 데 그 목표가 있다.

(3) 지역사회교정의 형태

① 전환: 낙인의 영향을 최소화하고, 범죄인의 사회복귀가 용이하도록 하는 데에 범죄인을 공식적인 형사사법절차 및 과정에 따라 사회로부터 격리하는 것만으로는 지역사회교정이 어렵다는 판단하에 비공식적인 절차 및 과정으로 우회시키는 것이다.

② 옹호: 죄인의 변화보다는 사회의 변화가 더 필요하다는 것을 강조하는 것으로 단순히 기존의 자원에 범죄인을 위탁하는 것만으로는 충분치 못하고, 필요한 자원이 부적절하다면 그 자원을 개발하고, 기존의 자원이 활용하기 어려운 것이라면 이용이 가능하도록 해야 한다는 것이다.

③ 재통합: 범죄인보다 사회의 변화를 강조하는 옹호모형과는 달리 범죄와 사회 모두의 변화를 추구하는 것이다.

(4) 지역사회교정의 문제

① 사회방위에 부적합: 범죄자를 사회로부터 격리하지 않고 사회 내에서 처우하는 것은 사회방위에 적합하지 않고, 국민의 법감정에도 부합하지 않는다.

② 대상선정의 곤란: 위험성이 낮거나 거의 없는 범죄자만을 지역사회교정의 대상으로 한다면 교정자원의 낭비가 되고, 교정의 필요성만을 강조하여 위험성이 높음에도 지역사회교정의 대상으로 한다면 사회적 위험이 발생하므로 적정한 대상자를 선정하는 것은 쉽지 않다.

③ 범죄위험성 예측의 보수성: 범죄의 위험성 예측은 통상 보수적으로 판단되는 경향이 있는데 이런 경우 지역사회교정의 활성화와 효율화가 저해될 수 있다.

④ 실질적 구금화: 지역사회교정은 비구금적 처우로 사회 내 처우의 형태를 지니고 있음에도 관계기관들이 강도 있는 처우를 할 경우에는 시설 내 처우와 다를 바 없게 된다는 비판이 있다.

⑤ 형사사법망의 확대: 지역사회교정의 지나친 확대를 범죄통제의 대상이 되지 않았던 경미한 범죄인까지도 통제대상에 포함하게 되어 형사사법망의 확대를 초래할 수 있는데 형사사법망의 확대에 관해서는 다음과 같은 세 가지가 주장되고 있다.

㉠ 망의 확대: 국가에 의해서 통제되고 규제되는 시민의 비율이 증가되는 현상, 즉 더 많은 사람을 잡을 수 있도록 그물망을 키워 왔다는 것이다.

㉡ 망의 강화: 범죄인에 대한 개입의 강도를 높임으로써 범죄인에 대한 통제를 강화시켰다는 것이다.

㉢ 상이한 망의 설치: 범죄인을 사법기관이 아닌 다른 기관으로 위탁하여 실제로는 더 많은 사람을 통제의 대상으로 만들었다는 것이다.

2 중간처우제도와 중간처벌제도

(1) 중간처우
① 의의
  ㉠ 중간처우란 교정시설과 사회의 중간에 있는 일정한 시설에서 사회복귀능력 향상을 목적으로 비교적 폭넓은 자유를 허용하는 처우방식으로 수형자처우의 인도화와 합리화라는 관점에서 나온 제도로서 시설 내 처우와 사회 내 처우의 중간형태 내지 결합형태이다.
  ㉡ 중간처우제도는 수형자에 대한 과학적 분류가 전제되어야 하며 형사제재의 연속성을 가져올 수 있고, 시설수용 내지 석방의 충격을 완화할 수 있다. 지역사회보호의 목표를 달성할 수 있다는 장점이 있는 반면, 국민의 응보적 법감정에 부합하지 않는다는 단점이 있다.

② 유형
  ㉠ 중간처우는 크게 두 가지 유형으로 나뉘는데 그 하나는 시설 내 처우를 사회화하는 방식으로서 개방처우(시설 내 중간처우)가 여기에 해당되고, 다른 하나는 교정시설과는 다른 폭넓은 자유를 허용하는 중간시설을 이용하여 사회 내 처우의 효과적인 운영을 도모하는 방식(사회 내 중간처우)이다.
  ㉡ 협의의 중간처우란 사회 내 중간처우를 의미하며, 여기에는 중간처우의 집, 석방전 지도센터, 가석방·보호관찰 호스텔, 다목적센터 등이 있다.

③ 중간처우의 집(중간교도소)
  ㉠ 의의
    • 중간처우의 집이란 교정시설 밖에 설치된 소규모 독립생활공관을 말하며, 이곳에서는 출소일이 가까운 수형자를 대상으로 구금생활과 사회생활의 중간에 해당하는 처우를 실시하며 영국에서는 일반적으로 호스텔이라고 부른다.
    • 중간처우의 집은 범죄인의 입소 전 수용생활 적응을 돕거나(halfway in), 출소 전 사회생활 적응을 돕기 위하여(halfway out) 설립된 것으로 보호관찰 대상자에게는 교도소로서의 성격을 가지는 반면, 가석방자에게는 비교도소로서의 성격을 가진다.
  ㉡ 연혁
    • 제도의 기원에 대해서는 1864년 보스턴에 설립된 '여성출소자를 위한 감시보호 수용소'를 미국 최초의 중간처우의 집으로 보고 있다.
    • 1920년대부터 미국의 중요한 교정제도로 정착되기 시작하였고, 1961년 미국의 시카고, 뉴욕, 로스앤젤레스에서 연방교소소에 수용된 수형자를 석방 전 3개월 내지 4개월 동안 특별한 시설에 옮겨 외부에 있는 직장에 통근할 수 있도록 석방전 지도센터를 개설하였는데 이를 중간처우의 집 전신으로 보고 있다.
    • 미국의 교정제도가 교도소 중심에서 사회 중심으로 전환하게 되는 커다란 원동력을 제공하였으며, 현재 미국에서는 지역사회주거처우센터로 발전하는 등 그 기능과 대상이 매우 다양해지고 있다.

ⓒ 제도적 취지
- 중간처우의 집은 점진적 사회복귀뿐만 아니라 수형자의 적성에 맞는 직업알선, 교육수준 및 사회적응능력을 향상시켜 줌으로써 자력갱생을 촉진하며 출소자들에게 수형생활과 사회생활 사이의 과도기적 단계로서 주거서비스를 제공하는 것이다. 중간처우의 집은 교도소 입소 시 충격을 완화하고 수형생활에 잘 적응할 수 있는 준비기간을 제공한다.
- 재범률을 감소시키고, 사회의 교정참여를 유도한다.

ⓓ 우리나라: 2009년 1월 안양교도소(소망의 집)를 시작으로 현재 지방교정청별로 10명 내외의 수형자를 대상으로 외부통근작업과 개방처우 실시를 내용으로 하는 중간처우의 집을 설치·운영하고 있다.

④ 사회 내 처우센터
ⓐ 사회 내 처우센터는 중간처우의 집과 마찬가지로 석방 이전에 수형자의 사회복귀를 준비시키기 위하여 교정시설과 사회의 중간에 설치한 처우시설을 말한다.
ⓑ 1953년 영국에서 시작된 호스텔제도에서 그 기원을 찾을 수 있으며, 미국의 경우에는 현재 석방자의 반수 이상이 이 센터에서 90~120일간의 특별한 석방지도를 받고 출소한다.
ⓒ 미국의 사회 내 처우센터는 그 목적에 따라 석방전 지도센터·가석방 호스텔·다목적센터 등으로 분류된다.

⑤ 석방전 지도센터
ⓐ 석방전 지도센터는 형기만료 수주일 전에 수용되어 전문상담가의 상담·지도·보호를 통해 취업·직업훈련 등 사회의 단계적 복귀, 사회생활의 책임감 부여, 사회생활의 준비 등 교정시설과 일반사회의 중간처우를 실시하는 곳을 말한다.
ⓑ 1953년 영국에서 시작된 호스텔제도가 그 기원이다.

⑥ 가석방·보호관찰 호스텔
ⓐ 가석방·보호관찰 호스텔은 가석방자의 사회생활 적응능력을 함양하기 위한 것으로 주로 종교단체나 자선단체에 의해 운영되는데 우리나라에서는 '한국법무보호복지공단'이 이와 유사한 기능을 수행한다.
ⓑ 처우방법으로는 거주를 필요로 하는 자와 그렇지 않은 자로 구분하여 실시하는데 전자의 대표적인 것으로는 하이필드 프로젝트가 있고, 후자의 대표적인 것으로는 파인힐스 프로젝트가 있다.

⑦ 다목적센터
ⓐ 다목적센터란 특정한 목적을 위한 시설의 운영이 가져다주는 재정적 부담을 덜기 위해 주로 소년을 대상으로 여러 가지 목적에 부응하기 위해 만들어진 시설을 말하며, 우리나라에서는 '소년분류심사원'이 이와 유사한 기능을 수행한다. 미국의 교정정책은 연방정부·주정부·군정부별로 분립되어 운영되므로 재정이 영세한 군정부가 독립된 기능을 수행하는 시설을 별도로 운영하는 것이 곤란하여 하나의 시설에서 여러 기능을 수행할 수 있도록 하는 다목적센터를 설치하고 있다.
ⓑ 다목적센터에서는 법원 등 관계기관의 판단을 돕기 위하여 다양한 전문가로 하여금 대상자를 관찰·진단·처우하며, 이들 기관과 상호 협조적 관계를 유지한다.

(2) 중간처벌

① 개관

㉠ 의의
- 중간처벌이란 구금형과 일반보호관찰 사이에 존재하는 대체처벌로서 중간처우가 사회복귀에 중점을 두는 것이라면, 중간처벌은 제재에 보다 중점을 두는 제도이다. 중간처벌은 보호관찰의 무용론과 구금형의 유용론이 결합되면서 대두된 제도로서 일반보호관찰처분이 아니면 구금형을 판결하는 양극적 결정을 탈피하여 양극을 연결하는 중간선상의 새로운 처벌형태이다.
- 중간처벌은 시설구금과 보호관찰처분의 이분법적 처벌형태에서 나타날 수 있는 불공정성과 독단성을 억제 내지 완화하며 통상 하나의 처벌형태가 단독으로 사용되는 것보다는 몇 가지가 혼합되어 사용되는 것이 보통인데 전자감시는 가택구금과 함께 부과되고, 사회봉사명령은 보호관찰과 함께 부과되는 것 등이 그것이다.

㉡ 등장배경
- 대체처벌의 필요성 대두: 1980년대 이후 과밀수용의 문제와 보호관찰대상자들의 높은 재범률에 따라 일정한 범죄인(구금형은 너무 엄격하고 일반보호관찰은 너무 관대한 범법자)에 대한 새로운 대체처벌방안의 필요성이 대두되었다.
- 긴장·기회이론의 대두: 긴장·기회이론이란 범죄인이 준법적인 사회인으로 생활하기 위해서는 합법적 목표를 달성할 수 있는 기회와 기술이 필요한데 이러한 기회와 기술은 교정시설에 구금된 상태로는 충분하지 못하다는 주장이다.
- 구금의 폐해: 범죄인의 구금은 수형자의 사회복귀에 성공적이지 못하였으며, 오히려 범죄의 학습과 낙인이라는 부정적 결과만을 초래할 뿐 아니라, 사회경제적 비용만을 증가시키므로 구금에 의한 형벌집행이라는 전통적 방식에 변화가 요구된다.
- 누범률 증가: 보호관찰대상자가 점차 증가하게 되면 사법기관의 통제영역에서 경미한 범죄가 제외되는 현상이 발생되고, 이는 경력범죄자를 양산하여 누범률을 더욱 증가시키는 악순환이 되풀이될 것이라는 우려가 제기된다.

㉢ 형사정책적 의의
- 형사제재의 연속성: 형사제재의 연속성이란 범죄인에 대하여 범행의 정도에 기초하여 일정수준의 형사제재를 가하고, 보호관찰에 대한 반응 및 추후활동에 따라 제한받는 정도를 결정하는 일련의 과정을 말하는데 중간처벌제도는 이러한 형사제재의 연속성에 기여한다.
- 완충적 형벌단계 제공: 중간처벌은 구금형과 보호관찰 사이에 완충적 형벌단계를 제공한다.
- 형사사법망 확대의 억제: 다양한 중간처벌제도의 개발은 형사사법망의 확대라는 비판을 받고 있는 사회 내 처우에 대하여 새로운 활로를 제공한다.
- 생산적 교정프로그램: 중간처벌은 구금이나 자유라는 양극단보다 생산적이다.
- 이분법적 처벌형태의 독단성 억제: 중간처벌은 교정시설 구금과 일반보호관찰의 이분법적 처벌형태에 존재할 수 있는 불공정성과 독단성을 억제한다.

② 중간처벌의 종류
　㉠ 집중감시 보호관찰
　　• 의의
　　　- 집중감시 보호관찰이란 구금과 보호관찰에 대한 대체방안으로 교도소의 과밀수용과 구금비용문제를 해결하고, 지역사회 내에서의 범죄를 방지하며, 일반보호관찰보다는 엄격하고 교도소의 구금보다는 관대한 중간처벌을 말한다.
　　　- 범죄인의 증가로 인하여 보호관찰대상자가 양적으로 증가할 뿐만 아니라 질적으로도 죄질이 나쁜 강력범죄자까지 보호관찰을 받게 되어 전통적인 일반보호관찰로는 범죄인의 교화개선이나 사회복귀는 물론 사회의 안전을 확보할 수 없게 됨에 따라 이에 대한 대체방안으로 집중감시보호관찰이 등장하였고 1980년대 초부터 급속히 발전되었는데 보호관찰관과 대상자 간의 접촉을 강화함으로써 사회복귀와 공공안전을 목표로 설계되었지만, 이후 국가재정부담과 과잉수용을 감소시키는 목적이 추가되었다.
　　• 일반보호관찰과 집중보호관찰의 차이
　　　- 전자는 주로 경미범죄인이나 초범자 등을 대상으로 하는 반면, 후자는 어느 정도의 강력범죄자까지도 그 대상으로 한다.
　　　- 감시·감독의 정도에 있어서 전자는 과중한 업무량 등을 이유로 간헐적인 직접접촉과 전화접촉에 그치지만, 후자는 10명 내외의 대상자를 상대로 매주 수회에 걸쳐 대면접촉을 하고 접촉 장소도 대상자의 직장이나 가정에서 수행한다.
　　• 제도적 취지
　　　- 일반보호관찰보다는 비용이 많이 들지만 구금형보다는 적게 든다.
　　　- 효과로는 대상자의 재범률 저하, 범법자의 가족관계 및 고용의 유지, 사회적인 낙인효과 감소가 있다.
　㉡ 충격구금
　　• 의의
　　　- 충격구금이란 보호관찰에 앞서 구금의 고통이 가장 큰 짧은 기간 동안만 범죄인을 구금하여 수감의 고통을 경험하게 함으로써 장래 범죄행위를 억제하려는 것으로 구금, 형의 유예 및 보호관찰의 일부 장점들을 결합한 것이다.
　　　- 충격구금은 범죄인의 구금기간이 장기화됨에 따라 부정적 낙인의 골이 깊어지고 범죄적 악풍의 감염정도는 심화되지만, 구금에 따른 박탈과 그로 인한 고통은 점차 줄어들게 된다는 점과 구금의 고통은 입소 후 6~7개월에 최고조에 달하다가 그 이후 급격히 떨어진다는 점을 근거로 구금의 고통이 가장 큰 기간만 구금하여 범죄제지효과를 극대화하고, 장기구금으로 인한 부정적 측면은 최소화하자는 데 제도적 의의가 있다.
　　　- 충격구금이란 구금을 통해 범죄인에게 충격을 가함으로써 장기구금의 부정적 요소를 해소 내지 완화하는 대신 구금이 가지는 긍정적 요소를 살리기 위한 제도이다.

• 유형

충격가석방	보호관찰을 하기 전에 단기간의 구금을 통해 시설수용의 고통을 체험하게 한 후 일반보호관찰로 전환하는 유형
분할구금	보호관찰과 충격구금과 같은 단속적인 구금에 처하는 두 가지의 처벌형태
충격보호관찰	• 충격보호관찰제도는 병영식 캠프의 전신으로 1965년 오하이오주에서 시작되었는데 주로 구금경력이 없는 청소년을 대상으로 보통 1~4개월 정도의 단기간 동안 교도소에 구금한 후 보호관찰조건부로 석방 • 장점: 교도소 수용기간을 줄인다는 점, 대상자의 사회복귀에 유리하다는 점, 가족관계를 유지시켜 준다는 점, 교도소 수용인원을 줄이고 교정비용 절감효과가 있다는 점 등 • 단점: 일단 구금의 악영향을 경험하므로 보호관찰 본래의 의미를 상실한다는 점, 구금기간 동안 사회 내 생활이 불가능하다는 점, 구금되었다는 낙인효과를 남긴다는 점 등
병영식 캠프	• 1983년 미국 조지아(Georgia)주에서 교도소 구금형과 일반보호관찰에 대한 대체방안의 하나로서 개발되어 확장추세에 있는 중간처벌제도로 성인교도소의 구금경력이 없는 소년범을 대상으로 한다. • 병영식 캠프의 입소는 대상자의 자원에 의하고, 대상자에 대해서는 3~6개월간 부트 캠프(boot camp)라는 병영식 수용시설에 수용하여 군대식 극기훈련·노동·작업을 부과하며, 직업교육·상담 등 다양한 교화적 측면도 강조한다. • 시설 내에서는 엄격한 규율을 유지하면서 마약이나 알코올과의 접촉을 차단시켜 건강을 회복하도록 고안된 단기 교정프로그램의 일환으로 운영되고, 이러한 단기구금을 거치면 사회 내 감독기관으로 연결된다. • 이 제도는 충격보호관찰과 유사하나, 주교정국 관할이 아니고 보호관찰소 관할이라는 점에서 구별되며 국가와 수용자에게 과잉수용 해소와 형기감소라는 목표를 달성할 수 있는 것으로 평가되어 1990년대에 이르러 가장 보편적인 중간처벌형태로 정착되었다.

ⓒ 전자감시(감독)제도
  • 의의: 전자감시란 보호관찰대상자가 지정된 장소에 있는지의 여부를 확인하기 위한 원격감시시스템으로 보통 손목이나 발목에 휴대용 전자발신장치를 부착시키고, 감시대상자의 주택에 현장감시장치를 설치하여 대상자가 감시장치로부터 일정거리 이상을 벗어나거나 휴대용 발신기를 풀면 즉시 중앙통제소에 경보가 울리도록 하는 재택수감방식이다.
  • 장점
    - 보호관찰관의 감시업무부담을 경감
    - 구금에 필요한 경비를 절감할 수 있고, 교정시설의 과밀수용을 방지
    - 특별한 시설을 필요로 하지 않으며, 미결·기결에 상관없이 형사사법의 각 단계에 있어서 폭넓게 이용
    - 가족관계 및 종전 직장을 유지할 수 있어 생계유지 및 피해자 배상에 유리
    - 직장과 집 이외에는 외출이 통제되므로 자유형의 집행효과
    - 시설수용에 따르는 사회적 낙인과 단기자유형에 따르는 폐해를 제거
  • 단점
    - 대상자가 장치를 조작하여 적발을 회피할 가능성 상존
    - 감시장치를 통해 얻는 정보는 소재만 파악할 수 있을 뿐 감시구역 내에서 대상자가 어떤 행동(예 마약 복용 등)을 하고 있는지 파악 곤란

- 일정한 주거가 없는 대상자에게는 사용 곤란
- 범죄인을 사회 내에서 처우하는 것이므로 공공의 안정이 위협받을 수 있으며, 국민의 법감정에 배치
- 전체 수형자에 비해 전자감시 대상자의 비율이 극히 낮아 과밀수용문제의 해결을 위한 근본적인 대책이 되기 곤란
- 대상자의 신체에 송신기를 부착하고 행동의 세세한 부분까지 감시하게 되므로 인간의 존엄성에 배치되며, 지나치게 사생활을 침해, 사법통제망 확대 우려

ⓔ 가택구금제도
- 의의
  - 가택구금은 범죄인을 교정시설에 수용하는 대신 가택에 둔 상태에서 자유형의 전부 또는 일부를 집행하는 제도를 말하며, 일반적으로 대상자가 가택에 거주하고 있는지를 확인하기 위하여 전자감시제도와 결합되어 시행
  - 가택구금은 보호관찰과 병행하여 부과하는 것이 일반적이나, 독립처분으로도 선고
  - 가택구금은 범죄자에 대한 통제 강화라는 엄격한 처벌의 요구와 구금비용 절감이라는 경제성의 요구를 동시에 만족
  - 가택구금은 폭력범죄자나 알코올·약물중독자가 아닌 자로서 재범 위험성이 높지 않은 범죄자를 그 대상으로 하며, 주로 타인에게 위해의 가능성이 비교적 적은 재산범이나 음주운전자 등이 여기에 해당
  - 가택구금은 현재 우리나라에서 미시행
- 연혁: 가택구금은 미국에서 1960년대 후반 급격한 범죄의 증가현상에 따라 교정시설 과밀문제가 현안으로 대두되어 법원의 결정으로 시행된 이후 여러 국가에서 이를 채택하게 되었으며, 점차 확대되는 추세
- 장점
  - 범죄자에 대한 통제 강화라는 엄격한 처벌의 요구와 구금비용 절감이라는 경제성의 요구를 동시에 만족
  - 교도관이나 보호관찰관의 업무부담을 경감시키고, 과밀수용 해소에 유리
  - 임산부·에이즈 환자 등 특수한 수형자의 처우에 적합할 수 있음
  - 시설 내 수용에 비해 인도적
- 단점
  - 범죄인이 자택을 마약거래·사기·매춘 등과 같은 범죄의 거점으로 이용
  - 국가 공권력의 개인가정에 대한 간섭을 증대
  - 대상자의 행동을 세세히 감시하게 되므로 사생활을 지나치게 침해
  - 전자감시장비의 설치와 유지에 많은 비용이 소요
  - 적용할 수 있는 대상자에 제한이 있어 보편적인 제도로 활용함에 한계
  - 범죄문제의 해결을 국가가 가정으로 전가

- 사회복귀를 위한 원조보다 감시에 중점을 두고, 교정시설 수용일수와 가택구금일수가 동등하게 환산되지 않음으로써(시설수용 1일은 가택구금 3일로 환산하는 등) 형기가 장기화
- 형사사법의 그물망을 확대시킴으로써 더 많은 사람들에 대해 형사사법기관이 개입

03 우리나라의 사회 내 처우제도

1 가석방

(1) 개관
① 의의
  ㉠ 가석방이란 교정시설에 수용되어 있는 범죄인이 교정성적이 우수하고 재범의 위험성이 없다고 인정될 때 그 형기가 만료되기 전에 조건부로 석방을 하는 행정처분을 말하며, 그것이 취소 또는 실효됨이 없이 일정기간을 경과하면 형집행이 종료된 것으로 간주하는 제도이다.
  ㉡ 가석방제도는 선시제도와 유사한 점이 있지만, 선시제도는 입법에 의한 제도로 법정요건이 충족되면 반드시 석방해야 하고, 단축된 기간은 원칙적으로 보호관찰을 받지 않는다는 점에서 형집행 방법의 변경에 불과한 가석방과 구별된다.

② 목적 및 기능
  ㉠ 자기개선의 촉구: 가석방은 수형자로 하여금 자신의 노력에 따라 석방기일을 앞당길 수 있다는 동기와 희망을 부여함으로써 스스로의 교화개선을 촉구한다.
  ㉡ 수용경비의 절감: 재범위험성이 없는 수형자를 형기종료일까지 계속 수용하는 것은 국가재정의 낭비이므로 가석방은 구금에 따르는 소요경비 절감에 기여한다.
  ㉢ 사회적응 및 재범방지: 가석방은 남은 형기를 사회 내에서 처우하는 것이므로 그 기간 동안 사회 재적응의 기회가 제공되는 것이며, 가석방된 자가 성공적으로 사회적응을 할 경우 결과적으로 재범방지가 되는 것이다.
  ㉣ 과밀수용의 해소: 가석방은 교정시설의 수용인원을 감축하는 효과를 가져와 과밀수용에 따르는 부작용을 해소한다.
  ㉤ 정기형제도의 보완: 현행 법령은 정기형을 원칙으로 하므로 형이 확정되면 수형생활 중 교정성적 여부와 상관없이 형기를 단축할 수 있는 신축성이 없으나, 가석방은 정해진 형기의 만기일 이전에 석방하는 기능을 수행함으로써 정기형에 따르는 경직성을 완화한다.

③ 연혁
  ㉠ 기원
  • 가석방제도는 1790년 영국의 식민지이자 유형지였던 호주의 노포크섬에서 유형자들이 과잉구금과 가혹한 노동에 반대하여 폭동을 일으키는 등 문제가 발생하자 당시 주지사였던 필립이 이를 해소하고자 특히 행장이 우수한 유형자를 대상으로 조건부 사면성격의 가석방을 실시한 것에서 비롯되었다.

- 이 제도는 그 후 1842년 노포크섬의 총독인 마코노키에 의해 남은 형기 기간 동안 영국 본토에 귀국하지 않는 것을 조건으로 사면하는 것으로 개선되었으며, 1854년 아일랜드 교도소장인 크로프턴에 의하여 더욱 발전하였다.

ⓒ 고려·조선 시대
- 고대 시대의 제도를 더욱 발전시켜 70세 이상의 고령자, 15세 이하인 자, 질병에 걸린 자 등이 도형이나 유형에 처해졌을 때나 직계존속을 부양할 필요가 있는 죄인 등에게 형을 감면해 주는 가석방과 유사한 휼형(恤刑)제도가 있었다.
- 1905년 4월 29일 제정된 형법대전 중 보방규칙(保放規則)에서는 오늘날의 귀휴 및 가석방과 유사한 제도를 규정하였다.
- 1908년 7월 23일 개정된 보방규칙에서는 보방을 가방(假放)으로 변경하고, 3년 이상 15년 이하의 유형이나 도형에 처한 죄수에게는 그 형기의 2분의 1 이상을, 종신형은 10년 이상을 경과하면 법무대신이 가방(假放)을 허가하였다.

ⓒ 미군정 시대 : 군정당국은 일제 시대의 제도를 그대로 시행하다가 1948년 3월 31일 남조선과도 정부법령 제172호로 우량수형자 석방령을 제정·시행하였는데 이 제도는 선시제적 성격을 지니고 있었다.

(2) 우리나라의 가석방제도

① 가석방요건

㉠ 성년수형자
- 징역 또는 금고의 집행 중에 있는 자가 그 행상이 양호하여 뉘우침이 뚜렷한 때에는 무기형은 20년, 유기형은 형기의 3분의 1이 지난 후 행정처분으로 가석방을 할 수 있다(형법 제72조 제1항).
- 형기에 산입된 판결선고 전 구금일수는 가석방을 하는 경우 집행한 기간에 산입한다(동법 제73조 제1항).
- 벌금 또는 과료가 병과되어 있는 때에는 그 금액을 완납하여야 하며(형법 제72조 제2항), 이 경우 벌금 또는 과료에 관한 노역장 유치기간에 산입된 판결선고 전 구금일수는 그에 해당하는 금액이 납입된 것으로 간주한다(동법 제73조 제2항).
- 형집행법에서는 가석방 적격 여부에 관한 심사의 고려사항으로 "수형자의 나이, 범죄동기, 죄명, 형기, 교정성적, 건강상태, 가석방 후의 생계능력, 생활환경, 재범의 위험성, 그 밖에 필요한 사정"을 규정하고 있다(형집행법 제121조 제2항).

㉡ 소년수형자
- 소년은 아직 신체적·정신적으로 미숙한 상태이기 때문에 소년보호의 원칙에 입각하여 성년수형자에 비하여 그 허가요건을 대폭 완화하고 있다.
- 소년법상 징역 또는 금고를 선고받은 소년에 대하여는 무기형은 5년, 15년 유기형은 3년, 부정기형은 단기의 3분의 1이 각각 지나면 가석방을 허가할 수 있다(소년법 제65조).

② 가석방기간
- ㉠ 성년수형자: 가석방의 기간은 무기형에 있어서는 10년, 유기형에 있어서는 남은 형기로 하되 그 기간은 10년을 초과할 수 없다(형법 제73조의2 제1항).
- ㉡ 소년수형자: 징역 또는 금고를 선고받은 소년이 가석방된 후 그 처분이 취소되지 아니하고 가석방 전에 집행을 받은 기간과 같은 기간이 지난 경우에는 형의 집행을 종료한 것으로 한다. 다만 죄를 범할 당시 18세 미만인 소년이 15년의 유기징역을 받았거나 부정기형자로서 장기의 기간이 먼저 지난 경우에는 그 때에 형의 집행을 종료한 것으로 한다(소년법 제66조).

③ 가석방심사위원회
- ㉠ 설치 및 구성
  - 형법 제72조에 따른 가석방의 적격 여부를 심사하기 위하여 법무부장관 소속으로 가석방심사위원회를 둔다(형집행법 제119조).
  - 가석방심사위원회는 위원장을 포함한 5명 이상 9명 이하의 위원으로 구성한다(동법 제120조 제1항).
  - 위원장은 법무부차관이 되고, 위원은 판사·검사·변호사·법무부 소속공무원·교정에 관한 학식과 경험이 풍부한 자 중에서 법무부장관이 임명 또는 위촉한다(동조 제2항).
- ㉡ 심사
  - 가석방심사위원회는 가석방 적격 여부 및 가석방 취소 등에 관한 사항을 심사한다(시행규칙 제236조).
  - 가석방심사는 객관적 자료와 기준에 따라 공정하게 하여야 하며, 심사 과정에서 알게 된 비밀은 누설해서는 아니 된다(시행규칙 제237조).
  - 위원회의 심사과정 및 심사내용의 공개범위와 공개시기는 다음과 같다. 다만, 제2호 및 제3호의 내용 중 개인의 신상을 특정할 수 있는 부분은 삭제하고 공개하되, 국민의 알권리를 충족할 필요가 있는 등의 사유가 있는 경우에는 위원회가 달리 의결할 수 있다(형집행법 제120조 제3항).
    - 위원의 명단과 경력사항은 임명 또는 위촉한 즉시
    - 심의서는 해당 가석방 결정 등을 한 후부터 즉시
    - 회의록은 해당 가석방 결정 등을 한 후 5년이 경과한 때부터
- ㉢ 가석방 적격 심사: 소장은 형법 제72조 제1항의 기간(무기형은 20년, 유기형은 3분의 1)을 지난 수형자에 대하여는 법무부령이 정하는 바에 따라 가석방위원회에 가석방 적격심사를 신청하여야 한다(동법 제121조 제1항).
- ㉣ 적격 심사신청 대상자 선정
  - 소장은 형법 제72조 제1항의 기간(무기형은 20년, 유기형은 3분의 1)을 경과한 수형자로서 교정성적이 우수하고 뉘우치는 빛이 뚜렷하여 재범의 위험성이 없다고 인정하는 경우에는 분류처우위원회의 의결을 거쳐 가석방적격심사신청 대상자를 선정한다(시행규칙 제245조 제1항).

• 사전조사 및 시기(시행규칙 제246조 · 249조)

신원에 관한 사항	범죄에 관한 사항	보호에 관한 사항
• 건강상태 • 정신 및 심리 상태 • 책임감 및 협동심 • 경력 및 교육 정도 • 노동 능력 및 의욕 • 교정성적 • 작업장려금 및 작업상태 • 그 밖의 참고사항	• 범행 시의 나이 • 형기 • 범죄횟수 • 범죄의 성질 · 동기 · 수단 및 내용 • 범죄 후의 정황 • 공범관계 • 피해 회복 여부 • 범죄에 대한 사회의 감정 • 그 밖의 참고사항	• 동거할 친족 · 보호자 및 고용할 자의 성명 · 직장명 · 나이 · 직업 · 주소 · 생활 정도 및 수형자와의 관계 • 가정환경 • 접견 및 편지의 수신 · 발신 내역 • 가족의 수형자에 대한 태도 · 감정 • 석방 후 돌아갈 곳 • 석방 후의 생활계획 • 그 밖의 참고사항
수용한 날로부터 1개월 이내 조사	수용한 날부터 2개월 이내에 조사	형기의 3분의 1이 지나기 전 조사

• 소장은 가석방적격심사신청에 필요하다고 인정하면 분류처우위원회에 담당교도관을 출석하게 하여 수형자의 가석방적격심사사항에 관한 의견을 들을 수 있다(시행규칙 제245조 제2항).

ⓜ 심사신청
• 소장은 가석방 적격심사를 신청할 때에는 가석방적격심사신청서에 가석방적격심사 및 신상조사표를 첨부하여야 한다(시행규칙 제250조 제1항).
• 소장은 가석방적격심사신청 대상자를 선정한 경우 선정된 날부터 5일 이내에 위원회에 가석방 적격심사신청을 하여야 한다(동조 제2항).
• 소장은 위원회에 적격심사 신청한 사실을 수형자의 동의를 받아 보호자 등에게 알릴 수 있다(동조 제3항).

ⓑ 재신청: 소장은 가석방이 허가되지 아니한 수형자에 대하여 그 후에 가석방을 허가하는 것이 적당하다고 인정하는 경우에는 다시 가석방적격심사신청을 할 수 있다(시행규칙 제251조).

④ **가석방허가**
㉠ (가석방심사)위원회는 가석방 적격결정을 하였으면 5일 이내에 법무부장관에게 가석방 허가를 신청하여야 한다(동법 제122조 제1항).
㉡ 위원회가 가석방의 적격 여부에 대한 결정을 한 경우에는 결정서를 작성하여야 한다(시행규칙 제258조).
㉢ 법무부장관은 (가석방 심사)위원회의 가석방 허가신청이 적정하다고 인정하면 허가할 수 있다(동법 제122조 제2항).
㉣ 보호관찰심사위원회는 가석방되는 사람에 대하여 보호관찰의 필요성을 심사하여 결정한다(보호관찰법 제24조 제1항).
㉤ 가석방은 그 서류가 교정시설에 도달한 후 12시간 이내에 행하여야 한다. 다만 그 서류에서 석방일시를 지정하고 있으면 그 일시에 행한다(형집행법 제124조 제1항).
㉥ 소장은 가석방 허가에 따라 수형자를 가석방하는 경우에는 가석방자 교육을 하고, 지켜야 할 사항을 알려 준 후 증서를 발급해야 한다(시행령 제140조).

- Ⓐ 소장은 수형자의 가석방이 허가된 경우에는 주거지, 관할 경찰서 또는 보호관찰소에 출석할 기한 등을 기록한 가석방증을 가석방자에게 발급하여야 한다(시행규칙 제259조).
- Ⓞ 교정시설의 장은 가석방이 허가된 사람을 석방할 때에는 그 사실을 가석방될 사람의 주거지를 관할하는 지방검찰청의 장(지방검찰청 지청의 장을 포함한다)과 형을 선고한 법원에 대응하는 검찰청 검사장 및 관할 가석방될 사람을 보호·감독할 경찰서의 장에게 미리 통보하여야 한다(가석방자관리규정 제4조 제1항).
- Ⓩ 가석방된 자는 가석방기간 중 보호관찰을 받는다. 다만, 가석방을 허가한 행정관청이 필요가 없다고 인정한 때에는 그러하지 아니하다(형법 제73조의2 제2항).

⑤ **가석방의 취소·실효**
  ㉠ 의의
   - 가석방의 처분을 받은 자가 감시에 관한 규칙을 위배하거나 보호관찰의 준수사항을 위반하고 그 정도가 무거운 때에는 가석방처분을 취소할 수 있다(형법 제75조).
   - 가석방 기간 중 고의로 지은 죄로 금고 이상의 형을 선고받아 그 판결이 확정된 경우에 가석방처분은 효력을 잃는다(동법 제74조).
  ㉡ 취소사유: 가석방자는 가석방기간 중 가석방자관리규정 제5조부터 제7조까지, 제10조, 제13조 제1항, 제15조 및 제16조에 따른 지켜야 할 사항 및 관할 경찰서장의 명령 또는 조치를 따라야 하며, 이를 위반하는 경우에는 형법 제75조에 따라 가석방을 취소할 수 있다(형집행법 시행규칙 제260조).
  ㉢ 취소신청
   - 수형자를 가석방한 소장 또는 가석방자를 수용하고 있는 소장은 가석방자가 가석방 취소사유에 해당하는 사실이 있음을 알게 되거나 관할 경찰서장으로부터 그 사실을 통보받은 경우에는 지체 없이 가석방취소심사신청서에 가석방 취소심사 및 조사표를 첨부하여 위원회에 가석방취소심사를 신청하여야 한다(시행규칙 제261조 제1항).
   - 위원회가 제1항의 신청을 받아 심사를 한 결과 가석방을 취소하는 것이 타당하다고 결정한 경우에는 결정서에 가석방취소심사 및 조사표를 첨부하여 지체 없이 법무부장관에게 가석방의 취소를 신청하여야 한다(동조 제2항).
   - 소장은 가석방을 취소하는 것이 타당하다고 인정하는 경우 긴급한 사유가 있을 때에는 위원회의 심사를 거치지 아니하고, 전화, 전산망 또는 그 밖의 통신수단으로 법무부장관에게 가석방의 취소를 신청할 수 있다. 이 경우 소장은 지체 없이 가석방 취소심사 및 조사표를 송부하여야 한다(동조 제3항).
  ㉣ 남은 형기의 집행
   - 소장은 가석방이 취소된 경우에는 지체 없이 남은 형기 집행에 필요한 조치를 취하고, 법무부장관에게 가석방취소자 남은 형기 집행보고서를 송부해야 한다(시행규칙 제263조 제1항).
   - 소장은 가석방자가 형법 제74조에 따라 가석방이 실효된 것을 알게 된 경우에는 지체 없이 남은 형기 집행에 필요한 조치를 취하고, 법무부장관에게 가석방실효자 남은 형기 집행보고서를 송부해야 한다(동조 제2항).

- 소장은 가석방취소자 또는 가석방실효자가 교정시설에 수용되지 아니한 사실을 알게 된 때에는 관할 지방검찰청 검사 또는 관할 경찰서장에게 구인하도록 의뢰하여야 한다(동조 제3항).
- 제3항에 따라 구인 의뢰를 받은 검사 또는 경찰서장은 즉시 가석방취소자 또는 가석방실효자를 구인하여 소장에게 인계하여야 한다(동조 제4항).
- 가석방취소자 및 가석방실효자의 남은 형기 기간은 가석방을 실시한 다음 날부터 원래 형기의 종료일까지로 하고, 남은 형기 집행 기산일은 가석방의 취소 또는 실효로 인하여 교정시설에 수용된 날부터 한다(동조 제5항).
- 가석방기간 중 형사사건으로 구속되어 교정시설에 미결수용 중인 자의 가석방 취소 결정으로 남은 형기를 집행하게 된 경우에는 가석방된 형의 집행을 지휘하였던 검찰청 검사에게 남은 형기 집행지휘를 받아 우선 집행해야 한다(동조 제6항).

ⓜ 가석방 취소 · 실효의 효과
- 가석방처분을 받은 후 그 처분이 실효 또는 취소되지 아니하고 가석방기간을 경과한 때에는 형의 집행을 종료한 것으로 본다(형법 제76조 제1항).
- 가석방이 실효 또는 취소되었을 경우에는 가석방 중의 일수는 형기에 산입하지 아니한다(동조 제2항).

2 갱생보호제도

(1) 개관

① 의의: 갱생보호란 형사처분이나 보호처분을 받은 자를 대상으로 본인의 신청이나 동의에 따라 그들의 자립의식 고취 및 경제적 자립기반의 조성을 위하여 숙식제공 · 여비지급 · 생업에 필요한 도구나 금품의 지급 또는 대여, 직업훈련 및 취업알선 등 일정기간 지도 · 감독 · 원호 등을 행하는 형사정책적 보호활동을 말한다.

② 연혁

㉠ 미국
- 1776년 위스터(Wister)는 민간보호단체인 '고통 받는 수형자를 돕기 위한 필라델피아 협회'를 조직하여 보호활동을 전개하였고, 1787년 '교도소의 열악한 상태를 완화하기 위한 필라델피아 협회'로 그 명칭을 변경하여 오거스터스(Augustus)를 중심으로 활동을 재개하였다.
- 이 협회의 활동은 그 후 여러 주에 파급되어 각 주에 교도소협회의 창설로 발전되었으며, 그 후 1841년에는 매사추세츠주가 오거스터스의 사업에 보조금을 지급하면서 일부의 주는 정부의 재정 지원하에 운영되기 시작하였다.

㉡ 우리나라
- 1961년 갱생보호법이 제정되면서 도 단위의 갱생보호회와 각 교도소 소재지 단위의 갱생보호소가 설치되었다.
- 1988년 보호관찰법의 제정과 더불어 부분적으로나마 유권적 갱생보호가 가능하게 된 후 갱생보호법이 몇 차례 개정되었다.
- 1995년 1월 5일 보호관찰법과 갱생보호법을 통합한 보호관찰 등에 관한 법률이 제정되었다.

③ 우리나라의 갱생보호제도
  ㉠ 갱생보호의 대상
    • 갱생보호 대상자는 형사처분 또는 보호처분을 받은 사람으로서 자립갱생을 위한 숙식 제공, 주거 지원, 창업 지원, 직업훈련 및 취업 지원 등 보호의 필요성이 인정되는 사람으로 한다(보호관찰법 제3조 제3항).
    • 보호관찰 등에 관한 법률에 따르면 갱생보호는 대상자의 신청에 의하도록 함으로써 임의적 갱생보호를 원칙으로 하고 있다.
  ㉡ 갱생보호의 절차
    • 사무관장: 갱생보호의 실시에 관한 사무는 보호관찰소가 담당한다(동법 제15조).
    • 갱생보호의 신청: 갱생보호대상자 및 관계 기관은 보호관찰소의 장, 갱생보호사업 허가를 받은 자 또는 한국 법무보호복지공단에 갱생보호 신청을 할 수 있다(동법 제66조 제1항).
    • 갱생보호의 결정: 갱생보호의 신청을 받은 자는 지체 없이 보호가 필요한지 결정하고 보호하기로 한 경우에는 그 방법을 결정하여야 한다(동조 제2항).
    • 갱생보호의 조치: 갱생보호의 신청을 받은 자가 보호결정을 한 경우에는 지체 없이 갱생보호에 필요한 조치를 하여야 한다(동조 제3항).
    • 갱생보호의 종료: 갱생보호는 갱생보호의 목적이 달성되거나 갱생보호대상자가 신청을 철회한 때에 종료한다(동법 제50조).
  ㉢ 갱생보호의 방법
    • 숙식제공: 숙식제공은 생활관 등 갱생보호시설에서 갱생보호대상자에게 숙소·음식물 및 의복 등을 제공하고 정신교육을 하는 것을 말하며, 그 기간은 6월을 초과할 수 없으나, 필요하다고 인정하는 때에는 매회 6월의 범위 내에서 3회에 한하여 그 기간을 연장할 수 있다(보호관찰법 시행령 제41조).
    • 직업훈련: 직업훈련은 갱생보호 대상자에게 취업에 필요한 기능훈련을 시키고 자격 취득을 위한 교육을 하는 것으로 한다(시행령 제44조).
    • 취업 지원: 취업 지원은 갱생보호 대상자에게 직장을 알선하고 필요한 경우 신원을 보증하는 것으로 한다(시행령 제45조).
    • 출소예정자 사전상담: 출소예정자에게 출소 전에 갱생보호의 방법을 안내하고 자립계획 등에 대하여 상담을 실시하는 것으로 한다. 갱생보호사업의 허가를 받은 자 또는 보호관찰법 제71조에 따른 한국법무보호복지공단은 제1항의 상담을 위하여 수용기관의 장에게 출소예정자의 수용자 번호를 통보하여 줄 것을 요청할 수 있다. 이 경우 수용기관의 장은 특별한 사유가 없으면 이에 협조하여야 한다(시행령 제45조의2 제1항·제2항).
    • 자립지원: 갱생보호 대상자에 대한 자립 지원은 사회복지시설에의 의탁 알선, 가족관계 등록 창설, 주민등록, 결혼 주선, 입양 및 의료 시혜 등 갱생보호 대상자의 자립을 위하여 필요한 사항을 지원하는 것으로 한다(시행령 제46조).

- ㉣ 갱생보호사업의 허가
  - 갱생보호사업을 하려는 자는 법무부령으로 정하는 바에 따라 법무부장관의 허가를 받아야 한다(보호관찰법 제67조 제1항).
  - 법무부장관은 갱생보호사업의 허가를 할 때에는 사업의 범위와 허가의 기간을 정하거나 그 밖에 필요한 조건을 붙일 수 있다(동조 제2항).
- ㉤ 한국법무보호복지공단
  - 설립
    - 갱생보호사업을 효율적으로 추진하기 위하여 한국법무보호복지공단(이하 "공단"이라 한다)을 설립한다(동법 제71조).
    - 공단은 법인으로 한다(동법 제72조).
    - 공단의 주된 사무소의 소재지는 정관으로 정한다(동법 제73조).
    - 공단은 정관으로 정하는 바에 따라 필요한 곳에 지부와 지소를 둘 수 있다(동조 제2항).
  - 수익사업
    - 사업자 또는 공단은 갱생보호사업을 위하여 수익사업을 하려면 사업마다 법무부장관의 승인을 받아야 한다. 이를 변경할 때에도 또한 같다(동법 제96조 제1항).
    - 법무부장관은 수익사업을 하는 사업자 또는 공단이 수익을 갱생보호사업 외의 사업에 사용한 경우에는 수익사업의 시정이나 정지를 명할 수 있다(동조 제2항).
  - 감독: 법무부장관은 사업자와 공단을 지휘 · 감독한다(동법 제97조 제1항).

Chapter 13 교정의 민영화

01 교정시설의 민영화

1 개관

(1) 의의

① 교정시설의 민영화란 개인이나 민간단체가 정부로부터 수용자관리 및 교정교육 등 교정업무의 전부 또는 일부를 위탁받아 운영하는 것을 말한다.

② 민영교도소 등의 설치·운영에 관한 법률에 따르면 우리나라는 민영교도소에 관한 업무를 교정법인에 위탁하고 있으며, "교정법인"이란 법무부장관으로부터 교정업무를 포괄적으로 위탁받아 교도소·소년교도소 또는 구치소 및 그 지소를 설치·운영하는 법인을 말한다고 정의하고 있다[민영교도소 등의 설치·운영에 관한 법률(민영교도소법) 제2조 제3호].

2 민영교도소에 대한 찬반론

(1) 찬성론

① 정부의 과다한 재정부담을 경감하면서 양질의 서비스를 제공한다.
② 민간의 다양한 교화프로그램을 활용하여 재범방지 효과가 있다.
③ 국가 교정정책의 영역과 방법을 확대한다.
④ 효율적인 경영기법 도입으로 생산성을 향상한다.
⑤ 수형자들로 하여금 민간의 다양한 기술을 접할 수 있는 기회를 제공하여 사회적응에 유리하다.

(2) 반대론

① 민영화로 경비부담의 문제나 과밀수용을 근원적으로 해결하기 곤란하다.
② 수형자를 대상으로 영리사업을 하는 것은 윤리적으로 바람직하지 않으며, 이윤추구는 필연적으로 노동력 착취로 이어진다.
③ 수형자관리와 교화개선업무는 국가의 고유영역인데 이를 민간에 위임하는 것은 국가형벌권의 포기이다.
④ 민간이 임의로 규율을 정하고 자유롭게 제재방법을 결정하는 것은 사인에 의한 제재를 합법화하는 결과를 초래한다.

3 민영교도소 등의 설치·운영에 관한 법률(민영교도소법)의 주요 내용

(1) 목적
이 법은 교도소 등의 설치·운영에 관한 업무의 일부를 민간에 위탁하는 데 필요한 사항을 정함으로써 교도소 등의 운영의 효율성을 높이고 수용자의 처우 향상과 사회 복귀를 촉진함을 목적으로 한다(동법 제1조).

(2) 교정업무의 민간위탁
① 법무부장관은 필요하다고 인정하면 이 법에서 정하는 바에 따라 교정업무를 공공단체 외의 법인·단체 또는 그 기관이나 개인에게 위탁할 수 있다. 다만, 교정업무를 포괄적으로 위탁하여 한 개 또는 여러 개의 교도소 등을 설치·운영하도록 하는 경우에는 법인에만 위탁할 수 있다(동법 제3조 제1항).
② 법무부장관은 교정업무의 수탁자를 선정하는 경우에는 수탁자의 인력·조직·시설·재정능력·공신력 등을 종합적으로 검토한 후 적절한 자를 선정하여야 한다(동조 제2항).

(3) 위탁계약의 체결
① 법무부장관은 필요하다고 인정하면 민영교도소 등의 직원이 담당할 업무와 민영교도소 등에 파견된 소속 공무원이 담당할 업무를 구분하여 위탁계약을 체결할 수 있다(동법 제4조 제2항).
② 법무부장관은 위탁계약을 체결하기 전에 계약 내용을 기획재정부장관과 미리 협의하여야 한다(동조 제3항).
③ 위탁계약의 기간은 수탁자가 교도소 등의 설치비용을 부담하는 경우에는 10년 이상 20년 이하로 하고, 그 밖의 경우에는 1년 이상 5년 이하로 하되, 그 기간은 갱신할 수 있다(동조 제4항).

(4) 위탁업무의 정지
① 법무부장관은 수탁자가 이 법 또는 이 법에 따른 명령이나 처분을 위반하면 6개월 이내의 기간을 정하여 위탁업무의 전부 또는 일부의 정지를 명할 수 있다(동법 제6조 제1항).
② 법무부장관은 정지명령을 한 경우에는 소속 공무원에게 정지된 위탁업무를 처리하도록 하여야 한다(동조 제2항).

(5) 위탁업무의 해지
법무부장관은 수탁자가 다음 각 호의 어느 하나에 해당하면 위탁계약을 해지할 수 있다(동법 제7조 제1항).
① 법무부장관의 보정명령을 받고 상당한 기간이 지난 후에도 이행하지 아니한 경우
② 이 법 또는 이 법에 따른 명령이나 처분을 크게 위반한 경우로서 위탁업무의 정지명령으로는 감독의 목적을 달성할 수 없는 경우
③ 사업 경영의 현저한 부실 또는 재무구조의 악화, 그 밖의 사유로 이 법에 따른 위탁업무를 계속하는 것이 적합하지 아니하다고 인정되는 경우

(6) 교정법인

① **정관변경**
   ㉠ 교정업무를 위탁받은 법인은 위탁계약을 이행하기 전에 법인의 목적사업에 민영교도소 등의 설치·운영이 포함되도록 정관을 변경하여야 한다(동법 제10조 제1항).
   ㉡ 제1항에 따른 정관 변경과 교정법인의 정관 변경은 법무부장관의 인가를 받아야 한다. 다만, 대통령령으로 정하는 경미한 사항의 변경은 법무부장관에게 신고하여야 한다(동조 제2항).

② **임원**
   ㉠ 교정법인은 이사 중에서 위탁업무를 전담하는 자를 선임하여야 한다(동법 제11조 제1항).
   ㉡ 교정법인의 대표자 및 감사와 위탁업무를 전담하는 이사는 법무부장관의 승인을 받아 취임한다(동조 제2항).
   ㉢ 교정법인 이사의 과반수는 대한민국 국민이어야 하며, 이사의 5분의 1 이상은 교정업무에 종사한 경력이 5년 이상이어야 한다(동조 제3항).

③ **겸직 금지**
   ㉠ 교정법인의 대표자는 그 교정법인이 운영하는 민영교도소 등의 장을 겸할 수 없다(동법 제13조 제1항).
   ㉡ 이사는 감사나 해당 교정법인이 운영하는 민영교도소 등의 직원(민영교도소 등의 장은 제외한다)을 겸할 수 없다(동조 제2항).
   ㉢ 감사는 교정법인의 대표자·이사 또는 직원(그 교정법인이 운영하는 민영교도소 등의 직원을 포함한다)을 겸할 수 없다(동조 제3항).

(7) 민영교도소 등의 설치·운영

① **직원확보**: 교정법인은 민영교도소 등을 운영할 때 시설 안의 수용자를 수용·관리하고 교정서비스를 제공하기에 적합한 직원을 확보하여야 한다(동법 제21조 제2항).
② **운영경비**: 법무부장관은 사전에 기획재정부장관과 협의하여 민영교도소 등을 운영하는 교정법인에 대하여 매년 그 교도소 등의 운영에 필요한 경비를 지급한다(동법 제23조 제1항).
③ **수용의제**: 민영교도소 등에 수용된 수용자는 형의 집행 및 수용자의 처우에 관한 법률에 따른 교도소 등에 수용된 것으로 본다(동법 제24조).
④ **수용자의 처우**
   ㉠ 교정법인은 위탁업무를 수행할 때 같은 유형의 수용자를 수용·관리하는 국가운영의 교도소 등과 동등한 수준 이상의 교정서비스를 제공하여야 한다(동법 제25조 제1항).
   ㉡ 교정법인은 민영교도소 등에 수용되는 자에게 특별한 사유가 있다는 이유로 수용을 거절할 수 없다. 다만, 수용·작업·교화, 그 밖의 처우를 위하여 특별히 필요하다고 인정되는 경우에는 법무부장관에게 수용자의 이송을 신청할 수 있다(동조 제2항).
   ㉢ 교정법인의 임직원과 민영교도소 등의 장 및 직원은 수용자에게 특정 종교나 사상을 강요하여서는 아니 된다(동조 제3항).

⑤ 작업수입: 민영교도소 등에 수용된 수용자가 작업하여 생긴 수입은 국고수입으로 한다(동법 제26조).
⑥ 보호장비의 사용 등
　㉠ 민영교도소 등의 장은 외부의료시설 진료, 치료감호시설 이송, 외부교육기관 통학이나 위탁교육, 외부기업체 통근작업, 귀휴, 보호장비의 사용, 강제력의 행사, 무기의 사용, 재난 시의 조치, 징벌 등의 처분을 하고자 하는 때에는 법무부장관이 민영교도소 등의 지도·감독을 위하여 파견한 소속 공무원의 승인을 받아야 한다. 다만, 긴급한 상황으로 승인을 받을 만한 시간적 여유가 없을 때에는 당해 처분 등을 한 후 즉시 감독관에게 알려서 승인을 받아야 한다(동법 제27조 제1항).
　㉡ 민영교도소 등의 장은 가석방 적격심사를 신청하려면 감독관의 의견서를 첨부하여야 하며, 수용자를 석방을 하려면 관계 서류를 조사한 후 감독관의 확인을 받아 석방하여야 한다(동조 제2항·제3항).

(8) 민영교도소 등의 직원
① 직원의 임면
　㉠ 교정법인의 대표자는 민영교도소 등의 직원을 임면한다. 다만, 민영교도소 등의 장 및 대통령령으로 정하는 직원을 임면할 때에는 미리 법무부장관의 승인을 받아야 한다(동법 제29조 제1항).
　㉡ 교정법인의 대표자는 민영교도소 등의 장 외의 직원을 임면할 권한을 민영교도소 등의 장에게 위임할 수 있다(동조 제2항).
　㉢ 민영교도소 등의 직원의 임용 자격, 임용 방법, 교육 및 징계에 관하여는 대통령령으로 정한다(동조 제3항).
② 직원의 직무: 민영교도소 등의 직원은 대통령령으로 정하는 바에 따라 형의 집행 및 수용자의 처우에 관한 법률에 따른 교도관의 직무를 수행한다(동법 제30조 제1항).
③ 제복착용과 무기구입
　㉠ 민영교도소 등의 직원은 근무 중 법무부장관이 정하는 제복을 입어야 한다(동법 제31조 제1항).
　㉡ 민영교도소 등의 운영에 필요한 무기는 해당 교정법인의 부담으로 법무부장관이 구입하여 배정한다(동조 제2항).
　㉢ 민영교도소 등의 무기 구입·배정에 필요한 사항은 법무부장관이 정한다(동조 제3항).

(9) 지원·감독 등
① 지원: 법무부장관은 필요하다고 인정하면 직권으로 또는 해당 교정법인이나 민영교도소 등의 장의 신청을 받아 민영교도소 등에 소속 공무원을 파견하여 업무를 지원하게 할 수 있다(동법 제32조).
② 지도·감독
　㉠ 법무부장관은 민영교도소 등의 업무 및 그와 관련된 교정법인의 업무를 지도·감독하며, 필요한 경우 지시나 명령을 할 수 있다. 다만, 수용자에 대한 교육과 교화프로그램에 관하여는 그 교정법인의 의견을 최대한 존중하여야 한다(동법 제33조 제1항).

ⓛ 법무부장관은 제1항에 따른 지도·감독상 필요하다고 인정하면 민영교도소 등에 소속 공무원을 파견하여 그 민영교도소 등의 업무를 지도·감독하게 하여야 한다(동조 제2항).
　　ⓒ 교정법인 및 민영교도소 등의 장은 항상 소속 직원의 근무 상황을 감독하고 필요한 교육을 하여야 한다(동조 제3항).
③ **보고·검사**: 민영교도소 등의 장은 대통령령으로 정하는 바에 따라 매월 또는 분기마다 다음 각 호의 사항을 법무부장관에게 보고하여야 한다(동법 제34조 제1항).
　　㉠ 수용 현황
　　㉡ 교정 사고의 발생 현황 및 징벌 현황
　　㉢ 무기 등 보안장비의 보유·사용 현황
　　㉣ 보건의료서비스와 주식·부식의 제공 현황
　　㉤ 교육·직업훈련 등의 실시 현황
　　㉥ 외부 통학, 외부 출장 직업훈련, 귀휴, 사회 견학, 외부 통근 작업 및 외부 병원 이송 등 수용자의 외부 출입 현황
　　㉦ 교도작업의 운영 현황
　　㉧ 직원의 인사·징계에 관한 사항
　　㉨ 그 밖에 법무부장관이 필요하다고 인정하는 사항
④ **위탁업무의 감사**
　　㉠ 법무부장관은 위탁업무의 처리 결과에 대하여 매년 1회 이상 감사를 하여야 한다(동법 제35조 제1항).
　　㉡ 법무부장관은 제1항에 따른 감사 결과 위탁업무의 처리가 위법 또는 부당하다고 인정되면 해당 교정법인이나 민영교도소 등에 대하여 적절한 시정조치를 명할 수 있으며, 관계 임직원에 대한 인사조치를 요구할 수 있다(동조 제2항).
⑤ **징계처분명령**
　　㉠ 법무부장관은 민영교도소 등의 직원이 위탁업무에 관하여 이 법 또는 이 법에 따른 명령이나 처분을 위반하면 그 직원의 임면권자에게 해임이나 정직·감봉 등 징계처분을 하도록 명할 수 있다(동법 제36조 제1항).
　　㉡ 교정법인 또는 민영교도소 등의 장은 제1항에 따른 징계처분명령을 받으면 즉시 징계처분을 하고 법무부장관에게 보고하여야 한다(동조 제2항).

훌륭한 가정만한 학교가 없고, 덕이 있는 부모만한 스승은 없다.

- 마하트마 간디 -

제5과목

형사소송법개론

Chapter 01 　총설

Chapter 02 　소송주체와 소송행위

Chapter 03 　수사

Chapter 04 　공판

Chapter 05 　상소, 비상구제절차, 특별절차

Chapter 01 총설

01 형사소송법의 기초

1 형사소송법의 의의와 성격

(1) 형사소송법의 의의

① 형사소송법 = 넓은 의미의 형사소송법

구분		
형사소송의 의의		• 좁은 의미의 형사소송이란 공소제기 이후 판결확정 전까지 법원이 피고사건이 계속 중인 단계를 규율하는 법률의 총체를 말한다. • 넓은 의미의 형사소송이란 범죄수사, 범인의 검거, 공소제기, 공판절차, 형의 선고와 형의 집행에 이르는 일련의 과정을 말한다. • 통상 형사소송이라 하면, 넓은 의미의 형사소송을 말한다.
구분	형식적 의미의 형사소송법	형식적 의미의 형사소송법이란 형사소송법전(법률 제1102호)을 말한다.
	실질적 의미의 형사소송법	실질적 의미의 형사소송법이란, 형사소송법을 포함한 형사절차를 규율하는 법률 일체를 말한다.

② 형법과의 관계

구분	형법	형사소송법
의의	형벌권의 발생요건과 그 내용에 관한 실체법	형벌권 행사의 절차에 관한 절차법
성질	정적 · 고정적 성격	동적 · 발전적 성격
성격	윤리적 성격	기술적 성격
기타	–	• 공판절차 → 법적 안정성 중요 • 수사절차 → 합목적성 중요 • 배분적 정의의 강조 • 정치적 관련성이 큼

(2) 형사소송법의 법원

법원(法源)의 개념	• 형사소송법의 법원이란 국민의 권리·의무를 규율할 수 있는 힘을 말하고, 법규적 효력이 있는 규범의 총체를 말한다. • 헌법 제12조 제1항은 형사절차법정주의를 천명하고 있는 바, 형사소송법의 법원으로는 헌법, 법률에 한하는 것이 원칙이다. • 다만, 헌법 제108조는 대법원규칙도 형사소송법의 법원이 됨을 명시하고 있다. • 형사절차법정주의는 법률유보의 원칙(국회가 제정한 형식적 의미의 법률에 의하여야 한다는 원칙)과 적정절차원칙을 내용으로 한다.
헌법	• 모든 국가권력은 헌법에 기속되므로 헌법은 당연히 형사소송법의 법원이 된다. • 형사소송법도 헌법에 기속되고 형사소송법의 해석에 있어서도 헌법이 중심이 되어야 한다는 것을 헌법적 형사소송관 또는 헌법적 형사소송법이라고 한다.
법률	형사절차법정주의에 따라 형사소송법의 법원이 되는 법률은 국회가 제정한 형식적 의미의 법률로서 형식적 의미의 형사소송법과 실질적 의미의 형사소송법을 포함한다.
대법원규칙	• 대법원규칙도 형사소송법의 법원이 된다. • 반면, 대법원 예규는 법원내의 단순한 사무처리 준칙에 불과하므로 형사소송법의 법원이 되지 못하고, 법규적 효력도 없다.
대통령령과 법무부령	• 대통령령이나 법규명령형식의 법무부령이라 하더라도 형사절차법정주의에 비추어 형사소송법의 법원이 되지 못한다. • 법규명령형식의 법무부령은 민사절차나 행정절차에 있어서는 법원이 될 수 있지만, 형사소송에서는 법원성이 부정된다고 볼 것이다.
판례	• 대법원 판례는 당해사건의 하급심을 기속할 뿐 형사소송법의 법원이 되지 못한다. • 헌법재판소의 위헌결정과 헌법불합치결정은 법률의 효력을 소급적으로 소멸시키는바 형사소송법의 법원이 된다.
조약	• 국회의 동의를 얻은 조약은 법률과 동일한 효력을 가지므로, 법원이 된다. • 국회의 동의를 얻지 못한 조약은 명령의 효력만이 있어 법원이 되지 못한다.

더 알아보기

형사소송법의 법원이 되는 헌법규정
- 적법절차의 원칙(제12조 제1항·제3항)
- 형사절차법정주의(제12조 제1항)
- 강제수사법률주의(제12조 제1항 전단)
- 고문을 받지 아니할 권리(제12조 제2항 전단)
- 진술거부권(제12조 제2항 후단)
- 수사절차상의 영장주의(제12조 제3항·제16조), 긴급체포와 현행범체포(제12조 제3항)
- 변호인의 조력을 받을 권리(제12조 제4항)
- 구속사유 및 변호인선임권을 고지받을 권리(제12조 제5항 전단)
- 피구속자의 가족 등에게 구속사유를 통지하게 할 권리(제12조 제5항 후단)
- 체포·구속적부심사청구권(제12조 제6항)
- 자백배제법칙(제12조 제7항)
- 자백의 보강법칙(제12조 제7항)
- 일사부재리의 원칙(제13조 제1항)
- 공정한 재판을 받을 권리(제27조 제1항)
- 군사법원의 재판을 받지 아니할 권리(제27조 제2항)
- 신속한 재판을 받을 권리(제27조 제3항)

- 공개재판을 받을 권리(제27조 제3항)
- 무죄추정의 권리(제27조 제4항)
- 형사피해자의 재판절차진술권(제27조 제5항)
- 형사보상청구권(제28조)
- 과잉금지의 원칙(제37조 제2항)
- 국회의원의 불체포특권(제44조)
- 국회의원의 면책특권(제45조)
- 대통령의 형사상 불소추특권(제84조)
- 헌법재판소의 조직과 헌법소원에 관한 규정(제111조·제113조)
- 법원의 조직과 권한에 관한 규정(제101조·제110조)

더 알아보기

형사소송법의 법원에 해당하는 대법원규칙
- 형사소송규칙
- 국민의 형사재판 참여에 관한 규칙
- 법정 좌석에 관한 규칙
- 법정 방청 및 촬영 등에 관한 규칙
- 소년심판규칙
- 형사소송비용 등에 관한 규칙
- 소송촉진 등에 관한 특례규칙
- 법정 등의 질서유지를 위한 재판에 관한 규칙

(3) 형사소송법의 적용범위

구분	내용	
장소적 적용범위	• 원칙(속지주의): 대한민국의 법원에서 심판되는 사건에 대하여 적용 • 예외: 주한외국대사관 등 치외법권지역	
시간적 적용범위	• 원칙(시행기간 중): 공소제기시를 기준으로 시행시부터 폐지시까지 • 예외: 개정 공소시효는 법개정 이후에 범하여진 범죄에 대해서만 적용	
인적 적용범위	원칙(속인주의): 대한민국 영역 내에 있는 모든 사람	
	국내법상 예외	• 대통령: 대통령은 내란 또는 외환죄를 제외하고는 재직 중 형사상의 소추를 받지 아니한다(헌법 제84조). • 국회의원: 국회의원은 국회에서 직무상 행한 발언과 표결에 관하여 국회 외에서 책임을 지지 아니하며(헌법 제45조), 현행범인을 제외하고는 회기 중 국회의 동의 없이 체포 또는 구금되지 아니한다(헌법 제44조).
	국제법상 예외	• 외국의 원수, 그 가족 및 대한민국 국민이 아닌 수행자 • 신임받은 외국의 사절과 그 직원·가족 • 승인받고 대한민국 영역 내에 주둔하는 외국의 군인

02 형사소송법의 이념과 구조

1 형사소송의 지도이념

(1) 형사소송의 이념

실체진실주의 vs 적정절차의 원칙 vs 신속한 재판의 원칙

(2) 실체적 진실주의

① 개념

의의	소송의 실체에 관하여 객관적 진실을 발견하여 사안의 진상을 명백히 하자는 주의
내용	• 실체진실의 발견은 어떤 희생을 치르더라도 달성해야 할 형사소송의 유일한 목적이 될 수는 없고, 적정절차에 따라 신속하게 이루어져야 한다(적정절차의 원칙과 신속한 재판의 원칙)는 제한을 받지 않을 수 없게 된다(헌법 제12조 제1항·제3항, 제27조 제4항). • 형사소송법의 목적원리인 실체진실주의, 적정절차와 신속한 재판의 원칙은 규범의 충돌을 일으킬 수 있는 긴장관계에 있는 이념이라 할 수 있다. 왜냐하면 실체진실주의를 추구하면 적정절차와 신속한 재판의 이념은 후퇴하게 되고, 반대로 적정절차와 신속한 재판을 강조하면 실체진실의 발견이 제한되지 않을 수 없기 때문이다. • 형사절차는 국가의 형벌권을 실현하는 절차이므로 형식적 진실에 만족할 수 없고 사안의 객관적 진상을 규명할 것이 요구되는 바, 형사소송법상의 실체진실주의는 형식적 진실주의와는 대립관계에 있다. • 형사소송법에서는 민사소송에서와 달리 당사자처분권주의를 인정하지 않는다. • 적극적 실체진실주의란 범죄사실을 명백히 하여 죄 있는 자를 빠짐없이 벌해야 한다는 이론으로서, 열 사람의 범죄인이 있으면 열 사람 모두 유죄로 하지 않으면 안 된다는 점을 강조한다. • 이에 대해 소극적 실체진실주의는 죄 없는 자를 유죄로 하여서는 안 된다는 원리로서 '열 사람의 범인을 놓치는 한이 있더라도 한 사람의 죄 없는 사람을 벌하여서는 안 된다'거나 '의심스러울 때는 피고인의 이익으로(In Dubio Pro Reo)'라는 무죄추정의 원리를 강조한다. • 헌법 제27조 제4항은 형사피고인의 무죄추정권을 헌법상 기본권으로 천명하고 있고, 헌법 제12조 제1항의 적법절차원칙은 형사소송법의 지주이념인바, 적극적 실체진실주의와 소극적 실체진실주의가 충돌하는 경우 소극적 실체진실주의가 우선될 수밖에 없다(헌재 1996.12.26, 94헌바1).

② 실체적 진실주의의 구현제도

수사절차		• 검사의 객관의무 • 변호인의 진실의무
공판 절차	직권에 의한 증거조사	• 법원의 피고인·증인의 신문제도(제161조의2·제296조의2) • 직권에 의한 증거조사(제295조)
	증거법칙	• 증거재판주의(제307조) • 자유심증주의(제308조) • 임의성 없는 자백의 증거능력 배제(제309조) • 전문증거의 증거능력 배제(제310조의2) • 자백의 보강법칙(제310조)
불복절차		• 상소 • 재심

(3) 적정절차의 원칙

① 개념

의의	헌법정신을 구현한 공정한 법정절차에 의하여 국가형벌권이 실현되어야 한다는 원칙
내용	• 공정한 재판의 원칙 • 피고인 보호의 원칙 • 비례성의 원칙

② 공정한 재판의 원칙의 구현제도

	공평한 법원의 구성	제척 · 기피 · 회피제도
공정한 재판의	피고인의 방어권 보장	• 제1회 공판기일의 유예기간(제269조) • 피고인의 공판정 출석권(제276조) • 피고인의 진술권(제286조)과 진술거부권(제283조의2) • 증거신청권(제294조)과 증거보전청구권(제184조) 등
	무기평등	변호인의 조력을 받을 권리, 형사기록열람 · 등사청구권(제35조 · 제266조의3 이하)
비례성의 원칙	비례성의 원칙이란 국가형벌권실현을 위한 수단으로서의 강제처분은 사안의 구체적 상황을 고려하여 목적 달성을 위해 적법하고(방법의 적절성), 다른 수단에 의하여는 그 목적을 달성할 수 없을 뿐만 아니라(침해의 최소성), 이와 결합된 침해가 상당해야 한다(협의의 비례원칙)는 것을 의미한다.	
피고인 보호의 원칙	• 피고인에 대한 진술거부권의 고지(제244조의3 · 제283조의2) • 퇴정한 피고인에 대한 증인 · 감정인 또는 공동피고인의 진술요지의 고지(제297조 제2항) • 증거조사결과에 대한 의견과 증거조사신청에 대한 고지(제293조), 상소권에 대한 고지(제324조) • 피고인을 구금할 때 범죄사실의 고지(제72조 · 제88조)	

> **더 알아보기**
>
> 적정절차 위반의 효과
> • 위법수집증거의 증거능력 부정
> • 공소제기의 무효(공소권남용이론)
> • 상소이유 및 이의신청의 사유
> • 예외적인 헌법소원 및 위헌법률심판의 사유
> • 국가배상 및 담당 공무원의 형법상 범죄의 성립 등

(4) 신속한 재판의 원칙

① 개념

의의	적정한 재판을 확보함에 필요한 기간을 넘어 부당히 지연된 재판이 아닌 것
내용	• 신속한 재판의 원칙은 주로 피고인의 이익을 보호하기 위한 것이지만 동시에 실체진실의 발견, 소송경제, 재판에 대한 국민의 신뢰와 형벌 목적의 달성과 같은 공공의 이익에도 그 근거를 두고 있음 • 베이컨(Bacon)은 신속한 재판의 원칙을 "사법은 신선할수록 향기가 높다.", "재판의 지연은 재판의 거부와 같다."라고 표현하였음 • 신속한 재판의 원칙이 소송경제로 변질되어 가고 있지만, 피고인의 인권보장이 경시되어서는 안 됨

② 신속한 재판의 제도적 구현

수사와 공소제기 절차에서의 구현	• 검사와 사법경찰관의 구속기간을 제한한 점(제202조 · 제203조) • 기소편의주의(제247조) • 기소변경주의(제255조 제1항) • 공소시효제도(제249조) • 의제공소시효(제249조 제2항)
공판절차에서의 구현	• 심판범위를 공소장에 기재된 사실로 한정, 궐석재판제도(소송촉진 등에 관한 특례법 제23조) • 변론종결기일 판결선고제도(제318조의4) • 판결선고기간의 제한(소송촉진 등에 관한 특례법 제22조, 제318조의4) • 판결선고 후 판결서작성(제318조의4 제2항, 규칙 제146조) • 기피신청의 간이기각결정(제20조 제1항) • 대표변호인제도(제32조의2) • 증거동의(제318조) • 공판조서의 절대적 증명력(제56조) • 집중심리주의(제267조의2) • 공판준비절차(제266조의5) • 증거개시절차(제266조의3)
상소심재판에서의 구현	• 상소기간(제358조 · 제374조) • 상소시 소송기록부기간의 제한(제361조 · 제377조) • 상소이유서 · 답변서 제출기간의 제한(제361조의3 · 제374조)
특별절차	• 간이공판절차(제286조의2) • 약식절차(제448조) • 즉결심판절차(즉결심판에 관한 절차법 제6조) • 공소장변경시 단독판사의 합의부로의 필수적 사건이송(제8조 제2항) • 간이공판절차의 허용(제286조의2)

2 형사소송의 기본구조

(1) 소송구조론의 의의

의의	소송주체는 누구이고 소송주체 사이의 관계를 어떻게 구성할 것인가에 대한 이론
내용	소송구조 ─ 규문주의 　　　　└ 탄핵주의 ─ 당사자주의 　　　　　　　　　　└ 직권주의

(2) 규문주의와 탄핵주의

구분	내용
규문주의	• 법원이 스스로 절차를 개시하여 심리·재판하는 구조 • 심리의 개시와 재판의 권한이 법관에게 집중 • 피고인을 조사와 심리의 객체로 취급 • 서면주의, 비공개주의와 결합
탄핵주의	• 재판기관과 소추기관을 분리하여 소추기관의 공소제기에 의하여 법원이 절차를 개시하는 주의, 불고불리의 원칙 강조 • 프랑스의 치죄법 이후 모든 영미법과 대륙법은 탄핵주의를 취함 • 피고인의 방어권을 보장 • 공개재판주의, 구두변론주의, 직접주의와 결합 • 사인소추주의(피해자소추주의, 공중소추주의)와 국가소추주의

(3) 직권주의와 당사자주의

구분	직권주의	당사자주의
의의	법원에게 소송의 주도적 지위를 인정	검사와 피고인에게 소송의 주도권을 인정
연혁	프랑스 혁명과정을 통하여 발전	배심제도를 전제로 하여 발전
입법례	대륙법계의 형사소송의 절차	영·미법계의 형사소송의 절차
장점	• 실체적 진실 발견에 효과적 • 법원은 피고인에 대한 후견적 임무를 담당하여 뒤떨어진 소송능력을 보충 • 형사사법의 스포츠화 방지	• 실체적 진실 발견에 효과적 • 법원의 제3자적 지위에 기한 공정한 재판 • 피고인의 방어권 행사가 충분히 보장(피고인에게 검사와 대등한 지위)
단점	• 심리시 법원의 자의와 독단 우려 • 피고인의 소송주체로서의 지위가 형식적인 것이 되어 피고인의 방어권의 실질적 보장이 곤란 • 법원이 소송에 몰입되어 제3자로서 공정성을 상실할 우려	• 당사자 사이의 계속적인 공격과 방어의 항쟁에 의해 심리의 능률과 신속을 달성하기 곤란 • 소송의 운명이 당사자의 열의와 능력에 좌우되는 결과 소위 사법의 스포츠화를 초래 • 국가형벌권의 행사가 당사자의 타협이나 거래의 대상이 될 위험이 존재(당사자처분권주의를 인정하게 되는 결과 초래)
양자의 관계	대륙법계에서 직권주의를 채택하고 있다고 하여 당사자주의를 완전히 부정하는 것은 아니며, 영·미법계의 당사자주의도 직권의 개입을 금지하는 것은 아니므로 양 제도는 서로 접근하는 추세	

더 알아보기

형사소송법상 직권주의와 당사자주의

직권주의적 요소	당사자주의적 요소
• 공소장변경요구제도 • 피고인신문 • 법원의 보충적 직권신문제도 • 직권증거조사(직권증인신문) • 석명권 • 증거동의 진정성조사제도	• 공소사실의 특정 요구 • 공소장부본의 송달 • 공소장변경신청 • 제1회 공판기일의 유예 • 모두진술 • 교호신문(상호신문)제도 • 당사자의 신청에 의한 증거조사 • 시기에 늦은 증거신청의 각하 • 전문법칙 • 증거동의 • 탄핵증거 • 검사의 의견진술 • 검사와 피고인의 출석 • 변호인과 피고인의 최후진술 • 증거개시절차 • 공판준비절차 • 공판준비기일 종결의 효과 • 국민참여재판의 도입 • 공소장일본주의

Chapter 02 소송주체와 소송행위

01 소송의 주체와 당사자

1 소송주체와 당사자의 의미

(1) 소송주체와 당사자의 개념

소송주체	소송을 이끌어가는 주체(피고인, 검사, 법원)
당사자	소송주체 중 피고인, 검사를 지칭
보조자	소송주체를 보조하는 지위에 있는 자 예 피고인의 보조자 = 변호인, 보조인, 대리인 예 검사의 보조자 = 사법경찰관리
소송관여자	소송에 대한 직접적인 형성력 없이 소송에 참여하는 자 예 증인, 감정인, 고소인, 고발인 등

더 알아보기

소송의 주체와 소송관여자

```
                  ┌─ 법원(재판권의 주체)
                  │
        ┌─ 소송주체 ─┼─ 검사(공소권의 주체) ──→ 사법경찰관리 ─┐
        │         │                보조자              ├─ 소송관계인
        │         └─ 피고인(방어권의 주체) ──→ 변호인 등    ─┘
        │
        └─ 소송관여자 ──→ 증인, 감정인, 고발인, 고소인
```

(2) 당사자능력과 소송능력

① 당사자능력

개념	소송법상 당사자가 될 수 있는 일반적인 능력 → 검사의 자격과 지위는 법률로 규정되어 있으므로 당사자능력이란 피고인이 될 수 있는 일반적 자격을 의미한다(통설).
자연인의 당사자능력	• 자연인은 연령이나 의사능력 여하를 불문하고 언제나 당사자능력을 가진다. 　예 형사미성년자도 당사자능력 있음 → 조세범처벌법 등에 따라 처벌가능성 존재하므로 • 그러나, 태아나 사망한 자는 당사자능력이 없다(다만, 예외적으로 재심절차에서는 예외적으로 사망한 피고인도 당사자능력 있음).

법인의 당사자능력	법인에 대한 처벌규정 있는 경우 → 당사자능력 가진다(통설) → 법인격 없는 재단/사단도 당사자능력 가진다(통설).	
	법인에 대한 처벌규정 없는 경우 → 당사자능력 긍정설과 부정설이 대립	
당사자능력의 소멸	공소제기 후 피고인 사망	공소기각결정(제328조 제1항 제2호)
	공소제기 전 피고인 사망	공소기각결정과 공소기각판결설 대립
	법인의 합병	합병시 소멸 → 공소기각결정
	법인의 해산	청산종결등기 경료 후 재산법적 청산사무 끝나더라도, 형사재판확정시까지는 당사자능력이 존속(판례)

더 알아보기

법인처벌규정 없는 경우의 학설 대립

학설	근거	처리
법인의 당사자능력을 인정하는 견해	당사자능력이란 일반적·추상적 능력을 의미하고 법인에 대한 명문의 처벌규정이 없는 경우에도 법인의 형사처벌이 가능한지에 대해서는 논란의 여지가 남아 있다.	법인의 당사자능력을 인정하는 견해에 따르면 법원은 처벌규정이 없으므로 무죄판결을 선고하게 된다.
법인의 당사자능력을 부정하는 견해	법인이 형사책임을 지는 것은 예외에 속하므로 명문의 규정이 없는 한 법인은 범죄능력은 물론 당사자능력도 없다.	공소기각의 결정설과 공소기각판결설이 대립한다.

② 소송능력

의의	피고인이 소송당사자로서 유효한 소송행위를 할 수 있는 능력 → 민법상 행위능력 없는 자(19세 미만)라도 소송행위의 의미를 이해할 수 있는 자는 소송행위 능력이 인정된다(판례).
소송능력 흠결의 효과	• 소송능력이 흠결된 소송행위는 원칙적으로 무효가 된다. • 피고인에게 소송능력이 없는 경우(심신상실, 질병의 경우) 법원은 검사와 변호인·의사의 의견을 들어 결정으로 그 상태가 계속되는 기간 공판절차를 정지하여야 한다(제306조 제1항). • 다만, 피고인이 심신상실, 질병시라도 무죄·면소·공소기각 등의 재판을 할 것이 명백한 경우에는 피고인의 출석 없이 재판할 수 있다(제306조 제4항).
소송 무능력자의 행위의 대리	• 형법상 책임능력에 관한 규정을 적용받지 않는 범죄사건에 관하여 피고인 또는 피의자가 의사능력이 없는 때 그 법정대리인이 소송행위를 대리하고, 법정대리인이 없는 때에는 법원이 특별대리인을 선임하여야 한다(제26조). → 특별대리인은 피고인 또는 피의자를 대리 또는 대표하여 소송행위를 할 자가 있을 때까지 그 임무를 행한다. • 피의자·피고인이 법인인 때에는 그 대표자가 소송행위를 대표한다(제27조 제1항). 수인이 공동하여 법인을 대표하는 경우에도 소송행위에 관하여는 각자가 대표한다[주식회사에 대한 회사정리개시결정이 내려진 경우 정리회사의 대표자 → 대표이사가 있는 한 종전 대표이사, 관리인이 형사소송에서 피고인의 대표자가 되지 않음(판례)]. • 행위무능력자 또는 법인인 피고인을 대리 또는 대표할 자가 없는 때에는 법원은 직권 또는 검사의 청구에 의하여 특별대리인을 선임하여야 하며, 행위무능력자 또는 법인인 피의자를 대리 또는 대표할 자가 없는 때에는 법원은 검사 또는 이해관계인의 청구에 의하여 특별대리인을 선임하여야 한다(제28조).

③ 당사자능력과 소송능력의 비교

구분	당사자능력	소송능력
개념	피고인으로 될 수 있는 일반적 · 추상적 능력	(피고인이나 고소인 등이) 소송행위를 유효하게 할 수 있는 개별적 · 구체적 능력
성질	소송조건	소송행위의 유효요건
흠결시	공소기각결정	공판절차정지

2 피고인

(1) 피고인의 의의와 특정

① 피고인의 의의

피고인의 개념	검사에 의하여 공소제기된 자 또는 공소제기된 것으로 취급되는 자 → 피고인은 공소가 제기된 자이면 충분하고 공소제기가 유효한가, 진범인가, 당사자능력이나 소송능력을 가지고 있는가의 여부는 문제되지 않는다.
공동피고인	동일한 소송절차에서 공동으로 심판받는 수인의 피고인을 공동피고인이라 한다. 공동피고인은 공범인 공동피고인과 공범 아닌 공동피고인으로 구별된다.

② 피고인의 특정기준

> 형사소송법 제248조에 의하여 공소는 검사가 피고인으로 지정한 이외의 다른 사람에게 그 효력이 미치지 아니하는 것이므로 공소제기의 효력은 검사가 피고인으로 지정한 자에 대하여만 미치는 것이고, 따라서 피의자가 다른 사람의 성명을 모용한 탓으로 공소장에 피모용자가 피고인으로 표시되었다 하더라도 이는 당사자의 표시상의 착오일 뿐이고, 검사는 모용자에 대하여 공소를 제기한 것이므로 모용자가 피고인이 되고 피모용자에게 공소의 효력이 미친다고는 할 수 없다(대판 1997.11.28. 97도2215).

③ 성명모용의 소송관계

쟁점	내용
개념	성명모용이란 범죄혐의를 받고 있는 모용자(甲)가 피모용자(乙)의 성명을 모용하여 피모용자(乙)의 이름으로 공소가 제기된 경우
피고인의 특정	모용자(甲)가 피고인이 됨(실질적 표시설)
공소제기의 효력이 미치는 자	모용자(甲)
검사의 조치	공소장 표시정정 → 공소장변경절차를 밟을 필요가 없고, 법원의 허가도 불요(판례)
법원의 조치	• 검사가 표시정정을 하지 않은 경우: 공소제기의 방식이 제254조의 규정에 위반하여 무효이므로 공소기각판결 선고 • 검사가 표시정정을 한 경우: 처음부터 모용자(甲)에 대한 공소제기가 있었던 것이므로 모용자(甲)에 대해 심리하고 재판하면 족함

피모용자가 약식명령에 대하여 정식재판을 청구한 경우 법원의 조치	예 음주운전을 한 甲이 乙의 운전면허증을 제시하여 검사가 乙의 이름으로 약식명령을 청구하고 乙에게 약식명령이 발령되자 乙이 정식재판을 청구한 사안 • 피모용자(乙)에 대한 조치: 외관상 피고인의 지위를 갖게 되었으므로 적법한 공소제기가 없었음을 밝혀 주는 의미에서 공소기각 판결(제327조 제2호) 선고 • 모용자(甲)에 대한 조치: 아직 약식명령의 송달이 없었다 할 것이어서 약식명령의 표시를 경정하여 본래의 약식명령정본과 함께 이 경정결정을 송달(약식절차 진행)(판례)
판결확정 후 성명모용 사실이 판명된 경우	• 확정판결의 효력: 모용자(甲)에게만 미침 • 피모용자(乙)의 구제방법: 재심설, 비상상고설, 전과말소설(실무)

④ 위장출석

개념	공소장에는 甲이 피고인으로 기재되어 있는데도 불구하고 乙이 공판정에 출석하여 자기가 甲이라고 진술하여 乙을 피고인으로 취급하여 절차가 진행된 경우를 말한다(일명 몸받이).
피고인 특정	공소장에 표시된 피고인 甲은 실질적 피고인(진정피고인)이고, 위장출석하여 소송에 관여한 자 乙은 형식적 피고인(부진정피고인)이다.
공소제기의 효력	공소제기의 효력은 실질적 피고인 甲에 대해서만 발생한다.
심리중 위장출석사실이 판명된 경우	乙을 퇴정시키고[乙: 사실상배제 vs 공소기각판결(多)], 甲을 소환하여 절차를 진행시킨다.
판결선고 후 확정 전에 판명된 경우	판결의 효력은 甲에게 미친다는 견해와 乙에게 미친다는 견해가 대립한다.

(2) 무죄추정의 원칙

> **헌법 제27조**
> ④ 형사피고인은 유죄의 판결이 확정될 때까지는 무죄로 추정된다.
>
> **형사소송법 제275조의2(피고인의 무죄추정)**
> 피고인은 유죄의 판결이 확정될 때까지는 무죄로 추정된다.

의의	• 피고인 또는 피의자는 유죄판결이 확정될 때까지는 무죄로 추정된다는 원칙 • 헌법과 형사소송법은 형사피고인의 무죄추정만을 규정하고 있지만, 피의자 역시 유죄로 확정되기 전까지는 당연히 무죄추정을 받음
내용	• 인신구속의 제한 • 의심스러운 때에는 피고인의 이익으로 • 불이익처우의 금지

(3) 진술거부권

> **헌법 제12조**
> ② 모든 국민은 고문을 받지 아니하며, 형사상 자기에게 불리한 진술을 강요당하지 아니한다.

의의	미국 수정헌법의 자기부죄 거부의 특권에서 유래하는 권리로서, 형사상 자기에게 불이익한 진술을 거부할 권리
내용	• 진술거부권의 주체에는 제한이 없다. • 강요당하지 않는 것은 진술에 한하므로 음주측정 등은 진술거부권이 미치지 않는다. • 헌법은 형사상 자기에게 불리한 진술의 강요를 금지하고 있지만 형사소송법은 일체의 진술을 거부할 수 있다고 규정하고 있다. • 진술거부권을 알지 못하면 진술거부권의 행사를 실질적으로 담보할 수 없으므로 진술거부권의 고지는 진술거부권의 전제가 된다. 따라서 형사소송법은 피고인뿐만 아니라 피의자에 대하여도 진술거부권을 고지할 것을 명문으로 규정하고 있다. • 일단 진술을 시작한 때에도 피의자ㆍ피고인은 개개의 신문에 대해서 언제나 진술을 거부할 수 있으므로 진술거부권의 포기는 인정되지 않는다. • 판례는 진술거부권의 행사를 원칙적으로 가중적 양형의 조건으로 참작할 수 없지만, 객관적이고 명백한 증거가 있음에도 진실 발견을 적극적으로 숨기거나 법원을 오도하려는 시도에서 기인한 경우에는 가중적 양형조건으로 참작할 수 있다는 입장이다.

3 검사

(1) 검사제도의 의의

검사제도		검사는 검찰권을 행사하는 국가기관으로 14세기 프랑스의 왕의 대관(代官) 제도에서 유래	
준사법 기관	의의	검사는 공익적 지위를 갖는 국가기관으로서, 법관에 준하는 독립성이 보장되어야 한다.	
	내용	검사는 객관의무와 정당한 법령의 청구권자로서 피고인의 이익을 옹호해야 할 의무를 부담한다.	
	보장 장치	• 검사는 단독제관청 → 검찰조직 내부의 방침이나 결재 등을 거치지 않고 검사가 대외적으로 의사를 표시하였더라도 그 의사표시는 대외적 효력을 갖는다. • 상급자의 지휘ㆍ감독권에 대하여 이의제기권 보장	
검사 동일체 원칙	의의	• 모든 검사는 검찰총장을 정점으로 하는 피라미드형의 계층적 조직체로서 일체불가분의 유기적 통일체로 활동한다는 원칙 • 전국적으로 통일된 수사망을 확보하고, 검찰권행사의 균형과 공정을 도모할 목적	
	보장 장치	• 상급자의 지휘ㆍ감독권 : 검사는 검찰사무에 관하여 소속 상급자의 지휘ㆍ감독에 따른다. 검사는 지휘ㆍ감독의 적법성과 정당성에 대하여 이의제기가 가능하다. → 지휘ㆍ감독관계는 협의의 검찰사무에 대하여 뿐만 아니라 검찰행정사무에 대하여도 적용된다. • 직무승계권한 : 검찰총장, 각급검찰청의 검사장 및 지청장은 소속 검사의 직무를 자신이 처리할 수 있다. • 직무이전권한 : 검찰총장, 각급검찰청의 검사장 및 지청장은 소속 검사의 직무를 다른 검사로 하여금 처리하게 할 수 있다.	
	효과	• 검찰사무의 취급 도중에 검사가 교체되더라도 검사교체 전후의 검찰사무는 소송법상 어떠한 영향을 받지 않고 수사절차나 공판절차를 갱신할 필요도 없다. • 범죄의 피해자인 검사가 그 사건의 수사에 관여하거나, 압수ㆍ수색영장의 집행에 참여한 검사가 다시 수사에 관여하였다는 이유만으로 바로 그 수사가 위법하다거나 그에 따른 참고인이나 피의자의 진술에 임의성이 없다고 볼 수는 없다(대판 2013.9.12. 2011도12918).	

기타	• 법무부장관의 지휘·감독권: 법무부장관은 검찰사무의 최고 감독자로서 일반적으로 검사를 지휘·감독하고, 구체적 사건에 대하여는 검찰총장만을 지휘·감독한다(검찰청법 제8조). • 직무위임권: 검찰총장과 검사장 및 지청장은 소속 검사로 하여금 그 권한에 속하는 직무의 일부를 처리하게 할 수 있다. • 직무대리권: 각급검찰청의 차장검사는 소속장이 사고가 있을 때에는 특별한 수권절차가 없더라도 그 소속장의 직무를 대리하는 권한이 있다. • 비상상고: 검찰총장은 판결이 확정된 후 그 심판이 법령에 위반한 것을 발견한 때에는 대법원에 비상상고를 할 수 있다. 비상상고의 신청권은 검찰총장만이 갖는다.

(2) 검사의 소송법상 지위

수사의 주재자	검사는 수사의 주재자로서 수사권과 최종적 수사종결권을 갖는다.
공소의 주체	• 검사는 공소제기권을 독점하고 기소유예권한이 있으며, 공소유지의 권한을 담당 • 검사는 당사자로서 공격·방어의 주체가 되고, 제1심판결선고 전까지 공소의 취소도 가능
재판의 집행기관	• 재판의 집행은 검사가 지휘하는 것이 원칙 • 검사는 사형·자유형의 집행을 위하여 형집행장을 발부하여 구인할 수 있음
공익의 대표자	검사는 공익의 대표자로서, 다음의 사항을 할 수 있다. • 무죄취지의 구형도 할 수 있음 • 유죄의 증거뿐 아니라 피고인에게 유리한 증거도 제출할 의무가 있음 • 피고인의 이익을 위한 상소도 할 수 있음 • 피고인의 이익을 위한 재심도 청구할 수 있음 • 검찰총장은 피고인을 위해 비상상고를 제기할 수도 있음

> **더 알아보기**
>
> 법원의 결정과 검사의 의견청취
>
> | 법원의 결정에 검사의 의견청취가 필요한 경우 | 검사의 의견청취가 필요하지 않은 경우 |
> |---|---|
> | • 보석에 관한 결정
• 구속취소결정
• 구속집행정지결정
• 증인의 법정 외 신문
• 비디오 등 중계장치에 의한 증인신문
• 증거개시거부 결정에 대한 법원의 열람·등사에 관한 결정
• 공판준비기일의 지정
• 구속피고인의 출석거부시 불출석 공판절차의 진행요건
• 간이공판절차 취소 결정
• 피고인의 심신상실과 질병시의 공판절차의 정지
• 재심개시결정시 | • 구속기간갱신결정
• 간이공판절차의 결정
• 압수물의 환부결정
• 상소권회복에 관한 결정
• 변론의 분리·병합·재개 결정 |

4 법원

(1) 법원의 의의와 종류

① 국법상 의미의 법원과 소송법상 의미의 법원

국법상 의미의 법원	• 사법행정상 의미에 있어서 법원(법원조직법상의 법원) 　- 관청인 법원: 사법행정에 관한 의사표시의 주체가 되는 법원을 의미 　- 관서로서의 법원: 인적 · 물적 설비를 총칭하는 사법행정상 단위를 의미 • 국법상 의미의 법원 　- 대법원, 고등법원, 지방법원, 가정법원, 행정법원, 특허법원 　- 지방법원은 관할구역 내에 지원과 소년부지원, 시 · 군법원 및 등기소
소송법상 의미의 법원	소송법상의 법원이란, 구체적 사건에 대한 재판기관으로서의 법원, 즉 합의제 법원(합의부) 또는 단독제 법원(단독판사)을 말한다.

② 재판장 · 수명법관 · 수탁판사 · 수임판사

재판장과 합의부원	• 법원이 합의체인 경우 그 구성원 중의 1인이 재판장, 나머지 합의체 구성원은 합의부원이라 한다. • 재판장은 법정경찰권, 기일지정권 등이 있고, 포괄적으로 소송지휘권을 행사한다. • 재판장의 재판은 명령으로서, 이의신청 또는 준항고의 대상이 된다.
수명법관	합의체의 법원이 그 구성원인 법관에게 특정한 소송행위를 하도록 명하였을 때 그 법관을 수명법관이라고 한다(합의체 법원으로부터 필요한 조사를 명령받은 합의부원이나 압수 · 수색을 명령받은 합의부원).
수탁판사	• 하나의 법원이 다른 법원의 법관에게 일정한 소송행위를 하도록 촉탁한 경우에 그 촉탁을 받은 법관을 수탁판사라고 한다. 　예 공판법원이 결정 · 명령에 필요한 조사를 다른 법원의 판사에게 촉탁한 경우 • 촉탁받은 판사는 일정한 경우 다른 지방법원의 판사에게 전촉할 수 있는데 전촉을 받은 판사도 수탁판사이다.
수임판사	• 수소법원과는 독립하여 소송법상의 권한을 행사할 수 있는 개개의 법관을 수임판사라고 한다. 　예 수사기관의 청구에 의하여 각종 영장을 발부하는 판사(제201조 · 제215조), 증거보전절차를 행하는 판사(제184조), 수사상 증인신문을 행하는 판사(제221조의2) • 관할지방법원 소속의 수임판사의 재판은 소송법상 명령으로서, 이에 대해서는 항고, 준항고 기타 일체의 불복이 허용되지 않는 것이 원칙이다. → 예외적으로 수임판사의 증거보전기각결정은 3일 이내 항고가 가능하다.

(2) 법원의 관할

① 재판권과 관할권

구분	재판권	관할권
성질	대한민국의 법원이 특정사건에 대하여 심판을 행할 수 있는가 하는 일반적 · 추상적인 권리(국법상의 개념)	재판권이 인정됨을 전제로, 그 사건을 국내의 법원 중 어느 법원에서 심판할 것인가의 문제(소송법상의 개념)
불비시 효과	재판권이 없으면 공소기각판결(제327조 제1호)	관할권이 없으면 관할위반의 판결(제319조)
양자의 관계	법원에 재판권이 있는 경우에 한하여 관할권이 문제되는바, 재판권이 없는 경우에는 관할권의 문제는 발생하지 않는다.	

② 관할의 종류

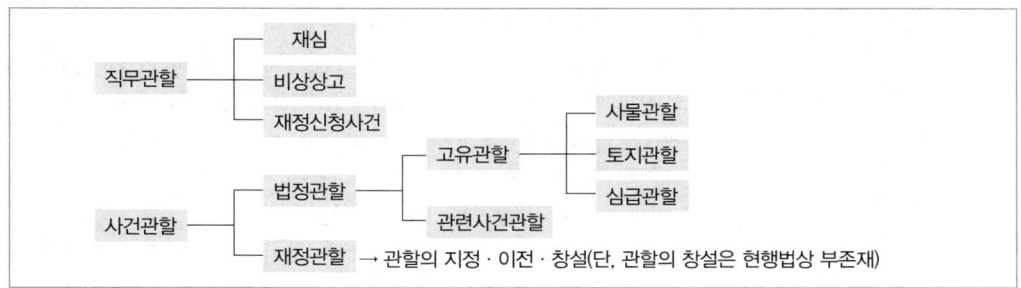

③ 사물관할
  ㉠ 단독판사의 관할(원칙): 제1심의 사물관할은 원칙적으로 단독판사에 속한다(법원조직법 제7조 제4항).
  ㉡ 합의부의 관할(예외): 제1심이 담당하는 사건 중 예외적으로 법원조직법이 합의부사건으로 정한 사건과 상소심이 담당하는 사건은 합의부가 관할한다.

더 알아보기

제1심 단독부가 담당하지 않는 형사사건

구분	구체적 내용

합의부사건	• 사형·무기 또는 단기 1년 이상의 징역이나 금고에 해당하는 사건과 이와 동시에 심판할 공범사건
	• 예외
	  - 특수상해, 상습 특수절도와 그 각 미수죄, 특수공갈 및 상습 특수공갈과 그 미수죄
	  - 존속에 대한 폭행·상해·체포·감금·협박과 그 미수죄에 해당하는 사건
	  - 병역법 위반사건
	  - 뺑소니(피해자 미구호), 위험운전 치사상에 해당하는 사건
	  - 부정 의료업죄에 해당하는 사건
	  - 수표 위·변조죄에 해당하는 사건
	  - 상습 음주운전에 해당하는 사건
	• 중대산업재해 및 중대시민재해 사업주와 경영책임자 등의 처벌에 해당하는 사건
	• 지방법원 판사에 대한 제척·기피사건
	• 법률에 의하여 지방법원 합의부의 권한에 속하는 사건
	• 합의부에서 심판할 것으로 합의부가 스스로 결정한 사건

시·군법원	20만 원 이하의 벌금·구류 또는 과료에 처할 범죄사건에 대한 즉결심판

④ 토지관할

의의		동등한 법원상호간에 있어 사건의 지역적 관계에 의한 관할의 분배 = 재판적
결정기준	현재지	공소제기 당시 피고인이 현재한 장소로서 임의에 의한 현재지뿐만 아니라 적법한 강제에 의한 현재지도 이에 해당한다(판례). → 불법하게 연행된 장소는 포함되지 아니한다(통설).
	주소	주소란, 피고인의 생활근거지가 되는 장소를 말하며 통상 주민등록지를 말한다. → 기준지(= 본적지)는 토지관할에 해당하지 않는다.
	거소	거소란 피고인이 다소 계속적으로 거주하는 장소를 말한다. → 지방에 주소를 둔 피고인이 서울의 고시원에 거주하는 경우 거주하는 장소가 거소이다.
	범죄지	범죄사실의 전부 또는 일부가 발생한 장소를 말한다. 범죄실행장소, 결과발생장소, 결과발생의 중간지 및, 선적지·기적지·선착지·기착지도 포함된다. → 예비·음모를 벌하는 범죄는 예비·음모지도 포함

⑤ 심급관할

〈제1심〉 지방법원 단독판사 —항소·항고→ 〈제2심〉 지방법원 본원합의부 —상고·재항고→ 〈제3심〉 대법원

지방법원 합의부 —항소·항고→ 고등법원 —상고·재항고→ 대법원

⑥ 관련사건의 관할(수죄)

㉠ 관련사건의 의의(제11조)

1인이 범한 수죄	실체적 경합범만을 의미 → 상상적 경합의 경우 소송상 1죄로 취급하므로 관련사건이 아님
수인이 공동으로 범한 죄	공동정범, 간접정범, 임의적 공범(교사범, 방조범), 필요적 공범, 합동범을 포함
수인이 동시에 동일한 장소에서 범한 죄	기본적으로 동시범을 의미하지만, 동시범보다 넓은 개념임
범인은닉죄·증거인멸죄·위증죄·허위감정통역죄·장물에 관한 죄와 그 본범의 죄	이른바 사후종범으로서, 본범과의 사이에 증거가 공통되는 것이 많다는 점에서 관련사건으로 하고 있음

㉡ 관련사건의 병합관할(주로 공소제기단계)

의의	1개 사건에 대하여 관할권이 있는 법원이 관련사건에 대하여도 관할권을 갖게 되는 경우 예 피고인 甲에 대한 사기사건의 관할권을 갖는 서울중앙지방법원이 甲이 부산에서 벌인 절도사건까지 병합하여 관할하는 경우
사물관할의 병합관할	• 사물관할을 달리하는 수개의 사건이 관련된 때에는 법원합의부가 병합관할한다. • 단, 합의부는 결정으로 관할권 있는 법원단독판사에게 이송할 수 있다(제9조).
토지관할의 병합관할	토지관할을 달리하는 수개의 사건이 관련된 때에는 1개의 사건에 관하여 관할권이 있는 법원은 다른 사건에 대하여도 관할권을 갖는다(제5조).

병합관할의 효과	• 제9조 또는 제5조가 정한 관련사건의 관할은 이른바 고유관할사건 및 그 관련사건이 반드시 병합기소되거나 병합되어 심리될 것을 전제요건으로 하는 것은 아니다. • 따라서, 고유관할사건 계속 중 고유관할 법원에 관련사건이 계속된 이상 그 후 양 사건이 병합되어 심리되지 아니한 채 고유사건에 대한 심리가 먼저 종결되었다 하더라도 관련사건에 대한 고유관할법원의 관할권은 여전히 유지된다(대판 2008.6.12. 2006도8568). 예 甲은 서울에서 절도를 범하고 부산에서 사기를 범하여 서울중앙지방법원이 절도(고유관할)와 사기(병합관할)를 병합관할하였다. 심리 도중 절도죄에 대해 먼저 무죄가 선고되었다 하더라도 서울중앙지방법원은 甲의 사기사건에 관할권을 갖고 계속 심리하게 된다.

ⓒ 관련사건의 병합심리(수개의 관련사건이 현실적으로 수개의 법원에 계속된 때)

사물관할의 병합심리 ↓ 합의부가 병합심리	• 사물관할을 달리하는 수개의 관련사건이 각기 법원합의부와 단독판사에 계속된 때에는 합의부는 결정으로 단독판사에 속한 사건을 병합하여 심리할 수 있다(제10조). 법원합의부와 단독판사에 계속된 사건이 토지관할을 달리하는 경우에도 사건을 병합하여 심리할 수 있다(규칙 제4조 제1항). • 사물관할을 달리 하는 수개의 관련 항소사건이 각각 고등법원과 지방법원본원합의부에 계속된 때에는 고등법원은 결정으로 지방법원본원합의부에 계속한 사건을 병합하여 심리할 수 있다. 수개의 관련항소사건이 토지관할을 달리하는 경우에도 같다(규칙 제4조의2 제1항).
토지관할의 병합심리 ↓ 직근상급법원 결정	• 토지관할이 다른 여러 개의 관련사건이 각각 다른 법원에 계속된 때에는 공통되는 바로 위의 상급법원은 검사나 피고인의 신청에 의하여 결정(決定)으로 한 개 법원으로 하여금 병합심리하게 할 수 있다(제6조). • 제6조에 따라 병합심리가 가능한 사건(법원에 계속된 사건)이란 사물관할은 같으나 토지관할을 달리하는 동종·동등의 법원을 말한다(대판 1990.5.23. 90초56). • 토지관할을 달리하는 수개의 제1심 법원들에 관련사건이 계속된 경우에 그 소속 고등법원이 같은 경우에는 그 고등법원이, 그 소속 고등법원이 다른 경우에는 대법원이 위 제1심 법원들의 공통되는 직근상급법원으로서 위 조항에 의한 토지관할 병합심리 신청사건의 관할법원이 된다. 예 서울중앙지방법원 단독부와 수원지방법원 단독부에 수개의 관련사건이 계속된 경우 → 서울중앙지방법원 단독부와 수원지방법원 단독부의 관할구역표상의 직근상급법원은 모두 서울고등법원이므로, 공통되는 직근상급법원인 서울고등법원이 병합심리할 법원을 결정하게 된다.
심리의 분리	• 사물관할의 심리분리: 관련사건을 병합심리하는 합의부는 병합심리의 필요가 없는 때에는 결정으로 관할권 있는 법원의 단독판사에게 이송할 수 있다(제9조). • 토지관할의 심리분리: 토지관할을 달리하는 수개의 관련사건이 동일법원에 계속된 경우에 병합심리 필요가 없는 때에는 법원은 결정으로 이를 분리하여 관할권 있는 다른 법원에 이송할 수 있다(제7조). 법원은 피고인이 그 관할구역 내에 존재하지 아니하는 경우에 특별한 사정이 있으면 결정으로 사건을 피고인의 현재지를 관할하는 동급법원에 이송할 수 있다(제8조 제1항).

⑦ 재정관할(관할지정과 관할의 이전)

관할지정 (제14조)	사유	• 법원의 관할이 명확하지 아니한 때(제1호) • 관할위반을 선고한 재판이 확정된 사건에 대하여 다른 관할법원이 없을 때(제2호)
	절차	• 관할의 지정은 검사가 관계있는 제1심법원에 공통되는 직근상급법원에 신청하여야 한다. • 관할지정신청이 있으면 급속을 요하는 경우 이외에는 신청에 대한 결정이 있을 때까지 공판절차는 정지된다(규칙 제7조).
관할이전 (제15조)	사유	• 관할법원이 법률상 이유 또는 특별한 사정으로 관할권을 행사할 수 없을 때(제1호) • 범죄의 성질, 지방의 민심, 소송의 상황 기타 사정으로 재판의 공평을 유지하기 어려울 염려가 있는 때(제2호)
	절차	• 관할이전신청은 검사가 직근상급법원에 신청하여야 한다. 또한 피고인도 관할이전신청을 할 수 있다. • 관할이전신청의 경우에도 급속을 요하는 경우 이외에는 신청에 대한 결정이 있을 때까지 공판절차는 정지된다.

⑧ 관할의 경합(동일사건이 수개의 법원에 계속된 때)

구분	사물관할의 경합(제12조)	토지관할의 경합(제13조)
의의	동일사건이 사물관할을 달리하는 수개의 법원에 계속된 경우	같은 사건이 사물관할이 같은 여러 개의 법원에 계속된 경우(토지관할이 다른 법원에 계속)
경합의 효과	• 합의부 우선의 원칙: 법원합의부가 심판 • 심판을 할 수 없게 된 단독판사는 공소기각결정(제328조 제1항 제3호) • 단독판사의 판결이 먼저 확정되었다면 합의부는 면소판결(제326조 제1호) • 수개 법원의 판결이 모두 확정되었다면 나중에 확정된 판결은 당연 무효	• 선착수 우선의 원칙: 먼저 공소를 받은 법원이 심판, 다만 검사 또는 피고인의 신청이 있는 경우에는 각 법원에 공통되는 직근상급법원은 결정으로 뒤에 공소를 받은 법원으로 하여금 심판하게 할 수 있음 • 후에 공소를 받은 법원은 공소기각결정(제328조 제1항 제3호) • 후에 공소를 받은 법원의 판결이 확정되었다면 먼저 공소를 받은 법원은 면소판결(제326조 제1호) • 수개의 법원의 판결이 모두 확정되었다면 나중에 확정된 판결은 당연무효

⑨ 관할권 부존재의 효과

관할권의 조사	• 직권조사의 원칙: 관할권의 존재는 소송조건의 하나이므로 법원은 직권으로 관할을 조사하여야 한다(제1조). • 관할권 존부의 결정시기 　- 토지관할: 공소제기시를 기준으로 결정. 그 뒤 관할권 생기면 하자치유 　- 사물관할: 공소제기시부터 재판종결시까지 유지되어야 함(관할항정의 원칙)
관할위반의 효력	• 관할위반인 경우라도 절차를 조성하는 개개의 소송행위는 그 효력에 영향이 없다. 　예 관할위반판결이 선고·확정된 경우라도 구속영장의 효력이 유지된다. • 토지관할에 관하여 법원은 피고인의 신청이 없으면 관할위반의 선고를 할 수 없다(상대적 소송조건). 　→ 피고인의 관할위반신청은 피고사건에 대한 진술 전에 하여야 하며, 진술 이후에는 관할위반의 하자는 치유되어 법원은 그 사건에 대한 관할권을 가지게 된다. • 법원은 사실의 발견을 위해 필요하거나 긴급을 요하는 때에는 관할구역 외에서 직무를 행하거나 사실조사에 필요한 처분을 행할 수 있다(제3조).
관할위반시의 재판	• 관할권이 없음이 명백한 때에는 관할위반의 판결을 선고해야 한다(제319조). • 상소심의 경우: 원심의 관할인정이 잘못된 경우 → 파기이송판결, 원심의 관할위반판결이 잘못된 경우 → 파기환송판결

⑩ 사건의 이송

의의		수소법원이 심리 중인 사건의 소송계속을 다른 법원이나 군사법원에서 이전하는 것을 말한다.
종류	필요적 이송	• 공소장변경으로 관할이 변경된 경우(제8조 제2항) • 사물관할이 다른 관련사건의 이송(제10조, 규칙 제4조의2) • 관할의 지정·이전에 의한 이송(규칙 제6조) • 파기이송(제367조·제394조) • 일반법원과 군사법원 간의 이송(제16조의2, 군사법원법 제2조 제3항) • 소년부 송치(소년법 제50조)
	임의적 이송	• 현재지 관할법원에의 이송(제8조 제1항) • 가정보호사건의 송치(가정폭력처벌법 제12조 본문) • 성매매사건의 송치(성매매처벌법 제12조 제2항)

(3) 제척 · 기피 · 회피제도

① 서설

의의	• 제척: 법정 사유에 해당하면 당연히 배척된다. • 기피: 당사자의 신청과 이에 대한 법원의 결정으로 배척된다. • 회피: 법관 자신의 신청과 이에 대한 법원의 결정으로 배척된다.
목적	제척 · 기피 · 회피제도는 공정한 재판을 보장하기 위한 제도로서 신속한 재판에는 오히려 역행되는 측면도 있다.

② 제척

의의	구체적 사건의 심판에 있어 법관이 불공평한 재판을 할 우려가 현저한 경우를 유형적으로 법정해 놓고 그 사유에 해당하는 법관은 자동적으로 직무집행에서 배제시키는 제도

제척
사유
	제17조의 제척사유는 제한적 열거이다.
	• 법관이 피해자인 때(제1호)
	• 법관이 피고인 또는 피해자와 친족 또는 친족관계가 있었던 자인 때(제2호)
	• 법관이 피고인 또는 피해자의 법정대리인, 후견감독인인 때(제3호)
	• 법관이 사건에 관하여 증인, 감정인, 피해자의 대리인으로 된 때(제4호)
	• 법관이 사건에 관하여 피고인의 대리인 · 변호인 · 보조인으로 된 때(제5호)
	• 법관이 사건에 관하여 검사 또는 사법경찰관의 직무를 행한 때(제6호)
	• 법관이 사건에 관하여 전심재판 또는 그 기초되는 조사 · 심리에 관여한 때(제7호)
	   – 법관이 사건에 관하여 피고인의 변호인이거나 피고인 · 피해자의 대리인인 법무법인, 법무법인(유한), 법무조합, 법률사무소, 외국법자문사법 제2조 제9호에 따른 합작법무법인에서 퇴직한 날부터 2년이 지나지 아니한 때
	   – 법관이 피고인인 법인 · 기관 · 단체에서 임원 또는 직원으로 퇴직한 날부터 2년이 지나지 아니한 때

효과	• 제척사유에 해당하는 법관은 당해사건의 직무집행에서 당연히 배제된다. 제척사유가 있는 법관은 스스로 회피하여야 하고(제24조 제1항), 당사자는 법관에 대해 기피신청을 할 수 있다(제18조 제1항). • 이에 위반한 경우는 당연무효가 아니라 상소이유[절대적 항소이유(제361조의5 제7호), 상대적 상고이유(제383조 제1호)]가 된다.

> **관련판례**
>
> ■ **전심에 해당하여 제척사유에 해당하는 사례**
> • 약식명령을 한 판사가 그 정식재판의 항소심에 관여한 경우 → 심급을 달리하므로 제척사유에 해당
> • 즉결심판을 한 판사가 그 정식재판의 항소심에 관여한 경우
> • 제1심 증거조사에 관여한 법관이 항소심에 관여한 경우
> • 제1심의 수탁판사로서 증거조사에 관여한 법관이 항소심에 관여한 경우
>
> ■ **전심에 해당하지 않아 제척사유에 해당하지 않는 사례**
> • 파기환송 전의 원심에 관여했던 법관이 파기환송 후의 재판에 관여한 경우
> • 재심청구의 대상인 확정판결에 관여했던 법관이 재심을 담당한 경우
> • 상고심판결을 내린 법관이 제400조에 의한 판결정정신청사건을 처리한 경우
> • 체포영장 · 구속영장을 발부한 법관이 당해 피고사건의 제1심판결에 관여한 경우
> • 약식명령을 한 판사가 그 정식재판의 제1심에 관여한 경우
> • 증거보전절차에서 증인신문을 한 법관의 항소심 관여
> • 구속적부심사에 관여한 법관이 제1심 혹은 제2심 관여
> • 사실심리나 증거조사를 하지 않고 공판기일을 연기하는 재판에만 관여한 경우
> • 선거관리위원장으로서 공직선거 및 선거부정방지법 위반 혐의사실에 대하여 수사기관에 수사의뢰를 하고 당해 형사피고사건의 항소심 재판을 한 법관
> • 약식명령을 발부한 법관이 정식재판의 항소심 공판에 관여한 바는 있어도 판결 선고 전에 경질된 때

③ 기피
　㉠ 기피의 신청

의의	법관이 제척사유가 있음에도 재판에 관여하거나, 기타 불공평한 재판을 할 사정이 있는 경우에 당사자의 신청에 의하여 법원의 결정으로 당해 법관을 직무집행에서 탈퇴하게 하는 제도
기피사유	• 법관이 제척사유(제17조의 사유)에 해당할 때 • 법관이 기타 불공정한 재판을 할 염려가 있을 때(일반조항) → 법관이 불공정한 재판을 할 염려가 있는 때란 통상인의 판단으로서 법관과 사건의 관계로 보아 불공평한 재판을 할 것이라는 의혹을 갖는 것이 합리적이라고 인정할 만한 객관적인 사정이 있는 경우를 의미한다(판례).
신청권자	• 검사와 피고인 • 변호인도 피고인의 명시한 의사표시에 반하지 않는 한 기피신청을 할 수 있다(제18조 제2항). 피고인의 명시한 의사에 반할 수 없는 독립대리권 → 기피, 상소, 증거동의(판례)
대상	• 법관, 재판부 자체에 대한 기피신청은 인정되지 않으나 합의부법관 전원에 대한 기피는 가능 • 그러나 대법원의 전원합의체를 구성하는 대법관 전원에 대한 기피신청은 이를 판단할 법원을 구성할 수 없기 때문에 허용되지 않는다(판례).
방법	• 합의법원의 법관에 대한 기피는 그 법관의 소속법원에, 수명법관, 수탁판사 또는 단독판사에 대한 기피는 당해 법관에게 신청하여야 한다(제19조 제1항). • 기피신청은 서면 또는 구두(공판정에서)로 할 수 있다. • 기피신청을 함에는 기피원인이 되는 사실을 구체적으로 명시해야 하고(규칙 제9조 제1항), 기피사유는 3일 이내에 서면으로 소명하여야 한다(제19조 제2항). • 이때 기피신청서에 기재된 기피사유만으로는 소명자료가 될 수 없다(판례).
시기	• 판결선고시설과 변론종결시설이 대립 • 법관에 대한 기피신청이 있는 경우에 형사소송법 제22조에 의하여 정지될 소송진행에는 판결선고는 포함되지 아니하는 것이고, 그와 같이 이미 종국판결이 선고되어 버리면 그 담당재판부를 사건 심리에서 배제하고자 하는 기피신청은 그 목적의 소멸로 재판을 할 이익이 상실되어 부적법하게 된다(판례).
효과	• 기피신청이 있으면 급속을 요하는 경우를 제외하고는 소송절차가 정지된다. 　예 급속을 요하는 경우 = 구속기간 만료가 임박(13일 전, 24일 전)한 경우(판례) • 정지되어야 할 소송절차는 본안의 소송절차만을 의미하고, 판결의 선고나 구속기간의 갱신절차 등은 정지되지 않는다는 것이 판례이다. • 기피신청을 받은 법관이 소송진행을 정지하지 않고 한 소송행위는 무효이고, 그 후 기피신청에 대한 기각결정이 확정된 경우에도 마찬가지이다(대판 2012.10.11. 2012도8544).

　㉡ 기피에 대한 재판

절차	의견서 제출	기피신청이 적법한 경우 기피당한 법관은 지체 없이 기피신청에 대한 의견서를 제출하여야 한다(제20조 제2항).
	관할	• 기피신청에 대한 재판은 기피당한 법관의 소속법원 합의부에서 결정한다(제21조 제1항). • 기피당한 법관은 여기에 관여하지 못한다(제21조 제2항). • 기피당한 판사의 소속법원이 합의부를 구성하지 못한 때에는 직근상급법원이 결정하여야 한다(제21조 제3항).

재판	간이 기각 결정	• 기피신청이 소송의 지연을 목적으로 함이 명백하거나 형식적 요건을 구비하지 못하여 부적법한 경우에 기피신청을 받은 법원 또는 법관이 결정으로 그 신청을 기각하는 것(제20조 제1항) 예 시기에 늦은 기피신청, 이유 없음이 명백한 기피신청, 기피신청권자가 아닌 자가 기피신청을 한 경우, 3일 이내에 기피사유를 소명하지 않은 경우(제19조 제2항), 이미 직무집행에서 배제된 자를 대상으로 기피신청을 한 경우(대판 1986.9.24. 86모48), 기피신청사건에 대하여 이미 판결이 선고된 경우(대판 1995.1.9. 94모77) • 간이기각결정에 대해서는 즉시항고할 수 있다(제23조 제1항). 간이기각결정에 대한 즉시항고는 통상적인 즉시항고의 경우와 달리 재판의 집행을 정지하는 효력이 없다. • 기피신청을 간이기각할 경우에는 본안소송절차는 정지되지 않는다.
	기각	• 기피신청이 이유 없다고 인정한 때에는 기피신청을 기각한다. • 기피신청 기각결정에 대하여 즉시항고할 수 있다(제23조 제1항).
	인용	• 기피신청이 이유 있다고 인정한 때에는 기피당한 법관을 당해사건의 절차에서 배제하는 결정을 하여야 한다(제21조 제1항). → 기피신청에 대한 기각, 간이기각결정에 대해서는 즉시항고 가능하나, 인용결정에 대해서는 즉시항고가 불가능하다. • 기피신청이 인용결정이 있을 때에는 법관은 당해사건의 직무집행으로부터 탈퇴한다. • 기피신청이 이유 있다는 결정이 있음에도 불구하고, 당해 법관이 심판에 관여한 때에는 절대적 항소이유 및 상대적 상고이유가 된다.

④ 회피

의의	회피란 법관 스스로가 기피원인이 있다고 판단한 때에 자발적으로 직무집행에서 탈퇴하는 제도이다(제24조 제1항).
원인	회피사유 = 기피사유(법관이 제척사유에 해당하거나 불공정한 재판을 할 염려가 있을 때)
절차	• 회피신청은 소속법원에 서면으로 한다(제24조 제2항). • 신청시기는 제한이 없고, 신청에 대한 결정은 기피에 관한 규정이 준용된다(제24조 제3항). • 법관에게 회피권이 인정되는 것은 아니므로 소속법원의 결정이 있어야 회피가 가능하다(동조 제3항). 실무에서는 회피제도를 통하지 않고 사건의 재배당이나 합의부원의 재구성에 의하여 내부적으로 해결하는 것이 일반적이다. • 회피결정에 대하여는 항고할 수 없고, 법관이 회피신청을 하지 않았다고 해서 상소이유가 되는 것도 아니다.

⑤ 법원사무관 등에 대한 제척·기피·회피

의의	법원서기관·법원사무관·법원주사 또는 법원주사보와 통역인에게도 법관에 대한 제척·기피·회피제도가 적용된다.
사유	법관의 제척·기피·회피사유 중에서 전심재판 관여(제17조 제7호)는 사유에서 제외
재판	• 법원사무관 등에 대한 기피신청재판은 그 소속법원의 결정으로 한다. • 따라서 단독판사에 배속된 법원사무관 등에 대한 재판은 단독판사가 관할하고, 합의부에 배속된 법원사무관 등에 대한 사건은 합의부가 관할하게 된다. • 제척사유가 있는 통역인이 통역한 증인의 증인신문조서는 유죄 인정의 증거로 사용할 수 없다.

5 변호인

(1) 서설

① 사선변호인

의의	피고인·피의자 또는 그와 일정한 관계에 있는 자가 선임한 변호인 (변호인에 의한 변호 → 형식적 변호, 법원이나 검사 등에 의한 변호 → 실질적 변호)
선임권자 및 선임대리권자	• 고유의 선임권자: 피의자·피고인(제30조 제1항) • 선임대리권자: 피의자 또는 피고인의 법정대리인, 배우자, 직계친족과 형제자매는 독립하여 변호인을 선임할 수 있다(제30조 제2항).
변호인의 자격	• 변호사: 변호인은 원칙적으로 변호사 중에서 선임한다(제31조). • 특별변호인: 상고심을 제외하고는 특별한 사정이 있는 경우에 법원의 허가를 얻어 변호사 아닌 자를 변호인으로 선임할 수 있는데, 이를 특별변호인이라 한다. → 법률심인 상고심에 있어서는 변호사 아닌 자를 변호인으로 선임하지 못한다.
변호인의 수	• 1인의 피의자·피고인이 선임할 수 있는 변호인의 수에는 제한이 없다. • 대표변호인의 지정: 피의자나 피고인에게 수인의 변호인이 있는 때에는 재판장은 직권 또는 피고인·피의자 또는 변호인의 신청에 의하여 대표변호인을 3인까지 지정할 수 있다(제32조의2). • 대표변호인에 대한 통지 또는 서류의 송달은 변호인 전원에 대하여 효력이 있다. → 대표변호인을 지정하더라도 그 효력은 통지 또는 서류의 송달에만 미칠 뿐 여타의 소송행위는 개개의 변호인이 각자 수행할 수 있다.
심급대리의 원칙	• 변호인선임의 효력은 그 심급에 대해서만 미친다. 다만 공소제기 전의 변호인선임은 제1심에도 그 효력이 있다(제32조 제2항). • 원심법원에서의 변호인선임은 항소심법원이 사건을 원심법원에 파기환송하거나 관할법원에 이송한 후의 형사절차에서도 효력이 있다(규칙 제158조).

사건과의 관계	• 원칙: 변호인의 선임은 사건을 단위로 하는 것이므로 그 효력은 공소사실의 동일성이 인정되는 사실(소송법상 하나의 사건) 전부에 미치는 것이 원칙이다.
	• 예외
	  – 사건의 일부에 대한 변호인선임: 한 사건의 일부에 대한 변호인의 선임은 그 일부분이 다른 부분과 가분적이며, 그 부분만에 대한 선임이 합리적이라 인정되는 경우에만 허용된다.
	  – 병합심리의 경우: 하나의 사건에 관하여 한 변호인선임은 그 사건의 공소제기 후 동일법원의 동일 피고인에 대하여 추가로 공소가 제기되어 병합된 다른 사건에 관하여도 그 효력이 있다. 다만, 피고인 또는 변호인이 이와 다른 의사표시를 한 때에는 그러하지 아니하다(규칙 제13조).

② 국선변호인

의의		• 국선변호인 = 법원이 선임한 변호인 • 국선변호제도는 형사절차에서 사회국가의 이념을 구현하려는 장치인 바 피고인에게 사선변호인이 선임되어 있으면 원칙적으로 국선변호인을 선임할 수 없다.
선정 사유	필요 국선	• 피고인이 구속된 때[당해사건으로 구속된 때에 한정(판례)] • 피고인이 미성년자인 때 • 피고인이 70세 이상인 때 • 피고인이 듣거나 말하는 데 모두 장애가 있는 사람인 때 • 피고인이 심신장애의 의심이 있는 때 • 피고인이 사형, 무기 또는 단기 3년 이상의 징역·금고로 기소된 때
	청구 국선	법원은 피고인이 빈곤이나 그 밖의 사유로 변호인을 선임할 수 없는 경우에 피고인이 청구하면 변호인을 선정하여야 한다.
	재량 국선	법원은 피고인의 나이·지능 및 교육 정도 등을 참작하여 권리보호를 위하여 필요하다고 인정하면 피고인의 명시적 의사에 반하지 아니하는 범위에서 변호인을 선정하여야 한다.

필요적 변호사건	• 범위: 필요국선사건과 청구국선 · 재량국선규정에 따라 변호인이 선정된 사건 • 필요적 변호사건에서 변호인이 출석하지 아니한 때에는 법원은 (판결만을 선고하는 경우를 제외하고는) 직권으로 변호인을 선정하여야 한다(제282조 · 제283조).
개별규정	• 구속전 피의자심문(제201조의2 제8항) • 체포 · 구속적부심사(제214조의2 제9항) • 공판준비절차 • 재심사건의 재심공판절차 • 국민참여재판과 국선변호 • 기타특별법에 의한 경우: 특정범죄신고자 등 보호법에 규정한 특정범죄의 신고자나 그 친족 등이 보복을 당할 우려가 있는 일정한 경우(특정범죄신고자 등 보호법 제11조 제6항)나 군사법원법에 따라 군사재판이 이루어지는 경우 → 성폭력처벌법과 청소년성보호법에 있어서는, 피해자와 법정대리인에게 변호사가 없는 경우 검사가 국선변호사를 지정하여 형사절차에서 피해아동 · 청소년의 권익을 보호할 수 있다. 이 경우 수사단계에서 범죄피해자를 위한 국선변호사가 선임되게 된다.

③ 국선변호인 선임의 절차

국선변호인의 자격	• 국선변호인은 법원의 관할구역 안에 사무소를 둔 변호사 · 공익법무관 또는 사법연수생 중에서 선정한다. • 다만, 부득이한 경우 관할구역 외의 변호인을 선임할 수 있고, 부득이한 경우에는 변호사 아닌 자 중에서 선정할 수도 있다(규칙 제14조). → 법원사무관을 국선변호인으로 선임하였어도 위법이 아니다(판례).
전담국선 및 예정자명부	• 전담국선변호인: 법원은 기간을 정하여 법원의 관할구역 안에 사무소를 둔 변호사(그 관할구역 안에 사무소를 둘 예정인 변호사를 포함한다) 중에서 국선변호를 전담하는 변호사를 지정할 수 있다(규칙 제15조의2). • 국선변호인 예정자명부: 지방법원 또는 지원은 국선변호를 담당할 것으로 예정한 변호사, 공익법무관, 사법연수생 등을 일괄 등재한 국선변호인 예정자명부를 작성할 수 있다. 이 경우 국선변호 업무의 내용 및 국선변호 예정일자를 미리 지정할 수 있다(규칙 제16조의2 제1항).
국선변호인의 수	• 국선변호인은 피고인 또는 피의자마다 1인을 선정한다. • 다만, 사건의 특수성에 비추어 필요하다고 인정할 때에는 1인의 피고인 또는 피의자에게 수인의 국선변호인을 선정할 수 있다. • 피고인 또는 피의자 수인간에 이해가 상반되지 아니할 때(예 공범인 공동피고인)에는 그 수인의 피고인 또는 피의자를 위하여 동일한 국선변호인을 선정할 수 있다(규칙 제15조). • 피고인 또는 피의자 수인간에 이해가 상반될 때(예 맞고소사건이 공동피고인)에는 그 수인의 피고인 또는 피의자를 위하여 동일한 국선변호인을 선정할 수 없다.
국선변호인의 취소	필요적 취소	• 피고인 또는 피해자에게 변호인이 선임된 때 • 국선변호인이 규칙 제14조 제1항 및 제2항에 규정한 자격을 상실한 때 • 법원 또는 지방법원 판사가 규칙 제20조의 규정에 의하여 국선변호인의 사임을 허가한 때
	임의적 취소	• 국선변호인이 그 직무를 성실하게 수행하지 아니하는 때 • 피고인 또는 피의자의 국선변호인 변경신청이 상당하다고 인정하는 때 • 그 밖에 국선변호인의 선정결정을 취소할 상당한 이유가 있는 때
국선변호인의 사임	국선변호인은 다음의 어느 하나에 해당하는 경우에는 법원 또는 지방법원 판사의 허가를 얻어 사임할 수 있다(규칙 제20조). • 질병 또는 장기여행으로 인하여 국선변호인의 직무를 수행하기 곤란할 때 • 피고인 또는 피의자로부터 폭행, 협박 또는 모욕을 당하여 신뢰관계를 지속할 수 없을 때 • 피고인 또는 피의자로부터 부정한 행위를 할 것을 종용받았을 때 • 그 밖에 국선변호인으로서의 직무를 수행하는 것이 어렵다고 인정할 만한 상당한 사유가 있을 때

(2) 변호인의 권한

① 대리권

㉠ 독립대리권

본인의 명시적 의사에 반해서도 행사할 수 있는 것	본인의 명시적 의사에는 반할 수 없으나 묵시적 의사에 반해서는 행사할 수 있는 것
• 구속의 취소청구(제93조) • 보석청구(제94조) • 증거보전청구(제184조) • 공판기일 변경신청(제270조 제1항) • 증거조사에 대한 이의신청(제296조 제1항)	• 기피신청(제18조) • 상소제기(제341조) • 증거동의권(판례)

㉡ 종속대리권(피의자·피고인의 명시·묵시의 의사에 반할 수 없는 것)

- 관할이전신청(제15조)
- 관할위반신청(제320조)
- 상소의 취하(제351조)
- 정식재판청구(제453조)

② 고유권

변호인만 가지는 권리(협의의 고유권)	피의자나 피고인과 중복하여 가지는 권리
• 피의자·피고인과의 접견교통권(제34조) • 피고인에 대한 신문권(제296조의2) • 상고심에서 변론권(제387조)	• 강제처분참여권(제121조·제145조) • 증인신문권(제161조의2) • 증인신문참여권(제163조) • 감정에의 참여권(제176조) • 증거보전처분에 관한 서류 및 증거물의 열람·등사권(제185조) • 서류·증거물의 열람·등사권(제35조·제266조의3 내지 제266조의4) • 공판기일출석권(제275조) • 증거제출, 증인신문신청권(제294조) • 최종의견진술권(제303조)

6 보조인

의의	피의자·피고인과 일정한 신분관계에 있는 자로서 그 신분관계에 기한 정의(情誼)에 의하여 피고인 또는 피의자의 이익을 보호하는 보조자
보조인의 자격	• 피고인·피의자의 법정대리인·배우자·직계친족·형제자매 • 보조인이 될 수 있는 자가 없거나 장애 등의 사유로 보조인으로서 역할을 할 수 없는 경우에는 피고인 또는 피의자와 신뢰관계 있는 자가 보조인이 될 수 있다.
선임절차 (제29조)	• 보조인이 되고자 하는 자는 심급별로 그 취지를 신고하여야 한다. → 개정 형사소송법은 보조인 신고시의 서면주의를 폐지하였다. 보조인 신고는 구술로도 가능하다. • 보조인의 신고는 그 심급에 한하여 효력이 있다. 그러나 공소제기 전의 보조인 신고는 제1심에도 효력이 있다(규칙 제11조 제2항).
보조인의 권한	보조인은 독립하여 피의자·피고인의 명시한 의사에 반하지 아니하는 소송행위를 할 수 있다. 단, 법률에 다른 규정이 있는 때에는 예외로 한다(제29조 제4항).

02 소송절차·소송행위·소송조건

1 소송절차의 기본구조

(1) 소송절차의 본질론

의의	소송절차의 전 과정, 즉 전체로서의 소송의 본질을 통일적으로 규명하고자 하는 이론
소송법률 관계설	• 소송법률관계설이란 형사절차를 법원과 검사 그리고 피고인의 세 주체 사이에 존재하는 법률관계의 총체라고 보는 견해 → 소송법률관계설은 법률관계의 생성·유지·발전을 위한 전제조건인 소송조건을 발견 • 소송을 정태적, 고정적으로 파악 → 법적 안정성을 중시 • 소송의 조건은 일시라도 불비면 무효이고, 하자는 추완되지 않는다고 봄
소송법률 상태설	• 소송법률상태설은 소송을 유무죄의 종국판결을 지향하여 전개, 발전되는 여러 소송행위들의 집결체로 보는 견해 → 소송법률상태설에서는 소송행위의 독자성을 규명하였음 • 소송은 부동적(浮動的)이고, 동적·발전적 성격을 지님 → 소송경제를 중시 • 소송의 발전적 성격상 소송법적 하자는 추완이 되는 것이 속성이라고 보게 됨
이면설(통설)	• 소송의 절차면(절차진행의 문제)은 소송법률관계설로 파악하는 반면, • 소송의 실체면(사실문제, 유·무죄 관련의 문제)은 소송법률상태설로 파악 → 이면설에서는 절차면에 해당하는 소송조건의 경우 하자는 추완되지 않으나, 실체면에 해당하는 사실문제는 소송진행상 변동(예) 공소장변경)도 인정

(2) 소송절차의 실체면과 절차면(이면설에 의한 분류)

구별의 어려움	• 형사절차의 실체면과 절차면의 구별은 이론적으로는 용이할 수도 있으나, 현실에서는 구별이 매우 곤란하고 양자가 혼재된 경우가 많다. • 따라서 실체면과 절차면의 구별은 형식적·기계적으로 판단되는 것이 아니라 개별적 소송행위를 구체적으로 분석한 결과를 토대로 그 성질이 결정된다는 점을 간과해서는 안 될 것이다(대판 1992.3.13. 92모1).
실체면이 절차면에 미치는 영향	• 사물관할의 결정 • 긴급체포·긴급체포시 압수·수색·검증의 허용 여부(제200조의3·제217조) • 공소시효의 완성 여부(제249조) • 필요적 변호 여부(제282조) • 피고인의 출석 여부(제276조·제277조) • 친고죄·반의사불벌죄에 있어서 고소의 존부나 고소의 취소의 효과(제223조 이하) 등
절차면이 실체면에 미치는 영향	• 위법수집증거배제법칙(제308조의2) • 자백배제법칙(제309조) • 전문증거의 증거능력 배제(제310조의2 이하), 자백의 보강법칙(제310조) • 증거동의(제318조) 등

2 소송조건론

(1) 소송조건의 의의

의의	소송조건이란 전체로서의 소송이 생성, 유지, 발전하기 위한 기본조건을 말한다.
직권조사(원칙)	소송조건의 존부는 원칙적으로 법원이 직권으로 조사하여야 한다. 상대적 소송조건의 경우에는 당사자의 신청이 있는 때에 한하여 그 존부를 판단한다(다만, 토지관할은 공소제기시에만 존재하면 되고, 공소제기 이후에 피고인의 주소나 거소 등이 변경되더라도 토지관할에 아무런 영향을 미치지 아니한다).
소송조건의 존재 시기	소송조건은 피고사건의 공소제기시부터 항소심, 상고심을 거쳐 판결이 확정될 때까지 계속 유지되어야 한다.
증명방법	소송법적 사실이므로 자유로운 증명으로 족하다.
판단방법	소송조건은 공소제기의 유효요건이므로 공소장에 기재된 공소사실을 기준으로 판단하여야 하며 공소장이 변경된 경우에는 변경된 공소사실을 기준으로 판단하여야 한다. 예 공소장이 강간죄에서 강간치상죄로 변경된 경우 → 강간치상죄의 법정형을 기준으로 공소시효의 완성 여부를 판단
흠결시 처리 — 원칙	형식재판(공소기각판결, 공소기각결정, 관할위반판결, 면소판결)에 의하여 소송을 종결 → 소송조건이 구비되지 아니한 때에는 유·무죄의 실체재판을 할 수 없다.
흠결시 처리 — 경합시	형식적 소송조건과 실체적 소송조건의 경합 → 형식적 소송조건
흠결시 처리 — 추완	• 소송조건은 절차면의 것으로서 추완은 허용되지 않는다(통설). • 판례 역시 강간치사죄에서 강간죄로 공소장이 변경된 후에 이르러 비로소 피해자의 부(父)에 의해 고소장이 제출된 사안 → 고소의 추완은 허용되지 않으므로 공소기각판결(판례)

(2) 소송조건의 종류

① 일반적 소송조건과 특수적 소송조건

구분	내용	예
일반적 소송조건	일반사건에 공통으로 요구되는 소송조건	재판권, 관할권
특별 소송조건	특수한 사건에 한해서만 필요한 소송조건	친고죄에 있어서 고소

② 절대적 소송조건과 상대적 소송조건(제320조)

구분	내용	예
절대적 소송조건	법원의 직권으로 조사해야 하는 소송조건 → 소송조건은 절대적 소송조건임이 원칙	당사자능력, 기타 형식재판사유
상대적 소송조건	당사자의 신청을 기다려 비로소 조사하는 소송조건	토지관할

③ 적극적 소송조건과 소극적 소송조건(소송장애사유)

구분	내용	예
적극적 소송조건	일정한 사실의 존재가 소송조건으로 되어 있는 경우	• 재판권·관할권의 존재 • 당사자능력의 존재 • 공소제기
소극적 소송조건	일정한 사실의 부존재가 소송조건으로 되어 있는 경우	• 확정판결이 없을 것 • 이중의 공소제기가 없을 것 • 공소시효기간의 완성되지 않았을 것

④ 실체적 소송조건과 형식적 소송조건
  ㉠ 실체적 소송조건 → 면소판결사유
  ㉡ 형식적 소송조건 → 관할위반판결사유, 공소기각판결사유, 공소기각결정사유

3 소송행위론

(1) 소송행위의 의의

소송행위의 의의	소송절차를 조성하는 행위로서 소송법상의 효과가 인정되는 것으로서, 공판절차뿐만 아니라 수사와 집행 절차를 조성하는 행위도 포함 예 고소, 자수·자백, 공소제기 등 → 법관의 임면·사법사무의 분배, 법정경찰의 법정정리·공판개정준비 등은 소송절차를 조성하는 행위가 아니므로 소송행위가 아니다.

(2) 소송행위의 분류

① 주체에 의한 분류

법원의 소송행위	• 심리와 재판 • 강제처분과 증거조사 • 재판장·수명법관·수탁판사의 소송행위 • 법원사무관 등의 소송행위
당사자의 소송행위	• 검사와 피고인의 소송행위[신청(청구)·진술(주장)·입증(증명)] • 피고인의 변호인·대리인·보조인의 소송행위
제3자의 소송행위	고소, 고발, 증언, 감정, 피고인 외의 자의 압수물에 대한 환부·가환부 청구

② 기능에 의한 분류

취효적 소송행위	그 자체로는 소송상황을 형성하지 않고 다른 주체의 소송행위를 요하는 소송행위 → 효과요구소송행위 예 공소제기, 증거조사신청, 관할위반신청 등
여효적 소송행위	그 자체가 직접적으로 소송절차를 형성하는 소송행위 → 효과부여소송행위 예 고소의 취소, 상소취하, 정식재판청구의 취하 등

③ 목적에 의한 분류

실체형성행위	실체면의 형성에 직접적인 역할을 담당하는 소송행위로서 법관의 심증형성에 영향을 미치는 행위(심증형성행위) 예 피고인의 진술, 증거조사, 당사자의 진술·변론·증언, 법원의 검증 등
절차형성행위	절차의 형식적 발전과 그 발전을 촉구하는 절차면의 형성에 역할을 담당하는 소송행위 예 공소제기, 공판기일의 지정, 소송관계인의 소환, 증거조사의 신청, 상소제기, 판결의 선고 등

④ 성질에 의한 분류

법률행위적 소송행위		일정한 소송법적 효과를 내용으로 하는 의사표시를 요소로 하고 그에 상응하는 효과가 인정되는 소송행위 예 고소, 기피신청, 영장발부, 공소제기, 재판의 선고, 상소제기 등
사실 행위적 소송행위	표시 행위	의사를 내용으로 하는 소송행위이지만 그에 상응하는 소송법적 효과가 인정되지 않는 것 예 논고, 구형, 변론, 증언, 감정 등
	순수 사실 행위	의사내용보다는 행위결과를 중시하여 의사내용에 관계없이 소송법적 효과가 인정되는 행위 예 체포, 구속·압수·수색 등의 영장의 집행, 피고인의 퇴정 등
복합적 소송행위		법률행위적 소송행위와 사실행위적 소송행위가 복합된 소송행위 예 영장에 의한 강제처분 → 영장발부는 법률행위적 소송행위 + 영장의 집행은 순수사실행위

(3) 소송행위의 대리

소송행위 대리의 의의		피고인 또는 제3자의 소송행위를 기타의 자가 대리하는 것 → 소송행위의 대리는 피고인 또는 제3자의 소송행위에만 가능하고, 법원의 행위(예 재판)와 검사의 행위(예 공소제기)에 대하여는 대리를 인정할 여지가 없다.
포괄대리 허용규정		• 경미사건에 대한 피고인의 대리(제277조) • 의사무능력자에 대한 법정대리인의 대리(제26조) • 법인의 대표자의 대리(제27조) • 특별대리인(제28조) • 변호인, 보조인에 의한 대리(제36조·제29조)
개별대리	명문허용 규정 있는 경우	• 고소 또는 고소취소의 대리(제236조) • 재정신청의 대리(제264조) • 변호인선임의 대리(제30조) • 상소의 대리(제340조·제341조)
	명문허용 규정 없는 경우	법적 안정성을 고려하여 명문의 허용규정이 없는 경우 대리는 불허 예 명문의 허용규정 없는 재항고는 대리 불가(판례)
대리의 효과		• 대리인에 의한 소송행위의 효과는 본인에게 귀속한다. • 그러나 대리권 없는 자의 소송행위는 무효이다. • 변호인선임계를 제출하지 않은 상태에서 행한 대리는 추후 변호인 선임계를 제출한다 하더라도 추완이 허용되지 않는다는 것이 판례의 태도이다(판례).

(4) 소송행위의 방식

구두주의와 서면주의	• 소송행위의 일반적 방식으로는 구두주의와 서면주의가 있다. • 어느 방식에 의하건 국어를 사용하여야 하고 국어에 능통하지 아니하면 통역을 사용한다(법원조직법 제62조).

구술에 의한 소송행위	• 실체형성행위
	  - 검사의 모두진술(제285조)
	  - 피고인의 모두진술(제286조)
	  - 피고인신문(제296조의2)
	  - 증인신문(제161조의2)
	  - 증거조사결과에 대한 피고인의 의견진술(제293조)
	  - 검사의 의견진술(제302조)
	  - 변호인의 최후변론과 피고인의 최후진술(제303조) 등
	• 법원 또는 재판장의 소송지휘
	  - 인정신문(제284조)
	  - 진술거부권의 고지(제244조의3·제283조의2)
	  - 불필요한 변론의 제한(제299조), 퇴정명령(제281조)
	• 판결선고
	  - 판결선고(제43조)
	  - 판결선고시 재판장이 행하는 훈계(규칙 제147조)
	  - 상소할 기간과 상소할 법원에 대한 재판장의 고지(제324조)
	  - 결정·명령의 고지의 원칙적 방법(제42조·제43조).

서면에 의한 소송행위	• 체포·구속시 가족·친지 등에 지체없이 서면통지(제209조·제200조의6·제87조) • 공소제기(제254조) • 약식명령청구(제449조) • 정식재판의 청구(제453조, 즉결심판에 관한 절차법 제14조) • 상소제기(제343조) • 준항고의 제기(제418조) • 재심청구(규칙 제166조) • 비상상고(제442조) • 기타 각종 영장의 청구와 영장발부 • 변호인선임신고(제32조) • 불기소처분통지 및 이유통지, 재정신청(제260조) • 토지관할의 병합심리신청, 관할지정 및 관할이전의 신청 • 판결정정의 신청(제400조)
구술·서면 모두 허용되는 소송행위	• 고소·고발 및 그 취소(제237조), 공소취소(제255조) • 공소장변경 허가신청(규칙 제142조) • 상소의 포기·취하(제352조) • 약식명령에 대한 정식재판청구의 취하(제458조) • 즉결심판에 대한 정식재판청구의 포기·취하(즉결심판에 관한 절차법 제14조) • 기피신청(제18조) • 국선변호인선정청구(제33조) • 증거조사신청(제273조·제294조) • 증거조사에 대한 이의신청(제296조) • 재판장의 처분에 대한 이의신청(제304조) • 공소장의 변경신청(제298조) • 변론의 분리·병합·재개신청(제300조·제305조)

(5) 소송서류

작성주체에 따른 기재요건	공무원의 서류	• 법률에 다른 규정이 없는 때에는 작성 연월일과 소속 공무소를 기재하고 기명날인 또는 서명하여야 한다(제57조). • 공무원이 서류를 작성함에는 문자를 변개하지 못하며, 삽입·삭제 또는 난외기재를 한 때에는 그 기재한 곳에 날인하고 그 자수를 기재하여야 한다. 단, 삭제한 부분은 해득할 수 있도록 자체를 존치하여야 한다(제58조).
	비공무원의 서류	• 비공무원의 서류란 공무원이 아닌 자가 작성하는 서류를 말한다. 비공무원의 작성서류에는 연월일을 기재하고, 기명날인하여야 한다. • 인장이 없으면 지장으로도 가능하다(제59조).
조서	조서의 작성방식 (일반요건)	• 피고인, 피의자, 증인, 감정인, 통역인 또는 번역인을 신문하는 때에는 참여한 법원사무관 등이 조서를 작성하여야 한다. • 조서에는 피고인, 피의자, 증인, 감정인, 통역인 또는 번역인의 진술과 증인, 감정인, 통역인 또는 번역인이 선서를 하지 아니한 때에는 그 사유를 기재하여야 한다. • 조서는 진술자에게 읽어 주거나 열람하게 하여 기재내용의 정확 여부를 물어야 한다. • 진술자가 증감변경의 청구를 한 때에는 그 진술을 조서에 기재하여야 한다. • 신문에 참여한 검사, 피고인, 피의자 또는 변호인이 조서의 기재의 정확성에 대하여 이의를 진술한 때에는 그 진술의 요지를 조서에 기재하여야 한다. • 전항의 경우에는 재판장 또는 신문한 법관은 그 진술에 대한 의견을 기재하게 할 수 있다. • 조서에는 진술자로 하여금 간인한 후 서명날인하게 하여야 한다. 단, 진술자가 서명날인을 거부한 때에는 그 사유를 기재하여야 한다. • 조서에는 조사 또는 처분의 연월일시와 장소를 기재하고 그 조사 또는 처분을 행한 자와 참여한 법원사무관 등이 기명날인 또는 서명하여야 한다. 단, 공판기일 외에 법원이 조사 또는 처분을 행한 때에는 재판장 또는 법관과 참여한 법원사무관 등이 기명날인 또는 서명하여야 한다(제50조). • 조서에는 서면, 사진, 속기록, 녹음물, 영상녹화물, 녹취서 등 법원이 적당하다고 인정한 것을 인용하고 소송기록에 첨부하거나 전자적 형태로 보관하여 조서의 일부로 할 수 있다(규칙 제29조).
	압수·수색·검증조서 (제49조)	• 검증, 압수 또는 수색에 관하여는 조서를 작성하여야 한다. • 검증조서에는 검증목적물의 현상을 명확하게 하기 위하여 도화나 사진을 첨부할 수 있다. • 압수조서에는 품종, 외형상의 특징과 수량을 기재하여야 한다.
소송서류의 공개(원칙)		소송서류는 공판개정 전에는 공익상 필요 기타 상당한 이유가 없으면 공개하지 못한다(제47조).

(6) 공판조서의 의의와 기재요건

① 의의

공판조서란 공판기일에 있어서 소송절차가 법정의 방식에 따라 적법하게 행하여졌는가의 여부를 인증하기 위하여 공판기일의 소송절차에 참여한 법원사무관 등이 작성하는 조서를 말한다(제51조 제1항).

② 작성주체

공판기일의 소송절차에 참여한 법원사무관 등이 작성한다. 따라서 공판에 참여하지 않은 법원사무관 등이 작성한 공판조서는 무효이다.

③ 공판조서의 기재사항(제51조 제2항)
　㉠ 공판을 행한 일시와 법원
　㉡ 법관, 검사, 법원사무관 등의 관직, 성명
　㉢ 피고인, 대리인, 대표자, 변호인, 보조인과 통역인의 성명
　㉣ 피고인의 출석여부
　㉤ 공개의 여부와 공개를 금한 때에는 그 이유
　㉥ 공소사실의 진술 또는 그를 변경하는 서면의 낭독
　㉦ 피고인에게 그 권리를 보호함에 필요한 진술의 기회를 준 사실과 그 진술한 사실
　㉧ 제48조 제2항에 기재한 사항(= 조서의 필요적 기재사항)
　㉨ 증거조사를 한 때에는 증거될 서류, 증거물과 증거조사의 방법
　㉩ 공판정에서 행한 검증 또는 압수
　㉪ 변론의 요지
　㉫ 재판장이 기재를 명한 사항 또는 소송관계인의 청구에 의하여 기재를 허가한 사항
　㉬ 피고인 또는 변호인에게 최종 진술할 기회를 준 사실과 그 진술한 사실
　㉭ 판결 기타의 재판을 선고 또는 고지한 사실

④ 공판조서의 서명 등(제53조)
　㉠ 공판조서에는 재판장과 참여한 법원사무관 등이 기명날인 또는 서명하여야 한다.
　㉡ 재판장이 기명날인 또는 서명할 수 없는 때에는 다른 법관이 그 사유를 부기하고 기명날인 또는 서명하여야 하며, 법관 전원이 기명날인 또는 서명할 수 없는 때에는 참여한 법원사무관 등이 그 사유를 부기하고 기명날인 또는 서명하여야 한다.
　㉢ 법원사무관 등이 기명날인 또는 서명할 수 없는 때에는 재판장 또는 다른 법관이 그 사유를 부기하고 기명날인 또는 서명하여야 한다.

⑤ 공판조서의 정리
　㉠ 신속한 정리: 공판조서는 공판기일 후 신속히 정리하여야 한다(제54조 제1항).
　㉡ 요지의 고지: 다음 회의 공판기일에 있어서는 전회의 공판심리에 관한 주요사항의 요지를 조서에 의하여 고지하여야 한다. 다만, 다음 회의 공판기일까지 전회의 공판조서가 정리되지 아니한 때에는 조서에 의하지 아니하고 고지할 수 있다(제54조 제2항).
　㉢ 변경청구 및 이의제기: 검사, 피고인 또는 변호인은 공판조서의 기재에 대하여 변경을 청구하거나 이의를 제기할 수 있으며(제54조 제3항), 이 경우 그 취지와 이에 대한 재판장의 의견을 기재한 조서를 당해 공판조서에 첨부하여야 한다(제54조 제4항).

⑥ 공판조서의 증명력
공판기일의 소송절차로서 공판조서에 기재된 것은 그 조서만으로 증명하며(제56조), 공판기일에 피고인이나 피고인 아닌 자의 진술을 기재한 공판조서와 법원·법관의 검증의 결과를 기재한 공판조서는 유죄인정의 증거로 할 수 있다(제311조).

⑦ 공판정에서의 속기 · 녹음 및 영상녹화
  ㉠ 법원은 검사, 피고인 또는 변호인의 신청이 있는 때에는 특별한 사정이 없는 한 공판정에서의 심리의 전부 또는 일부를 속기사로 하여금 속기하게 하거나 녹음장치 또는 영상녹화장치를 사용하여 녹음 또는 영상녹화(녹음이 포함된 것을 의미)하여야 하며, 필요하다고 인정하는 때에는 직권으로 이를 명할 수 있다(제56조의2 제1항).
  ㉡ 법원은 속기록 · 녹음물 또는 영상녹화물을 공판조서와 별도로 보관하여야 한다(제56조의2 제2항).
  ㉢ 검사, 피고인 또는, 변호인은 비용을 부담하고 제2항에 따른 속기록 · 녹음물 또는 영상녹화물의 사본을 청구할 수 있다(제56조의2 제3항).
  ㉣ 그러나, 검사가 사전에 공판정에서의 녹음을 신청한 사실이 없고, 법원이 직권으로 녹음을 명한 바도 없으나 조서 작성의 편의를 위한 녹음이 이루어진 경우라면, 형사소송법 제56조의2 제1항에 근거하여 이루어진 공판정에서의 심리에 관한 녹음이 있다고 할 수 없으므로 검사는 녹음물의 사본을 청구할 수 없다(대결 2012.4.20. 2012모459).
  ㉤ 속기록, 녹음물 또는 영상녹화물 또는 녹취서는 전자적 형태로 보관할 수 있으며, 재판이 확정되면 폐기한다. 다만, 속기록, 녹음물, 영상녹화물 또는 녹취서가 조서의 일부가 된 경우에는 그러하지 아니하다(규칙 제39조).
⑧ 공판조서의 열람 · 등사
  ㉠ 피고인은 공판조서의 열람 또는 등사를 청구할 수 있고,
  ㉡ 피고인이 공판조서를 읽지 못하는 때에는 공판조서의 낭독을 청구할 수 있으며,
  ㉢ 피고인의 열람 · 등사 또는 낭독 청구에 응하지 아니한 때에는 그 공판조서를 유죄의 증거로 할 수 없다(제55조). → 열람 · 낭독에 응하지 않은 경우에는 공판조서뿐 아니라 공판조서에 기재된 피고인이나 피고인 아닌 자의 진술도 증거능력이 없다(판례).

(7) (검찰청보관) 재판확정기록의 열람 · 등사(제59조의2)

의의	누구든지 권리구제 · 학술연구 또는 공익적 목적으로 재판이 확정된 사건의 소송기록을 보관하고 있는 검찰청에 그 소송기록의 열람 또는 등사를 신청할 수 있다(제59조의2 제1항).

기록공개 제한	• 검사의 기록공개 제한사유
	  - 심리가 비공개로 진행된 경우
	  - 소송기록의 공개로 인하여 국가의 안전보장, 선량한 풍속, 공공의 질서유지 또는 공공복리를 현저히 해할 우려가 있는 경우
	  - 소송기록의 공개로 인하여 사건관계인의 명예나 사생활의 비밀 또는 생명 · 신체의 안전이나 생활의 평온을 현저히 해할 우려가 있는 경우
	  - 소송기록의 공개로 인하여 공범관계에 있는 자 등의 증거인멸 또는 도주를 용이하게 하거나 관련사건의 재판에 중대한 영향을 초래할 우려가 있는 경우
	  - 소송기록의 공개로 인하여 피고인의 개선이나 갱생에 현저한 지장을 초래할 우려가 있는 경우
	  - 소송기록의 공개로 인하여 사건관계인의 영업비밀(부정경쟁방지 및 영업비밀보호에 관한 법률 제2조 제2호의 영업비밀)이 현저하게 침해될 우려가 있는 경우
	  - 소송기록의 공개에 대하여 당해 소송관계인이 동의하지 아니하는 경우
	• 기록공개 제한의 특칙: 소송관계인이나 이해관계 있는 제3자에게 열람 또는 등사에 관하여 정당한 이유가 있다고 인정되는 경우에는 제한사유에도 불구하고 열람 · 등사가 허용된다(제59조의2 제2항).

불복절차	• 소송기록의 열람 또는 등사를 신청한 자는 열람 또는 등사에 관한 검사의 처분에 불복하는 경우에는 당해 기록을 보관하고 있는 검찰청에 대응한 법원에 그 처분의 취소 또는 변경을 신청할 수 있다. • 이 경우 수사상 준항고의 규정이 준용된다(제59조의2 제6항·제7항).
준수사항	소송기록을 열람 또는 등사한 자는 열람 또는 등사에 의하여 알게 된 사항을 이용하여 공공의 질서 또는 선량한 풍속을 해하거나 피고인의 개선 및 갱생을 방해하거나 사건관계인의 명예 또는 생활의 평온을 해하는 행위를 하여서는 아니 된다(제59조의2 제5항).

(8) (법원보관) 확정판결서 등에 대한 열람·복사(제59조의3)

의의	누구든지 판결이 확정된 사건의 판결서 또는 그 등본, 증거목록 또는 그 등본, 그 밖에 검사나 피고인 또는 변호인이 법원에 제출한 서류·물건의 명칭·목록 또는 이에 해당하는 정보("판결서 등")를 보관하는 법원에서 열람 및 복사(인터넷, 그 밖의 전산정보처리시스템을 통한 전자적 방법을 포함)할 수 있다(제59조의3 제1항).

법원의
기록공개
제한 사유
	• 심리가 비공개로 진행된 경우
	• 소년법 제2조에 따른 소년에 관한 사건인 경우
	• 공범관계에 있는 자 등의 증거인멸 또는 도주를 용이하게 하거나 관련사건의 재판에 중대한 영향을 초래할 우려가 있는 경우
	• 국가의 안전보장을 현저히 해할 우려가 명백하게 있는 경우
	• 제59조의2 제2항 제3호 또는 제6호의 사유가 있는 경우. 다만, 소송관계인의 신청이 있는 경우에 한정한다.
	  - 소송기록의 공개로 인하여 사건관계인의 명예나 사생활의 비밀 또는 생명·신체의 안전이나 생활의 평온을 현저히 해할 우려가 있는 경우
	  - 소송기록의 공개로 인하여 사건관계인의 영업비밀(부정경쟁방지 및 영업비밀보호에 관한 법률 제2조 제2호의 영업비밀을 말한다)이 현저하게 침해될 우려가 있는 경우

기록공개 제한의 특칙	열람 및 등사에 관하여 정당한 사유가 있는 소송관계인이나 이해관계 있는 제3자는 기록공개 제한사유가 있음에도 불구하고, 법원사무관 등이나 그 밖의 법원공무원에게 판결서 등의 열람 및 복사를 신청할 수 있다.
불복절차	• 법원사무관 등이나 그 밖의 법원공무원의 열람 및 등사에 관한 처분에 불복하는 경우에는 제1항에 따른 법원에 처분의 취소 또는 변경을 신청할 수 있다. • 불복신청에 대하여는 제417조 및 제418조(수사상 준항고의 절차)를 준용한다.
기타	판결서 등의 열람 및 등사의 방법과 절차, 개인정보 보호조치의 방법과 절차, 그 밖에 필요한 사항은 대법원규칙으로 정한다.

(9) 소송서류의 송달

송달의 의의	송달이란 법원·법관이 당사자 기타 소송관계인에 대하여 법정의 방식에 의하여 소송서류의 내용을 알리는 직권행위를 말한다. 송달은 법률이 정한 방식에 의하여야 하는 요식행위로서, 형사소송법에 규정이 없으면 민사소송법의 규정이 준용된다(제65조).
교부송달	• 교부송달의 원칙: 송달방법은 특별한 규정이 없으면 교부송달(인편, 즉 집행관에 의한 송달)에 의한다(민사소송법 제178조).

송달
영수인
	• 피고인측의 서류송달을 위한 주거나 사무소가 법원소재지에 없는 경우에는 법원소재지에 주거 또는 사무소가 있는 자를 송달영수인으로 선임하여 연명한 서면으로 신고하여야 한다.
	• 송달영수인의 선임은 같은 지역에 있는 각 심급법원에 대하여 효력이 있다.
	  예 상소심법원의 소재지가 달라진 경우 → 송달영수인을 다시 선임해야 한다.
	• 송달영수인의 규정은 당해사건으로 신체구속을 당한 자에게는 적용되지 않는다.
	  예 다른 사건으로 구속된 자 → 송달영수인을 별도로 신고해야 한다(판례).

우체송달	• 우체송달은 사무소 또는 송달영수인의 선임을 신고하여야 할 자가 신고를 하지 아니한 때 예외적으로 인정된다. • 우체송달의 경우 도달된 때에 송달된 것으로 간주한다(제61조).
보충송달	• 교부장소에서 송달받을 자를 만나지 못할 경우에는 그 사무원·고용인 또는 동거자로서 사물변식지능이 있는 자에게 교부한다(민사소송법 제186조). • 사리를 변식할 지능이 있다고 하려면 사법제도 일반이나 소송행위의 효력까지 이해할 필요는 없다 하더라도 적어도 송달의 취지를 이해하고 영수한 서류를 수송달자에게 교부하는 것을 기대할 수 있는 정도의 능력은 있어야 한다(판례). • 동거가족에게 교부된 이상 피고인이 서류의 내용을 알지 못한 경우에도 송달의 효력은 발생한다(96모32).
유치송달	서류의 송달을 받을 자가 정당한 이유 없이 송달받기를 거부할 때에 송달할 장소에 서류를 놓아둠으로써 교부할 수 있다.
공시송달	• 요건: 피고인의 주거나 사무소 또는 현재지를 알 수 없는 경우 공시송달을 할 수 있다(제63조 제1항). 또한 피고인이 재판권이 미치지 않는 장소에 있어서 다른 방법으로는 송달할 수 없는 경우에도 공시송달을 할 수 있다(제63조 제2항). • 절차: 공시송달은 대법원규칙이 정하는 바에 따라 법원이 명하는 때에 한하여 할 수 있으며, 법원사무관 등이 송달할 서류를 보관하고 그 사유를 법원게시판에 공시함으로써 행한다. 법원은 공시송달사유를 관보나 신문지상에 공고할 것을 명할 수 있다(제64조 제3항). • 효력: 최초의 공시송달은 공시한 날로부터 2주일을 경과하면 그 효력이 발생한다. 다만 제2회 이후의 공시송달은 5일을 경과하면 효력이 발생한다(제64조 제4항).
기타의 송달	• 검사에 대한 송달은 소속검찰청으로 하여야 한다(제62조). • 교도소 또는 구치소에 구속된 자에 대한 송달은 그 소장에게 한다(민사소송법 제182조). 교도소 또는 구치소에 구속된 자에 대한 송달은 그 소장에게 송달하면 구속된 자에게 전달된 여부에 관계없이 효력이 생긴다(판례).

(10) 소송행위의 일시

① 기간의 종류

분류기준	종류	내용
기간 내 소송행위의 가부	행위기간	일정한 기간 내에만 적법한 소송행위를 할 수 있는 기간 예 고소기간(제230조), 상소기간(제358조·제374조), 즉시항고 제출기간, 상고이유서 제출기간 등
	불행위기간	일정기간 내에는 소송행위를 할 수 없는 기간 예 제1회 공판기일 유예기간(제269조), 소환장 송달의 유예기간 등
	제한기간	그 기간을 넘어서는 소송행위가 계속될 수 없는 기간 예 구속기간, 감정유치기간 등
기간제정의 주체	법정기간	기간의 길이가 법률로 정하여져 있는 기간 예 구속기간(제92조), 상소제기기간(제358조·제374조) 등
	재정기간	재판에 의해 정하여지는 기간 예 구속기간 연장(제205조), 감정유치기간(제172조) 등
효력	불변기간 (효력기간)	기간경과 후에 행한 소송행위가 무효로 되는 경우로서 연장이 허용되지 않는 기간 예 고소기간(제230조), 구속기간, 재정신청기간(제260조 제3항) 등
	훈시기간	기간경과 후에 소송행위를 하더라도 그 효력에 영향이 없는 기간 예 고소·고발사건 처리기간(제257조), 재정결정기간(제262조 제2항), 재판기간(소송촉진법 제21조·제22조), 사형집행기간

② 기간의 계산

자연적 계산방법	기간이 시·분·초(단기)일 경우(예 구속영장청구기간) → 즉시로 계산
역법적 계산방법	기간이 일·주·월·년(장기)일 경우 • 일로 계산하는 것은 일을 기준으로(말일 24:00까지) • 월로 계산하는 것은 월이 몇 일까지인지 구분하지 않고, 해당일로 계산 예 2011.8.31. 구속된 피고인의 최장구속기간 → 2012.2.28.까지
기간계산의 방식	• 초일불산입의 원칙: 원칙적으로 기간의 초일은 산입하지 않음 • 예외: 시효기간, 구속기간, 형집행기간 등은 초일을 산입 • 공휴일·토요일 불산입의 원칙: 기간의 말일이 공휴일 또는 토요일인 경우 말일을 산입하지 않음 • 예외: 시효기간이나, 구속기간, 형기의 경우에는 말일이 공휴일 토요일이라도 산입

③ 법정기간의 연장

㉠ 법정기간 연장의 허용여부

구분	연장이 허용되는 경우	연장이 허용되지 않는 경우
허용범위	법원 또는 검사에 대한 행위기간만 허용	불행위기간과 법원의 행위기간의 연장은 불허
예시	• 즉시항고의 제출기간(82모52) • 상고기간(76모58) • 항소이유서 제출기간(85모47) • 상고이유서 제출기간(64모87)	공소장부본의 송달기간

㉡ 법정기간의 연장(규칙 제44조)

국내	법원 또는 검찰청 소재지와의 거리에 따라 • 해로는 100킬로미터, 육로는 200킬로미터마다 각 1일을 부가 • 다만, 법원은 홍수, 천재지변 등 불가피한 사정이 있거나 교통통신의 불편정도를 고려하여 법정기간을 연장함이 상당하다고 인정하는 때에는 이를 연장할 수 있음
해외	소송행위를 할 자의 거주국의 위치에 따라 • 아시아주 및 오세아니아주 → 15일 • 북아메리카주 및 유럽주 → 20일 • 중남아메리카주 및 아프리카주 → 30일

(11) 소송행위에 대한 가치판단

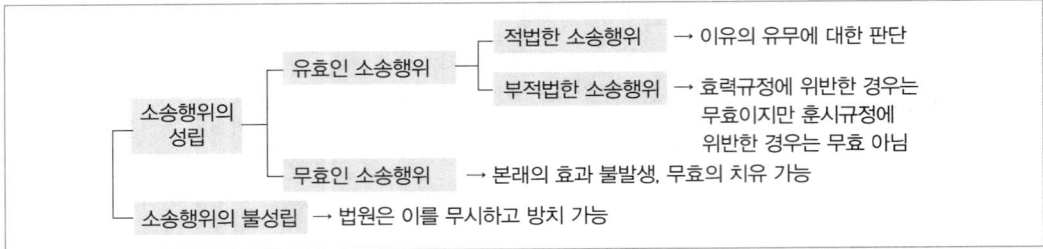

① 소송행위의 불성립과 무효

소송행위의 불성립	소송행위의 무효
• 의의: 소송행위가 소송행위로서 본질적 구성요소를 전혀 구비하지 못한 경우를 소송행위의 불성립이라고 한다. • 소송행위가 불성립한 경우에는 처음부터 소송행위의 유효·무효를 논할 여지가 없다. • 불성립한 소송행위에 대해 법원 및 소송관계인은 이를 무시하거나 방치할 수 있으며 별도의 법적 판단을 필요로 하지 않는다. • 하자의 치유를 생각할 여지가 없다. 다만, 추후 당해 소송행위가 적법하게 이루어진 때에는 그때부터 소송행위가 성립된 것으로 볼 수 있다.	• 의의: 소송행위가 일단 성립하였으나, 주체나 절차, 형식, 내용 등에 있어서 유효요건을 결하여서(흠결이 존재) 효력이 발생하지 않는 경우를 소송행위의 무효라고 한다. • 무효인 소송행위는 소송행위의 성립을 전제로 하므로 일정한 소송법적 효과가 발생한다. 예 공소제기가 무효라 하더라도 공소제기의 외관이 갖추어진 경우에는 공소시효정지의 효력이 발생한다. 또한 일단 판결이 성립되면 당연무효의 판결이라 할지라도 형식적 확정력이 발생한다. → 소송행위가 무효인 경우 일체의 소송법적 효과가 발생하지 않는다(×).

② 무효인 소송행위의 하자의 추완

의의		무효인 소송행위가 사후의 일정한 행위로 하자가 치유될 수 있는가가 문제된다. 통상 단순추완과, 보정적 추완으로 나누어 설명된다.
단순추완		• 법정기간 경과 후의 추완행위에 의해 소송행위 자체를 유효화시키는 것을 말한다. • 명문규정에 의한 인정: 형사소송법은 상소권회복(제345조)과 약식명령에 대한 정식재판청구권의 회복(제458조)에 관하여는 명문의 규정에 의하여 단순추완을 인정하고 있다. • 명문의 규정이 없는 경우: 긍정설과 부정설이 대립(실무는 추완 불허)
보정적 추완	변호인 선임의 추완	• 의의: 변호인선임신고 이전에 변호인으로서 한 소송행위가 선임신고에 의하여 유효하게 되는가의 문제이다. • 판례는 상소이유서 제출기간 후에 변호사선임계가 제출된 때에는 그 기간 전에 상소이유서를 제출하였다고 하더라도 변호인의 상소이유서로서의 효력이 없다(4293형상923)고 하여 추완부정설을 취하고 있다.
	공소장 불특정의 추완	• 의의: 공소장에 공소사실이 특정되지 않아 그 자체로는 무효인 경우라도 공소장변경을 통해 이를 특정하면 유효하게 되는가의 문제이다. • 통설은 공소사실이 처음부터 전혀 특정되지 않은 경우에는 공소기각의 판결을 해야 하지만(보정적 추완의 원칙적 불허), 어느 정도 특정성이 인정된 경우에는 공소장변경이나 보정의 절차를 통하여 공소장의 미비점을 보완할 수 있다고 본다.
	고소의 추완	친고죄나 즉시고발사건에서 고소나 고발의 추완은 허용되지 않는다(판례).

공격·방어의 소멸에 의한 추완		• 피고인이 그 하자에 대한 이의 없이 피고사건에 관하여 진술하는 경우: 토지관할 위반은 피고인이 그 하자에 대한 이의 없이 피고사건에 관하여 진술하면 그 하자가 치유된다. • 책문권의 포기 또는 상실로 인하여 하자가 치유되는 경우: 이 경우는 당사자가 상당한 시기에 이의를 제기하지 아니하면 책문권의 포기로 인하여 무효가 치유되는 경우이다. 예 공소장부본송달의 하자, 공판기일 지정의 하자, 제1회 공판기일의 유예기간의 하자, 증인신문 순서의 하자, 증인신문의 기일과 장소의 불통지의 하자

(12) 소송행위의 취소와 철회

철회	의의	철회란 소송행위의 효력이 발생하기 전 장래에 향하여 소멸시키는 것을 말한다.
	인정 여부	• 소송행위의 철회는 명문규정이 없는 경우라도 널리 인정된다. → 형사소송법은 공소의 취소(제255조), 고소의 취소(제232조), 재정신청의 취소(제264조), 상소의 취하(제349조), 재심청구의 취하(제429조), 정식재판청구의 취하(제454조) 등을 명문으로 인정하고 있는데, 이 경우의 취소는 엄격히 말하여 철회에 해당한다는 것이 통설이다. • 다만, 철회의 개념에 비추어 절차형성행위의 효력의 발생 이후에는 철회가 불가능하다고 볼 것이다. • 판례는 증거동의(제318조)는 절차형성행위로서 증거조사완료 전까지 철회가 가능하다고 보았다(판례).
취소	의의	취소란 일단 유효하게 성립한 소송행위의 효력을 소급하여 소멸시키는 것을 말한다.
	인정 여부	• 소급효가 인정되는 취소의 허용여부에 대해서는 긍정설과 부정설이 대립한다. • 원칙(판례): 취소는 인정될 수 없다. 예 증거동의는 증거조사완료 이후에는 철회 또는 취소가 불가능하다(83도267). • 예외적 취소의 인정(판례): 피고인이 피의자신문조서의 성립을 인정하였다가 증거조사완료 이후 이를 번복한 사안에서, '적법절차 보장의 정신에 비추어 성립의 진정함을 인정한 최초의 진술에 그 효력을 그대로 유지하기 어려운 중대한 하자가 있고 그에 관하여 진술인에게 귀책사유가 없는 경우에 한하여 예외적으로 증거조사 절차가 완료된 뒤에도 그 진술을 취소할 수 있다'고 판시하였다(2007도7760).

Chapter 03 수사

01 수사총론

1 수사의 의의와 구조

(1) 수사와 내사의 구별

① 의의

수사	• 수사란 범죄혐의의 유무를 명백히 하여 공소제기 여부 및 공소유지 여부를 결정하기 위해 범인을 발견·확보하고 증거를 수집·보전하는 수사기관의 활동을 말한다. • 수사는 공소제기 전뿐 아니라 공소제기 후 수사도 가능하다.

내사	• 내사란 범죄혐의가 확인되지 않은 단계에서 단순히 혐의의 유무만을 조사하는 수사기관의 활동을 말한다.
	• 내사의 법률관계
	  – 내사의 대상자(피내사자 또는 용의자)는 단순한 용의자로서 원칙적으로 피의자의 권리를 주장할 수 없다.
	  – 내사단계에서 용의자는 증거보전을 청구할 수 없고,
	  – 진정인 등도 내사사건 종결처분에 대하여 재정신청(91모68)이나 헌법소원(89헌마277)을 제기할 수 없다.
	  – 그러나, 변호인과의 접견교통권은 모든 국민에게 인정되므로 임의동행의 형식으로 연행된 피내사자의 접견교통권은 제한할 수 없다(96모18).

② 수사와 내사의 구별기준에 관한 학설

형식설	• 기준: 입건의 존부에 따라 판단 • 입건 이전에는 내사로서 내사는 검사의 사전·사후 지휘 없이도 가능하다.
실질설 (판례)	• 기준: 수사기관이 피의자에게 범죄혐의 있음을 외부로 표시했는지 여부에 따라 판단 • 비록 입건이 없어도 외부적으로 피의자의 범죄혐의를 공표한 이상 실질적으로는 수사가 개시되었다고 볼 것이어서, 입건 이전에 이루어진 수사활동이라 하더라도 적법하다.

(2) 수사의 구조

수사구조론		수사구조론이란 수사과정을 전체로서의 형사절차에 어떻게 위치시키고 수사절차에서 등장하는 활동주체 간의 관계를 어떻게 정립시킬 것인가를 규명하기 위한 이론
학설	규문적 수사관	• 검사만이 수사의 주재자 • 피의자는 수사의 객체일 뿐이고, 수사기관과 피의자는 불평등·수직관계 • 강제처분권은 검사의 고유권한 • 영장의 법적 성질은 허가장(= 검사가 형식적 요건을 갖추어 영장청구하면 잠정적 제한이 해제)
	탄핵적 수사관	• 수사절차에 제3의 기관인 법관의 개입을 인정 • 강제처분은 법관의 고유권한에 해당 • 영장의 법적 성질은 명령장(= 영장발부는 법원의 재판으로 발부 여부는 법원의 권한)

판례	대법원	• 대법원 → 수사상 영장은 허가장 • 형사소송법 제215조에 의한 압수 · 수색영장은 수사기관의 압수 · 수색에 대한 허가장으로서 거기에 기재되는 유효기간은 집행에 착수할 수 있는 종기를 의미하는 것일 뿐이므로 수사기관이 압수 · 수색영장을 제시하고 집행에 착수하여 압수 · 수색을 실시하고 그 집행을 종료하였다면 이미 그 영장은 목적을 달성하여 효력이 상실되는 것이고, 동일한 장소 또는 목적물에 대하여 다시 압수 · 수색할 필요가 있는 경우라면 그 필요성을 소명하여 법원으로부터 새로운 압수 · 수색영장을 발부받아야 하는 것이지, 앞서 발부받은 압수 · 수색 영장의 유효기간이 남아 있다고 하여 이를 제시하고 다시 압수 · 수색을 할 수는 없다(99모161).
	헌법 재판소	• 헌법재판소 → 수사상 영장은 허가장, 공판단계 영장은 명령장 • 법원이 직권으로 발부하는 영장은 명령장으로서의 성질을 갖지만 수사기관의 청구에 의하여 발부하는 구속영장은 허가장으로서의 성질을 갖는다. • 헌법 제12조 제3항은 수사단계에서 검사의 청구에 의하여 영장이 발부되는 경우를 정한 조문일 뿐이고, 공판단계에서 법관이 발부한 영장의 헌법적 근거는 헌법 제12조 제1항(적법절차의 원칙)인바, 법관이 직권으로 영장을 발부하는 경우에는 검사의 신청이 필요한 것은 아니다(96헌바28,31,32).

(3) 수사의 조건

① 수사조건의 의의

　　탄핵적 수사관에 의하면 공판절차의 개시와 진행 · 유지에 필요한 소송조건에 유사한 제약원리가 수사절차에도 설정될 수 있다고 보는바, 일련의 수사절차를 전체적으로 개관하여 수사절차의 개시 · 유지 · 발전에 필요한 조건을 수사조건이라고 한다.

수사의 조건	내용	관련문제
범죄의 혐의	구체적 사실근거로 한 주관적 혐의	
수사의 필요성	공소제기의 가능성	친고죄의 고소전 수사
수사의 상당성	신의칙 + 비례원칙	함정수사의 허용여부

② 수사의 신의칙과 함정수사

구분	내용
허용범위	범의를 가진 자에 대하여 단순히 범행의 기회를 제공하거나 범행을 용이하게 하는 것에 불과한 수사방법이 경우에 따라 허용될 수 있음은 별론으로 하고, 본래 범의를 가지지 아니한 자에 대하여 수사기관이 사술이나 계략 등을 써서 범의를 유발케 하여 범죄인을 검거하는 함정수사는 위법함을 면할 수 없고, 이러한 함정수사에 기한 공소제기는 그 절차가 법률의 규정에 위반하여 무효인 때에 해당한다(대판 2005.10.28, 2005도1247).
효과	수사기관이 사술 · 계략을 사용한 범의 유발형 함정수사 = 공소기각판결(제327조 제2호)

2 수사기관과 피의자

(1) 수사기관

① 의의

수사기관이란 수사의 주체로서 법률상 수사권이 인정되는 국가기관을 말한다. 현행법상 수사기관에는 검사와 사법경찰관리가 있다.

② 검사와 사법경찰관리와의 관계

구분	내용
협력관계	검사와 사법경찰관은 수사, 공소제기 및 공소유지에 관하여 서로 협력하여야 한다(제195조 제1항).
보완수사 요구 (제197조의2)	• 검사는 다음의 어느 하나에 해당하는 경우에 사법경찰관에게 보완수사를 요구할 수 있다. 　- 송치사건의 공소제기 여부 결정 또는 공소의 유지에 관하여 필요한 경우 　- 사법경찰관이 신청한 영장의 청구 여부 결정에 관하여 필요한 경우 • 사법경찰관은 요구가 있는 때에는 정당한 이유가 없는 한 지체 없이 이를 이행하고, 그 결과를 검사에게 통보하여야 한다. • 검찰총장 또는 각급 검찰청 검사장은 사법경찰관이 정당한 이유 없이 보완수사요구에 따르지 아니하는 때에는 권한 있는 사람에게 해당 사법경찰관의 직무배제 또는 징계를 요구할 수 있다.
시정조치 요구 (제197조의3)	• 검사는 사법경찰관리의 수사과정에서 법령위반, 인권침해 또는 현저한 수사권 남용이 의심되는 사실의 신고가 있거나 그러한 사실을 인식하게 된 경우에는 사법경찰관에게 사건기록 등본의 송부를 요구할 수 있다. • 송부 요구를 받은 사법경찰관은 지체 없이 검사에게 사건기록 등본을 송부하여야 한다. • 송부를 받은 검사는 필요하다고 인정되는 경우에는 사법경찰관에게 시정조치를 요구할 수 있다. • 사법경찰관은 시정조치 요구가 있는 때에는 정당한 이유가 없으면 지체 없이 이를 이행하고, 그 결과를 검사에게 통보하여야 한다. • 결과 통보를 받은 검사는 시정조치 요구가 정당한 이유 없이 이행되지 않았다고 인정되는 경우에는 사법경찰관에게 사건을 송치할 것을 요구할 수 있다. • 사건송치 요구를 받은 사법경찰관은 검사에게 사건을 송치하여야 한다. • 검찰총장 또는 각급 검찰청 검사장은 사법경찰관리의 수사과정에서 법령위반, 인권침해 또는 현저한 수사권 남용이 있었던 때에는 권한 있는 사람에게 해당 사법경찰관리의 징계를 요구할 수 있다. • 사법경찰관은 피의자를 신문하기 전에 수사과정에서 법령위반, 인권침해 또는 현저한 수사권 남용이 있는 경우 검사에게 구제를 신청할 수 있음을 피의자에게 알려주어야 한다.
수사의 경합 (제197조의4)	• 검사는 사법경찰관과 동일한 범죄사실을 수사하게 된 때에는 사법경찰관에게 사건을 송치할 것을 요구할 수 있다. • 제1항의 요구를 받은 사법경찰관은 지체 없이 검사에게 사건을 송치하여야 한다. 다만, 검사가 영장을 청구하기 전에 동일한 범죄사실에 관하여 사법경찰관이 영장을 신청한 경우에는 해당 영장에 기재된 범죄사실을 계속 수사할 수 있다.

③ 경찰수사권독립론과 관련된 학설의 대립양상

구분	논거
수사권독립 긍정설	• 검사는 법률전문가일 뿐 수사전문가는 아니다. • 소수에 불과한 검사에게 수사를 일임시키는 것은 과중하다. • 권력의 수평적 통제를 위해서는 수사의 주체를 다원화할 필요가 있다.
수사권독립 부정설	• 사법경찰관의 인적자질이 부족하다. • 검사는 인권옹호기관이다. 피의자의 인권보장에 만전을 기해야 한다.
시기상조설	• 수사권독립이 정당하나, 즉결심판의 폐지와 자치경찰의 도입과 함께 이루어져야 한다. • 경찰수사의 현실을 직시할 때 인권옹호의 관점에서 시기상조이다.

④ 전문수사자문위원

대상	첨단산업분야, 지적재산권, 국제금융 기타 전문적인 지식이 필요한 사건
지정·취소	• 검사의 직권 또는 피의자나 변호인의 신청에 의함 • 각 사건마다 1인 이상의 전문수사자문위원을 선정 • 검사의 전문수사자문위원의 지정에 대해 피고인 또는 변호인은 관할고등검찰청 검사장에게 이의제기 가능
자문 방법	전문적인 지식에 의한 설명 또는 의견을 기재한 서면을 제출하거나 전문적인 지식에 의하여 설명이나 의견을 진술할 수 있다(제245조의2 제2항).
기타	• 전문수사자문위원에게는 수당을 지급하고, 필요한 경우에는 그 밖의 여비, 일당 및 숙박료를 지급할 수 있다(제245조의3 제4항). • 전문수사자문위원의 지정 및 지정취소, 이의제기 절차 및 방법, 수당지급 그 밖에 필요한 사항은 법무부령으로 정한다(동조 제5항). • 전문수사자문위원 또는 전문수사자문위원이었던 자가 그 직무수행 중에 알게 된 다른 사람의 비밀을 누설한 때에는 2년 이하의 징역이나 금고 또는 1천만 원 이하의 벌금에 처한다(제245조의4·제279조의7). • 전문수사자문위원은 형법 제129조 내지 제132조의 뇌물죄의 적용에 있어서는 공무원으로 본다(제245조의4·제279조의8).

⑤ 고위공직자범죄수사처

구분	내용

수사처	• 고위공직자범죄 등에 관하여 다음의 필요한 직무를 수행하기 위하여 고위공직자범죄수사처를 둔다.
	  - 고위공직자범죄 등에 관한 수사
	  - 대법원장 및 대법관, 검찰총장, 판사 및 검사, 경무관 이상 경찰공무원에 해당하는 고위공직자로 재직 중에 본인 또는 본인의 가족이 범한 고위공직자범죄 및 관련범죄의 공소제기와 그 유지
	• 수사처는 그 권한에 속하는 직무를 독립하여 수행한다.
	• 대통령, 대통령비서실의 공무원은 수사처의 사무에 관하여 업무보고나 자료제출 요구, 지시, 의견제시, 협의, 그 밖에 직무수행에 관여하는 일체의 행위를 하여서는 아니 된다.

직무와 권한	• 처장은 수사처의 사무를 통할하고 소속 직원을 지휘·감독하고, 수사처검사의 직을 겸한다. • 차장은 처장을 보좌하며, 처장이 부득이한 사유로 그 직무를 수행할 수 없는 때에는 그 직무를 대행하고, 수사처검사의 직을 겸한다. • 수사처검사는 처장의 지휘·감독에 따르며, 수사처수사관을 지휘·감독한다. 구체적 사건과 관련된 지휘·감독의 적법성 또는 정당성에 대하여 이견이 있을 때에는 이의를 제기할 수 있다. • 수사처수사관은 수사처검사의 지휘·감독을 받아 고위공직자범죄 등에 대한 수사에 관하여 사법경찰관의 직무를 수행한다.
수사와 공소제기	• 수사처검사는 고위공직자범죄의 혐의가 있다고 사료하는 때에는 범인, 범죄사실과 증거를 수사하여야 한다. • 수사처검사는 고위공직자범죄 등에 관한 수사를 한 때에는 관계 서류와 증거물을 지체 없이 서울중앙지방검찰청 소속 검사에게 송부하여야 한다(대법원장, 대법관, 검찰총장, 판사, 검사, 경무관 이상 경찰공무원이 재직 중에 본인 또는 본인의 가족이 범한 고위공직자범죄 및 관련범죄 사건 제외). • 처장은 고위공직자범죄에 대하여 불기소 결정을 하는 때에는 해당 범죄의 수사과정에서 알게 된 관련범죄 사건을 대검찰청에 이첩하여야 한다.
다른 수사기관과의 관계	• 수사처의 범죄수사와 중복되는 다른 수사기관의 범죄수사에 대하여 처장이 수사의 진행 정도 및 공정성 논란 등에 비추어 수사처에서 수사하는 것이 적절하다고 판단하여 이첩을 요청하는 경우 해당 수사기관은 이에 응하여야 한다. • 다른 수사기관이 범죄를 수사하는 과정에서 고위공직자범죄 등을 인지한 경우 그 사실을 즉시 수사처에 통보하여야 한다. • 처장은 피의자, 피해자, 사건의 내용과 규모 등에 비추어 다른 수사기관이 고위공직자범죄 등을 수사하는 것이 적절하다고 판단될 때에는 해당 수사기관에 사건을 이첩할 수 있다. • 고위공직자범죄 등 사실의 통보를 받은 처장은 통보를 한 다른 수사기관의 장에게 수사처규칙으로 정한 기간과 방법으로 수사개시 여부를 회신하여야 한다.

3 수사의 개시

(1) 수사의 단서
① 의의

수사의 단서 = 수사개시의 원인, 수상한 상황

② 수사단서의 종류

수사기관의 체험에 의한 단서	현행범인의 체포, 변사자의 검시, 불심검문, 다른 사건 수사 중의 범죄 발견, 기사, 풍설, 세평 등
타인의 체험에 의한 단서	고소, 고발, 자수, 진정, 범죄신고 등

③ 수사의 개시
  ㉠ 고소·고발·자수가 있는 때 → 즉시 수사개시(내사 거치지 않음)
  ㉡ 진정 기타의 수사단서 → 내사 진행 후 수사개시

(2) 변사자의 검시
① 변사자라 함은 자연사 이외의 사망으로 그 원인이 분명하지 않은 자를 말한다. 따라서 범죄로 인하여 사망한 것이 명백한 자는 변사자에 포함되지 않는다(2003도1331).
② 익사 또는 천재지변 등 범죄 이외의 사유로 사망한 것이 명백한 사체는 변사자 검시대상이 아니다(통설).
③ 변사자 검시는 원칙적으로 검사가 행하는 것이지만 검사는 사법경찰관에게 명할 수도 있다.
④ 변사자 검시는 수사의 단서에 불과하므로 영장을 요하지 않는다.
⑤ 변사자 검시를 통해 범죄혐의가 인정되면 수사를 개시하게 되는데 변사자의 사인을 보다 분명하고 증거를 확보하기 위해 행하는 사체해부는 수사방법의 하나인 검증에 속한다.
⑥ 사체해부는 검증이므로 원칙적으로 영장을 요하지만(제215조), 긴급을 요할 때에는 영장 없이 검증을 할 수 있다(제222조 제2항).

(3) 불심검문
① 의의

경찰관이 거동불심자를 정지시켜 조사하는 행위로서, 불심검문은 정지와 질문 및 질문을 위한 동행요구를 그 내용으로 한다.

② 불심검문의 대상 = 거동불심자

수상한 거동 또는 기타 주위의 사정을 합리적으로 판단하여 죄를 범하였거나 범하려고 하고 있다고 의심할 만한 상당한 이유가 있는 자 또는 이미 행하여진 범죄나 행하여지려고 하는 범죄행위에 관하여 그 사실을 안다고 인정되는 자(경찰관 직무집행법 제3조 제1항).

> **관련판례**
>
> 경찰관이 법 제3조 제1항에 규정된 대상자해당 여부를 판단할 때에는 불심검문 당시의 구체적 상황은 물론 사전에 얻은 정보나 전문적 지식 등에 기초하여 불심검문 대상자인지를 객관적·합리적인 기준에 따라 판단하여야 하나, 반드시 불심검문 대상자에게 형사소송법상 체포나 구속에 이를 정도의 혐의가 있을 것을 요한다고 할 수는 없다(대판 2014.2.27. 2011도13999).

③ 불심검문의 내용

㉠ 직무질문

의의	거동불심자를 정지시켜 질문
한계	임의적 수단으로서 강제에 이르지 않는 정도의 유형력만 행사 가능 → 목적 달성에 필요한 최소한의 범위 내에서 사회통념상 용인될 수 있는 상당한 방법으로 대상자를 정지시킬 수 있음(2010도6203)
절차	• 경찰관은 상대방에게 자신의 신분을 표시하는 증표를 제시하면서 소속과 성명을 밝히고 그 목적과 이유를 설명하지 않으면 안 된다(경찰관 직무집행법 제3조 제4항). • 경찰관이 정복을 착용한 경우에 있어서는 상대방이 요구하지 않는 한 별도로 신분증을 제시하지 않아도 위법이라 볼 수 없다(2004도4029).

㉡ 임의동행의 요구

의의	직무질문에 당하여 당해인을 경찰관서에 동행하는 것
사유 및 한계	• 현장에서 질문하는 것이 당해인에게 불리하거나 교통에 방해가 되는 경우에 한정한다. • 당해인은 그 의사에 반하여 동행을 강요당하지 아니한다(경찰관 직무집행법 제3조 제7항).
절차	• 경찰관은 상대방에게 자신의 신분을 표시하는 증표를 제시하면서 소속과 성명을 밝히고 그 목적과 이유를 설명하지 않으면 안 된다(동법 제3조 제4항). • 동행을 한 경우 경찰관은 당해인의 가족 또는 친지 등에게 동행한 경찰관의 신분, 동행장소, 동행목적과 이유를 고지하거나 본인으로 하여금 즉시 연락할 수 있는 기회를 부여하여야 하며, 변호인의 조력을 받을 권리가 있음을 고지하여야 한다(동법 제3조 제5항). • 동행을 한 경우 경찰관은 당해인을 6시간을 초과하여 경찰관서에 머물게 할 수 없다(동법 제3조 제6항). → 어떠한 경우에도 동행시간이 6시간을 초과할 수 없다는 것이지 6시간 동안은 구금이 허용된다는 의미는 아니다(97도1240).

㉢ 흉기소지검사

의의	• 거동불심자의 직무질문과정에서 흉기소지 여부를 검사하는 것 • 흉기소지검사만 규정되어 있고 일반소지품검사는 규정이 없음
절차	질문 → 외표검사(Stop and Frisk) → 임의개피 요구 → 강제개피

㉣ 자동차검문

- 자동차검문에는 교통검문, 경계검문 및 긴급수배검문이 있다.
- 경계검문이나 긴급수배검문은 경찰관 직무집행법 제3조상의 불심검문의 일환으로 행해진다.

교통검문	• 도로교통법위반사범 단속 예 일반적 음주단속 • 이미 술에 취한 자는 교통검문의 대상이 아님(수사의 대상임)	보안경찰작용 (도로교통법 제47조)
경계검문	불특정한 일반범죄의 예방과 범인의 검거를 목적으로 하는 검문 예 불법무기 소지 단속	보안경찰작용 (경찰관 직무집행법 제3조 제1항)
긴급수배검문	특정범죄가 발생한 때에 범인의 검거와 수사정보의 수집을 목적으로 하는 검문 예 탈주범 검거	사법경찰작용 (경찰관 직무집행법 제3조 제1항)

(4) 고소

① 고소의 의의

고소의 의의		고소권자가 수사기관에 대해 범죄사실을 신고하여 범인의 처벌을 구하는 의사표시
고소의 의의	고소권자가	• 범죄피해자와 법정대리인 • 범죄피해자란 직접적 피해자만을 의미, 피해자의 채권자와 같은 간접적 피해자는 제외된다. • 법정대리인은 피해자의 명시한 의사에 반하여도 고소 가능(= 고유권) • 피해자 사망시 피해자의 형제자매, 배우자, 직계친족도 고소 가능. 단, 피해자의 명시한 의사에 반하여 고소 불가 • 고소는 법률행위적 소송행위로서 고소가 유효하려면 고소능력이 있어야 한다. • 고소능력이란 고소의 의미를 이해할 수 있는 사실상 능력을 의미한다.
	수사기관에 대해	피해자가 증인으로 출석하여 법원에 대하여 진정서를 제출하거나 피고인의 처벌을 바란다고 증언하는 것은 고소가 아니다(84도709).
	범죄사실 신고	• 범죄사실만 특정하면 되고 범인을 적시할 필요 없음 • 범인의 성명이 불명이거나 오기여도 무방, 범행일시 · 장소 · 방법이 불명확해도 무방 • 친고죄 중 양벌규정의 경우 행위자만 고소하면 사업주는 별도로 고소할 필요 없음
	범인의 처벌을 구하는 의사표시	• 피해사실을 신고함에 그치고 범인의 처벌을 구하지 않는 경우는 고소가 아니다. • 피해자가 범행현장에서 홧김에 고소장을 제출하였다가 정식으로 대화해 보고 고소 여부를 결정하겠다며 돌려받은 경우 처벌의사가 없어 고소가 아니다(2007도4977).
고소의 방식		• 서면 또는 구술로 수사기관에 신고해야 한다. • 고소를 받은 수사기관은 고소조서를 작성해야 한다. • 고소조서는 독립된 조서일 필요는 없음(참고인진술조서에 처벌의사 표현시 고소조서로서 유효) • 사법경찰관이 고소를 받은 때에는 신속히 조사하여 관계서류와 증거물을 검사에게 송부하여야 한다(제238조).

> **더 알아보기**
>
> 고소의 소송법적 의미
>
> | 소송조건 여부 | 비친고죄 | 비친고죄인 경우에 고소는 수사의 단서에 불과하고 소송법적으로는 의미가 없다. 다만, 비친고죄라 하더라도 고소취소가 있으면 법원은 이를 양형조건으로 참작하게 된다. |
> |---|---|---|
> | | 친고죄 | 소송조건인 친고죄의 고소(반의사불벌죄의 처벌불원의 의사표시)는 직권조사사항이라 할 것이므로 당사자가 항소이유로 주장하지 아니하였다고 하더라도 법원은 이를 직권으로 조사 · 판단하여야 한다(2000도3172). |
> | 양도성 | 원칙(일신전속적 = 양도 불가) | 고소는 공법상의 권리로 승계되지 아니한다. 즉, 고소권은 일신에 전속하며 이를 상속 · 양도하는 것은 허용되지 않는다. |
> | | 예외(저작재산권 = 양도 가능) | 특허권, 저작권 등의 경우와 같이 범죄로 인한 침해가 계속적인 경우에는 권리의 이전에 따라 그 이전의 침해에 대한 고소권도 이전한다. |

② 비피해자인 고소권자

법정대리인	• 피해자의 법정대리인은 독립하여 고소할 수 있다(제225조 제1항). • 법정대리인이란 친권자·후견인 등과 같이 무능력자의 행위를 일방적으로 대리할 수 있는 자를 말한다. 또한 판례는 법원이 선임한 부재자 재산관리인이 그 관리대상인 부재자의 재산에 대한 범죄행위에 관하여 법원으로부터 고소권 행사에 관한 허가를 얻은 경우 부재자 재산관리인은 형사소송법 제225조 제1항에서 정한 법정대리인으로서 적법한 고소권자에 해당한다고 보아야 한다(대판 2022.5.26. 2021도2488). • 법정대리인의 지위는 고소시에 존재하면 충분하며, 범죄시에 존재하지 않았거나 고소 후에 지위를 상실하여도 고소의 효력에는 영향이 없다. • 법정대리인의 고소권의 성질과 관련하여서는 독립대리권설과 고유권설의 대립이 있는데 이에 대해 판례는 법정대리인의 고소기간은 법정대리인 자신이 범인을 안 날로부터 기산하며, 미성년자가 고소를 취소한 후에도 법정대리인은 고소를 할 수 있다고 본다(대판 1987.6.9. 87도857)고 보아 고유권설의 입장이다.
배우자·직계친족· 형제자매 (= 피해자 사망 시)	• 피해자가 사망한 때에는 그 배우자·직계친족 또는 형제자매는 피해자의 명시적인 의사에 반하지 아니하는 범위 내에서 고소할 수 있다(제225조 제2항). • 이 경우의 고소권은 피해자의 명시한 의사에 반할 수 없다는 점에서 독립대리권이라는 것이 판례의 입장이다(4288형상109).
피해자의 친족 (= 법정대리인 또는 법정대리인의 친족이 피의자인 경우)	• 피해자의 법정대리인이 피의자이거나, 피해자의 법정대리인의 친족이 피의자인 때에는 피해자의 친족은 독립하여 고소할 수 있다(제226조). • 피고인의 생모가 피고인의 그 딸에 대한 강제추행 등 범죄사실에 대하여 고소를 제기한 것은 형사소송법 제226조 소정의 피해자의 친족에 의한 피해자의 법정대리인에 대한 적법한 고소라 할 것이다(86도1982 → 자연혈족인 생모(生母)와 그 자(子)의 자(子) 사이에도 법률상 친족관계가 있으므로, 생모의 고소권은 유효).
사자 명예훼손죄	사자 명예훼손의 경우 친족 또는 자손은 고소할 수 있다(제227조).
지정고소권자	친고죄의 경우에 고소권자가 없을 때에는 이해관계인의 신청이 있으면 검사는 10일 이내에 고소할 수 있는 자를 지정하여야 한다(제228조).

③ 관련문제: 반의사불벌죄에 있어 미성년자의 고소와 법정대리인의 의사

㉠ 형사소송법상으로는 미성년자(19세 미만의 피의자·피고인, 피해자)라도 의사능력이 있는 한 유효한 소송행위가 가능하다.

㉡ 유효한 고소의 존재가 소송조건이 아닌 반의사불벌죄에 있어서는 범죄피해자인 미성년자의 처벌의사 철회나 처벌불원의 의사표시만 있으면 법원은 공소기각판결을 선고해야 하고, 이에 법정대리인의 동의가 있어야 한다거나 미성년자의 의사표시가 법정대리인의 의사에 반하지 않아야 하는 것은 아니다(2009도6058).

④ 고소의 대리와 방식

의의	고소는 대리인에 의하여도 할 수 있다(제236조).
대리의 방식	• 형사소송법 제236조의 대리인에 의한 고소의 경우, 대리권이 정당한 고소권자에 의하여 수여되었음이 실질적으로 증명되면 충분하고 그 방식에 특별한 제한은 없으므로 고소를 할 때 반드시 위임장을 제출한다거나 '대리'라는 표시를 하여야 하는 것은 아니다(판례). • 대리고소시 고소기간은 대리고소인이 아니라 정당한 고소권자를 기준으로 고소권자가 범인을 알게 된 날이다(할머니의 고소사건, 2001도3081).

⑤ 고소의 기간
  ㉠ 고소기간의 정리

구분	고소기간
비친고죄	제한 없음(= 고소는 수사의 단서에 불과)
친고죄	• 범인을 알게 된 날로부터 6월 이내 • 단순히 범죄사실을 알게 된 것만으로는 고소기간 진행하지 않음 • 범인을 안다 함은 범인과 범죄사실에 대한 확정적 인식을 의미(판례) • 범인이라 함은 정범뿐 아니라 교사범, 종범까지도 포함
범죄가 아직 진행 중인 경우	범인을 알게 되었을지라도 범죄 종료시부터 고소기간이 진행 → 범인을 안 이후 범죄행위가 계속되는 경우라면, 범죄행위가 종료된 시점부터 고소기간은 기산됨

  ㉡ 고소기간 계산의 특례

고소권자 중 1인의 기간해태	고소권자가 수인인 때 1인의 기간해태는 타인의 고소에 영향이 없다(제231조). → 여기서 고소할 수 있는 자가 수인인 경우라 함은 고유의 고소권자(피해자)가 수인인 경우를 말한다.
불가항력의 사유 존재시	고소할 수 없는 불가항력의 사유가 있을 때에는 고소기간은 그 사유가 없어진 날부터 기산한다. → 불가항력의 사유 예 피해자가 나이가 어려 고소능력이 없는 경우

⑥ 고소의 제한(직계존속에 대한 고소제한)

원칙	자기 또는 배우자의 직계존속을 고소하지 못한다.
예외	가정폭력범죄, 성폭력범죄, 아동학대범죄의 경우 자기 또는 배우자의 직계존속이라도 고소할 수 있다.

⑦ 고소불가분의 원칙
  ㉠ 객관적 불가분의 원칙

의의와 근거		• 하나의 사건의 일부에 대한 고소는 사건 전체에 효력이 있다는 원칙 • 형사소송법상 명문규정이 없으나 통설과 판례가 이론상 당연히 인정	
적용 범위	단순 일죄	예외 없이 적용 예 강간의 수단인 폭행·협박에 대한 고소의 효력은 강간에 대해서도 미친다. → 다만, 검사가 폭행·협박만으로 기소한 경우 강간죄를 친고죄로 정한 취지를 고려하여 공소기각판결하여야 한다는 것이 판례이다.	
	상상적 경합	모두 친고죄 + 피해자가 동일한 경우	과형상 일죄의 일부에 대한 고소 또는 취소는 전체 범죄에 효력이 미친다.
		모두 친고죄 + 피해자가 다른 경우	1인의 피해자가 하는 고소의 효력은 다른 피해자에 대한 범죄사실에는 미치지 않는다. 예 1개의 문서로 甲·乙·丙을 모욕한 경우 → 甲의 고소는 乙·丙에 대한 범죄사실에는 효력이 없다.
		일부만 친고죄 (= 친고죄와 비친고죄가 상상적 경합)	비친고죄에 대한 고소는 친고죄에 대하여 효력이 없고, 친고죄에 대해 고소를 취소하더라도 비친고죄에 대해서는 효력이 없다.
	실체적 경합	수죄, 즉 경합범에 대하여는 적용되지 않는다(→ 객관적 불가분의 원칙은 1개의 범죄사실을 전제로 하는 원칙이기 때문이다).	

ⓛ 주관적 불가분의 원칙

의의 및 근거	• 친고죄의 공범 중 1인 또는 수인에 대한 고소 또는 고소의 취소는 다른 공범자에 대하여도 효력이 있다는 원칙을 말한다(제233조). • 여기에서의 공범에는 임의적 공범은 물론 필요적 공범도 포함한다(85도1940). • 형사소송법 제233조에서 명문의 근거규정을 두고 있다.	
적용 범위	절대적 친고죄	절대적 친고죄에 있어서는 언제나 이 원칙이 적용된다. 따라서 공범자 중 1인에 대한 고소의 효력은 전원에 대하여 미친다.
	상대적 친고죄 — 공범자 전원에 신분관계 존재	언제나 주관적 불가분원칙이 적용되어, 1인의 친족에 대한 고소의 효력은 다른 친족에게도 미친다. ㉾ 친족상도례가 적용되는 절도죄를 신분자(동생들)이 공범으로 범한 경우 → 일부에 대한 고소취소는 다른 공범에게 효력이 있음
	상대적 친고죄 — 공범자 일부만 신분관계 존재	비신분자에 대한 고소의 효력은 신분자에게 미치지 아니하며, 신분관계 있는 자에 대한 고소취소는 비신분자에게 효력이 없다. ㉾ A의 시계를 동거하지 않는 동생 甲과 친족관계 없는 乙(동생의 친구)이 함께 절도한 경우 → 비신분자(乙)에 대한 고소의 효력은 신분자(甲)에게 미치지 않고, 신분자(甲)에 대한 고소취소의 효력은 비신분자(乙)에게 효력이 미치지 않는다.
반의사불벌죄		친고죄와는 달리 반의사불벌죄에 있어서는 고소불가분의 원칙이 적용되지 않는다(93도1689). ㉾ 기자 甲과 편집장 乙이 공동하여 신문기사를 통해 A의 명예를 훼손한 경우 → A가 甲만 처벌의사를 철회한 경우라면 甲은 공소기각판결, 乙은 실체판결
즉시고발사건		즉시고발의 경우에는 객관적 불가분의 원칙은 적용될 수 있지만 주관적 불가분의 원칙은 적용되지 않는다(71도1106).
공범에 대한 제1심 선고 후		고소 이후 공범자 1인(乙)에 대하여 제1심판결이 선고되어 고소를 취소할 수 없게 되면 다른 공범(甲)에 대해서는 제1심판결이 선고되기 전이라도 고소취소가 불가능하다(판례, 처벌의 형평성 고려).

⑧ 고소의 취소

의의	일단 제기한 고소의 법적 효력을 소멸시키는 법률행위적 소송행위	
취소권자	• 고소는 고소를 제기한 자만이 취소할 수 있다. 다만, 고소취소는 대리가 가능한 소송행위인바, 고소를 제기한 자의 수권이 있으면 대리인도 고소를 취소할 수 있다. • 고소의 대리행사권자는 고소권자 본인의 수권이 있는 경우는 대리하여 고소를 취소할 수 있지만, 고소권자의 수권이 없으면 고유의 고소권자 본인이 한 고소를 취소할 수는 없다.	
고소취소의 시기	비친고죄	제한 없음
	친고죄	• 고소는 제1심판결 선고 전까지 취소할 수 있다. • 반의사불벌죄의 경우에도 친고죄의 고소취소의 시기가 준용되어, 제1심판결 선고 후에는 처벌의사를 철회할 수 없다. • 고소취소의 시기를 언제까지로 정할 것인지는 입법정책적 문제이다. • 따라서 항소심을 제1심이라 할 수 없어, 설령 항소심에서 비로소 친고죄로 변경된 경우라도 항소심에서는 고소취소할 수 없고, 고소취소하더라도 효력이 없다(실체판결). • 마찬가지로, 항소심에 이르러 설령 반의사불벌죄로 공소장변경이 이루어진 경우라 하더라도 항소심에서는 처벌의사를 철회할 수 없고 실체판결을 하여야 한다. • 그러나, 어떠한 이유에서든 사건이 제1심으로 파기환송된 경우에는 고소취소가 가능하다.

고소취소의 방식	• 고소의 경우와 동일하므로, 고소취소 역시 서면 또는 구술에 의하여야 하고, 구술에 의한 고소취소의 경우 고소취소조서를 작성하여야 한다. • 고소취소 역시 대리에 의하여도 가능하다. • 다만, 고소는 수사기관에 대하여만 가능하지만, 고소취소는 공소제기 전에는 담당 수사기관에 대하여, 공소제기 후에는 수소법원에 하여야 한다.
합의서제출과 고소취소	• 합의서 제출이 있다 하더라도 언제나 고소취소로는 볼 수 없다. • 판례는 고소인의 최종적인 의사를 존중하여 판단하는 경향이 있다.

⑨ 고소취소의 효과

일반적 효과	• 고소권의 소멸: 고소취소시 고소권이 소멸한다. • 재고소의 금지: 고소를 취소한 자는 다시 고소할 수 없다(제232조 제2항). • 양형참작사유: 형법 제51조에 따라 작량감경사유에 해당한다.
친고죄의 특유한 효과	• 공소제기 전 취소의 경우: 공소권 없음의 불기소처분 사유 • 공소제기 후 취소의 경우: 제327조 제5호에 따른 공소기각의 판결 사유 • 고소불가분의 원칙: 공범자 중 1인에 대한 고소취소시 다른 공범도 공소기각판결

⑩ 고소의 추완

의의	고소·고발의 추완이란 친고죄임에도 불구하고 고소나 고발 없이 공소제기를 한 이후, 공판심리 도중 고소권자로부터 고소를 받아 제출하는 것(추후보완)을 말한다.
추완의 허용여부	• 고소의 추완이 가능한지에 대해서는 긍정설, 부정설, 절충설, 이원설이 대립한다. • 판례는 고소의 추완은 허용되지 않는다고 본다.

⑪ 고소권의 포기(= 고소권자의 "장차 고소권을 행사하지 아니하겠다"는 의사표시)

친고죄에 있어서의 피해자의 고소권은 공법상의 권리라고 할 것이므로 법이 특히 명문으로 인정하는 경우를 제외하고는 자유처분을 할 수 없고, 따라서 일단 한 고소는 취소할 수 있으나 고소 전에 고소권을 포기할 수 없다고 함이 상당할 것이다(대판 1967.5.23. 67도471).

(5) 고발과 자수

구분		고소	고발	자수
주체		고소권자	고소권자 이외 누구든지	범인
공통점	방법	서면 또는 구술	서면 또는 구술	서면 또는 구술
		수사기관에 대해	수사기관에 대해	수사기관에 대해
	내용	범죄사실 신고	범죄사실 신고	범죄사실 신고
	처벌 의사	범인의 처벌	범인의 처벌	자신의 처벌
	포기	고소의 포기 불가	고발의 포기 불가	
	제한	자기 또는 배우자의 직계존속 고소 불가	자기 또는 배우자의 직계존속 고발 불가	

	기간	비친고죄 = 제한 없음 친고죄 = 기간제한 있음	기간제한 없음	기간제한 없음
차이점	대리	허용	불허	불허
	재고소· 재고발	고소취소 후 재고소 불허	고발취소 후라도 재고발 허용	· 자수의 방법은 제한 없다. · 그러나 제3자에게 경찰에 자수의사를 전달해 달라고 한 것만으로는 자수의 효과가 발생하지 않는다(판례). · 일단 자수한 이상 자수의 효과(임의적 감면)는 나타나는 것이 원칙이다. · 그러나, 뉘우침 없는 자수는 자수로 볼 수 없다(판례). · 자수의 방법은 제한 없다.
	불가분	· 객관적 불가분 적용 · 주관적 불가분 적용	· 객관적 불가분 적용 · 주관적 불가분 적용 안 됨	
	의무성	권리일 뿐 의무 아님	공무원은 직무관련하여 고발의무 있음	
	재정 신청	고소권자로서 고소한 자는 재정신청 가능	· 고발권자는 재정신청불가 · 예외: 독직사건의 고발인은 재정신청 가능	
기타		저작재산권, 특허권 등은 친고죄 (단, 상표권은 비친고죄)	고발을 할 경우에 반드시 범인을 지적할 필요는 없고 범인을 지적한 경우에도 진범인을 요하지 않음(판례)	
			즉시고발사건(예) 관세법, 법인세법, 조세범처벌법, 출입국관리법, 독점규제법 위반, 농지법 위반)	

4 임의수사

(1) 임의수사와 강제수사

① 임의수사와 강제수사의 비교

구분	영장의 요부	기본원칙
임의수사	영장 필요 없음	· 임의수사의 원칙 → 수사는 임의수사가 원칙 · 강제수사법정주의 → 아무리 필요한 경우라도 강제수사는 법률규정이 있는 경우에 한함 · 수사비례의 원칙 → 임의수사라도 비례의 원칙을 준수해야 한다.
강제수사	사전 영장주의	· 영장주의 → 법관이 발부한 영장정본을 사전에 제시해야 한다. · 강제수사법정주의 → 강제수사는 법률에 규정된 경우에만 허용(법률규정 없다고 모두 임의수사는 아니고, 실질설이나 적법절차 기준설에 따라 강제수사로 파악되면, 헌법상 영장주의를 준수해야 한다) · 수사비례의 원칙 → 강제수사는 허용되더라도 필요최소한에 한함

② (법률규정 없는 경우에 있어) 임의수사와 강제수사의 구별기준

구분	내용	비판
형식설	형사소송법이 명시적으로 규정하는 처분만을 강제수사로 보는 견해	형식설은 형사소송법에 규정되어 있는 피의자신문이나 공무소의 조회 등을 강제수사로 보고 있고, 감청이나 사진촬영 등과 같은 신종의 수사기법을 모두 임의수사로 파악하는 난점이 있다.
실질설	형식적 기준이 아니라 실질적 기준에 따라 구분해야 한다는 견해로서 다시 강제력 유무에 따라 구분해야 한다는 견해와 상대방의 의사에 반하는지 여부에 따라 구분해야 한다는 견해로 나뉨	실질설은 강제수사와 임의수사를 구분하는 기준을 제시하고 있지만 그와 같이 구분해야 하는 근본취지, 즉 법적 규제를 요구하는 취지를 제시해 주고 있지 못하다.
적법절차 기준설	법공동체가 공유하고 있는 최저한도의 기본적 인권을 침해할 우려가 있는 경우가 강제수사라는 견해	적법절차기준설에 대하여는 판단기준이 모호하여 실제사안에서 또 다른 기준을 요구할 수밖에 없다.

③ 임의수사의 한계와 적법성

구분	법적성질(판례)	비고
수사상 임의동행	임의수사	동행거부권을 고지하거나 자유로운 이탈퇴거권을 보장하는 등 오로지 피의자의 자발적 의사에 의하여 동행이 이루어졌음이 객관적 사정에 의하여 명백히 입증된 경우에 한하여 임의수사로서 적법
보호실유치	강제수사 (절대불허)	• 강제유치나 승낙유치 모두 구속제도를 잠탈하므로 허용되지 않음 • 보호실유치는 경찰관 직무집행법 제4조상 요부조자에 대해 24시간 한도 내에 보호조치만 허용(요부조자에 대한 보호조치의무)
임의제출물 압수	강제수사	사전·사후영장은 필요없으나, 압수 후에 임의취거는 불허되는 등 영장에 의한 압수와 동일한 효력이 있음
승낙수색 승낙검증	임의수사	승낙을 전제로 한 실황조사의 경우는 승낙검증으로서 적법
거짓말 탐지기	임의수사 (피검자동의)	• 독일 – 절대불허, 미국 – 상대방 동의 있으면 허용 • 우리나라: 피검자의 동의가 있으면 임의수사로서 허용(제한적 허용설) • 거짓말탐지기 검사결과가 증거로 사용되려면 사실적(자연적) 관련성이 전제적으로 증명되어야(사실적 관련성 = 거짓말 – 심리변동 – 생리적 반응 – 정확한 검출 등이 과학적으로 입증) • 증거능력 있어도 감정서의 요건을 갖추어야 하고, 피검자의 진술을 신빙하는 정황증거로만 사용 가능 • 거짓말탐지기 조사 전에도 진술거부권 고지해야(통설)
마취분석	강제수사 (절대불허)	인격권의 분열을 초래하는 것으로서 절대적으로 불허

감청	강제수사	범죄수사를 위한 감청(검사청구 지방법원판사허가)	• 기간(2개월), 연장 가능(1년 초과 ×) • 사기죄(×), 강간·절도·강도·공갈, 경매입찰방해죄(○) • 다만 다음의 어느 하나에 해당하는 범죄의 경우에는 통신제한조치의 총 연장기간이 3년을 초과할 수 없다. 　— 형법 중 내란의 죄, 외환의 죄 중 제92조부터 제101조까지의 죄, 국교에 관한 죄 중 제107조·제108조·제111조부터 제113조까지의 죄·범죄단체 등의 조직, 소요 및 폭발물에 관한 죄 　— 군형법 반란의 죄, 이적의 죄, 군용물에 관한 죄 및 초소 침범·군사기밀 누설·암호 부정사용 　— 국가보안법에 규정된 죄 　— 군사기밀보호법에 규정된 죄 　— 군사기지 및 군사시설보호법에 규정된 죄
		국가안보를 위한 감청(정보수사기관의 장 청구)	• 기간(4개월), 연장 가능 • 전시·계엄중 교전시에는 작전이 종료될 때까지 허가 없이 연장 가능 • 일방이라도 내국인이 포함된 자들 사이의 통신(고등법원 수석부장판사의 허가), 쌍방이 외국인 또는 반국가단체구성원(대통령의 승인)
		긴급감청	• 국가안보, 사망이나 상해, 조직범죄 등의 예비·음모(안·사·조) • 감청 후 36시간 내에 사후허가 얻어야 하며, 사후허가를 얻지 못하면 즉시 감청을 중지하여야 함
대화자간 비밀녹음	임의수사(감청 = 강제수사)		• 대화자 간 비밀녹음은 통신비밀보호법의 적용을 받지 않고 증거능력 인정 • 다만, 제3자가 대화자 일방의 동의를 얻어 감청한 경우 통신비밀보호법 위반으로 형사처벌의 대상이 되고 증거능력이 부정됨
사진촬영	판례 입장에 대해 학설 대립		• 범죄의 현재성, 증거보전의 필요성, 긴급성, 상당성이라는 요건 하에 영장없는 사진촬영도 허용 • 고속도로무인카메라의 촬영은 위의 요건을 갖추면 적법(판례)
계좌추적	강제수사		계좌추적용 압수·수색영장을 발부받아야 함

④ 인터넷 회선에 대한 통신제한조치

승인청구	• 검사는 인터넷 회선을 통하여 송신·수신하는 전기통신을 대상으로 범죄수사를 위한 통신제한조치를 집행한 경우 그 전기통신을 사용하거나 사용을 위하여 보관하고자 하는 때에는 집행종료일부터 14일 이내에 보관 등이 필요한 전기통신을 선별하여 통신제한조치를 허가한 법원에 보관 등의 승인을 청구하여야 한다. • 사법경찰관은 집행종료일부터 14일 이내에 보관 등이 필요한 전기통신을 선별하여 검사에게 보관 등의 승인을 신청하고, 검사는 신청일부터 7일 이내에 통신제한조치를 허가한 법원에 그 승인을 청구할 수 있다.
자료의 관리	• 법원은 청구가 이유 있다고 인정하는 경우에는 보관 등을 승인하고 승인서를 발부하며, 청구가 이유 없다고 인정하는 경우에는 청구를 기각하고 이를 청구인에게 통지한다. • 검사 또는 사법경찰관은 승인청구나 신청을 하지 아니하는 경우에는 집행종료일부터 14일(검사가 사법경찰관의 신청을 기각한 경우에는 그 날부터 7일) 이내에 통신제한조치로 취득한 전기통신을 폐기하여야 하고, 법원에 승인청구를 한 경우(취득한 전기통신의 일부에 대해서만 청구한 경우를 포함)에는 법원으로부터 승인서를 발부받거나 청구기각의 통지를 받은 날부터 7일 이내에 승인을 받지 못한 전기통신을 폐기하여야 한다. • 검사 또는 사법경찰관은 통신제한조치로 취득한 전기통신을 폐기한 때에는 폐기결과보고서를 작성하여 피의자의 수사기록 또는 피내사자의 내사사건기록에 첨부하고, 폐기일부터 7일 이내에 통신제한조치를 허가한 법원에 송부하여야 한다.

(2) 피의자신문

① 개념

의의		검사 또는 사법경찰관이 피의자의 출석을 요구하여 그 진술을 듣는 절차로 판례는 사법경찰리에게도 피의자신문의 권한을 인정한다(사법경찰관사무취급이론).
법적 성격		임의수사이다. 따라서 피의자는 출석할 의무가 없고, 출석 후라도 언제나 퇴거할 수 있으며 진술거부권을 행사할 수 있다. 단, 체포·구속된 피의자는 조사실로 구인 가능하다(판례).
절차	출석요구	• 출석요구방식 제한 없음. 서면, 구술, 전화, 팩스 등으로 가능. 임의동행도 가능(판례) • 반드시 수사관서일 필요 없음
	사전고지	• 고지사항 – 일체의 진술을 하지 아니하거나 개개의 질문에 대하여 진술을 하지 아니할 수 있다. – 진술을 하지 아니하더라도 불이익을 받지 아니한다. – 진술을 거부할 권리를 포기하고 행한 진술은 법정에서 유죄의 증거로 사용될 수 있다. – 신문을 받을 때에는 변호인을 참여하게 하는 등 변호인의 조력을 받을 수 있다는 것을 알려주어야 한다(제244조의3 제1항). • 답변의 기재 진술거부권 행사 여부와 변호인 조력받을지 여부를 피의자의 자필로 기재하고, 피의자의 기명날인 또는 서명받아야 함 • 진술거부권 미고지의 효과 진술거부권을 고지하지 않고 작성한 피의자신문조서는 위법하게 수집된 증거로서 진술의 임의성이 인정되는 경우라도 그 증거능력이 부정(92도682)
	신문사항	• 인정신문에도 진술거부권 행사 가능 • 범죄사실과 정상에 관한 필요사항을 신문 • 피의자에게 이익되는 사실도 조사해야 함 • 피의자와 다른 피의자 또는 참고인과의 대질도 허용
절차	참여 — 다른 사경관리	피의자신문의 적법성을 제고하기 위해 다른 사법경찰관리의 참여 필요
	참여 — 변호인	정당한 사유가 없는 한 변호인을 피의자신문에 참여하게 하여야 함
	참여 — 신뢰관계 있는 자	수사기관의 직권 또는 피의자·법정대리인의 신청에 따라 피의자와 신뢰관계에 있는 자를 동석하게 할 수 있음(임의적 동석제도만 인정)
	영상녹화	피의자신문과정을 영상녹화할 수 있음(사전고지, 전과정 객관적 정황의 녹화, 사후봉인, 이의진술 시 재생시청하고 이의내용을 기재한 서면을 첨부)
	수사과정기록	피의자가 조사장소에 도착한 시각, 조사를 시작하고 마친 시각, 그 밖에 조사과정의 진행경과를 확인하기 위하여 필요한 사항을 피의자신문조서나 별도 서면에 기록해야 함
	피신조서	• 피의자의 진술은 조서에 작성해야 함(의무) • 피신조서는 열람·낭독해 주어야 하고, 이의제기한 부분을 기재한 부분은 추가기재 • 이의제기한 부분은 읽을 수 있도록 남겨 두어야 함 • 조서에는 간인해야 하고, 작성자(검사, 사법경찰관)와 피의자의 기명날인 또는 서명이 각각 필요

② 신뢰관계 있는 자의 동석제도

피의자에 대한 신뢰관계 있는 자의 동석제도 (제244조의5)	임의적 동석제도 • 피의자가 신체적 또는 정신적 장애로 사물을 변별하거나 의사를 결정·전달할 능력이 미약한 때 • 피의자의 연령·성별·국적 등의 사정을 고려하여 그 심리적 안정의 도모와 원활한 의사소통을 위하여 필요한 경우
피고인에 대한 신뢰관계 있는 자의 동석제도 (제276조의2)	임의적 동석제도 • 피고인이 신체적 또는 정신적 장애로 사물을 변별하거나 의사를 결정·전달할 능력이 미약한 경우 • 피고인의 연령·성별·국적 등의 사정을 고려하여 그 심리적 안정의 도모와 원활한 의사소통을 위하여 필요한 경우
범죄피해자인 증인에 대한 신뢰관계 있는 자의 동석제도 (제163조의2)	임의적·필수적 동석제도 • 범죄피해자인 증인의 연령, 심신의 상태, 그 밖의 사정을 고려하여 증인이 현저하게 불안 또는 긴장을 느낄 우려가 있다고 인정되는 때(임의적 동석) • 범죄피해자가 13세 미만이거나 신체적 또는 정신적 장애로 사물을 변별하거나 의사를 결정할 능력이 미약한 경우(필수적 동석)
범죄피해자인 참고인에 대한 신뢰관계 있는 자의 동석제도	임의적·필수적 동석제도 • 범죄피해자인 증인의 연령, 심신의 상태, 그 밖의 사정을 고려하여 증인이 현저하게 불안 또는 긴장을 느낄 우려가 있다고 인정되는 때(임의적 동석) • 범죄피해자가 13세 미만이거나 신체적 또는 정신적 장애로 사물을 변별하거나 의사를 결정할 능력이 미약한 경우(필수적 동석)
신뢰관계 있는 자의 범위 (규칙 제84조의3)	신뢰관계 있는 자란, 피해자의 배우자, 직계친족, 형제자매, 가족, 동거인, 고용주, 변호사 그 밖에 피해자의 심리적 안정과 원활한 의사소통에 도움을 줄 수 있는 자

③ 변호인의 피의자신문 참여권

의의	• 검사 또는 사법경찰관의 피의자신문에 변호인이 참여할 수 있는 권리 • 형사소송법 제243조의2가 명문으로 규정	
	구법상 판례	대법원 → 구금된 피의자에 한정하여 인정
		헌법재판소 → 불구속 피의자에도 인정
신청 권자	• 피의자와 변호인, 법정대리인, 배우자, 직계친족, 형제자매 • 구금된 피의자는 물론 불구속 피의자도 신청 가능(개정법상 명문으로 불구속피의자에 확대)	
참여 내용	• 신문에의 입회보다 넓은 개념으로서 신문과정에 출석하여 위법을 감시하는 것(입회)은 물론 피의자에게 조언과 상담을 제공하고 의견을 진술하는 것을 모두 포함한다. • 참여를 허용한다는 의미일 뿐 변호인의 선임 없이 피의자신문이 불가능하다거나 수사기관이 국선변호인을 선정해 주는 것까지를 의미하지는 않는다.	
절차	• 신문에 참여하고자 하는 변호인이 2인 이상인 때에는 피의자가 신문에 참여할 변호인을 지정한다. 피의자의 지정이 없는 경우에는 검사 또는 사법경찰관이 참여할 변호인을 지정할 수 있다. • 신문에 참여한 변호인은 원칙적으로 신문 후 의견을 진술할 수 있다(제243조의2 제3항 본문). • 다만 신문 중이라도 부당한 신문방법에 대하여는 이의를 제기할 수 있고, 검사 또는 사법경찰관의 승인을 얻어 의견을 진술할 수 있다(제243조의2 제3항 단서). • 참여변호인이 의견이 기재된 피신조서는 변호인에게 열람하게 한 후 변호인으로 하여금 그 조서에 기명날인 또는 서명하게 하여야 한다(제243조의2 제4항).	

	제한이 정당한 경우	제한이 정당하지 않은 경우
제한	• 변호인 여러명이 순차로 접견신청하거나 정당한 이유 없이 장기간 접견하는 경우 • 죄증의 인멸·은닉·조작 가능성이 큰 경우 • 참여변호인이 촬영·메모·기록하는 경우(단, 기억환기용의 메모는 제외) • 변호인이 대신 답변하거나 특정답변이나 진술의 번복을 유도하는 경우	• 단지 '조사중'인 경우 • 검사가 정당한 사유 없이 변호인에게 멀리 떨어져 앉으라 지시하자 불응한 경우(판례) • 변호인이 진술거부권이 있음을 알리고 그 행사를 권고한 경우(판례) • 피의자가 변호인에게 단순히 공범가담을 권유하였다는 사정이 있는 경우(판례)

- 제243조의2는 정당한 사유가 있으면 피의자신문참여권이 제한이 가능함을 명문화함
- 정당한 사유란 수사방해의 경우나 증거인멸의 가능성이 큰 경우를 말함

구제	• 수사상 준항고(제417조)는 집행정지효가 없어 제기되어도 수사기관은 계속 신문을 할 수 있다. 준항고 인용시 피의자신문조서는 위수증으로 처리된다. • 예외적인 헌법소원
기타	• 법무법인의 피의자신문참여권이 제한된 경우에는 법무법인이 준항고를 제기하여야 하지, 그 구성원인 변호사의 개인자격으로는 준항고를 제기할 수는 없다(2009모796). • 피의자신문참여권을 제한한 피신조서는 제312조에 따라 적법한 절차와 방식에 따라 작성된 조서가 아니고 동시에 제308조의2의 적법한 절차에 따르지 아니한 증거에 해당한다(2010도3359).

④ 영상녹화제도

절차	• 사전고지 → 피의자의 동의는 필요 없음 • 전과정·객관적 정황의 녹화 → 조사개시부터 종료시까지의 전과정 및 객관적 과정을 녹화해야 함 → 수일간 여러 차례 신문시, 모든 기일을 녹화해야 하는 것 아님 • 녹화완료 후 지체 없이 원본 봉인하고 피의자로 하여금 기명날인 또는 서명하게 하여야 함 • 봉인시 피의자 또는 변호인의 요구 있으면 영상녹화물을 재생·시청하게 하여야 함 → 이 경우 그 내용에 이의진술시에는 그 취지를 기재한 서면 첨부(재영상녹화 ×)

	엄격한 증명의 자료 사용은 금지(본증사용금지) • 피고인·피고인 아닌 자의 기억이 명백치 않은 경우 기억환기용으로 사용 → 기억환기용으로의 사용시 법관시청은 불가(제318조의2) • 탄핵증거로의 사용도 금지(통설)	
	아동·청소년의 성보호에 관한 법률	성폭력범죄의 처벌 등에 관한 특례법
사용	• 아동·청소년에 대한 피해진술은 영상녹화하여 보존하여야 함(다만, 피해자나 법정대리인이 원하지 않는 경우에는 촬영 불가) • 피해자나 동석한 신뢰관계 있는 자의 진정성립 인정시 피해자의 진술은 증거능력 있음	• 19세 미만이나 신체·정신 장애로 의사결정능력 미약시 피해자 또는 법정대리인이 원하지 않는 경우가 아닌 한 영상녹화의무 있음 • 피해자나 동석한 신뢰관계 있는 자, 진술조력인의 진정성립 인정시 피해자의 진술은 증거능력 있음 • 피해자의 경찰진술조서나 신뢰관계 있는 자의 진술은 녹화되었어도 증거능력 없음(판례) • 피해자가 답변하면서 작성한 메모는 증거능력 있음(판례)

(3) 참고인조사, 감정·통역·번역, 공무소조회

참고인조사	검사 또는 사법경찰관이 참고인의 출석을 요구하여 진술을 듣는 절차	• 임의수사로서 참고인을 강제구인할 수 없음 • 참고인에게는 진술거부권을 고지할 필요 없고, 참고인조사시에는 다른 사법경찰관을 참여시킬 필요도 없음 • 그러나 참고인에게도 진술거부권은 보장됨 • 참고인조사에도 수사과정기록제도는 인정됨 • 참고인조사시에는 참고인의 동의 얻어 영상녹화 가능 • 피해자인 참고인의 경우 신뢰관계 있는 자의 동석제도
감정·통역·번역	• 감정: 학식과 경험 있는 자의 전문지식을 이용하여 사물을 분석하는 것 • 통역: 구술로 외국어를 국어로 번역하는 것 • 번역: 서면으로 외국어를 국어로 번역하는 것	• 임의수사 • 감정·통역·번역인은 대체성이 있고, 구인이 불가능 • 감정유치와 감정처분은 예외적 강제수사
공무소 조회	공무소 기타 공사단체에 조회하여 필요한 사항의 보고를 요구하는 것, 사실조회라고도 함 예 전과조회, 신원조회, 거주장소의 조회	• 임의수사 • 수사기관의 조회요청이 있으면 상대방인 공무소 등은 이에 협조할 의무가 있으나 영장이 필요 없고 공무소의 협조의무의 이행을 강제할 방법이 없음

더 알아보기

참고인과 증인의 비교

구분	참고인	증인
진술의 상대방	수사기관	법원 또는 법관
출석의무	없음	있음 (위반시 감치, 과태료, 구인, 소송비용부담 등 강제 가능)
선서의무·진술의무	없음	있음

더 알아보기

피의자·참고인진술의 영상녹화
피의자진술을 영상녹화하는 경우에는 피의자에게 미리 영상녹화한다는 사실을 알려주면 족하고 피의자 또는 변호인의 동의를 받을 필요는 없지만(제244조의2 제1항), 참고인진술을 영상녹화하는 경우에는 참고인의 동의를 받아야 한다(제221조 제1항).

> **더 알아보기**
>
> 감정유치와 감정처분(강제처분에 해당)
> - 감정유치: 감정유치란 감정을 위하여 일정기간 동안 병원 기타 적당한 장소에 피의자를 유치하는 강제처분을 말한다(제172조 제3항). 검사가 감정을 위촉하는 경우에 감정유치처분이 필요하면 판사에게 감정유치를 청구하여야 한다(제221조의3 제1항).
> - 감정처분: 검사 또는 사법경찰관의 감정위촉을 받은 수탁감정인은 감정에 필요한 경우 판사의 허가를 얻어 타인의 주거·간수자 있는 가옥·건조물·항공기·선거 안에 들어갈 수 있고, 신체검사·사체해부·분묘발굴·물건파괴를 할 수 있는바(제221조의4 제1항, 제173조 제1항) 이를 감정처분이라고 한다. 감정처분을 함에는 검사의 청구에 의하여 지방법원 판사가 발부한 허가장(감정처분 허가장)을 제시해야 한다(제221조의4 제1항·제2항).

02 강제처분과 강제수사

1 강제처분의 의의

(1) 의의

강제처분은 피고인의 신체 등 기타 증거를 확보하기 위하여 사용되는 일체의 강제력을 말한다. 광의에서는 강제력의 행사를 결정하는 법원 혹은 법관의 법률행위적 소송행위(결정·명령 등)와 이를 집행하는 사실행위를 모두 포함한 의미로 사용되고 있으며, 협의에서는 전자만을 의미한다. 직접 물리적인 힘을 가하는 경우(구속·압수·수색 등)와 의무를 과하는 경우(소환·제출명령 등)가 있다.

(2) 강제처분으로부터 기본권을 보장하기 위한 제도

사전적 구제제도	사후적 구제제도
• 강제처분법정주의 및 비례성 원칙 • 영장주의 • 무죄추정의 법리 • 구속전 피의자신문(영장실질심사제도) • 변호인제도 • 재구속·재체포의 제한 • 자백배제법칙 • 자백보강법칙	• 구속취소 • 구속집행정지 • 보석 • 체포·구속적부심사제도 • 강제처분에 대한 준항고 • 형사보상제도 • 상소(항소·상고, 항고·재항고)

2 체포

(1) 영장에 의한 체포(제200조의2)

의의	사전영장을 발부받아 피의자를 체포하는 제도. 간편한 신병확보책으로 1995년도 도입
요건	• 범죄혐의의 상당성(= 객관적 혐의 = 무죄추정을 깨뜨릴 만한 고도의 개연성) • 체포사유(= 출석불응 또는 불응우려) • 체포의 필요성(= 구속사유 = 도망 및 증거인멸의 우려) → 체포의 필요성은 단지 소극적 사유에 불과(명백히 체포의 필요가 없는 경우 영장 ×) • 경미사건 특칙(다액 50만 원 이하의 벌금·구류·과료에 처할 사건) → 주거부정 또는 출석불응시에만 가능. 즉, 출석불응의 우려만으로는 체포영장발부 불가
영장 발부	• 사법경찰관은 영장청구할 수 없고 검사에게 신청만 가능 • 검사가 사법경찰관이 신청한 영장을 정당한 이유 없이 판사에게 청구하지 아니한 경우 사법경찰관은 그 검사 소속의 지방검찰청 소재지를 관할하는 고등검찰청에 영장청구 여부에 대한 심의를 신청할 수 있다(제221조의5 제1항). • 검사의 영장청구 → 지방법원판사의 영장심사(영장실질심사, 즉 피의자심문불가) → 영장발부 • 관할지방법원 수임판사의 영장기각결정(명령)은 항고, 준항고 등 일체의 불복 불가 • 영장의 유효기간은 7일이 원칙, 상당하다고 인정하면 7일이 넘는 기간 정할 수 있음 • 영장은 수통 작성하여 수인에게 교부 가능 • 동일 범죄사실에 관하여 그 피의자에 대하여 전에 체포영장을 청구하였거나 발부받은 사실이 있는 때에는, 다시 체포영장을 청구하는 취지 및 이유를 기재하여야 한다.
영장 집행	• 검사의 지휘: 검사의 지휘로 사법경찰관리가 집행하는 것이 원칙이나 단, 교도소 또는 구치소에서는 검사의 지휘로 교도관이 집행 • 영장의 사전제시: 영장 원본을 사전에 제시해야 함이 원칙(사본의 제시는 위법). 단, 체포영장을 소지하지 않은 경우에는 영장발부 사실 알리고 체포 후 신속히 제시(긴급집행) • 미란다원칙 고지: 사전에 피의자에게 범죄사실의 요지, 체포의 이유, 변호인선임권, 변명의 기회를 부여 • 사후통지의무: 집행완료 후 변호인이 있으면 변호인에게, 변호인이 없으면 변호인선임권자(형법배직) 중 피의자가 지정한 자에게 피의사건명, 체포장소·일시, 체포의 이유, 변호인선임권 등을 통지. 이 통지는 늦어도 24시간 내 서면으로 해야 한다.
사후 절차	• 계속 구금하고자 할 경우, 체포한 때로부터 48시간 내에 구속영장을 청구해야 함(예 48시간 내에 발부 ×) → 영장청구하지 않고 석방도 가능 • 구속영장 청구시점은 임의동행 후 체포하였다면, 최초 임의동행시로부터 기산 • 구속영장이 기각되거나, 48시간 내에 구속영장을 청구하지 않으면 즉시 석방해야 함 • 체포된 피의자를 구속영장에 의하여 구속한 때에는 그 구속기간은 피의자를 체포한 날부터 기산

(2) 긴급체포

의의	중대범죄에 있어 영장 없이 피의자를 체포하는 제도. 헌법 제12조 제3항에 근거
요건	• 범죄의 중대성(사형, 무기 또는 장기 3년 이상의 징역·금고) 　※ 긴급체포 대상 아닌 것: 폭행죄, 도박죄, 공문서부정행사죄 등 • 범죄혐의의 상당성(= 객관적혐의 = 무죄추정을 깨뜨릴 만한 고도의 개연성) • 체포의 필요성(= 구속사유 = 도망 및 증거인멸의 우려) • 긴급성: 피의자를 우연히 만난 경우와 같이 영장을 청구할 시간적 여유가 없을 때 → 긴급체포 요건의 판단 방법: 체포 당시의 사정을 기준으로 수사주체에 상당한 재량을 인정(사후에 밝혀진 사정 ×, 제3자의 입장 ×)

체포절차	• 법조문은 사법경찰관만을 주체로 두고 있으나 판례는 사법경찰리도 긴급체포 가능하다고 봄 • 미란다원칙 고지: 사전에 피의자에게 범죄사실의 요지, 체포의 이유, 변호인선임권, 변명의 기회를 부여 • 사법경찰관이 긴급체포시 검사에게 즉시 승인 얻어야 함(긴급체포승인요청서를 통해 12시간 내에, 단, 기소중지된 피의자를 해당 수사관서가 위치하는 특별시·광역시·도 또는 특별자치도 외의 지역에서 긴급체포하였을 때에는 24시간 내 승인요청 가능) • 사후통지의무: 집행완료 후 변호인이 있으면 변호인에게, 변호인이 없으면 변호인선임권자(형법배직) 중 피의자가 지정한 자에게 피의사건명, 체포장소·일시, 체포의 이유, 변호인선임권 등을 통지. 이 통지는 늦어도 24시간 내에 해야 한다.
사후절차	계속 구금 시	지체 없이 구속영장 청구해야 함. 늦어도 체포한 때부터 48시간 내에 청구
	영장청구 없이 석방한 경우	• 긴급체포의 남용을 통제하기 위해 사후 통지제도를 마련함 • 검사의 법원에 대한 통지: 30일 이내에 서면으로 석방된 자의 인적사항, 긴급체포의 일시·장소·이유, 석방일시·장소·사유, 긴급체포 및 석방한 검사 또는 사법경찰관의 성명을 법원에 통지 + 긴급체포서의 사본 첨부 • 사법경찰관의 검사에 대한 보고: 사법경찰관은 긴급체포한 피의자에 대하여 구속영장을 신청하지 아니하고 석방한 경우에는 즉시 검사에게 보고하여야 함 • 피의자 등의 법원보관서류에 대한 열람·등사: 긴급체포 후 석방된 자 또는 그 변호인·법정대리인·배우자·직계친족·형제자매는 통지서 및 관련 서류를 열람하거나 등사할 수 있음

기타	• 긴급체포된 피의자를 구속영장에 의하여 구속한 때에는 그 구속기간은 피의자를 체포한 날부터 기산
	• 사법경찰관이 긴급체포한 피의자에 대한 검사의 대면조사
	  - 긴급체포의 적법성에 의문 있는 경우 → 검사의 대면조사 허용, 임의수사, 피의자 동의 필요
	  - 긴급체포의 합당성이나 구속사유 보강수사 위한 경우 → 검사의 대면조사 불가
	• 재체포의 제한: 긴급체포되었다가 석방된 자는 영장 없이는 동일 범죄사실로 체포·구속 불가[수소법원이 구속하거나, 체포·구속영장 발부되면 체포·구속 가능(판례)]

(3) 현행범인체포

의의	누구든지 현행범인이나 준현행범인을 영장 없이 체포하는 제도, 헌법 제12조 제3항에 근거

요건	• 체포당시 체포하는 자의 입장에서 보아 현행범인(범죄의 실행 중 실행 즉후인 자) 또는 준현행범인(범죄의 실행 중 실행 즉후인 자)임이 명백할 것
	  - 범인으로 불리며 추적되고 있을 때
	  - 장물이나 범죄에 사용되었다고 인정하기에 충분한 흉기나 그 밖의 물건을 소지하고 있을 때
	  - 신체나 의복류에 증거가 될 만한 뚜렷한 흔적이 있을 때로 변경
	  - 누구냐고 묻자 도망하려고 할 때 예 불심검문 불응하고 도주하는 자
	• 체포의 필요성[구속사유 즉, 도망 및 증거인멸의 우려도 필요(판례)]
	• 비례성: 경미범죄(다액 50만 원 이하의 벌금·구류·과료)의 경우 → "주거부정시"에 제한

체포
절차
	• 누구든지 영장 없이 현행범인을 체포할 수 있음. 사인도 현행범인 체포 가능(사인은 현행범인을 체포할 수 있으나, 체포현장에서 압수·수색은 불가능)
	• 수사기관이 체포한 경우
	  – 미란다원칙 고지: 사전에 피의자에게 범죄사실의 요지, 체포의 이유, 변호인선임권, 변명의 기회를 부여
	  – 사후통지 의무: 집행완료 후 변호인이 있으면 변호인에게, 변호인이 없으면 변호인선임권자(형법배직) 중 피의자가 지정한 자에게 피의사건명, 체포장소·일시, 체포의 이유, 변호인선임권 등을 통지. 이 통지는 늦어도 24시간 내에 해야 한다.
	  – 현행범체포서의 작성
	• 사인이 체포한 경우
	  – 사인은 체포한 현행범인을 즉시 사경관리에게 인도해야 함(사인은 현행범인을 석방할 수 없음) → '즉시'라고 함은 반드시 체포시점과 시간적으로 밀착된 시점이어야 하는 것은 아니고, '정당한 이유 없이 인도를 지연하거나 체포를 계속하는 등으로 불필요한 지체를 함이 없이'라는 뜻으로 볼 것이다(판례).
	  – 사인은 현행범체포시 미란다원칙을 고지할 필요가 없고, 현행범인을 인도받은 사경관리가 미란다원칙을 고지해야 함
	  – 사법경찰관리가 현행범인을 인도받은 경우 현행범을 체포한 자의 동행을 요구할 수 있음
	• 구속영장 청구해야 하며 늦어도 체포한 때로부터 48시간 내에 청구 → 사인이 현행범을 체포한 경우에는 수사기관이 현행범인을 인도받은 때로부터 48시간 내에 구속영장을 청구하면 족하다.

기타	• 현행범 체포된 피의자를 구속영장에 의하여 구속한 때에는 그 구속기간은 피의자를 체포한 날부터 기산한다. • 현행범으로 체포된 피의자도 체포적부심사를 청구할 수 있다(판례).

3 피의자와 피고인의 구속

(1) 구속의 의의와 목적

① 구속에는 구인과 구금이 포함된다. 구속은 반드시 법관이 발부한 사전영장에 의하여야 하고 예외는 허용되지 않는다.

② 구인이란 피의자나 피고인을 일정한 장소에 인치하는 강제처분을 말하고, 구금이란 피의자나 피고인을 교도소 또는 구치소에 감금하는 강제처분을 말한다.

③ 구인한 피고인 등을 인치한 경우에 구금할 필요가 없다고 인정하는 때에는 인치한 때로부터 24시간 이내에 석방하여야 한다(제71조·제209조).

④ 피의자에 대한 구인은 체포되지 아니한 피의자의 구속전 피의자심문을 위한 수단으로 이용될 수 있다(제201조의2 제2항).

⑤ 구인을 위한 영장으로는 피의자·피고인을 구금할 수 없으나, 구금을 위한 영장으로는 피의자·피고인을 구인할 수 있다.

⑥ 구속영장이 발부되어 구속된 피의자에 대하여는 별도로 구인영장을 발부할 수 없다.

(2) 구속의 요건

구속의 요건	범죄혐의의 상당성 = 객관적 혐의 = 무죄추정을 깨뜨릴 만한 고도의 개연성
	구속사유 • 도망의 염려 • 주거부정: 독자적인 구속사유 아님(통설), 도망의 염려를 판단하기 위한 보조적 자료 • 증거인멸의 염려
	비례성 → 경미범죄(다액 50만 원 이하의 벌금, 구류, 과료)의 경우 주거부정시에만 구속 가능
구속 시 고려사항	• 법원은 구속사유를 심사함에 있어서 범죄의 중대성, 재범의 위험성, 피해자 및 중요 참고인 등에 대한 위해우려 등을 고려하여야 한다(제70조 제2항, 제209조). • 범죄가 중대한지 여부는 구속사유 시 고려사항일 뿐 독자적인 구속사유로 볼 수는 없다(법원실무제요, 통설). • 체포 후 구속영장이 청구된 경우(사후구속영장이 청구된 경우)에는 선행하는 임의동행이나 체포과정의 위법성도 구속사유심사에 고려해야 한다.

(3) 구속기간

① 피의자 구속기간

㉠ 사법경찰관이 피의자를 구속한 때에는 10일 이내에 피의자를 검사에 인치하지 아니하면 석방하여야 한다(제202조). 사법경찰관의 구속기간은 연장할 수 없다.

㉡ 검사가 피의자를 구속하거나 사법경찰관으로부터 피의자의 인치를 받은 때에는 10일 이내에 공소를 제기하지 아니하면 석방하여야 한다(제203조).

㉢ 검사는 지방법원판사의 허가를 얻어 10일을 초과하지 않는 한도 내에서 1회에 한하여 구속기간을 연장할 수 있다(제205조 제1항). 관할지방법원 판사의 구속기간 연장 허가결정이 있으면 그 연장기간은 제203조의 규정에 의한 구속기간 만료 다음날로부터 기산한다(규칙 제98조). → 구속기간의 연장은 10일을 초과하지 못할 뿐이지 반드시 10일이어야 하는 것은 아니므로 3일을 연장하는 것도 가능하다.

㉣ 구속기간 연장신청에 대한 허가 또는 기각결정 역시 수임판사의 명령으로서 항고 또는 준항고의 대상이 되지 않는다(97모1).

㉤ 국가보안법위반죄의 경우, 사법경찰관의 구속기간은 1차에 한하여, 검사의 구속기간은 2차에 한하여 각 10일 이내의 기간한도 내에서 연장을 허가할 수 있다(최장 50일).

㉥ 다만, 국가보안법상 찬양·고무죄와 불고지죄의 경우에는 범죄가 특별히 복잡한 것도 아니고 증거수집도 어려운 것이 아니므로 구속기간 연장은 위헌이다(90헌마82).

㉦ 인권보호를 위하여 초일은 시간을 계산하지 아니하고 1일로 산정하며, 기간의 말일이 공휴일·토요일이면 구속기간에 산입한다(제66조 제3항).

㉧ 피의자의 구속기간계산에 있어 영장실질심사기간이나 체포·구속적부심사기간은 남용금지를 위하여 구속기간에 산입하지 않는다(제201조의2 제7항, 제214조의2 제13항). 이 경우 서류가 법원에 접수된 날로부터 검찰청에 반환한 날까지는 구속기간에서 제외된다(실제 제외기간은 일(日)로 계산하여 사실상 구속기간이 1일 이상 증가하는 효과가 나타남).

[예] 1월 1일 23시에 법원에 구속서류를 접수하여 1월 2일 9시에 검찰청에 서류반환하여도 구속기간은 2일이 제외되어 실제 2일 연장됨

㊂ 피의자가 실제로 구속된 때를 기준으로 하고 긴급체포 또는 현행범인으로 체포된 경우에는 체포된 날로부터 기산한다(제203조의2).

② **피의자의 구속기간과 연장**

구분	구속기간	구속기간의 연장	국가보안법상의 특칙
사법경찰관	10일	×	10일 연장(합계: 20일)
검사	10일	10일	10일 추가연장(합계: 30일)

㉠ 형사소송법상 피의자 최장구속기간: 30일(사법경찰관 10일 + 검사 20일) → 현실적으로 29일
㉡ 국가보안법상 피의자 최장구속기간: 50일(사법경찰관 20일 + 검사 30일) → 현실적으로 49일

③ **피고인 구속기간**

실무상 피고인에 대한 최장구속기간은 18개월을 넘는 경우가 많다. 바로 파기환송의 경우 다시금 3회에 걸쳐 연장이 가능하기 때문이다. 파기환송/이송 시 계속 구속기간이 연장되는 것은 무죄추정에 반하지 않는다는 것이 판례의 태도이다.

구분	구속기간	구속기간의 갱신	구속기간의 한계	최장구속기간
제1심 법원	2개월	2개월 + 2개월	6개월	피고인에 대한 최장구속기간 : 18개월
제2심 법원		2개월 + 2개월 + 2개월	6개월	
제3심 법원		2개월 + 2개월 + 2개월	6개월	

㉠ 피고인에 대한 구속기간은 2개월로 한다(제92조 제1항).
㉡ 피고인구속은, 특히 구속을 계속할 필요가 있는 경우에는 심급마다 2개월 단위로 2차에 한하여 결정으로 구속기간을 갱신할 수 있다(제92조 제2항).
㉢ 상소심은 피고인 또는 변호인이 신청한 증거의 조사, 상소이유를 보충하는 서면의 제출 등으로 추가 심리가 필요한 부득이한 경우에는 3차에 한하여 갱신할 수 있다(제92조 제2항).
㉣ 피고인의 구속기간 중에 현실적으로 구속되지 않은 보석기간, 구속집행 정지기간, 도주한 기간이나 감정유치기간(제172조의2 제1항), 제22조(기피), 제298조 제4항(공소장의 변경), 제306조 제1항(심신상실) 및 제2항(질병)의 규정에 의하여 공판절차가 정지된 기간, 공소제기 전의 체포·구인·구금 기간(제92조 제3항), 위헌심판 제청기간(헌재법 제42조) 등은 수소법원의 구속기간에 산입되지 않는다.
㉤ 법원의 갱신에 대한 결정은 형사소송법상 수소법원의 결정으로서 판결전 소송절차에 관한 결정이지만 제403조 제2항에 따라 보통항고 할 수 있다(판례).
㉥ 인권보호를 위하여 시간을 계산하지 아니하고 초일은 1일로 산정하며, 기간의 말일이 공휴일·토요일이면 구속기간에 산입한다(제66조 제3항).
㉦ 피고인에 대한 구속기간의 계산에 있어서는 월로 계산한다(역법적 계산).
　예 3월 10일 구속된 피고인의 당해 심급내 최장구속기간은 9월 9일, 8월 30일 피고인 甲에 대한 구속이 시작된 경우 최장기간은 이듬해 2월 28일(2월 말일)

ⓒ 피고인의 경우 구속기간 계산의 초일은
- 공소제기 전부터 구속된 경우: 공소제기시가 피고인에 대한 구속기간의 기산일이 된다.
- 공소제기 이후에 피고인을 구속한 경우: 구속영장의 집행에 의하여 피고인이 사실상 구속된 날을 기산일로 한다.

㉣ 판례는 법원이 구속기간을 넘어서 구속한 때라도 구속영장의 효력이 당연히 실효되는 것은 아니라고 판시하고 있다(64도428). (반면, 통설은 구속기간을 제한하고 있는 취지에 비추어 기간을 도과하면 구속영장의 효력은 상실되어 불법구속이 된다고 한다)

(4) 피의자의 구속의 절차

청구권자		• 검사가 관할지방법원판사(수임판사)에게 청구, 사법경찰관은 청구 불가 • 사법경찰관에게 영장청구권을 부여하기 위해서는 헌법 개정이 필요하다. • 검사가 사법경찰관이 신청한 영장을 정당한 이유 없이 판사에게 청구하지 아니한 경우 사법경찰관은 그 검사 소속의 지방검찰청 소재지를 관할하는 고등검찰청에 영장청구 여부에 대한 심의를 신청할 수 있다(제221조의5 제1항).
영장 실질 심사 (구속전 피의자 심문)	체포된 피의자 (= 사후 구속영장)	• 필수적으로 심문절차를 진행해야 하고(생략 불가), 심문절차에 피의자는 출석해야 한다. • 구속영장청구 후 지체 없이 피의자를 심문하여야 한다. 이 경우 특별한 사정이 없는 한 구속영장이 청구된 날의 다음날까지 심문하여야 한다. • 체포된 피의자가 출석거부하고 인치 불가능·곤란, 질병의 경우에는 피의자의 출석 없이 심문한다. 이 경우 참여한 변호인의 의견을 듣고 수사서류 등을 토대로 영장발부 여부를 결정한다.
	미체포피의자 (= 사전 구속영장)	• 구인을 위한 구속영장을 발부하여 피의자를 구인후 심문한다. • 구인후 최대한 빠른 시간 내에 심문절차를 열어야 한다. • 다만, 피의자가 도망한 경우에는 심문 없이 구속영장을 발부할 수 있다.

영장실질심사
심문절차
		• 체포된 피의자(사후구속영장 청구): 지체 없이 심문, 늦어도 다음날까지 심문(피의자가 인치 불가능, 질병시에는 피의자의 출석 없이 심문이 가능. 이 경우 수사서류 및 출석한 변호인의 의견 듣고 결정)
		• 미체포 피의자(사전구속영장 청구): 구인을 위한 영장발부하여 구인 후 심문, 피의자 도망시 심문생략 가능
		• 변호인선임
		  - 심문할 피의자에게 변호인이 없는 때에는 지방법원판사는 직권으로 변호인을 선정하여야 한다.
		  - 그 선정은 피의자에 대한 구속영장 청구가 기각되어 효력이 소멸한 경우를 제외하고는 제1심까지 효력이 있다(제201조의2 제8항).
		  - 법원은 변호인의 사정 그 밖의 사유로 변호인 선정결정이 취소되어 변호인이 없게 된 때에는 직권으로 변호인을 다시 선정할 수 있다(제201조의2 제9항).
		• 변호인은 피의자심문 전 경찰서뿐 아니라 법원에서도 피의자와 접견할 수 있다.
		• 피의자심문에 참여할 변호인은 구속영장청구서 및 그에 첨부된 고소·고발장, 피의자의 진술을 기재한 서류와 피의자가 제출한 서류의 열람·등사 가능(규칙 제96조의21)
		  - 형사소송규칙은 열람만 규정하고 있으나, 헌법재판소가 등사도 가능하다고 판시함
		  - 고소·고발장, 피의자의 진술을 기재한 서류 등은 증거인멸이나 공범의 도망 등 수사에 방해가 될 염려가 있을 때에는 검사의 의견에 따라 판사가 서류(구속영장청구서는 제외) 전체 또는 일부의 열람을 제한할 수 있다.

	· 판사는 피의자를 심문하기 전, 진술거부권을 고지하여야 한다. · 심문은 법원청사 내에서 하는 것이 원칙이나, 교도소 · 구치소 등 법원 외에서도 가능하다. · 검사와 변호인은 심문기일에 출석하여 의견을 진술할 수 있다[반대심문(×)]. 다만, 필요한 경우에는 심문 도중에도 판사의 허가를 얻어 의견을 진술할 수 있다. · 피의자에 대한 심문절차는 비공개가 원칙. 다만, 판사는 상당하다고 인정하는 경우에는 피의자의 친족, 피해자 등 이해관계인의 방청을 허가할 수 있다(규칙 제96조의14). · 구속영장이 청구된 피의자의 법정대리인, 배우자, 직계친족, 형제자매나 가족, 동거인 또는 고용주는 판사의 허가를 얻어 사건에 관한 의견을 진술할 수 있다(규칙 제96조의16 제6항). · 구속영장이 청구되어 법원이 구속전 피의자심문을 하는 경우 법원사무관 등은 심문의 요지 등을 조서로 작성하여야 한다(제201조의2 제6항). → 구속전 피의자심문조서 = 제315조 제3호의 당연히 증거능력 있는 서류(○), 제311조(×) · 피의자심문을 하는 경우 법원이 구속영장청구서 · 수사관계서류 및 증거물을 접수한 날부터 구속영장을 발부하여 검찰청에 반환한 날까지의 기간은 수사기관의 구속기간에 이를 산입하지 아니한다(제201조의2 제7항).
구속영장발부	· 구속영장에는 죄명 · 피의사실의 요지, 유효기간 등을 기재하고 재판장 또는 수명법관이 서명 날인하여야 한다. · 피의자의 성명이 분명하지 아니한 때에는 인상 · 체격 기타 피의자를 특정할 수 있는 사항으로 피의자를 표시할 수 있다. · 구속영장은 수통을 작성하여 사법경찰관 수인에게 교부할 수 있다.
불복	수사상 영장은 수임판사의 명령으로서 일체의 불복이 불가
구속영장 집행절차	· 검사의 지휘 아래 사법경찰관리가 집행하는 것이 원칙. 교도소에서는 검사의 지휘 아래 교도관이 집행 · 영장의 사전제시가 원칙, 긴급집행도 허용(영장소지하지 않은 경우, 피의사실 등을 알리고 구속 후 신속히 영장제시) · 미리 미란다원칙 고지(피의사실, 구속이유, 변호인선임권, 변명의 기회부여) · 집행완료 후 지체 없이(24시간 내) 변호인이 있으면 변호인에게 변호인 없으면 변호인선임권자(형법배직)에게 서면으로(원칙) 피의사실, 변호인선임권 등을 통지 · 검사 · 사법경찰관리는 관할구역 외에서 구속영장집행을 지휘 · 집행할 수 있고, 관할구역 외의 검사 · 사경관리에게 촉탁할 수 있다. · 호송 중 인접한 교도소나 구치소에 가유치할 수 있다. · 구속영장의 집행시, 구속영장에 검찰사건사무규칙이 규정한 검사의 날인 또는 집행지휘서가 없어도 구속영장의 집행은 유효하다.
재구속제한	· 검사 또는 사법경찰관에 의하여 구속되었다가 석방된 자는 다른 중요한 증거가 발견된 경우를 제외하고는 동일한 범죄사실에 관하여 재차 구속하지 못한다(제208조 제1항). · 재구속금지에 있어, 1개의 목적을 위하여 동시 또는 수단결과의 관계에서 행하여진 행위는 동일한 범죄사실로 간주한다(제208조 제2항). · 재구속의 제한은 검사 또는 사법경찰관이 피의자를 구속하는 경우에 적용될 뿐이며, 법원이 피고인을 구속하는 경우에는 적용되지 않는다(85모12). → 수소법원은 다른 중요한 증거가 없어도 피고인을 재구속할 수 있다. · 재구속이 제한될 뿐 재구속금지규정을 위반하였다 하더라도 공소제기가 무효로 되는 것은 아니다(= 공소권남용으로서 공소기각판결하여야 하는 것 아님).

(5) 피고인구속

청구권자	법원이 직권으로 발부, 검사의 청구는 필요없고 청구할 수도 없음 → 수소법원이 직권으로 발부하는 영장은 헌법12조 제1항(적법절차)을 근거로 한다.
구속신문 (72조) 〈사전청문 절차〉	• 수소법원은 피고인을 구속하기 전에 범죄사실, 구속이유, 변호인선임권을 고지하고 변명의 기회를 부여하여야 한다(제72조). • 실무(판례)는 제72조의 절차를 수소법원이 진행하는 구속신문절차로 운용한다. • 사전청문절차 없이 구속영장을 발부하는 것은 위법하다. • 다만, 피고인이 도망한 경우에는 제72조의 절차 없이 구속영장 발부 가능하다. • 제72조의 절차는, 피고인의 절차적 권리를 보장하기 위한 규정이므로 이미 변호인을 선정하여 공판절차에서 변명과 증거의 제출을 다하고 그의 변호 아래 판결을 선고받은 경우 등과 같이 위 규정에서 정한 절차적 권리가 실질적으로 보장되었다고 볼 수 있는 경우에는, 이에 해당하는 절차의 전부 또는 일부를 거치지 아니한 채 구속영장을 발부하였다 하더라도 이러한 점만으로 그 발부결정이 위법하다고 볼 것은 아니다(2000모134). • 법원은 피고인의 현재지의 지방법원판사에게 피고인의 구속을 촉탁할 수 있고, 수탁판사는 피고인이 관할구역 내에 현재하지 아니한 때에는 그 현재지의 지방법원판사에게 전촉할 수 있다. → 이 경우 수탁판사가 구속영장 발부
구속영장 발부	구속영장에는 죄명·피의사실의 요지, 유효기간 등을 기재하고 재판장 또는 수명법관이 서명날인하여야 하고, 피고인의 본명기재를 필요로 하지 않으며 수통을 작성하여 사경관리 수인에게 교부할 수 있다(피의자구속과 동일).
불복	(수소)법원의 영장은 수소법원의 결정으로서 보통항고 가능(제403조 제2항)
구속영장 집행절차	• 검사의 지휘 아래 사법경찰관리가 집행하는 것이 원칙. 교도소에서는 검사의 지휘 아래 교도관이 집행 • 급속을 요하는 경우 재판장, 수명법관, 수탁판사가 집행을 지휘할 수 있다. 이 경우 법원사무관 등에게 그 집행을 명할 수 있다. 법원사무관 등은 그 집행에 관하여 필요한 때에는 사법경찰관리·교도관 또는 법원경위에게 보조를 요구할 수 있으며 관할구역 외에서도 집행할 수 있다. • 영장의 사전제시가 원칙, 긴급집행도 허용(영장소지하지 않은 경우, 범죄사실 등을 알리고 구속 후 신속히 영장 제시) • 집행완료 후 집행기관은 공소사실과 변호인선임권 등을 고지해야 함(제88조). 제88조는 사후청문절차로서 고지가 없어도 구속영장의 효력에는 영향이 없음(판례) • 집행완료 후 지체 없이(24시간 이내) 변호인이 있으면 변호인에게 변호인 없으면 변호인선임권자(형법 배지)에게 서면으로(원칙) 피의사실, 변호인선임권 등을 통지 • 검사·사법경찰관리는 관할구역 외에서 구속영장집행을 지휘·집행할 수 있고, 관할구역 외의 검사·사경관리에게 촉탁할 수 있고, 호송중 가유치도 가능
재구속제한	제208조의 재구속의 제한은 검사 또는 사법경찰관이 피의자를 구속하는 경우에 적용될 뿐이며, 법원이 피고인을 구속하는 경우에는 적용되지 않는다(85모12). → 수소법원은 다른 중요한 증거가 없어도 피고인을 재구속할 수 있다.

> **더 알아보기**
>
> 피의자구속과 피고인구속에 관한 결정에 대한 불복
> • 수임판사의 피의자구속에 대한 결정(명령) → 일체의 불복이 불가능
>   - 즉시항고규정은 존재하지 않으므로 즉시항고는 불가능하다.
>   - 제402조의 보통항고는 수소법원의 결정에 대해서만 가능하므로 수임판사의 명령에 대해서는 보통항고가 불가능하다.
>   - 제416조는 수소법원 소속의 재판장과 수명법관의 명령에 대해서만 준항고를 허용하고 있으므로 제416조의 준항고도 불가능하다.
>   - 결론적으로 현행법상 일체의 불복이 불가능하다.

- (수소)법원의 피고인구속에 대한 결정 → 보통항고로 불복 가능
  - 수소법원의 피고인구속결정은 소송법상 수소법원의 결정에 해당한다.
  - 수소법원의 피고인구속결정은 판결전 소송절차에 관한 결정이나 제403조 제2항의 구금에 관한 결정에 해당하여, 보통항고가 가능하다.

(6) 이중구속과 별건구속, 여죄수사

이중구속	이미 A범죄사실로 구속영장이 발부되어 구속되어 있는 피고인 또는 피의자에 대하여 B범죄사실로 다시 구속영장을 집행하는 것[허용(판례)]
별건구속	수사기관이 본래 수사하고자 하는 본건에 대하여는 구속의 요건이 구비되지 못하였기 때문에 본건의 수사에 이용할 목적으로 구속의 요건이 구비된 별건으로 구속영장을 발부받아 피의자를 구속하는 것(허용 vs 불허용)
여죄수사	수사기관이 본건을 수사하는 도중 우연히 발견한 여죄에 대하여 탈법적 의도 없이 본건의 구속기간 중 수사를 진행하는 것

(7) 접견교통권

① 의의

접견교통권이란 체포 또는 구속된 피의자나 피고인이 변호인 · 가족 · 친지 등 타인과 접견하고, 서류 또는 물건을 수수하며, 의사의 진료를 받을 수 있는 권리를 말한다.

② 접견교통권의 종류

㉠ 피의자 · 피고인의 변호인과의 접견교통권 → 헌법상 기본권(헌법 제12조 제4항)

㉡ 변호인의 피의자 · 피고인과의 접견교통권 → 법률상 권리(원칙, 형사소송법 제34조)

㉢ 피의자 · 피고인과 비변호인과의 접견교통권 → 헌법상 기본권(행복추구권과 무죄추정권에서 유래)

③ (피의자 · 피고인의) 변호인과의 접견교통권

법적 성질	헌법 제12조 제4항을 근거로 한 헌법상 기본권
주체 및 상대방	• 주체: 신체구속을 당한 모든 국민, 체포 · 구속된 자뿐 아니라 임의동행된 피내사자도 포함 • 상대방: 변호인 또는 변호인이 되려고 하는 자
제한	• 실제로 접견이 이루어진 경우 → 국가안보 · 질서유지 · 공공복리 어떠한 명문으로도 제한 불가(판례) • 변호인 접견 자체(일반적 제한) → 국가안보 · 질서유지 · 공공복리를 위해 법률로써 제한 가능 예 일요일에 질서유지를 위해 변호인과의 접견교통권을 제한하는 것(합헌, 2009헌바341)
내용	• 변호인과의 접견교통시 교도관 또는 경찰관의 입회나 감시는 허용되지 않는다. • 다만, 질서유지를 위하여 접견시간을 일반적으로 제한하거나 무기 또는 위험한 물건의 수수를 금지하는 것은 가능하다[예 가시거리에서는 교도관의 입회가 가능, 가청거리에서는 입회 불가능(판례)]. • 수수한 서류의 검열과 물건의 압수도 허용되지 않음 • 특히 신체구속을 당한 피의자 · 피고인의 편지 중 변호인과 주고받는 편지는 다른 편지에 비하여 특별한 보호를 받아야 한다(92헌마114). • 따라서, 체포 또는 구속된 피의자 또는 피고인과 변호인 사이의 편지는 교정시설에서 상대방이 변호인임을 확인할 수 없는 경우를 제외하고는 검열할 수 없다(형집행법 제84조 제3항).

④ (피의자의) 비변호인과의 접견교통권

법적 성질	비변호인과의 접견교통권은 행복추구권과 무죄추정권에서 파생한 헌법상 기본권(판례)
주체 및 상대방	• 주체: 체포·구속된 피의자·피고인 • 상대방: 가족·친지 등 변호인 또는 변호인이 되려는 자가 아닌 자

제한	• 헌법상 기본권이므로 법률로써 제한할 수 있음이 원칙
	• 형사소송법에 의한 구체적 제한
	  – 피의자 → 도망 및 증거인멸의 염려시 수사기관의 처분으로 제한 가능
	  – 피고인 → 도망 및 증거인멸의 염려시 법원의 결정으로 제한 가능
	  – 다만 인도적 견지에서 의류·양식·의료품의 수수를 금지하거나 압수할 수는 없음
	• 형의 집행 및 수형자의 처우에 관한 법률에 의한 제한
	  – 접견내용의 청취·기록·녹음 또는 녹화
	  – 편지수수의 제한 및 편지 내용의 검열

⑤ 변호인의 (피의자·피고인과의) 접견교통권

법적 성질	• 원칙: 단지 형사소송법 제34조에 의해 보장된 법률상 권리일 뿐(89헌마181) • 예외: 피의자·피고인이 변호인으로부터 조력을 받을 권리와 표리관계에 있는 핵심적 부분은 헌법상 기본권에 해당 예 체포·구속적부 심문과정에서 변호인의 형사기록 열람·등사권과 변호인의 접견교통권은 헌법상 기본권임(2000헌마474)
제한	• 법률상 권리이므로 법령에 의한 제한은 가능 → 변호인의 접견교통권은 수사기관의 처분이나 법원의 결정으로 제한이 불가능하다(판례). • 형사소송법상으로는 변호인의 접견교통권을 제한하는 규정을 두고 있지 않다. • 다만, 형의 집행 및 수형자 처우에 관한 법률 및 동법 시행령에서는 질서유지를 위하여 공휴일 및 퇴근시간 후 변호인의 접견교통권을 제한하고 있고 변호인의 수진권 행사에 있어서 교도권과 의무관의 참여를 허용하고 있다. • 법 제34조의 접견교통권은 판결확정 전의 미결수용자에게 보장되는 것이고, 판결확정 이후의 재심청구인에 대해서는 제34조의 규정이 그대로 적용되지 않는다(96다48831).
주체/상대방	• 주체: 변호인 또는 변호인이 되려고 하는 자 • 상대방: 신체구속을 당한 모든 국민
접견 신청방식	• 장소: 피의자·피고인이 구금되어 있는 현재지, 현재지와 서류상 구금장소가 일치하지 않는 경우에도 현재지에 신청해야(판례)[구금장소의 임의적 변경은 접견교통권 침해(판례)] • 상대방: 구속된 자의 신병에 일정한 권한과 책임이 있는 기관과 공무원(예 구치소장, 교도소장, 경찰서장). (구속영장상의 구금시설의 장이나 당해 수사업무를 총괄하고 있는 책임자 혹은 동일계열의 수사관중 어느 하나를 상대방으로 하면 족함(91모24))
내용	• 접견의 비밀보장 • 접견교통권을 제대로 보장하기 위해서는 신청 즉시 접견이 이루어져야 한다. 예 접견신청일이 경과하도록 접견이 이루어지지 않은 때에는 실질적으로 접견불허처분이 있는 것과 동일하다(91모24). 1시간의 지연도 접견불허로 볼 수 있다(91가단24555). • 변호인은 의사로 하여금 구속된 피고인·피의자를 진료하게 할 수 있다(수진권).

⑥ 접견교통권의 침해에 대한 구제

수소법원의 침해	보통항고(판결전 소송절차에 관한 결정이나 제403조 제2항의 구금에 관한 결정에 해당) 예 공판심리 중 변호인 접견제한, 일정기간에 걸쳐 피고인에 대한 일체의 접견제한시
수사기관의 침해	• 수사상 준항고(제417조, 수사기관의 구금에 관한 처분) • 예외적으로 헌법소원도 가능
교정기관의 침해	행정소송(행정법상 취소소송)으로 불복해야 함(판례)
접견교통권침해와 자백의 증거능력	변호인과의 접견교통권 침해 → 위법수집증거로서 증거능력 배제(판례)
	변호인 접견 이전에 이루어진 자백 → 증거능력 인정 가능(판례)
	비변호인과의 접견교통권 침해 → 증거능력(임의성) 인정(판례)

(8) 체포 · 구속적부심사제도

의의	• 위법 · 부당한 체포 · 구속을 당한 피의자 등의 청구에 의해 법원의 심리로 구속을 실효시키는 제도 • 헌법 제12조 제6항은 체포 · 구속적부심사권을 피의자의 기본권으로 천명
청구 권자	• 체포 · 구속된 피의자, 영장에 의하지 않은 피의자도 포함 　예 긴급체포 · 현행범체포된 자, 불법체포된 피의자, 임의동행 또는 보호실에 유치된 자 • 형제자매, 법정대리인, 배우자, 직계친족, 고용주, 가족, 변호인, 동거인도 가능
청구 사유	체포 · 구속의 적부 • 적(적법성): 체포 · 구속이 적법한지 여부 • 부(부당성): 계속 구금이 정당한지 여부 　예 체포 · 구속은 적법했으나 고소취소, 합의 등의 사정변경이 있는 경우
관할	• 대법원예규는, 체포적부심사 = 단독부, 구속적부심사 = 합의부로 권고하고 있음 • 체포영장 또는 구속영장을 발부한 법관은 심사에 관여하지 못한다. 다만, 체포영장 또는 구속영장을 발부한 법관 외에는 심문 · 조사 · 결정을 할 판사가 없는 경우에는 관여 가능
심문 절차	• 피의자를 체포하거나 구속한 검사 또는 사법경찰관은 체포되거나 구속된 피의자와 제1항에 규정된 사람 중에서 피의자가 지정하는 사람에게 제1항에 따른 적부심사를 청구할 수 있음을 알려야 한다(제214조의2 제2항). • 구속적부심사의 청구를 받은 법원은 접수한 때로부터 48시간 이내 체포되거나 구속된 피의자를 심문해야 한다(제214조의2 제4항). • 법원은 체포 또는 구속된 피의자에 대한 심문이 종료된 때로부터 24시간 이내에 체포 · 구속적부심사청구에 대한 결정을 하여야 한다(규칙 제106조). • 체포 · 구속적부심사를 청구한 피의자가 제33조(국선변호인 선정사유)에 해당할 때에는 법원은 국선변호인을 선정하여야 한다(제214조의2 제10항). → 심문 없이 기각결정을 한 경우라도 국선변호인 선임의 효력은 제1심까지 유지된다. • 심문절차는 비공개가 원칙이면 심문을 함에 있어 법원은 공범의 분리심문 기타 수사상의 비밀보호를 위한 적절한 조치를 하여야 한다(제214조의2 제11항). • 피의자심문에 참여할 변호인은 구속영장청구서 및 그에 첨부된 고소 · 고발장, 피의자의 진술을 기재한 서류와 피의자가 제출한 서류의 열람 · 등사 가능(규칙 제104조의2) • 검사와 변호인은 심문기일에 출석하여 심문 후 의견을 진술할 수 있다[반대심문(×)]. 다만, 필요한 경우에는 심문 도중에도 판사의 허가를 얻어 의견을 진술할 수 있다. • 법원사무관 등은 심문의 요지 등을 조서로 작성하여야 한다. → 체포 · 구속적부심문조서 = 제315조 제3호의 당연히 증거능력 있는 서류(○), 제311조(×), 증명력은 각별히 유의해야 함(판례) • 체포 · 적부심사를 하는 경우 법원이 구속영장청구서 · 수사관계서류 및 증거물을 접수한 때부터 구속영장을 발부하여 검찰청에 반환한 때까지의 기간은 수사기관의 체포 · 구속기간에 이를 산입하지 아니한다.

결정	• 체포적부심사에서는 기각(간이기각 포함) 또는 석방결정을 할 수 있다. • 구속적부심사에서는 기각, 석방, 보증금납입부 피의자석방결정을 할 수 있다. → 보증금납입부 피의자석방결정은 구속된 피의자에게만 할 수 있고, 체포된 피의자에게는 불가능하다. • 석방과 기각결정에 대하여는 불복할 수 없으나, 보증금납입부 피의자석방결정에 대해서는 보통항고가 가능하다(판례).
기각	• 청구가 이유 없으면 기각결정을 한다. • 간이기각결정(= 피의자 심문 없이 기각) – 청구권자 아닌 자가 청구한 경우 – 동일한 체포영장 또는 구속영장의 발부에 대하여 재청구한 때 – 공범 또는 공동피의자의 순차청구가 수사방해의 목적임이 명백한 때 • 기각결정에 대하여는 불복할 수 없다.
석방	• 법원은 심사결과 청구가 이유 있다고 인정되면 결정으로 피의자의 석방을 명하여야 한다. • 적부심사 청구 후 피의자에게 공소제기가 있는 경우(전격기소)에도 법원은 청구가 이유 있다고 인정되면 결정으로 피의자의 석방을 명하여야 한다(제214조의2 제4항). → 피의자의 지위는 체포·구속적부심사의 절차의 개시요건일 뿐 절차의 존속요건이 아니다(판례). • 체포·구속적부심사 후 석방된 자는 도망 및 증거인멸의 우려가 있는 경우에만 재구속 가능(제214조의3)
보증금 납입부 석방	• 법원은 구속된 피의자(심사청구 후 공소제기된 자를 포함한다)에 대하여 피의자의 출석을 보증할 만한 보증금의 납입을 조건으로 하여 결정으로 석방을 명할 수 있다(제214조의2 제5항). (예 보증금납입부 피의자석방결정 = 피의자 보석) • 구속된 피의자 = 구속적부심사절차에서만 가능(체포된 피의자 = 체포적부심에서는 불가) • 법원의 직권으로만 가능(구속된 피의자는 피의자보석의 청구권이 없다) • 보증금납입부 피의자석방결정에 대하여는 보통항고가 가능하다(판례). • 보증금납입부 피의자석방결정은 제외사유(증거인멸의 우려, 피해자 등에 해를 가할 우려) • 보증금납입부 석방결정 후 재구속 금지(도망·증거인멸의 우려, 불출석, 법원이 정한 조건 위반) • 보증금의 몰수 – 임의적 몰수: 석방된 피의자가 재체포·재구속된 경우 전부 또는 일부를 몰수할 수 있음 – 필요적 몰수: 석방된 피의자가 동일범죄 사실에 대해 유죄확정을 받고 불출석 또는 도망시에는 일부 또는 전부를 몰수하여야 함

(9) 보석제도

의의		• 수소법원의 결정으로 피고인의 구속을 조건부로 잠정정지시키는 제도이다. • 보석은 구속의 잠정정지이므로, 보석취소 시에는 구속영장 발부 없이 피고인을 재구금한다. • 제1, 2, 3심 언제나 청구 가능. 보석허가 시 보석취소 없는 한 판결확정 시까지 보석 유지 • 상소기간 중 또는 상소 중의 사건에 대하여 보석을 청구하는 경우에는 원심법원에 청구하여야 하지만, 소송기록이 상소법원에 송부된 경우에는 상소법원에 청구한다(제105조).
종류	필요적 보석	• 청구권자: 피고인 + 형제자매·법정대리인·배우자·직계친족 + 고용주·가족·변호인·동거인 • 보석청구시 필요적 보석의 제외사유가 없는 한 보석허가 해야 한다(필요적 보석의 원칙). • 보석이 취소된 후에 다시 보석청구가 있는 경우에도 필요적 보석이 원칙이다(판례). • 집행유예의 결격자라고 하여 보석을 할 수 없는 것은 아니다(판례). • 실제로 구속이 집행 중인 자뿐 아니라 구속집행정지 중인 자도 보석을 청구할 수 있고 이 경우에도 필요적 보석이 원칙이다(판례).
		필요적 보석의 제외사유 → 사형, 무기, 장기 10년이 넘는 징역·금고, 누범이나 상습범인 경우, 피해자나, 목격자, 그 친족 등에 대해 해를 끼칠 우려, 도망의 염려가 현저, 주거부정, 증거인멸의 염려가 현저한 경우
	임의적 보석	필요적 보석의 제외사유가 있는 경우라도, 법원은 직권 또는 보석청구권자의 청구에 의하여 보석을 허가할 수 있다.

	선이행조건(제출, 공탁, 납입, 제공)	후이행이 가능한 조건(조치, 금지, 서약)
보석	• 출석 및 증거인멸금지의 서약서 제출 • 보증금납입 약정서 제출 • 피고인 외의 자가 작성한 출석보증서 제출 • 피해자의 권리회복에 필요한 금원의 공탁 또는 담보의 제공 • 피고인 또는 법원이 지정하는 자의 보증금 납입 또는 담보의 제공	• 주거제한조치 • 피해자 · 증인 등에 대한 위해 · 접근금지 • 출국금지서약 • 그 밖의 적당한 출석보증조건의 이행

보증금의 몰취	몰취재판의 관할: 판결확정 전 → 수소법원, 판결확정 후 → 단독판사	
	임의적 몰취	• 보석취소 시(도조인불출석 + 해) • 보석취소결정과 보증금의 임의적 몰취결정은 반드시 동시에 할 필요없다(판례).
	필요적 몰취	• 석방된 피고인이 동일 범죄사실로 유죄확정판결을 받고 불출석하거나 도망 시 • 보석이 취소되었으나, 유죄확정 전 이미 도망한 자도 제103조 제2항의 필요적 몰취의 대상이 됨(판례)

보석 취소사유	도망, 주거제한 기타 법원이 정한 조건 위반, 증거인멸 우려, 법원소환에 불출석, 피해자나 증인 등에 대해 해를 가할 염려 있는 경우

보석의 실효	• 구속영장의 실효 → 구속영장실효 시 보석은 당연실효(석방상태 확정) • 보석취소 → 구속영장발부 없이도 피고인 구금 가능(구금상태로 환원) • 보석취소결정은 피고인에게 송달 요하지 않는다(판례).

보석 절차	• 보석청구 시 법원은 7일 이내에 피고인을 심문하여야 한다. → 보석허가절차와는 달리, 보석허가결정에 대한 항고심에서는 반드시 피고인을 심문할 필요가 없다(판례). • 보석재판시 검사의 의견을 들어야하고 검사는 지체 없이 의견을 표명해야 한다. 이때 의견의 표명은 늦어도 다음날까지 하여야 한다. → 검사의 의견 듣지 않고 보석행하였더라도 보석절차가 적정한 이상 보석은 유효하다(판례). • 보석허가 시 1개 이상의 보석조건을 부가하여야 한다. • 보석의 청구를 받은 법원은 특별한 사정이 없는 한 보석의 청구를 받은 날부터 7일 이내에 그에 관한 결정을 하여야 한다(규칙 제55조). • 보석허가결정에 대하여는 보통항고의 허용은 가능하다. • 그러나 보석허가결정에 대하여는 즉시항고가 불가능하다. 또한 즉시항고를 허용하는 입법도 허용될 수 없다(판례). • 법원은 구속 또는 보석을 취소하거나 구속영장의 효력이 소멸된 때에는 몰취하지 아니한 보증금 또는 담보를 청구한 날로부터 7일 이내에 환부하여야 한다(제104조).

> **더 알아보기**
>
> 보석조건과 관련된 형사소송법 조문
> - 피고인이 정당한 이유 없이 불출석하는 경우 출석보증인에게 500만 원 이하의 과태료 제재를 가할 수 있게 하였다(제100조의2 제1항). 다만 과태료 부과결정에 대하여는 즉시항고할 수 있다(제100조의2 제2항).
> - 법원은 피고인이 정당한 사유 없이 보석조건을 위반한 경우에는 결정으로 피고인에 대하여 1천만 원 이하의 과태료를 부과하거나 20일 이내의 감치에 처할 수 있다(제102조 제3항).
> - 보석조건결정시 고려사항
>   - 범죄의 성질 및 죄상(罪狀)
>   - 피고인의 전과·성격·환경 및 자산
>   - 증거의 증명력
>   - 피해자에 대한 배상 등 범행 후의 정황에 관련된 사항
> - 법원은 피고인의 자력 또는 자산 정도로는 이행할 수 없는 조건을 정할 수 없다(제99조 제2항).
> - 법원은 직권 또는 보석청구권자의 신청에 따라 결정으로 피고인의 보석조건을 변경하거나 일정기간 동안 당해 조건의 이행을 유예할 수 있다(제102조 제1항).
> - 보증금은 검사에게 납부하여야 하며, 보석의 집행도 검사가 집행한다. 법원은 보석청구자 이외의 자에게 보증금의 납입을 허가할 수 있다(제100조 제2항).
> - 보증금은 현금으로 납부함을 원칙으로 하나, 예외적으로 법원은 유가증권 또는 피고인 외의 자가 제출한 보증서로써 보증금에 갈음함을 허가할 수 있다(제100조 제3항). 보증서에는 보증금액을 언제든지 납입할 것을 기재하여야 한다(제100조 제4항).
> - 법원은 보석허가결정에 따라 석방된 피고인이 보석조건을 준수하는 데 필요한 범위 안에서 관공서나 그 밖의 공사단체에 대하여 적절한 조치를 취할 것을 요구할 수 있다(제100조 제5항).

(10) 구속취소

의의	• 구속사유가 없거나(적) 소멸된 때(부), 구속의 효력을 소멸시키는 제도 • 구속취소는 피의자와 피고인에 대해 모두 가능하다. 즉, 수사단계나 공판단계 모두 구속취소가 가능하다.
계기	• 피고인 → 법원의 직권 또는 피고인, 변호인, 변호인선임권자(형법배직)의 청구 • 피의자 → 수사기관 직권 또는 피의자 + 변호인, 변호인선임권자(형법배직)의 청구
절차	• 재판장이 구속취소결정을 함에는 검사의 청구에 의하거나 급속을 요하는 경우 외에는 검사의 의견을 물어야 하며(제97조 제2항), 검사는 지체 없이 의견을 표명하여야 한다(제97조 제3항). • 구속을 취소하는 결정에 대하여는 검사는 즉시항고를 할 수 있다(제97조 제4항). • 피의자에 대한 약식명령의 청구가 있으면 검사는 직권으로 구속을 취소하여야 한다(검찰사건사무규칙 제109조 제3항).

관련
판례
	• 피고인이 집행유예기간 중에 있더라도 구속취소의 장애사유가 되지 않는다(91모25).
	• 구속취소는 구속영장의 효력이 존속하고 있음을 전제로 하는 것이므로 구속영장이 이미 실효된 경우에는 설사 피고인이 계속 구금되어 있더라도 구속취소결정을 할 수 없다(99초355).
	• 구속취소를 인정한 예외적인 사례
	  - 미결구금일수가 본형 형기를 초과할 것이 명백한 경우(91모25)
	  - 형이 그대로 확정되어도 잔여형기가 8일 이내이고 주거가 일정할 뿐 아니라 도망 및 증거인멸의 염려도 없을 때(83모42)

(11) 구속의 집행정지

구분		내용
의의		• 구속된 피의자·피고인을 친족·보호단체 기타 적당한 자에게 부탁하거나 피고인의 주거를 제한하여 구속의 집행을 정지할 수 있다(제101조 제1항, 제209조). • 주로 관혼상제 등 단기간의 석방제도로 운용되고 있다.
계기		• 피고인 → 법원의 직권으로만 가능 • 피의자 → 수사기관의 직권으로 가능. 다만, 사법경찰관은 검사의 지휘를 받아야 함
보석과의 이동	공통점	• 구속의 집행정지시 검사의 의견을 들어야 함 • 구속은 잠정적으로 정지될 뿐이고, 구속은 유효하게 존속함 • 보석과 구속의 집행정지 모두 즉시항고 불가(판례)
	차이점	• 보증금을 조건으로 하지 않고(조건 부가하지 않음) • 피의자·피고인의 신청권이 없고, 직권으로만 가능
절차		• 법원이 구속의 집행정지결정을 함에는 검사의 의견을 물어야 한다. 단, 급속을 요하는 경우에는 그러하지 아니하다(제101조 제2항). • 법원의 구속집행정지결정에 대해 즉시항고를 허용하는 것은 위헌이다. • 헌법 제44조에 의하여 구속된 국회의원에 대한 석방요구가 있으면 당연히 구속영장의 집행이 정지된다(제101조 제4항). 석방요구의 통고를 받은 검찰총장은 즉시 석방을 지휘하고 그 사유를 수소법원에 통지하여야 한다(제101조 제5항). • 국회의원에 대한 구속영장의 집행정지는 그 회기 중 취소하지 못한다(제102조 제2항 단서).

집행정지 취소사유		• 구속 집행정지는 직권으로만 가능하지만, 집행정지 취소는 검사, 사법경찰관의 청구로도 가능
		• 집행정지 취소사유 = 보석취소사유
		  – 도망
		  – 주거제한 기타 법원이 정한 조건 위반
		  – 증거인멸 우려
		  – 법원소환에 불출석
		  – 피해자나 증인 등에 대해 해를 가할 염려 있는 경우

더 알아보기

구속의 집행정지 및 구속의 취소와의 구별

구분	보석	구속의 집행정지	구속의 취소
주체	법원	법원, 검사, 사법경찰관	법원, 검사, 사법경찰관
대상	피고인	피의자, 피고인	피의자, 피고인
사유	필요적 보석이 원칙	상당한 이유가 있는 때	구속사유가 없거나 소멸한 때
보증금	○(보증금 이외의 다른 조건도 가능)	×	×
절차	청구 또는 직권	직권	청구 또는 직권
구속영장의 효력	효력 유지	효력 유지	효력 상실
불복	보통항고	보통항고	즉시항고

(12) 구속의 당연실효

의의	구속취소의 재판이 없더라도 구속영장의 효력이 당연히 상실되는 것	
원인	종국재판 선고	• 모든 종국재판이 선고·고지되면 구속영장의 효력은 실효되는 것이 원칙이다. • 다만, 사형, 자유형(실형), 관할위반판결이 선고되면 구속영장은 실효되지 않고 계속 유지된다. • 부정수표단속법위반죄로 벌금형이 선고된 경우에는 벌금가납시까지 구속영장이 실효되지 않는다.
	종국재판 확정	• 모든 종국재판이 확정되면 구속영장이 당연실효되는 것이 원칙이다. • 다만, 관할위반판결이 확정되면 구속영장은 실효되지 않고 구속은 유지한다[사형이나 자유형(실형)이 확정되면 석방하는 것이 아니라, 즉시 형집행으로 전환됨을 의미한다].
	구속기간 만료	판례는 구속기간이 만료되더라도 구속이 당연실효되는 것은 아니라는 입장을 취하고 있다(64도 428). → 통설은 당연실효되는 입장임
	종국전 재판의 경우	• 종국전 재판의 경우, 구속의 효력에는 영향이 없는 것이 원칙이다. • 보석이나 구속의 집행정지는 구속의 잠정정지로서 구속의 효력이 유지된다. • 다만, 구속취소나 체포·구속적부심사 등에 의해 석방되는 경우에는 그 성질상 구속의 효력이 상실된다.
효과	• 구속영장이 실효되면 구속취소를 기다릴 필요 없이 즉시 석방되어야 한다. 다만, 사형·자유형(실형)이 확정된 경우에는 즉시 형집행으로 전환한다. • 따라서 무죄판결 등을 선고받은 피고인은 구치소 등으로 돌아가서 검사의 석방지휘 등 석방절차를 기다릴 필요 없이 판결이 선고된 그 자리에서 바로 석방되어야 한다(판례). 다만, 영치된 물품을 회수하기 위하여 교도관과 임의동행하는 것은 가능하다.	

더 알아보기

재체포·재구속금지사유의 정리

구분	재구속사유
긴급체포되었다가 석방된 자(긴영) (제200조의4 제3항)	긴급체포 후 석방된 피의자는 영장 없이는 동일한 범죄사실에 관하여 재체포하지 못함 → 영장을 발부받아서 체포·구속 가능
수사기관에 의해 구속되었다가 석방된 자 (구중) (제208조)	검사 또는 사법경찰관에 의하여 구속되었다가 석방된 자에 대해 다른 중요한 증거를 발견한 경우를 제외하고는 동일한 범죄사실에 관하여 재구속이 금지됨 • 재구속 제한금지 규정은 피고인에 대한 법원의 구속에는 적용되지 않는다(판례). • 제208조의 구속된 자에는 긴급체포된 자는 포함되지 아니한다(판례). • 재구속금지규정을 위반하였다 하더라도 공소제기가 무효로 되는 것은 아니다.
체포·구속적부심으로 석방된 자(도·인) (제214조의3 제1항)	석방된 피의자가 도망하거나 죄증을 인멸하는 경우를 제외하고는 재체포·구속이 금지됨
보증금납입조건부 피의자석방의 제외사유(인·해) (제214조의2 제5항)	• 범죄의 증거를 인멸할 염려가 있다고 믿을 만한 충분한 이유가 있는 때 • 피해자, 당해사건의 재판에 필요한 사실을 알고 있다고 인정되는 사람 또는 그 친족의 생명·신체나 재산에 해를 가하거나 가할 염려가 있다고 믿을 만한 충분한 이유가 있는 때
보증금납입조건으로 석방된 피의자 (도조인 + 불출석) (제214조의3 제2항)	• 도망한 때 • 도망하거나 범죄의 증거를 인멸할 염려가 있다고 믿을 만한 충분한 이유가 있는 때 • 출석요구를 받고 정당한 이유 없이 출석하지 아니한 때(불출석) • 주거의 제한이나 그 밖에 법원이 정한 조건을 위반한 때

보석취소사유 = 구속집행 정지의 취소사유 (도조인 + 불출석 + 해) (제102조)	• 도망한 때 • 도망하거나 죄증을 인멸할 염려가 있다고 믿을 만한 충분한 이유가 있는 때 • 소환을 받고 정당한 사유 없이 출석하지 아니한 때(불출석) • 피해자, 당해사건의 재판에 필요한 사실을 알고 있다고 인정되는 자 또는 그 친족의 생명·신체·재산에 해를 가하거나 가할 염려가 있다고 믿을 만한 충분한 이유가 있는 때 • 법원이 정한 조건을 위반한 때

4 압수·수색·검증

(1) 대물적 강제처분

① 대물적 강제처분과 영장주의의 적용

구분	수사단계	공판단계(법원직권)
압수·수색	사전영장(원칙)	• 공판정 내: 영장 필요 없음(법원 주재) • 공판정 외: 사전영장주의(검사 지휘 사법경찰관리 집행, 법관 비면전)
검증	사전영장(원칙)	영장 필요 없음(항상 법원이나 법관이 진행)
감정처분·감정유치	사전영장주의	• 공판정 내: 영장 필요 없음 • 공판정 외: 사전영장주의(검사 지휘 사법경찰관리 집행, 법관 비면전)
구속	항상 사전영장주의	항상 사전영장주의

> **더 알아보기**
>
> 법원의 검증
> 법원이 행하는 검증은 영장을 요하지 않는다는 점에서 증거조사의 일례일 뿐이라는 것이 통설의 입장이다.

② 대물적 강제처분의 요건

절차적 요건 (영장주의)		• 법관이 발부한 영장의 정본을 사전제시하는 것이 원칙(사전영장주의) (헌법 제12조 제3항은 압수·수색에만 영장주의를 규정) • 영장주의의 예외(제216조~제218조)도 인정
실체적 요건	범죄혐의	객관적 혐의설과 최초의 혐의설이 대립한다. • 최초의 혐의란 주관적 혐의보다는 중하지만 객관적 혐의에 미치지 않는 혐의를 의미한다. 개정 형사소송법의 해석상 최초의 혐의로 족하다는 견해가 다수설이다. • "수사기관은 죄를 범하였다고 의심할 만한 정황"이 있는 경우에 압수·수색영장 청구가 가능하다(제215조).
	증거보전의 필요성	증거수집과 강제수사를 위해 필요한 경우 및 피고·피의사건과의 관련성이 있는 경우에만 인정
	비례성	강제수사로서 비례의 원칙을 준수해야 함(제199조 제1항 단서) 예 폐수무단방류 혐의가 인정되는 피의자들의 공장부지, 건물, 기계류 일체 및 폐수운반차량 7대에 대하여 한 압수처분은 비례성의 원칙에 위배되어 위법(2003모126)

(2) 압수 · 수색

① 압수 · 수색의 의의와 목적물

압수의 종류	압류	압류란 물리적 강제력을 사용, 의사에 반하여 물건의 점유를 취득하는 강제처분을 말한다.
	영치	영치란 유류물과 임의제출물을 점유하는 강제처분을 말한다.
	제출 명령	• 제출명령이란 법원이 압수할 물건을 지정하여 소유자, 소지자 또는 보관자에게 그 제출을 명하는 것을 말한다. → 상대방 응낙시 압류의 효력 발생 • 수사기관에게는 제출명령이 인정되지 않는다(통설).

압수 · 수색의 목적물		• 압수의 목적물 = 피의 · 피고사건과 관련성이 있는 증거물과 몰수대상물
		• 전자정보저장매체도 압수대상임. 전기통신의 경우 영장에 그 작성기간을 기재해야 함
		  – 전자정보는 일정범위 정해 출력이나 복제하여 압수하는 것이 원칙
		  – 출력 · 일부복제가 불가능 또는 목적달성에 부적절시에 정보저장매체 자체 압수
		  – 정보 제공받은 경우, 법원/수사기관은 정보주체에 해당 사실을 지체 없이 알려야 함
		• 수색의 목적물 = 피의 · 피고사건과의 관련성 있는 피의자 · 피고인의 신체, 물건 또는 주거, 그 밖의 장소
		• 피고인 아닌 자의 신체, 물건, 주거 기타 장소에 관하여는 압수할 물건이 있음을 인정할 수 있는 경우에 한하여 수색할 수 있다(제109조 제2항).

제한	우체물	• 법원은 우체물 또는 전기통신에 관한 것으로서 필요한 때에는 피고사건과 관계가 있다고 인정할 수 있는 것에 한정하여 압수가 가능하다. • 우체물이나 정보통신을 압수한 때에는 발신인이나 수신인에게, 심리에 방해가 될 염려가 있는 경우를 제외하고는, 그 취지를 통지하여야 한다.
	군사상 비밀	군사상 비밀을 요하는 장소 → 그 책임자의 승낙 없이는 압수 · 수색 금지, 책임자는 국가의 중대한 이익을 해하는 경우가 아니면 승낙을 거부하지 못함
	공무상 비밀	공무원 · 공무원이었던 자가 소지 · 보관하는 물건으로 공무상비밀임이 신고된 것 → 그 소속공무소 또는 감독관공서의 승낙 없이는 압수 금지됨. 소속공무소나 감독관공서는 국가의 중대한 이익을 해하는 경우가 아니면 승낙을 거부하지 못함
	업무상 비밀	변호사 · 의사 · 약사 · 간호사 · 종교의 직에 있는 자나 있었던 자 등이 그 업무상 위탁을 받아 소지 · 보관하는 타인의 비밀에 관한 물건은 압수를 거부할 수 있다. → 압수거부권이지 압수거부의무는 아님. 단, 그 타인의 승낙이 있거나 중대한 공익상 필요가 있는 때에는 예외로 한다.

② 압수 · 수색의 절차

영장 주의	공판단계	공판정 내 → 영장(×), 공판정 외 → 영장(○)
	수사 단계	• 검사는 죄를 범하였다고 의심할 만한 정황이 있고 해당 사건과 관계가 있다고 인정할 수 있는 것에 한정하여 관할지방법원 판사에게 압수 · 수색 · 검증 영장청구가 가능하다. • 검사의 영장을 청구하지 않은 조치 → 사법경찰관이나 고소인은 준항고 불가(판례) • 검사가 사법경찰관이 신청한 영장을 정당한 이유 없이 판사에게 청구하지 아니한 경우 사법경찰관은 그 검사 소속의 지방검찰청 소재지를 관할하는 고등검찰청에 영장청구 여부에 대한 심의를 신청할 수 있다(제221조의5 제1항).

영장의 방식		• 압수·수색할 물건이 전기통신에 관한 것인 경우에는 작성기간을 기재해야 한다. • 압수·수색영장의 문언은 엄격해석이 필요하다. 확장·유추 해석은 금지한다. 예 '압수장소에 보관 중인 물건'에 '압수장소에 현존하는 물건'은 포함되지 않는다(판례). • 압수·수색영장은 수사기관의 압수·수색에 대한 허가장으로, 그 유효기간은 집행에 착수할 수 있는 종기를 의미한다. 한 번 집행한 이후에는 유효기간이 남아 있어도 재차집행하는 것은 불가하다(판례). • 동일한 장소나 물건을 대상으로 하는 처분인 때에도 영장에 기재된 사실과 별개의 범죄사실에 대하여 영장을 유용할 수 없다(별건압수로 금지). • 그러나 범죄사실이 다른 때에는 압수해제된 물건에 대하여도 재차 압수·수색영장을 발부받아 압수가 가능하다(96모34).

야간집행 제한		• 원칙: 일출 전, 일몰 후에는 압수·수색영장에 야간집행을 할 수 있는 기재가 없으면 그 영장을 집행하기 위하여 타인의 주거 등에 들어가지 못한다(별도의 야간영장을 발부받아야 하는 것은 아님).
		• 야간집행의 예외
		  – 도박 기타 풍속을 해하는 장소(예 성매매업소) → 야간집행 제한 없음
		  – 여관·음식점 등(예 나이트클럽) → 공개된 시간 내에는 야간집행의 제한 없음
		• 일출 전, 일몰 후 → 역(曆)을 기준으로 결정(통설)

절차	사전제시	• 압수·수색영장은 처분을 받는 자에게 반드시 제시하여야 하고, 처분을 받는 자가 피고인인 경우에는 그 사본을 교부하여야 한다. 다만, 처분을 받는 자가 현장에 없는 등 영장의 제시나 그 사본의 교부가 현실적으로 불가능한 경우 또는 처분을 받는 자가 영장의 제시나 사본의 교부를 거부한 때에는 예외로 한다(제118조). • 압수·수색을 당하는 사람이 여러 명일 경우 → 개별적으로 제시해야 함(판례) • 압수·수색영장을 집행하는 수사기관은 피압수자로 하여금 법관이 발부한 영장에 의한 압수·수색이라는 사실을 확인함과 동시에 형사소송법이 압수·수색영장에 필요적으로 기재하도록 정한 사항이나 그와 일체를 이루는 사항을 충분히 알 수 있도록 압수·수색영장을 제시하여야 한다. • 피처분자가 현장에 없거나 현장에서 그를 발견할 수 없는 경우 등 영장제시가 현실적으로 불가능한 경우에는 영장을 제시하지 아니한 채 압수·수색을 하더라도 위법하다고 볼 수 없다.
	사전통지 및 당사자 등 참여	• 검사·피의자·피고인·변호인은 압수·수색영장의 집행에 참여 가능하다. • 미리 집행일시와 장소를 참여권자에게 통지하여야 한다(다만, 참여거부의사 표명한 경우, 급속을 요하는 때에는 통지 없어도 무방). • 압수수색 실시의 사전통지는 본질적으로 압수물 인멸, 은닉의 위험을 초래하므로 위 예외사유인 '급속을 요하는 때'는 넓게 해석해야 한다(판례). • 공무소 등에 집행시 → 책임자에게 통지해야 한다. • 타인의 주거 등에 대한 집행 → 주거주, 인거인·지방공공단체의 직원을 참여시켜야 한다. • 여자의 신체에 대하여 수색할 때에는 성년의 여자를 참여하게 하여야 한다. → 여자에 대한 신체검사시에는 의사 또는 성년의 여자를 참여하게 하여야 한다.
	필요처분	압수·수색영장의 집행 중에는 건정을 열거나 개봉 기타 필요한 처분이 가능하다.
	증명서·목록의 교부	• 증거물 또는 몰수할 물건이 없는 때 → 증명서(수색증명서)를 교부해야 한다. • 압수한 경우 → 소유자·소지자·보관자 등에게 압수목록을 교부해야 한다. • 압수목록은 압수를 집행한 자가, 압수 직후 현장에서 바로 작성하여 교부해야 하는 것이 원칙이다. 예 압수 이후 5개월여가 지나 압수목록을 교부한 것은 위법(판례)
	압수조서	압수완료 후에는 조서를 작성하여야 한다(압수조서는 피압수자에게 교부하지 않음).

③ 압수물의 환부 · 가환부

환부	의의	압수의 효력을 해제하여 종국적으로 피압수자에게 압수물을 반환(절차적 공권)
	요건	• 압수계속의 필요가 없는 경우 - 몰수물도 아니고 동시에 증거물도 아닌 경우 - 긴급압수 후 사후에 압수 · 수색영장을 발부받지 못한 경우 - 범죄혐의 없는 경우 = 기소중지나 불기소처분의 경우[기소중지 후 소유권이나 압수물환부청구권을 포기한 경우라 하더라도 반드시 환부하여야 한다(판례)] - 피고사건과 관련성이 없는 경우 • 공판단계에서는 압수물환부청구권 규정 없으나 당연히 인정(판례), 수사단계에서는 압수물환부청구권을 명문으로 규정(제218조의2 제1항)
	효력	• 압수를 해제할 뿐, 실체법상 권리를 확인하는 효력은 없다(판례) → 이해관계인은 민사소송절차에 의해 반환을 청구할 수 있다. • 피압수자의 환부청구권은 공권으로서 포기의 대상이 아니다. 예 기소중지된 피의자가 소유권 · 압수물환부청구권을 포기해도 수사기관은 반드시 환부해야 한다(판례).
	절차	• 검사, 피해자, 피의자 · 피고인, 변호인 등에게 미리 통지해야 한다[사전통지 없으면 압수물환부는 위법(판례)]. • 판결선고전에는 보관하고 있는 자청(경찰, 검찰, 법원)의 결정으로 하고, 판결선고시에는 환부판결로써 한다. • 판결선고시 몰수의 선고가 없는 때에는 압수물은 압수를 해제한 것으로 간주한다.
	불복	수사상 준항고를 통하여 불복, 준항고 통하여 관할법원의 환부결정시 검사나 사법경찰관은 반드시 이에 따라야 함(제218조의2 제3항)
가환부	의의	압수의 효력을 그대로 존속시키면서 압수물을 피압수자나 피해자에게 잠정적으로 반환하는 처분
	요건	• 임의적 가환부 = 증거에 공할 압수물(증거물이며 임의적 몰수물) • 필요적 가환부 = 증거에만 공할 압수물(순수한 증거물로서 몰수대상 아닌 것) • 필요적 몰수대상물은 가환부대상이 되지 않는다(판례).
	절차	• 임의적 가환부는 소유자, 제출인 등의 청구에 의한다. • 필요적 가환부는 청구가 없더라도 사진촬영 기타 원형보전의 조치를 취하고 직권으로 행하여야 한다. • 가환부는 보관하는 자청의 결정으로 한다. • 가환부함에는 검사, 피의자, 피해자 등에게 미리 통지해야 한다.
	효력	• 가환부하더라도 압수의 효력은 유지되고, 가환부받은 자는 보관의무를 진다. • 가환부한 압수물에 대해 별단의 선고가 없으면 환부선고가 있는 것으로 간주한다.
피해자 환부	의의	피해자에게 환부할 이유가 명백한 경우 피해자에게 환부하는 것
	요건	피해자에게 환부할 이유가 명백한 경우이어야 하며 법률상 · 사실상 다소라도 의문이 있으면 피해자 환부 불가(판례)
	절차	• 검사, 피의자, 피해자 등에게 사전에 통지해야 한다. • 압수장물을 대가보관한 경우에는 대가를 피해자에게 환부한다. • 판결선고 전에는 자청의 결정으로, 판결선고 단계에서는 판결로써 한다.

④ 압수물의 보관과 폐기

구분	내용
자청보관의 원칙	압수물은 압수한 자청에서 보관하는 것이 원칙이다. 예 법원 압수 → 법원 보관, 경찰 압수 → 경찰서 보관, 검찰 압수 → 검찰청 보관
위탁보관	• 운반 또는 보관에 불편한 압수물은 간수자를 두거나 소유자 등의 승낙을 얻어 보관할 수 있다. • 위탁보관은 사법상 임치로서 보관료는 무상임이 원칙이다(68다285).
폐기처분	• 위험발생의 염려가 있는 압수물 → 피압수자 등의 동의가 없더라도 폐기처분 가능 • 반면 법령상 생산·제조·소지·소유 또는 유통이 금지된 압수물(금제품)로서 부패의 염려가 있거나 보관하기 어려운 압수물 → 권한 있는 자의 동의를 받아 폐기처분 가능
대가보관 (환가처분)	• 몰수하여야 할 압수물로서 멸실, 파손, 부패 또는 현저한 가치감소의 염려가 있거나 보관하기 어려운 압수물은 이를 매각하여 대가를 보관할 수 있음 • 환부하여야 할 압수물 중 환부를 받을 자가 누구인지 알 수 없거나 그 소재가 불명한 경우로서 그 압수물의 멸실·파손·부패 또는 현저한 가치 감소의 염려가 있거나 보관하기 어려운 때에도 대가보관이 가능 • 대관보관시에는 대가가 압수물과 동일하게 취급된다. 예 몰수하지 않을 시에는 대가를 소유자 등에게 인도하여야 한다.
기타	사법경찰관이 압수물을 처분할 때에는 자청 보관 이외에는 검사의 지휘를 받아야 한다. (압수물 처분시 미리 검사, 피해자, 피의자·피고인, 변호인에게 통지가 필요한 경우 → 대가보관, 환부, 가환부, 피해자 환부)

(3) 수사상 검증

검증	사람·물건·장소의 성질과 상태를 시각·청각·후각·미각·촉각 등 오관의 작용에 의하여 인식(감득)하는 강제처분	
유형	법원의 검증	법원이나 법관이 직접 실시하고, 공판정 내외 불문하고 영장이 필요하지 않음 → 증거조사의 일례일 뿐
	수사기관의 검증	증거보전을 목적으로 검사의 지휘 아래 사법경찰관리가 실시
절차	• 검증을 함에는 신체의 검사, 사체의 해부, 분묘의 발굴, 물건의 파괴 기타 필요한 처분을 할 수 있다. • 피고인 아닌 자의 신체검사는 증적의 존재를 확인할 수 있는 현저한 사유가 있는 경우에 한하여 할 수 있다. • 여자의 신체를 검사하는 경우에는 의사나 성년의 여자를 참여하게 하여야 한다. • 사체의 해부 또는 분묘의 발굴을 하는 때에는 예를 잊지 아니하도록 주의하고 미리 유족에게 통지하여야 한다. • 일출 전, 일몰 후에는 가주, 간수자 또는 이에 준하는 자의 승낙이 없으면 검증을 하기 위하여 타인의 주거, 간수자 있는 가옥, 건조물, 항공기, 선거 내에 들어가지 못한다. 단, 일출 후에는 검증의 목적을 달성할 수 없을 염려가 있는 경우에는 예외로 한다. • 일몰 전에 검증에 착수한 때에는 일몰 후라도 검증을 계속할 수 있다. • 검증에 있어서도 압수·수색에 있어 야간집행 제한의 예외(제126조)가 적용된다.	
연하물의 강제배출	• 의의: 위장 내의 물건을 구토 또는 설사시키는 강제처분 • 허용요건: 증거존재의 명백성, 배출의 필요성, 증거로서의 중요성, 배출방법의 상당성(의사에 의한 의학적 방법에 의해) • 필요한 영장(학설): 압수·수색영장설, 검증영장설, 압수·수색영장 + 감정처분허가장설, 검증영장 + 감정처분허가장설	

구분	내용

강제채혈	• 허용요건: 보충성(대체수단의 부존재), 배출의 필요성, 증거로서의 중요성, 배출방법의 상당성(의사에 의한 의학적 방법에 의해)
	• 필요한 영장(학설): 압수 · 수색영장설, 검증영장설, 압수 · 수색영장 + 감정처분허가장설, 검증영장 + 감정처분허가장설
	• 판례는 강제채혈은 다음의 3가지 방식 중 하나로 허용될 수 있다고 본다.
	  – 수사기관이 주도하에 사전에 압수 · 수색 · 검증영장을 발부받거나,
	  – 강제채혈 후 제216조 제3항에 따라 사후영장을 발부받는 방식 및
	  – 검사청구로 판사가 발부한 감정처분허가장을 제시하고 감정인이 강제채혈하는 방식

강제채뇨	강제채뇨 역시 강제수사로서, 허용요건이나 필요한 영장은 강제채혈과 동일하다.

(4) 압수 · 수색 · 검증에서 영장주의의 예외

구분	내용	요급처분
체포 · 구속 현장에서 피의자수색 (제216조 제1항 제1호)	사후영장 필요 없음 • 수색의 주체는 검사 · 사법경찰관으로 제한 → 사인은 현행범을 체포할 수는 있으나, 현행범체포를 위하여 타인의 주거를 수색할 수는 없다(판례). • 피의자를 체포, 구속하는 경우에는 미리 수색영장을 발부받기 어려운 긴급한 사정이 있는 경우에 한다.	요급처분 (제220조) ⇩ 주거주 · 간수자의 참여배제 가능 야간집행 가능
체포 · 구속현장에서 압수 · 수색 · 검증 (제216조 제1항 2호)	압수계속 필요시 지체 없이 체포시로부터 48시간 내에 압수 · 수색영장 청구해야 함 • 체포장소로 제한, 최소한 체포는 착수해야 함(체포착수설) • 경찰서로 연행한 이후 연행된 장소에서도 압수 · 수색 가능 • 사후에 압수 · 수색영장 청구없는 경우나 영장을 발부받지 못했음에도 계속 보관하였다면 위수증(판례) → 증거 동의도 불가	
피고인에 대한 구속영장집행시 압수 · 수색 · 검증 (제216조 제2항)	사후영장 필요 없음 • 공소제기 후에 허용되는 강제수사 중의 하나 • 법원의 집행기관으로서의 처분이나, 압수는 수사처분으로서 수사기관은 압수한 물건을 법원에 제출할 필요는 없음	
범죄장소에서의 압수 · 수색 · 검증 (제216조 제3항)	항상 지체 없이 사후영장 발부 받아야 함 • 범행 중 범행 직후의 범죄 장소에서 긴급을 요하는 법원 판사의 영장을 받을 수 없는 때 영장 없이 압수, 수색 또는 검증 가능 • 반드시 사후에 지체 없이 영장을 발부받아야 하고, 사후영장 없으면 위수증으로서 증거능력 없음	
긴급체포된 자가 소유 · 소지 · 보관하는 물건에 대한 압수 · 수색 · 검증 (제217조 제1항)	• 긴급체포시로부터 24시간 이내에 한하여 압수 · 수색 · 검증 가능 • 압수계속 필요시 지체 없이 체포시로부터 48시간 내에 압수 · 수색영장 청구해야 한다. • 체포장소나 범죄장소에 제한되지 않음. 제3의 장소도 가능 • 압수대상물은 긴급체포로 된 사유와 관련된 필요최소한에 한정[전화사기죄로 긴급체포된 자가 소지한 타인의 신분증 2매를 압수한 경우 → 피의자의 점유이탈물횡령죄의 증거로 사용 가능(판례)] • 사후에 압수 · 수색영장 청구 없는 경우나 영장을 발부받지 못했음에도 계속 보관하였다면 위수증(판례) → 증거동의도 불가(판례)	요급처분 불허

유류물과 임의제출물의 압수(제218조)	사후영장 필요 없음. 강제수사
	• 소지자나 보관자 등의 제출인은 정당한 권리자일 필요 없음(판례) • 환자의 혈액이나 재소자의 비망록 등도 환자나 재소자의 동의가 없더라도 임의제출이 가능(판례) • 그러나, 제출자는 최소한 소유자, 소지자, 보관자에는 해당하여야 함 → 소유자·소지자·보관자가 아닌 자로부터 제출받은 물건은 위수증(판례) → 증거동의도 불가(판례)

5 수사상 증거보전

수사상 증거보전이란 수사개시 후 제1회 공판기일 전 판사가 증거조사 또는 증인신문을 하여 그 결과를 보전하는 것을 말한다. 증거보전절차(제184조)와 증인신문절차(제221조의2)로 나뉜다.

구분	증거보전(제184조) → 주로 피의자를 위한 제도	증인신문(제221조의2) → 검사를 위한 제도
청구권자	검사, 피고인, 피의자, 변호인(성폭력처벌법이나 아동청소년성보호법위반죄에 있어서는 피해자나 법정대리인, 사법경찰관이 검사에게 증거보전 청구해 줄 것 신청 가능)	검사
청구사유	미리 증거를 보전하지 아니하면 그 증거를 사용하기 곤란한 사정이 있는 때	범죄수사에 없어서는 아니 될 사실을 안다고 명백히 인정되는 참고인이 출석 또는 진술을 거부한 경우 → 진술번복의 염려만으로 증인신문 청구 불가(판례)
가능시점	수사개시 이후 제1회 공판기일 전까지(내사단계의 피내사자는 청구 불가. 재심, 상소절차 등에서도 청구 불가)	수사개시 이후 제1회 공판기일 전까지(내사단계의 피내사자는 청구 불가. 재심, 상소절차 등에서도 청구 불가)
방식	서면으로 사유 소명	서면으로 사유 소명
관할	(관할지방법원) 판사	(관할지방법원) 판사
판사권한	법원 또는 재판장과 동일한 권한	법원 또는 재판장과 동일한 권한
증거능력	무조건 증거능력(제311조)	무조건 증거능력(제311조)
내용	압수·수색·검증, 감정, 증인신문(피의자신문은 불가 그러나 공동피의자나 공범은 증인으로 취급)	증인신문(피의자신문은 불가, 그러나 공동피의자나 공범은 증인으로 취급)
불복	3일 이내에 항고 가능	판사의 결정(명령)이므로 불복할 수 없음
당사자의 참여권과 통지	당사자참여권 보장되고 사전통지도 필요(공판정에서의 규정이 적용됨)	• 당사자참여권 보장되고 사전통지도 필요(공판정에서의 규정이 적용됨) • 당사자가 참여를 위해 법원이 통지하도록 직접 규정
	당사자참여권 보장되지 않은 증인신문조서는 위수증(판례) → 증거 동의(○)	당사자참여권 보장되지 않은 증인신문조서는 반대신문권 침해한 위수증(판례)
보전된 증거의 처리	판사소속 법원에 보관, 피고인측과 검사 모두 판사의 허가를 얻어 보전된 증거 열람·등사 가능	지체 없이 검사에게 송부, 공소제기전에는 피고인측의 열람·등사 불허

03 수사의 종결과 공소의 제기

1 수사종결의 의의와 종류

(1) 수사종결처분

① 수사종결처분의 의의
  ㉠ 수사종결처분이란 수사를 종결하는 처분으로서, 공소의 제기나 부제기와 같은 처분을 말한다. → 수사종결처분은 구체적으로 공소제기, 즉결심판의 청구, 불기소처분(기소유예포함) 등이 있다.
  ㉡ 사법경찰관은 범죄를 수사한 결과 범죄혐의가 있다고 인정되지 않는 경우 불송치결정을 할 수 있고(제245조의5 제2호), 즉결심판절차에 의해 처리될 경미사건은 경찰서장이 수사종결권을 갖는다.
  ㉢ 검사는 불송치결정의 경우에 사법경찰관이 사건을 송치하지 아니한 것이 위법 또는 부당한 때에는 그 이유를 문서로 명시하여 사법경찰관에게 재수사를 요청할 수 있으며, 사법경찰관은 재수사요청이 있는 때에는 사건을 재수사하여야 한다(제245조의8).
  ㉣ 수사결과 범죄의 객관적 혐의가 충분하고 소송조건을 구비하여 유죄판결을 받을 수 있다고 인정한 때에는 공소를 제기한다(제246조). 공소제기는 구(求)공판과 구(求)약식으로 나뉜다. → 벌금·과료·몰수에 해당하는 사건에 대해, 검사는 공소제기와 동시에 약식절차에 의하여 진행해 줄 것을 청구할 수 있는데, 약식명령의 청구가 있으면 법원은 서면심리에 의해 약식절차를 진행하게 된다.
  ㉤ 검사는 범죄혐의가 없거나 소송조건이 구비되지 못한 경우 혹은 형사정책상의 이유에서 공소제기를 하지 않는 경우 등에 있어서는 불기소처분을 하게 된다.
  ㉥ 내사종결처분은 피의사건에 대한 종국처분이 아니므로 불기소처분에 해당하지 않는다(91모68, 94헌마77).
  ㉦ 검사의 불기소처분은 법원의 종국재판과 달리 일사부재리의 효력이 인정되지 않는다. 따라서 검사는 불기소처분 후에라도 범죄의 혐의가 발견되면 다시 수사를 재개하여 공소제기의 결정을 할 수 있다.
  ㉧ 불기소처분에 대한 불복방법으로는 검찰항고(검찰청법 제10조), 재정신청(제260조), 헌법소원(헌법재판소법 제68조 제1항) 등이 있다.
  ㉨ 부당한 공소제기에 대한 견제책으로는 고소인, 고발인, 피의자 등에 대한 각종의 통지제도와 공소권남용이론(판례) 등이 존재한다.

② 불기소처분의 종류

구분		내용
협의의 불기소처분	혐의 없음	피의사실이 범죄를 구성하지 않는 경우(범죄 인정 안 됨)와 피의사실을 인정할 만한 충분한 증거가 없는 경우(증거 불충분)
	죄가 안 됨	피의사실이 범죄구성요건에 해당하나 법률상 범죄의 성립을 조각하는 사유가 있어 범죄를 구성하지 않는 경우 예 구성요건에 해당하나 위법성조각사유, 책임조각사유 등이 존재하는 경우
	공소권 없음	소송조건이 흠결된 경우와 형면제사유가 있는 경우 예 친고죄에 있어 고소가 없는 경우
	각하	고소·고발의 내용을 확인할 수 없는 경우나 형식적 심사만으로 불기소처분을 해야 할 사유가 명백한 경우
기소유예		범죄혐의가 인정되고 소송조건이 구비되었으나 범인의 연령, 성행 등 형법 제51조의 양형참작사유를 고려하여 공소제기를 하지 아니한 처분(기소유예를 인정하는 주의 = 기소편의주의)
기소중지		피의자의 소재불명 또는 참고인 중지의 사유 외의 사유로 수사를 종결할 수 없을 때 그 사유가 해소될 때까지 내려지는 잠정적인 수사종결처분 예 피의자가 도망한 경우, 피의자는 관세법 위반을 자인하고 있으나 압수품이 관세품인지 증명이 없을 때
참고인중지		참고인·고소인·고발인 또는 같은 사건 피의자(가령, 공동피의자)의 소재불명으로 수사를 종결할 수 없는 경우에 그 사유가 해소될 때까지 내려지는 잠정적인 수사종결처분
공소보류		국가보안법위반사범에 대하여 형법 제51조의 사유를 고려하여 공소제기를 보류하는 처분. 공소보류 후 그 취소 없이 2년이 경과하면 공소제기를 할 수 없다(공소보류 취소시 공소제기 가능).
타관송치		사건이 소속 검찰청에 대응한 법원의 관할에 속하지 아니한 때에는 사건을 관할법원에 대응한 검찰청 검사에게 송치하는 처분
군검찰송치		사건이 군사법원의 재판권에 속하는 사건인 경우 관할군사법원 검찰부 검찰관에게 송치하는 처분 예 수사 도중 피의자가 군에 입적한 경우
소년부송치		소년에 대한 피의사건을 수사한 결과 보호처분에 해당하는 사유가 있다고 인정한 경우에는 사건을 관할소년부에 송치하는 처분

(2) 수사종결처분의 통지제도

사법경찰관의 송치·불송치 결정 통지	사법경찰관은 범죄를 수사하여 범죄혐의가 있다고 인정되지 않는 경우에는 그 송부한 날부터 7일 이내에 서면으로 고소인·고발인·피해자 또는 그 법정대리인(피해자가 사망한 경우에는 그 배우자·직계친족·형제자매를 포함)에게 사건을 검사에게 송치하지 아니하는 취지와 그 이유를 통지하여야 한다(제245조의6).
검사의 고소·고발인에 대한 기소/불기소 등 처분통지	검사는 고소 또는 고발 있는 사건에 관하여 공소를 제기하거나 제기하지 아니하는 처분, 공소의 취소 또는 타관송치를 한 때에는 그 처분한 날로부터 7일 이내에 서면으로 고소인 또는 고발인에게 그 취지를 통지하여야 한다(제258조 제1항).
검사의 (고소·고발하지 않은) 피해자에 대한 통지제도	검사는 범죄로 인한 피해자 또는 그 법정대리인(피해자가 사망시 배우자·직계친족·형제자매 포함)의 신청이 있는 때에는 당해사건의 공소제기 여부, 공판의 일시·장소, 재판결과, 피의자·피고인의 구속·석방 등 구금에 관한 사실 등을 신속하게 통지하여야 한다(제259조의2).
검사의 피의자에 대한 불기소처분 등의 통지제도	검사는 불기소 또는 타관송치의 처분을 한 때에는 피의자에게 즉시 그 취지를 통지하여야 한다(제258조 제2항).

검사의 고소·고발인에 대한 불기소처분 이유설명제도	검사는 고소·고발 있는 사건에 관하여 공소를 제기하지 아니하는 처분을 한 경우에 고소인 또는 고발인의 청구가 있는 때에는 7일 이내에 고소인 또는 고발인에게 그 이유를 서면으로 설명하여야 한다(제259조).
법원의 피고인에 대한 통지제도(공소장부본 송달)	피의자에 대하여 공소를 제기한 경우에는 법원은 피고인 또는 변호인에게 공소장부본을 송달하여야 한다(제266조). 공소장부본은 제1회 공판기일 전 5일의 유예를 두어야 한다. → 약식명령의 경우, 법원은 피고인에게 공소장부본을 송달하지 않는다.

2 불기소처분에 대한 불복

(1) 검찰항고제도

① 검찰항고

의의	검사의 불기소처분에 불복이 있는 고소인 또는 고발인은 그 검사 소속의 지방검찰청 또는 지청을 거쳐 서면으로 관할 고등검찰청 검사장에게 불기소처분의 시정을 구하는 불복제도(검찰청법 제10조 제1항)
주체	불기소처분에 불복하는 고소인 또는 고발인(제3자나 피의자는 검찰항고 불가)
대상	불기소처분, 기소유예처분(공소제기나 공소취소는 검찰항고 대상 아님)
청구기간	불기소처분의 통지를 받은 날로부터 30일 이내
절차	• 관할지방검찰청 검사장, 지청장을 경유 • 지검장이나 지청장은 이유 있으면 경정결정을 하고, 이유 없으면 관할고등검찰청에 송부

② 검찰재항고

의의	(검찰)재항고란 검찰항고를 제기하였음에도 관할고등검찰청으로부터 항고기각결정을 받거나 관할고등검찰청이 항고에 대한 처분이 행하여지지 않고 3개월이 경과한 때에는 그 검사가 속하는 고등검찰청을 거쳐 서면으로 검찰총장에게 불복하는 제도(검찰청법 제10조 제3항)
주체	• 항고기각처분을 받은 항고인 또는 항고 후 항고에 대한 처분이 행해지지 아니하고 3개월이 경과한 항고인. 다만, 형사소송법 제260조에 따라 재정신청을 할 수 있는 자는 검찰재항고를 할 수 없다(검찰청법 제10조 제3항). • 결국, 검찰재항고는 재정신청을 할 수 없는 고발인[독직사건(형법 제123조~제126조)이나 공직선거법위반사범에 대한 고발인 제외]만이 제기할 수 있는 것이 원칙
대상	고등검찰청의 검찰항고 기각결정이나, 고등검찰청이 항고 후 3개월 이상 항고에 대한 처분을 행하지 않은 부작위
청구기간	사유가 있은 날로부터 30일 이내
절차	• 관할고등검찰청 검사장, 지청장을 경유 • 고등검찰청장은 이유 있으면 경정결정을 하고, 이유 없으면 검찰총장에게 송부

(2) 헌법소원

의의	헌법소원이란 공권력의 행사 또는 불행사로 인하여 헌법상 보장된 기본권을 침해받은 자가 헌법재판소에 권리의 구제를 청구하는 제도를 말한다(헌법 제111조 제1항 제5호, 헌법재판소법 제68조 제1항).
주체	헌법상 기본권을 직접 침해받은 자
대상	• 공권력의 행사 또는 불행사(권력적 사실행위도 포함) • 법원의 재판에 대한 헌법소원은 금지(재판소원금지의 원칙) • 법원의 재판의 대상이 되는 처분도 헌법소원금지 예 불기소처분을 받은 고소인은 헌법소원 불가 → 재정신청(재판) 제기 가능
청구기간	• 원칙: 사유가 있음을 안 날부터 90일 이내에, 그 사유가 있은 날부터 1년이내 • 다른 법률에 의한 구제절차를 거친 경우에는 최종결정을 통지받은 날로 30일 이내
절차	• 보충성의 원칙: 다른 권리구제절차가 있으면 모든 거친 이후에 청구 가능 예 불기소처분을 받은 고발인은 검찰항고와 재항고를 거친 이후에 헌법소원 제기 가능 • 변호사강제주의: 반드시 변호인이 대리해야 함. 다만, 청구 또는 직권에 의해 국선대리인 선임이 가능

(3) 재정신청절차(기소강제절차)

① 제도의 개요

구분	내용
의의	검사의 불기소처분에 불복하는 고소인 등이 재정신청에 대하여 관할고등법원이 불기소의 당부를 판단하는 절차
제도적 취지	기소독점주의와 기소편의주의의 폐해를 시정하고, 범죄피해자의 재판절차진술권 보장
주체	• 고소권자로서 고소한 자, 독직사건(형법 제123조~제126조)의 고발인 예 독직 직권남용, 불법체포·감금, 폭행·가혹행위, 피의사실공표죄, 다만, 피의사실공표죄에 대하여는 피공표자의 명시한 의사에 반하여 재정을 신청할 수 없다. → 직무유기죄는 재정신청의 대상(×) • 기타 특별법상 공직선거법, 의문사위법, 5·18 특별법 등에 있어 고발인도 포함
대상	• 검사의 모든 불기소처분, 기소유예처분도 포함(판례) • 공소취소처분이나 내사종결처분에 대해서는 재정신청 불가(판례)
관할	불기소처분을 한 검사 소속 관할고등법원
절차의 개요	• 검찰항고를 거쳐(검찰항고전치주의), 재정신청 제기 • 관할고등법원은 3개월 내에 항고의 절차에 준하여 재정결정을 내림
재정결정	기각결정	재정신청이 형식적으로 부적법하거나 이유 없는 경우
	공소제기 결정	재정신청이 이유 있는 경우. 공소제기결정시 검사의 공소제기는 의무
기소강제절차	• 공소제기결정이 있으면 검사는 공소제기를 할 의무가 있음 • 공소제기결정 즉시 공소시효는 정지 • 기소강제절차의 공판절차는 일반공판절차와 동일하게 진행됨(예 공소장변경도 가능) • 공소제기결정의 취지를 몰각시키는 공소취소는 금지됨

② 재정신청과 검찰항고전치주의

구분	사유	재정신청시의 처리
검찰항고 전치주의 (원칙)	불기소처분에 불복하는 고소·고발인은 검찰항고를 거친 이후 재정신청을 제기해야 한다.	지방검찰청 검사장·지청장은 재정신청서를 제출받은 날부터 7일 이내에 재정신청서·의견서·수사 관계 서류 및 증거물을 관할고등검찰청을 경유하여 관할고등법원에 송부
검찰항고 전치주의 예외 (검찰항고 생략)	• 항고 이후 재기수사가 이루어진 다음에 다시 공소를 제기하지 아니한다는 통지를 받은 경우 • 항고 신청 후 항고에 대한 처분이 행하여지지 아니하고 3개월이 경과한 경우 • 검사가 공소시효 만료일 30일 전까지 공소를 제기하지 아니하는 경우	• 신청이 이유 있는 경우: 신청이 이유 있는 것으로 인정하는 때에는 즉시 공소를 제기하고 그 취지를 관할고등법원과 재정신청인에게 통지한다. • 신청이 이유 없는 경우: 신청이 이유 없는 것으로 인정하는 때에는 30일 이내에 관할고등법원에 송부한다.

③ 재정신청의 방식

신청기간	• 재정신청을 하려는 자는 항고기각 결정을 통지받은 날로부터 10일 이내에 지방검찰청검사장 또는 지청장에게 재정신청서를 제출하여야 한다. • 법원은 재정신청서를 송부받은 때에는 송부받은 날부터 10일 이내에 피의자와 재정신청인에게 그 사유를 통지하여야 한다(제262조 제1항, 규칙 제120조). • 재정신청기간은 불변기간이므로 기간을 넘긴 재정신청은 허용되지 않는다(65모59). • 따라서 재정신청 제기기간이 경과된 후에 재정신청보충서를 제출하면서 새로운 고발사실을 재정신청의 대상으로 추가하였다면, 그 재정신청보충서에 추가한 부분에 관한 재정신청은 법률상 방식에 어긋난 것으로서 부적법하다(98모127). • 재정신청서에 대하여는 재소자특례규정(제344조)이 없으므로 교도소장 또는 그 직무를 대리하는 사람에게 재정신청 기간 내에 재정신청서를 제출하였다 하더라도 재정신청서가 그 기간 내에 검찰청에 도착하지 아니하였다면 이는 적법한 재정신청서의 제출이라고 할 수 없다(98모127). • 다만 검찰항고전치주의의 예외에 해당하여 검찰항고절차를 거칠 필요가 없는 경우에는 불기소처분의 통지를 받거나 항고 신청 후 3개월이 경과한 날로부터 10일 이내에, 공소시효 임박을 이유로 하는 재정신청은 공소시효 만료일 전날까지 재정신청서를 제출할 수 있다(제260조 제3항).
재정신청서 기재사항	• 재정신청서는 불기소처분을 한 검사가 소속한 지방검찰청 검사장 또는 지청장에게 제출하여야 한다(제260조 제3항). • 재정신청서에는 재정신청의 대상이 되는 사건의 범죄사실 및 증거 등 재정신청을 이유있게 하는 사유를 기재하여야 한다(제260조 제4항). • 재정신청서에 재정신청을 이유 있게 하는 사유를 기재하지 않는 때에는 관할고등법원은 재정신청을 기각할 수 있다(2000모216).

④ 재정신청의 효력

재정신청 효력	• 재정신청은 대리인에 의하여 할 수 있으며, 고소인 또는 고발인이 수인인 경우에 공동신청권자 중 1인의 신청은 그 전원을 위하여 효력을 발생한다(제264조 제1항). • 재정신청이 있으면 재정결정이 확정될 때까지 공소시효의 진행이 정지된다(제262조의4 제1항).
재정신청 취소	• 재정신청은 고등법원의 재정결정이 있을 때까지 취소할 수 있고, 재정신청을 취소한 자는 다시 재정신청을 할 수 없다(제264조 제2항). • 재정신청의 취소는 관할고등법원에 서면으로 하여야 한다. 다만 기록이 관할고등법원에 송부되기 전에는 그 기록이 있는 검찰청 검사장 또는 지청장에게 하여야 한다. • 재정신청의 취소는 다른 공동신청권자에게 효력을 미치지 아니한다(제264조 제3항).

⑤ 고등법원의 심리 및 결정

관할	불기소처분을 한 검사 소속의 지방검찰청 소재지를 관할하는 고등법원
처리기간	법원은 재정신청서를 송부받은 날부터 3개월 이내에 항고의 절차에 준하여 재정결정을 하여야 한다(제262조 제2항). (훈시규정)
심리 비공개	재정신청사건의 심리는 특별한 사정이 없는 한 공개하지 아니한다(제262조 제3항).
증거조사	재정신청사건의 심리에 있어서 법원은 필요한 때에는 증거조사를 할 수 있다.
열람·등사의 제한	• 재정신청사건의 심리 중에는 관련 서류 및 증거물을 열람 또는 등사할 수 없다. • 다만, 법원은 증거조사과정에서 작성된 서류의 전부 또는 일부의 열람 또는 등사를 허가할 수 있다(제262조의2).

⑥ 고등법원의 재정결정

기각결정	• 기각결정의 사유: 재정신청이 법률상의 방식에 위배되거나 이유 없는 때 　- 검사의 무혐의 불기소처분이 위법하더라도 기소유예의 불기소처분을 할 만한 사건인 때에는 기각결정을 할 수 있다(판례). 　- 검사의 불기소처분 당시에 공소시효가 완성되어 공소권이 없는 경우에도 재정신청은 허용되지 않는다(판례, 재정신청 기각결정 사유). • 소추금지 효과 → 재정신청을 기각하는 결정이 있었던 사건에 대해서는 다른 중요한 증거를 발견한 경우를 제외하고는 당해사건을 소추할 수 없다(제262조 제4항).
공소제기결정	• 공소제기결정 사유: 재정신청이 이유 있는 경우 • 고등법원의 처리: 법원이 공소제기결정을 한 때에는 즉시 그 정본을 재정신청인·피의자와 관할지방검찰청검사장 또는 지청장에게 송부하여야 하고, 관할지방검찰청검사장 또는 지청장에게 사건기록을 함께 송부하여야 한다(제262조 제5항). • 재정법원(고등법원)의 공소제기결정에 의하여 재정결정서를 송부받은 관할지방검찰청 검사장 또는 지청장은 지체 없이 담당 검사를 지정하고 지정받은 검사는 공소를 제기하여야 한다(제262조 제6항).
재정결정 불복	• 기각결정에 대하여는 제415조에 따른 즉시항고할 수 있고, 공소제기결정에 대하여는 불복할 수 없다. • 따라서 재정신청 기각결정에 대하여는 재항고가 허용된다. • 반면, 공소제기결정에 대해서는 재항고가 불허된다고 보았고, 나아가 공소제기결정에 하자가 존재한다 하더라도 더 이상 본안절차에서도 이를 다툴 수 없다고 보았다(2009도224). • 재정신청 기각결정에 대한 재항고나 그 재항고 기각결정에 대한 즉시항고로서의 재항고에 대한 법정기간의 준수 여부는 도달주의 원칙에 따라 재항고장이나 즉시항고장이 법원에 도달한 시점을 기준으로 판단하여야 하고, 거기에 재소자 특칙은 준용되지 아니한다(2013모2347).
재정신청 기각과 비용부담	• 법원은 재정신청을 기각하는 결정을 하거나 재정신청인이 재정신청을 취소한 경우에는 결정으로 재정신청인에게 신청절차에 의하여 생긴 비용의 전부 또는 일부를 부담하게 할 수 있다(제262조의3 제1항). • 법원은 직권 또는 피의자의 신청에 따라 재정신청인에게 피의자가 재정신청절차에서 부담하였거나 부담할 변호인선임료 등 비용의 전부 또는 일부의 지급을 명할 수 있다(제262조의3 제2항). • 법원의 비용부담결정에 대하여는 즉시항고를 할 수 있다(제262조의3 제3항).
기소강제 절차	• 재정법원(고등법원)의 공소제기결정에 의하여 재정결정서를 송부받은 관할지방검찰청 검사장 또는 지청장은 지체 없이 담당 검사를 지정하고 지정받은 검사는 공소를 제기하여야 한다(제262조 제6항). • 공소제기결정에 따라 공소를 제기한 검사는 통상 사건의 경우와 같이 검사로서의 모든 권한을 행사한다. 따라서 공소장변경은 물론 상소를 제기할 수도 있다(판례). • 그러나 검사는 공소취소를 할 수는 없다(제264조의2). • 고등법원의 공소제기결정이 있는 때에는 공소시효에 관하여 그 결정이 있는 날에 공소가 제기된 것으로 본다(제262조의4 제2항 → 즉시 공소시효가 정지된다는 취지).

⑦ 재정신청절차

```
                          ┌─────────────────┐
                          │ 검사의 불기소처분 │
                          └─────────────────┘
         불기소처분통지를
         받은 날로부터 30일 이내
                ↓
  ┌──────────────────────────────┐      ┌──────────────────────────────┐
  │     검찰항고전치주의의 원칙      │      │    검찰항고전치주의의 예외      │
  │ ① 항고이유 인정 → 불기소처분의 경정 │      │ ① 재기수사 후 불기소처분        │
  │ ② 항고이유 부정 → 항고기각결정    │      │ ② 항고 신청 후 3개월 경과       │
  │                              │      │ ③ 공소시효만료 30일 전까지 공소 불제기 │
  └──────────────────────────────┘      └──────────────────────────────┘

      항고기각결정을 통지받은 날로부터        ① 불기소처분을 통지받은 날로부터 10일이내
              10일 이내                   ② 3개월이 경과한 날로부터 10일 이내
                                        ③ 공소시효 만료일 전날까지

                          ┌─────────────────────────┐
                          │     재정신청서의 제출       │
                          │ (지방검찰청 검사장 또는 지청장) │
                          └─────────────────────────┘
   제출받은 날로부터 7일 이내              ① 신청의 이유 인정 - 공소제기
       고등법원에 송부                    ② 신청의 이유 부정 - 30일 이내 고등법원에 송부

                          ┌─────────────────┐
                          │  고등법원의 재정결정 │
                          └─────────────────┘
              ┌─────────────┐         ┌─────────────┐
              │   기각결정    │         │  공소제기결정  │
              └─────────────┘         └─────────────┘
                                          ┌─────────────┐
                                          │  검사의 공소제기 │
                                          └─────────────┘
```

3 공소제기

(1) 공소제기의 기본원칙

① 개관

국가소추주의		• 공소제기의 권한을 국가기관(특히 검사)에게 전담하게 하는 제도 • 형사소송법은 철저하게 국가소추주의 유지(검사의 공소제기 또는 경찰서장의 즉결심판 청구)
기소독점주의	의의	국가기관 중에서 검사만이 공소를 제기하고 수행할 권한을 갖도록 하는 제도
	예외	경찰서장의 즉결심판청구권(검사의 기소 없이도 행사되는 법원의 법정경찰권은 형벌권의 실현이 아니라는 점에서 기소독점주의의 예외로 구분하기 어렵다)
	제한	• 불기소처분에 대한 검찰항고제도 • 불기소처분에 대한 고소 · 고발인 등에 대한 통지제도 • 재정신청제도 • 친고죄에 있어 고소(사인의 의사를 통한 간접적 통제제도)
기소편의주의		범죄의 혐의가 존재하고 소송조건을 갖추고 있음에도 검사의 재량으로 불기소처분을 할 수 있도록 하는 제도
기소변경주의		일단 공소를 제기한 후에 공소의 취소를 인정

② 기소편의주의와 기소법정주의의 비교

구분	기소편의주의	기소법정주의
개념	기소유예를 인정하는 주의	범죄혐의 있으면 기소를 강제하는 주의
장점	• 형사사법의 탄력적 운용으로 구체적 정의실현에 기여 • 피의자의 조속한 해방과 잡거구금과 낙인 등의 폐해 방지(형사정책적으로 유리)	• 공소제기에 검사의 자의개입이나 정치적 영향 배제 • 형사사법의 획일적 운영으로 법적 안정성 유지
단점	• 공소제기에 검사의 자의개입이나 정치적 영향이 미칠 우려 • 형사사법의 획일적 운영이 어려워 법적 안정성에 위협 초래	• 형사사법의 경직을 초래하여 구체적 정의실현에 지장 • 법원이나 피고인에게 불필요한 절차상의 부담을 주어 소송경제에 반함

③ 기소변경주의와 공소취소

㉠ 공소취소는 제1심판결 선고 전까지만 할 수 있다(제255조 제1항).

㉡ 재심공판절차는 확정판결이 있음을 전제로 진행되는 절차이므로 제1심판결에 대한 재심이라고 해도 공소취소는 할 수 없다(통설). 판례도 재심공판절차의 공소취소를 금지하고 있다(76도3203).

㉢ 공소취소는 이유를 기재한 서면으로 하여야 한다. 단, 공판정에서는 구술로써 할 수 있다.

㉣ 공소취소로 인한 공소기각결정에 대하여 즉시항고할 수 있다(제328조 제2항).

㉤ 공소취소에 의한 공소기각의 결정이 확정된 때에는 공소취소 후 그 범죄사실에 대한 다른 중요한 증거를 발견한 경우에 한하여 다시 공소를 제기할 수 있다(제329조, 재기소 제한). → '다른 중요한 증거를 발견한 경우'란 공소취소 전에 가지고 있던 증거 이외의 증거로서 공소취소 전의 증거만으로는 증거 불충분으로 무죄가 선고될 가능성이 있으나 새로 발견된 증거를 추가하면 충분히 유죄의 확신을 가지게 될 정도의 증거가 있는 경우를 말한다(77도1308).

㉥ 제329조(공소취소와 재기소)를 위반하여 공소가 제기되면 공소기각판결의 사유가 된다(제327조 제4호).

㉦ 검사는 법원이 재정신청서를 송부받은 날로부터 3개월 이내에 항고의 절차에 준하여 사건에 대한 공소제기를 결정한 경우 그 결정에 따라 공소를 제기한 때에는 이를 취소할 수 없다. → 검사는 제262조 제2항 제2호의 결정(고등법원의 공소제기결정)에 따라 공소를 제기한 때에는 이를 취소할 수 없다(제264조의2).

㉧ 실체적 경합관계에 있는 수개의 공소사실 중 일부를 소추대상에서 철회하려면 공소장변경의 방식에 의할 것이 아니라 공소의 일부 취소절차에 의하여야 한다(88도67).

㉨ 검사가 공소취소의 취지가 담긴 공소장변경신청을 한 경우 법원은 공소취소로 간주하여 공소기각결정을 하여야 한다. → 실체적 경합관계에 있는 수개의 공소사실 중 어느 한 공소사실을 전부 철회하거나 그 공소사실의 소추대상에서 피고인을 완전히 제외하는 검사의 공소장변경신청이 있는 경우 이것이 그 부분의 소송을 취소하는 취지가 명백하다면 공소취소 신청이라는 형식을 갖추지 아니하였더라도 이를 공소취소로 보아 공소기각을 하여야 한다(88도67).

㉩ 공소취소는 불기소처분이 아니므로 검찰항고나 재정신청은 허용되지 않는다.

4 공소와 공소권이론

(1) 공소권이론

추상적 공소권설		검사가 형사사건에 대하여 공소를 제기할 수 있는 일반적 권한을 공소권이라고 하는 견해로서, 공소권의 구체적 내용을 밝히는 데 무의미하며 우리나라에서 지지자 없음
구체적 공소권설	의의	검사가 구체적 사건에 대하여 유죄판결의 가능성이 있는 사건에 대하여 유죄판결을 청구하는 구체적 권한이 공소권이라는 견해
	장점	유죄판결의 가능성이 없는 경우의 공소제기를 공소권남용으로 보므로, 공소권남용론을 통하여 검사의 공소제기를 규제할 수 있음
	단점	무죄판결을 선고할 경우 공소권을 설명하기가 곤란
실체판결 청구권설	의의	검사가 구체적 사건에 대하여 유죄 또는 무죄의 실체심판을 청구하는 권리가 공소권이라는 견해
	장점	무죄판결에 대한 공소권도 설명이 가능
	단점	공소권은 단순히 실체판결에만 연결시킴으로써 검사의 공소권남용을 방치하는 결과를 가져오게 됨(최근에는 실체판결청구권설에서도 공소권남용론 인정이 가능하다는 입장도 주장됨)
공소권이론 부인론		공소권이론 자체가 무용하고 소송조건이론으로 환원하여 설명하면 족하다는 견해

(2) 공소권남용이론

① 공소권남용이란 형식적으로는 적법한 공소제기가 이루어졌으나 실질적으로는 공소권 행사가 부당한 경우를 말한다. 공소권남용론이란 공소권남용시 형식재판을 통하여 피고인의 조기석방을 도모하는 이론이다(우리나라의 경우 제327조 제2호에 따라 공소기각판결). → 공소장일본주의 위반이나 공소장 불특정, 성명모용 등과 같이 공소제기가 형식상 위법한 경우는 공소권남용이 아니다.

② 판례는 부당기소, 선별기소 등의 사안에서 공소권남용론의 적용 가능성을 시사한 이래 누락기소나 위법한 함정수사에 의한 기소의 사안에서 실제로 공소권남용론을 적용하여 공소기각한 사례도 존재하는 등 공소권남용론을 수용하고 있다.

③ 공소권남용의 유형별 고찰

유형		내용
객관적 혐의없는 사건에 대한 기소	의의	범죄의 객관적 혐의가 없음에도 불구하고 검사가 공소를 제기한 경우
	처리	학설 대립(공소기각판결설 vs 공소기각결정설 vs 무죄판결설)
소추재량 일탈의 공소제기 (부당기소)	의의	기소유예를 함이 상당함에도 불구하고 검사가 공소를 제기한 경우
	처리	• 학설 대립(공소기각판결설 vs 유죄판결설) • 판례는 부당기소는 공소권남용이 될 수 있다고 판시하였으나, 실제 공소기각판결을 내린 사례는 아직까지 없음
불평등기소 (선별기소)	의의	동일 범죄를 범한 자의 일부만을 선별하여 공소제기하는 경우
	처리	• 학설 대립(공소기각판결설 vs 실체판결설) • 판례는 공소권남용론이 적용 가능하다고 보고 있으나 아직까지 실제 공소기각판결을 한 사례는 없다. → 자신의 행위가 범죄구성요건에 해당한다는 이유로 공소가 제기된 사람은 단순히 자신과 동일한 범죄구성요건에 해당하는 행위를 하였음에도 불구하고, 불기소된 사람이 있다는 사유만으로 평등권을 침해하였다고 볼 수는 없다.

	의의	검사가 피고인의 실체적 경합관계에 있는 전체 범죄사실을 인식하고 있으면서도 일부(A)에 대해서는 먼저 공소를 하고 나머지(B)는 먼저 기소한 사실(A)의 항소심판결 선고 이후(혹은 판결확정 이후) 공소제기하는 경우

누락기소	처리	• 형법 제39조 제1항의 개정으로 더 이상 전형적인 누락기소는 문제되지 않는다고 본다(판례).
		   – 누락기소의 위법성은 소추재량의 현저한 일탈 여부로 판단(판례)
		   – 소추재량의 현저한 일탈이란 직무상 과실로는 부족하고 미필적으로나마 고의가 있어야 함(판례)
		• 다만, 과거 판례 중에는 검사에게 미필적 고의 있음을 이유로 공소권남용을 인정한 사례가 있다.
		   예 검사가 차량특수절도로 기소중지된 자를 검거하여 무면허로 기소 · 유죄확정된 이후 가석방을 시킨 다음, 다시금 특수절도죄로 긴급체포하여 기소한 경우 → 공소권남용으로 공소기각판결(판례)

위법수사에 의한 공소제기	의의	중대한 위법수사를 토대로 검사가 공소제기를 하는 경우
	처리	• 학설 대립(공소기각판결설 vs 위법수집증거배제법칙 적용설) • 판례는 기본적으로 위법수사는 위법수집증거배제법칙을 적용할 수 있을 지언정 공소권남용(공소제기무효)은 아니라고 본다. • 다만, 판례는 위법한 함정수사에 대해서만은 공소기각판결로 처리한다.

5 공소제기의 효과

(1) 소송계속의 의의
① 검사의 공소제기로 피고사건이 수소법원에 계속되어 있는 상태를 말한다.
② 소송계속이 있으면 피의자는 피고인의 지위로 변모하게 된다.

(2) 소송계속의 적극적 효과
① 소송이 계속되면 법원은 심판을 할 권리와 의무를, 양 당사자는 심판을 받을 권리와 의무를 가지게 된다.
② 소송계속은 공소제기의 적법 · 부적법을 불문하고 발생된다.
   ㉠ 공소제기가 적법 · 유효한 경우(실체적 소송계속)에는 법원은 실체재판을 선고한다.
   ㉡ 부적법 · 무효인 경우(형식적 소송계속)에는 형식재판으로 사건을 종결한다.

(3) 소송계속의 소극적 효과
① 동일사건이 동일법원에 이중기소된 경우(협의의 이중기소) → 후소를 공소기각의 판결(제327조 제3호)
② 동일사건이 수개의 법원에 이중기소된 경우
   ㉠ 수개의 법원이 사물관할을 달리하는 때 → 법원합의부가 심판(제12조)
   ㉡ 수개의 법원이 사물관할을 같이하는 때 → 선착수법원이 심판(제13조)
   ㉢ 심판할 수 없게 된 법원은 공소기각결정을 하는 것이 원칙(제328조 제3호)
   ㉣ 다만, 관할권 없는 법원이 먼저 확정되면, 관할권 있는 법원이 면소판결(제326조 제1호)

6 공소제기 후의 수사

(1) 공소제기 후 수사의 허용여부

공소제기 후 강제수사	구속	• 공소제기 후의 피고인구속은 수소법원의 권한에 속한다(제70조). • 따라서 공소제기 후에는 수사기관은 피고인을 구속할 수 없다(통설).

	압수 · 수색 · 검증	• 명문규정이 있는 경우(허용)
		  – 피고인의 구속영장 집행시의 압수 · 수색 · 검증(제216조 제2항)
		  – 임의제출물 등의 압수(제218조)
		• 명문규정이 없는 경우(불허) → 검사가 제6회 공판기일이 지난 후에 수소법원 외의 법관으로부터 압수수색영장을 발부받아 자립예탁금거래내역표를 압수한 것은 위법(판례)

공소제기 후 임의수사	원칙적 허용 (검찰청소환) 피고인 신문	공소제기 후의 임의수사는 원칙적으로 허용되나, 법원의 절차주재권을 침해하지 않는 범위 내로 제한된다(통설). • 학설은 긍정설, 부정설, 절충설로 대립 • 판례는 공소제기 후 검사가 피고인을 검찰청으로 소환하여 신문할 수 있다고 본다(긍정설, 84도1646).
	참고인조사	• 원칙적 허용: 참고인조사는 임의수사로서 제1회 공판기일 전후를 불문하고 원칙적으로 허용된다(통설). • 진술번복조서의 경우(위수증): 공판정의 진술을 번복할 목적으로 증언을 마친 참고인을 검찰청에 소환하여 행한 수사는 공판중심주의 · 직접주의, 당사자주의, 반대신문권, 공정한 재판을 받을 권리를 침해한 위법한 수사로서 이러한 위법수사로 인하여 작성한 참고인 진술조서는 당사자가 증거동의하지 않는 한 증거능력이 부정된다(99도1108). • 제1심에서 피고인에 대하여 무죄판결이 선고되어 검사가 항소한 후, 수사기관이 항소심 공판기일에 증인으로 신청하여 신문할 수 있는 사람을 특별한 사정 없이 미리 수사기관에 소환하여 작성한 진술조서는 피고인이 증거로 할 수 있음에 동의하지 않는 한 증거능력이 없다(대판 2019.11.28. 2013도6825).
	기타 임의수사	감정 · 통역 · 번역의 위촉, 공무소 등에의 조회, 승낙에 의한 수색 · 검증과 같은 임의수사는 (법원의 절차주재권을 침해하지 않는 한) 허용된다(통설).

7 공소시효

(1) 서설

① 의의
  ㉠ 범죄행위가 종료한 후 공소가 제기됨이 없이 일정기간 경과하면 그 범죄에 관한 공소권을 소멸시키는 제도(제249조)이다.
  ㉡ 공소시효가 완성되면 면소판결을 하게 된다(제326조).
  ㉢ 의제공소시효: 공소제기 후 판결의 확정 없이 공소를 제기한 때로부터 25년을 경과하면 공소시효가 완성된 것으로 간주한다.
  ㉣ 사람을 살해한 범죄(종범은 제외)로 사형에 해당하는 범죄에 대해서는 형사소송법상의 공소시효가 적용되지 않는다. 또한 공소시효 배제규정이 시행되기 이전에 행하여진 범죄 가운데 공소시효가 완성되지 아니한 범죄에 대해서도 소급하여 공소시효가 적용되지 않는다.

② 공소시효기간

기간	해당범죄의 법정형				
	사형	무기	징역·금고	자격정지	기타
25년	사형				의제공소시효
15년		무기징역, 무기금고			
10년			장기 10년 이상 징역·금고		
7년			장기 10년 미만 징역·금고 (5년 이상 10년 미만)		
5년			장기 5년 미만 징역·금고	장기 10년 이상 자격정지	벌금
3년				장기 5년 이상 자격정지 (5~10년 사이 자격정지)	
1년				장기 5년 미만 자격정지	구류, 과료, 몰수

(2) 공소시효기간의 계산

기준이 되는 형	• 법정형 → 처단형이 아니라 법정형이다.
	• 병과형·선택형의 경우 → 무거운 형이 기준이 된다(제250조).
	• 형의 가중·감경의 경우
	    - 형법에 의하여 형을 가중 또는 감경할 경우에는 가중 또는 감경하지 아니한 형이 시효기간의 기준이 되고(제251조),
	    - 특별법에 의하여 가중·감경된 경우에는 그 법에 정한 법정형을 기준으로 공소시효기간을 정하여야 한다.
	     예 폭력행위처벌법이 정한 형
	• 법정형이 변경된 경우: 범죄 후 법률의 개정에 의하여 법정형이 가벼워진 경우에는 형법 제1조 제2항에 의하여 당해 범죄사실에 적용될 가벼운 법정형이 공소시효기간의 기준이 된다.
	• 교사범·종범의 경우: 정범의 형을 기준
	• 양벌규정의 경우: 종업원의 법정형을 기준으로 사업주까지 판단(통설)

판단기준이 되는
범죄사실
	• 공소장의 예비적·택일적 기재 → 각 범죄사실을 단위로 개별적으로 결정(통설)
	• 과형상 일죄(상상적 경합) → 각 범죄사실별로 결정(2006도6356)
	• 공소장변경의 경우
	    - 공소시효 완성 여부는 공소제기시점을 기준으로 함
	    - 변경된 공소사실의 법정형을 기준으로 공소시효기간을 결정(판례)
	     예 공소제기 당시의 공소사실에 대한 법정형에 의하면 공소시효가 완성되지 않았으나 변경된 공소사실에 대한 법정형에 의하면 공소제기 당시 이미 공소시효가 완성된 경우, 법원은 면소판결을 해야 한다(2001도2902).

기산점	• 범죄행위 종료시: 공소시효는 범죄행위가 종료한 때부터 진행한다. • 공범의 특칙: 공범은 최종행위가 종료한 때로부터 전 공범에 대한 시효기간을 기산한다(여기의 공범은 공동정범과 교사범·종범뿐만 아니라 필요적 공범도 포함).
시효계산의 특례	• 시효기간의 초일은 시간을 계산함이 없이 1일로 산정한다. • 기간의 말일이 공휴일 또는 토요일이라도 시효기간에 산입한다(제66조).

> **더 알아보기**
>
> 범죄유형별 공소시효의 기산점
>
> | 범죄 | 공소시효의 기산점 |
> |---|---|
> | 결과범 | 결과가 발생한 때 |
> | 결과적 가중범 | 중한 결과가 발생한 때 |
> | 거동범과 미수범 | 결과발생을 요하지 않으므로 행위시부터 |
> | 계속범 | 법익침해가 종료된 때로부터
예 공익근무요원의 복무이탈죄 → 최종 복무이탈 행위가 마쳐진 때부터 |
> | 포괄일죄 | 최종의 범죄행위가 종료된 때로부터 |
> | 신고기간이 정해져 있는 범죄 | 신고의무의 소멸시로부터(78도2318) |

(3) 공소시효의 정지

의의		공소시효의 정지란 일정한 사유로 인하여 공소시효의 진행이 정지되는 것을 말함(형사소송법상으로는 공소시효의 중단은 인정되지 않는다)
공소시효 정지 사유	공소제기	공소시효는 공소제기로 진행이 정지되고 공소기각 또는 관할위반의 재판이 확정된 때로부터 다시 진행한다(제253조 제1항). → 공소제기가 적법·유효할 것을 요하지 않음
	범인의 외국도피	• 범인이 형사처분을 면할 목적으로 국외에 있는 경우에 그 기간 동안 공소시효가 정지된다(제253조 제3항). • 형사처분을 면할 목적은 국외 체류의 유일한 목적으로 되는 것에 한정되지 않고 범인이 가지는 여러 국외 체류 목적 중에 포함되어 있으면 족하다(2008도4101). • 범인이 형사처분을 면할 목적으로 국외에 있는 경우는 범인이 국내에서 범죄를 저지르고 형사처분을 면할 목적으로 국외로 도피한 경우에 한정되지 아니하고, 범인이 국외에서 범죄를 저지르고 형사처분을 면할 목적으로 국외에서 체류를 계속하는 경우도 포함된다(2015도5916). • 통상 범인이 외국에서 다른 범죄로 외국의 수감시설에 수감된 경우, 그 범행에 대한 법정형이 당해 범죄의 법정형보다 월등하게 높고, 실제 그 범죄로 인한 수감기간이 당해 범죄의 공소시효 기간보다도 현저하게 길어서 범인이 수감기간 중에 생활근거지가 있는 우리나라로 돌아오려고 했을 것으로 넉넉잡아 인정할 수 있는 사정이 있다면, 그 수감기간에는 '형사처분을 면할 목적'이 유지되지 않았다고 볼 여지가 있다. 그럼에도 그러한 목적이 유지되고 있었다는 점은 검사가 입증하여야 한다(2008도4101). • 피고인이 당해사건으로 처벌받을 가능성이 있음을 인지하였다고 보기 어려운 경우라면 피고인이 다른 고소사건과 관련하여 형사처분을 면할 목적으로 국외에 있는 경우라고 하더라도 당해사건의 형사처분을 면할 목적으로 국외에 있었다고 볼 수 없다.
	재정신청	• 재정신청이 있는 경우 고등법원의 재정결정이 확정될 때까지 공소시효의 진행이 정지된다(제262조의4 제1항). • 고등법원의 공소제기결정이 있으면 공소시효에 관하여는 그 결정이 있는 날에 공소가 제기된 것으로 본다(동조 제2항).
	소년보호 사건의 심리개시결정	소년부판사가 소년보호사건의 심리개시결정을 하면 그 결정이 있는 때로부터 보호처분결정이 확정될 때까지 공소시효의 진행이 정지된다(소년법 제54조).

대통령의 불소추특권	• 대통령의 재직기간에는 내란·외환의 죄를 범한 경우를 제외하고는 공소시효의 진행이 정지된다(헌법 제84조). • 헌법 제84조에 따른다면 내란이나 외환의 죄를 범한 경우에는 대통령은 재임 중에도 소추가 가능하므로 공소시효가 정지되지 않는 것이 원칙이다(판례). • 다만, 헌법재판소 결정 이후 신설된 헌정질서 파괴범죄의 공소시효 등에 관한 특례법에 의해 형법상 내란이나 외환의 죄는 이제 공소시효제도의 적용이 배제된다.
가정보호 사건과 성매매 사건	• 가정폭력범죄의 처벌 등에 관한 특례법이 규정한 가정폭력범죄에 대한 공소시효는 당해 가정보호사건이 법원에 송치된 때로부터 시효진행이 정지된다. • 동 규정은 성매매 알선 등 행위의 처벌에 관한 법률이 규정한 보호사건에 준용된다.
공소시효정지의 범위	• 공범의 1인에 대한 공소시효의 정지는 다른 공범자에 대하여도 효력이 미친다(제253조 제2항). • 그러나 진범 아닌 자에 대한 공소제기는 진범인에 대한 공소시효를 정지시키지 않는다(98도4621). • 공소시효가 정지되는 공범에는 뇌물공여죄와 뇌물수수죄 사이와 같은 대향범 관계에 있는 자는 포함되지 않는다(2012도4842).

(4) 공소시효완성의 효과

공소제기 전	검사는 공소권 없음을 이유로 불기소처분을 하여야 한다.
공소제기 후	법원은 면소판결로써 소송을 종결하여야 한다.
공소제기 후 의제공소시효	공소시효 기간 내에 공소가 제기되었으나 판결이 확정되지 않고 25년을 경과한 때에도 공소시효가 완성된 것으로 간주되어 법원은 면소판결을 선고하게 된다.

(5) 공소시효의 배제(헌정질서 파괴범죄의 공소시효 등에 관한 특례법 제3조)

① 형법상 내란의 죄, 외환의 죄
② 군형법상 반란의 죄, 이적의 죄
③ 집단살해에 해당하는 범죄

(6) 성폭력범죄에 대한 공소시효의 특례

① 성폭력처벌법상의 특례
  ㉠ 미성년자에 대한 성폭력범죄의 공소시효는 해당 성폭력범죄로 피해를 당한 미성년자가 성년에 달한 날부터 진행한다.
  ㉡ 성폭력처벌법의 적용을 받는 강간·강제추행 등의 죄는 디엔에이(DNA)증거 등 그 죄를 증명할 수 있는 과학적인 증거가 있는 때에는 공소시효가 10년 연장된다.
  ㉢ 13세 미만의 사람 및 신체적인 또는 정신적인 장애가 있는 사람에 대하여 다음의 죄를 범한 경우에는 공소시효를 적용하지 아니한다.
    • 형법상 강간, 강제추행, 준강간, 준강제추행, 강간 등 상해·치상, 강간 등 살인·치사 또는 미성년자에 대한 간음, 추행의 죄
    • 성폭력처벌법상 장애인에 대한 강간·강제추행 등, 13세 미만의 미성년자에 대한 강간, 강제추행 등, 강간 등 상해·치상, 강간 등 살인·치사의 죄
    • 청소년성보호법상 강간 등 상해·치상, 강간 등 살인·치사의 죄

ⓔ 다음의 죄를 범한 경우에는 공소시효를 적용하지 아니한다.
　　　• 형법상 '강간 등 살인·치사'의 죄(강간 등 살인에 한정한다)
　　　• 성폭력처벌법상 강간 등 살인·치사의 죄
　　　• 청소년성보호법상 아동·청소년에 대한 강간·강제추행 등의 죄
　　　• 군형법상 강간 등 살인·치사의 죄(강간 등 살인에 한정한다)
② 아동·청소년의 성보호에 관한 법률상의 특례
　　⊙ 아동·청소년대상 성범죄의 공소시효는 해당 성범죄로 피해를 당한 아동·청소년이 성년에 달한 날부터 진행한다.
　　ⓒ 아동·청소년에 대한 강간·강제추행·유사성행위 등의 죄는 디엔에이(DNA)증거 등 그 죄를 증명할 수 있는 과학적인 증거가 있는 때에는 공소시효가 10년 연장된다.
　　ⓒ 13세 미만의 사람 및 신체적인 또는 정신적인 장애가 있는 아동·청소년에 대하여 다음의 죄를 범한 경우에는 공소시효를 적용하지 아니한다.
　　　• 형법상 강간, 강제추행, 준강간, 준강제추행, 강간 등 상해·치상, 강간 등 살인·치사, 미성년자에 대한 간음, 추행의 죄
　　　• 청소년성보호법상 강간 등 상해·치상 및 강간 등 살인·치사의 죄
　　　• 성폭력처벌법상 장애인에 대한 강간·강제추행 등, 13세 미만의 미성년자에 대한 강간, 강제추행 등, 강간 등 상해·치상, 강간 등 살인·치사의 죄
　　ⓔ 다음의 죄를 범한 경우에는 공소시효를 적용하지 아니한다.
　　　• 형법상 강간 등 살인·치사의 죄(강간 등 살인에 한정한다)
　　　• 청소년성보호법상 강간 등 살인·치사, 아동·청소년성착취물의 제작·배포 등의 죄
　　　• 성폭력처벌법상 강간 등 살인·치사의 죄

Chapter 04 공판

01 공소의 제기와 법원의 심판대상

❶ 공소제기의 방식

(1) 공소장의 제출

서면주의	• 공소제기를 함에 있어서는 공소장을 관할 법원에 제출하여야 한다(제254조 제1항). • 서면에 의하지 않은 공소제기는 무효로 보아야 한다(공소기각판결). 예 검사가 공소장을 제출하지 않았음에도 공소장변경허가신청서를 공소장에 갈음한다고 구두진술한 것만으로는 적법한 공소제기가 아니다(2008도11813). → 공소기각판결 • 검사가 공소사실의 일부가 되는 범죄일람표를 컴퓨터 프로그램을 통하여 열어보거나 출력할 수 있는 전자적 형태의 문서로 작성한 후, 종이문서로 출력하여 제출하지 아니하고 전자적 형태의 문서가 저장된 저장매체 자체를 서면인 공소장에 첨부하여 제출한 경우에는, 서면인 공소장에 기재된 부분에 한하여 공소가 제기된 것으로 볼 수 있을 뿐이고, 저장매체에 저장된 전자적 형태의 문서 부분까지 공소가 제기된 것이라고 할 수는 없다. 이는 전자적 형태의 문서의 양이 방대하여 그와 같은 방식의 공소제기를 허용해야 할 현실적인 필요가 있다거나 피고인과 변호인이 이의를 제기하지 않고 변론에 응하였다고 하여 달리 볼 것도 아니다(2015도3682).
첨부서류	• 공소장에는 피고인 수에 상응하는 부본을 첨부하여야 하고(제254조 제2항), 법원은 공소장부본을 늦어도 제1회 공판기일 5일 전까지 피고인 또는 변호인에게 송달하여야 한다(제266조). • 공소장에는 공소제기 전에 변호인이 선임되거나 보조인의 신고 또는 특별대리인의 선임이 있는 경우에는 그 변호인선임서, 보조인신고서, 특별대리인 선임결정등본을 공소장에 첨부해야 하고, • 피고인이 구속되어 있거나 체포·구속된 후 석방된 경우에는, 체포영장, 긴급체포장, 구속영장 기타 구속에 관한 서류 등을 각각 첨부하여야 한다(규칙 제118조 제1항).
특칙	• 약식명령의 청구: 약식명령을 청구할 때에는 공소제기와 동시에 서면으로 약식명령을 청구한다는 취지를 기재해야 한다(제449조). 이 경우 이론상 공소장과 약식명령청구서가 각각 제출되어야 하지만, 실무는 공소장에 약식명령을 청구한다는 취지를 부기하는 방식에 의한다. • 즉결심판의 청구: 경찰서장이 즉결심판청구서로 청구한다.

(2) 공소장의 필요적 기재사항

구분	내용
피고인	• 피고인의 성명 이외에 주민등록번호 · 직업 · 주거, 등록기준지를 기재하여야 한다. 피고인이 법인인 때에는 사무소 및 대표자의 성명과 주소를 기재하여야 한다(규칙 제117조 제1항). • 다만 이러한 사항이 명백하지 아니한 때에는 그 취지를 기재하고 인상 · 체격의 묘사나 사진의 첨부에 의하여도 특정할 수 있다(82도2078). • 피고인이 특정되지 아니하면 공소기각판결의 대상이 된다(제327조 제2호).
죄명	• 공소장에는 죄명을 기재하여야 한다. • 죄명은 대검찰청예규 공소장 및 불기소장 기재죄명에 관한 예규에 따른다. 형법범의 죄명은 형법죄명표에 의하여 표시하고 특별법범의 죄명은 그 특별법 다음에 위반이라는 문자를 더하여 표시하며, 형법범에 한하여 미수범 · 교사범 · 방조범은 죄명 다음에 미수 · 교사 · 방조를 붙여서 표시한다. • 죄명기재에 오류가 있는 경우라도 공소제기는 유효하다.
적용법조	• 공소장에는 적용법조를 기재하여야 한다. 형법각칙, 특별법뿐 아니라 형법총칙까지도 정확히 기재해야 하는 것이 원칙이다. • 적용법조의 판단은 수소법원의 전권사항이므로, 적용법조의 기재에 오기가 있거나 그것이 누락된 경우라 할지라도 피고인의 방어권 행사에 실질적 불이익이 발생하는 경우가 아니라면 법원은 실체판단에 들어가야 한다(75도363).
공소사실	• 공소사실의 기재는 범죄의 일시 · 장소 · 방법 등을 명시하여 사실을 특정할 수 있도록 하여야 한다(제254조 제4항). • 특정의 정도는 다른 공소사실과 구별될 수 있는 정도, 즉 일시는 이중기소나 시효에 반하지 않을 정도, 장소는 토지관할을 가늠할 정도, 방법은 구성요건을 밝히는 정도로 족하다. • 경합범으로 공소를 제기하는 경우에는 개별적으로 공소사실을 기재하여야 한다. • 포괄일죄의 경우 일죄의 일부를 구성하는 개개의 행위에 대하여 구체적으로 특정되지 아니하더라도 그 전체 범행의 시기와 종기, 범행방법, 범행횟수, 또는 피해액의 합계 및 피해자나 상대방을 명시하면 이로써 그 범죄사실은 특정되었다고 할 것이다(90도833). • 교사범 · 방조범의 공소사실에는 그 전제요건이 되는 정범의 범죄구성요건을 충족하는 구체적 사실을 기재해야 한다(81도822). • 공소사실이 특정되지 않으면 공소기각판결의 대상이 된다(제327조 제2호). → 공소장의 기재가 불명확한 경우 법원은 공소장 불특정을 이유로 곧바로 공소기각판결을 선고해서는 안 된다. 형사소송규칙 제141조의 규정에 의하여 검사에게 석명을 구한 다음, 그래도 검사가 이를 명확하게 하지 않은 때에야 공소사실의 불특정을 이유로 공소기각판결을 선고해야 한다(2004도5972).

(3) 공소장의 임의적 기재사항(예비적 · 택일적 기재)

의의	예비적 기재	예비적 기재란 수개의 범죄사실 또는 적용법조에 대하여 심판순서를 정하여, 주위적 공소사실이 인정되지 않으면 예비적 공소사실의 유죄를 청구하는 공소장 기재방식 예 A(강도) 아니면 B(절도), (A → 본위적 공소사실, B → 예비적 공소사실)
	택일적 기재	택일적 기재란 수개의 범죄사실 또는 적용법조에 대하여 심판순서를 정하지 않고 그 가운데 어느 것이라도 하나만 인정되면 충분하다고 하는 취지를 기재한 공소장 기재방식 예 A(강도) 또는 B(절도)
예비적 · 택일적 기재의 허용범위		판례는 수개의 범죄사실 사이에 동일성이 인정되지 않더라도 예비적 · 택일적 기재를 할 수 있다고 판시한 바, 판례에 따르면, 동일성이 인정되지 않는 수개의 사실을 예비적 · 택일적으로 기재할 수 있다. 예 절도 또는 상해를 청구하는 공소장도 적법(판례) → 예비적 · 택일적 추가(공소장변경)에 있어서는 동일성이 인정되지 않는 사실을 추가할 수 없다(판례).

심판방법	• 예비적 기재의 경우 예비적 기재사실을 먼저 판단하면 위법이므로 상소이유가 된다. • 예비적 기재의 경우에 예비적 공소사실을 유죄로 인정하는 때에는 판결이유에서 본위적 공소사실도 판단해야 한다(76도1126). • 택일적 기재는 어느 사실을 먼저 심판하여도 적법하다. • 택일적 기재의 경우, 어느 하나를 유죄로 판단한 이상 심판하지 않은 부분에 대한 이유를 기재할 필요가 없다. • 예비적·택일적으로 기재된 모든 공소사실에 대하여 무죄를 선고하는 경우에는 모든 범죄사실 또는 적용법조에 대한 판단을 요한다. • 예비적·택일적 기재의 모든 공소사실은 불가분의 관계에 있는 것으로 취급된다. 따라서 어느 하나만을 유죄로 판단한 원심에 대해 상소가 제기된 경우에는 심판하지 않은 다른 부분도 상소심으로 이심된다. 따라서 상소심은 상소한 유죄부분을 파기하면서 다른 부분에 대해서 유죄를 인정할 수도 있다(판례). 예 검사가 강도살인죄와 택일적으로 살인죄로 기소했는데, 제1심법원이 강도살인죄를 유죄로 판명하자 피고인만이 상소한 경우 → 법원은 강도살인죄가 무죄라 하더라도 살인죄를 심리하여 살인죄의 유죄로 판단할 수 있다.
기판력	예비적·택일적 기재의 일부에 대해서만 유죄가 확정되었다 하더라도, 심판하지 않은 잔여 부분에도 일사부재리 효력이 미친다(통설).

(4) 공소장일본주의

① 의의 및 효과

의의	• 공소제기시에 공소장의 필요적·임의적 기재사항 이외에는, 법원에 예단(선입견)을 생기게 할 수 있는 서류나 물건은 첨부·인용·여사기재하여서는 안 된다는 원칙을 말한다. • 영·미의 배심제국가에서 출발했고, 우리는 형사소송규칙 제118조 제2항에 근거를 둠
이론적 근거	당사자주의, 공판중심주의, 증거재판주의, 위법수집증거배제법칙, 예단배제의 원칙
내용	첨부 금지	• 원칙: 공소장에는 사건에 예단을 생기게 할 수 있는 서류 기타 물건을 첨부하여서는 안 된다(규칙 제118조 제2항). • 예외: 예단을 줄 염려가 없는 물건, 즉 변호인선임서 또는 보조인신고서, 특별대리인 선임결정등본, 구속영장 기타 구속에 관한 서류는 공소장에 첨부하여야 한다(규칙 제118조 제1항).
	인용 금지	• 원칙: 공소장에 증거 기타 예단을 가져올 수 있는 문서내용의 인용은 금지됨 • 예외: 문서를 수단으로 한 협박, 명예훼손 등과 같이 문서의 기재내용 그 자체가 범죄구성요건에 해당하는 경우는 문서의 전부 또는 일부를 인용할 수 있다.
	여사 기재 금지	• 형사소송규칙은 첨부와 인용만을 금지하고 있으나, 여사기재(공소장에 필요적 기재사항 이외의 여타의 사항을 기재한 경우) 또한 공소장일본주의 위반이다(판례). • 누범이나 상습범전과는 범죄사실에 준하므로 공소장일본주의 위반이 아니다(판례). • 누범이나 상습범을 구성하지 않는 전과사실이나 소년부송치사실의 기재도 피고인을 특정할 수 있는 사항에 속하므로 공소장기재는 적법하다(판례). • (통설은 동기범 이외의 동기의 기재를 금지하나) 판례는 설사 범죄의 직접적인 동기가 아닌 경우에도 동기의 기재는 공소장의 효력에 영향을 미치지 아니한다고 판시하고 있다(2007도748). • (통설은 악성격이나 여죄의 기재는 위법하다고 보나) 판례는 공소시효가 완성된 범죄사실을 공소범죄사실 이외의 사실로 기재하더라도 위법하지 않다고 보아 여죄의 기재를 폭넓게 허용하고 있다(83도1979).
위반의 효과	공소장일본주의의 위반의 공소제기는, 공소장특정에 관한 형사소송법 제254조의 규정을 위반하여 무효에 해당한다(제327조 제2호). 따라서 법원은 판결로써 공소를 기각해야 함이 원칙이다(판례).
하자의 치유여부	판례는 공소장일본주의 위반의 하자가 존재한다 하더라도 제1심 증거조사가 완료되어 법원의 심증이 형성된 이후에는 그 위반의 하자는 치유된다고 본다(판례). → 책문권의 포기대상으로 취급한다.

② 공소장일본주의의 적용범위

공소제기에 관한 원칙		• 공소장일본주의는 공소제기에 관한 원칙이다. • 공판절차 갱신 후의 절차, 상소심의 절차, 파기환송 후의 절차 등에는 공소장일본주의는 적용되지 않는다.
공소장 일본주의의 예외	즉결심판 청구 시	경찰서장이 즉결심판을 청구하는 때에도 즉결심판 청구와 동시에 수사기록과 증거물을 제출하여야 한다(즉결심판법 제4조). → 공소장일본주의 적용되지 않음(통설)
	약식명령 청구 시	검사가 약식명령을 청구할 때에는 공소제기와 동시에 수사기록과 증거물을 법원에 제출하여야 한다(형사소송법 제449조). → 공소장일본주의가 적용되지 않음(통설)
	즉결심판에 대한 정식재판 청구 시	즉결심판에 대하여 정식재판청구가 있는 경우에는 경찰서장은 사건기록과 증거물을 지체 없이 관할법원에 송부하여야 한다(즉결심판법 제14조 제3항).→ 공소장일본주의 적용되지 않음
	약식명령에 대한 정식재판 청구 시	• 공소장일본주의의 적용여부에 대해 명문규정 없음 • 통설은 명문규정이 없으므로 공소장일본주의 적용되어야 한다고 본다. • 판례는 약식명령에 대한 정식재판청구가 제기되었음에도 법원이 증거서류 및 증거물을 검사에게 반환하지 않고 보관하고 있다고 하여 그 이전에 이미 적법하게 제기된 공소제기의 절차가 위법하게 된다고 할 수도 없다고 판시하여 학설과는 다른 입장이다(2007도3906).

2 공소제기와 법원의 심판대상

(1) 공소제기의 인적 효력범위(주관적 범위)

원칙	공소제기는 검사가 공소장에 피고인으로 지정한 자에게만 미친다(제248조 제1항).
내용	• 검사가 지정한 피고인: 검사가 지정한 피고인이란 공소장에 특정되어 있는 피고인을 말한다. 피고인의 특정이나, 성명모용·위장출석의 경우 누가 피고인이 될 것인가에 대해서는 소송의 주체부분에서 살펴보았으므로 생략한다. • 공소제기 후 진범 발견: 공소제기 후 진범이 발견된 경우 진범인에게는 공소제기의 효력이 미치지 않는다.
예외 (공소시효)	공범자 1인에 대한 공소시효 정지의 효력은 다른 공범자에게도 미친다(제253조 제2항). → 공범처벌의 일률성을 기하기 위한 특례규정에 해당

(2) 공소제기의 물적 효력범위(객관적 범위)

원칙	공소불가분의 원칙(제248조 제2항): 범죄사실의 일부에 대한 공소의 효력은 범죄사실 전부에 미친다.
일죄일부의 기소	• 학설은 전면긍정설, 전면부정설, 절충설 등으로 대립 • 판례는 "하나의 행위가 부작위범인 직무유기죄와 작위범인 범인도피죄의 구성요건을 동시에 충족하는 경우 공소제기권자는 재량에 의하여 작위범인 범인도피죄로 공소를 제기하지 않고 부작위범인 직무유기죄로만 공소를 제기할 수도 있다."라고 판시하여 원칙적으로 일죄일부의 기소도 허용된다는 입장이다(99도1904).

3 공소장변경제도(심판대상의 조정)

(1) 공소제기로 인한 법원의 심판대상

공소사실과 범죄사실	범죄사실이란 과거의 일정한 시점에 존재했던 역사적 사실을 말하며, 공소사실은 검사가 공소장에 기재한 범죄사실을 말한다. 예 甲이 2019년 1월 10일 밤 7시에 노량진역 앞에서 소매치기를 하였다는 역사적 사실(범죄사실)에 대해서 검사가 공소장에 "甲이 2019년 1월 10일 밤 8시에 노량진역 앞 상점에서 물건을 훔쳤다."라고 기재한 경우(공소사실)

법원의 심판대상	• 학설은 범죄사실대상설, 소인대상설, 절충설(소인기준이원설), 이원설로 대립
	• 통설과 판례
	   - 역사적 사실인 전체 범죄사실은 잠재적 심판대상이고,
	   - 전체 범죄사실과 동일성이 인정되는 공소장에 기재된 범죄사실, 즉 공소사실이 현실적 심판대상이 된다고 보는 이원설을 취한다.

공소사실의 동일성	• 공소사실의 동일성의 의미에 대해서는 기본적 사실동일설, 소인공통설, 구성요건공통설, 죄질동일설 등이 대립된다. • 통설과 판례는 공소사실을 그 기초가 되는 사회적 사실로 환원하여 그러한 사실 사이에 다소의 차이가 있더라도 기본적인 점에서 동일하다면 동일성을 인정된다고 보는 기본적 사실동일설의 입장이다. • 통설은 기본적으로 동일한 사실인지 여부를 판단함에 있어 규범적 요소는 고려할 수 없다고 보나, 판례는 기본적 사실이 동일한지에 있어서는 규범적 요소까지도 고려해야 한다고 본다. 예 甲은 乙과 합동하여 강도상해죄를 범하고 연이어 공범 乙로부터 장물인 신용카드를 분배받았음에도 검사에 의해 장물취득죄로 기소되어 유죄가 확정되었다. 추후, 검사는 甲이 강도상해까지도 가담하였음을 밝혀 내고 甲을 다시금 강도상해죄로 기소하였다. → 규범적 요소(죄명·구성요건)를 고려해 보면 장물취득죄와 강도상해죄는 동일성이 인정되지 않으므로, 장물취득죄의 기판력은 강도상해에 미치지 않고 법원은 甲에게 강도상해죄의 실체(유죄)판결을 하여야 한다(판례). • 동일성은 단일성과 협의의 자기동일성을 포함하는 개념이라는 것이 다수설이다. • 단일성의 판단에 있어서는 형법상 죄수론이 아니라 형사소송법상의 행위개념에 따르므로 실체법상 수죄인 경합범은 소송법상으로도 수죄이나, 상상적 경합은 소송법상으로는 일죄가 된다(통설). • 동일성 인정 여부는 "같은 날 같은 시간, 같은 장소에서 벌어진 바로 그 일"을 지칭하는지 여부로 판단한다.
불고불리의 원칙	법원이 법원이 동일성이 인정되지 않는 사실을 인정하거나, 공소장변경이 필요함에도 공소장변경 없이 사실을 인정하는 경우는 불고불리원칙의 위배로 상대적 상소이유가 된다(판례).

(2) 공소장변경제도

공소장 변경의 형태	추가	• 공소사실의 추가는 단순추가와 예비적·택일적 추가가 있음 • 공소사실의 예비적·택일적 추가는 범죄사실의 동일성의 범위 내에서만 가능하다(판례). → 공소사실의 예비적·택일적 기재의 경우에는 동일성이 없어도 가능(판례)
	철회	• 철회 = 공소사실 또는 적용법조를 법원의 심판대상에서 제외시키는 것 • 검사가 과형상 수죄의 범죄사실 가운데 일부의 범죄사실을 법원의 심판대상에서 제외시키고자 하는 경우에는 철회의 형식에 의할 수 없고, 공소취소에 의하여야 한다(판례). • 다만, 철회의 형식(공소장변경신청)을 취하였다고 하더라도 공소취소의 취지임이 명백한 경우, 수소법원은 공소취소로 간주하여 공소기각결정을 하여야 한다(판례).
	변경	공소사실과 적용법조의 일부는 추가하고, 일부는 철회하는 형태

주체	공소장변경의 신청의 주체는 검사에 제한된다(제298조 제1항).
신청 방식	• 공소장변경신청은 서면(공소장변경허가신청서)에 의하여야 하는 것이 원칙이다. • 다만, 법원은 피고인이 재정하는 공판정에서는 피고인에게 이익이 되거나 피고인이 동의하는 경우 구술에 의한 공소장변경을 허가할 수 있다(규칙 제142조 제5항).
허용 절차	• 사실심인 제1심과 항소심에서만 공소장변경이 가능하고, 상고심에서는 불가. 다만, 상고심이 파기환송한 경우에는 환송받은 원심에서는 공소장변경이 가능하다(판례). • 간이공판절차나 재정결정이 난 사건에서도 공소장변경은 가능하다.
신청 시기	• 검사는 공소제기 이후 항소심판결 선고 전까지 공소장변경신청을 할 수 있다. 공판절차뿐 아니라 공판준비절차에서도 공소장변경신청이 가능하다(제266조의9 제1항). • 변론이 종결한 이후에도 공소장변경신청은 가능하다. • 다만, 변론종결 이후에는 변론을 재개하여 공소장변경을 허가할 것인지 여부는 법원의 재량이다(판례).
고지	공소장변경허가신청이 있을 때 법원은 그 사유를 신속히(공소장변경신청서의 부본의 송달방식에 의해) 피고인 또는 변호인에게 고지하여야 한다(제298조 제3항).
법원의 공소장변경 허가	• 법원은 공소사실의 동일성을 해하지 아니하는 범위 내에서 허가하여야 한다. 이 경우 법원의 허가는 의무적이다(99도375). • 법원이 묵시적 허가도 인정된다. 따라서 명시적 허가가 없더라도 변경된 심판대상에 대해 법원 심리하면 공소장변경으로 인정된다(판례). • 동일성이 인정되지 않는 공소장변경신청을 허가한 결정에 대해서는 법원이 직권으로 취소할 수 있다(판례). • 공소장변경이 피고인의 방어에 불이익을 증가할 염려가 있다고 인정한 때에는 법원은 결정으로 공판절차를 정지할 수 있다(제298조 제4항, 임의적 정지).
불복	• 공소장변경신청에 대한 법원의 결정은 판결 전의 소송절차에 관한 결정이라 할 것이므로 항고할 수 없다(87모17). • 다만, 검사와 피고인은 이를 판결전체에 대한 상대적 상소이유로 삼을 수는 있다.

(3) 공소장변경의 필요성(요부)

의의	공소장변경의 필요성이란, 공소사실과 심리중 밝혀진 사실 간에 차이가 있는 경우, 법원이 어느 범위에서 공소장변경 없이 사실을 인정할 수 있는가의 문제이다.
학설 대립	학설은 동일벌조설, 법률구성설, 사실기재설 등으로 대립된다.
판례태도 (사실기재설)	판례는 사실기재설에 따라 피고인의 방어권 행사에 실질적 불이익이 발생하지 않는 경우에 한하여 공소장변경 없이도 사실을 인정할 수 있다고 본다.
사실기재설에 따른 구체적 고찰	• 피고인의 방어권행사에 실질적 불이익이 발생하는지 여부에 따라 공소장변경의 필요성을 판단하게 된다. • 판례는 범죄의 일시는 공소사실의 특정을 위한 요건이지 범죄사실의 기본적 요소는 아니므로 동일범죄사실에 대하여 약간 다르게 인정하는 경우에도 반드시 공소장변경을 요하는 것은 아니라고 본다. 그러나 그 범행일시의 차이가 단순한 착오라고 볼 수 없는 경우에는 공소장변경 없이는 범행일시를 달리 인정할 수 없다(92도2588). • 즉시범인 범죄단체조직죄나 범죄단체가입죄에 있어서 단체의 조직이나 가입시기는 범죄의 성립시기를 결정할 중요한 요소에 해당하므로 공소장변경 없이 이를 임의로 인정할 수는 없다(91도723). • 범죄의 수단과 방법의 변화는 공소장변경을 요한다. 판례는 사기죄에 있어 공소사실의 기망내용과 다른 기망행위를 공소장변경절차 없이 직권으로 인정할 수는 없다고 보고 있다(98도231). • 단순한 상해 정도의 차이(84도1803, 4개월 → 8개월)나 인과관계 진행상의 차이(89도1557), 뇌물전달자가 다른 경우(84도682) 또는 재산범죄에 있어서 범행객체인 재산이나 재물의 사법상의 권리의 귀속주체에 관한 차이(77도3522) 등 사소한 사항에 관하여는 소송경제의 관점에서 공소장변경절차를 거치지 않아도 무방하다.

- 판례는 사기죄의 경우 피해자가 변경되더라도 피고인의 방어권행사에 실질적 불이익을 주는 바 없다면 공소장변경을 요하지 않는다는 태도를 취하고 있다(87도2168).
- 축소사실의 경우에는 대는 소를 포함한다는 논리에 의해 공소장변경의 필요성이 없는 경우가 많다.
   예 공소장변경 불필요: 강간치사 → 강간미수, 강도상해 → 절도와 상해
- 그러나, 축소사실이라도 피고인의 방어권 행사에 실질적 불이익이 있으면 공소장변경이 필요하다.
   예 공소장변경 필요: 살인 → 폭행치사, 고의범 → 과실범, 미수범 → 예비·음모
- 다만, 단순한 법률적 평가의 차이는 공소장변경을 요하지 않는다.
   예 경합범을 포괄일죄나 상상적 경합으로 인정하는 경우나 그 반대의 경우(판례)

더 알아보기

공소장변경의 필요성에 관한 판례(공소장변경 없이도 사실인정 가능한 경우)
- 강간죄 → 폭행죄(대판 2010.11.11. 2010도10512)
- 강도강간죄 → 강도죄(대판 1987.5.12. 87도792)
- 강도상해죄 → (야간주거침입)절도죄와 상해죄(대판 1965.10.26. 65도599)
- 강간치사죄 → 강간죄 또는 강간미수죄(대판 1969.2.18. 68도1601)
- 강제추행치상죄 → 강제추행죄(대판[전합] 1999.4.15. 96도1922)
- 강간치상죄 → 강간죄(대판 2002.7.12. 2001도6777)
- 강간치상죄 → 준강제추행죄(대판 2008.5.29. 2007도7260)
- 특수절도죄 → 절도죄(대판 1973.7.24. 73도1256)
- 수뢰후 부정처사죄 → 뇌물수수죄(대판 1999.11.9. 99도2530)
- 특수강도강간미수 → 특수강도(대판 1996.6.28. 96도1232)
- 허위사실시 명예훼손 → 사실적시 명예훼손(대판 1996.6.28. 2006도7915)
- 특정범죄가중처벌 등에 관한 법률위반(누범준강도/상습절도/상습관세/수뢰죄) → 준강도/단순절도/관세법위반/수뢰죄 (82도1716/84도34/80도217/대판 1994.11.4. 94도129)
- 장물취득죄 → 장물보관죄(대판 2003.5.13. 2003도1366)
- 배임죄 → 횡령죄(대판 1999.11.26. 99도2651)
- 경합범 → 포괄일죄 또는 상상적 경합(대판 1987.7.21. 87도546) 또는 포괄일죄 → 실체적 경합(대판 1987.4.14. 86도2075)과 같은 죄수판단의 변화
- 공동정범으로 기소되었으나 방조범임을 주장한 경우 → 방조범(대판 2001.11.9. 2001도4792)
- 정범 → 간접정범(대판 2017.3.16. 2016도21075)

더 알아보기

공소장변경의 필요성에 관한 판례(공소장변경 없으면 사실인정 불가능한 경우)
- 고의범 → 과실범(대판 1981.12.8. 80도2824)
- 살인죄 → 폭행치사죄(대판 1981.7.28. 81도1489)
- 장물보관죄 → 업무상장물보관죄(대판 1984.2.28. 83도3334)
- 미수 → 예비음모(대판 1983.4.12. 82도2939)
- 명예훼손죄 → 모욕죄(대판 1972.5.31. 70도1859)
- 강간치상죄 → 강제추행치상죄(대판 1968.9.24. 68도776)
- 강간치상죄 → 강제추행죄(서울고판 1969.1.18. 68노394)
- 성폭력처벌법상 주거침입강간미수죄 → 성폭력처벌법상 주거침입 강제추행죄(대판 2008.9.11. 2008도2409. 법정형 상호 동일하나 전자의 경우 미수감경이 가능하여 양자가 법정형의 하한에 차이가 생길 수 있으므로 공소장변경 없이 인정시 미수감경규정 배제되어 불이익 발생)

- 특가법상 미성년자약취후 재물취득 미수 → 특가법상 '미성년자약취 후 재물요구' 기수(대판 2008.7.10. 2008도3747. 공소장변경 없이 인정시 미수감경규정이 배제되어 불이익 발생)
- 사실적시명예훼손 → 허위사실적시명예훼손(대판 2001.11.27. 2001도5008)
- 사기죄 → 상습사기죄(대판 2007.8.23. 2006도5041)
- 특수강도죄 → 특수공갈죄(대판 1968.9.19. 68도995)
- 특수절도죄 → 장물운반죄(대판 1965.1.26. 64도681)
- 강제집행면탈죄 → 권리행사방해죄(대판 1971.5.31. 70도1859)
- 강도상해교사 → 공갈교사(대판 1993.4.27. 92도3156)
- 공무집행방해죄 → 폭력행위의 범죄(대판 1991.12.10. 91도2395. 불법체포에 대한 저항행위에 대해 공무방해로 기소한 사안에서 법원이 폭행죄를 직권 인정하는 것은 위법하다고 본 사례)
- 업무상과실치사죄 → 단순과실치사죄(대판 1968.11.9. 68도1998. 자동차운전자를 단순과실치사죄를 적용할 경우 교통사고처리특례법의 적용을 배제받는 불이익 발생)
- 일반법(형법상 뇌물) → 특별법(특가법상 뇌물) (대판 2006.4.14. 2005도9743)

(4) 법원의 공소장변경요구 의무

① 법원은 심리의 경과에 비추어 상당하다고 인정할 때에는 공소사실 또는 적용법조의 추가 또는 변경을 요구하여야 하는바(제298조 제2항), 이를 공소장변경요구제도라고 한다. 공소장변경요구제도는 직권주의적 제도에 해당한다.

② 법원은 심리의 경과에 비추어 상당하다고 인정할 때에는 공소사실 또는 적용법조의 추가 또는 변경을 요구하여야 하나(제298조 제2항), 공소사실의 철회를 요구할 수는 없다.

③ 법원의 검사에 대한 공소장변경의 요구는 결정의 형식으로 하며, 제1심뿐만 아니라 항소심에서도 허용된다. → 형사소송법 제370조는 포괄적으로 제1심 공판절차를 준용하고 있으므로 항소심에서도 공소장변경이 가능하고, 법원의 공소장변경요구가 가능하다. 공소장변경요구의 가능시기는 항소심 판결선고전까지라고 하겠다.

④ 사실심이면 제1심뿐만 아니라 항소심에서도 공소장변경요구는 허용되며 사실심변론을 종결한 후일지라도 사실심판결 선고 전이라면 법원은 이를 재개하여 요구할 수 있다.

⑤ 법원의 공소장변경요구는 법원의 변경요구를 의무화한 것이 아니고, 법원의 재량에 속하는 것이다(90도1229).

⑥ 법원이 공소장변경을 요구하더라도 검사에 공소장변경신청을 하지 않으면 공소장변경의 효과는 일어나지 않는다는 것이 통설과 실무의 태도이다.

⑦ 법원의 공소장변경요구는 판결 전 소송절차에 관한 결정에 해당하므로 이에 대한 항고는 허용되지 않는다(제403조 제1항).

02 공판절차

1 공판절차의 기본원칙

(1) 공판절차의 의의

의의	광의의 공판절차	광의의 공판절차란 '공소가 제기되어 사건이 법원에 계속된 이후 그 소송절차가 종결될 때까지의 전체 절차'를 말한다.
	협의의 공판절차	협의의 공판절차란, 광의의 절차 가운데 특히 공판기일의 절차(모두절차, 사실심리절차, 결심절차, 판결선고절차)를 말한다.
공판중심주의		• 의의: 공판중심주의란 헌법상 공개재판의 원칙에서 파생된 것으로서 형사사건의 실체를 공개된 법정에서 심리된 것을 기초로 판단하여야 한다는 원칙을 말한다. • 내용: 구두주의, 직접주의, 집중심리주의가 핵심적 요소

(2) 공판절차의 기본원칙

의의	공판절차의 기본원칙: 공개주의, 구두변론주의, 직접주의, 집중심리주의

공개주의	• 의의: 공개주의란 일반국민에게 심리의 방청을 허용하는 주의를 말한다.
	• 방청인의 제한: 재판장은 법정질서를 유지하기 위하여 필요하다고 인정되면 방청석만큼 방청권을 발행하여 그 소지자에 한해 방청을 허용할 수 있다.
	• 심리의 비공개
	  - 재판의 심리가 국가의 안전보장, 안녕질서 또는 선량한 풍속을 해칠 우려가 있는 경우 법원은 결정으로 심리를 공개하지 않을 수 있다.
	  - 재판비공개의 결정은 다른 결정과 달리 이유를 개시하여 선고하여야 한다.
	  - 재판비공개결정을 할 경우에도 재판장은 적당하다고 인정되는 자의 재정을 허가할 수 있다.
	• 특수사건 심리의 비공개
	  - 성폭력범죄에 대한 심리는 피해자의 사생활보호를 위하여 결정으로 공개하지 아니할 수 있다.
	  - 소년보호사건에 대한 심리는 원칙적으로 공개하지 아니한다.
	• 촬영 등의 제한: 누구든지 법정 안에서는 재판장의 허가없이 녹화, 촬영, 중계방송 등을 하지 못한다.
	• 비공개의 한계: 공개하지 않을 수 있는 것은 심리에 한하고, 판결의 선고는 반드시 공개해야 한다.
	• 위반의 효과: 공판절차에 있어서의 공개주의의 위반은 절대적 항소이유 및 상대적 상고이유가 된다.
	• 헌법 제109조, 법원조직법 제57조 제1항에서 정한 공개금지사유가 없음에도 불구하고 재판의 심리에 관한 공개를 금지하기로 결정하였다면 그러한 공개금지결정은 피고인의 공개재판을 받을 권리를 침해한 것으로서 그 절차에 의하여 이루어진 증인의 증언은 증거능력이 없고, 변호인의 반대신문권이 보장되었더라도 달리 볼 수 없으며, 이러한 법리는 공개금지결정의 선고가 없는 등으로 공개금지결정의 사유를 알 수 없는 경우에도 마찬가지이다(2013도2511).

구두변론 주의	• 구두변론주의란 법원은 당사자의 구두에 의한 공격·방어를 기초로 하여 심판을 해야 한다는 원칙을 말한다. • 공판정에서의 변론은 구두에 의하여 하여야 한다. • 특히 판결은 법률에 다른 규정이 없으면 구두변론에 의하여야 한다. • 구두주의는 실체형성행위에 대해서만 타당한 원칙이며, 확실성과 명확성이 중요한 절차형성행위에 대해서는 서면주의가 지배된다.
직접주의	• 의의: 직접주의란 '공판정에서 직접 조사한 증거만을 재판의 기초로 삼는다는 원칙'을 말한다. 직접주의는 형식적 직접주의와 실질적 직접주의로 나뉘는데 우리 형사소송법은 실질적 직접주의를 채택하고 있다. • 실질적 직접주의란 원본증거를 채택하여야 하고 대체물은 원칙적으로 허용되지 않는다는 원칙을 말한다. 실질적 직접주의는 원본 중에서도 최우량증거를 증거로 채택하여야 하고, 대체물은 원본이 제출 불가능하거나 현저히 곤란한 경우 예외적으로만 제출이 가능하다는 최량증거의 법칙을 그 내용으로 삼는다.

구분	내용
집중심리 주의	• 의의: 집중심리주의란 '심리에 2일 이상을 요하는 사건은 연일 계속하여 심리해야 한다는 원칙'을 말한다. • 특강법상의 집중심리주의: 법원은 특정강력범죄의 처벌에 관한 특례법상의 특정강력범죄사건의 심리에 2일 이상이 소요되는 때에는 가능한 한 매일 계속 개정하여 집중심리를 하여야 한다. • 집중심리주의의 구체적 내용 　- 공판기일의 심리는 집중되어야 한다. 　- 연일개정의 원칙: 심리에 2일 이상이 필요한 경우에는 부득이한 사정이 없는 한 매일 계속 개정하여야 한다. 　- 집중심리를 위해 재판장은 여러 공판기일을 일괄하여 지정할 수 있다. 　- 재판장은 부득이한 사정으로 매일 계속 개정하지 못하는 경우에도 특별한 사정이 없는 한 전회의 공판기일부터 14일 이내로 다음 공판기일을 지정하여야 한다. 　- 소송관계인은 기일을 준수하고 심리에 지장을 초래하지 아니하도록 하여야 하며, 재판장은 이에 필요한 조치를 할 수 있다. • 즉일선고의 원칙(변론종결기일 판결선고제도) 　- 판결의 선고는 변론을 종결한 기일에 하여야 한다. 　- 즉일선고의 경우 판결의 선고 후에 판결서를 작성할 수 있다. 　- 이 경우 판결서는 변론종결 후 5일 이내에 한다. 　- 특별한 사정이 있는 때에는 따로 선고기일을 지정할 수 있는데, 그 선고기일은 변론종결 후 14일 이내로 지정되어야 한다. • 집중심리주의를 실현하기 위한 제도 → 공판준비절차의 도입, 공판조서의 구술에 의한 고지의 허용, 증거개시제도의 도입 등의 제도는 집중심리를 원활하게 하기 위한 제도들이다.

2 광의의 공판준비절차

(1) 의의 및 공소장부본송달, 의견서제출, 증거개시

구분	내용
의의	• 광의의 공판준비절차: 공판기일에서의 심리를 준비하기 위하여 공판기일 전에 수소법원에 의해 행하여지는 준비절차 　예 공소장부본의 송달, 의견서제출, 협의의 공판준비절차, 기일지정 등 • 협의의 공판준비절차: 공판기일의 집중심리를 위하여 개정 형사소송법 제266조의5 이하가 도입한 절차
공소장부본 송달	• 법원의 송달: 법원은 공소제기가 있으면 지체 없이 공소장부본을 피고인 또는 변호인에게 송달하여야 한다. 단, 제1회 공판기일 전 5일까지 송달되어야 한다. • 이의신청: 공소장부본이 송달되지 않거나 제1회 공판기일 전 5일의 유예기간을 두지 아니하고 송달된 경우에 피고인, 변호인은 모두진술 시점까지 이의신청을 할 수 있다. • 하자의 치유: 피고인의 이의는 늦어도 피고인의 모두진술 단계에서 하여야 하며, 피고인이 이의하지 않고 사건의 실체에 대하여 진술하면 그 하자는 치유된다.
의견서 제출 (제266조의2)	• 피고인 또는 변호인은 공소장부본을 송달받은 날로부터 7일 이내에 공소사실에 대한 인정 여부나 공판준비절차에 관한 의견 등을 기재한 의견서를 법원에 제출하여야 한다. • 피고인이 진술거부권을 행사하는 경우에는 그러한 취지만을 의견서에 기재하여 제출할 수 있다. • 피고인측으로부터 의견서가 제출된 때에는 이를 검사에게도 송부하여야 한다.
증거개시	• 피고인 또는 변호인은 검사에게 공소제기된 사건에 관한 서류 또는 물건의 목록과 공소사실의 인정 또는 양형에 영향을 미칠 수 있는 서류 등의 열람·등사 또는 서면의 교부를 신청할 수 있다. • 검사는 피고인 또는 변호인이 공판기일 또는 공판준비절차에서 현장부재·심신상실 또는 심신미약 등 법률상·사실상의 주장을 한 때에는 피고인 또는 변호인에게 서류 등의 열람·등사 또는 서면의 교부를 요구할 수 있다.

(2) 협의의 공판준비절차(제266조의5 이하)

① 의의 및 진행

의의	공판기일의 효율적이고 집중적인 심리를 해 수소법원이 주도하여 검사·피고인 또는 변호인의 의견을 들어 공판기일 이전에 사건의 쟁점과 증거를 정리하는 절차
대상	효율적이고 심중적인 심리가 필요한 사건 예 • 사안이 복잡하고 쟁점이 많은 사건 　• 증거관계가 많거나 복잡한 사건 　• 증거개시가 문제된 사건 등
개시	• 재판장의 재량: 재판장은 효율적이고 집중적인 심리를 위하여 사건을 공판준비절차에 부칠 수 있다. • 국민참여재판의 경우(필수): 국민참여재판에 있어서는 기일방식에 의한 공판준비절차가 필수적으로 요구된다.
진행	• 공판준비절차는 수소법원이 주재한다. 다만, 법원은 합의부원으로 하여금 공판준비기일을 진행하게 할 수 있으며, 이 경우 수명법관은 공판준비기일에 관하여 법원 또는 재판장과 동일한 권한이 있다. • 공판준비절차는 주장 및 입증계획 등을 서면으로 준비하게 하는 방법 또는 공판준비기일을 열어 소송관계인을 출석시켜 진술하게 하는 방법으로 행한다. • 검사, 피고인 또는 변호인은 증거를 미리 수집·정리하는 등 공판준비절차가 원활하게 진행될 수 있도록 협력하여야 한다. • 검사·피고인 또는 변호인은 법률상·사실상 주장의 요지 및 입증취지 등이 기재된 서면을 법원에 제출할 수 있고, 재판장은 검사·피고인 또는 변호인에 대하여 그 서면의 제출을 명할 수 있다. • 검사, 피고인 또는 변호인은 법원에 대하여 공판준비기일의 지정을 신청할 수 있다. 이 경우 당해 신청에 관한 법원의 결정에 대하여는 불복할 수 없다. • 법원은 검사, 피고인 및 변호인에게 공판준비기일을 통지하여야 한다. • 공판준비기일에는 검사 및 변호인이 출석하여야 한다. → 피고인은 공판준비기일에 출석을 요하지 않지만, 법원은 피고인에게 공판준비기일을 반드시 통지하여야 한다. • 법원은 공판준비기일이 지정된 사건에 관하여 변호인이 없는 때에는 국선변호인을 선정하여야 한다. • 법원은 필요하다고 인정하는 때에는 피고인을 소환할 수 있으며, 피고인은 법원의 소환이 없는 때에도 공판준비기일에 출석할 수 있다. 재판장은 출석한 피고인에게 진술을 거부할 수 있음을 알려주어야 한다. • 공판준비기일은 공개한다. 다만, 공개하면 절차의 진행이 방해될 우려가 있는 때에는 공개하지 아니할 수 있다.
조서의 작성	• 법원은 공판준비기일을 종료하는 때에는 검사, 피고인 또는 변호인에게 쟁점 및 증거에 관한 정리결과를 고지하고, 이에 대한 이의의 유무를 확인하여야 한다. • 법원은 쟁점 및 증거에 관한 정리결과를 공판준비기일조서에 기재하여야 한다.

② 공판준비절차의 내용(제266조의9)

쟁점정리	• 공소사실 또는 적용법조를 명확하게 하는 행위(제1호) • 공소사실 또는 적용법조의 추가·철회 또는 변경을 허가하는 행위(제2호) • 공소사실과 관련하여 주장할 내용을 명확히 하여 사건의 쟁점을 정리하는 행위(제3호) • 계산이 어렵거나 그 밖에 복잡한 내용에 관하여 설명하도록 하는 행위(제4호)
증거정리	• 증거신청을 하도록 하는 행위(제5호) • 신청된 증거와 관련하여 입증 취지 및 내용 등을 명확하게 하는 행위(제6호) • 증거신청에 관한 의견을 확인하는 행위(제7호) • 증거 채부(採否)의 결정을 하는 행위(제8호) • 증거조사의 순서 및 방법을 정하는 행위(제9호)
증거개시	서류 등의 열람 또는 등사와 관련된 신청의 당부를 결정하는 행위(제10호)

심리계획	• 공판기일을 지정 또는 변경하는 행위(제11호) • 그 밖에 공판절차의 진행에 필요한 사항을 정하는 행위(제12호)
이의신청	공판절차에서의 법원 또는 재판장의 결정에 대한 이의신청 규정은 공판준비절차에 준용된다.

③ 공판준비절차의 종결 및 기일 간 공판준비절차

종결	• 공판준비절차의 종료사유 – 쟁점 및 증거의 정리가 완료된 때 – 사건을 공판준비절차에 부친 뒤 3개월이 지난 때 – 검사 · 변호인 또는 소환받은 피고인이 출석하지 아니한 때 • 사건을 공판준비절차에 부친 뒤 3개월이 지나거나, 검사 · 변호인 또는 소환받은 피고인이 출석하지 아니하더라도 공판준비절차를 계속하여야 할 상당한 이유가 있는 때에는 공판준비절차는 종결되지 않는다(제266조의12). • 실권효제도: 공판준비기일에서 신청하지 못한 증거는 공판기일에 그 신청으로 인하여 소송이 현저히 지연되지 않거나, 중대한 과실 없이 공판준비기일에 제출하지 못한 점 등 부득이한 사유를 소명한 경우에 한하여 공판기일에 신청할 수 있다(제266조의13 제1항). • 검사나 피고인측이 공판준비기일에서 신청하지 아니하여 새로운 증거를 공판기일에 신청할 수 없는 경우라고 하더라도 법원은 직권으로 새로운 증거를 조사할 수 있다(제266조의13 제2항). • 법원은 필요하다고 인정한 때에는 직권 또는 검사, 피고인이나 변호인의 신청에 의하여 결정으로 종결한 공판준비기일을 재개할 수 있다(제266조의14 · 제305조).
기일간 공판준비 절차	법원은 쟁점 및 증거의 정리를 위하여 필요한 경우에는 제1회 공판기일 후에도 사건을 공판준비절차에 부칠 수 있다. 이 경우 기일 전 공판준비절차에 관한 규정을 준용한다(제266조의15).
비디오 등 중계 장치 등에 의한 공판준비기일	법원은 피고인이 출석하지 아니하는 경우 상당하다고 인정하는 때에는 검사와 변호인의 의견을 들어 비디오 등 중계장치에 의한 중계시설을 통하거나 인터넷 화상장치를 이용하여 공판준비기일을 열 수 있다. 이에 따른 공판준비기일은 검사와 변호인이 법정에 출석하여 이루어진 공판준비기일로 본다(제266조의17 제1항 · 제2항).

(3) 공판기일의 지정 · 변경 · 통지 · 소환

공판기일의 지정 및 변경	• 재판장은 공판기일을 정하여야 한다(제267조 제1항). • 재판장은 직권 또는 검사 · 피고인이나 변호인의 신청에 의하여 공판기일을 변경할 수 있다. • 공판기일의 변경명령이 있으면 그 등본을 검사 · 피고인이나 변호인에게 송달하여야 한다. 다만, 공판기일변경신청을 기각한 명령은 송달하지 아니한다. • 공판기일의 지정 · 변경은 재판장이 행하므로 명령에 해당한다.
공판기일의 통지 및 소환	• 공판기일은 검사 · 변호인과 보조인에게 통지하여야 한다(제267조 제3항). • 공판기일에는 피고인, 대표자 또는 대리인을 소환하여야 한다(제267조 제2항). • 피고인 등을 소환함에는 '소환장'을 발부하여야 한다(제73조). 소환장에는 피고인의 성명, 주거, 죄명, 출석일시 및 장소와 정당한 이유 없이 출석하지 아니하는 때에는 도망할 염려가 있다고 인정하여 구속영장을 발부할 수 있음을 기재하고 재판장 또는 수명법관이 기명날인 또는 서명하여야 한다(제74조). • 소환장은 송달하여야 한다(제76조 제1항). 구금된 피고인에 대하여는 교도관에게 통지하여 소환한다(제76조 제4항). • 제1회 공판기일은 소환장 송달 후 5일 이상의 유예기간을 두어야 한다. 그러나 피고인의 이의가 없는 때에는 유예기간을 두지 않을 수 있다(제269조). • 피고인에 대한 소환장은 제1회 공판기일의 유예기간(제269조)의 경우를 제외하고 늦어도 출석일시 12시간 이전에 송달하여야 한다. 다만 피고인이 이의를 하지 아니하는 때에는 그러하지 아니하다(규칙 제45조). • 유효한 소환을 받은 피고인은 원칙적으로 출석의무를 진다. 정당한 이유 없이 출석하지 아니한 때에는 구속영장을 발부하여 구인할 수 있다(제74조).

- 공판기일에 소환 또는 통지서를 받은 자가 질병 기타의 사유로 출석하지 못할 때에는 의사의 진단서 기타의 자료를 제출하여야 한다(제271조).
- 소환장 송달과 동일한 효력이 있는 경우
  - 피고인이 기일에 출석한다는 서면(출석응낙서)을 제출하거나 출석한 피고인에 대하여 차회 기일을 정하여 출석을 명한 때(제76조 제2항)
  - 구금된 피고인이 교도관으로부터 소환통지를 받은 때(제76조 제5항)
  - 법원의 구내에 있는 피고인에 대하여 공판기일을 통지한 때(제268조)

(4) 기일 전 증거조사 · 증거제출

공무소에의 조회 (제272조)	• 법원은 직권 또는 검사 · 피고인이나 변호인의 신청에 의하여 공무소 또는 공사단체에 조회하여 필요한 사항의 보고 또는 그 보관서류의 송부를 요구할 수 있다. 이 신청을 기각함에는 결정으로 하여야 한다(제272조). • 법 제272조에 따른 보관서류의 송부요구신청은 법원, 검찰청, 기타의 공무소 또는 공사단체(이하 "법원" 등으로 칭함)가 보관하고 있는 서류의 일부에 대하여도 할 수 있다(규칙 제132조의4 제1항). 검찰청이 보관하고 있는 불기소처분기록에 포함된 불기소결정서도 변호인의 열람 · 지정에 의한 공개의 대상이 된다. • 송부요구를 받은 법원 등은 당해서류를 보관하고 있지 아니하거나 기타 송부요구에 응할 수 없는 사정이 있는 경우를 제외하고는 신청인 또는 변호인에게 당해서류를 열람하게 하여 필요한 부분을 지정할 수 있도록 하여야 하며 정당한 이유 없이 이에 대한 협력을 거절하지 못한다(규칙 제132조의4 제3항). • 법원이 송부요구한 서류가 관련 형사재판확정기록이나 불기소처분기록 등으로서 피고인 또는 변호인이 행한 법률상 · 사실상 주장과 관련된 것인 때에는, "국가안보, 증인보호의 필요성, 증거인멸의 염려, 관련 사건의 수사에 장애를 가져올 것으로 예상되는 구체적인 사유"에 준하는 사유가 있어야만 그에 대한 열람 · 지정을 거절할 수 있는 정당한 이유가 인정될 수 있다. • 법원이 형사소송법 제272조 제1항에 의하여 송부요구한 서류가 피고인의 무죄를 뒷받침할 수 있거나 적어도 법관의 유 · 무죄에 대한 심증을 달리할 만한 상당한 가능성이 있는 중요증거에 해당하는데도 정당한 이유 없이 피고인 또는 변호인의 열람 · 지정 내지 법원의 송부요구를 거절하는 것은 피고인의 신속 · 공정한 재판을 받을 권리와 변호인의 조력을 받을 권리를 중대하게 침해하는 것이다. 따라서 이러한 경우 서류의 송부요구를 한 법원으로서도 해당 서류의 내용을 가능한 범위에서 밝혀보아 서류가 제출되면 유 · 무죄의 판단에 영향을 미칠 상당한 개연성이 있다고 인정될 경우에는 공소사실이 합리적 의심의 여지없이 증명되었다고 보아서는 아니 된다(2012도1284). → 무죄로 판단해야 한다는 취지
기일전 증거조사 (제273조)	• 법원은 검사 · 피고인 또는 변호인의 신청에 의하여 공판준비에 필요하다고 인정하는 때에는 공판기일 전에 피고인 또는 증인을 신문할 수 있고, 검증 · 감정 또는 번역을 명할 수 있다. 즉 증거조사는 당사자의 신청이 있는 때에만 할 수 있다. • 재판장은 부원으로 하여금 증거조사를 하게 할 수 있고, 신청을 기각할 때에는 결정으로 하여야 한다.
기일전 증거제출 (제274조)	검사 · 피고인 또는 변호인은 공판기일 전에 서류나 물건을 증거로 법원에 제출할 수 있다(제274조).

3 협의의 증거개시제도

(1) 피고인과 변호인의 검사 보관서류 등에 대한 증거개시의 요구

신청권자	• 피고인과 변호인 • 단, 변호인이 있는 피고인의 경우에는 서류 등의 열람만이 가능
시기	소송계속 중, 즉 공소제기 후부터 판결확정 전까지
대상	공소제기된 사건에 관한 서류 또는 물건의 목록과 공소사실의 인정 또는 양형에 영향을 미칠 수 있는 서류로서 검사가 보관하고 있는 것 예 • 검사가 증거로 신청할 서류 • 검사가 증인으로 신청할 사람의 성명·사건과의 관계, 진술 등을 기재한 서류 • 위의 서류 및 그 증명력에 관련된 서류 • 기타 피고인 또는 변호인이 행한 법률상·사실상 주장과 관련된 서류 등(관련 형사재판확정기록, 불기소처분기록 등을 포함) • 증거개시의 대상이 되는 서류 등은 도면·사진·녹음테이프·컴퓨터용 디스크 등의 특수매체를 포함하는데, 특수매체에 대한 등사는 필요최소한의 범위에 한함
검사의 거부	• 검사는 국가안보, 증인보호의 필요성, 증거인멸의 염려, 관련사건의 수사에 장애를 가져올 것으로 예상되는 구체적인 사유 등 열람·등사 등을 허용하지 아니할 상당한 이유가 있다고 인정하는 때에는 열람·등사·교부를 거부하거나 그 범위를 제한할 수 있다. • 검사는 서류 등의 목록에 대하여는 열람 또는 등사를 거부할 수 없다. • 수사기관은 빠짐없이 수사서류를 작성할 의무를 부담한다. • 검사는 열람·등사 또는 서면의 교부를 거부하거나 그 범위를 제한하는 때에는 지체 없이 그 이유를 서면으로 통지하여야 한다.
법원에의 개시신청	• 피고인의 열람·등사청구에 대하여 검사가 거부처분이 있거나, 48시간 이내에 제266조의3 제3항상의 검사의 통지가 없으면 피고인은 법원에 그 서류 등의 열람·등사 또는 서면의 교부를 허용하도록 할 것을 신청할 수 있다. • 조건부 개시결정의 허용: 법원은 열람·등사 또는 서면의 교부를 허용하는 경우에 생길 폐해의 유형·정도, 피고인의 방어 또는 재판의 신속한 진행을 위한 필요성 및 해당 서류 등의 중요성 등을 고려하여 증거개시결정을 할 수 있는데, 이 경우 열람 또는 등사의 시기·방법을 지정하거나 조건·의무를 부과할 수 있다. • 법원의 서류제시요구 등: 증거개시 결정을 함에 있어 법원은 검사에게 의견을 제시할 수 있는 기회를 부여하여야 하고, 필요하다고 인정하는 때에는 검사에게 해당 서류 등의 제시를 요구할 수 있으며, 피고인 그 밖의 이해관계인을 심문할 수 있다. • 형사소송법 제266조의4에 따라 법원이 검사에게 수사서류 등의 열람·등사 또는 서면의 교부를 허용할 것을 명한 결정은 피고사건 소송절차에서의 증거개시와 관련된 것으로서 제403조에서 말하는 '판결 전의 소송절차에 관한 결정'에 해당한다 할 것인데, 위 결정에 대하여는 형사소송법에서 별도로 즉시항고에 관한 규정을 두고 있지 않으므로 제402조에 의한 항고의 방법으로 불복할 수 없다고 보아야 한다.
실효성 담보장치	• 피고인도 검사의 증거개시신청에 대한 거부 가능: 검사가 피고인 측의 신청에 대한 증거개시의무를 이행하지 않은 경우에는 피고인 측은 검사가 요구한 제266조의11 제1항의 서류 등의 열람·복사 또는 서면의 교부를 거부할 수 있다. • 해당증인과 증거의 제출금지: 법원의 증거개시결정에 반하여 검사가 증거를 개시하지 않은 경우에는 해당 증인과 증거의 제출은 금지된다. • 법원개시 결정을 거부한 검사조치의 위헌성: 법원의 증거개시결정에 반하는 검사의 조치는 단순한 위법을 넘어 피고인의 기본권을 침해한 위헌적 조치이다.

(2) 검사의 피고인 또는 변호인 보관서류에 대한 증거개시 청구(제266조의11)

신청권자	검사(제266조의11 제1항)
시기	소송계속 중, 즉 공소제기 후부터 판결확정 전까지(공소제기 전에는 증거개시 불가능)
대상	피고인 또는 변호인이 공판기일 또는 공판준비절차에서 현장부재나 심신상실 또는 심신미약 등 법률상 사실상 주장을 한 경우에 한하여 피고인과 변호인이 보관하고 있는 서류 등 예 • 피고인 또는 변호인이 증거로 신청할 서류 • 피고인 또는 변호인이 증인으로 신청할 사람의 성명·사건과의 관계 등을 기재한 서면 • 그 증명력과 관련된 서류 • 피고인 또는 변호인이 행한 법률상·사실상의 주장과 관련된 서류 등
절차	• 검사의 증거개시신청에 관한 절차는 피고인의 증거개시신청에 관한 절차가 준용된다. • 따라서 피고인 측의 거부시 검사도 법원에 증거개시신청이 가능하다.
실효성 담보장치	• 법원의 증거개시결정에 반하여 피고인이 증거를 제출하지 않은 경우에는 해당 증인과 증거의 제출이 금지된다. • 그러나, 검사는 피고인이 증거개시를 거부하였다는 이유로, 피고인측의 증거개시청구에 대하여 거부할 수는 없다.

(3) 제35조에 따른 서류·증거물의 열람·복사

신청권자	• 피고인과 변호인은 소송계속 중의 관계 서류 또는 증거물을 열람하거나 복사할 수 있다. • 피고인의 법정대리인, 특별대리인, 보조인 또는 피고인의 배우자·직계친족·형제자매로서 피고인의 위임장 및 신분관계를 증명하는 문서를 제출한 자도 열람·복사할 수 있다(제35조 제1항·제2항).
시기	소송계속 중, 즉 공소제기 이후 판결확정 전에 한한다(제35조 제1항).
대상	소송계속 중 수소법원이 보관하고 있는 서류 또는 증거물(통설)
상대방	관계서류와 증거물을 보관하고 있는 수소법원(통설)

4 공판정의 심리

(1) 공판정의 구성과 당사자의 출석

공판정의 구성	• 공판정은 판사와 검사, 법원사무관 등이 출석하여 개정한다. • 공판정의 좌석: 검사의 좌석과 피고인 및 변호인의 좌석은 대등하며, 법대의 좌우측에 마주 보고 위치하고, 증인의 좌석은 법대의 정면에 위치한다. 다만, 피고인신문을 하는 때에는 피고인은 증인석에 좌석한다.
검사의 출석	• 검사의 출석은 공판개정 요건이다. • 그러나 검사가 공판기일통지를 2회 이상 받고 출석하지 않거나, 판결만을 선고하는 경우에는 검사의 출석 없이 개정할 수 있다. • 2회 이상이란 검사가 2회에 걸쳐 출석하지 아니한 때에는 그 기일에 바로 개정할 수 있다는 뜻이고, 반드시 계속하여 2회 이상 불출석할 것을 요하는 것은 아니다(판례).
피고인의 출석	• 공판개정의 요건: 피고인이 공판기일에 출석하지 아니한 때에는 특별규정이 없으면 개정하지 못한다. 즉 피고인의 출석은 공판개정의 요건이다. 피고인의 공판정 출석은 권리인 동시에 의무이다. • 공판정에서의 구속금지(원칙): 공판정에서는 피고인의 신체를 구속하지 못한다. 단, 재판장은 피고인이 폭력을 행사하거나 도망할 염려가 있다고 인정되는 때에는 피고인의 신체의 구속을 명하거나 기타 필요한 조치를 할 수 있다. • 피고인의 재정의무: 피고인은 출석의무 이외에 재정의무도 있으므로 재판장의 허가 없이 퇴정하지 못한다.

(2) 피고인의 불출석특례

① **피고인이 의사무능력자인 경우**: 형법의 책임능력에 관한 규정이 적용되지 않는 범죄사건의 피고인이 의사무능력자인 경우에 법정대리인 또는 특별대리인이 출석한 때에는 피고인의 출석을 요하지 않는다. 이때에는 법정대리인 또는 특별대리인의 출석이 공판개정 요건이 된다.

② **피고인이 심신상실 또는 질병(중병)인 경우**: 피고인에게 사물의 판별능력 또는 의사결정능력이 없거나, 피고인이 질병으로 출정할 수 없는 때에는 공판절차를 정지하여야 한다. 그러나 피고사건에 대하여 무죄ㆍ면소ㆍ형의 면제 또는 공소기각의 재판을 할 것이 명백한 때에는 피고인의 출정 없이 재판할 수 있다.

③ **공소기각 또는 면소의 재판을 할 경우**: 공소기각 또는 면소의 재판을 할 것이 명백한 사건에 관하여는 피고인의 출석을 요하지 않는다. 다만, 피고인은 대리인을 출석하게 할 수 있다.

④ **벌금 또는 과료에 해당하는 사건**: 다액 500만 원 이하의 벌금 또는 과료에 해당하는 사건에 관하여는 피고인의 출석을 요하지 않는다. 피고인의 출석을 요하지 않을 뿐이지, 출석의 권리를 상실하는 것은 아니므로 이 경우에도 피고인을 소환하여야 하며, 피고인은 대리인을 출석하게 할 수 있다.

⑤ **법원이 피고인의 불출석을 허가한 경우**: 장기 3년 이하의 징역 또는 금고, 다액 500만 원을 초과하는 벌금 또는 구류에 해당하는 사건에서 피고인의 불출석 허가신청이 있고 법원이 피고인의 불출석이 그의 권리를 보호함에 지장이 없다고 인정하여 이를 허가한 사건에 관하여는 피고인의 출석을 요하지 않는다. 다만 이 경우에도 인정신문이나 판결을 선고하는 공판기일에는 출석하여야 한다.

⑥ **즉결심판사건에서 벌금, 과료를 선고하는 경우**: 즉결심판에 의하여 피고인에게 벌금 또는 과료를 선고하는 경우에도 피고인의 출석을 요하지 않는다.

⑦ **약식명령에 대해 피고인만 정식재판 청구한 경우**: 약식명령에 대하여 피고인만이 정식재판의 청구를 하여 판결을 선고하는 경우에는 피고인의 출석을 요하지 않는다.

⑧ **약식명령에 대한 정식재판절차에서 피고인의 2회 불출석**: 약식명령에 대하여 정식재판을 청구한 피고인이 정식재판절차의 공판기일에 출정하지 아니한 때에는 다시 기일을 정하여야 하고, 피고인이 정당한 사유 없이 다시 정한 기일에 출정하지 아니한 때에는 피고인의 진술 없이 심판할 수 있다.

⑨ **항소심에서의 피고인 2회 불출석**: 항소심에서 피고인이 공판기일에 출정하지 아니한 때에는 다시 기일을 정하여야 하고, 피고인이 정당한 사유 없이 다시 정한 기일에 출정하지 아니한 때에는 피고인의 진술 없이 판결할 수 있다. 이 경우에도 판결뿐만 아니라 심리도 할 수 있다.

⑩ **구속피고인의 인치 곤란의 경우**: 피고인이 출석하지 아니하면 개정하지 못하는 경우에 구속된 피고인이 정당한 사유 없이 출석을 거부하고, 교도관에 의한 인치가 불가능하거나 현저히 곤란하다고 인정되는 때에는 피고인의 출석 없이 공판절차를 진행할 수 있다. 이때 출석한 검사 및 변호인의 의견을 들어야 한다.

⑪ **소송촉진 등에 관한 특례법상 궐석재판의 경우(제1심, 6개월 이상 소재불명, 공시송달에 의한 궐석재판)**: 제1심 공판절차에서 피고인에 대한 송달불능보고서가 접수된 때로부터 6월이 경과하도록 피고인의 소재를 확인할 수 없는 때에는 피고인의 진술 없이 재판할 수 있다. 다만, 사형ㆍ무기 또는 장기 10년이 넘는 징역이나 금고에 해당하는 사건의 경우에는 그러하지 아니한다.

⑫ **임의퇴정 및 퇴정명령의 경우**: 피고인이 재판장의 허가 없이 퇴정하거나, 재판장의 질서유지를 위한 퇴정명령을 받은 때에는 피고인의 진술 없이 판결할 수 있다. 나아가 필요적 변호사건에서 피고인과 변호인이 퇴정하거나 퇴정명령을 받은 경우에도 법원은 심리·판결할 수 있고, 이 경우 증거동의도 의제된다(판례).

⑬ **피고인이 법인인 경우**: 피고인이 법인인 때에는 법인이 소송행위를 할 수 없으므로 대표자가 출석하면 족하다. 이때 대표자는 대리인을 출석하게 할 수 있다.

⑭ **상고심의 경우**: 상고심의 공판기일에는 피고인의 출석을 요하지 않는다. 상고심은 법률심이므로 변호인이 아니면 변론할 수 없기 때문이다.

⑮ **치료감호의 경우**: 치료감호법에 의한 피치료감호청구인이 심신장애로 공판기일에 출석이 불가능한 경우에도 법원은 피치료감호청구인의 출석 없이 개정할 수 있다.

⑯ **재심의 공판절차**: 재심의 공판절차에서는 피고인이 사망하거나 의사무능력자인 경우에 한해 피고인의 출석 없이 심판할 수 있다. 다만, 이 경우는 필요적 변호사건으로, 변호인이 출정하지 아니하면 개정하지 못한다.

※ 피고인의 출정 없이 심판할 수 있는 경우는, 대부분 출정 없이 증거조사가 가능한 경우에 해당하여 제318조 제2항에 의해 증거동의가 의제된다.

(3) 소송지휘권과 법정경찰권

① 소송지휘권

의의	• 소송지휘권이란 소송진행을 질서 있게 하고 심리의 신속·원활한 진행을 도모하기 위하여 행하는 법원의 합목적적 활동을 말한다. • 공판기일의 소송지휘는 재판장이 한다. • 소송지휘권은 법률에 의하여 주어진 권한이 아니라 사법권에 내재하는 본질적 권리이다(사법부의 고유권한).
종류	**재판장의 소송지휘권** • 인정신문 • 석명권 행사 • 불필요한 변론의 제한 • 증인신문순서의 변경 • 공판기일의 지정·변경 **법원의 소송지휘권** • 국선변호인 선임 • 특별대리인 선임 • 증거신청에 대한 결정 • 변론의 분리·병합·재개 • 증거조사에 대한 이의신청의 결정 • 공소장변경요구 및 공소장변경허가 • 재판장의 처분에 대한 이의신청의 결정 • 공소장변경시 공판절차 정지신청에 대한 결정 • 의사무능력 또는 질병을 이유로 한 공판절차정지
행사방법	• 형사소송법은 소송지휘권 행사의 주체를 재판장과 법원으로 나누어 규정하고 있다. • 재판장의 소송지휘권은 법률에 명문의 규정이 있는 때에는 이에 따라 행사하여야 하며, 소송지휘권은 본래 법원의 권한이므로 합의부의 의사에 반하지 않는 범위 내에서 행사해야 한다. • 법원의 소송지휘권은 결정의 형식을 취하며, 재판장의 소송지휘권은 명령의 형식에 의한다.

불복	• 재판장의 소송지휘권에 대하여는 법령위반이 있는 경우에 한하여 이의신청을 할 수 있다. • 이의신청에 대하여 법원은 즉시 결정할 의무가 있고, 이에 대한 법원의 결정에 대하여는 항고가 금지된다. • 이의신청에 대한 결정에 의하여 판단이 된 사항에 대하여는 다시 이의신청을 할 수 없다. • 법원의 소송지휘권의 행사는 판결전 소송절차에 관한 결정으로서 항고가 금지된다. 다만, 법원의 소송지휘권 행사로 판결에 영향을 미친 경우에는 판결 전체에 대한 상소를 제기하여 상대적 상소이유로 삼을 수는 있다.

> **더 알아보기**
>
> **석명권**
> • 의의: 석명이란 사건의 내용을 명확하게 하기 위하여 당사자에 대하여 사실상·법률상의 사항을 질문하여 그 진술 내지 주장을 보충·정정할 기회를 주고 입증을 촉구하는 것으로 소송지휘권의 내용이다.
> • 석명권자: 재판장은 소송관계를 명료하게 하기 위하여 검사 또는 피고인 또는 변호인에게 사실상 또는 법률상의 사항에 관하여 석명을 구하거나 입증을 촉구할 수 있다. 석명권은 재판장뿐만 아니라 합의부원에 대하여도 인정된다.
> • 석명의무의 존부(예외적 의무설): 공소장에 피고인인 계주가 조직한 낙찰계의 조직일자, 구좌, 계금과 계원들에게 분배하여야 계금이 특정되어 있고 피해자인 계원들의 성명과, 피해자별 피해액만이 명확하지 아니한 경우에는, 법원은 검사에게 석명을 구하여 만약 이를 명확하게 하지 아니한 경우에 공소사실의 불특정을 이유로 공소기각을 할 것이고 이에 이르지 않고 바로 공소기각의 판결을 하였음은 심리미진의 위법이 있다(83도293).

② 법정경찰권

의의	• 법정경찰권이란 법정질서를 유지하고 심판의 방해를 저지·배제하기 위하여 행하는 법원의 권력작용을 말한다. • 법정경찰권은 사건의 심리내용 그 자체와는 관계가 없다는 점에서 소송지휘권과는 구별된다. • 법정경찰권 행사에 의한 제재는 질서위반에 대한 질서벌로서의 성격을 지니므로, 검사의 공소제기를 요하지 않는다. • 원래 법정경찰권은 법원의 권한에 속하는 것이지만 질서유지의 신속성과 기동성을 위하여 법원조직법은 재판장의 권한으로 규정하고 있다.
내용	• 방해예방 작용: 방청권의 발행과 방청객의 소지품검사, 피고인에 대한 간수 명령 등 • 방해배제 작용: 피고인의 퇴정 제지, 피고인 및 방청인에 대한 퇴정 명령, 법원의 허가 없는 녹화등의 제지, 경찰관의 파견 요구 등 • 제재작용: 위반자에 대한 20일 이내의 감치 또는 100만 원 이하의 과태료의 질서벌 부과
한계	• 시간적 한계: 심리의 개시부터 종료시까지(다만, 심리에 전후한 시간도 포함) • 장소적 한계: 법정 내(다만, 법정의 심리에 영향을 미치는 한도 내에서 법정 외에도 미침) • 인적 한계: 심리에 관계 있는 모든 사람(방청인뿐 아니라 피고인·변호인·검사·법원사무관, 배석판사에게도 미침)

(4) 전문심리위원제도

① 법원은 소송관계를 분명하게 하거나 소송절차를 원활하게 진행하기 위하여 필요한 경우에는 직권으로 또는 검사, 피고인 또는 변호인의 신청에 의해 결정으로 전문심리위원을 지정하여 공판준비 및 공판기일 등 소송절차에 참여하게 할 수 있다.

② 전문심리위원의 참여결정에 따라 전문심리위원을 소송절차에 참여시키는 경우 법원은 검사, 피고인 또는 변호인의 의견을 들어 각 사건마다 1인 이상의 전문심리위원을 지정한다. → 전문심리위원의 지정에 관하여 그 밖의 필요한 사항은 대법원규칙으로 정한다.

③ 전문심리위원에게도 법관에 대한 제척·기피의 규정이 준용되는데, 제척 또는 기피신청이 있는 전문심리위원은 그 신청에 관한 결정이 확정될 때까지 그 신청이 있는 사건의 소송절차에 참여할 수 없다. 이 경우 전문심리위원은 당해 제척 또는 기피신청에 대하여 의견을 진술할 수 있다.
④ 법원은 상당하다고 인정하는 때에는 검사, 피고인 또는 변호인의 신청이나 직권으로 전문심리위원의 참여결정을 취소할 수 있다.
⑤ 법원은 검사와 피고인 또는 변호인이 합의하여 전문심리위원의 참여결정을 취소할 것을 신청한 때에는 그 결정을 취소하여야 한다.
⑥ 전문심리위원은 전문적인 지식에 의한 설명 또는 의견을 기재한 서면을 제출하거나 기일에 전문적인 지식에 의하여 설명이나 의견을 진술할 수 있다. 다만, 재판의 합의에는 참여할 수 없다.
⑦ 전문심리위원은 기일에서 재판장의 허가를 받아 피고인 또는 변호인, 증인 또는 감정인 등 소송관계인에게 소송관계를 분명하게 하기 위하여 필요한 사항에 관하여 직접 질문할 수 있다.
⑧ 법원은 전문심리위원이 제출한 서면이나 전문심리위원의 설명 또는 의견의 진술에 관하여 검사, 피고인 또는 변호인에게 구술 또는 서면에 의한 의견진술의 기회를 주어야 한다.

5 공판기일의 절차

(1) 공판기일절차의 개관

모두절차	사실심리절차	결심절차	판결선고절차
• 진술거부권의 고지 • 인정신문 • 검사의 모두진술 • 피고인의 모두진술 • 재판장의 쟁점정리 등	• 증거조사 • 피고인신문	• 검사의 의견진술 • 변호인의 최종변론 • 피고인의 최후진술	• 평의와 합의 • 판결선고

→ → →

(2) 모두절차

진술거부권의 고지	재판장은 피고인에게 진술하지 아니하거나 개개의 질문에 대하여 진술을 거부할 수 있음을 고지하여야 한다.
인정신문	재판장은 피고인의 성명·연령·등록기준지·주거와 직업을 물어서 피고인임에 틀림없음을 확인하여야 한다.
검사의 모두진술	검사는 공소장에 의하여 공소사실·죄명 및 적용법조를 낭독하여야 한다. 다만, 재판장은 필요하다고 인정하는 때에는 검사에게 공소의 요지를 진술하게 할 수 있다.
피고인의 모두진술	• 피고인은 검사의 모두진술이 끝난 뒤에 공소사실의 인정 여부를 진술하여야 한다. 다만, 피고인은 이 경우에도 진술거부권을 행사할 수 있다. • 공소사실 인정 여부를 진술한 후에 피고인 및 변호인은 피고인에게 이익이 되는 사실 등을 진술할 수 있다. • 피고인이 모두절차(늦어도 이익사실 진술시까지)에서 공소사실에 대하여 자백하면 법원은 그 공소사실에 대하여 간이공판절차에 의하여 심리할 것을 결정할 수 있다. • 관할위반의 신청, 공소장부본송달의 하자에 대한 이의신청, 제1회 공판기일의 유예기간에 관한 이의신청 등은 늦어도 모두진술시까지는 하여야 한다.

재판장의 쟁점정리 등	• 재판장은 피고인의 모두진술이 끝난 다음에 피고인 또는 변호인에게 쟁점의 정리를 위하여 필요한 질문을 할 수 있다. • 재판장은 증거조사를 하기에 앞서 검사 및 변호인으로 하여금 공소사실 등의 증명과 관련된 주장 및 입증계획 등을 진술하게 할 수 있다. 다만, 증거로 할 수 없거나 증거로 신청할 의사가 없는 자료에 기초하여 법원에 사건에 대한 예단 또는 편견을 발생하게 할 염려가 있는 사항은 진술할 수 없다.

(3) 사실심리절차

① 증거조사절차

의의	• 증거조사란 법원이 피고사건의 사실인정과 양형에 관한 심증을 얻기 위하여 인증·서증·물증 등 각종의 증거방법을 조사하여 그 내용을 알아내는 소송행위를 말한다. • 증거조사의 주체는 법원이다. 비록 검사와 피고인이 증인을 신문하는 경우에도 그 주체는 법원이다. • 증거조사는 공판기일에 공판정에서 법원이 직접 해야 하는 것이 원칙이나, 공판정 외에서의 증거조사도 허용된다.
종류	• 증거조사에는 당사자의 신청에 의한 증거조사와 법원의 직권에 의한 증거조사가 있다. • 당사자주의가 강화된 형사소송법에 있어서 당사자의 신청에 의한 증거조사가 원칙이고 법원의 직권에 의한 증거조사는 보충적으로 인정된다. • 검사·피고인 또는 변호인, 범죄피해자(범죄피해자가 진술을 신청할 경우 예외적으로 법원은 증거채택의 무가 있다)가 증거신청의 주체가 된다.
신청의 시기와 순서	• 증거조사의 신청시기에는 제한이 없다. 원칙적으로 재판장의 쟁점정리 등의 절차(제287조)가 끝난 후에 신청하는 것이지만, 공판기일 전의 증거신청도 허용된다(제273조). • 시기에 늦은 증거신청의 각하: 법원은 검사, 피고인 또는 변호인이 고의로 증거를 뒤늦게 신청함으로써 공판의 완결을 지연하는 것으로 인정할 때에는 직권 또는 상대방의 신청에 따라 결정으로 이를 각하할 수 있다(제294조 제2항). • 증거조사의 신청은 검사 → 피고인 또는 변호인 순으로 한다(규칙 제133조).
신청방식	• 검사·피고인·변호인은 특별한 사정이 없는 한 필요한 증거를 일괄하여 신청하여야 하고(규칙 제132조), • 증거신청을 함에 있어서는 그 증거와 증명하고자 하는 사실과의 관계(입증취지)를 구체적으로 명시하여야 한다(규칙 제132조의2 제1항). • 증거신청은 서면 또는 구술로 할 수 있는데, 구술로 신청시 법원은 필요하다고 인정할 때에 서면의 제출을 명할 수 있다(규칙 제132조의2 제4항).
증거결정	• 법원은 증거신청에 대하여 결정을 하여야 한다(채택 vs 기각). • 임의적 의견진술: 법원은 증거결정을 내릴 때 필요시 그 증거에 대한 검사·피고인·변호인의 의견을 들을 수 있다(규칙 제134조 제1항). • 필요적 의견진술(임의성조사절차): 법원은 서류 또는 물건이 증거로 제출된 경우에 제출자로 하여금 그 서류 또는 물건을 상대방에게 제시하게 하여 상대방이 그 서류 또는 물건의 증거능력 유무에 관한 의견을 진술하도록 하여야 한다. 다만 제318조의3의 규정에 의하여 동의가 있는 것으로 간주되는 경우에는 그러하지 아니하다(규칙 제134조 제2항). • 증거신청의 채택 여부는 법원의 재량으로서 법원이 필요하지 아니하다고 인정할 때에는 이를 조사하지 아니할 수 있다(95도826). • 법원은 증거신청을 기각·각하하거나, 증거신청에 대한 결정을 보류하는 경우, 증거신청인으로부터 당해 증거서류 또는 증거물을 제출받아서는 아니 된다(규칙 제134조 제4항). • 항고금지: 당사자의 증거신청에 대한 법원의 채택여부의 결정은 판결전 소송절차에 관한 결정으로서 원칙적으로 항고가 금지된다(90도646). • 이의신청의 허용: 증거결정에 대하여는 이의신청이 가능하다(제296조 제1항). 이 경우 이의신청은 법령위반을 이유로만 할 수 있다. 법원은 이의신청에 대해 결정의무가 있다(제296조 제2항). • 법원은 직권으로 증거조사를 할 수 있다(제295조). → 직권증거조사는 원칙적으로 법원의 재량이지만, 예외적으로는 의무가 되기도 한다(판례). 　예 피고인이 무죄임이 의심되는 상황에서 법원이 직권증거조사를 하지 않았다면, 그 판결은 심리미진으로 위법하다(73도2522).

증거조사 순서	• 법원은 검사가 신청한 증거를 조사한 후 피고인 또는 변호인이 신청한 증거순으로 증거조사를 한다. 이 조사가 끝난 후 직권으로 결정한 증거를 조사한다(제291조의2 제1항·제2항). • 다만, 법원은 직권 또는 검사, 피고인·변호인의 신청에 따라 그 순서를 변경할 수 있다. • 법 제312조 및 법 제313조에 따라 증거로 할 수 있는 피고인 또는 피고인 아닌 자의 진술을 기재한 조서 또는 서류가 피고인의 자백 진술을 내용으로 하는 경우에는 범죄사실에 관한 다른 증거를 조사한 후에 이를 조사하여야 한다(규칙 제135조).

증거조사 방식	• 증거서류에 대한 조사방식 → 낭독
	  - 검사, 피고인 또는 변호인의 신청에 따라 증거서류를 조사하는 때에는 신청인이 이를 낭독하여야 하고, 법원이 직권으로 증거서류를 조사하는 때에는 소지인 또는 재판장이 이를 낭독하여야 한다(제292조 제1항·제2항). 다만 재판장은 필요하다고 인정하는 때에는 내용을 고지하는 방법으로 조사할 수 있으며(제292조 제3항), 내용의 고지는 그 요지를 고지하는 방법으로 한다(규칙 제134조의6).
	  - 재판장은 법원사무관 등으로 하여금 낭독이나 고지를 하게 할 수 있고, 열람이 다른 방법보다 적절하다고 인정하는 때에는 증거서류를 제시하여 열람하게 하는 방법으로 조사할 수 있다(제292조 제4항·제5항).
	• 증거물에 대한 조사방식 → 제시
	  - 검사, 피고인 또는 변호인의 신청에 따라 증거물을 조사하는 때에는 신청인이 이를 제시하여야 하고, 법원이 직권으로 증거물을 조사하는 때에는 소지인 또는 재판장이 이를 제시하여야 한다(제292조의2 제1항·제2항).
	  - 재판장은 법원사무관 등으로 하여금 제시를 하게 할 수 있다(제292조의2 제3항).
	• 본래 증거물이지만 증거서류의 성질도 가지고 있는 이른바 '증거물인 서면'을 조사하기 위해서는 증거서류의 조사방식인 낭독·내용고지 또는 열람의 절차와 증거물의 조사방식인 제시의 절차가 함께 이루어져야 하므로, 원칙적으로 증거신청인으로 하여금 그 서면을 제시하면서 낭독하게 하거나 이에 갈음하여 그 내용을 고지 또는 열람하도록 하여야 한다(2013도2511).
	• 컴퓨터용 디스크 그 밖에 이와 비슷한 정보저장매체에 기억된 문자정보를 증거자료로 하는 경우에는 읽을 수 있도록 출력하여 인증한 등본을 낼 수 있다.
	• 법원은 공판준비 또는 공판기일에서 봉인을 해체하고 영상녹화물의 전부 또는 일부를 재생하는 방법으로 조사하여야 한다. 이 때 영상녹화물은 그 재생과 조사에 필요한 전자적 설비를 갖춘 법정 외의 장소에서 이를 재생할 수 있다. 재생 이후에는 다시금 원본을 봉인하여야 한다.
	• 녹음·녹화매체 등에 대한 증거조사는 녹음·녹화매체 등을 재생하여 청취 또는 시청하는 방법으로 한다. 이 경우 증거조사를 신청한 당사자는 법원이 명하거나 상대방이 요구한 때에는 녹음·녹음매체 등의 녹취서, 그 밖에 그 내용을 설명하는 서면을 제출하여야 한다.

피고인의 의견	재판장은 피고인에게 각 증거조사의 결과에 대한 의견을 묻고 권리를 보호함에 필요한 증거조사를 신청할 수 있음을 고지하여야 한다(제293조).
증거조사에 대한 이의신청	• 검사·피고인 또는 변호인은 증거조사에 관하여 이의신청을 할 수 있다(제296조 제1항). • 증거조사에 대한 이의신청은 증거조사가 법령을 위반한 경우뿐만 아니라 상당하지 아니한 경우에도 할 수 있다(규칙 제135조의2). • 법원의 결정의무: 법원은 이의신청이 있은 후 즉시 이의신청에 대한 결정을 하여야 한다(규칙 제138조). • 항고의 금지: 이의신청에 대한 법원의 결정은 판결전 소송절차에 관한 결정이므로 그 결정에 대한 항고는 허용되지 않는다. • 일사부재리 효력: 이의신청에 대한 결정에 의하여 판단이 된 사항에 대하여는 다시 이의신청을 할 수 없다(규칙 제140조).

② 피고인신문

의의	• 피고인신문이란 피고인에 대하여 공소사실과 정상에 관한 사항을 신문하는 절차를 말한다. • 피고인신문은 직권주의적 제도에서 유래하는 제도이다.
순서조정	• 검사 또는 변호인은 증거조사 종료 후에 순차로 피고인에게 공소사실 및 정상에 관하여 필요한 사항을 신문할 수 있다. • 다만, 재판장은 필요하다고 인정하는 때에는 증거조사가 완료되기 전이라도 이를 허가할 수 있다(제296조의2 제1항).
신문방식	• 피고인신문을 하는 때에는 피고인을 증인석에 좌석케 하여야 한다(제275조 제3항). • 피고인신문에는 증인신문의 방식에 관한 규정이 준용된다. → 증인신문에서는 반대신문뿐만 아니라 주신문에서도 진술의 증명력을 다투기 위한 신문을 할 수 있고, 피고인신문에서도 마찬가지로 반대신문 뿐 아니라 주신문에서도 진술의 증명력을 다투기 위한 신문을 할 수 있다(제296조의2 제2항, 규칙 제77조 제2항 참조). • 그러나 증인신문시에는 유도신문이 가능하나, 피고인을 신문함에는 진술을 강요하거나 답변을 유도하거나 그 밖의 위압적·모욕적 신문을 하여서는 안 된다(규칙 제140조의2). • 재판장은 피고인이 어떤 재정인의 면전에서 충분한 진술을 할 수 없다고 인정할 때에는 그 재정인을 퇴정하게 하고 진술하게 할 수 있다(규칙 제140조의3). • 재판장 또는 법관은 피고인을 신문하는 경우 직권 또는 피고인·법정대리인·검사의 신청에 따라 피고인과 신뢰관계에 있는 자를 동석하게 할 수 있다(제276조의2 제1항). 　- 피고인이 신체적 또는 정신적 장애로 사물을 변별하거나 의사를 결정·전달할 능력이 미약한 경우 　- 피고인의 연령·성별·국적 등의 사정을 고려하여 그 심리적 안정의 도모와 원활한 의사소통을 위하여 필요한 경우

(4) 결심절차

의의	• 피고인신문이 종료한 때에는 법원은 검사, 변호인, 피고인에게 순차로 의견진술의 기회를 부여하여야 한다. • 재판장은 필요하다고 인정하는 경우에 검사, 피고인 또는 변호인의 본질적인 권리를 해치지 아니하는 범위 안에서 의견진술 시간을 제한할 수 있다(규칙 제145조).
검사의 의견진술	• 피고인신문과 증거조사가 종료한 때에는 검사는 사실과 법률적용에 관하여 의견을 진술하여야 한다(제302조 본문). 이때 검사의 의견진술을 논고(論告)라고 하며 양형에 관한 검사의 의견을 구형(求刑)이라고 한다. • 검사가 공판기일의 통지를 2회 이상 받고 출석하지 아니하는 경우에는 공소장의 기재사항에 의하여 검사의 의견진술이 있는 것으로 간주한다(제302조 단서). • 법원은 검사에게 의견진술의 기회를 부여하면 족하다. 의견진술의 기회를 부여한 이상 검사의 의견진술이 없더라도 위법한 것은 아니다(74도3293). • 검사의 의견은 어디까지나 권고적 의미를 가질 뿐이며 법원을 기속하는 효력은 없다. 따라서 법원은 검사의 구형보다 더 높은 형을 선고할 수도 있다(83도1789).
변호인의 최종변론	• 일반사건: 변호인이 선임되어 있지 않은 경우에는 동 절차는 생략된다. • 일반사건에서는 변호인이 선임되어 있는 경우라 하더라도 변호인이 공판기일통지서를 받고도 공판기일에 출석하지 아니하여 변호인 없이 변론을 종결한 경우에는 변호인에게 변론의 기회를 주지 않았다고 할 수 없다(76도4376). • 필요적 변호사건: 필요적 변호사건에서는 변호인에게 최종변론의 기회가 제공되지 아니한 채 판결이 선고되었다면 그 판결은 소송절차가 법령에 위반하여 판결에 영향을 미친 위법을 범한 것으로서 파기를 면할 수 없다(95도1721).
피고인의 최후진술	• 변호인의 최종변론이 끝나면 피고인의 최후진술을 한다. • 최종의견 진술의 기회는 피고인과 변호인의 소송법상 권리로서 피고인과 변호인이 사실관계의 다툼이나 유리한 양형사유를 주장할 수 있는 마지막 기회이므로, 피고인이나 변호인에게 최종의견 진술의 기회를 주지 아니한 채 변론을 종결하고 판결을 선고하는 것은 소송절차의 법령위반에 해당한다(2018도327).

변론재개	• 피고인의 최후진술이 끝난 이후라도, 법원은 필요하다고 인정한 때에는 직권 또는 검사, 피고인이나 변호인의 신청에 의하여 결정으로 종결한 변론을 재개할 수 있다(제305조). • 변론의 재개는 법원의 전권(자유재량)에 속하는 사항이다(83도2279). • 변론이 재개되면 검사의 의견진술(제302조) 이전의 상태로 돌아가게 되므로 심리 후 다시 변론을 종결할 때에는 검사의 의견진술과 변호인의 최종변론 및 피고인의 최후진술(제303조)이 다시 행해지게 된다.

(5) 판결의 선고

판결선고 기일	• 즉일선고의 원칙: 판결의 선고는 변론을 종결한 기일에 하여야 한다. 다만, 특별한 사정이 있는 때에는 따로 선고기일을 지정할 수 있다. • 이 경우 선고기일은 변론종결 후 14일 이내로 지정되어야 한다(제318조의4 제1항·제3항).
판결선고 방법	• 판결의 선고는 공판정에서 재판서에 의하여 하는 것이 원칙이다(제42조). • 판결의 선고는 재판장이 하는데 주문을 낭독하고 이유의 요지를 설명하여야 한다(제43조). 다만, 변론을 종결한 기일에 판결을 선고하는 경우에는 판결의 선고 후에 판결서를 작성할 수 있다(제318조의4 제2항). • 즉일선고의 경우라 하더라도 판결서는 판결선고 이후 5일 이내에 작성되어야 한다(규칙 제146조). • 법원은 검사의 구형을 초과하는 형을 선고할 수도 있으며, 형을 선고하는 경우에는 재판장은 피고인에게 상소기간과 상소법원을 고지하여야 한다(제324조).
피고인의 출석	• 피고인 출석의 원칙: 판결을 선고하는 공판기일에도 피고인이 출석하여야 한다. • 예외: 피고인이 진술하지 아니하거나, 재판장의 허가 없이 퇴정하거나, 재판장의 질서유지를 위한 퇴정명령을 받은 때에는 피고인의 출석 없이 판결할 수 있다(제330조). 피고인의 출석 없이 개정할 수 있는 경우에도 같다.

6 증인신문

(1) 증인신문

① 증인신문과 증인적격

의의	증인신문	증인신문 = 증인에 대한 증거조사
	증인	• 증인 = 법원 또는 법관에 대하여 자기가 과거에 체험한 사실을 진술하는 제3자 • 증인은 대체성이 없어 구인의 대상이 되지만, 감정인은 대체성이 있어 구인의 대상이 아니다. • 감정증인은 대체성이 없어 증인으로 취급되며, 구인의 대상이 된다.

증인적격		• 증인적격이란 '증인으로 될 수 있는 자격'을 말한다.
		• 형사소송법 제146조는 '법원은 법률에 다른 규정이 없으면 누구든지 증인으로 신문할 수 있다.'라고 규정하고 있으므로 원칙적으로 누구에게나 증인적격이 인정된다.
		• 법관은 자신이 담당하는 사건에 대해 증인적격이 없다.
		• 법원사무관 등도 그 사건의 증인이 될 수 없다.
		• 준사법기관으로서의 (공판유지) 검사에게는 법관에게 준하는 객관의무가 요구되므로 검사가 증언한 때에는 당해 공판에 관여할 수 없다.
		• 피고인은 진술거부권을 가지므로 자기의 피고사건에 대해 증인적격이 없다.
		• 공동피고인의 증인적격
		  – 공범 아닌 공동피고인의 경우에는 제3자로서 상피고인에 대하여 증인의 지위에 있다(판례).
		  – 공범인 공동피고인의 경우에는 피고인의 지위에서 벗어나지 않는 한 증인이 될 수 없다(판례). 즉, 공범은 변론이 병합되어 공동피고인인 이상은 증인이 될 수 없으나, 피고인의 지위에서 벗어나 공동피고인이 아닌 공범의 경우에는 증인이 될 수 있다(판례).
		• 공무원의 증인적격: 공무원 또는 공무원이었던 자가 그 직무에 관하여 알게 된 사실에 관하여 본인 또는 당해 공무소가 직무상 비밀에 속한 사항임을 신고한 때에는 그 소속공무소 또는 감독관공서의 승낙 없이는 증인으로 신문하지 못한다. 다만 그 소속공무소 또는 당해 감독관공서는 국가의 중대한 이익을 해하는 경우를 제외하고는 승낙을 거부하지 못한다(제147조).

더 알아보기

증인과 감정인의 비교

구분	증인	감정인
개념	자신이 과거에 실험한 사실을 진술하는 자	특별한 지식·경험에 속하는 법칙이나 판단을 이용하여 실험사실을 보고하는 자
구인	구인(○)	구인(×)
대체성	대체성(×)	대체성(○)
보수	보수(×), 소환된 증인에 한하여 실비 제공	보수(○)
선서	• 원칙: 필요 • 예외: 불필요(제156조)	반드시 선서 필요
공통점	• 제3자로서 인적증거에 해당 • 법원 또는 법관의 명을 받음 • 선서의무가 있음	• 기피제도가 없음 • 여비·일당·숙박비를 받음 • 선서 전에 위증의 벌을 경고

② 증인의 의무

의의	증인은 출석, 선서 및 증언(진술)의 세 가지 의무를 진다.

출석의무	• 소환받은 증인에게는 출석의무가 있다.
	• 증인을 신청한 자에게는 증인이 지정된 기일에 출석하도록 합리적인 노력을 할 의무가 있다.
	• 증인의 출석은 소환의 방법에 의한다. 다만, 재정증인(구내증인)은 소환하지 않고 신문할 수 있다.
	• 소환장에 의한 증인의 소환에 관하여는 피고인의 소환에 관한 규정이 준용되며, 다만, 소환장은 급속을 요하는 경우를 제외하고 늦어도 출석일시 24시간 이전에 송달하도록 하여야 한다. → 피고인에 대한 소환은 제1회 공판기일 전에는 5일의 유예를 두어야 하고, 기타의 경우에는 늦어도 12시간 이내에 소환을 통지하여야 한다.
	• 증인의 출석의무는 소환이 적법한 경우에 한하여 인정된다. 따라서 소환을 하지 않았거나, 소환방법이 위법 또는 무효인 경우에는 증인에게 출석의무가 없다.
	• 법원은 필요한 때에는 결정으로 지정한 장소에 (소환받고 출석한) 증인의 동행을 명할 수 있다. 정당한 사유없이 동행명령에 위반할 경우에는 구인이 가능하다.
	• 증인적격이 없는 자(예 공무상비밀에 관한 공무원)는 출석의무도 없다.
	• 반면 증언거부권이 있음에 불과한 자는 출석의무가 존재한다.
	• 출석의무위반에 대한 제재
	  - 소송비용부담과 과태료: 법원은 소환장을 송달받은 증인이 정당한 사유 없이 출석하지 아니한 때에는 결정으로 당해 불출석으로 인한 소송비용을 증인이 부담하도록 명하고, 500만 원 이하의 과태료를 부과할 수 있다.
	  - 감치: 증인이 과태료 재판을 받고도 정당한 사유 없이 다시 출석하지 아니한 때에는 법원은 결정으로 증인을 7일 이내의 감치에 처한다.
	  - 감치는 그 재판을 한 법원의 재판장의 명령에 따라 사법경찰관리·교도관·법원경위 또는 법원사무관 등이 교도소·구치소 또는 경찰서유치장에 유치하여 집행한다. 이 경우 당해 감치시설의 장은 즉시 그 사실을 법원에 통보하여야 하며, 통보를 받은 법원은 지체 없이 증인신문기일을 열어야 한다.
	  - 법원은 감치의 재판을 받은 증인이 감치의 집행 중에 증언을 한 때에는 즉시 감치결정을 취소하고 그 증인을 석방하도록 명하여야 한다.
	  - 구인: 정당한 사유 없이 법원의 소환에 응하지 않거나, 동행명령을 거부하는 경우에는 증인을 구인할 수 있다. 증인의 구인에는 피고인의 구인에 관한 규정이 준용되어 증인은 구속영장을 발부하여 구인할 수 있다.
	  - 법원의 소송비용 부담·과태료·감치결정에 대하여는 즉시 항고를 할 수 있다. 이 경우 집행정지의 효력은 인정되지 않는다.

선서의무	• 출석한 증인은 신문 전에 선서를 하여야 한다. 선서란 증인 또는 감정인이 법원에 대하여 진실을 말할 것을 맹세(盟誓)하는 것을 말한다. – 재판장은 선서할 증인에 대하여 선서 전에 위증의 벌을 경고하여야 한다. – 선서는 신문 전에, 선서서에 의하여 하여야 한다. 선서서에는 "양심에 따라 숨김과 보탬이 없이 사실 그대로 말하고, 만일 거짓말이 있으면 위증의 벌을 받기로 맹세합니다."라고 기재해야 한다. – 재판장은 증인으로 하여금 선서서를 낭독하고 기명날인 또는 서명하게 하여야 한다. 단, 증인이 선서서를 낭독하지 못하거나 서명을 하지 못하는 경우에는 참여한 법원사무관 등이 이를 대행한다. 선서는 일어서서 엄숙히 하여야 한다. – 선서는 모든 증인마다 개별적으로 해야 하며, 소위 '대표선서'는 허용되지 않는다. 다만 동일심급에서 동일증인에 대한 선서는 1회로써 족하다. • 선서한 증인이 진실에 반하는 진술을 하였을 때에는 위증죄로 처벌받게 된다. • 선서능력이 있는 증인이 선서 없이 증언한 때에는 그 증언은 증거능력이 없다(78도1031). • 선서무능력자에게는 선서의 의무가 없다. 　예 선서무능력자 = 16세 미만 자 또는 선서의 취지를 이해하지 못하는 자 • 선서무능력자의 증언이라고 하여 반드시 증거능력이 부인되는 것은 아니며, 그 증언능력이 있는 이상 증언은 증거능력이 인정될 수 있다(84도619). • 증인이 정당한 이유 없이 선서를 거부한 때에는 결정으로 50만 원 이하의 과태료에 처할 수 있다. 이 결정에 대하여는 즉시항고를 할 수 있다.
증언의무	• 증인은 신문받는 사항에 대하여 증언할 의무가 있다. 법원 또는 법관의 신문뿐만 아니라 검사와 변호인·피고인의 신문에 대하여도 증언하여야 한다. • 증인의 증언의무를 수행하려면 그 전제로 증인에게 증언능력이 있어야 한다. • 증인이 증인적격이 있는 자라 할지라도 증언능력이 없는 경우 그 증언은 증거능력이 없다. • 그러나 형사미성년자라고 하여 반드시 증언능력이 없는 것은 아니다(84도619). • 증인이 정당한 이유 없이 증언을 거부한 때에는 50만 원 이하의 과태료에 처할 수 있다. 이 결정에 대하여는 즉시항고를 할 수 있다.

> **더 알아보기**
>
> **증인적격이 없는 자와 증언거부권자**
> 증인거부권자(제147조)는 증인적격이 없어 출석의무가 없지만, 증언거부권자(제148조·제149조)는 증언을 거부할 수 있을 뿐이고 출석 자체를 거부할 수 없다.

③ 증인의 소송법상 권리

의의	형사소송법은 증인의 권리로 증언거부권과 비용청구권을 인정하고 있고, 형사소송규칙은 증인신문조서의 열람·등사청구권을 인정하고 있다.
증언거부권	• 증언거부권의 의의: 증언거부권이란 증언의무가 있는 증인이 증언을 거부할 수 있는 권리를 말한다. 증언거부권에는 자기 또는 근친자의 형식책임에 대한 것과 업무상 비밀에 대한 것이 있다. 　- 증언거부권자는 증언을 거부할 수는 있으나 출석 자체를 거부할 수는 없다. 　- 반면, 증인적격이 없는 자(= 증인거부자, 예 공무원 또는 공무원이었던 자가 직무상 알게 된 공무상 비밀에 대한 경우)는 출석의무가 없다. • 근친자의 형사책임과 증언거부권: 누구든지 자기가 친족이거나 친족이었던 사람, 법정대리인, 후견감독인의 어느 하나에 해당하는 관계에 있는 자가 형사소추(刑事訴追) 또는 공소제기를 당하거나 유죄판결을 받을 사실이 드러날 염려가 있는 증언을 거부할 수 있다(제148조). • 업무상 비밀과 증언거부권: 변호사·변리사·공증인·공인회계사·세무사·대서업자·의사·한의사·치과의사·약사·약종상·조산원·간호사·종교직에 있는 자 또는 이러한 직에 있었던 자가 업무상 알게 된 사실로서 타인의 비밀에 관한 것은 증언을 거부할 수 있다. 단, 본인의 승낙이 있거나 중대한 공익상 필요가 있는 때에는 예외로 한다(제149조). • 증언거부권의 고지: 증인이 증언거부권자에 해당하는 경우에는 재판장은 신문 전에 증언을 거부할 수 있음을 고지해야 한다(제160조). • 증언을 거부하는 자는 거부사유를 소명하여야 한다(제150조). • 증언거부권의 불행사와 포기: 증언거부권은 증인의 권리일 뿐 의무는 아니므로 증언거부권자도 증언거부권을 포기하고 증언을 할 수 있다.
비용청구권	• 소환받은 증인은 법률규정에 따라 여비·일당과 숙박료를 청구할 수 있다. 단, 정당한 사유 없이 선서 또는 증언을 거부한 자는 예외로 한다(제168조). 　- 소환받은 증인에게만 비용청구권이 인정되므로 재정증인에게는 비용청구권이 없다. 　- 증언을 거부한 자에게도 비용청구권은 인정되지 않는다. • 여비 등의 액수에 관해서는 형사소송비용 등에 관한 법률에 의한다.
증인신문조서 열람·등사권	증인은 자신에 대한 증인신문조서 및 그 일부로 인용된 속기록, 녹음물, 영상녹화물 또는 녹취서의의 열람, 등사 또는 청구할 수 있다.

④ 범죄피해자인 증인의 권리

신뢰 관계 있는 자의 동석제도	• 피해자와 신뢰관계 있는 자의 동석 　- 임의적 동석: 법원은 범죄로 인한 피해자를 증인으로 신문하는 경우 증인의 연령, 심신의 상태, 그 밖의 사정을 고려하여 증인이 현저하게 불안 또는 긴장을 느낄 우려가 있다고 인정하는 때에는 직권 또는 피해자·법정대리인·검사의 신청에 따라 피해자와 신뢰관계에 있는 자를 동석하게 할 수 있다. 　- 필요적 동석: 법원은 범죄로 인한 피해자가 13세 미만이거나 신체적 또는 정신적 장애로 사물을 변별하거나 의사를 결정할 능력이 미약한 경우에 재판에 지장을 초래할 우려가 있는 등 부득이한 경우가 아닌 한 피해자와 신뢰관계에 있는 자를 동석하게 하여야 한다. • 피해자와 동석할 수 있는 신뢰관계에 있는 자는 피해자의 배우자, 직계친족, 형제자매, 가족, 동거인, 고용주, 변호사 그 밖에 피해자의 심리적 안정과 원활한 의사소통에 도움을 줄 수 있는 자를 말한다(규칙 제84조의3 제1항). • 동석 신청에는 동석하고자 하는 자와 피해자 사이의 관계, 동석이 필요한 사유 등을 명시하여야 한다(규칙 제84조의3 제2항).
범죄피해자의 진술권	범죄피해자의 진술의 필요적 채택의무(제294조의2) • 법원은 범죄로 인한 피해자 또는 그 법정대리인(피해자 사망시 배우자·직계친족·형제자매를 포함)의 신청이 있는 때에는 그 피해자등을 증인으로 신문하여야 한다. 이 경우 법원은 피해의 정도 및 결과, 피고인의 처벌에 관한 의견, 그 밖에 당해사건에 관한 의견을 진술할 기회를 주어야 한다.

범죄피해자의 진술권	• 예외: 법원은 다음의 경우 피해자 등을 증인으로 신문할 필요가 없다.
	  – 피해자 등이 이미 당해사건에 관하여 공판절차에서 충분히 진술하여 다시 진술할 필요가 없다고 인정되는 경우
	  – 피해자 등의 진술로 인하여 공판절차가 현저하게 지연될 우려가 있는 경우
	• 진술자의 수 제한: 법원은 동일한 범죄사실에서 신청인의 수가 여러 명인 경우에는 진술할 자의 수를 제한할 수 있다.
	• 신청의 철회간주: 신청인이 출석통지를 받고도 정당한 이유 없이 출석하지 아니한 때에는 그 신청을 철회한 것으로 본다.

피해자진술의 비공개	• 범죄피해자 진술의 비공개(제294조의3): 법원은 범죄로 인한 피해자를 증인으로 신문하는 경우 당해 피해자·법정대리인 또는 검사의 신청에 따라 피해자의 사생활의 비밀이나 신변보호를 위하여 필요하다고 인정하는 때에는 결정으로 심리를 공개하지 아니할 수 있다. • 비공개결정은 이유를 붙여 고지하며, 이 경우에도 법원은 적당하다고 인정되는 자의 재정을 허가할 수 있다.
피해자의 공판기록 열람·등사권	• 범죄피해자 등의 공판기록 열람·등사(제294조의4): 소송계속 중인 사건의 피해자(피해자가 사망 또는 심신에 중대한 장애가 있는 경우 그 배우자·직계친족 및 형제자매를 포함), 피해자 본인의 법정대리인 또는 이들로부터 위임을 받은 피해자 본인의 배우자·직계친족·형제자매·변호사는 소송기록의 열람 또는 등사를 재판장에게 신청할 수 있다. • 신청시 당사자 등에의 통지: 재판장은 피해자 등의 공판기록에 대한 열람·등사신청이 있는 때에는 지체 없이 검사, 피고인 또는 변호인에게 그 취지를 통지하여야 한다(제294조의4 제2항). • 허가의 범위: 재판장은 피해자 등의 권리구제를 위하여 필요하다고 인정하거나 그 밖의 정당한 사유가 있는 경우 범죄의 성질, 심리의 상황, 그 밖의 사정을 고려하여 상당하다고 인정하는 때에는 열람 또는 등사를 허가하여야 한다. 다만 이 경우 등사한 소송기록의 사용목적을 제한하거나 적당하다고 인정하는 조건을 붙일 수 있다(제294조의4 제3항·제4항). • 재판장이 열람 또는 등사를 허가하지 아니하거나 사용 목적의 제한 또는 조건을 붙여 허가하는 경우에는 열람 또는 등사를 신청한 자에게 대법원규칙으로 정하는 바에 따라 그 이유를 통지하여야 한다(제294조의4 제5항). • 부당사용의 금지: 소송기록을 열람 또는 등사한 자는 열람 또는 등사에 의하여 알게 된 사항을 사용함에 있어서 부당히 관계인의 명예나 생활의 평온을 해하거나 수사와 재판에 지장을 주지 아니하도록 하여야 한다(제294조의4 제6항). • 불복의 불허: 재판장의 열람·등사 허가에 관한 재판과 등사한 기록의 사용목적 제한 및 조건부가에 관한 재판에 대해서는 불복할 수 없다(제294조의4 제7항).

비디오 등 중계장치 등에 의한 신문	• 비디오 등 중계장치 등에 의한 증인신문(제165조의2): 법원은 다음의 어느 하나에 해당하는 자를 증인으로 신문하는 경우 상당하다고 인정할 때에는 검사와 피고인 또는 변호인의 의견을 들어 비디오 등 중계장치에 의한 중계시설을 통하여 신문하거나 가림시설 등을 설치하고 신문할 수 있다.
	  – 아동복지법 제71조 제1항 제1호부터 제3호까지의 규정에 해당하는 죄의 피해자
	  – 청소년성보호법 제7조, 제8조, 제11조부터 제15조까지 및 제17조 제1항의 규정에 해당하는 죄의 대상이 되는 아동·청소년 또는 피해자
	  – 범죄의 성질, 증인의 연령, 심신의 상태, 피고인과의 관계, 그 밖의 사정으로 인하여 피고인 등과 대면하여 진술하는 경우 심리적인 부담으로 정신의 평온을 현저하게 잃을 우려가 있다고 인정되는 자
	• 법원은 증인이 멀리 떨어진 곳 또는 교통이 불편한 곳에 살고 있거나 건강상태 등 그 밖의 사정으로 말미암아 법정에 직접 출석하기 어렵다고 인정하는 때에는 검사와 피고인 또는 변호인의 의견을 들어 비디오 등 중계장치에 의한 중계시설을 통하여 신문할 수 있다.
	• 제1항과 제2항에 따른 증인신문은 증인이 법정에 출석하여 이루어진 증인신문으로 본다.
	• 제1항과 제2항에 따른 증인신문의 실시에 필요한 사항은 대법원규칙으로 정한다.
	• 형사소송법 제165조의2 제3호도 대상을 '피고인 등'이라고 규정하고 있으므로, 법원은 형사소송법 제165조의2 제3호의 요건이 충족될 경우 피고인뿐만 아니라 검사, 변호인, 방청인 등에 대하여도 차폐시설 등을 설치하는 방식으로 증인신문을 할 수 있다(2014도18006).

증인 지원의 설치운영	• 법원은 특별한 사정이 없는 한 예산의 범위 안에서 증인의 보호 및 지원에 필요한 시설을 설치한다. • 법원은 제1항의 시설을 설치한 경우, 예산의 범위 안에서 그 시설을 관리 · 운영하고 증인의 보호 및 지원을 담당하는 직원을 둔다.
진술조력인 제도	• 법원은 성폭력범죄의 피해자가 13세 미만 아동이거나 신체적인 또는 정신적인 장애로 의사소통이나 의사표현에 어려움이 있는 경우 원활한 증인 신문을 위하여 직권 또는 검사, 피해자, 그 법정대리인 및 변호인의 신청에 의한 결정으로 진술조력인으로 하여금 증인신문에 참여하여 중개하거나 보조하게 할 수 있다. • 진술조력인의 조력을 받을 권리를 충분히 보장하기 위해, 법원은 증인이 위의 사항에 해당하는 경우에는 신문 전에 피해자, 법정대리인 및 변호인에게 진술조력인에 의한 의사소통 중개나 보조를 신청할 수 있음을 고지하여야 한다. • 진술조력인은 수사 및 재판과정에 참여함에 있어 중립적인 지위에서 상호간의 진술이 왜곡 없이 전달될 수 있도록 노력하여야 한다.

⑤ 증인신문의 절차

교호신문	• 의의: 교호신문이란 증인을 신청하는 측과 그 상대방이 서로 교차하여 증인을 신문하는 방식으로, '상호신문'이라고도 한다.
	• 방식: 교호신문제도에 있어서의 증인신문은 주신문 → 반대신문 → 재주신문 → 재반대신문의 순서로 행하여진다.
	  - 주신문: 증인을 신청한 자가 하는 신문을 말한다. 주신문에서는 원칙적으로 유도신문이 금지된다(규칙 제75조 제2항). → 주신문이라도 탄핵신문의 경우에는 예외적으로 유도신문이 허용된다.
	  - 반대신문: 주신문 후에 반대당사자가 하는 신문을 말한다. 반대신문은 원칙적으로 유도신문이 허용된다(규칙 제76조 제2항).
	  - 재 주신문: 반대신문 후에 반대신문에 나타난 사항과 이와 관련된 사항에 관하여 주신문자가 다시 행하는 신문을 말한다(규칙 제78조 제1항). → 재 주신문까지는 재판장의 허가가 없더라도 허용됨이 원칙이다(규칙 제79조 반대해석).
	  - 재 반대신문: 주신문이 끝난 후에도 재판장의 허가를 얻어 다시 신문할 수 있다.
	• 교호신문제도의 수정
	  - 법원의 보충신문: 재판장 또는 합의부원은 당사자의 신문이 끝난 후에 신문할 수 있다(제161조의2 제2항 · 제5항).
	  - 재판장의 개입권: 재판장은 필요하다고 인정하면 당사자의 교호신문 도중일지라도 어느 때나 신문할 수 있다(제161조의2 제3항 전단).
	  - 재판장의 순서변경권: 당사자가 신청한 증인을 신문하는 경우에도 재판장은 필요하다고 인정하면 그 신문순서를 변경할 수 있다(제161조의2 제3항 후단).
	  - 재판장의 직권에 의한 증인신문: 법원은 직권으로 증인신문을 할 수 있고(제295조), 이 경우 증인의 신문방식은 재판장이 정하는 바에 의한다(제161조의2 제4항).

개별신문	• 개별신문의 원칙과 예외적 대질
	  - 개별신문의 원칙: 증인신문은 개별신문을 원칙으로 한다. 신문하지 아니한 증인이 재정한 때에는 퇴정을 명하여야 한다(제162조). → 다른 증인을 퇴정시키느냐 않느냐는 법원의 자유재량에 속한다. 따라서 다른 증인의 면전에서 증인을 신문하게 하였다고 하여 증인신문이 위법인 것은 아니다(판례).
	  - 필요한 때에는 증인과 다른 증인 또는 피고인과 대질하게 할 수 있다(제162조 제3항).
	• 어느 재정인의 퇴정과 입정 후 증인신문사항의 고지
	  - 재판장은 증인이 피고인 또는 어떤 재정인의 면전에서 충분한 진술을 할 수 없다고 인정한 때에는 그를 퇴정하게 하고 진술하게 할 수 있다.
	  - 피고인을 퇴정하게 한 경우에 증인의 진술이 종료한 때에는 퇴정한 피고인을 입정하게 한 후 법원사무관 등으로 하여금 진술의 요지를 고지하게 하여야 한다. → 피고인이 입정한 이후 증인의 진술의 요지를 고지해 주지 않았다면 이는 반대신문권의 침해로서 원칙적으로 증거능력이 없으나, 이러한 경우라도 차회 공판기일에 피고인이 이의할 점이 없다고 진술한 경우에는 책문권의 포기로서 예외적으로 증거능력이 인정된다(판례).

구체적 신문방식		• 구두신문과 개별적·구체적 신문의 원칙 　- 증인에 대한 신문은 원칙적으로 구두로 해야 한다. 다만, 증인이 들을 수 없는 때에는 서면으로 묻고 말할 수 없는 때에는 서면으로 답하게 할 수 있다(규칙 제73조). 　- 재판장은 증인신문을 행함에 있어서 증명할 사항에 관하여 가능한 한 증인으로 하여금 개별적이고 구체적인 내용을 진술하게 하여야 한다(규칙 제74조 제1항). • 금지되는 신문내용: 위협적이거나 모욕적인 신문, 전의 신문과 중복되는 신문, 의견을 묻거나 의논에 해당하는 신문, 증인이 직접 경험하지 아니한 사항에 해당하는 신문은 원칙적으로 허용되지 않는다(규칙 제74조 제2항).
주신문과 반대신문	주신문	• 주신문에 있어서는 유도신문을 하여서는 아니 된다. 다만, 다음의 경우에는 예외적으로 유도신문이 허용된다(규칙 제75조 제2항). 　- 증인과 피고인과의 관계, 증인의 경력, 교우관계등 실질적인 신문에 앞서 미리 밝혀둘 필요가 있는 준비적인 사항에 관한 신문의 경우 　- 검사, 피고인 및 변호인 사이에 다툼이 없는 명백한 사항에 관한 신문의 경우 　- 증인이 주신문을 하는 자에 대하여 적의 또는 반감을 보일 경우 　- 증인이 종전의 진술과 상반되는 진술을 하는 때에 그 종전진술에 관한 신문의 경우 　- 기타 유도신문을 필요로 하는 특별한 사정이 있는 경우 • 재판장은 규칙 제75조 제2항의 사항 이외의 유도신문은 이를 제지하여야 하고, 유도신문의 방법이 상당하지 아니하다고 인정할 때에는 이를 제한할 수 있다(규칙 제75조 제3항). • 주신문시 허용되지 않는 유도신문에 의한 증언은 원칙적으로 증거능력이 없지만, 차회 기일에 피고인이 변경할 점과 이의할 점이 없다고 진술한 경우에는 책문권의 포기가 되어 하자가 치유된다(판례).
	반대신문	• 반대신문에 있어서 필요할 때에는 유도신문을 할 수 있다. • 재판장은 유도신문의 방법이 상당하지 아니하다고 인정할 때에는 이를 제한할 수 있다. • 반대신문의 기회에 주신문에 나타나지 아니한 새로운 사항에 관하여 신문하고자 할 때에는 재판장의 허가를 받아야 한다. 이 경우 새로운 신문사항은 주신문으로 본다.
탄핵신문		• 주신문 또는 반대신문의 경우에는 증언의 증명력을 다투기 위하여 필요한 사항에 관한 신문을 할 수 있다. • 탄핵신문은 증인의 경험, 기억 또는 표현의 정확성등 증언의 신빙성에 관한 사항 및 증인의 이해관계, 편견 또는 예단 등 증인의 신용성에 관한 사항에 관하여 한다. 다만, 증인의 명예를 해치는 내용의 신문을 하여서는 아니 된다(규칙 제77조).
증인신문 사항의 사전제출		• 재판장은 피해자·증인의 인적사항의 공개 또는 누설을 방지하거나 그 밖에 피해자·증인의 안전을 위하여 필요하다고 인정할 때에는 증인의 신문을 청구한 자에 대하여 사전에 신문사항을 기재한 서면의 제출을 명할 수 있다(규칙 제66조). • 법원은 서면제출을 명받은 자가 신속히 그 서면을 제출하지 아니한 때에는 증거결정을 취소할 수 있다(규칙 제67조).
당사자의 참여권		• 당사자의 참여권: 검사·피고인·변호인은 증인신문에 참여할 수 있다. • 사전통지의 원칙: 증인신문의 시일과 장소는 검사·피고인·변호인에게 미리 통지하여야 한다. 단, 참여하지 아니한다는 의사를 명시한 때에는 예외로 한다(제163조). • 필요사항신문청구: 검사·피고인 또는 변호인이 증인신문에 참여하지 아니할 경우에는 법원에 대하여 필요한 사항의 신문을 청구할 수 있다. 이 경우 피고인에게 예기하지 아니한 불이익의 증언이 진술된 때에는 반드시 그 진술내용을 피고인 또는 변호인에게 알려주어야 한다(제164조). → 당사자에게 통지도 없고 피고인의 참여도 없는 증인신문이라 할지라도 공판정의 증거조사 과정에서 당사자가 이의를 하지 아니한 때에는 책문권의 포기로서 하자가 치유된다(판례).

증인신문 촉탁	• 법원은 합의부원에게 법정 외의 증인신문을 명할 수 있고 또는 증인 현재지의 지방법원판사에게 그 신문을 촉탁할 수 있다. • 수탁판사는 증인이 관할구역 내에 현재하지 아니한 때에는 그 현재지의 지방법원판사에게 전촉할 수 있다. • 수명법관 또는 수탁판사는 증인의 신문에 관하여 법원 또는 재판장에 속한 처분을 할 수 있다(제167조).

7 공판절차의 특칙

(1) 간이공판절차

의의	간이공판절차란 피고인이 공판정에서 자백한 경우에 형사소송법이 규정한 증거조사를 간이화하고 증거능력에 대한 제한을 완화하여 신속히 진행되는 공판절차를 말한다.

개시	• 피고인이 공판정에서 공소사실에 대하여 자백한 때에는 법원은 그 공소사실에 한하여 간이공판절차에 의하여 심판할 것을 결정할 수 있다(제286조의2).
	• 간이공판절차는 제1심 절차에서만 허용되고 항소심 및 상고심에서는 인정되지 않는다.
	• 제1심 관할사건이라면 단독판사의 관할사건은 물론 합의부 관할사건에 대해서도 간이공판절차를 개시할 수 있다.
	• 공소사실에 대한 자백이란 '공소장에 기재된 공소사실을 전부 인정하고 위법성조각사유나 책임조각사유를 다투지 않는 경우'를 말한다.
	  — 피고인이 법정에서 "공소사실은 모두 사실과 다름없다."라고 하면서도 술에 만취되어 기억이 없다는 취지로 진술한 경우 → 심신미약·상실에 대한 주장으로 간이공판절차개시 불가(판례)
	  — 검사의 신문에는 피고인이 공소사실을 자백하다가 변호인의 반대신문시 부인한 경우에는 간이공판절차에 의하여 신문할 수 없다(97도3421).
	  — 다만, 위법성조각사유나 책임조각사유의 부존재는 사실상 추정되는 것이므로 명시적으로 유죄임을 자인하지 않더라도 위법성이나 책임의 조각사유를 주장하지 않으면 자백한 경우에 해당한다고 할 것이다(87도1269).
	• 자백은 공판정, 즉 공판절차에서 해야 한다. 따라서 수사절차나 공판준비절차에서의 자백으로는 간이공판절차를 개시할 수 없다.
	• 자백이 언제까지 가능한가에 대하여 형사소송법에는 규정이 없으나, 통설은 피고인의 모두진술절차에서 늦어도 이익사실진술시까지 하여야 한다고 본다.
	• 자백은 진실에 합치하는 것이 이상적이지만 간이공판절차의 개시요건으로서의 자백은 반드시 진실과 일치함을 요하지 않는다.
	• 피고인이 일부만 자백한 경우
	  — 경합범: 수죄이므로 일부자백시 자백부분만 간이공판절차 가능
	  — 과형상 일죄나 예비적·택일적 기재: 일부자백이라도 나머지와 불가분이므로 일부분에 대한 간이공판절차 개시는 불가능(통설)
	• 간이공판절차의 개시요건이 구비된 때에는 법원은 간이공판절차에 의하여 심판할 것을 결정할 수 있다(제286조의2). 결정여부는 법원의 재량에 속한다.
	• 간이공판절차의 개시결정은 판결 전의 소송절차에 관한 결정이므로 불복하여 항고할 수 없다(제403조 제1항). 다만, 상대적 상소이유로 삼을 수 있을 뿐이다.

간이공판
절차의
심리
	• 증거조사 방식의 간이화: 간이공판절차에서는 다음의 규정이 적용되지 않는다.
	  - 증인신문방식(제161조의2)
	  - 증거조사의 시기와 방식(제290조~제292조의3)
	  - 증거조사 결과와 피고인의 의견(제293조)
	  - 증인신문시의 피고인 퇴정(제297조)
	• 증거동의 의제: 간이공판절차의 개시결정이 있게 되면 전문증거는 증거동의가 간주되어 증거능력이 인정된다. 그러나 검사, 피고인 또는 변호인의 이의가 있는 때에는 그러하지 아니한다(제318조의3). → 간이공판절차에서 증거능력의 제한이 완화된 것은 전문법칙에 한하므로 이외의 증거법칙, 즉 자백배제법칙(제309조), 위법수집증거배제법칙, 자백보강법칙(제310조)은 적용된다.
	• 간이공판절차에서도 증거조사를 생략할 수는 없지만, 법원이 상당하다고 인정하는 방법으로 증거조사를 하면 족하다.
	  예 증거방법을 표시하고 "증거조사함"이라고만 표시한 것도 적법(판례)
	• 간이공판절차에 있어서는 증거능력과 증거조사에 대한 특칙만이 인정되고 이외에는 공판절차에 대한 일반규정이 그대로 준용된다.
	  예 간이공판절차에도 공소장변경이 가능, 무죄판결도 가능, 재판서의 간이한 방식은 불인정

간이공판
절차의
취소
	• 법원은 간이공판절차 개시의 결정을 한 사건에 대하여
	  - 피고인의 자백이 신빙할 수 없다고 인정되거나,
	  - 간이공판절차로 심판함이 현저히 부당하다고 인정하는 때에는 검사의 의견을 들어 그 결정을 취소하여야 한다(제286조의3). → 간이공판절차개시에 있어서는 검사의 의견을 들을 필요는 없으나, 간이공판절차의 취소에 있어서는 검사의 의견을 들어야 한다.
	• 취소사유 존재시 법원은 반드시 취소하여야 한다.
	• 간이공판절차의 결정이 취소된 때에는 원칙적으로 공판절차를 갱신하여야 한다(제301조의2). 다만, 검사 · 피고인 또는 변호인의 이의가 없는 때에는 그러하지 아니한다.

(2) 공판절차의 정지와 갱신

공판절차 정지	법원의 결정에 의한 정지	• 심신상실 및 질병: 피고인이 심신상실 등으로 사물변별 또는 의사결정을 할 능력이 없는 상태에 있는 때 또는 피고인이 질병으로 인하여 출정할 수 없는 때에는 법원은 검사와 변호인의 의견을 들어서 결정으로 그 상태가 계속되는 기간 공판절차를 정지하여야 한다. • 심신상실이나 질병의 경우라도, 피고사건에 대하여 무죄 · 면소 · 형의 면제 또는 공소기각의 재판을 할 것이 명백한 때에는 위의 사유 있는 경우에도 피고인의 출정 없이 재판할 수 있으므로 공판절차를 정지하지 않는다(제306조 제4항). • 법원은 공소장변경이 피고인의 불이익을 증가할 염려가 있다고 인정한 때에는 직권 또는 피고인이나 변호인의 청구에 의하여 피고인으로 하여금 필요한 방어의 준비를 하게 하기 위하여 결정으로 필요한 기간 공판절차를 정지할 수 있다(제298조 제4항).
	소송절차 정지로 인한 당연정지	• 기피신청: 기피신청이 있는 때에는 기피신청이 부적법하여 기각하는 경우를 제외하고는 소송진행을 정지하여야 한다. 단 급속을 요하는 경우는 예외(제22조). • 병합심리신청 등: 법원은 그 계속 중인 사건에 관하여 토지관할의 병합심리신청, 관할지정신청 또는 관할이전신청이 제기된 경우에는 그 신청에 대한 결정이 있기까지 소송절차를 정지하여야 한다. 다만, 급속을 요하는 경우는 예외이다(규칙 제7조). • 재심청구의 경합: 재심청구가 경합된 경우에 상소법원은 하급법원의 소송절차가 종료할 때까지 소송절차를 정지하여야 한다(규칙 제169조). • 위헌법률심판의 제청: 법원이 법률의 위헌여부의 심판을 헌법재판소에 제청한 때에는 당해 소송사건의 재판은 헌법재판소의 위헌여부의 결정이 있을 때까지 정지된다. 다만, 법원이 긴급하다고 인정하는 경우에는 종국재판 외의 소송절차를 진행할 수 있다(헌법재판소법 제42조 제1항).

공판절차 갱신	• 판사의 경질: 공판개정 후 판사의 경질이 있는 때에는 공판절차를 갱신하여야 한다. 다만, 판결만을 선고하는 경우에는 갱신을 요하지 않는다(제301조). • 간이공판절차의 취소: 간이공판절차의 결정이 취소된 때에는 공판절차를 갱신하여야 한다(제301조의2). 다만, 검사와 피고인 또는 변호인의 이의가 없는 때에는 갱신을 요하지 않는다(동조 단서). • 심신상실로 인한 공판절차의 정지 이후 그 정지사유가 소멸한 후의 공판기일에 공판절차를 갱신하여야 한다(규칙 제143조). 그러나 당사자 쌍방이 이의가 없는 때에는 갱신이 필요가 없다(제301조의2). • 국민참여재판에서 새로운 배심원의 인입: 국민참여재판법에 의하여 실시되는 국민참여재판의 경우에 공판절차가 개시된 후 새로 재판에 참여하는 배심원 또는 예비배심원이 있는 때에는 공판절차를 갱신하여야 한다(국민참여재판법 제45조 제1항).

더 알아보기

조문정리
• 공판개정 후 판사의 경질이 있는 때에는 공판절차를 갱신하여야 하지만, 판결만을 선고하는 경우나 아직 실체심리에 들어가지 않은 상태에서 경질된 때에는 공판절차를 갱신할 필요가 없다(제301조).
• 간이공판절차결정이 취소된 경우에도 검사, 피고인 또는 변호인의 이의가 없는 때에는 공판절차를 갱신하지 아니할 수 있다(제301조의2).
• 간이공판절차를 갱신할 때에는 인정신문부터 하여야 한다(규칙 제144조 제1항 제1호). 해석상 진술거부권 고지에서부터 시작하여야 한다.
• 공판절차를 갱신하여 새로운 증거조사를 함에 있어 검사, 피고인 및 변호인의 동의가 있는 때에는 형사소송법에 규정된 증거조사의 방법에 의하지 않고 상당하다고 인정하는 다른 방법으로 증거조사를 할 수 있다(규칙 제144조 제2항).

(3) 변론의 분리 · 병합 · 재개

변론의 분리 · 병합	• 법원은 필요하다고 인정한 때에는 직권 또는 검사 · 피고인이나 변호인의 신청에 의하여 결정으로 변론을 분리하거나 병합할 수 있다(제300조). • 변론을 분리 또는 병합할 것인가는 법원의 재량에 속한다(87도706). • 동일 피고인에 대하여 여러 개의 사건이 별도로 공소제기되었다고 하여 반드시 병합심리해야 하는 것은 아니다(83도3013).
변론의 재개	• 법원은 필요하다고 인정하는 때에는 직권 또는 검사, 피고인이나 변호인의 신청에 의하여 결정으로 종결한 변론을 다시 재개할 수 있다(제305조). • 변론의 재개 여부는 법원의 재량이다. 따라서 원심이 변론종결 후 선임된 변호인의 변론재개신청을 들어주지 아니하였다 하여 심리미진의 위법이 있는 것이 아니다(86도769). • 변론의 재개가 있으면 사건은 종결 전의 상태로 복귀하고 증거조사 후 최종변론을 하여야 한다.

8 국민참여재판제도

(1) 국민참여재판제도의 의의

의의	국민참여재판이란 국민의 형사재판 참여에 관한 법률에 의하여 도입된 배심원이 참여하는 형사재판을 말한다(국민참여재판법 제2조 제2호).	
특징	배심제적 요소	• 배심원을 일반국민 중 무작위로 추출 • 배심원의 위치가 법관과 분리 • 만장일치가 원칙
	참심제적 요소	• 다수결에 의한 평결도 허용 • 다수결에 의한 평결과정에서 법관의 의견제시 필수 • 배심원이 양형에 관한 토의와 의견개진 가능 • 사실인정 여부에 대하여 상소를 허용

대상
사건
	• 법원조직법 제32조 제1항의 각 호에 따른 사건
	  - 합의부에서 심판할 것으로 합의부가 결정한 사건
	  - 민사사건에 관하여는 대법원규칙으로 정하는 사건
	  - 사형, 무기 또는 단기 1년 이상의 징역 또는 금고에 해당하는 사건
	• 제1항에 해당하는 사건의 미수죄·교사죄·방조죄·예비죄·음모죄에 해당하는 사건
	• 제1항, 제2항에 해당하는 사건과 형사소송법 제11조에 따라 병합된 관련사건(동법 제5조)	

(2) 국민참여재판의 개시절차

참여심급	제1심 절차 중 지방법원 본원 및 지원의 합의부 사물관할사건(제척·기피 제외)에 한정
관할법원	• 관할법원: 지방법원 본원합의부에서만 실시한다. 지방법원지원은 국민참여재판절차 회부결정을 한 사건에 대해서는 지방법원 본원 합의부로 이송하여야 한다(동법 제10조 제1항). • 법원은 공소사실의 일부 철회 또는 변경으로 인하여 대상사건에 해당하지 아니하게 된 경우에도 국민참여재판을 계속 진행하는 것이 원칙이다(동법 제6조 제1항 본문). 따라서 이러한 경우 예외적으로 단독사건에 대하여도 국민참여재판이 진행될 수 있다.
피고인의 의사존중	• 국민참여재판법의 대상사건이라도 피고인이 국민참여재판을 원하지 아니하는 경우에는 국민참여재판을 하지 아니한다(동법 제5조 제2항). • 법원은 대상사건의 피고인에 대하여 국민참여재판을 원하는지 여부에 관한 의사를 서면 등의 방법으로 반드시 확인하여야 한다(동법 제8조 제1항). 이를 위해 법원은 대상사건에 대한 공소의 제기가 있는 때에는 공소장 부본과 함께 피고인 또는 변호인에게 국민참여재판의 절차, 피고인의 의사확인을 위한 서면의 제출, 의사번복의 제한에 관한 제8조 제4항의 내용, 그 밖의 주의사항이 기재된 "국민참여재판에 관한 안내서"를 송달하여야 한다(동규칙 제3조 제1항). • 피고인은 안내장을 포함한 공소장부본을 송달받은 날부터 7일 이내에 국민참여재판을 원하는지 여부에 관한 의사가 기재된 서면을 제출하여야 한다(동법 제8조 제2항). • 피고인이 서면(의사확인서)을 제출하지 아니한 때에는 국민참여재판을 원하지 아니하는 것으로 본다(동법 제8조 제3항). • 피고인이 제출한 서면만으로는 피고인의 의사를 확인할 수 없는 경우에는 법원은 심문기일을 정하여 피고인을 심문하거나 서면 기타 상당한 방법으로 피고인의 의사를 확인하여야 한다. 피고인이 위 서면을 제출하지 아니한 경우에도 법원은 위와 같은 방법으로 피고인의 의사를 확인할 수 있다(동규칙 제4조). • 피고인은 공판준비기일이 종결되거나 제1회 공판기일이 열린 이후 등에는 국민참여재판을 원하지 않는다는 종전의 의사를 번복할 수 없는 것이 원칙이다(동법 제8조 제4항).→ 따라서, 피고인은 공판준비기일 종료시까지 또는 제1회 공판기일 전까지는 국민참여재판 희망여부에 대한 종전의사를 번복할 수 있다(제8조 제4항의 반대해석).→ 따라서, 공소장부본을 송달받은 날부터 7일 이내에 의사확인서를 제출하지 아니한 피고인도 제1회 공판기일이 열리기 전까지는 국민참여재판 신청을 할 수 있고, 법원은 그 의사를 확인하여 국민참여재판으로 진행할 수 있다(판례).

법원의 배제결정	• 법원은 공소제기 후부터 공판준비기일이 종결된 다음날까지 검사·피고인 또는 변호인의 의견을 들어 국민참여재판을 하지 아니하기로 하는 결정(배제결정)을 할 수 있다. 배제결정에 대해서는 즉시항고할 수 있다(동법 제9조).
	• 배제결정의 사유
	  - 배심원·예비배심원·배심원후보자 또는 그 친족의 생명·신체·재산에 대한 침해 또는 침해의 우려가 있어서 출석의 어려움이 있거나 이 법에 따른 직무를 공정하게 수행하지 못할 염려가 있다고 인정되는 경우
	  - 공범 관계에 있는 피고인들 중 일부가 국민참여재판을 원하지 아니하여 국민참여재판의 진행에 어려움이 있다고 인정되는 경우
	  - 성폭력처벌법 제2조의 범죄로 인한 피해자(이하 "성폭력범죄 피해자"라 한다) 또는 법정대리인이 국민참여재판을 원하지 아니하는 경우
	  - 그 밖에 국민참여재판으로 진행하는 것이 적절하지 아니하다고 인정되는 경우
	• 법원은 배제결정을 하지 아니하는 것만으로 국민참여재판을 개시하며, 별도로 국민참여재판개시결정을 할 필요는 없다. 개시결정을 한 경우라 하더라도 그와 같은 법원의 결정은 판결전 소송절차에 관한 결정이므로 항고할 수 없다(2009모1032).
	• 사법의 민주적 정당성을 실현하기 위해 도입한 국민참여재판제도의 취지를 감안할 때, 국민참여재판 대상 사건의 피고인이 국민참여재판을 신청하였는데도 법원이 이에 대한 배제결정을 하지 않은 채 통상의 공판절차로 재판을 진행할 경우 그 공판절차는 위법하고, 이와 같이 위법한 공판절차에서 이루어진 소송행위는 무효라고 보아야 한다(2011도7106).
	• 제1심법원이 국민참여재판 대상이 되는 사건임을 간과하여 이에 관한 피고인의 의사를 확인하지 아니한 채 통상의 공판절차로 재판을 진행하였더라도, 피고인이 항소심에서 국민참여재판을 원하지 아니한다고 하면서 위와 같은 제1심의 절차적 위법을 문제삼지 아니할 의사를 명백히 표시하는 경우에는 하자가 치유되어 제1심 공판절차는 전체로서 적법하게 된다고 보아야 하고, 다만 위 권리를 침해한 제1심 공판절차의 하자가 치유된다고 보기 위해서는 피고인에게 국민참여재판절차 등에 관한 충분한 안내와 그 희망 여부에 관하여 숙고할 수 있는 상당한 시간이 사전에 부여되어야 한다(2012도1225).

통상사건 회부	• 공소장의 변경 등에 의한 통상사건으로의 회부(동법 제6조)
	  - 법원은 공소사실의 일부 철회 또는 변경으로 인하여 대상사건에 해당하지 아니하게 된 경우에도 국민참여재판을 계속 진행하는 것이 원칙이다.
	  - 다만, 법원은 심리의 상황 그 밖의 사정을 고려하여 국민참여재판으로 진행하는 것이 적당하지 아니하다고 인정되는 때에는 결정으로 당해사건을 (국민참여재판에 의하지 아니하고) 지방법원 본원합의부가 심판하게 할 수 있다.
	  - 일반재판절차로 진행하기로 한 법원의 결정에는 불복할 수 없다. 그러나 결정 전에 행한 소송행위는 결정 이후에도 그 효력에 영향이 없다.
	• 사정변경으로 국민참여재판의 진행이 부적절한 경우에 있어 통상사건회부(동법 제11조)
	  - 법원은 일정한 사유가 있는 경우(공판절차의 장기간정지, 성폭력범죄 피해자의 보호, 피고인에 대한 구속기간의 만료 등)에는 직권 또는 검사·피고인 또는 변호인이나 성폭력범죄 피해자 또는 법정대리인의 신청에 따라 결정으로 사건을 지방법원 본원 합의부가 국민참여재판에 의하지 아니하고 심판하게 할 수 있다.
	  - 법원은 회부결정을 하기 전에 검사·피고인 또는 변호인의 의견을 들어야 한다.
	  - 회부결정에 대하여는 불복할 수 없다. 회부결정 전에 행한 소송행위는 결정 이후에도 효력이 유지된다.

(3) 배심원의 선정

배심원 수	• 사건의 난이도에 따라 9인, 7인, 5인이 선정된다.
	  - 법정형이 사형 또는 무기징역·무기금고에 해당하는 사건 → 9인
	  - 그 외의 대상사건 → 7인
	  - 피고인 또는 변호인이 공판준비절차에서 공소사실의 주요내용을 인정시 → 5인(국민참여재판에서는 간이공판절차가 허용되지 않는다)
	• 다만, 법원은 사건의 내용에 비추어 특별한 사정이 있다고 인정되고 검사·피고인 또는 변호인의 동의가 있는 경우에 한하여 결정으로 배심원의 수를 7인과 9인 중에서 제1항과 달리 정할 수 있다.
	• 법원은 배심원의 결원 등에 대비하여 5인 이내의 예비배심원을 둘 수 있다.

선정방식	• 배심원은 만 20세 이상의 대한민국 국민 중에서 동법이 정하는 바에 따라 선정한다. • 국민참여법재판은 배심원 선정의 공정성을 기하기 위해 배심원자격의 결격과 제외, 제척, 면제등의 제도를 두고 있다. → 법원은 배심원후보예정자에게 결격, 제외 등의 사유를 묻기 위하여 질문할 수 있고, 검사, 피고인, 변호인은 법원에 질문을 신청할 수 있으며 법원은 검사, 피고인, 변호인이 직접 질문할 수 있도록 할 수도 있다. • 지방법원장은 매년 주민등록자료를 활용하여 배심원후보예정자 명부를 작성하여야 한다. • 법원은 배심원후보예정자 명부 중에서 필요한 수의 배심원후보자를 무작위 추출방식으로 정하여 배심원과 예비배심원의 선정기일을 통지하여야 한다. • 법원은 합의부원으로 하여금 선정기일의 절차를 진행하게 할 수 있으며 이 경우 수명법관은 선정기일에 관하여 법원 또는 재판장과 동일한 권한이 있다. • 배심원 선정기일은 공개하지 아니한다. • 법원은 검사, 피고인 또는 변호인에게 선정기일을 통지하여야 한다. 이 경우 검사와 변호인은 선정기일에 출석하여야 하며, 피고인은 법원의 허가를 얻어 출석할 수 있다. • 법원은 변호인이 선정기일에 출석하지 아니한 경우 국선변호인을 선정하여야 한다.
기피신청	• 검사 · 피고인 또는 변호인은 배심원에 대하여 형사소송법 제18조의 사유가 있으면 기피신청을 할 수 있다. • 국민참여재판에서 배심원에 대한 기피신청을 기각한 경우, 검사, 피고인 변호인은 기피신청을 기각한 법원에 이의신청을 할 수 있다. 이의신청을 기각한 결정에 대해서는 불복할 수 없다.
무이유부 기피신청	• 검사와 변호인은 각자 이유를 제시하지 아니하는 기피신청(무이유부기피신청)을 할 수 있다. 무이유부기피신청을 할 수 있는 배심원의 숫자는 다음과 같다. – 배심원이 9인인 경우는 5인 – 배심원이 7인인 경우는 4인 – 배심원이 5인인 경우는 3인 • 무이유부기피신청이 있는 때에는 법원은 당해 배심원후보자를 배심원으로 선정할 수 없다. • 법원은 검사 · 피고인 또는 변호인에게 순서를 바꿔가며 무이유부기피신청을 할 수 있는 기회를 주어야 한다.
선정결정	• 법원은 출석한 배심원후보자 중에서 당해 재판에서 필요한 배심원과 예비배심원의 수에 해당하는 배심원후보자를 무작위로 뽑고 이들을 대상으로 직권, 기피신청 또는 무이부기피신청에 의한 불선정결정을 한다. • 필요한 수의 배심원과 예비배심원 후보자가 확정되면 법원은 무작위의 방법으로 배심원과 예비배심원을 선정한다. • 예비배심원이 2인 이상인 경우에는 그 순번을 정하여야 한다. • 법원은 배심원과 예비배심원에게 누가 배심원으로 선정되었는지 여부를 알리지 아니할 수 있다.
해임 · 사임 추가선정	• 배심원의 해임: 법원은 일정한 사유가 있는 경우 직권 또는 검사 · 피고인 또는 변호인의 신청에 의하여 배심원 또는 예비배심원을 해임하는 결정을 할 수 있다. • 배심원의 사임: 배심원과 예비배심원은 직무를 계속 수행하기 어려운 사정이 있는 때에는 법원에 사임을 신청할 수 있고, 법원은 이러한 신청에 이유가 있다고 인정하는 때에는 당해 배심원 또는 예비배심원을 해임하는 결정을 할 수 있다. • 배심원의 추가선정: 배심원의 해임이나 사임으로 인하여 배심원의 수가 부족하게 된 경우 예비배심원은 미리 정한 순서에 따라 배심원이 된다. 이때 배심원이 될 예비배심원이 없는 경우 배심원을 추가로 선정한다. • 해임 후 남은 배심원만으로의 계속 진행: 국민참여재판 도중 심리의 진행 정도에 비추어 배심원을 추가 선정하여 재판에 관여하게 하는 것이 부적절하다고 판단되는 경우 법원은 남은 배심원만으로 계속하여 국민참여재판을 진행하는 결정을 할 수 있다. 이때 남은 배심원만으로 계속 절차를 진행하기 위하여는 다음의 절차를 거쳐야 한다. – 1인의 배심원이 부족한 때 → 검사 · 피고인 또는 변호인의 의견을 들어야 한다. – 2인 이상의 배심원이 부족한 때 → 검사 · 피고인 또는 변호인의 동의를 받아야 한다.

(4) 배심원의 결격, 제외, 제척, 면제

결격사유 (제17조)	• 피성년후견인 또는 피한정후견인 • 파산자로서 복권되지 아니한 사람 • 금고 이상의 실형을 선고받고 그 집행이 종료(종료된 것으로 보는 경우를 포함한다)되거나 집행이 면제된 후 5년을 경과하지 아니한 사람 • 금고 이상의 형의 집행유예를 선고받고 그 기간이 완료된 날부터 2년을 경과하지 아니한 사람 • 금고 이상의 형의 선고유예를 받고 그 선고유예기간 중에 있는 사람 • 법원의 판결에 의하여 자격이 상실 또는 정지된 사람
직업 등에 따른 제외사유 (제18조)	• 대통령 • 국회의원 · 지방자치단체의 장 및 지방의회의원 • 입법부 · 사법부 · 행정부 · 헌법재판소 · 중앙선거관리위원회 · 감사원의 정무직 공무원 • 법관 · 검사 • 변호사 · 법무사 • 법원 · 검찰 공무원 • 경찰 · 교정 · 보호관찰 공무원 • 군인 · 군무원 · 소방공무원 또는 예비군법에 따라 동원되거나 교육훈련의무를 이행 중인 예비군
면제사유 (제20조)	• 만 70세 이상인 사람 • 과거 5년 이내에 배심원후보자로서 선정기일에 출석한 사람 • 금고 이상의 형에 해당하는 죄로 기소되어 사건이 종결되지 아니한 사람 • 법령에 따라 체포 또는 구금되어 있는 사람 • 배심원 직무의 수행이 자신이나 제3자에게 위해를 초래하거나 직업상 회복할 수 없는 손해를 입게 될 우려가 있는 사람 • 중병 · 상해 또는 장애로 인하여 법원에 출석하기 곤란한 사람 • 그 밖의 부득이한 사유로 배심원 직무를 수행하기 어려운 사람
제척사유 (제19조)	• 피해자 • 피고인 또는 피해자의 친족이나 이러한 관계에 있었던 사람 • 피고인 또는 피해자의 법정대리인 • 사건에 관한 증인 · 감정인 · 피해자의 대리인 • 사건에 관한 피고인의 대리인 · 변호인 · 보조인 • 사건에 관한 검사 또는 사법경찰관의 직무를 행한 사람 • 사건에 관하여 전심 재판 또는 그 기초가 되는 조사 · 심리에 관여한 사람

(5) 국민참여재판의 공판준비 및 공판기일의 절차

필수적 공판준비 절차	• 재판장은 피고인이 국민참여재판을 원하는 의사를 표시한 경우에 사건을 공판준비절차에 부쳐야 한다(동법 제36조). • 공판준비기일은 공개한다. 다만, 법원은 공개함으로써 절차의 진행이 방해될 우려가 있는 때에는 공판준비기일을 공개하지 아니할 수 있다. • 공판준비기일에는 배심원이 참여하지 아니한다(동법 제37조 제4항).
공판절차 특칙	• 국민참여재판법에 특별한 규정이 없으면 법원조직법 · 형사소송법 등 다른 법령을 적용한다(동법 제4조). • 필요적 변호: 국민참여재판에 관하여 변호인이 없는 때에는 법원은 직권으로 변호인을 선정하여야 한다(동법 제7조). • 배심원의 증거능력 판단배제: 배심원 또는 예비배심원은 법원의 증거능력에 관한 심리에 관여할 수 없다(동법 제44조). • 간이공판절차 규정의 배제: 국민참여재판에는 형사소송법상 간이공판절차 규정을 적용하지 아니한다(동법 제43조). • 배심원 · 예비배심원의 추가선임과 공판절차의 갱신: 공판절차가 개시된 후 새로 재판에 참여하는 배심원 또는 예비배심원이 있는 때에는 공판절차를 갱신하여야 한다. 갱신절차를 진행함에 있어서는 새로 참여한 배심원 또는 예비배심원이 쟁점 및 조사한 증거를 이해할 수 있도록 하되 그 부담이 과중하지 않도록 하여야 한다(동법 제45조).

| 배심원의
권리·
의무 | • 배심원의 권리
  – 피고인·증인에 대하여 필요한 사항을 신문하여 줄 것을 재판장에게 요청하는 행위
  – 필요하다고 인정되는 경우 재판장의 허가를 받아 각자 필기를 하여 이를 평의에 사용하는 행위(동법 제41조 제1항)
  – 배심원은 국민참여재판을 하는 사건에 관하여 사실의 인정, 법령의 적용 및 형의 양정에 관한 의견을 제시할 수 있다(동법 제12조).
• 배심원의 절차상 의무: 배심원과 예비배심원은 다음 행위를 하여서는 아니 된다(동법 제41조 제2항).
  – 심리 도중에 법정을 떠나거나 평의·평결 또는 토의가 완결되기 전에 재판장의 허락 없이 평의·평결 또는 토의 장소를 떠나는 행위
  – 평의가 시작되기 전에 당해사건에 관한 자신의 견해를 밝히거나 의논하는 행위
  – 재판절차 외에서 당해사건에 관한 정보를 수집하거나 조사하는 행위
  – 이 법에서 정한 평의·평결 또는 토의에 관한 비밀을 누설하는 행위
• 필기 및 내용 비공개: 배심원과 예비배심원은 재판장의 허가를 받아 각자 필기를 하여 이를 평의에 사용할 수 있다. 다만 이 경우에도 재판장은 배심원과 예비배심원에게 평의 도중을 제외한 어떤 경우에도 자신의 필기 내용을 다른 사람이 알 수 없도록 할 것을 주지시켜야 한다(동규칙 제34조). |

(6) 배심원의 평결 및 판결선고 절차

재판장의 설명		재판장은 변론이 종결된 후 법정에서 배심원에게 공소사실의 요지와 적용법조, 피고인과 변호인 주장의 요지, 증거능력 그 밖에 유의할 사항에 관하여 설명하여야 한다. 필요한 경우에는 증거의 요지에 관하여도 설명할 수 있다(동법 제46조 제1항).
평의· 평결	만장일치	심리에 관여한 배심원은 재판장의 설명을 들은 후 유무죄에 관하여 평의하고, 전원의 의견이 일치하면 그에 따라 평결한다(동법 제46조 제2항). 다만, 배심원 과반수의 요청이 있으면 심리에 관여한 판사의 의견을 들을 수 있다.
	만장일치 아닌 경우	• 배심원은 유무죄에 관하여 전원의 의견이 일치하지 아니하는 때에는 평결을 하기 전에 심리에 관여한 판사의 의견을 들어야 한다(필수적 절차). • 이 경우에 유무죄의 평결은 다수결의 방법으로 한다. • 심리에 관여한 판사는 평의에 참여하여 의견을 진술한 경우에도 평결에는 참여할 수 없다(동법 제46조 제3항).

법원의 판결선고		• 배심원의 평결과 의견은 법원을 기속하지 아니한다(동법 제46조 제5항).
		• 배심원의 평결의 결과는 소송기록에 편철하여야 한다(동법 제46조 제6항).
		• 배심원은 평의·평결 및 토의과정에서 알게 된 판사 및 배심원 각자의 의견과 그 분포 등을 누설하여서는 아니 된다(동법 제47조).
		• 판결의 선고는 변론을 종결한 기일에 하여야 하는 것이 원칙이다. 그러나 특별한 사정이 있는 때에는 따로 선고기일을 지정할 수 있다. 예외적으로 선고기일을 따로 지정하는 경우라도 그 선고기일은 변론종결 후 14일 이내로 정하여야 한다.
		• 새로 지정된 선고기일은 배심원의 출석 없이 개정할 수 있다(동규칙 제43조).
		• 판결서의 기재
		  – 판결서에는 배심원이 재판에 참여하였다는 취지를 기재하여야 하고, 배심원의 의견을 기재할 수 있다(동법 제49조 제1항).
		  – 그러나 법원이 배심원의 평결결과와 다른 판결을 선고하는 때에는 판결서에 그 이유를 기재하여야 한다(동법 제49조 제2항).

상소의 허용		국민참여재판에 대한 상소는 허용된다. 다만, 사법의 민주적 정당성과 신뢰를 높이기 위해 도입된 국민참여재판의 취지를 감안할 때, 배심원이 만장일치로 무죄평결하고 재판부 역시 이를 그대로 받아들인 경우라면, 항소심에서의 새로운 증거조사를 통해 그에 명백히 반대되는 충분하고도 납득할 만한 현저한 사정이 나타나지 않는 한 이를 번복시키는 것은 허용되지 않는다(2009도14065).

03 증거

1 증거의 의의와 종류

(1) 증거와 증명의 의의

① 기본개념

요증사실· 입증취지	• 증거: 범죄사실을 구체적으로 확인하기 위한 자료를 증거라 한다. • 증명: 증거에 의하여 사실관계가 확인되는 과정을 증명이라 한다. • 요증사실: 형법을 적용하기 위하여 증명되어야 할 사실을 요증사실이라 한다. • 입증취지: 증거와 증거를 통해 증명하고자 하는 사실과의 관계를 입증취지라고 한다. → 증거는 일괄제출이 원칙이고 증거를 제출함에는 입증취지를 밝혀야 한다.
증거방법· 증거자료	• 증거는 증거방법과 증거자료의 두 가지 의미를 포함한다. • 증거방법이란 증인·증거물 또는 증거서류 등 사실인정의 자료가 되는 유형물 자체를 말한다. 증거방법은 증거조사의 객체가 된다. • 증거자료란 증인신문에 의하여 얻게 된 증언, 증거물의 조사에 의하여 얻게 된 증거물의 성질 등 증거방법을 조사함에 의하여 알게 된 내용을 말한다. 예 증인은 증거방법이고 증인신문은 증거조사이며, 그로 인하여 얻어 낸 증언 자체는 증거자료에 해당한다.

② 증거의 방법·자료·조사

구분	내용	예시
증거방법	사실인정에 사용될 수 있는 사람 또는 물건 그 자체	증인, 감정인, 증거물, 증거서류
증거자료	법관이 증거방법을 조사하여 얻어진 내용 그 자체	증인의 증언, 감정결과, 서류내용
증거조사	증거방법으로부터 증거자료를 획득하는 절차	신문, 검증, 열람·낭독

더 알아보기

증거방법과 증거자료
- 증인(증거방법) → 증인신문(증거조사) → 증언(증거자료)
- 피고인의 자백은 증거가 되며 그 신체는 검증의 대상이 된다는 점에서 제한된 범위 내에서 증거방법이 된다.

③ 형사소송법상 증명과 소명
  ㉠ 증명: 법관이 요증사실에 대하여 합리적 의심의 여지가 없을 정도로 강력한 심증을 가지게 되는 것을 말한다. → 범죄사실의 인정은 합리적 의심없는 정도의 심증에 의하여야 한다.
  ㉡ 증명의 원칙: 범죄사실의 인정을 위해서는 증명의 방법에 의하는 것이 원칙이다(제307조 제2항).
  ㉢ 소명: 어떤 사실의 존부에 관하여 법관에게 확신을 갖게 할 필요는 없고 법관으로 하여금 단지 진실할 것이라는 인식을 갖게 함으로써 족한 것(예 '그러하리라는', '사실일 것이다'는 인식)을 말한다.
  ㉣ 소명의 예외적 허용: 소명은 명문의 규정이 있는 경우에만 허용된다.
    • 기피신청 시 기피사유의 소명(제19조 제2항)
    • 증언거부 시 증언거부사유의 소명(제150조)

- 증거보전 청구 시 청구사유의 소명(제184조 제3항)
- 수사상 증인신문 청구 시 청구사유의 소명(제221조의2 제3항)
- 공판준비기일 종결 후 공판기일에 증거를 제출할 수 있는 사유(제266조의13 제1항)
- 상소권회복 청구 시 제345조의 책임질 수 없는 사유의 소명(제346조 제2항)
- 약식명령에 대한 정식재판 청구사유의 소명(제458조 제1항)

(2) 증거의 종류

직접증거와 간접증거	• 직접증거: 직접증거란 직접 요증사실의 증명에 이용되는 증거를 말한다. 　예 목격자의 증언, 피고인의 자백 • 간접증거: 간접증거란 요증사실을 간접적으로 추인케 할 수 있는 증거를 말한다. 　예 범행현장의 지문, DNA, 혈흔 • 자유심증주의 하에서 양자의 증명력에는 우열이 없다. 　예 간접증거만으로도 피고인에게 유죄를 인정할 수 있고, 직접증거가 있더라도 무죄가 가능하다. • 직접증거와 간접증거의 구별은 상대적이다.
인증·물증	• 인증이란 피고인, 증인, 감정인 등과 같이 살아 있는 사람이 증거방법이 되는 경우를 말한다. • 물증이란 사람 이외의 유체물이 증거방법으로 되는 경우를 말한다. 서증은 물증의 일종이다. • 인증과 물증은 증거조사를 위한 방식에 차이가 있다. 　예 인증의 조사를 위한 강제처분 → 소환, 물증의 조사를 위한 강제처분 → 압수
인적증거와 물적증거	• 인적증거란 증인의 증언, 피고인의 진술 등 사람이 진술이 증거로 되는 경우를 말한다. • 물적증거란 인적증거 이외의 증거로서, 물건이나 사람의 상처 등이 증거로 되는 경우를 말한다. 　예 사람은 인증이나, 사람의 상처는 물적증거이다. 증거서류는 물증이나, 사람의 진술이 증거로 되는 이상 인적증거에 해당한다.
진술증거와 비진술증거	• 진술증거란 사람의 진술(구술 또는 서면)의 의미내용이 증거로 되는 경우를 말한다. • 비진술증거란 진술증거 이외의 단순한 증거물이나 사람의 신체성상 등이 증거로 되는 경우를 말한다. • 진술증거의 경우 전문법칙이 적용되고 진술의 임의성이 요구된다는 점에서 비진술증거와 구별된다.
실질증거와 보조증거	• 실질증거란 주요사실의 존부를 직·간접으로 증명하기 위해 사용되는 증거를 말한다. • 보조증거란 주요사실이 아닌 사실로서 실질증거의 증거능력 또는 증명력과 관련된 사실을 증명하기 위한 증거를 말한다. 보조증거는 증강증거와 탄핵증거로 구분된다.
본증과 반증	• 본증이란 거증책임을 지는 당사자가 제출하는 증거를 말한다. • 반증이란 반대당사자가 본증에 의하여 증명될 사실을 부정하기 위하여 제출하는 증거를 말한다. • 본증과 반증은 증거의 제출순서에 의한 구별이다. 실무상 검사가 먼저 증거를 제출하므로 검사 제출증거가 본증인 경우가 많다.

(3) 증거법의 체계

증거법의 의미	• 증거법이란 형법법규의 적용의 전제인 사실관계를 확정하는 데 필요한 법규범의 총체를 의미한다. • 증거법은 증거능력에 관한 규정(제307조 이하)과 증거조사에 관한 규정(제290조 이하)으로 나뉜다.
증거능력과 증명력	• 증거능력이란 증거가 엄격한 증명의 자료로 사용될 수 있는 법률상의 자격을 말한다. → 증거능력이 있는 증거만을 토대로 사실을 인정해야 하는 것이 원칙이다. • 증명력이란 문제되고 있는 사실을 증명할 수 있는 증거의 실질적 가치, 즉 신빙성을 말한다. → 증명력과 관련하여서는 형사소송법 제308조의 자유심증주의가 원칙이다.

(4) 증거능력과 증명력의 비교

구분	증거능력	증명력
의의	증거가 '엄격한 증명의 자료'로 사용될 수 있는 법률상의 자격(증거능력 = 법정에 현출될 수 있는 자격)	사실을 증명할 수 있는 증거의 실질적 가치(증명력 = 신빙성)
판단	증거능력은 법률에 의하여 형식적 · 객관적으로 결정	증명력은 법관의 자유심증으로 판단(자유심증주의)
증거 법칙	• 증거재판주의(제307조) • 자백배제법칙(제309조) • 위법수집증거배제법칙(제308조의2) • 전문법칙(제310조의2)	• 자유심증주의(제308조) • 자백보강법칙(제310조) • 공판조서의 배타적 증명력(제56조)
구별 실익	• 법원은 먼저 증거능력 유무를 가린 후에 증명력의 문제를 다루게 된다. • 증명력이 충분한 증거라 할지라도 증거능력이 없는 증거는 사실인정의 자료가 될 수 없으며, 증거조사를 하는 것도 허용되지 않는다. 다만, 자유로운 증명의 자료로 사용될 때에는 증거능력을 요하지 않는다. • 증거는 증거제출자에게 불리하게 사용될 수도 있다(증거공통의 원칙). 다만, 증거공통의 원칙은 증거의 증거조사를 불필요하게 하는 힘은 없다. 따라서 제출자에게 불리한 증거로 사용하려면 별도의 증거조사를 거쳐야 한다(판례).	

2 증명의 기본원칙

(1) 증거재판주의

> **제307조(증거재판주의)**
> ① 사실의 인정은 증거에 의하여야 한다.
> ② 범죄사실의 인정은 합리적인 의심이 없는 정도의 증명에 이르러야 한다.

의의	• 증거재판주의란 사실의 인정은 증거에 의하여야 한다는 원칙을 말한다(제307조 제1항). • 증거재판주의란 엄격한 증명의 법리를 내용으로 한다(엄격한 증명 = 증거능력 있고 법정(法定)의 증거조사를 거친 증거에 의하여 사실을 인정하는 것). • 학설과 판례는 신속한 재판을 구현하고 피고인의 이익을 위하여 자유로운 증명을 고안(자유로운 증명 = 증거능력이 없거나 법정(法定)의 증거조사를 거치지 않은 증거에 의하여 사실을 인정하는 것)
엄격한 증명 (원칙)	공소범죄사실, 구성요건해당성, 고의 · 과실, 공모공동정범의 공모, 목적, 상습성의 기초가 되는 사실, 처벌조건(예 친족상도례의 적용에 있어 친족인지 여부, 파산범죄에 있어 파산 여부), 워드마크공식의 적용에 있어 체중 · 성별 등의 워드마크인자, 증명력을 증강시키는 보조사실, 누범전과, 상습전과, 간접사실, 특별한 경험법칙, 법원에 현저한 사실, 진위가 불명한 외국법규, 위법성 · 책임조각사유의 부존재 등
자유로운 증명 (예외)	• 특신상태 • 탄핵증거 • 추징과 몰수 • 심신상실 · 미약 • 증명력 감쇄의 보조사실 • 명예훼손죄에 있어서 피고인의 사실증명과 오로지 공공의 이익을 위한다는 점의 증명 • 정상관계사실(양형참작사유, 예 상습범이나 누범이 아닌 전과사실) • 순수한 소송법적 사실(예 공소제기여부, 고소, 압수 · 수색의 절차, 증거능력, 자백 · 진술의 임의성, 증거동의의 진정성, 관할권의 존부) → 행위지 법률에 의해 범죄를 구성하는지(외국법규의 문제)나 군인인지 민간인인지 여부(재판권의 문제)는 엄격한 증명을 요한다(판례).
증명력	양자는 증거능력의 유무와 증거조사방법에서 차이가 있을 뿐 심증의 정도에 차이가 있는 것은 아니다. 엄격한 증명과 자유로운 증명은 모두 합리적 의심이 없는 증명 또는 확신을 요한다(판례).

불요증 사실	• 공지의 사실, 법률상 추정된 사실, 거증금지 사실(예 공무원의 공무상비밀에 관한 압수 · 증언의 금지) 등을 불요증사실이라 부른다. • 공지의 사실인지는 상대적으로 결정된다. 따라서 모든 사람에게 알려져 있지 않더라도 공지의 사실이 될 수 있다. 예 북한이 반국가단체라는 점은 공지의 사실이다(판례). • 헌법상 무죄추정의 원칙을 고려하여 형사소송법상 법률상 추정은 인정되지 않는다. 그러나 특별법상으로는 법률상 추정이 인정되기도 한다. 예 환경범죄의 단속에 관한 특별조치법 제11조에 따른 오염물질 불법배출과 위험발생 간의 인과관계의 추정, 공무원범죄에 관한 몰수특례법 제7조의 불법재산의 입증) • 위법성이나 책임은 사실상 추정되는데, 사실상 추정은 다투기만 하면 깨진다. 예 피고인이 위법성조각사유나 책임조각사유 주장시 사실상 추정은 깨지고 검사가 엄격한 증명으로 그 부존재를 입증하여야 한다.

(2) 거증책임

의의	• 거증책임이란 증명시도에도 불구하고 어떠한 사실의 진위불명시 최종적인 불이익을 부담하는 당사자의 지위를 말한다. 거증책임은 재판의 처음부터 끝가지 고정되어 있다. • 입증의 부담이란 어떠한 사실이 일응 입증된 경우 상대방이 사실상 부담하는 위험을 말한다. 입증의 부담은 재판진행 중 상대방에게 이전하는 속성을 지닌다. • 거증책임은 재판불능을 방지하기 위한 장치로서 당사자주의 소송구조뿐 아니라 직권주의적 소송구조에서도 필요하다.
거증책임의 분배	• 헌법 제27조 제4항은 무죄추정권을 형사피고인의 기본권으로 천명하고 있는바, 모든 사실은 원칙적으로 검사가 거증책임을 지게 된다. - 공소범죄사실, 구성요건해당사실, 위법성 · 책임조각사유의 부존재의 거증책임 → 검사 - 처벌조건의 거증책임 → 검사 - 형의 가중사유, 형의 감면사유의 거증책임 → 검사 - 소송법적 사실 　예 친고죄에 있어서 고소 · 고발(소송수행을 위한 적극적 요건), 공소시효완성의 거증책임 → 검사 - 진단서를 검사가 증거로 제출하는 경우에 그 증거능력을 부여할 거증책임 → 검사 - 증거능력 전제사실(자백의 임의성의 기초사실)의 거증책임 → 검사 • 거증책임을 부인하는 견해는 헌법 제27조 제4항의 취지상 in dubio pro reo(의심스러울 때는 피고인의 이익으로)에 따라 무죄를 선고하면 되므로 우리나라 법제에서는 별도로 거증책임을 논할 필요가 없다는 입장을 말한다.
거증책임의 전환	• 의의: 검사거증책임에 대한 예외로서 피고인이 거증책임을 부담하는 경우를 말한다. • 형법 제263조의 상해죄의 동시범특례 → 거증책임의 전환(통설) 　예 甲과 乙이 의사연락 없이 다른 시간에 A를 폭행하였는데, A가 상해를 입은 경우, 甲과 乙은 자신의 행위로 인하여 상해의 결과가 발생하지 않았음(인과관계의 부존재)을 증명하지 못하는 이상 공동정범의 예에 의해 처벌된다. • 명예훼손죄의 위법성조각을 위한 전제사실(형법 제310조) → 거증책임의 전환(판례) 　예 피고인 甲은 A의 명예를 훼손하였다. 甲은 자신은 오로지 공공의 이익을 위하여 본 신문기사를 게재한 것이고 자신은 진실한 사실로 오신하였다고 주장하고 있으나, 법원은 사실인지 여부에 대하여 심증을 형성할 수 없는 경우 → 피고인이 거증책임을 지므로 위법성이 조각될 수 없고 유죄판결을 받게 된다.

(3) 자유심증주의

> **제308조(자유심증주의)**
> 증거의 증명력은 법관의 자유판단에 의한다.

의의	• 증거의 증명력 평가를 법률로 규정하지 않고 법관의 자유로운 판단에 맡기는 원칙을 말한다. → 법정증거주의란 증거의 증명력을 법률로 정해 놓은 주의로서, 일정한 증거가 존재하면 반드시 일정한 사실의 존재를 인정해야 한다는 원칙을 말한다. • 프랑스혁명 이후 프랑스치죄법은 법정증거주의를 버리고 자유심증주의를 채택하였다. • 우리나라 형사소송법 제308조는 자유심증주의를 원칙으로 하고 있다.

내용	• 자유판단의 주체: 증거의 증명력을 판단하는 주체는 개개의 법관이다. 합의제 법원의 경우에도 증명력 판단의 주체는 개개의 법관이다.
	• 자유판단의 대상은 증거의 증명력이다. → 증거의 증명력에 관한 한 그 증거가 엄격한 증명인가 자유로운 증명인가를 불문하고 자유심증주의가 적용된다.
	• 자유판단의 의미
	  – 증거의 취사선택은 법관의 재량에 맡겨지며, 모순되는 증거가 있는 경우에 어느 증거를 믿는가도 법관의 자유에 속한다.
	  – 동일증거의 일부만을 믿을 수 있고(증거의 취신이 가능), 종합증거에 의한 사실인정도 가능하다.
	  – 증인이 성년인가 미성년인가, 책임능력자인가 책임무능력자인가에 따라 증거의 증명력에 법률상 차이가 있는 것은 아니다.
	  – 선서한 증인의 증언이 선서하지 않은 증인의 증언보다 증명력이 높은 것도 아니다.
	  – 감정인의 감정결과도 반드시 법관을 구속하는 것은 아니다. 판례는 법관은 심신상실이라는 감정결과에 반하여 책임능력을 인정하여 유죄판결을 할 수 있으며(66도529), 감정의견 중 다수의견이 아니라 소수의견을 채택할 수도 있다(75도2068).
	  – 증거서류의 증명력에 관하여도 법관의 자유판단을 제한할 증거법칙은 없다. 따라서 처분문서라 하여도 이를 배척하는 이유설시를 하여야 한다는 법칙은 인정되지 않는다(81도3148).
	• 진술조서의 기재 중 일부를 믿고 다른 부분을 믿지 아니한다고 하여도 그것이 곧 부당하다고 할 수 없다.
	  – 다수 증거를 종합한 종합증거에 의하여도 사실을 인정할 수 있다(93도1936).
	  – 직접증거가 없더라도 간접증거만을 가지고도 유죄를 인정할 수 있다(96도1783).
	• 자유심증주의는 사실인정의 합리성을 이념으로 한다. 따라서 자유심증주의 자유가 자의를 의미한다고는 할 수 없으며, 논리칙과 경험칙에 반하지 않아야 한다.
	  예 일관성이 없는 진술(83도3150)이나 애매하고 모순된 진술(84도846) 또는 객관적 합리성이 인정되지 않아 신빙성이 없는 증거(87도317)로 사실을 인정하는 것은 논리법칙에 반하는 것으로 허용되지 않는다.

자유심증 주의의 예외	• 자백의 보강법칙: 법관이 피고인의 자백만으로 충분한 유죄의 심증을 얻었더라도 이를 보강하는 다른 증거가 없는 한 유죄를 선고할 수 없다(제310조). • 공판조서의 배타적 증명력: 공판기일의 소송절차에 관해서는 공판조서에 기재된 것은 법관의 심증 여하를 불문하고 그 기재된 대로 인정해야 한다(제56조). • 진술거부권·증언거부권의 행사: 진술거부권의 행사나 근친자의 형사책임에 대한 증언거부권의 행사를 피고인에게 불리한 심증형성의 자료로 사용할 수 없는 것이 원칙이다.
자유심증의 정도	• 범죄사실의 인정을 위한 심증의 정도는 합리적 의심이 없을 정도에 이르러야 한다. • 합리적 의심 없는 정도의 심증이란 모든 의문, 불신을 포함하는 것이 아니라 논리와 경험법칙에 따라 요증사실과 양립할 수 없는 사실의 개연성에 대한 합리성 있는 의문이 없는 것을 의미하는 것이다(99도1252). • 법관은 합리적 의심 없는 정도의 증명 또는 확신의 상태에 도달하지 못한 때에는 in dubio pro reo의 원칙에 따라 피고인에게 무죄판결을 해야 한다.

3 위법수집증거배제법칙

(1) 서설

> 제308조의2(위법수집증거의 배제)
> 적법한 절차에 따르지 아니하고 수집한 증거는 증거로 할 수 없다.

의의	• 위법수집증거배제법칙이란 적법한 절차에 따르지 아니하고 수집한 증거는 증거로 할 수 없다는 원칙을 말한다. • 헌법 제12조 제1항의 적법절차원칙을 근거로 한다.
연혁	• 2008.1.1. 이전에는 개별조항으로 자백배제법칙(제309조)이나 통신비밀보호법 제4조가 존재하는 이외에는 형사소송법에 명시되어 있지 않았다. • 종래 판례는 진술증거에는 위법수집증거배제법칙을 적용하여 왔으나, 비진술증거에는 이른바 성질·형상불변론에 따라 위수증을 적용하지 않았다. • 종래부터 위수증을 적용한 사례: 진술거부권 침해, 변호인의 접견교통권 침해, 위법한 긴급체포 기간 중에 작성된 피의자신문조서 • 그러나, 대법원은 제주지사실 압수·수색사건을 통하여 성질·형상불변론은 폐기하였고 비진술증거에 대해서도 위법수집증거배제법칙을 적용하였다. • 2008.1.1. 시행 형사소송법 제308조의2는 명문으로 위법수집증거배제법칙을 규정하고 있다. 따라서 진술증거뿐 아니라 비진술증거에도 위수증이 적용됨이 명확해졌다.
증거배제의 기준	• 제308조의2의 증거배제의 기준은 헌법 제12조 제1항의 적법절차원칙이다. • 형식적 절차위반이 있더라도 곧바로 증거능력이 배제된다고 볼 수 없다. → 이익형량에 따라 중대한 위법이 있는 경우에만 증거능력이 배제된다. 예 중대한 위법의 예: 헌법규정을 위반한 경우, 수사기관의 수사활동이 형벌법규를 저촉하는 경우, 형사소송법의 효력규정을 위반하는 증거수집의 경우 • 형식적 절차위반으로 수집된 증거와 그로부터 파생된 증거는 증거능력이 배제되는 것이 원칙이나, 형사소추의 필요성이 긴절한 경우나 독수과실의 예외에 해당하는 경우에는 예외적으로 증거능력이 인정된다. → 증거능력이 인정되는 예외적 사정은 검사가 입증하여야 한다(판례). • 수사기관에 의하여 위법하게 수집한 증거뿐 아니라 법원에 의하여 위법하게 수집한 증거에 대해서도 위법수집증거배제법칙이 적용된다(판례).

(2) 파생증거의 증거능력(독수과실과 독수과실의 예외이론)

독수과실 이론	• 독수과실의 이론이란 위법수사에 의하여 획득한 1차 증거를 근거로 하여 파생된 그 밖의 증거들까지도 증거능력을 배제하자는 이론을 말한다. 독수독과의 이론 또는 독나무의 열매이론이라고도 한다. • 판례는 임의성이 의심되어 증거능력이 없는 자백에 의하여 획득한 증거물의 증거능력을 부인하는 등 독수과실이론에 따라 2차 증거의 증거능력 또한 배제하고 있다.
독수과실의 예외	• 의의: 위법수집증거나 독수과실도 예외적으로 증거능력이 있다는 이론 • 오염순화의 예외이론(희석이론): 후에 피고인이 자의로 행한 행위가 존재하거나, 법원의 사법적 개입이 존재하는 등으로 인하여 위법증거와의 인과관계가 단절되는 경우에는, 1차 증거의 위법성의 오염이 희석되어 파생증거에 영향을 미치지 않는다고 보는 이론 　예 경찰관이 위법하게 피의자의 집에 침입하여 자백을 받은 후에 피의자가 경찰서에 자진출석하여 자백서에 서명한 경우나, 영장을 제시받지 못한 채로 불법구속된 피의자에 대한 구속적부심사과정에서 법원이 영장을 제시하여 주었고, 그 이후 이루어진 수사 및 공판단계에서 획득한 피고인의 자백 • 불가피한 발견의 예외이론: 1차 증거가 없더라도 합법적인 수단에 의해 파생증거를 불가피하게 발견하였을 것을 증명하였을 때에는 증거로 허용할 수 있다고 보는 이론 　예 경찰관이 피의자의 권리를 침해하고 신문하여 사체의 소재를 알게 되었으나 그 당시 다른 수사가 진행되어 있었고 진행되었던 다른 수사에 의해서도 시체를 발견했을 것이라는 점이 증명된 경우 • 독립된 오염원의 예외이론: 1차 증거와 파생증거 사이에 조건적 인과관계가 긍정된다고 하더라도, 파생증거를 획득한 것이 1차 증거의 수집원인이었던 위법수사를 이용한 것이 아닌 경우에는 파생증거의 증거능력을 인정할 수 있다는 이론 　예 수사기관의 위법행위가 자행되었으나, 다른 수사팀에서도 수사가 진행 중이었고 실제 증거를 발견한 수사기관은 위법행위를 하지 않은 다른 수사팀인 경우 • 선의의 신뢰이론: 수사기관이 영장의 유효함을 신뢰하여 강제수사를 행한 경우 사후 영장이 무효라는 사실이 밝혀진다고 하여도 영장에 기한 수사 당시 수사기관이 선의였다면 증거능력을 인정할 수 있다고 보는 이론 　예 수사기관이 압수 · 수색영장을 청구하였는데, 법원이 과실로 인하여 요건이 갖추어지지 않았음에도 영장을 발부해 주었고, 수사기관 역시 영장의 유효성을 신뢰한 상태로 압수 · 수색한 경우

(3) 위법수집증거와 증거동의 · 탄핵증거, 사인의 위수증

위수증과 증거동의	• 의의: 위법하게 수집되어 제308조의2에 따라 증거능력이 부정되는 증거에 대해서도 증거동의를 통하여 증거능력을 부여할 수 있는지 문제된다. • 학설: 긍정설, 부정설, 절충설로 대립 • 판례: 일관적이지 않다. 반대신문권이 문제되는 사안에서는 대체적으로 증거동의 인정하나, 영장주의 위반 등으로 수집한 증거에 대해서는 증거동의를 불허한다.
위수증과 탄핵증거	• 의의: 위법수집증거를 탄핵증거로 사용할 수 있는지 문제된다. • 통설은 위법수집증거는 탄핵증거로 사용할 수 없다고 본다(소극설).
사인의 위수증	• 의의: 사인이 위법하게 수집한 증거도 위법수집증거배제법칙이 적용되는지 문제된다. • 학설: 긍정설, 부정설, 절충설(이익형량설)로 대립 • 판례: 판례는 침해되는 사생활의 영역과 피고인에 대한 형사소추의 필요성을 이익형량하여 그 적용여부를 결정하여야 한다고 보아(97도1230) 이익형량설의 입장이다.

4 자백배제법칙

(1) 자백배제법칙의 의의

> **헌법 제12조**
> ⑦ 피고인의 자백이 고문·폭행·협박·구속의 부당한 장기화 또는 기망 기타의 방법에 의하여 자의로 진술된 것이 아니라고 인정될 때 또는 정식재판에 있어서 피고인의 자백이 그에게 불리한 유일한 증거일 때에는 이를 유죄의 증거로 삼거나 이를 이유로 처벌할 수 없다.
>
> **형사소송법 제309조(강제 등 자백의 증거능력)**
> 피고인의 자백이 고문, 폭행, 협박, 신체구속의 부당한 장기화 또는 기망 기타의 방법으로 임의로 진술한 것이 아니라고 의심할 만한 이유가 있는 때에는 이를 유죄의 증거로 하지 못한다.

(2) 자백배제법칙의 적용범위

피고인의 자백	• 자백에 있어 진술자의 법적 지위, 자백의 상대방, 자백의 형식 등은 문제되지 않는다. • 피고인이 참고인의 지위에서 한 자백이나, 사인에 대해서 한 자백, 자신의 일기장에 쓴 자백에 대해서도 자백배제법칙이 적용된다.	
임의성 의심 사유		제309조의 고문·폭행·협박·부당한 장기구속·기망은 자백의 임의성을 의심스럽게 하는 정형적인 예시일 뿐이다.
	고문·폭행·협박	예 피고인이 직접 고문을 당하지 않더라도 다른 피고인이 고문당하는 것을 보고 자백한 경우(77도463) → 고문이나 폭행에 의한 자백으로 증거능력 × 예 피의자가 경찰조사 과정에서 고문에 의한 자백을 한 후 다시 검사 앞에서 자백한 경우에 검사 면전의 자백이 경찰의 강압수사에 의하여 생긴 임의성 없는 심리상태가 검사의 조사단계까지 계속된 결과 행해진 것이라면 검사 앞에서 조사받을 당시에는 고문 등 자백강요를 당한 바 없었다 하여도 검사 앞에서의 자백은 증거능력이 없다(판례).
	신체구속의 부당한 장기화	경찰조사단계에서의 장기구금(약 13~15일)으로 인한 임의성 없는 상태가 검사조사단계까지 계속된 경우 검사조사단계의 자백 또한 증거능력 없다(판례).
	기망	• 기망이란 국가기관에 의한 신문방법이 정당하지 않음을 비난할 수 있을 정도로 적극적인 사술이 있을 것을 요한다. • 공범자가 자백하였다고 거짓말을 한 경우 → 기망에 의한 자백 ○ 예 피의자 신문에 참여한 검찰주사가 피의사실을 자백하면 피의사실 부분을 가볍게 처리하고 보호감호를 청구하지 않겠다는 각서를 작성해 주며 자백을 유도한 경우(85도2182)

	약속	판례는 약속이 부당한 이익과 교환되었는지 여부에 따라 판단한다.
		• 부당한 이익과 교환 = 증거능력 ×
		  - 검사가 기소유예를 해주겠다고 하여 이를 믿고 한 자백
		  - 특정범죄가중처벌 등에 관한 법률을 적용하지 않고 가벼운 수뢰죄로 처벌받게 해주겠다는 약속에 의하여 자백한 경우(83도2782)
		• 증거능력 ○
		  - 증거가 발견되면 자백하겠다는 약속에 의한 자백
		  - 거짓말탐지기 결과 일정한 반응이 나타나면 자백하겠다는 약속에 의한 자백(83도712)

	철야신문	피고인의 검찰에서의 자백은 피고인이 검찰에 연행된 때로부터 약 30시간 동안 잠을 재우지 아니한 채 검사 2명이 교대로 신문을 하면서 회유한 끝에 받아 낸 것으로 임의로 진술한 것이 아니라고 의심할 만한 이유가 있는 때에 해당(판례).

(3) 자백배제의 효과와 임의성의 증명

자백배제법칙의 효과	• 임의성 없는 자백의 증거능력은 절대적으로 배제된다. 따라서 증거동의의 대상이 아니고 탄핵증거로도 사용이 불가능하다. • 임의성 없는 자백의 파생증거 역시 독수과실의 예외에 해당하지 않는 한 증거능력이 부정된다.
인과관계의 문제	• 고문·폭행·협박·신체구속의 부당한 장기화와 같이 임의성을 의심스럽게 하는 사유와 자백 사이에 인과관계가 있어야 제309조가 적용되는지 문제된다. • 학설은 인과관계불요설과 인과관계필요설, 절충설로 대립된다. • 판례는 허위배제설을 바탕으로 인과관계필요설을 취하고 있다. ◉ 피고인의 자백이 임의성이 없다고 의심할 만한 사유가 있는 때에 해당한다 할지라도 그 임의성이 없다고 의심하게 된 사유들과 피고인의 자백과의 사이에 인과관계가 존재하지 않는 것이 명백한 때에는 그 자백은 임의성이 있는 것으로 인정된다(84도2252). ◉ 인과관계필요설의 적용례: 甲은 수사기관에서 고문(임의성 의심사유)을 받고 자백을 하였다. 이 경우라도 피고인 甲이 고문을 받았기 때문에 자백한 것이 아니라는 점이 밝혀졌다면, 피고인의 자백은 증거능력이 인정된다.
임의성의 거증책임과 증명방법	• 거증책임(검사) - 종래 판례는 기본적으로 임의성은 추정된다는 전제에서, 피고인이 자백의 임의성을 다투려면 단지 임의성이 없다는 주장만으로는 불충분하고 피고인이 "고문·폭행·협박, 신체구속의 부당한 장기화 등을 의심케하는 구체적 사실을 들어야 하고 그에 의하여 자백의 임의성에 합리적이고 상당한 정도의 심이 있을 때 소추관인 검사에게 그에 대한 거증책임이 돌아간다."라는 입장을 취하였다. - 그러나 최근 판례는 그 임의성에 다툼이 있을 때에는 그 임의성을 의심할 만한 합리적이고, 구체적인 사실을 피고인이 입증할 것이 아니라 검사가 그 임의성의 의문점을 해소하는 입증을 하여야 할 것이라고 보아, 곧바로 검사에게 거증책임을 부여하고 있다. • 증명방법: 종래 판례는 기본적으로 자유로운 증명으로 족하다는 견지에서 진술의 임의성에 관한 주장·입증책임은 법원이 자유로이 판정하면 되고, 특별히 입증책임이 분배되는 것은 아니고 피고인이 그 진술을 임의로 한 것이 아니라고 다투는 경우에는 법원은 구체적인 사건에 따라 당해 조서의 형식과 내용, 피고인의 학력, 경력, 직업, 사회적 지위, 지능 정도 등 제반사정을 참작하여 자유로운 심증으로 피고인이 그 진술을 임의로 한 것인지의 여부를 판단하면 된다(94도129)고 보았다.

5 진술의 임의성

> **제317조(진술의 임의성)**
> ① 피고인 또는 피고인 아닌 자의 진술이 임의로 된 것이 아닌 것은 증거로 할 수 없다.
> ② 전항의 서류는 그 작성 또는 내용인 진술이 임의로 되었다는 것이 증명된 것이 아니면 증거로 할 수 없다.
> ③ 검증조서의 일부가 피고인 또는 피고인 아닌 자의 진술을 기재한 것인 때에는 그 부분에 한하여 전2항의 예에 의한다.

의의	제317조는 제1항에서 피고인 또는 피고인 아닌 자의 진술증거의 임의성을 제2항과 제3항에서 일반적 진술서면과 검증조서의 일부를 이루는 진술서면의 임의성을 증거능력 인정의 요건으로 규정하고 있다.
적용범위	• 학설 - 광의설: 제309조의 자백배제와 동일한 속성을 가지고, 임의성 없는 진술은 증거동의가 허용되지 않는다는 견해 - 협의설: 제317조의 진술의 임의성은 전문증거에만 적용되고 증거동의도 허용된다는 견해 • 판례(광의설): 제317조(진술의 임의성)의 근거를 제309조(자백의 임의성)의 근거와 마찬가지로 보면서, "기록상 진술증거의 임의성에 관하여 의심할 만한 사정이 나타나 있는 경우에는 법원은 직권으로 그 임의성 여부에 관하여 조사를 하여야 하고, 임의성이 인정되지 아니하여 증거능력이 없는 진술증거는 피고인이 증거로 함에 동의하더라도 증거로 삼을 수 없다 할 것"이라고 판시하고 있다(2004도7900).

내용	• 임의성의 증명과 거증책임: 피고인이 진술의 임의성을 다투는 경우 또는 진술조서가 임의성을 의심할 만한 사정이 있는 경우라면 검사가 합리적이고 구체적인 사실을 들어 그 의문점을 해소하는 증명을 하여야 한다(판례). • 법원의 임의성 조사의무: 기록상 진술증거의 임의성에 관하여 의심할 만한 사정이 나타나 있는 경우에는 법원은 직권으로 그 임의성 여부에 관하여 조사를 하여야한다(판례).

6 전문법칙

(1) 전문증거와 전문법칙의 일반론

① 전문증거

의의	전문증거란 사실인정의 기초가 되는 경험사실을 경험자 자신이 직접 법원에 진술하지 않고 다른 형태에 의하여 간접적으로 보고하는 것을 말한다.
형태	전문증거는 경험사실을 들은 타인이 전문한 사실을 법정에서 진술하는 경우(전문진술), 경험자 자신이 경험사실을 서면에 기재하는 경우(진술서), 경험사실을 들은 타인이 서면에 기재하는 경우(진술기재서류, 진술녹취서)로 나뉜다.

요건	• 진술증거일 것: 진술증거가 아닌 것(비진술증거)은 전문증거가 될 수 없다.
	  예 범행에 사용된 도구, 문서위조의 경우 위조된 서증 → 전문증거 ×
	• 공판정 외의 진술일 것
	  예 증인의 공판정에서의 진술, 피고인의 공판정에서의 자백 → 전문증거 ×
	• 진술내용이 요증사실과 관련되어 있을 것: 진술의 의미내용이 아니라 그 존부가 문제될 때에는 원본증거이지 전문증거가 아니다.
	  예 어떤 증거가 전문증거인지 여부는 요증사실과 관계에서 정하여지는바, 원진술의 내용인 사실이 요증사실인 경우에는 전문증거이나, 원진술의 존재 자체가 요증사실인 경우, 예컨대 명예훼손사건에 있어서 명예훼손적 발언을 들은 자의 증언과 같은 경우는 본래증거이지 전문증거가 아니다(판례).
	  예 甲목사를 명예훼손죄로 기소한 사건에서 "甲목사가 A목사를 사탄이다."라고 한 발언은 그 존부가 문제되는 경우로서 전문증거가 아니다. → 전문법칙 적용 없음

더 알아보기

전문증거의 형태

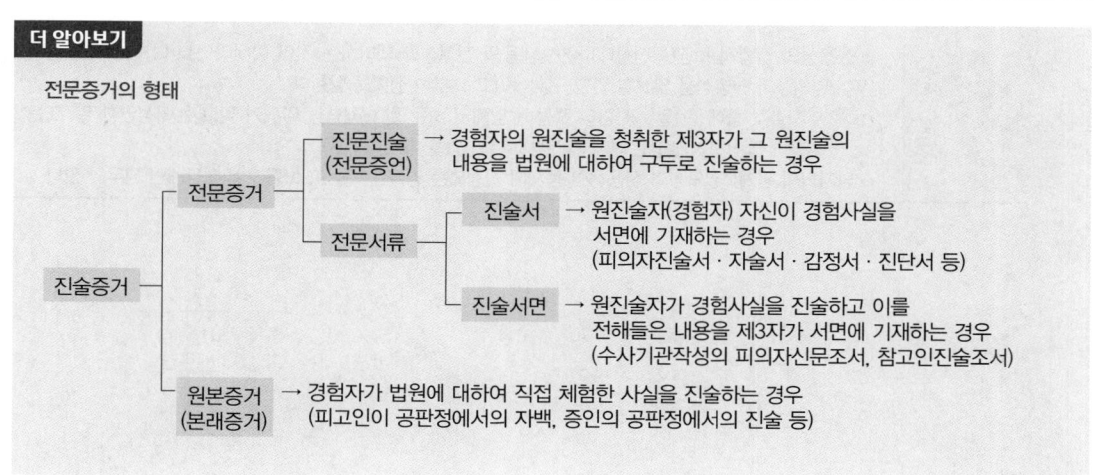

② 전문법칙(제310조의2)

> **제310조의2(전문증거와 증거능력의 제한)**
> 제311조 내지 제316조에 규정한 것 이외에는 공판준비 또는 공판기일에서의 진술에 대신하여 진술을 기재한 서류나 공판준비 또는 공판기일 외에서의 타인의 진술을 내용으로 하는 진술은 이를 증거로 할 수 없다.

의의	전문증거는 증거능력이 없다는 법칙

전문법칙의 이론적 근거	• 학설
	  - 선서의 결여: 기독교적 관점이 강한 영미법에서는 선서의 결여를 전문법칙의 근거로 일찍부터 제시하여 왔다.
	  - 반대신문권의 결여: 전문증거의 경우 원진술자(경험자)가 법정에 직접 나와 있지 않으므로 원진술자에 대한 반대신문의 기회가 보장되지 못하여 증거능력을 부정해야 한다는 것으로서, 영미법에서는 전문법칙의 가장 중요한 근거로 제시되고 있다.
	  - 직접주의: 전문증거는 법원이 공판정에서 직접 음미한 증거가 아니므로 증거능력을 부정해야 한다는 입장으로서, 독일 등의 대륙법계 국가에서는 전문증거의 증거능력을 부정하는 가장 근원적인 이유로 설명하고 있다.
	  - 신용성의 결여: 전문증거의 경우 경험사실을 직접 법원에 보고하는 것이 아니므로 사실이 왜곡될 염려가 크므로 신용성을 결여하여 증거능력이 부정된다는 입장이 학설상 제시되고 있으나, 통설과 판례는 이를 전문법칙의 근거로 볼 수 없다고 본다.
	• 헌법재판소 = 선서의 결여, 반대신문권의 결여, 직접주의
	• 대법원 = 반대신문권의 결여, 직접주의

전문법칙의 예외	• 전문법칙의 예외란 전문법칙이 적용되어 원칙적으로 증거능력이 없는 전문증거가 예외적으로 증거능력이 인정되는 경우를 말한다.
	  예 제310조의2는 형사소송법 제311조 내지 제316조를 전문법칙의 예외로 규정하고 있다.
	• 예외인정의 근거(필요성 + 신용성)
	  - 필요성: 원진술자를 공판정에 출석케 하여 진술시키는 것이 불가능하거나 곤란하기 때문에 부득이 전문증거를 증거로 사용할 필요가 있는 경우를 말한다
	    예 사망·질병·외국거주·소재불명, 그 밖에 이에 준하는 사유로 진술할 수 없는 때(제314조, 제316조 제2항)
	  - 신용성의 정황적 보장(특신상태): 진술내용의 진실성을 의미하는 것이 아니라 진술이 이루어진 상황이 임의성과 신빙성을 담보할 만한 구체적이고 외부적 정황을 말한다.
	    예 '부지불각 중에 한 말', '사람이 죽음에 임해서 하는 말', '경험상 앞뒤가 맞고 논리정연한 말' 또는 '범행에 접착하여 범행은폐에 시간적 여유가 없을 때 한 말' 등
	  - 양자와의 관계: 필요성과 신용성이 동시에 인정되는 경우는 드물고 보통 반비례관계인 경우가 많다.

③ 전문법칙의 예외요건

조문		증거능력 인정의 예외요건
제311조(법관 면전조서)		무조건 증거능력(법원의 검증조서, 증거보전·증인신문조서도 포함)
제312조	검사작성피신조서	적 + 내용인정
	사경작성피신조서	적 + 내용인정(학설은 실·특도 당연한 요건으로 봄) (사경작성 공범에 대한 피신조서도 제312조 제3항에 따라 판단)
	참고인진술조서	적·실·특, 반대신문 (검사작성 공동피고인에 대한 피신조서 포함)
	(수사단계의) 진술서	작성주체에 따라 제1~제4항 적용 → 검사면전 피의자의 진술서(적 + 내용인정) → 사경면전 피의자의 진술서(적·내용인정) → 수사기관면전 피고인 아닌자의 진술조서(적·실·특 + 반대신문)
	검증조서	적 + 작성자의 진정성립
제313조	진술서와 진술조서	• 피고인의 진술서: 작성자의 진정성립 → 진정성립 부인시 디지털포렌식, 감정 등 객관적 방법에 의한 대체증명 • 피고인 아닌 자의 진술서: 작성자의 진정성립 → 진정성립 부인시 디지털포렌식, 감정 등 객관적 방법에 의한 대체증명 + 반대신문의 기회보장 • 피고인 아닌자(A)가 작성한 피고인 아닌 자(B)의 진술기재서류 → 원진술자(B의 진정성립) • 피고인 아닌 자(A)가 작성한 피고인(甲)의 진술기재서류 → 작성자의 진정성립 + 특신상태
	감정서	제313조 제1항·제2항 준용 → 작성자의 진정성립 → 진정성립 부인시 대체증명 + 반대신문의 기회보장
제314조		진술을 요하는 자가 사망·질병·외국거주·소재불명 기타 이에 준하는 사유로 진술할 수 없고(필요성) + 특신상태의 증명
제315조		당연히 증거능력이 있는 서류(자체로 특신문서)
제316조	전문진술(피고인)	특신상태
	전문진술(참고인)	제314조와 동일(필요성 + 특신상태)

※ 적: 적법한 절차와 방식에 따라 작성된 조서
※ 실: 원진술자의 진술 또는 영상녹화물 기타 객관적 방법에 의한 실질적 진정성립 증명
※ 특: 특신상태(원진술이 특히 신빙할 만한 상태하에서 이루어졌을 것의 증명)

(2) 법원 또는 법관 면전조서(제311조)

의의	• 공판준비 또는 공판기일에 피고인이나 피고인 아닌 자의 진술을 기재한 조서와 • 법원 또는 법관의 검증의 결과를 기재한 조서는 증거로 할 수 있다. • 증거보전절차(제184조) 및 수사상 증인신문절차(제221조의2)에 의하여 작성한 조서도 또한 같다.
공판조서 공판준비 기일조서	• 실질적 직접주의적 관점에서, 피고인 또는 피고인 아닌 자의 진술을 직접 청취한 법관은 원본진술인 피고인이나 피고인 아닌 자의 진술만을 증거로 삼아야 한다. 원본진술과 공판조서에 기재된 진술이 동시에 제출된 경우 원본진술이 최량증거이기 때문이다. ※ 제311조는 판사가 경질된 경우 새로운 판사가 기존의 피고인 · 피고인 아닌 자의 진술을 증거로 사용하는 경우, 상소심에서 원심에서 이루어진 진술을 증거로 사용하는 경우, 기타 파기환송, 이송 등에 있어 원진술이 재현 불가능한 경우 등에 사용되는 조문이다. • 제311조는 당해사건의 공판조서나 공판준비조서에 대해서만 적용된다(통설). → 다른 사건의 공판조서는 최량증거로 볼 수 없으므로 제311조가 아니라 제315조 제3호의 당연히 증거능력 있는 서류로 보아야 한다(판례).
수소법원의 검증조서	• 수소법원이나 수소법원 소속의 수명법관, 수탁판사가 작성한 검증조서는 무조건 증거능력이 있다. • 무조건 증거능력이 인정되는 검증조서는 당해사건의 검증조서에 한정된다. • 법관의 검증조서에 기재되어 있는 진술일지라도 법관 면전 이외의 다른 곳에서 행해진 진술이 기재되는 경우에는 그 진술은 제310조의2의 적용을 받아 원칙적으로 증거능력이 부정되어야 한다(판례). 예 피고인 아닌 자(A)가 작성한 피고인 아닌 자(B)의 진술을 기재한 녹음테이프가 법원에 제출되어, 법원이 그 녹취록과 녹음테이프의 일치 여부에 대해 검증을 한 경우 → 녹취록과 녹음테이프의 일치 여부에 대해서는 제311조가 적용되어 무조건 증거능력이 인정된다. 그러나 B의 진술은 제310조의2의 적용을 받아 원칙적으로 증거능력이 없고, 제313조 제1항의 요건을 갖춘 경우에 한하여 예외적으로 증거능력이 인정된다(판례).
수사상 증거보전 · 증인신문 조서	• 증거보전절차에서 작성한 조서(제184조), 제1회 공판기일 전 검사의 신청에 의하여 행한 증인신문절차에서 작성된 조서(제221의2조)는 무조건 증거능력이 있다. • 그러나 증인신문조서가 증거보전절차에서 피고인이 증인으로서 증언한 내용을 기재한 것이 아니라 피고인이 당사자로 참여하여 반대신문한 내용이 기재되어 있을 뿐이라면, 형사소송법 제311조에 의한 증거능력을 인정할 수 없다(84도508).

(3) 검사작성 피의자신문조서의 증거능력(제312조 제1항)

의의	검사가 작성한 피의자신문조서는 적법한 절차와 방식에 따라 작성된 것으로서 공판준비, 공판기일에 그 피의자였던 피고인 또는 변호인이 그 내용을 인정할 때에 한정하여 증거로 할 수 있다(제312조 제1항).
전제요건	검사작성 피신조서가 증거능력이 인정되기 위해서는 수집과정에 적법절차의 본질을 침해하는 위법이 없어야 하고(제308조의2) 기재된 진술 또는 자백에 임의성이 보장될 것이 우선적으로 필요하다(제309조 · 제317조).
적법한 절차와 방식에 따른 작성	• 적법한 절차와 방식은 일차적으로 피의자의 기명날인 또는 서명의 진정성을 의미하는 형식적 진정성립을 의미하지만 여기에 한걸음 더 나아가 조서작성의 절차와 방식의 적법성까지 포함한다. • 초본제출의 예외적 허용요건 - 피의자신문조서 원본 중 가려진 부분의 내용이 가려지지 않은 부분과 분리 가능하고 당해 공소사실과 관련성이 없는 경우에 한하여 제출 가능 - 그 피의자신문조서의 원본이 존재하거나 존재하였을 것 - 피의자신문조서의 원본 제출이 불가능 또는 곤란한 사정이 있을 것 - 원본을 정확하게 전사하였을 것 등 • 검사작성 피의자신문조서에는 검사의 기명날인 또는 서명이 있어야 한다. 예 작성자인 검사의 기명날인이나 서명이 누락되어 있는 검사작성 피의자신문조서는 설령 그 진술자인 피고인의 서명날인이 되어 있다거나, 피고인이 법정에서 그 피의자신문조서에 대하여 진정성립과 임의성을 인정하였다고 하더라도 무효이고 증거능력이 없다(판례). • 적법한 절차와 방식에 따라 작성되었다는 의미는 신문절차 역시 적법하여야 함을 의미한다. 따라서 형사소송법이 정한 제241조 내지 제245조가 정한 신문절차의 규정을 준수하여야 한다.

내용인정	• 내용의 인정은 피의자였던 피고인이나 변호인의 진술에 의하여야 한다. • 내용의 인정이란 조서의 진정성립을 의미하는 것이 아니라 조서의 기재내용이 객관적 진실에 부합한다는 '조서내용의 진실성'을 의미한다.

(4) 사법경찰관작성 피의자신문조서(제312조 제3항)

의의	• 사법경찰관이 작성한 피의자신문조서는 적법한 절차와 방식에 따라 작성된 것으로서 공판준비 또는 공판기일에서 그 피의자였던 피고인이나 변호인이 내용을 인정한 때에 한하여 증거능력이 있다(제312조 제3항). • 사법경찰관이 작성한 피의자신문조서뿐만 아니라 사법경찰리가 작성한 피의자신문조서도 제312조 제3항에 따라 증거능력인정이 가능하다(판례). • 피고인이 수사과정에서 자백하였다는 내용의 외국의 권한 있는 수사기관이 작성한 수사보고서나 피의자신문조서도 여기에 해당한다(2003도6548). • 피의자였던 피고인에 대해서 뿐만 아니라 공범인 공동피고인 또는 공범인 다른 피의자에 대한 피의자신문조서를 피고인에 대한 증거로 사용하는 경우에도 제312조 제3항이 우선 적용된다(2009도1889). • 판례는 제312조 제3항을 사경단계의 진술에 우선 적용함으로써, 제312조 제3항을 단순한 전문법칙의 예외를 넘어 사경단계의 위법수사예방장치로 활용하고 있다.
적법한 절차와 방식에 따른 작성	검사작성의 경우와 동일하다.
내용인정	• 내용의 인정은 피의자였던 피고인이나 변호인의 진술에 의하여야 한다. • 내용의 인정이란 조서의 진정성립을 의미하는 것이 아니라 조서의 기재내용이 객관적 진실에 부합한다는 '조서내용의 진실성'을 의미한다. • 당해 피고인과 공범관계에 있는 다른 공동피고인 또는 피의자에 대한 사법경찰관이 작성한 피의자신문조서는 원진술자인 피의자 또는 그의 변호인이 내용을 인정하는 것으로 족하지 아니하고, 당해 피고인 또는 그 변호인이 내용을 인정하여야만 증거능력이 인정된다(판례). • 전혀 별개의 사건에서 피의자였던 피고인 자신에 대하여 사법경찰관이 작성한 피의자신문조서에 대해서도 제312조 제3항이 적용되어야 한다. 따라서 피고인이 (피고인 자신의) 다른 사건에서 내용을 인정한 사경작성 피의자신문조서라도 피고인이 현재의 피고사건에서 다시금 내용을 인정하여야만 증거능력이 인정된다(94도2287). 즉, 판례는 당해사건에서 내용을 인정할 것을 요건으로 하고 있다. • 피고인 또는 변호인이 사법경찰관작성 피의자신문조서의 내용을 부인하면 그 조서는 물론 그 조서에 기재된 진술 자체도 증거능력이 없다(2000도438). • 피고인이 공판정에서의 피고인의 진술내용과 배치되는 기재부분을 부인한다고 진술한 때에는 내용을 인정한 경우라고 볼 수 없다(64도723). • 피고인이 공판정에서 내용을 부인하고 있는 한 공판조서에 내용인정으로 기재되어 있다고 하더라도 사경작성 피의자신문조서의 증거능력은 인정되지 않는다(2001도3997).

(5) 검사 또는 사법경찰관 작성 참고인진술조서(제312조 제4항)

의의	검사 또는 사법경찰관이 피고인 아닌 자의 진술을 기재한 조서는 적법한 절차와 방식에 따라 작성된 것으로서 원진술자의 공판준비 또는 공판기일에서의 진술이나 영상녹화물 또는 그 밖의 객관적인 방법에 의하여 실질적 진정성립이 증명되고, 피고인 또는 변호인의 공판준비 또는 공판기일에서 원진술자를 신문할 수 있었고(반대신문의 기회 보장) 특히 신빙할 수 있는 상태하에서 행하여졌음이 증명된 때에 증거능력이 인정된다(제312조 제4항).
적법한 절차와 방식에 따른 작성	적법한 절차와 방식이란 형식적 진정성립을 넘어 작성방식의 적법성과 신문절차의 적법성을 의미한다. 기타 구체적 내용은 검사작성 피의자신문조서에서 본 것과 같다.
실질적 진정성립	• 실질적 진정성립의 인정이란 진술조서의 기재내용이 원진술자가 검사 또는 사법경찰관 앞에서 진술한 내용과 동일하게 기재되어 있음이 인정되는 것을 말한다. • 실질적 진정성립은 원진술자의 공판준비 또는 공판기일에서의 진술이나, 영상녹화물 기타 객관적 방법으로 증명될 수 있다. • 실질적 진정성립을 인정해야 하므로, 원진술자가 사실대로 진술하고 서명날인한 사실이 있다고 진술하거나(76도500), 검찰·경찰에서 진술한 내용이 틀림없다는 증언에 의하여서는 진정성립을 인정할 수 없다(76도3962).
특신상태	특신상태란 진술내용이나 조서의 작성에 허위개입의 여지가 거의 없고, 진술내용의 신빙성이나 임의성을 담보할 구체적이고 외부적인 정황이 있는 것을 말한다.
반대신문기회보장	• 검사나 사법경찰관이 작성한 진술조서는 피고인 또는 변호인이 공판준비 또는 공판기일에서 그 기재 내용에 관하여 원진술자를 신문할 수 있었던 때에 증거로 할 수 있다(제312조 제4항). • 피고인 또는 변호인에게 반대신문의 기회가 보장되면 족하며, 반드시 반대신문이 실제로 행해져야 하는 것은 아니다. • 반대신문은 원진술자가 공판정에 출석해야 가능할 수 있다. 따라서 원진술자가 법정에 출석하지 않은 경우에는 참고인진술조서는 법정에 증거로 현출될 수 없는 것이 원칙이다. 다만, 제314조의 요건을 충족한 경우나 증거동의가 있는 경우라면 예외적으로 증거능력이 있다.
관련문제	• 검사작성 공범에 대한 피신조서 - 제312조 제1항에 따라 증거능력 판단, 검사작성 공범 아닌 공동피고인에 대한 피신조서 - 제312조 제4항에 따라 증거능력 판단 • 사경작성 공범에 대한 피신조서 - 제312조 제3항 적용(판례), 사경작성 공범 아닌 공동피고인에 대한 피신조서 - 제312조 제4항 적용(실무)

(6) 수사단계에서 작성된 진술서(제312조 제5항)

의의	제312조 제1항부터 제4항까지의 규정은 피고인 또는 피고인이 아닌 자가 수사과정에서 작성한 진술서에 관하여 준용한다.
진술서의 의미	• 진술서란 자기의 의사·사상·관념 및 사실관계를 기재한 서면을 의미한다. • 진술서·자술서·시말서 등 명칭의 여하는 불문하며(예 자술서, 시말서), 반드시 자필일 것도 요하지 않는다(예 타이프라이터로 작성).
제313조 제1항과 구별	• 수사기관이 요구하여 작성한 진술서나, 수사기관에 출석하여 수사기관 면전에서 피고인 또는 피고인 아닌 자가 작성한 진술서와 같이 수사기관과 관련성을 맺은 상태에서 작성한 진술서는 제312조 제5항에 따라 증거능력이 판단된다. • 반면, 피고인이나 피고인 아닌 자가 행정기관에 제출한 진술서나, 수사기관과 관련없이 작성한 진술서를 법원에 직접 제출한 진술서, 수사기관과 관련없이 작성하였으나 수사기관이 강제로 압수·수색하거나 제3자가 이를 획득하여 수사기관에 임의 제출한 진술서 등은 제313조 제1항에 따라 증거능력이 판단된다.

(7) 검사 또는 사법경찰관 작성 검증조서(제312조 제6항)

의의	검사 또는 사법경찰관이 검증의 결과를 기재한 조서는 적법한 절차와 방식에 따라 작성된 것으로서 공판준비 또는 공판기일에서의 작성자의 진술에 따라 그 성립의 진정함이 증명된 때에는 증거로 할 수 있다.
적법한 절차와 방식에 따른 작성	• 검증절차의 적법성: 당사자의 참여권, 야간집행의 제한, 신체검사시 주의사항 등의 검증절차를 준수하였을 것을 의미한다. 다만, 영장주의 위반시 위수증이 우선 적용된다. • 검증조서의 작성방식의 준수: 제48조, 제49조, 제50조 등이 정한 조서 작성방식을 준수하여야 한다.
작성자의 진정성립	• 진정성립이란 그 조서작성자의 서명날인이 진정함을 의미하는 형식적 진정성립과 작성자가 검증한 결과와 조서에 기재된 내용이 일치한다는 실질적 진정성립을 포함하는 개념이다. • 작성주체로서 검증조서를 작성한 자가 공판기일 또는 공판준비기일에 실질적 진정성립을 인정하여야 한다. 따라서 검증에 참여한 것에 불과한 자는 실질적 진정성립을 인정할 수 있는 본조의 작성자에 포함되지 않는다(76도500).

참여인의 진술	• 검증조서에 검증목적물의 성상이 아니라, 피고인이나 피고인 아닌 자 등의 참여인의 진술이 기재된 경우 그 증거능력이 문제된다.
	• 학설은 대립되어 있으나, 통설은 다음과 같다.
	  – 현장지시(예 이것이다. 저것이다. 3미터 떨어진 지점 등)의 경우에는 검증조서와 일체를 이룬다.
	  – 현장진술(예 내가 때렸다. 죽이고 싶었다. 피해자가 눈물을 흘려 마음이 약해졌다 등)은 작성주체가 누구인지 원진술자가 누구인지에 따라 판단한다.
	• 판례도 학설과 같은 입장이다.
	  예 검사작성 검증조서에 피의자의 진술이 기재되어 있는 경우 → 제312조 제1항, 사법경찰관작성 검증조서에 피의자의 진술이 기재되어 있는 경우 → 제312조 제3항

첨부된 도화나 사진	• 사진이나 도화는 검증의 목적물을 표시하는 방법에 불과하므로 검증조서와 일체를 이룬다. • 다만, 현장재연사진(예 피고인이나 참고인이 범행을 재연하는 장면을 녹화한 비디오테이프)의 경우 현장진술에 해당하므로 제312조 제4항에 따라 증거능력이 판단되어야 한다.

실황조사서	• 실황조사서의 증거능력에 대해서는 학설은 긍정설과 부정설로 대립된다.
	• 판례는 실황조사서도 검증조서와 마찬가지로 판단하고 있다.
	  – 사전동의에 의한 경우(승낙검증) → 영장 없어도 제312조 제6항 충족시 증거능력 있음
	  – 동의 없는 경우(강제검증) → 사전·사후영장 없으면 위수증으로 처리

(8) 제313조의 예외(진술서 · 진술서면 · 감정서)

> **제313조(진술서 등)**
> ① 전2조의 규정 이외에 피고인 또는 피고인이 아닌 자가 작성한 진술서나 그 진술을 기재한 서류로서 그 작성자 또는 진술자의 자필이거나 그 서명 또는 날인이 있는 것(피고인 또는 피고인 아닌 자가 작성하였거나 진술한 내용이 포함된 문자 · 사진 · 영상 등의 정보로서 컴퓨터용디스크, 그 밖에 이와 비슷한 정보저장매체에 저장된 것을 포함한다. 이하 이 조에서 같다)은 공판준비나 공판기일에서의 그 작성자 또는 진술자의 진술에 의하여 그 성립의 진정함이 증명된 때에는 증거로 할 수 있다. 단, 피고인의 진술을 기재한 서류는 공판준비 또는 공판기일에서의 그 작성자의 진술에 의하여 그 성립의 진정함이 증명되고 그 진술이 특히 신빙할 수 있는 상태하에서 행하여 진 때에 한하여 피고인의 공판준비 또는 공판기일에서의 진술에 불구하고 증거로 할 수 있다.
> ② 제1항 본문에도 불구하고 진술서의 작성자가 공판준비나 공판기일에서 그 성립의 진정을 부인하는 경우에는 과학적 분석결과에 기초한 디지털포렌식 자료, 감정 등 객관적 방법으로 성립의 진정함이 증명되는 때에는 증거로 할 수 있다. 다만, 피고인 아닌 자가 작성한 진술서는 피고인 또는 변호인이 공판준비 또는 공판기일에 그 기재 내용에 관하여 작성자를 신문할 수 있었을 것을 요한다.
> ③ 감정의 경과와 결과를 기재한 서류도 제1항 및 제2항과 같다.

제313조 제1항의 의의	• 진술서 = 작성자와 원진술자가 동일한 서류 • 진술기재서류 = 작성자와 원진술자가 다른 서류, 진술녹취서, 진술서면이라고도 함 • 제313조 제1항은 제311조, 제312조 이외의 서류를 적용대상으로 한다. • 사인이 작성한 녹음테이프, 비디오테이프, mp3, 전자파일 등의 특수매체기록도 제313조 제1항에 따라 증거능력이 인정될 수 있다. → 제312조는 적법한 절차와 방식에 따른 조서일 것을 요구하고 있으나, 제313조 제1항은 진정성립만 요구할 뿐 반드시 서면일 것을 요구하지 않으므로 특수매체도 제313조에 따라 증거능력이 인정된다. • 특수매체기록은 매체의 특수성상 서명이나 날인 등이 존재하지 않아도 진정성립이 인정되면 증거능력이 인정될 수 있다(판례).

제313조
제1항의
요건
	• 피고인의 진술서(작성자의 진정성립 → 부인시 과학적 방법에 의한 대체증명)
	  - 진정성립이란 형식적 진정성립 이외에 실질적 진정성립을 포함하는 개념이다(통설).
	  - 진술서의 경우에는 작성자가 곧 원진술자이므로 형식적 진정성립, 즉 자필이거나 작성자의 서명, 날인이 존재하면 실질적 진정성립은 특별히 문제되지 않는다고 본다.
	  - 그러나 판례는 제313조 제1항 본문의 진술서의 증거능력이 문제된 사안에서 원진술자의 공판정진술이 이루어지지 않았음을 이유로 증거능력을 부정한 바 있다.
	• 피고인 아닌 자의 진술서(작성자의 진정성립 → 부인시 대체증명 + 반대신문기회보장)
	• 피고인 아닌 자(A)가 작성한 피고인 아닌 자(B)의 진술을 기재한 서류 → 원진술자(B)의 진정성립
	• 피고인 아닌 자(A)가 작성한 피고인(甲)의 진술을 기재한 서류 → 작성자(A)의 진정성립 + 특신상태의 증명

감정서	• 제313조 제3항 → 감정의 경과와 결과를 기재한 서류도 제313조 제1항과 같다. • 법원의 명령에 의하여 감정인뿐만 아니라, 수사기관의 감정촉탁을 받은 자가 작성한 감정서도 제313조 제3항의 감정서에 해당한다(통설). • 사인인 의사의 진단서는 제313조 제3항의 감정서가 아니라, 제313조 제1항의 진술서에 해당한다(판례).

(9) 제314조에 의한 전문법칙의 예외

① 의의

제314조의 의의	• 제312조 또는 제313조의 경우에 공판준비 또는 공판기일에 진술을 요하는 자가 사망·질병·외국거주·소재불명, 그 밖에 이에 준하는 사유로 인하여 진술할 수 없는 때에는 그 조서 및 그 밖의 서류를 증거로 할 수 있다. 다만, 그 진술 또는 작성이 특히 신빙할 수 있는 상태하에서 행하여졌음이 증명된 때에 한한다(제314조). • 제314조는 전형적인 영미법상 전문법칙의 예외규정에 해당 → 반대신문권 결여의 상쇄장치
적용범위	• 피고인 자신의 진술이 요구되는 경우(제312조 제1항·제312조 제3항 등) → 제314조 적용 없음 • 피고인 아닌 자의 공판정진술이 요구되는 경우(제312조 제4항 등) → 제314조 적용 • 검사작성 공동피고인에 대한 피신조서는 제312조 제1항이 적용되는 결과 당해 피고인이 내용을 부인하면 증거능력이 부인되는 결과, 원진술자인 공범인 공동피고인이 공판정에 출석하지 않은 경우라 하더라도 제314조의 적용은 없다(개정법의 태도). • 외국의 권한 있는 수사기관이 작성한 수사서류도 제314조에 따라 증거능력 인정이 가능하다. [예] 외국에 거주하는 참고인과의 전화대화 내용을 문답형식으로 기재한 검찰주사보 작성의 수사보고서도 원칙적으로 제314조의 적용대상이 된다고 본 바 있다(98도2742). • 또한 사법경찰관작성 공범인 공동피고인(乙)에 대한 피신조서는 제312조 제3항에 따라 당해 피고인(甲)이 내용을 부인하면 증거능력이 부인되는 결과, 원진술자인 공범인 공동피고인(乙)이 공판정에 출석하지 않는 경우라 하더라도 제314조의 적용은 없다(판례).
적용요건	• 필요성과 신용성이 동시에 있어야 한다. • 필요성: 진술을 요하는 자가 사망·질병·외국거주·소재불명 기타 이에 준하는 사유로 진술할 수 없을 때 → 판례는 제314조의 필요성 요건과 관련하여 과거보다 엄격한 요건하에서 판단하고 있다. • 신용성: 특신상태란 그 진술내용이나 조서 또는 서류의 작성에 허위개입의 여지가 거의 없고 그 진술내용의 신빙성이나 임의성을 담보할 구체적이고 외부적인 정황이 있는 경우를 가리킨다(95도2340). 특신상태는 합리적 의심을 배제할 정도로 증명되어야 한다(판례). ※ 사망에 임박한 진술, 자신의 이익에 반하는 진술, 경험상 앞뒤가 맞고 이론 정연한 말, 구체적인 경위와 정황의 세세한 부분까지 정확하고 상세하게 묘사한 말 등

② 제314조의 필요성 요건에 관한 판례의 흐름

㉠ 제314조의 요건을 충족하였다고 본 사례

- 피해자(사건 당시 4세 6월, 증언 당시 6세 11월)가 공판정에서 진술을 한 경우라도 증인신문 당시 일정한 사항에 관하여 기억이 나지 않는다는 취지로 진술하여 그 진술의 일부가 재현 불가능하게 된 경우(현주건조물방화치사사건의 남아의 진술, 99도3786)
- 노인성치매로 인한 기억력 장애 등으로 증언을 거절한 때(91도2281)
- 무단전출 또는 주민등록 미등재로 인한 피해자의 소환불능의 경우(83도931)
- 소환불응 및 그에 대한 구인집행도 안 되는 경우(89도351)
- 진술을 요할 자가 주소지를 떠나 그 주소를 알 수 없어 공판정에 출석하지 않은 경우(83도931)
- 피고인의 보복이 두렵다는 이유로 주거를 옮기고 또 소환에도 응하지 아니하여 결국 구인장을 발부하였지만 그 집행이 되지 않은 경우(95도933)
- 진술을 요할 자가 중풍·언어장애 등 장애등급 3급 5호의 장애로 인하여 법정에 출석할 수 없었고, 그 후 신병을 치료하기 위하여 속초로 간 후에는 그에 대한 소재탐지가 불가능하게 된 경우(99도202)

- 일본에 거주하는 사람을 증인으로 채택하여 환문코자 하였으나 외교통상부로부터 현재 일본측에서 형사사건에 대하여는 양국 형법체계상의 상이함을 이유로 송달에 응하지 않고 있어 그 송달이 불가능하다는 취지의 회신을 받은 경우(87도1446)

ⓒ 제314조의 요건을 충족하지 못하였다고 본 사례
- 소환을 받고도 2회나 출석하지 아니한 자에 대하여 구인신청도 하지 아니한 채 도리어 검사가 소환신청을 철회한 경우(69도364)
- 제1심에서 송달불능이 된 증인을 항소심에서 다시 증인으로 채택하여 소환함에 있어, 제1심에서 송달불능된 주소로만 소환하고 기록상 용이하게 알 수 있는 다른 주소로 소환하지 아니한 경우(73도2124)
- 소환장이 주소불명 등으로 송달불능되었거나 소재탐지촉탁을 하였으나 아직 그 회보가 오지 않은 상태인 경우(96도575)
- 증인의 주소지가 아닌 곳으로 소환장을 보내 송달불능이 되자 그곳을 중심으로 한 소재탐지 끝에 소재불능회보를 받은 경우(2006도7479)
- 원진술자가 공판기일에 증인으로 소환받고도 출산을 앞두고 있다는 이유로 출석하지 아니한 경우(99도915)
- 원진술자가 만 5세 무렵에 당한 성추행으로 인하여 외상후 스트레스 증후군을 앓고 있다는 등의 이유로 공판정에 출석하지 아니한 경우(2004도3619)
- 경찰이 증인과 가족의 실거주지를 방문하지 않은 상태에서 전화상으로 증인의 모(母)로부터 법정에 출석케 할 의사가 없다는 취지의 진술을 들었다는 내용의 구인장 집행불능 보고서를 제출한 경우
- 증언거부권을 행사하여 증언을 거절한 경우(2009도6788).
- 진정성립을 묻는 질문에 피고인이 진술거부권을 행사한 경우(2012도16001).
- 정당한 증언거부사유가 없음에도 증언거부권을 행사하여 증언을 거절한 경우(대판 2019.11.21. 2018도13945 전합). (단, 피고인이 증인의 증언거부 상황을 초래하였다는 등의 특별한 사정이 있는 경우에는 제314조 적용 가능)

(10) 당연히 증거능력이 있는 서류(제315조)

> **제315조(당연히 증거능력이 있는 서류)**
> 다음에 게기한 서류는 증거로 할 수 있다.
> 1. 가족관계기록사항에 관한 증명서, 공정증서등본 기타 공무원 또는 외국공무원의 직무상 증명할 수 있는 사항에 관하여 작성한 문서
> 2. 상업장부, 항해일지 기타 업무상 필요로 작성한 통상문서
> 3. 기타 특히 신용할 만한 정황에 의하여 작성된 문서

제315조의 의의	• 형사소송법 제315조는 공무원의 직무문서, 업무상 통상문서, 기타 특신문서를 당연히 증거능력 있는 서류로 규정하고 있음 • 본래 제315의 서류는 제313조 제1항의 진술서로서의 성격을 갖지만, 성립의 진정성이 추정되고 신용성의 정황적 보장이 인정된다는 점에서 전문법칙의 예외로서 당연히 증거능력을 인정하는 것이다.
적용범위	• 공무원의 직무문서 – 가족관계기록사항에 관한 증명서, 공정증서등본 기타 공무원 또는 외국공무원의 직무상 증명할 수 있는 사항에 관하여 작성한 문서는 당연히 증거능력이 있다. 예 등기부등초본, 주민등록등초본, 인감증명, 전과조회회보 등) – 공권적 증명문서로서 고도의 신용성이 보장될 뿐 아니라, 작성자가 일일이 출석하는 것이 불가능하거나 공무수행상의 부담을 가져오기 때문에 공익적 필요상 당연히 증거능력 있는 서류로 규정한 것이다. – 판례는 군의관이 작성한 진단서(72도922), 국립과학연구소장 작성의 감정의뢰회보서(82도1504), 외국공무원이 직무상 증명할 수 있는 사항(83도3145)에 관하여 작성한 문서 등을 본호에 해당하는 서류라고 판시한 바 있다. – 그러나 외국의 수사기관이 작성한 조서나 서류는 제312조 내지 제314조의 적용대상일 뿐, 제315조 제1호의 적용대상이 되지 않는다(97도1351). – 비록 공무원인 주중국 영사가 공무수행 과정 중 작성하였다 할지라도 공적인 증명보다는 상급자 등에 대한 보고를 목적으로 하는 것인 경우, 형사소송법 제315조 제1호의 '공무원의 직무상 증명할 수 있는 사항에 관하여 작성한 문서' 또는 제3호의 '기타 특히 신뢰할 만한 정황에 의하여 작성된 문서'라고 볼 수 없다(2007도7257). • 업무상 통상문서 – 상업장부, 항해일지 기타 업무상 필요로 작성한 통상문서는 당연히 증거능력이 있다. – 업무의 기계적 반복성으로 인하여 허위가 개입할 여지가 적고(신용성) 작성자를 원진술자로 일일이 소환하여 진술하도록 하는 것이 번거롭다는 점(필요성)을 감안한 것이다. – 의사가 작성한 진료기록부는 통상문서라고 볼 수 있으나 사인인 의사가 작성한 개개의 진단서는 통상문서라고 볼 수 없다는 것이 판례의 태도이다(69도179). – 비밀장부를 만들면서 외부에 보이기 위하여 작성한 표면상의 장부는 제315조 제2호의 통상문서가 아니지만(통설), 그때그때의 출납내역을 기계적으로 작성한 비밀장부는 본호의 통상문서에 해당한다(94도2865 전합). – 또한 성매매업소에서 영업에 참고하기 위하여 성매매 상대방에 관한 정보를 입력하여 작성한 메모리카드(2007도3219) 역시 본호의 통상문서에 해당한다. • 특신문서 기타 특히 신용할 만한 정황 아래 작성된 문서란 제1호·제2호의 문서에 준할 정도의 고도의 신용성이 문서 자체에 의하여 보장되는 서면을 말한다.

> **더 알아보기**

제315조의 서류에 대한 판례의 동향

구분	당연히 증거능력(○)	당연히 증거능력(×)
공무상 직무문서	• 등기부등초본 · 인감증명 · 전과조회회보 · 신원증명서 • 군의관이 작성한 진단서 • 국립과학수사 연구소장 작성의 감정의뢰회보서 • 외국공무원의 직무문서 • 보건사회부장관의 시가보고서 • 세무공무원의 시가감정서 • 일본하관 통괄심리관 작성의 범칙물건감정서등본과 분석의뢰서 및 분석 회답서등본	• 외국의 수사기관이 작성한 조서 · 서류 · 수사보고서 • 우리 수사기관의 조서 · 수사보고서 • 주중국 영사가 상급자의 지시로 작성한 사실확인서 중 공인부분을 제외한 부분 • 육군과학수사연구소 실험분석관이 작성한 감정서(76도2960)
업무상 통상문서	• 상업장부 · 항해일지 · 금전출납부 · 전표 • 의사가 작성한 진료기록부 • 그때그때 기계적으로 작성한 비밀장부 • 성매매업소에서 영업에 참고하기 위하여 성매매상대방에 관한 정보를 입력 · 작성한 메모리카드 • 이면에 필적을 연습한 업무일지(2008도1584)	• 사인인 의사의 진단서(제313조 제1항) • 외부에 보이기 위한 표면장부 • 체포 · 구속인 접견부
특신문서	• 공공기록 · 역서 · 정기간행물의 시장가격표 · 스포츠기록 · 공무소작성 통계와 연감 • 구속전피의자심문조서, 체포 · 구속적부심문조서 • 다른 사건의 공판조서 • 교도소장이 교도소에 보관 중인 군법회의 판결사본 • 사법경찰관작성의 수사보고서 중 국가보안법상의 새세대16호라는 이적표현물의 복사물(92도1211)	• 주민들의 진정서사본 • 공소장 • 외국수사기관이 수사결과 얻은 정보를 회신하여 온 문서 • 국정원 심리전단 직원의 노트북컴퓨터에서 발견된 전자정보(이메일계정에서 발견)인 425지논 파일 및 시큐리티 파일 • 건강보험심사평가원의 입원진료 적정성 여부 등 검토의뢰에 대한 회신

(11) 전문진술(제316조)

> **제316조(전문의 진술)**
> ① 피고인이 아닌 자(공소제기 전에 피고인을 피의자로 조사하였거나 그 조사에 참여하였던 자를 포함한다. 이하 이 조에서 같다)의 공판준비 또는 공판기일에서의 진술이 피고인의 진술을 그 내용으로 하는 것인 때에는 그 진술이 특히 신빙할 수 있는 상태하에서 행하여졌음이 증명된 때에 한하여 이를 증거로 할 수 있다.
> ② 피고인 아닌 자의 공판준비 또는 공판기일에서의 진술이 피고인 아닌 타인의 진술을 그 내용으로 하는 것인 때에는 원진술자가 사망, 질병, 외국거주, 소재불명 그 밖에 이에 준하는 사유로 인하여 진술할 수 없고, 그 진술이 특히 신빙할 수 있는 상태하에서 행하여졌음이 증명된 때에 한하여 이를 증거로 할 수 있다.

① 의의

의의	・제316조는 구두진술에 의한 전문증거의 전문법칙 예외를 규정하고 있다. ・제316조에 따라 증거능력이 있으려면, 전문진술자는 증인으로서의 요건을 갖추어야 한다(판례).
제316조 제1항	・피고인이 아닌 자(공소제기 전에 피고인을 피의자로 조사하였거나 그 조사에 참여하였던 자를 포함한다. 이하 이 조에서 같다)의 공판준비 또는 공판기일에서의 진술이 피고인의 진술을 그 내용으로 하는 것인 때에는 그 진술이 특히 신빙할 수 있는 상태하에서 행하여졌음이 증명된 때에 한하여 이를 증거로 할 수 있다. 예 피고인 아닌 자(A)가 증인으로 출석하여 피고인(甲)의 진술을 증언 → 특신상태가 요건 ・조사자증언이 명문으로 허용되었다. 따라서 피의자를 신문한 사법경찰관이나 제3자(조사참여자)가 경찰에서 조사받을 때 범행을 자백한 피고인의 진술내용을 증언하는 경우에도 제316조 제1항에 따라 증거능력이 인정될 수 있다. ・공동피고인은 그가 공범이든 공범이 아니든 제316조 제2항의 피고인 아닌 자로 해석해야 하지, 제316조 제1항의 피고인에 해당하지 않는다(판례). 예 피고인 아닌 A가 공동피고인 乙의 진술을 전문한 경우 → 제316조 제2항 적용

제316조
제2항
	・피고인 아닌 자의 공판준비 또는 공판기일에서의 진술이 피고인 아닌 타인의 진술을 그 내용으로 하는 것인 때에는 원진술자가 사망, 질병, 외국거주, 소재불명 그 밖에 이에 준하는 사유로 인하여 진술할 수 없고, 그 진술이 특히 신빙할 수 있는 상태하에서 행하여졌음이 증명된 때에 한하여 이를 증거로 할 수 있다(제316조 제2항).
	예 피고인 아닌 자(A)가 증인으로 출석하여 피고인 아닌 자(B)의 진술을 전문하는 경우 → B의 불출석이 필요성 요건을 충족하고 B의 진술에 특신상태 증명되어야 함
	・제316조 제2항도 제314조와 마찬가지로 전형적인 전문법칙 예외조항이다.
	・조사자(A)가 피고인 아닌자(B)의 진술을 전문한 경우에도 제316조 제2항에 따라 증거사용 가능
	・구체적 판례의 흐름
	  – 전문진술의 원진술자인 공동피고인들이 법정에서 공소사실을 부인하는 경우 '원진술자가 사망, 질병, 외국거주, 소재불명 그 밖에 이에 준하는 사유로 인하여 진술할 수 없는 때에 해당되지 않으므로 그 증거능력을 인정할 수 없다(2008도6985).
	  – 피고인 甲이 아닌 상피고인 乙도 피고인 아닌 자에 해당한다고 할 것이니 상피고인 乙이 제1심 법정에서 간통사실을 부인하는 이 사건에 있어서는 원진술자인 상피고인 乙이 사망, 질병 기타 사유로 인하여 진술할 수 없는 때에 해당되지 아니하므로 상피고인 乙의 진술을 그 내용으로 하는 증언 및 진술은 전문증거로서 증거능력이 없다(84도2297).
	  – 원진술자가 제1심법원에 출석하여 진술을 하였다가 항소심에 이르러 진술할 수 없게 된 경우를 제316조 제2항에서 정한 원진술자가 진술할 수 없는 경우에 해당한다고는 할 수 없다(2001도3997).
	  – 조사자증언도 제316조 제2항에 따라 증거능력이 인정될 수 있지만, 원진술자가 법정에 출석하여 수사기관에서 한 진술을 부인하는 취지로 증언한 이상 원진술자의 진술을 내용으로 하는 조사자의 증언은 증거능력이 없다(2008도6985).

② 재전문증거의 증거능력
  ㉠ 의의: 전문법칙의 예외의 법리에 따라 증거능력이 인정되는 전문증거가 그 내용에서 다시 전문증거를 포함하는 경우와 같이 이중의 전문이 되는 경우를 재전문이라고 한다.
  ㉡ 재전문증거의 증거능력
    • 재전문증거의 증거능력을 인정 여부에 대해 학설은 긍정설과 부정설로 대립한다.
    • 판례는 전문진술이 기재된 조서는 제312조 내지 제314조의 규정과 제316조의 요건을 충족하면 증거능력을 인정할 수 있지만, 재전문진술이나 재전문진술을 기재한 조서는 당사자의 증거동의가 없는 한 증거능력을 인정할 수 없다는 입장이다(2000도519).

(12) 특수매체기록의 증거능력
  ① 녹음테이프의 증거능력

종류	녹음테이프는 진술녹음과 현장녹음으로 구분된다.
진술녹음	• 의의: 진술녹음이란 녹음테이프에 녹음된 진술내용이 전문증거로 사용되는 경우를 말한다. • 증거능력 인정요건: 진술녹음의 경우에는 작성주체가 누구인지 원진술자가 누구인지에 따라 전문법칙 예외규정을 적용한다. 예 사인(A)이 피고인 아닌 자(B)의 진술을 녹음한 녹음테이프 → 제313조 제1항에 따라 공판준비 또는 공판기일에서 원진술자(B)가 진정성립을 인정해야 한다. • 진술녹음의 증거능력 인정시 매체의 특수성상 별도로 서명이나 날인은 필요 없다(판례).
현장녹음	• 의의: 현장녹음이란 녹음테이프에 녹화된 발언이 현장의 상황을 설명하거나 단순한 음향과 같이 비진술증거로 사용되는 경우를 말한다. • 학설: 증거능력 인정요건에 대해서는 진술증거설, 비진술증거설, 검증조서유추설이 대립 • 판례: 현장녹음은 비진술증거로서 전문법칙의 적용없이 증거능력이 인정된다.

  ② 사진의 증거능력

종류	사진은 사본으로서의 사진, 진술의 일부인 사진, 현장사진으로 구분된다.
사본으로서의 사진	• 흉기나 사체 등의 사진의 경우처럼 비진술증거의 사본으로서 사진이 이용되는 경우를 사본으로서의 사진이라고 한다. • 최량증거의 법칙의 관점에서 복사물이나 출력물이 증거로 제출된 경우에 있어서는 원본이 존재하거나 존재하였을 것, 원본의 제출이 불가능하거나 현저히 곤란하였을 것, 원본을 정확히 전사하였을 것(동일성 요건) 등이 기본적 전제요건으로 갖추어져야 한다. • 전문법칙의 적용 여부에 대해서는 종래 군법회의판결사본은 제315조 제3호에 따라 당연히 증거능력이 있다고 보기도 하며, 최근에는 욕설 문자메시지 사본이 제출된 사건에서는 제310조의2는 적용될 여지가 없다고 보았다.
진술대용품인 사진	• 의의: 진술증거의 일부로서 사진이 이용되는 경우를 말한다. • 사진의 이용 가능성은 당해 진술의 증거능력 여부에 따라 결정된다. 예 사경작성 검증조서에 첨부된 피의자의 현장재연사진 → 제312조 제3항의 요건을 충족해야 한다.
현장사진	• 의의: 현장사진이란 범행상황과 그 전후 상황을 촬영한 사진으로서 범행을 증명하기 위하여 독립된 증거로 제출된 것을 말한다. • 현장사진의 증거능력에 대해서는 진술증거설, 비진술증거설, 검증조서 유추설이 대립 • 판례는 비진술증거설과 유사한 입장이다. 예 간통현장에서 찍은 나체사진(날짜를 제외한 부분)이 비록 공갈목적에서 이루어진 것이라 하더라도 형사소추라는 공익실현을 위하여 증거능력을 부인할 수 없다(97도1230).

③ 수사기관 작성 영상녹화물의 증거능력

의의	영상녹화물이란 수사기관이 피의자 또는 참고인의 진술을 영상녹화하여 CD 등의 특수매체에 저장한 전문증거를 말한다.
사용	• 엄격한 증명의 자료 사용은 금지(본증사용금지) ※ 형사소송법 제312조 제1항·제3항·제4항은 수사기관 작성의 조서 가운데 적법한 절차와 방식에 따라 작성된 조서에 대해서만 전문법칙의 예외규정을 두고 있다. 따라서 조서가 아닌 수사기관 작성의 영상녹화물은 증거능력이 없다(제310조의2). • 피고인·피고인 아닌 자의 기억이 명백치 않은 경우 기억환기용으로 사용 → 기억환기용으로의 사용시 법관시청은 불가(제318조의2) • 탄핵증거로의 사용도 금지(통설)

아동·청소년의 성보호에 관한 법률	성폭력범죄의 처벌 등에 관한 특례법
• 아동·청소년에 대한 피해진술은 영상녹화하여 보존하여야 함(다만, 피해자나 법정대리인이 원하지 않는 경우에는 촬영 불가) • 피해자나 동석한 신뢰관계 있는 자의 진정성립 인정시 피해자의 진술은 증거능력 있음	• 19세 미만이나 신체·정신 장애로 의사결정능력 미약시 피해자 또는 법정대리인이 원하지 않는 경우가 아닌 한 영상녹화의무 있음 • 피해자나 동석한 신뢰관계 있는 자, 진실조력인의 진정성립 인정시 피해자의 진술은 증거능력 있음 • 피해자의 경찰진술조서나 신뢰관계 있는 자의 진술은 녹화되었어도 증거능력 없음(판례) • 피해자가 답변하면서 작성한 메모는 증거능력 있음(판례)

7 당사자의 증거동의

의의	• 검사와 피고인이 증거로 할 수 있음을 동의한 서류 또는 물건은 진정한 것으로 인정시 증거로 할 수 있는바, 이를 증거동의라고 한다. • 증거동의는 신속한 재판을 추구하기 위한 입법정책적인 제도이다. • 증거동의는 영·미법상 당사자주의에서 유래한 것이지만, 증거동의가 있더라도 법원이 진정한 것으로 인정 시에만 증거능력이 인정되도록 한 것은 직권주의적 요소를 가미한 것이다(증거동의제도 → 당사자주의적 제도, 증거동의의 진정성제도 → 직권주의적 요소). • 판례는 증거동의의 본질을 반대신문권 포기로 보고 있다.
증거동의 주체	• 증거동의의 주체는 검사와 피고인이다. • 일방당사자가 신청한 증거에 대해서는 타방당사자의 동의가 있어야 하며, 법원이 직권으로 채택한 증거에 대해서는 양당사자의 동의가 필요하다. • 변호인은 피고인의 명시한 의사에 반하지 아니하는 한 피고인을 대리하여 증거로 함에 동의할 수 있고 이 경우 변호인의 동의에 대하여 피고인이 즉시 이의하지 아니하는 경우에는 변호인의 동의로 증거능력이 인정된다(88도1628). • 동의의 상대방은 법원이어야 한다.

증거동의의 대상	• 형사소송법 제318조 제1항은 증거동의의 대상으로 서류 또는 물건을 규정하고 있다. • 서류만을 대상으로 규정하고 있으나 법정진술도 증거동의의 대상이 된다(판례). • 증거동의의 본질을 반대신문권의 포기로 이해하는 학설은 물건에 대한 증거동의는 허용되지 않고, 제318조 제1항은 입법오류라고 본다. • 그러나 판례는 물건이나 비진술증거인 상해부위사진도 증거동의 대상이 된다고 본다(2007도3906). • 증거동의는 신속한 재판을 구현하기 위한 것이므로 증거능력 없는 증거만이 증거동의의 대상이 된다. • 이미 증거능력이 인정되는 전문증거(예 제311조, 제315조의 서류 등)는 증거동의의 대상이 되지 않는다. 예 (적법한 절차와 방식에 따라 작성된 것으로서 특신상태가 증명되었으며) 피고인이 성립의 진정을 인정한 검사작성의 피의자신문조서(67도657) → 동의의 대상(×) • 피고인이 제출한 반대증거는 증거동의의 대상이 되지 않는다(판례, 피고인반증은 무죄입증을 위한 탄핵증거로서의 속성을 가지므로 증거능력이 있을 필요가 없다는 점 고려).
증거동의의 시기	• 증거능력이 없는 증거에 대하여 증거조사가 허용되지 않으므로 동의는 원칙적으로 증거조사 전(예 공판준비절차에서도 가능)에 하여야 한다. • 그러나 증거조사 후에 증거능력이 문제되면 증거동의가 가능하다.

증거동의의 방식	• 묵시적 동의의 허용
	  예 피고인 아닌 자의 진술조서에 대하여 "의견없다"라고 한 진술, 피고인이 신청한 증인의 전문진술에 대하여 "별 의견이 없다"라고 한 피고인의 진술 → 증거동의로 볼 수 있음(판례)
	• 포괄적 동의의 허용
	  예 개개의 증거에 대하여 개별적인 증거조사방식을 거치지 아니하고 "검사가 제시한 모든 증거에 대하여 피고인이 증거로 함에 동의한다"라는 방식 → 증거동의 효력 있음(판례)
	• 다만, "공판정 진술과 배치되는 부분 부동의"라는 식의 의사표시 → 조서 전부에 대해 증거동의를 하지 않는다는 의사로 보아야 한다(판례).

증거동의 의제	• 피고인의 출정 없이 증거조사를 할 수 있는 경우에 피고인이 출정하지 아니한 때에는 피고인의 대리인 또는 변호인의 출정한 때를 제외하고 피고인의 증거로 함에 동의한 것으로 간주한다(제318조 제2항).
	• 간이공판절차의 결정이 있는 사건의 증거에 관하여는 제310조의2, 제312조, 제313조, 제314조, 제316조의 규정에 대하여 제318조 제1항의 증거동의가 있는 것으로 간주된다. 다만, 검사, 피고인 또는 변호인이 증거로 함에 이의가 있는 때에는 그러하지 아니하다(제318조의3).
	• 필요적 변호사건에서 피고인과 변호인의 퇴정
	  – 판례는, 피고인이 재판장의 허가 없이 퇴정하거나 재판장의 퇴정명령에 의하여 출석하지 않은 때에는, 피고인의 방어권남용으로서 제330조가 적용되어 법원은 심리·판결할 수 있고 그 당연한 결과로 증거동의도 의제된다고 본다.
	  – 나아가, 판례는 필요적 변호사건에서 피고인과 변호인이 퇴정하거나 퇴정명령을 받은 경우에도 방어권 남용 내지는 변호권의 포기로서 법원은 피고인·변호인의 재정 없이 심리·판결할 수 있고, 증거동의의제도 가능하다고 본다(91도865).

증거동의 철회·취소	• 증거조사완료 전에는 증거동의의 철회가 허용되나, • 증거조사완료 이후에는 증거동의의 취소 또는 철회는 금지된다(판례).

증거동의 효력	• 당사자가 동의한 서류 또는 물건은 제311조 내지 제316조의 요건을 갖추지 않은 경우에도 법원에 의해 진정성이 인정되면 증거능력이 부여된다.
	• 판례는 증거동의의 진정성이란 서명이나 날인의 진정성, 즉 형식적 진정성립으로 파악한다.
	  예 형식적 진정성립설을 취한 판례: 피고인이 작성한 진술서에 관하여 피고인과 변호인이 공판기일에서 증거로 함에 동의하였고 그 진술서에 피고인의 서명과 무인이 있는 것으로 보아 진정한 것으로도 인정된다면, 그 진술서는 증거로 할 수 있다(90도1229).
	• 물적 범위: 증거동의의 효력은 원칙적으로 전부에 미치지만, 동의한 서류 또는 물건의 내용이 가분인 때에는 그 일부에 대하여도 동의할 수 있다(90도1303).
	  예 검증조서 중 범행부분은 부동의하고 현장상황부분만 증거로 동의 → 가능(○)
	• 인적 범위: 증거동의는 동의한 피고인에게만 효력이 있다. → 수인의 피고인 중 1인의 증거동의의 효력은 다른 피고인에게는 미치지 않는다.
	• 시적 범위: 동의의 효력은 공판절차의 갱신 후 또는 상소심에서도 유지된다.
	  예 피고인이 제1심에서 경찰작성조서에 대해 증거동의(또는 간이공판절차 진행)한 후, 제2심에서 범행을 다투는 경우(증거동의 번복)라도 증거동의의 효력은 유지된다(판례).

8 탄핵증거

(1) 탄핵증거의 의의와 본질

> **제318조의2(증명력을 다투기 위한 증거)**
> ① 제312조부터 제316조까지의 규정에 따라 증거로 할 수 없는 서류나 진술이라도 공판준비 또는 공판기일에서의 피고인 또는 피고인이 아닌 자(공소제기 전에 피고인을 피의자로 조사하였거나 그 조사에 참여하였던 자를 포함한다. 이하 이 조에서 같다)의 진술의 증명력을 다투기 위하여 증거로 할 수 있다.
> ② 제1항에도 불구하고 피고인 또는 피고인이 아닌 자의 진술을 내용으로 하는 영상녹화물은 공판준비 또는 공판기일에 피고인 또는 피고인이 아닌 자가 진술함에 있어서 기억이 명백하지 아니한 사항에 관하여 기억을 환기시켜야 할 필요가 있다고 인정되는 때에 한하여 피고인 또는 피고인이 아닌 자에게 재생하여 시청하게 할 수 있다.

의의	• 탄핵증거란 증명력을 다투기 위한 증거를 말한다. • 탄핵증거는 전문법칙이 적용되지 않는 경우이다. • 탄핵증거는 자유심증주의의 예외가 아니라, 자유심증주의를 보강하는 제도이다. • 탄핵증거는 자유로운 증명의 대상이다. 따라서 증거능력 없는 증거를 탄핵증거로 제출할 수 있다. 그러나 탄핵증거로서의 증거조사는 필요하다.
허용범위	• 탄핵증거의 허용범위에 대해서는 한정설, 비한정설, 절충설, 이원설 등으로 대립된다. • 어떠한 견해에 의하더라도 자기모순 진술은 탄핵증거로 제출이 허용된다. • 형사소송규칙 제75조, 제77조는 자기모순 진술 이외에 다툼 없는 사실, 증인의 신빙성에 대한 보조사실 등을 탄핵신문사항에 포함시킴으로써 절충설과 유사한 태도를 취하고 있다. → 주신문뿐 아니라 반대신문시에도 탄핵신문을 할 수 있다(규칙 제77조 제2항).
대상	• 탄핵의 대상은 피고인 또는 피고인 아닌 자의 진술 또는 그 진술을 기재한 서류이다. • 피고인의 공판정 진술 또한 탄핵의 대상이 된다. → 피고인이 내용을 부인한 사법경찰관작성의 피의자신문조서라도 임의성에 의심이 없는 한 피고인의 법정에서의 진술을 탄핵하기 위한 반대증거로 사용할 수 있다(97도1770).
증명력을 다투기 위하여	• 탄핵증거는 증명력을 다투기 위한 증거이므로 처음부터 증명력을 증강시키기 위해서는 탄핵증거를 제출할 수 없다. • 다만, 통설은 증명력을 감쇄하는 경우뿐만 아니라 감쇄된 증명력을 회복하는 경우도 공평의 원칙상 탄핵증거의 제출이 허용된다고 본다.
입증취지의 문제	• 피고인이 탄핵증거를 제출하였는데, 탄핵증거가 범죄사실인정을 위한 증거능력도 갖추고 있는 경우 이를 근거로 하여 피고인에게 유죄판결을 할 수 있는지 문제된다. • 판례는 증거제출의 상대방으로부터 동의가 없는 한 수소법원은 당해 증거의 진정성립 여부 등을 조사해야 하며, 그 증거에 대하여 피고인이나 변호인에게 의견과 변명의 기회를 준 후가 아니면 그 증거를 유죄인정의 증거로 사용할 수 없다고 보고 있다(87도966). → 증거 공통의 원칙은 증서에 대한 증거조사를 불필요하게 하는 힘은 없다(판례).

탄핵증거의 제한	제출 불허	• 탄핵증거는 진술의 증명력을 다투기 위한 것으로서 그 증거를 범죄사실 또는 간접사실을 인정하기 위해서는 사용할 수 없다. • 임의성이 없는 자백이나 진술 또는 그러한 진술이 기재된 서면은 탄핵증거로 허용되지 않는다(97도1770). • 위법수집증거를 탄핵증거로 사용하는 것은 허용되지 않는다. • 피고인이나 증인이 공판정에서 진술을 행한 이후, 검사가 이들을 검찰청으로 소환하여 공판정진술을 번복시켜 이를 진술조서에 기재한 경우, 그러한 진술번복조서는 탄핵증거로 제출될 수 없다(통설).
	제출 허용	• 판례는 형식적 진정성립조차 없는 서류라도 탄핵증거로 제출이 가능하다고 본다. 이는 제318조의2 제1항이 증거능력 없는 증거의 탄핵증거제출을 전면허용하고 있기 때문으로 보인다. 　예 검사가 유죄의 자료로 제출한 증거들이 그 진정성립이 인정되지 아니하고 이를 증거로 함에 상대방의 동의가 없더라도, 이는 유죄사실을 인정하는 증거로 사용하는 것이 아닌 이상 공소사실과 양립할 수 없는 사실을 인정하는 자료로 쓸 수 있다(94도1159). • 제318조의2 제1항은 조사자증언을 탄핵증거로 사용할 수 있다는 점과 조사자증언도 탄핵의 대상이 된다는 점을 명확히 하고 있다.
탄핵증거와 증거조사		• 탄핵증거는 범죄사실을 인정하는 증거가 아니므로 엄격한 증거조사를 거쳐야 할 필요가 없다(2005도2617). • 그러나 공개재판의 원칙에 비추어 볼 때 공판정에서 탄핵증거로서의 증거조사는 필요하다. 탄핵증거를 제출할 때에는 상대방에게 그에 대한 공격·방어의 수단을 강구할 기회를 부여해야 한다. 따라서 탄핵증거를 제출할 때에는 탄핵증거의 어느 부분에 의하여 진술의 어느 부분을 다투려고 한다는 것을 사전에 상대방에게 알려야 한다(2005도2617).
기억환기용 영상녹화물		• 피고인 또는 피고인이 아닌 자의 진술을 내용으로 하는 영상녹화물은 공판준비 또는 공판기일에 피고인 또는 피고인이 아닌 자가 진술함에 있어서 기억이 명백하지 아니한 사항에 관하여 기억을 환기시켜야 할 필요가 있다고 인정되는 때에 한하여 피고인 또는 피고인이 아닌 자에게 재생하여 시청하게 할 수 있다(제318조의2 제2항). • 기억환기용으로 제출된 영상녹화물을 시청할 수 있는 자는 피고인 또는 피고인 아닌 자에 제한되고, 법관은 이를 시청할 수 없다. 심증이 왜곡될 우려가 있기 때문이다. • 영상녹화물은 기억환기용으로만 사용될 뿐, 탄핵증거로의 사용은 불가능하다(통설).

9 자백의 보강법칙

> **헌법 제12조**
> ⑦ 피고인의 자백이 고문·폭행·협박·구속의 부당한 장기화 또는 기망 기타의 방법에 의하여 자의로 진술된 것이 아니라고 인정될 때 또는 정식재판에 있어서 피고인의 자백이 그에게 불리한 유일한 증거일 때에는 이를 유죄의 증거로 삼거나 이를 이유로 처벌할 수 없다.
>
> **형사소송법 제310조(불이익한 자백의 증거능력)**
> 피고인의 자백이 그 피고인에게 불이익한 유일의 증거인 때에는 이를 유죄의 증거로 하지 못한다.

의의	• 자백의 보강법칙이란 피고인이 임의로 한 증거능력 있는 자백에 의하여 법관이 유죄의 심증을 얻었다 할지라도 보강증거가 없으면 유죄로 인정할 수 없다는 원칙을 말한다(헌법 제12조 제7항 후단, 법 제310조). • 자백의 보강법칙은 법관의 유죄심증에도 불구하고 보강증거가 없으면 유죄판결을 할 수 없다는 점에서 자유심증주의에 대한 예외가 된다. • 자백의 보강법칙은 자백편중으로 인한 인권침해를 방지하고 오판의 방지에 취지가 있다.
적용범위	• 자백의 보강법칙은 정식의 형사소송절차에서만 적용된다. • 정식절차가 아닌 즉결심판과 소년보호사건에서는 자백의 보강법칙은 적용되지 않는다. • 간이공판절차와 약식명령절차에 있어서도 보강법칙이 적용된다.
보강이 요구되는 자백	• 피고인의 자백이란 피고인의 지위에서 한 자백에 한정되지 않고, 구두 자백, 서면에 의한 자백, 참고인이나 증인의 지위에서 한 자백도 후에 피고인이 된 경우에는 보강이 필요하다. • 자백이 증거능력이 없거나, 신빙성이 없는 경우에는 자백의 보강법칙이 문제될 이유가 없다. → 자백의 보강법칙은 증거능력 있는 자백을 전제로 한다. • 피고인이 공판정에서 자백한 경우라도 자백의 보강법칙이 적용된다. → 보강이 필요한 제310조의 자백은 공판정의 자백이나 공판정 외의 자백을 불문한다(판례).
공범자의 자백	• 공범자의 자백만을 가지고도 피고인에게 유죄판결을 할 수 있다(판례). → 형사소송법 제310조의 피고인의 자백에는 공범인 공동피고인의 진술은 포함되지 않으며, 이러한 공동피고인의 진술에 대하여는 피고인의 반대신문권이 보장되어 있어 독립한 증거능력이 있다(판례). → 공범자의 자백만으로도 유죄판결이 가능하다는 취지 • 공범자의 자백만 있는 경우 자백한 공범에 대해서는 자백의 보강법칙을 적용하여 무죄를 선고하여야 하나, 자백하지 않은 다른 공범은 유죄판결의 대상이 된다. 예 특수절도죄의 공범으로 기소된 甲과 乙에 대한 공판심리도중 甲은 범행을 부인하고 있으나, 乙은 공동범행을 자백하고 있는 경우 → 甲은 공범인 공동피고인 乙의 법정진술을 근거로 유죄판결을 선고받을 수 있으나, 乙은 자신의 자백만 존재하는 경우이므로 자백의 보강법칙에 따라 무죄판결을 받게 됨 • 공범모두가 자백한 경우에는 공범상호간의 자백이 다른 공범에게 보강증거가 되므로, 모든 공범에게 유죄판결선고가 가능하다(판례).

보강증거의
자격
	• 증거능력이 있을 것: 보강증거는 증거능력이 있고 신빙성이 있어야 한다.
	• 독립된 증거일 것
	  – 보강증거는 자백과 독립성이 인정되어야 한다. 자백은 아무리 반복되어도 상호간에 보강증거가 될 수 없다.
	    예 피고인의 일기장과 사경피신, 검사피신, 공판정 자백 등이 제출된 경우 → 보강증거가 없어 무죄판결
	  – 피고인의 자백을 내용으로 하는 피고인 아닌 자의 진술(제316조 제1항)도 보강증거가 될 수 없다(2007도1093). 또한 피고인이 범행장면을 재연하는 것도 실연에 의한 자백에 불과하여 보강증거가 되지 않는다.
	• 피고인의 자백이 기재된 비밀장부·수첩 등의 경우
	  – 다수설은 피고인의 자백이 기재된 비밀장부나 수첩 등은 자백과의 독립성을 인정할 수 없으므로, 독립된 보강증거가 될 수 없다고 본다.
	  – 판례는 상업장부나 항해일지, 진료일지 또는 이와 유사한 금전출납부 등과 같이 범죄사실의 인정 여부와는 관계없이 자기에게 맡겨진 사무를 처리한 사무 내역을 그때그때 계속적, 기계적으로 기재한 문서 등의 경우는 자백에 대한 독자적인 보강증거가 될 수 있다고 본다.

보강증거의 형태	• 보강증거의 형태는 문제되지 않는다. 인증이든 물증이든 서증이든 증거방법의 형태와 관계없이 보강증거가 될 수 있다. 예 피고인의 자백 + 참고인의 진술 → 유죄판결 가능 • 자백에 대한 보강증거는 범죄사실의 전부 또는 중요 부분을 인정할 수 있는 정도가 되지 아니하더라도 직접증거가 아닌 간접증거나 정황증거도 보강증거가 될 수 있다(98도159).

보강증거의 범위	• 보강증거가 필요한 범위
	  - 학설은 죄체설과 진실성담보로 대립된다.
	  - 판례는 진실성 담보설을 취한다.
	    예 자백에 보강증거를 요구하는 이유는 오판의 방지에 있으며 자백의 진실성이 담보되면 오판의 위험은 없다 할 것이므로 보강증거는 자백의 진실성을 담보할 수 있을 정도이면 족하다(2008도7883).
	• 범죄의 주관적 구성요건 요소 → 보강증거 불요
	  예 고의, 과실, 공범자간의 의사연락, 목적 등은 보강증거 없이 피고인의 자백만으로 인정할 수 있다(4294형상171).
	• 범죄의 객관적 구성요건 요소
	  - 협의의 객관적 범죄구성요건 요소를 이루는 사실에 대해서는 보강증거가 필요하다(통설).
	  - 그러나 협의의 구성요건 사실 이외에 처벌조건에 관한 사실, 누범가중의 원인사실, 전과 및 정상 등에 관한 사실은 보강증거 없이 피고인의 자백만으로 이를 인정할 수 있다(79도1528).
	• 범인과 피고인의 동일성 판단에는 보강증거가 없어도 무방하다고 보아야 한다(통설).

죄수와 보강증거	• 경합범 → 개별적으로 보강증거 필요
	  - 실체적 경합범의 관계에 있는 수개의 사건들은 과형상 수죄이므로 개별 범죄사건을 단위로 보강증거의 유무를 검토해야 한다(통설).
	  - 실체적 경합범의 경우 개별 범죄사건 별로 보강증거가 필요하다(95도1794).
	• 상상적 경합 → 하나의 보강증거로 충분상상적 경합에서는 행위가 하나이므로, 한 죄에 대한 보강증거는 통상 다른 죄에 대해서도 보강증거로 사용된다(판례).
	• 포괄일죄
	  - 다수의 행위가 일죄로 파악되는 협의의 포괄일죄(가령, 접속범의 경우)의 경우에는 포괄적인 보강증거로 족하다(통설).
	  - 행위자의 범죄의 상습성 등을 근거로 다수의 행위를 일죄로 포괄하는 광의의 포괄일죄(상습범, 연속범 등)에 있어서는 범죄의 구성부분을 이루는 각 행위별로 보강증거가 필요하다고 본다.
	    예 상습마약투약죄(광의의 포괄일죄인 상습범)에 있어서는 각 투약일자별로 별도의 보강증거가 필요하다(95도1794).

보강증거와 증명력	• 보강증거는 어느 정도의 증명력이 있는 증거임을 요하는지에 대해서는 절대설과 상대설이 대립된다. • 통설과 판례는 보강증거가 그 자체만으로는 객관적 범죄사실을 인정할 수 없다고 하더라도 자백과 종합하면 범죄사실을 인정할 수 있는 정도의 증명력을 가지고 있으면 족하다고 본다(상대설).

10 공판조서의 증명력

공판조서의 배타적 증명력	• 형사소송법 제56조는 "공판기일의 소송절차로서 공판조서에 기재된 것은 그 조서만으로 증명한다."라고 규정하여 공판조서에 배타적 증명력을 인정하고 있다. • 배타적 증명력이란 다른 증거를 참작하거나 반증을 허용하지 않고 공판조서에 기재된 대로 인정한다는 것을 의미한다. • 공판조서의 배타적 증명력에 관한 제56조는 자유심증주의의 예외에 해당한다. • 제56조는 상소심의 심판편의를 위한 조문이다.

요건	공판기일의	• 공판조서에 의하여 증명할 수 있는 것은 공판기일의 절차에 한한다. • 공판조서란 당해사건의 공판조서를 가리키는 것이다. 따라서 당해사건이라면 상소심이건 원심의 이의절차이건 배타적 증명력이 인정된다.
	소송 절차로서	• 공판기일의 절차 중 소송절차에 대해서만 공판조서의 배타적 증명력이 인정된다. 따라서 피고인이나 증인의 진술내용과 같은 실체에 관한 사항은 배타적 증명력이 인정되지 않는다. • 소송절차에 관한 것인 이상 소송절차의 적법성뿐만 아니라 그 존부도 배타적 증명력의 대상이 된다.
	공판조서에 기재된 것	• 공판조서에 기재된 것에 한하여 배타적 증명력이 인정된다. • 공판조서에 기재되지 아니한 소송절차라 하더라도 그 존재가 부인되는 것은 아니며 이에 대하여 다른 자료에 의하여 증명할 수 있다. 소송법적 사실에 속하므로 자유로운 증명으로 족하다. • 기재사항이 불명확하거나 전후 모순된 경우, 조서기재의 정확성에 이의신청(제54조 제2항)이 방해된 경우 등에는 그 공판조서의 배타적 증명력을 인정할 수 없다. 　예 두 개의 서로 다른 내용이 기재된 공판조서가 병존하는 경우 양자는 동일한 증명력을 가지는 것으로서 그 증명력에 우열이 있을 수 없다. 따라서 그중 어느 쪽이 진실한 것으로 볼 것인지는 공판조서의 증명력을 판단하는 문제로서 법관의 자유로운 심증에 따를 수밖에 없다(86도1646). • 공판조서의 기재에 명백한 오기가 있는 경우에는 올바른 내용에 따라 판단할 수 있다(95도110).
유효한 공판조서		• 공판조서의 배타적 증명력은 공판조서가 유효할 것을 전제로 한다. • 따라서 공판조서가 필수요건을 결하여 무효인 경우에 있어서는 배타적 증명력이 인정될 수 없다.

04 재판

1 재판의 개념

(1) 재판의 종류

① 재판의 기능에 따른 분류

구분	종국재판	종국전의 재판
개념	피고사건에 대한 소송계속을 그 심급에서 종결시키는 재판을 말한다.	종국재판에 이르기까지의 절차에 관한 재판을 말한다.
종류	• 유죄·무죄판결 • 관할위반판결·공소기각결정·공소기각 판결·면소판결 • 상소심의 파기판결, 상소기각결정	종국재판 이외의 결정·명령 예 증거조사의 이의신청에 대한 결정, 보석허가결정, 증거조사기각결정, 공판절차정지결정, 공소장변경허가결정 등
취소· 변경	법적 안정성이 강조되어 재판을 한 법원이 취소·변경할 수 없다.	합목적성이 강조되어 재판을 한 법원이 취소·변경할 수 있다.
상소	상소의 이익이 있는 한 상소가 허용된다.	원칙적으로 상소가 허용되지 않는다.

② 재판의 내용에 따른 분류

구분	실체재판	형식재판
개념	사건에 대한 실체적 법률관계를 판단하는 재판(본안재판)	사건에 대한 절차적 법률관계를 판단하는 재판(본안 외 재판)
종류	종국재판 중 유죄 · 무죄판결	• 종국전 재판 • 종국재판 중 관할위반 · 공소기각 · 면소의 재판
재판	판결의 형식에 의함	판결 · 결정 · 명령의 형식에 의함

③ 재판의 형식에 의한 분류

구분	판결	결정	명령
개념	수소법원에 의한 종국재판의 원칙적 형식	수소법원에 의한 종국전 재판의 원칙적 형식	재판장 · 수명법관 · 수탁판사, 수임판사의 재판형식
성질	법원의 재판	법원의 재판	개별법관의 재판
종류	• 유죄 · 무죄판결 • 관할위반 · 공소기각 · 면소 판결	• 이의신청에 대한 결정 • 보석 · 공소장변경의 허가결정 • 공소기각 · 항소기각결정	• 공판기일의 지정 · 변경 • 피의자에 대한 구속영장의 발부 • 개별법상 명령이라는 표현을 사용하지 않더라도 개별법관의 재판은 소송법상 명령에 해당한다.
심리	구두변론이 원칙	구두변론을 요하지 않고 필요한 경우 사실조사 가능	
판결	이유명시 및 재판서작성	• 상소를 불허하는 결정 또는 명령은 이유명시가 불필요 • 재판서를 작성하지 아니하고 조서에만 기재하는 것도 가능	
재판형태	선고	고지	
불복방법	• 제1심판결에 대한 불복: 항소(제357조) • 제2심판결에 대한 불복: 상고(제371조) • 확정판결에 대한 불복: 재심 · 비상상고	결정에 대한 상소는 항고에 의함(제402조)	• 일반적 상소방법은 없음 • 예외적으로 이의신청(제296조 · 제304조)이나 준항고(제416조)

> **더 알아보기**
>
> 약식명령
> • 약식명령은 명령이 아니라 독립된 형식의 재판으로 내용은 판결이나 형식은 결정에 가깝다(통설).
> • 약식명령은 사건의 실체에 대하여 판단하는 실체재판이다(제448조).
> • 약식명령에 대한 불복방법은 정식재판청구이다(제453조).

(2) 재판의 성립과 재판서

① 재판의 성립

재판의 성립	재판의 성립은 법원 또는 법관의 의사의 결정을 의미하는 내부적 성립과 결정된 의사의 외부적 표현을 의미하는 외부적 성립으로 이루어진다.

내부적 성립	• 합의부의 재판 → 합의 성립시: 합의부의 재판은 그 구성원인 법관의 합의에 의하여 내부적으로 성립한다(통설).
	• 단독판사의 재판
	  - 재판서 작성시: 합의의 단계가 없으므로 재판서의 작성시에 내부적으로 성립한다.
	  - 재판서 작성이 없는 재판: 재판서의 작성이 없는 재판(결정·명령)의 경우에는 재판의 고지 또는 선고시에 내부적 성립과 외부적 성립이 동시에 일어난다.
	• 재판의 내부적 성립은 심리에 관여한 법관만이 할 수 있다.
	  - 따라서 심리에 관여하지 않은 법관이 재판의 내부적 성립에 관여한 경우에는 절대적 항소이유(제361조의5 제8호) 및 상대적 상고이유(제383조 제1호)가 된다.
	  - 그러나, 재판의 내부적 성립 후에는 법관이 경질되어도 공판절차를 갱신할 필요가 없다(제301조).

외부적 성립	• 재판의 외부적 성립이란 재판의 의사표시적 내용이 재판을 받는 자에 의해서 인식될 수 있는 상태에 이른 것을 말한다. • 재판은 고지시 또는 선고시에 외부적으로 성립한다. • 재판의 선고·고지는 이미 성립한 재판을 대외적으로 공표하는 행위에 불과하므로 내부적 성립에 관여하지 않은 법관이 하여도 효력에 영향이 없다. • 실제로 선고 또는 고지된 재판의 내용과 재판서에 기재된 내용이 일치하지 않는 경우에는, 선고 또는 고지된 내용에 따라 재판의 효력이 발생한다. • 판정에서 선고한 형과 판결서에 기재된 형이 다른 경우에는 선고된 형을 집행하여야 한다(81모8).

② 재판서

재판서의 작성	• 사전작성의 원칙: 재판을 한 때에는 원칙적으로 재판서를 작성해야 한다. • 결정·명령시의 예외: 다만, 결정 또는 명령을 고지한 때에는 재판서를 작성하지 아니하고 조서에만 기재할 수 있다(제38조). • 재판서의 사후작성: 변론을 종결한 기일에 판결을 선고하는 경우에는 판결서의 사후작성이 허용된다(제318조의4). 이때 판결서는 판결선고 후 5일 이내에 작성하여야 한다(규칙 제146조).

재판서의 기재사항	• 재판서에는 주문과 이유를 기재하여야 한다.
	• 재판서에는 이유를 명시하는 것이 원칙이나, 상소를 불허하는 결정 또는 명령에는 이유를 명시하지 않아도 된다(제39조).
	  - 상소를 허용하는 결정 또는 명령에는 이유를 명시하여야 한다.
	  - 재판비공개결정에 대해서는 상소는 불허되나 반드시 이유를 명시하여야 한다.
	• 재판서에는 재판한 법관이 서명날인하여야 한다(제41조 제1항).
	  - 재판장이 서명날인할 수 없는 때에는 다른 법관이 그 사유를 부기하고 서명날인하여야 하며, 다른 법관이 서명날인할 수 없는 때에는 재판장이 그 사유를 부기하고 서명날인하여야 한다(제41조 제2항).
	  - 판결서 기타 대법원규칙이 정한 재판서를 제외한 재판서에 대해서는 서명날인에 갈음하여 기명·날인할 수 있다(제41조 제3항). (반드시 서명날인을 해야 하는 재판서 → 판결문과 각종의 영장)
	• 재판서에는 법률에 다른 규정이 없으면 재판을 받는 자의 성명, 연령, 직업과 주거를 기재하여야 한다(제40조 제1항).
	• 재판을 받는 자가 법인인 때에는 그 명칭과 사무소를 기재하여야 한다(제40조 제2항).
	• 판결서에는 기소한 검사, 공판에 관여한 검사의 관직, 성명과 변호인의 성명을 기재하여야 한다(제40조 제3항).

③ 재판서 송달 · 송부 · 교부 · 열람청구

재판서의 송달	• 판결의 송달 – 법원은 피고인에 대하여 판결을 선고한 때에는 선고일로부터 7일 이내에 피고인에게 그 판결서등 본을 송달하여야 한다. 다만, 피고인이 동의하는 경우에는 그 판결서 초본을 송달할 수 있다(규칙 제148조 제1항). → 송달기간인 7일은 훈시기간일 뿐이다(95도826). – 규칙 제148조는 의무적으로 판결문을 송달하도록 하고 있으나, 이는 구속된 피고인의 권리보호의 편의를 제공하기 위한 것에 지나지 않으므로 피고인이 판결서등본을 송부받지 못하였다 하더라도 이를 상소이유로 삼을 수는 없다(95도2832). – 불구속피고인과 무죄 등이 선고되어 구속영장의 효력이 상실되는 구속피고인에 대해서는 피고인이 송달을 신청하는 경우에 한하여 판결서등본을 송달한다(규칙 제148조). • 결정 · 명령: 공판정 외에서 고지하는 경우에는 재판서등본 또는 초본의 송달 또는 다른 적당한 방법으로 하여야 한다(제42조).
재판서의 송부 및 교부 · 열람	• 검사송부: 검사의 집행지휘를 요하는 재판은 재판서 또는 재판을 기재한 조서의 등본 또는 초본을 재판의 선고 또는 고지한 때로부터 10일 이내에 검사에게 송부하여야 한다. 단, 법률에 다른 규정이 있는 때에는 예외로 한다(제44조). • 소송관계인의 교부 · 열람: 피고인 기타의 소송관계인은 비용을 납입하고 재판서 또는 재판을 기재한 조서의 등본 또는 초본의 교부를 청구할 수 있다(제45조). 재판서 또는 재판을 기재한 조서의 등본 또는 초본은 원본에 의하여 작성하여야 한다. 단, 부득이한 경우에는 등본에 의하여 작성할 수 있다(제46조).

④ 재판서의 경정과 판결 정정

구분	재판서의 경정	판결 정정
근거	형사소송규칙 제25조	형사소송법 제400조
대상	대법원 판결 이외의 모든 재판	대법원 판결
사유	오기 기타 이에 유사한 오류	판결 내용에 사소한 오류
주체	법원	대법원(상고법원)
신청	직권 또는 당사자의 신청	직권 또는 검사, 상고인, 변호인의 신청(신청은 판결 선고일로부터 10일 이내에 서면으로 하여야 한다)
변론	불요(임의적 변론)	불요(임의적 변론)
방법	결정	판결(정정판결)

2 종국재판

(1) 유죄판결

① 유죄판결의 주문

㉠ 형선고시 유죄판결의 주문에 명시하여야 할 사항
- 주형
- 병과형 · 부가형 · 몰수 또는 추징
- 집행유예의 취지와 기간(징역 또는 금고를 선고하는 경우에 한하여 명시)
- 미결구금일수의 본형통산(법률상 규정은 존재하나, 재정통산 위헌결정으로 사실상 사문화)
- 노역장 유치기간(벌금 또는 과료를 선고하는 경우에 한하여 명시)

- 가납명령
- 압수된 장물의 피해자 환부
- 소송비용의 부담
- 배상명령

ⓒ 형의 면제 또는 선고유예의 판결: 유죄판결의 주문에는 '피고인에 대한 형을 면제한다.' 또는 '피고인에 대한 형의 선고를 유예한다.' 등으로 명시한다.

ⓒ 과형상 일죄 또는 포괄일죄의 일부만 유죄로 인정한 경우: 포괄일죄 또는 상상적 경합과 같은 과형상 일죄의 일부분은 유죄사유가 있으나 나머지 일부분은 무죄사유가 있는 경우, 주문에는 원칙상 유죄부분만 표시하고 무죄부분은 판결이유에 설시한다. 그러나 포괄일죄의 무죄부분을 주문에 표시하여도 판결에 영향을 미친 위법이 있는 것은 아니다(94도1112).

② 유죄판결의 이유
  ㉠ 유죄판결의 이유에 명시해야 할 사항
   - 범죄될 사실
   - 증거의 요지
   - 법령의 적용
   - 피고인의 진술이 있을 때 한하여 기재할 사항 → 법률상 범죄성립을 조각하는 이유 또는 형의 가중·감면의 이유가 되는 사실(제323조 제2항)

(2) 무죄판결

무죄판결의 의의	법원은 피고사건이 범죄로 되지 아니하거나 범죄사실의 증명이 없는 경우에 무죄판결을 선고한다(제325조).
무죄판결의 사유	• 피고사건이 범죄로 되지 아니하는 때 　- 공소제기된 사실 자체는 인정되지만 범죄구성요건을 충족하지 않는 경우 　- 범죄구성요건을 충족하지만 위법성조각사유 또는 책임조각사유 등이 존재하는 경우 　- 헌법재판소의 위헌결정이나 헌법불합치결정으로 형벌법규가 소급상실한 경우(판례) • 범죄사실의 증명이 없는 때 　- 범죄사실의 부존재가 적극적으로 증명되는 경우 　- 범죄사실의 존재에 대해 법관이 합리적 의심의 여지가 없는 정도의 확신을 얻지 못하는 경우(증거불충분) 　- 법관이 피고인의 자백에 의하여 유죄의 심증을 얻었으나 보강증거가 없는 경우
무죄판결의 효과	• 무죄판결이 확정된 경우에는 기판력이 발생한다. 따라서 동일범죄사실에 대하여 공소가 제기되더라도 법원은 면소판결을 선고하여야 한다. • 피고인은 확정된 무죄판결을 근거로 형사보상을 청구할 수 있고(형사보상법 제1조), 재판절차에서 소요된 비용 역시 보상받을 수 있다(제194조의2). • 재심에서 무죄를 선고할 때에는 그 판결을 관보와 그 법원소재지의 신문에 기재하여 공고하여야 한다(제440조). • 무죄판결이 선고되면 구속영장의 효력이 상실된다.

(3) 관할위반의 판결
① 피고사건이 법원의 관할에 속하지 아니한 때에는 판결로써 관할위반의 선고를 하여야 하는데(제319조), 이를 관할위반판결이라 한다.
② 관할은 사물관할·토지관할을 불문한다.

(4) 공소기각결정(제328조)
① 공소기각결정은, 재판의 형식이 결정이고 구두변론에 의하지 않을 수 있으며, 즉시항고가 허용된다는 점에 특징이 있다(제328조 제2항).
② 공소기각결정의 사유(동조 제1항)
　㉠ 공소가 취소 되었을 때(제1호)
　㉡ 피고인이 사망하거나 피고인인 법인이 존속하지 아니하게 되었을 때(제2호)
　㉢ 형사소송법 제12조(동일사건과 수개의 소송계속) 또는 제13조의 규정(관할경합의 경우)에 의하여 재판할 수 없는 때(제3호)
　㉣ 공소장에 기재된 사실이 진실하다 하더라도 범죄가 될 만한 사실이 포함되지 아니하는 때(제4호)

(5) 공소기각판결(제327조)
① 공소기각판결은 판결의 형식을 취하고 있다는 점에서 구두변론에 의하며(제37조 제1항), 항소(제357조) 및 상고(제371조)가 원칙적인 불복방법이 된다.
② 공소기각판결사유(제327조)
　㉠ 피고인에 대하여 재판권이 없을 때(제1호)
　㉡ 공소제기절차가 법률의 규정을 위반하여 무효인 때(제2호)
　㉢ 이중기소 : 공소가 제기된 사건에 대하여 다시 공소가 제기되었을 때(제3호)
　㉣ 재기소 제한(제329조) 규정 위배 : 공소취소 후 다른 중요한 증거가 발견되지 않았음에도 다시 공소가 제기되었을 때(제4호)
　㉤ 고소가 있어야 공소를 제기할 수 있는 사건에서 고소가 취소되었을 때(제5호)
　㉥ 피해자의 명시한 의사에 반하여 공소를 제기할 수 없는 사건에서 처벌을 원하지 아니하는 의사표시를 하거나 처벌을 원하는 의사표시를 철회하였을 때(제6호)

(6) 면소판결(제326조)
① 면소사유
　㉠ 확정판결이 있은 때(제1호)
　㉡ 사면이 있은 때(제2호) → 일반사면만을 의미
　㉢ 공소시효가 완성되었을 때(제3호)
　㉣ 범죄 후의 법령개폐로 형이 폐지되었을 때(제4호)
② 면소판결은 피고인에게 유리한 재판으로서 피고인은 실체판결청구권이 결여되어 무죄를 구하며 상소할 수 없다. 반면 검사는 유죄를 주장하며 상소를 제기할 수 있다.

(7) 재산형의 가납판결

① 법원은 벌금·과료 또는 추징의 선고를 하는 경우에 판결의 확정 후에는 집행할 수 없거나 집행하기 곤란할 염려가 있다고 인정한 때에는 직권 또는 검사의 청구에 의하여 피고인에게 벌금·과료 또는 추징에 상당한 금액의 가납을 명할 수 있다(제334조 제1항).
② 가납판결은 검사의 청구가 있는 경우뿐만 아니라 법원이 직권으로도 할 수 있다.
③ 가납의 재판은 형의 선고와 동시에 판결로써 선고하여야 하고(동조 제2항), 이 판결은 즉시로 집행할 수 있다(동조 제3항). → 가납의 재판이 있는 경우, 상소에 의하여 그 집행이 정지되지 않는다.

3 재판의 확정과 효력

(1) 재판의 확정

① **재판의 확정과 확정재판**: 재판의 확정이란 재판이 통상의 불복방법에 의해서는 다툴 수 없게 되어 그 내용을 변경할 수 없게 된 상태를 말한다.
② **불복신청이 허용되지 않는 재판**: 재판은 재판의 선고 또는 고지와 동시에 확정된다.
③ **불복이 허용되는 재판**
　㉠ 불복신청기간이 있는 경우: 불복신청기간이 경과하면 재판은 확정된다.
　　[예] 항소, 상고, 약식명령, 즉결심판 = 선고·고지일로부터 7일, 즉시항고 = 고지일로부터 7일, 보통항고 = 그 결정을 취소하여도 실익이 없게 된 때에 확정)
　㉡ 재판은 상소 기타 불복신청의 포기 또는 취하에 의하여 확정된다.
　㉢ 재판은 그에 대한 불복신청을 기각하는 재판(제364조·제399조)에 의하여도 확정된다.

> **더 알아보기**
>
> 재판의 선고 또는 고지와 동시에 확정되는 재판
> - 법원의 관할·판결 전의 소송절차에 관한 결정(제403조) → 즉시항고를 할 수 있는 경우는 제외
> - 항고법원·고등법원의 결정(제415조·제419조) → 재판에 영향을 미친 헌법·법률·명령 또는 규칙의 위반을 이유로 대법원에 즉시항고를 할 수 있는 경우는 제외
> - 대법원의 결정 및 대법원의 판결 → 대법원판결은 불복이 허용되지 않으므로 판결선고 또는 고지와 동시에 확정된다.

(2) 재판확정의 효력

(3) 기판력(= 일사부재리효력)

의의	• 동일범죄사실에 대하여 거듭하여 처벌하는 것을 금지하는 효과를 말한다. • 기판력이 미치는 범죄사실에 대한 수사는 공소권없음의 불기소처분의 사유가 되고, 그에 대한 공소제기는 면소판결의 사유가 된다.	
기판력이 미치는 재판	**기판력이 발생하는 경우** • 면소판결 • 군사법원의 판결 • 유·무죄의 실체판결(정식재판) • 약식명령(89도1046) • 즉결심판(91도2536) • 경범죄처벌법에 의한 통고처분에 기한 범칙금의 납부 • 도로교통법상의 통고처분에 대하여 범칙금을 납부한 경우	**기판력이 발생하지 않는 경우** • 소년에 대한 보호처분(64도30) → 공소기각 판결 사유에 불과 • 교통사고처리특례법 제4조 제1항에 의하여 보험 또는 공제가입이 증명된 경우로서 제3조 제2항 단서의 11대 제외사유에 해당하지 않는 경우 → 공소기각판결사유에 불과 • 행정벌에 지나지 않는 과태료의 부과처분(91도2536) • 외국법원의 확정판결(83도2366) • 통고처분의 대상이 아닌 것을 통고처분하였는데 범칙금을 납부한 경우 • 즉시고발이후에 이루어진 무효인 통고처분에 대하여 범칙금을 납부한 경우 • 가정폭력처벌법에 따른 보호처분결정이나 불처분결정이 확정된 경우
주관적 범위	기판력은 공소가 제기된 피고인에 대해서만 발생한다. 예 공범 중 1인에 대한 확정판결 → 다른 공범에게는 기판력 미치지 않음	
객관적 범위	• 기판력은 법원의 현실적 심판대상인 공소장에 기재된 공소사실(유죄확정된 사실)뿐만 아니라 그 공소사실과 단일하고 동일성이 미치는 전체 범죄사실에 미친다(통설·판례). • 상상적 경합은 소송법상 일죄로서 일부에 대한 확정시 나머지에 대해서도 기판력이 미치지만, 실체적 경합은 소송법상 수죄이므로 일부가 확정되더라도 나머지에 기판력이 미치지 않는다. • 단순폭행죄의 유죄판결이 확정된 이후 피해자가 사망한 경우(폭행치사)와 같이, 판결이 확정된 후 사건의 내용에 변경이 생긴 경우(보충소송의 경우)에도 기판력은 미친다(판례). • 동일한 사실인지 여부는 기본적 사실동일설에 따르는데, 사회적·전법률적 관점만으로는 파악할 수 없고 규범적 요소까지 아울러 판단해야 한다. 예 장물취득죄는 강도상해에 기판력 미치지 않음(판례) • 판례는 기판력의 남용을 방지하여 상습범이 유리하게 판단되지 않도록 포괄일죄의 경우 확정판결의 기판력은 실제로 법원의 심리대상이 되지 아니한 부분행위에까지 미치는 것이 원칙이나 포괄일죄인 상습범의 경우에는 먼저 확정된 일부사실이 상습사기죄로 확정된 경우에만 상습사기로 추가기소된 나머지 범죄사실에 대해 기판력이 미친다. 예 단순사기로 확정된 경우 → 나머지 상습사기의 공소사실에 기판력 미치지 않음(실체판결 선고해야 함) • 포괄일죄는 동종판결이 확정된 경우 확정판결전후로 분단된다. 예 확정판결전의 범죄사실(면소판결), 확정판결 이후 범죄사실(실체판결) → 2개의 주문 선고 필요	
시적 범위	• 기판력은 사실심리가 가능하였던 최후시점(사실심판결선고 시)까지의 모든 사실에 미친다. • 제1심판결이 선고된 이후 이에 대해 불복이 없으면 제1심판결선고시가 기준이 된다. • 약식명령이 발령되어 이에 대한 불복이 없이 확정된 경우에 있어서는 약식명령 발령시가 기판력의 기준시가 된다(94도1318). • 항소가 부적법하여 항소기각결정이 선고되었다 하더라도 기판력의 기준시는 항소기각결정시가 된다(93도836). • 항소심판결선고시에는 소년법상 소년이었으나 상고심에 이르러 성인이 된 경우라도 법원은 피고인에 대해 부정기형을 선고할 수 있다.	

기판력의 효과	• 공소권없음의 불기소처분사유: 피의사건에 대하여 이미 기판력이 발생한 경우에 검사는 공소권 없음을 이유로 불기소처분을 하여야 한다. • 면소판결사유: 기판력이 발생한 범죄사실과 동일성이 인정되는 범죄사실이 공소제기된 경우에는 법원은 면소판결로 소송을 종결하여야 한다(제326조 제1호).
기판력 배제장치	상소권의 회복, 재심, 비상상고에 의하여 기판력은 배제될 수 있다.

4 소송비용의 부담 및 무죄판결에 대한 비용보상

(1) 소송비용의 부담

소송비용	• 소송비용이란 소송절차를 진행함에 따라 발생한 비용으로서 형사소송비용 등에 관한 법률에 의하여 특히 소송비용으로 규정된 것을 말한다. • 소송비용은 형벌도 아니고 형벌에 준하는 것도 아니므로, 소송비용에 대해서는 불이익변경금지원칙이 적용되지 않는다.

소송비용의 부담자	• 피고인부담의 원칙
	  - 형을 선고하는 때에는 피고인에게 소송비용의 전부 또는 일부를 부담하게 하여야 한다.
	  - 형을 선고하지 않는 경우라도 피고인의 책임있는 사유로 발생된 비용은 피고인에게 부담하게 할 수 있다(제186조).
	  - 공범의 소송비용은 공범인에게 연대하여 부담하게 할 수 있다(제187조).
	  - 검사만이 상소 또는 재심의 청구를 한 경우에 상소 또는 재심의 청구가 기각되거나 취하된 때에는 그 소송비용을 피고인에게 부담하게 하지 못한다(제189조).
	  - 다만, 피고인의 경제적 사정으로 소송비용을 납부할 수 없는 때에는 소송비용부담을 면제할 수 있다(제186조 제1항 단서).
	• 피고인 아닌 제3자의 (임의적) 소송비용부담
	  - 고소 또는 고발에 의하여 공소를 제기한 사건에 관하여 피고인이 무죄 또는 면소의 판결을 받은 경우에 고소인 또는 고발인에게 고의 또는 중대한 과실이 있는 때에는 그에게 소송비용의 전부 또는 일부를 부담하게 할 수 있다(제188조).
	  - 검사 아닌 자가 상소 또는 재심청구를 하는 경우에 상소 또는 재심청구가 기각되거나 취하된 때에는 그에게 소송비용을 부담하게 할 수 있다(제190조 제1항).
	  - 피고인 아닌 자가 피고인이 제기한 상소 또는 재심의 청구를 취하한 경우에도 그에게 소송비용을 부담하게 할 수 있다(제190조 제2항).

소송비용 부담절차	• 재판으로 소송절차가 종료되는 경우에 피고인에게 소송비용을 부담하게 하는 때에는 직권으로 재판하여야 한다. • 피고인 아닌 자에게 소송비용을 부담하게 하는 때에는 직권으로 결정하여야 한다. • 재판에 의하지 않고 소송절차가 종료되는 경우에 피고인 아닌 자에게 소송비용을 부담하게 하는 때에는 사건의 최종계속법원이 직권으로 결정을 하여야 한다.
소송비용의 집행절차	• 소송비용의 부담을 명하는 재판에 그 금액을 표시하지 아니한 때에는 집행을 지휘하는 검사가 산정한다(제194조). • 소송비용부담의 재판도 검사의 지휘에 의하여 집행한다(제460조 제1항). • 재판집행비용은 집행을 받는 자의 부담으로 하고 민사집행법의 규정에 준하여 집행과 동시에 징수하여야 한다(제493조). • 소송비용부담의 재판을 받은 자가 빈곤하여 이를 완납할 수 없는 때에는 그 재판의 확정 후 10일 이내에 재판을 선고한 법원에 소송비용의 전부 또는 일부에 대한 재판의 집행면제를 신청할 수 있다(제487조).

(2) 무죄판결에 대한 비용보상(형사소송법 194조의2 이하)

의의	• 국가는 무죄판결이 확정된 경우에는 당해사건의 피고인이었던 자에 대하여 그 재판에 소요된 비용을 보상하여야 한다.
	• 보상의 제외사유: 다음의 어느 하나에 해당하는 경우에는 비용의 전부 또는 일부를 보상하지 아니할 수 있다(제194조의2).
	  – 피고인이었던 자가 수사 또는 재판을 그르칠 목적으로 거짓 자백을 하거나 다른 유죄의 증거를 만들어 기소된 것으로 인정된 경우
	  – 1개의 재판으로써 경합범의 일부에 대하여 무죄판결이 확정되고 다른 부분에 대하여 유죄판결이 확정된 경우
	  – 형법 제9조(형사미성년) 및 제10조(심신장애인) 제1항의 사유에 따른 무죄판결이 확정된 경우
	  – 그 비용이 피고인이었던 자에게 책임지울 사유로 발생한 경우

청구 및 보상절차	• 비용보상의 청구: 무죄판결이 확정된 경우 그 재판에 소요된 비용의 보상청구는 피고인이었던 자가 무죄판결이 확정되었음을 안 날로 3년, 무죄확정일로 5년 이내에 하여야 한다(제194조의3 제2항). • 비용보상의 결정: 무죄판결이 확정된 경우 그 재판에 소요된 비용의 보상은 피고인이었던 자의 청구에 따라 무죄판결을 선고한 법원의 합의부에서 결정으로 한다(제194조의3 제1항). • 결정에 대한 불복: 비용보상에 대한 합의부의 결정에 대해서는 즉시항고를 할 수 있다(제194조의3 제3항).
비용보상의 범위	• 비용보상의 범위는 피고인이었던 자 또는 그 변호인이었던 자가 공판준비 및 공판기일에 출석하는데 소요된 여비·일당·숙박료와 변호인이었던 자에 대한 보수에 한한다. 이 경우 보상금액에 관하여는 형사소송비용 등에 관한 법률을 준용하되, 피고인이었던 자에 대하여는 증인에 관한 규정을, 변호인이었던 자에 대하여는 국선변호인에 관한 규정을 준용한다(제194조의4 제1항). • 법원은 공판준비 또는 공판기일에 출석한 변호인이 2인 이상이었던 경우에는 사건의 성질, 심리 상황, 그 밖의 사정을 고려하여 변호인이었던 자의 여비·일당 및 숙박료를 대표변호인이나 그 밖의 일부 변호인의 비용만으로 한정할 수 있다(제194조의4 제2항).
형사 보상법의 준용	비용보상청구, 비용보상절차, 비용보상과 다른 법률에 따른 손해배상과의 관계, 보상을 받을 권리의 양도·압류 또는 피고인이었던 자의 상속인에 대한 비용보상에 관하여 이 법에 규정한 것을 제외하고는 형사보상법에 따른 보상의 예에 따른다(제194조의5).

Chapter 05 | 상소, 비상구제절차, 특별절차

01 상소

1 상소총론

(1) 상소의 의의 및 종류

상소의 의의	• 상소라 함은 미확정재판에 대하여 상급법원에 구제를 구하는 불복신청제도를 말한다. – 검찰항고 · 재정신청: 재판에 대한 불복이 아니어서 상소가 아니다. – 이의신청, 약식명령 · 즉결심판에 대한 정식재판: 동일심급 내에서의 구제절차라는 점에서 상소가 아니다. – 준항고: 준항고는 재판에 대한 상급법원에의 불복이 아니라는 점에서 상소가 아니다. – 재심 · 비상상고: 확정재판에 대한 비상구제절차라는 점에서 미확정재판에 대한 불복절차인 상소와 구별된다. • 상소에는 항소, 상고, 보통항고, 즉시항고, 재항고가 있다.
상소권자	• 검사와 피고인은 소송당사자로서 상소권을 가진다(제338조 제1항). • 미성년자인 피고인도 법정대리인의 동의가 없더라도 단독으로 상소를 제기할 수 있다. • 검사는 공익의 대표자로서 피고인을 위하여도 상소를 제기할 수 있다(74도3195). • 검사 또는 피고인이 아닌 자로서 법원의 결정을 받은 자도 항고할 수 있다(제339조). • 피고인의 법정대리인은 피고인의 명시한 의사에 반하여도 상소할 수 있다(제340조). • 피고인의 배우자 · 직계친족 · 형제자매 또는 원심의 대리인이나 변호인은 피고인의 명시한 의사에 반하지 않는 한 상소할 수 있다(제341조).

종류			
	항소		항소란 제1심판결에 대한 상소를 말한다.
	상고		• 상고는 제2심판결에 대한 상소를 말한다. • 예외적으로 제1심판결에 대하여도 항소를 제기하지 않고 곧바로 상고가 가능한데 이를 비약적 상고라고 한다.
	일반항고	보통항고	제기기간의 제한이 없고 집행정지의 효력도 없다.
		즉시항고	제기기간은 7일이며 집행정지의 효력이 있다.
	특별항고	재항고	항고법원 또는 고등법원의 결정에 대하여 재판에 영향을 미친 헌법 · 법률 · 명령 또는 규칙의 위반이 있음을 이유로 하는 때에 한하여 대법원에 즉시항고를 할 수 있는데 이를 재항고라고 한다(제415조). 재항고는 즉시항고의 일종이다.

(2) 상소제기 및 상소권회복

상소기간		• 상소제기기간: 상소제기기간은 법정기간으로서 다음과 같다.
		  – 항소 및 상고: 7일(제358조·제374조)
		  – 즉시항고: 7일(제405조)
		  – 보통항고: 항고의 이익이 있는 한 언제든지 할 수 있다(제404조).
		  – 준항고: 7일(제416조 제3항)
		• 기산점: 상소제기기간은 재판을 선고 또는 고지한 날로부터 진행한다(제343조 제2항).

상소제기
방식
		• 상소의 제기는 상소제기기간 내에 서면으로 상소장을 원심법원에 제출하여야 한다.
		• 재소자특칙
		  – 교도소·구치소에 있는 피고인이 상소의 제기기간 내에 상소장을 교도소장·구치소장 또는 그 직무를 대리하는 자에게 제출한 때에는 상소의 제기기간 내에 상소한 것으로 간주한다(제344조 제1항).
		  – 피고인이 상소장을 작성할 수 없는 때에는 교도소장 또는 구치소장은 소속 공무원으로 하여금 대서하게 하여야 한다(제344조 제2항).
		• 항소·상고·항고의 제기가 법률상의 방식에 위반하거나 상소권 소멸 후인 것이 명백한 때에는 원심법원은 상소기각결정을 하여야 한다.
		• 원심법원의 항소기각결정, 항소심의 항소기각결정, 원심법원의 상고기각결정에 대해서는 즉시항고할 수 있다. → 상고심의 상고기각결정에 대해서는 즉시항고할 수 없다.

상소권 회복 청구	의의	상소제기기간이 경과한 후에 법원의 결정으로 일단 소멸한 상소권을 회복시키는 제도(제345조)
	사유	• 상소권자 또는 그 대리인이 책임질 수 없는 사유로 인하여 상소제기기간 내에 상소하지 못한 때에 한하여 상소권회복이 인정된다(제345조). • 책임질 수 없는 사유란 상소를 하지 못한 것이 상소권자 또는 대리인의 고의·과실에 기하지 아니한 경우를 말한다. 판례는 전혀 귀책사유가 없는 경우뿐 아니라 본인 또는 대리인의 귀책사유가 있더라도 상소권회복이 가능한 경우가 있다고 보았다(2005모507).

	절차	• 청구절차
		  – 상소권회복청구권자는 고유의 상소권자와 상소대리권자이다.
		  – 상소권회복의 청구는 제345조의 사유가 해소된 날부터 상소 제기기간에 해당하는 기간 내에 서면으로 원심법원에 제출하여야 한다(제346조 제1항).
		  – 청구권자는 청구시 제345조의 책임질 수 없는 사유를 소명하여야 한다(동조 제2항).
		  – 청구권자는 상소권회복청구와 동시에 상소를 제기하여야 한다(동조 제3항).
		• 법원의 결정절차
		  – 법원은 그 결정을 할 때까지 재판의 집행정지결정을 할 수 있다(제348조 제1항).
		  – 법원의 상소권회복청구를 인용하는 결정이 확정된 때에는 상소권회복청구와 동시에 행한 상소제기는 유효하게 되며 일단 발생한 재판의 확정력은 배제된다.
		  – 법원의 상소권회복에 관한 결정에 대하여는 즉시항고할 수 있다(제347조 제2항).

(3) 상소의 포기·취하

구분	상소의 포기(= 상소제기기간 내 포기)	상소의 취하(= 일단 제기한 상소를 철회)
주체	• 고유의 상소권자 • 상소의 포기권자와 취하권자는 범위가 다르다.	• 고유의 상소권자 • 피고인의 법정대리인 또는 상소의 대리권자(형법배직 등)는 피고인의 동의를 얻어 상소를 취하할 수 있다(제351조).
시기	상소제기기간 내에 가능	상소심의 종국재판이 있기 전까지 가능
대상	원심법원에 포기	상소법원에 취하함이 원칙(다만, 소송기록이 원심법원에 있는 동안에는 원심법원에 취하)

제한	• 피고인 또는 기타의 상소권자(검사 제외)는 사형 또는 무기징역이나 무기금고가 선고된 판결에 대하여는 상소의 포기를 할 수 없다. • 법정대리인이 있는 피고인이 상소를 포기 또는 취하할 때에는 법정대리인의 동의를 얻어야 한다. 다만, 법정대리인이 사망 기타의 사유로 그 동의를 얻을 수 없을 때에는 예외로 한다(제350조). • 피고인의 법정대리인 또는 기타의 상소권자(검사 제외)가 상소를 취하함에 있어서는 피고인의 동의를 얻어야 한다(제351조).
방식	• 상소의 포기·취하는 서면에 의함이 원칙이나 공판정에서는 구술로 가능하다. • 교도소 또는 구치소에 있는 피고인이 교도소장 또는 구치소장 또는 그 직무를 대리하는 자에게 상소포기·취하에 관한 서면을 제출한 때에는 상소포기·취하가 있는 것으로 간주한다(제355조).
효과	상소를 포기·취하한 자나 상소의 포기나 취하에 동의한 자는 재상소가 금지된다(판례).
불복	• 상소포기·취하의 부존재, 무효에 대한 다툼 → 포기·취하 당시 소송기록이 있었던 법원에 상소절차속행 신청을 하여 다투어야 한다. • 그러나 상소포기 후 상소제기기간 내에 있는 자는 상소절차속행의 신청을 할 수 없다(판례). • 상소포기 후 상소제기기간 내에 있는 자는 상소권회복을 청구할 수 없다(판례).

(4) 상소의 이익

의의	• 상소의 이익이란 상소에 의하여 원심재판에 대한 불만이나 불복을 제기함으로써 얻게 되는 법률상태의 개선 또는 변화를 말하는 것으로 상소제기의 적법·유효요건이다(통설·판례). • 상소의 이익이 없는 상소에 대해서는 원심법원 또는 상소법원이 상소기각결정을 한다.
검사의 상소이익	• 검사는 피고인과 대립되는 당사자로서 피고인에게 불이익한 상소를 할 수 있다. • 검사는 정당한 법령의 청구권자로서 피고인의 이익을 위한 상소도 할 수 있다(판례).

피고인의
상소이익
	• 피고인의 상소이익은 객관적 법익박탈의 대소를 기준으로 판단해야 한다(판례).
	• 피고인은 유죄판결에 대해 무죄를 구하거나, 경한 형의 선고를 주장하며 상소할 수 있다.
	• 형면제, 선고유예판결도 유죄판결이므로 피고인은 무죄를 주장하며 상소할 수 있다.
	• 그러나 원판결이 누범가중을 하지 않은 것을 비난하는 내용의 상소와 같이 피고인에게 불이익한 내용으로 상소를 제기하는 것은 허용되지 않는다(94도1591).
	• 피고인에게 심신상실을 이유로 무죄판결이 선고된 경우에는 설령 피고인에게 치료감호가 선고된 경우라도 피고인은 무죄를 주장하여 상소할 수 없다. → 불복은 재판의 주문에 관한 것이어야 하고 재판의 이유만을 다투기 위하여 상소하는 것은 허용되지 않는다(92모21).
	• 피고인은 공소기각판결 또는 면소판결 등과 같은 형식재판에 대하여 무죄를 주장하며 상소를 제기할 수 없다.
	  – 피고인은 공소기각판결에 대해서는 상소의 이익이 결여되어 있어 상소를 제기할 수 없고,
	  – 피고인은 면소판결에 대해서는 실체판결청구권이 결여되어 있어 상소할 수 없다(판례).
	  – 그러나 위헌결정이 난 법률을 근거로 원심이 면소판결을 한 경우에는 이와 달리 면소를 할 수 없고 피고인에게 무죄의 선고를 하여야 하므로 면소를 선고한 판결에 대하여 상고가 가능하다(2010도5986).
	• 제1심판결에 대하여 피고인은 항소하지 않은 상태에서 검사만이 불복하여 항소하였으나 항소심이 이유 없음을 들어 검사의 항소를 기각한 경우, 피고인은 항소기각판결에 대하여 상고할 수 없다(판례).

(5) 이심의 효력

이심의 의의	• 상소제기가 있으면 피고사건에 대한 소송계속은 원심법원으로부터 상소심으로 옮겨가는데 이를 이심의 효력이라고 한다. • 이심이 있으면 수소법원이 원심에서 상소심으로 이전하고, 피고인에 대한 구속의 권한도 상소심이 전적으로 행사하게 된다.
이심의 시기	• 이심의 시기에 대해서는 상소제기시설과 소송기록송부시설이 대립된다. • 판례는 법적 안정성을 중시하여 상소제기시설을 취한다(상소제기시설 = 상소제기시에 곧바로 상소심으로 이심되어 상소심이 수소법원이 된다).
원심법원의 권한대행	• 형사소송법 제105조는 상소기간 중 또는 상소 중의 사건에 관하여 구속기간의 갱신, 구속의 취소, 보석, 구속의 집행정지와 그 정지의 취소에 대한 결정은 소송기록이 원심법원에 있는 때에는 원심법원이 하여야 한다고 규정하고 있다. • 제105조는 원심법원이 상소심의 권한을 대행할 수 있다는 근거규정이다(85모12). • 원심법원이 자신의 구속기간 갱신횟수를 다 쓴 이후에도 상소심의 권한을 대행하여 추가로 구속기간을 갱신할 수 있고 원심법원이 상소심의 권한을 대행하여 1회 구속기간을 연장한 경우 상소심은 추가로 2회만 더 구속기간을 연장할 수 있다. • 상소제기 후 원심법원이 구속영장의 발부 및 보석의 취소도 가능하다고 규정한 형사소송규칙 제57조 제1항은 제105조를 구체화한 규정으로 적법하다(판례). • 규칙 제57조 제1항에 따라 원심법원은 불구속상태로 유죄판결을 선고받은 피고인에 대하여 구속영장도 발부할 수 있다(2007모460).

(6) 일부상소

일부상소의 의의	• 일부상소란 재판의 일부에 대한 상소를 말한다. • 일부에 대한 상소는 불가분의 관계에 있는 전부에 효력이 미친다(상소불가분의 원칙). • 불복된 일부가 가분인 경우에는 불복된 일부는 상소심으로 이심하나, 불복하지 않은 부분은 분리하여 확정된다.	
	일부상소 허용 = 주문이 가분인 경우	**일부상소 불허 = 주문이 불가분인 경우**
허용범위	• 경합범의 일부는 무죄, 일부는 유죄 • 경합범의 일부는 형식재판, 일부는 실체재판 • 합범의 전부가 무죄인 경우 • 경합범(A + B)에 이종의 형이 병과된 경우 예 A벌금, B징역 • 유죄판결에 배상명령이 부가된 경우에 있어 배상명령에 대한 일부상소(즉시항고)	• 포괄일죄의 일부에 대한 상소 • 상상적 경합의 일부에 대한 상소 • 경합범이 전부 유죄되어 경합범가중례에 따라 하나의 주문이 선고된 경우 • 마약류관리에 관한 법률위반죄로 필요적 몰수·추징이 선고된 경우 → 일부상소 불가, 몰수·추징에 대한 일부상소라도 본안판단 전부에 상소효력 있음(판례) • 소송비용부담 재판에 대해서만은 일부상소불가(판례)
일부상소의 효력	• 일부상소의 경우에는 상소된 부분은 상소심으로 이심하나 상소가 없는 부분은 상소기간 경과시 분리하여 확정된다. • 일부상소된 경우 상소심의 심판대상은 불복된 일부에 한정되고, 그 결과 상소심은 불복된 일부분만을 파기하여야 한다(판례). 예 원심이 A, B를 경합범으로 보아 A는 유죄, B는 무죄를 선고하자, 검사가 무죄부분(B)만에 대해 일부상소하였는데, 상소심의 심리결과 A, B가 1죄(포괄일죄, 상상적 경합, 단순일죄 등)로 판명된 경우의 처리 → 상소심의 심리결과 두 죄가 소송법상 일죄로 되었다면, 양자는 본래 불가분의 관계라 할 것이므로, 불복되지 아니한 부분(A)도 상소심에 이심되어 A, B 전부가 상소심의 심판대상이 된다(80도384).	

(7) 불이익변경금지의 원칙

불이익 변경금지 원칙		• 불이익변경금지의 원칙이란 피고인이 항소 또는 상고한 사건이나 피고인을 위하여 항소 또는 상고한 사건에 관하여 상소심은 원판결의 형보다 무거운 형을 선고하지 못한다는 원칙을 말한다(제368조, 제396조 제2항). • 불이익변경금지원칙을 위배한 상소심의 판단은 위법하여 상대적 상소이유가 되고, 확정시에는 비상상고의 사유가 된다.

적용
범위
	피고인만
	상소한
	사건
		• 불이익변경금지원칙은 피고인만이 상소한 사건이나, 피고인을 위하여 상소한 사건에서만 적용되는 것이 원칙이다.
		   - 검사와 피고인이 모두 상소하였더라도 검사가 상소이유서를 제출하지 않아 결정으로 항소가 기각된 경우나 검사의 상소가 판결로 기각된 경우에는 피고인만이 상소한 경우와 다름없이 불이익변경금지원칙이 적용된다(판례).
		   - 반면, 검사만이 상소한 사건이나 검사와 피고인 쌍방이 상소한 사건에 대해서는 불이익변경금지원칙이 적용되지 않는다(2008도7647).
		• 다른 상소권자가 피고인을 위하여 상소한 경우에도 불이익변경금지원칙은 적용된다.
		• 검사가 피고인의 이익을 위하여 상소한 경우에도 다른 상소권자가 피고인을 위하여 상소한 경우와 다르지 않으므로 불이익변경금지원칙은 적용된다(71도574).
		• 한미행정협정이 적용되는 사건에서는 검사가 상소한 경우라 하더라도 항상 불이익변경금지원칙이 적용된다.
		• 반면, 이익변경금지의 원칙은 없으므로, 검사만이 상소한 경우라 하더라도 경한 형을 선고하지 못하는 것은 아니다. → 징역 1년을 선고한 제1심에 대해 검사만이 항소하였다 하더라도, 항소심은 직권으로 피고인에게 벌금형을 선고할 수 있다(판례).

	상소 사건	• 불이익변경금지원칙은 상소권을 보장하기 위한 제도로서 항소나 상고의 경우에 적용되는 것이 원칙이다. • 상소심이 자판하지 않고 파기환송·파기이송을 한 경우에도 불이익변경금지원칙은 적용된다(판례). 상소심의 판단형식이라는 우연에 따라 불이익변경금지원칙 적용 여부가 달라지는 것은 부당하기 때문이다. • 피고인만이 항소한 제2심판결에 대하여 검사가 상고한 경우에는, 상고심에서 불이익변경금지원칙이 적용되어 상고심에서는 제1심판결의 형보다 중한 형을 선고할 수 없다(판례). • 재심절차에 준용 → 재심의 경우에도 원판결의 형보다 무거운 형을 선고하지 못한다(제439조). 이는 이익재심의 원칙을 위한 당연한 요청이다.

	내용	• 중형의 금지
		   - 불이익변경금지의 원칙은 원심판결의 형보다 무거운 형을 선고하는 것을 금지하는 것이다.
		   - 형이 중하게 변경되지 않는 한 사실인정, 법령적용, 죄명선택 등 판결의 내용이 원심재판보다 중하게 변경되었다 하더라도 동 원칙에 반하는 것이 아니다.
		     예 절도죄에 징역 1년을 선고한 원심에 대해 항소심이 강도죄를 선고하면서 징역 1년을 선고한 경우 → 불이익변경금지 위배가 아니다.
		• 부수적 주문의 변경
		   - 불이익변경금지의 원칙은 형이 중하게 변경되는 것을 금지하는데, 여기에서의 형은 반드시 형법이 규정하고 있는 형의 종류(형법 제41조)에 한정되는 것은 아니다.
		   - 형의 선고와 동시에 선고되는 형의 집행유예, 노역장 유치기간, 추징액(2006도4888) 등을 불이익하게 변경하는 것도 불이익변경금지원칙에 반한다.
		   - 다만, 판례는 소송비용의 부담은 형이 아니고 실질적인 의미에서 형에 준하여 평가되어야 할 것도 아니므로 불이익변경금지의 원칙이 적용되지 않는다고 본다(판례).

불이익변경의 기준	• 불이익변경의 판정기준은 원심과 상소심의 형식적 비교에 의할 것(형식설)이 아니라 두 주문을 전체적·종합적으로 고찰하여 어느 것이 실질적으로 피고인에게 불이익한가를 기준으로 하여야 할 것이다(97도1716). • 다만, 실질적 불이익 발생여부에 대한 판단은 형을 기준으로 해야 할 것이므로, 그 형이 선고됨으로 말미암아 다른 법규에 의해 초래될 수 있는 법적·경제적 불이익은 고려의 대상이 되지 않는다(99도3776). • 형법 제50조는 형의 경중에 관하여는 원칙적으로 형의 종류를 규정한 형법 제41조의 기재순서에 의하여 판단하도록 하고 있다. 예 징역형 → 금고형(형기연장): 불이익변경(○), 동일형기의 금고형 → 징역형: 불이익변경(○) • 피고인에 대한 상소심(A사건)에서 피고인의 다른 사건(B사건)이 병합된 경우 원심(A사건의 원심)보다 중한 형이 선고되었다 하더라도 곧바로 불이익변경금지원칙에 위배되는 것은 아니다. → 상소심(정식재판절차)에서 다른 사건이 병합된 경우, 법원은 병합된 다른 사건에 대한 법정형, 선고형 등 피고인의 법률상 지위를 결정하는 객관적 사정을 전체적·실질적으로 고찰하여 병합·심판된 선고형이 불이익한 변경에 해당하는지를 판단하여야 한다(2009도10754).

불이익변경에 해당하는 경우(불허)	불이익변경금지원칙 위반이 아닌 경우(허용)
• 벌금형을 자유형으로 변경 • 벌금형 액수는 같으나, 노역장 유치기간이 길어진 경우 • 실형(징역·금고형)의 집행유예가 선고된 자에 대하여 실형의 형기를 줄이면서, 집행유예를 배제 • 실형이 선고된 자에게 실형의 형기를 늘리면서, 집행유예를 붙이는 경우 • 선고유예를 벌금형으로 변경 • 원심의 징역형을 그대로 두면서, 새로이 몰수 또는 추징을 추가하는 경우 • 원심보다 무거운 추징을 병과	• 징역형을 감경하면서, 벌금형을 추가하는 경우 • 징역형을 벌금형으로 변경하였는데, 벌금형에 대한 노역장 유치기간이 자유형의 기간을 초과한 경우 • 벌금액이 감경되면서, 노역장 유치기간이 증가 • 형집행면제판결을 집행유예로 바꾸는 경우 • 자유형에 집행유예를 붙인 원심재판을 벌금형으로 변경하는 것 • 추징을 몰수로 변경하는 것 • 주형을 경하게 하면서 추징액수를 증가시킨 경우 • 상소심이 원판결이 선고하지 아니한 압수물의 피해자환부를 선고하는 경우

(8) 파기판결의 기속력

의의	• 상소심에서 원판결을 파기하기 위하여 환송 또는 이송한 경우에 상급심의 판단이 환송 또는 이송받은 하급심을 구속하는 효력을 파기판결의 구속력 또는 기속력이라고 한다(법원조직법 제8조). • 파기판결의 기속력은 심급제도를 유지하기 위한 정책적 근거에서 인정된 특수한 효력이다(다수설). • 구속력이 발생하는 재판은 상소심의 파기판결이다. 예 파기환송판결, 파기이송판결, 파기환송결정 등
기속력이 미치는 법원	• 파기판결은 당해사건의 하급심만을 구속한다. • 파기판결은 파기판결을 한 상급법원 자신까지도 기속한다. 예 파기환송받은 법원은 그 사건 처리에 있어 상고법원의 파기이유로 한 사실상 및 법률상의 판단에 기속되며 이에 따라 행한 판결에 대하여 재차 상고된 경우 그 상고사건을 재판하는 상고법원도 앞서 한 스스로의 파기이유로 한 판단에 기속되게 되고 이를 변경할 수 없다(83도383). • 예외: 대법원 소부의 환송판결에 대해 대법원 전원합의체가 법률상 판단을 변경할 필요가 있다고 인정하는 경우에는 파기판결의 기속력이 제한된다. 대법원 전원합의체는 종전의 자신의 법률상 판단을 변경할 수 있기 때문이다(판례).
기속력의 범위	• 상급법원의 사실오인에 대한 판단뿐 아니라, 법령의 해석·적용에 대한 판단(법률판단)도 당연히 하급법원을 구속한다. • 파기판결의 기속력은 파기의 직접적 이유가 된 소극적·부정적 판단부분에 미친다. • 그러나 파기판결에서 다루지 않은 적극적·긍정적 판단에 대하여는 파기판결의 기속력이 미치지 아니한다(82도2672).

기속력의 배제	• 사실관계의 변경: 환송·이송 후에 새로운 사실과 증거에 의하여 사실관계가 변경되면 구속력은 배제된다(87누64). 　예 파기환송 후 원심에서 형법 제309조의 출판물에 의한 명예훼손죄의 공소사실이 형법 제307조 제2항의 명예훼손죄의 공소사실로 변경된 경우(2004도340) → 파기판결의 기속력(×) • 법령이나 판례의 변경: 파기판결 후에 법령·판례가 변경된 경우 기속력이 배제된다.
기속력 위반의 효과	하급심이 파기판결의 내용에 반하는 재판을 한 경우 그 판결은 파기판결의 기속력에 반하는 재판으로서 상소이유가 되고(제361조의5 제1호, 제383조 제1호), 판결이 이미 확정된 경우에는 비상상고의 이유가 된다.

2 항소

(1) 항소심의 의의와 구조

항소심의 의의	• 항소심이란 제1심판결에 대한 불복(항소)사건을 담당하는 법원을 말한다. • 단독사건에 대한 항소심은 지방법원항소부가 담당하고, 합의부사건에 대한 항소심은 고등법원이 담당한다. 　예 제1심단독부 → 지방법원항소부(합의부) → 대법원제1심합의부 → 고등법원 → 대법원
항소심의 구조	• 제1심이 사실심이고, 상고심이 사후심이라는 점에는 의문이 없다. • 항소심의 구조에 대해서는 속심설(= 제1심에 연이은 사실심)과 사후심설이 대립되고 있다. • 판례는, 현행 형사소송법상 항소심은 기본적으로 실체적 진실을 추구하는 면에서 속심이고, 다만 남상소의 폐단을 억제하고 항소법원의 부담을 감소시킨다는 소송경제상의 필요에서 사후심적 요소를 가미하고 있다고 본다(82도2829).
속심설	• 원심판결 이후에 나타난 사실도 항소이유로 고려할 수 있다. 　예 원심절차에서 제출할 수 없었던 증거나 원심판결 후에 발견된 새로운 사실 그리고 피해자에 대한 보상 등과 같은 새로운 양형사실들이 모두 항소사유로 고려될 수 있다. • 항소심에서도 필요한 경우 별도의 증거조사가 가능하다. • 항소심은 속심으로서 사실심이므로 항소심판결선고시까지 공소장변경이 가능하다(판례). • 항소심은 속심인 바, 항소심판결선고시를 기준으로 기판력의 시적범위가 결정된다(판례).

(2) 항소이유(제361조의5) 및 항소제기절차

의의		• 항소권자가 적법하게 항소를 제기할 수 있는 법률상의 이유를 말한다. • 항소이유는 상대적 항소이유와 절대적 항소이유로 나뉜다. • 상대적 항소이유란 판결에 영향을 미쳤음을 소명한 경우에 한하여만 항소이유가 적법한 경우를 말하고, 절대적 항소이유란 사유 존재자체로 항소이유가 되는 것을 말한다. • 항소시에는 항소이유서를 제출하여야하고, 항소이유서를 제출하지 않으면 항소기각결정의 대상이 된다.
종류	상대적 항소 이유	• 판결에 영향을 미친 헌법·법률·명령 또는 규칙의 위반이 있는 때(제1호) • 사실의 오인이 있어 판결에 영향을 미칠 때(제14호) • 형의 양정이 부당하다고 인정할 사유가 있는 때(제15호, 양형부당) (통설)
	절대적 항소 이유	• 판결 후 형의 폐지나 변경 또는 사면이 있는 때(제2호) • 관할 또는 관할위반의 인정이 법률에 위반한 때(제3호) • 판결법원의 구성이 법률에 위반한 때(제4호) • 법률상 그 재판에 관여하지 못할 판사가 그 사건의 심판에 관여한 때(제7호) • 사건의 심리에 관여하지 아니한 판사가 그 사건의 판결에 관여한 때(제8호) • 공판의 공개에 관한 규정에 위반한 때(제9호) • 판결에 이유를 붙이지 아니하거나 이유에 모순이 있는 때(제11호) • 재심청구의 사유가 있는 때(제13호)

관할	단독사건은 지방법원항소부(합의부)가 관할하고, 합의부사건은 고등법원이 담당한다.
항소제기 (7일 이내)	• 항소제기 기간 = 판결을 선고한 날로부터 7일(실제 계산은 판결선고 익일부터) • 항소장의 제출 = 원판결법원에 제출한다. • 항소제기는 항소장에 의한다. 즉, 서면주의가 적용된다.
원심법원의 적법성심사 및 소송기록송부 (14일 이내)	• 원심법원의 적법성 심사: 원심법원은 항소장을 심사하여 항소제기가 법률상 방식에 위반하거나 항소권이 소멸된 후인 것이 명백한 때에는 결정으로 항소를 기각해야 한다(원심법원의 항소기각결정). 이 결정에 대하여 즉시항고를 할 수 있다(제360조). • 소송기록 등의 송부: 항소기각결정을 하는 경우 이외에는 원심법원은 항소장을 받은 날로부터 14일 이내에 소송기록과 증거물을 항소법원에 송부하여야 한다(제361조). • 피고인의 신병인도: 피고인이 교도소 또는 구치소에 있는 경우에는 원심법원에 대응한 검찰청 검사는 위 통지를 받은 날로부터 14일 이내에 피고인을 항소법원 소재지 교도소 또는 구치소에 이송하여야 한다(제361조의2 제3항).
항소법원의 통지	• 항소법원이 기록의 송부를 받은 때에는 즉시 항소인과 상대방에게 그 사유를 통지하여야 한다. • 통지 전에 변호인의 선임이 있는 경우에는 변호인에게도 통지하여야 한다(제361조의2). • 이 경우 변호인의 항소이유서 제출기간은 변호인이 이 통지를 받은 날로부터 계산하여야 한다(96도166).

(3) 항소이유서 제출 및 답변서의 제출

항소이유서
제출
(20일 이내)
	• 제출기간: 항소인 또는 변호인은 항소법원으로부터 소송기록의 접수통지를 받은 날로부터 20일 이내에 항소이유서를 항소법원에 제출하여야 한다(제361조의3 제1항).
	  – 항소이유서의 제출에 대해서는 재소자에 관한 특칙(제344조)이 준용된다.
	  – 따라서 피고인이 항소이유서 제출기간 내에 교도소장 또는 구치소장 및 그 직무를 대리하는 자에게 제출하였다면 비록 기간 도과 후에 법원에 전달되었더라도 적법한 항소이유서의 제출에 해당한다(제361조의3 제1항).
	  – 항소이유서를 제출받은 항소법원은 지체 없이 그 부본 또는 등본을 상대방에게 송달해야 한다(제361조의3 제2항).
	• 미제출시의 처리: 항소이유서를 제출하지 않은 경우 법원은 원칙적으로 항소기각결정을 하여야 한다(항소심의 항소기각결정).
	  – 항소심의 항소기각결정에 대해서는 즉시항고가 가능하다.
	  – 다만, 항소장에 항소이유가 기재된 경우나 직권조사사유가 있는 경우에는 항소기각결정을 할 수 없다(제361조의4 제1항).
	  – 직권조사사유의 예: 반의사불벌죄에 있어서 제1심 진행 중 처벌의사가 철회된 경우에는 피고인의 항소이유서 제출이 없어도 항소를 기각할 수 없다.
	• 필요적 변호사건에서 피고인에게 변호인이 선임되어 있지 않은 경우에는 항소이유서 제출기간이 도과하였다는 이유만으로 항소기각결정을 하여서는 아니 된다(판례).
	  – 법원은 피고인에게 국선변호인을 선임해 주고, 국선변호인에게 이유서 제출기간(20일)을 별도로 보장해 주어야 한다(판례).
	  – 필요적 변호사건에서 법원이 정당한 이유 없이 국선변호인을 선정하지 않고 있는 사이에 피고인 스스로 사선변호인을 선임하였으나 이미 항소이유서 제출기간이 도과해버린 경우라도 곧바로 항소기각결정을 하여서는 아니 된다(판례).
	  – 이 경우 법원은 선임된 사선변호인에게 소송기록을 통지한 이후 사선변호인이 소송기록을 통지받은 날로부터 20일간의 이유서 제출기간을 별도로 보장하여야 한다(판례).
	  – 필요적 변호사건에서 국선변호인이 이유서 제출기간 내에 항소이유서를 제출하지 아니한 경우에는 항소심은 항소기각결정을 할 수 없고, 종전 국선변호인선정을 취소하고 새로운 국선변호인을 선임한 이후 그에게 이유서 제출기간을 보장하여야 한다(판례).

	– 그러나, 제1심이 필요국선이나 재량국선이 아니어서 필요적 변호사건이 아님에도, 피고인이 항소를 제기하고 소송기록접수통지를 한 이후 비로소 피고인이 국선변호인선정청구를 하여 법원이 국선변호인을 선정한 경우(청구국선 사안)에는, 국선변호인의 이유서 제출기간은 국선변호인이 아니라 피고인이 최초 소송기록접수통지를 받은 날부터 기산하여야 한다(판례). – 반면, 법원이 제33조 제3항(재량국선)에 따라 직권으로 국선변호인을 선임한 경우에는, 피고인이 소송기록접수통지를 받은 때로부터 이유서제출기간이 도과하였다 하더라도, 직권으로 국선변호인을 선임하고 그에게 소송기록접수통지를 한 후 국선변호인이 소송기록접수통지받은 날로부터 20일간의 이유서 제출기간을 보장하여야 한다(판례).
답변서 제출 (10일 이내)	• 상대방은 송달받은 날로부터 10일 이내에 답변서를 항소법원에 제출하여야 한다. • 법조문은 답변서의 제출을 의무적인 형태로 규정하고 있지만(제361조의3 제3항), 답변서의 제출은 항소이유서와는 달리 그 제출이 의무적이지는 않다(통설). • 그러나 일단 답변서의 제출이 있으면 항소법원은 지체 없이 그 부본 또는 등본을 항소인 또는 변호인에게 송달하여야 한다(제361조의3 제4항).

(4) 항소심의 심리 및 재판의 특칙

항소심 심리의 특칙	• 항소이유서에 의한 심판과 직권조사사항에 대한 예외: 항소법원은 항소이유에 포함된 사유에 관하여 심판하여야 한다(제364조 제1항). 다만 판결에 영향을 미친 사유에 관하여는 항소이유서에 포함되지 아니한 경우에도 직권으로 심판할 수 있다(동조 제2항). • 불출석 특례: 피고인이 공판기일에 출정하지 아니한 때에는 다시 기일을 정하여야 한다. 피고인이 정당한 사유 없이 다시 정한 기일에 출정하지 아니한 때에는 피고인의 진술없이 판결을 할 수 있다(제365조). • 제1심법원에서 증거로 할 수 있었던 증거는 항소법원에서도 증거로 할 수 있다(제364조 제3항). 따라서 제1심에서 이미 증거능력에 있었던 증거는 항소심에서도 증거능력이 유지된다.
항소심 재판의 특칙	• 항소심의 공소기각결정: 공소기각결정의 사유(제328조)가 있는 때에는 항소법원은 공소기각의 결정을 하여야 한다. 이 결정에 대하여는 즉시항고를 할 수 있다(제363조). • 무변론항소기각판결: 항소가 이유 없음이 명백한 때에는 변론없이 판결로써 항소를 기각할 수 있다(제364조 제5항). • 항소기각판결: 항소가 이유 없다고 인정한 때에는 판결로써 항소를 기각해야 한다(제364조 제4항). 항소기각판결은 구두변론을 거치는 것이 원칙이다(제37조). • 파기판결 – 파기자판: 항소가 이유 있다고 인정한 때에는 항소법원은 원심판결을 파기하고 다시 판결을 하여야 한다(제364조 제6항). → 항소심에서 파기할 경우에는 파기자판이 원칙이다. – 파기환송: 공소기각 또는 관할위반의 재판이 법률에 위반됨을 이유로 원심판결을 파기하는 때에는 항소법원은 판결로써 사건을 원심법원에 환송하여야 한다(제366조). – 파기이송: 관할인정이 법률에 위반됨을 이유로 원심판결을 파기하는 때에는 판결로써 사건을 관할법원에 이송하여야 한다. 다만 항소법원이 그 사건의 제1심 관할권이 있는 때에는 제1심으로서 심판하여야 한다(제367조). – 공동피고인을 위한 파기: 항소법원이 피고인을 위하여 원심판결을 파기하는 경우에 파기의 이유가 항소한 공동피고인에게 공통되는 때에는 그 공동피고인에 대하여도 원심판결을 파기하여야 한다(제364조의2).
항소심 재판서의 기재	• 항소법원의 재판서에는 항소이유에 대한 판단을 기재하여야 하며 원심판결에 기재한 사실과 증거를 인용할 수 있다(제369조). • 따라서 법령의 적용은 인용할 수 없다(2000도1660). • 여러 개의 항소이유 가운데 1개의 이유를 들어 원심판결을 파기하는 경우에는 나머지 항소이유에 대해 판단하지 않더라도 무방하다(2000도123). • 항소심이 항소이유에 포함되지 아니한 사유를 직권으로 심리하여 제1심판결을 파기하고 다시 판결하는 경우에는 항소인이 들고 있는 항소이유의 당부에 관하여 따로 판단하지 않아도 무방하다(2007도6721).

3 상고

(1) 상고의 의의 및 구조

의의	• 상고란 제2심판결에 불복하여 대법원에 제기하는 상소를 말한다(제371조). • 법령해석의 통일을 주목표로 하고, 오판을 시정하여 당사자의 권리를 구제하기 위한 제도이다. • 상고심은 대법원만이 관할한다.
상고심의 특징	• 상고심은 원칙적으로 법률심이나 예외적으로 사실심기능도 수행하고 있다. • 예외적 사실심적 요소 → 사실오인·양형부당도 상고이유, 예외적으로 파기자판도 가능하며, 판결 후 형의 폐지·변경·사면이 있는 경우 또는 재심청구사유가 판명된 경우 원심판결 후에 발생한 사실이나 증거가 판단대상이 된다.

상고이유	**상대적 상고이유**
	• 판결에 영향을 미친 헌법·법률·명령 또는 규칙의 위반이 있을 때
	• 사형, 무기 또는 10년 이상의 징역이나 금고가 선고된 사건에 있어서 중대한 사실의 오인이 있어 판결에 영향을 미친 때 또는 형의 양정이 심히 부당하다고 인정할 현저한 사유가 있는 때
	  – 사형, 무기 또는 10년 이상의 징역이나 금고가 선고된 사건에서 중대한 사실오인이나 현저한 양형부당은 피고인의 이익을 위하여서만 주장할 수 있다(통설·판례). 판례도 검사는 사실오인(69도472) 또는 양형부당(94도1705)을 이유로 상고할 수 없다고 보았다.
	  – 10년 이상의 형이 선고되었는지는 병합된 전체형을 합한 것을 기준으로 한다(판례).
	
	절대적 상고이유
	• 판결 후 형의 폐지나 변경 또는 사면이 있는 때
	• 재심청구의 사유가 있는 때
	• 항소이유로 제시하지 않은 상고이유의 제한: 항소심에서 심판대상이 되지 않은 사항은 상고심의 심판범위에 들지 않는 것이어서 피고인이 항소심에서 항소이유로 주장하지 아니하거나 항소심이 직권으로 심판대상으로 삼은 사항 이외의 사유에 대하여 이를 상고이유로 삼을 수는 없다(2013도1079).

상고심의 절차	• 상고장은 항소심판결선고후 7일 이내에 원심법원에 제출하여야 한다.
	• 상고가 부적법한 경우 원심법원은 상고기각결정을 한다(원심법원의 상고기각결정). 원심법원의 상고기각결정에 대해서는 즉시항고할 수 있다.
	• 상고가 적법한 경우 원심법원은 14일 이내 소송기록을 상고심에 송부하여야 한다.
	• 소송기록을 송부받은 상고심은 상고기록을 검사, 피고인 등에게 송달한다.
	• 검사와 피고인은 소송기록을 송부받은 날로부터 20일 이내에 상고이유서를 제출하여야 한다.
	• 상고가 부적법하거나 상고이유서가 제출되지 않은 경우에는 상고법원은 결정으로써 상고를 기각하여야 한다(상고심의 상고기각결정). 다만, 상고장에 상고이유서에 기재되어 있는 경우는 예외로 한다(제380조 제1항).
	  – 상고장 및 상고이유서에 기재된 상고이유의 주장이 제383조 각 호의 어느 하나의 사유에 해당하지 아니함이 명백한 때에는 결정으로 상고를 기각하여야 한다(제380조 제2항).
	  – 상고심의 상고기각결정에 대해서는 즉시항고할 수 없다.
	• 상고이유서는 상대방에게 송달하는데, 상대방은 상고이유서를 송달받은 날로부터 10일 이내에 답변서를 제출할 수 있다.

상고심 심리의 특칙	• 상고심은 상고이유서에 포함된 사유에 관하여 심판하여야 한다(제384조). • 다만 사실오인이나 양형부당의 상고이유 외의 상고이유(제383조 제1호 내지 제3호의 경우)에 대해서는 상고이유서에 포함되지 아니한 때에도 직권으로 심판할 수 있다(제384조). • 변호사인 변호인에 의한 변론: 상고심에는 변호인이 아니면 피고인을 위하여 변론하지 못하며(제387조), 변호사 아닌 자를 변호인으로 선임할 수 없다(제386조). • 피고인의 소환 불요(임의적 변론): 피고인은 변론을 할 수 없으므로 상고심의 공판기일에는 피고인의 소환을 요하지 아니한다(제389조의2). • 상고이유서에 의한 변론: 검사와 변호인은 상고이유서에 의하여 변론하여야 한다(제388조). • 서면심리의 허용: 상고법원은 상고장·상고이유서 기타의 소송기록에 의하여 변론 없이 판결할 수 있다(제390조 제1항). 상고기각의 경우 이외에 원심판결을 파기하는 경우에도 서면심리를 할 수 있다. • 참고인의 진술을 듣는 절차: 상고법원은 필요한 경우에는 특정한 사항에 관하여 변론을 열어 참고인의 진술을 들을 수 있다(제390조 제2항). 참고인진술은 상고법원의 판단에 필요한 전문가의 의견을 듣기 위한 장치이다.

상고심의 판결	• 상고심의 공소기각의 결정: 공소기각결정의 사유(제328조)가 있는 때에는 상고법원은 결정으로 공소를 기각하여야 한다(제382조).
	• 상고기각판결: 상고의 이유가 없다고 인정되면 판결로써 상고를 기각하여야 한다(제399조, 제364조 제4항).
	• 파기판결
	  – 상고의 이유가 있다고 인정하는 때에는 원심판결을 파기하여야 한다(제391조).
	  – 파기환송: 공소기각(제393조) 또는 관할위반의 인정이 법률에 위반됨을 이유로(제395조) 원심판결 또는 제1심판결을 파기한 때에는 판결로써 사건을 원심법원 또는 제1심법원에 환송하여야 한다.
	  – 파기이송: 관할의 인정이 법률에 위반됨을 이유로 원심판결 또는 제1심판결을 파기한 때에는 판결로써 사건을 관할 있는 법원에 이송하여야 한다(제394조).
	  – 파기자판: 상고법원이 원심판결을 파기한 경우에 해당 소송기록 그리고 원심법원과 제1심법원이 조사한 증거로 충분히 판결할 수 있다고 인정되면 피고사건에 대하여 직접 판결을 내릴 수도 있다(제396조 제1항). → 상고심판결은 파기환송이나 파기이송이 원칙이다.
	  – 상고한 공동피고인을 위한 파기: 피고인의 이익을 위하여 원심판결을 파기하는 경우에 파기의 이유가 상고한 공동피고인에 공통되는 때에는 그 공동피고인에 대하여도 원심판결을 파기하여야 한다(제392조).
	• 상고심의 재판서에는 재판서의 일반적 기재사항(제38조 이하) 이외에 상고이유에 관한 판단을 기재하여야 한다(제398조). 그 밖에 관한 대법관의 의견도 기재하여야 한다(법원조직법 제15조).

(2) 비약적 상고와 대법원판결의 정정

비약적 상고 (제372조)	• 제1심판결에 대한 대법원에의 상고를 비약적 상고라고 한다. → 제1심결정에 대하여는 비약적 상고를 할 수 없다. • 비약적 상고의 사유는 원심판결이 인정한 사실에 대하여 법령을 적용하지 않았거나, 법령의 적용에 착오가 있는 때(제372조 제1호)와 원심판결이 있은 후 형의 폐지나 변경 또는 사면이 있는 때(동조 제2호)로 제한된다. • 비약적 상고는 그 사건에 대한 항소가 제기된 때에는 그 효력을 잃는다. • 다만, 항소의 취하 또는 항소기각의 결정이 있는 때에는 예외로 한다(제373조). 즉 항소취하 또는 항소기각결정이 있으면 비약적 상고는 효력이 있다. • 제1심판결에 대하여 피고인은 비약적 상고를, 검사는 항소를 각각 제기하여 이들이 경합한 경우 피고인의 비약적 상고에 상고의 효력이 인정되지는 않더라도, 피고인의 비약적 상고가 항소기간 준수 등 항소로서의 적법요건을 모두 갖추었고, 피고인이 자신의 비약적 상고에 상고의 효력이 인정되지 않는 때에도 항소심에서는 제1심판결을 다툴 의사가 없었다고 볼 만한 특별한 사정이 없다면, 피고인의 비약적 상고에 항소로서의 효력이 인정된다고 보아야 한다(대판 2022.5.19. 2021도17131 전합).

판결의 정정 (제400조)	• 의의: 상고심판결에 명백한 오류가 있는 경우에 이를 바로잡는 것을 판결의 정정이라고 한다(제400조 · 제401조).
	• 내용: 상고심판결의 정정은 오산, 오기 등과 같은 판결내용상의 오류를 정정하는 것에 지나지 않으므로 상고심판결은 그 선고와 동시에 확정된다(67초22).
	  – 판결의 정정은 판결내용의 오류를 정정하는 데 그치는 것이므로 판결의 결론이 부당하다고 하여 판결정정의 방법으로 이를 바로잡을 수는 없다(81초60).
	  – 그러나 판례는 상고이유서를 제출하였음에도 불구하고 상고법원이 상고이유서 미제출을 이유로 상고기각결정을 한 경우에 상고기각결정을 판결정정 할 경우에는 원심판결 파기의 판결로 그 내용을 변경할 수 있다(79도952). 현실적 불합리를 극복하기 위한 불가피한 조처라 생각된다.
	• 방식(신청 또는 직권): 상고법원은 그 판결의 내용에 오류가 있음을 발견한 때에는 직권 또는 검사 · 상고인이나 변호인의 신청에 의하여 판결로써 정정할 수 있다(제400조 제1항).
	  – 신청에 의한 경우: 판결정정의 신청은 신청의 이유를 기재한 서면으로 판결의 선고가 있는 날로부터 10일 이내에 하여야 한다(동조 제2항 · 제3항).
	  – 직권에 의한 경우: 직권으로 판결을 정정하는 경우에는 10일간의 신청기간의 제한을 받지 않는다(79도952).
	• 무변론 판결: 정정의 판결은 변론 없이 할 수 있다(제401조 제1항).
	• 불이익변경금지원칙의 부적용: 대법원이 판결을 정정하는 경우에는 불이익변경금지의 원칙이 적용되지 않는다. 판결의 정정은 사소하고 명백한 내용적 오류를 시정하는 데에 그치는 것이기 때문이다.

4 항고

(1) 항고의 종류

① 항고의 종류

일반항고	보통항고	• 제기기간의 제한이 없음(실익 없으면 불가능) • 집행부정지의 원칙(집행부정지원칙, 필요시 법원이 정지 가능)
	즉시항고	• 7일 이내 제기하는 항고 • 허용여부는 입법정책적으로 결정(법률규정 있으면 허용)
특별항고	재항고	• 대법원에 제기하는 즉시항고 • 항고법원 또는 항소법원(판례), 고등법원의 결정에 대하여 재판에 영향을 미친 헌법·법률·명령 또는 규칙의 위반이 있음을 이유로 하는 때에 한함(제415조)

② 보통항고의 허용여부

㉠ 수소법원의 결정에 대해서는 보통항고가 가능하다(제402조).

㉡ 다만, 관할과 판결 전 소송절차에 관한 법원의 결정은 즉시항고할 수 있는 경우 외에는 항고가 불가(제403조 제1항) → 판례는 소년부송치결정은 판결전 소송절차에 관한 결정이 아니어서 보통항고의 대상이 된다.

㉢ 그렇지만, 판결 전 소송절차에 관한 법원의 결정이라도 구금·압·보·유는 보통항고가 허용된다.
  • 수소법원의 구금, 압수, 압수물의 환부, 보석, 감정유치에 관한 결정에 대하여는 보통항고 가능하다(제403조 제2항).
  • 판례는 구속적부심사에서 행해지는 피의자에 대한 보증금납입부석방결정에 대하여도 보통항고가 가능하다고 본다.

③ 즉시항고

㉠ 즉시항고가 허용되는 경우
  • 기피신청기각결정(제23조 제1항)
  • 구속의 취소결정에 대한 검사의 즉시항고(제97조 제4항)
  • 보석의 출석보증인에 대한 과태료 결정에 대한 출석보증인의 즉시항고(제100조의2 제2항)
  • 국민참여재판 배제결정(국민참여재판 개시결정은 즉시항고 불가)
  • 피고인의 보석조건위반에 대한 과태료결정과 감치의 결정(제102조 제4항)
  • 불출석증인에 대한 비용부담, 과태료, 감치결정(제151조 제8항)
  • 선서거부 증인에 대한 과태료결정(제161조 제2항)
  • 제3자에 대한 소송비용부담의 결정(제192조 제2항)
  • 재판에 의하지 않은 형사절차 종료시의 소송비용부담결정(제193조 제2항)
  • 무죄판결에 대한 비용보상의 결정(제194조의3 제3항)
  • 재정신청인에 대한 비용부담의 결정(제262조의3 제3항)
  • 공소기각결정(제328조 제2항)
  • 형의 집행유예 취소결정(제335조 제3항)
  • 형의 소멸재판신청에 대한 각하결정(제337조 제3항)

- 상소권회복청구에 대한 결정(제347조 제2항)
- 원심법원의 상소기각결정(제360조 제2항, 제376조 제2항), 항소기각결정(제361조의4 제2항)
- 항고법원 또는 고등법원의 결정에 대한 즉시항고(재항고, 제415조)
- 재심청구에 대한 개시·기각결정(제437조, 제433조, 제434조 제1항, 제435조 제1항, 제436조 제1항)
- 약식명령에 대한 정식재판청구를 기각하는 결정(제455조 제2항), 즉결심판에 대한 정식재판청구기각결정
- 소송비용집행정지·형집행에 대한 의의신청·이의신청에 대한 법원의 결정(제491조 제2항)
- 증거보전신청을 기각한 수임판사의 결정(제184조 제4항)
- 형사보상결정(기간 7일), 형사보상기각결정, 배상명령(기간 7일)

ⓒ 주의사항
- 보석허가 또는 불허결정에 대하여는 즉시항고가 가능하지 않다. → 보석허가 또는 불허결정 대하여 보통항고는 가능하다(판례).
- 종국재판의 선고·고지로 인하여 구속이 실효된 경우 및 구속집행정지에도 즉시항고는 허용되지 않는다. → 반면, 구속취소의 경우에는 즉시항고가 허용된다.
- 상고심의 상고기각결정에 대하여는 즉시항고가 가능하지 않다.
- 형사보상결정에 대한 즉시항고를 불허하는 결정은 위헌선언되어, 전면적으로 즉시항고가 허용된다.
- 국민참여재판 배제결정 → 즉시항고 가능, 국민참여재판 개시결정 → 즉시항고 불가

(2) 일반항고(보통항고와 즉시항고)

항고제기 방식	• 항고를 함에는 항고장을 원심법원에 제출하여야 한다(제406조). • 즉시항고의 제기기간은 7일이다(제405조). • 보통항고는 원심결정취소의 실익이 없게 된 때를 제외하고는 언제든지 할 수 있다(제404조).
원심법원의 조치	• 원심법원의 적법성 심사: 항고의 제기가 법률상의 방식에 위반하거나 항고권소멸 후인 것이 명백한 때에는 원심법원은 결정으로 항고를 기각하여야 한다. 이 결정에 대하여는 즉시항고를 할 수 있다(제407조). • 원심법원의 경정결정 및 소송기록의 송부 - 원심법원은 항고가 이유 있다고 인정한 때에는 결정을 경정하여야 한다. - 항고의 전부 또는 일부가 이유 없다고 인정한 때에는 항고장을 받은 날로부터 3일 이내에 의견서를 첨부하여 소송기록과 증거물을 항고법원에 송부하여야 한다(제408조). - 항고법원은 소송기록과 증거물의 송부를 받은 날로부터 5일 이내에 당사자에게 그 사유를 통지하여야 한다(제411조).
집행 정지효의 유무	• 즉시항고의 경우 제기기간 내에 그 제기가 있는 때에는 재판의 집행은 정지되는 것이 원칙이다(제410조). 기피신청에 대한 간이기각결정에 대한 즉시항고와 증인에 대한 소송비용부담, 과태료, 감치결정에 대한 즉시항고에는 집행정지효가 없다. • 보통항고의 경우에는 집행을 정지하는 효력이 없다. 단, 원심법원 또는 항고법원은 항고에 대한 결정이 있을 때까지 집행정지결정을 할 수 있다(제409조).
항고심의 재판	• 항고심은 결정을 위한 절차이므로 구두변론에 의하지 않을 수 있다. • 항고를 이유 없다고 인정한 때는 결정으로 항고를 기각해야 한다(제414조 제1항). • 항고를 이유 있다고 인정한 때에는 결정으로 원심결정을 취소하고 필요한 경우에 항고사건에 대하여 직접 재판하여야 한다(제414조 제2항).

(3) 준항고

의의	• 준항고는 법관(재판장 또는 수명법관)의 일정한 재판(제416조 제1항)이나, 수사기관의 일정한 처분에 대해 불복이 있는 때(제417조) 그 소속법원 또는 관할법원에 취소 또는 변경을 청구하는 불복신청방법이다. • 준항고는 상소가 아니다.
제416조의 준항고	• 대상: 재판장과 수명법관의 재판에 대한 취소·변경의 청구 　– 기피신청을 기각한 재판(제1호) 　– 구금·보석·압수 또는 압수물환부에 관한 재판(제2호) 　– 감정하기 위하여 피고인의 유치를 명한 재판(제3호) 　– 증인·감정인·통역인·번역인에 대하여 과태료 또는 비용배상을 명한 재판(제4호) 　– 수소법원 이외의 법관(수임판사 등)의 재판에 대해서는 준항고를 제기할 수 없다. 　예 수사절차에 압수영장을 발부한 경우(97모66), 구속영장 연장신청을 기각결정(97모1) → 준항고 불가 • 관할: 재판장과 수명법관의 소속법원 • 청구기간: 7일 • 집행정지효: 증인·감정인·통역인·번역인에 대하여 과태료 또는 비용배상을 명한 재판은 준항고의 청구기간내와 청구가 있는 때에는 그 재판의 집행은 정지된다.
제417조의 준항고	• 의의: 검사 또는 사법경찰관(수사기관)의 구금·압수 또는 압수물의 환부에 관한 처분과 제243조의2에 따른 변호인의 참여 등에 관한 처분 　– 준항고의 대상이 되는 수사기관의 처분에는 적극적인 처분뿐만 아니라 소극적인 부작위도 포함된다(91모24). 　– 그러나 검사가 압수·수색영장의 청구 등 강제처분을 위한 조치를 취하지 아니한 것만으로는 사법경찰관이나 고소인은 준항고로 다툴 수 없다(2007모82). 　– 판결확정 후 형집행기관으로서 검사가 행하는 처분에 대하여는 준항고가 허용되지 않는다. 따라서 몰수의 선고가 없어 압수가 해제된 것으로 간주되는 압수물에 대하여 검사가 인도를 거부하는 처분에 대하여는 제417조의 준항고로 불복할 수 없다(84모3). 　– 압수가 해제된 후 검사가 해제된 압수물의 인도를 거절하는 경우에는 준항고의 대상이 되지 않는다(판례). → 판결확정 후의 문제로서 재판집행에 대한 이의신청(제489조)에 의하여야 한다. 　– 압수물의 환부에 관한 처분에는 압수물의 가환부에 관한 처분이 포함된다(판례). 　– 변호인의 피의자신문참여를 불허하는 처분이나 변호인의 접견교통권 제한 역시 준항고의 대상이 된다(2003모402). • 관할: 수사기관의 직무집행지의 관할법원 또는 검사의 소속검찰청에 대응한 법원 • 준항고는 원칙적으로 집행정지의 효력이 없다(제419조·제409조). • 준항고에 대한 법원의 결정에 대해서는 재판에 영향을 미친 헌법, 법률, 명령, 규칙의 위반이 있음을 이유로 하는 때에 한하여 대법원에 즉시항고할 수 있다(제419조·제415조). 즉, 준항고심의 결정에 곧바로 재항고가 허용된다(판례).

02 비상구제절차

1 재심

(1) 재심의 의의 · 대상

의의		• 유죄의 확정판결에 사실오인의 오류가 있는 경우에 이를 바로잡아 무고한 시민의 인권침해를 구제하기 위한 비상구제절차이다. → 비상상고는 법령위반의 잘못을 시정하는 비상구제절차이다. • 재심의 대상은 유죄의 확정판결과 상소기각판결(항소기각판결과 상고기각판결)이다.
대상	유죄 판결	• 재심은 유죄를 선고받은 자의 이익을 위해서만 가능하다(이익재심의 원칙). 따라서 재심은 유죄판결만을 대상으로 한다. 무죄판결에 대해서는 재심이 허용되지 않는다. • 확정된 약식명령이나 즉결심판, 경범죄처벌법 · 도로교통법 등에 따라 통고처분을 받고 범칙금을 납부한 경우 등도 재심의 대상이 된다. • 비상상고에 의하여 법령에 위반한 소송절차가 파기된 유죄판결도 재심청구의 대상이 되는 것이 원칙이다(4288형항3). → 비상상고는 판결의 효력에 영향 없음이 원칙이다. • 유죄판결의 일종인 형면제 판결이나 집행유예판결도 재심의 대상이다. • 선고유예판결은, 2년의 선고유예기간이 경과하여 면소된 것으로 간주되는 경우(형법 제60조)에는 유예기간 경과 이후에는 재심의 청구가 허용되지 않는다. • 특별사면된 유죄판결도 재심의 대상이 된다(2011도1932).
	상소 기각 판결	• 항소 · 상고의 기각판결(제421조)은 유죄판결 자체는 아니지만 그 확정에 의하여 원심의 유죄판결이 확정되는 효과를 발생시키므로 유죄판결과 별개의 재심대상으로 인정된다. ◎ 항소기각판결 또는 상고기각판결이라 함은 상소기각판결에 의하여 확정된 하급심판결을 의미하는 것이 아니라 하급심판결을 확정에 이르게 한 항소기각판결 또는 상고기각판결 그 자체를 말한다(84모48). • 상소심이 원심을 파기한 경우에는 파기판결 자체만이 재심의 대상이 된다. ◎ 파기판결시, 항소심에서 파기되어 버린 제1심판결에 대해서는 재심을 청구할 수 없다(2003모464).
	판결 이외 재판	• 피고인에게 불이익하지 않은 무죄판결, 면소판결, 공소기각의 판결, 관할위반의 판결 등은 재심의 대상이 되지 아니한다. • 결정(×): 판결이 아닌 공소기각결정, 항고기각결정, 재정신청기각결정 등도 재심의 대상에서 제외된다(86모38).

(2) 재심청구권자, 재심의 구조 및 재심사유

재심청구권자	• 검사(이익재심만 허용) • 유죄의 선고를 받은 자 • 유죄의 선고를 받은 자의 법정대리인 • 유죄의 선고를 받은 자가 사망하거나 심신장애가 있는 경우에는 그 배우자, 직계친족 또는 형제자매 • 변호인도 대리권에 의하여 재심을 청구할 수 있다(4289형재항10).
재심의 구조	• 재심은 재심개시절차와 재심심판절차로 나뉜다. • 재심개시절차는 결정(제433조 내지 제435조)의 형식으로 종결됨에 반하여 재심심판절차는 통상의 종국재판의 형식에 따라 종결된다. • 재심개시절차에서는 형사소송법에서 규정하고 있는 재심사유(제420조 · 제421조)가 있는지 여부만을 판단하여야 하고, 나아가 재심사유가 재심대상판결에 영향을 미칠 가능성이 있는가의 실체적 사유는 고려할 수는 없다(2008모77). • 재심심판절차의 진행은 원판결의 심급에 따라 다시 심판한다(제438조 제1항).

재심사유 (제420조)	• 원판결의 증거가 된 서류 또는 증거물이 확정판결에 의하여 위조되거나 변조된 것임이 증명된 때(제1호) • 원판결의 증거가 된 증언, 감정, 통역 또는 번역이 확정판결에 의하여 허위임이 증명된 때(제2호) • 무고(誣告)로 인하여 유죄를 선고받은 경우에 그 무고의 죄가 확정판결에 의하여 증명된 때(제3호) • 원판결의 증거가 된 재판이 확정재판에 의하여 변경된 때(제4호) • 유죄를 선고받은 자에 대하여 무죄(법원이 긴급조치에 대해 위헌결정을 한 경우 포함) 또는 면소를, 형의 선고를 받은 자에 대하여 형의 면제 또는 원판결이 인정한 죄보다 가벼운 죄를 인정할 명백한 증거가 새로 발견된 때(신규형 재심사유, 유일하게 확정판결을 요하지 않음) • 저작권, 특허권, 실용신안권, 디자인권 또는 상표권을 침해한 죄로 유죄의 선고를 받은 사건에 관하여 그 권리에 대한 무효의 심결 또는 무효의 판결이 확정된 때(제6호) • 원판결, 전심판결 또는 그 판결의 기초가 된 조사에 관여한 법관, 공소의 제기 또는 그 공소의 기초가 된 수사에 관여한 검사나 사법경찰관이 그 직무에 관한 죄를 지은 것이 확정판결에 의하여 증명된 때(제7호 분문) • 제7호의 경우, 원판결의 선고 전에 법관, 검사 또는 사법경찰관에 대하여 공소가 제기되었을 경우에는 원판결의 법원이 그 사유(직무상 범죄가 존재함)를 알지 못한 때로 한정하여 재심 사유가 된다.
상소기각판결	상소기각판결에 대한 재심사유는 제420조 제1호 · 제2호 · 제7호 사유에 제한된다.
특별법상 재심사유	• 소송촉진특례법 제23조에 따라 궐석재판을 받은 자 등은 판결을 받은 사실을 안 날로 14일 이내 재심을 청구할 수 있다(소송특례법 제23조의2 제1항). • 헌법재판소가 형벌법규에 대하여 위헌결정(헌법불합치결정 포함)을 내린 경우 위헌으로 결정된 법률 또는 법률의 조항에 근거한 유죄의 확정판결에 대하여는 재심을 청구할 수 있다(헌법재판소법 제47조 제4항). • 기타 5 · 18민주화운동법은 동법이 적용되는 사건에 대해 재심사유를 규정하고 있다.

(3) 재심개시절차

재심의 청구	• 재심의 청구는 원판결의 법원이 관할한다(제423조). • 군사법원에서 판결이 확정된 후 군에서 제적된 자에 대하여는 군사법원에 재판권이 없으므로 같은 심급의 일반법원에 재심청구사건의 관할권이 인정된다(판례). • 원판결의 심리에 관여한 법관이 재심청구사건의 심리에 임하더라도 이를 전심관여로 볼 수 없으므로 제척 · 기피사유에 해당하지 않는다(85모11).
재심청구의 시기	• 재심청구시기에 대해서는 제한이 없다. • 따라서 재심은 형의 집행을 종료하거나 형의 집행을 받지 아니하게 된 때에도 청구 할 수 있다(제427조). • 확정판결을 선고받은 자가 사망한 경우에도 재심청구는 가능하다.
재심의 청구 및 취하	• 재심청구서는 관할법원에 제출하는데, 재소자의 경우에는 재심청구서를 교도소장에게 제출하면 그때에 재심을 청구한 것으로 간주한다(제430조 · 제344조). • 재심의 청구는 취하할 수 있다(제429조 제1항). • 재심청구를 취하한 자는 동일한 이유로써 다시 재심을 청구하지 못한다(제429조 제2항).
재심청구와 형이 집행정지	• 재심의 청구는 형의 집행을 정지하는 효력이 없다. • 단, 관할법원에 대응한 검찰청검사는 재심청구에 대한 재판이 있을 때까지 형의 집행을 정지할 수 있다(제428조). • 재심청구 시 검사가 형집행정지를 할 수 있으나, 재심결정시에는 법원이 형집행정지를 할 수 있다.

재심개시결정 절차	• 재심청구에 대해 결정을 할 때에는 청구한 자와 상대방의 의견을 들어야 한다. 유죄의 선고를 받은 자의 법정대리인이 재심을 청구한 경우에는 유죄의 선고를 받은 자의 의견을 들어야 한다(제432조). • 재심관할법원은 재심청구가 법률상의 방식에 위반되거나 청구권이 소멸한 후인 것이 명백한 때나 재심청구가 이유 없는 때에는 재심청구기각결정을 한다. • 재심청구가 이유 없음을 이유로 기각되는 경우에는 누구든지 동일한 이유로써 다시 재심을 청구하지 못한다(제434조). • 재심청구가 이유 있다고 인정한 때에는 재심개시의 결정을 하여야 한다(제435조). → 재심개시결정을 할 때에는 법원은 결정으로 형의 집행을 정지할 수 있다. • 재심청구에 대한 결정(기각결정과 재심개시결정)에 대하여는 즉시항고를 할 수 있다(제437조). • 전부유죄가 확정된 경합범의 일부에 대해서만 재심사유가 있는 경우라도 경합범 전부에 대하여 재심개시결정을 하여야 한다(판례).
재심의 경합	• 항소기각의 확정판결과 그 판결에 의하여 확정된 제1심판결에 대하여 재심의 청구가 있는 경우에 제1심법원이 재심의 판결을 한 때에는 항소법원은 결정으로 재심의 청구를 기각하여야 한다(제436조 제1항). • 제1심 또는 제2심판결에 대한 상고기각의 판결과 그 판결에 의하여 확정된 제1심 또는 제2심판결에 대하여 재심의 청구가 있는 경우에 제1심법원 또는 항소법원이 재심의 판결을 한 때에도 상고법원은 결정으로 재심의 청구를 기각하여야 한다(제436조 제2항).

(4) 재심심판절차(재심공판절차)

재심공판절차 기본원칙 (= 원판결심급)	• 재심개시결정이 확정되면 법원은 그 심급에 따라 다시 심판을 하여야 한다(제438조). • 재심법원은 형사소송법 제70조에 의하여 구속영장을 발부하여 피고인을 구속할 수도 있다(64도690). • 재심심판절차에 따라 이루어진 재심판결에 대해서도 그 심급에 따른 상소가 허용된다.
재심공판절차 특칙	• 재심공판절차에서의 국선변호인의 선임: 사망자 또는 회복할 수 없는 심신장애자를 위하여 재심의 청구가 있는 때 및 유죄의 선고를 받은 자가 재심사건의 판결 전에 사망하거나 회복할 수 없는 심신장애자로 된 때에도 재심법원은 판결을 해야 한다(제438조 제2항). 이 경우 변호인이 출정한 경우에는 피고인이 출정하지 아니하여도 심판을 할 수 있다. 그러나 변호인이 출정하지 않으면 개정하지 못하고(동조 제3항), 재심을 청구한 자가 변호인을 선임하지 아니한 때에는 재판장은 직권으로 변호인을 선임하여야 한다(동조 제4항). • 사망자를 위하여 재심개시결정이 있는 경우 법원은 사망하였음을 이유로 공소기각결정을 해서도 안 된다(제438조 제2항). • 공소취소의 금지: 재심공판절차에서는 공소취소가 금지된다(76도3203). • 무죄추정의 원칙이 적용되지 않음: 통설은 이미 확정판결이 존재한다는 점을 감안하여 재심공판절차에서는 무죄추정의 원칙이 적용되지 않는다고 본다. • 불이익변경금지원칙: 재심공판절차에서는 원판결의 형보다 무거운 형을 선고하지 못한다(제439조). • 무죄판결의 취지공시: 재심공판절차에서 무죄를 선고한 때에는 그 판결을 관보와 그 법원소재지의 신문지에 기재하여 공고하여야 한다. 다만, 검사, 유죄의 선고를 받은 자나 그 법정대리인이 재심을 청구한 때에는 재심에서 무죄를 선고받은 자, 유죄의 선고를 받은 자가 사망하거나 심신장애가 있는 경우에 있어서 그 배우자등이 청구하였을 때에는 재심을 청구한 사람이 이를 원하지 아니하는 의사를 표시한 경우에는 그러하지 아니하다(제440조). • 재심판결이 확정된 때에는 유죄의 원판결은 당연히 효력을 잃는다. • 재심판결의 확정으로 원판결에 의한 형의 집행까지 무효로 되는 것은 아니다. 따라서 원판결에 의해 자유형이 집행된 경우 그 집행부분은 재심판결에 의한 자유형의 집행에 통산된다. • 재심이 개시된 사건에서 범죄사실에 대하여 적용하여야 할 법령은 재심판결 당시의 법령이고, 재심대상판결 당시의 법령이 변경된 경우 법원은 그 범죄사실에 대하여 재심판결 당시의 법령을 적용하여야 한다(2009도1603).

2 비상상고

의의	• 확정재판에 대하여 그 심판의 법령위반을 바로잡기 위하여 인정되는 비상구제절차를 말한다. • 비상상고는 원칙적으로 피고인에게 효력이 없는바, 재판의 옷을 입은 학설이라는 평가가 나오고 있다.
목적	• 비상상고는 법령해석의 통일이라는 법률적 이익을 유지하는 데에 주된 목적을 두고 있다. • 다만, 비상상고도 예외적으로 파기자판시에는 피고인에게도 효력이 인정되는바, 예외적으로는 피고인의 불이익을 구제하는 기능도 수행하고 있다.
대상	• 모든 확정판결: 비상상고는 모든 확정판결을 대상으로 한다. 유죄의 확정판결에 제한을 두지 않고, 무죄, 공소기각, 면소, 관할위반판결도 대상이 된다. • 결정을 포함한 모든 종국재판에 확대: 판결의 형식이 아닌 공소기각결정, 상소기각결정 등 일체의 종국재판은 비상상고의 대상이 된다(판례). 예 약식명령, 즉결심판, 통고처분에 범칙금을 납부한 경우도 비상상고의 대상이 된다.
청구권자	비상상고의 청구권자는 검찰총장에 제한된다.
관할	비상상고는 대법원이 관할한다.
제기기간	비상상고도 재심과 마찬가지로 제기기간에 제한이 없다.
사유	• 비상상고는 '판결이 확정된 후 그 사건의 심판이 법령에 위반한 것을 발견한 때'에 이를 이유로 제기할 수 있다(제441조). • 사건이 법령에 위반하였다라고 함은 사건의 심판에 절차법상의 법령위반(원심소송절차의 법령위반)이 있거나 실체법의 적용에 위법(원판결의 법령위반)이 있는 것을 말한다.
재판	• 기각판결: 비상상고가 이유 없다고 인정할 때에는 판결로써 이를 기각하여야 한다(제445조). 비상상고가 부적법한 경우에도 기각판결의 대상이 된다. • 일부파기의 원칙: 원판결이 법령에 위반된 때에는 원칙적으로 그 위반된 부분을 파기하여야 한다(제446조 제1호 본문). 소송절차가 법령에 위반한 때에도 그 위반된 절차를 파기한다(동조 제2호). → 비상상고의 판결은 파기자판의 경우 이외에는 그 효력이 피고인에게 미치지 아니한다(제447조). 따라서 일부파기가 있는 경우에는 확정판결자체는 그대로 유지된다. • 예외적 파기자판(전부파기): 원판결이 법령에 위반함을 이유로 파기하는 경우에 원판결이 피고인에게 불이익한 때에는 대법원은 원판결을 파기하고 피고사건에 대하여 다시 판결을 하여야 한다(제446조 제1호 단서). → 피고인에게 불이익함을 이유로 파기자판하는 경우에는 예외적으로 원판결이 파기되고 비상상고에 대한 판결의 효력이 피고인에게 미치게 된다.

> **더 알아보기**
>
> 재심과 비상상고의 개괄적 비교
>
> | 구분 | 재심 | 비상상고 |
> |---|---|---|
> | 목적 | 사실인정의 오류시정 | 법령위반의 오류시정 |
> | 재심대상 | • 유죄의 확정판결
• 유죄확정판결에 대한 상소기각판결 | 확정판결 기타 모든 종국재판 |
> | 신청권자 | • 검사
• 유죄의 선고를 받은 자
• 유죄의 선고를 받은 자의 법정대리인
• 유죄의 판결을 선고받은 자의 사망·심신장애시 그 배우자, 직계친족 또는 형제자매 | 검찰총장에 제한 |
> | 청구기간 | 제한 없음 | 제한 없음 |
> | 관할 | 재심의 대상이 된 원판결법원 | 대법원에 제한 |
> | 판결효력 | • 원판결효력상실
• 피고인에게 미침 | 원판결 효력유지가 원칙(부분파기원칙) 부분파기시 피고인에게 효력 미치지 않으나 전부파기시 예외적으로 피고인에게 효력 미침 |
> | 판결공시 | 무죄선고시 공보에 공시의무 있음 | 판결공시하지 않음 |

03 특별형사절차

1 약식절차

(1) 약식절차의 개요

의의	약식절차란 공판절차를 거치지 않고 서면심리만으로 피고인에게 벌금, 과료 또는 몰수를 과하는 간이한 형사절차를 의미한다(제448조 제1항).
청구권자	청구권자는 검사에 제한된다.
관할	약식명령이 청구된 사건은 사건의 경중에 따라 지방법원 합의부 또는 단독판사의 관할에 속한다.
대상	• 지방법원의 관할에 속하는 사건으로서 벌금, 과료 또는 몰수에 처할 수 있는 사건에 한한다(제448조 제1항). • 지방법원의 관할이면 사물관할이 단독판사에 속하는 사건은 물론 합의부에 속하는 사건도 가능하다. • 벌금·과료·몰수는 선고형을 의미하므로 이러한 재산형이 법정형으로서 징역, 금고, 구류와 선택적으로 규정되어 있어도 무방하다.

청구의 방식	• 약식명령의 청구는 검사가 공소제기와 동시에 서면으로 하여야 한다(제449조). • 검사는 약식명령청구서에 청구하는 벌금 또는 과료의 액수를 미리 기재한다. • 구속된 피의자에 대해 약식명령을 청구하는 경우에는 피의자에 대한 구속을 취소하고 피의자를 석방하여야 한다(검찰사건사무규칙 제109조 제3항). • 약식명령청구시에도 공소제기의 일반원칙을 준수해야 하므로 약식명령청구서에 공소사실을 기재하지 아니하고 고발장의 기재사실을 인용함은 형사소송법의 소위 공소사실의 기재로는 볼 수 없다(4288형상212). • 공소장일본주의의 예외: 검사는 약식명령의 청구와 동시에 약식명령을 하는 데 필요한 증거서류 및 증거물을 법원에 제출하여야 한다(규칙 제170조). • 약식명령청구서의 부본을 첨부할 필요는 없다. 약식명령의 부본을 피고인에게 송달하지 않기 때문이다.

(2) 약식절차와 심리와 재판

공판절차 회부	• 법원은 약식명령의 청구가 있는 경우에 그 사건이 약식명령으로 할 수 없거나 약식명령으로 하는 것이 적당하지 아니하다고 인정한 때에는 공판절차에 의하여 심판하여야 한다(제450조). • 공판절차로 이행시 즉시 검사에게 통지하며, 피고인에게 공소장부본을 송달한다. • 공판절차로의 이행과 관련하여, 법원은 특별한 형식상의 재판을 통하여 약식명령청구사건을 공판절차에 의하여 심판하기로 하였음을 별도로 고지할 필요는 없다(2003도2735). • 원래 공소제기가 없었음에도 피고인의 소환이 이루어지는 등 사실상의 소송계속이 발생한 상태에서 검사가 약식명령을 청구하는 공소장을 제1심법원에 제출하고, 법원이 약식명령청구를 기각함이 위 공소장(약식명령청구서)에 기하여 공판절차를 진행한 경우 공판절차는 유효하고, 제1심법원으로서는 이에 기하여 유 · 무죄의 실체판단을 하여야 한다(즉심기록송부사건, 2003도2735).
심리	• 약식절차는 서면심리에 의하므로 공판기일의 심판절차에 관한 규정이 적용되지 아니한다. ※ 약식절차에서 배제되는 규정: 공개주의, 공소장변경, 직접심리주의, 전문법칙(제310조의2) • 그러나 헌법에서 정하고 있는 위법수집증거배제법칙이나, 자백배제법칙, 자백의 보강법칙은 여전히 적용된다. ※ 약식절차에서도 적용되는 규정: 위법수집증거배제법칙(제308조의2), 자백배제법칙(제309조), 자백보강법칙(제310조)
약식명령	• 법원은 검사의 약식명령청구를 심리한 결과 약식명령으로 하는 것이 적당하다고 인정하는 경우에는 약식명령청구가 있는 날로부터 14일 이내에 약식명령을 하여야 한다(소송촉진법 제22조). • 약식명령에는 범죄사실, 적용법령, 주형, 부수처분과 약식명령의 고지를 받은 날로부터 7일 이내에 정식재판을 청구할 수 있다는 사실을 명시하여야 한다(제451조). • 약식명령에 의하여 과할 수 있는 형은 벌금 · 과료 · 몰수에 한한다. → 약식절차에서는 무죄 · 면소 · 공소기각 · 관할위반의 재판은 약식명령에 의하여 할 수 없다. • 약식명령을 발령함에는 추징 기타 부수처분을 할 수 있다(제448조 제2항). • 약식명령의 고지는 검사와 피고인에 대한 재판서의 송달에 의한다(제452조). • 재감자에 대한 약식명령의 송달은 교도소등의 장에게 하여야 하고, 수감되기 전의 종전 주소 · 거소에 대하여 한 송달은 부적법하여 무효이다(95모14).
약식명령의 효력	• 약식명령은 정식재판의 청구기간이 경과하거나 그 청구의 취하 또는 청구기각의 결정이 확정한 때에는 확정판결과 동일한 효력이 있다(제457조). • 약식명령은 재심 또는 비상상고의 대상이 된다. • 약식명령에 대한 기판력의 시적 범위는 약식명령의 발령시를 기준으로 한다(판례).

(3) 약식명령에 대한 정식재판청구

의의	• 정식재판의 청구란 약식명령에 대하여 불복이 있는 자가 법원에 대하여 통상의 절차에 의한 심판을 구하는 소송행위를 말한다. • 정식재판의 청구는 동일심급의 법원에 대하여 절차를 달리하여 원재판의 시정을 구하는 것이므로 상소가 아니다. • 다만, 상소와의 유사성을 감안하여 상소에 관한 조문들이 준용시키고 있다.
정식재판 청구권자	• 검사 또는 피고인은 약식명령의 고지를 받은 날로부터 7일 이내에 정식재판의 청구를 할 수 있다(제453조 제1항). • 피고인은 약식명령에 대한 정식재판청구권을 포기할 수 없다(제453조 제1항 단서). 그러나 검사가 정식재판청구권을 포기하는 것은 무방하다(제458조, 제349조). • 피고인의 법정대리인은 피고인의 의사와 관계없이 정식재판을 청구할 수 있고, • 피고인의 배우자, 직계친족, 형제자매, 원심의 대리인 또는 변호인은 피고인의 명시적 의사에 반하지 않는 한 독립하여 정식재판을 청구할 수 있다(제458조 · 제340조 · 제341조).
정식재판 청구절차	• 정식재판청구는 약식명령의 고지를 받은 날로부터 7일 이내에 약식명령을 한 법원에 서면으로 하여야 한다(제453조 제1항 · 제2항). • 공판절차로의 이행의 경우와는 달리 공소장부본을 송달할 필요가 없다. • 상소 제기기간(7일의 기간) 내에 정식재판을 청구하지 못한 때에는 상소권회복의 규정이 준용된다(제458조 · 제345조). • 검사와 피고인 또는 기타 정식재판청구권자는 정식재판청구를 취하할 수 있다. 정식재판청구의 취하는 제1심판결선고 전까지 할 수 있다. • 정식재판청구를 취하한 사람은 그 사건에 대하여 다시 정식재판을 청구하지 못한다.

정식재판
청구에
대한 재판
	• 기각결정: 정식재판의 청구가 법령상의 방식에 위반하거나 청구권의 소멸 후인 것이 명백한 때에는 결정으로 기각하여야 한다. 정식재판청구 기각결정에 대해서는 즉시항고 할 수 있다(제455조).
	• 정식재판의 청구가 적법한 때에는 공판절차에 의하여 심판하여야 한다.
	• 궐석재판의 특례
	  - 피고인만이 정식재판을 청구한 사안에서 피고인이 출석하지 않은 경우, 피고인의 출석없이 정식재판절차를 진행할 수 있다.
	  - 정식재판절차의 공판기일에 정식재판을 청구한 피고인이 출석하지 아니한 때에는 다시 기일을 정해야 하며 피고인이 정당한 이유 없이 다시 정한 기일에 출정하지 않은 때에는 피고인의 진술없이 판결할 수 있다(제458조 제2항, 제365조).
	• 피고인이 정식재판을 청구한 사건에 대하여는 "형종 상향금지의 원칙"이 적용된다. 즉, 피고인이 정식재판을 청구한 사건에 대하여는 약식명령의 형보다 중한 종류의 형을 선고하지 못한다(제457조의2 제1항). 다만, 피고인이 정식재판을 청구한 사건에 대하여 약식명령의 형보다 중한 형을 선고하는 경우에는 판결서에 양형의 이유를 적어야 한다(제457조의2 제2항).
	• 약식명령은 정식재판의 청구에 의한 판결이 있는 때에는 효력을 잃는다(제456조).
	• 약식명령을 발령한 법관이 정식재판에 관여한 경우에는 제척되지 않으나 약식명령을 발령한 법관이 정식재판의 항소심에 관여한 경우에는 제척된다(판례).

2 즉결심판절차

(1) 즉결심판절차의 의의

의의	• 즉결심판이란 20만 원 이하의 벌금, 구류, 과료에 처한 경미한 범죄에 대하여 공판절차에 의하지 않고 '즉결심판에 관한 절차법'에 의해 신속하게 처리하는 심판절차를 말한다. • 즉결심판절차는 공개된 법정에서 진행하지만, 공판절차가 아니다.
청구권자	• 청구권자는 관할 경찰서장(또는 해양경찰서장)이다(즉결심판에 관한 절차법 제3조). • 경찰서장의 즉결심판청구는 검사의 기소독점주의에 대한 예외가 된다.
관할	지방법원 또는 그 지원 및 시·군법원의 판사의 관할에 속한다(즉결심판에 관한 절차법 제3조의2).
대상	피고인에게 20만 원 이하의 벌금, 구류 또는 과료에 처할 사건이다. 즉 법정형이 아닌 선고형이 즉결심판청구의 여부를 결정하는 기준이 된다.
청구의 방식	• 즉결심판을 청구함에는 즉결심판청구서를 제출하여야 한다. • 즉결심판청구서에는 피고인의 성명 기타 피고인을 특정할 수 있는 사항, 죄명, 범죄사실과 적용법조를 기재하여야 한다(즉결심판에 관한 절차법 제3조 제2항). • 공소장일본주의의 예외 : 경찰서장은 즉결심판의 청구와 동시에 즉결심판을 함에 필요한 서류 또는 증거물을 판사에게 제출하여야 한다(즉결심판에 관한 절차법 제4조).
즉결심판 청구의 적법성 심사	• 판사는 먼저 당해사건이 즉결심판절차에 따라 심판할 것인지의 여부를 심사하여 즉결심판으로 할 수 없거나, 즉결심판으로 하는 것이 적당하지 않다고 인정될 경우에는 청구기각결정을 하여야 한다(즉결심판에 관한 절차법 제5조 제1항). • 즉결심판청구기각결정이 있는 때에는 경찰서장은 지체 없이 사건을 관할 지방검찰청 또는 지청의 장에게 송치하여야 한다(동조 제2항). → 즉결심판기각결정시 검사가 공소제기 여부를 결정하게 된다. 따라서 즉결심판청구를 기각하였음에도 검사가 이를 오인하여 법원에 곧바로 서류를 송부한 경우라도 공소제기의 효력이 있는 것은 아니다(판례).
심리장소와 심리 시기	• 사건이 즉결심판을 함이 적당하다고 인정되는 경우에는 기일을 정하여 심판을 하며 이때에는 경찰관서 이외의 공개장소에서 심리와 재판의 선고가 행해져야 한다(즉결심판에 관한 절차법 제7조 제1항). • 즉결심판청구에 대하여 판사가 기각결정을 하지 않는 경우에는 즉시 심판을 하여야 한다(즉결심판에 관한 절차법 제6조).

(2) 즉결심판의 심리 및 즉결심판의 집행

심리상 특칙	증거에 관한 특칙	• 전문법칙의 제한적 적용 : 즉결심판절차에 있어서는 형사소송법 제310조(자백의 증명력 제한)와 제312조 제3항(사법경찰관작성 피의자신문조서의 증거능력) 및 제313조(진술서의 증거능력)의 규정은 적용하지 아니한다(즉결심판에 관한 절차법 제10조). – 즉결심판절차에서 적용되지 않는 조문 → 제310조 · 제312조 제3항 · 제313조 – 즉결심판절차와 소년보호사건에서는 자백의 보강법칙이 적용되지 않는다. • 형사소송법이 준용되므로 자백배제법칙과 위법수집증거배제법칙, 제312조 제3항 및 제313조를 제외한 전문법칙에 관한 규정은 즉결심판절차에도 적용된다. → 즉결심판절차에서도 임의성이 없는 진술은 증거로 사용할 수 없다.
		• 피고인 불출석재판의 허용 – 즉결심판에서도 피고인의 출석은 즉결심판개정의 요건이다. – 다만, 벌금·과료를 선고하는 경우(즉결심판에 관한 절차법 제8조의2 제1항), 피고인 또는 즉결심판출석통지서를 받은 자가 법원에 불출석심판을 청구하고 법원이 이를 허가한 때(즉결심판에 관한 절차법 제8조의2 제2항)에는 불출석재판이 허용된다. • 증거조사의 예외(재정증거에 한정하여 증거조사 허용) : 즉결심판절차에서는 경찰서장이 제출한 서류와 증거물, 기타 재정증거에 한정되어 증거조사가 가능하다(즉결심판에 관한 절차법 제9조 제2항). • 판사는 피고인에게 피고사건의 내용과 진술거부권이 있음을 알리고 변명할 기회를 주어야 한다(즉결심판에 관한 절차법 제9조 제1항).

즉결심판의 선고와 효력	• 즉결심판절차에서는 유죄의 선고뿐만 아니라 무죄, 면소 또는 공소기각의 선고를 할 수 있다(즉결심판에 관한 절차법 제11조 제5항). • 유치명령: 판사는 구류선고를 받은 피고인이 일정한 주소가 없거나 도망할 염려가 있는 때에는 5일을 초과하지 아니한 범위 내에서 경찰서유치장에 유치할 것을 명할 수 있다(즉결심판에 관한 절차법 제17조 제1항). • 가납명령의 선고: 판사가 벌금이나 과료를 선고할 경우에는 노역장유치기간을 동시에 선고하여야 하고(형법 제70조), 가납명령을 할 수 있다. 가납의 재판은 벌금 또는 과료의 선고와 동시에 하여야 하며 그 재판을 즉시 집행할 수 있다(즉결심판에 관한 절차법 제17조 제3항). → 유치명령과 가납명령은 선고와 동시에 집행력이 발생한다. • 확정된 즉결심판은 확정판결과 동일한 효력이 생긴다.
즉결심판의 집행	• 즉결심판의 집행은 경찰서장이 하고 그 집행결과를 지체 없이 검사에게 보고하여야 한다(즉결심판에 관한 절차법 제18조 제1항). • 구류는 경찰서 유치장·구치소 또는 교도소에서 집행하며, 구치소·교도소에서 집행할 때에는 검사가 이를 지휘한다(즉결심판에 관한 절차법 제18조 제2항). • 벌금·과료·몰수는 그 집행을 종료하면 지체 없이 검사에게 이를 인계하여야 한다.

(3) 정식재판의 청구

청구권자	피고인과 경찰서장이 즉결심판에 대한 정식재판청구권자이다.
절차	• 시기: 즉결심판청구를 선고·고지받은 날로부터 7일 이내에 정식재판을 청구하여야 한다. • 피고인은 정식재판청구서를 경찰서장에게 제출하여야 하고, 경찰서장은 판사에게 정식재판청구서를 제출하여야 한다. • 피고인은 정식재판을 청구함에 있어 특별한 승인절차가 없으나, 경찰서장은 정식재판을 청구함에 있어 관할지방검찰청 또는 지청 검사의 승인을 얻어야 한다.
판사의 처리	• 즉결심판을 담당한 판사는 정식재판청구서를 받은 날부터 7일 이내에 경찰서장에게 정식재판청구서를 첨부한 사건기록과 증거물을 송부하고, • 경찰서장은 지체 없이 관할지방검찰청 또는 지청의 장에게 이를 송부하여야 하며, • 그 검찰청 또는 지청의 장은 지체 없이 관할법원에 이를 송부하여야 한다.
효과	• 정식재판청구의 효과에 대해서는 형사소송법의 약식절차에 관한 규정이 준용된다. • 즉결심판의 기각: 정식재판의 청구가 법령상의 방식에 위반하거나 청구권의 소멸 후인 것이 명백한 때에는 결정으로 기각해야 한다. 이 결정에 대하여 즉시항고할 수 있다(제455조). • 공판절차의 진행: 정식재판청구가 적법한 때에는 공판절차에 의하여 심판하여야 한다. • 정식재판청구에 대한 재판이 선고되면 즉결심판의 효력은 상실된다.

더 알아보기

약식명령과 즉결심판절차의 구별

구분	약식명령	즉결심판
청구대상	벌금, 과료, 몰수에 처할 사건	20만 원 이하의 벌금, 구류, 과료에 처할 사건
근거법률	형사소송법 제448조	즉결심판에 관한 절차법
청구권자	검사	경찰서장
정식재판청구권자	검사, 피고인	경찰서장, 피고인
정식재판청구방법	약식명령을 한 법원에 서면제출	정식재판청구서를 경찰서장에게 제출
정식재판청구포기	피고인은 포기 불가	피고인도 포기 가능
심리형태	• 서면심리 • 피고인의 출석 불요	• 공개된 법정에서 심리 • 피고인의 출석이 원칙
전문법칙	적용(×)	제한적으로 적용 (제312조 제3항, 제313조 적용배제)
자백배제법칙	적용(○)	적용(○)
자백보강법칙	적용(○)	적용(×)
선고가능재판	벌금, 과료, 몰수 유죄판결만 가능	유죄판결은 물론 무죄, 면소, 공소기각의 재판도 가능
공통점	• 경미사건의 신속처리목적 • 공소장일본주의의 예외 • 정식재판 청구권 보장(선고 · 고지 받은 날로부터 7일 이내) • 확정판결과 동일한 효력 발생 • 정식재판청구 취하시기(제1심판결 선고 전까지) • 정식재판청구에 의한 확정판결이 있을 때 실효	

3 소년에 대한 형사절차

(1) 소년의 의의 및 소년에 대한 수사상 특칙

소년의 의의	소년법상 소년이란 19세 미만인 자로서, 소년형사범과 소년보호처분의 대상을 포함한다.

소년의 종류	• 범죄소년: 죄를 범한 소년
	• 촉법소년: 형벌 법령에 저촉되는 행위를 한 10세 이상 14세 미만인 소년
	• 우범소년: 다음의 사유가 있고 그의 성격이나 환경에 비추어 앞으로 형벌 법령에 저촉되는 행위를 할 우려가 있는 10세 이상인 소년
	  – 집단적으로 몰려다니며 주위 사람들에게 불안감을 조성하는 성벽이 있는 것
	  – 정당한 이유 없이 가출하는 것
	  – 술을 마시고 소란을 피우거나 유해환경에 접하는 성벽이 있는 것

소년형사범과 소년보호사건	• 소년형사범: 14세 이상 19세 미만의 죄를 범한 소년으로서 동기와 죄질이 금고 이상의 형사처분을 할 필요가 있다고 인정될 때
	• 소년보호사건
	  − 14세 이상 19세 미만의 죄를 범한 소년이지만 피의사건을 수사한 결과 보호처분에 해당하는 사유가 있다고 인정될 경우
	  − 촉법소년과 우범소년의 경우

소년에 대한 수사상 특칙	• 경찰서장의 소년의 송치
	  − 경찰서장의 관할소년부로의 송치: 촉법소년과 우범소년이 있을 때에는 경찰서장은 직접 관할소년부에 송치(송치)하여야 한다.
	  − 검사선의주의: 소년형사사건에 대한 사건이 경찰에 접수된 경우, 일단 검사에게 송치되어 검사의 판단을 받아야 한다. 이를 검사선의주의라 한다.
	• 검사의 소년부송치
	  − 검사는 소년에 대한 피의사건을 수사한 결과 보호처분에 해당하는 사유가 있다고 인정한 경우에는 사건을 관할소년부에 송치하여야 한다.
	  − 소년부는 검사가 송치한 사건을 조사·심리한 결과 그 동기와 죄질이 금고 이상의 형사처분을 할 필요가 있다고 인정할 때에는 결정으로써 해당 검찰청 검사에게 송치할 수 있다. 이 경우 검사는 송치된 사건을 다시 소년부에 송치할 수 없다.
	• 선도조건부 기소유예의 허용: 검사는 소년과 그 법정대리인의 동의를 받아 소년에게 선도조건부 기소유예를 할 수 있다.
	• 구속영장의 제한적 발부 및 분리수용의 원칙
	  − 소년범에 대한 형사절차에 있어서 구속영장은 부득이한 경우가 아니면 발부하지 못하며,
	  − 소년을 구속하는 경우에는 특별한 사정이 없으면 다른 피의자나 피고인과 분리하여 수용하여야 한다.

(2) 소년에 대한 공소제기 및 공판절차에 관한 특칙

공소제기에 관한 특칙	• 공소제기의 제한: 검사는 소년피의사건을 조사한 결과 금고 이상의 형에 해당하는 범죄사실이 발견되고 그 동기와 죄질이 형사처분을 필요로 한다고 판단한 경우에만 공소를 제기한다.
	• 소년보호처분을 받은 사건에 대한 공소제기의 금지[소년보호처분 → 기판력(×)]
	  − 소년부 판사에 의하여 보호처분을 받은 사건에 대해서는 검사는 다시 공소를 제기하거나 소년부에 송치할 수 없다(소년법 제53조 본문).
	  − 소년보호처분을 받은 사건에 대해 공소가 제기되면 법원은 공소기각판결로 사건을 종결하여야 한다(제327조 제2호).
	• 소년보호사건의 심리개시결정과 공소시효의 정지: 소년보호처분에 대한 심리개시결정이 있는 때에는 그때로부터 보호처분의 결정이 확정될 때까지의 공소시효는 그 진행이 정지된다.

공판절차상 특칙	소년에 대한 사건도 특별규정이 없는 이상 일반공판절차에 준하는 것이 원칙이다. • 소년 형사사건의 피고인은 미성년자이므로 필요국선사건에 해당하므로, 변호인이 없거나 출석하지 아니하는 때에는 법원은 국선변호인을 선정하여야 한다. • 법원은 소년에 대한 피고사건을 심리한 결과 보호처분에 해당할 사유가 있다고 인정하면 결정으로써 사건을 관할 소년부에 송치하여야 한다. • 이때 사건을 송치받은 소년부는 조사 또는 심리한 결과 사건의 본인이 19세 이상인 것으로 밝혀지면 결정으로써 송치한 법원에 사건을 다시 이송하여야 한다. • 소년에 대한 형사사건에 관하여 그 필요사항의 조사를 조사관에게 위촉할 수 있다. • 소년에 대한 형사사건의 심리는 다른 피의사건과 관련된 경우에도 심리에 지장이 없으면 그 절차를 분리하여야 한다. • 소년보호사건의 심리는 비공개가 원칙이다.

양형상의
특칙
	• 사형 또는 무기형의 완화(범죄시 18세 미만): 죄를 범할 때에 18세 미만인 소년에 대하여는 사형 또는 무기형에 처할 것인 때에는 15년의 유기징역으로 한다.
	• 부정기형의 선고(재판시 소년인 경우)
	  – 소년이 법정형 장기 2년 이상의 유기형에 해당하는 죄를 범한 때에는 그 형의 범위 안에서 장기와 단기를 정하여 선고한다. 다만 장기는 10년, 단기는 5년을 초과하지 못한다.
	  – 소년인지를 판단하는 최종시점은 사실심리가 가능한 최후시점인 사실심판결선고시를 기준으로 한다.
	  – 항소심의 판결시에 소년이었던 피고인에 대하여 상고심 계속 중 성년이 되었다 할지라도 상고심은 항소심이 선고한 부정기형을 정기형으로 고칠 수 없다(판례).
	  – 불이익변경금지원칙 위배 여부의 판단은 부정기형의 단기를 표준으로 결정한다(판례).
	• 소년에 대하여도 집행유예의 선고는 가능하다. 다만, 집행유예시는 부정기형을 선고할 수는 없고 정기형에 대한 집행유예를 선고해야 한다.
	• 특정강력범죄를 범한 당시 18세 미만인 소년을 사형 또는 무기형에 처하여야 할 때에는 소년법 제59조에도 불구하고 그 형을 20년의 유기징역으로 한다.
	• 특정강력범죄를 범한 소년에 대하여 부정기형(不定期刑)을 선고할 때에는 소년법 제60조 제1항 단서에도 불구하고 장기는 15년, 단기는 7년을 초과하지 못한다.

(3) 소년에 대한 형의 집행에 있어 특칙

환형처분의 금지	• 18세 미만인 소년에 대하여 벌금 또는 과료를 선고하는 경우에는 벌금액 또는 과료액의 미납에 대비한 노역장유치의 선고를 하지 못한다. • 다만, 판결선고 전에 구속되었거나 보호사건의 조사 · 심리를 위하여 소년분류심사원에 위탁되었던 경우에는 그 구속 또는 위탁의 기간에 해당하는 기간은 노역장에 유치된 것으로 보아 미결구금일수에 통산할 수 있다. • 소년에 대해서도 벌금형의 선고는 가능하다. 환형유치가 불가능할 뿐이다.
형의집행	• 보호처분의 계속 중에 징역, 금고 또는 구류의 선고를 받은 소년에 대하여는 먼저 그 형을 집행한다(소년법 제64조). • 징역 또는 금고의 선고를 받은 소년에 대하여는 특히 설치된 교도소 또는 일반교도소 내에 특별히 분리된 장소에서 형을 집행한다. 다만 소년이 형의 집행 중에 23세가 되면 일반교도소에서 집행할 수 있다(동법 제63조).
가석방	징역 또는 금고의 선고를 받은 소년에 대하여는 무기형의 경우에는 5년, 15년의 유기형의 경우에는 3년, 부정기형의 경우에는 단기의 3분의 1이 각각 경과되면 가석방을 허가할 수 있다.
자격에 관한 법령적용	소년으로 범한 죄에 의하여 형이 선고를 받은 자가 그 집행을 종료하거나 집행의 면제를 받은 때에는 자격에 관한 법령의 적용에 있어서는 장래에 향하여 형의 선고를 받지 아니한 것으로 본다.

4 배상명령 · 범죄피해자구조제도

(1) 배상명령제도

의의	• 배상명령절차란 법원이 피고인에게 피고사건의 범죄행위로 인하여 피해자에게 발생한 손해를 배상할 것을 명하는 절차를 말한다. • 배상명령은 본래 민사손해배상청구로서 속성을 갖지만 형사판결에서 신속하게 손해배상을 받게 하기 위한 제도이다. • 배상명령제도는 소송촉진 등에 관한 특례법에서 규정된 제도이다.

대상범죄	• 배상명령 대상 범죄 – 상해죄, 중상해죄, 상해치사죄, 폭행치사상죄, 과실치사상죄, 절도죄, 강도죄, 사기죄, 공갈죄, 횡령죄, 배임죄, 손괴죄와 존속상해죄는 배상명령의 대상에서 제외 – 위 대상범죄를 가중처벌 하는 특별법상의 범죄 – 성폭력처벌법상 업무상위력추행, 공중밀집장소추행, 통신매체이용음란, 카메라 등 이용촬영 및 그 미수범 – 아동·청소년의 성보호에 관한 법률 제13조(성매수행위 등), 제14조(성매매강요행위 등)에 규정된 죄에 대해 유죄판결을 선고하는 경우에 한정 • 피고인과 피해자 사이에 합의된 손해배상액에 관하여는 이들 범죄 이외의 피고사건에 대하여도 배상명령을 할 수 있다.
공판절차·유죄선고시	• 배상명령은 위와 같은 피고사건에 대하여 유죄판결을 선고할 경우에만 가능하다. → 피고사건에 대하여 무죄·면소·공소기각의 재판을 할 경우에는 배상명령을 할 수 없다. • 배상명령제도는 공판절차를 거친 경우에만 허용된다. → 즉결심판청구의 경우와 같이 공판절차를 거치지 않는 경우에는 배상명령은 허용되지 않는다.
배상명령의 범위	• 배상명령은 피고사건의 범죄행위로 인하여 발생한 직접적인 물적 피해, 치료비 손해 및 위자료의 배상에 한정된다. • 간접적 손해나 일실이익, 기대이익의 상실 등은 배상명령의 범위에서 제외된다.
배상명령 불허사유	법원은 다음의 사유가 있으면 배상명령을 할 수 없다(소송촉진법 제25조 제3항). • 피해자의 성명, 주소가 분명하지 아니한 때 • 피해금액이 특정되지 아니한 때 • 피고인의 배상책임의 유무 또는 그 범위가 명백하지 아니한 때 • 배상명령으로 인하여 공판절차가 현저히 지연될 우려가 있거나 형사소송절차에서 배상명령을 함이 상당하지 아니하다고 인정한 때

(2) 배상명령의 절차

절차의 개시	• 직권에 의한 배상명령: 법원은 직권으로 배상명령을 할 수 있다. • 신청에 의한 배상명령 – 배상명령의 신청은 피해자 또는 상속인이 할 수 있다. – 배상명령의 신청은 제1심 또는 제2심공판의 변론종결시까지 신청할 수 있다. – 배상명령의 서면에 의하여 신청하는 것이 원칙이지만, 피해자가 증인으로 법정에 출석한 때에는 구두로도 배상을 신청할 수 있다. – 배상명령의 신청은 민사소송에 있어서의 소의 제기와 동일한 효력이 있다. – 신청인은 배상명령이 확정되기 전까지는 언제든지 배상신청을 취하할 수 있다. – 배상명령의 청구에 있어서는 인지첩부가 필요없다.
심리방식	• 배상신청이 있는 때에는 신청인에게 공판기일을 통지해야 한다. • 신청인이 통지를 받고도 출석하지 아니한 때에는 그 진술없이 재판할 수 있다(소송촉진 등에 관한 특례법 제29조).
배상명령의 재판	• 각하: 배상신청이 부적법하거나, 그 신청이 이유 없거나, 배상명령을 하는 것이 상당하지 않다고 인정되는 경우에는 법원은 결정으로 이를 각하하여야 한다. • 배상명령: 법원이 배상신청이 이유 있다고 인정하여 배상명령을 할 때에는 유죄판결의 선고와 동시에 하여야 한다(소송촉진 등에 관한 특례법 제31조 제1항). • 배상명령은 가집행을 할 수 있음을 선고할 수 있다(소송촉진 등에 관한 특례법 제31조 제3항). • 배상신청인은 배상명령이 각하 또는 기각되더라도 민사소송에 의한 손해배상의 청구가 가능하다.

배상명령에 대한 불복	• 즉시항고에 의한 불복 　– 피고인은 유죄판결에 대하여 상소를 제기함이 없이 배상명령 자체에 대해서 상소제기기간 내에 즉시항고를 할 수 있다(일부상소의 허용). 　– 이 경우 즉시항고의 제기기간은 상소제기 기간과 동일하게 7일이다. • 상소에 의한 불복: 유죄판결에 대한 상소제기가 있는 경우에는 배상명령에 대해 불복하지 않더라도 배상명령은 확정되지 않고 피고사건과 함께 상소심으로 이심된다. • 각하나 일부인용에 대한 불복금지: 배상신청을 각하하거나 그 일부를 인용한 재판에 대하여 신청인은 불복을 신청하지 못하며, 다시 동일한 배상신청을 할 수 없다.
확정된 배상명령의 효력	• 확정된 배상명령 또는 가집행선고 있는 배상명령이 기재된 유죄판결서의 정본은 민사집행법에 의한 강제집행에 관하여는 집행력 있는 민사판결정본과 동일한 효력이 있다. • 배상명령이 확정된 때에는 그 인용금액의 범위 안에서는 피해자는 다른 절차에 의한 손해배상을 청구할 수 없다.

(3) 범죄피해자 구조제도

의의	• 범죄피해자구조제도란 국가가 타인의 범죄행위로 인하여 생명·신체에 대한 피해를 받은 국민에게 직접 구조금을 지급하는 제도이다. • 헌법 제30조는 범죄피해자구조청구권을 범죄피해자의 헌법상 기본권으로 규정하고 있다. • 범죄피해자보호법은 범죄피해자 구조에 대한 절차와 방식을 규정하고 있다.
범죄피해자 구조요건	• 대상 　– 대한민국 영역 안이나 대한민국 선박 또는 항공기 내에서 발생한 　– 생명 또는 신체를 해하는 죄로 인하여 　– 피해자가 사망하거나 장해 또는 중상해를 입은 경우 • 적용의 제외 　– 형법상의 정당행위나 정당방위에 해당하여 처벌되지 아니하는 행위 　– 과실에 의한 행위로 인한 경우 • 범죄피해자 구조의 요건 　– 구조피해자가 피해의 전부 또는 일부를 배상받지 못하는 경우 　– 자기 또는 타인의 형사사건의 수사 또는 재판에 있어서 고소·고발 등 수사단서의 제공, 진술, 증언 또는 자료제출과 관련하여 피해자로 된 때
구조금의 미지급 사유	• 전부미지급 사유 　– 긴밀한 친족관계의 경우 　– 피해자가 가해 범죄행위와의 관련성이 있는 경우 • 일부미지급 사유 　– 기타친족: 제1항(전부미지급 사유가 되는 친족관계) 이외의 기타 친족관계인 자 　– 가해범죄를 유발하거나 가해범죄에 가공한 경우 • 구조금의 임의적 미지급: 구조피해자 또는 그 유족과 가해자 사이의 관계, 그 밖의 사정을 고려하여 구조금의 전부 또는 일부를 지급하는 것이 사회통념에 위배된다고 인정될 때 • 전부미지급, 일부미지급, 임의적 미지급규정에도 불구하고 구조금을 지급하지 아니하는 것이 사회통념에 위배된다고 인정할 만한 특별한 사정이 있는 경우에는 구조금의 일부를 지급할 수 있다.
구조금의 신청과 지급	• 지급신청은 범죄피해발생을 안 날부터 3년, 범죄피해가 발생한 날부터 10년 내 지방검찰청산하 범죄피해구조심의회에 청구한다(범죄피해자 보호법 제25조 제2항). • 구조금은 유족구조금·장해구조금 및 중상해구조금으로 구분하며, 일시금으로 지급한다. • 지구심의회는 구조신청을 신속하게 결정을 할 수 없는 사정이 있으면 신청 또는 직권으로 대통령령으로 정하는 금액의 범위에서 긴급구조금을 지급하는 결정을 할 수 있다. • 구조금을 받을 권리는 그 구조결정이 해당 신청인에게 송달된 날부터 2년간 행사하지 아니하면 시효로 인하여 소멸된다.

04 재판의 집행과 형사보상

1 재판의 집행

(1) 재판집행의 의의 및 기본원칙

재판집행의
기본원칙
	• 확정 후 집행의 원칙: 재판은 법률에 특별한 규정이 없으면 확정된 후에 집행함이 원칙이다(제459조).
	• 예외
	  - 결정이나 명령은 즉시항고 또는 이에 준하는 불복신청이 허용되는 경우를 제외하고는 확정되기 전에 즉시 집행할 수 있다(제416조·제419조).
	  - 벌금, 과료 또는 추징을 선고한 경우에 가납재판이 있으면 재판의 확정을 기다리지 않고 바로 집행할 수 있다(제334조).
	  - 소송비용의 집행: 소송비용집행면제의 신청기간(재판확정 후 10일)이 경과하거나 또는 그 신청에 대한 재판이 확정된 후에 집행할 수 있다.
	  - 환형유치의 집행: 벌금·과료의 재판이 확정된 후 30일 이내에는 집행할 수 없다(형법 제69조 제1항).
	  - 사형은 법무부 장관의 명령이 있을 때까지는 집행할 수 없다(제463조).
	  - 선이행 보석조건: 보증금납입 등의 보석조건은 이를 이행한 후가 아니면 보석허가결정을 집행하지 못한다.

집행의 지휘	• 검사의 집행지휘
	  - 재판의 집행은 재판을 한 법원에 대응한 검찰청 검사가 지휘한다(제460조 제1항).
	  - 상소의 재판 또는 상소의 취하로 하급심법원의 재판을 집행할 경우에는 상소법원에 대응한 검찰청 검사가 지휘한다. 단 소송기록이 하급심법원이나 대응 검찰청에 있는 때에는 그 검찰청 검사가 집행 지휘한다(동조 제2항).
	  - 검사의 집행지휘를 요하는 재판은 재판서 또는 재판을 기재한 조서의 등본 또는 초본을 재판의 선고 또는 고지한 때로부터 10일 이내에 검사에게 송부하여야 한다. 다만 법률에 다른 규정이 있는 때에는 예외로 한다(제44조).
	• 검사집행의 예외: 공판절차에서 영장의 집행시 급속을 요하는 경우에는 재판장, 수명법관, 수탁판사가 지휘하는 예외가 있고, 성질상 법정경찰권등은 재판장이 지휘하게 된다.

집행지휘의 방식	• 집행의 지휘는 재판서 또는 재판을 기재한 조서의 등본 또는 초본을 첨부한 서면(재판집행지휘서)으로 하여야 한다. • 형의 집행을 지휘하는 경우를 제외하고는 재판서의 원본이나 초본 또는 조서의 등본이나 초본에 인정하는 날인으로 대신할 수 있다(제461조).

(2) 형집행의 방식

형집행을 위한 소환	• 사형 · 징역 · 금고 또는 구류의 선고를 받은 자가 구금되지 아니한 때에는 검사는 형을 집행하기 위하여 이를 소환하여야 한다(제473조). • 소환에 응하지 아니한 때에는 검사는 형집행장을 발부하여 구인하여야 한다 • 형집행장은 구속영장과 동일한 효력이 있다(제474조 제2항). → 형집행장은 구속영장과 동일한 효력은 있지만 구속영장은 아니다. • 형집행장은 집행에는 피고인의 구속에 관한 규정을 준용한다(제475조). → 형집행장의 집행에 있어서도 형집행장의 정본을 제시하여야 한다(판례). • 형집행장의 집행에 있어서도 형집행장을 사전에 제시하여야 하며, 형집행장을 소지하지 아니한 경우에 급속을 요하는 때에는 그 상대방에 대하여 형집행 사유와 형집행장이 발부되었음을 고하고 집행할 수 있다(2012도2349). • 다만, 형집행장은 구속의 집행에 관한 규정만을 준용하므로 구속사유에 관한 제70조나, 사전청문절차인 제72조 등은 적용이 없다(2012도2349). 따라서 형집행장의 집행에 있어 미란다원칙을 고지할 필요는 없다(판례).

형집행의 기본순서	• 중형 우선집행의 원칙
	  – 2개 이상의 형을 집행할 때에는 자격상실, 자격정지, 벌금, 과료, 몰수 외에는 무거운 형을 먼저 집행한다(제462조 본문).
	  – 다만, 검사는 소속장관의 허가를 얻어 무거운 형의 집행을 정지하고 다른 형의 집행을 할 수 있다(동조 단서). 이는 수형자가 가석방의 요건을 빨리 구비할 수 있도록 하기 위해서 마련된 것이다.
	• 동시집행의 허용
	  – 자유형과 벌금형은 동시에 집행할 수 있다.
	  – 다만, 자유형과 노역장유치가 병존하는 경우에는 검사는 노역장유치를 먼저 집행할 수도 있다.

사형집행	• 사형은 법무부장관의 명령에 의하여 집행한다(제463조).
	• 사형집행명령은 판결이 확정된 날로부터 6월 이내에 하여야 한다. 그러나 상소권회복의 청구, 재심의 청구 또는 비상상고의 신청이 있는 때에는 그 절차가 종료될 때까지의 기간은 이 기간에 산입하지 아니한다. → 사형집행기간은 훈시기간이다.
	• 법무부장관이 사형의 집행을 명한 때에는 5일 이내에 집행하여야 한다.
	• 사형확정자는 교정시설의 미결수용실에 수용한다.
	• 사형은 교도소 또는 구치소 내에서 교수하여 집행한다.
	• 검사 또는 교도소장이나 구치소장의 허가가 없으면 누구든지 형의 집행장소에 들어가지 못한다.
	• 군형법의 적용을 받는 사형수에 대한 집행은 소속 군참모총장 또는 군사법원의 관할권이 지정한 장소에서 총살에 의한다.
	• 사형의 집행정지(필요적 정지만 있음)
	  – 사형의 선고를 받은 자가 심신의 장애로 의사능력이 없는 상태에 있거나 잉태 중에 있는 여자인 때에는 법무부장관의 명령으로 집행을 정지한다.
	  – 사형집행을 정지한 경우에는 심신장애의 회복 또는 출산 후 법무부장관의 명령에 의하여 형을 집행한다.

자유형의 집행		

자유형의 집행	자유형 집행의 원칙	• 자유형은 교도소에 구치하여 집행한다. 검사는 자유형의 집행을 위하여 형집행장을 발부할 수 있다. • 즉결심판에 의한 구류는 경찰서 유치장 · 교도소 또는 구치소에서 집행하며 교도소 또는 구치소에서 집행할 때에는 검사가 이를 지휘한다. • 형기는 판결이 확정된 날로부터 기산한다(형법 제84조 제1항). → 불구속 중인 자에 대해서는 형집행지휘서에 의하여 수감된 날을 기준으로 형기를 기산하여야 한다. • 형집행의 초일은 시간을 계산함이 없이 1일로 산정한다(형법 제85조).
	미결구금의 산입(법정통산)	• 미결구금의 산입에는 법정통산(제482조)과 재정통산(형법 제57조 제1항)이 있다. • 법정통산은 미결구금일수가 집행시 당연히 본형에 산입되는 것으로서 • 법정통산일수는 판결주문에 표시하지 않고 집행하는 검사가 계산한다. • 법정통산일수의 변경은 불이익변경금지원칙에 위배되지 않는다.

	미결구금의 산입(재정통산)	• 재정통산은 법원의 재량에 의하여 판결선고 전 구금일수를 산입하는 것을 말한다. • 재정통산의 경우 판결주문에 명시하도록 규정(제321조 제2항)하고 있다. • 그러나, 헌법재판소는 재정통산의 일부불산입을 위헌으로 판시하였다. • 그 결과 재정통산도 전부산입되어, 법정통산화됨으로써 • 재정통산도 판결주문에 선고할 필요가 없고(판례) • 재정통산도 재판을 집행하는 검사가 산정하여야 한다(판례).

	자유형의 집행 정지(제470조)	• 필요적 집행정지: 징역·금고 또는 구류의 선고를 받은 자가 심신장애로 의사능력이 없는 상태에 있는 때에는 필요적으로 집행을 정지한다.
		• 임의적 집행정지(제471조)
		  – 형의 집행으로 인하여 현저히 건강을 해치거나 생명을 보전할 수 없는 염려가 있을 때
		  – 연령이 70세 이상인 때
		  – 잉태 후 6월 이상인 때
		  – 출산 후 60일을 경과하지 아니한 때
		  – 직계존속의 연령이 70세 이상 또는 중병이나 장애인으로 보호할 다른 친족이 없는 때
		  – 직계비속이 유년으로 보호할 다른 친족이 없는 때
		  – 기타 중대한 사유가 있는 때

자격형의 집행		자격상실 또는 자격정지의 선고를 받은 자에 대하여는 이를 수형자원부에 기재하고 지체 없이 그 등본을 형 선고를 받은 자의 등록기준지와 주거지의 시·구·읍·면장에게 송부하여야 한다(제476조).

재산형의 집행		• 벌금·과료·몰수·추징·과태료·소송비용·비용배상 또는 가납재판은 검사의 명령에 의하여 집행한다(제477조 제1항).
		• 검사의 집행명령은 집행력 있는 채무명의(집행권원)와 동일한 효력이 있다(제477조 제2항).
		• 재산형의 집행에는 민사집행법의 집행에 관한 규정을 준용한다.
		• 재산형 등의 집행은 또한 국세징수법에 따른 체납처분의 예에 따라 집행할 수도 있다(제477조 제4항).
		• 재산형은 선고받은 본인, 즉 수형자의 재산에 대해서만 집행하는 것이 원칙이다.
		• 합병 후 법인에 대한 집행: 법인에 대하여 벌금, 과료, 몰수, 소송비용 또는 비용배상을 명한 경우에 법원이 그 재판확정 후에 합병에 의하여 소멸한 때에는 합병 후 존속한 법인 또는 합병에 의하여 설립된 법인에 대하여 집행할 수 있다(제479조).
		• 벌금 또는 과료를 완납하지 못한 자에 대한 노역장유치의 집행에는 형의 집행에 관한 규정을 준용한다(제492조).
		• 상소제기 후의 판결선고 전 구금일수의 통산에서 판결선고 전 구금의 1일을 벌금이나 과료에 관한 유치기간의 1일로 계산한다.
		• 몰수의 재판
		  – 몰수의 재판이 확정되면 몰수물의 소유권은 국고에 귀속된다.
		  – 몰수물은 검사가 처분하여야 한다(제483조).
		  – 공매처분, 국고납입처분, 폐기처분, 인계처분, 특별처분 등에 의한다.
		  – 압수한 서류나 물품에 대하여 몰수선고가 없으면 그 서류나 물품에 대한 압수가 해제된 것으로 간주한다(제332조).
		  – 서류나 물품이 위조 또는 변조된 물건인 경우에는 그 물건의 전부 또는 일부에 위조나 변조인 것을 표시한 이후 환부할 수 있다.
		  – 환부받을 자의 소재불명 등으로 압수물의 환부를 할 수 없는 경우에는 검사는 그 사유를 관보에 공고하여야 한다(제486조 제1항). 공고한 후 3월 이내에 환부의 청구가 없는 때에는 그 물건은 국고에 귀속한다. → 현행법상 몰수재판에 의하지 않고 국고에 귀속될 수 있는 근거가 있다.
		  – 압수한 장물로서 피해자에게 환부할 이유가 명백한 것은 법원이 판결로서 피해자에게 환부하는 선고를 하여야 한다. 이 경우 장물을 처분한 경우에는 판결로서 그 대가로 취득한 것을 피해자에게 교부하는 선고를 하여야 한다(제333조 제1항·제2항).

(3) 재판의 집행에 대한 구제방법

소송비용집행 면제신청	소송비용부담의 재판을 받은 자가 빈곤으로 인하여 이를 완납할 수 없는 때에는 그 재판이 확정된 후 10일 이내에 재판을 선고한 법원에 소송비용의 전부 또는 일부에 대한 재판의 집행면제를 신청할 수 있다(제487조).
의의신청 (疑義申請)	• 형의 선고를 받은 자는 집행에 관하여 재판의 해석에 대한 의의가 있는 때에는 재판을 선고한 법원에 의의신청을 할 수 있다(제488조). • 의의신청은 판결주문의 취지가 불명확하여 주문의 해석에 의문이 있는 경우에 한한다. • 재판해석에 대한 의의신청은 '재판을 선고한 법원'의 관할이다(제488조). • 의의신청이 있는 때에는 법원은 결정을 하여야 하며, 이 결정에 대하여는 즉시항고할 수 있다(제491조).
이의신청 (異議申請)	• 재판의 집행을 받은 자 또는 그 법정대리인이나 배우자는 집행에 관한 검사의 처분이 부당함을 이유로 재판을 선고한 법원에 이의신청을 할 수 있다(제489조). • 이의신청은 검사의 처분에 한하며, 이의신청은 집행에 관한 처분이 위법한 경우뿐만 아니라 부당한 경우에도 허용된다. • 이의신청은 확정재판을 전제로 하되, 확정재판 이전에 검사가 재판집행을 지휘하는 경우에도 이의신청이 가능하다. 그러나 집행종료 후에는 그 실익이 없으므로 허용되지 않는다(92모39).

2 형사보상

(1) 의의 및 종류

의의	• 형사보상이란 형사절차에서 국가의 잘못된 형사사법권의 행사로 인해 부당하게 미결구금이나 형집행을 받은 자에 대하여 국가가 그 피해를 보상하여 주는 제도를 말한다. • 헌법 제28조는 형사보상청구권을 헌법상 기본권으로 보장하고 있다. • 형사보상 및 명예회복에 관한 법률은 형사보상을 피의자보상과 피고인 보상으로 구분한다.
본질	• 형사보상의 본질에 대해서는 법률의무설과 공평설이 대립된다. • 판례는 공무원의 고의·과실을 묻지 않고 국가가 이를 배상하여 주는 공법상의 무과실손해배상이라고 하여 법률의무설의 입장이다(판례).

피의자
보상
	• 피의자로 구금되었던 자 중 검사로부터 기소유예 이외에 협의의 불기소처분을 받은 자에 한하여 청구할 수 있다. → 형사정책상의 이유로 불기소처분을 받은 자는 형사보상을 청구할 수 없다.
	• 불기소처분을 받은 자가 미결구금되었을 때에 한하여 그 구금에 대한 보상청구가 허용된다.
	• 피의자보상의 제외사유(형사보상법 제27조 제2항)
	  - 본인이 수사 또는 재판을 그르칠 목적으로 허위자백을 하거나 다른 유죄의 증거를 만듦으로써 구금된 것으로 인정되는 경우(동조 동항 제1호)
	  - 구금기간 중에 다른 사실에 대하여 수사가 행하여지고 그 사실에 관하여 범죄가 성립한 경우(동조 동항 제2호)
	  - 보상을 하는 것이 선량한 풍속이나 기타 사회질서에 반한다고 인정할 특별한 사정이 있는 경우(동조 동항 제3호)

피고인 보상	<ul><li>무죄판결을 받은 자<ul><li>형사소송법에 의한 일반절차 또는 상소권회복에 의한 상소, 재심 또는 비상상고절차에서 무죄재판을 받은 자</li><li>면소 또는 공소기각의 재판을 받은 자라 할지라도 면소 또는 공소기각의 재판을 할 만한 사유가 없었더라면 무죄의 재판을 받을 만한 현저한 사유가 있었을 때</li><li>치료감호법 제7조에 따라 치료감호의 독립 청구를 받은 피치료감호청구인의 치료감호사건이 범죄로 되지 아니하거나 범죄사실의 증명이 없는 때에 해당되어 청구기각의 판결을 받아 확정된 경우에는 형사보상을 청구할 수 있다(형사보상법 제26조 제1항).</li></ul></li><li>무죄판결을 받은 자가 불기소처분 이전까지 구금 또는 형의 집행을 받은 사실이 있어야 한다.</li><li>피고인보상의 제외사유(동법 제4조)<ul><li>형법 제9조(형사미성년자) 및 제10조 제1항(심신장애인)의 사유에 의하여 무죄재판을 받은 경우(제1호)</li><li>본인이 수사·심판을 그르칠 목적으로 거짓자백을 하거나 또는 다른 유죄의 증거를 만듦으로써 기소·미결구금 또는 유죄재판을 받게 된 것으로 인정된 경우(제2호)</li><li>1개의 재판으로써 경합범의 일부에 대하여 무죄재판을 받고 다른 부분에 대하여 유죄재판을 받았을 경우(제3호)</li></ul></li></ul>

(2) 보상의 내용과 절차

내용	<ul><li>구금에 관한 보상: 금일 수에 따라 1일당 보상청구의 원인이 발생한 연도의 최저임금법에 따른 일급(日給) 최저임금액 이상 대통령령으로 정하는 금액 이하</li><li>사형집행에 관한 보상(3천만 원 이내 + 사망에 의해 생긴 손실액추가)</li><li>벌금·과료, 몰수·추징에 대한 보상(집행금액 + 법정이율 5푼 이자가산) → 형사보상은 미결구금뿐 아니라 벌금 등의 집행된 형에 대해서도 가능하다.</li></ul>	
절차	<ul><li>관할법원<ul><li>피고인의 보상청구는 무죄재판을 한 법원에 하여야 하며(형사보상법 제7조),</li><li>피의자 보상청구는 불기소처분을 한 검사가 소속하는 지방검찰청의 심의회에 하여야 한다.</li></ul></li><li>청구시기<ul><li>피고인의 형사보상청구는 무죄재판이 확정된 사실을 안 날부터 3년, 무죄재판이 확정된 때부터 5년 이내에 하여야 한다(동법 제8조).</li><li>피의자보상의 청구는 검사로부터 공소를 제기하지 아니하는 처분의 고지 또는 통지를 받은 날부터 3년 이내에 하여야 한다(동법 제28조 제3항).</li></ul></li><li>보상청구권의 양도(×)·상속(○)<ul><li>보상청구권은 양도 또는 압류할 수 없다(동법 제23조).</li><li>그러나 보상청구권의 상속은 인정된다(동법 제3조 제1항). → 본인이 형사보상을 청구하지 않고 사망한 때에는 상속인이 형사보상을 청구할 수 있다.</li></ul></li></ul>	
보상결정	피고인 보상결정	<ul><li>관할: 무죄의 재판을 받은 자가 한 보상청구는 법원합의부에서 재판한다.</li><li>결정: 법원은 청구각하, 청구기각, 보상결정을 한다. → 형사보상에 관한 결정을 관할권 없는 법원이 하였다고 하여 그 결정이 당연히 무효가 되는 것은 아니다(65다532).</li><li>보상결정에 관한 불복<ul><li>형사보상결정에 대하여 불복할 수 없도록 한 규정은 헌법에 위반된다(판례).</li><li>형사보상결정에 대하여는 1주일 이내에 즉시항고를 할 수 있다.</li><li>형사보상청구기각결정에 대하여는 즉시항고를 할 수 있다.</li></ul></li></ul>
	피의자보상결정	<ul><li>피의자보상에 관한 사항은 지방검찰청에 둔 피의자보상심의회에서 심사·결정한다.</li><li>피의자보상에 대한 심의회의 결정에 대하여는 법무부장관의 재결을 거쳐 행정소송을 제기할 수 있다.</li></ul>

보상금의 지급청구	• 보상금지급청구권은 양도 또는 압류할 수 없다(동법 제23조). → 보상금지급청구권에 대한 상속은 가능하다. • 보상의 지급을 청구하고자 하는 자는 보상결정이 송달된 후 2년 이내에 보상을 결정한 법원에 대응한 검찰청에 보상지급청구서를 제출하여야 한다. • 보상금 지급청구서를 제출받은 검찰청은 3개월 이내에 보상금을 지급하여야 한다(형사보상법 제21조의2 제1항). 이 기한까지 보상급을 지급하지 아니한 경우에는 그 다음날부터 지급하는 날까지의 지연 일수에 대하여 연 5%의 지연이자를 지급하여야 한다(동법 제21조의2 제2항).
이중배상 금지	• 형사보상을 받은 자가 형사보상뿐만 아니라 다른 법률의 규정에 의하여 손해배상을 청구하는 것을 금지하지 않는다(동법 제6조 제1항). → 형사보상의 청구는 국가배상법 또는 민법에 의한 손해배상청구와 경합할 수 있다. • 이중배상의 금지: 보상을 받을 자가 동일한 원인에 대하여 다른 법률의 규정에 의하여 손해배상을 받았을 경우에 그 손해배상의 액수가 형사보상법에 의하여 받을 보상금의 액수와 동일하거나 또는 이를 초과할 때에는 보상하지 아니한다. • 즉, 동일한 원인에 대하여 어느 한 사유로 배상을 받았을 때에는 다른 사유로 인한 청구에는 그 액이 공제되어야 하며, 손해배상의 액수가 형사보상의 액과 동일하거나 초과할 때에는 형사보상을 하지 않는 것으로 하고 있다(동조 제2항·제3항).
명예회복	• 무죄재판을 받아 확정된 사건의 피고인은 무죄재판이 확정된 때부터 3년 이내에 확정된 무죄재판사건의 재판서를 법무부 인터넷 홈페이지에 게재하도록 해당 사건을 기소한 검사가 소속된 지방검찰청에 청구할 수 있다(동법 제30조). • 면소나 공소기각의 재판을 받은 자에게 무죄판결을 할 만한 현저한 사유가 있는 경우에도 명예회복에 관한 조치를 청구할 수 있다(동법 제34조). • 동법 제30조에 따른 청구가 있을 때에는 그 청구를 받은 날부터 1개월 이내에 무죄재판서를 법무부 인터넷 홈페이지에 게재하여야 한다. • 청구인이 무죄재판서 중 일부 내용의 삭제를 원하는 의사를 명시적으로 밝힌 경우 • 무죄재판서의 공개로 인하여 사건 관계인의 명예나 사생활의 비밀 또는 생명·신체의 안전이나 생활의 평온을 현저히 해칠 우려가 있는 경우 등에 있어서는 무죄재판서의 일부를 삭제하여 게재할 수 있다(동법 제32조 제2항).

좋은 책을 만드는 길, 독자님과 함께하겠습니다.

2026 시대에듀 9급 공무원 교정직 전과목 한권으로 다잡기

개정6판1쇄 발행	2025년 09월 15일 (인쇄 2025년 07월 22일)
초 판 발 행	2019년 10월 30일 (인쇄 2019년 09월 27일)
발 행 인	박영일
책 임 편 집	이해욱
편 저	시대공무원시험연구소
편 집 진 행	박종옥 · 이수지
표지디자인	박종우
편집디자인	박지은 · 임창규
발 행 처	(주)시대고시기획
출 판 등 록	제10-1521호
주 소	서울시 마포구 큰우물로 75 [도화동 538 성지 B/D] 9F
전 화	1600-3600
팩 스	02-701-8823
홈 페 이 지	www.sdedu.co.kr
I S B N	979-11-383-9572-4 (13350)
정 가	39,000원

※ 이 책은 저작권법의 보호를 받는 저작물이므로 동영상 제작 및 무단전재와 배포를 금합니다.
※ 잘못된 책은 구입하신 서점에서 바꾸어 드립니다.